CB133512

CURSO DE DIREITO CONSTITUCIONAL

George Salomão Leite

CURSO DE DIREITO CONSTITUCIONAL

GZ EDITORA
Rio de Janeiro
2021

1ª edição – 2021

Diagramação
Olga Martins

CIP – Brasil. Catalogação-na-fonte.
Sindicato Nacional dos Editores de Livros, RJ.

L552c

Leite, George Salomão
Curso de direito constitucional / George Salomão Leite. - 1. ed. - Rio de Janeiro: GZ, 2021.
918 p.; 24 cm.

Inclui bibliografia e índice
ISBN 978-65-5813-025-3

1. Direito constitucional - Brasil. I. Título.

21-70708
CDU: 342(81)

GZ EDITORA

e-mail: contato@editoragz.com.br
www.editoragz.com.br
Av. Erasmo Braga, 299 – sala 202 – 2º andar – Centro – Rio de Janeiro – RJ – CEP 20010-170
Tels.: (0XX21) 2240-1406 / 2240-1416 – Fax: (0XX21) 2240-1511

Impresso no Brasil
Printed in Brazil

PREFÁCIO

É com imensa alegria que recebo o convite para prefaciar o curso do professor George Salomão Leite, um dos grandes nomes do Direito Constitucional brasileiro.

A obra aborda a pedra central do nosso ordenamento jurídico e esmiúça todas as complexidades próprias do constitucionalismo moderno. Como se sabe, a ideia de um documento escrito destinado a institucionalizar um sistema preconcebido é inovação que se consolida na segunda metade do século XVIII, com a Revolução Francesa e a independência americana.

A complexidade do seu desenvolvimento histórico e as múltiplas perspectivas de análise atribuem ao conceito de Constituição uma plurissignificatividade inigualável. Entretanto, a despeito dos múltiplos significados e conceitos que lhe podem ser atribuídos, a Constituição, nos ensinamentos de Hesse, pode ser definida enquanto a ordem jurídica fundamental, com as linhas básicas do Estado e as diretrizes e limites ao conteúdo da legislação vindoura.

Não se trata, à evidência, de um sistema isento de lacunas. E, de certo modo, é essa ausência de regulamentação minudente que assegura a abertura constitucional (*Offenheit*) necessária ao amplo desenvolvimento do processo político. É a sua rigidez – para garantir a observância dos seus princípios fundamentais – e a sua flexibilidade – para possibilitar uma abertura a realidades futuras – que a torna um instrumento de estabilidade, de racionalização do poder e de garantia da liberdade.

Tal relevância pode ser visualizada na própria realidade brasileira. A nossa larga história constitucional demonstra – a um só tempo – as complexidades e limitações de um documento que pretende cumprir tantas funções dentro de uma sociedade. Entretanto, mesmo com períodos anteriores obscuros, a Constituição de 1988, após um amplo consenso social, possibilitou a construção de o que hoje é considerado o maior período de estabilidade democrática do país. Nossa Carta Maior permanece inabalada e serviu de instrumento de mediação em graves crises econômicas e políticas.

Sintetizar todo esse histórico é, talvez, um dos grandes desafios ao se propor realizar uma obra sobre o Direito Constitucional brasileiro. Acredito que George Salomão Leite foi exitoso nesse desafio. A obra consegue, de maneira formidável, oferecer à comunidade jurídica um livro completo, que aborda em profundidade as mais atuais discussões do nosso constitucionalismo sem se olvidar da necessária didática. Uma obra indicada e necessária para todos os públicos.

Desejo a todos uma ótima leitura!

Gilmar Ferreira Mendes

Ministro do Supremo Tribunal Federal - STF

SUMÁRIO

CAPÍTULO III

PODER CONSTITUINTE

CAPÍTULO IV

PRINCÍPIOS FUNDAMENTAIS

CAPÍTULO V
TEORIA GERAL DOS DIREITOS FUNDAMENTAIS

CAPÍTULO VI
DOS DIREITOS FUNDAMENTAIS EM ESPÉCIE

CAPÍTULO VII
DOS DIREITOS POLÍTICOS

CAPÍTULO VIII

DOS DIREITOS SOCIAIS EM ESPÉCIE

CAPÍTULO IX

DA NACIONALIDADE

CAPÍTULO X

DOS PRINCÍPIOS PROCESSUAIS CONSTITUCIONAIS

CAPÍTULO XII

HERMENÊUTICA CONSTITUCIONAL

CAPÍTULO XIV

ORGANIZAÇÃO DO ESTADO

CAPÍTULO XV
DA ORGANIZAÇÃO ADMINISTRATIVA DO ESTADO

CAPÍTULO XVI
ORGANIZAÇÃO DOS PODERES

CAPÍTULO XVII

DAS FUNÇÕES ESSENCIAIS A JUSTIÇA

CAPÍTULO XVIII

DA DEFESA DO ESTADO E DAS INSTITUIÇÕES DEMOCRÁTICAS

DO ESTADO DE DEFESA E DO ESTADO DE SÍTIO

CAPÍTULO XIX

CONTROLE DE CONSTITUCIONALIDADE DOS ATOS ESTATAIS

CAPÍTULO XX

DO SISTEMA CONSTITUCIONAL TRIBUTÁRIO

CAPÍTULO XXI

DA ORDEM ECONÔMICA

CAPÍTULO XXII

DA SEGURIDADE SOCIAL

CAPÍTULO I

CONSTITUCIONALISMO

SUMÁRIO: 1. Introdução; **2.** Constitucionalismo inglês; **3.** Constitucionalismo norte-americano; **4.** Constitucionalismo francês; **5.** Constitucionalismo e Constituição.

"A Constituição emerge do constitucionalismo. Mas que coisa é o constitucionalismo? Neste lugar, devemos contertarmo-nos com afirmar que é um produto perfeito do racionalismo jurídico, social e político." (Jorge Miranda, *Contributo para uma teoria da inconstitucionalidade.* Coimbra: Coimbra Editora, 1996, p. 31).

1. Introdução

Constitucionalismo significa a busca por um *ideal*[1] *de Constituição.* Tal conceito, demasiadamente abstrato e vago, certamente implicará na seguinte indagação: *Qual a Constituição ideal? O que expressa uma Constituição ideal?* Este conceito se fará compreensível à luz dos acontecimentos surgidos nos séculos XVII e XVIII, em particular na Inglaterra, França e Estados Unidos. Em razão do lugar onde tais fenômenos políticos ocorreram, a doutrina costuma designá-los por *constitucionalismo inglês, constitucionalismo francês* e *constitucionalismo norte-americano.*

De forma bastante precisa, advertiu Antonio-Carlos Pereira Menaut que as Constituições, como todas as instituições jurídico-políticas, "no nació por generación espontânea ni como planta sin terra. Al contrario, su nacimiento y crecimiento fueron precedidos por unos presupuestos o bases de diversa índole, desde culturales hasta económicos, que formaron la tierra en la que nació y creció la planta de la Constitución en Gran Bretaña durante el siglo XVII y en los Estados Unidos en el XVIII.[2]"

Ao expor varias idéias acerca do constitucionalismo, Canotilho o define como movimento constitucional gerador do moderno conceito de Constituição.[3] Como movimento político, o constitucionalismo está situado no espaço e no tempo, razão pela qual o professor lusitano prefere falar em *movimentos constitucionais.* Essa forma de tratar o tema permite uma análise dos diversos movimentos constitucionais para, a partir daí, efetuar um recorte histórico e conceber o constitucionalismo como ideologia, é dizer, como "a teoria que ergue o princípio do governo limitado indispensável à garantia dos direitos em dimensão estruturante da organização político-social de uma comunidade. Neste sentido, o constitucionalismo representará uma *técnica específica de limitação do poder com fins garantísticos.*"[4] De forma análoga, professa Maurizio Fioravanti que "el constitucionalismo es concebido como el conjunto de doctrinas que aproximadamente a partir de la mitad del siglo XVII se han dedicado a recuperar en el horizonte de la constitución de los modernos el aspecto del límite y de la garantía[5]". Há, em comum entre todas as definições trazidas à baila, a nota de *limitação do poder político*, é dizer, de *governo limitado.*

Historicamente, o constitucionalismo *clássico* compreende: a) *constitucionalismo inglês;* b) *constitucionalismo norte-americano* e; c) *constitucionalismo francês.*

2. Constitucionalismo inglês

O constitucionalismo inglês pode ser compreendido no curso de dois momentos históricos, distantes entre si: a concessão da ***Magna Carta***[6], em 15 de junho de 1215[7], e a *Revolução Gloriosa,* em 1688. Dentro deste período, surgiu a ***Petition of Rights***[8], em 1628; após a *Revolução Gloriosa,* adveio o ***Bill of Rights***[9], em 1689[10].

---

4 **Direito Constitucional e Teoria da Constituição**. 7ª ed. Coimbra: Almedina, 2000, p. 51. Segundo Nelson Saldanha, historicamente o constitucionalismo *corresponde* ao Estado de Direito, aparecendo como um movimento, um processo, uma tendência a um só tempo doutrinária e institucional. **Formação da Teoria Constitucional**. 2ª ed. Rio de Janeiro: Renovar, 2000, p. 19.

5 **Constitución: de la antigüedad a nuestros días**. Madrid: Trotta, 2011, p. 85.

6 **Magna Carta**

7 Fábio Konder Comparato expõe que "toda a Alta Idade Média foi marcada pelo esfacelamento do poder político e econômico, com a instauração do feudalismo. A partir do século XI, porém, assiste-se a um movimento de reconstrução da unidade política perdida. Duas cabeças reinantes, o imperador carolíngio e o papa, passaram a disputar asperamente a hegemonia suprema sobre todo o território europeu. Ao mesmo tempo, os reis, até então considerados nobres de condição mais elevada que os outros (*primi inter pares*), reivindicaram para as suas coroas poderes e prerrogativas que, até então, pertenciam de direito à nobreza e ao clero.
Foi justamente contra os abusos dessa reconcentração do poder que surgiram as primeiras manifestações de rebeldia: na península ibérica, com a Declaração das Cortes de Leão de 1188, e, sobretudo, na Inglaterra, com a *Magna Carta* de 1215." in **A afirmação histórica dos direitos humanos**. 2ª ed. São Paulo: Saraiva, 2001, p. 43.

8 **Petição de Direitos**

9 **Declaração de Direitos**

10 André Ramos Tavares põe em evidência que a Inglaterra, "apesar dos rompantes revolucionários, desenvolve um longo, lento e progressivo processo de construção das instituições constitucionais, formando, por fim, uma Monarquia Constitucional, em contraposição à Monarquia Absolutista anteriormente vigente." in **Curso de Direito Constitucional**. 9ª ed. São Paulo: Saraiva, 2011, pp. 27 e 28.

A Magna Carta consubstanciou um pacto firmado entre os barões e o rei João Sem Terra, após uma série de lutas travadas dentro da sociedade feudal. Portanto, os fatos que a antecederam tipificaram a luta pelo poder entre a nobreza e o rei. Segundo Fábio Konder Comparato quando do surgimento da *Magna Carta,* em 1215, ela foi um malogro completo: objetivando manter a paz, fez provocar a guerra; buscando a positivação do direito consuetudinário, acabou por provocar o dissenso social. Não foi à toa que o documento veio a ser reafirmado, de modo solene, nos anos de 1216, 1217 e 1225, tornando-se direito permanente apenas a partir desta última data[11].

Em essência, o histórico documento jurídico constituiu em um acordo entre o monarca e os barões feudais, através do qual se reconheceu a estes determinados privilégios. Consequentemente, a soberania do monarca passou a ser substancialmente limitada por franquias ou privilégios estamentais[12], que beneficiavam todos os integrantes das ordens privilegiadas. Portanto, pela primeira vez na história política medieval, a *Magna Carta* revela a vinculação do Rei às normas por ele próprio editadas[13].

Decorridos mais de quatro (04) séculos, a Inglaterra novamente é palco de rebeliões e guerras civis, germinadas por questões religiosas. Em 1642, Carlos I foi deposto do trono e condenado à morte, acusado de tentar restabelecer o catolicismo como religião oficial do Estado[14]. A este

11 **A afirmação histórica dos direitos humanos**. 2ª ed. São Paulo: Saraiva, 2001, p. 75.

12 A sociedade inglesa era dividida em três estamentos: nobreza, clero e povo.

13 Segundo Nelson Saldanha, "a gênese da *Magna Carta* é bastante conhecida. Ela foi redigida e assinada, depois de uma série de lutas e contramarchas dentro de uma sociedade feudal, expressando o poder dos barões e a necessidade em que viu o rei de pactuar com eles. Observem-se as expressões iniciais do texto: 'João, por Graça de Deus, rei da Inglaterra, senhor da Irlanda, duque da Normandia e Aquitânia, conde de Anjou: aos arcebispos, bispos, abades, condes, barões, *justices*, guarda-bosques, *sheriffs*, mordomos, servos, e a todos os seus vassalos." in **Formação da Teoria Constitucional**. 2ª ed. Rio de Janeiro: Renovar, 2000, pp. 50 e 51.

14 Eunice Ostrensky explica, sinteticamente, os fatos ocorridos entre 1640 a 1660: "No início da década de 1640, a crise entre rei e Parlamento, que se arrastava pelo menos desde 1628, acirra-se a ponto de fazer eclodir a guerra civil na Inglaterra. O doloroso enfrentamento entre os dois exércitos no campo de batalha leva os ingleses a suspeitar que o lugar da soberania se encontre vago. Ao fim de quase três anos de luta para definir quem de fato detinha o poder político, o rei é preso. Em 1649, depois de rendições, fugas e tentativas frustradas de restituição, Carlos I é executado em frente ao Palácio de Whitehall como traidor das leis inglesas. Em pouco tempo, a Câmara dos Lordes e a própria monarquia são abolidas; logo depois, a Inglaterra é declarada "um Estado livre". Mas, se é que alguma vez

momento, sucedeu a ditadura de Oliver Cromwell, sucumbida em 1658. Na sequência, Carlos II assume o trono e reina até 1685, tendo sido substituído por Jaime II, que suscitou contra si a oposição da nobreza e do alto clero. Em 1688, o nascimento de um herdeiro do trono faz assegurar a continuidade do regime monárquico na religião católica, desencadeando, a partir de então, uma rebelião que fermentava havia anos[15]. Em 05 de novembro de 1688, o Príncipe Guilherme de Orange desembarca em Torbay, a convite de um grupo de nobres integrantes dos dois partidos políticos – *Whigs* e *Tories* – no sentido de assumir o trono da Inglaterra[16]. Em 11 de dezembro, Jaime II fugiu para a França.

O Parlamento, reunido por iniciativa própria, declara vago o trono inglês e oferece a coroa, conjuntamente, ao Príncipe de Orange e sua esposa, Maria de Stuart, filha mais velha de Jaime II, que professava o protestantismo. Com os nomes de Guilherme III e Maria II, os novos soberanos assumem o trono, após terem fornecido o aceite, em sua integralidade, a uma *Declaração de Direitos* (*Bill of Rights*) aprovada pelo Parlamento, passando a constituir uma das Leis Fundamentais do Reino.[17]

3. Constitucionalismo norte-americano

Até 1776, os Estados Unidos da América pertenciam à Inglaterra[18]. Sob o prisma territorial, os Estados Unidos eram divididos em *colônias*[19].

realmente chegou a ser instituído naquele país, o governo republicano fracassou, permitindo a restauração monárquica de 1660. Parecia encerrar-se assim o ciclo revolucionário, que incluiu, segundo Thomas Hobbes, testemunha desses tempos tumultuosos, a corrupção, destituição e morte de um regime antigo, mais a instituição, constituição e morte do regime seguinte, e o retorno ao primeiro estado de coisas." in **Teóricos Políticos e propostas constitucionais na Inglarerra (1645-1669)**, p. 01. RBCS Vol. 33 n° 98/2018: e339805.

15 Cf. Fábio Konder Comparato. **A afirmação histórica dos direitos humanos**. 2ª ed. São Paulo: Saraiva, 2001, p. 87.

16 Fábio Konder Comparato. **A afirmação histórica dos direitos humanos**. 2ª ed. São Paulo: Saraiva, 2001, pp. 87 e 88.

17 Fábio Konder Comparato. **A afirmação histórica dos direitos humanos**. 2ª ed. São Paulo: Saraiva, 2001, p. 88.

18 Eram colônias inglesas na América do Norte.

19 Expõe Ana Maria Guerra Martins que "na segunda metade do séc. XVIII, a costa oriental americana estava ocupada por treze colónias britânicas que se tinham formado segundo condições diferentes.

As colônias inglesas na América do Norte possuíam traços políticos comuns[20], o que as aproximava umas das outras.

Apesar da relativa autonomia inerente às colônias inglesas, o fato é que a Coroa Britânia começou a exercer, gradualmente, um certo controle político e administrativo sobre elas, embora não tivesse um interesse imediato em controlar politicamente as respectivas colônias que estavam sob o seu domínio. Sua finalidade era de natureza econômica e mercantil, posto que as viam como "um grande entreposto comercial que deveria ser explorado a favor dos comerciantes ingleses e da prosperi-

As primeiras colónias inglesas na América foram empreendimentos privados e não obra do Governo britânico. A Coroa limitava-se a outorgar cartas, a oferecer as terras, a conferir direitos de monopólio no comércio e a permitir a migração.
As motivações dos primeiros colonos na América eram, fundamentalmente, económicas, religiosas e políticas." in **As origens da Constituição norte-americana.** Lex: Lisboa, 1994, p. 21.

20 Segundo Ana Maria Guerra Martins, "todas possuíam governos estabelecidos por um documento escrito, fosse ele real ou do proprietário. Os órgãos legislativos, executivos e judiciais aproximavam-se uns dos outros. Todas as colônias tinham um certo grau de autonomia interna e todas mantinham o mesmo tipo de relações com o governo inglês.
As colônias, por influência da Mãe-Pátria, detinham um legislativo bicameral, em que a Câmara Alta (*council*) era constituída por membros nomeados pela Coroa ou pelo proprietário, sob a recomendação do Governador, e a Câmara Baixa (*assembly*) era constituída por membros eleitos, escolhidos, normalmente, entre os colonos pequenos proprietários.
As Cãmaras legislavam para a respectiva colónia, embora com respeito dos limites impostos pela legislação britânica, que em certos domínios era extensiva às colónias. No âmbito das finanças, por exemplo, detinham um verdadeiro poder orçamental, uma vez que podiam opor-se às leis fiscais britânicas.
O poder executivo era exercido por um Governador, que era nomeado pela Coroa, nas colónias régias, ou pelo proprietário, nas colónias de proprietários, e escolhido pelo povo em Rhode Island e Connecticut.
O Governador exercia, como representante da Coroa, todas as prerrogativas tradicionais do executivo: convocação e prorrogação das sessões da Câmara Baixa; veto absoluto sobre toda a legislação; controlo sobre as receitas e despesas; nomeação dos funcionários subalternos na Colónia; comandante em chefe das forças militares coloniais; vice-almirante da província; chefe da Igreja estabelecida na Colónia; e com a Câmara Alta podia constituir um tribunal de último recurso.
As colónias desenvolveram também uma ordem jurídica e uma estrutura judicial baseada na inglesa, embora adaptada às necessidades americanas e influenciada pelo Direito Canónico e pelo Direito Europeu Continental. O poder judicial começou por estar nas mãos do Governador e da Câmara Alta, mas com a extensão das funções judiciais tornou-se necessário criar tribunais locais, passando os primeiros a funcionar como tribunais de apelação ou mesmo supremos, em alguns casos." In **As origens da Constituição norte-americana.** Lex: Lisboa, 1994, pp. 23 e 24.

dade material da Nação-Mãe."[21] Deste modo, as colônias inglesas eram objeto de intensa exploração econômica por parte da Coroa Britânica.

Em paralelo a isto, para manutenção do seu elevado custo bélico, o governo inglês fez incidir uma intensa carga tributária sobre os colonos, medidas estas que provocaram uma viva oposição por parte da colônias, na medida em que a teoria da representação para efeitos tributários já se fazia presente na consciência política norte-americana (*no taxation whithout representation*). Por via de consequência, o Parlamento britânico não tinha legitimidade para tributar as colônias.[22] A situação política no continente norte-americano vai se agravando, de modo que em abril de 1775, surgem, por toda parte, rebeliões contra as tropas inglesas. Em maio de 1776, o Congresso Continental (que reunia representantes de praticamente todas as colônias), instituiu uma resolução convidando todas as colônias a criarem governos estaduais próprios. Em 11 de junho, foi criado um comitê para redigir a Declaração de Independência, vindo a ser aprovada e proclamada no dia 04 de julho de 1776. Referido documento foi fortemente influenciado pela doutrina do direito natural, do pacto social, da soberania popular e do direito de revolução.[23] Em 17 de setembro de 1787, foi promulgada a Constituição dos Estados Unidos da América[24].

A Constituição norte-americana foi o primeiro documento constitucional[25] da história, havendo instituído a federação como forma de

---

21 Cf. Ana Maria Guerra Martins. **As origens da Constituição norte-americana.** Lex: Lisboa, 1994, p. 24.

22 Sobre o tema, Nelson Saldanha expõe o seguinte:
"Com o tempo as comunidades prosperaram, adquiriram consciência política e se rebelaram contra a metrópole. Examinaram contra estas as próprias idéias que dela vieram, inclusive em certa ocasião o mote *no taxation without representation*, que tinha sido usado pelos ingleses na luta contra o absolutismo. Sob o ângulo norte-americano, a luta contra a metrópole equivalia à luta contra o poder absoluto que os britânicos tinha desenvolvido em sua própria terra anteriormente; por isso, como por outras coisas, se pode aceitar que a guerra da independência das colônias unidas tenha sido chamada de "revolução americana" e figure entre as experiências revolucionárias clássicas da burguesia ocidental. Com a experiência emancipadora-revolucionária norte-americana, a burguesia ocidental estendia seu campo de existência para a outra borda do Atlântico e punha seu conceito de ordem em função de novas situações." **Formação da Teoria Constitucional**. 2ª ed. Rio de Janeiro: Renovar, 2000, p. 61.

23 Cf. Ana Maria Guerra Martins. **As origens da Constituição norte-americana.** Lex: Lisboa, 1994, p. 33.

24 **Constituição dos EUA**

25 Em sua concepção moderna.

Estado e a separação dos poderes. Com ela, se desenvolve uma doutrina acerca da *supremacia constitucional*, já constante no *Federalista* e efetivamente posta em prática através da decisão da Suprema Corte, em 1803, no caso *Marbury vs. Madison*[26].

4. Constitucionalismo francês

A experiência revolucionária francesa é, possivelmente, a mais influente de todas. Nelson Saldanha alude a este momento histórico como a "*revolução constitucionalizante*", na medida em que os seus componentes se universalizaram, de um modo muito especial, para todo o mundo, servindo de modelo para outras experiências constitucionais[27]. Além deste aspecto, o autor faz alusão ao fato da França estar situada no coração do continente europeu, é dizer, "no palco mais visível para as evidências históricas e a persuasão ou influência."[28] Como em toda Europa, na França o absolutismo monárquico se constituía num modelo político opressivo, caracterizado pelas desigualdades sociais[29], ausência de representação política da população, etc.[30]

26 **Marbury v. Madison**

27 **Formação da Teoria Constitucional**. 2ª ed. Rio de Janeiro: Renovar, 2000, p. 68.

28 **Formação da Teoria Constitucional**. 2ª ed. Rio de Janeiro: Renovar, 2000, p. 68.

29 No entendimento de Fabio Konder Comparato, "a Revolução Francesa desencadeou, em curto espaço de tempo, a supressão das desigualdades entre indivíduos e grupos sociais, como a humanidade jamais experimentara até então. Na tríade famosa, foi sem dúvida a igualdade que representou o ponto central do movimento revolucionário. A liberdade, para os homens de 1789, limitava-se praticamente à supressão de todas as peias sociais ligadas è existência de estamentos ou corporação de ofícios. E a fraternidade, como virtude cívica, seria o resultado da abolição de todos os privilégios.
Em pouco tempo, aliás, percebeu-se que o espírito da Revolução Francesa era, muito mais, a supressão das desigualdades estamentais do que a consagração das liberdades individuais para todos." **A afirmação histórica dos direitos humanos**. 2ª ed. São Paulo: Saraiva, 2001, p. 130. Sobre o contexto político-social na França, cf. Emmanuel Joseph Sieyès. **A Constituinte Burguesa**. 4ª ed. Rio de Janeiro: Lumen Juris, 2001.

30 Roberto L. Blanco Valdés expõe que "la Revolución, que se iniciaba en Francia el mismo año en que entraba en vigor la Constitución Federal de 1787, tendría que hacer frente a un muro de dificultades, de naturaleza tanto *coyuntural* como más propiamente *estructural* que acabaría determinando finalmente que en ella fuera observable con marcada nitidez aquel doble efecto del nacimiento del Estado (liberal) que señalábamos en las páginas introductorias de este libro: el de la libertad que surgía de la eliminación de las ataduras feudoestamentales y el de las posibilidades de opresión derivadas de la consolidación de un aparato de poder impersonal – el *Estado* propiamente dicho – que pasaba a concentrar las facultades de dominación política y social como nunca antes había sucedido. No

Segundo Canotilho, a Revolução Francesa buscou edificar um novo modelo político sobre os "*direitos naturais individuais*" e não assentado em posições subjetivas dos indivíduos "enquanto membros integradores de uma qualquer *ordem jurídica estamental*. Os direitos do homem eram *individuais*, todos os homens nascem livres e iguais em direitos e não 'naturalmente desiguais' por integração, segundo a 'ordem natural das coisas', num dado estamento."[31] O movimento revolucionário buscava, portanto, *romper* com o modelo político pretérito, de tal sorte que a denominação posterior "*Ancien Régime*", "*Antigo Regime*", revela isto com maestria, na medida em que *rompe* com o *antigo regime* para implementação de um *novo regime*.[32] O "*atestado de óbito*" do "*Ancien Régime*", no dizer de Fábio Konder Comparato[33], é representado pela *Declaração dos Direitos do Homem e do Cidadão*[34], de 1789.

5. Constitucionalismo e Constituição

Cuida-se, neste momento, em estabelecer a relação existente entre Constitucionalismo e Constituição. Firmar a compreensão em torno do Constitucionalismo implica em determinar qual o significado que uma Constituição deve revestir para uma sociedade. Portanto, ao longo da evolução histórica, tais conceitos caminharam e caminham lado a lado.

O termo "Constitucionalismo" não comporta um único significado. Ao revés, podemos encontrar no âmbito doutrinário várias acepções emprestadas ao referido vocábulo. Para Canotilho, o constitucionalismo revela o movimento gerador do conceito moderno de Constituição, que possui raízes em vários momentos e lugares diferenciados. Assim, encarado o constitucionalismo como um *movimento constitucional* ocorrido em épocas e locais distintos, conclui-se rigorosamente que não se pode falar de um único constitucionalismo, mas de vários movimentos cons-

es extraño, así, que Tocqueville dejara escrito en *La Democracia en America* que 'hubo en la Revolución francesa dos movimientos en sentido contrario que no deben confundirse: el uno favorable a la libertad, el otro favorable al despotismo.'" **El Valor de la Constitución**. Madrid: Alianza Editorial, 1998, pp. 207 e 208.

31 **Direito Constitucional e Teoria da Constituição.** 7ª ed. Coimbra: Almedina, 2003, p. 57.

32 Cf. J. J. Gomes Canotilho. **Direito Constitucional e Teoria da Constituição.** 7ª ed. Coimbra: Almedina, 2003, p. 57.

33 **A afirmação histórica dos direitos humanos**. 2ª ed. São Paulo: Saraiva, 2001, p. 144.

34 **Declaração dos Direitos do Homem e do Cidadão**

titucionais, tais como o Inglês, Francês, Norte-Americano, Alemão etc. O mestre português define o constitucionalismo como "a teoria (ou ideologia) que ergue o princípio do governo limitado indispensável à garantia dos direitos em dimensão estruturante da organização político-social de uma comunidade. Neste sentido, o constitucionalismo moderno representará uma técnica específica de limitação do poder com fins garantísticos." Em síntese, seria a "teoria normativa da política".[35] Vale ressaltar que quando se diz que o constitucionalismo é um movimento constitucional, tal noção implica dizer que se trata de uma ideologia constitucional, na medida em que por trás de cada movimento social há uma ideologia que o mesmo pretende implantar, tendo em vista o desenvolvimento e bem estar dos membros da coletividade. Ao versar sobre as três notas comuns dos grupos sociais, como essência do poder político, assevera Goffredo Telles Junior, *verbis*:

> A *primeira nota comum* é uma *idéia*: a idéia de um *objetivo*, de um *fim*, de um *bem*, para cuja consecução ou realização o grupo se forma.
>
> De fato, todo grupo social se constitui por força de um *projeto* ideal, cuja execução é a razão de ser e a causa final da associação.
>
> Os seres humanos não agem sem motivos. Eles não se agrupariam se a associação não fosse considerada necessária, ou útil, para a efetiva realização de uma *idéia*. Esta *idéia*, representação mental de um bem a atingir, de um objetivo a alcançar, e o desejo de vê-lo assegurado, é o que suscita a formação e a permanência da comunidade, onde a conjugação dos esforços é capaz de produzir o que ninguém, agindo isoladamente, teria meios de obter.
>
> Tal idéia, pois, é o objeto provocador da associação. Chega a ser sua causa principal, porque, na formação do grupo, ela é a causa que move todas as outras causas, e constitui a força organizadora da vida social.
>
> A idéia atua, congrega, impulsiona, dirige, provoca a organização de meios para a organização do fim que ela representa. Ela tem a vocação de positividade: não lhe basta ser *idéia*, anseia ser *realizada*.[36]

---

35 **Direito Constitucional e Teoria da Constituição**, 7ª ed. Coimbra: Almedina, 2003, p. 47. Afora esta idéia de constitucionalismo moderno, Canotilho expõe uma outra sobre constitucionalismo antigo, sendo este "*o conjunto de princípios escritos ou consuetudinários alicerçadores da existência de direitos estamentais perante o monarca e simultaneamente limitadores de seu poder*." Ob. cit., p. 48.

36 **O povo e o poder – O Conselho do Planejamento Nacional.** São Paulo: Malheiros, 2003, pp. 23-24.

Todos os movimentos constitucionais, constitucionalismo para muitos, foram impulsionados por uma *idéia constitucional*, idéia esta que se concretiza no momento em que se torna realidade, é dizer, no momento em que reveste a forma de Constituição. Ao versar sobre o conceito moderno de constitucionalismo, afirma Santi Romano que tal palavra "designa as instituições e os princípios que são adotados pela maioria dos Estados que, a partir dos fins do século XVIII, têm um governo que, em contraposição àquele 'absoluto', se diz 'constitucional'".[37]

Consoante André Ramos Tavares, podemos encontrar ao menos quatro acepções sobre o constitucionalismo, *verbis*:

> "Numa primeira acepção, emprega-se a referência ao movimento político-social com origens históricas bastante remotas que pretende, em especial, limitar o poder arbitrário. Numa segunda acepção, é identificado com a imposição de que haja cartas constitucionais escritas. Tem-se utilizado, numa terceira concepção possível, para indicar os propósitos mais latentes e atuais da função e posição das constituições nas sociedades. Numa vertente mais restrita, o constitucionalismo é reduzido à evolução histórico-constitucional de um determinado Estado.[38]

É de se ver que há um ponto em comum entre as várias definições supra mencionadas: a tendência em limitar a atividade política por parte dos detentores do poder; a busca por um governo moderado. Neste sentido, assevera Manoel Gonçalves Ferreira Filho que o constitucionalismo, enquanto movimento político e jurídico, colima implementar em todos os Estados regimes constitucionais, ou seja, governos exercidos dentro dos limites fixados por uma Constituição escrita. Em resumo, pretende o constitucionalismo a instituição de *Estados Constitucionais*.[39]

Em linha semelhante de pensamento com o que acima se expôs, sustenta Pedro de Vega que o "constitucionalismo, hasta el primer período de la posguerra, aparece fundamentalmente como un instrumento

37 **Princípios de Direito Constitucional Geral.** São Paulo: Revista dos Tribunais, 1977, p. 42.

38 **Curso de Direito Constitucional.** 9ª ed. São Paulo: Saraiva, 2011, p. 01. Nesta obra, o autor tece considerações sobre o constitucionalismo antigo; da idade média; moderno e; contemporâneo.

39 **Curso de Direito Constitucional.** 24ª ed. São Paulo: Saraiva, 1997, p. 07.

de limitación y control del poder, cuyos límites establecen precisamente las nuevas Constituciones escritas."[40]

Verifica-se do exposto, que o constitucionalismo, porquanto movimento político, nutre-se de uma ideologia, sendo esta cambiante em decorrência da evolução da sociedade, de modo que a cada momento histórico nós podemos falar de um *novo movimento constitucional*, é dizer, *de uma nova ideologia constitucional*. Esta *ideologia constitucional* plasmou as várias concepções e modelos de Constituição que surgiram ao longo da história. Para tanto, basta comparar as Constituições do Estado liberal em face das Constituições do Estado Social.

Neste cenário de mudanças, cabe trazer a lume as idéias de Roberto Dromi sobre o que ele denomina *constitucionalismo do porvir*[41]. Os valores positivados constitucionalmente surgem em virtude das aspirações dos povos num dado momento histórico. Inicialmente, tivemos *liberdade*, para, na sequência, proclamar-se a *igualdade* e a *fraternidade* como elementos essenciais em toda comunidade. Por trás de cada valor, movimentos políticos foram erguidos e lutas foram travadas para sua conquista. Ao longo da história, as Constituições vão sendo o *locus* adequado para preservação destes valores fundamentais socialmente perseguidos. Neste contexto, José Roberto Dromi faz alusão ao *constitucionalismo do "por vir"*, cuja nota essencial é a referência a seis valores fundamentais que toda Constituição deve incorporar: a) veracidade; b) solidariedade; c) continuidade; d) integracionalidade; e) universalidade e; f) participatividade.[42]

No entendimento de Dromi, o futuro do constitucionalismo "deve estar influenciado até identificar-se com a verdade, a solidariedade, o consenso, a continuidade, a participação, a integração e a universalização.[43]"

---

40 **Estudios Político-Constitucionales**. México: Universidad Nacional Autónoma de México, 1987, p. 173.

41 **La reforma constitucional. El constitucionalismo del "por-venir". La reforma de la constitución.** In Manuel Francisco Clavero Arévalo (Coord.). **El derecho publico de finales de siglo: una perspectiva iberoamericana**. Madrid: Fundación Banco Bilbao Vizcaya, 1997. pp. 107-118.

42 **La reforma constitucional. El constitucionalismo del "por-venir". La reforma de la constitución.** In Manuel Francisco Clavero Arévalo (Coord.). **El derecho publico de finales de siglo: una perspectiva iberoamericana**. Madrid: Fundación Banco Bilbao Vizcaya, 1997. pp. 107-118, p.113.

43 **La reforma constitucional. El constitucionalismo del "por-venir". La reforma de la constitución.** In Manuel Francisco Clavero Arévalo (Coord.). **El derecho publico de finales de siglo: una perspectiva iberoamericana**. Madrid: Fundación Banco Bilbao Vizcaya, 1997. pp. 107-118, p. 108.

A *veracidade* requer que os documentos constitucionais deixem de ser utópicos, ilusórios e passem a corresponder a *verdade*, é dizer, sejam *íntegros*. Portanto, "a Constituição não deve ser um documento de promessas impossíveis de cumprir, nem de enunciados abstratos. Tem que haver harmonia e compatibilidade, entre o que realmente se necessita, se requer e se pode." Neste contexto, Dromi alude a duas categorias normativas, sendo que uma delas "é constituída de normas que jamais passam de programáticas e são praticamente inalcançáveis pela maioria dos Estados; e uma outra sorte de normas que não são implementadas por simples falta de motivação política dos administradores e governantes responsáveis."[44] Logo, ao invés dos textos constitucionais tentarem mascarar a realidade, deverão ponderar adequadamente entre o que de fato necessita, se requer e se pode constitucionalizar, enaltecendo a ética, a sinceridade e a transparência.[45]

Em relação à *solidariedade*, as constituições deverão pautar-se pela concretização da justiça social e igualdade entre os povos, à luz da dignidade da pessoa humana, de forma a erradicar as discriminações desarrazoadas, é dizer, as que não tendem a promover o equilíbrio e a igualdade.

A *continuidade*, por sua vez, assenta-se na própria idéia de vedação ao retrocesso, de modo que as transformações constitucionais ocorridas positivamente devem permanecer ao longo do tempo, sem com isto perder o seu sentido de originalidade.

Por sua vez, a *integracionalidade* pauta-se pela integração política no âmbito interno e internacional, de modo a propiciar um desenvolvimento Estatal de cunho satisfatório. Sobre o tema, André Ramos Tavares e Celso Ribeiro Bastos evidenciam que "a Constituição refletirá uma integração espiritual, moral e ética. Além disso, contemplará uma integração institucional, vale dizer, a possibilidade de que as províncias pactuem objetivos e projetos de desenvolvimento comum, inclusive a integração em regiões e também a formação de uniões para o desempenho de funções com objetivos comuns.[46]"

---

44 **La reforma constitucional. El constitucionalismo del "por-venir". La reforma de la constitución.** In Manuel Francisco Clavero Arévalo (Coord.). **El derecho publico de finales de siglo: una perspectiva iberoamericana** Madrid: Fundación Banco Bilbao Vizcaya, 1997. pp. 107-118, p. 112.

45 Cf. Uadi Lammêgo Bulos. **Curso de Direito Constitucional**. 2. ed. São Paulo: Saraiva, 2008, p. 26.

46 **As Tendências do Direito Público no Limiar de um Novo Milênio**. São Paulo: Saraiva, 2000, p. 53.

A *universalidade* situa-se no contexto dos direitos humanos, onde o constitucionalismo do *porvir* deverá revelar medidas de combate a qualquer atitude política antagônica à noção de dignidade da pessoa humana, vetor de todo Estado Democrático de Direito.

Por fim, Dromi alude a participatividade, é dizer, que o modelo constitucional do *por vir* deverá pautar-se pela promoção de uma gestão estatal participativa, não apenas em relação ao seu aspecto administrativo e econômico, mas também em atenção à administração da justiça e da interpretação das normas constitucionais e infraconstitucionais, que não devem ser embasada em uma postura por demais discricionária das decisões judiciais.

CAPÍTULO II
DA CONSTITUIÇÃO

1. Conceito de Constituição

1.1. Considerações iniciais

A Ciência do Direito Constitucional tem por objeto de conhecimento a Constituição[1]. Mas o que é a Constituição? Qual a definição do objeto de estudo da Ciência Constitucional? A doutrina apresenta diversas concepções e definição acerca da Constituição, daí ser de extremo relevo delimitar referido conceito.

O termo "constituição", como vários outros que compõem a língua portuguesa, é plurívoco, isto é, comporta mais de um significado, mais de uma acepção. Esclarecedoras são as palavras de Celso Ribeiro Bastos pertinentes à equivocidade do vocábulo em apreço:

> "Tentar oferecer um conceito de Constituição não é das tarefas mais fáceis de serem cumpridas, em razão de este termo ser equívoco, é dizer, prestar-se a mais de um sentido. Isto significa dizer que há vários ângulos pelos quais a Constituição pode ser encarada, conforme seja a postura em que se coloque o sujeito, o objeto ganha outra dimensão. Seria como um poliedro que fosse examinado a partir de ângulos diferentes. Para cada posição na qual o observador se deslo-

---

1 Afirma Antonio-Carlos Pereira Menaut que "se debe tener en cuenta que el Derecho Constitucional gira en torno a la idea de Constitución." in **Teoría Constitucional**. 2ª ed. Santiago: LexisNexis, 2006, p. 1.

> casse, facetas diferentes dessa figura geométrica seriam vistas, não lhe sendo possível examiná-la toda de uma só vez. Exatamente assim ocorre com a Constituição. Não se pode dar um conceito único, pois ela varia conforme a ótica a partir da qual se vai visualizá-la".[2]

De maneira análoga, expõe Carl Schmitt que "la palabra 'constitución' reconoce una diversidad de sentidos. En una acepción general de la palabra, todo, cualquier hombre y cualquier objeto, cualquier establecimiento y cualquier Asociación, se encuentra de alguna manera en una 'constitución', y todo lo imaginable puede tener una 'constitución'."[3] A idéia de Constituição, segundo Antonio-Carlos Pereira Menaut, conduz ao entendimento de que se trata de uma *estrutura, forma de ser, organização* de uma determinada realidade[4], de modo que se se quer emprestar um sentido inteligível ao termo, "hay que limitar la palabra 'constitución' a Constitución *del Estado*, es decir, de la unidad política de un pueblo."[5]

Portanto, se definimos constituição como a real maneira de ser de alguma coisa, concluiremos que todo ente possui uma constituição, na medida em que se reveste de uma concreta forma de existência. Logo, entende-se por Constituição, em sentido amplo, a real ou concreta maneira de ser de um determinado Estado e, neste sentido, todos eles (Estados) possuem Constituição, por mais primitivo que seja[6].

Por sua relevância não apenas histórica, mas, também, em virtude da propagação das idéias no âmbito do Direito Constitucional, cabe aludir a três concepções *clássicas* de Constituição, desenvolvidas respectivamente por Ferdinand Lassalle, Carl Schmitt e Hans Kelsen.

1.2. Conceito Sociológico

A concepção sociológica de Constituição é associada a Ferdinand Lassalle[7], que, no ano de 1863, proferiu uma conferência para os intelec-

---

2 **Curso de Direito Constitucional**. 21ª ed. São Paulo: Saraiva, 2000, p. 41.

3 **Teoría de la Constitución**. Madrid: Alianza Editorial, 1996, p. 29.

4 **Teoría Constitucional**. 2ª ed Santiago: LexisNexis, 2006, p. 1.

5 Carl Schmitt. **Teoría de la Constitución**. Madrid: Alianza Editorial, 1996, p. 29.

6 Segundo Afonso Arinos de Melo Franco, "toda sociedade política tinha a sua Constituição, a sua forma ou tipo de estrutura." **Direito Constitucional – Teoria da Constituição. As Constituições do Brasil**. 3ª ed. Rio de Janeiro: Forense, 1987, p. 77.

7 **A Essência da Constituição**. 3ª ed. Rio de Janeiro: Liber Juris, 1988. Cf. também, em formato digital, **Que é uma Constituição**.

tuais e operários da antiga Prússia[8]. O ponto de partida do pensamento do autor reside no fato de que os problemas constitucionais não são problemas jurídicos, mas sim políticos, de poder, expondo, a partir deste raciocínio, os fundamentos sociológicos das Constituições. Deste modo, Lassalle define a Constituição como sendo a soma dos fatores reais e efetivos do poder que regem determinada sociedade. Esses fatores reais e efetivos do poder são as forças ativas que determinam o modo e forma de existência da sociedade. Segundo Lassale, "os fatores reais do poder que atuam no seio de cada sociedade são essas forças ativas e eficazes que informam todas as leis e instituições jurídicas vigentes, determinando que não possam ser, em substância, a não ser tal como elas são."[9]

Como forças ativas que estão na base das leis e demais instituições jurídicas, o autor cita a monarquia, aristocracia, a grande burguesia, os banqueiros, o exército e a pequena burguesia operária. A Constituição, portanto, é o reflexo da interação dos fatores reais de poder que atuam em uma realidade determinada.[10]

Ao fazer um paralelo entre a *Constituição real* e a *Constituição escrita*, afirma Lassalle que esta apenas será efetiva na medida em que corresponda aos fatores reais do poder prevalecentes em uma sociedade. Quando a *Constituição escrita* não corresponder aos fatores reais e efetivos do poder, não passa de uma simples *folha de papel*. A *folha de papel* (Constituição jurídica) só vale até o momento em que entre ela e a Constituição real, efetiva (soma dos fatores reais e efetivos do poder) houver correspondência; quando isto não ocorrer, o que irá prevalecer é a vontade dos titulares do poder, ou seja, a *Constituição real*. Neste contexto, Lassalle expõe o seguinte raciocínio:

> "Quando podemos dizer que uma constituição escrita é boa e duradoura? A resposta é clara e parte logicamente de quanto temos exposto. Quando essa constituição escrita corresponder à constituição real e tiver suas raízes nos fatores de poder que regem o país. Onde a constituição escrita não corresponder à real, irrompe inevitavelmente um conflito que é impossível evitar e no qual, mais dia menos dia, a constituição escrita, a folha de papel, sucum-

8 Cf. *Prefácio* de Aurélio Wander Bastos à obra **A Essência da Constituição,** 3ª ed., Ferdinand Lassalle, Rio de Janeiro: Liber Juris, 1988, p. 06.

9 **A Essência da Constituição**. 3ª ed. Rio de Janeiro: Liber Juris, 1988, p. 29. Cf. também, em formato digital, **Que é uma Constituição**.

10 Paulo Roberto Barbosa Ramos. **Discurso Jurídico e Prática Política – Contribuição à análise do Direito a partir de uma perspectiva interdisciplinar**. Florianópolis: Obra Jurídica, 1997, p. 24.

> birá necessariamente perante a constituição real, a das verdadeiras forças vitais do país."[11]

Mediante utilização de um raciocínio analógico, acrescenta:

> "Podem os meus ouvintes plantar no seu quintal uma macieira e segurar no tronco um papel que diga: 'Esta árvore é uma figueira.' Bastará esse papel para transformar em figueira o que é macieira? Não, naturalmente. E embora conseguissem que seus criados, vizinhos e conhecidos, por uma razão de solidariedade, confirmassem a inscrição existente na árvore de que o pé plantado era uma figueira, a planta continuaria sendo o que realmente era e, quando desse frutos, destruiriam estes a fábula, produzindo maçãs e não figos. Igual acontece com as constituições. De nada servirá o que se escrever numa folha de papel, se não se justifica pelos fatos reais e efetivos do poder."[12]

Lassalle conclui o seu pensamento de forma coincidente à sua premissa inicial, no sentido de que os problemas constitucionais não são problemas de *direito*, mas de *poder*. A verdadeira Constituição de um País tem por base os fatores reais e efetivos do poder que naquele momento prevalecem numa sociedade, de modo que os textos constitucionais escritos não têm valor nem são duráveis, salvo se o seu conteúdo espelhar fielmente os fatores reais do poder que determinam o modo e a forma de ser de uma comunidade política. Não sendo esta a hipótese, sempre a *Constituição jurídica*, é dizer, a *folha de papel*, sucumbirá em face da *Constituição real*, na medida em que a força dos fenômenos políticos prevalece sobre a *realidade jurídica*.

1.3. Conceito Político

Em sua clássica obra **Teoria da Constituição**, Carl Schmitt expõe quatro significados de Constituição, a saber: a) sentido absoluto; b) sentido relativo; c) sentido positivo e; d) sentido ideal.

a) sentido absoluto

Em sentido absoluto, o termo Constituição compreende duas significações: na primeira, Constituição significa a concreta maneira de ser

---

11 **A Essência da Constituição**. 3ª ed. Rio de Janeiro: Liber Juris, 1988, pp. 59-60. Cf. também, em formato digital, **Que é uma Constituição**.

12 **A Essência da Constituição**. 3ª ed. Rio de Janeiro: Liber Juris, 1988, pp. 63-64. Cf. também, em formato digital, **Que é uma Constituição**.

resultante de qualquer unidade política existente, podendo designar, ainda, a concreta situação de conjunto da unidade política e ordenação social de um certo Estado; uma maneira especial de ordenação política e social, ou seja, a Constituição é sinônimo de forma de governo e, por fim, o princípio do vir a ser dinâmico de integração da unidade política.[13]

Em uma segunda acepção, a Constituição apresenta-se como um sistema de normas supremas e últimas, portanto, como norma das normas (*norma normarum*). Aqui, a Constituição traduz-se em um *dever-ser*. E, neste sentido, o Estado converte-se em uma ordenação jurídica que descansa na Constituição como norma fundamental, quer dizer, em uma unidade de normas jurídicas. O Estado converte-se em um *dever-ser normativo*.[14]

b) sentido relativo

A Constituição é uma pluralidade de leis constitucionais particulares formalmente idênticas, isto é, leis constitucionais que se caracterizam por revestirem a forma escrita e por terem o seu processo de reforma dificultado. Este conceito assemelha-se ao de *Constituição em sentido formal*.

c) sentido positivo

O cerne da teoria de Carl Schmitt encontra-se neste significado de Constituição. Esta é constituída pelo conjunto das decisões políticas fundamentais sobre o modo e a forma de existência da unidade política. Assim, a Constituição surge mediante um *ato do poder constituinte*, e este ato não contém como tal umas normações quaisquer, mas precisamente por um único momento de decisão, a totalidade da unidade política considerada em sua particular forma de existência. Este ato constituinte, segundo Schmitt, constitui a forma e o modo da unidade política cuja existência é anterior. Não é, pois, que a unidade política surja porque se tenha dado uma Constituição.

A Constituição contém apenas a determinação consciente da concreta forma de conjunto pela qual se pronuncia ou decide a unidade política. Conclui Schmitt que esta Constituição "es una decisión consciente que la unidad política, a través del titular del poder constituyente, adopta *por sí misma y se da a sí misma*."[15]

13 **Teoría de la Constitución**. Madrid: Alianza Editorial, 1996, pp. 30-32.

14 **Teoría de la Constitución**. Madrid: Alianza Editorial, 1996, pp. 33-36.

15 **Teoría de la Constitución**. Madrid: Alianza Editorial, 1996, p. 46.

A partir deste conceito, Carl Schmitt distingue Constituição de lei constitucional. É a Constituição apenas o conjunto das decisões políticas fundamentais sobre o modo e a forma de existência da unidade política. Noutras palavras, só é Constituição aquilo que diga respeito à forma de Estado e de governo, aos órgãos do poder e aos direitos e garantias fundamentais. Tudo mais que não disser respeito ao modo e forma de ser da unidade política é lei constitucional.

Assevera Schmitt que a distinção entre Constituição e lei constitucional só é possível porque a essência da Constituição não reside em uma norma ou em uma lei, mas sim numa *decisão política do titular do poder constituinte*, quer dizer, do povo na democracia e do monarca na monarquia autêntica.[16]

Deste modo, considerando a distinção realizada entre Constituição e leis constitucionais, aponta o autor para o significado prático desta diferenciação, a saber: a) a Constituição é irreformável e intangível; b) a Constituição garante uma série de direitos fundamentais; c) um conflito constitucional propriamente dito não afeta as leis constitucionais, apenas a Constituição como decisão política fundamental; d) o juramento é feito com relação à Constituição, considerando-se crime de alta traição um ataque apenas às decisões políticas fundamentais e não as leis constitucionais.[17]

d) sentido ideal

Por fim, a Constituição em sentido ideal corresponde às ideologias político-constitucionais prevalecentes numa unidade política em dado momento histórico, ou seja, aos ideais inspiradores da própria Constituição. Atualmente, as Constituições ideais são as (Constituições) dos Estados Sociais e Democráticos de Direito, ou seja, aquelas (Constituições) que asseguram os direitos e garantias fundamentais mediante a limitação do poder estatal (divisão de "poderes").

1.4. Conceito Jurídico

Toda definição de Constituição como *lei fundamental* revela um conceito jurídico. Todavia, quando a doutrina alude à *concepção jurídica*, quer referir-se ao pensamento formulado por Hans Kelsen acerca da Constituição, da mesma forma ao que ocorre com Ferdinand Lassalle (concepção sociológica) e Carl Schmitt (conceito político).

---

16 **Teoría de la Constitución**. Madrid: Alianza Editorial, 1996, p. 47.

17 **Teoría de la Constitución**. Madrid: Alianza Editorial, 1996, pp. 50-52.

Para Kelsen, o Direito é uma ordem normativa que regula as condutas intersubjetivas, ou seja, um sistema de normas jurídicas que disciplina as condutas humanas.[18] Uma norma jurídica apenas será válida se tiver sido produzida de acordo com uma outra norma igualmente válida. A norma que fundamenta a existência de uma outra norma jurídica recebe a denominação de norma superior, ao passo que a norma que retira seu fundamento daquela primeira recebe a denominação de norma inferior. Deste modo, o fundamento de validade de uma norma inferior apenas pode ser uma norma superior igualmente válida. Isto deriva do fato de que o Direito possui a particularidade de regular a sua própria criação. Neste sentido, o direito é fonte dele próprio.[19]

Uma ordem normativa, é dizer, um sistema de normas, é formado através da recondução de todas as normas válidas a uma única norma, qual seja: a norma fundamental (*grundnorm*). É a norma fundamental, afirma Kelsen, "que constitui a unidade de uma pluralidade de normas enquanto representa o fundamento de validade de todas as normas pertencentes a essa ordem normativa."[20]

---

18 **Teoria Pura do Direito.** 6ª ed. São Paulo: Martins Fontes, p. 215. Na versão espanhola, cf. **Teoría Pura del Derecho**, p. 201.

19 **Teoria Pura do Direito.** 6ª ed. São Paulo: Martins Fontes, pp. 221 e ss. Na versão espanhola, cf. **Teoría Pura del Derecho**, pp. 205 e ss.

20 O mestre de Viena expõe o seguinte raciocínio acerca das relações inter-normativas e o fundamento de validade do sistema:

"(...) a norma que representa o fundamento de validade de uma outra norma é, em face desta, uma norma superior. Mas a indagação do fundamento de validade de uma norma não pode, tal como a investigação da causa de um determinado efeito, perder-se por interminável. Tem de terminar numa norma que se pressupõe como a última e a mais elevada. Como norma mais elevada, ela tem de ser *pressuposta*, visto que não pode ser *posta* por uma autoridade, cuja competência teria de se fundar numa ainda mais elevada. A sua validade já não pode ser derivada de uma norma mais elevada, o fundamento da sua validade já não pode ser posto em questão. Uma tal norma, pressuposta como a mais elevada, será aqui designada como norma fundamental (*Grundnorm*). Já para ela tivemos de remeter a outro propósito.

Todas as normas cuja validade pode ser reconduzida a uma e mesma norma fundamental formam um sistema de normas, uma ordem normativa. A norma fundamental é a fonte comum da validade de todas as normas pertencentes a uma e mesma ordem normativa, o seu fundamento de validade comum. O fato de uma norma pertencer a uma determinada ordem normativa baseia-se em que o seu último fundamento de validade é a norma fundamental desta ordem. É a norma fundamental que constitui a unidade de uma pluralidade de normas enquanto representa o fundamento da validade de todas as normas pertencentes a essa ordem normativa." **Teoria Pura do Direito.** 6ª ed. São Paulo: Martins Fontes, p. 217. Na versão espanhola, cf. **Teoría Pura del Derecho**, p. 202.

Percebe-se, do exposto, que o Direito não é um conjunto caótico de normas postas umas ao lado das outras, mas um sistema escalonado de normas onde a norma inferior retira seu fundamento de validade da norma que lhe é imediatamente superior, e assim por diante, até chegar na Constituição, que é o fundamento de validade último das demais normas que compõem um ordenamento jurídico positivo. Contudo, qual o fundamento de validade da Constituição? Responde Kelsen que é a norma fundamental hipotética.[21]

A Constituição, para Kelsen, possui dois significados: um lógico-jurídico e outro jurídico-positivo. Em sentido lógico-jurídico a Constituição é sentido de norma fundamental, pressuposta, criada pelo pensamento jurídico. Ao revés, a Constituição em sentido jurídico-positivo significa o conjunto de normas que estabelece o modo de produção das demais normas do ordenamento jurídico. São normas positivas, postas. Assim sendo, a Constituição jurídico-positiva tem como fundamento de validade a Constituição lógico-jurídica. Esta, por sua vez, determina que "devemos conduzir-nos como a Constituição (positiva) prescreve".[22]

Em síntese, a Constituição é um conjunto de normas jurídicas que estabelece o modo e a forma de produção de todas as demais normas que compõem um sistema jurídico.[23]

---

21 Com relação à norma fundamental hipotética, Kelsen expõe o seguinte: "(...) uma norma somente é válida porque e na medida em que foi produzida por uma determinada maneira, isto é, pela maneira determinada por uma outra norma, esta outra norma representa o fundamento imediato de validade daquela. A relação entre a norma que regula a produção de um outra e a norma assim regularmente produzida pode ser figurada pela imagem espacial da supra-infra-ordenação. A norma que regula a produção é a norma superior, a norma produzida segundo as determinações daquela é a norma inferior. A ordem jurídica não é um sistema de normas jurídicas ordenadas num mesmo plano, situadas umas ao lado das outras, mas é uma construção escalonada de diferentes camadas ou níveis de normas jurídicas. A sua unidade é produto da conexão de dependência que resulta do fato de a validade de uma norma, que foi produzida de acordo com outra norma, cuja produção por sua vez, é determinada por outra; e assim por diante, até ubicar finalmente na norma fundamental - pressuposta. A norma fundamental - hipotética, nestes termos - é, portanto, o fundamento de validade último que constitui a unidade dessa interconexão criadora." **Teoria Pura do Direito.** 6ª ed. São Paulo: Martins Fontes, 2000, pp. 246-247. Na versão espanhola, cf. **Teoría Pura del Derecho**, p. 232.

22 **Teoria Pura do Direito**. 6ª ed. São Paulo: Martins Fontes, p. 224. Na versão espanhola, cf. **Teoría Pura del Derecho**, p. 208.

23 Segundo José Afonso da Silva, "a constituição *jurídico-positiva*, na concepção kelseniana, equivale à norma positiva suprema, conjunto de normas que regulam a criação de outras normas, lei nacional no seu mais alto grau; ou certo documento

1.5. Conceito Estruturante

Conforme vimos acima, para Schmitt a *Constituição é decisão política*; em Lassalle, apresenta-se como *fato social*; por fim, Kelsen afirma ser a Constituição *pura norma*. Percebe-se, desde logo, o *reducionismo* dessas teorias sobre a definição da Constituição.[24] A idéia de um conceito estruturante busca analisar a Constituição sob uma perspectiva totalizante, não se restringindo às visões unilaterais acerca do fenômeno constitucional.

É o Direito um fenômeno cultural. A Constituição é Direito, portanto, situa-se no *reino cultural*[25]. Por cultura entenda-se a soma de todos os objetos culturais, a própria realidade transformada pelo ser humano. Desta forma, tudo que existe, ou sucede, por intervenção humana, e que se relaciona a um valor, é cultura.[26] O ser humano busca, através do direito, a realização de valores. O direito, porquanto norma jurídica, não contempla valores, mas pauta-se pela realização de valores[27]. Inexiste objeto cultural sem um valor a ele associado de maneira finalística.

---

solene, conjunto de normas jurídicas que somente podem ser alteradas observando-se certas prescrições especiais." **Aplicabilidade das Normas Constitucionais.** 3ª ed. São Paulo: Malheiros, 1998, p. 31:

---

24 José Afonso da Silva, **Aplicabilidade das Normas Constitucionais.** 3ª ed. São Paulo: Malheiros, 1998, p. 31: "Pecam pela unilateralidade as concepções sociológicas, política e normativa pura. Várias tentativas têm sido feitas para superar esse parcialismo no configurar o conceito de constituição."

25 Segundo Recaséns Siches, *reino da cultura* significa "el conjunto de las obras que el hombre hace en su vida, los productos de su acción, dotados de sentido, esto es, impregnados de significación." **Introducción al Estudio del Derecho**. México: Porrúa, 1997, p. 05.

26 J.H. Meirelles Teixeira. **Curso de Direito Constitucional.** Rio de Janeiro: Forense Universitária, 1991, p. 69.

27 Segundo J.H. Meirelles Teixeira, "as normas jurídicas não pertencem ao reino dos valores, não são valores puros, mas apenas uma tentativa, mais ou menos afortunada, de concretizar ou realizar valores jurídicos, éticos, vitais, úteis etc. Os valores são apenas, destarte, critérios ideais, que orientam a norma jurídica, e que esta procura tornar realidade, na conduta humana e nas relações e situações sociais. Poder-se-ia dizer que em toda norma jurídica há uma *intenção valorativa*, isto é, o declarado ou subentendido intuito de realizar valores, ou, na expressão de Recaséns Siches, "*todo Direito positivo pretende ser uma interpretação ou aplicação prática dos valores a uma realidade histórica, mas sua relação com os valores não é de correspondência perfeita: poderá ser justo, menos justo ou injusto; a justiça, e os demais valores que podem estar em jogo, realizar-se-ão nele positivamente em maior ou menor medida, ou negativamente.*'" **Curso de Direito Constitucional.** Rio de Janeiro: Forense Universitária, 1991, p. 69.

Deste modo, sendo o Direito uma realidade transformada pelo homem, é dizer, uma manifestação objetiva do pensamento relacionada a valores, conclui-se, conforme já afirmado, que o Direito é um fenômeno cultural e, portanto, a Constituição também o é.

Mas o que vem a ser este elemento denominado "valor" que dá sentido ao Direito, mais especificamente, à Constituição? Os valores são qualidades historicamente objetivadas, caracterizados por serem *inespaciais* e *atemporais*, isto é, não possuem existência no tempo nem no espaço. Embora os valores não existam, eles valem objetivamente. Outra característica dos valores é o fato de serem *bipolares*, ou seja, a cada valor corresponde um desvalor, isto é, ao valor justiça corresponde o desvalor injustiça, ao valor bondade corresponde o desvalor maldade etc. A essência dos valores independe de sua própria realização, pois podemos falar de justiça mesmo onde ela nunca tenha se realizado. É possível imaginar o belo onde nunca tenha sequer havido beleza. Segundo Meirelles Teixeira, "a verdade é que a essência objetiva dos valores é independente de sua realização."[28]

O Direito se revela como uma tentativa de realização de valores específicos, mediante a regulação de condutas. Afirma Gregório Peces-Barba, que os valores são guia e limite para o desenvolvimento do sistema jurídico.[29] Portanto, é o Direito um conjunto de normas jurídicas que tem por objeto regular as condutas intersubjetivas em busca da realização de valores essenciais. O mesmo pode ser dito da Constituição[30]. Explica Bidart Campos que 'hablar del 'derecho de la constitución' para destacar la fuerza normativa directa que inviste la constitución formal o escrita, muy lejos de entrar en colisión con nuestra tradicional postura

28 **Curso de Direito Constitucional.** Rio de Janeiro: Forense Universitária, 1991, p. 62.

29 **Los Valores Superiores.** Madrid: Tecnos, 1986, pp. 54/55. Cf. tmb. o artigo **Los Valores Superiores**, escrito após diálogos travados com Ronald Dworkin, em razão de sua vista ao "Instituto de Derechos Humanos", sediado em Madrid.

30 Explica German J. Bidart Campos que "recalcar insistentemente en la naturaleza normativa de la constitución, en su juridicidad, y en su fuerza normativa propia, no es – en modo alguno – renegar la posición iusfilosófica que añade al orden normativo una *dimensión sociológica* en la que debe alcanzar eficacia (vigencia sociológica) y otra *dimensión dikelógica* (del valor) que debe realizar el valor con signo positivo. Precisamente, la tridimensionalidad del mundo jurídico nos permite comprender que a la dimensión normológica de la constitución escrita debe acompañarla la dimensión sociológica y la dikelógica, para que el sentido de la constitución democrática se haga efectivo." **El Derecho de la Constitución y su fuerza normativa.** Buenos Aires: Ediar, 1995, p. 30.

trialista, resulta compatible con ella"[31] Com efeito, no mundo jurídico positivo encontram-se alojadas três dimensões ou ordens; uma ordem de condutas (dimensão sociológica), uma ordem de normas (dimensão normológica) e uma ordem de valores (dimensão dikelógica). As normas, segundo Bidart Campos, fazem parte do mundo jurídico, porém este não se esgota naquelas. "Esto equivale a rechazar las viejas conceptualizaciones afirmativas de que el derecho es norma, solamente norma, y nada más que norma. Como se advierte, hay algo más que normas. Pero normas, hay."[32]

Ao tratar do conceito estrutural (total) de Constituição, José Afonso da Silva conclui seu estudo com as seguintes palavras, verbis:

> "A constituição seria, pois, algo que tem, como forma, um complexo de normas (escritas ou costumeiras); como conteúdo a conduta motivada pelas relações sociais (econômicas, políticas, religiosas etc.); como fim, a realização dos valores que apontam para o existir da comunidade; e, finalmente, como causa criadora e recriadora, o poder. Não pode ser compreendida e interpretada se não tiver em mente essa estrutura, considerada como conexão de sentido, como é tudo aquilo que integra um conjunto de valores."[33]

Portanto, sem negar a relevância das demais concepções apresentadas, entendemos que a compreensão da Constituição sob uma perspectiva estruturante permite analisar o fenômeno constitucional de forma mais integral, na medida em que expõe todos os elementos componentes de uma Lei Fundamental.

2. Classificação das constituições

A teoria constitucional oferece uma vasta tipologia das Constituições[34], consoante os diversos critérios classificatórios utiliza-

31 **El Derecho de la Constitución y su fuerza normativa.** Buenos Aires: Ediar, 1995, p. 54.

32 **El Derecho de la Constitución y su fuerza normativa.** Buenos Aires: Ediar, 1995, p. 54.

33 **Aplicabilidade das Normas Constitucionais.** 3ª ed. São Paulo: Malheiros, 1998, p. 36.

34 Segundo Lucio Pegoraro, "en la literatura jurídica de todo el mundo, las Constituciones fueron catalogadas desde diferentes puntos de vista: según criterios temporales, de contenido, forma, situación en el sistema de fuentes, nivel de rigidez, fuentes de legitimación, procedimiento de aprobación, etcétera. Son numerosos también los modos de clasificar las reformas constitucionales: se basan en el pro-

dos pela Ciência do Direito Constitucional. Neste tópico, passaremos a analisar os diversos tipos de Constituição, sem a pretensão de esgotar analiticamente todos os critérios apresentados pela doutrina.

2.1. Quanto ao conteúdo: formal e material

2.1.1. Constituição formal

A Constituição em sentido formal pode ser compreendida como um conjunto de normas jurídicas supremas, elaborada de forma solene e apresentada sob a forma escrita.

Para José Afonso da Silva, a Constituição formal "é a peculiar forma de existir do Estado, reduzida, sob a forma escrita, a um ou mais documentos solenemente estabelecidos pelo poder constituinte e somente modificáveis por processos e formalidades especiais previstos no texto constitucional."[35].

Partindo deste posicionamento, tudo o que resultou de uma decisão política fundamental do titular do poder constituinte, constante em um documento solene e especialmente elaborado é tido como Constituição[36]. Noutras palavras, toda matéria veiculada por dispositivos normativos que foram elaboradas mediante tais formalidades, é constitucional. Segundo o eminente constitucionalista Paulo Bonavides, essa forma rigorosa de "elaborar uma lei constitucional, distinta pois da forma fácil empregada na feitura da legislação ordinária – cuja aprova-

---

cedimiento, el objeto, la existencia o no de límites y su naturaleza, sustancial, circunstancial o temporal, etcétera." In Constituciones (y reformas constitucionales) «impuestas» o «condicionadas». Para una reclasificación interdisciplinaria de la categoría **Pensamiento Constitucional** n° 18, 2013, pp. 331-356, p. 332.

35 **Aplicabilidade das Normas Constitucionais.** 3ª ed. São Paulo: Malheiros, 1998, p. 39.

36 Para Kelsen, a Constituição em sentido formal é "um documento designado como 'Constituição' que – como Constituição escrita – não só contém normas que regulam a produção de normas gerais, isto é, a legislação, mas também normas que se referem a outros assuntos politicamente importantes e, além disso, preceitos por força dos quais as normas contidas neste documento, a lei constitucional, não podem ser revogadas ou alteradas pela mesma forma que a lei simples, mas somente através de processo especial submetido a requisitos mais severos". **Teoria Pura do Direito.** 6ª ed. São Paulo: Martins Fontes, 2000. **Teoria Pura do Direito.** 6ª ed. São Paulo: Martins Fontes, p. 247, 2000; Cf. tmb. **Teoría Pura del Derecho**, México: UNAM, 1982, p. 233

ção se faz em geral por maioria simples, com ausência daqueles requisitos - caracteriza a Constituição em seu aspecto formal."[37]

Por fim, e seguindo os ensinamentos de Celso Ribeiro Bastos, o tipo mais relevante para o direito na conceituação de Constituição é o formal, pois esta gera uma maior certeza e segurança aos jurisdicionados e à própria funcionalidade do ordenamento jurídico[38].

2.1.2. Constituição material

A Constituição em sentido material é um conjunto de normas jurídicas que define a forma de Estado, a forma de Governo, as atribuições e competências dos poderes públicos, além de consagrar os direitos e garantias fundamentais. Portanto, a Constituição em sentido material é definida a partir do *conteúdo* veiculado pelas normas jurídicas, e não mediante a forma através das quais referidas normas são elaboradas.

Paolo Biscaretti di Ruffia define a Constituição material como "aquele complexo de normas jurídicas fundamentais, escritas ou não escritas, idôneo a traçar as linhas mestras de tal ordenação" Deste modo, considera-se a ordenação jurídica tão-somente sob o prisma do seu *conteúdo normativo*[39]. Assevera o constitucionalista italiano que o conceito material de Constituição assume um particular interesse na contraposição entre Constituição escrita e consuetudinária, haja vista que esta última se forma lenta e progressivamente no curso do desenvolvimento histórico de um determinado Estado, independentemente de sua formalização jurídico-positiva em normas constitucionais solenemente elaboradas.

Sob o enfoque em análise, para precisarmos a natureza da norma jurídica como sendo constitucional, basta verificarmos o seu conteúdo ou sua matéria. Por tal razão, toda norma jurídica atinente à estrutura política de um determinado Estado e definidora dos direitos e garantias fundamentais são constitucionais. Percebe-se, deste modo, que a Constituição material é bem mais ampla do que a Constituição formal, sendo certo concluir pela indefinição quantitativa das normas materialmente constitucionais. A título de exemplo, basta citar um tratado internacional sobre direitos humanos que ingresse em nosso ordenamento jurídico através de decreto legislativo. *Formalmente*, não se tra-

---

37 **Curso de Direito Constitucional**. 9ª ed., São Paulo: Malheiros Editores, 2000, p. 65.

38 **Curso de Direito Constitucional**. 21ª ed. São Paulo: Saraiva, 2000, p. 48.

39 **Direito Constitucional (Instituições de Direito Público).** São Paulo: Revista dos Tribunais, 1984, p. 86.

ta de norma constitucional, pois não resultou de uma manifestação do constituinte originário ou reformador, todavia, é materialmente constitucional, pois o conteúdo de suas normas dispõe sobre algo que, em essência, integra a Constituição. Ressalta Celso Ribeiro Bastos que "a exata delimitação do que seja substancialmente constitucional não nos pode ser fornecida, na sua totalidade, a priori, isto é, de forma desvinculada de uma determinada sociedade política. Muitas vezes, o que é por esta entendida como matéria de extrema relevância, devendo, em conseqüência figurar no Texto Maior em uma dada época, deixa de o ser em um outro momento histórico."[40]

Em síntese, o conjunto das decisões políticas fundamentais sobre o modo e forma de existência de uma determinada unidade política forma a Constituição em sentido material.

2.2. Quanto à estabilidade ou processo de mudança: rígida, semi-rígida e exível

2.2.1. Constituição rígida

A Constituição rígida caracteriza-se por seguir um processo legislativo mais rigoroso quanto à possibilidade de alteração de suas normas. Noutras palavras, o processo de criação das normas constitucionais secundárias é bem mais rígido do que aquele previsto para elaboração das demais normas jurídicas. Assim, temos uma *dualidade* de processos legislativos: um pertinente a elaboração das normas constitucionais (este bem mais difícil) e, outro relativo às normas infraconstitucionais (este bem mais fácil se comparado ao primeiro).

De acordo com os ensinamentos de Afonso Arinos de Melo Franco, "a Constituição é chamada rígida quando estabelece um processo especial para sua própria alteração, mais difícil que o da tramitação das leis ordinárias."[41] Analisando a Constituição Federal brasileira, verifica-se que o processo legislativo destinado à produção de normas constitucionais[42] é bem mais rigoroso se compararmos com o processo de elaboração[43] das demais espécies normativas elencadas em seu art. 59 (lei complementar, lei ordinária, lei delegada, medida provisória, decreto legislativo e resolução).

---

40 **Curso de Direito Constitucional**. 21ª ed. São Paulo: Saraiva, 2000, p. 48.

41 **Direito Constitucional – Teoria da Constituição. As Constituições do Brasil**. 3ª ed. Rio de Janeiro: Forense, 1987, p. 93.

42 Cf. **Constituição Federal**, artigo 60.

43 Cf. **Constituição Federal**, artigo 61 e ss.

2.2.2. Constituição semi-rígida

A Constituição semi-rígida (ou semi-flexível) resulta de um misto de rigidez e flexibilidade constitucional, é dizer, parte do texto fundamental segue um processo legislativo mais rigoroso para sua alteração, ao passo que outra parte segue o procedimento previsto para legislação ordinária. Portanto, teríamos dois processos legislativos previstos para alteração das normas de um mesmo documento constitucional, sendo um mais árduo e o outro mais *tênue*. Como exemplo deste tipo de Constituição, podemos citar a nossa de 1824[44], que dispunha em seu art. 178:

> "É só Constitucional o que diz respeito aos limites, e atribuições respectivas dos Poderes Políticos, e aos Direitos Políticos, e individuais dos Cidadãos. **Tudo, o que não é Constitucional, pode ser alterado sem as formalidades referidas, pelas Legislaturas ordinárias.**" (destaque nosso)

Portanto, as normas que veiculavam *matéria constitucional*[45] apenas poderiam ser modificadas mediante processo legislativo mais rigoroso, ao passo que as demais normas, também da Constituição, todavia que não dispunham sobre tais conteúdos, podiam ser objeto de mudança seguindo o procedimento legislativo ordinário.

2.2.3. Constituição flexível

A flexibilidade constitucional significa identidade quanto ao processo de alteração das normas constitucionais em face do processo de elaboração da legislação ordinária[46]. Deste modo, uma norma constitucional pode ser alterada seguindo o mesmo procedimento previsto para criação de uma lei ordinária. Por tal razão, não há distinção for-

44 **Constituição de 1824.**

45 Nos termos do artigo 178, *matéria constitucional* corresponde aos limites e atribuições respectivas dos Poderes Políticos, Direitos Políticos e individuais dos Cidadãos.

46 Sobre o tema, escreveu James Bryce: "Las constituciones del tipo más antiguo pueden llamarse *flexibles*, porque poseen elasticidade y se adoptan y alteran sus formas sin perder sus características principales. Las constituciones del tipo moderno no poseen esta propiedad, porque su estrutura es dura y fija. Por lo tanto, no hay inconveniente en darles el nombre de constituiones rígidas." in **Constituciones flexibles y Constituciones rígidas**. Madrid: Instituto de Estudios Político, 1952, p. 26.

mal entre lei constitucional e lei ordinária. A doutrina costuma aludir à Constituição inglesa como sendo do tipo flexível.

2.3. Quanto à origem: promulgada e outorgada

2.3.1. Constituição promulgada

Promulgada é a Constituição que deita raízes em um regime democrático, onde todo o poder emana do povo e em seu nome é exercido. Noutro dizer, a Constituição promulgada é aquela que tem origem na vontade popular, onde o povo participa direta ou indiretamente do seu processo de elaboração. Deste modo, em um Estado democrático, cujo princípio que o rege é o majoritário, onde prevalece a vontade da maioria, há o consentimento popular durante o processo de feitura do documento constitucional, onde a Constituição resulta legítima[47]. Neste sentido, esclarece Paulo Bonavides:

> "As Constituições populares ou democráticas são aquelas que exprimem em toda a extensão o princípio político e jurídico de que todo governo deve apoiar-se no consentimento dos governados e traduzir a vontade soberana do povo.
> (...) Tendo se firmado vitorioso o princípio democrático, a Constituição surge a seguir por obra de uma assembléia constituinte (Convenção), que primeiro submete por via do *referendum* à apreciação soberana do povo o projeto constitucional por ela elaborado. Traduz esse processo a incontrastável hegemonia política das forças populares, que fazem legítimas as bases da nova ordem jurídica e do sistema representativo consagrado pela vontade dos cidadãos."[48]

---

47 Ao tratar da titularidade do Poder Constituinte em um regime democrático, esclarece Jorge Reinaldo Vanossi: "Se a opção se resolve em favor do *princípio majoritário*, base necessária de todo edifício democrático, o regime será o resultante da aplicação da vontade da maioria do eleitorado (titulares do direito político ativo) mediante o sufrágio universal. A titularidade ou sujeito descansará obrigatoriamente na afirmação do povo como um todo, que se expressa graças a sua liberdade política mediante forças coexistentes que servem de indicadores de uma conformação pluralista da sociedade. Democracia, povo, pluralismo, maiorias, são termos que se supõem reciprocamente; e são as antípodas da autocracia, oligarquia, monismo ou monocracia, e minorias." in *"Uma visão atualizada do Poder Constituinte"*. **Revista de Direito Constitucional e Ciência Política. Instituto Brasileiro de Direito Constitucional.** v. 1, n. 1, pp. 11-25, jul. Rio de Janeiro: Forense, 1983, p. 14.

48 **Curso de Direito Constitucional**. 9ª ed., São Paulo: Malheiros Editores, 2000, p. 72.

Em conclusão, a Constituição promulgada tem origem na vontade popular. O povo é quem decide pela forma de Estado, forma de Governo, atribuições e competências dos Poderes Públicos e, ainda, reconhece a existência dos direitos e garantias fundamentais.

2.3.2. Constituição outorgada

A Constituição outorgada tem origem diversa da promulgada, pois não resulta da vontade popular, mas de "ato unilateral de uma vontade política soberana."[49] São Constituições elaboradas em regimes ditatoriais, onde prevalece o princípio da minoria, regido pela vontade minoritária de quem detém ilegitimamente o poder político, onde não há o ***consentimento*** popular, mas ***assentimento*** popular.[50] O povo aceita irresignadamente a Constituição que lhes é imposta pelo *detentor político*.

2.4. Quanto à extensão: analítica e sintética

2.4.1. Constituição analítica

São analíticas as Constituições extensas, detalhistas, minuciosas, que geralmente regulam matérias que não são *essencialmente* constitucionais.

Segundo Paulo Bonavides, quatro (04) são as causas de *alargamento* dos documentos constitucionais: a) preocupação de dotar certos ins-

49 Paulo Bonavides. **Curso de Direito Constitucional**. 9ª ed., São Paulo: Malheiros Editores, 2000, p. 71.

50 Referindo-se a titularidade do Poder Constituinte em regimes autocráticos, assevera Jorge Reinaldo Vanossi: "Se a opção se resolve existencialmente pela autocracia, então há de imperar o *princípio minoritário*, pelo predomínio de um setor que pretenderá titularizar e exercer a soberania, o poder constituinte e o poder político e jurisdicional assim constituído. As formas de autocracia são muito variadas, já que segundo a concepção ou ingrediente ideológico triunfante, se tratará de uma autocracia fundada na hegemonia de uma raça, de uma classe social, da vontade de um condutor, do predomínio hegemônico de um partido político ou da força triunfante de um grupo armado, Em qualquer dessas hipóteses há ausência de liberdade política (embora se possa tolerar a subsistência da liberdade civil enquanto não incomode o regime) e assistimos ineludivelmente à entronização de uma oligarquia política no mais puro sentido aristotélico da palavra. A base de sustentação será a força (evidente ou dissimulada) e o grau de receptividade consistirá no assentimento, precisamente pela falta de liberdade política." in "*Uma visão atualizada do poder constituinte*". **Revista de Direito Constitucional e Ciência Política. Instituto Brasileiro de Direito Constitucional.** v. 1, n. 1, pp. 11-25, jul. Rio de Janeiro: Forense, 1983, p. 16.

titutos de proteção eficaz; b) sentimento de que a rigidez constitucional é anteparo ao exercício discricionário da autoridade; c) anseio de conferir estabilidade ao direito legislado sobre determinadas matérias e; d) conveniência de atribuir ao Estado, através do mais alto instrumento jurídico que é a Constituição, os encargos indispensáveis à manutenção da paz social.[51]

Urge ressaltar, contudo, que Constituições analíticas tendem a inefetividade de suas normas, em face de um possível distanciamento entre a *Constituição jurídica* e a *Realidade constitucional*. Tal argumento se justifica pelo fato de a Constituição regular matérias que por sua própria natureza são bastante dinâmicas, o que impede o texto constitucional de acompanhar a realidade fática subjacente. Deste modo, com a evolução dos fatos, pode haver um abismo entre a Constituição e o mundo fenomênico, fator este que pode levar a sucessivas mudanças formais do Texto Maior ou a sua derrocada[52].

2.4.2. Constituição sintética

Diz-se sintética, aquela Constituição curta, pequena, concisa. Estas Constituições dispõem sobre a organização fundamental do Estado, podendo incluir entre suas normas alguns direitos e garantias fundamentais. Tratam de matéria essencialmente constitucional. Exemplo de um documento normativo sintético é a Constituição Norte-Americana.

Diversamente do modelo analítico, as Constituições sintéticas tendem a ser mais duradouras em razão de sua própria estrutura normativa, pois permitem adaptar-se às mutações sociais através de processos informais de mutação constitucional[53], é dizer, sem a necessidade de realizar reformas constitucionais.

2.5. Quanto à forma: escrita e consuetudinária

2.5.1. Constituição escrita

Por Constituição escrita se deve entender a reunião de normas jurídicas supremas e solenemente elaboradas pelo Poder Constituinte, encontrando-se codificadas e sistematizadas em documento único. Este

51 **Curso de Direito Constitucional**. 9ª ed., São Paulo: Malheiros Editores, 2000, p. 74.

52 Cf. o paralelo feito por Ferdinand Lassalle entre *Constituição Jurídica* e *Constituição Real*. In **Que é uma Constituição.**

53 Cf. Capítulo XII.

modelo de Constituição reflete uma maior clareza e certeza quanto ao seu conteúdo, o que gera uma maior garantia e proteção ao povo frente aos detentores do poder político.

Segundo Konrad Hesse, a Constituição escrita produz um efeito estabilizador e racionalizador do poder. Afirma o professor alemão que, "la tarea de la constitución escrita en una Comunidad plural consiste no sólo en ser un orden para el ejercicio del poder por aquellos que lo detentan sino en ser un ordem para todos, incluso para los que se encuentran en oposición a los grupos dominantes."[54]

Trata-se, atualmente, da forma mundialmente adotada pelos Estados acerca da Constituição.

2.5.2. Constituição consuetudinária

Constituição consuetudinária ou costumeira é aquela oriunda dos costumes, não sendo elaborada por um corpo de representantes populares de forma racional. Segundo André Ramos Tavares, a Constituição consuetudinária "é formada por um conjunto de orientações normativas não positivadas, oriundas, basicamente, da jurisprudência e dos costumes."[55]

Sobre as Constituições consuetudinárias, explica Thomas Cooley:

> "Uma Constituição pode ser escrita ou não-escrita. Se é não-escrita, pode, sem embargo, haver leis ou atos legais que declarem alguns de seus princípios mais importantes, como já vimos no caso da Inglaterra. O lado vulnerável de uma Constituição não-escrita está em ser assunto de perpétuas mudanças à vontade do Poder Legislativo; e não pode haver garantia contra tais mutações, senão no espírito conservador do Poder Legislativo, e na sua responsabilidade política perante o povo, ou - caso não exista semelhante responsabilidade - no temor de resistência por meio da força."[56]
>
> Por fim, cabe ressaltar que não há atualmente Constituições eminentemente consuetudinárias, pois, embora se adote como paradigma a Constituição Inglesa, esta assume igualmente a forma escrita. Diz-se que esta é *não-escrita* porque está baseada em leis esparsas, costumes e jurisprudência sobre a organização política e direitos

54 **Escritos de Derecho Constitucional.** Madrid: Centro de Estudios Constitucionales, 1983, pp. 95/96.

55 **Curso de Direito Constitucional.** 9ª ed. São Paulo: Saraiva, 2011, p. 92.

56 **Princípios Gerais de Direito Constitucional nos Estados Unidos da América.** Campinas: Russell, 2002, p. 33.

fundamentais, não se encontrando codificada em texto único como as demais Constituições[57].

3. Constituição e supremacia constitucional

A Constituição não é uma norma jurídica que se diferencia das demais apenas quanto ao seu conteúdo essencialmente político, mas também em razão do lugar que ela ocupa no ordenamento jurídico. Modernamente, falar em Constituição implica falar em uma norma suprema, uma Lei que está acima de todas as normas de um sistema jurídico em particular.

Consoante Eduardo García de Enterría, "la Constitución no sólo es una norma, sino precisamente la primera de las normas del ordenamiento entero, la norma fundamental, *lex superior*."[58] Isto, segundo o ilustre constitucionalista espanhol, por duas razões: a primeira, em face de a Constituição ditar o sistema das fontes formais do direito, apresentando-se portanto, como a fontes das fontes, a primeira das *normas de produção*; a segunda, em decorrência de a Constituição ser a expressão de uma intenção fundacional, configuradora de uma sistema inteiro nela baseado, além de uma pretensão de durabilidade, o que permite assegurá-la uma superioridade sobre as demais normas ordinárias, carentes de tal pretensão em face de limitarem-se a objetivos bem mais concretos, todos singulares dentro do marco globalizador e estrutural por ela estabelecidos.[59]

Ignacio de Otto afirma que um conceito de Constituição apenas é compreensível se se parte de um dado básico dos ordenamentos jurídicos modernos: a distinção entre criação e aplicação de normas e a atribuição da primeira função a um ou vários órgãos que ocupam uma

---

57 Sobre a Constituição Inglesa, esclarece René David: "A Inglaterra nunca teve uma Constituição formal, enunciando solenemente os princípios sobre os quais estava fundado seu governo. Na ausência de tal documento, ficamos embaraçados para dizer o que depende e o que não depende da ordem constitucional. A própria noção de Constituição para os ingleses é muito imprecisa, como era para nós na França antiga. Na falta de um critério formal, os ingleses só des cobrem o conteúdo de sua Constituição pela comparação, considerando as matérias que, nos outros países, são regidas pela Constituição. Essa observação não é uma simples frase de efeito: na verdade, foi Montesquieu que ensinou aos ingleses que eles tinham uma Constituição". in **O Direito Inglês**. São Paulo: Martins Fontes, 2000, p. 73.

58 **La Constitución como norma y el Tribunal Constitucional.** 3ª ed. Madrid: Editorial Civitas, 1983, p. 49.

59 **La Constitución como norma y el Tribunal Constitucional.** 3ª ed. Madrid: Editorial Civitas, 1983, pp.49 e 50.

posição de supremacia na organização jurídica e que desenvolvem sua função normadora de um modo mais ou menos permanente. Segundo Ignacio de Otto, "el presupuesto primero de la Constitución es, por tanto, la existencia de la función legisladora en el sentido amplio de este término, como función de crear normas. Esa función normadora puede, a su vez, dividirse en varios planos subordinados entre sí, supuesto en el cual el término legislación se reserva para el que ocupa una posición superior."[60] Para este autor, a idéia de supremacia constitucional pressupõe uma determinada estrutura de ordenamento jurídico, pois quando criação e aplicação do direito encontram-se unidas não há Constituição, a exemplo dos sistemas de direito judicial; ou, ainda, quando o processo de criação do direito não está subordinado a normas, a exemplo da Inglaterra, onde prevalece o princípio da soberania do Parlamento. Deste modo, Constituição é um conceito histórico: nem todo ordenamento tem uma Constituição.[61]

Seguindo as observações acima expostas, a Constituição é a norma que estabelece o modo de produção da *legislação*[62] de um determinado ordenamento jurídico, sendo por tal razão, a norma superior. Tal aspecto implica na observância de todos os dispositivos constitucionais por parte dos agentes produtores de normas jurídicas, sob pena de produzirem um ato antijurídico. Resta evidenciado, deste modo, a **superlegalidade formal e material** da Constituição[63]. A superlegali-

60 **Derecho Constitucional - Sistema de Fuentes.** 2ª ed. Barcelona: Ariel, 1995, p. 14.

61 **Derecho Constitucional - Sistema de Fuentes.** 2ª ed. Barcelona: Ariel, 1995, pp. 14-15. Sobre a relação entre *criação* e *aplicação* de normas, ver Hans Kelsen, **Teoria Pura do Direito.** 6ª ed. São Paulo: Martins Fontes, 2000, pp. 260-263; cf. tmb. **Teoría Pura del Derecho,** México: UNAM, 1982, pp. 243-246.

62 Segundo Hans Kelsen, "a produção de normas jurídicas gerais, regulada pela Constituição em sentido material, tem, dentro da ordem jurídica estadual moderna, o caráter de legislação." in **Teoria Pura do Direito.** 6ª ed., 6ª ed. São Paulo: Martins Fontes, 2000São Paulo: 2000, p. 248. Cf. tmb. **Teoría Pura del Derecho**, México: UNAM, 1982, p. 233.

63 Segundo Canotilho, "ao falar-se do valor normativo da constituição aludiu-se à constituição como *lex superior*, quer porque ela é fonte de produção normativa (*norma normarum*) quer porque lhe é reconhecido um valor normativo hierarquicamente superior (*superlegalidade material*) que faz dela um parâmetro obrigatório de todos os actos estaduais. A idéia de *superlegalidade formal* (a constituição como norma primária da produção jurídica) justifica a tendencial *rigidez* das leis fundamentais, traduzida na consagração, para as leis de revisão, de exigências processuais, formais e materiais, <agravadas> ou <reforçadas> relativamente às leis ordinárias. Por sua vez, a parametricidade material das normas constitucionais conduz à exigência da *conformidade* substancial de todos os actos do Estado e dos poderes públicos com as normas e princípios hierarquicamente superiores

dade formal faz com que as fontes do direito derivadas da Constituição devem ser, rigorosamente, com base nela produzidas. Ou seja, deve haver a observância do processo legislativo fixado *na* e *pela* Constituição. No que diz respeito à superlegalidade material, o conteúdo da *legislação* deve conformar-se com a substância do texto constitucional. Deste modo, deve haver uma compatibilidade formal e material das fontes do direito em face da Constituição.

O princípio da supremacia constitucional é uma invenção do constitucionalismo norte-americano. De acordo com James Grant "se puede decir que la confianza en los tribunales para hacer cumplir la Constitución como norma superior a las leyes establecidas por la legislatura nacional es una contribución de las Américas a la ciencia politica."[64] Ao discorrer sobre o Poder Judiciário, Alexander Hamilton já apontava para a idéia de que a Constituição era uma norma superior às demais. Sobre este ponto, assevera Hamilton: "Uma Constituição é, de fato, a lei básica e como tal deve ser considerada pelos juízes. Em consequência, cabe-lhes interpretar seus dispositivos, assim como o significado de quaisquer resoluções do Legislativo. Se acontecer uma irreconciliável discrepância entre estas, a que tiver maior hierarquia e validade deverá, naturalmente, ser a preferida; em outras palavras, a Constituição deve prevalecer sobre a lei ordinária, a intenção do povo sobre a de seus agentes."[65]

Por fim, importa salientar que a supremacia da Constituição pressupõe a noção de rigidez constitucional. Trata-se, portanto, de decorrência lógica pertinente ao rigor do sistema constitucional quanto à modificação de suas normas, pois, na medida em que se esteja perante um texto constitucional flexível, todas as normas do sistema ocupam um mesmo nível hierárquico, de modo a ser descabido falar, nesta hipótese, em normas constitucionais e normas ordinárias.

---

da constituição. Da conjugação destas duas dimensões – superlegalidade material e superlegalidade formal da constituição – deriva o **princípio fundamental da constitucionalidade dos actos normativos:** os actos normativos só estarão conformes com a constituição quando não violem o sistema formal, constitucionalmente estabelecido, da produção desses actos, e quando não contrariem, positiva ou negativamente, os parâmetros materiais plasmados nas regras ou princípios constitucionais." in **Direito Constitucional e Teoria da Constituição**. 7ª ed. Coimbra: Almedina, 2003, p. 890.

64 El Control Jurisdicional de la Constitucionalidad de las Leyes. Una contribución de las Américas a la Ciencia Politica. **Revista de la Facultad de Derecho de México**, 1963. p. 24.

65 **O Federalista.** Campinas: Russell, 2003, pp. 471-472. Cf. tmb. **O Federalista - Tomo Primeiro, O Federalista - Tomo Segundo, O Federalista - Tomo Terceiro.**

CAPÍTULO III

PODER CONSTITUINTE

SUMÁRIO: 1. Introdução; **2.** O pensamento de Emmanuel Joseph Sieyès; **3.** Tipologia do Poder Constituinte; **3.1.** Poder Constituinte Originário; **3.1.1.** Definição; **3.1.2.** Natureza **3.1.3.** Características; **3.1.4.** Titularidade; **3.2.** Poder Constituinte Derivado; **3.2.1.** Poder Constituinte Reformador; **3.2.1.1.** Definição; **3.2.1.2.** Modo de exercício; **3.2.1.2.** Natureza; **3.2.1.3.** Características; **3.2.1.4.** Limitações constitucionais; **3.2.1.4.1.** Limitações expressas; **3.2.1.4.1.1.** Limitações formais; **3.2.1.4.1.2.** Limitações materiais; **3.2.1.4.1.3.** Limitações circunstanciais; **3.2.1.4.1.4.** Limitações temporais; **3.2.1.4.1.5.** Limitações implícitas; **3.2.2.** Poder Constituinte Decorrente; **4.** A Constituição e as leis à ela anteriores; **4.1.** Relação entre Constituição nova e a Constituição anterior; **4.1.1.** Revogação; **4.1.2.** Desconstitucionalização; **4.2.** Constituição nova e legislação infraconstitucional anterior; **4.2.1.** Revogação; **4.2.2.** Recepção

1. Introdução

O termo *poder constituinte* revela a noção de uma *força que constitui, que cria algo*. Importando tal conceito para o direito constitucional, o poder constituinte é aquele que cria uma Constituição. A questão de fundo em torno da teoria do poder constituinte gravita em torno do *fundamento* e *legitimidade* do poder político e, consequentemente, dos próprios textos constitucionais. Isto porque, em sendo a Constituição o fundamento de validade de todo um ordenamento jurídico-positivo, aquele que tem aptidão para cria-la dever estar legitimado para tanto. Mas, legitimado por quem? Pelo povo, enquanto titular do poder supremo. É oportuno registrar que, ao tratarmos de *Estado Constitucional*, devemos ter como pressuposto a noção de *Poder Constituinte*, pois do contrário tais conceitos são inoperantes. Nelson Saldanha já advertia, neste sentido, que "enquanto num regime não-constitucional não existe poder constituinte, num regime constitucional é ele o pressuposto fundamental."[1]

A teoria do poder constituinte deita raízes no ano de 1789, quando o abade Emmanuel Joseph Sieyès publicou o seu trabalho **"Qu'est-ce**

1 **O Poder Constituinte.** São Paulo: RT, 1986, p. 65.

que le Tiers État"[2], expondo um cenário de desigualdades existentes em relação à Burguesia (Terceiro Estado)[3] em comparação ao Clero (Primeiro Estado) e à Nobreza (Segundo Estado).[4]

2. O pensamento de Emmanuel Joseph Sieyès

Em sua obra **"Qu'est-ce que le Tiers État"**, Sieyès a principia expondo um plano de trabalho "muito simples", composto por três indagações com as respectivas respostas:

> "1ª) O que é o Terceiro Estado? - Tudo.
> 2ª) O que tem sido ele, até agora, na ordem política? - Nada.
> 3ª) O que é que ele pede? - Ser alguma coisa."[5]

Sieyès proclama no início de sua obra que o "Terceiro Estado é uma Nação Completa.[6]" Para que uma nação possa subsistir e prosperar, faz-se necessário a realização de trabalhos particulares e a existência de funções públicas[7]. Todos eles são desenvolvidos pelos Terceiro Estado.

---

2 **"O que é o Terceiro Estado?"**

3 Fábio Konder Comparato expõe que o Terceiro Estado era composto por "todos aqueles que, excluídos da nobreza e do clero, não gozavam de privilégios ligados a estas duas ordens superiores. O *Tiers Etat* era, na verdade, um aglomerado social heterogêneo, formado de um lado pela classe burguesa: o conjunto dos comerciantes de todos os ramos, os profissionais liberais e os proprietários urbanos que viviam de renda ou de juros (*rentiers* e *capitalistes*). Era formado, ademais, pelo enorme grupo social restante, geralmente designado como povo (*le peuple*), isto é, a massa dos não-proprietários, dos pequenos artesãos, empregados domésticos, operários e camponeses." in **A Afirmação Histórica dos Direitos Humanos**. 2ª ed. São Paulo: Saraiva, 2001, pp. 135 e 136.

4 Explica José Ribas Vieira que "em razão dos direitos assegurados ao clero e à nobreza nos Estados Gerais é que podemos perceber o caráter minoritário destinado ao denominado Terceiro Estado. Em face desta realidade, o processo revolucionário de 1789 será deflagrado a partir de um conflito entre o Terceiro Estado e as duas ordens privilegiadas." *Prefácio* do livro de Emmanuel Joseph Sieyès. **A Constituinte Burguesa**.4ª edição. Rio de Janeiro: Lumen Juris, 2001, p. xix.

5 **A Constituinte Burguesa**.4ª edição. Rio de Janeiro: Lumen Juris, 2001, p. li.

6 **A Constituinte Burguesa**.4ª edição. Rio de Janeiro: Lumen Juris, 2001, p. 1.

7 Para Sieyès, "todos os trabalhos particulares podem se resumir em quatro classes: 1ª) como a água e a terra fornecem a matéria-prima das necessidades do homem, a primeira classe, na ordem de idéias, são todas as famílias ligadas aos trabalhos do campo; 2ª) a partir da venda e das matérias-primas até seu consumo ou sua utilização uma nova mão-de-obra multiplica e acrescenta a estas matérias um segundo valor, mais ou menos composto: a indústria humana. Ela consegue aperfeiçoar os benefícios da natureza, e o produto bruto dobra, decuplica, centuplica seu

Disto resulta que a pretensa utilidade das ordens privilegiadas para o serviço público não passa de uma utopia, pois tudo o que há de complexo neste trabalho é desenvolvido pelo Terceiro Estado. Sem a classe privilegiada, os cargos superiores seriam mais adequadamente exercidos pelos que compõem o Terceiro Estado, levando em conta as aptidões intelectuais e físicas dos indivíduos, é dizer, se tomaria em conta um *critério meritório*. Para Sieyès, os cargos superiores deveriam ser "naturalmente o lote e a recompensa dos talentos e serviços reconhecidos.[8]" Todavia, a classe privilegiada usurpou todos os cargos lucrativos e honoríficos, em detrimento do Terceiro Estado. Neste ponto, indaga Sieyès: "Quem ousaria assim dizer que o Terceiro Estado não tem em si tudo o que é preciso para formar uma nação completa?[9]" O Terceiro Estado é o elemento forte que impulsiona a sociedade, fazendo-a caminhar. Sieyès aponta que se houvesse supressão das ordens privilegiadas,

valor. Estes são os trabalhos da segunda classe; 3ª) entre a produção e o consumo, assim como entre os diferentes graus de produção, se estabelece uma multidão de agentes intermediários, úteis, tanto aos produtores como aos consumidores, são os comerciantes e os negociantes. Os negociantes que, o tempo todo, comparam as necessidades ocasionais, especulam com o depósito e o transporte. São os comerciantes que se encarregam, em última análise, da venda, no atacado e no varejo. Esse tipo de atividade caracteriza a terceira classe; 4ª) além dessas três classes de cidadãos trabalhadores e úteis, que se ocupam do objeto próprio do consumo e do uso, é preciso ainda que haja em uma sociedade um grande número de trabalhos particulares e de serviços diretamente úteis ou necessárias para o indivíduo. Essa quarta classe inclui desde as profissões científicas e liberais mais consideradas, até os serviços domésticos menos valorizados.

Estes são os trabalhos que sustentam a sociedade. E sobre quem recaem? Sobre o Terceiro Estado.

As funções públicas também podem, no estado atual, ser reunidas sobre quatro denominações conhecidas: a Espada, a Toga, a Igreja e a Administração. Seria supérfluo percorrê-las detalhadamente para mostrar que o Terceiro Estado integra os dezenove vigésimos delas, com a diferença de que se ocupa de tudo o que é verdadeiramente penoso, de todos os cuidados que a ordem privilegiada recusa. Somente os postos lucrativos e honoríficos são ocupados pelos membros da ordem privilegiada. Seria isso um mérito seu? Para isso seria preciso que o Terceiro Estado recusasse a preencher estes lugares, ou, então, que fosse menos apto para exercer essas funções. Sabemos que isso não acontece. Entretanto, se ousou fazer uma interdição ao Terceiro Estado. E lhe disseram: *Quaisquer que sejam seus serviços e seus talentos, você irá até ali; não poderá ir além. Não convém que você seja honrado.* Algumas raras exceções, sentidas como devem ser, não passam de zombaria, e a linguagem que se emprega nessas raras ocasiões um insulto a mais." **A Constituinte Burguesa**. 4ª edição. Rio de Janeiro: Lumen Juris, 2001, pp. 1 e 2.

8 **A Constituinte Burguesa**. 4ª edição. Rio de Janeiro: Lumen Juris, 2001, p. 3.

9 **A Constituinte Burguesa**. 4ª edição. Rio de Janeiro: Lumen Juris, 2001, p. 3.

a Nação em nada diminuiria, mas, ao contrário, teria acréscimo. Desta reflexão resulta a seguinte pergunta: "o que é o Terceiro Estado?" Na sequência, responde: "Tudo, mas um tudo entravado e oprimido. O que seria ele sem as ordens de privilégios? Tudo, mas um tudo livre e florescente. Nada pode funcionar sem ele, as coisas iriam infinitamente melhor sem os outros."[10] Traduzindo em miúdos, excluído o Terceiro Estado, os demais indivíduos que compõem os outros dois estamentos não passam de elementos inúteis que sobrecarregam a Nação. Por isto, referida ordem de privilegiados apenas tendem a enfraquecer e prejudicar a coletividade. A rigor, adverte Sieyès, a ordem de privilegiados "não forma parte dela" - Nação[11].

A ordem nobre não há de ser menos estranha à coletividade em virtude de suas prerrogativas civis e políticas. Ora, "o que é uma Nação?", indaga Sieyès. Trata-se de um somatório de pessoas associadas vivendo sob uma lei comum e representadas pelo mesmo governo. A par disto, "será certo que a ordem nobre tenha privilégios, que ela ousa chamar de seus direitos, separados dos direitos do grande corpo de cidadãos?"[12] Se assim for, seus direitos civis fazem dela um povo à parte dentro da enorme Nação. É, no dizer de Sieyès, um "*imperium in império*".[13]

Tal separação é refletida também no âmbito da representação política, na medida em que cada *ordem* possui os seus próprios representantes. Assim, os nobres possuem seus próprios representantes que não são, em absoluto, representantes populares. Sua representação política se reúne separadamente dos representantes da burguesia, mas, mesmo que assim não fosse, é dizer, se todos se reunissem em um

10 **A Constituinte Burguesa**. 4ª edição. Rio de Janeiro: Lumen Juris, 2001, pp. 3 e 4.

11 **A Constituinte Burguesa**. 4ª edição. Rio de Janeiro: Lumen Juris, 2001, p. 4. Afirma o abade que "é impossível saber, dentro de todas as partes elementares de uma nação, onde situar a casta dos nobres. Sei que há indivíduos, e em grande número, a quem as doenças, a incapacidade, uma preguiça incurável ou uma torrente de maus costumes os tornam estranhos aos trabalhos da sociedade. A exceção e o abuso estão em toda parte, ao lado da regra, sobretudo em um vasto império. Mas devemos concordar que, quanto menos abusos houver, melhor fica o estado para ser ordenado. O mais desordenado dos estados seria aquele em que, não somente particulares isolados, mas uma classe inteira de cidadãos colocasse sua glória no fato de permanecerem imóveis em meio ao movimento geral e consumisse a melhor parte do produto sem nada ter feito para fazê-lo nascer. Esta classe, sem dúvida, é estranha à nação por sua ociosidade.
A ordem nobre não é menos estranha ao nosso meio por suas prerrogativas políticas." Idem.

12 **A Constituinte Burguesa**. 4ª edição. Rio de Janeiro: Lumen Juris, 2001, p. 4.

13 **A Constituinte Burguesa**. 4ª edição. Rio de Janeiro: Lumen Juris, 2001, p. 4.

mesmo ambiente, ainda assim sua representação seria essencialmente distinta e especial, pois é estranha à Nação. E assim o é em virtude de sua legitimidade não advir do povo e sua missão não estar voltada para defesa do interesse coletivo, mas sim particular, é dizer, dos seus próprios privilégios. Com tais premissas, Sieyès conclui que o "Terceiro Estado abrange, pois, tudo o que pertence à nação. E tudo o que não é Terceiro Estado não pode ser olhado como pertencente à nação. Quem é o Terceiro Estado? Tudo."[14]

Em relação ao que o "Terceiro Estado tem sido até agora", responde Sieyès que "nada", pois não possui uma representação política legítima. Na composição dos Estados Gerais, muitos dos "representantes' do Terceiro Estado se constituem em falsos deputados, que sequer foram eleitos pelo povo e que lá estão em virtude de terem adquirido título pessoal de nobreza, na forma à época prevista, a exemplo da sucessão, cuja transmissão poderia ocorrer até a segunda ou terceira geração. Em síntese, afirma Sieyès, "o Terceiro Estado não teve, até agora, verdadeiros representantes nos Estados Gerais. Desse modo, seus direitos políticos são nulos."[15]

Por fim, quanro ao "que pede o Terceiro Estado? Ser alguma coisa",[16] Sieyès responde a tal indagação com base nas petições e reclamações destinadas pelas municipalidades do reino dirigidas ao governo. Aduz que o "povo quer ser alguma coisa e, na verdade, muito pouco. Quer ter verdadeiros representantes - *Primeira Petição* - nos Estados Gerais, ou seja, deputados oriundos de sua ordem, hábeis a interpretar sua vontade e defender seus interesses.[17]" Além disto, para que tal representação seja efetiva, faz necessário que o número de representantes[18] e o voto

14 **A Constituinte Burguesa**. 4ª edição. Rio de Janeiro: Lumen Juris, 2001, p. 5.

15 **A Constituinte Burguesa**. 4ª edição. Rio de Janeiro: Lumen Juris, 2001, p. 12.

16 **A Constituinte Burguesa**. 4ª edição. Rio de Janeiro: Lumen Juris, 2001, p. 13.

17 **A Constituinte Burguesa**. 4ª edição. Rio de Janeiro: Lumen Juris, 2001, p. 13. Esta é a "*Primeira Petição*" que Sieyès aponta, é dizer, "que os representantes do Terceiro Estado sejam escolhidos apenas entre os cidadãos que realmente pertençam ao Terceiro Estado." Ob. cit. p. 16.

18 Eis a *Segunda Petição* indicada pelo abade: "Que seus deputados sejam em número igual ao da nobreza e do clero." Após argumentar em favor da paridade representativa, Sieyès faz as seguintes observações sob a forma de perguntas: "Como é possível sustentar-se por um lado, que a lei é a expressão da vontade geral, quer dizer, da maioria, e querer, ao mesmo tempo, que dez vontades individuais possam contrabalançar mil vontades particulares? Isso não equivale a se expor a deixar que a minoria faça a lei, o que é contrário, evidentemente, à natureza das coisas?". Ob. cit. p. 21.

seja paritário ao das outras duas ordens – *Segunda Petição*. Por isto, afirma Sieyès, "o Terceiro Estado pede, – *Terceira Petição* – pois, que os votos sejam emitidos 'por cabeça e não por ordem.'"[19] Busca-se, com isto, ter uma participação e influência nos Estados Gerais igual à ordem dos privilegiados.

Com o objetivo de conter os ânimos sociais, Sieyès evidencia que o governo não poderia atingir tal propósito sem a ajuda voluntária da nação. Para tanto, "pensou – o governo – em obter (...) um consentimento cego a todos os seus projetos, oferecendo-se para fazer alguma coisa pelos outros.[20]" Neste sentido, foram idealizadas as *Assembléias Provinciais,* todavia, aponta Sieyès, lendo com um pouco de atenção a forma de composição destas Assembléias, ser fácil de perceber que o critério adotado para tanto levava em conta as propriedades dos indivíduos, é dizer, "a ordem real". Era na qualidade de proprietário que as pessoas eram convocadas nestas assembleias. Ao apontar os inconvenientes deste modelo, Sieyès argumenta que "entre todos os vícios de execução deste estabelecimento, o maior foi, sem dúvida, o de começar pelo teto, em vez de fazê-lo por suas bases naturais: **a eleição livre dos povos**. Mas, pelo menos, este ministro, para prestar uma espécie de homenagem aos direitos do Terceiro Estado, deu-lhe um número de representante igual ao do clero e da nobreza reunidos. Neste ponto a instituição é positiva. Mas o que aconteceu? Nomeou-se deputados para o Terceiro Estado dentre os privilegiados. Eu conheço uma dessas assembleias onde, de cinquenta e dois membros, só um não é privilegiado. É assim que se serve à causa do Terceiro Estado, mesmo depois de se ter anunciado publicamente que se quer fazer justiça a ele."[21] No entendimento do abade, "**só podemos ser livres com o povo e por ele**",[22] de modo que a cada dia o "*império da razão*" se estende cada vez mais, restituindo ao povo os direitos que lhes foram usurpados. Logo, se o Terceiro Estado não se encontra representado, a nação continuará muda.

Outro ponto suscitado por Sieyès foi de que os notáveis[23] manifestaram formalmente o interesse em aplicar os impostos às três ordens (Primeiro, Segundo e Terceiro Estado). Todavia, o abade afirma tratar-se de uma forma de iludir o Terceiro Estado, de silenciá-lo. Pretendeu com isto o governo desviar a atenção da coletividade em relação às suas peti-

19 **A Constituinte Burguesa**. 4ª edição. Rio de Janeiro: Lumen Juris, 2001, p. 14.

20 **A Constituinte Burguesa**. 4ª edição. Rio de Janeiro: Lumen Juris, 2001, p. 29.

21 **A Constituinte Burguesa**. 4ª edição. Rio de Janeiro: Lumen Juris, 2001, p. 31.

22 **A Constituinte Burguesa**. 4ª edição. Rio de Janeiro: Lumen Juris, 2001, p. 33.

23 O clero e a nobreza.

ções e distraí-lo da necessidade que tem de ser algo na composição dos Estados Gerais. Através desta proposta, o governo parece estar dizendo o seguinte ao Terceiro Estado: "O que é que vocês querem? Que paguemos como vocês? Está bem, isto é justo, vamos pagar, mas deixem ficar o antigo estado de coisas, em que vocês não são nada, em que somos tudo, e onde nos foi tão fácil não pagar pelo que quisemos."[24] Apesar de tais propostas, conferindo diversos benefícios à coletividade, Sieyès não vislumbra vantagem alguma, na medida em que os privilegiados continuam em querer as duas câmaras e a manutenção do sistema não paritário de votos. Ora, a manutenção deste modelo político resulta em excelente mecanismo que impossibilita a implementação de qualquer reforma e tal imobilidade, apesar de convir ao Primeiro e Segundo Estado, não agrada ao Terceiro Estado.

Ao término de seus argumentos, Sieyès afirma que em toda nação livre[25] só existe uma forma de extinguir as diferenças: através de uma Constituição. Para isto, não é aos notáveis que se deve recorrer, mas à própria nação. "Se precisamos de Constituição, devemos fazê-la. Só a nação tem o direito de fazê-la", afirma o abade.[26] Para compreensão do mecanismo social, Sieyès propõe que se analise a sociedade como uma máquina, devendo ser observada isoladamente cada parte que a compõe para, em seguida, interpreta-la de forma integral, juntando cada peça "uma depois da outra, a fim de captar os acordes e ouvir a harmonia geral resultante.[27]" Em uma sociedade política, os associados são bastante numerosos e encontram-se dispersos em lugares distintos, sendo muito difícil que eles possam exercitar, diretamente, sua vontade comum. Em tal hipótese, devem confiar o exercício desta porção da vontade nacional e, consequentemente, do poder, a alguns

---

24 Na sequência, Sieyès aponta que o Terceiro Estado pode responder da seguinte maneira: "já é hora, sem dúvida, que vocês carreguem também o peso de um tributo que é mais útil a vocês que a nós. Vocês previram muito bem que esta monstruosa iniquidade não poderia durar mais. Se somos livres em nossas doações, está claro que não podemos, nem devemos, como também não queremos que sejam maiores que as suas. Esta decisão de nossa parte torna indiferente para nós estes atos de renúncia que vocês não se cansam de elogiar. Sim, vocês vão pagar, não por generosidade, mas por justiça; não porque vocês queiram, mas por que devem." **A Constituinte Burguesa**. 4ª edição. Rio de Janeiro: Lumen Juris, 2001, p. 35

25 "E toda nação deve ser livre", afirma o abade. **A Constituinte Burguesa**. 4ª edição. Rio de Janeiro: Lumen Juris, 2001, p. 45.

26 **A Constituinte Burguesa**. 4ª edição. Rio de Janeiro: Lumen Juris, 2001, p. 45.

27 **A Constituinte Burguesa**. 4ª edição. Rio de Janeiro: Lumen Juris, 2001, p. 46.

dentre eles. Neste aspecto reside a origem de um "governo exercido por procuração.[28]"

No plano da representação política, Sieyès destaca dois aspectos: a) a comunidade não se despoja do exercício da sua vontade. Em outras palavras, a titularidade do poder político continua pertencendo a comunidade. Por tal razão afirma o abade ser ele "sua propriedade inalienável. Só pode delegar o seu exercício"[29]; b) o corpo de representantes não pode estar investido na totalidade do poder político, na medida em que a sociedade só lhe pode confiar uma parcela necessária do mesmo para manutenção da ordem pública e; c) não é dado ao corpo de representantes alterar os limites da competência que lhes foi atribuída. Portanto, a vontade do corpo de representantes não é plena e ilimitada, na medida em que não a exerce como um direito próprio. Trata-se de direito inerente à vontade comum. A representação política, pois, só existe na forma que a nação a quis outorgar. Além disto, para que referido corpo político possa agir, faz-se necessário atrelar ao mesmo uma finalidade, que reside na impossibilidade deste poder delegado nunca vir a ser nocivo à própria sociedade. O interesse a ser perseguido é o da própria Nação, que existe antes de tudo e que está na origem de tudo. A vontade nacional reside na própria lei, de modo que antes e acima dela está apenas o direito natural. Portanto, acaso se queira ter uma idéia exata da série de leis positivas que apenas podem emanar desta vontade, Sieyès faz referência, em primeiro plano, às leis constitucionais, dividindo-as materialmente em duas partes: a) as que regulam a organização e as funções do corpo legislativo e; b) as que determinam a organização e as funções dos distintos corpos ativos. A estas leis Sieyès as denomina de *fundamentais*, não no sentido de que possam tornar-se independentes da vontade nacional, mas em virtude dos corpos que existem e agem por elas, não poderem tocá-las. Reside, aqui, a própria essência da *supremacia constitucional*[30].

---

28 **A Constituinte Burguesa**. 4ª edição. Rio de Janeiro: Lumen Juris, 2001, p. 47.

29 **A Constituinte Burguesa**. 4ª edição. Rio de Janeiro: Lumen Juris, 2001, p. 47.

30 É importante salientar que acima do direito positivo, está o direito natural dos povos, inalienável, e que condiciona todo o sistema positivo de normas. Sieyès não prescindiu desta análise, na medida em que expõe o seguinte:
"Vimos a Constituição nascer na segunda época. É claro que ela só é relativa ao Governo. Seria ridículo supor a nação ligada pelas formalidades ou pela Constituição a que ela sujeitou seus mandatários. Se para tornar-se uma nação, a sua vontade tivesse que esperar uma maneira de ser positiva, nunca o teria sido. A nação se forma unicamente pelo direito natural. O governo, ao contrário, só se regula pelo direito positivo. A nação é tudo o que ela pode ser somente pelo que ela é. Não depende de sua vontade atribuir-se mais ou menos direitos que ela tem. Mesmo em

Deste modo, o poder real apenas é exercido legitimamente se assim o procede dentro dos contornos fixados pela Constituição. No entanto, a Nação em si, vista como um todo, não está subordinada à Constituição, na medida em que isto seria contraditório. Sieyès explica tal raciocínio expondo, primeiramente, "que uma nação não pode nem alienar, nem se proibir o direito de mudar; e, qualquer que seja a sua vontade, ela não pode cercear o direito de mudança assim que o interesse geral o exigir. Eu entendo que ela pode obrigar seus membros, seus mandatários, e tudo o que lhe pertence; mas será que ela pode impor deveres a si mesma? O que é um contrato consigo mesma? Sendo as duas partes a mesma vontade, ela pode sempre desobrigar-se de tal compromisso."[31]

As Nações devem ser concebidas como indivíduos fora do pacto social, é dizer, em estado de natureza. Afirma Sieyès que "o exercício de sua vontade é livre e independente de todas as formas civis. Como existe na ordem natural, sua vontade, para surtir todo o seu efeito, não tem necessidade de levar os caracteres naturais de uma vontade. Qualquer que seja a forma que a nação quiser, basta que ela queira; todas as formas são boas, e sua vontade é a lei suprema."[32]

Em sede de representação política, Sieyès aponta para dois tipos de representantes: a) ordinários e; b) extraordinários. A representação política ordinária de um povo está incumbida de praticar todos os atos necessários à manutenção da boa administração, observadas as formas constitucionais. Por sua vez, a representação política extraordinária terá um novo poder que lhe será outorgado pela Nação quando melhor lhe aprouver. Todavia, na medida em que uma grande Nação não pode diretamente se reunir toda vez que se faça necessário, é mister que ela

sua primeira época, ela tem os direitos naturais de uma nação. Na segunda, ela os exerce; na terceira, ela faz exercer por seus representantes tudo o que é necessário para sua conservação e da ordem na comunidade." **A Constituinte Burguesa**. 4ª edição. Rio de Janeiro: Lumen Juris, 2001, pp. 49 e 50.

31 **A Constituinte Burguesa**. 4ª edição. Rio de Janeiro: Lumen Juris, 2001, p. 50.

32 **A Constituinte Burguesa**. 4ª edição. Rio de Janeiro: Lumen Juris, 2001, p. 51. Sieyès acrescenta, ainda, o seguinte:
"Já que, para formar uma sociedade legítima, atribuímos às vontades individuais puramente naturais a potência moral de formar a associação, como nos negaríamos a reconhecer uma força semelhantes em uma vontade comum, igualmente natural? Uma nação nunca sai do estado de natureza e, em meio a tantos perigos, todas as maneiras possíveis de expressar sua vontade nunca são demais. Repetindo: uma nação é independente de qualquer formalização positiva, basta que sua vontade apareça para que todo direito político cesse, como se estivesse diante da fonte e do mestre supremo de todo o direito positivo." Idem.

confie a *representantes extraordinários* os poderes necessários a tais ocasiões. Sobre tal aspecto, Sieyès indaga: "Se ela (Nação) pudesse se reunir diante de vocês e exprimir sua vontade, vocês ousariam contestá-la, porque ela faz isso de uma forma e não de outra? Aqui a realidade é tudo e a forma é nada." [33]

Referido corpo de representantes extraordinários supre a assembleia desta Nação, no sentido de ser impossível um colegiado composto por cada indivíduo integrante da sociedade. Tais representantes não têm que se incumbir da plenitude da vontade nacional, bastando ser-lhes atribuído um poder especial para, em raras situações, substituir a Nação independente. Os representantes ora aludidos são deputados somente para um específico assunto e por tempo determinado. Deste modo, a representação legislativa ordinária não se confunde com a representação extraordinária. Esta, por sua vez, é que consubstancia a *Assembléia Nacional*. Através desta, os interesses individuais são praticamente nulos, na medida em que o objeto da discussão deverá ser a segurança comum, a liberdade comum, ou seja, a coisa pública. Portanto, uma Assembléia Nacional não deve ocupar-se dos assuntos particulares dos cidadãos. Ela há de considerar a todos como uma *massa*, sob o ponto de vista do interesse comum. Disto se extrai a consequência de que "o direito de fazer-se representar só pertence aos cidadãos por causa das qualidades que lhes são comuns e não devido àquelas que os diferenciam."[34]

Deste modo, os interesses que reúnem os indivíduos são exclusivamente aqueles que decorrem de sua condição de específico membro da coletividade, razão pela qual se exclui qualquer consideração de natureza individual, a exemplo de riqueza, propriedade etc. Em virtude disto, a "legislação de um povo só está encarregada do interesse geral."[35]

Eis, em síntese, o pensamento de Sieyès sobre a idéia de poder constituinte. Trata-se de um poder permanente que não desaparece após a elaboração de um documento constitucional, na medida em que sua titularidade repousa na Nação, não sendo a esta possível alienar ou proibir o direito de mudança na medida em que o interesse geral assim o exigir. À luz do direito natural, Sieyès aponta que o poder constituinte é limitado[36].

33 **A Constituinte Burguesa**. 4ª edição. Rio de Janeiro: Lumen Juris, 2001, p. 52.

34 **A Constituinte Burguesa**. 4ª edição. Rio de Janeiro: Lumen Juris, 2001, p. 72.

35 **A Constituinte Burguesa**. 4ª edição. Rio de Janeiro: Lumen Juris, 2001, p. 74.

36 Afirma o abade que "a nação existe acima de tudo, ela é a origem de tudo. Sua vontade é sempre legal, é a própria lei. Antes dela e acima dela só existe o direito natural." **A Constituinte Burguesa**. 4ª edição. Rio de Janeiro: Lumen Juris, 2001, p. 48.

Além disto, revela o caráter inicial de uma Constituição, no sentido de ser o fundamento do sistema normativo de uma comunidade, afora proclamar a supremacia constitucional em face dos poderes constituídos[37].

3. Tipologia do Poder Constituinte

No âmbito doutrinário, é possível encontrar diversas propostas classificatórias acerca do Poder Constituinte. Manoel Gonçalves Ferreira Filho refere-se a *poder constituinte originário* e *poder constituinte instituído*.[38] Nelson Saldanha, por sua vez, faz alusão a parcela da doutrina que se utiliza dos termos *poder constituinte de primeiro grau* e *segundo grau*, havendo a possibilidade de incluir um *terceiro grau*, quer se trate de um Estado Federal[39]. No entanto, optaremos por seguir a classificação doutrinária tradicional, no sentido de ser o Poder Constituinte *originário* ou *derivado*.

3.1. Poder Constituinte Originário

3.1.1. Definição

O poder constituinte originário é aquele que dá início a um determinado ordenamento jurídico mediante a elaboração de um texto constitucional. Trata-se do poder ao qual incumbe a elaboração da norma primeira, qual seja, a Constituição[40]. É também denominado de poder constituinte de 1º grau[41]. No entendimento de Goffredo Telles Junior, é o "Poder do povo de decidir sobre a constituição fundamental do Estado. É o Poder de elaborar e promulgar a Constituição."[42] Portanto, consiste o poder constituinte originário naquele poder que instaura uma ordem jurídico-positiva mediante elaboração de um texto constitucional.

37 Cf. **A Constituinte Burguesa.** 4ª edição. Rio de Janeiro: Lumen Juris, 2001, p. 49.

38 Cf. **O Poder Constituinte.** 3ª ed. São Paulo: Saraiva, 1999, p. 108.

39 **O Poder Constituinte.** São Paulo: RT, 1986, pp. 79 e 80.

40 Sobre as normas que dispuseram sobre o funcionamento da Assembléia Nacional Constituinte de 1987, cf. **Portal da Constituição Cidadã.**

41 Cf. Nelson Saldanha. **O Poder Constituinte.** São Paulo: RT, 1986, pp. 79 e 80.

42 **A Constituição, a Assembléia Constituinte e o Congresso Nacional.** São Paulo: Saraiva, 1986, p. 37.

3.1.2. Natureza

O poder constituinte originário é essencialmente político. Sua existência não deriva de nenhuma norma jurídica que lhe antecede. Ora, se a função do poder constituinte originário reside na ordenação jurídica do Estado através da criação de uma Lei Fundamental, e se esta é compreendida como o ponto de partida ou fundamento de validade de toda uma ordem jurídico-positiva, resta concluir que aquele que tem a atribuição de cria-la, situa-se à margem ou fora do direito positivo, extraindo sua essência do próprio ambiente social no qual está localizado[43]. Esta é a razão pela qual Jorge Reinaldo Vanossi[44] diz ser o poder constituinte originário uma *potência*, uma *energia*. Nas palavras do professor argentino, "essa energia inicial, a potência, evidentemente não tem limites jurídicos, embora possa ter limites metajurídicos, bem seja, derivados das crenças, das ideologias, com respeito aos valores, ou por acatamento a certa realidade social subjacente." Atuando na etapa fundacional do Estado, o poder constituinte originário, na concepção de Vanossi, se afigura, reitere-se, como uma *potência, uma força, uma energia*, enquanto que o poder constituinte derivado, ao qual compete a reforma da Constituição, é uma *competência*, uma concretização da normatividade concebida pelo poder constituinte originário. A utilização dos conceitos *potência* e *competência* servem para ilustrar adequadamente a natureza do poder constituinte originário, na medida em que sendo uma *força* ou *potência*, não possui limitação jurídica alguma. Distinto, portanto, é o poder derivado, no qual Vanossi a ele se refere como *competência*, pois a sua existência pressupõe uma norma jurídica que a ele confere tal atribuição jurídica.

Neste mesmo sentido, Carlos Ayres Britto informa que o poder constituinte originário é uma "potência propriamente dita", capaz de produzir o direito (Constituição) através do "uso de uma forma origi-

---

43 Sobre a natureza política do Poder Constituinte Originário e a ausência de limitações jurídicas quanto ao seu exercício, cf. julgado do STF:
"A eficácia das regras jurídicas produzidas pelo poder constituinte (redundantemente chamado de "originário") não está sujeita a nenhuma limitação normativa, seja de ordem material, seja formal, porque provém do exercício de um poder de fato ou suprapositivo. Já as normas produzidas pelo poder reformador, essas têm sua validez e eficácia condicionadas à legitimação que recebam da ordem constitucional. Daí a necessária obediência das emendas constitucionais às chamadas cláusulas pétreas."
ADI 2.356 MC, rel. p/ o ac. min. Ayres Britto, j. em 25.11.2010, Pleno, STF.

44 *"Uma visão atualizada do poder constituinte"*. in **Revista de Direito Constitucional e Ciência Política/Instituto Brasileiro de Direito Constitucional.** v. 1, n. 1, pp. 11-25, Rio de Janeiro: Forense, 1983, p. 12.

nária", ao passo que o Estado só o pode fazê-lo após o advento de uma Constituição e no uso de uma "potestade ou competência derivada".[45]

Portanto, o poder constituinte originário se revela como uma potência, uma força inicial capaz de ordenar o Estado mediante elaboração de uma Constituição.

3.1.3. Características

Partindo do pressuposto de que o direito positivo de um Estado tem início mediante a promulgação de um documento constitucional, aquele que atua nesta *etapa fundacional*, como disse Vanossi, não possui vinculação alguma com o direito positivo, salvo que, do resultado do seu agir, um novo ordenamento jurídico será instituído quando da elaboração do novo texto constitucional. Logo, o poder criador de uma Constituição atua em um momento *pré-jurídico*, é dizer, **anterior ao ordenamento jurídico-positivo que está por nascer quando do advento da nova Lei Fundamental**[46]. Esta é a razão pela qual se afirma ser o

---

45 **Teoria da Constituição**. Rio de Janeiro: Forense, 2003, p. 23. Ao tratar da natureza do poder constituinte originário, Carlos Ayres Britto aduz o seguinte:
"Quando pronunciamos a locução "Poder Constituinte", sem dúvida que estamos a falar de um poder **genuinamente político**. Mais até, estamos a falar de um poder **exclusivamente político**, porque originariamente imbricado em toda a *pólis*, naqueles raros instantes que que a *pólis* se sobrepõe ao Estado para dizer, por ela mesma, sob que tipo de Direito-Constituição quer viver. Ela passa a transitar pelo mundo do ser (não do dever-ser jurídico) e por isso pode assumir-se como o amálgama do povo inteiro com o território sobre o qual esse povo inteiro vai constituir o seu particular Estado.
Tão *penetrado de povo*, desde o berço, é esse poder constituinte ou poder de constituir o Estado, tão necessário ele é para a auto-afirmação histórica do povo, que já não pode ser concebido senão como um poder **que é parte do povo mesmo. O modo constituinte de ser do povo**, no rigor dos termos." Ob. cit. p. 32.

46 Apesar de atuar numa etapa fundacional, a manifestação constituinte resulta de uma previsão normativa, a exemplo do processo constituinte que ensejou a Constituição de 1988. A Emenda Constitucional n° 26, promulgada em 27 de novembro de 1985, dispôs o seguinte em seu artigo 1°:
"EMENDA CONSTITUCIONAL Nº 26
Convoca Assembléia Nacional Constituinte e dá outras providências.
AS MESAS DA CÂMARA DOS DEPUTADOS E DO SENADO FEDERAL, nos termos do art. 49 da Constituição Federal, promulgam a seguinte Emenda ao texto constitucional:
Art. 1º Os Membros da Câmara dos Deputados e do Senado Federal reunir-se-ão, unicameralmente, em Assembléia Nacional Constituinte, livre e soberana, no dia 1º de fevereiro de 1987, na sede do Congresso Nacional."
Logo, quando afirmamos tratar de uma atuação *pré-jurídica*, buscamos revelar que sua dinâmica prescinde de toda normatividade anteriormente existente funda-

poder constituinte originário *inicial*, é dizer, a partir da conclusão da sua obra (Constituição), ter-se-á *início* a uma nova ordem jurídico-positiva.

Além da *inicialidade* como elemento caracterizador do poder constituinte originário, aponta-se a *autonomia* como sua segunda nota tipificadora. Ele é autônomo na medida em que inexiste nenhum outro poder acima dele. Trata-se, portanto, da expressão máxima do poder social inerente à sua capacidade de auto-organização jurídica.

Referida autonomia reflete dois outros caracteres: trata-se de um poder incondicionado e insubordinado juridicamente[47]. Da conjugação destes dois elementos se pode afirmar que o poder constituinte originário é um poder juridicamente ilimitado[48]. Vejamos. Afirma-se que o

mentada na Constituição até então em vigor. Deste modo, novas normas jurídicas são criadas para balizar o processo constituinte da Lei Fundamental que está por vir. Neste sentido, a Assembléia Nacional Constituinte editou a Resolução n° 02, de 25 de março de 1987, instituindo o seu Regimento Interno, cujo texto preambular é o seguinte:
"Faço saber que a Assembléia Nacional Constituinte aprovou e eu promulgo a seguinte resolução:
A Assembléia Nacional Constituinte representa momento decisivo da vigorosa luta do povo brasileiro pelo término do regime autoritário. A memorável campanha em prol das eleições diretas - "diretas-já" - e, mais tarde, as eleições dos Presidentes Tancredo Neves e José Sarney tornaram viável essa transição democrática.
A Emenda nº 26, de 27 de novembro de 1985, à Constituição em vigor representou um novo passo no caminho da democratização. Por ela o povo, detentor originário da soberania nos regimes democráticos, delegou aos Constituintes - Deputados e Senadores - poderes para elaborar, livre e soberanamente, a nova Constituição, que assegurará ao Brasil o autêntico Estado democrático de direito.
Nesta fase de transição institucional, os Constituintes - delegados do povo - têm o poder de sobrestar medidas que possam ameaçar os trabalhos e as decisões soberanas da Assembléia, no cumprimento da missão histórica que lhes foi conferida.
A urgência para que se complete a transição política com a promulgação da futura Constituição leva os Constituintes a darem prioridade à elaboração da nova Carta, que sepultará definitivamente a legislação antidemocrática do regime autoritário."
Sobre o **Processo Constituinte da Constituição Federal de 1988,** cf. todo o histórico documental em: https://www2.camara.leg.br/atividade-legislativa/legislacao/Constituicoes_Brasileiras/constituicao-cidada

47 Nos autos da AC n° 10000190572875001, o TJ/MG externou o seguinte entendimento acerca do Poder Constituinte Originário:
"Registro que o Poder Constituinte Originário é ilimitado e autônomo, não sendo condicionado ao direito anterior, menos ainda aos contornos traçados pelo ordenamento precedente." Rel. Des. Valdez Leite, D. J. em 25.08.20.

48 Neste sentido, cf. entendimento do Supremo Tribunal Federal – STF:
"A eficácia das regras jurídicas produzidas pelo poder constituinte (redundantemente chamado de "originário") não está sujeita a nenhuma limitação normativa,

poder constituinte originário é *incondicionado* em virtude de não existir norma jurídica prévia à sua atuação, no sentido de estabelecer o modo e a forma de elaboração do novo texto constitucional. Dito de outra forma: não há normas preexistentes à etapa fundacional do sistema normativo estabelecendo o *processo legislativo* inerente à nova Constituição. Conforme já exposto, a própria Assembléia Nacional Constituinte estabelecerá a normatividade que irá reger o seu funcionamento. Por sua vez, diz-se que o poder constituinte originário é *insubordinado* em virtude da inexistência de normas prévias determinando qual deverá ser o *conteúdo* da nova Constituição, aquilo que ela deve ou não contemplar.

Por fim, cabe ressaltar que, apesar da ausência de subordinação ao direito positivo, o poder constituinte originário possui limites provenientes da própria realidade social, sobre a qual o produto de sua ação irá organizar juridicamente. Há, portanto, limitações extrajurídicas, de cunho social, valorativa e política. Neste contexto, cabe fazer remissão ao paralelo feito por Ferdinand Lassalle entre a Constituição real e a Constituição jurídica. Esta deve expressar a soma dos fatores reais e efetivos do poder que regem uma determinada comunidade, sob pena de não lograr êxito quanto à sua missão ordenadora. Ora, na medida em que a Constituição jurídica não reflete a *Constituição real*, ela certamente cederá em virtude da prevalência dos fatores reais e efetivos do poder[49] que estabelecem a própria forma de ser de uma comunidade política.

seja de ordem material, seja formal, porque provém do exercício de um poder de fato ou suprapositivo. Já as normas produzidas pelo poder reformador, essas têm sua validez e eficácia condicionadas à legitimação que recebam da ordem constitucional. Daí a necessária obediência das emendas constitucionais às chamadas cláusulas pétreas. ADI 2.356 MC e ADI 2.362 MC, rel. p/ o ac. min. Ayres Britto, j. 25.11. 10.

49 Os fatores reais e efeitos do poder que atuam em cada sociedade são, no entendimento de Lassalle, "essa *força ativa* e eficaz que informa todas as leis e instituições jurídicas vigentes, determinando que *não possam ser*, em substância, *a não ser tal como elas são.*" Buscando explicar tal idéia, Lassalle fornece o seguinte exemplo (advertindo que apesar de difícil ocorrência, o que importa é o que o exemplo se propõe a *ensinar*):
"Vamos supor, por um momento, que um grande incêndio irrompeu e que nele queimaram-se todos os arquivos do Estado, todas as biblioteca públicas, que o sinistro destruísse também a tipografia concessionária onde se imprimia a Coleção Legislativa e que ainda, por uma triste coincidência – estamos no terreno das suposições – igual desastre se desse em todas as cidades do país, desaparecendo inclusive todas as bibliotecas particulares onde existisse coleções, de tal maneira que em toda a Prússia não fosse possível achar um único exemplar das leis do país. Suponhamos que um país, por causa de um sinistro, ficasse sem *nenhuma* das leis

3.1.4. Titularidade

Outra questão problemática acerca do tema em apreço diz sobre a titularidade do poder constituinte originário. Titular, nesta hipótese, é aquele que detém de aptidão para elaborar um texto constitucional, bastando possuir, para tanto, força política necessária[50]. Assim, o titular do poder constituinte originário pode ser uma maioria legítima ou uma minoria que ilegitimamente detém o poder em um determinado momento histórico. Portanto, se estivermos frente a um Estado democrático, o titular do poder constituinte originário é o **povo**[51]. Neste sentido, Goffredo

---

que o governavam e que por força das circunstâncias fosse necessário decretar *novas* leis.

Neste caso, o legislador, completamente livre, poderia fazer leis de capricho ou de acordo com o seu próprio modo de pensar?"

(...)

Esse é, em síntese, em essência, a Constituição de um país: *a soma dos fatores reais do poder que regem uma nação.*

Mas que relação existe com o que vulgarmente chamamos Constituição? Com a Constituição *jurídica*? Não é difícil compreender a relação que ambos conceitos guardam entre si.

Juntam-se esses fatores reais do poder, os escrevemos em uma folha de papel e eles adquirem expressão *escrita*. A partir desse momento, incorporados a um papel, não são simples fatores *reais do poder*, mas sim verdadeiro *direito* – instituições *jurídicas*. Quem atentar contra eles atenta contra a lei e por conseguinte é punido.

Ninguém desconhece o processo que se segue para transformar esses escritos em fatores reais do poder, transformando-os desta maneira em fatores *jurídicos*." **A Essência da Constituição**. 3ª ed. Rio de Janeiro: Liber Juris, 1995; Cf. versão digital **Que é uma Constituição**.

---

50 Estamos a tratar da questão no plano eminentemente abstrato, teórico, no qual resulta que o titular do poder constituinte originário é aquele que cria uma Constituição. Hipótese distinta, portanto, se dá no sentido do *legítimo titular do poder constituinte originário* ou à luz dos fatores que impulsionaram a idealização da teoria do poder constituinte. Em tal hipótese, a titularidade necessariamente recairá sobre o *povo*. Afirma Manoel Gonçalves Ferreira Filho que "a problemática da titularidade do Poder Constituinte é, em grande parte, uma problemática ideológica, porque está intimamente ligada à concepção política predominante num determinado momento. Hoje, no final do século XX, a opinião esmagadoramente predominante é a de que o supremo poder, num Estado, pertence ao povo; a soberania é do povo; portanto, o Poder Constituinte é do povo." in **O Poder Constituinte**. 3ª ed. São Paulo: Saraiva, 1999, p. 31.

51 Ao tratar do tema, José Afonso da Silva aduz o seguinte:
"O *poder constituinte* repousa no povo. É a *vontade política do povo* capaz de *constituir* o Estado por meio de uma constituição. Quando surge uma *situação constituinte* – ou seja, situação que reclama a criação de nova constituição, que consagre *nova idéia de Direito*, como está ocorrendo no Brasil de uns três anos para cá (*re-*

Telles Junior afirma que "fundamentalmente, o Poder Constituinte pertence ao povo. Por via de consequência, pertence aos *representantes* do povo na *Assembléia Constituinte*."[52]

3.2. Poder Constituinte Derivado

O poder constituinte derivado resulta de uma decisão política fundamental tomada por um outro poder - poder constituinte originário - e consubstanciada em um documento jurídico denominado *Constituição*. Neste caso, trata-se de um poder que ***deriva*** da Constituição, conferindo-lhe os contornos e as respectivas limitações. Portanto, é um poder de **natureza jurídica**, limitado pela normatividade que o instituiu. Tal poder comporta duas espécies: a) **poder constituinte reformador e**;

ferência aos movimentos para a reconstitucionalização do país no início dos anos 80), o espírito do povo se transmuda em *vontade social* e reivindica a retomada do seu *direito fundamental* primeiro, qual seja, o de manifestar-se sobre o *modo de existência política da Nação* pelo exercício do poder constituinte, que atua em três fases, segundo o esquema de Pietro Giuseppe Grasso, que resumiremos em seguida:
a) uma *iniciativa constituinte*, ou seja, uma decisão preliminar para obter o estabelecimento de uma nova constituição; é a primeira etapa do movimento de inovação, que frequentemente se segue à ruptura ou decadência de um regime anteriormente constituído, como se observa no Brasil atualmente (1986);
b) o *período preparatório*, determinado pela ação de um governo de fato, provisório ou de transição, com duas ordens de atribuições: 1ª) continuar a questão dos serviços públicos em geral; 2ª) preparar a convocação do órgão constituinte, de um *referendum* ou de outras formas de manifestação do consenso coletivo; garantir a plena liberdade de expressão e de propaganda a todos os grupos, além da liberdade de voto aos eleitores;
c) a *formação da constituição*, com que se conclui a atividade constituinte; trata-se da fase em que se vai elaborar a constituição. É a fase de procedimento formal, quando se discute, debate, emenda e vota o texto da constituição." in **Poder Constituinte e Poder Popular (estudos sobre a Constituição)**. São Paulo: Malheiros, 2000, p. 68.

52 A Assembléia Constituinte, no entendimento de Goffredo Telles Junior, "é uma reunião de representantes do povo, num lugar certo, com a missão específica de elaborar e promulgar uma Constituição." Segundo o autor, a elaboração de um documento constitucional se verifica em duas situações: a) no caso de abolição do modelo absolutista e consequente instalação do Estado de Direito ou; b) no caso de rompimento com as estruturas constitucionais vigentes, e consequente criação de novas estruturas constitucionais. Em qualquer das hipóteses, a elaboração e promulgação de uma Constituição legítima apenas se opera por intermédio de uma Assembléia Constituinte. **A Constituição, a Assembléia Constituinte e o Congresso Nacional**. São Paulo: Saraiva, 1986, p. 39.

b) **poder constituinte decorrente**. Em relação ao primeiro, diz-se do poder de reforma constitucional, ou seja, do poder ao qual compete *atualizar* a Constituição através da realização de mudanças formais em sua estrutura normativa. No que pertine ao segundo, trata-se de uma figura típica dos Estados federais, pois a ele incumbe a tarefa de criar as Constituições no âmbito dos respectivos Estados-membros de uma Federação, ou seja, as *Constituições estaduais*[53]. Passemos, pois, a analisar cada qual.

3.2.1. Poder Constituinte Reformador

As constituições são textos normativos que têm pretensão de durabilidade, haja vista que se afiguram como instrumentos normativos conformadores do Estado. Como parte integrante do ordenamento jurídico de uma determinada comunidade política, as constituições requerem uma atualização para manterem sua estabilidade normativa. No entendimento de Pedro de Vega, a reforma constitucional pode ser vista: a) como um instrumento de adequação entre a normatividade constitucional e a realidade constitucional; b) como mecanismo viabilizador da continuidade jurídica do Estado e; c) como instituição básica de garantia, pois a rigidez se apresenta como pressuposto da supremacia constitucional[54]. Em razão disto, reputamos inócuo e desprovido de sentido falar em constituições *imutáveis*[55], tipificadas como sendo as que "se veda qualquer alteração." É da própria natureza do direito a sua modifi-

53 Gabriel Ivo, ao dispor sobre o tema, fornece as seguintes lições acerca do poder constituinte decorrente:
"O 'poder constituinte decorrente' numa abordagem inicial pode ser apresentado como o poder que desfrutam os Estados-membros para elaborar as suas Constituições. O surgimento dessas Leis Básicas no plano estadual propicia o início das respectivas ordens jurídicas locais. (...)
O 'poder constituinte decorrente' inicia a normatização das competências dos Estados-membros prescritas na Constituição Federal, as quais serão desenvolvidas, pormenorizadamente, no âmago da legislação ordinária estadual e atos administrativos. O Estado Federal, como vimos, tem como notal essencial a autonomia dos entes componentes, e autonomia consiste no poder de edição de normas jurídicas próprias extraídas de um campo competêncial disposto na Constituição Federal." in **Constituição Estadual: competência para elaboração da Constituição do Estado-membro**. São Paulo: Max Limonad, 1997, pp. 100 e 101.

54 **La reforma constitucional y la problemática del Poder Constituyente.** Madrid: Tecnos, 1991, pp. 67 e ss.

55 Cf. Alexandre de Moraes. **Direito Constitucional.** 17ª ed. São Paulo: Atlas, 2005, p. 05. Cabe registrar, por oportuno, que o autor não fornece a indicação, a título de exemplo, de uma Constituição considerada *imutável*.

cabilidade, tendo em vista sua necessidade de acompanhar a dinâmica social. Por ser o direito um instrumento a serviço da comunidade, não se tem como conceber a sua impossibilidade de mudança, pois para que se possa atingir o fim de pacificação social, faz-se necessário acompanhar a evolução da sociedade. Com estas considerações iniciais, passemos a analisar o poder de reforma constitucional.

3.2.1.1. Definição

O poder constituinte reformador é aquele incumbido de implementar modificações formais ao texto constitucional. É dizer, trata-se do poder de reforma da Constituição. Esta pode ser de dois tipos: a) **emendas à Constituição** e; b) **revisão constitucional**. Tal distinção, a nosso ver, diz respeito tão-somente em relação à extensão da reforma, ou seja, sendo ela pontual, se daria através de emenda, ao passo que se a reforma for substancial, ampla, estaríamos diante de uma revisão constitucional. Segundo José Afonso da Silva, "a expressão reforma deve ser empregada em sentido genérico, para abranger a emenda e a revisão, com significação distinta. A emenda constitucional consistiria apenas em acréscimo de dispositivos, supressão ou alteração de outros, mudanças pontuais; enquanto a revisão constitucional suporia, já, modificações mais amplas, mais profundas do texto constitucional."[56]

A modificação formal da Constituição busca atualizar a Lei Fundamental em virtude das mutações no plano fático que ela regulamenta. Em outras palavras, a reforma constitucional é um mecanismo de atualização da Lei Maior, objetivando, desta maneira, a estabilidade normativa do Texto Constitucional. Neste ponto, devemos chamar a atenção para o fato de a Constituição poder ser objeto de mudança sob uma perspectiva ***formal*** e ***informal***.

A **mudança formal** da Constituição se dá através das emendas e revisões constitucionais, pois, nestas hipóteses, ocorre uma alteração na própria estrutura textual da Lei Maior. É dizer, quando uma reforma constitucional é realizada, ela tem o condão de suprimir, alterar ou acrescer algo à Constituição. Ao revés, a **mudança informal**[57] da Lei

56 **Poder Constituinte e Poder Popular (Estudos sobre a Constituição).** São Paulo: Malheiros, 2000, p. 243.

57 Sobre a interpretação constitucional como processo informal de mudança da Constituição, cf. julgado do STF, rel. Min. Celso de Mello:
EMENTA: "HABEAS CORPUS" - PRISÃO CIVIL - DEPOSITÁRIO JUDICIAL - A QUESTÃO DA INFIDELIDADE DEPOSITÁRIA - CONVENÇÃO AMERICANA DE DIREITOS HUMANOS (ARTIGO 7º, n. 7) - HIERARQUIA CONSTITUCIONAL DOS TRATADOS

Fundamental é realizada pela via da interpretação constitucional, através do *poder constituinte difuso*[58]. Aqui, inexiste alteração na estrutura

INTERNACIONAIS DE DIREITOS HUMANOS - PEDIDO DEFERIDO. ILEGITIMIDADE JURÍDICA DA DECRETAÇÃO DA PRISÃO CIVIL DO DEPOSITÁRIO INFIEL. - Não mais subsiste, no sistema normativo brasileiro, a prisão civil por infidelidade depositária, independentemente da modalidade de depósito, trate-se de depósito voluntário (convencional) ou cuide-se de depósito necessário, como o é o depósito judicial. Precedentes. TRATADOS INTERNACIONAIS DE DIREITOS HUMANOS: AS SUAS RELAÇÕES COM O DIREITO INTERNO BRASILEIRO E A QUESTÃO DE SUA POSIÇÃO HIERÁRQUICA. - A Convenção Americana sobre Direitos Humanos (Art. 7º, n. 7). Caráter subordinante dos tratados internacionais em matéria de direitos humanos e o sistema de proteção dos direitos básicos da pessoa humana. - Relações entre o direito interno brasileiro e as convenções internacionais de direitos humanos (CF, art. 5º e §§ 2º e 3º). Precedentes. - Posição hierárquica dos tratados internacionais de direitos humanos no ordenamento positivo interno do Brasil: natureza constitucional ou caráter de supralegalidade? - Entendimento do Relator, Min. CELSO DE MELLO, que atribui hierarquia constitucional às convenções internacionais em matéria de direitos humanos. **A INTERPRETAÇÃO JUDICIAL COMO INSTRUMENTO DE MUTAÇÃO INFORMAL DA CONSTITUIÇÃO**. - A questão dos processos informais de mutação constitucional e o papel do Poder Judiciário: a interpretação judicial como instrumento juridicamente idôneo de mudança informal da Constituição. A legitimidade da adequação, mediante interpretação do Poder Judiciário, da própria Constituição da República, se e quando imperioso compatibilizá-la, mediante exegese atualizadora, com as novas exigências, necessidades e transformações resultantes dos processos sociais, econômicos e políticos que caracterizam, em seus múltiplos e complexos aspectos, a sociedade contemporânea. HERMENÊUTICA E DIREITOS HUMANOS: A NORMA MAIS FAVORÁVEL COMO CRITÉRIO QUE DEVE REGER A INTERPRETAÇÃO DO PODER JUDICIÁRIO. - Os magistrados e Tribunais, no exercício de sua atividade interpretativa, especialmente no âmbito dos tratados." (destaque nosso) Cf. **HC n° 90.450**, 2ª Turma, Rel. Min. Celso de Mello, d. j. 23.09.08.

58 Anna Candida da Cunha Ferraz, na obra **Processos Informais de Mudança da Constituição**, expõe o seguinte:
"(...) a *mutação constitucional* altera o sentido, o significado e o alcance do texto constitucional, sem violar-lhe a letra e o espírito. Essa a característica fundamental da noção de mutação constitucional que merece, por ora, ser ressaltada. Trata-se, pois, de mudança constitucional que não contraria a Constituição, ou seja, que indireta ou implicitamente, é acolhida pela Lei Maior.
Tais alterações constitucionais, operadas fora das modalidades organizadas de exercício do poder constituinte instituído ou derivado, justificam-se e têm fundamento jurídico; são, em realidade, obra ou manifestação de uma espécie inorganizada do Poder Constituinte, o chamado *poder constituinte difuso*, na feliz expressão de Burdeau.
(...)
A mutação constitucional por via interpretativa não atinge a letra da Constituição; também, não altera o conteúdo positivado expressamente na norma constitucio-

ou parte física da Constituição, mas a modificação ocorre em relação ao sentido que é atribuído pelo intérprete aos seus dispositivos. Por outras palavras, a literalidade constitucional permanece a mesma, todavia muda-se o significado que lhe é atribuído. Trata-se de um mecanismo bastante dinâmico de atualização das Constituições, pois muitas vezes não se faz necessário realizar uma mudança pela vida da reforma constitucional. Neste ponto, trazemos à baila as lições de José Afonso da Silva: "São mutações semânticas que transformam o sentido, o significado e o alcance da Constituição, sem lhe alterar o enunciado formal, sem mudar a letra do texto."[59] Este tipo de mudança no texto constitucional será analisado com mais detença no capítulo sobre hermenêutica constitucional.

3.2.1.2. Modo de exercício

No Brasil, o poder de reforma constitucional é exercido pelo Congresso Nacional, nos termos do artigo 60 da Constituição Federal. Possuindo uma estrutura bicameral (composto por duas casas), a

nal. Apanha, porém, o significado, o sentido ou o alcance das disposições constitucionais.
A mudança da letra do texto constitucional, nas Constituições rígidas, somente se admite, quando decorrente da reforma, mediante processo previsto na própria Constituição.
(...)
A mutação constitucional por via interpretativa é claramente perceptível numa das situações seguintes: a) quando há um alargamento do sentido do texto constitucional, aumentando-se-lhe, assim, a abrangência para que passe a alcançar novas realidades; b) quando se imprime sentido determinado e concreto ao texto constitucional; c) quando se modifica interpretação anterior e se lhe imprime novo sentido, atendendo à evolução da realidade constitucional; d) quando há adaptação do texto constitucional à nova realidade social, não prevista no momento da elaboração da Constituição; e) quando há adaptação do texto constitucional para atender exigências do momento da aplicação constitucional; f) quando se preenche, por via interpretativa, lacuna do texto constitucional." pp. 10 e 58.
Adriano Sant'Ana Pedra aduz que a "mutação constitucional consiste na alteração do significado, do sentido e do alcance das disposições constitucionais, por meio da interpretação ou da prática constitucionais, sem tocar na letra do texto constitucional." in **Mutação Constitucional – Interpretação evolutiva da Constituição na democracia constitucional**. 3ª ed. Rio de Janeiro: Lumen Juris, 2017, p. 99.

59 **Poder Constituinte e Poder Popular (estudos sobre a Constituição).** São Paulo: Malheiros, 2000, pp. 241 e 242.

competência reformadora é atribuída conjuntamente à Câmara dos Deputados, formada por representantes do povo brasileiro[60], e ao Senado Federal, integrado por representantes dos Estados e do Distrito Federal.[61]

No âmbito estadual (Constituição Estadual), o poder de reforma constitucional é exercido pelas respectivas Assembléias Legislativas[62].

3.2.1.2. Natureza

O poder reformador possui **natureza jurídica**. Trata-se de um poder instituído juridicamente, ou seja, sua existência se dá em virtude de previsão constitucional. O fundamento jurídico do poder reformador é a própria Constituição[63], seja ela federal ou estadual. Assim, tal poder nasce em virtude de previsão jurídica, logo, existe em decorrência da normatividade constitucional que lhe antecede. Em razão desta particularidade, **nenhuma lei pode impor limites ou ampliar a esfera de atuação do poder de reforma constitucional**.

3.2.1.3. Características

O poder constituinte reformador possui características opostas ao constituinte originário. São elas: a) **derivado**; b) **condicionado** e; c) **subordinado**. Quanto à primeira, trata-se de um poder que deriva da Constituição, ou seja, sua existência decorre de previsão constitucional. É condicionado em razão de existir previamente normas que disciplinam sua forma de atuação, é dizer, antes do poder reformador pretender atuar, já existem normas jurídicas fixando a forma mediante a qual ele tem de seguir para produzir uma mudança no texto constitucional. Por fim, ele é subordinando, pois antes de sua atuação há, também, normas jurídicas estabelecendo o que pode e o que não pode ser modificado pela via da reforma constitucional. Em outras palavras, diz sobre quais matérias podem ou não ser objeto de uma modificação constitucional.

60 Dispõe o artigo 45, da Constituição Federal:
"Art. 45. A Câmara dos Deputados compõe-se de representantes do povo, eleitos, pelo sistema proporcional, em cada Estado, em cada Território e no Distrito Federal."

61 Dispõe o artigo 46, da Constituição Federal:
"Art. 46. O Senado Federal compõe-se de representantes dos Estados e do Distrito Federal, eleitos segundo o princípio majoritário."

62 Cf., a título de exemplo, a Constituição do Estado da Paraíba, arts. 61, I e 62.

63 Cf. artigo 60, da Constituição Federal.

Deste modo, vê-se que o poder reformador é **juridicamente - constitucionalmente - limitado**[64].

3.2.1.4. Limitações constitucionais

À luz da Constituição brasileira, podemos encontrar **limitações expressas** e **limitações implícitas**.

3.2.1.4.1. Limitações expressas

Consoante o texto constitucional em vigor, é possível apontarmos para quatro (04) tipos de limitações expressas ao poder reformador: a) formais; b) materiais; c) circunstanciais e; d) temporais. Ressalte-se, desde já, **que tais limitações encontram-se apenas na Constituição, não podendo lei estabelecer qualquer restrição ao exercício da competência reformadora**[65].

---

64 Sobre as limitações constitucionais ao Poder Reformador, trazemos à colação a decisão do Supremo Tribunal Federal - STF, 2ª Turma, proferida em 10.10.20, no MS 34635 AGR/DF, de relatoria do Min. Celso de Mello:

"**Todos sabemos** que, *no plano de nosso sistema jurídico*, o Congresso Nacional, **ao lado** *de suas funções legislativas ordinárias*, **está igualmente investido** de atribuições extraordinárias **destinadas** a viabilizar, **a partir** do seu concreto exercício, **o processo de reforma constitucional**.

Esse poder de reforma constitucional, *no entanto*, cujo desempenho **foi deferido** ao Legislativo, **não se reveste** *de força primária* **ou** *originária*.

Pelo contrário, revela-se como prerrogativa estatal *necessariamente sujeita* a condicionamentos normativos **que lhe restringem**, *de maneira significativa*, o exercício **quer** *em relação ao seu alcance*, **quer** *quanto ao seu conteúdo*, **quer** *no que diz respeito à forma de sua manifestação*.

Reconheço, *por isso mesmo*, que o Congresso Nacional, **no exercício** do poder de reforma (**que não se reveste** *de caráter absoluto*), **não tem a prerrogativa** de transgredir **os limites** *formais*, *circunstanciais* e *materiais* **estabelecidos** no art. 60 da Constituição Federal. **Se** o fizer, **se** desrespeitar tais limites, **a emenda** à Constituição **qualificar-se-á** *como ato irrecusavelmente inconstitucional*, **pois** qualquer mudança da Constituição **deve realizar-se** *de acordo com o texto da Lei Fundamental*, **jamais contra as limitações** *que restringem* o exercício do poder reformador."

65 No MS 34722 AgR/DF, rel. Min. Celso de Mello, j. em 20.09.19, o plenário do STF, por unanimidade, fez consignar o seguinte entendimento:

"EMENTA: MANDADO DE SEGURANÇA - NÃO CONHECIMENTO - INTERPOSIÇÃO DE RECURSO DE AGRAVO - PROPOSTA DE EMENDA À CONSTITUIÇÃO - CONTROLE JURISDICIONAL DE SEU "ITER" PROCEDIMENTAL - LEGITIMIDADE ATIVA, PARA ESSE EFEITO, RECONHECIDA A QUALQUER MEMBRO DAS CASAS DO CONGRESSO NACIONAL - PRECEDENTES - POSSIBILIDADE DESSA FISCALIZAÇÃO JUDICIAL, DESDE QUE EVIDENCIADA A EXISTÊNCIA DE ALGUMA DAS SITUAÇÕES

3.2.1.4.1.1. Limitações formais

As limitações formais são aquelas atinentes à forma de elaboração de uma emenda constitucional, ou seja, são normas relativas ao processo legislativo de uma emenda à Constituição. No art. 60 da nossa Lei Fundamental, podemos encontrar as seguintes disposições:

1. **Iniciativa:** ato que desencadeia o processo legislativo constitucional, materializando-se mediante apresentação de uma proposta de emenda à Constituição (PEC) em uma das Casas do Congresso Nacional. Tal inciativa é reservada pela Constituição, em seu artigo 60, I, II e III, ao: a) Presidente da República; b) um terço, no mínimo, dos membros da Câmara dos Deputados ou do Senado Federal e; c) mais da metade das assembléias legislativas das unidades da federação, manifestando-se, cada uma delas, pela maioria relativa de seus membros. É oportuno salientar que não há previsão de iniciativa popular em relação à proposta de emenda constitucional.

2. **Discussão:** fase de debates sobre a PEC apresentada (CF, art. 60, §2º). A Constituição prevê dois (02) turnos de discussão em cada Casa do Congresso Nacional.

3. **Deliberação:** fase de votação da PEC apresentada (CF, art. 60, §2º). A Constituição prevê dois turnos de votação em cada Casa do Congresso Nacional. O quórum para aprovação de uma PEC corresponde a, no mínimo, 3/5 dos votos dos membros da Câmara dos Deputados e do Senado Federal.

PREVISTAS NO ART. 60 DA LEI FUNDAMENTAL, QUE CONFIGURAM LIMITAÇÕES AO EXERCÍCIO DO PODER DE REFORMA DA CONSTITUIÇÃO – INADMISSIBILIDADE DE INVOCAÇÃO DE LEGISLAÇÃO MERAMENTE ORDINÁRIA, COM O OBJETIVO DE ERIGI-LA À CONDIÇÃO DE PRESSUPOSTO DE OBSERVÂNCIA NECESSÁRIA PARA EFEITO DE VÁLIDA INSTAURAÇÃO DO PROCEDIMENTO DE MODIFICAÇÃO DO TEXTO CONSTITUCIONAL – DOUTRINA – PRECEDENTES – PARECER DA DOUTA PROCURADORIA-GERAL DA REPÚBLICA PELO NÃO PROVIMENTO DESTA ESPÉCIE RECURSAL – RECURSO DE AGRAVO IMPROVIDO. – O processo de formação das leis ou de elaboração de emendas à Constituição revela-se suscetível de controle incidental ou difuso pelo Poder Judiciário, sempre que, havendo possibilidade de lesão à ordem jurídico-constitucional, a impugnação vier a ser suscitada por membro do próprio Congresso Nacional, pois, nesse domínio, somente ao parlamentar – que dispõe do direito público subjetivo à correta observância das cláusulas que compõem o devido processo legislativo – assiste legitimidade ativa 'ad causam' para provocar a fiscalização jurisdicional. – O exercício do poder reformador, embora passível de controle jurisdicional, há de considerar, unicamente, as normas de parâmetro que definem, em caráter subordinante, as limitações formais (CF, art. 60, "caput" e § 2º), as limitações circunstanciais (CF, art. 60, § 1º) e, em especial, as limitações materiais (CF, art. 60, § 4º), cuja eficácia restritiva condiciona o processo de reforma da Constituição."

4. **Promulgação**: ato que atesta a existência da norma no ordenamento jurídico (CF, art. 60, §3º). Compete, conjuntamente, à mesa da Câmara dos Deputados e à mesa do Senado Federal, a promulgação de emenda constitucional.

5. **Publicação**: a publicação é ato complementar ao processo legislativo constitucional, fazendo com que todos possam conhecer do conteúdo e determinações da nova norma constitucional.

3.2.1.4.1.2. Limitações materiais

As limitações materiais ao poder de reforma constitucional são pertinentes ao conteúdo, é dizer, aquilo que pode constituir ou não objeto de supressão do texto constitucional. Há determinadas matérias que **não podem ser abolidas** da Constituição pela via da reforma constitucional. Constituem, portanto, o núcleo duro da Lei Fundamental. Tem-se, neste ponto, as denominadas *cláusulas pétreas*, é dizer, aquelas matérias que estão *petrificadas* no texto constitucional e que são insusceptíveis de **supressão** da Lei Fundamental. Temos, pois, no art. 60, § 4º, os seguintes conteúdos que não podem ser **excluídos** da nossa Constituição:

- Federação;
- Separação dos poderes;
- Voto direto, secreto, universal e periódico;
- Direitos e garantias individuais.

Ressalte-se, desde já, que tais conteúdos **podem ser objeto de modificação por parte do poder reformador**, de modo que a Constituição não obsta uma alteração no âmbito do pacto federativo; da separação dos poderes; do voto direto, secreto, universal e periódico e; dos direitos e garantias individuais. Vejamos o que diz o enunciado constante do §4º do art. 60, da CF:

> "Não será objeto de deliberação a proposta de emenda tendente a **abolir**:
> (...)" (destaque nosso)

O termo utilizado pelo constituinte originário foi **"abolir"**, que, consoante o Dicionário Aurélio, significa *apagar, aniquilar, destruir, exterminar* etc. Logo, a Constituição proíbe que o Congresso Nacional delibere proposta de emenda tendente a extinguir as matérias elencadas no §4º do art. 60. Consequentemente, é permitido ao poder de reforma dispor sobre tais conteúdos, desde que referida alteração não implique em suprimir a essência do bem jurídico constitucionalmente tutelado (petrificado). O Supremo Tribunal Federal – STF, na ADI nº 2.024-2/DF, cujo objeto versou sobre o controle de constitucionalidade de emendas constitucionais, externou o seguinte entendimento acerca das limitações materiais:

> "(...) de resto as limitações materiais ao poder constituinte de reforma, que o art. 60, § 4º, da Lei Fundamental enumera, não significam a intangibilidade literal da respectiva disciplina na Constituição originária, mas apenas a proteção do núcleo essencial dos princípios e institutos cuja preservação nelas se protege." (ADI 2.024, Rel. Min. Sepúlveda Pertence, julgamento em 3-5-07, DJ de 22-6-07)

Urge ressaltar, ainda, que a vedação constitucional incide sobre o processo legislativo da proposta de emenda constitucional, na medida em que **proíbe** qualquer das Casas do Congresso Nacional **deliberar** projeto tendente a abolir o conteúdo petrificado. Eis o que diz, mais uma vez, a Constituição: "Não será objeto de **deliberação a proposta de emenda tendente a abolir: (...)**" A deliberação ou votação é uma das etapas do processo de elaboração de uma emenda constitucional. Portanto, não pode o Congresso Nacional sequer votar um projeto de emenda cujo conteúdo tenda a abolir matéria petrificada. Sobre a matéria, também já houve pronunciamento do STF:

> "Proposta de emenda à Constituição Federal — Instituição da pena de morte mediante prévia consulta plebiscitária — Limitação material explícita do poder reformador do Congresso Nacional. Inexistência de controle preventivo abstrato (em tese) no direito brasileiro." (ADI 466, Rel. Min. Celso de Mello, julgamento em 3-4-91, DJ de 10-5-91)

3.2.1.4.1.3. Limitações circunstanciais

A Constituição prevê que, ocorridas determinadas circunstâncias no cenário político-jurídico brasileiro, não é permitido ao Congresso Nacional modificá-la. Quando da ocorrência de determinadas circunstâncias, o Texto Constitucional fica impedido de ser objeto de modificação. Conforme previsto no artigo 60, §1°, a Constituição não poderá ser emendada durante a vigência de:

- Intervenção federal;[66]
- Estado de defesa;[67]
- Estado de sítio.[68]

66 Cf. arts. 34 a 36, da Constituição Federal.

67 Cf. art. 136, da Constituição Federal.

68 Cf. arts. 137 a 139, da Constituição Federal.

3.2.1.4.1.4. Limitações temporais

Nesta ordem de limitação, o tempo é tomado como critério para impor limites ao poder de reforma constitucional. Algumas constituições estabelecem que, dentro de um determinado lapso temporal, elas não podem ser objeto de modificação formal. Embora haja divergências doutrinárias quanto a presença desta limitação em nossa Constituição, reputamos que a mesma a concebe em dois dispositivos, a saber:

> "Art. 60 (...)
> ***§5º A matéria constante de proposta de emenda rejeitada ou havida por prejudicada não pode ser objeto de nova proposta na mesma* sessão legislativa**." (destaque nosso)
>
> "Art. 3º (ADCT) A revisão constitucional será realizada após cinco anos, contados da promulgação da Constituição, pelo voto da maioria absoluta dos membros do Congresso Nacional, em sessão unicameral."

Os dispositivos constitucionais acima transcritos versam sobre limitações temporais. O art. 60, §5º, estabelece que se uma proposta de emenda versando sobre uma determinada matéria tiver sido rejeitada ou havido por prejudicada no curso de uma sessão legislativa, não poderá constituir-se em objeto de uma nova proposta dentro deste mesmo período. A sessão legislativa compreende o período de reunião ordinária do Congresso Nacional, assim disposto no *caput* do art. 37:

> "O Congresso Nacional reunir-se-á, anualmente, na Capital Federal, de 2 de fevereiro a 17 de julho e de 1º de agosto a 22 de dezembro."

Em sendo assim, se uma proposta de emenda constitucional versando sobre *"Reforma do Poder Legislativo"*, tiver sido rejeitada na sessão legislativa de 2019, **referida matéria** apenas poderá constituir-se em objeto de uma nova proposta na sessão legislativa subseqüente, ou seja, de 2020. **A limitação temporal incide sobre a matéria rejeitada**, não impedindo que o poder reformador possa realizar alterações em outros conteúdos contemplados na Constituição. Eis decisão do STF sobre o assunto, envolvendo uma hipótese de substitutivo de proposta de emenda constitucional:

> "Não ocorre contrariedade ao § 5º do art. 60 da Constituição na medida em que o Presidente da Câmara dos Deputados, autoridade coatora, aplica dispositivo regimental adequado e declara prejudicada a proposição que tiver substitutivo aprovado, e não rejeitado,

ressalvados os destaques (art. 163, V). É de ver-se, pois, que tendo a Câmara dos Deputados apenas rejeitado o substitutivo, e não o projeto que veio por mensagem do Poder Executivo, não se cuida de aplicar a norma do art. 60, § 5º, da Constituição. Por isso mesmo, afastada a rejeição do substitutivo, nada impede que se prossiga na votação do projeto originário. **O que não pode ser votado na mesma sessão legislativa é a emenda rejeitada ou havida por prejudicada, e não o substitutivo que é uma subespécie do projeto originariamente proposto.**" (MS 22.503, Rel. Min. Marco Aurélio, julgamento em 8-5-96, *DJ* de 6-6-97)" (Destaque nosso.)

3.2.1.4.1.5. Limitações implícitas

As limitações implícitas, por sua própria dicção, não estão consagradas de maneira textual em nossa Lei Fundamental, mas decorrem da própria lógica do sistema. Não existe no art. 60 da Constituição Federal, por exemplo, dispositivo vedando o Congresso Nacional em dispor, pela via de reforma, acerca do processo de alteração da Lei Maior. Neste sentido, indaga-se: pode o Congresso Nacional, através de emenda, tentar alterar as normas que dispõem sobre o processo de modificação constitucional? Se prestarmos atenção, o §4º do art. 60 da CF, **petrifica** outras normas do texto constitucional, quais sejam: as que consagram o pacto federativo; a separação dos poderes; o voto direto secreto, universal e periódico e; os direitos e garantias individuais. Ou seja, referido dispositivo não veicula nenhuma norma sobre tais matérias, mas apenas faz remissão às normas que estão na Constituição e que contemplam tais conteúdos. É dizer, os direitos e garantias individuais não estão no artigo 60, mas a partir do artigo 5° da Constituição Federal. Daí, indaga-se: é permitido ao poder reformador, através de emenda constitucional, suprimir a expressão "direitos e garantias individuais", contida no IV, §4º, do art. 60 da CF? Na medida em que uma emenda com tal perfil venha ser criada pelo poder reformador, os direitos e garantias individuais continuam intocáveis na Constituição, todavia houve supressão da *petrificação*. O exemplo foi trazido à baila para refletirmos sobre a ordem de limitações que estamos a tratar.

Conforme salientado, a Constituição brasileira não proíbe de forma expressa que o Congresso Nacional não possa dispor sobre o processo de elaboração de emendas constitucionais, muito menos sobre a possibilidade de supressão dos dispositivos constantes do §4, do art. 60. No entanto, o poder reformador está igualmente limitado nestes aspectos, não de maneira explícita, mas sim implícita. Ora, estamos diante de um poder constituído, cuja existência deriva de uma decisão política fundamental emanada do titular do poder constituinte originário, o povo, consignada na *Lei Maior* do ordenamento jurídico, a Constituição. Se o poder constituinte originário conferiu limitações ao poder constituído, não se admite ao poder de reforma constitucional alterar ou suprimir os limites que lhe foram impostos por uma vontade soberana[69-70]. Se assim fosse, o poder reformador se transformaria em constituinte originário, pois bastaria afastar seus limites para que ele

69 Alf Ross, em sua obra **Direito e Justiça**, expõe o problema, sob uma perspectiva lógica, da limitação imposta ao poder de reforma constitucional, pertinente ao próprio dispositivo que disciplina o processo de mudança na Constituição. Segundo Ross, trata-se de "um difícil problema de direito constitucional." Para o filósofo dinamarquês, "a competência para sancionar normas não está geralmente limitado a uma única autoridade. Parte do direito que é criado mediante leis consiste em normas de competência que constituem novas autoridades, as quais, por sua vez, podem ser competentes para estabelecer outras autoridades. Deste modo, surge um complicado sistema de autoridades em vários níveis. Uma autoridade cuja competência é determinada por normas criadas por outra autoridade situa-se num nível inferior a esta última. Duas autoridades cujas competências respectivas foram criadas pela mesma autoridade superior, situam-se no mesmo nível e gozam de *status* idêntico.

70 Ao analisar a lógica exposta por Alf Ross e sua idéia de autoreferência, Jorge Reinaldo Vanossi aduz o seguinte:
"Como puede verse fácilmente, la construcción de Ross llega como punto final a negar la posibilidad de la reforma de la norma que regula la reforma constitucional (v. gr., el carácter pétreo de nuestro artículo 30), porque toma como punto de partida la premisa de equiparar a la norma que establece el procedimiento de reforma de la constitución con la "norma básica" o norma fundamental del sistema jurídico. De esa manera, la argumentación de Ross tiene como resultado la afirmación de un nuevo contenido pétreo en las constituciones, a partir del momento en que no podrían modificarse por los procedimientos constitucionales de reforma las propias cláusulas que regulan el mecanismo de esas reformas. Esto significaría, en consecuencia, establecer un nuevo límite o limitación al ejercicio del poder constituyente, que se sumaría a la existencia de los demás límites jurídicos explícitamente establecidos y a los límites metajurídicos que se suponen implícitos en la constitución; con todo lo cual se complicaría más aún el ya de por sí intrincado problema de los límites del poder constituyente en la etapa de reforma. El error de esta formulación original de Ross está en creer que la norma que regula el mecanismo de reforma constitucional contiene la "ideología constituyente superior presupuesta" del ordenamiento jurídico-constitucional, o sea, que una norma así (por ejemplo, nuestro artículo 30) es la norma que encarna "el más alto presupuesto ideológico del orden jurídico", algo así como una superconstitución sobre la Constitución misma. Ross llega a decir que estas normas (las que regulan la reforma) son normas que " no pueden ser consideradas como sancionadas por ninguna autoridad y no pueden ser reformadas por ninguna autoridad",247 lo que constituye una afirmación que contradice abiertamente los hechos históricos universalmente aceptados, al mismo tiempo que significa equiparar o confundir los presupuestos ideológicos de un sistema constitucional con sus normas de derecho positivo. La gravedad de este nuevo caso de petrificación de normas tendría la virtualidad de trasferir la positividad del poder constituyente reformador —y sus

pudesse fazer o que bem entendesse em sede constitucional. Em síntese,

---

continuação da nota 69

Chamemos a autoridade que estamos considerando de A1; A1 foi constituída segundo um conjunto de regras de competência (formais e materiais). Se chamarmos estas regras de C1, C1 terão que ter sido sancionadas por A2, A2 terá que ter sido constituída por C2, que por sua vez têm que ter sido sancionadas por A3, ou não. Visto que a série de autoridades não pode ser infinita, é forçoso concluir que em última instância as normas mais altas de competência não podem ser sancionadas, tendo que ser pressupostas. A linha de pensamento pode ser ilustrada do seguinte modo:
A3 - constituída por C3 - não sancionadas por uma autoridade.
A2 - constituída por C2 - sancionadas por A3.
A1 - constituída por C1 - sancionadas por A2.
A3 é a autoridade suprema e, consequentemente, tem que ser necessariamos constituída por normas de competência que não foram sancionadas por nenhuma autoridade, sendo, porém, pressupostas.
As normas que constituem uma autoridade A e sua competência são, ao mesmo tempo, normas que determinam como pode ser reformado o direito criado por A. As normas constituientes determinam as condições para a validade das normas subordinadas e, consequentemente, regem tanto sua sanção como sua reforma. Inversamente, as normas formuladas para a reforma do direito criado por A são, ao mesmo tempo, normas que constituem A. As normas que regulam a maneira de legislar, por exemplo, são, simultaneamente, normas que indicam de que forma pode ser reformada uma lei (nomeadamente, por uma nova lei). E, inversamente, as normas da Constituição que regem o procedimento especial para a reforma da Constituição são, ao mesmo tempo, normas que estabelecem uma autoridade constituinte distinta da legislativa.
A pequena tabela apresentada supra mostrou que uma certa autoridade era suprema e quas as normas que constituem essa autoridade não podiam, portanto, ter sido sancionadas por nenhuma outra autoridade, tendo sim que existir como uma ideologia pressuposta. Isto significa que não existe norma superior que determine as condições para sua sanção e reforma válidas. De um ponto de vista jurídico, portanto, é impossível emitir qualquer juízo no tocante ao modo como pode ser alterada a ideologia constituinte superior pressuposta. E, no entanto, esta muda, seja mediante revolução, seja mediante evolução. Mas em ambos os casos o fenômeno da mudança é um fato sócio-psicológico puro que se acha fora do âmbito do procedimento jurídico.
Nos Estados Unidos, a autoridade suprema é o poder constituinte instituído pelas regras estabelecidas no art. V. da Constituição. Estas regras encarnam o mais elevado pressuposto ideológico do ordenamento jurídico norteamericano, porém não podem ser consideradas como sancionadas por nenhuma autoridade e não podem ser reformadas por nenhuma autoridade. Qualquer reforma do art. V da Constituiçãi que na prática se leve a cabo é um fato *ajurídico*, e não criação do direito por meio de um procedimento que tenha sido instituído." in **Direito e Justiça**. São Paulo: Edipro, 2000, pp. 106 e 107.

---

continuação da nota 70

órganos y procedimientos— a una suerte de superlegalidad constitucional en el sentido jusnaturalista de la expresión, con lo que paradójicamente un autor del realismo jurídico como es Ross, estaría brindando elementos y prestigio a las suposiciones de la escuela del derecho natural." in **Estudios de Teoría Constitucional.** Mexico: Universidad Nacional Autónoma de Mexico, 2002.

a Constituição veda a **dupla revisão** (a primeira reforma é para afastar a limitação, ao passo que a segunda seria para atingir a finalidade pretendida).[71]

3.2.2 Poder Constituinte Decorrente

O art. 1º da nossa Constituição em vigor, consagra o Estado brasileiro como uma federação. Portanto, a República Federativa do Brasil compreende a União, os Estados, o Distrito Federal e os Municípios (art. 18, CF), todos dotados de autonomia em face da nossa Lei Fundamental.

Consoante o art. 25 do texto constitucional, os Estados organizam-se e regem-se pelas suas respectivas Constituições, afora as leis que porventura venham a elaborar. Assim, o poder constituinte decorrente é aquele que cria uma Constituição Estadual, ou seja, a Constituição de um determinado Estado-membro da Federação Brasileira. Tal atividade é exercida pela respectiva Assembléia Legislativa, circunscrevendo sua atuação no âmbito das respectivas competências estaduais, observando, para tanto, o **princípio constitucional da simetria**[72], que determina a

71 A dupla revisão, no entendimento de Walber de Moura Agra, "se configura em uma modalidade de fraude à Constituição, tendo o descortino de modificá-la. Ela desrespeita limites explícitos e implícitos ao Poder Reformador de forma reflexa, simulada. Não introduz no Texto Constitucional, inicialmente, normas que sejam contrárias às cláusulas pétreas; primeiro, ela retira os impedimentos constitucionais e *a posteriori* coloca no texto a norma que antes sofria impedimento. Retirado o estorvo, a nova norma não pode ser considerada como inconstitucional, segundo os defensores da dupla revisão." **Fraudes à Constituição: um atentado ao Poder Reformador**. Porto Alegre: Sergio Fabris Editor, 2000, p. 208.

72 Sobre o tema, cf. decisão do STF, pleno, d. j. em 13.09.19, Rel. Min. Cármen Lúcia, na ADI n° 5653/RO:
"EMENTA: AÇÃO DIRETA DE INCONSTITUCIONALIDADE. MEDIDA CAUTELAR DEFERIDA AD REFERENDUM. CONVERSÃO DO JULGAMENTO DA CAUTELAR EM DEFINITIVO DE MÉRITO. ART. 99 DA CONSTITUIÇÃO DE RONDÔNIA, ALTERADA PELA EMENDA CONSTITUCIONAL N. 80, DE 22.8.2012. PROCESSO DE ESCOLHA DO PROCURADOR-GERAL DE JUSTIÇA. RESTRIÇÃO AOS MEMBROS VITALÍCIOS. POSSIBILIDADE DE ESCOLHA EM UM ÚNICO TURNO E SEM FORMAÇÃO DE LISTA TRÍPLICE. INCONSTITUCIONALIDADE FORMAL E MATERIAL. AÇÃO DIRETA DE INCONSTITUCIONALIDADE CONHECIDA E JULGADA PROCEDENTE. 1. Proposta de conversão de referendo de medida cautelar em julgamento definitivo de mérito, considerando a não complexidade da questão de direito em discussão e a instrução dos autos, nos termos do art. 12 da Lei n. 9.868/1999. Precedentes. 2. São formalmente inconstitucionais emendas às Constituições estaduais por inobservância da cláusula de reserva de iniciativa do Chefe do Poder Executivo para deflagrar processo legislativo das matérias previstas no inc. II do § 1º do art. 61 da Constituição da República, de reprodução obrigatória pelas Constituições dos

correspondência, no plano estadual, com os princípios fundamentais e modelos adotados por nossa Constituição, a exemplo do processo legislativo, do sistema de freios e contrapesos etc.

Urge ressaltar, no entanto, que os Municípios e o Distrito Federal não possuem Constituição em sentido formal, mas lei orgânica. Consequentemente, é descabido falar de poder constituinte no âmbito municipal e distrital.

4. A Constituição e as leis à ela anteriores

Com a promulgação de um Texto Constitucional, um novo sistema jurídico passa a existir, ou seja, a Constituição funda, instaura um outro ordenamento jurídico, afigurando-se como fundamento de validade deste. É certo, no entanto, que antes da promulgação de uma Constituição, inúmeras normas jurídicas lhes antecediam, seja de nível constitucional e infraconstitucional. Resta aqui verificar quais os fenômenos jurídicos que podem ocorrer quando da chegada de uma nova Constituição em face das normas que lhe são anteriores[73]. Referida matéria pode ser assim analisada:

- Relação entre a Constituição nova e a Constituição anterior
- Relação entre a Constituição nova e legislação ordinária que lhe antecede

estados-membros. Precedentes. 3. Na norma editada pelo poder constituinte reformador estadual se alterou o processo de escolha do Procurador-Geral de Justiça, em discordância com o § 3º do art. 128 da Constituição da República e com as normas gerais estabelecidas na Lei Orgânica Nacional do Ministério Público n. 8.625/1993. 4. Ação direta de inconstitucionalidade conhecida e julgada procedente para declarar inconstitucionais as expressões "vitalícios", "em único turno" e "que gozem de vitaliciedade", previstas no art. 99 da Constituição de Rondônia, alterado pela Emenda Constitucional estadual n. 80, de 22.8.2012, e conferir interpretação conforme à referida norma para se ler: "a nomeação do Procurador-Geral de Justiça deve ser feita pelo Governador do Estado, com base em lista tríplice encaminhada com o nome de integrantes da carreira", nos termos do § 3º do art. 128 da Constituição da República."

73 Sobre o tema, cf. artigo do Min. Paulo Brossard "**A Constituição e as leis à ela anteriores**." in Arquivos do Ministério da Justiça, v. 45, n. 180, pp.125-148, jul./dez. 1992.

4.1. Relação entre Constituição nova e a Constituição anterior

Quando da promulgação de um novo texto constitucional, é possível a ocorrência de dois fenômenos: **revogação** e **desconstitucionalização**.

4.1.1. Revogação

No plano da revogação, com o advento do novo Texto Constitucional, **toda** a Constituição que lhe antecede deixa de existir, mesmo que parte desta esteja em conformidade com aquela.

4.1.2. Desconstitucionalização

A desconstitucionalização se configura como uma espécie de recepção de normas constitucionais, de maneira que, havendo compatibilidade **material** entre as normas do texto constitucional pretérito e as normas da nova Constituição, esta as recepciona, todavia com a natureza de norma infraconstitucional (ordinária). Ou seja, as normas da Constituição anterior perdem sua natureza de norma suprema, passando para o plano da normatividadc infraconstitucional. Devemos ressaltar que a desconstitucionalização apenas ocorrerá se houver **compatibilidade material** e **expressa menção no novo Texto Constitucional**. Ficando este em silêncio, omisso, portanto, ocorrerá a total revogação do Texto Constitucional anterior.

Evidenciando o exposto acima, assim decidiu o STF:

> "A vigência e a eficácia de uma nova Constituição implicam a supressão da existência, a perda de validade e a cessação de eficácia da anterior Constituição por ela revogada, operando-se, em tal situação, uma hipótese de revogação global ou sistêmica do ordenamento constitucional precedente, não cabendo, por isso mesmo, indagar-se, por impróprio, da compatibilidade, ou não, para efeito de recepção, de quaisquer preceitos constantes da Carta Política anterior, ainda que materialmente não-conflitantes com a ordem constitucional originária superveniente. É que — consoante expressiva advertência do magistério doutrinário (Carlos Ayres Britto, 'Teoria da Constituição', p. 106, 2003, Forense) — 'Nada sobrevive ao novo Texto Magno', dada a impossibilidade de convívio entre duas ordens constitucionais originárias (cada qual representando uma idéia própria de Direito e refletindo uma particular concepção político-ideológica de mundo), exceto se a nova Constituição, mediante processo de recepção material (que muito mais traduz verdadeira novação de caráter jurídico-normativo), conferir vigência parcial e eficácia temporal limitada a determinados preceitos constitucionais inscritos na Lei Fundamental revogada, à semelhança do que fez o art. 34, caput,

do ADCT/88." (AI 386.820-AgR-ED-EDv-AgR-ED, Rel. Min. Celso de Mello, DJ 04/02/05)

4.2. Constituição nova e legislação infraconstitucional anterior

Conforme já dito, a chegada de uma nova Constituição implica em aferir a relação estabelecida com a normatividade que lhe antecede. No tocante à relação que se estabelece entre a nova Constituição e a legislação infraconstitucional anterior, concebe-se, também, duas possibilidades de ocorrência: **revogação** ou **recepção.**

4.2.1. Revogação

Havendo **incompatibilidade material** entre o direito infraconstitucional anterior e a nova Constituição, aquele fica extinto em razão da ocorrência da **revogação.** Tal relação de incompatibilidade foi objeto de discussão no STF, pois alguns ministros suscitaram a hipótese de uma **inconstitucionalidade superveniente**, haja vista que a relação de inadequação se dava entre uma norma ordinária e uma outra de nível constitucional, que surgiu posteriormente ao nascimento da primeira. No entanto, **prevaleceu a tese da revogação**, que perdura até a presente data. Eis a ementa da decisão do STF:

> "Constituição. Lei anterior que a contrarie. Revogação. Inconstitucionalidade superveniente. Impossibilidade. A lei ou é constitucional ou não é lei. Lei inconstitucional é uma contradição em si. A lei é constitucional quando fiel à Constituição; inconstitucional na medida em que a desrespeita, dispondo sobre o que lhe era vedado. O vício da inconstitucionalidade é congênito à lei e há de ser apurado em face da Constituição vigente ao tempo de sua elaboração. Lei anterior não pode ser inconstitucional em relação à Constituição superveniente; nem o legislador poderia infringir Constituição futura. A Constituição sobrevinda não torna inconstitucionais leis anteriores com ela conflitantes: revoga-as. Pelo fato de ser superior, a Constituição não deixa de produzir efeitos revogatórios. Seria ilógico que a lei fundamental, por ser suprema, não revogasse, ao ser promulgada, leis ordinárias. A lei maior valeria menos que a lei ordinária." (ADI n° 2, Rel. Min. Paulo Brossard, julgamento em 6-2-92, *DJ* de 06.02.02)

4.2.2. Recepção

Em se tratando de **compatibilidade material** entre o direito infraconstitucional anterior e a nova Constituição, esta o recepciona, permitindo-lhe sua continuidade existencial no novo ordenamento jurídico. Ressalte-se, no entanto, que para efeitos de recepção não se leva em conta a **compatibilidade formal, mas apenas a material, de conteúdo.** No entanto, se um texto normativo que surgiu, por exemplo, em 1977, com a natureza de lei ordinária (aspecto formal), foi objeto de recepção pela Constituição de 1988, ele ingressa no sistema normativo com a natureza jurídica atribuída pela nova Lei Fundamental. Ex: o Código Tributário Nacional (Lei nº 5.172/66) nasceu com a natureza de lei ordinária, todavia, por força do art. 146[74] e 34, §5°, ADCT[75] da CF, foi recepcionado com a forma de lei complementar.

74 "Art. 146. Cabe à lei complementar:
I - dispor sobre conflitos de competência, em matéria tributária, entre a União, os Estados, o Distrito Federal e os Municípios;
II - regular as limitações constitucionais ao poder de tributar;
III - estabelecer normas gerais em matéria de legislação tributária, especialmente sobre:
(...)" Destaque nosso.

75 "Art. 34. O sistema tributário nacional entrará em vigor a partir do primeiro dia do quinto mês seguinte ao da promulgação da Constituição, mantido, até então, o da Constituição de 1967, com a redação dada pela Emenda nº 1, de 1969, e pelas posteriores.
(...)
§ 5º Vigente o novo sistema tributário nacional, fica assegurada a aplicação da legislação anterior, no que não seja incompatível com ele e com a legislação referida nos §3º e § 4º."

CAPÍTULO IV

PRINCÍPIOS FUNDAMENTAIS

SUMÁRIO: 1. Princípio republicano; **2.** Princípio federativo; **3.** Princípio do Estado democrático de direito; **4.** Princípio da soberania; **5.** Princípio da cidadania; **6.** Princípio da dignidade da pessoa humana; **7.** Princípio dos valores sociais do trabalho e da livre iniciativa; **8.** Princípio do pluralismo político; **9.** Princípio da representação política; **10.** Princípio da separação dos poderes.

A Constituição Federal estabelece em seu **Título I**, os **Princípios Fundamentais**. São normas constitucionais materialmente relevantes no âmbito interno do sistema constitucional, na medida em que revelam a *fórmula política*[1] consubstanciada em nossa Lei Fundamental.

Podemos apontar a relevância dos *Princípios Fundamentais* sob uma perspectiva material e formal. Em relação ao conteúdo, tais normas fornecem a própria *identidade constitucional* do Estado Brasileiro, na medida em que apontam os seus fundamentos, objetivos e princípios reitores das suas relações internacionais com outros Países ou Instituições. Sob a perspectiva formal, tais normas preponderam sobre todas as demais do ordenamento jurídico, exigindo observância por parte de todos os agentes produtores de normas jurídicas, pois são dotadas de supremacia, é dizer, são hierarquicamente superiores a todas as normas do sistema positivo brasileiro.

J. J. Gomes Canotilho, ao definir a Constituição como um *sistema interno de regras e princípios*[2], apresenta a seguinte tipologia normativa da Lei Fundamental: a) princípios constitucionais estruturantes; b) princípios constitucionais gerais; c) princípios constitucionais especiais e; d) regras constitucionais[3].

Os *princípios constitucionais estruturantes* são constitutivos e indicativos das idéias diretivas fundamentais de todo sistema cons-

1 A fórmula política, segundo Pablo Lucas Verdú, revela "la expresión ideológica jurídicamente organizada en una estructura social." **Curso de Derecho Político**. Vol. II. Madrid: Tecnos, 1981, p. 428.

2 **Direito Constitucional e Teoria da Constituição**. 7ª ed. Coimbra: Almedina, 2003, p. 1173.

3 **Direito Constitucional e Teoria da Constituição**. 7ª ed. Coimbra: Almedina, 2003, p. 1175.

titucional. São, no dizer do mestre português, "as traves-mestras jurídico-constitucionais do estatuto jurídico do político."[4] Tais princípios ganham concretização através de outros princípios constitucionais, ora denominados *princípios constitucionais gerais*, de menor densidade normativa em relação aos *princípios constitucionais estruturantes.* Por sua vez, os *princípios constitucionais gerais* se concretizam por via dos *princípios constitucionais especiais* que, por último, são densificados através das *regras constitucionais.* A articulação das normas constitucionais sob distintos tipos, permite a compreensão do texto constitucional como um sistema, composto por princípios e regras, intra-ordenados harmonicamente.

Com isto, podemos afirmar que as normas integrantes do **Título I**, da Constituição Federal, apresentam-se como *princípios constitucionais estruturantes*, reveladores da *fórmula política*[5], é dizer, da expressão ideológica constitucionalmente organizada da sociedade brasileira.

O artigo 1°, da Constituição Federal, possui a seguinte estrutura e conteúdo:

> Art. 1º A República Federativa do Brasil, formada pela união indissolúvel dos Estados e Municípios e do Distrito Federal, constitui-se em Estado Democrático de Direito e tem como fundamentos:
>
> I - a soberania;
>
> II - a cidadania;
>
> III - a dignidade da pessoa humana;
>
> IV - os valores sociais do trabalho e da livre iniciativa;
>
> V - o pluralismo político.
>
> Parágrafo único. Todo o poder emana do povo, que o exerce por meio de representantes eleitos ou diretamente, nos termos desta Constituição.

O *caput* do artigo 1° consubstancia os seguintes princípios: a) Princípio republicano; b) Princípio federativo e; c) Princípio do Estado democrático de direito. Nos incisos de I a V, foram positivados: a) soberania; b) cidadania;

4 **Direito Constitucional e Teoria da Constituição**. 7ª ed. Coimbra: Almedina, 2003, p. 1173.

5 Idealizador do conceito de *fórmula política*, Pablo Lucas Verdú a define como "la expresión ideológica juridicamente organizada en una estructura social." Cf. **Curso de Derecho Político**. Vol. II. Madrid: Tecnos, 1981, p. 428; v. tb. Raúl Canosa Usera. **Interpretación Constitucional y Fórmula Política.** Madrid: Centro de Estudios Constitucionales, 1988, pp. 249 e ss.

c) dignidade da pessoa humana; d) os valores sociais do trabalho e da livre iniciativa e; e) o pluralismo político. Por fim, no parágrafo único, temos novamente a consagração do princípio republicano e democrático.

1. Princípio republicano

O princípio republicano, no entendimento de Cármen Lúcia Antunes Rocha, "traduz uma opção política básica, caracterizadora do Estado brasileiro, informadora do sistema constitucional e conformadora do Direito vigente na sociedade nacional. Esse princípio fundamenta, desenha, estrutura e institui a forma de ser e de exercer-se o poder político no Estado brasileiro.[6]"

Geraldo Ataliba, ao proclamar o princípio republicano como fundamental e básico, informador de todo o nosso ordenamento jurídico, aduz que "a idéia de *república* domina não só a legislação, como o próprio Texto Magno, inteiramente, de modo inexorável, penetrando todos os seus institutos e esparramando seus efeitos sobre seus mais modestos escaninhos ou recônditos meandros.[7]" A forma republicana de governo caracteriza-se modernamente pela igualdade de todos perante a lei[8], a separação dos

6 **República e Federação – Traços constitucionais da organização política brasileira**. Belo Horizonte: Del Rey, 1997, p. 71.

7 **República e Constituição**. 2ª ed. São Paulo: Malheiros, 1998, p. 32.

8 Cf. artigo 5°, *caput*, da Constituição Federal. Na ADI n° 4555/PI, rel. Min. Rosa Weber, d. j. 14.08.19, Pleno, o STF firmou o seguinte entendimento com base no princípio republicano:
"EMENTA: Ação direta de inconstitucionalidade. Artigo 11 do Ato das Disposições Constitucionais Transitórias da Constituição do Estado do Piauí. "Subsídio" mensal e vitalício a ex-governador que tenha exercido o cargo em caráter permanente. Precedentes do Supremo Tribunal Federal. Ação direta julgada procedente. 1. O Supremo Tribunal Federal definiu interpretação jurídica, na formação de precedentes, no sentido de que a instituição de prestação pecuniária mensal e vitalícia a ex-governadores, designada como "subsídio", corresponde a concessão de benesse que não se compatibiliza com a Constituição Federal **(notadamente com o princípio republicano e o princípio da igualdade, consectário deste)**, por configurar tratamento diferenciado e privilegiado sem fundamento jurídico razoável, em favor de quem não exerce função pública nem presta qualquer serviço à administração. 2. Precedentes judiciais: ADI nº 4.544, Rel. Roberto Barroso, Tribunal Pleno, DJe de 13/06/2018, ADI nº 3.418, Rel. Min. Dias Toffoli, Tribunal Pleno, DJe de 20/09/2018, ADI nº 4.601, Rel. Min. Luiz Fux, Tribunal Pleno, DJe de 25/10/2018, ADI nº 4.169, Rel. Min. Luiz Fux, Tribunal Pleno, DJe de 25/10/2018, ADI nº 4.552-MC, Rel. Min. Cármen Lúcia, Tribunal Pleno, DJe de 9/6/15; ADI nº 3.853, Rel. Min. Cármen Lúcia, Tribunal Pleno, DJe de 26/10/07, ADI nº 1.461, Rel. Min. Maurício Corrêa, Tribunal Pleno, DJe de 22/08/1997. 3. Ação julgada procedente para declarar a inconstitucionalidade do art. 11 do Ato das Disposições Constitucionais Transitórias da Constituição do Estado do Piauí." (destaque nosso)

poderes estatais[9], a periodicidade do mandato eletivo[10] e responsabilidade dos agentes políticos em virtude de danos causados à *coisa pública*[11]. Portanto, regime republicano é regime de responsabilidade[12].

As bases do sistema republicano são traçadas pela Constituição, que densifica todos os elementos nucleares desta forma de organização política através de diversas normas jurídicas que a compõem. Portanto, na esteira do pensamento de Canotilho, ora trazido à colação, trata-se de *princípio constitucional estruturante* que requer densificação através de outras normas constitucionais.

2. Princípio Federativo

O povo brasileiro, por decisão política que remonta há mais de um século[13], continuou instituindo na Lei Fundamental de 1988, a federação como *forma de Estado*. O Estado federal apresenta-se como um modelo de organização política no qual unidades de poder associam-se umas às outras para, sob a égide de uma Constituição, dar início a um novo Estado, independente e soberano perante a comunidade internacional. Trata-se, portanto, de uma *descentralização política* efetuada dentro de uma mesma base territorial por um documento jurídico denominado Constituição. A *descentralização espacial do poder levada a cabo por uma Constituição* é a nota essencial de uma Federação.

Em um Estado Federal, os entes políticos autônomos que o integram retiram da Constituição o seu suporte de existência jurídica. É importante consignar que a forma federativa de Estado se constitui em cláusula pétrea da Constituição, é dizer, não pode ser abolida mediante reforma constitucional, conforme disposto em seu artigo 60, §4°, I[14].

---

9 A *separação dos poderes* está elencada como princípio fundamental da Constituição brasileira, positivada em seu artigo 2°, nos seguintes termos:
"Art. 2º São Poderes da União, independentes e harmônicos entre si, o Legislativo, o Executivo e o Judiciário."

10 Cf. arts. 29, I, relativo a Prefeitos e Vereadores; arts. 44, 45, 46, pertinente a Deputados e Senadores e; art. 82, alusivo ao Presidente da República, todos da Constituição Federal.

11 O artigo 85, da Constituição Federal, dispõe sobre os crimes de responsabilidade do Presidente da República.

12 Cf. Geraldo Ataliba. **República e Constituição**. 2ª ed. São Paulo: Malheiros, 1998, pp. 37 e 65.

13 A República e a Federação foram instituídas através do Decreto n° 01, de 1889.

14 "Art. 60. (...)
(...)

Portanto, o *pacto federativo* é *indissolúvel*. No HC n° 1893-9/RS[15], o eminente Ministro Pedro Acioli fez consignar em seu voto o seguinte:

> "Pregamos por um Brasil cada vez mais unido e forte, com a união do povo brasileiro, quer seja do Sul, Sudeste, Norte, Nordeste e Centro-Oeste.[16]"

---

§ 4º Não será objeto de deliberação a proposta de emenda tendente a abolir:
I - a forma federativa de Estado;"

---

15 O HC n° 1893-9/RS, de natureza preventiva, buscou assegurar a liberdade do fundador do Partido da República Farroupilha - PRF, cujos ideais se voltam para "lutar pelos direitos dos povos dos Estados-federados brasileiros de se constituírem em Estados-soberanos", bem como "lutar pela causa separatista, começando pelo Rio Grande do Sul." O acórdão, da lavra do Ministro Pedro Acioli, restou assim ementado: "REPÚBLICA FEDERATIVA DO BRASIL. INDISSOLUBILIDADE. PRINCÍPIO FUNDAMENTAL. CAPUT, DO ART. 1, DA CONSTITUIÇÃO. PROVIDÊNCIAS DO MINISTRO DA JUSTIÇA TENDENTES A APURAR OS DENOMINADOS MOVIMENTOS SEPARATISTAS. PARTIDO DA REPÚBLICA FARROUPILHA. HABEAS CORPUS PREVENTIVO. CONDUTA PREVISTA COMO DELITUOSA. ART. 11, DA LEI N° 7.170/83. CRIME EM TESE. DENEGAÇÃO.
I - O Ministro da Justiça dentro de sua competência, cumprindo o seu dever de velar pela incolumidade da Constituição, determinou medidas para apurar ss denominados Movimentos Separatistas que, além de afrontarem o art. 1. da Constituição, constituem, em tese, o crime previsto no art. 11, da Lei n. 7170, de 14 de dezembro de 1993 que trata dos Crimes contra a Segurança Nacional, a Ordem Política e Social.
II - Esta conduta carece de ilegalidade ou abuso de poder, a *contrario sensu*, é legitimo e louvável, por se tratar de providencia respaldada na Constituição, que defende o princípio da unidade nacional, que por nós haverá de ser defendida a qualquer preço, até mesmo com a própria vida e contra a minoria de estrangeiros que, bem recebidos no solo pátrio, mal agradecem e, impregnados de preconceitos de raça, pregam o absurdo do separatismo.
III - O grande Rui Barbosa, em uma de suas pregações cívicas, disse que "A Pátria não é ninguém: são todos" e "os que a servem são... os que não conspiram, os que não sublevam, os que não desalentam, os que não emudecem, os que não se acovardam, mas resistem, mas ensinam, mas ssforçam, mas pacificam, mas discutem, mas praticam a justiça, a admiração, o entusiasmo".
IV - Ordem Denegada."
(HC n° 1.893/RS, Rel. Min. Pedro Acioli, STJ, Terceira Seção, unanimidade, D. J. 03.06.93)

16 HC n° 1.893/RS, Rel. Min. Pedro Acioli, STJ, Terceira Seção, unanimidade, D. J. 03.06.93, p. 03.

3. Princípio do Estado Democrático de Direito

A República Federativa do Brasil se constitui em um Estado Democrático de Direito, ou seja, um Estado no qual todo poder emana do povo e em seu nome é exercido, direta ou indiretamente. A legitimidade democrática do exercício do poder deita raízes na Constituição, que se impõe como norma a toda organização política denominada Estado. O Estado é *democrático* em virtude da sua legitimidade popular, daí falar-se em *Estado de Direito Democrático*, ou seja, de uma "ordem de domínio legitimada pelo povo.[17]"

Sob uma perspectiva constitucional dogmática, o Estado Democrático de Direito, instituído por nossa Lei Fundamental de 1988, possui elementos de *democracia direta*, a exemplo do voto para escolha dos seus representantes políticos (democracia representativa), da iniciativa popular, do plebiscito e do referendo, do direito de informar e de ser informado[18], entre outros. Além disto, o Estado encontra-se sub-

---

17 J. J. Gomes Canotilho. **Direito Constitucional e Teoria da Constituição**. 7ª ed. Coimbra: Almedina, 2003, p. 98. O autor, após analisar os conceitos de *Estado de Direito* e *Estado Democrático*, formula o seguinte entendimento acerca do *Estado Constitucional Democrático*:
"O **Estado constitucional** é 'mais' do que o Estado de direito. O elemento democrático não foi apenas introduzido para 'travar' o poder (*to check the power*); foi também reclamado pela necessidade de *legitimação* do mesmo poder (*to legitimize State power*). Se quisermos um Estado Constitucional assente em fundamentos não metafísicos, temos de distinguir duas coisas: (1) uma é a da legitimidade do direito, dos direitos fundamentais e do processo de legislação no sistema jurídico; (2) outra é a da *legitimidade de uma ordem de domínio* e da *legitimação do exercício do poder político*. O Estado 'impolítico' do Estado de direito não dá resposta a este último problema: donde vem o poder. Só o princípio da *soberania popular* segundo o qual 'todo o poder vem do povo' assegura e garante o direito à igual participação na formação democrática da vontade popular. Assim, o princípio da soberania popular concretizado segundo procedimentos juridicamente regulados serve de 'charneira' entre o 'Estado de direito' possibilitando a compreensão da moderna fórmula *Estado de direito democrático*. Alguns autores avançam mesmo a idéia de democracia como valor (e não apenas como processo), irresistivelmente estruturante de uma ordem constitucional democrática." Ob. cit. p. 100.

18 No Ag. Reg. na Reclamação n° 28.747/18, cujo objeto versou sobre a liberdade de informação e o direito de informar por parte dos veículos de comunicação, o Supremo Tribunal Federal – STF externou o seguinte entendimento:
"EMENTA: AGRAVO INTERNO NA RECLAMAÇÃO. DIREITO CONSTITUCIONAL. DETERMINAÇÃO DE RETIRADA DE CONTEÚDO DA INTERNET. DECISÃO PROFERIDA EM SEDE DE TUTELA ANTECIPADA. CONFIGURAÇÃO DE CENSURA PRÉVIA. VIOLAÇÃO À ADPF 130. AGRAVO INTERNO PROVIDO.
1. A liberdade de informação e de imprensa são apanágios do Estado Democrático de Direito.

metido ao direito por ele próprio criado através do Congresso Nacional, fato este que o coloca em relação de *igualdade* junto aos cidadãos que o integram. Portanto, não apenas a coletividade está submetida ao domínio das normas jurídicas emanadas do Estado, mas também ele próprio, fato este que constitui um dos elementos tipificadores do *Estado Democrático de Direito.*

4. Princípio da soberania

A *soberania* expressa o poder incontrastável de mando inerente ao Estado. Sob uma perspectiva material, o termo *soberania* revela o poder que detém o Estado de se organizar jurídica e politicamente e de fazer valer em sua base territorial a totalidade de suas decisões. Trata-se, portanto, do poder de império do Estado, que se desdobra em seu âmbito interno e externo. Internamente, revela o poder absoluto incidente em seu território[19], que se revela na capacidade de estabelecer seu

---

2. O interesse público premente no conteúdo de reportagens e peças jornalísticas reclama tolerância quanto a matérias de cunho supostamente lesivo à honra dos agentes públicos.
3. A medida própria para a reparação do eventual abuso da liberdade de expressão é o direito de resposta e não a supressão liminar de texto jornalístico, antes mesmo de qualquer apreciação mais detida quanto ao seu conteúdo e potencial lesivo.
4. A reclamação tendo como parâmetro a ADPF 130, em casos que versam sobre conflitos entre liberdade de expressão e informação e a tutela de garantias individuais como os direitos da personalidade, é instrumento cabível, na forma da jurisprudência (Precedentes: Rcl 22328, Rel. Min. Roberto Barroso, Primeira Turma, DJe 09/05/2018; Rcl 25.075, Rel. Min. Luiz Fux, DJe 31/03/2017).
5. In casu, não se evidencia que o intento da publicação tenha sido o de ofender a honra de terceiros, mediante veiculação de notícias sabidamente falsas.
6. Agravo interno provido." (STF, 1ª Turma, Rel. Min. Luiz Fux, d. j. em 05.06.18)

---

19 Na Petição nº 3388/RR, que discutiu a questão da demarcação da terra indígena "Raposa do Sol", o Supremo Tribunal Federal - STF expôs o seguinte entendimento: "(...)
5. AS TERRAS INDÍGENAS COMO PARTE ESSENCIAL DO TERRITÓRIO BRASILEIRO.
5.1. As "terras indígenas" versadas pela Constituição Federal de 1988 fazem parte de um território estatal-brasileiro sobre o qual incide, com exclusividade, o Direito nacional. E como tudo o mais que faz parte do domínio de qualquer das pessoas federadas brasileiras, são terras que se submetem unicamente ao primeiro dos princípios regentes das relações internacionais da República Federativa do Brasil: a soberania ou "independência nacional" (inciso I do art. 1º da CF). 5.2. Todas as "terras indígenas" são um bem público federal (inciso XI do art. 20 da CF), o que não significa dizer que o ato em si da demarcação extinga ou amesquinhe qualquer unidade federada. Primeiro, porque as unidades federadas pós-Constituição de 1988 já nascem com seu território jungido ao regime constitucional de preexistên-

próprio governo, além da capacidade de dar a si uma Constituição. Sob uma perspectiva externa, a *soberania* expressa uma relação de igualdade entre Estados que compõem a comunidade internacional, na medida em que todos titularizam esse poder incontrastável de mando, pois, do contrário, não seria propriamente um *Estado*[20].

5. Princípio da cidadania

Em sentido estrito, *cidadão* é o indivíduo que titulariza os *direitos políticos*, é dizer, que tem a capacidade de votar e ser votado. É, portanto, o nacional apto a exercer os direitos políticos. Numa concepção mais ampla, José Afonso da Silva aduz que a cidadania "consiste na consciência de pertinência à sociedade estatal como titular dos direitos fundamentais, da dignidade como pessoa humana, da integração participativa no processo do poder, com a igual consciência de que essa situação subjetiva envolve também deveres de respeito à dignidade do outro, de contribuir para o aperfeiçoamento de todos.[21]" Tal forma de apresentar referido conceito explicita a concepção, por diversas vezes citadas, de Hannah Arendt, segundo a qual por cidadania se deve compreender "o direito a ter direitos."[22]

cia dos direitos originários dos índios sobre as terras por eles "tradicionalmente ocupadas". Segundo, porque a titularidade de bens não se confunde com o senhorio de um território político. Nenhuma terra indígena se eleva ao patamar de território político, assim como nenhuma etnia ou comunidade indígena se constitui em unidade federada. Cuida-se, cada etnia indígena, de realidade sócio-cultural, e não de natureza político-territorial." (STF, Pleno, Rel. Min. Ayres Britto, d. j. em 19.03.09)

20 É oportuno lembrar que os elementos constitutivos do Estado são *povo, território* e ***poder***.

21 **Comentário Contextual à Constituição**. São Paulo: Malheiros, 2005, p. 36.

22 No entendimento de Hannah Arendt, "O homem do século XX se tomou tão emancipado da natureza como o homem do século XVIII se emancipou da história. A história e a natureza tornaram-se ambas, alheias a nós, no sentido de que a essência do homem já não pode ser compreendida em termos de um nem de outra. Por outro lado, a humanidade, que para o século XVIII, na terminologia kantiana, não passava de uma ideia reguladora, tornou-se hoje de fato inelutável. Esta nova situação, na qual a "humanidade" assumiu de fato um papel antes atribuído à natureza ou à história, significaria nesse contexto que o direito a ter direitos, ou o direito de cada indivíduo de pertencer à humanidade, deveria ser garantido pela própria humanidade." **Origens do Totalitarismo: Antissemitismo, Imperialismo e Totalitarismo**. 8ª Edição. São Paulo: Companhia das Letras, 2007, p. 332.

No entendimento de José Horácio Meirelles Teixeira, a cidadania "consiste na prerrogativa que se concede a brasileiros, mediante preenchimento de certos requisitos legais, de poderem exercer direitos políticos e cumprirem deveres cívicos.[23]"

Portanto, a cidadania consiste na capacidade para exercer os direitos políticos, é dizer, votar e ser votado, titularizar cargos públicos, entre outras faculdades decorrentes de quem a detém e previstas em lei. Referida noção encontra-se positivada no artigo 25[24], do Pacto Internacional sobre Direitos Civis e Políticos, inserido em nosso ordenamento jurídico através do Decreto n° 592/92.

É oportuno ressaltar, por fim, que a noção de cidadania alberga a idéia de *inclusão*, de *participação* política e social por parte dos indivíduos[25].

---

23 **Curso de Direito Constitucional**. Rio de Janeiro: Forense Universitária, 1991, p. 565.

24 "Artigo 25. Todo cidadão terá o direito e a possibilidade, sem qualquer das formas de discriminação mencionadas no artigo 2 e sem restrições infundadas:
a) de participar da condução dos assuntos públicos, diretamente ou por meio de representantes livremente escolhidos;
b) de votar e de ser eleito em eleições periódicas, autênticas, realizadas por sufrágio universal e igualitário e por voto secreto, que garantam a manifestação da vontade dos eleitores;
c) de ter acesso, em condições gerais de igualdade, às funções públicas de seu país."

25 Sob tal perspectiva, cf. acórdão do TSE versando sobre registro de candidatura de indivíduo para disputa de cargo de vereador:
"AGRAVOS REGIMENTAIS. RECURSO ESPECIAL. ELEIÇÕES 2016. VEREADOR. REGISTRO DE CANDIDATURA. ANALFABETISMO. ART. 14, § 4º, DA CF/88. INTERPRETAÇÃO QUE DEVE PRIVILEGIAR O EXERCÍCIO DA CIDADANIA, OS DIREITOS POLÍTICOS E A REPRESENTAÇÃO POPULAR. DESPROVIMENTO.
1. Autos recebidos no gabinete em 14.10.2016.
2. O conceito de analfabetismo - art. 14, § 4º, da CF/88 - deve ser interpretado de modo a privilegiar o exercício da cidadania, os direitos políticos e a representação popular, interferindo-se o mínimo possível na liberdade de voto e na capacidade eleitoral passiva. Precedente: REspe 89-41/PI, de minha relatoria, sessão de 27.9.2016.
3. No caso, o candidato, que cursou a primeira série do ensino fundamental, trouxe aos autos pedido de registro, declaração de bens e procuração devidamente assinados, o que afasta suposto analfabetismo.
4. No que concerne especificamente à procuração, haveria incongruência em admitir-se como válida a assinatura do candidato - para prática de atos previstos no art. 105 do CPC/2015 - e, ao mesmo tempo, assentar-se que ele não consegue expressar sua vontade.
5. Agravos regimentais desprovidos, mantendo-se o deferimento do registro de candidatura."
(RESPE - Agravo Regimental em Recurso Especial Eleitoral nº 26810 - JACOBINA - BA, j. em 03.11.16, Rel. Min. Herman Benjamin)

6. Princípio da dignidade da pessoa humana

A dignidade da pessoa humana se constitui, atualmente, em vetor axiológico de praticamente todos os Estados Democráticos de Direito[26]. Trata-se de uma qualidade intrínseca ao ser humano, que o faz merecedor de respeito e consideração por parte dos demais indivíduos e do Estado. Nesta condição, a dignidade humana reside em toda e qualquer pessoa, independentemente do sexo, cor, raça, religião etc. Apenas pelo fato de o indivíduo ser *humano*, já o faz titular de *dignidade*. Em virtude de ser um atributo do indivíduo, algo que lhe é intrínseco, a *dignidade* não se destrói, não se abandona. Pode ser objeto de violação, mas não de supressão.

O direito, portanto, é feito pelo homem e para o homem, com o propósito de promover, no mais elevado grau possível, a sua dignidade. Constitui-se, portanto, uma referência não apenas para o pensamento jurídico, mas também para o pensamento político e moral[27]. Em virtude de ser uma qualidade intrínseca a todos os seres humanos, a dignidade nivela todos os indivíduos, tornando-os iguais em direitos e obrigações. Portanto, a discriminação e a desigualdade afiguram-se conceitos

---

26 A Declaração dos Direitos do Homem elaborada pela ONU, em 1948, dispõe em seu artigo 1°:
"Art. 1°. Todos os seres humanos nascem livres e iguais em dignidade e em direitos. São dotados de razão e de consciência e devem agir uns para com os outros num espírito de fraternidade"
A Lei Fundamental - Bonn - da Alemanha, estabelece em seu artigo 1:
"Artigo 1 [Dignidade da pessoa humana – Direitos humanos – Vinculação jurídica dos direitos fundamentais]
(1) A dignidade da pessoa humana é intangível. Respeitá-la e protegê-la é obrigação de todo o poder público."
Por sua vez, a Constituição de Portugal, de 1976, estabelece em seu artigo 1° o seguinte:
"Artigo 1.º
(República Portuguesa)
Portugal é uma República soberana, baseada na dignidade da pessoa humana e na vontade popular e empenhada na construção de uma sociedade livre, justa e solidária."
A Constituição da Espanha também confere proteção à diginidade humana, em seu artigo 10.1:
"Artigo 10 1. A dignidade da pessoa, os direitos invioláveis que lhe são inerentes, o livre desenvolvimento da personalidade, o respeito à lei e aos direitos dos demais são fundamento da ordem política e da paz social."

27 Cf. Gregorio Peces-Barba Martínez. **La dignidad de la persona desde la Filosofía del Derecho**. 2ª ed. Dykinson: Madrid, 2003, p. 66.

opostos à noção de dignidade humana.[28] Atualmente, a promoção da dig-

28 Cabe trazer à baila decisão do STF acerca da possibilidade de alteração de nome e gênero no registro de nascimento por parte dos cidadãos transexuais:
"Direito Constitucional e Civil. Transexual. Identidade de gênero. Direito subjetivo à alteração do nome e da classificação de gênero no assento de nascimento. Possibilidade independentemente de cirurgia de procedimento cirúrgico de redesignação. Princípios da dignidade da pessoa humana, da personalidade, da intimidade, da isonomia, da saúde e da felicidade. Convivência com os princípios da publicidade, da informação pública, da segurança jurídica, da veracidade dos registros públicos e da confiança. Recurso extraordinário provido.
1. A ordem constitucional vigente guia-se pelo propósito de construção de uma sociedade livre, justa e solidária, voltada para a promoção do bem de todos e sem preconceitos de qualquer ordem, de modo a assegurar o bem-estar, a igualdade e a justiça como valores supremos e a resguardar os princípios da igualdade e da privacidade. Dado que a tutela do ser humano e a afirmação da plenitude de seus direitos se apresentam como elementos centrais para o desenvolvimento da sociedade, é imperativo o reconhecimento do direito do indivíduo ao desenvolvimento pleno de sua personalidade, tutelando-se os conteúdos mínimos que compõem a dignidade do ser humano, a saber, a autonomia e a liberdade do indivíduo, sua conformação interior e sua capacidade de interação social e comunitária.
2. É mister que se afaste qualquer óbice jurídico que represente restrição ou limitação ilegítima, ainda que meramente potencial, à liberdade do ser humano para exercer sua identidade de gênero e se orientar sexualmente, pois essas faculdades constituem inarredáveis pressupostos para o desenvolvimento da personalidade humana.
3. O sistema há de avançar para além da tradicional identificação de sexos para abarcar também o registro daqueles cuja autopercepção difere do que se registrou no momento de seu nascimento. Nessa seara, ao Estado incumbe apenas o reconhecimento da identidade de gênero; a alteração dos assentos no registro público, por sua vez, pauta-se unicamente pela livre manifestação de vontade da pessoa que visa expressar sua identidade de gênero.
4. Saliente-se que a alteração do prenome e da classificação de sexo do indivíduo, independente de dar-se pela via judicial ou administrativa, deverá ser coberta pelo sigilo durante todo o trâmite, procedendo-se a sua anotação à margem da averbação, ficando vedada a inclusão, mesmo que sigilosa, do termo "transexual" ou da classificação de sexo biológico no respectivo assento ou em certidão pública. Dessa forma, atende-se o desejo do transgênero de ter reconhecida sua identidade de gênero e, simultaneamente, asseguram-se os princípios da segurança jurídica e da confiança, que regem o sistema registral.
5. Assentadas as seguintes teses de repercussão geral: i) O transgênero tem direito fundamental subjetivo à alteração de seu prenome e de sua classificação de gênero no registro civil, não se exigindo, para tanto, nada além da manifestação da vontade do indivíduo, o qual poderá exercer tal faculdade tanto pela via judicial como diretamente pela via administrativa. ii) Essa alteração deve ser averbada à margem no assento de nascimento, sendo vedada a inclusão do termo 'transexual'. iii) Nas certidões do registro não constará nenhuma observação sobre a origem do ato, sendo vedada a expedição de certidão de inteiro teor, salvo a requerimento do próprio interessado ou por determinação judicial. iv) Efetuando-se o procedimen-

nidade humana depende substancialmente da intervenção do Estado, sobretudo no tocante a implementação dos denominados *direitos sociais*. É importante ressaltar que a *dignidade da pessoa humana* é por demais invocada como *vetor hermenêutico* de outras normas da Constituição e do ordenamento jurídico, na medida em que todo o arcabouço normativo tem na *dignidade humana* sua fonte imediata. Por último, cabe acentuar que não se coaduna com tal conceito a *instrumentalização do ser humano*, independentemente do fim pretendido, conforme já preconizado por Kant. A dignidade, portanto, se constitui num fim em si mesmo[29]; faz com que o homem tenha consciência do seu próprio valor.

7. Princípio dos valores sociais do trabalho e da livre iniciativa

A Constituição Federal de 1988 incorpora elementos de cunho liberal e social. Logo, os valores sociais do trabalho se constituem em elementos típicos de uma Estado Social, ao passo que o princípio da livre iniciativa se vincula ao modelo de Estado Liberal. A Constituição, portanto, busca harmonizar o elemento *liberal,* pautado no indivíduo, é dizer, na livre iniciativa, com o *social*, assentado na coletividade.

O princípio da livre iniciativa revela a possibilidade da pessoa física ou jurídica exercerem toda e qualquer atividade com fim econômico,

to pela via judicial, caberá ao magistrado determinar, de ofício ou a requerimento do interessado, a expedição de mandados específicos para a alteração dos demais registros nos órgãos públicos ou privados pertinentes, os quais deverão preservar o sigilo sobre a origem dos atos. 6. Recurso extraordinário provido."
(RE 670422/RS, Rel. Min. Dias Toffoli, d. j. 15.08.18, Pleno)

29 Segundo o filósofo de Königsberg, "la razón refiere, pues, toda máxima de la voluntad como universalmente legisladora a cualquier otra voluntad y también a cualquier acción para consigo misma, y esto no por virtud de ningún otro motivo práctico o en vista de algún provecho futuro, sino por la idea de la *dignidad* de un ser racional que no obedece a ninguna otra ley que aquella que él se da a si mismo. En el reino de los fines todo tiente o un *precio* o una *dignidad*. Aquello que tiene precio puede ser sustituido por algo *equivalente*- en cambio, lo que halla por encima de todo precio y, por tanto, no admite nada equivalente, eso tiene una dignidad. Lo que se refiere a las inclinaciones y necesidades del hombre tiene un *precio comercial*; lo que, sin suponer una necesidad, se conforma a cierto gusto, es decir, a una satisfacción producida por el simple juego, sin fin alguno, de nuestras facultades, tiene un *precio de afecto*; pero aquello que constituye la condición para que algo sea fin en sí mismo, eso no tiene meramente valor relativo o precio, sino un valor interno, esto es, *dignidad*." **Fundamentación de la Metafísica de las Costumbres**. México: Editorial Porrúa, 2007, p. 53.

sem intervenção estatal, desde que pautada, direta ou indiretamente, pelo benefício da coletividade.[30]

Em relação aos valores sociais do trabalho, a Constituição busca assegurar ao indivíduo não apenas a liberdade de escolha do trabalho, ofício ou profissão, mas que, por esta via, se possa materializar diversos outros direitos fundamentais, a exemplo do sustento próprio e da família, moradia, lazer etc. O trabalho revela não apenas um mecanismo de satisfação pessoal, de livre desenvolvimento da personalidade, mas também, um instrumento que permite viabilizar o acesso a outros direitos fundamentais. No contexto da livre iniciativa e dos valores sociais do trabalho, o STF declarou a inconstitucionalidade total da Lei Municipal nº 10.553/2016, que dispõe sobre a proibição do uso de carros particulares cadastrados ou não em aplicativos, para o transporte remunerado individual de pessoas no Município de Fortaleza.[31]

---

30 No RE n° 839.950, com repercussão geral, o Supremo Tribunal Federal firmou a seguinte tese acerca da constitucionalidade de leis que impõem aos supermercados ou similarers, o dever de prestar serviços de embalagens:
"São inconstitucionais as leis que obrigam supermercados ou similares à prestação de serviços de acondicionamento ou embalagem das compras, por violação ao princípio da livre iniciativa (arts. 1º, IV, e 170 da Constituição)."
(Rel. Min. Luiz Fux, d. j. 24.10.18, Tema 525.)

31 Cf. abaixo teor da Ementa da ADPF 449/DF, julgada pelo STF:
"DIREITO CONSTITUCIONAL, ADMINISTRATIVO E REGULATÓRIO. PROIBIÇÃO DO LIVRE EXERCÍCIO DA ATIVIDADE DE TRANSPORTE INDIVIDUAL DE PASSAGEIROS. INCONSTITUCIONALIDADE. ESTATUTO CONSTITUCIONAL DAS LIBERDADES. PRINCÍPIOS CONSTITUCIONAIS DA LIVRE INICIATIVA E DO VALOR SOCIAL DO TRABALHO (ART. 1º, IV), DA LIBERDADE PROFISSIONAL (ART. 5º, XIII), DA LIVRE CONCORRÊNCIA (ART. 170, CAPUT), DA DEFESA DO CONSUMIDOR (ART. 170, V) E DA BUSCA PELO PLENO EMPREGO (ART. 170, VIII). IMPOSSIBILIDADE DE ESTABELECIMENTO DE RESTRIÇÕES DE ENTRADA EM MERCADOS. MEDIDA DESPROPORCIONAL. NECESSIDADE DE REVISÃO JUDICIAL. MECANISMOS DE FREIOS E CONTRAPESOS. ADPF JULGADA PROCEDENTE.
1. A Arguição de Descumprimento de Preceito Fundamental é cabível em face de lei municipal, adotando-se como parâmetro de controle preceito fundamental contido na Carta da República, ainda que também cabível em tese o controle à luz da Constituição Estadual perante o Tribunal de Justiça competente.
2. A procuração sem poderes específicos para ajuizar a Arguição de Descumprimento de Preceito Fundamental pode ser regularizada no curso do processo, mercê da instrumentalidade do Direito Processual.
3. A Arguição de Descumprimento de Preceito Fundamental não carece de interesse de agir em razão da revogação da norma objeto de controle, máxime ante a necessidade de fixar o regime aplicável às relações jurídicas estabelecidas durante a vigência da lei, bem como no que diz respeito a leis de idêntico teor aprovadas em outros Municípios. Precedentes: ADI 3306, Relator(a): Min. GILMAR MENDES, Tribunal Pleno, julgado em 17/03/2011; ADI 2418, Relator(a): Min. TEORI ZAVAS-

8. Princípio do pluralismo político

O pluralismo político é um princípio que deita raízes no postulado democrático, na medida em que permite a coexistência de idéias conflitantes e opostas em um mesmo ambiente político-social. A noção de *pluralismo político* não há de se confundir com *pluralismo partidário*. Este revela a coexistência de dois ou mais partidos políticos em um mesmo espaço social, ao passo que o termo *pluralismo político* está situado no plano das idéias, das opiniões. Logo, em uma sociedade democrática,

---

CKI, Tribunal Pleno, julgado em 04/05/2016; ADI 951 ED, Relator(a): Min. ROBERTO BARROSO, Tribunal Pleno, julgado em 27/10/2016; ADI 4426, Relator(a): Min. DIAS TOFFOLI, Tribunal Pleno, julgado em 09/02/2011; ADI 5287, Relator(a): Min. LUIZ FUX, Tribunal Pleno, julgado em 18/05/2016.

4. A União possui competência privativa para legislar sobre "diretrizes da política nacional de transportes", "trânsito e transporte" e "condições para o exercício de profissões" (art. 22, IX, XI e XVI, da CRFB), sendo vedado tanto a Municípios dispor sobre esses temas quanto à lei ordinária federal promover a sua delegação legislativa para entes federativos menores, considerando que o art. 22, parágrafo único, da Constituição faculta à Lei complementar autorizar apenas os Estados a legislar sobre questões específicas das referidas matérias. Precedentes: ADI 3136, Relator(a): Min. Ricardo Lewandowski, Tribunal Pleno, julgado em 01/08/2006, DJ 10/11/2006; ADI 2.606, Rel. Min. Maurício Corrêa, Tribunal Pleno, DJ de 07/02/2003; ADI 3.135, Rel. Min. Gilmar Mendes, Tribunal Pleno, DJ de 08/09/2006; e ADI 3.679, Rel. Min. Sepúlveda Pertence, Tribunal Pleno, DJ de 03/08/2007; ARE 639496 RG, Relator(a): Min. Cezar Peluso, julgado em 16/06/2011; ADI 3049, Relator(a): Min. Cezar Peluso, Tribunal Pleno, julgado em 04/06/2007.

5. O motorista particular, em sua atividade laboral, é protegido pela liberdade fundamental insculpida no art. 5º, XIII, da Carta Magna, submetendo-se apenas à regulação proporcionalmente definida em lei federal, pelo que o art. 3º, VIII, da Lei Federal n.º 12.965/2014 (Marco Civil da Internet) e a Lei Federal n.º 12.587/2012, alterada pela Lei n.º 13.640 de 26 de março de 2018, garantem a operação de serviços remunerados de transporte de passageiros por aplicativos.

6. A liberdade de iniciativa garantida pelos artigos 1º, IV, e 170 da Constituição brasileira consubstancia cláusula de proteção destacada no ordenamento pátrio como fundamento da República e é característica de seleto grupo das Constituições ao redor do mundo, por isso que não pode ser amesquinhada para afastar ou restringir injustificadamente o controle judicial de atos normativos que afrontem liberdades econômicas básicas.

7. O constitucionalismo moderno se fundamenta na necessidade de restrição do poder estatal sobre o funcionamento da economia de mercado, sobrepondo-se o Rule of Law às iniciativas autoritárias destinadas a concentrar privilégios, impor o monopólio de meios de produção ou estabelecer salários, preços e padrões arbitrários de qualidade, por gerarem ambiente hostil à competição, à inovação, ao progresso e à distribuição de riquezas. Literatura: ACEMOGLU, Daron; ROBINSON, James. Por que as nações fracassam – As origens do poder, das prosperidade e da pobreza. Trad. Cristiana Serra. 1ª ed. Rio de Janeiro: Elsevier, 2012.

aberta e plural, faz-se imperioso respeitar as idéias e opiniões contrá-

---

8. A teoria da escolha pública (public choice) vaticina que o processo politico por meio do qual regulações são editadas é frequentemente capturado por grupos de poder interessados em obter, por essa via, proveitos superiores ao que seria possível em um ambiente de livre competição, porquanto um recurso político comumente desejado por esses grupos é o poder estatal de controle de entrada de novos competidores em um dado mercado, a fim de concentrar benefícios em prol de poucos e dispersar prejuízos por toda a sociedade. Literatura: STIGLER, George. "The theory of economic regulation". in: The Bell Journal of Economics and Management Science, Vol. 2, No. 1 (Spring,1971).
9. O exercício de atividades econômicas e profissionais por particulares deve ser protegido da coerção arbitrária por parte do Estado, competindo ao Judiciário, à luz do sistema de freios e contrapesos estabelecidos na Constituição brasileira, invalidar atos normativos que estabeleçam restrições desproporcionais à livre iniciativa e à liberdade profissional. Jurisprudência: RE nº 414426 Relator(a): Min. ELLEN GRACIE, Tribunal Pleno, julgado em 01/08/2011; RE 511961, Relator(a): Min. GILMAR MENDES, Tribunal Pleno, julgado em 17/06/2009.
10. O sistema constitucional de proteção de liberdades goza de prevalência prima facie, devendo eventuais restrições ser informadas por um parâmetro constitucionalmente legítimo e adequar-se ao teste da proporcionalidade, exigindo-se ônus de justificação regulatória baseado em elementos empíricos que demonstrem o atendimento dos requisitos para a intervenção.
11. A norma que proíbe o "uso de carros particulares cadastrados ou não em aplicativos, para o transporte remunerado individual de pessoas" configura limitação desproporcional às liberdades de iniciativa (art. 1º, IV, e 170 da CRFB) e de profissão (art. 5º, XIII, da CRFB), a qual provoca restrição oligopolística do mercado em benefício de certo grupo e em detrimento da coletividade. Ademais, a análise empírica demonstra que os serviços de transporte privado por meio de aplicativos não diminuíram o mercado de atuação dos táxis.
12. O arcabouço regulatório dos táxis no Brasil se baseia na concessão de títulos de permissão a um grupo limitado de indivíduos, os quais se beneficiam de uma renda extraordinária pela restrição artificial do mercado, de modo que o ativo concedido não corresponde a qualquer benefício gerado à sociedade, mas tão somente ao cenário antinatural de escassez decorrente da limitação governamental, sendo correto afirmar que os princípios constitucionais da igualdade (art. 5º, caput), da livre iniciativa (artigos 1º, IV, e 170) e da livre concorrência (art. 173, § 4º) vedam ao Estado impedir a entrada de novos agentes no mercado para preservar a renda de agentes tradicionais. Jurisprudência: ADI 5062, Relator(a): Min. LUIZ FUX, Tribunal Pleno, julgado em 27/10/2016.
13. A proibição legal do livre exercício da profissão de transporte individual remunerado afronta o princípio da busca pelo pleno emprego, insculpido no art. 170, VIII, da Constituição, pois impede a abertura do mercado a novos entrantes, eventualmente interessados em migrar para a atividade como consectário da crise econômica, para promover indevidamente a manutenção do valor de permissões de táxi.
14. A captura regulatória, uma vez evidenciada, legitima o Judiciário a rever a medida suspeita, como instituição estruturada para decidir com independência em relação a pressões políticas, a fim de evitar que a democracia se torne um regime

rias, emitidas pelos diversos atores do cenário político-social. O antagonismo ideológico permite o diálogo e desenvolvimento sociais[32].

serviente a privilégios de grupos organizados, restando incólume a Separação dos Poderes ante a atuação dos freios e contrapesos para anular atos arbitrários do Executivo e do Legislativo.
15. A literatura do tema assenta que, verbis: "não há teoria ou conjunto de evidências aceitos que atribuam benefícios sociais à regulação que limite a entrada e a competição de preços" (POSNER, Richard A. "The Social Costs of Monopoly and Regulation". In: The Journal of Political Economy, Vol. 83, No. 4 (Aug., 1975), pp. 807-828). Em idêntico prisma: SHLEIFER, Andrei. The Enforcement Theory of Regulation. In: The Failure of Judges and the Rise of Regulators. Cambridge: The MIT Press, 2012. p. 18; GELLHORN, Walter. "The Abuse of Occupational Licensing". In: 44 U. Chi. L. Rev. 6 1976-1977.
16. A evolução tecnológica é capaz de superar problemas econômicos que tradicionalmente justificaram intervenções regulatórias, sendo exemplo a sensível redução de custos de transação e assimetria de informação por aplicativos de transporte individual privado, tornando despicienda a padronização dos serviços de táxi pelo poder público. Literatura: MACKAAY, Ejan. Law and Economics for Civil Law Systems. Cheltenham: Edward Elgar, 2013.
17. Os benefícios gerados aos consumidores pela atuação de aplicativos de transporte individual de passageiros são documentados na literatura especializada, que aponta, mediante métodos de pesquisa empírica, expressivo excedente do consumidor (consumer surplus), consistente na diferença entre o benefício marginal na aquisição de um bem ou serviço e o valor efetivamente pago por ele, a partir da interação entre a curva de demanda e o preço de mercado, por isso que a proibição da operação desses serviços alcança efeito inverso ao objetivo de defesa do consumidor imposto pelos artigos 5º, XXXII, e 170, V, da Constituição.
18. A Constituição impõe ao regulador, mesmo na tarefa de ordenação das cidades, a opção pela medida que não exerça restrições injustificáveis às liberdades fundamentais de iniciativa e de exercício profissional (art. 1º, IV, e 170; art. 5º, XIII, CRFB), sendo inequívoco que a necessidade de aperfeiçoar o uso das vias públicas não autoriza a criação de um oligopólio prejudicial a consumidores e potenciais prestadores de serviço no setor, notadamente quando há alternativas conhecidas para o atingimento da mesma finalidade e à vista de evidências empíricas sobre os benefícios gerados à fluidez do trânsito por aplicativos de transporte, tornando patente que a norma proibitiva nega "ao cidadão o direito à mobilidade urbana eficiente", em contrariedade ao mandamento contido no art. 144, § 10, I, da Constituição, incluído pela Emenda Constitucional nº 82/2014.
19. Arguição de Descumprimento de Preceito Fundamental procedente para declarar inconstitucional a Lei Municipal de Fortaleza nº 10.553/2016, por ofensa aos artigos 1º, IV; 5º, caput, XIII e XXXII; 22, IX, XI e XVI; 144, § 10, I; 170, caput, IV, V e VIII; e 173, § 4º, todos da Carta Magna."
(STF, ADPF nº 449/19 - DF, STF, Rel. Min. Luiz Fux, Pleno, d. j. 08.05.19)

32 Em sede de Ag. Reg. na Reclamação nº 15.243/RJ, Rel. Min. Celso de Mello, Segunda Turma, d. j. 23.04.2019, o Supremo Tribunal Federal – STF expõe o pluralismo político como fundamento do regime democrático:

Para Gregorio Peces-Barba, o "pluralismo político se manifiesta

"RECLAMAÇÃO - ALEGAÇÃO DE DESRESPEITO À AUTORIDADE DO JULGAMENTO PLENÁRIO DA ADPF 130/DF - EFICÁCIA VINCULANTE DESSA DECISÃO DO SUPREMO TRIBUNAL FEDERAL - POSSIBILIDADE DE CONTROLE, MEDIANTE RECLAMAÇÃO, DE ATOS QUE TENHAM TRANSGREDIDO TAL JULGAMENTO - LEGITIMIDADE ATIVA DE TERCEIROS QUE NÃO INTERVIERAM NO PROCESSO DE FISCALIZAÇÃO NORMATIVA ABSTRATA - LIBERDADE DE EXPRESSÃO - JORNALISMO DIGITAL ("BLOG") - PROTEÇÃO CONSTITUCIONAL - DIREITO DE INFORMAR: PRERROGATIVA FUNDAMENTAL QUE SE COMPREENDE NA LIBERDADE CONSTITUCIONAL DE MANIFESTAÇÃO DO PENSAMENTO E DE COMUNICAÇÃO - A DECLARAÇÃO DE CHAPULTEPEC (1994) - JORNALISTAS - DIREITO DE CRÍTICA - PRERROGATIVA CONSTITUCIONAL CUJO SUPORTE LEGITIMADOR REPOUSA NO PLURALISMO POLÍTICO (CF, ART. 1º, V), QUE REPRESENTA UM DOS FUNDAMENTOS INERENTES AO REGIME DEMOCRÁTICO - O EXERCÍCIO DO DIREITO DE CRÍTICA INSPIRADO POR RAZÕES DE INTERESSE PÚBLICO: UMA PRÁTICA INESTIMÁVEL DE LIBERDADE A SER PRESERVADA CONTRA ENSAIOS AUTORITÁRIOS DE REPRESSÃO PENAL E/OU CIVIL - A CRÍTICA JORNALÍSTICA E AS FIGURAS PÚBLICAS - A ARENA POLÍTICA: UM ESPAÇO DE DISSENSO POR EXCELÊNCIA (RTJ 200/277, Rel. Min. CELSO DE MELLO) - INADMISSIBILIDADE DE CENSURA ESTATAL, INCLUSIVE DAQUELA IMPOSTA, PELO PODER JUDICIÁRIO, À LIBERDADE DE EXPRESSÃO, NESTA COMPREENDIDA A LIBERDADE DE INFORMAÇÃO JORNALÍSTICA E DE CRÍTICA - TEMA EFETIVAMENTE VERSADO NA ADPF 130/DF, CUJO JULGAMENTO FOI INVOCADO, DE MODO INTEIRAMENTE PERTINENTE, COMO PARÂMETRO DE CONFRONTO - RECURSO DE AGRAVO IMPROVIDO.
- A liberdade de imprensa, qualificada por sua natureza essencialmente constitucional, assegura aos profissionais de comunicação social, inclusive àqueles que praticam o jornalismo digital, o direito de opinar, de criticar (ainda que de modo veemente), de buscar, de receber e de transmitir informações e ideias por quaisquer meios, ressalvada, no entanto, a possibilidade de intervenção judicial - necessariamente "a posteriori" - nos casos em que se registrar prática abusiva dessa prerrogativa de ordem jurídica, inocorrente na espécie, resguardado, sempre, o sigilo da fonte quando, a critério do próprio jornalista, este assim o julgar necessário ao seu exercício profissional. Precedentes.
- Não há pessoas nem sociedades livres sem liberdade de manifestação do pensamento e de imprensa cujo exercício - por não constituir concessão do Estado - configura direito inalienável e privilégio inestimável de todos os cidadãos. "Uma imprensa livre é condição fundamental para que as sociedades resolvam seus conflitos, promovam o bem-estar e protejam sua liberdade" (Declaração de Chapultepec).
- A prerrogativa do jornalista de preservar o sigilo da fonte (e de não sofrer qualquer sanção, direta ou indireta, em razão da prática legítima dessa franquia outorgada pela própria Constituição da República), oponível, por isso mesmo, a qualquer pessoa, inclusive aos agentes, autoridades e órgãos do Estado, qualifica-se como verdadeira garantia institucional destinada a assegurar o exercício do direito fundamental de livremente buscar e transmitir informações. Doutrina. Precedentes (Inq 870/RJ, Rel. Min. CELSO DE MELLO - Rcl 21.504-AgR/SP, Rel. Min. CELSO DE MELLO).
- A crítica que os meios de comunicação social e as redes digitais dirigem às pessoas públicas, por mais dura e veemente que possa ser, deixa de sofrer, quanto ao

como expresión de una concepción relativista, que acepta la existencia de diversos puntos de vista sobre la realidad, y que incluso proclama la necesidad de esos diversos puntos de vista para que sea posible la vida social, con participación de los ciudadanos.[33]" O pluralismo político rechaça a idéia de partido único, na medida em que pressupõe diversi-

seu concreto exercício, as limitações externas que ordinariamente resultam dos direitos de personalidade.
- Não induz responsabilidade civil, nem autoriza a imposição de multa cominatória ou "astreinte" (Rcl 11.292-MC/SP, Rel. Min. JOAQUIM BARBOSA - Rcl 16.434/ES, Rel. Min. ROSA WEBER - Rcl 18.638/CE, Rel. Min. ROBERTO BARROSO - Rcl 20.985/SP, Rel. Min. CELSO DE MELLO, v.g.), a publicação de matéria jornalística cujo conteúdo divulgue observações em caráter mordaz ou irônico ou, então, veicule opiniões em tom de crítica severa, dura ou, até, impiedosa, ainda mais se a pessoa a quem tais observações forem dirigidas ostentar a condição de figura pública - investida, ou não, de autoridade governamental -, pois, em tal contexto, a liberdade de crítica qualifica-se como verdadeira excludente anímica, apta a afastar o intuito doloso de ofender. Jurisprudência. Doutrina.
- O Supremo Tribunal Federal tem destacado, de modo singular, em seu magistério jurisprudencial, a necessidade de preservar-se a prática da liberdade de informação, resguardando-se, inclusive, o exercício do direito de crítica que dela emana, por tratar-se de prerrogativa essencial que se qualifica como um dos suportes axiológicos que conferem legitimação material à própria concepção do regime democrático.
- Mostra-se incompatível com o pluralismo de ideias, que legitima a divergência de opiniões, a visão daqueles que pretendem negar aos meios de comunicação social (e aos seus profissionais) o direito de buscar e de interpretar as informações, bem assim a prerrogativa de expender as críticas pertinentes. Arbitrária, desse modo, e inconciliável com a proteção constitucional da informação a repressão, ainda que civil, à crítica jornalística, pois o Estado - inclusive seus Juízes e Tribunais - não dispõe de poder algum sobre a palavra, sobre as ideias e sobre as convicções manifestadas pelos profissionais da Imprensa. Precedentes do Supremo Tribunal Federal (AI 705.630-AgR/SC, Rel. Min. CELSO DE MELLO, v.g.). Jurisprudência comparada (Corte Europeia de Direitos Humanos e Tribunal Constitucional Espanhol)."

33 Gregorio Peces-Barba afirma que o pluralismo reconhece, ainda, "la existencia de diversas opciones y, consiguientemente, de diferentes puntos de vista y soluciones a los problemas igualmente legítimos, con posibilidad de convertirse en poder. Esas opciones son la forma de participación de los ciudadanos en el poder y, por consiguiente, el pluralismo político expresa el paso de la libertad autonomía a la libertad participación como *status* de los ciudadanos.
El pluralismo político representa, también, la expresión de la reversibilidad del poder, al recoger la posibilidad de que una opción pueda sustituir a otra en el Gobierno de la nación, con lo que exige de respeto y de garantía a las minorías que pueden convertirse, si así lo deciden los ciudadanos, en mayoría, que, a su vez, tendrá que respetar a las minorías que existan." **Los Valores Superiores**. Madrid: Tecnos, 1986, p .166.

dade de ideologias políticas[34]. Logo, a concorrência de vários partidos no tocante à formação e acesso ao poder integra o conceito de pluralismo político.

9. Princípio da Representação Política

O parágrafo único, do artigo 1°, da nossa Lei Fundamental, estabelece que "Todo o poder emana do povo, que o exerce por meio de representantes eleitos ou diretamente, nos termos desta Constituição." Neste dispositivo, o poder constituinte originário consagrou o princípio da democracia representativa, através do qual o povo se afigura como a fonte primária do poder, tipificadora do princípio da *soberania popular* e fundamento de uma ordem democrática legítima. Ademais, concebe elementos de uma *democracia participativa*, na medida em que ao povo é atribuída a possibilidade de exercer o poder *diretamente*, sem intermédio de representantes pelo mesmo eleitos.

No entendimento de Goffredo Telles Junior, a democracia representativa, é dizer, a representação do povo no governo, se constitui na essência da democracia moderna. Por tal razão, a democracia contemporânea é sempre um regime representativo. Portanto, através dos seus representantes eleitos e, por esta via, autênticos, o povo tem a possibilidade de participar do governo[35].

---

34 Alexis de Tocqueville, em obra clásica, já afirmara: "En America es ilimitada la libertad de asociacion para los asuntos políticos." **De la Democracia en América.** Madrid: Imprenta de D. Jose Trujillo, HIJO, 1854, p. 58.

35 **A Constituição, a Assembléia Constituinte e o Congresso Nacional**. São Paulo: Saraiva, 1986, p. 32. Por ocasião do julgamento da ADI n° 5394/18 - DF, o Supremo Tribunal Federal – STF declarou inconstitucional norma jurídica que permitia o registro das doações de campanha para partidos e candidatos sem identificação dos respectivos doadores, quando do momento da prestação de contas dos partidos políticos. Eis o teor da ementa:
"CONSTITUCIONAL E ELEITORAL. IMPRESCINDIBILIDADE DO ABSOLUTO RESPEITO AOS PRINCÍPIOS DE SUSTENTAÇÃO DO SISTEMA DEMOCRÁTICO DE REPRESENTAÇÃO POPULAR. ART. 28, § 12, DA LEI FEDERAL 9.504/1997 (LEI DAS ELEIÇÕES). PRESTAÇÃO DE CONTAS DAS DOAÇÕES DE PARTIDOS PARA CANDIDATOS. NECESSIDADE DE IDENTIFICAÇÃO DOS PARTICULARES RESPONSÁVEIS PELA DOAÇÃO AO PARTIDO. EXIGÊNCIA REPUBLICANA DE TRANSPARÊNCIA.
1. O grande desafio da Democracia representativa é fortalecer os mecanismos de controle em relação aos diversos grupos de pressão, não autorizando o fortalecimento dos "atores invisíveis de poder", que tenham condições econômicas de desequilibrar o resultado das eleições e da gestão governamental.
2. Os princípios democrático e republicano repelem a manutenção de expedientes ocultos no que concerne ao funcionamento da máquina estatal em suas mais diver-

10. Princípio da separação dos poderes

A tripartição das funções estatais restou consagrada a partir das idéias desenvolvidas por Montesquieu, em 1748, em sua obra **O Espírito das Leis**[36]. O ponto nuclear da divisão dos poderes reside na hipótese de

sas facetas. É essencial ao fortalecimento da Democracia que o seu financiamento seja feito em bases essencialmente republicanas e absolutamente transparentes. Prejudica-se o aprimoramento da Democracia brasileira quando um dos aspectos do princípio democrático — a democracia representativa — se desenvolve em bases materiais encobertas por métodos obscuros de doação eleitoral.
3. Sem as informações necessárias, entre elas a identificação dos particulares que contribuíram originariamente para legendas e para candidatos, com a explicitação também destes, o processo de prestação de contas perde em efetividade, obstruindo o cumprimento, pela Justiça Eleitoral, da relevantíssima competência estabelecida no art. 17, III, da CF.
4. Ação Direta julgada procedente."

36 O Barão de Montesquieu, em sua clássica obra, expõe o seguinte:
"Em cada Estado há três espécies de poderes: o Legislativo; o Executivo das coisas que dependem do Direito das Gentes; e o Executivo das que dependem do Direito Civil.
Pelo primeiro, o Príncipe ou o Magistrado faz leis para algum tempo ou para sempre, e corrige ou ab-roga as que estão feitas.
Pelo segundo, ele faz a paz ou a guerra, envia ou recebe embaixadas, estabelece a segurança, previne as invasões.
Pelo terceiro, pune os crimes, ou julga as demandas dos particulares.
A este último chamar-se-á Poder de Julgar; e ao anterior, simplesmente Poder Executivo do Estado.
A liberdade política em um cidadão é aquela tranquilidade de espírito que provém da convicção que cada um tem da sua segurança. Para ter-se essa liberdade, precisa que o Governo seja tal que cada cidadão não possa temer outro.
Quando, na mesma pessoa ou no mesmo corpo de Magistratura, o Poder Legislativo é reunido ao Executivo, não há liberdade. Porque pode temer-se que o mesmo Monarca ou o mesmo Senado faça leis tirânicas para executá-las tiranicamente.
Também não haverá liberdade se o Poder de Julgar não estiver separado do Legislativo e do Executivo. Se estivesse junto com o Legislativo, o poder sobre a vida e a liberdade dos cidadãos seria arbitrário, pois o Juiz seria Legislador. Se estivesse junto com o Executivo, o Juiz poderia ter a força de um opressor.
Estaria tudo perdido se um mesmo homem, ou um mesmo corpo de principais ou de nobres, ou do Povo, exercesse estes três poderes: o de fazer as leis; o de executar as resoluções públicas; e o de julgar os crimes ou as demandas dos particulares.
Na maioria dos reinos da Europa, o Governo é moderado, porque o Príncipe, que tem os dois primeiros poderes, deixa aos súditos o exercício do terceiro.
Entre os Turcos, onde esses três poderes estão reunidos na pessoa do Sultão, reina um despotismo atroz.
Nas Repúblicas da Itália, onde esses três poderes estão reunidos, encontra-se menos liberdade do que em nossas Monarquias. E o Governo tem necessidade, para manter-se, de meios tão violentos quanto o Governo dos Turcos. A prova: os Inqui-

que "todo homem que tem Poder é levado a abusar dele; vai até encontrar os limites"[37]. A divisão dos Poderes será necessária, pois, para que cada Poder freie o outro, é dizer, impeça o abuso por parte dele. Onde a separação dos poderes não se encontra instituída, ter-se-á um sistema despótico[38]. A separação dos poderes, portanto, tem "por objetivo direto a liberdade.[39]"

Atualmente, o Estado desempenha três funções básicas: a) *executiva*; b) *legislativa* e; c) *jurisdicional*. A *função executiva* se desenvolve através da atividade administrativa desenvolvida pelo Estado. Tal se dá, via de regra, através da aplicação das leis emanadas de um outro Poder: o *Legislativo*. A este, sua tarefa precípua é de legislar, criar leis, além de exercer uma atividade fiscalizatória em relação aos demais Poderes. Por fim, cabe ao Poder Judiciário *aplicar* as leis para solucionar as controvérsias emanadas da sociedade e que lhes são submetidas à apreciação, pois referido poder não age de ofício, mas tão-somente mediante *provocação* dos jurisdicionados. Deste modo, tanto o Poder Judiciário quanto o Poder Executivo têm como tarefa *aplicar* as leis, todavia, a distinção primária entre eles é que a atividade jurisdicional apenas se desenvolve *mediante provocação* dos indivíduos através do exercício do *direito de ação*, ao passo que o Poder Executivo exerce sua atribuição essencial *de ofício*, é dizer, independentemente de provocação por parte dos cidadãos.

Por fim, cabe ressaltar que, para evitar o arbítrio, cada poder é independente um do outro, apesar da necessidade de que entre eles se estabeleça uma relação de harmonia e interdependência, voltadas para preservação da democracia e dos direitos e garantias fundamentais.

---

sidores de Estado, e o cofre onde todo delator, a todo momento, pode jogar, com um simples bilhete, a sua acusação.
Veja-se qual pode ser a situação de um cidadão nessas Repúblicas.
O mesmo corpo de Magistrados tem, como Executor das leis, todo o poder que ele se atribuiu como Legislador. Ele pode, através de suas decisões gerais, devastar o Estado; e, como ainda tem o Poder de Julgar, pode destruir cada cidadão, com suas decisões particulares.
Aí todo poder é um só; e, embora inexista a pompa exterior indicativa de um Príncipe despótico, sente-se este a cada instante." **O Espírito das Leis**. 8ª ed. São Paulo: Saraiva, 2004, pp. 168 a 170. Cf. tb. **O Espírito das Leis.** São Paulo: Martins Fontes, 2000.

---

37 **O Espírito das Leis**. 8ª ed. São Paulo: Saraiva, 2004, p. 24.

38 **O Espírito das Leis**. 8ª ed. São Paulo: Saraiva, 2004, p. 187.

39 **O Espírito das Leis**. 8ª ed. São Paulo: Saraiva, 2004, p. 186.

CAPÍTULO V

TEORIA GERAL DOS DIREITOS FUNDAMENTAIS

SUMÁRIO: 1. Evolução histórica; **2.** *Gerações* ou *Dimensões* dos Direitos Fundamentais?; **3.** Direitos fundamentais e Direitos humanos: aproximações; **4.** Características dos Direitos Fundamentais; **5.** Titularidade dos Direitos Fundamentais; **5.1.** Titularidade das pessoas físicas; **5.2.** Titularidade das pessoas jurídicas; **5.3.** Titularidade dos direitos individuais; **5.3.1** Titularidade dos direitos políticos; **5.4.** Titularidade dos direitos sociais; **5.5** Titularidade dos Direitos Econômicos; **5.6** Titularidade dos Direitos Culturais; **5.6.1.** Os Conceitos de Cultura e Direito à Cultura; **5.6.2.** Cultura e cidadania; **6.** Eficácia dos direitos fundamentais; **6.1.** Dimensão subjetiva e objetiva; **6.2.** Eficácia vertical e horizontal dos direitos fundamentais; **7.** Limites dos direitos fundamentais; **8.** Colisão de direitos fundamentais.

1. Evolução histórica

Os direitos fundamentais não surgiram como em um passe de mágica, de forma repentina, mas constituem-se no resultado de um longo processo de evolução histórica da humanidade. Por tal razão, não se tem como compreender adequadamente a temática em apreço desconsiderando o passado[1]. Faz necessário, portanto, retornar no tempo e verificarmos como se deu o processo de reconhecimento e institucionalização desta categoria de direitos[2].

---

1 Claudio Jesús Santagati, ao tratar dos antecedentes históricos dos direitos humanos, pontua o seguinte:
"Con sólo *recorrer* los anales de la historia de la Humanidad, se observa que los avances sociales coinciden con la toma de conciencia de los pueblos de las situaciones sociales de injusticia que los involucra.
Dicha toma de conciencia tiene indudablemente relación con los padecimientos sufridos y el descubrimiento de los derechos fundamentales de la persona humana y su manifestación en declaraciones de carácter político y jurídico se han ido concretando y precisando, a través de la historia, hasta constituir un testimonio del progreso de la conciencia moral de la humanidad." in **Manual de Derechos Humanos.** 3ª ed. Buenos Aires: Ediciones Juridicas, 2011, p. 53.

2 Ingo Wolfgang Sarlet, em livro clássico sobre direitos fundamentais, ressalta a importância da compreensão histórico-evolutiva dos direitos fundamentais nos seguintes termos:
"A análise da origem, da natureza e da evolução dos direitos fundamentais ao longo dos tempos é, de per si, um tema fascinante e justificaria plenamente a realização

Resulta claro que os direitos fundamentais, assim compreendidos como tais, provêm da luta entre os povos[3], entre classes, ao longo dos tempos, de tal maneira que nos permite atestar que o direito não é algo dado, mas construído, resultante de conquistas históricas das mais diversas naturezas. Esta é a razão pela qual se observa o surgimento de direitos fundamentais em épocas distintas, e não todos de uma só vez[4]. Com bastante lucidez, pontua Flávia Piovesan: "Como reivindicações morais, os direitos humanos nascem quando devem e podem.[5]"

Há um certo consenso doutrinário em atribuir à **Magna Carta Libertatum**[6] o pioneirismo quanto ao processo de positivação dos direi-

---

de um curso inteiro e a redação de diversas monografias e teses. Nosso objetivo, contudo, é bem mais modesto, sendo nossa intenção apenas referir alguns aspectos relevantes a respeito dessa temática, de modo especial para propiciar uma adequada compreensão da importância e da função dos direitos fundamentais, além de nos situarmos no tempo e no espaço. É necessário frisar que a perspectiva histórica ou genética assume relevo não apenas como mecanismo hermenêutico, mas, principalmente, pela circunstância de que a história dos direitos fundamentais é também uma história que desemboca no surgimento do moderno Estado constitucional, cuja essência e razão de ser residem justamente no reconhecimento e na proteção da dignidade da pessoa humana e dos direitos fundamentais do homem. Neste contexto, há que dar razão aos que ponderam ser a história dos direitos fundamentais, de certa forma (e, em parte, poderíamos acrescentar), também a história da limitação do poder." in **A Eficácia dos Direitos Fundamentais – uma teoria geral dos direitos fundamentais na perspectiva constitucional**. 17ª ed. Porto Alegre: Livraria do Advogado, 2009, p. 36.

---

3 Neste sentido, afirma Raimundo Panikkar: "O mundo ocidental tem testemunhado a luta pelos direitos dos cidadãos desde a Idade Média. Essa busca de direitos concretos, enraizada nas práticas e no sistema de valores de uma determinada nação ou país, começou a ser sentida com grande urgência após a Revolução Francesa." in "**Seria a noção de direitos humanos um conceito ocidental?"** in César Augusto Baldi (Org.). **Direitos Humanos na Sociedade Cosmopolita**. Rio de Janeiro: Renovar, 2004. p. 211

4 Nesta perspectiva, Lynn Hunt esclarece que "los derechos no pueden definirse de una vez por todas, porque su base emocional no deja de cambiar, en parte como reacción a las declaraciones de derechos. Los derechos continúan siendo discutibles porque nuestra percepción de quièn tiene derechos y què son esos derechos cambia constantemente. La revolución de los derechos humanos es, por definición, continua." in "**La invención de los Derechos Humanos.**" Buenos Aires: Tusquets Editores, 2010, p. 28.

5 **Temas de Direitos Humanos**. 8ª ed. São Paulo: Saraiva, 2015, p. 171.

6 Fábio Konder Comparato chama a atenção para o fato de que o vocábulo (Magna Carta), "oriundo da língua grega, era grafado no latim clássico com *ch*, mas foi usado durante toda a Idade Média, sem *h*". in "**A Afirmação Histórica dos Direitos Humanos**". 2ª ed. São Paulo: Saraiva, 2001, p. 67, nota de rodapé 1.

tos fundamentais. Ao tratar do marco institucional de positivação dos direitos fundamentais nas *Declarações* do medievo, Antonio Enrique Pérez Luño ressalta a importância do histórico documento:

> *"Por ultimo, por lo que hace referencia a su naturaleza jurídica, constituyen auténticos textos jurídico-positivos, susceptibles de ser invocados por sus titulares ante los tribunales en lo que respecta a las situaciones jurídicas que en ellos minuciosamente se detallaban. Se advierte además que la técnica jurídica utilizada en la Carta Magna y en los demás documentos de la época se halla más cerca del derecho privado que del público. Se trata siempre de derechos reconocidos a través de acuerdos particulares y en términos contractuales. Se podría afirmar que tal como aparecen dichas cartas 'constatan un acuerdo sobre específicos intereses, un equilibrio convenido de* ***utilities****.'*
>
> *La evolución posterior supuso un tránsito progresivo de estos documentos del ámbito privatístico al del derecho público. Esto se produce a medida que se disuelve el sistema estamental proprio del feudalismo y van surgiendo con los parlamentos, instituciones representativas del* ***consensus*** *del país y en los que las antiguas declaraciones de derechos no serán a partir de entonces el producto de un pacto contractual entre miembros de diversos estamentos para conciliar sus intereses, sino que, como resultado de una paulatina centralización de las fuerzas políticas, se verá en ellos la expresión, a través de una ley general que se impone al príncipe, del principio trabajosamente conquistado de la soberanía popular.*
>
> *Conviene, sin embargo, advertir que en Inglaterra, donde esta evolución se aprecia con especial nitidez, la misma no reviste los caracteres de una ruptura. Por lo contrario, la Carta Magna ha sido considerada como el fundamento de una constitución que, en realidad, jamás ha existido, al menos en el sentido riguroso del término, que evoca un conjunto de normas escritas que regulan el ejercicio del poder y garantiza las libertades. Inglaterra no posee una carta constitucional de este tipo, sino una colección de documentos que corresponden a diversos momentos históricos y tienen su punto de arranque en la Carta Magna. La historia política inglesa muestra una persistente labora de adaptación de los textos tradicionales a las nuevas circunstancias. Este fenómeno se advierte con claridad en los inicios del XVII cuando el jurista Edward Coke hizo de la Carta Magna el principal instrumento de la resistencia parlamentaria frente a las pretensiones absolutistas de los Estuardo. Para ello, Coke amplió el alcance de las* ***libertades*** *contenidas en la Carta Magna e interpretó, acuciado por las exigencias políticas de su tiempo, ese conjunto de privilegios feudales como una formulación de derechos de libertad para todos los ciudadanos. El artículo 39 de la Carta Magna que prescribía solemnemente que ningún hombre libre sería detenido o desposeído de sus bienes sin juicio*

> *previo, seria cuatro siglos más tarde el punto de partida de la* ***Petition of Rights*** *de 7 de junio de 1628, inspirada directamente por el pensamiento de Coke, y también del* ***Habeas Corpus Amendment Act*** *del 26 de mayo de 1679, que incluyo en nuestros días tutela la libertad personal del súbdito inglés. Diez años más tarde el* ***Bill of Rights*** *promulgado por las Cámaras y sancionado por Guillermo de Orange se puede considerar que cierra este ciclo de documentos de positivación ingleses que arranca de la Carta Magna*[7]*."*

Portanto, em termos de *direito positivo*, a *Magna Carta* se constitui no marco inicial do processo evolutivo dos direitos fundamentais. Embora tenha sido o resultado de uma delimitação política entre os estamentos mais destacados da comunidade, faz-se necessário chamar a atenção para o fato de que foi o primeiro instrumento normativo que fez com que os detentores do poder vislumbrassem a existencialidade do ser humano. Soma-se a isto, o fato de que as normas jurídicas passaram a disciplinar o exercício do poder e conferir proteção às liberdades individuais.

Quatrocentos e setenta e quatro anos (474) se passaram entre a **Magna Carta**, assinada em 15 de junho de 1215, e a **Declaração de Direitos** (*Bill of Rights*), promulgada em 16 de dezembro 1689, na Inglaterra[8].

A **Declaração de Direitos** pôs fim à monarquia absolutista na Inglaterra. Trata-se de documento emanado do Parlamento como condição para que Guilherme III, Príncipe de Orange, pudesse assumir o trono.

---

7 **Derechos Humanos, Estado de Derecho y Constitución**. 6ª ed. Madrid: Tecnos, 1999, pp. 113 e 114.
Fábio Konder Comparato, ao analisar a relevância do documento jurídico inglês, afirma que "a **Magna Carta** deixa implícito pela primeira vez, na história política medieval, que o rei acha-se naturalmente vinculado pelas próprias leis que edita.
(...)
Assim, se a **Magna Carta** contribuiu, num primeiro momento, para reforçar o regime feudal, ela já trazia em si o germe de sua definitiva destruição, a longo prazo. O sentido inovador do documento consistiu, justamente, no fato de a declaração régia reconhecer que os direitos próprios dos dois estamentos livres - a nobreza e o clero - existiam independentemente do consentimento do monarca, e não podiam, por conseguinte, ser modificados por ele. Aí está a pedra angular para construção da democracia moderna: o poder dos governantes passa a ser limitado, não apenas por normas superiores, fundadas no costume ou na religião, mas também por direitos subjetivos dos governados." in "**A Afirmação Histórica dos Direitos Humanos**". 2ª ed. São Paulo: Saraiva, 2001, pp. 75 e 76.

8 Por curiosidade histórica, 100 anos antes da Revolução Francesa, ocorrida em 1789.

O novo rei aceitou a *Declaração* e neste mesmo ano assumiu a Coroa. No entendimento de Fàbio Konder Comparato, o *Bill of Rights*, enquanto lei fundamental, permanece ainda hoje como um dos mais relevantes documentos constitucionais do Reino Unido. Aduz, ainda, o citado autor que o "***Bill of Rights** foi promulgado num contexto histórico de grande intolerância religiosa, iniciado em 1685 com a revogação por Luis XIV do edito de Nantes, de 1598, que reconheceu aos protestantes franceses a liberdade de consciência, uma limitada liberdade de culto e a igualdade civil ente os católicos. A essa manifestação de intolerância católica correspondeu a reação violenta dos anglicanos.*" Deste modo, a Revolução Inglesa acaba por apresentar um caráter contraditório com relação às liberdades públicas, na medida em que, de um lado, restando estabelecida a separação dos poderes como garante das referidas liberdades, por outro, a fórmula de organização estatal consignada no *Bill of Rights*, constituiu instrumento político de imposição a todos os súditos da Coroa britânica, de uma religião oficial.

Apesar da conjuntura política da época, o mais relevante é que a *Declaração de Direitos* institucionalizou a atuação do Parlamento como órgão precipuamente incumbido da defesa dos súditos perante o Monarca, e cujo funcionamento não pode ficar subordinado à sua vontade[9]. Por fim, através da *Declaração* houve o fortalecimento da instituição do júri[10] e a reafirmação de determinados direitos fundamentais, a exemplo do direito de petição e a proibição de penas inusitadas ou cruéis[11].

A **Declaração de Direitos do Bom Povo da Virgínia**, de 12 de janeiro de 1776, foi aprovada três semanas antes da Declaração de Independência dos Estados Unidos da América[12]. Representa, pois, a

9 A título de exemplo, consta da referida *Declaração* as seguintes vedações:
"1. Que é ilegal o pretendido poder de suspender leis, ou a execução de leis, pela autoridade real, sem o consentimento do Parlamento.
2. Que é ilegal o pretendido poder de revogar leis, ou a execução de leis, por autoridade real, como foi assumido e praticado em tempos passados." in **Declaração de Direitos** (*Bill of Rights).*

10 "11. Que os jurados devem ser devidamente convocados e nomeados, e devem ser donos de propriedade livre e alodial os jurados que decidem sobre as pessoas em julgamentos de alta traição."

11 "5. Que constitui um direito dos súditos apresentarem petições ao Rei, sendo ilegais todas as prisões ou acusações por motivo de tais petições." in **Declaração de Direitos** (*Bill of Rights).*
Cf. Fábio Konder Comparato, **A Afirmação Histórica dos Direitos Humanos.** 2ª ed. São Paulo: Saraiva, 2001, p. 91.

12 Consoante Eduardo Rodrigues dos Santos, "A Declaração de Virgínia inspirou-se, juridicamente, sobretudo no **Bill of Rights** inglês de 1689 e, filosoficamente, nas

conjugação dos tradicionais direitos ingleses com a generalização teórica das doutrinas lockeanas das quais é a mais fiel encarnação[13]. A *Declaração* continha os fundamentos dos direitos humanos, além de estruturar um governo democrático mediante um sistema de limitação de poderes. De forma distinta das declarações inglesas que lhe antecederam, cujo propósito consistia em limitar o poder real e proteger o indivíduo contra suas arbitrariedades, os textos jurídicos mais recentes buscaram limitar o poder político inspirados no direito natural.

Sem prescindir da relevância histórica de todos os textos jurídicos até aqui mencionados, é certo, porém, que foi com a **Declaração dos Direitos do Homem e do Cidadão**[14], de 1789, resultante da Revolução

idéias liberais de John Locke, além das concepções de Jean-Jacques Rousseau e de Charles Montesquieu. Contudo, os estadunidenses não se limitaram a recepcionar o pensamento cultural europeu. Na verdade, eles avançaram transformando os direitos naturais do homem em direitos fundamentais positivos reconhecidos pelo Estado, conferindo-lhes um status jurídico superior.
Ademais, a Declaração de Direitos do Bom Povo da Virgínia foi de grande importância para o movimento de independência dos Estados Unidos da América do Norte e serviu de inspiração para as subsequentes declarações de direitos dos demais estados estadunidenses, bem como para as dez primeiras emendas à Constituição daquele país, consideradas seu **Bill of Rights**". in **Direitos Fundamentais Atípicos - Análise da Cláusula de Abertura - art. 5°, §2°, da CF/88**. Salvador: Editora Juspodivm, 2017, p. 36.

13 Antonio-Carlos Pereira Menaut, em análise da *Declaração da Virgínia*, afirma que o documento "representa la conjugación de los tradicionales derechos ingleses con la generalización teórica de las doctrinas lockeanas, de las cuales es, quizá, la más fiel encarnación (aunque no haya sido LOCKE el único autor que influyó. Del planteamiento tradicional inglés recoge este documento, entre otros aspectos, el **Common Law** y el **Rule of Law**, el judicialismo, los derechos a un juicio justo, a no ser privado de libertad excepto por el juicio de iguales y según el Derecho del país, la prohibición de imponer multas excesivas e infligir castigos crueles e inusuales, etc. La huella de LOCKE es visible en el tratamiento de los principales problemas teóricos: el contrato social, el carácter innato de los derechos, el carácter fiduciario y responsable del gobierno, la enumeración concreta que se hace de los derechos (vida, libertad, propiedad, más búsqueda y consecución de la felicidad y seguridad), la implícita teoría del poder constituyente, etc." in **Teoría Constitucional.** 2ª ed. Santiago: LexisNexis, 2006, p. 273.

14 Segundo Fábio Konder Comparato, a *Declaração* "representa, por assim dizer, o atestado de óbito do **Ancien Régime**, constituído pela monarquia absoluta e pelos privilégios feudais, e, nesse sentido, volta-se claramente para o passado. Mas o caráter abstrato e geral das fórmulas empregadas, algumas delas lapidares, tornou a Declaração de 1789, daí em diante, uma espécie de carta geográfica fundamental para a navegação política nos mares do futuro, uma referência indispensável a todo projeto de institucionalização dos povos.

Francesa[15], que os direitos humanos ganharam nova expressão. Foi através da *Declaração* que o mundo passou a conhecer o ideal de justiça universal, na medida em que apresenta o ser humano como titular de direitos frente a qualquer Estado. Mediante a utilização do termo *homem-cidadão*, o povo francês pretendeu afirmar, na *Declaração*, que todo indivíduo possui direitos inalienáveis, conforme se pode depreender do seu preâmbulo:

> "Os representantes do povo francês, constituídos em Assembléia nacional, considerando que a ignorância, o descuido ou o desprezo dos direitos humanos são as únicas causas das desgraças públicas e da corrupção dos governos, resolvem expor, numa declaração sole-

---

A Declaração de 1789 foi, aliás, em si mesma o primeiro elemento constitucional do novo regime político. Pelo fato de ter sido publicada sem a sanção do rei, houve quem a interpretasse, de início, como simples declaração de princípios, sem força normativa. Mas em pouco tempo a assembleia aceitou as idéias expostas por Sieyès em sua obra famosa e reconheceu que a competência decisória por ela exercida emanava diretamente da nação, como poder constituinte, e que o rei não passava de poder constituído, cuja subsistência como tal, de resto, dependia ainda de uma aprovação explícita da assembleia, no texto constitucional a ser votado. **Muito se discutiu a razão da dupla menção, ao homem e ao cidadão, no título da Declaração. A explicação mais razoável parece ser a de que os homens de 1789, como ficou dito acima, não se dirigiam apenas ao povo francês, mas a todos os povos, e concebiam, portanto o documento em sua dupla dimensão, nacional e universal. As 'disposições fundamentais' da Constituição de 1791, aliás, fazem nítida distinção entre os 'direitos do homem', independentemente de sua nacionalidade, e os 'direitos dos cidadãos', próprios unicamente dos franceses.**" (Destaque nosso) in **A Afirmação Histórica dos Direitos Humanos.** 2ª ed. São Paulo: Saraiva, 2001, pp. 144 e 145.

---

15 Ao analisar a experiência constitucional francesa, Nelson Saldanha destaca a sua relevância histórica nos seguintes termos:
"A Revolução de 1789 ficou sendo a revolução 'francesa' por excelência. E mais, ficou como o caso mais exemplar de revolução: mencionado, confrontado, copiado. Nela se deram traços que a noção corrente assimilou, e, quando se pensa em revolução, pensa-se basicamente nela: tipos, estrutura, condicionamentos, conteúdos. Assim, por exemplo, quando se põe o problema da relação entre revolução e direito natural – vários autores têm pensado que em toda verdadeira revolução se encontra necessariamente um tanto de jusnaturalismo -, pensa-se logo e em princípio no jusnaturalismo francês, que os princípios críticos da metafísica revolucionária ajudaram a vincular à imagem da revolução.
A plenificação jurídica da revolução parece ter sido obtida quando a Assembléia se sobrepôs às diversas forças nacionais, bem como ao rei. Mas evidentemente ela se caracterizou por muitos outros aspectos." in **Formação da Teoria Constitucional.** 2ª ed. Rio de Janeiro: Renovar, 2000, p. 73.

> ne, os direitos naturais, inalienáveis e sagrados do homem, a fim de que essa declaração, constantemente presente a todos os membros do corpo social, possa lembrar-lhes sem cessar seus direitos e deveres; a fim de que os atos do poder legislativo e os do poder executivo, podendo ser a todo instante comparados com a finalidade de toda instituição política, sejam por isso mais respeitados; a fim de que as reclamações dos cidadãos, fundadas doravante em princípios simples e incontestáveis, redundem sempre na manutenção da Constituição e na felicidade de todos. – Em consequência, a Assembléia nacional reconhece e declara, na presença e sob os auspícios do Ser Supremo, os seguintes direitos do Homem e do Cidadão."

Outro aspecto deveras relevante para a teoria constitucional, diz sobre a própria noção de *Constituição*, inserta no art. 16 da *Declaração*, assim redigido:

> "Artigo 16º- Qualquer sociedade em que não esteja assegurada a garantia dos direitos, nem estabelecida a separação dos poderes não tem Constituição."

Tem-se aqui uma *noção material*[16] de Constituição, atrelada à limitação política e à consagração dos direitos fundamentais. Logo, uma socie-

16 A Constituição em sentido material é definida a partir do conteúdo das suas normas. Portanto, somente é constitucional aquilo que diz respeito à organização política do Estado e aos direitos e garantias fundamentais. Basta lembrar que a Constituição brasileira de 1824, para efeitos de modificação de suas normas, adotou essa concepção material em seu artigo 178, *verbis*:
"Art. 178. É só Constitucional o que diz respeito aos limites e atribuições respectivas dos Poderes Políticos e aos Direitos Políticos e individuais dos cidadãos. **Tudo o que não é Constitucional pode ser alterado sem as formalidades referidas pelas Legislaturas ordinárias.**" (Destaque nosso)
Sobre a idéia de *ter* ou *não ter* uma Constituição, Nelson Saldanha expõe o seguinte: "O conceito especial de constituição, vigente nos séculos XIX e XX, não estava ainda nos espíritos ao deflagrar-se a revolução. Ainda se pensava em constituição como estrutura política, forma de governo, modo de ser do Estado ou coisa assim. Foi preciso que o moderno conceito de lei, como norma a que o direito objetivo deve se prender, dominasse a técnica legislativa; e que na linguagem política se enraizasse a fórmula de Rousseau segundo a qual a lei é a expressão da vontade geral; e que se entendesse a Constituição como lei geral da organização política, para que o conceito moderno se gerasse. Nas declarações de direitos, falava-se em constituição de modo um tanto ambíguo, ora tomando-se o termo no sentido de 'estrutura social e política' ora no de lei fundamental garantidora de todos e estabelecida pela nação.
O nome de *constituição* no alto dos atos legislativos de 1789 e de 1790 e 91, visava mais designar a nova organização dada ao Estado, ainda, do que caracterizar de

dade na qual o poder não se encontra limitado (separação dos poderes) e inexista proteção aos direitos individuais, ***não tem Constituição***.

Analisando a História Constitucional, é plenamente perceptível a busca constante por liberdade, rompendo com as amarras do Estado absolutista. A autodeterminação, pois, era o objetivo principal dos povos daquela época e, porque não dizer, dos que ainda hoje se encontram submetidos a regimes de opressão.

Na medida em que o *liberalismo* enaltecia a autonomia dos povos e do indivíduo, mediante uma não intervenção estatal na esfera da liberdade individual e, também, no domínio econômico e social, suscitava problemas de outra ordem: desigualdade econômica e social. Da plena liberdade individual adveio a desigualdade social e econômica[17]. Por consequência do antagonismo no âmbito do liberalismo econômico, não solucionado mediante utilização da lei da oferta e da procura, surge a necessidade de reorganização social assentado em novos paradigmas.

É imperioso ressaltar que o Estado liberal burguês não inseriu em seus documentos constitucionais nenhum dispositivo pertinente à ordem econômica. As declarações de direitos fundamentais, consoante

modo específico a norma promulgada. O famoso parágrafo 16 da *Déclaration des Droits de l'Homme et du Citoyen*, de setembro de 1791 ('Toute societé dans laquelle la garantie des droits n'est pas assurée, ni la séparation des pouvoirs determinée, n'a point de constitution'), repetido aliás em outras declarações, oferecia uma espécie de *receita* de constituição – separação dos poderes mais garantia de direitos – e ao mesmo tempo implicava um critério distintivo para as sociedades políticas: ter ou não ter uma Constituição. Mas, ainda aí, pode-se pensar em constituição como ordem institucional: só vale como tal, condignamente, a que tiver os caracteres citados. Não estava ainda inteiramente explícita, naquelas palavras, recomendação formal sobre a constituição como lei especial e superior.
Convém anotar algo sobre a idéia das garantias de direito e a da separação de poderes, afirmadas no mencionado parágrafo 16, como sendo componentes basilares da constituição. A idéia de separação dos poderes, cara a todas as gerações liberais, vinha de longe: Aristóteles, Marsílio, Locke, Montesquieu. Aliás Montesquieu é sempre, mas algo injustamente, acusado de haver posto em voga o termo ***séparation***, que depois se considerou excessivo; na verdade ele pouco emprega o verbo 'separar', ao versar o assunto. Agora, na linguagem dos constituintes franceses, a idéia assumia talvez arestas mais cortantes." in **Formação da Teoria Constitucional.** 2ª ed. Rio de Janeiro: Renovar, 2000, p. 76.

17 José Luiz Quadros de Magalhães, ao analisar as constituições liberais, informa que elas "contêm apenas normas relativas aos indivíduos e à organização e funcionamento do Estado. Não existe previsão de direitos sociais e econômicos. Acrescente-se ainda que os direitos políticos (a democracia) se incorporarão ao liberalismo, gradativamente, no século XIX." in **Direito Constitucional – Tomo I**. Belo Horizonte: Mandamentos, 2000, p. 220.

explicita José Luiz Quadro de Magalhães, "*não fazem menção ao aspecto econômico. Esse tipo de Estado se caracterizou pela omissão como regra de conduta, só se preocupando com a manutenção da ordem através do poder de polícia, e a manutenção da soberania através das forças armadas.*[18]"

O individualismo presente no Estado liberal dos séculos XVII e XVIII, caracterizado pela omissão do Estado no domínio econômico e social, conduziu a sociedade a um modelo capitalista desumano e escravizador. Com a Revolução Industrial, a situação agravou-se ainda mais, na medida em que foram acentuadas as misérias sociais. Ao tratar dos fenômenos de socialização, José Carlos Vieira de Andrade aduz que a superação do liberalismo não se deu apenas como resultado de uma obra política, mas como declínio da própria sociedade liberal, ora substituída por uma nova ordem a que se convencionou denominar "*sociedade técnica de massas.*[19]"

Logo, o Estado Social que nasce no século XX, em decorrência do clamor dos proletariados e dos desafios econômicos que lhes eram impostos, é o *Estado Social Material.* O adjetivo "social" refere-se "*à correção do individualismo clássico liberal pela afirmação dos chamados direitos sociais e realização de objetivos de justiça social*[20]" Trata-se de um Estado, por natureza, intervencionista, que busca promover a igualdade material e proteção da liberdade social e real[21]. Almeja, portanto, o Estado Social, "produzir as condições e os pressupostos reais e fáticos indispensáveis ao exercício dos direitos fundamentais. Não há para

---

18 **Direito Constitucional - Tomo I.** Belo Horizonte: Mandamentos, 2000, p .43.

19 Consoante o mestre lusitano, "a industrialização e o progresso técnico desenraizaram os homens de suas terras, amontoaram-nos nas cidades, impuseram-lhes um ritmo acelerado de vida e desenharam-lhes os horizontes de um bem-estar material. Privados do seu espaço e do seu tempo, arregimentados em estruturas intermediárias, desde a fábrica ao sindicato e ao partido, dirigidos e controlados pela publicidade (propaganda) e pelos meios de comunicação de massa que lhes ditam as idéias e os produtos prontos para consumir - os homens dissolvem-se na sociedade e nela encontram o seu destino. O indivíduo torna-se um ser dependente, uma espécie-tipo de gênero humano.

(...)

O Estado começa a ser cada vez mais solicitado a intervir na vida social e a Administração ultrapassa definitivamente a sua condição aparente de esquadra de polícia e repartição de finanças." in **Os Direitos Fundamentais na Constituição Portuguesa de 1976.** 5ª ed. Coimbra: Almedina, 2016, p. 56.

20 José Afonso da Silva, **Direito Constitucional Positivo**. 41ª ed. São Paulo: Malheiros, 2017, p. 119.

21 Cf. Alessandra Gotti, **Direitos Sociais - Fundamentos, regime jurídico, implementação e aferição de resultados**. São Paulo: Saraiva, 2012, p. 36.

tanto outro caminho senão reconhecer o estado atual de dependência do indivíduo em relação às prestações do Estado e fazer com que este último cumpra a tarefa igualitária e distributiva, sem a qual não haverá democracia nem liberdade. A importância funcional dos direitos sociais básicos, assinalada por inumeráveis juristas do Estado Social, consiste, pois, em realizar a igualdade na Sociedade.[22]"

Considerada pioneira na consagração dos direitos sociais, a **Constituição Mexicana de 1917** elevou o trabalho à categoria de *Direitos Humanos*[23], vedando a instrumentalização do indivíduo, conforme disposto em seu art. 5°.

> "**Artículo 5°.** A ninguna persona podrá impedirse que se dedique a la profesión, industria, comercio o trabajo que le acomode, siendo lícitos. El ejercicio de esta libertad sólo podrá vedarse por determinación judicial, cuando se ataquen los derechos de tercero, o por resolución gubernativa, dictada en los términos que marque la ley, cuando se ofendan los derechos de la sociedad. Nadie puede ser privado del producto de su trabajo, sino por resolución judicial.
>
> (...)
>
> Nadie podrá ser obligado a prestar trabajos personales sin la justa retribución y sin su pleno consentimiento, salvo el trabajo impuesto como pena por la autoridad judicial, el cual se ajustará a lo dispuesto en las fracciones I y II del artículo 123."

Na sequência histórica, pertinente a implementação dos direitos sociais, faz-se necessário destacar a relevância da **Constituição de Weimar**, de 1919. Celebrada por diversos juristas ainda hoje, a Constituição Alemã de Weimar exerceu enorme influência na evolução das instituições políticas ocidentais[24]. Devemos mencionar, por opor-

---

22 Alessandra Gotti, **Direitos Sociais – Fundamentos, regime jurídico, implementação e aferição de resultados.** São Paulo: Saraiva, 2012, p. 36.

23 O Capítulo I, do Título I, da Constituição Mexicana está epigrafado da seguinte maneira: "De los Derechos Humanos y sus Garantías."

24 Ao analisar a Constituição Alemã de Weimar, Fábio Konder Comparato assinala que o texto constitucional é, sem dúvida, "equilibrado e prudentemente inovador". Ressalta, no entanto, não ter havido "tempo suficiente para que as novas idéias amadurecessem nos espíritos e as instituições democráticas começassem a funcionar a contento.

(...)

Apesar das fraquezas e ambiguidades assinaladas, e malgrado a sua breve vigência, a Constituição de Weimar exerceu decisiva influência sobre a evolução das instituições políticas em todo o Ocidente. O Estado de democracia-social,

tuno, que referido documento constitucional serviu de parâmetro não só para determinadas instituições criadas na Lei Fundamental de Bonn, mas também, afigurou-se como relevante modelo para as Constituições elaboradas no período entre as duas guerras mundiais, devendo-se a ela, também, *"a constitucionalização dos direitos sociais e da economia.*[25]*"*

Em que pese sua importância histórica e jurídica, a Constituição de Weimar não teve uma *vida jurídica* muito longa, tendo sido substituída em 23 de maio de 1949, quando da promulgação da **Lei Fundamental de Bonn**.

Com o término da Segunda Guerra Mundial e a ampla difusão das atrocidades perpetradas pelo regime nacional-socialista alemão, os Estados soberanos sentiram a necessidade de criação de um organismo internacional que tutelasse a paz mundial. Neste contexto, surge a **Declaração Universal dos Direitos Humanos**, aprovada pela

---

cujas linhas mestras já haviam sido traçadas pela Constituição mexicana de 1917, adquiriu na Alemanha de 1919 uma estrutura mais elaborada, que veio a ser retomada em vários países após o trágico interregno nazi-fascista e a 2ª Guerra Mundial.

(...)

A estrutura da Constituição de Weimar é claramente dualista: a primeira tem por objeto a organização do Estado, enquanto a segunda parte apresenta a declaração dos direitos e deveres fundamentais, acrescentando às clássicas liberdades individuais os novos direitos de conteúdo social." in **Afirmação Histórica dos Direitos Humanos.** 2ª ed. São Paulo: Saraiva, 2001, pp. 198 e 199.

---

25 Peter Haeberle, em *"Discurso Proferido em 25.5.2009 na Embaixada da República Federal da Alemanha por ocasião dos 60 anos da Lei Fundamental de Bonn."* Disponível em: http://www.stf.jus.br/arquivo/cms/noticiaArtigoDiscurso/anexo/discAlemanha.pdf, acesso em 16.07.19, às 16h10.

Assembléia Geral das Nações Unidas[26-27] em 10.12.1948, em vigor até a presente data.

26 Após a II Guerra Mundial, que devastou inúmeros países e dizimou a vida de milhões de seres humanos, havia na comunidade internacional um generalizado sentimento de que se fazia necessário encontrar um mecanismo para manutenção da paz entre os países.
O processo de idealização desse modelo durou anos de discussão antes da sua institucionalização. O nome Nações Unidas foi concebido pelo presidente estadunidense Franklin Roosevelt e utilizado pela primeira vez na Declaração das Nações Unidas, de 1º de janeiro de 1942, quando os representantes de 26 países assumiram o compromisso de que seus governos continuariam lutando contra as potências do Eixo durante a II Guerra Mundial.
A Carta das Nações Unidas foi elaborada por representantes de 50 países presentes à Conferência sobre Organização Internacional, que se reuniram em São Francisco de 25 de abril a 26 de junho de 1945.
As Nações Unidas, entretanto, começaram a existir oficialmente em 24 de outubro de 1945, após a ratificação da Carta por China, Estados Unidos, França, Reino Unido e a ex-União Soviética, bem como pela maioria dos signatários. O dia 24 de outubro é comemorado em todo o mundo como o "Dia das Nações Unidas".
Durante a primeira reunião da Assembleia Geral que aconteceu na capital do Reino Unido, Londres, em 1946, ficou decidido que a sede permanente da Organização seria nos Estados Unidos.
Em dezembro de 1946, John D. Rockefeller Jr. ofereceu cerca de oito milhões de dólares para a compra de parte dos terrenos na margem do East River, na ilha de Manhattan, em Nova York. A cidade de NY ofereceu o restante dos terrenos para possibilitar a construção da sede da Organização.
Atualmente, a estrutura central da ONU está localizada em Nova York, com sedes também em Genebra (Suíça), Viena (Áustria) e Nairóbi (Quênia), além de escritórios espalhados em grande parte do mundo.

27 São brilhantes as palavras da Ministra Cármen Lúcia Antunes Rocha, na introdução do seu livro **Direito de para Todos**: "Toda guerra é perversa. Toda guerra é desumana. A guerra contraria a natureza da paz que o homem busca e que justifica a sua convivência organizada com os seus semelhantes.
A guerra de 1939-1945, denominada Segunda Grande Guerra, não teve nada de grande em termos de benefício para a humanidade. Pode-se tê-la grande tomando-a pelo cálculo das crueldades e ignonímias cometidas. Também não foi apenas a segunda, conquanto assim chamada por se seguir, nos mesmos termos devastadores e compreensivos das potências mundiais, ao conflito de 1914-1918.
O que ela pôde aportar de novo para a humanidade foi o resultado francamente contrário às dignidades aspiradas, em especial o que se perpetrou contra judeus e as denominadas potências ocidentais.
O assombroso ataque atômico a Hiroshima e Nagasaki, em 6 e 9 de agosto de 1945, mostrou à humanidade que o homem podia não se fazer construir apenas à imagem de Deus, mas também podia se fazer destruir à imagem do Demônio.

2. *Gerações* ou *Dimensões* dos Direitos Fundamentais?

Tem se tornado um lugar comum em sede de *Teoria Geral dos Direitos Fundamentais*, em relação ao desenvolvimento histórico desta

---

A reação contra quadro tão estarrecedor e demonstrativo do que podiam ser capazes os homens, ensejou a formação de uma Comunidade das Nações, assim entendida como uma aliança sedimentada em bases jurídicas e políticas pelos Estados. E não apenas sobre os contornos mais frouxos do que se buscara com a Sociedade das Nações, mas uma organização que pudesse configurar uma união, mais que mera reunião de Estados.

A Organização das Nações Unidas, cuja concepção se contém, primeiro, na mensagem dirigida pelo Presidente Norte-Americano, Franklin Roosvelt, ao Congresso dos Estados Unidos e, depois, na Carta do Atlântico, assinada pela autoridade executiva norte-americana juntamente com o Primeiro-Ministro britânico, Winston Churchill, em 14 de agosto de 1941, fecundou-se sob o signo de garantia das liberdades e da segurança para os povos e para os Estados.

A Carta de fundação da Organização das Nações Unidas data de 26 de junho de 1945 e foi assinada por cinquenta e um Estados, ao término da Conferência de San Francisco.

Essa Carta estabelece, especialmente em seus arts. 13 e 55, que os direitos humanos constituem a base da Organização, conquanto tenham sido inicialmente cogitados basicamente em termos de liberdades individuais. Mas pôs-se como um dos propósitos da nova Organização 'empregar um mecanismo internacional para promover o progresso econômico e social de todos os povos'.

Constituída naquela Organização o Conselho Econômico e Social, com competência para fazer favorecer entre os povos 'níveis mais altos de vida, trabalho efetivo e condições de progresso e desenvolvimento econômico e social', esse órgão, a teor do disposto no art. 68 da Carta das Nações Unidas, aprovou a criação e o estatuto da Comissão de Direitos Humanos (Resoluções n° 5.1. de 16 de fevereiro de 1946, e 9.2, de 21 de junho do mesmo ano). A primeira atribuição dessa Comissão seria cumprida, segundo o que se estatuiu na Sessão do Conselho Econômico e Social de 16 de fevereiro de 1946, pela elaboração de uma declaração de direitos humanos (art. 55, da Carta das Nações Unidas).

Esta primeira incumbência teve o seu aperfeiçoamento em 18 de junho de 1948, com a apresentação de um projeto de Declaração Universal dos Direitos Humanos, o qual foi aprovado, no mesmo ano, pela Assembléia Geral das Nações Unidas, em sessão conclusiva de 10 de dezembro.

Essa não foi a única declaração ou pacto sobre direitos humanos firmado pela Organização, havendo uma sequência de documentos que se vêm elaborando para o aperfeiçoamento dessas normas e instrumentos nela previstos.

Em que pese poder parecer, numa leitura preliminar, ter essa Declaração natureza recomendatória, e não impositiva, sabe-se que ela caracteriza-se por ser direito, que não sugere ou avisa, mas proclama e positiva. Ademais, não se nega, na atualidade, que os direitos humanos impõem-se pela sua natureza, não pela sua forma ou pela formalidade dos documentos nos quais se acham declarados e assegurados.

Cinquenta e cinco anos após a sua promulgação, entretanto, não é pela sua forma que ainda se luta para a conquista por muitos e garantia, por todos, dos direitos humanos,

categoria de direitos, a utilização dos termos *geração* ou *dimensão*[28]. Conforme verificamos no tópico anterior, os direitos fundamentais têm sido uma conquista da humanidade ao longo do tempo, que remonta à idade média[29]. Portanto, na análise dos direitos fundamentais não se tem como prescindir deste viés histórico, na medida em que restou verificado que eles surgem em épocas distintas. O caminhar na história revela, pois, que inicialmente surgiram os **direitos individuais**; em seguida,

É que a injustiça não se resolve fácil. A democracia não prospera sem cuidados. Os direitos humanos, a garantir a democracia tenra e frágil, como é próprio do humano trato da vida, demandam mimos e atenções que ao menor descuido podem muito sofrer.
A fome agride a dignidade dos homens, e não são poucos os famintos, não apenas de pão, mas de justiça e solidariedade, que peregrinam mundo afora, mesmo quando não podem sair do seu canto.
A tortura vocifera em calabouços que trancam segredos de Estado ou de seus agentes, algozes dos irmãos e vítimas de sua própria tirania. Estádios continuam guardando presos políticos, a censura fala mais alto em parte enorme do mundo e as guerras, mercenárias, continuam a matar e a mutilar milhares de homens, mulheres, idosos e crianças, que nem sabem se a luz que surge, de repente, é uma estrela ou a lavra candente de uma superarma a lhes queimar entranhas e sonhos. Frustraram-se os direitos humanos? Não! Continua o homem a sua trilha incessante de berços e esquifes, a produzir a sua vida e a sua morte, buscando afastar as dores e afagar os amores que são todos de uma trajetória que nao aprendeu a caminhar a única trilha da fraternidade que lhe seria possível e desejável. Os passos não são únicos e os caminhos da humanidade pluralizam realizações e destruições. Mas as trilhas ainda são perversamente inversas e contraditórias em detrimento da humanidade, às vezes, já se vislumbra no céu mais claro a guiar o homem para novas possibilidades. Essa estrela guia pode não ser seguida, mas segue o homem mostrando-lhe os direitos que podem clarear, em muito, o seu trajeto com o outro." **Direito de para Todos.** 2ª ed.. Belo Horizonte: Fórum, 2008, pp. 9-15.

28 Cf. Dimitri Dimoulis e Leonardo Martins, **Teoria Geral dos Direitos Fundamentais.** São Paulo: Revista dos Tribunais, 2006, p. 34; Ingo Wolfgang Sarlet, **A Eficácia dos Direitos Fundamentais – uma teoria geral dos direitos fundamentais na perspectiva constitucional.** 10ª ed. Porto Alegre: Livraria do Advogado, 2009, p. 45; Weliton Carvalho, **Direitos Fundamentais: Constituição e Tratados Internacionais – Análise do Ordenamento Jurídico Brasileiro.** Curitiba: Juruá, 2014, p. 97; George Marmelstein, **Curso de Direitos Fundamentais.** 2ª ed. São Paulo: Atlas, 2009, p. 39.

29 Consoante Raimundo Panikkar, "O mundo ocidental tem testemunhado a luta pelos direitos dos cidadãos desde a Idade Média. Essa busca de direitos concretos, enraizada nas práticas e no sistema de valores de uma determinada nação ou país, começou a ser sentida com grande urgência após a Revolução Francesa." in "**Seria a noção de direitos humanos um conceito ocidental?** in César Augusto Baldi (Org.). **Direitos Humanos na Sociedade Cosmopolita**. Rio de Janeiro: Renovar, 2004" p. 211.

os **direitos sociais, econômicos e culturais** e; por fim, os **direitos de solidariedade** e **fraternidade**. Há quem acrescente a este rol novos direitos, decorrentes da evolução tecnológica e da globalização que caracteriza o limiar do século XXI, cuja titularidade reside não apenas em um único indivíduo ou na coletividade, mas na totalidade dos seres humanos que habitam o planeta, a exemplo do **direito à paz**[30][31]. Logo,

30 De forma sucinta, Canotilho pontua com clareza o aspecto evolutivo dos direitos fundamentais: "A partir da década de 60, começou a desenhar-se uma nova categoria de direitos humanos vulgarmente chamados *direitos de terceira geração*. Nesta perspectiva, os direitos do homem reconduzir-se-iam a três categorias fundamentais: os direitos de liberdade, os direitos de prestação (igualdade) e os direitos de solidariedade. Esses últimos direitos, nos quais se incluem o direito ao desenvolvimento, o direito ao patrimônio comum da humanidade, pressupõem o dever de colaboração de todos os estados e não apenas o actuar activo de cada um e transportam uma dimensão coletiva justificadora de um outro nome dos direitos em causa: **direitos dos povos**. Por vezes, estes direitos são chamados **direitos de quarta geração**. A primeira seria a dos direitos de liberdade, os direitos das revoluções francesas e americana; a segunda seria a dos direitos democráticos de participação políticas; a terceira seria a dos direitos sociais e dos trabalhadores; a quarta a dos *direitos dos povos*. A discussão internacional em torno do problema da autodeterminação, da nova ordem econômica internacional, da participação no patrimônio comum, da nova ordem de informação, acabou por gerar a idéia de direitos de terceira (ou quarta) geração: direito à autodeterminação, direito ao patrimônio comum da humanidade, direito a um ambiente saudável e sustentável, direito à comunicação, direito à paz e direito ao desenvolvimento.
É discutida a natureza destes direitos. Critica-se a précompreensão que lhes está subjacente, pois ela sugere a perda de relevância e até a substituição dos direitos das primeiras gerações. A idéia de *generatividade geracional* também não é totalmente correcta: **os direitos são de todas as gerações**." **Direito Constitucional e Teoria da Constituição**. 7ª ed. Coimbra: Almedina, 2003, p. 386.

31 Em suas decisões, o Supremo Tribunal Federal – STF faz também remissão ao aspecto evolutivo dos direitos fundamentais:
"Vale referir, (...) até mesmo em face da justa preocupação revelada pelos povos e pela comunidade internacional em tema de direitos humanos, que estes, em seu processo de afirmação e consolidação, comportam diversos níveis de compreensão e abordagem, que permitem distingui-los em ordens, dimensões ou fases sucessivas resultantes de sua evolução histórica. Nesse contexto, (...) impende destacar, na linha desse processo evolutivo, os direitos de primeira geração (direitos civis e políticos), que compreendem as liberdades clássicas, negativas ou formais, e que realçam o princípio da liberdade. Os direitos de segunda geração (direitos econômicos, sociais e culturais), de outro lado, identificam-se com as liberdades positivas, reais ou concretas, pondo em relevo, sob tal perspectiva, o princípio da igualdade. Cabe assinalar (...) que os direitos de terceira geração (ou de novíssima dimensão), que materializam poderes de titularidade coletiva atribuídos, genericamente, e de modo difuso, a todos os integrantes dos agrupamentos sociais, consagram o princípio da solidariedade e constituem, por isso mesmo, ao lado dos

tendo em conta essa perspectiva cronológica dos direitos fundamentais, de natureza evolutiva, seja sob uma perspectiva teórica ou de positivação em documentos constitucionais ou internacionais, é que os direitos fundamentais são classificados doutrinariamente[32] em *gerações*.

Há autores, contudo, que tecem críticas à utilização do termo *gerações*, na medida em que o vocábulo reflete a idéia de sucessividade entre os direitos conquistados pelo ser humano no decorrer do tempo. Deste modo, na medida em que uma geração venha suceder à outra, tende a eliminar essa que lhe antecede. Ou seja, os direitos não teriam uma *continuidade existencial*[33].

denominados direitos de quarta geração (como o direito ao desenvolvimento e o direito à paz), um momento importante no processo de expansão e reconhecimento dos direitos humanos, qualificados estes, enquanto valores fundamentais indisponíveis, como prerrogativas impregnadas de uma natureza essencialmente inexaurível (...)." (ADI n° 3.540 MC, voto do rel. min. Celso de Mello, d. j. 01.09.2005, Pleno; ADI n 1.856, rel. min. Celso de Mello, d. j. 26.05.11, Pleno, STF)

32 Entende Norberto Bobbio que a compreensão dos direitos fundamentais através de *gerações* é de cunho eminentemente didático, disto resultando duas plausíveis funções: impedir os malefícios do poder constituinte ou obter seus benefícios. **A Era dos Direitos.** Rio de Janeiro: Elsevier, 2004, p. 06.

33 Dimitri Dimoulis e Leonardo Martins, ao analisar o tema, asseveram o seguinte: "Muitos autores referem-se a 'gerações' dos direitos fundamentais, afirmando que sua história é marcada por uma gradação, tendo surgido em primeiro lugar os direitos clássicos individuais e políticos, em seguida os direitos sociais e, por último, os 'novos' direitos coletivos como os de solidariedade e de desenvolvimento, havendo também direitos de quarta geração relacionados ao cosmopolitismo e a democracia universal. Essa visão é predominante na doutrina brasileira dos últimos anos e encontrou aceitação em decisões do Supremo Tribunal Federal.

Tal opção terminológica (e teórica) é bastante problemática, já que a idéia das gerações sugere uma substituição de cada geração pela posterior enquanto no âmbito que nos interessa nunca houve abolição dos direitos das anteriores 'gerações' como indica claramente a Constituição brasileira de 1988 que inclui indiscriminadamente direitos de todas as 'gerações'.

Além disso, o termo 'geração' não é cronologicamente exato. Sem se aprofundar nos aspectos históricos, pode-se indicar que já havia direitos sociais (prestações do Estado) garantidos nas primeiras Constituições e Declarações do século XVIII e de inícios do século XIX.

(...)

Isso indica que é inexato se referir a 'gerações' dos direitos fundamentais, considerando que os direitos sociais sejam posteriores aos direitos de inspiração liberal-individualista ou que estes tenham substituído, ultrapassado os direitos fundamentais clássicos da dita 'primeira geração' liberal-individualista." in **Teoria Geral dos Direitos Fundamentais**. São Paulo: Revista dos Tribunais, 2006, pp. 34 e 35.

Ingo Wolfgang Sarlet, ao tratar das *dimensões* dos direitos fundamentais, aduz que "num primeiro momento, é de se ressaltarem as fundadas críticas que vêm sendo dirigidas contra o próprio termo 'gerações' por parte da doutrina alienígena e nacional. Com efeito, não há como negar que o reconhecimento progressivo de novos direitos fundamentais tem o caráter de um processo cumulativo, de complementaridade, e não de alternância, de tal sorte que o uso da expressão 'gerações' pode ensejar a falsa impressão da substituição gradativa de uma geração por outra, razão pela qual há quem prefira o termo 'dimensões' dos direitos fundamentais, posição esta que aqui optamos por perfilhar, na esteira da mais moderna doutrina. Neste contexto, aludiu-se, entre nós, de forma notadamente irônica, ao que se chama de 'fantasia das chamadas gerações de direitos', que, além da imprecisão terminológica já consignada, conduz ao entendimento equivocado de que os direitos fundamentais se substituem ao longo do tempo, não se encontrando em permanente processo de expansão, cumulação e fortalecimento. Ressalte-se, todavia, que a discordância reside essencialmente na esfera terminológica, havendo, em princípio, consenso no que diz com o conteúdo das respectivas dimensões e 'gerações' de direitos."[34]

Em decorrência da inexatidão dos termos "*geração*" e "*dimensão*" alusivos aos direitos fundamentais, Dimitri Dimoulis e Leonardo Martins recomendam a utilização do termo "*categorias*" ou "*espécies*", de forma similar como se classifica "leis e atos jurídicos em espécies de leis ou categorias de atos jurídicos e não em dimensões do ato jurídico ou da lei.[35]"

Prescindindo da discussão acerca da adequada compreensão dos direitos fundamentais sob uma perspectiva *geracional* ou *dimensional*, Carlos Ayres Britto alude à um "**constitucionalismo cumulativo**", é dizer, um "constitucionalismo crescentemente superavitário, como se dá com a ciência e a cultura, a ponto de autorizar a ilação de que, graças a ele, o Estado de Direito termina por desembocar num *Estado de direitos*.

34 Compreendendo ser mais adequado o uso do termo *dimensões*, Ingo Sarlet conclui o seu raciocínio esclarecendo que a "teoria dimensional dos direitos fundamentais não aponta, tão-somente, para o caráter cumulativo do processo evolutivo e para a natureza complementar de todos os direitos fundamentais, mas afirma, para além disso, sua unidade e indivisibilidade no contexto do direito constitucional interno e, de modo especial, na esfera do moderno 'Direito Internacional dos Direitos Humanos.'" **A Eficácia dos Direitos Fundamentais – uma teoria geral dos direitos fundamentais na perspectiva constitucional.** 10ª ed. Porto Alegre: Livraria do Advogado, 2009, pp. 45 e 46.

35 **Teoria Geral dos Direitos Fundamentais**. São Paulo: Revista dos Tribunais, 2006, p. 36.

O que não significa uma generalizada situação de afrouxamento dos deveres e responsabilidades de cada indivíduo para com o próprio Estado e a sociedade civil. As duas coisas bem podem conviver na mais perfeita harmonia.[36]"

Neste sentido, os **direitos fundamentais** compreendem os **direitos individuais**; os **direitos sociais, econômicos** e **culturais** e; por fim, os **direitos de solidariedade** e **fraternidade**.

3. Direitos fundamentais e Direitos humanos: aproximações

É lugar comum na doutrina estabelecer uma distinção entre *direitos fundamentais* e *direitos humanos*. Sob uma perspectiva formal, é dizer, os *locais* onde referidos direitos encontram-se positivados, aponta-se que os *direitos fundamentais* são direitos subjetivos positivados em uma determinada Constituição, ao passo que o reconhecimento e proteção dos *direitos humanos* se operam no plano dos Tratados Internacionais. Em síntese, *direitos fundamentais* são direitos subjetivos *constitucionalmente* positivados e *direitos humanos* são direitos subjetivos *internacionalmente* positivados. Por outro lado, se cambiarmos do enfoque *formal* para o *material*, possivelmente a conclusão seja no sentido de que inexiste distinção entre essas duas categorias de direitos, na medida em que ambos são reflexos da própria *humanidade* intrínseca no indivíduo.

José Carlos Vieira de Andrade, ao analisar os direitos fundamentais na Constituição portuguesa de 1976, coloca tal preocupação conceitual logo no início da sua obra, esclarecendo o seguinte: "aquilo a que se chama ou a que é lícito chamar direitos fundamentais pode, afinal, ser considerado por diversas perspectivas. De facto, os direitos fundamentais tanto podem ser vistos enquanto direitos naturais de todos os homens, independentemente dos tempos e dos lugares – perspectiva filosófica ou jusnaturalista; como podem ser referidos aos direitos mais importantes das pessoas, num determinado tempo e lugar, isto é, num Estado concreto ou numa comunidade de Estados – perspectiva estadual ou constitucional; como ainda pode ser considerados direitos essenciais das pessoas num certo tempo, em todos os lugares ou, pelo menos, em grandes regiões do mundo – perspectiva universalista ou internacionalista.[37]"

36 **O Humanismo como categoria constitucional**. Belo Horizonte: Fórum, 2010, p. 23.

37 **Os Direitos Fundamentais na Constituição Portuguesa de 1976**, p. 15. Após uma análise histórica dos direitos fundamentais, o mestre lusitano afirma que os "direitos fundamentais são, na sua dimensão *natural*, direitos absolutos, imutáveis e intemporais, inerentes à qualidade de homem dos seus titulares, e constituem um *núcleo restrito* que se impõe a qualquer ordem jurídica.

Os direitos fundamentais, ainda na esteira do pensamento de José Carlos Vieira de Andrade, tais como atualmente compreendidos, são verdadeiros direitos ou liberdades, reconhecidos não apenas aos indivíduos mas a determinadas categorias entre eles, ***por razões de humanidade***.[38]

O caráter ***humanitário***, que está na essência não apenas dos direitos fundamentais, mas também, dos direitos humanos, faz com que inexista uma distinção entre estas duas *categorias* de direitos. Ao revés, se o enfoque for atribuído ao aspecto *formal*, percebe-se que o *locus* dos direitos fundamentais são as Constituições em vigor de cada Estado, ao passo que os *direitos humanos* encontram guarida nos Tratados Internacionais firmados entre Estados soberanos. Neste contexto, é lícito afirmar que os direitos humanos se revelam "*na preocupação internacional de garantir certos direitos fundamentais do homem.*[39]"

Feitos tais esclarecimentos conceituais, concluímos reafirmando o que foi dito no início deste tópico: os *direitos fundamentais* são direitos subjetivos *constitucionalmente* positivados, ao passo que os *direitos humanos* são direitos subjetivos *internacionalmente* positivados. Entendimento similar emana de Antonio Enrique Pérez Luño, ao afirmar que "en todo caso, se puede advertir una cierta tendencia, no absoluta como lo prueba el enunciado de la mencionada Convención Europea, a reservar la denominación 'derechos fundamentales' para designar los derechos humanos positivados a nivel interno, en tanto que la fórmula

---

Essa perspectiva não tem apenas interesse histórico, adaptou-se, nas suas formulações, às modas conceituais dos tempos, mas não desapareceu e é a ela que se recorre, afinal, ainda hoje, sempre que há deficiências ou dificuldades na aplicação das normas positivas referentes aos direitos fundamentais." in **Os Direitos Fundamentais na Constituição Portuguesa de 1976**. 5ª ed. Coimbra: Almedina, 2018, p. 19.

38 **Os Direitos Fundamentais na Constituição Portuguesa de 1976.** 5ª ed. Coimbra: Almedina, 2018, p. 20.

39 José Carlos Vieira de Andrade, **Os Direitos Fundamentais na Constituição Portuguesa de 1976.** 5ª ed. Coimbra: Almedina, 2018, p. 29. Esclarece, ainda, o autor, que "a assinatura de todas estas declarações, convenções e pactos, associada à proliferação de organizações não-estaduais, assinala a preocupação internacional de garantir certos direitos fundamentais do homem. Não, porém, na perspectiva jusnaturalista de afirmações de verdade absoluta, válidas para todos os tempos, mas, mais modestamente, na perspectiva de manifestações fundamentais de princípios inscritos na 'consciência jurídica universal', que seria comum a todas as nações civilizadas e aos povos de todos os continentes."

'derechos humanos' es la más usual en el plano de las declaraciones y convenciones internacionales."[40]

4. Características dos Direitos Fundamentais

Os direitos fundamentais caracterizam-se por serem a) **históricos**; b) **inalienáveis**; c) **imprescritíveis** e; d) **relativos**.

Os direitos fundamentais são **históricos** na medida em *nascem, modificam-se* e *desaparecem*. Como todo e qualquer direito, os direitos fundamentais têm um período de existência. Ora, a partir do momento em que compreendemos os *direitos fundamentais* como *direitos subjetivos* ***constitucionalmente positivados***, já o estamos, de certo modo, delimitando sua existência no tempo. O tempo de existência de um determinado direito fundamental corresponde ao tempo de vigência do texto constitucional que lhe serve de fundamento no mundo jurídico. Por outras palavras, a existência de um direito fundamental dependerá da durabilidade (existência) da Constituição que lhe fundamenta. Em sentido análogo, Dimitri Dimoulis e Leonardo Martins afirmam que "um direito só existe juridicamente a partir da sua positivação, que estabelece seu exato alcance. Sem este reconhecimento, tem-se simplesmente uma reivindicação política, que eventualmente pode permitir a positivação dos direitos fundamentais, mas, evidentemente, não permite reivindicar direitos em âmbito jurídico."[41]

A **inalienabilidade** dos direitos fundamentais reflete a impossibilidade dos seus respectivos titulares dele não poderem *dispor*. Logo,

40 **Derechos Humanos, Estado de Derecho y Constitución**. 6ª ed. Madrid: Tecnos, 1999, p. 31.

41 **Teoria Geral dos Direitos Fundamentais.** São Paulo: Revista dos Tribunais, 2006, p. 59. Os autores criticam a posição de que os direitos fundamentais antecedem o seu reconhecimento por parte do Estado, é dizer, que são direitos decorrentes da 'natureza do homem'. Afirmam que o mito da 'pré-estatalidade cronológica e axiológica' dos direitos fundamentais decorre das concepções jusnaturalistas das primeiras *Declarações* de direitos (EUA e França), cujos documentos apenas *proclamavam* o que já existia. Tal concepção, para os autores, carece de fundamento. Em seu entendimento, "a 'natureza do homem' só se encontra nos dados de sua constituição biológica. Nenhum direito ou obrigação, nenhuma regra de conduta social pode ser deduzida da natureza humana. Isso é de fácil comprovação histórica já que o 'homem' viveu sob os mais variados regimes sociais e isso não seria possível se a sua natureza fosse sempre a mesma ou se tal suposta natureza fosse determinante para a outurga de direitos que nada mais seria do que o seu reconhecimento pelo poder político. Não se pode imaginar uma sociedade, na qual os homens não durmam ou não se alimentem, pois isso faz parte de sua verdadeira natureza." Ob. cit., p. 58.

são inegociáveis, intransferíveis, não podendo se constituir em objeto de *mercancia*.

Outra característica apontada corresponde à sua **imprescritibilidade**, é dizer, o exercício de diversos direitos fundamentais decorre tão-somente da sua existência na ordem constitucional, a exemplo da *igualdade*.

Urge ressaltar, ainda, que os direitos fundamentais são **relativos**, logo, não são *absolutos* e, portanto, comportam restrições. Sob este enfoque, se percebe que inexiste hierarquia material entre os direitos fundamentais, onde haveria necessariamente preponderância de um valor em detrimento de outro, na hipótese de um eventual conflito ante uma determinada situação concreta. É precisamente neste ponto onde ocorre o debate em torno da **colisão de direitos fundamentais**, que veremos com mais detença oportunamente.

Por fim, cabe fazer menção a nota de **(ir) renunciabilidade** dos direitos fundamentais. É oportuno destacar, desde logo, que a *renúncia* não deve ser confundida com o *não exercício* do direito. Ademais, a complexidade do tema decorre, também, da diversidade de direitos fundamentais existentes nos sistemas normativos contemporâneos[42]. A *renúncia* a direito fundamental, segundo Pedro Adamy, "é a situação definida em lei, em que o titular do direito fundamental, expressamente, renuncia a determinadas posições ou pretensões jurídicas garantidas pelo direito fundamental, ou consente que o Poder Público restrinja ou interfira mais intensamente, por um determinado espaço de tempo e a qualquer momento revogável, tendo em vista um benfício proporcional e legítimo, direto ou indireto, pessoal ou coletivo."[43] Podemos exemplificar, embora ciente das divergências doutrinárias, com o exercício do direito fundamental à morte digna que, por sua vez, implica em renúncia ao direito fundamental à vida[44].

42 Ao tratar do tema, afirma José Carlos Vieira de Andrade que "apesar das distinções entre os direitos, o problema da disponibilidade e do grau de disponibilidade dos direitos, liberdades e garantias pelos seus titulares não se resolve em abstrato, constitui um *problema* que, em última análise, só é suscetível de uma solução definitiva nas circuntâncias dos *casos concretos*." in **Os Direitos Fundamentais na Constituição Portuguesa de 1976**. 5ª ed. Coimbra: Almedina, 2016, p. 311.

43 **Renúncia a Direito Fundamental**. São Paulo: Malheiros, 2011, p. 58.

44 Cf. o nosso **A Morte e o Direito. Há um direito de morrer dos pacientes terminais?** Florianópolis: Tirant lo Blanch, 2018.

5. Titularidade dos Direitos Fundamentais

Os direitos e garantias fundamentais positivados constitucionalmente são atribuídos a todas as pessoas[45], físicas e jurídicas, que preencham os respectivos requisitos e condições de exercício. De saída, é importante lembrar que a **personalidade jurídica** corresponde à capacidade de uma pessoa, física ou jurídica, de adquirir direitos e contrair obrigações. Por sua vez, entende-se por **capacidade jurídica** "a possibilidade de produzir consequências jurídicas através de uma conduta[46]", é dizer, trata-se da aptidão para ser titular de situações subjetivas[47]. A distinção levada a cabo pelo direito, em relação à pessoa física e à pessoa jurídica, reside no fato de que enquanto os indivíduos são considerados pessoas tão-somente pelo fato de existir, as pessoas jurídicas necessitam preencher uma série de requisitos para sua constituição, ou seja, para que possam ter existência no mundo jurídico. Portanto, se o direito

---

45 Sobre o conceito de *pessoa* e sua proteção constitucional, cf. voto do Min. Ayres Brito na ADI n° 3510-0/DF:
"(...) a potencialidade de algo para se tornar pessoa humana já é meritória o bastante para acobertá-lo, infraconstitucionalmente, contra tentativas esdrúxulas, levianas ou frívolas de obstar sua natural continuidade fisiológica. Mas as três realidades não se confundem: o embrião é o embrião, o feto é o feto e a pessoa humana é a pessoa humana. Esta não se antecipa à metamorfose dos outros dois organismos. É o produto final dessa metamorfose. O sufixo grego "meta" a significar, aqui, u'a mudança tal de estado que implica um ir além de si mesmo para se tornar um outro ser. Tal como se dá entre a planta e a semente, a chuva e a nuvem, a borboleta e a crisálida, a crisálida e a lagarta (e ninguém afirma que a semente já seja a planta, a nuvem, a chuva, a lagarta, a crisálida, a crisálida, a borboleta). O elemento anterior como que tendo de se imolar para o nascimento do posterior. Donde não existir pessoa humana embrionária, mas embrião de pessoa humana, passando necessariamente por essa entidade a que chamamos "feto". Este e o embrião a merecer tutela infraconstitucional, por derivação da tutela que a própria Constituição dispensa à pessoa humana propriamente dita. Essa pessoa humana, agora sim, que tanto é parte do todo social quanto um todo à parte." P. 34.

46 Hans Kelsen, **Teoria Pura do Direito.** São Paulo: Martins Fontes, 2000, p. 167. Ao abordar o tema, Maria Helena Diniz esclarece que "liga-se à pessoa a idéia de personalidade, que exprime a aptidão genérica para adquirir direitos e contrair obrigações. Deveras, sendo a pessoa natural (ser humano) ou jurídica (agrupamentos humanos) sujeito das relações jurídicas e a personalidade, a possibilidade de ser sujeito, ou seja, uma aptidão a ele reconhecida, toda pessoa é dotada de personalidade." in **Compêndio de Introdução à Ciência do Direito**. 17ª ed. São Paulo: Saraiva, 2005, p. 508.

47 Não se deve confundir **capacidade jurídica** com **capacidade de exercício.** A primeira refere-se a possibilidade da pessoa ser titular de situações subjetivas, ao passo que a segunda dispõe sobre o poder de exercer autonomamente as situações jurídicas subjetivas titularizadas.

concebe dois *tipos de pessoa*, cabe verificar se ambas são titulares de direitos fundamentais. Na hipótese de uma resposta afirmativa, os direitos fundamentais inerentes às pessoas físicas são os mesmos que correspondem às pessoas jurídicas?

5.1. Titularidade das pessoas físicas

Inicialmente, cabe analisar a questão relativa às pessoas físicas. A nosso ver, a discussão em torno da questão pertinente em saber se todas as pessoas físicas são titulares de direitos fundamentais não é por demais complexa. Entendemos, pois, que todas as pessoas físicas são titulares de direitos fundamentais[48]. É importante esclarecer, desde logo, que ao afirmarmos que *todos são* titulares de direitos fundamentais, não estamos dizendo que *todos são* titulares de *todos* os direitos fundamentais. Há direitos fundamentais, por exemplo, cuja titularidade reside apenas nas pessoas do sexo feminino, a exemplo da *licença maternidade* (art. 7°, XVIII, CF).

A partir do exemplo acima mencionado, já se pode perceber que a análise acerca da titularidade e condições de exercício dos direitos fundamentais tem de relacionar-se a determinados aspectos que conformam as distintas condições de subjetividade, a exemplo da nacionalidade.

5.2. Titularidade das pessoas jurídicas

As pessoas jurídicas são igualmente titulares de direitos fundamentais. Embora sejam elas **criações do Direito**, não se pode perder de vista o fato que de uma maneira ou outra sempre estarão a serviço das pessoas físicas. Ademais, são constituídas a partir da manifestação de vontade (autonomia) das pessoas físicas e no âmbito de exercício dos

48 Conforme preconiza Daniel Wunder Hachem, "compreender os direitos fundamentais em sua acepção subjetiva significa admitir que ao seu titular - que pode ser um sujeito individual, um grupo determinado ou uma coletividade indeterminável - é possível exigir em face do destinatário, pela via administrativa ou judicial, o cumprimento dos seus interesses protegidos pelo ordenamento jurídico na forma de bens jusfundamentais. Um dos traços que a peculiariza está, pois, na exigibilidade da prestação negativa ou positiva necessária à tutela do direito fundamental - e, portanto, independe de seu perfeito enquadramento nas estreitas amarras do conceito tradicional de direito subjetivo ou da possibilidade de ser recondutível a um titular individual, singularmente determinado." in "A dupla titularidade (individual e transindividual) dos direitos fundamentais econômicos, sociais, culturais e ambientais." **Revista de Direitos Fundamentais e Democracia**, Curitiba, v. 14, n. 14, pp. 618-688, julho/dezembro de 2013, p. 633.

seus direitos fundamentais, afigurando-se, deste modo, como expressão do livre desenvolvimento da personalidade de quem participa do seu processo de constituição.

No direito comparado, encontramos textos constitucionais que de forma expressa aludem ao tema. A Lei Fundamental Alemã, em seu título sob a rubrica "Direitos Fundamentais", dispõe no art. 19 o seguinte:

> "Artigo 19
>
> [Restrição dos direitos fundamentais - Via judicial]
>
> (1) Na medida em que, segundo esta Lei Fundamental, um direito fundamental possa ser restringido por lei ou em virtude de lei, essa lei tem de ser genérica e não limitada a um caso particular. Além disso, a lei terá de citar o direito fundamental em questão, indicando o artigo correspondente.
>
> (2) Em nenhum caso, um direito fundamental poderá ser violado em sua essência.
>
> **(3) Os direitos fundamentais também são válidos para as pessoas jurídicas sediadas no país, conquanto, pela sua essência, sejam aplicáveis às mesmas.**
>
> (4) Toda pessoa, cujos direitos forem violados pelo poder público, poderá recorrer à via judicial. Se não se justificar outra jurisdição, a via judicial será a dos tribunais ordinários. Mantém-se inalterado o artigo 10 §2, segunda frase." (destaque nosso)

Por sua vez, o artigo 12 da Constituição portuguesa consagra a universalidade de direitos entre pessoas físicas e jurídicas:

> ARTIGO 12.º
>
> (Principio da universalidade)
>
> 1. Todos os cidadãos gozam dos direitos e estão sujeitos aos deveres consignados na Constituição.
>
> 2. As pessoas colectivas gozam dos direitos e estão sujeitas aos deveres compatíveis com a sua natureza.

De forma análoga, o Supremo Tribunal Federal - STF, em sede de RE 636.942/RS, manifestou o seguinte entendimento:

> "9. A isenção prevista na Constituição Federal (art. 195, § 7º) tem o conteúdo de regra de supressão de competência tributária, encerrando verdadeira imunidade. **As imunidades têm o teor de cláusulas pétreas, expressões de direitos fundamentais**, na forma do

> art. 60, § 4º, da CF/88, tornando controversa a possibilidade de sua regulamentação através do poder constituinte derivado e/ou ainda mais, pelo legislador ordinário.
>
> (...)
>
> 24. **A pessoa jurídica para fazer jus à imunidade** do § 7º, do art. 195, CF/88, com relação às contribuições sociais, deve atender aos requisitos previstos nos artigos 9º e 14, do CTN, bem como no art. 55, da Lei nº 8.212/91, alterada pelas Lei nº 9.732/98 e Lei nº 12.101/2009, nos pontos onde não tiveram sua vigência suspensa liminarmente pelo STF nos autos da ADI 2.028 MC/DF, Rel. Moreira Alves, Pleno, DJ 16-06-2000."

Celso Ribeiro Bastos, ao analisar quem seriam os *destinatários* dos direitos individuais na Constituição de 1988, afirmou que "o texto disse menos do que pretendia. A tomá-lo na sua literalidade seria forçoso convir que ele só beneficiária as pessoas físicas. Mas, novamente, estaríamos diante de uma interpretação absurda. Em muitas hipóteses a proteção última ao indivíduo só se dá por meio da proteção que se confere às próprias pessoas jurídicas. O direito de propriedade é um exemplo disto. Se expropriável uma pessoa jurídica, ela há de o ser mediante as mesmas garantias por que o são as pessoas físicas.[49]"

Hugo de Brito Machado, ao tratar do tema no campo da tributação, afirma não enxergar motivos para desconsiderar as pessoas jurídicas como titulares dos direitos fundamentais. Aduz conhecer "o fato de que os contribuintes mais significativos no contexto da arrecadação de tributos são pessoas jurídicas. Isto, porém, não exclui nossa tese, pois as pessoas jurídicas são também titulares de direitos fundamentais.

Para saber se uma pessoa jurídica pode ser titular de direitos fundamentais, é relevante sabermos em que consistem esses direitos. Se nos referirmos apenas aos direitos à vida, à saúde e à liberdade física, certamente, não é razoável pensar que as pessoas jurídicas podem ser titulares desses direitos. Como lembra George Marmelstein, não faz sentido jurídico algum dizer-se 'que a cláusula constitucional que proíbe a tortura, a pena de morte ou a extradição deveria ser aplicada às pessoas jurídicas, pois esses direitos somente são compatíveis com a natureza das pessoas físicas.

Ocorre que a relação tributária liga ao Estado pessoas física e pessoas jurídicas. Aliás, é possível afirmar-se que, se considerarmos apenas os contribuintes denominados de direito, aquelas que se vinculam às re-

49 **Curso de Direito Constitucional**. 21ª ed. São Paulo: Saraiva, 2000, p. 178.

lações jurídicas de Direito Tributário, as pessoas jurídicas constituem a maior parte do universo dos contribuintes. Não existe razão, portanto, para não considerar as pessoas jurídicas como titulares de direitos fundamentais.

Em definitivo, para saber quem pode e quem não pode ser titular de direitos fundamentais temos de examinar a natureza da relação na qual esses direitos estão albergados e, o que é mais importante, considerar que os direitos fundamentais são uma proteção contra o Estado. Assim, qualquer pessoa que esteja em uma situação jurídica qualquer, e possa vir a ser vítima do arbítrio do Estado, poderá ser, ou mais exatamente, deverá ser considerada titular de direitos fundamentais compatíveis com a situação na qual se encontra.[50]"

Outro elemento normativo que pode demonstrar a titularidade dos direitos fundamentais relativos às pessoas jurídicas é a Lei n° 13.300/16, que disciplina o processo e o julgamento dos mandados de injunção individual e coletivo. Referida garantia constitucional tem por finalidade viabilizar o exercício dos direitos e liberdades constitucionais e das prerrogativas inerentes à nacionalidade, à soberania e à cidadania, sempre que a falta total ou parcial de norma regulamentadora o torne inviável. No artigo 3° da lei em comento, estão elencadas as pessoas que têm legitimidade ativa para sua impetração:

> **"São legitimados para o mandado de injunção, como impetrantes, as pessoas** naturais ou **jurídicas que se afirmam titulares dos direitos, das liberdades ou das prerrogativas referidos no art. 2º**[51] e, como impetrado, o Poder, o órgão ou a autoridade com atribuição para editar a norma regulamentadora." (destaque nosso)

Portanto, levando em conta a Constituição Federal, a legislação brasileira em vigor e relevante doutrina e jurisprudência sobre o tema, conclui-se que as pessoas jurídicas são, também, titulares de direitos fundamentais.

5.3. Titularidade dos direitos individuais

Quem são os titulares dos direitos individuais? O indivíduo? A pessoa? O ser humano? Outro não pode ser o ponto de partida acerca da ti-

50 Hugo de Brito Machado. **Os Direitos Fundamentais do Contribuinte e a Efetividade da Jurisdição**. Tese de Doutorado, UFPE, 2009, p. 40.

51 Prerrogativas inerentes à nacionalidade, à soberania e à cidadania.

tularidade dos direitos individuais, pois se o titular do direito individual for o **indivíduo**, ter-se-á consequências jurídicas distintas daquelas se a titularidade recair sobre a **pessoa ou o ser humano.** Daí a colocação inicial? **Todo indivíduo é pessoa? O ser humano é pessoa? O ser humano é um indivíduo? Quem é, afinal, o titular dos direitos individuais: o indivíduo, a pessoa ou o ser humano?**

O artigo 6° da Declaração Universal dos Direitos Humanos – DUDH, dispõe que

> "Todos os indivíduos têm direito de ser, em todos os lugares, reconhecidos como pessoa perante a lei"

Daí a indagação: quem são os indivíduos e quem são as pessoas, para que aqueles possam a esses se equipararem juridicamente? Individuo é aquilo que pode ser objeto de individualização, é o ser individualizado, inexistindo outro idêntico. Essa individualização do *ser* já ocorre durante o processo de gestação, quando da formação do embrião no útero materno. Uma vez *individualizado* o embrião, o mesmo deve ser tratado *juridicamente* como *pessoa*, na medida em que **"todos os indivíduos têm direito de ser (...) reconhecidos como pessoa**." Se o titular do direito à vida é o indivíduo, consequentemente a vida humana deve ser protegida desde a formação do embrião, pois a partir dali já se tem um *ser individualizado, que deve ser reconhecido como pessoa e que, por tal razão, é titular dos mesmos direitos que esta.* Deste modo, para efeitos de proteção jurídica, os *indivíduos* são equiparáveis às *pessoas*, devendo receber o mesmo grau de proteção por parte do direito. Se adotarmos esta concepção, o resultado hermenêutico será no sentido de que o direito constitucional tutela a vida embrionária, resultando, daí, a inconstitucionalidade de qualquer medida tendente a realização do aborto, na medida em que se trata de ato contrário à vida humana, porquanto direito fundamental do indivíduo[52].

52 Sobre o tema, cabe destacar o entendimento de Dimitri Dimoulis e Leonardo Martins: "Ser titular de um direito fundamental não significa sê-lo para toda a vida. Além disso, há casos nos quais a titularidade e exercício de direitos antes do nascimento. Trata-se da capacidade jurídica do nascituro e, sobretudo, do seu direito à vida (...) Sem adentrar na controvérsia, note-se que a Constituição Federal não reconhece nem exclui tal titularidade. Esse silencio normativo significa que deixou a critério do legislador ordinário a competência de decidir se e em qual medida o nascituro terá direitos fundamentais e como ocorrerá seu exercício.
O exemplo mais relevante diz respeito à existência de um direito à vida. O aborto viola um respectivo direito fundamental do nascituro? A Constituição Federal si-

5.3.1. Titularidade dos direitos políticos

Os direitos políticos se constituem nas faculdades atribuídas às pessoas no tocante à sua participação na vida política do país. Devem, portanto, ser compreendidos como "*participação popular no Poder do Estado de forma direta e indireta, conteúdo dos Direitos Humanos e fundamentais para a existência dos direitos sociais, econômicos e, principalmente, individuais.*[53]" Sob uma perspectiva formal, os direitos políticos constituem-se no conjunto de normas jurídicas que disciplina a atuação da soberania popular, possibilitando aos cidadãos a participação na tomada de decisões políticas do país.[54] De forma sintética, "*os direitos*

lencia sobre o tema e esse silencia é proposital. Diante das controvérsias políticas sobre a oportunidade de incluir no texto constitucional norma sobre o tema e havendo grupos que insistiam na proibição do aborto e outros que pleiteavam pela sua expressa autorização, os constituintes resolveram silenciar a respeito." in **Teoria Geral dos Direitos Fundamentais**. São Paulo: Revista dos Tribunais, 2007, p. 100. Cf. também ADI n. 3510/DF, que teve por objeto a constitucionalidade das pesquisas com células-tronco embrionárias.

53 José Luiz Quadro de Magalhães, **Direito Constitucional - Tomo I**. Belo Horizonte: Melhoramentos, 2000, p. 355. Ao discorrer sobre o conceito e abrangência dos direitos políticos, José Afonso da Silva expõe que "o regime representativo desenvolveu técnicas destinadas a efetivar a designação dos representantes do povo nos órgãos governamentais. A princípio essas técnicas aplicavam-se empiricamente nas épocas em que o povo deveria proceder à escolha de seus representantes. Aos poucos, porém, certos modos de proceder foram transformando-se em regras, que o direito positivo sancionou como normas de agir. Assim, o direito democrático de participação do povo no governo, por seus representantes, acabou exigindo a formação de um conjunto de normas legais permanentes, que recebeu a denominação de 'direitos políticos.'" in **Comentário Contextual à Constituição**. São Paulo: Malheiros, 2005, p. 211.

54 Pimenta Bueno, o constitucionalista do Império, fornece o seguinte entendimento acerca dos direitos políticos:
"Os direitos politicos são as prerogativas, os attributos, faculdades ou poder de intervenção dos cidadãos activos no governo de seu paiz, intervenção directa ou só indirecta, mais ou menos ampla, segundo a intensidade do gozo desses direitos. São o *jus civitatis*, os direitos civicos, que se referem ao poder publico, que autorisão o cidadão activo a participar na formação ou exercicio da autoridade nacional, a exercer o direito de votante ou eleitor, os direitos de deputado ou senador, a occupar cargos politicos, e a manifestar suas opiniões sobre o governo do estado. Os direitos individuaes ou civis têm em vistas o exercicio legitimo das faculdades do homem; os direitos politicos são os meios de assegurar os direitos naturaes pela intervenção que o cidadão activo exerce no poder publico, são as garantlas que escudão aquelles e sem as quaes não poderia defendê-los, não teria apoio valioso e eflicaz. Os direitos politicos são filhos da constiuição do Estado, que estabelece as condições do gozo delles em vista do interesse da sociedade e da manutenção das

políticos consistem na disciplina dos meios necessários ao exercício da soberania popular.[55]" A sua essência, pois, consiste no *direito de votar* e *ser votado*, embora os direitos políticos não se restrinjam tão-somente a esses dois aspectos, indo mais além.

A Constituição Federal, em seu art. 14, determina que "a soberania popular será exercida pelo sufrágio universal ..." O *sufrágio* corresponde a um direito subjetivo público cuja titularidade reside no cidadão (todos os cidadãos – *universalidade do sufrágio*), que consiste em eleger, ser eleito e de participar da organização e das atividades do Poder Público. Portanto, neste contexto, titulares dos direitos políticos são todas as pessoas aptas a votar e serem votadas.

5.4. Titularidade dos direitos sociais

Os *direitos individuais* possuem como titular o indivíduo, ao passo que os *direitos políticos* são titularizados pelos *cidadãos*. Neste ponto, cabe verificar quem são os titulares dos denominados *direitos sociais*.

Entende-se por *direitos sociais* as prestações positivas e negativas[56] do Estado voltadas para promoção da igualdade material e que possibilitem melhorias nas condições de vida dos mais vulneráveis. São direitos que refletem a condição de *ser social* relativo ao homem.

Em princípio, podemos afirmar que são titulares dos *direitos sociais* todas as pessoas que necessitam de um amparo estatal em decorrência de sua condição de hipervulnerabilidade. São direito próprios de todo o povo e de **cada um de seus membros**[57].

---

liberdades publicas e individuaes, e para que o poder se exerça por eses pharóes sagrados, e não por idéas de ambições pessoaes ou intereses illegitimos dos governantes." in **Direito Publico Brazileiro e Analyze da Constituiçao do Imperio**. Rio de Janeiro: Villeneuve, 1857, p. 468.

---

55 José Afonso da Silva, **Comentário Contextual à Constituição.** São Paulo: Malheiros, 2005, p. 211.

56 Ao analisar os direitos econômicos, sociais e culturais, Canotilho alude tratar-se de uma categoria de direitos consistentes em prestações ou atividades do Estado, salientando, ainda, ser possível a inclusão de direitos de natureza negativo-defensiva. **Direito Constitucional e Teoria da Constituição**. 7ª ed. Coimbra: Almedina, 2003, p .403.

57 Neste sentido, expõe Celso Lafer: "os assim chamados direitos de segunda geração, previstos pelo welfare state, são direitos de crédito do indivíduo em relação à coletividade. Tais direitos - como o direito ao trabalho, à saúde, à educação - têm como sujeito passivo o Estado porque, na interação entre governantes e governados, foi a coletividade que assumiu a responsabilidade de atendê-los. **O titular desse di-**

Os direitos coletivos[58], na medida em que não podem ser exercidos individualmente, correspondem a um *grupo determinado* de pessoas. São, portanto, direitos transindividuais[59], é dizer, direitos que são de várias pessoas, mas não pertencem a ninguém isoladamente, mas ao grupo como um todo.

Por ocasião do julgamento do MS n° 22.164-0, Pleno, STF, o eminente relator Min. Celso de Mello pontuou de forma bastante elucidativa a questão que envolve a titularidade dos direitos fundamentais:

> "Os preceitos inscritos no art. 225 da Carta Magna Política traduzem a consagração constitucional, em nosso sistema de direito positivo, de uma das mais expressivas prerrogativas asseguradas às formações sociais contemporâneas.
>
> **Essa prerrogativa consiste no reconhecimento de que todos têm direito ao meio ambiente ecologicamente equilibrado.**
>
> **Trata-se**, consoante já o proclamou o Supremo Tribunal Federal - STF (RE 134.297-SP, Rel. Min. Celso de Mello), **de um típico direito de terceira geração que assiste, de modo subjetivamente indeterminado, a todo gênero humano**, circunstância essa que justifica

reito, no entanto, continua sendo, como nos direitos de primeira geração, o homem na sua individualidade" in **A reconstrução dos direitos humanos: um diálogo com o pensamento de Hannah Arendt**. São Paulo: Companhia das Letras, 1988. p. 127.

58 O Código de Defesa do Consumidor, em seu art. 81, estabelece a definição legal dos direitos difusos, coletivos e individuais homogêneos, nos seguintes termos:
"Art. 81. A defesa dos interesses e direitos dos consumidores e das vítimas poderá ser exercida em juízo individualmente, ou a título coletivo. Parágrafo único. A defesa coletiva será exercida quando se tratar de:
I - interesses ou direitos difusos, assim entendidos, para efeitos deste código, os transindividuais, de natureza indivisível, de que sejam titulares pessoas indeterminadas e ligadas por circunstâncias de fato; II - interesses ou direitos coletivos, assim entendidos, para efeitos deste código, os transindividuais, de natureza indivisível de que seja titular grupo, categoria ou classe de pessoas ligadas entre si ou com a parte contrária por uma relação jurídica base;
III - interesses ou direitos individuais homogêneos, assim entendidos os decorrentes de origem comum."

59 No entendimento de André Ramos Tavares, "fala-se em interesses metaindividuais ou transindividuais para significar aquela parcela de interesses que pertencem a um grupo razoavelmente extenso de pessoas, que os titularizam e que possuem uma característica em comum, que as une, ainda que se trate de um laço de união extremamente débil." in **Curso de Direito Constitucional**, 9ª ed. São Paulo: Saraiva, 2011, p. 891.

> a especial obrigação – que incumbe ao Estado e à própria coletividade – de defende-lo e de preservá-lo em benefício das presentes e das futuras gerações, evitando-se desse modo, que irrompam, no seio da comunhão social, os graves conflitos intergeracionais marcados pelo desrespeito ao dever de solidariedade na proteção da integridade desse bem essencial de uso comum de todos quantos compõem o grupo social.
>
> (...)
>
> **Enquanto os direitos de primeira geração (direitos civis e políticos) – que compreendem as liberdades clássicas, negativas ou formais – realçam o princípio da liberdade e os direitos de segunda geração (direitos econômicos, sociais e culturais) – que se identificam com as liberdades positivas, reais ou concretas – acentuam o princípio da igualdade, os direito de terceira geração, que materializam poderes de titularidade coletivas atribuídos genericamente a todas as formações sociais, consagram o princípio da solidariedade e constituem um momento importante no processo de desenvolvimento, expansão e reconhecimento dos direitos humanos, caracterizados, enquanto valores fundamentais indisponíveis, pela nota de uma essencial inexorabilidade, consoante proclama autorizado magistério doutrinário.**
>
> (...)
>
> **Na realidade, o direito à integridade do meio-ambiente constitui prerrogativa jurídica de titularidade coletiva, refletindo, dentro do processo de afirmação dos direitos humanos, a expressão mais significativa de um poder atribuído, não ao indivíduo identificado em sua singularidade, mas, em sentido verdadeiramente mais abrangente, à própria coletividade social.** O reconhecimento desse direito de titularidade coletiva, como é o direito ao meio ambiente ecologicamente equilibrado, constitui uma realidade a que não mais se mostram alheios ou insensíveis, como procedentemente enfatizado, os ordenamentos positivos consagrados pelos sistemas jurídicos nacionais e as formulações normativas proclamadas no plano internacional." (destaque nosso)

Em relação aos direitos econômicos e culturais, a indeterminabilidade do respectivo titular também se faz presente. Os direitos culturais referem-se a todas as manifestações materiais e imateriais dos mais diversos grupos sociais. Portanto, são direitos fundamentais de segunda geração, fundados no valor solidariedade, de caráter coletivo ou difuso, dotado "de altíssimo teor de humanismo e universalidade."[60]

60 Min. Marco Aurélio, ADI n. 4983/CE, p. 10.

5.5. Titularidade dos Direitos Econômicos

Os direitos fundamentais econômicos são compreendidos como direitos subjetivos correlatos à intervenção do Estado no domínio econômico. Através destes direitos, se busca a materialização dos direitos sociais[61]. Ao ressaltar a importância das normas de direito econômico na Constituição (Ordem Econômica), José Afonso da Silva faz um paralelo entre elas e as Declarações de Direitos do Homem do século XVII, pois se essas postularam a realização dos valores jurídicos pertinentes à segurança, à ordem e a certeza, a *Constituição Econômica*[62], consubstanciada nas normas fundamentais dos direitos econômicos e sociais, reveladas em elementos sócio-ideológicos, buscam a realização do valor fim do Direito: "a *justiça social, que é uma aspiração do nosso tempo, em luta aberta contra as injustiças do individualismo capitalista.*"[63]

---

61 Sobre o tema, José Luiz Quadro de Magalhães informa que "esse ramos do Direito (Econômico) regulamenta juridicamente a política econômica que deve estar sujeita à ideologia constitucionalmente adotada; portanto, em uma Constituição que, como a de 1988, estabelece como princípios fundamentais o respeito à dignidade humana, a erradicação da pobreza, a redução das desigualdades sociais e regionais, a prevalência dos Direitos Humanos, o Direito Econômico se transforma em importante e fundamental mecanismo de transformação da realidade econômica e social, através de uma política adequada aos princípios constitucionais citados. Temos, então, no conceito de Direito Econômico, os elementos necessários que permitem visualizar com facilidade sua relação com outros grupos de direitos que compõem os Direitos Humanos na sua perspectiva constitucional.
Em uma ordem jurídica em que os Direitos Humanos são colocados como princípios fundamentais e objetivo do Estado, a *ideologia constitucionalmente adotada* aponta na direção de um Estado que proporcione o bem-estar social, oferecendo e respeitando os direitos sociais e individuais, através de uma *política econômica* que valorize, em primeiro lugar, esses objetivos sociais." in **Direito Constitucional - Tomo I.** Belo Horizonte: Mandamentos, 2000, pp. 307 e 308.

62 José Pacheco de Amorim, em análise da Constituição Econômica Portuguesa, apresenta a seguinte definição: "Com a expressão Constituição Económica (CE) pretende-se designar os "princípios fundamentais que dão unidade à actividade económica geral e dos quais decorrem todas as regras relativas à organização e funcionamento da actividade económica de uma certa sociedade"; constituem uns e outras, pois, um sistema jurídico-económico dotado de elementos definidores e tendencialmente caracterizado por uma unidade e coerência internas, o mesmo é dizer, uma determinada ordem jurídico-económica. A noção de CE é assim menos ampla do que a de ordem jurídica da economia: ela abrange apenas os princípios fundamentais ou básicos e não já os princípios ou regras deles decorrentes que constam da legislação ordinária" in **A Constituição Económica Portuguesa - Enquadramento Dogmático e Princípios Fundamentais**, p. 32. Disponível em: https://hdl.handle.net/10216/66027.

63 **Comentário Contextual à Constituição.** São Paulo: Malheiros, 2005, p. 706.

Os elementos sócio-ideológicos que compõem a *Constituição econômica* brasileira, reflete um compromisso presente em diversas constituições modernas entre o *Estado Liberal* e o *Estado Social.* O primeiro, impôs restrições aos fins estatais, instituindo uma declaração de direitos com *status negativo*, cujo propósito consistiu em em proteger o indivíduo frente aos abusos perpetrados pelo Estado, ao passo que no *Estado do Bem-Estar*, se buscou suavizar as injustiças e as opressões econômicas e sociais que se desenvolveram à sombra do Liberalismo[64].

Foi, portanto, neste contexto, que a Constituição brasileira de 1988 assumiu o *compromisso* de: a) *construir uma sociedade livre, justa e solidária;* b) *garantir o desenvolvimento nacional;* c) *erradicar a pobreza e a marginalização e reduzir as desigualdades sociais e regionais* e; d) *promover o bem de todos, sem preconceitos de origem, raça, sexo, cor, idade e quaisquer outras formas de discriminação* (art. 3°, CF). Tais fins são perseguidos através de uma ordem econômica construída com fundamento na: a) *valorização do trabalho humano;* b) *livre iniciativa*; c) *dignidade humana*; d) *justiça social*; e) *soberania nacional;* f) *propriedade privada e respectiva função social*; g) *livre concorrência*; h) *defesa do consumidor*; i) *defesa do meio ambiente*; j) *redução das desigualdades regionais e sociais;* l) *busca de pleno emprego* e; m) *tratamento favorecido para empresas de pequeno porte* (art. 170, CF).

Em relação à sua titularidade, os *direitos econômicos fundamentais* se constituem em *direitos transindividuais*, não pertencendo a um único indivíduo ou grupo determinado de pessoas, mas a milhões delas, de forma análoga ao *direito fundamental ao meio ambiente ecologicamente equilibrado* (art. 225).

5.6. Titularidade dos Direitos Culturais

As pessoas que integram um determinado grupo social, possuem características que compõem sua identidade. Os traços comuns apresentam-se como elementos distintivos dos que pertencem e dos que não fazem parte da coletividade. O sentimento de pertença, "sentir-se parte", está intrinsicamente ligado à cultura. Ter *cultura*, neste sentido, significa compor um determinado grupo social, é dizer, fazer parte de uma coletividade com traços comuns (identificados por possuírem a mesma cultura), resultando daí a denominada *identidade cultural.*

---

64 José Afonso da Silva. **Comentário Contextual à Constituição**. São Paulo: Malheiros, 2005, p. 705.

A cultura serve de critério para diferenciar pessoas pertencentes ou não à determinado grupo, fato este que revela a importância de sua proteção pelo sistema normativo, vez que representa um autêntico valor, consubstanciado em norma da mais elevada hierarquia jurídica: a Constituição. Trata-se, portanto, de um direito fundamental.

5.6.1. Os Conceitos de Cultura e Direito à Cultura

Em sendo relevante a cultura para as pessoas, na medida em que os qualifica, surge a necessidade de sua proteção. Miguel Reale, ao analisar o universo da cultura, passa a defini-la da seguinte forma:

> "(...) cultura é o conjunto de tudo aquilo que nos planos material e espiritual, o homem constrói sobre a base da natureza, quer para modificá-la, quer para modificar-se a si mesmo. É, desse modo, o conjunto dos utensílios e instrumentos, das obras e serviços, assim como das atitudes espirituais e formas de comportamento que o homem veio formando e aperfeiçoando, através da história, como cabedal ou patrimônio da espécie humana.[65]"

Logo, por cultura se pode compreender tudo aquilo que o povo introduziu, material e imaterialmente, ao longo de sua história e que o torna único, singular, individualizado, fazendo para da sua memória e sendo passível de identificação por outros grupos sociais. Sob esta perspectiva, a cultura brasileira pode ser considerada como o modo e a forma de agir e pensar do povo brasileiro, é dizer, trata-se do conjunto de tudo o que a coletividade brasileira permanentemente constrói. Segundo Reale, tudo o que as pessoas desenvolvem, criam e que não está em estado de natureza, é cultura. Portanto, cultura é toda realidade transformada pelo ser humano.

Devemos ressaltar, por sua vez, que a incorporação de distintas culturas à cultura nacional não descaracteriza, de per si, a cultura de um povo. A globalização, fenômeno típico da nossa época, apesar de eventualmente *interferir* na cultura de um povo, não a descaracteriza, na medida em que aquilo que foi objeto de *recepção advindo do fenômeno da globalização,* acaba sofrendo transformações no âmbito interno da cultura *recepcionadora.* Ou seja, a *cultura recepcionada* transforma-se pelas mãos da *cultura recepcionadora*, tornando-se parte desta.

Referido processo de *apropriação cultural* não há de ser confundido com imitação ou cópia. Logo, a imitação cultural afigura-se como mecanismo de exteriorização da colonização ou alienação. A substituição

65 **Noções preliminares de Direito.** 27ª ed. São Paulo: Saraiva, 2009, pp. 25 e 26.

de costumes e hábitos de outros povos de maneira impositiva, deve, sim, ser objeto de rechaço, pois acaba conduzindo, em última análise, a uma perda de identidade cultural e nacional.

Portanto, a negação daquilo que integra a memória de um povo é prejudicial, não correspondendo ao fenômeno da *apropriação*, tendo em vista que, ao revés de personalizar aquilo que pertence a uma outra cultura, nega-se a cultura local simultaneamente à substituição por uma outra. A proteção constitucional ao direito cultural é, portanto, o combater tudo aquilo que não integra a cultura brasileira, nas suas mais diversas modalidades. Logo, quando falamos em "cultura brasileira", queremos nos referir àquilo que tipifica a nação brasileira em termos de costumes, valores etc, desde o seu nascimento até a presente data.

5.6.2. Cultura e cidadania

Não podemos dissociar cultura e cidadania, na medida em que os valores culturais são de grande relevância para construção de uma consciência cidadã. O indivíduo que se sente parte integrante de um determinado grupo social, reconhece tal aspecto a partir da identificação cultural e o "sentir-se parte integrante" é o móvil de ação dos cidadãos. Este *sentimento de integração* é o que faz despertar os impulsos políticos, alimentando a ânsia por transformações. Em relação à proteção da *cultura* na Constituição Federal, José Afonso da Silva afirma que "a constituição de 1988 deu relevante importância à cultura, tomando esse termo em sentido abrangente da formação educacional do povo, expressões criadoras da pessoa e das projeções do espírito humano materializada em suportes expressivos, portadores de referência à identidade, à ação, à memória dos diferentes grupos formadores da sociedade brasileira, que se exprimem por vários de seus artigos: 5°, IX, 23, III, V, 24, VII, IX, 30, IX, 205 e 217, formando aquilo que se denomina ordem constitucional da cultura, ou constituição cultural, constituída pelo conjunto de normas que contém referências culturais e disposições consubstanciadoras dos direitos sociais relativos à educação e à cultura.[66]"

A Constituição brasileira, em seu art. 215, *caput*, estabelece o seguinte:

> "Art. 215. O Estado garantirá a todos o pleno exercício dos direitos culturais e acesso às fontes da cultura nacional, e apoiará e incentivará a valorização e a difusão das manifestações culturais."

66 **Direito Constitucional Positivo**. 41ª ed. São Paulo: Malheiros, 2017, p. 342.

Portanto, **todos os brasileiros são titulares dos direitos culturais**, sendo a eles assegurados o pleno exercício destes direitos, além do acesso às fontes de cultura nacional, impondo ao Estado o *dever constitucional* consistente em apoiar e incentivar a valorização e a difusão das manifestações culturais. Consubstancia, portanto, o art. 215, a **cidadania cultural como direito fundamental de cada cidadão brasileiro.**

No entendimento de José Afonso da Silva, "o direito à cultura é um direito constitucional que exige ação positiva do Estado, cuja realização efetiva postula uma política cultural oficial. A ação cultural do Estado há de ser ação afirmativa que busque realizar a igualação dos socialmente desiguais, para que todos, igualmente, aufiram os benefícios da cultura."[67]

Ao poder público compete, portanto, preservar e desenvolver a cultura nacional, formada pelas diversas *culturas estaduais*, possibilitando, através de políticas públicas, a intensificação das manifestações culturais.

6. Eficácia dos direitos fundamentais

6.1. Dimensão subjetiva e objetiva

É comum o entendimento doutrinário acerca do qual os direitos fundamentais se constituem, atualmente, nos pressupostos básicos de uma existência digna e livre, não apenas para o indivíduo, mas também em relação à sociedade. Isto porque, o indivíduo apenas há de ser livre em uma sociedade igualmente livre, sendo esta, também, liberta, na medida em que se compõe de homens livres e dignos.[68]

Sob uma perspectiva doutrinária[69] e jurisprudencial, os direitos fundamentais podem ser compreendidos a partir de duas dimensões: *subjetiva* e *objetiva*[70]. No tocante à primeira, tem-se um *direito de resis-*

---

67 **Direito Constitucional Positivo**. 41ª ed. São Paulo: Malheiros, 2017, p. 344.

68 Cf. José Carlos Vieira de Andrade. **Os Direitos Fundamentais na Constituição Portuguesa de 1976.** 5ª ed., Coimbra: Almedina, 2016, p. 108.

69 Cf. Ingo Wolfgang Sarlet. **A Eficácia dos Direitos Fundamentais – Uma Teoria Geral dos Direitos Fundamentais na Perspectiva Constitucional**. 10ª ed. Porto Alegre: Livraria do Advogado, 2009, pp. 141 e ss; César Landa. **Los Derechos Fundamentales**. Lima: Pontifícia Universidad Católica del Perú, 2017, pp. 13 e 14; Dimitri Dimoulis, Leonardo Martins. **Teoria Geral dos Direitos Fundamentais**. São Paulo: RT, 2007, pp. 116 e ss.

70 No entendimento de Gilmar Ferreira Mendes, "Os direitos fundamentais são, a um só tempo, direitos subjetivos e elementos fundamentais da ordem constitucional objetiva. Enquanto direitos subjetivos, os direitos fundamentais outorgam aos ti-

tência, no sentido do seu respectivo titular se opor a qualquer interferência estatal e privada em sua esfera de liberdade individual[71]. Por sua vez, a dimensão objetiva implica na análise do direito fundamental como um todo, é dizer, do seu significado para vida social. No entendimento de Marcos Sampaio, "pela noção de dimensão objetiva, o direito fundamental deve possuir valor e extensão para o todo social, porque deve ser protegido como verdadeira instituição em favor da coletividade, conjuntamente considerada."[72] Logo, o direito fundamental deve revestir conteúdo e alcance para o corpo social em sua integralidade, conjuntamente considerada. Nesta dimensão, o direito fundamental não é individualizado, mas considerado "como valor de caráter objetivo, formador de uma unidade material que concebe os direitos fundamentais como ordem de valores objetiva. Uma fundamentação objetiva de um direito fundamental tem em vista o seu significado para a coletividade, para a vida comunitária."[73] É oportuno registrar, ainda, que a *dimensão objetiva* implica no dever de proteção dos direitos fundamentais.[74]

---

tulares a possibilidade de impor os seus interesses em face dos órgãos obrigados. Na sua dimensão como elemento fundamental da ordem constitucional objetiva, os direitos fundamentais - tanto aqueles que não asseguram, primariamente, um direito subjetivo, quanto aqueloutros, concebidos como garantias individuais - formam a base do ordenamento jurídico de um Estado de Direito democrático." in "Os Direitos Fundamentais e seus múltiplos significados na ordem constitucional", p. 01. in **Revista Jurídica da Presidência.** Brasília, vol. 2, n. 13, junho/1999. Disponível em: https://revistajuridica.presidencia.gov.br/index.php/saj/article/view/1011/995

---

71 Ao analisar a eficácia dos direitos fundamentais nas relações entre particulares, Francisco Balaguer Callejón, Gregorio Cámara Villar, Juan Fernando López Aguilar, María Luisa Balaguer Caellejón e José Montilla Martos, aduzem o seguinte:
"Tal construcción es el resultado al que la evolución jurídica há conducido desde la concepción liberal de los derechos fundamentales como derechos públicos subjetivos. Si en el Estado liberal esto era, efectivamente así, en el Estado social y democrático de Derecho los derechos fundamentales vinculan tanto a los poderes públicos como a los ciudadanos de manera directa (unmittelbare Drittwirkung der Grundrechte), por lo cual son derechos subjetivos, pero no sólo públicos, sino también privados, aunque evidentemente los poderes públicos no sólo sean sujeto passivo de estos derechos en determinadas relaciones, sino también el sujeto general obligado como referente protector del conjunto del sistema de los derechos fundamentales." in **Manual de Derecho Constitucional**. Volumen II. Madrid: Tecnos, 2008, p. 64.

72 **O Conteúdo Essencial dos Direitos Sociais**. São Paulo: Saraiva, 2013, p. 61.

73 **O Conteúdo Essencial dos Direitos Sociais**. São Paulo: Saraiva, 2013, p. 61.

74 Na ADI 4277/DF, o eminente Min. Luiz Fux externou o seguinte entendimento acerca da dimensão objetiva dos direitos fundamentais e sua relação com os deveres de proteção:

Por fim, cabe aludir à decisão proferida em 1958, pelo Tribunal Constitucional Alemão, no Caso *Lüth*, na qual restou consignado que os direitos fundamentais não se limitam, tão-somente, a serem *direitos de resistência* dos indivíduos em face de atos praticados pelo Estado, constituindo-se, também, em decisões valorativas de natureza jurídico-objetiva da Constituição, com eficácia em todo sistema normativo, além de fornecerem diretrizes aos órgãos jurisdicionais, administrativos e legislativos.[75]

"De acordo com a teoria dos deveres de proteção, os *direitos fundamentais* não cuidam apenas do estabelecimento de relações entre os indivíduos e o Estado, de modo a impor a este último abstenções ou o fornecimento de prestações positivas. Na lição de Daniel Sarmento e Ingo Wolfgang Sarlet, os direitos fundamentais também positivam valores eleitos por uma comunidade como nucleares, de maneira a balizar a atuação do poder político e até mesmo dos particulares, irradiando-se por todo o ordenamento jurídico.
A doutrina da perspectiva objetiva dos direitos fundamentais tem berço no direito alemão, forte na consagração dos direitos fundamentais não só como direitos subjetivos do indivíduo em face do Estado, mas também como decisões valorativas de cunho objetivo da Constituição, aspirando sua eficácia sobre todo o direito positivo, de modo a orientar o exercício das funções legislativa, administrativa e judiciária. Traduz-se na '***mais-valia***' a que se refere José Carlos Vieira de Andrade, vale dizer, um reforço da juridicidade das normas de direitos fundamentais, que disporiam de outros efeitos para além daqueles relacionados com a perspectiva subjetiva.
Serve a teoria dos deveres de proteção como meio de vinculação dos particulares aos direitos fundamentais assegurados pela Constituição. Com isso, o Estado não fica apenas obrigado a abster-se da violação dos direitos fundamentais, como também a atuar positivamente na proteção de seus titulares diante de lesões e ameaças provindas de terceiros, seja no exercício de sua atividade legislativa, administrativa ou jurisdicional." P. 04.

---

75 Sobre o tema, o Tribunal Constitucional Alemão externou o seguinte entendimento: "A questão fundamental, de se saber se normas de direito fundamental exercem um efeito sobre o direito civil e como esse efeito precisaria ser visto em cada caso, é controvertida (...). As posições mais extremas nesta discussão apresentam-se, de um lado, pela tese de que os direitos fundamentais seriam exclusivamente direcionados contra o Estado; por outro lado, apresenta-se a concepção de que os direitos fundamentais, ou pelo menos alguns, no mínimo os mais importantes entre eles, também valeriam nas relações jurídico-privadas, vinculando a todos. (...) Também agora não existe motivo para discutir exaustivamente a questão controvertida sobre a 'eficácia horizontal'. Para se chegar aqui a uma conclusão adequada ao problema, basta o seguinte:
Sem dúvida, os direitos fundamentais existem, em primeira linha, para assegurar a esfera de liberdade privada de cada um contra intervenções do poder público; eles são direitos de resistência do cidadão contra o Estado. Isto é o que se deduz da evolução histórica da idéia de direito fundamentai, assim como de acontecimen-

6.2. Eficácia vertical e horizontal dos direitos fundamentais

Na medida em que os direitos fundamentais possuem uma dimensão objetiva e subjetiva, é oportuno verificar como se operacionaliza os efeitos das normas constitucionais que os veiculam. Conforme restou assentado acima, os direitos fundamentais se irradiam por todo o ordenamento jurídico, vinculando não apenas o Estado, mas também os particulares. É neste cenário que a doutrina e a jurisprudência fazem menção a uma **eficácia vertical e horizontal** das normas de direitos fundamentais.

Em relação à **eficácia vertical**, os efeitos da norma constitucional vinculam **Estado-pessoa**, ao passo que no tocante à **eficácia horizontal** a vinculação se opera entre **pessoa-pessoa**. Tal resulta da compreensão acerca da eficácia irradiante dos direitos fundamentais a todo o ordenamento jurídico, incidindo não apenas sobre as normas de direito público, mas também de direito privado.[76] Conforme restou consignado no voto do Min. Luiz Fux, na ADI 4277/DF, "**os *direitos fundamentais* não cuidam apenas do estabelecimento de relações entre os indivíduos e o Estado**, de modo a impor a este último abstenções ou o fornecimento de prestações positivas. (...) **os direitos fundamentais também positivam valores eleitos por uma comunidade como nucleares, de maneira a balizar a atuação do poder político e até mesmo dos par-**

---

tos históricos que levaram os direitos fundamentais às constituições dos vários Estados. Os direitos fundamentais da *Grundgesetz* também têm esse sentido, pois ela quis sublinhar, com a colocação do capítulo dos direitos fundamentais à frente (dos demais capítulos que tratam da organização do Estado e constituição de seus órgãos propriamente ditos), a prevalência do homem e sua dignidade em face do poder estatal. A isso corresponde o fato de o legislador ter garantido o remédio jurídico especial para a proteção desses direitos, a Reclamação Constitucional, somente contra atos do poder público.

Da mesma forma é correto, entretanto, que a *Grundgesetz*, que não pretende ser um ordenamento neutro do ponto de vista axiológico {BVerfGE 2.1(12); 5,85 (134 *et seq.* 197 *et seq.* {40}), estabeleceu também, em seu capítulo dos direitos fundamentais, um ordenamento axiológico objetivo, e que, justamente em função deste, ocorre um aumento da força jurídica dos direitos fundamentais (...). Esse sistema de valores, que tem como ponto central a personalidade humana e sua dignidade, que se desenvolve livremente dentro da comunidade social, precisa valer enquanto decisão constitucional fundamental para todas as áreas do direito; Legislativo, Administração Pública e Judiciário recebem dele diretrizes e impulsos." Cf. **Cinqüenta Anos de Jurisprudência do Tribunal Constitucional Federal Alemão**. Jürgen Schwabe (Coletânea Original). Leonardo Martins (org). Konrad Adenauer Stiftung, 1996, pp. 387 e 388.

---

76 Cf. Antonio-Carlos Pereira Menaut. **Teoría Constitucional**. Santiago: LexisNexis, 2006, p. 291.

ticulares, irradiando-se por todo o ordenamento jurídico."[77] (destaque nosso)

A **eficácia vertical** se produz na medida em que a norma de direito fundamental gera um vínculo *obrigacional* do Estado em relação ao indivíduo. Neste contexto, os direitos fundamentais implicam sempre em um *dever* para o Estado, seja relativo à *não intervenção* na liberdade tutelada (como a vedação à censura em relação à liberdade de expressão) ou pertinente a uma obrigação prestacional (a exemplo da saúde pública) e de manutenção de uma determinada estrutura ou organização.[78]

Por sua vez, a **eficácia horizontal** legitima o indivíduo a exigir do Estado uma atuação no tocante à proteção deste direito frente à atuação dos particulares. Isto porque, os direitos fundamentais são suscetíveis de violação não apenas por decorrência de ação ou omissão Estatal, mas, também, por atos praticados por particulares, conforme já ressaltado. Para melhor ilustração, podemos exemplificar analisando o direito fundamental à greve. A Constituição Federal, em seu art. 9°, dispõe o seguinte:

> "É assegurado o direito de greve, competindo aos trabalhadores decidir sobre a oportunidade de exercê-lo e sobre os interesses que devam por meio dele defender."

O direito de greve é um direito fundamental social consistente na interrupção temporária do trabalho. A Lei n° 7.783/89, que dispõe sobre o exercício do direito de greve, elenca em seu art. 6° determinados direitos atribuídos aos grevistas, a saber:

> "São assegurados aos grevistas, dentre outros direitos:
>
> I - o emprego de meios pacíficos tendentes a persuadir ou aliciar os trabalhadores a aderirem à greve;
>
> II - a arrecadação de fundos e a livre divulgação do movimento.
>
> **§ 1º - Em nenhuma hipótese, os meios adotados por empregados e empregadores poderão violar ou constranger os direitos e garantias fundamentais de outrem**."

O §1° do art. 6° acima transcrito, impõe um *dever fundamental* aos empregados e empregadores, de não causar lesão aos direitos

77 P. 04.

78 Cf. Dimitri Dimoulis e Leonardo Martins, **Teoria Geral dos Direitos Fundamentais.** São Paulo: Revista dos Tribunais, 2007, p. 107.

fundamentais de terceiros. Devemos lembrar, conforme anotado por Canotilho, que os limites aos direitos fundamentais podem (e nalguns casos devem) ser conformados pelo legislador, obedecendo aos princípios e procedimento metódico das leis restritivas. Na hipótese ora analisada, a lei, *conformando* o disposto no art. 9° da Constituição Federal, estabeleceu que "*em nenhuma hipótese, os meios adotados por empregados e empregadores poderão violar ou constranger os direitos e garantias fundamentais de outrem.*" Ou seja, ao se exercer o direito de greve (direito fundamental), o movimento grevista está constitucionalmente obrigado a respeitar (dever fundamental) os direitos e garantias fundamentais de terceiros (trabalhadores que não aderiram à greve), não podendo, em nenhuma hipótese, violar ou constrangê-los. Na hipótese de eventual violação[79], o indivíduo ou grupo de pessoas lesadas no exercício do seu direito fundamental, pode exigir do Estado uma atuação positiva no sentido de remover o *óbice* (trabalhadores grevistas) causador da violação (acesso ao local de trabalho).

No entendimento de Guilherme Sandoval Góes e Cleyson de Moraes Mello, "a violação a um direito fundamental não é privativa dos Estados, ao revés, também nas relações privadas (dimensão horizontal) pode-se valer da invocação dos direitos fundamentais. O leitor haverá de concordar que a eficácia horizontal (vinculação dos particulares aos direitos fundamentais) é bem diferente da eficácia vertical (vinculação dos poderes estatais aos direitos fundamentais)."[80]

Portanto, no que concerne à eficácia dos direitos fundamentais, podemos afirmar que ela possui uma dupla natureza, *objetiva* (vertical) e

---

79 Imaginemos a hipótese na qual determinados trabalhadores, por não aderirem ao movimento grevista, estão dispostos a trabalhar. Ao buscarem exercer referido direito fundamental mediante acesso às instalações da fábrica, por exemplo, veem-se impedidos de a ela terem acesso em decorrência de bloqueio (restrição à liberdade) efetuado por pessoas que compõem o movimento grevista. Neste contexto, tais indivíduos podem provocar o Estado (Poder Judiciário) e exigir deste uma atuação no sentido de lhes conferir proteção ao direito lesionado em decorrência da atuação dos particulares (movimento grevista), viabilizando, portanto, o direito de acesso às instalações de trabalho. O Poder Judiciário (Estado), ao constatar lesão ao direito fundamental ora referido, poderá determinar ao movimento grevista que se abstenha de proibir o ingresso na fábrica dos trabalhadores que almejam desempenhar suas funções laborais, utilizando-se para tanto, caso se faça necessário, da força policial. Neste contexto, o direito fundamental dos trabalhadores está sendo lesionado por atos de particulares. Em tal hipótese, o ordenamento jurídico legitima o titular do direito lesionado a postular uma proteção do Estado em razão da violação perpetrada por atos de terceiros. Trata-se, em tal hipótese, de eficácia horizontal das normas de direito fundamental.

80 **Direito Constitucional**. Rio de Janeiro: Editora Processo, 2018, p. 405.

subjetiva (horizontal), na medida em que vincula não apenas os poderes públicos, mas, também, os particulares.

7. Limites dos direitos fundamentais

Ao analisarmos as características dos direitos fundamentais, aludimos tratar-se de *direitos relativos*, é dizer, direitos que comportam certas restrições impostas pelo próprio sistema normativo. Logo, afastamos qualquer possibilidade de compreensão dos direitos fundamentais sob a perspectiva de prevalência de um em detrimento de outro, na hipótese de eventual conflito internormativo. Portanto, resta afastada a pretensão de se outorgar aos direitos fundamentais o caráter de *direitos absolutos*. **Os direitos fundamentais são direitos juridicamente limitados, é dizer, passíveis de restrições. Tais limitações podem advir diretamente da própria Constituição ou da lei, por previsão constitucional.**[81]

Ao discorrer sobre a restrição de direitos fundamentais, Canotilho ressalta que há três "universos" de limitações efetivados por atos normativos com valor de lei: a) restrições efetuadas diretamente pela Constituição; b) restrições realizadas por lei, mas com autorização constitucional e; c) restrições realizadas por lei, mas sem expressa autorização da Constituição[82].

Na primeira hipótese, relativa a ***restrições constitucionais diretas***, a Constituição efetua um recorte restritivo do conteúdo juridicamente protegido de um direito fundamental. A título de exemplo, a nossa

81 Na ADI n° 4.066/DF, o Supremo Tribunal Federal consignou o entendimento de que "A Constituição autoriza a imposição de limites aos direitos fundamentais quando necessários à conformação com outros direitos fundamentais igualmente protegidos. O direito fundamental à liberdade de iniciativa (arts. 1º, IV, e 170, caput, da CF) há de ser compatibilizado com a proteção da saúde e a preservação do meio ambiente. Precedente: AC 1.657, Tribunal Pleno, Relator Ministro Cezar Peluso, DJe 30.8.2007. (STF, Rel. Min. Rosa Weber, Pleno, d. j. em 24.08.17)
No RE n° 1178320/ES, a Corte Constitucional brasileira utilizou a *reserva do possível* como mecanismo de restrição aos direitos fundamentais. Neste sentido, o Tribunal decidiu que "A reserva do possível deve ser compreendida como restrições de direitos fundamentais sociais originários, observando sempre um mínimo existencial. Somente fora do âmbito de proteção desse mínimo – 'inegociável' no debate político – justifica-se constitucionalmente a imposição de limites aos direitos fundamentais enquanto não houver orçamento ou políticas públicas que os compreendam." (STF, Rel. Min. Celso de Mello, 2ª Turma, d. j. 11.02.19)

82 **Direito Constitucional e Teoria da Constituição.** 7ª ed. Coimbra: Almedina, 2003, p. 450.

Constituição Federal consagra em seu art. 5°, XVI, o direito fundamental à liberdade de reunião:

> "todos podem reunir-se pacificamente, sem armas, em locais abertos ao público, independentemente de autorização, desde que não frustrem outra reunião anteriormente convocada para o mesmo local, sendo apenas exigido prévio aviso à autoridade competente;"

Consagrado o direito fundamental à liberdade de reunião, consoante enunciado normativo acima transcrito, percebe-se, desde logo, duas restrições contidas no próprio texto: a) todos podem reunir-se pacificamente, **sem armas** e; b) todos podem reunir-se pacificamente, **desde que não frustrem outra reunião anteriormente convocada para o mesmo local**. Em sentido análogo, António Francisco de Sousa pontua que "**o exercício da liberdade de reunião e de manifestação exige** – para que a conduta não extravase do âmbito de proteção dessas liberdades – **o respeito pelo limite constitucional de uma ação pacífica e sem armas**. A expressão 'caráter pacífico e sem armas' aponta claramente para um limite à liberdade de reunião e de manifestação que se apresente com tal gravidade que impossibilite efetivamente o seu exercício, sempre que não se verifiquem condições de livre determinação da vontade e da segurança.[83-84]" (destaque nosso)

---

83 **Reuniões e Manifestações no Estado de Direito**. 2ª ed. São Paulo: Saraiva/IDP, 2011, p. 46. Sobre o tema, é oportuno trazer à colação trecho do voto do eminente Min. Luiz Fux, na ADPF 187, onde se discutiu a constitucionalidade da "marcha da maconha". É importante deixar claro que o cerne da discussão não versou sobre a "descriminalização" do uso da maconha, mas sobre a liberdade de defender sua legalização. São, portanto, questões distintas: a descriminalização do uso da maconha e a liberdade para defender a descriminalização do seu uso. Eis o teor parcial do voto do Min. Fux:

84 Na mesma decisão, o Min. Fux fez consignar o seguinte acerca da limitação ao exercício da liberdade de expressão:
No que concerne à liberdade de expressão, por seu turno, a limitação é legal, mas igualmente legítima. O art. 287 do Código Penal estabelece limite ao exercício da liberdade de expressão, baseado na proteção da paz pública, particularmente naquilo que se refere ao impedimento da sua disseminação de prática criminosa, assim definida em juízo de ponderação previamente efetuado pelo legislador.
(...)
Admissível, portanto, a restrição à liberdade de expressão operada pelo art. 287 do Código Penal, sobretudo porque a lei penal não fere o que, em sede doutrinária, o Min. GILMAR MENDES (MENDES; BRANCO. Ob cit., pp. 239 e seguintes), denomina de limites dos limites (SchankenSchranken). Com efeito, resta preservado o núcleo essencial da liberdade de expressão, que se traduz, in casu, na livre manifestação do pensamento favorável à descriminalização do uso de substância entorpecente,

No tocante à **segunda hipótese de restrição aos direitos fundamentais**, que se efetiva **através de lei**, mas **por autorização constitu-**

---

continuação da nota 83

"A "Marcha da Maconha" ou outras manifestações e eventos públicos similares são, em princípio, agrupamentos de propósito pacífico, que bem se enquadram no espectro da proteção constitucional. Recorde-se que, especialmente quanto à expressão coletiva da liberdade de expressão, já se vê precedente na jurisprudência desta Corte, em que se reconheceu a inconstitucionalidade de decreto distrital que proibia a utilização de carros, aparelhos e objetos sonoros nas manifestações públicas realizadas na Praça dos Três Poderes, na Esplanada dos Ministérios e na Praça do Buriti, em Brasília (DF). Na oportunidade, o Supremo Tribunal Federal afirmou que os atos normativos que frustrem a livre circulação de ideias, ainda que de forma dissimulada, serão inconstitucionais (ADI-MC 1.969/ DF, Rel. Min. MARCO AURÉLIO, j. 24.03.1999; ADI 1.969, Rel. Min. RICARDO LEWANDOWSKI, j. 28.06.2007) **Demais disso, as reuniões em locais públicos para a manifestação pacífica de ideias funcionam como expressão coletiva das liberdades de expressão individuais e potencializam o seu exercício, amplificando a manifestação do pensamento sufragado por seus integrantes, com inegáveis reflexos positivos para a democracia.** Afinal, é relevante que se mensure, pelo grau de mobilização social que atingem, qual o nível de adesão que tais movimentos obtêm na sociedade quanto às ideias que propagam - é uma grandeza a ser considerada, na arquitetura das políticas públicas de saúde e de segurança. **Feitas essas considerações, impõe-se destacar que, como outros direitos fundamentais, a liberdade de expressão e a liberdade de reunião, conjugados na hipótese apreciada neste processo, não serão absolutos, encontrando limites diretamente na colisão com outras normas constitucionais ou na lei, hipótese em que se avaliará o conflito entre as liberdades fundamentais e as normas constitucionais que servem de fundamento à restrição legal.** Eventualmente, tratando-se de colisão de princípios constitucionais, proceder-se-á ao manejo da técnica da ponderação, já de uso corrente na experiência jurídica pátria e consagrada pela pena de inúmeros autores brasileiros.

(...)

(...) há que se ter por igualmente recebida a influência da Suprema Corte norteamericana no que diz com a possibilidade de, diante de outros interesses constitucionais que se traduzam em finalidades públicas de alta carga valorativa (compelling interests), seja reequilibrada a ponderação, afastando-se a preferência do direito fundamental. É o que se dá no caso em lume. Especialmente quanto à reunião de pessoas para a realização da manifestação ou evento públicos, a própria norma constitucional - o art. 5º, XVI - delineou os contornos da limitação, que não suscitam, em princípio, maior controvérsia: a reunião deve ser pacífica, sem armas, não deve frustrar outra reunião anteriormente convocada para o mesmo local e deve ser previamente comunicada à autoridade competente. A comunicação - que jamais será confundida com pedido de autorização ou licença - deve, por óbvio, declinar dia, horário, local e finalidade do evento, para permitir às autoridades públicas a adoção de medidas que, sem impedir o exercício do direito, possam racionalizar o uso do espaço público." (Destaque nosso)"

---

continuação da nota 84

vedando-se apenas o estímulo, a incitação, o incentivo a esse uso. O indivíduo é livre para posicionar-se publicamente a favor da exclusão da incidência da norma penal sobre o consumo de drogas e lhe é dado, inclusive, o direito de convencer o outro a compartilhar de seu entendimento, mas não ao consumo do entorpecente propriamente dito." (destaque nosso, p. 23.)

cional, tem-se que a Constituição permite ao legislador efetuar medidas restritivas para melhor alcançar o desiderato constitucional. Cabe fazer alusão, neste momento, às normas constitucionais de eficácia contida, é dizer, normas que permitem ao legislador infraconstitucional conter os seus efeitos mediante edição de lei restritiva de direitos. Ou seja, a lei tem a função de *conter* ou *restringir* os efeitos da norma constitucional[85].

---

85 A título de exemplo, a Constituição Federal traz em seu art. 5°, XIII, a liberdade de exercício profissional, dispondo o seguinte:
"XIII - é livre o exercício de qualquer trabalho, ofício ou profissão, atendidas as qualificações profissionais que a lei estabelecer."
Percebe-se, à luz do dispositivo constitucional, que a Lei Maior assegurou a todos plena liberdade para exercer qualquer trabalho, ofício ou profissão. No entanto, permitiu ao legislador estabelecer *limitações* ao seu exercício com o propósito de alcançar uma melhor qualificação profissional. Quando da instituição do Exame de Ordem, através da Lei nº 8.906/94, art. 84, muitos bacharéis em direito ingressaram com ação judicial sustentando que referido exame de qualificação violava o direito fundamental à liberdade de exercício profissional. O Supremo Tribunal Federal - STF, pôs fim à controvérsia entendendo que a restrição à liberdade profissional efetuada pela Lei instituidora do exame era compatível com o texto constitucional, por entender que a lei restritiva tinha o respaldo (autorização) da Constituição, na medida em que o fim perseguido era o aprimoramento da qualificação profissional, entre outros. O eminente Min. Marco Aurélio, relator do RE n° 603583/RS, assim expôs o seu entendimento:
"Resta evidente, então, que **a aprovação no Exame de Ordem é uma condição para o exercício da profissão de advogado, assim prevista em lei, pela qual se verifica se o indivíduo dispõe da qualificação técnica necessária ao desempenho profissional minimamente admissível**. Portanto, atenderia, em princípio, ao que dispõem o art. 5º, XIII e o art. 22, XVI, da Constituição Federal, a não ser que houvesse violação ao princípio da proporcionalidade ou ao núcleo essencial do direito fundamental à liberdade profissional, afrontando a proibição de excesso.
Ocorre que o Exame de Ordem logra êxito no triplo teste de proporcionalidade. **Com efeito, trata-se de medida adequada à finalidade a que se destina, qual seja, a aferição da qualificação técnica necessária ao exercício da advocacia em caráter preventivo, com vistas a evitar que a atuação do profissional inepto cause prejuízo à sociedade**. Observe-se que a adequação não se confunde com a perfeição: não seria necessário que o Exame de Ordem fosse o único e nem mesmo o melhor meio de atingir o fim colimado, mas que seja apto, numa relação de causa e efeito, a ocasionar a consecução de seu propósito.
O debate ainda pode ser enriquecido com a apreciação da experiência estrangeira. Tome-se como exemplo o caso dos EUA, onde o exercício da advocacia é condicionado à aprovação no Bar Exam. A edição de novembro de 2005 do periódico The Bar Examiner, publicado pela National Conference of Bar Examiners (entidade privada responsável pela uniformização dos Bar Exams nos diversos estados da federação norteamericana), apresenta uma série de ensaios publicados por especialistas que comentam os processos de avaliação prévia da qualificação profissional para a advocacia nos vários Estados dos EUA e também em outros países, como no Reino Unido e no Canadá. De todos os textos se extrai um ponto em comum:

Por fim, a **terceira hipótese de restrição aos direitos fundamentais diz respeito àquela decorrente de lei, mas sem expressa autorização constitucional.** Trata-se dos casos mais complexos em sede de legitimidade constitucional (justificação). Segundo Canotilho, "(1) os direitos sem restrições *ex constitutione* (isto é, estabelecidos pela própria Constituição) e sem reserva de lei restritiva, não podem considerar-se irrestritos ou irrestringíveis; (2) estão sujeitos aos limites básicos decorrentes da ordem jurídico-constitucional (ex: o direito de manifestação está sujeito aos limites da 'não-violência' e aos limites resultantes da necessidade de proteção do conteúdo juridicamente garantido dos direitos dos outros, como, por exemplo, a liberdade de deslocação); (3) estes limites podem (e nalguns casos devem) ser conformados pelo legislador, obedecendo aos princípios e procedimento metódico das leis restritivas.[86]" De forma análoga, Dimitri Dimoulis e Leonardo Martins

ainda que se considere que um exame escrito não seja a melhor forma de aferir o requisito da qualificação técnica de um indivíduo para o exercício da profissão, há consenso quanto à importância de se realizar uma fiscalização apriorística das capacidades profissionais para o desempenho profissional da advocacia.

Prosseguindo-se no teste de proporcionalidade, o Exame de Ordem também atende ao subprincípio da necessidade ou exigibilidade, traduzindo-se no meio menos gravoso de atingir o resultado pretendido. Afinal, cuida-se de exame realizado com periodicidade quadrimestral, de modo que o bacharel em Direito dispõe de três oportunidades anuais para o prestar. O exame é objetivo e impessoal, padronizado, e não existe nenhum tipo de previsão de jubilação – o indivíduo pode prestar o Exame de Ordem quantas vezes forem necessárias até a sua aprovação. Por fim, existe previsão normativa para isenção de taxa de inscrição para os economicamente hipossuficientes. Não se consegue imaginar alguma forma menos gravosa de condicionar o exercício da profissão à prévia demonstração de qualificação técnica.

De óbvia constatação, então, será o atendimento do subprincípio da proporcionalidade em sentido estrito, na medida em que os benefícios gerados superam as restrições impostas. De fato, uma limitação ao exercício de atividade profissional que será superável em qualquer tempo pelo indivíduo que lograr aprovação no Exame de Ordem é muito reduzida diante do evidente ganho da sociedade com o licenciamento profissional de advogados que tenham demonstrado, à luz de critérios públicos, objetivos e impessoais, serem detentores da qualificação técnica minimamente necessária ao exercício profissional adequado da advocacia. No que concerne, por seu turno, à eventual violação do núcleo essencial da liberdade profissional, também não se enxerga a sua ocorrência. Como visto acima, qualquer bacharel em Direito pode prestar o Exame de Ordem quantas vezes for necessário até a sua aprovação, sendo certo que não há qualquer limitação numérica de aprovados – todos os que obtêm aprovação adquirem o direito de inscrever-se na OAB." (RE n° 603583/RS, Rel. Min. Marco Aurelio, 1ª Turma, d. j. 26.10.11, STF)

86 **Direito Constitucional e Teoria da Constituição.** 7ª ed. Coimbra: Almedina, 2003, p. 451.

entendem que "em não havendo reservas legais que autorizem a limitação pelo legislador de um direito fundamental, este poderá ainda ser limitado (...) pelo chamado direito constitucional de colisão ou colidente, não se podendo falar em direito fundamental ilimitado.[87]"

É oportuno lembrar, mais uma vez, que a restrição à direitos há de se efetuar mediante *lei*, é dizer, ato normativo *típico* emanado do Poder Legislativo, na medida em que *"ninguém será obrigado a fazer ou deixar de fazer alguma coisa senão em virtude de lei.[88]"* Além desta hipótese, o Poder Judiciário, ao solucionar um conflito entre dois ou mais direitos fundamentais frente à uma determinada situação, pode restringir o alcance de cada qual, de modo a viabilizar um equilíbrio entre eles.

Por fim, partindo do pressuposto de que não existem direitos fundamentais absolutos, sendo eles passíveis de relativização frente a uma hipótese de eventual conflito, devemos informar que não existe hierarquia material entre eles. É precisamente neste ponto onde ocorre o debate em torno da *colisão de direitos fundamentais.*

8. Colisão de direitos fundamentais

Considerando a Constituição *in abstrato*, é pouco provável encontrarmos uma *antinomia constitucional.* O texto constitucional, abstratamente considerado, possui uma estrutura aparentemente harmônica, onde inexiste conflitos ou colisões entre as normas que o integram. No entanto, a partir do momento em que colocamos a *realidade constitucional* frente a ele, iremos nos deparar com diversas situações envolvendo conflitos entre duas ou mais normas constitucionais, é dizer, ensejando a aplicação de dois ou mais dispositivos que, à luz da situação concreta, são aparentemente conflitantes. A possibilidade de aplicação *simultânea* de duas ou mais normas de direitos fundamentais, ante uma determinada situação concreta, conducentes a soluções opostas, tipifica o que doutrinariamente se denomina de *colisão de direitos fundamentais.* Ao tratar do tema, Daniel Sarmento evidencia que "o pluralismo de idéias existente na sociedade projeta-se na Constituição, que acolhe, através dos seus princípios, valores e interesses dos mais diversos matizes. Tais

---

87 **Teoria Geral dos Direitos Fundamentais.** São Paulo: Revista dos Tribunais, 2007, p. 163.

88 Neste sentido, aduz Canotilho que "só nos casos expressamente previstos na Constituição podem ser restringidos os direitos, liberdades e garantias e ***só*** a lei os pode restringir. Os direitos, liberdades e garantias só podem ser restringidos por ***lei***." in **Direito Constitucional e Teoria da Constituição.** 7ª ed. Coimbra: Almedina, 2003, p. 453. (destaque no original)

princípios, como temos visto no decorrer deste estudo, entram às vezes em tensão na solução de casos concretos. Como observou Karl Engish, a contradição principiológica é um fenômeno inevitável, na medida em que constitui reflexo natural das *desarmonias que surgem numa ordem jurídicas pelo facto de, na constituição desta, tomarem parte diferentes idéias fundamentais entre as quais se pode estabelecer conflito.*[89]"

A técnica da *ponderação*[90] é o instrumento hermenêutico que propicia uma solução constitucionalmente adequada na hipótese de *colisão de direitos fundamentais*, na medida em que permitirá ao intérprete *sopesar* os bens constitucionais em conflito[91]. É importante ressaltar, que através do manejo da *ponderação*, o intérprete não *exclui* um direito por ser *inferior* a outro, ou por ser *mais genérico* do que o outro bem presente no conflito, mas tão-somente afasta sua aplicação naquela específica hipótese, preservando seu núcleo essencial, para fazer incidir

89 **A Ponderação de Interesses na Constituição Federal**. Rio de Janeiro: Lumen Juris, 2000, p. 97.

90 Segundo Ana Paula de Barcellos, "a ponderação pode ser descrita como uma técnica de decisão própria para *casos difíceis* (do inglês *hard cases*), em relação aos quais o raciocínio tradicional da subsunção não é adequado." Cf "**Alguns Parâmetros Normativos para a Ponderação Constitucional**", p. 55, in Luís Roberto Barroso (organizador). **A Nova Interpretação Constitucional. Ponderação, Direitos Fundamentais e Relações Privadas**. Rio de Janeiro: Renovar, 2003.

91 A ténica da ponderação é, também, objeto de manejo por parte do Supremo Tribunal Federal - STF, quando diante de um conflito entre duas normas de direitos fundamentais, conforme se depreende de trecho do julgado trazido à colação: "Torna-se importante salientar, neste ponto, presente o contexto em exame, que a superação dos antagonismos existentes entre princípios constitucionais — como aqueles concernentes à liberdade de informação, de um lado, e à preservação da honra, de outro — há de resultar da utilização, pelo Poder Judiciário, de critérios que lhe permitam ponderar e avaliar, hic et nunc, em função de determinado contexto e sob uma perspectiva axiológica concreta, qual deva ser o direito a preponderar em cada caso, considerada a situação de conflito ocorrente, desde que, no entanto, a utilização do método da ponderação de bens e interesses não importe em esvaziamento do conteúdo essencial dos direitos fundamentais, tal como adverte o magistério da doutrina (...). Cabe reconhecer que os direitos da personalidade (como os pertinentes à incolumidade da honra e à preservação da dignidade pessoal dos seres humanos) representam limitações constitucionais externas à liberdade de expressão, "verdadeiros contrapesos à liberdade de informação" (...), que não pode — e não deve — ser exercida de modo abusivo (...), mesmo porque a garantia constitucional subjacente à liberdade de informação não afasta, por efeito do que determina a própria Constituição da República, o direito do lesado à indenização por danos materiais, morais ou à imagem (CF, art. 5º, V e X, c/c art. 220, § 1º)." (ADPF 130/DF, rel. min. Ayres Britto, voto do min. Celso de Mello, d. j. 30.04.09)

a outra norma constitucional que propiciará a solução mais adequada, constitucionalmente mais *justa*.

Podemos dizer, para concluir, que a *ponderação* é o instrumento hermenêutico hábil para solucionar *antinomias constitucionais no campo dos direitos fundamentais*.

CAPÍTULO VI

DOS DIREITOS FUNDAMENTAIS EM ESPÉCIE

1. Direito à liberdade

A liberdade é o primeiro direito que recai na esfera do ser humano. Com as devidas moderações hermenêuticas, sem *liberdade* não há que se falar em *direitos humanos* ou *direitos fundamentais*. No decorrer da história, a luta dos povos sempre foi uma batalha de conquista da *liberdade*, em suas mais diversas matizes. As três experiências revolucionárias (inglesa, norte-america e francesa) que conduziram ao nascimento do *Estado Constitucional*[1], tiveram como bandeira de luta o direito fun-

1 O Estado Constitucional, resultante do constitucionalismo, *corresponde* historicamente ao Estado de Direito. Nelson Saldanha chama a atenção para o uso do termo *corresponde*, na medida em que as duas expressões não se apresentam como sinônimas. O constitucionalismo, informa o autor, "aparece mais como um movimento, um processo, uma tendência a um tempo doutrinária e institucional; o Estado-de-Direito, mais como um tipo, um modelo, uma estrutura a que o Estado moderno chegou.

damental à liberdade. Em todas elas se tinha como *cenário* a luta de um povo contra as arbitrariedades do Estado, cujo fim nada mais era do que a *liberdade*.

Estabelecendo como marco histórico o século XX, podemos ter como símbolos da luta pela liberdade, Mahatma Gandhi, Martin Luther King e Nelson Mandela[2]. Gandhi liderou o movimento pela independência da Índia, mediante propagação junto ao povo do princípio da não-

Todos sabem que a expressão *Estado-de-Direito* tem bastante de ambíguo, e pode ser criticada ou entendida sob várias formas.

(...)

Pode ser também, a expressão Estado-de-Direito, tomada amplamente, como equivalente ao próprio conceito do Estado moderno: é no Estado moderno que o sistema jurídico assume posição central, é nele que os 'poderes' se investem de sentido jurídico, é nele que a lei se torna modo por excelência de comando normativo. Mas, numa exigência maior, é possível reservar a expressão Estado-de-Direito para designar a situação criada pelas revoluções demoliberais burguesas e pelo constitucionalismo. Temos então o Estado-de-Direito como aquele em que o limite e o fundamento da ação estatal se encontram na ordem jurídica e essencialmente na base desta, a Constituição." Acrescenta Saldanha que historicamente a noção de Estado-de-Direito assumiu uma pretensão *universal*, como ocorreu com outros conceitos ocidentais modernos, a exemplo da democracia e progresso. Todavia, faz-se necessário situar a noção de *Estado-de-Direito* a específicas circunstâncias: presença do Estado moderno; unificação do ordenamento jurídico, tanto no plano das normas quanto no das jurisdições; mentalidade burguesa, individualismo e racionalismo. in **Formação da Teoria Constitucional**, 2ª ed. Rio de Janeiro: Renovar, 2000, p. 20.

2 Austregésilo de Athayde e Daisaku Ikeda, em **Diálogo: Direitos Humanos no Século XXI**, afirmaram o seguinte:

"**Ikeda**: Dentre os bravos defensores dos direitos humanos, destacam-se especialmente Mahatma Gandhi, que conduziu a Índia para a independência promovendo o movimento de não-violência; Martin Luther King, grande líder do movimento pelos direitos civis e pela abolição do racismo nos Estados Unidos e; Nelson Mandela, que lutou contra o *apartheid* e pela liberdade dos negros na África do Sul.

Athayde: Estou plenamente de acordo. Essas três personalidades são, de fato, para a humanidade, heróis na verdadeira acepção da palavra, dignos de nota como gladiadores debatendo-se pelos direitos humanos.

Ikeda: O meu encontro com Mandela ocorreu em 31 de outubro de 1990, no mesmo ano de sua libertação. Foi um dia maravilhoso de outono em Tóquio, e tive o prazer de recebe-lo na sede do jornal *Seikyo Shimbun*, com um profundo sentimento de respeito por esse homem que suportou a vida do cácere por longos 28 anos. Recepcionei-o juntamente com quinhentos jovens, encabeçados pelos estudantes da Universidade Soka, os quais o acolheram cantando a canção preferida dos sul-africanos – *Oh Sah Sah Mandela*. Mandela respondeu ao coro de boas-vindas com um sorriso de incontida satisfação." **Diálogo: Direitos Humanos no Século XXI.** 2ª ed. Rio de Janeiro: Record, 2001. p. 48.

-cooperação com os ingleses e da não-violência[3]; Martin Luther King, que pregava a não-violência, revelou-se como líder norte-americano do movimento negro contra a segregação racial[4] e; Nelson Mandela, líder nacional sul-africano do movimento anti-apartheid[5]. Todos protagonizaram uma luta em prol da liberdade em seus respectivos países.

Mas o que vem a ser *liberdade*? Gregorio Peces-Barba aduz que a liberdade é um conceito por demais amplo e com múltiplos significados, em âmbitos demasiadamente plurais (filosófico, ético, jurídico, social, político). Com o propósito de esclarecer o que se entende por *liberdade*, o autor faz menção a uma *liberdade social, liberdade psicológica* e

3 Mohandas Karamchand Gandhi é reconhecido mundialmente como um dos maiores líderes políticos e espirituais do século XX. Considerado o pai da nação indiana, foi pioneiro e praticou o princípio de *Satyagraha* — resistência à tirania por meio da **desobediência civil** massiva não violenta.
Enquanto liderava campanhas em nível nacional para mitigar a pobreza, expandir os direitos das mulheres, criar harmonia religiosa e étnica e eliminar as injustiças do sistema de castas, Gandhi aplicou de forma suprema os princípios da desobediência civil não violenta para libertar a Índia do domínio estrangeiro. pelo teor de consciência, publicidade e não-violência, objetivando mudânça da lei ou alteração de programa governamental, podendo, mesmo com algumas restrições, ser justificada sob o ponto de vista moral, político e jurídico. No entendimento de Maria Garcia, a desobediência civil pode ser definida "como a forma particular de resistência ou contraposição, ativa ou passiva do cidadão, à lei ou ato de autoridade, quando ofensivos à ordem constitucional ou aos direitos e garantias fundamentais, objetivando a proteção das prerrogativas inerentes à cidadania." in **A Desobediência Civil como defesa da Constituição**, Revista Brasileira de Direito Constitucional, n° 2, jul./dez. - 2003 p. 18.

4 A luta pelo reconhecimento dos direitos civis em relação à população negra nos EUA foi, simultaneamente, uma busca pela liberdade e igualdade em pertinência às pessoas de cor branca. Através da equiparação de direitos (igualdade), diversas liberdades civis passaram a ser exercidas, a exemplo do voto, típico direito individual. Deste modo, pela via da igualdade se pôde alcançar direitos de liberdade. Tal circunstância se pode depreender pelo fato de que, em 1960, foi obtida liberação de acesso dos negros em parques públicos, bibliotecas e lanchonetes.

5 Sentenciado a prisão perpétua, Mandela converteu-se num poderoso símbolo da resistência para o crescente movimento de *antiapartheid*, negando-se repetidamente a comprometer a sua posição política para conseguir a liberdade. Finalmente libertado em fevereiro de 1990, ele intensificou a sua batalha contra a opressão para atingir os objetivos que ele e outros se propuseram alcançar quase quatro décadas antes. Em maio de 1994, Mandela começou o seu mandato como primeiro presidente negro da África do Sul, um cargo que deteve até 1999.
O *Apartheid* consistiu em uma política de segregação e discriminação social e econômica contra os grupos não-europeus da África do Sul.

liberdade moral[6]. A liberdade social apresenta-se como a liberdade do homem em sociedade, situada entre duas outras esferas: liberdade psicológica e liberdade moral. A *liberdade psicológica* pode ser identificada em razão da ausência de impedimentos ou constrangimentos físicos no tocante à tomada de decisões, tendo como pressuposto a *liberdade de eleição* ou *de escolha*. Trata-se de uma *liberdade inicial*, que tem na sua base a moralidade, a cultura e a história. É por meio dela que nos diferenciamos dos demais animais. Toda concepção de *Direito* que pretenda introduzir concepções de moralidade, independentemente da justificativa, na organização social, há de partir desta concepção psicológica ou inicial. A *liberdade moral*, por sua vez, é o conceito que se utiliza para explicitar os propósitos da vida humana, é dizer, a realização das virtualidades da condição humana. Trata-se da "*utilización correcta de la libertad de elección, y a pesar de errores y de pasos atrás, la obtención de un grado de desprendimiento, de superación de los condicionamientos para actuar como se debe actuar.*[7]" Por fim, tem-se a liberdade social, que ao possuir uma natureza instrumental, facilita o percurso da moralidade, conectando a liberdade psicológica à liberdade moral, fundamentando-se em um conjunto de normas jurídicas que permitem o exercício de todas elas, considerando-as como complementares, mas nunca como incompatíveis. Sob esta perspectiva, a liberdade social está situada em um primeiro nível no campo da moralidade, na medida em que se afigura como o canal necessário através do qual o direito se organiza. Referida moralidade, para Peces-Barba, necessita de uma forma de poder político que à incorpore ao direito positivo e, essa forma de poder político, nas sociedades contemporâneas, é o Estado de Direito, qualificado nas modernas constituições como *Social* e *Democrático*. Deste modo, através do Direito, a *liberdade* impulsiona a criação de condições viabilizadoras do desenvolvimento integral da pessoa humana, é dizer, a plenitude de sua dignidade mediante o exercício da liberdade psicológica e da liberdade moral[8].

Afora os três *significados* apresentados (*liberdade social, liberdade psicológica* e *liberdade moral*), Peces-Barba alude a duas grandes dimensões da liberdade, uma de natureza *político-organizacional* e outra pertinente ao *status* das pessoas.

A *liberdade* dimensionada sob uma perspectiva *político-organizacional*, incide sobre a instituição e funcionamento dos poderes estatais

6 **Los Valores Superiores**. Madrid: Tecnos, 1986., p. 128.

7 Gregorio Peces-Barba, **Los Valores Superiores.** Madrid: Tecnos, 1986, p. 130.

8 Gregorio Peces-Barba, **Los Valores Superiores.** Madrid: Tecnos, 1986, p. 135.

através do Direito. Deste modo, está assentada na raiz da parte orgânica da Constituição, refletindo uma série de exigências contidas na própria Lei Fundamental: a) soberania popular; b) tolerância; c) escolha dos governantes através de eleições periódicas por sufrágio universal; d) submissão dos governantes e governados à Constituição e às leis; e) separação dos poderes; f) reconhecimento e proteção dos direitos fundamentais e; g) pluralismo[9]. Nesta perspectiva, a liberdade não apenas legitima o sistema político, mas, também e por consequência, revela obediência ao Direito Positivo.

Com relação ao *status* das pessoas na sociedade, o autor apresenta a seguinte tipologia: a) *liberdade-autonomia;* b) *liberdade-participação* e; c) *liberdade-prestação.* A *liberdade-autonomia* implica na criação de condições jurídicas para que o indivíduo possa, sem ingerência do Estado ou intervenção de outras pessoas e grupos sociais, ter um âmbito de atuação social. Percebe-se, pois, que ela tende a favorecer a liberdade moral e psicológica do indivíduo, devendo ser exercida *através* do direito e mediante *respeito* às liberdades de terceiros. A *liberdade-participação*, conforme a terminologia já revela, diz sobre a capacidade das pessoas para intervir no processo de organização política, afigurando-se como a face subjetiva da liberdade na condição de fonte da organização política do Estado. Supõe, portanto, a participação do indivíduo no poder. Neste contexto, o *criador* e o *destinatário* das normas coincidem: os cidadãos. No tocante à *liberdade-prestação*, tem-se aí uma aproximação entre liberdade e igualdade, na medida em que o indivíduo, através do exercício da sua liberdade, busca uma atuação do Estado (prestação) para que este promova adequadamente aquela[10]. Neste caso, o Estado necessita agir, tem o dever de atuar (realizar condutas positivas) para efeitos de viabilização da liberdade[11].

9 Gregorio Peces-Barba, **Los Valores Superiores.** Madrid: Tecnos, 1986, p. 136.

10 Para Gregorio Peces-Barba, a liberdade-prestação consiste no "ejercício de un derecho de crédito por su titular, a realizar por el Estado a travès de los servicios públicos y de otras formas de acción administrativa, supone en realidad la creación de condiciones igualitàrias, la promoción de la libertad y la remoción de los obstáculos que la impiden, lo que entra, asimismo, en el ámbito del valor igualdad." in **Los Valores Superiores.** Madrid: Tecnos, 1986, p. 138.

11 Na AI 598212 ED/PR, o eminente Ministro Celso de Mello, entendeu competir "ao Poder Público dotar-se de uma organização formal e material que lhe permita realizar, na expressão concreta de sua atuação, a obrigação constitucional mencionada, proporcionando , efetivamente, aos necessitados plena orientação jurídica e integral assistência judiciária, para que os direitos e as liberdades das pessoas atingidas pelo injusto estigma da exclusão social não se convertam em proclamações inúteis nem se transformem em expectativas vãs."

Ao buscar sintetizar as idéias até então apresentadas, Gregorio Peces-Barba proclama "el carácter indispensable del valor libertad, que no puede desaparecer, porque se desvirtuaria el tipo de Estado y, en definitiva, la democracia. Si desaparece el valor libertad y caen de la Constitución los aspectos objetivos de organización del poder, y subjetivos, de status de los ciudadanos, se imposibilitan las reglas del juego del acceso y del cambio del poder y además se impiden los derechos fundamentales. Por otra parte, el valor igualdad, que se conecta a través de la libertad-prestación con la libertad, no se realizaría en la forma que aquí hemos descrito sino que desde un poder no democrático (porque no estaría inspirado en la libertad) se pretendería construir sólo la libertad moral. Ese es el esquema del Estado totalitario.

El valor superior libertad, es imprescindible y ninguna reforma constitucional puede suprimir-los, sin desvirtuar y cambiar el modelo. Elias Dias lo ve muy claramente:

'No puede acabarse con la democracia y con la libertad invocando precisamente la libertad, es decir, la legitimidad democrática. Esto es contradictorio con sus proprios presupuestos, sin libertad no hay legitimidad democrática y, por consiguiente, (lo que aquí es aún más importante) no puede alegar legitimidad democrática quien previamente ha suprimido o dañado gravemente la libertad para decidir y elegir; ni tampoco quien, aun habiendo, tal vez, llegado por esa vía al poder, suprimiera después las libertades básicas de, al menos, libertad de expresión critica y de política participación en la designación periódica de nuevos legisladores y gobernantes.

Parece que la consideración de la libertad como valor superior no es una hipérbole del Constituyente sino una exigencia indispensable que la Constitución tiente en cuenta y que deben tener también presente los encargados de desarrollar-la: legisladores y jueces principalmente.[12]"

2. O direito à liberdade na Constituição Federal

O direito fundamental à liberdade já se encontra no **Preâmbulo** da Constituição Federal, cuja finalidade consiste em informar os princípios que nortearam o seu processo de elaboração, além de figurar como vetor interpretativo das demais normas constitucionais[13].

12 **Los Valores Superiores.** Madrid: Tecnos, 1986, p. 140.

13 O Supremo Tribunal Federal – STF, assim como a maioria esmagadora da doutrina, já se posicionou no sentido de que o Preâmbulo não se reveste do caráter de norma jurídica, possuindo, destarte, uma função interpretativa, de guia quanto à

Trata-se (Preâmbulo) de uma expressão solene dos propósitos da Assembléia Nacional Constituinte, no curso da sua tarefa de feitura da Lei Fundamental, não se revestindo de natureza normativa. Consta, portanto, do Preâmbulo da Constituição Federal de 1988, a seguinte declaração solene:

> "Nós, representantes do povo brasileiro, reunidos em Assembléia Nacional Constituinte para instituir um Estado Democrático, **destinado a assegurar o exercício dos direitos** sociais e individuais, **a liberdade**, a segurança, o bem-estar, o desenvolvimento, a igualdade e a justiça como valores supremos de uma sociedade fraterna, pluralista e sem preconceitos, fundada na harmonia social e comprometida, na ordem interna e internacional, com a solução pacífica das controvérsias, promulgamos, sob a proteção de Deus, a seguinte Constituição da República Federativa do Brasil."

O direito fundamental à liberdade encontra-se positivado em diversas partes da Constituição, cujo núcleo essencial está consignado no art. 5º[14], assim enunciado:

compreensão do todo constitucional. Na ADI 2.649/08, restou assim decidido pelo STF:
"Devem ser postos em relevo os valores que norteiam a Constituição e que devem servir de orientação para a correta interpretação e aplicação das normas constitucionais e apreciação da subsunção, ou não, da Lei 8.899/1994 a elas. Vale, assim, uma palavra, ainda que brevíssima, ao Preâmbulo da Constituição, no qual se contém a explicitação dos valores que dominam a obra constitucional de 1988 (...). Não apenas o Estado haverá de ser convocado para formular as políticas públicas que podem conduzir ao bem-estar, à igualdade e à justiça, mas a sociedade haverá de se organizar segundo aqueles valores, a fim de que se firme como uma comunidade fraterna, pluralista e sem preconceitos (...). E, referindo-se, expressamente, ao Preâmbulo da Constituição brasileira de 1988, escolia José Afonso da Silva que "O Estado Democrático de Direito destina-se a assegurar o exercício de determinados valores supremos. 'Assegurar', tem, no contexto, função de garantia dogmático-constitucional; não, porém, de garantia dos valores abstratamente considerados, mas do seu 'exercício'. Este signo desempenha, aí, função pragmática, porque, com o objetivo de 'assegurar', tem o efeito imediato de prescrever ao Estado uma ação em favor da efetiva realização dos ditos valores em direção (função diretiva) de destinatários das normas constitucionais que dão a esses valores conteúdo específico" (...). Na esteira destes valores supremos explicitados no Preâmbulo da Constituição brasileira de 1988 é que se afirma, nas normas constitucionais vigentes, o princípio jurídico da solidariedade." (ADI nº 2.649/08, Rel. Min. Cármen Lúcia, d. j. em 08.05.08)

14 O artigo 5º está inserido no Capítulo I (Dos Direitos e Deveres Individuais e Coletivos), do Título II (Dos Direitos e Garantias Fundamentais), da Constituição Federal.

"Art. 5° Todos são iguais perante a lei, sem distinção de qualquer natureza, garantindo-se aos brasileiros e aos estrangeiros residente no país a inviolabilidade do direito à vida, **à liberdade**, à igualdade, à segurança e à propriedade (...)."

De igual modo, faz-se presente no art. 5°, II, na medida em que "*ninguém será obrigado a fazer ou deixar de fazer alguma coisa senão em virtude de lei.*" Tem-se aqui uma correlação entre *liberdade* e *legalidade*, onde aquela apenas pode ser restringida através de *lei*, é dizer, ato típico emanado do Poder Legislativo. Apenas *lei* em sentido formal pode restringir a liberdade individual, desde que respeitados os demais direitos assegurados constitucionalmente. No entendimento de José Afonso da Silva, "a liberdade só pode ser condicionada por um sistema de legalidade legítimo.[15]" Isto significa dizer que a liberdade individual não pode ser restringida por qualquer ato estatal, é dizer, não se pode *obrigar* ou *proibir* alguém a agir desta ou daquela maneira, a não ser se tal determinação emanar de um ato praticado pelo Poder Legislativo - **lei**[16] - em conformidade ao disposto no art. 60[17] e seguintes da Constituição Federal.

No artigo 5°, II, temos aquilo que se denomina por *liberdade genérica*, é dizer, uma liberdade em sentido amplo, *liberdade de ir e vir* ou *liberdade de locomoção*. Esta *liberdade de ir e vir* se constitui na base de onde emanam as demais *liberdades* positivadas constitucionalmente. Trata-se, portanto, de um direito individual clássico, cuja titularidade reside na pessoa de todo e qualquer cidadão brasileiro. O direito à liberdade individual, por sua vez, implica no *dever* de não-interferência nesta esfera de autonomia por parte não apenas do Estado, mas de toda coletividade. A *liberdade de locomoção,* portanto, exige, em princípio, um não-agir estatal. *Em princípio* porque há situações que demandam um agir do Estado para que a liberdade possa adequadamente ser exercida. A

15 **Comentário Contextual à Constituição.** São Paulo: Malheiros, 2005, p. 81.

16 O Supremo Tribunal Federal - STF já proferiu inúmeras decisões neste sentido, a exemplo da que trazemos à colação:
"O princípio da reserva de lei atua como expressiva limitação constitucional ao poder do Estado, cuja competência regulamentar, por tal razão, não se reveste de suficiente idoneidade jurídica que lhe permita restringir direitos ou criar obrigações. **Nenhum ato regulamentar pode criar obrigações ou restringir direitos, sob pena de incidir em domínio constitucionalmente reservado ao âmbito de atuação material da lei em sentido formal.**" (destaque nosso) (AC 1.033 AgR-QO, rel. min. Celso de Mello, j. 25-5-2006, P, DJ de 16-6-2006.)

17 A partir do art. 60, tem-se as normas que disciplinam o processo de elaboração das leis (processo legislativo).

título de exemplo, para que a liberdade de ir e vir possa ser exercida em sua plenitude, o Estado deve propiciar os *meios* adequados, seja através da construção ou reparação de rodovias, pontes etc[18]. Do cenário exposto, percebe-se que a liberdade de locomoção está sendo restringida por uma *inércia* do Estado, cujo *dever* consiste em viabilizar estradas que permitam o tráfego de pessoas de maneira adequada, é dizer, sem obstáculos e com segurança. Em tal hipótese, a *liberdade individual* implica no *dever estatal* de zelar pelas rodovias públicas por parte do Estado, permitindo aos mesmos trafegar sem restrições[19] e com segurança.

3. Direito fundamental à liberdade e as pessoas com deficiência

A Lei n° 13.146/15 instituiu o *Estatuto da Pessoa com Deficiência*[20], cuja finalidade consistiu em "assegurar e a promover, em condições de igualdade, o exercício dos direitos e das **liberdades fundamentais por pessoa com deficiência**, visando à sua inclusão social e cidadania." O artigo 2° do diploma legal em apreço, define a pessoa com deficiência como sendo "aquela que tem impedimento de longo prazo de natureza física, mental, intelectual ou sensorial, o qual, em interação com uma ou

18 Consoante informações da **Pesquisa CNT de Rodovias 2018**, "mais de 90% dos deslocamentos de passageiros do Brasil são feitos por rodovias." Isto significa que, se as estradas não apresentam condições satisfatórios de uso, a liberdade de locomoção possivelmente sofrerá restrições em decorrência da omissão estatal quanto à reparação das vias rodoviárias. Logo, por tal razão, a liberdade de *ir e vir* se encontra cerceada, necessitando de uma atuação (fazer) Estatal que viabilize, sem empecilhos, o exercício adequado deste direito fundamental. A pesquisa atesta a necessidade de construção de obras de pavimentação e duplicação das rodovias federais. Constata, ainda, a seguinte situação: "A **ausência de investimentos** também na manutenção e na conservação das rodovias nos níveis necessários **contribui cada vez mais para a depreciação da malha rodoviária brasileira. Tem-se,** assim, **como consequência dessa falta de investimentos, do crescente volume de tráfego nas rodovias e das condições desfavoráveis que a maioria delas apresenta, o aumento do número de acidentes, com impactos preocupantes para a sociedade e para o poder público.**" (destaque nosso)

19 É notório o estado (negativo) de conservação das rodovias brasileiras administradas pelo Poder Público. Referida situação permite ao indivíduo e à coletividade *exigir* do Estado que sejam implementadas melhorias no sistema rodoviário nacional, de modo a lhes conferir plena efetividade quanto ao direito fundamental de locomoção, na medida em que encontra-se restringido por consequência da ausência de atuação do ente público competente.

20 Antes da entrada em vigor do *Estatuto*, o Congresso Nacional já promulgara o Decreto Legislativo nº 186/08, aprovando, nos termos do § 3º do art. 5º da Constituição Federal, o texto da Convenção sobre os Direitos das Pessoas com Deficiência e de seu Protocolo Facultativo, assinados em Nova Iorque, em 30 de março de 2007.

mais barreiras, pode obstruir sua participação plena e efetiva na sociedade em igualdade de condições com as demais pessoas."

A inclusão das pessoas com deficiência perpassa, dentre outros aspectos, pelo âmbito da acessibilidade, é dizer, da "possibilidade e condição de alcance para utilização, com segurança e autonomia, de espaços, mobiliários, equipamentos urbanos, edificações, transportes, informação e comunicação, inclusive seus sistemas e tecnologias, bem como de outros serviços e instalações abertos ao público, de uso público ou privados de uso coletivo, tanto na zona urbana como na rural, por pessoa com deficiência ou com mobilidade reduzida," consoante disposto no artigo 3°, I, da Lei n° 13.146/15. Inserido no âmbito da *acessibilidade*[21] está, pois, a *liberdade de locomoção*. Nesta seara, um dos maiores empecilhos à locomoção das pessoas com deficiência são as barreiras, que necessitam ser suplantadas para efeitos de promoção do direito fundamental à liberdade. No artigo 3° do diploma legal em comento, entende-se por barreira "qualquer entrave, obstáculo, atitude ou comportamento

21 Ana Paula Barcellos e Renata Ramos Campante, em análise do tema, esclarecem que a "acessibilidade abrangerá não apenas as estruturas físicas, mas também as demais esferas de interação social. Em sua acepção moderna, portanto, a acessibilidade pode ser descrita como a adoção de um conjunto de medidas capazes de eliminar todas as barreiras sociais – não apenas físicas, mas também de informação, serviços, transporte, entre outras – de modo a assegurar às pessoas com deficiência o acesso, em igualdade de oportunidades com as demais pessoas, às condições necessárias para a plena e independente fruição de suas potencialidades e do convívio social.
A acessibilidade, nesse contexto, é o mecanismo por meio do qual se vão eliminar as desvantagens sociais enfrentadas pelas pessoas com deficiência, pois dela depende a realização dos seus demais direitos." Cf. "***A acessibilidade como instrumento de promoção de direitos fundamentais***" in **Manual dos Direitos da Pessoa com Deficiência**, Carolina Valença Ferraz, George Salomão Leite, Glauber Salomão e Glauco Salomão Leite (Coord.). São Paulo: Saraiva, 2012, p. 177.
Raimundo Wilson Gama Raiol, ao ressaltar que a acessibilidade é de importância incomensurável para as pessoas com deficiência, esclarece que ela compreende a "possibilidade de acesso fácil e seguro ao meio físico e aos meios de transporte," devendo funcionar como "antídoto a obstáculos com que se defrontam as pessoas com necessidades especiais, os quais são representados pelas barreiras arquitetônicas, que, de acordo com o art. 2°, II, da Lei Federal n. 10.098, de 19 de dezembro de 2000, são classificadas em: urbanísticas (vias públicas e espaços de uso público); na edificação (interior dos edifícios públicos e privados); nos transportes." in "***Acessibilidade física, educação, saúde e trabalho – integrantes do mínimo existencial indispensável às pessoas com necessidades especiais, à luz dos direitos humanos e de fundamentos constitucionais, na era da globalização***", in **Direitos Humanos e Democracia Inclusiva**, Antonio José de Mattos Neto, Homero Lamarão Neto e Raimundo Rodrigues Santana (coord.), São Paulo: Saraiva, 2012, p. 311.

que limite ou impeça a participação social da pessoa, bem como o gozo, a fruição e o exercício de seus direitos à acessibilidade, à liberdade de movimento e de expressão, à comunicação, ao acesso à informação, à compreensão, à circulação com segurança."

As pessoas com deficiência necessitam de uma atuação do Poder Público no sentido de que este passe a atuar como instrumento de viabilização ou promoção dos direitos fundamentais consagrados na Constituição Federal e densificados através da Lei n° 13.146/15. Portanto, na condição de titulares de direitos fundamentais, as pessoas com deficiência podem e devem exigir do Poder Público *um agir* para que eles possam exercer os respectivos direitos que lhes foram assinalados constitucionalmente. Esta faculdade (ação) conferida às pessoas com deficiência se traduz em um *dever fundamental prestacional* (prestação) por parte do Estado, na medida em que apenas através da atuação do poder público, as pessoas com deficiência podem exercer em plenitude os direitos que lhes foram constitucional e legalmente atribuídos[22].

22 Podemos destacar na Lei n° 13.146/15, alguns dispositivos relacionados ao tema em análise:
Art. 1º É instituída a Lei Brasileira de Inclusão da Pessoa com Deficiência (Estatuto da Pessoa com Deficiência), destinada a assegurar e a promover, em condições de igualdade, o exercício dos direitos e das liberdades fundamentais por pessoa com deficiência, visando à sua inclusão social e cidadania.
Art. 2º Considera-se pessoa com deficiência aquela que tem impedimento de longo prazo de natureza física, mental, intelectual ou sensorial, o qual, em interação com uma ou mais barreiras, pode obstruir sua participação plena e efetiva na sociedade em igualdade de condições com as demais pessoas.
(...)
Art. 3º Para fins de aplicação desta Lei, consideram-se:
I - acessibilidade: possibilidade e condição de alcance para utilização, com segurança e autonomia, de espaços, mobiliários, equipamentos urbanos, edificações, transportes, informação e comunicação, inclusive seus sistemas e tecnologias, bem como de outros serviços e instalações abertos ao público, de uso público ou privados de uso coletivo, tanto na zona urbana como na rural, por pessoa com deficiência ou com mobilidade reduzida;
II - desenho universal: concepção de produtos, ambientes, programas e serviços a serem usados por todas as pessoas, sem necessidade de adaptação ou de projeto específico, incluindo os recursos de tecnologia assistiva;
III - tecnologia assistiva ou ajuda técnica: produtos, equipamentos, dispositivos, recursos, metodologias, estratégias, práticas e serviços que objetivem promover a funcionalidade, relacionada à atividade e à participação da pessoa com deficiência ou com mobilidade reduzida, visando à sua autonomia, independência, qualidade de vida e inclusão social;
IV - barreiras: qualquer entrave, obstáculo, atitude ou comportamento que limite ou impeça a participação social da pessoa, bem como o gozo, a fruição e o exercício de seus direitos à acessibilidade, à liberdade de movimento e de expressão, à

4. Restrições à liberdade individual

O direito à liberdade de locomoção, de forma similar à outros direitos fundamentais, comporta restrições ou limitações efetuadas não apenas pela Constituição, mas também, através de lei, ato normativo típico emanado do Poder Legislativo. A Constituição Federal, em seu art. 5°, LXI, dispõe que "ninguém será preso, senão em flagrante delito ou por ordem escrita e fundamentada de autoridade judiciária competente,

---

comunicação, ao acesso à informação, à compreensão, à circulação com segurança, entre outros, classificadas em:
a) barreiras urbanísticas: as existentes nas vias e nos espaços públicos e privados abertos ao público ou de uso coletivo;
b) barreiras arquitetônicas: as existentes nos edifícios públicos e privados;
c) barreiras nos transportes: as existentes nos sistemas e meios de transportes;
(...)
Art. 46. O direito ao transporte e à mobilidade da pessoa com deficiência ou com mobilidade reduzida será assegurado em igualdade de oportunidades com as demais pessoas, por meio de identificação e de eliminação de todos os obstáculos e barreiras ao seu acesso.
§ 1º Para fins de acessibilidade aos serviços de transporte coletivo terrestre, aquaviário e aéreo, em todas as jurisdições, consideram-se como integrantes desses serviços os veículos, os terminais, as estações, os pontos de parada, o sistema viário e a prestação do serviço.
§ 2º São sujeitas ao cumprimento das disposições desta Lei, sempre que houver interação com a matéria nela regulada, a outorga, a concessão, a permissão, a autorização, a renovação ou a habilitação de linhas e de serviços de transporte coletivo.
§ 3º Para colocação do símbolo internacional de acesso nos veículos, as empresas de transporte coletivo de passageiros dependem da certificação de acessibilidade emitida pelo gestor público responsável pela prestação do serviço.
Art. 47. Em todas as áreas de estacionamento aberto ao público, de uso público ou privado de uso coletivo e em vias públicas, devem ser reservadas vagas próximas aos acessos de circulação de pedestres, devidamente sinalizadas, para veículos que transportem pessoa com deficiência com comprometimento de mobilidade, desde que devidamente identificados.
(...)
Art. 53. A acessibilidade é direito que garante à pessoa com deficiência ou com mobilidade reduzida viver de forma independente e exercer seus direitos de cidadania e de participação social.
(...)
Art. 56. A construção, a reforma, a ampliação ou a mudança de uso de edificações abertas ao público, de uso público ou privadas de uso coletivo deverão ser executadas de modo a serem acessíveis.
Art. 57. As edificações públicas e privadas de uso coletivo já existentes devem garantir acessibilidade à pessoa com deficiência em todas as suas dependências e serviços, tendo como referência as normas de acessibilidade vigentes."

salvo nos casos de transgressão militar ou crime propriamente militar, definidos em lei".

O enunciado normativo acima transcrito estabelece que nenhuma pessoa terá a sua liberdade restringida através de prisão, salvo se ocorrer uma das seguintes hipóteses: a) prisão em flagrante delito e; b) prisão através de ordem judicial escrita e fundamentada, emanada de autoridade competente.

Em conformidade ao disposto no art. 302 do Código de Processo Penal[23], considera-se em flagrante delito quem: a) está cometendo a infração penal; b) acaba de cometê-la; c) é perseguido, logo após, pela autoridade, pelo ofendido ou por qualquer pessoa, em situação que faça presumir ser autor da infração; d) é encontrado, logo depois, com instrumentos, armas, objetos ou papéis que façam presumir ser ele autor da infração. A prisão em flagrante, em conformidade à lei processual penal, apenas poderá ser decretada nas hipóteses acima elencadas, tratando-se, portanto, de *numerus clausus*.

Além das hipóteses de prisão em flagrante delito, que pode ser executada pela autoridade policial, seus agentes ou qualquer pessoa do povo[24], a Constituição Federal ainda permite a possibilidade de sua decretação através de ordem judicial escrita e fundamentada, emanada de autoridade competente. Trata-se, digamos, da forma mais comum, na medida em que os acusados *podem ter* contra si provas incriminadoras que legitimam a expedição de mandado de prisão por autoridade judicial competente, mediante observância de todas as garantias constitucionais penais, a exemplo da ampla defesa, do contraditório e do juiz natural. É importante ressaltar, que para efeitos de determinação judicial pertinente à prisão, o **juiz competente** para apreciação da causa, tem o ***dever constitucional de fundamentar sua decisão, explicitando as razões que formaram o seu convencimento, além de apontar o fundamento legal para adoção da referida medida.***

Por fim, a Constituição Federal ainda permite a prisão nas hipóteses de transgressão militar ou crime propriamente militar, definidos em lei.

23 "Art. 302. Considera-se em flagrante delito quem:
I - está cometendo a infração penal;
II - acaba de cometê-la;
III - é perseguido, logo após, pela autoridade, pelo ofendido ou por qualquer pessoa, em situação que faça presumir ser autor da infração;
IV - é encontrado, logo depois, com instrumentos, armas, objetos ou papéis que façam presumir ser ele autor da infração."

24 "Art. 301. Qualquer do povo poderá e as autoridades policiais e seus agentes deverão prender quem quer que seja encontrado em flagrante delito."

5. Direito fundamental a igualdade

5.1 Da transição do Estado Liberal para o Estado Social de Direito

O direito fundamental à igualdade subjaz ao nascimento do Estado Social de Direito, de forma similar ao direito fundamental à liberdade em relação ao Estado Liberal. Na medida em que o modelo liberal de Estado põe o acento na liberdade individual[25], o Estado Social, por sua vez, acentua a igualdade como direito fundamental por excelência.

Ante a ausência de intervenção estatal no domínio econômico, típico do modelo liberal, tal se fez com que as desigualdades sociais fossem cada vez mais crescentes, na medida em que o liberalismo permitia a concentração de riquezas nas mãos de poucos, em detrimento de elevada parcela da sociedade, gerando com isto uma intensa desigualdade econômica, que implicava também na falta de acesso a determinadas prestações estatais[26]. Segundo Ana Cristina Costa Meireles, "o liberalismo, no entanto, não se demonstrou suficiente para garantir o equilíbrio na sociedade e, pouco a pouco, as desigualdades sociais surgiam e se

25 Nas palavras de Alessandra Gotti, "a lógica do modelo liberal traduzia-se, nesse contexto, na 'abstenção', na 'não atuação' do Estado-inimigo, assumindo relevo a interpretação especialmente de 'bloqueio', no sentido de que os direitos concebidos (liberdade, vida, propriedade e igualdade perante a lei) eram direitos oponíveis ao Estado." in **Direitos Sociais: Fundamentos, regime jurídico, implementação e aferição de resultados**. São Paulo: Saraiva, 2012, p. 33.

26 Segundo Antonio Enrique Pérez Luño, "el individualismo, así como el apoliticismo y neutralidad del Estado liberal del Derecho, no podía satisfacer la exigencia de libertad e igualdad reales de los sectores social y económicamente más deprimidos. Franz Neumann ha denunciado que 'la libertad jurídica y la igualdad política de los proletarios, a la par que su desigualdad social y económica, constituyen los fundamentos del Estado de Derecho burgués'. El aparente apoliticismo que ante las transformaciones socio-económicas adoptó el Estado liberal de Derecho se tradujo en una serie de conflictos de clase que, a partir de la segunda mitad del pasado siglo y desde los inicios del actual, desvelaron la insuficiencia del marco de las libertades burguesas cuando se inhibe del reconocimiento de la justicia social. Estas circunstancias conjugadas con las nuevas condiciones en las que se desarrolla el capitalismo avanzado determinaron la aparición del *sozialer Rechtsstaat*, que abandonando las premisas de neutralidad e individualismo recaba para si la intervención directa en los procesos socioeconómicos y que, aunque se mantiene fiel al primado del derecho, lo realiza a partir de los principios heterónomos frente a la autonomía caracterizadora del Estado liberal de Derecho. Tras la Segunda Guerra Mundial el restablecimiento democrático en los diversos países contribuyó decisivamente a difundir la fórmula del Estado social del Derecho." in **Derechos Humanos, Estado de Derecho y Constitución**. 6ª ed. Madrid: Tecnos, 1999, p. 223.

agravam. As suas premissas traziam o germe da própria destruição.[27]" Em termos de consequência, o liberalismo econômico conduziu à supressão da concorrência e o processo de industrialização, ora emergente, desprovido de qualquer regulamentação estatal, fez nascer uma classe proletária insatisfeita com os desníveis sociais.

Antonio Enrique Pérez Luño, ao tratar da transição do Estado Liberal para o Estado Social, expõe o seguinte:

> "Ao largo del siglo XIX el proletariado va adquiriendo protagonismo histórico a medida que avanza el proceso de industrialización, y al adquirir consciencia de clase reivindica unos derechos económicos y sociales frente a los clásicos derechos individuales, fruto del triunfo de la revolución liberal burguesa. El Manifiesto Comunista de 1848 puede considerarse un hito fundamental en este proceso, y representa un aldabonazo anunciador del comienzo de una nueva etapa.[28]"

Apenas com o nascimento do *Welfare State*, as camadas mais pobres da população passaram a ter acesso a direitos até então inexistentes, seja no plano normativo ou concreto. A revolução industrial, que marca o surgimento do Estado do Bem-Estar Social, requer uma atuação estatal no sentido de fazer valer novos direitos fundamentais[29] decorrentes da noção de igualdade, posto que a *desigualdade social* era flagrante[30]. O

27 **A eficácia dos direitos sociais.** Salvador: Juspodivm, 2008, p. 39.

28 **Derechos Humanos, Estado de Derecho y Constitución**. 6ª ed. Madrid: Tecnos, 1999, p. 122.

29 Ao tratar do tema, Ingo Wolfgang Sarlet aduz que "o impacto da industrialização e os graves problemas sociais e econômicos que a acompanharam, as doutrinas socialistas e a constatação de que a consagração formal de liberdade e igualdade não gerava a garantia do seu efetivo gozo acabaram, já no decorrer do século XIX, gerando amplos movimentos reivindicatórios e o reconhecimento progressivo de direitos, atribuindo ao Estado comportamento ativo na realização da justiça social. A nota distintiva destes direitos é a sua dimensão positiva, uma vez que se cuida não mais de evitar a intervenção do Estado na esfera da liberdade individual, mas, sim, na lapidar formulação de C. Lafer, de propiciar um 'direito de participar do bem-estar social'. Não se cuida mais, portanto, de liberdade do e perante o Estado, e sim de liberdade por intermédio do Estado." in **A Eficácia dos Direitos Fundamentais – Uma Teoria Geral dos Direitos Fundamentais na Perspectiva Constitucional**. 11ª ed. Porto Alegre: Livraria do Advogado, 2009, p. 47.

30 No entendimento de Alessandra Gotti, "com o agravamento das tensões sociais decorrentes do impacto da industrialização e do acirramento dos conflitos entre a classe burguesa e a proletária (que vivia em situação de miséria e de exclusão política e social), fica exposta a fragilidade da liberdade conquistada pela burguesia,

Estado Liberal tipificava-se pela ausência de regulamentação no domínio econômico, onde o direito fundamental por excelência era a propriedade. Neste domínio, o Estado não intervinha, era *omisso*.

Com o fim do Estado Liberal Burguês, proclama-se como modelo ideal de Estado, o Estado Social, o Estado Providência, que atua no sentido de propiciar prestações positivas para viabilizar determinados direitos fundamentais por parte da coletividade, é dizer, do indivíduo enquanto membro de um corpo social. Trata-se de um modelo de Estado, por essência, intervencionista, que busca densificar a igualdade material, de condições, na medida em que se volta para tutelar a liberdade social e concreta. Portanto, se o Estado Liberal era caracterizado pela não intervenção do Estado como forma de promover e proteger os direitos fundamentais individuais, no Estado do Bem-Estar Social a coletividade passou a exigir deste prestações positivas, de modo a propiciar a fruição de novos direitos decorrentes desta evolução social, a exemplo do trabalho, educação, saúde etc. No entendimento de António Enrique Pérez Luño, o Estado Social de Direito "es fruto también del pensamiento liberal más progresista que lo concibe como un instrumento de adaptación del aparato político a las nuevas exigencias del capitalismo maduro.[31]"

Um dos primeiros intentos de conciliar o pensamento liberal e o social se deu através da Constituição do México, 1917[32]. Na sequência, ter-se-á a Constituição alemã de Weimar, de 1919[33], tida ao largo do tempo como o documento inspirador de todas as tentativas de conciliação dos direitos individuais e sociais no marco do Estado Social de Direito. Por fim, é

que nada mais era do que uma abstração para as demais classes." **Direitos Sociais: Fundamentos, regime jurídico, implementação e aferição de resultados**. São Paulo: Saraiva, 2012, p. 34.

31 **Derechos Humanos, Estado de Derecho y Constitución**. 6ª ed. Madrid: Tecnos, 1999, p. 224.

32 A Constituição Mexicana, de 31 de janeiro de 1917, estabelece em seu Título VI – "Do trabalho e da previdência social", diversas normas consagradoras de direitos sociais. O rol extensivo dos direitos está positivado no artigo 126 da Lei Fundamental Mexicana. Cf. Jorge Miranda. **Textos Históricos do Direito Constitucional**. 2ª ed. Imprensa Nacional: Lisboa, 1990, p. 262.

33 A Constituição Alemã de Weimar, na Seção V, "Da vida econômica", fez inserir diversas normas de proteção ao trabalho, além de estabelecer, em seu artigo 119, que o Estado deverá instituir um sistema geral de Seguridade Social, voltado "para conservação da saúde e da capacidade de trabalho, proteção da maternidade e prevenção dos riscos da idade, da invalidez e das vicissitudes da vida." Cf. Jorge Miranda. **Textos Históricos do Direito Constitucional**. 2ª ed. Imprensa Nacional: Lisboa, 1990, p. 284.

oportuno aludir à Constituição da Itália, de 1947, cujo artigo 1° já estabelece: "A Itália é uma república democrática baseada no trabalho." Por sua vez, o artigo 3° dispõe o seguinte: "**Todos os cidadãos têm uma mesma dignidade social e são iguais perante a lei**, sem distinção de sexo, raça, língua, religião, opiniões políticas, condições pessoais e sociais." (destaque nosso).

5.2. Direito à igualdade

A Constituição Federal brasileira de 1988 é uma simbiose da *liberdade* com a *igualdade*, fazendo com que ambas possam coexistir de maneira harmônica. O equilíbrio entre os dois valores resulta ser o ideal no âmbito de um Estado Constitucional, na medida em que possuem idêntica dignidade normativa.

A Lei Fundamental de 1988, em diversos dispositivos, consagra a igualdade como direito fundamental, assim como o faz com o valor *liberdade*. O princípio constitucional da igualdade encontra guarida no *caput* do artigo 5°, verbalizado da seguinte maneira:

> "Art. 5º Todos são iguais perante a lei, sem distinção de qualquer natureza, garantindo-se aos brasileiros e aos estrangeiros residentes no País a inviolabilidade do direito à vida, à liberdade, à igualdade, à segurança e à propriedade, nos termos seguintes:
> I - homens e mulheres são iguais em direitos e obrigações, nos termos desta Constituição;"

O dispositivo constitucional consagrador da igualdade tem por fim não apenas a equiparar todos os indivíduos frente ao direito positivo, mas impõe que a própria lei, ao disciplinar determinadas situações, não forneça tratamento antagônico ao conteúdo da isonomia[34]. Com estas

34 Kelsen, ao tratar do tema, alude à igualdade ***perante*** a lei e à igualdade ***na*** lei. Segundo o mestre de Viena, "a igualdade dos indivíduos sujeitos à ordem jurídica, garantida pela Constituição, não significa que aqueles devam ser tratados por forma igual nas normas legisladas com fundamento na Constituição, especialmente nas leis. Não pode ser uma tal igualdade aquela que se tem em vista, pois seria absurdo impor os mesmos deveres e conferir os mesmos direitos a todos os indivíduos sem fazer quaisquer distinções, por exemplo, entre crianças e adultos, sãos de espírito e doentes mentais, homens e mulheres. Quando ***na*** lei se vise a igualdade, a sua garantia apenas pode realizar-se estatuindo a Constituição, com referência a diferenças completamente determinadas, como talvez as diferenças de raça, de religião, de classe ou de patrimônio, que as leis não podem fazer acepção das mesmas, quer dizer: que as leis em que forem feitas tais distinções poderão ser anuladas como inconstitucionais. Se a Constituição não fixa distinções bem determinadas que não

breves palavras, já fica patente que o direito fundamental à igualdade tem por destinatário imediato os poderes estatais, é dizer, o Poder Legislativo, Executivo e Judiciário, pois, ao *aplicarem* o direito positivo, não podem conferir tratamento distinto a hipóteses semelhantes[35]. Exige-se dos três poderes, portanto, *coerência*[36]

possam ser feitas nas leis relativamente aos indivíduos, esta igualdade constitucionalmente garantida a custo poderá significar algo mais do que a igualdade ***perante*** a lei. Com a garantia da igualdade ***perante*** a lei, no entanto, apenas se estabelece que os órgãos aplicadores do Direito somente podem tomar em conta aquelas diferenciações que sejam feitas na própria lei a aplicar. Com isto, porém, apenas se estabelece o princípio, imanente a todo o Direito, da juridicidade da aplicação do Direito em geral e o princípio imanente a todas as leis da legalidade da aplicação das leis, ou seja, apenas se estatui que as normas devem ser aplicadas de conformidade com as normas. Com isto, porém, nada mais se exprime senão o sentido imanente às normas jurídicas." **Teoria Pura do Direito**. 6ª ed. São Paulo: Martins Fontes, 2000, p. 158.

35 Em sentido análogo, Celso Antônio Bandeira de Mello informa que "o preceito mago da igualdade, como já tem sido assinalado, é norma voltada quer para o aplicador da lei quer para o próprio legislador. Deveras, não só perante a norma posta se nivelam os indivíduos, mas, a própria edição dela assujeita-se ao dever de dispensar tratamento equânime às pessoas." in **Conteúdo Jurídico do Princípio da Igualdade**. 3ª ed. São Paulo: Malheiros, 1999, p. 09.

36 Ao tratar da coerência e integridade no âmbito da legislação, Dworkin expõe o seguinte:
"Se aceitarmos a integridade como uma virtude política distinta ao lado da justiça e da equidade, então teremos um argumento geral, não estratégico, para reconhecer tais direitos. A integridade da concepção de equidade de uma comunidade exige que os princípios políticos necessários para justificar a suposta autoridade da legislatura sejam plenamente aplicados ao se decidir o que significa uma lei por ela sancionada. A integridade da concepção de justiça de uma comunidade exige que os princípios morais necessários para justificar a substância das decisões de seu legislativo sejam reconhecidos pelo resto do direito. A integridade de sua concepção de devido processo legal adjetivo insiste em que sejam totalmente obedecidos os procedimentos previstos nos julgamentos e que se consideram alcançar o correto equilíbrio entre exatidão e eficiência na aplicação de algum aspecto do direito, havendo-se em conta as diferenças de tipo e grau de danos morais que impõe um falso veredito. Essas diferentes exigências justificam o compromisso com a coerência de princípio valorizada por si mesma. Sugerem aquilo que sustentarei: que a integridade, mais que qualquer superstição de elegância, é a vida do direito tal qual o conhecemos.
Será útil dividir as exigências de integridade em dois outros princípios mais práticos. O primeiro é o princípio da integridade na legislação, que pede aos que criam o direito por legislação que o mantenham coerente quanto aos princípios. O segundo é o princípio da integridade no julgamento: pede aos responsáveis por decidir o que é a lei, que a vejam e façam cumprir como sendo coerente neste sentido. O

no tocante ao processo de *aplicação*[37] da Constituição e das leis.

É oportuno salientar, que no plano concreto, a *desigualdade* é a nota tipificadora dos indivíduos e grupos sociais. Nenhum indivíduo ou grupo social é *igual ao outro*. Todos são distintos, todos são diferentes. Todavia, abstraindo a *concretude*, torna-se perceptível uma identidade de notas entre os serem humanos, que os tornam *iguais entre si*. Deste modo, o direito, atento a tais distinções concretas relativas a todos os indivíduos, busca através do ordenamento jurídico fornecer-lhes um tratamento que os equipare, adotando, para tanto, determinados critérios passíveis de *alcançar* um mínimo de igualdade entre os homens. Com isto, o sistema jurídico necessita estabelecer *distinções* para atingir e aperfeiçoar o valor igualdade, consagrado no *caput* do artigo 5°, da Constituição Federal. Isto porque, reitere-se, é próprio do direito *discriminar* situações para efeitos de fornecer-lhes um tratamento jurídico e, mais ainda, um tratamento jurídico que corresponda à exigência de igualdade.

Nesta tarefa de *desigualar situações para atingir a igualdade*, o legislador deverá sempre ater-se a critérios relevantes que permitam tal desequiparação como forma de promoção da isonomia. No entanto, na adoção dos referidos critérios de discriminação, deverá o legislador dispensar um tratamento que legitime a distinção legalmente efetuada em razão do elemento de discrímen por ele próprio adotado e de maneira proporcional, é dizer, a distinção legalmente efetuada deve ser proporcional ao critério de discrímen utilizado pelo legislador. Neste proceder, a atuação legislativa certamente será conforme ao princípio constitucional da igualdade. Para que se possa melhor compreender o que estamos

segundo princípio explica como e porque se deve atribuir ao passado um poder especial próprio no tribunal, contrariando o que diz o pragmatismo, isto é, que não se deve conferir tal poder. Explica por que os juízes devem conceber o corpo do direito que administram como um todo, e não como uma série de decisões distintas que eles são livres para tomar ou emendar uma por uma, com nada além de um interesse estratégico pelo restante.

(...)

Temos dois princípios de integridade política: um princípio legislativo, que pede aos legisladores que tentem tornar o conteúdo de leis moralmente coerente, e um princípio jurisdicional, que demanda que a lei, tanto quanto possível, seja vista como coerente nesse sentido." **O Império do Direito**. São Paulo: Martins Fontes, 1999, pp. 202; 203 e 213.

37 A *aplicação* da Constituição é tarefa que incumbe aos três poderes estatais, havendo uma diferenciação quanto à *forma* e o *modo* de concretização da Lei Fundamental.

a afirmar, o art. 5°, *caput*, estabelece que *"todos são iguais perante a lei, sem distinção de qualquer natureza"*. Se levarmos à risca tal enunciado normativo, a lei não poderá efetuar distinção de qualquer natureza entre os indivíduos, em razão de *todos serem iguais*. No entanto, tal assertiva não é verdadeira. Conforme salientamos, a lei *deve* efetuar distinções a hipóteses fáticas distintas para atender à igualdade constitucionalmente exigida.

Com o propósito de densificar o conteúdo jurídico da igualdade, o legislador poderá adotar distintos critérios, a exemplo da do sexo, religião, cor etc. Tal forma de proceder do poder legislativo não resulta, reitere-se, em inconstitucionalidade, mas, pelo contrário, em afirmação da própria igualdade consagrada na Constituição Federal. É oportuno salientar, seguindo o raciocínio ora desenvolvido, que deverá haver uma correlação lógica entre o critério de discrímen utilizado pelo legislador e a própria discriminação efetuada na lei. Havendo tal relação de proporcionalidade, a discriminação efetuada se compatibiliza com o direito fundamental à igualdade.

Celso Antônio Bandeira de Mello informa que o reconhecimento das diferenciações que não são permitidas efetuar sem quebra da igualdade, se divide em três questões: a) a primeira diz com o elemento tomado como fator de discrímen; b) a segunda refere-se à correlação lógica que deve existir entre o critério de discrímen adotado e a própria desigualdade estabelecida na lei e; c) a terceira refere-se à conformidade desta correlação lógica com os valores absorvidos pelo texto constitucional[38]. Logo, a lei que venha erigir em critério diferencial um elemento específico que permita individualizar, no presente e em definitivo, seu respectivo destinatário, não se harmoniza com o postulado da igualdade. É importante registrar que a singularização do destinatário pode ser dar através da eleição de determinados elementos que permitam individualizar a

38 **Conteúdo Jurídico do Princípio da Igualdade**. 3ª ed. São Paulo: Malheiros, 1999, p. 21. Segundo o autor, "tem-se que investigar, de um lado, aquilo que é adotado como critério discrimatório; de outro lado, cumpre verificar se há justificativa racional, isto é, fundamento lógico, para, à vista do traço desigualador acolhido, atribuir o específico tratamento jurídico construído em função da desigualdade proclamada. Finamente, impende analisar se a correlação ou fundamento racional abstratamente existente é, *in concreto*, afinado com os valores prestigiados no sistema normativo constitucional.

(...)

Em suma: importa que exista mais que uma correlação lógica *abstrata* entre o fator diferencial e a diferenciação consequente. Exige-se, ainda, uma correlação lógica *concreta*, ou seja, aferida em função dos interesses abrigados no direito positivo constitucional. E isto se traduz na consonância ou dissonância dela com as finalidades reconhecidas como valiosas na Constituição." Ob. cit., p. 22.

pessoa. Trata-se, portanto, de uma forma de tentar burlar a igualdade sob o argumento de que a lei se reveste do caráter de *generalidade*[39].

---

39 A título de exemplo, podemos trazer à baila a seguinte situação: no dia **31 de março de 2018**, foi publicada no Diário Oficial do Estado da Paraíba, a Lei n° 11.097/18, que dispõe, dentre outras matérias, sobre "a Estrutura Organizacional da Administração Direta do Poder Executivo Estadual."
Referida lei, sancionada pelo então Governador do Estado da Paraíba, Sr. Ricardo Vieira Coutinho, dispõe o seguinte em seu art. 6°:
"Art. 6º **Ficam criados um cargo de Assessor Temporário de Segurança e Apoio de ex-Governador**, símbolo CDS-3, a ser ocupado por oficial de Polícia Militar, e dois cargos de Assistente Temporário de Segurança e Apoio de ex-Governador, símbolo CAD-3, a ser ocupado por praças da Polícia Militar, **para fazer a segurança do ex-Governador, a partir do primeiro dia seguinte à conclusão** ou interrupção **do mandato**, por tempo correspondente ao mesmo período de efetivo exercício, limitado à 4 (quatro) anos.
§ 1º **Os cargos criados no caput deste artigo serão providos por indicação do ex-Governador** e ficarão alocados no item 2 do Anexo IV, da Lei nº 8.186, de 16 de março de 2007, com vinculação direta ao Secretário Executivo Chefe da Casa Militar do Governador, podendo ser ocupados por policiais da ativa ou reserva remunerada.
§ 2º Perderá o direito ao benefício estabelecido neste artigo o ex-Governador que fixar residência fora do Estado da Paraíba, enquanto perdurar tal situação.
§ 3º As despesas referentes ao custeio do serviço correrão por conta das dotações orçamentárias da Casa Militar do Governador."
Ocorre, todavia, que o ex-Governador do Estado ao qual se refere a lei, era o próprio Governador que a sancionou e que estava na iminência de deixar o exercício do cargo em razão da superveniência de novo processo eleitoral. Em síntese, o Governador do Estado sancionou uma lei cujo destinatário certo e imediato era ele próprio. Portanto, trata-se de lei incompatível com o postulado constitucional da igualdade, conforme demonstrado acima.
Sobre tal aspecto da individualização do destinatário da norma, Celso Antônio Bandeira de Mello expõe o seguinte:
"Então, se a norma é enunciada em termos que prefiguram situação atual única, logicamente *insuscetível de ser reproduzida* ou *materialmente inviável* (pelo que singulariza *agora* e *para sempre* o destinatário), denuncia-se sua função individualizadora, incorrendo, pois, no vício indigitado.
A inviabilidade de reprodução da hipótese, pois, tanto pode ser lógica quanto material.
Haverá *inviabilidade lógica* se a norma *singularizadora* figurar situação atual irreproduzível por força da própria abrangência racional do enunciado. Seria o caso, *exemplificandi gratia*, de lei que declarasse conceder o benefício *tal* aos que houvessem praticado determinado ato, no ano anterior, sendo certo e conhecido que um único indivíduo desempenhara o comportamento previsto.
Haverá *inviabilidade apenas material*, quando, sem empeço lógico à reprodução da hipótese, haja todavia, no enunciado da lei, descrição de situação cujo particularismo revela tão extrema, da improbabilidade de recorrência que valha como denúncia do propósito, fraudulento, da singularização *atual absoluta* do destinatário.

Outro aspecto a ser evidenciado diz sobre a correlação lógica que deve existir entre o critério de discrímen adotado e a própria desigualdade estabelecida na lei. É dizer, deverá existir uma relação de proporcionalidade entre os elementos discriminatórios e o tratamento jurídico efetuado em razão deles. No entendimento de Celso Antônio Bandeira de Mello, "tem-se que investigar, de um lado, aquilo que é erigido em critério discriminatório e, de outro lado, se há justificativa racional para, à vista do traço desigualador adotado, atribuir o específico tratamento jurídico construído em função da desigualdade afirmada." Por sua vez, resulta agredida a igualdade "quando o fator diferencial adotado para qualificar os atingidos pela regra não guarda relação de pertinência lógica com a inclusão ou exclusão no benefício deferido ou com a inserção ou arredamento do gravame imposto.[40]"

Portanto, o critério discriminatório adotado pelo legislador pode ter por fundamento qualquer elemento radicado nos indivíduos, desde que, para tanto, guarde relação de pertinência lógica com a distinção que dele resulta. Por fim, para que a discriminação efetuada seja compatível com a igualdade, faz-se necessário a concorrência de quatro elementos: a) que a desequiparação não atinja de modo atual e absoluto tão-somente um indivíduo; b) que as situações ou pessoas desequiparadas pela norma jurídica sejam efetivamente distintas entre si, é dizer, possuam traços ou características diferençados; c) que exista, no plano abstrato, uma correlação lógica entre os fatores diferencias existentes e a distinção do tratamento jurídico dispensado em função deles, estabelecida pela norma jurídica e; d) que, no plano concreto, o vínculo de correlação lógica seja adequado em razão dos interesses constitucionalmente tutelados[41].

Para finalizar, trazemos à baila o objeto da ADI nº 5.044/DF[42]. A lei teve sua validade contestada por **fixar limite mínimo de altura para**

Figura-se grotesca norma que concedesse benefício ao Presidente da República empossado com tantos anos de idade, portador de tal título universitário, agraciado com as comendas tais e quais e que ao longo de sua trajetória política houvesse exercido os cargos X e Y. Nela se demonstraria uma finalidade singularizadora absoluta; viciosa, portanto." **Conteúdo Jurídico do Princípio da Igualdade**. 3ª ed. São Paulo: Malheiros, 1999, pp. 24 e 25.

---

40 **Conteúdo Jurídico do Princípio da Igualdade**. 3ª ed. São Paulo: Malheiros, 1999, p. 38.

41 **Conteúdo Jurídico do Princípio da Igualdade**. 3ª ed. São Paulo: Malheiros, 1999, p. 41.

42 "Lei Federal 7.479/1986 (na redação conferida pela Lei Federal 12.086/2009) Art. 11. Para matrícula nos cursos de formação dos estabelecimentos de ensino

matrícula nos cursos de formação, relativa aos **médicos** e **capelães,** para o ingresso nos **quadros de Oficiais de Bombeiros Militares.** Em seu voto, o Ministro Edson Fachin, ao reconhecer a violação ao direito fundamental à igualdade, afirmou que "a fixação de limites mínimos de altura, devem estar relacionados com as funções a serem exercidas pelo ocupante do cargo.[43]" Portanto, não caberia a aplicação da norma em questão a capelães e a profissionais de saúde, uma vez que o exercício de suas atribuições não guarda correlação em razão da estatura do indivíduo[44].

---

bombeiro militar, além das condições relativas à nacionalidade, idade, aptidão intelectual e psicológica, altura, sexo, capacidade física, saúde, idoneidade moral, obrigações eleitorais, aprovação em testes toxicológicos e suas obrigações para com o serviço militar, exige-se ainda a apresentação, conforme o edital do concurso, de diploma de conclusão de ensino superior, reconhecido pelos sistemas de ensino federal, estadual ou do Distrito Federal.

(...)

§ 2º Os limites mínimos de altura para matrícula a que se refere o caput são, com os pés nus e cabeça descoberta, de um metro e sessenta centímetros para homens e um metro e cinquenta e cinco centímetros para mulheres."

---

43 Cf. Ação Direta de Inconstitucionalidade n° 5.044/DF, p. 11.

44 A ADI n° 5044/DF, restou assim ementada:

"CONSTITUCIONAL E ADMINISTRATIVO. RAZOABILIDADE DE LIMITES MÍNIMOS DE ALTURA PARA A MATRÍCULA NOS CURSOS DE FORMAÇÃO DOS ESTABELECIMENTOS DE ENSINO DE BOMBEIRO-MILITAR. ADOÇÃO DOS MESMOS CRITÉRIOS NA LEI FEDERAL 12.705/2012 PARA AS FORÇAS ARMADAS. EXCEÇÃO AOS CARGOS DE MÉDICO E DE CAPELÃO POR AUSÊNCIA DE RAZOABILIDADE. ART. 11, § 2º, DA LEI FEDERAL 7.479/1986. NULIDADE PARCIAL SEM REDUÇÃO DO TEXTO. AÇÃO DIRETA JULGADA PARCIALMENTE PROCEDENTE.

1. Conforme a Jurisprudência desta SUPREMA CORTE, a adoção de requisitos de capacidade física para o acesso a cargos públicos deve observar critérios idôneos e proporcionais de seleção, que guardem correlação com as atividades a serem desempenhadas pelo servidor.

2. A norma contida no § 2º do art. 11 da Lei Federal 7.479/1986, no que se refere aos médicos e aos capelães, é incompatível com a Constituição Federal.

3. Com relação ao restante da carreira de bombeiro-militar, não há ofensa aos princípios constitucionais da impessoalidade, da moralidade, da eficiência ou da proporcionalidade. Os limites de estatura estabelecidos pela norma impugnada, que reproduzem a mesma exigência imposta aos militares das Forças Armadas (1,60m para homens e 1,55m para mulheres), mostram-se razoáveis.

4. Ação Direta de Inconstitucionalidade julgada parcialmente procedente, para declarar a nulidade parcial sem redução do texto do art. 11 da Lei Federal 7.479/1986 (na redação conferida pela Lei Federal 12.086/2009), excluindo-se da sua incidência os médicos e os capelães." (destaque nosso)

(Rel. Min. Alexandre de Moraes, Pleno, D. J. 11.10.18)

6. Direito à integridade pessoal

A Constituição Federal, em seu art. 5°, III[45] e V[46], confere proteção ao direito fundamental à **integridade pessoal, compreendida** pelo **direito à integridade física, psíquica** e **moral**. Esta noção encontra-se positivada no art. 5° do **Pacto de San José da Costa Rica**, que dispõe:

> "Art. 5°. Direito à integridade pessoal.
>
> 1. Toda pessoa tem direito a que se respeite sua integridade física, psíquica e moral.
>
> 2. Ninguém deve ser submetido a torturas, nem a penas ou tratos cruéis, desumanos ou degradantes. Toda pessoa privada de liberdade deve ser tratada com o respeito devido à dignidade inerente ao ser humano.
>
> (...)"

Portanto, em conformidade ao artigo 5° do Pacto de São José da Costa Rica, a integridade pessoal compõe-se da integridade física, de natureza biológica; psíquica, relativa à higidez mental e; moral, relacionada com a honorabilidade[47].

Trata-se, pois, de um "derecho a la conservación de aquello que permite identificar e individualizar al ser humano.[48]" Ao desenvolver este conceito, aponta César Landa que o direito à integridade pessoal corresponde, primeiro, a um direito de não se constituir em objeto de tratamentos que causem lesão ao corpo (integridade física); segundo, supõe a preservação da *psique* do indivíduo, vindo a significar que a pessoa não deve ser objeto de nenhum tratamento que possa emocionalmente afetá-lo, de tal modo que sua dignidade possa ver-se diminuída e (integridade psíquica); terceiro, à preservação do *espírito*, é dizer, da sua capacidade moral, que requer a preservação da sua autonomia para se expressar em conformidade às suas próprias convicções e crenças (integridade moral).[49]

---

45 "Ninguém será submetido a tortura nem a tratamento desumano ou degradante;"

46 "É assegurado o direito de resposta, proporcional ao agravo, além da indenização por dano material, moral ou à imagem;"

47 Cf. Luiz Flávio Gomes, p. 44, in Luiz Flávio Gomes e Valerio de Oliveira Mazzuoli, **Comentários à Convenção Americana sobre Direitos Humanos**, 3ª ed. São Paulo: RT, 2010, p. 44.

48 César Landa, **Los Derechos Fundamentales**, Lima: Pontificia Universidad Católica del Perú, Fondo Editorial, 2017, p. 41.

49 César Landa, **Los Derechos Fundamentales**, p. 42. Ao tratar do âmbito de proteção do direito à integridade pessoal, o autor aduz que é assegurado ao seu titular, "la conservación de los elementos que, en conjunto, lo definen como persona: su

Compreendida a integridade pessoal como *direito subjetivo*, a mesma implica no direito a preservar a própria integridade corporal, psíquica e moral. Logo, resta vedada a diminuição psicossomática do corpo, o desprezo pela dignidade e a distorção do seu processo formativo. Sob uma perspectiva objetiva, reflete o dever do Estado e dos particulares em não lesionara integridade dos indivíduos, além da obrigação estatal de investigar e punir lesões ocasionadas à referida integridade.

Deste modo, apenas com a integridade física, psíquica e moral preservadas, é que o indivíduo pode livremente desenvolver sua personalidade, buscando concretizar o seu projeto de vida a partir de sua próprias convicções e crenças sobre o mundo e a sociedade.

6.1. Direito à integridade física

A Constituição Federal, em seu art. 5°, III, assegura a todo indivíduo proteção corporal, cabendo ao Estado atuar no sentido de não praticar atos contrários à integridade física do indivíduo, além de exercer uma fiscalização atinente à conduta de terceiros para que estes, também, não lesionem dita integridade corpórea da pessoa. A integridade física, no entendimento de Guilherme Peña de Moraes, é definida "como incolumidade corpórea da pessoa humana, comportando o direito ao próprio corpo, bem assim o direito às partes separadas dele.[50]"

O direito à integridade física corresponde à salvaguarda do corpo da pessoa, em oposição à sua esfera moral. Assim, pois, o aspecto físico da integridade pessoal[51] confere proteção ao corpo e à saúde, para que as pessoas possam se deslocar em liberdade, buscando tutelar o corpo humano em toda sua estrutura corpórea. Portanto, sob uma dimensão negativa, o direito à integridade física implica no direito de não ser objeto de amputações, não ser privado de algum sentido ou órgão corporal, não sofrer lesões, não ser fisicamente torturado, não ser objeto de castigos corporais, não ser submetido a tratamentos, intervenções ou experimentos médico-científicos sem o devido consentimento e não ser vítima de violação sexual. Neste sentido, o Tribunal Constitucional da Espanha,

indemnidad somática, psíquica y espiritual; a preservarlo frente a cualquier intento de agresión, provenga del Estado o de otros particulares.
Desde la perspectiva objetiva, el derecho a la integridad como principio impone al Estado el deber de investigar y sancionar las vulneraciones a la integridad física, moral y psíquica de las personas."

50 **Curso de Direito Constitucional**. 3ª ed. São Paulo: Atlas, p. 528.

51 A integridade pessoal é composta pela integridade física, psíquica e moral.

na STC 120/1990[52], entendeu que o direito fundamental à integridade física e moral protege o ser humano *"no solo contra ataques dirigidos a lesionar su cuerpo o su espíritu, sino también contra toda clase de intervención en esos bienes que carezca de consentimiento de su titular."*

Esta afirmação é por demais relevante porque, ao tratar de intervenções bem intencionadas e objetivamente idôneas para produzir um benefício, existe um imperativo constitucional de consentimento prévio (princípio da autonomia) da pessoa interessada.[53] Consoante José Luís Díez Ripollés, o Tribunal Constitucional espanhol tem atribuído ao direito fundamental à vida um conteúdo de proteção positiva derivado da obrigação dos poderes públicos em respeitar a saúde e integridade pessoais dos cidadãos e de protegê-la frente aos ataques de terceiros[54].

Por fim, sobre a vedação constitucional de que "ninguém será submetido a tortura nem a tratamento desumano ou degradante", remetemos o leitor para o tópico "**Da vedação à tortura**", parte integrante deste capítulo.

6.2. Direito à integridade psíquica

Situado no âmbito da *psique* do indivíduo, o direito à integridade psíquica confere proteção ao seu intelecto, à sua capacidade de discernir. São consideradas violações a este direito: a intimidação; ameaça e perigo real a submeter o ser humano a lesões corporais; violação sexual; desmoralização através de insultos; compelir uma pessoa a testemunhar a tortura de uma outra, etc.

A integridade psíquica é conhecida no ramo da psicanálise como *estrutura do sujeito*. Tal estrutura tem sua construção ao logo da existência humana, e possui características anímicas que predispõem a pessoa a relacionar-se afetivamente, profissionalmente, desenvolver talentos artísticos e lúcidos na convivência com seus semelhantes.[55]

---

52 Pleno, S 27-6-1990, n° 120/1990, rec. 443/1990, BOE 181/1990, de 30 julho 1990. Pte: García-Mon y González-Regueral, Fernando (EDE 1990/6901).

53 Cf. L. M. Díez-picazo, **Sistema de Derechos fundamentales**, S.L. Civitas Ediciones, 2013. p. 206.

54 L. Díez Ripollés, "La disponibilidad de la salud e integridad personales", p. 114, in **Cuadernos de Derecho Judicial, Delitos contra la vida e integridadfisica**, 1995, pp. 111-148.

55 Cf. o nosso, **A morte e o direito: há um direito de morrer dos pacientes terminais?** p. 100. Tirant lo Blanch: Florianópolis, 2018.

A integridade psíquica de cada ser humano, à sua maneira, tem por objetivo buscar a efetivação de seus prazeres, ou seja, da felicidade. Deste modo, os valores morais, éticos e religiosos, a capacidade afetiva e emocional, o autoconceito, a autoimagem, o respeito próprio ou sentimento de autoestima são componentes da integridade psíquica da pessoa e constituem um complexo de bens ideais que, somados, determinam o caráter e a personalidade do indivíduo, que o caracterizam como um ser humano único.[56]

Ademais, a integridade psíquica possui íntima ligação com o ser humano enquanto titular de personalidade jurídica. Isso se verifica principalmente em situações relacionadas à manifestação de vontade na seara jurídica, cuja regular produção de efeitos para ser válida necessita de o agente haver procedido em plena posse de suas faculdades psíquicas e mentais, é dizer, higidez psíquica.

Nesse sentido, o direito à integridade psíquica constitui-se, consoante José A. Camargo, da

> "(...) faculdade conferida pelo sistema jurídico de conservar-se (a pessoa) integro e perfeito, desenvolvendo-se normalmente sem sofrer qualquer diminuição. (...) o direito à vida envolve a integridade psicofísica, punindo a lei e os ilícitos que danifiquem o corpo, a mente, a consciência emocional, tipificando o delito de lesões corporais de um modo tão amplo que compreende o sofrimento físico, o prejuízo à saúde e as perturbações às faculdades intelectuais."[57]

A integridade psíquica, inquestionavelmente, encontra-se nesse rol de elementos fundamentais à plenificação da dignidade. Como expressões de comprometimento dessa integridade assegurada constitucionalmente, afetando de forma determinante a concretização da vida digna estão o dano psíquico e a baixa do indivíduo – esta última como ponte para toda uma sorte de transtornos psíquicos dela decorrentes -, demonstrações inequívocas de como dor e sofrimento, pela extremada influência que exercem sobre o elemento da saúde psíquica, guardam relação estreita com a efetivação do direito fundamental à saúde. Portanto, o direito à integridade psíquica é o que se refere a salvaguarda da *psique* da pessoa, é dizer, a sua alma.

56 F. M. Ferraz de Arruda Augusto, **Dano moral puro ou psíquico**. São Paulo: Juarez de Oliveira, 1999, p. 25.

57 "**Direito à integridade psicofísica nos direitos brasileiro e comparado**", in https://www.jfrj.jus.br/sites/default/files/revista-sjrj/arquivo/43-159-2-pb.pdf, acesso em 03.08.19, às 14h50.

6.3. Direito à integridade moral

Por fim, no tocante à integridade moral, referido direito protege o ser humano no tocante à sua cosmovisão da vida, é dizer, da vida individual, o que cada um considera bom ou mal e a possibilidade de agir em consequência. Este mesmo direito atribui às pessoas as seguintes faculdades: não ser sujeito de humilhações ou vexações; não ser vítima de tratamentos degradantes ou desumanos; não sofrer agressões à sua honra e reputação; não ser vulnerado em sua intimidade; não ser obrigado a conduzir-se contra seus valores, convicções ou crenças e de não ser tratada como uma coisa ou instrumento a serviço de um fim.

6.4. Da vedação à tortura

A Constituição Federal em seu artigo 5, III, estabelece que "ninguém será submetido a **tortura** nem a **tratamento desumano** ou **degradante.**" A Lei Fundamental buscou proteger a **integridade pessoal do ser humano**, ora compreendida pela **integridade física, psíquica** e **moral.** A tortura, pois, tem o condão de vulnerar os três referidos aspectos da integridade humana.

É oportuno ressaltar, de início, que não existe uma distinção precisa entre tortura, tratamentos cruéis, desumanos ou degradantes. Consoante o *Relatório da Comissão Nacional da Verdade*[58], a diferença entre tais práticas de crueldade humana não se apresenta de maneira rígida[59].

---

58 A **Comissão Nacional da Verdade - CNV** foi instituída através da Lei nº 12.528/11, com a "finalidade de examinar e esclarecer as graves violações de direitos humanos praticadas no **período fixado no art. 8º do Ato das Disposições Constitucionais Transitórias**, a fim de efetivar o direito à memória e à verdade histórica e promover a reconciliação nacional." Art. 1°. (destaque nosso)
Os fatos apurados pela Comissão Nacional da Verdade - CNV compreende o período de "18 de setembro de 1946 até a data da promulgação da Constituição", conforme estabelecido no artigo 8° do Ato das Disposições Constitucionais Transitórias. Os *Relatórios*, além de outros documentos, podem ser acessados através da página http://cnv.memoriasreveladas.gov.br/

59 De forma similar, o *Relatório* apresenta tal problemática conceitual:
"1. Como definido no Capítulo 7, adota-se no presente relatório, com fundamento no Direito Internacional dos Direitos Humanos, o entendimento de que tortura é todo ato pelo qual são infligidos a uma pessoa penas, sofrimentos físicos e/ou mentais, com fins de investigação criminal, como meio de intimidação, castigo corporal, medida preventiva, pena ou quaisquer outros fins. São igualmente considerados tortura os métodos tendentes a anular a personalidade da vítima ou a diminuir sua capacidade física ou mental, ainda que não causem dor física ou angústia psíquica. **Uma vez que a distinção entre tortura e outros tratamentos ou penas cruéis, desumanos ou degradantes não é precisa no Direito Inter-**

Neste sentido, o *Relatório*[60] afirma o seguinte:

> "A distinção entre tortura e outros tratamentos cruéis, desumanos ou degradantes ("maus- -tratos") não é rígida. Segundo o Comitê contra a Tortura da ONU, não é claro o limite conceitual entre as duas expressões. De maneira geral, a gravidade do fato e a intensidade do sofrimento têm sido utilizadas como critérios de diferenciação que conferem à tortura um estigma especial. A experiência tem demonstrado que as condições que dão lugar à prática de maus-tratos facilitam a tortura e, por conseguinte, as medidas necessárias para impedir um tipo de conduta devem ser aplicadas também ao outro. Independentemente da natureza do ato, ambas as condutas são terminantemente proibidas. Para fins de trabalho da CNV, optou-se prioritariamente pela utilização do termo tortura. Neste, algumas situações especiais caracterizadoras de tortura merecem especial menção pela relevância que adquiriram na realidade brasileira.[61]"

Em 1991, o Presidente da República, mediante aprovação do Congresso Nacional, expediu o Decreto n° 40, através do qual promulgou a Convenção contra a Tortura e outros Tratamentos ou Penas Cruéis, Desumanos ou Degradantes. Em seu artigo 1°, a Convenção estabelece a definição legal de *tortura*:

> "1. Para os fins da presente Convenção, o termo "tortura" designa qualquer ato pelo qual dores ou sofrimentos agudos, físicos ou mentais, são infligidos intencionalmente a uma pessoa a fim de obter, dela ou de uma terceira pessoa, informações ou confissões; de castigá-la por ato que ela ou uma terceira pessoa tenha cometido ou seja suspeita de ter cometido; de intimidar ou coagir esta pessoa ou outras pessoas; ou por qualquer motivo baseado em discriminação de qualquer natureza; quando tais dores ou sofrimentos são infligidos por um funcionário público ou outra pessoa no exercício de funções públicas, ou por sua instigação, ou com o seu consentimento ou aquiescência. Não se considerará como tortura as dores ou sofrimentos que sejam conseqüência unicamente de sanções legítimas, ou que sejam inerentes a tais sanções ou delas decorram."

---

nacional, e como ambas as condutas são peremptoriamente proibidas, este capítulo faz uso apenas do termo tortura, compreendido no sentido amplo apresentado acima." Destaque nosso. p. 328.

60 Comissão Nacional da Verdade – Relatório, Volume I, dezembro, 2014. Disponível em: http://www.memoriasreveladas.gov.br

61 Relatório da Comissão Nacional da Verdade, Volume I, Dezembro/2014, p. 285.

Trata-se, portanto, de um conceito bastante amplo, possibilitando albergar inúmeras situações. A *configuração de um ato como tortura*, segundo o *Relatório*[62] da Comissão Nacional da Verdade – CNV, exige a presença dos seguintes elementos: a) ação ou omissão intencional de agente do Estado ou terceiro que atue com o consentimento estatal; b) sofrimento, aflição física ou psíquica infligida à vítima, ou diminuição de sua capacidade física ou mental e; c) um fim qualquer que motive a conduta.

No tocante à **ação ou omissão intencional de agente do Estado ou terceiro que atue mediante seu consentimento**, tem-se que o Estado é responsável tanto por atos de tortura praticados diretamente como pelos instigados, fomentados ou tolerados por autoridades e por outras pessoas. O fato de a conduta do agente ser baseada em ordens superiores não o exime das responsabilidades correspondentes. Em relação ao segundo elemento tipificador do ato como tortura, há de ser aferido que da sua prática resultou em **sofrimento, aflição física ou psíquica à vítima, ou diminuição de sua capacidade física ou mental** (mesmo que esta não cause dor física ou angústia psíquica). Em tal hipótese, devem ser considerados tanto elementos objetivos (como o período de tempo em que a vítima foi submetida a tortura, o método utilizado para produzir dor, as condições sociopolíticas gerais que motivaram os atos e a arbitrariedade da medida) como elementos subjetivos (a exemplo da idade, gênero e a vulnerabilidade da vítima). Por último, há que se ter presente uma finalidade qualquer que impulsione ou motive o comportamento, a exemplo da realização de investigação criminal, intimidação da vítima, imposição de castigo corporal, medida preventiva ou de pena, bem como a anulação da personalidade da vítima.

A prática de tortura institucionalizada durante o regime militar brasileiro não encontra precedentes em nosso País. Foram praticados atos contra a integridade física, psíquica e moral do indivíduo, de causar inveja aos mais sofisticados filmes de terror[63]. No *Relatório* elabo-

---

62 **Relatório**, pp. 284 e 285.

63 Diversas foram as modalidades praticadas e instrumentos de tortura utilizados durante a ditadura militar. Conforme documentos e informações obtidos pelo *Projeto Brasil Nunca Mais,* desenvolvido pelo Conselho Mundial das Igrejas e a Arquidiocese de São Paulo, é possível elencar os seguintes tipos de torturas que foram aplicados aos indivíduos presos durante o mencionado período: 1. pau-de-arara (barra de ferro atravessada entre os punhos amarrados e a dobra dos joelhos, dependurando o réu); 2. choque elétrico; 3. pimentinha (magneto que produzia eletricidade de baixa voltagem e alta amperagem); afogamento (um tubo de borracha jorrando água continuamente na boca do torturado); 5. cadeira do dragão (cadeira pesada com assento de zinco, com terminal para receber choque elétrico e empurrar, a cada espasmo do preso, as suas pernas para trás, ferindo-as continua e pro-

rado pela Comissão Nacional da Verdade - CNV, podemos encontrar, de forma sistematizada, as mais diversas agressões físicas e psicológicas praticadas contra os seres humanos, de modo que podemos apresentar a seguinte *tipologia da tortura*[64], especificando o sexo, o quantitativo e o respectivo percentual:

gressivamente); 6. geladeira (colocação do preso em um ambiente de temperatura baixíssima); 7. insetos e animais (cobras, jacarés, cães, baratas, lançados sobre os presos); 8. produtos químicos; 9. cassetetes e forquilhas; 10. violação sexual; 11. telefone (aplicar golpe com as mãos nos dois ouvidos); 12. Palmatória; 13. esbofeteamento; 14. empalamento (consiste em espetar uma estaca através do ânus até a boca do torturado para levá-lo à morte, deixando um carvão em brasa na ponta da estaca para que, quando esta atingisse a boca, o supliciado não morresse até algumas horas depois, de hemorragia); 15. queimadura com cigarros; 16. mordidas de cachorro; 17. coroa de cristo (fita de aço que vai sendo gradativamente apertada, esmagando aos poucos o crânio da vítima); 18. arrancamento de dentes com alicate; 19. injeções de éter subcutâneas; 20. arrancamento de unhas; 21. soro da "verdade" (Pentotal); 22. fuzilamento simulado; 23. ameaças de morte (à própria pessoa, a filhos e companheiros); 24. assistir à torturas de companheiros; 25. aplicar torturas em companheiros; 26. desorganização têmporo-espacial e; 27. enterro simulado. Para aprofundamento no tema, recomendamos acessar o site do *Projeto*, no qual estão armazenados milhares de documentos: http://bnmdigital.mpf.mp.br/pt-br/

64 Compõem o ***Relatório da Comissão Nacional da Verdade - CNV***, diversos depoimentos emanados de pessoas torturadas e testemunhas dos fatos ocorridos durante a repressão militar. De modo a evidenciar, na prática, o conceito de *tortura*, trazemos à colação alguns relatos sobre as formas de implementação da *tortura física* e *psíquica* postas em execução pelos algozes:

"1.1. Tortura física

97. A tortura física era praticada nas mais diversas formas e por meio de distintos instrumentos, agindo, em regra, sobre o corpo do torturado. Normalmente, as variadas técnicas de tortura eram aplicadas simultaneamente ou em sequência, estando algumas delas descritas a seguir.

98. A **tortura por choque elétrico**, conforme a carta dos presos políticos em São Paulo à OAB:

'É a aplicação de descargas elétricas em várias partes do corpo do torturado, preferencialmente nas partes mais sensíveis, como, por exemplo, no pênis e ânus, amarrando-se um polo no primeiro e introduzindo-se outro no segundo; ou amarrando-se um polo nos testículos e outro no ouvido; ou ainda, nos dedos dos pés e mãos, na língua etc. (Quando se trata de presas políticas, os polos costumam ser introduzidos na vagina e no ânus.) Para conseguir as descargas, os torturadores utilizam-se de vários aparelhos: magneto (conhecido por "maquininha" na Oban e "maricota" do DOPS/RS); telefone de campanha (em quartéis); aparelho de televisão (conhecido por "Brigitte Bardot" no Deops/SP); microfone (no Deops/SP); "pianola", aparelho que, dispondo de várias teclas, permite a variação controlada da voltagem da corrente elétrica (no PIC-Brasília e no Deops/SP); e ainda choque direto de tomada em corrente de 110 e até 220 volts. O choque queima as partes sensíveis do corpo e leva o torturado a convulsões. E é muito comum a vítima, recebendo as descargas, morder a língua, ferindo-a profundamente. Consta de compêndios médicos que o eletrochoque aplicado na cabeça provoca micro- -hemorragias no cérebro, destruindo substância cerebral e diminuindo o patrimônio neurônico do cérebro. Com isso, no mínimo provoca grandes distúrbios na memória e sensível diminuição da capacidade de pensar e, às vezes, amnésia definitiva. A aplicação intensa de choques já foi causa de morte de muitos presos políticos, particularmente quando portadores de afecções cardíacas.'

99. O uso dessa modalidade de tortura contou com auxílio norte-americano, por meio do fornecimento de rádios portáteis que, além de instrumentos de comunicação, funcionavam como geradores de eletricidade para dar choques nos presos, com descargas elétricas moduláveis. Flávio Tavares conta em Memórias do esquecimento, que na máquina de choque elétrico com a qual foi torturado, "[...] sobressai uma inscrição em relevo 'Donated by the people of United States' e, logo abaixo, a insígnia da Aliança para o Progresso, com as duas mãos entrelaçadas".

100. Maurício Paiva foi vítima dos choques elétricos na aula prática de tortura em que serviu de cobaia, como descreve em seu livro-testemunho O sonho exilado:

'Um sargento segurou-me pelos cabelos, pisando sobre os meus pés com todo o peso do seu corpo, um soldado atou nos dedos mínimos das minhas mãos as pontas de dois longos fios conectados a uma maquininha de choques que um cabo firmava à altura do peito. [...] O sargento soltou os meus cabelos e o cabo girou a manivela. Num pulo, soltei os pés que estavam presos sob as botas. O cabo aumentou a velocidade o quanto podia, eu urrei desesperadamente, pulei para todos os lados, caí, levantei-me. Os choques continuaram, até que me joguei sobre os militares que estavam sentados nas cadeiras mais próximas e os fios soltaram-se dos meus dedos'.

A tortura de Epaminondas Gomes de Oliveira com choques elétricos foi presenciada por Abelardo Barbosa de Oliveira, vizinho do Epaminondas, que a relatou em depoimento à CNV em 22 de outubro de 2013, em Porto Franco (MA):

'Torturado algemado e com o aparelho. Eu não recordo se era para cima algemado ou se era para trás, eu não recordo. Ele em uma cadeira, ele com um aparelho magnético com um negócio em um ouvido e no outro. Ele dava gritos horríveis, gritando, dando choques no ouvido dele batendo nele com a palmatória. Isso eu vi. Eu vi lá em Imperatriz. Lá em [...], eu os vi fazendo isso. [...] Foi torturado com aparelho de choque. Ele dava grito, rodava aquele magneto, não sei que diabo era aquilo. E gritava, dava com a palmatória desse tamanho na bunda deles. Claro que aquilo me doía por dentro.'

Adão Domingos dos Santos, membro do Movimento Democrático Brasileiro (MDB), igualmente narrou ter sido "[...] submetido a choques elétricos, desferidos pela máquina intitulada 'maricota'". De acordo com ele "[...] em determinada ocasião, [Paulo] Malhães disse ao depoente que ele se tratava de pessoa insignificante, por ser pobre, cujo desaparecimento não acarretaria consequência alguma".

101. Cadeira do dragão era uma cadeira pesada, na qual a vítima era presa para o recebimento de choques elétricos, com uma trava empurrando para trás as suas pernas, e na qual suas pernas batiam com os espasmos decorrentes das descargas elétricas. Conforme a carta dos presos políticos em São Paulo à OAB, a cadeira do dragão:

'É semelhante a uma 'cadeira elétrica'. Constitui-se por uma poltrona de madeira, revestida com folha de zinco. O torturado é sentado nu, tendo seus pulsos amarrados aos braços da cadeira e as pernas forçadas para baixo e presas por uma trava. Ao ser ligada a corrente elétrica, os choques atingem todo o corpo, principalmente nádegas e testículos; as pernas se ferem batendo na trava que as prende. Além disso, há sevícias complementares: 'capacete elétrico' (balde de metal enfiado na cabeça e onde se aplicam descargas elétricas); jogar água no corpo para aumentar a intensidade do choque; obrigar a comer sal, que, além de agravar o choque, provoca intensa sede e faz arder a língua já cortada pelos dentes; tudo acompanhado de pancadas generalizadas."

102. José Augusto Dias Pires relata experiência com a cadeira do dragão no Rio de Janeiro:

'[...] o interrogado foi obrigado a se sentar em uma cadeira, tipo barbeiro, à qual foi amarrado com correias revestidas de espumas, além de outras placas de espuma que cobriam seu corpo; que amarraram seus dedos com fios elétricos, dedos dos pés e mãos, iniciando-se, também, então uma série de choques elétricos; que, ao mesmo tempo, outro torturador com um bastão elétrico dava choques entre as pernas e pênis do interrogado.'

Carlos Russo Junior, militante do PCB e posteriormente da DI e da ALN, preso de abril de 1974 a março de 1976, mencionou, em depoimento à CNV em 28 de setembro de 2012, que foi torturado pelo ex-delegado Calandra e colocado na cadeira do dragão para dialogar: "O terceiro dia foi com a equipe C, passaram três equipes, as três batiam e depois voltavam. A equipe C era considerada a equipe do diálogo, coloca você na cadeira do dragão e dialogando".

103. Palmatória, explicam presos políticos de São Paulo,

'é a utilização de uma haste de madeira, com perfurações na extremidade, que é arredondada. É usada de preferência na região do omoplata, na planta dos pés e palma das mãos, nádegas etc., causando o rompimento de capilares sanguíneos e ocasionando derrames e inchaço, que impedem a vítima de caminhar e de segurar qualquer coisa.'

104. Jean Marc Van der Weid, militante da Ação Popular, foi preso e levado ao DOPS, sofrendo com a palmatória em sua passagem no cárcere:

'Havia outra tortura que Jean Marc odiava mais. Os guardas usavam palmatórias – pranchas planas de madeira dotadas de pequenos furos, normalmente usadas para castigar meninos de escola. Uma palmada ou duas provocavam uma dor penetrante, como picadas de agulhas de crochê, mas, até chegar à Ilha das Flores, Jean Marc jamais tivera medo da palmatória. Agora os torturadores usavam-na durante horas, atingindo-lhe repetidamente a cabeça, os rins e o sexo.'

Criméia Alice Schmidt de Almeida foi torturada com palmatória, entre outros métodos, apesar de grávida de sete meses:

'Pela manhã, o próprio comandante major Carlos Alberto Brilhante Ustra foi retirar-me da cela e ali mesmo começou a torturar-me [...]. Espancamentos, principalmente no rosto e na cabeça, choques elétricos nos pés e nas mãos, murros na cabeça quando eu descia as escadas encapuzada, que provocavam dores horríveis na coluna e nos calcanhares, palmatória de madeira nos pés e nas mãos. Por recomendação de um torturador que se dizia médico, não deviam ser feitos espancamentos no abdômen e choque elétricos somente nas extremidades dos pés e das mãos.'

105. As formas de **afogamento** usadas sobre os presos políticos variavam conforme o órgão repressivo que as empregasse:
'Uma das formas mais comuns consiste em derramar-se água ou uma mistura de água com querosene ou amoníaco ou outro líquido qualquer pelo nariz da vítima, já pendurada de cabeça para baixo (como, por exemplo, no pau de arara). Outra forma consiste em vedar as narinas e introduzir uma mangueira na boca, por onde é despejada a água. Outras formas, ainda, são: mergulhar-se a cabeça do preso em um tanque, tambor ou balde de água, forçando-lhe a nuca para baixo; "pescaria", quando amarrada uma longa corda por sob os braços do preso e este é lançado em um poço ou mesmo em rios ou lagoas, afrouxando-se e puxando-se a corda de tempo em tempo.'
106. Ottoni Guimarães Fernandes Junior, militante da Ação Libertadora Nacional (ALN), entre outras torturas sofridas, foi vítima de afogamento relatado em depoimento à CNV de 5 de outubro de 2012:
'[...] eu comecei a ser torturado, ele sabia exatamente o que eu fazia na organização, sabia com detalhes, um pouco mais tarde eles me levaram para um quarto embaixo da casa, tinham pelo menos mais dois quartos, eu fui torturado com pau de arara, choque, afogamento, todos os serviços que eles faziam, eu fiquei alguns dias nessa casa. Eu ouvia gritos no quarto ao lado, era outro companheiro que estava sendo torturado.'
107. Telefone era a técnica de "[...] aplicação de pancada com as mãos em concha nos dois ouvidos ao mesmo tempo". César Augusto Teles confirma: "Davam tapões em meus ouvidos e chamavam a isto de 'telefone'. Em algumas vezes cheguei a perder os sentidos". O método levou ao rompimento dos tímpanos de diversos presos políticos e, em alguns casos, à surdez permanente.
108. Na modalidade **sessão de caratê** ou **corredor polonês**, o preso era agredido em meio a uma roda de torturadores, com socos, pontapés, golpes de caratê, bem como instrumentos: 'pedaços de pau, ripas de madeira, cassetetes, mangueiras de borracha, vergalho de boi ou tiras de pneu'.
109. Sobre esta modalidade, narra Darci Myaki à CNV em 13 de junho de 2013:
'Eu fui presa no dia 25 de janeiro de 1972, meio dia e dois minutos, na rua Rainha Guilhermina, Leblon, Guanabara. Fui agarrada por vários homens que de imediato me jogaram num Opala branco. É uma das poucas lembranças nítidas que eu tenho. Me jogaram no chão, puseram um capuz preto e começaram a me dar pontapés. Eu permaneci na Guanabara do dia 25 de janeiro ao dia 28, metade da manhã. Durante esse período eu não fui para cela nenhuma. Tiraram toda a minha roupa... Logo que eu cheguei passei pelo corredor polonês, em que levava pancadas; 'telefone'; caía, aí eles me levantavam – eu tinha cabelo comprido –, me levantavam pelo cabelo e em seguida me levaram para a sala de torturas.'
110. Utilização de produtos químicos também se dava com frequência. Tratava-se do uso de qualquer tipo de produto químico contra o torturado, seja para fazer falar, por alteração da consciência, seja para provocar dor, para assim obterem a informação desejada. Alguns exemplos seguem abaixo, devendo-se registrar que outros produtos e técnicas eram utilizados para além dos apresentados a seguir – como jogar ácido no corpo ou aplicar álcool no corpo ferido, ligando-se, na sequência, o ventilador.
111. Soro da verdade é um desses produtos que teve larga utilização: Para os órgãos repressivos, "soro da verdade" é o nome que dão ao pentotal. O pentotal só-

dico é um sal de sódio de pentotal, isto é, um barbiturato (os barbitúricos e outros hipnóticos produzem um efeito progressivo, primeiro sedativo e, em seguida, de anestesia geral e, finalmente, de depressão gradativa dos centros bulbares). Geralmente sua aplicação é feita com o torturado preso a uma cama ou maca, sendo-lhe a droga injetada por via endovenosa, gota a gota. É do nosso conhecimento que em medicina, a utilização dessa droga se dá sob estrito controle, já que ela promove graves efeitos colaterais e até mesmo a morte no caso de doses excessivas.

Presos que passaram por essa experiência relatam:

"Que já à noite, possivelmente às 10h, o dr. Amílcar Lobo voltou à sala de torturas, tomou a sua pressão arterial, pulso, respiração etc., passando então a lhe aplicar o pentotal. Que essa droga lhe era aplicada muito lentamente, de tal forma que o depoente ia entrando em turvação mental e sonolência, quando lhe eram feitas perguntas que obedeciam a dois critérios: o primeiro que objetivava uma resposta correta, como por exemplo qual era o nome de seu pai etc. o segundo sobre informações de companheiros seus, informações que ele não desejava prestar.

Eu achava que, se eu começasse a contar alguma história, eu iria fraquejar. Então, eu tive a postura mais de não falar nada, de ficar quieta, como se eu não soubesse falar, não conseguisse, não pudesse. Até que teve uma hora que eles disseram: "Não, vamos dar um soro da verdade para ela". Eu já tinha lido, sabia que não existia este soro da verdade, mas eles me deram uma injeção que você já fica mais grogue, eu sabia que não existia o tal soro da verdade, sabia que isto era uma mentira, mas na época tinha este mito de que existiria um soro que você aplicava nas pessoas e a pessoa falava tudo. Era um analgésico, uma coisa que colocavam para você ficar mais dopada. Eles aplicavam isto em mim."

112. O uso do éter também se deu de forma frequente. A modalidade de **temperar com éter** consiste em aplicar uma espécie de compressa embebida em éter, particularmente em partes sensíveis do corpo, como boca, nariz, ouvidos, pênis etc., ou introduzir buchas de algodão ou pano, também embebidas em éter, no ânus do torturado, geralmente quando no pau de arara (no caso das presas políticas, as buchas são introduzidas também na vagina). A aplicação demorada e repetida dessas compressas e buchas provoca queimaduras, advindo daí muita dor.

113. Já a **injeção de éter** é a aplicação de injeções subcutâneas de éter, e que provoca dores lancinantes. Normalmente, esse método de tortura ocasiona necrosamento dos tecidos atingidos, cuja extensão depende da área alcançada.

Cleuzer de Barros foi vítima desta última modalidade, conforme relatado no processo para sua declaração como anistiada: 'Cleuzer de Barros foi torturada na prisão, ambas as vezes. Injetaram-lhe éter nos pés, o que provocou-lhe uma paralisia temporária. Tal dificuldade para andar ocorre até hoje'.

115. Sufocamento dava-se com a obstrução da respiração e produção de sensação de asfixia, tapando-se a boca e o nariz do preso com materiais como pano ou algodão, o que também impede o preso de gritar. O torturado sentia tonturas e podia desmaiar.

116. Enforcamento, nele o preso tinha o seu pescoço apertado com uma corda ou tira de pano, sentindo sensação de asfixia e sendo por vezes levado ao desmaio.

117. Crucificação, como explica a carta de presos políticos em São Paulo à OAB ao tratar da modalidade de tortura: Embora conhecido por tal nome, na verdade esse método consiste em pendurar a vítima pelas mãos ou pés amarrados, em ganchos

presos no teto ou na escada, deixando-a pendurada e aplicando-lhe choques elétricos, palmatória e as outras torturas usuais.
118. Nesse mesmo documento se relata a modalidade **furar poço de petróleo**: O torturado é obrigado a colocar a ponta de um dedo da mão no chão e correr em círculos, sem mexer o dedo, até cair exausto. Isto ocorre sob pancadas, pontapés e todo o tipo de violência.
119. Outra modalidade era aquela em que o preso era colocado de pé sobre duas latas abertas: Consiste em obrigar o torturado a equilibrar-se com os pés descalços sobre as bordas cortantes de duas latas abertas, geralmente do tipo daquelas utilizadas para a comercialização de leite condensado. Por vezes isso é feito até sangrarem. Quando a vítima se desequilibra e cai, intensificam-se os espancamentos. Benedito de Paula Bezerril, membro do PCdoB (Partido Comunista do Brasil), relata em seu depoimento à CNV do dia 22 de maio de 2013: '[...] me levaram para uma sala. Nesse local me despiram totalmente. Fiquei totalmente nu, colocaram fios no meu dedo do pé, dedo maior do pé, e em volta dos meus testículos. Me colocaram sobre duas latas, que acredito tipo de óleo comestível, dessas que se encontra ainda hoje, que se tem por aí, e assim teve início o interrogatório deles lá. Deviam ser duas, três pessoas que se revezavam [...]. Cada pergunta era acompanhada de descarga. Esse processo se dá durante todo o dia. Eles se revezam, mas não param. Eu ouvia, ao mesmo tempo, tinha conhecimento, de que na outra sala estava acontecendo também um interrogatório feito da mesma forma, porque eu ouvia gritos, eu ouvia as perguntas, as respostas de quem estava sendo torturado.'
120. A **geladeira**, que, como apontado acima (seção A deste capítulo), é reconhecida como uma tecnologia de tortura de origem britânica, é assim descrita na carta de presos políticos em São Paulo à OAB: O preso é confinado em uma cela de aproximadamente 1,5 m × 1,5 m de altura, baixa, de forma a impedir que se fique de pé. A porta interna é de metal e as paredes são forradas com placas isolantes. Não há orifício por onde penetre luz ou som externos. Um sistema de refrigeração alterna temperaturas baixas com temperaturas altas fornecidas por um outro, de aquecimento. A cela fica totalmente escura na maior parte do tempo. No teto, acendem-se às vezes, em ritmo rápido e intermitente, pequenas luzes coloridas, ao mesmo tempo que um alto-falante instalado dentro da cela emite sons de gritos, buzinas e outros, em altíssimo volume. A vítima, despida, permanece aí por períodos que variam de horas até dias, muitas vezes sem qualquer alimentação ou água.
121. Presos políticos contam sobre essa modalidade de tortura: 'E nessa época os processos de tortura já tinham evoluído, além das torturas físicas tradicionais, e a sua própria esposa, que esteve presa por alguns dias, foi levada ao que eles chamavam de geladeira, que era um cômodo estanque, onde era alternado o frio intenso ou calor excessivo, com ruídos de todos os tipos, enfim, um tipo de tortura mental, mais grave até do que a tortura física. A cela em que me colocaram deve ser subterrânea, ou num porão. Sua dimensão é, mais ou menos, de dois metros por dois. Sem a menor janela ou qualquer abertura para fora, além da porta. Essa é de aço, com um visor que permite o controle do preso pelo lado de fora. O chão é de cimento áspero. Nela não havia colchão, travesseiro ou uma folha de jornal. Total e absolutamente nua. E eu nu dentro dela. O ar deve entrar por algum conduto apropriado. Suas paredes e o teto são pintados de preto. Possui um sistema de iluminação forte, acionado no corredor externo de acesso. A porta de aço assemelha-se

a uma porta de geladeira, a fim de não permitir a passagem de som, pois a cela é o local da tortura. A escuridão é total, quando apagam as luzes. Verdadeiramente, é uma cova ou uma masmorra medieval, mas dotada de requintes ultramodernos, como o sistema de entrada de ar, a porta e a iluminação. Assim, é a conjugação do passado mais miserável com a técnica sofisticada norte-americana. Não vi em São Paulo ou no Rio Grande do Sul coisa igual. Bom dinheiro nosso foi gasto em sua construção. Dentro dela perdi a noção do tempo. A rotina – dia e noite – não existe quando nela se é jogado. A coisa se divide em escuridão total, para o preso se refazer um pouco, a fim de depois apanhar mais; e a iluminação forte na hora da tortura. Horas, minutos, segundos, ali não têm existência. Espaço, horizonte, tudo isso é besteira.'

122. Pau de arara foi um dos métodos mais utilizados e conhecidos, sendo largamente adotado como ilustração simbólica da prática da tortura. Nessa modalidade, o preso ficava suspenso por um travessão, de madeira ou metal, com os braços e pés atados. Nesta posição, outros métodos de tortura eram aplicados, como afogamento, palmatória, sevícias sexuais, choques elétricos, entre outros. Em depoimento à CNV datado de 25 de fevereiro de 2014, Áurea Moretti Pires relata sua experiência quando esteve encarcerada no presídio Tiradentes, em São Paulo:

'No quartel. Antes disso levaram nós da delegacia, eu e o Vanderlei, que era a cabeça da coisa. Levaram, então, o cabo Aparecido com seu pau de arara, com seu choque elétrico, tá, eu amarrada do modo como eles fazem que fica amarrado, assim, pulso amarrado, de um modo que a parte de baixo da perna dá pra passar o cano do pau de arara, né?, então quando levanta a gente tá pendurado de cabeça pra baixo, e no caso ele tirou toda minha roupa, fiquei só de calcinha. [...] O Miguel Lamano também entrou na estória. Foi lá dar tapa na minha cara. Claro, sempre assim, sabe? Mas depois mandou o cabo Aparecido parar, porque os dois eram juntos. E o Lamano veio batendo ni mim e eu amarrada no pau de arara. Ele ria de mim e falava assim: ixe, é magrela demais, não vai aguentar pau de arara. Eu virei e falei mesmo, falei: imagina, eu é que aguento porque eu sou magra, eu queria ver você com essa barriga, cê já tinha entregado até tua mãe. E os soldados ouviram e saíram espalhando, porque todo mundo tinha medo e ódio dele, de ver ele como ele espancava todo mundo, ainda não nós, e eu peitava no que eu podia, e não deixava barato as coisas.'

Antônio Pinheiro Salles relata em seu depoimento de 18 de setembro de 2013 à CNV:

'[...] Este Nilo Oliveira [...], muitas vezes quando eu estava pendurado no pau de arara, porque a gente fica com a cabeça para baixo, pois durante um tempo você resiste, fica com a cabeça ainda levantada, depois de algum tempo você não exerce mais nenhum domínio sobre o corpo. É tudo assim, amortecido. O resto está amarrado, mas o pescoço ele cai. E ele foi inúmeras vezes chegar em cima de mim, lá no local onde o meu pescoço caído, ele abria a calça, tirava o pênis e urinava na minha cara. Ele fez isso várias vezes. 'Eu estou com vontade de urinar, vou urinar aqui nesta latrina.' Pegava e urinava. [...] Então, em muitas oportunidades eu era arrastado de lá, literalmente, arrastado. Pegavam-me pela perna, um torturador pegava uma perna, outro pegava na outra perna, arrastavam a cabeça na lage, o corpo na lage. [...] chegando lá a pessoa era amarrada no pau de arara. Embaixo, às vezes eles colocavam, em baixo do corpo da pessoa amarrada, colocavam jornais

para forrar o chão. Às vezes não, mas quase sempre eles colocavam aquele jornal embaixo. Porque a pessoa vomitava muito e defecava muito.'
A longa permanência no pau de arara podia gerar nos presos problemas circulatórios. Foi essa, inclusive, a causa da morte de Luiz Eduardo da Rocha Merlino.
123. A **utilização de animais** também se verificou na prática da tortura. Presos políticos foram expostos aos mais variados tipos de animais, como cachorros, ratos, jacarés, cobras, baratas, que eram lançados contra o torturado ou mesmo introduzidos em alguma parte do seu corpo. Especificamente em relação aos camundongos, o torturador Lourival Gaeta, que atuou no DOI do I Exército durante a década de 1970, em São Paulo, explicava sua destrutividade uma vez introduzidos nos corpos das suas vítimas com o argumento de que este animal não sabe andar para trás. Em depoimento às Comissões Nacional e Estadual do Rio de Janeiro, Lucia Murat conta sobre a utilização de baratas, inclusive dentro do seu corpo: Eu não sei bem o que se passou quando eu voltei. As lembranças são confusas.
'Eu não sei muito bem como era possível, mas eu sei que tudo ficou pior. Eles estavam histéricos, eles sabiam que precisavam extrair alguma coisa em 48 horas, se não perderiam o meu contato. Gritavam, me xingavam, me puseram de novo no pau de arara. Mais espancamento, mais choque, mais água e dessa vez entraram as baratas. Puseram baratas passeando pelo meu corpo, colocaram uma barata na minha vagina. Hoje parece loucura, mas um dos torturadores, de nome de guerra Gugu, tinha uma caixa onde ele guardava as baratas amarradas por barbantes e através do barbante ele conseguia manipular as baratas pelo meu corpo.'
Dulce Pandolfi, em seu relato à CNV, de 28 de maio de 2013, igualmente conta sobre o uso de animais para torturar os presos políticos:
'Eu acuso o coronel da reserva Paulo Malhães, que, em recente entrevista ao jornal O Globo, no dia 26 de agosto de 2012, afirmou que em 1970 trouxe do rio Araguaia cinco jacarés e levou para o quartel da PE, na rua Barão de Mesquita, no Rio de Janeiro, para atemorizar os presos políticos. Uma delas fui eu.'
Leia-se, ainda, o relato de Ana Bursztyn à Comissão de Anistia e à UFRJ no dia 7 de julho de 2011, pelo projeto Marcas da memória, sobre o uso de um jacaré em sua tortura:
'[...] Ah! Então já são umas oito horas! Aí então, depois te tira, mas não te dá porrada, mas põe um jacaré em cima de você, é tortura! [...] Um jacaré! Não muito grande, disseram eles depois que era desdentado. É assim, se perguntar, ele vai dizer: "Tortura não. Foi só um choquinho. Ah! O jacaré não fazia nada!". Eles minimizam, entendeu? Eles colocavam o jacaré em cima e para cada um tinha um nome! O meu era Marighella. Era um jacarezinho que colocavam no teu corpo, aí vou dizer: não é porrada o tempo todo, mas é tortura! É humilhação, é sacanagem, é humilhar o outro na tua frente, é não te deixar dormir, é tortura! É terror!'
A jornalista Miriam Leitão foi uma das vítimas de tortura com animais, incluindo a utilização de uma jiboia pela equipe de interrogatório do DOI-CODI do I Exército, comandada pelo coronel Paulo Malhães (v. documento Arquivo CNV, 0092.003135/2014-59).
124. **Coroa de cristo** consistia na colocação de uma fita de aço em torno do crânio, com uma tarraxa permitindo que fosse apertada. Assim foi morta Aurora Maria Nascimento Furtado.201 Antonio Alves de Sousa, conforme contou em audiência pública à Comissão de Anistia do Ministério da Justiça, igualmente foi vítima desta

modalidade, tendo sido utilizado "um instrumento de tortura (coroa de cristo) na sua cabeça, que apertavam para doer e ele ter que contar tudo o que sabia".

125. Churrasquinho era a tortura que consistia em atear fogo em partes do corpo do preso previamente embebidas em álcool.

126. Conforme a denúncia dos presos políticos em São Paulo à OAB,204 diversas outras formas de tortura eram praticadas, isoladas ou em conjunto, como **queimar com cigarros alguma região do corpo, arrancar com alicate pelos do corpo, (nomeadamente os pubianos) dentes e/ou unhas, obrigar o torturado com sede a beber salmoura, introduzir bucha de palha de aço no ânus e nelas aplicar descargas elétricas, amarrar fio de náilon entre os testículos e os dedos dos pés e obrigar a vítima a caminhar, e a mais comum de todas, o espancamento**. Este último é descrito por Dulce Pandolfi em depoimento à CNV do dia 28 de maio de 2013:

'Eu acuso o major da polícia militar Riscala Corbaje, conhecido como doutor Nagib, que, ao perceber que o tal soro da verdade não havia produzido o efeito esperado, me levou para uma sala, me deitou no chão, subiu nas minhas costas, começou a me pisotear e a me bater com o cacete. Dizendo, aos gritos, que ia me socar até a morte. O seu descontrole foi tamanho e os seus gritos tão estridentes que os outros torturadores entraram na sala e arrancaram ele de cima de mim.'

127. O projeto *Brasil: nunca mais* identificou ainda outras modalidades, como: açoitar, amarrar a grades da cela, amarrar a lanchas e arrastar pela água, amarrar pênis para não urinar, asfixiar, forçar a ingestão de água da latrina, chicotear, cuspir, manter em isolamento em celas molhadas, frias, sem iluminação e sujas, martelar dedos, enterrar vivos, forçar a prática de exercícios físicos, estrangular, fazer roleta russa, cortar orelha, mutilar.

1.2. Tortura psicológica

128. A tortura não se restringe às agressões físicas, podendo da mesma forma se produzir por meio de atos diretamente voltados a provocar sofrimento psíquico ou moral. As definições de tortura incorporadas nas Convenções das Nações Unidas e Interamericana contra esse delito fazem referência expressa a sofrimentos físicos ou mentais. São consideradas tortura psicológica (também denominada tortura mental): a intimidação, as ameaças graves e críveis à integridade física ou à vida da vítima ou de terceiros e a humilhação. Com efeito, a intimidação foi apresentada em Resolução da Assembleia Geral da ONU como uma forma de tortura. Conforme a jurisprudência dos tribunais internacionais de defesa dos direitos humanos, a ameaça ou o perigo real de submeter alguém à tortura física ou o tratamento desumano ou degradante pode constituir tortura psicológica (ou, pelo menos, um tratamento desumano); e a humilhação que exceda os efeitos habituais da aplicação judicial de uma pena legal, ainda que não se dê em caráter público, pode violar a proibição de tratamento degradante.

129. São também consideradas espécies de tortura e técnicas empregadas para provocar danos sensoriais, com consequências na esfera psíquica, tais como alucinações e confusão mental. São exemplos dessas técnicas o isolamento, a proibição absoluta de se comunicar e a privação de sono. Entre as empregadas pela ditadura militar brasileira, podem ser mencionadas: vestir o preso com camisa de força, obrigá-lo a permanecer durante horas algemado ou amarrado em macas ou camas, mantê-lo por muitos dias com os olhos vendados ou com capuz na cabeça, manter o preso sem comer, sem beber e sem dormir, confinar o preso em celas fortes, isolar o preso, acender fortes refletores de luz sobre ele. **Por consistirem em ações físicas que alcançam a mente do indivíduo, elas são por vezes designadas torturas físico-psíquicas.**

130. Nos casos de desaparecimento forçado, a jurisprudência da Corte Interamericana de Direitos Humanos presume, como consequência do crime, a ocorrência de violação à integridade psíquica e moral dos familiares diretos, em razão do sofrimento e da angústia a eles provocados, além dos sentimentos de insegurança, frustração e impotência causados pela recusa das autoridades públicas em investigar os fatos. A presunção vale para mães e pais, filhas e filhos, esposos e esposas, companheiros e companheiras, consideradas as particularidades do caso. A Corte analisa se houve prova de afetação à integridade pessoal da suposta vítima; verifica, em particular, se existia vínculo especialmente estreito entre ela e a pessoa desaparecida, se a primeira participou da busca de justiça no caso concreto e se passou por sofrimentos próprios. No mesmo sentido, a Declaração sobre a Proteção de Todas as Pessoas contra os Desaparecimentos Forçados, de 1992, já estabelecia que o desaparecimento forçado provoca grandes sofrimentos a essas pessoas e às suas famílias, constituindo violação do direito a não ser sujeito à tortura ou a outras penas ou tratamentos cruéis, desumanos ou degradantes.

131. Assim, a **tortura psicológica** pode ser compreendida como aquela na qual a violência, mais do que atingir e deixar marcas no corpo da vítima, produz danos psicológicos (mentais). Nessa acepção, ela se distingue dos efeitos psicológicos provocados em decorrência da tortura física (ver seção E deste capítulo). De qualquer forma, a tortura psicológica raramente vem isolada, sem agressão física. Por vezes só a possibilidade do início das torturas físicas já causava no torturado um imenso pavor, consubstanciando tortura psicológica, como menciona Marco Antônio Tavares Coelho:

'Quando se está na cela forte, onde a porta de aço é inteiriça, o simples abrir da porta é assustador. A cela forte é estreita (1,2 m × 3 m, mais ou menos) sem outra abertura que a porta de aço. A abertura da porta provoca um estrondo lá dentro. O preso levanta-se do chão ou do colchão com o coração deprimido, pois sabe que normalmente aquele estrondo é o prólogo das torturas.'

São relacionados abaixo alguns excertos de memórias vivas de algumas das modalidades de tortura psicológica praticadas.

132. O uso de **ameaças** para aterrorizar as vítimas é a mais frequente forma de tortura psicológica. Eram feitas ameaças como: cometer aborto, na vítima ou em familiar; forçar afogamento; asfixiar; colocar animais no corpo; obrigar a comer fezes; entregar o preso a outra unidade repressiva mais violenta; espancar; estrangular; estuprar familiar; fuzilar; matar; prender familiar; violentar sexualmente; fazer lavagem cerebral; mutilar alguma parte do corpo. Pode-se ainda mencionar as ameaças de morte representadas por ações como: obrigar o preso a cavar a própria sepultura, dançar com urna mortuária, fazer roleta russa, entre outras.

133. Dilma Vana Rousseff, atualmente presidenta do Brasil, contou em 2001 à Comissão Estadual de Indenização às Vítimas de Tortura (CEIVT) de Minas Gerais: "Tinha muito esquema de tortura psicológica, ameaças. [...] 'Você fica aqui pensando, daqui a pouco eu volto e vamos começar uma sessão de tortura.' A pior coisa é esperar por tortura [...]". O depoimento à CNV, em 1o de julho de 2014, de Thomas

Maack, médico, preso no navio Raul Soares, igualmente trata da tortura psicológica realizada por meio da ameaça de tortura física (envio para o DOPS): "Ameaça de mandar para o DOPS. O DOPS torturava mesmo! Torturava! Ameaça de prender a minha esposa! [...] Isso era as três [...]. Vamos dizer os três braços da tática deles de fazer falar!". O testemunho não identificado a seguir, efetuado à CNV, foi de um torturado sem qualquer relação com a militância político-partidária:
'De início fui obrigado a ficar nu, dormir no chão frio, jejum total de 24 horas, também sem usar sanitários pelo mesmo período, interrogatórios a qualquer momento do dia ou da noite por agentes não identificados, barulhos durante as noites para me deixar acordado, ameaças diárias de me mandar para Recife ou para o DOI-CODI/SP, pois lá estando eu falaria tudo o que eles queriam saber.'
Inês Etienne, integrante da VPR e da POLOP – a única sobrevivente da Casa da Morte, em Petrópolis –, foi internada em razão das torturas em clínica de saúde em agosto de 1981 e era visitada periodicamente por agentes de segurança, "que insistem que eu me torne uma colaboracionista, em troca de minha liberdade, por dinheiro e com ameaças sobre meus familiares". Inês também sofria constantes ameaças de morte:
'Meus carrascos afirmaram que 'me suicidariam' na prisão, caso eu revelasse os fatos que ouvi, vi e que me contaram durante os três meses de minha prisão, pois reconhecem que 'sei demais'. Querem que eu morra 'naturalmente', sem que sejam responsabilizados pela morte que me impingirem. [...] Se eu morrer, quero que todas as circunstâncias de minha morte sejam esclarecidas, ainda que demande tempo, trabalho e sacrifício, menos em minha memória, mais em nome da honra do país em que nasci, muito pela decência de minha pátria e de meus compatriotas.'
Antônio Pinheiro Salles, igualmente em depoimento à CNV de 18 de setembro de 2013, narra uma tortura psicológica sofrida por ele, entre outras, especificando ainda a experimentada por sua companheira de suplício, Maildes Cresque:
'[...] Como eu fui torturado durante muito tempo, dentro de três, quatros dias, eu não caminhava mais. Eu era arrastado de uma sala para outra, para um cubículo. Nesta ocasião me deixaram em um corredor. E ali naquele local cada um que passava dava um chute, e assim por diante. Depois de algum tempo então, eles não deram importância para a venda, o pano, a tira de pano que me foi amarrada fechando os olhos. E então eu estava certo mesmo que ia morrer ali. Porque eles não tinham preocupação nenhuma de se esconderem, que eu não visse a cara dos torturadores. [...] Neste período, antes de qualquer outra coisa, eu acho conveniente esclarecer não só isso, mas presenciei atrocidades assim também, indescritíveis, a outras pessoas, mulheres. [...] uma determinada presa política chamada Maildes Cresque. Esta moça, por exemplo, ficou também muito tempo nua, sendo arrastada, vítima de chacotas de todas as maneiras, vítima de estupro, de tudo que se possa imaginar numa situação daquelas. E eu não me esqueço de que havia um determinado torturador, entre vários outros, Nilo Oliveira, é nome verdadeiro dele, que usava o nome falso de Cipreste.
[...] E a Maildes disse várias vezes algum tempo depois "Eu não posso escutar os passos do Nilo". Quando ela estava no chão, lá no corredor, que ouvia os passos dele, característico de sapato daqueles que fazem barulho no cimento quando andam, salto de couro, madeira, de borracha, que faz aquele barulho quando se pisa, ela dizia que todas às vezes que ouvia os passos do Nilo Oliveira, todas as vezes

TIPOS DE TORTURAS UTILIZADAS POR SEXO				
	MASCULINO		FEMININO	
Tipo de tortura	**Total**	**%**	**Total**	**%**
Coações morais e psicológicas genéricas – tentadas e consumadas	671	13,64	207	18,85
Coações físicas genéricas – tentadas e consumadas	2.369	48,17	431	39,25
Violência sexual	19	0,47	11	1
Torturas com instrumentos	23	0,47	2	0,18
Torturas com aparelhos mecânicos	201	4,09	31	2,82
Torturas com aparelhos elétricos	456	9,27	106	9,65
Torturas contra sinais vitais	35	0,71	6	0,55
Torturas complementares a torturas	727	14,78	218	19,85
Torturas atípicas	417	8,48	86	7,83
TOTAL	**4.918**		**1.098**	

ela colocava sangue pela vagina. Ela ficava menstruada quando ouvia os passos do Nilo Oliveira. Esse cidadão, para citar assim em questões de truculência, era tão grande que ele andava dando murros nas paredes que parecia estremecer o queixo. O jeito que ele batia na parede, os chutes [...]. E a gente ouvia o nome de guerra deles. "Fulano, major, doutor, faça isto aí, arrebenta com este filho da puta." Depois aquelas vozes ficavam muito gravadas para nós. [...]

[...] Então em muitas oportunidades, eles torturando e de lá a gente ouvia os gritos de tortura. Preciso dizer que é uma coisa terrível, você ouvir o grito de um torturado. A gente imagina e entende que naquele momento aquela pessoa está passando pela mesma situação que você bem conhece, e aí sabe o que aquilo representa dedor, de sofrimento para a vítima. [...] O mau cheiro daquele ambiente de tortura

Mediante processo de sistematização das informações analisadas, o cenário descritivo das diversas *modalidades* de implementação da *tortura*, com indicação das *técnicas* e *instrumentos* utilizados é o seguinte: a) coações morais e psicológicas genéricas – tentadas e consumadas; b) coações físicas genéricas – tentadas e consumadas; c) violência sexual; d) torturas com instrumentos; e) torturas com aparelhos mecânicos; f) torturas com aparelhos elétricos; g) torturas contra sinais vitais; h) torturas complementares a torturas e; f) torturas atípicas.

As **coações morais e psicológicas genéricas, tentadas e consumadas**[65], utilizadas nas pessoas encarceradas durante o período de

também era uma coisa [...]. Quando abria a porta, aquele mau cheiro, você sentia, podia estar jogado no chão, no corredor, no cubículo, fechado no corredor longe, você sentia o cheiro quando eles abriam a porta, ruim, terrível, característico da cela. Então, em muitas oportunidades de ir como aconteceu com o moço, este [...], eu me lembrei, José Ângelo Sobrinho. Levaram-me em uma ocasião lá na cela, estava a companheira dele pelada, no chão, desfalecida, eles chutando, pegando nos seios dela, na vagina, passando a mão, isto à vista dele, ele pendurado no pau de arara e eles fazendo tudo isto com a companheira dele. E ele havia defecado muito, vomitado muito, e aí vem aquelas provocações todas e esta imagem ficou gravada. Outra ocasião também, o Paulo Valter Arruatique, aquele, encontrei com ele depois lá na tortura, ele falou "'Ah, você conhece. Tem uma pessoa aí para você encontrar com ela". E me tiraram, me arrastaram, me levaram e me jogaram lá na sala de tortura. Estava o Paulo Valter Arruatique pendurado, amarrado em um estado deplorável. Quem conheceu o cidadão antes, que viu naquele estado, imagina, não é possível, não é ele.'

134. Outra importante expressão da tortura psicológica se dava com o **uso de ameaças a familiares ou amigos** – inclusive mulheres grávidas e filhos crianças – ou, ainda, torturar familiares e amigos na frente do supliciado, para que este sentisse culpa pela ação dos torturadores e pelo sofrimento daqueles que lhe eram queridos. Como os presos políticos de São Paulo esclareceram na carta à OAB, "[...] é corriqueiro que os torturadores torturem a esposa na frente do marido (e vice-versa); em muitas ocasiões, os dois são torturados conjuntamente; algumas vezes ocorre de os pais ou os filhos do preso serem torturados em sua presença". Como relata Marco Antônio Tavares Coelho, presenciar a tortura de companheiros pode ser ainda pior do que sofrer no próprio corpo a violência:

'Outra coisa tornou-se tão dolorosa quanto os sofrimentos físicos, ou pior ainda. Foram presos Ruth [Simis], Zé [José Serber], Jeny [Serber] e outros. Começaram a torturá-los, principalmente a Ruth... em minha presença. Eu havia sido o causador de suas prisões, pois haviam me seguido até a casa da maioria deles.'"

Relatório da Comissão Nacional da Verdade – CNV, Volume I, pp. 366 a 375. Disponível em: http://www.memoriasreveladas.gov.br

65 Optamos por manter os termos conforme constam no *Relatório*.

repressão ocorrido em nosso país, constantes do *Relatório,* foram as seguintes: ameaças; ameaça de violação sexual; ameaça arrancar culhões; ameaça à família; ameaça torturar irmãos; ameaça enterrar formigueiro; ameaça cortar membro; ameaça física e moral; ameaça matar filho; ameaça lavagem cerebral; ameaça decepar dedos; ameaça de matar a família; ameaça jogar de avião; ameaça de barata; ameaça de cães; ameaça de cobras; ameaça de jogar em rio com cimento na barriga; ameaça enterrar vivo; ameaça com jacaré; ameaça jogar corpo na represa "Três Marias"; ameaça jogar corpo na Barra da Tijuca; ameaça ferir olhos; ameaça cortar orelhas; ameaça com ratazanas; ameaça jogar no rio Iguaçu; ameaça cortar os seios; ambiente de terror; arbitrariedades; coação moral; coação psicológica; constrangimento moral e psíquico; pressão moral; cuspir no rosto; calúnias; dançar com urna mortuária; difamação; extorquidas; humilhações; insultos; injúrias; infâmias; injúrias familiar; palavras de baixo calão e; provocações.

No tocante às **coações físicas genéricas, tentadas e consumadas**, elencamos as seguintes barbáries: açoites; agredido; apanhou; agarrado; bolos mãos; bolos pés; borrachadas; bofetadas; bastão; cassetete; chibata; chicote; chutes; ciranda (roda empurrando); corredor polonês; cotoveladas; cuteladas; golpes na cabeça; coronhadas; empurrões; esmurrado; espancado; esbofetear; golpes de judô; golpes de karatê; golpes; joelhadas; roda de karatê; maricota (tubo de borracha); palmatória; pancadas; pau louco (roda de palmatória); pauladas; pescoções; pisoteado; pontapés; pancadas nos lábios com mangueira; reguadas; socos; safanões; surra; tapas; telefone; trompanas; murros; barbaridades; brutalmente tratado; coação física; crueldades; perversidades; torturas; sevícias; sevícias físicas; tortura chinês; torturado frente à esposa; violência física; violências; dominado; maus-tratos; tortura filhos; tortura mulher; tortura pais; torturas no irmão e; violência com família.

O *Relatório* apresenta, na sequência, o que fez constar como **condições físicas, específicas e consumadas.** Principia por enumerar as **violências sexuais: a**marrar pênis para não urinar; introdução de bastão elétrico no ânus; introdução de cabo de vassoura no ânus; introdução de objeto não identificado no ânus; introdução de barata no ânus; órgãos genitais furados com agulha; pendurado pelos testículos; enfiar estilete no pênis; presilha nos órgãos genitais; amarrar o pênis e arrastar; beliscar os seios; puxar os testículos; testículos amassados; testículos esmagados; bater nos testículos; enfiar cabo de madeira na vagina; estupro de mulher presa; violência sexual mulheres; violência sexual com esposa presa e; violência nos órgãos gênitas.

Consta, também, no *Relatório*, as seguintes **torturas com instrumentos perfuro-contundentes, cortantes e queimantes**: alicate para apertar unhas; arrancar pelos do corpo; alicate para apertar partes do corpo; arrancar barba; cortado com gilete; dedos martelados; picar de faca; marteladas nas juntas do corpo; unhas arrancadas; unhas enfiar canivete; unhas marteladas; fogareiro à baiana; queimaduras de cigarros; queimaduras de maçarico e; queimaduras com papel aceso.

Uma outra categoria de *tortura* elencado no documento em análise diz sobre as **torturas com aparelhos mecânicos**. Aqui, o cenário descrito das *técnicas* é o seguinte: amarrado nas grades da cela; arrastado pelo chão; arrastado pelas ruas amarrado; amarrado em árvores; obrigado a andar; arrancar os bigodes; braços abertos com pau no meio; braços abertos com peno nas mãos; amarrar as barbas na grade; puxar os cabelos; arrastar com a corda no pescoço; crucifixo; cela com perna acorrentada; camelão; corda amarrada no pescoço e nos testículos; ficar de cócoras; obrigado a ficar deitado; equilibrar sobre latas; exercícios físicos forçados; esticar; ficar em pé; jesus cristo; ficar de joelhos; ajoelhado sobre caco de telhas; pendurado na grade com braços para cima; pendurados pelos pés com braços suspensos; pendurado punhos por argola; obrigado a ficar sentado e; pau de arara.

Também foram descritas as seguintes **torturas com aparelho elétrico denominado "Maricota"**: cadeira de dragão; choques elétricos; choques elétricos no pênis e no ânus; choques elétricos na vagina e seios.

De igual modo, **torturas contra sinais vitais** foram implementadas através das seguintes formas: afogamento; afogamento no pau de arara; asfixia; asfixia (tamponamento boca-nariz); estrangular; esponja de água na boca; hidráulico (afogamento); imersão-mergulho no tanque de água e; enforcamento.

Além destas, o *Relatório* elenca o que se denominou de **torturas complementares à tortura: a**marrado; algemado; água para piorar os choques; banho de água gelada; despido; geladeira; guarita (tipo de cela); sem comer; sem dormir; encapuzado (vendado); ácido (aplicação no corpo); álcool no corpo mais ventilador; amoníaco (na boca); boca com sal; beber água salgada; cela sem iluminação e vedada; cela sem luz; cela isolada; gás asfixiante (jatos); injeção de éter; injeção de pentonal; luz nos olhos (refletor); água salgada no nariz; éter nos olhos; óleo jogado no rosto; banho de óleo; sabão nos olhos; comer e beber sal; sala de luzes; sala de sons; sem beber; sem dormir; sauna (feixe de luz); obrigado a ingerir tóxicos e; sal no corpo para piorar choques.

Por fim, o *Relatório* enumera as **torturas atípicas:** amarrado em lancha e puxado na água; utilização de baratas; utilização de cães; água na cela; gás lacrimogênio na cela; cavar a própria sepultura; utilização de cobrar; obrigado a comer fezes; fuzilamento simulado; coação família; utilização jacaré; com luz de velas; carregar merda com as mãos; prender filhos; prender mulher; prender pais; utilização de ratazanas; roleta russa; sala do cofre ('sala do conforto'); beber a própria urina; urinar no rosto; beber água da latrina e; enfiar a cabeça na urina e fezes[66].

---

66 No Tomo V, volume 2, "As Torturas", são descritas tais práticas pelos próprios torturados ou pessoas presas que puderam testemunhar a sua ocorrência em companheiros de prisão. Embora o *Relatório* identifique as vítimas de tais atrocidades, optamos, em razão da absurda violência, por omitir seus nomes, sendo relevante para os propósitos deste trabalho apenas as *práticas* perpetradas naquela página negra da história do nosso País.
X, engenheiro, à época com 29 anos de idade, relata o seguinte:
"(...) que o interrogado foi preso no dia 19 de julho de 1977, às 23h20, em sua residência (...) que, no dia em que antes mencionou, ao chegar em sua residência, após abrir a porta, viu várias armas apontadas para sua pessoa; que, a seguir, o interrogado recebeu ordem para se jogar no chão, o que obedeceu, que não chegou a ver as pessoas que apontavam as armas, porque estava o local bastante escuro e o interrogado foi obrigado a se deitar no chão; que foi algemado e permaneceu, naquela posição, durante cerca de uma hora; que, após isso, lhe foi colocado um capuz, por várias pessoas, sendo, então, conduzido para local que, posteriormente veio a saber tratar-se do Quartel da Polícia do Exército, situado na rua Barão de Mesquita; que, após a sua chegada ao Quartel, o interrogado foi conduzido debaixo de tapas até a sala do fotógrafo, sendo ali retratado; que o capuz colocado no interrogado foi retirado apenas no instante da sua fotografia, sendo depois recolocado; que, dali, o interrogado foi levado para outro local, sendo despojado de toda sua roupa; que recebeu, então, ordem para levantar os braços e encostar na parede; que as pessoas que conduziam o interrogado, aos gritos, lhe diziam para ele, interrogado, estava nas 'mãos da repressão'; que, naquela exata ocasião, ainda com os braços levantados e encostados na parede, o interrogado solicitou a presença de um advogado e, como resposta, recebeu golpes de (ilegível), o que provocou a sua queda, contorcendo-se em dores; que, além dos socos, o interrogado foi agarrado pela garganta por um dos torturadores; que, antes, esse torturador montou sobre as suas costas; que, ainda, montado nas costas do interrogado, o seu torturador o levou para outra sala, onde existia uma cadeira de ferro, presa no chão sobre um tablado, que, também, estava na mesma condição; que essa cadeira era denominada, pelos torturadores, como "cadeira do dragão" (...); que os torturadores colocaram o interrogado na cadeira que acabara de descrever, amarrado pelas mãos e pelos pés, com correntes; que, além dos seus dedos dos pés e das mãos, foram amarrados (ilegível), tendo nos terminais uma espécie de argolas e também no pênis foi amarrado o mesmo fio; que, esses fios, eram ligados a uma máquina preta, com uma manivela; que, a seguir, o interrogado recebeu várias cargas elétricas, que aumentavam de intensidade; que, no meio dos choques, o interrogado recebeu, também, pontapés no tórax; que, essa situação perdurou por várias horas, não sabendo o interrogado precisar o número exato, pois ficou perturbado; que, por sua vez, esta cela estava colocada dentro de outra cela; que toda sequência desses acontecimentos foi com o interrogado encapuzado; que, somente foi lhe retirado o capuz por ocasião da colocação na segunda cela, isto mesmo, depois da (ilegível)

uma série de violências; que tais violências consistiram de agressões físicas; que, neste local, que os torturadores chamavam de 'geladeira', o interrogado permaneceu por várias horas, não podendo precisar; que esteve nas dependências da Polícia do Exército durante onze dias e, nesse espaço de tempo, o interrogado sofreu aquelas mesmas torturas; (...) que, em resumo, o interrogado, durante todo esse tempo, foi vítima de torturas de natureza física e também psicológica, em todos os níveis, recendo ameaças de sequestro de pessoas de sua família; que o co-denunciado neste processo, **Y,** seu amigo de infância, foi torturado na sua frente; que, em uma dessas idas e voltas da 'geladeira' para outra cela, o interrogado recebe ordens de segurar o pulso de outra pessoa, pessoa esta que estava desmaiada e, mais tarde, o interrogado veio a saber tratar-se de **Z,** também acusado neste processo; que os torturadores quiseram convencer o interrogado que **U** estava morto e que seu fim seria o mesmo; (...) que essas ameaças de morte, de início feitas de maneira (ilegível), tornaram-se ostensivas, depois; que, após o episódio (ilegível), o interrogado foi reconduzido à sala de torturas, sendo amarrado, novamente na referente cadeira, recebendo choques elétricos, de duas máquinas, por todo o corpo; (...) que, em consequência dos choques e das agressões físicas, em seguida, o interrogado caiu, ficando sem sentidos no chão, por algum tempo; que, mais tarde, o interrogado recebeu de volta suas roupas, sendo-lhe dito que iria dar um passeio; que, desse passeio, não voltaria, pois seria muito mais fácil dizerem que ele havia sido atropelado; que o interrogado realmente foi levado por via pública, por várias pessoas, que lhe apontavam metralhadoras; que, reconduzido ao "interior do Quartel, o interrogado foi submetido a novas torturas, recebendo amaças de terem os testículos esmagados; (...) que o interrogado não se recorda do teor daquilo que foi forçado a escrever; que, durante o tempo em que esteve no DPPS, não sofreu torturas de natureza física, mas, nas ocasiões em que prestava depoimento, era ameaçado de retornar ao Quartel da Polícia do Exército (...); que o interrogado foi forçado a assinar aqueles termos de declarações, porque havia sofrido aquela série de torturas (...); que, por ocasião do exame, o interrogado relatou ao médico as torturas de que ele havia sido vítima, mas ele não os notou; que, naquela oportunidade, o interrogado ainda exibia marcas roxas na garganta e queimaduras de choques nos dedos." p. 13.

"(...) fui **(A)** internamente amarrado à própria cadeira em que me encontrava, por diversas peças de espuma de nylon, e submetido ao primeiro e demorado tratamento de choque elétrico (...), nos órgãos genitais e ânus. Daí por diante, a tortura com choque elétrico e as pancadarias foram constantes." p. 132.

(...) passou a ser torturado conjuntamente com **C**, sentados os dois um ao lado do outro, amarrados pelos braços, onde terminais das máquinas eram ligados em cada um dos pênis dos citados acusados; que depois assistiu **C** ser torturado no pau-de-arara, enquanto o interrogando era torturado na 'cadeira do dragão'; que chegaram ao ponto de nos obrigar a torturar um ao outro com as mesmas máquinas, de modo a nos brutalizar, a nos tornar animais, para conseguirem seus intentos." p. 85.

"(...) que o interrogado permaneceu nesse local ignorado desde as 13 horas, estando do sábado até às 17 horas da segunda-feira; que nesse pavimento superior viu e ouviu pessoas serem torturadas; que presenciou torturas em **J. L. F** que estava despido e sofrendo aplicação de pau-de-arara, bem como choques elétricos e pan-

7. Liberdade de pensamento e de expressão

A filosofia, disse Sócrates antes de morrer, em diálogo com Críton, "é um exercício para a morte.[67]" Em 1787, o pintor francês Jacques-Louis David, concluiu a pintura óleo sobre tela, retratando *A Morte de Sócrates*[68]. Nela se percebe que Sócrates, em seu leito de morte, antes de tomar cicuta, continuava a exercer com toda sua magnitude e grandeza intelectual a *liberdade de pensamento*. Foi precisamente por *pensar*, que Sócrates foi acusado de corromper a juventude ateniense, tendo por esta razão, sido condenado à morte mediante ingestão de cicuta. É oportuno verificar, em *Fédon*, como Sócrates exerce com maestria a sua liberdade de pensamento, ainda que minutos antes da sua morte.

---

cadas em seu corpo; que não pode bem precisar, mas tem a quase certeza, de que foi quebrado por impacto no corpo de **J. F. L.**, um cabo de vassoura, pois, enquanto estava sendo torturado, o interrogado viu quando um de seus torturadores passou por ele, ou melhor, veio até ele, interrogando, empunhando um pedaço de cabo de vassoura e dizendo a ele, interrogando que ele estava vendo como 'eram as coisas'" p. 43.

---

67 Platão, **Fédon**, p. 91. Sócrates, antes de morrer por ingestão de cicuta, trava um diálogo com Críton sobre o dualismo *corpo* e *alma*. O grande filósofo, condenado à morte por expressar suas idéias e convicções, exerceu até o final da sua vida a liberdade de pensamento. Pensar lhe custou um preço: a vida. Deste fato, depreende-se que as idéias são livres, inexistindo nenhuma forma ou mecanismo capaz de sufragá-las. Uma vez externadas, elas tendem a se propagar no tempo e no espaço. A liberdade de pensamento é, pois, um direito que reside no âmago do ser humano, inato ao próprio homem, algo que lhe é intrínseco e que ninguém lhe pode subtrair. Não queremos, com isto, aludir a uma noção de *direito natural*, mas tão-somente atestar que a liberdade de pensar integra o ser humano em sua totalidade, faz parte da sua essência na medida em que se trata de um ser racional. Descartes, em frase lapidar que marcou o iluminismo, proclamou: "penso, logo existo." A razão reflete a existência humana. A liberdade de locomoção pode ser suprimida, mas a de pensamento não. É possível que haja cerceamento ou restrição aos veículos que difundem ou propagam as idéias, mas quanto ao pensar, ao raciocinar, não há como sequer restringir, na medida em que, reitere-se, faz parte da própria *psique* humana. Cf. Platão, **Fédon**. São Paulo: Editora Abril, 1972. Neste sentido, de uma liberdade *interna* do pensamento, aduz José Afonso da Silva que ela se apresenta "como pura consciência, como pura crença, mera opinião, a liberdade de pensamento é plenamente reconhecida, mas não cria problema maior." **Comentário Contextual à Constituição.** São Paulo: Malheiros, 2005, p. 89.

68 Essa é a denominação do quadro: *La Mort de Socrate*.

De forma bastante clara, Sampaio Dória define a liberdade de pensamento como "o direito de exprimir, por qualquer forma, o que se pense em Ciência, Religião, Arte ou o que for." Resulta, pois, em uma liberdade de conteúdo intelectual, de propósito intersubjetivo, na medida em que permite o contato do indivíduo com outros agentes, tendente a fazer com que estes possam participar de "sua crenças, seus conhecimentos, sua concepção do mundo, suas opiniões políticas ou religiosas, seus trabalhos científicos.[69]" Neste cenário da liberdade de pensamento, é oportuno chamar a atenção para um fato peculiar envolvendo o Professor Sampaio Dória, ocorrido em agosto de 1938, logo após a instalação do Estado Novo por Getúlio Vargas, instituído em 10 de novembro de 1937. Instituído o Estado Novo, direitos e garantias fundamentais foram suprimidas. No entanto, na Faculdade de Direito do Largo de São Francisco – USP, um professor se recusou a ministrar aulas de Direito Constitucional, além de ter participado, juntamente com outros professores, de manifestações contra o Estado Novo[70]. Conforme informado pelo mesmo, integrava o curso um breve comentário à Constituição em vigor, mas não leu e "nem iria ler o texto" da Carta de 1937, **outorgada** por Getúlio. O professor era Antonio de Sampaio Dória, que foi sumariamente aposentado com fundamento no art. 177, da Constituição vigente, que assim dispunha:

> "Dentro do prazo de sessenta dias a contar da data desta Constituição, poderão ser aposentados ou reformados de acordo com a legislação em vigor os funcionários civis e militares cujo afastamento se impu-

69 **Direito Constitucional: Comentários à Constituição de 1946, Vol. III**, p. 602.

70 Cf: http://www.fgv.br/Cpdoc/Acervo/dicionarios/verbete-biografico/sampaio-doria

> ser, a juízo exclusivo do Governo, no interesse do serviço público ou por conveniência do regime."

Em 1941, Sampaio Dória retomou suas atividades acadêmicas na USP e, em 29 de outubro de 1945, foi nomeado Ministro da Justiça pelo Presidente da República José Linhares, que exerceu interinamente o cargo de chefe do executivo até 31 de janeiro de 1946.

Pimenta Bueno já apontava, no Brasil Império, que a liberdade de pensamento possui uma dimensão interna e outra externa. No tocante à dimensão interna, aduz o autor que "a liberdade do pensamento em si mesmo, emquanto o homem não manifesta exteriormente, emquanto o não communica, está fóra de todo o poder social, até então é do dominio sómente do proprio homem, de sua intelligencia e de Deos. A sociedade, ainda quando quizesse, não tinha. meio algum de penetrar nessa esphera intellectual, suas leis não chegão até lá."[71]

Quanto à dimensão externa, Pimenta Bueno parte do pressuposto de que o homem é um animal social, é dizer, não consegue viver concentrado em seu espírito, em estado de completo isolamento, razão pela qual sua natureza é de um ser social. O homem tende e sente a necessidade de cambiar idéias, de expressar opiniões, de travar diálogo com outros indivíduos, de cultivar mútuas relações, razões pelas quais seria praticamente impossível de proibir a realização destas condutas, ínsitas ao próprio ser. Acaso fosse isto possível, haveria a necessidade de dissolução do próprio corpo social ou sua completa vedação. Trata-se, para o autor, de um legítimo direito natural, "expressão da natureza intelligente do homem."[72]

É importante salientar que os limites da liberdade de pensamento e de expressão também foram objeto de reflexões por parte do constitucionalista do Império. Em seu entendimento, faz-se necessário que o exercício da liberdade de pensamento "não perca os caracteres de direito, não seja alterado pelas paixões, pelo crime, que não se dirija a fazer o mal. Emquanto a communicação das idéas ou opiniões não passa de pa1avras ou de escriptos particulares, emquanto não tem publicidade além de certo numero, ou não se dirige a prejudicar os direitos de outrem ou da sociedade, deve ser perfeitamente livre; é o commercio das relações naturaes do homem; o contrario seria estabelecer a hypocrisia

71 **Direito Publico Brazileiro e Analyse da Constituição do Imperio**, Rio de Janeiro: Typ. Imp. e Const. de J. Villeneuve E C., 1857, p. 394.

72 **Direito Publico Brazileiro e Analyse da Constituição do Imperio**, Rio de Janeiro: Typ. Imp. e Const. de J. Villeneuve E C., 1857, p. 395.

e imbecilidade.[73]" Deste modo, a partir do momento no qual as idéias se difundem no meio social, seja mediante o diálogo com outras pessoas ou através da difusão nos veículos de comunicação, ter-se-á o âmbito externo da liberdade de pensamento, que se consubstancia na liberdade de expressão.

7.1. A liberdade de pensamento na CF

A Constituição Federal, em seu artigo 5°, IV, dispõe que "é livre a manifestação do pensamento, sendo vedado o anonimato." O pensamento humano, é dizer, o pensamento em si, é um produto interno e privativo da mente humana, reside no domínio da *psique* do próprio indivíduo, do seu intelecto. Neste plano, inexiste qualquer possibilidade de cerceamento ou de interferência, por quem quer que seja. Logo, o homem é um ser livre para pensar. O pensamento, situado no âmbito interno do indivíduo, não encontra limites, precisamente por ser um campo fora do alcance de qualquer tipo de ingerência externa, incluindo o poder social. Logo, sob esta perspectiva, o ser humano é livre para pensar no que quiser, sobre quem quiser, que nada tolherá o seu pensamento, nem muito menos será punido por pensar. De igual maneira, independentemente do conteúdo do pensamento, o mesmo não pode ser tolhido, haja vista a proteção conferida no art. 5°, IV, da Constituição Federal.

Carlos Maximiliano, ao versar sobre a liberdade de pensamento na Constituição brasileira de 1891, disse o seguinte:

> "O pensamento é íntimo, simples função psíquica, incoercível. Dele faz uso até o encarcerado. O próprio indivíduo dificilmente o evita; cada um sente a tortura de uma idéia, que desejaria expungir do cérebro. Reivindica-se apenas a liberdade da *palavra*, que é a *expressão do pensamento*.[74]"

No entendimento de Pontes de Miranda, as liberdades individuais têm início pela *liberdade de pensamento*. É através da "liberdade de *psique*, que começam as liberdades, se queremos considerá-las quanto à sua importância humana. Se não se pode pensar e julgar com liberdade, que se há de entender por liberdade de ir, ficar, e vir, de fazer e não fazer? Se falta liberdade de pensamento, todas as outras liberdades humanas

---

73 **Direito Publico Brazileiro e Analyse da Constituição do Imperio**, Rio de Janeiro: Typ. Imp. e Const. de J. Villeneuve E C., 1857, p. 395.

74 **Comentários à Constituição brasileira de 1891.** Brasília: Senado Federal, 2005, p. 710.

estão sacrificadas, desde os fundamentos. Foram os alicerces mesmos que cederam. Todo o edifício tem de ruir e, se consultarmos a História, saberemos quanto é recente a liberdade de pensamento.[75]"

O pensamento pode ser exteriorizado através da fala, de livros, filmes, peças de teatros, rádio, televisão, enfim, através de qualquer suporte apto a transmitir a informação emanada do seu respectivo idealizador. Trata-se, portanto, conforme já salientado acima, de uma liberdade de pensamento expresso, exteriorizado. Sob a forma *oral*, a liberdade de pensamento pode se exteriorizar sob a forma de palestras, discursos, entrevistas etc. Por sua vez, no âmbito da *escrita*, a liberdade de pensamento se exterioriza nos livros, jornais, textos veiculados na internet, dentre outros suportes que veiculam e exteriorizam a informação. A modalidade oral e escrita são as formas mais usuais de exteriorização do pensamento. Aliás, não é um equívoco afirmar que o pensamento pode ser *exteriorizado* através do próprio silêncio...[76] A própria Constituição Federal, em seu art. 220, reconhece que a liberdade de pensamento pode se manifestar por formas das mais diversas, dispondo o seguinte:

> "Art. 220. A manifestação do pensamento, a criação, a expressão e a informação, **sob qualquer forma, processo ou veículo não sofrerão qualquer restrição**, observado o disposto nesta Constituição.
> §1° **Nenhuma lei** conterá dispositivo que possa constituir embaraço à plena liberdade de informação jornalística em qualquer veículo

75 **Comentários à Constituição de 1946.** 2ª ed. v. IV. São Paulo: Max Limonad, 1953, p. 151.

76 No entendimento de José Afonso da Silva, "a *liberdade de manifestação do pensamento* constitui um dos aspectos externos da liberdade de opinião. A Constituição o diz no art. 5°, IV: "é livre a manifestação de pensamento, vedado o anonimato". E o art. 220 dispõe que a manifestação do pensamento, sob qualquer forma, processo ou veiculação, não sofrerá qualquer restrição, observado o disposto na Constituição, vedada qualquer forma de censura de natureza política, ideológica e artística.
Acrescente-se que na *liberdade de manifestação do pensamento* se inclui, também, o direito de tê-lo em segredo, isto é, o direito de não manifestá-lo, recolhendo-o na esfera íntima do indivíduo. De tudo se conclui que não se pode impor a alguém uma conduta ou obrigação que conflite com sua crença religiosa ou com sua convicção filosófica ou política. O *direito de ficar calado* passou a ser um direito individual inscrito na Constituição: quando, no art. 5°, LXIII, declara que 'o preso será informado dos seus direitos, entre os quais o de ***permanecer calado***', ela o está reconhecendo não só nesse caso, **mas como um direito de todos**. Aqui foi especificado por razões óbvias no sistema policial brasileiro." in **Comentário Contextual à Constituição**. São Paulo: Malheiros, 2005, p. 822.

> de comunicação social, observado o disposto no art. 5°, IV, V, X, XIII e XIV.
>
> §2° **É vedada toda e qualquer censura de natureza política, ideológica e artística.**"

Portanto, conforme salientamos acima, diversos são os mecanismos que possui o indivíduo para manifestar o seu pensamento, afigurando-se como os mais usuais os veículos impressos de comunicação e os de difusão sonora, de sons e de imagens. É oportuno ressaltar que os *meios de comunicação* podem ser compreendidos como os veículos ou instrumentos designados para difundir a informação entre os indivíduos. Logo, a manifestação de pensamento pode ser exercida, **sem restrição**, através de qualquer forma ou veículo de comunicação, sendo inconstitucional qualquer lei cujo propósito consista em restringir essa garantia constitucional.

É importante salientar, para efeitos de proteção a direitos de terceiros, que a Constituição Federal ***veda o anonimato***. Ora, se todos são livres para pensar e externar suas idéias, devem os cidadãos ser também responsabilizados por eventuais lesões que atinjam situações jurídicas de terceiros, como resultado da *idéia* difundida no meio social. A vedação ao anonimato tem por fim precisamente aferir eventual responsabilidade resultante da propagação do pensamento que circula de maneira livre em um determinando ambiente social. Como consequência da vedação do anonimato, a Constituição Federal, em seu art. 5°, V, dispõe que "é assegurado o direito de resposta, proporcional ao agravo, além de indenização por dano moral, material ou à imagem." Temos, portanto, uma liberdade de pensamento responsável, limitada, que deve observar, quando do seu exercício, se eventualmente não causa lesão a um outro bem constitucionalmente tutelado não apenas ao indivíduo, mas à coletividade. Nesta hipótese, ao titular do direito fundamental violado lhe é assegurado não apenas o direito de resposta, proporcional ao agravo, mas também, direito à indenização por eventuais danos material e/ou morais. Acrescente-se a isto, a impossibilidade da liberdade de pensamento sofrer restrições, salvo aquelas constitucionalmente permitidas, sendo vedado ao Congresso Nacional editar lei que constitua embaraço à plena liberdade de informação jornalística em qualquer veículo de comunicação social. Por fim, o §2° do art. 220, da Constituição Federal, impõe uma outra vedação: "É vedada toda e qualquer censura de natureza política, ideológica e artística." O que fez o §2° do art. 220 da Constituição Federal nada mais foi do que evidenciar que a liberdade de pensamento se faz presente em todos os âmbitos do convívio humano e, de forma mais intensa, no cenário político, ideológico e artístico, **sendo**

taxativamente vedado qualquer cerceamento à liberdade de pensamento nas esferas sociais constitucionalmente especificadas, sem prescindir das demais[77].

---

77 O Supremo Tribunal Federal – STF, na ADPF n° 130/DF, assentou as bases da liberdade de pensamento, de imprensa, de comunicação e de informação, conforme se pode depreender através da ementa do julgado:
"EMENTA: ARGUIÇÃO DE DESCUMPRIMENTO DE PRECEITO FUNDAMENTAL (ADPF). LEI DE IMPRENSA. ADEQUAÇÃO DA AÇÃO. REGIME CONSTITUCIONAL DA "LIBERDADE DE INFORMAÇÃO JORNALÍSTICA", EXPRESSÃO SINÔNIMA DE LIBERDADE DE IMPRENSA. A "PLENA" LIBERDADE DE IMPRENSA COMO CATEGORIA JURÍDICA PROIBITIVA DE QUALQUER TIPO DE CENSURA PRÉVIA. A PLENITUDE DA LIBERDADE DE IMPRENSA COMO REFORÇO OU SOBRETUTELA DAS LIBERDADES DE MANIFESTAÇÃO DO PENSAMENTO, DE INFORMAÇÃO E DE EXPRESSÃO ARTÍSTICA, CIENTÍFICA, INTELECTUAL E COMUNICACIONAL. LIBERDADES QUE DÃO CONTEÚDO ÀS RELAÇÕES DE IMPRENSA E QUE SE PÕEM COMO SUPERIORES BENS DE PERSONALIDADE E MAIS DIRETA EMANAÇÃO DO PRINCÍPIO DA DIGNIDADE DA PESSOA HUMANA. O CAPÍTULO CONSTITUCIONAL DA COMUNICAÇÃO SOCIAL COMO SEGMENTO PROLONGADOR DAS LIBERDADES DE MANIFESTAÇÃO DO PENSAMENTO, DE INFORMAÇÃO E DE EXPRESSÃO ARTÍSTICA, CIENTÍFICA, INTELECTUAL E COMUNICACIONAL. TRANSPASSE DA FUNDAMENTALIDADE DOS DIREITOS PROLONGADOS AO CAPÍTULO PROLONGADOR. PONDERAÇÃO DIRETAMENTE CONSTITUCIONAL ENTRE BLOCOS DE BENS DE PERSONALIDADE: O BLOCO DOS DIREITOS QUE DÃO CONTEÚDO À LIBERDADE DE IMPRENSA E O BLOCO DOS DIREITOS À IMAGEM, HONRA, INTIMIDADE E VIDA PRIVADA. PRECEDÊNCIA DO PRIMEIRO BLOCO. INCIDÊNCIA A POSTERIORI DO SEGUNDO BLOCO DE DIREITOS, PARA O EFEITO DE ASSEGURAR O DIREITO DE RESPOSTA E ASSENTAR RESPONSABILIDADES PENAL, CIVIL E ADMINISTRATIVA, ENTRE OUTRAS CONSEQUÊNCIAS DO PLENO GOZO DA LIBERDADE DE IMPRENSA. PECULIAR FÓRMULA CONSTITUCIONAL DE PROTEÇÃO A INTERESSES PRIVADOS QUE, MESMO INCIDINDO A POSTERIORI, ATUA SOBRE AS CAUSAS PARA INIBIR ABUSOS POR PARTE DA IMPRENSA. PROPORCIONALIDADE ENTRE LIBERDADE DE IMPRENSA E RESPONSABILIDADE CIVIL POR DANOS MORAIS E MATERIAIS A TERCEIROS. RELAÇÃO DE MÚTUA CAUSALIDADE ENTRE LIBERDADE DE IMPRENSA E DEMOCRACIA. RELAÇÃO DE INERÊNCIA ENTRE PENSAMENTO CRÍTICO E IMPRENSA LIVRE. A IMPRENSA COMO INSTÂNCIA NATURAL DE FORMAÇÃO DA OPINIÃO PÚBLICA E COMO ALTERNATIVA À VERSÃO OFICIAL DOS FATOS. PROIBIÇÃO DE MONOPOLIZAR OU OLIGOPOLIZAR ÓRGÃOS DE IMPRENSA COMO NOVO E AUTÔNOMO FATOR DE INIBIÇÃO DE ABUSOS. NÚCLEO DA LIBERDADE DE IMPRENSA E MATÉRIAS APENAS PERIFERICAMENTE DE IMPRENSA. AUTORREGULAÇÃO E REGULAÇÃO SOCIAL DA ATIVIDADE DE IMPRENSA. NÃO RECEPÇÃO EM BLOCO DA LEI Nº 5.250/1967 PELA NOVA ORDEM CONSTITUCIONAL. EFEITOS JURÍDICOS DA DECISÃO. PROCEDÊNCIA DA AÇÃO. 1. ARGUIÇÃO DE DESCUMPRIMENTO DE PRECEITO FUNDAMENTAL (ADPF). LEI DE IMPRENSA. ADEQUAÇÃO DA AÇÃO. A ADPF, fórmula processual subsidiária do controle concentrado de constitucionalidade, é via adequada à impugnação de norma pré-constitucional. Situação de concreta ambiência jurisdicional timbrada por decisões conflitantes. Atendimento das condições da ação. 2. REGIME CONSTI-

Em 21.06.18, o Supremo Tribunal Federal - STF, por ocasião do

---

TUCIONAL DA LIBERDADE DE IMPRENSA COMO REFORÇO DAS LIBERDADES DE MANIFESTAÇÃO DO PENSAMENTO, DE INFORMAÇÃO E DE EXPRESSÃO EM SENTIDO GENÉRICO, DE MODO A ABARCAR OS DIREITOS À PRODUÇÃO INTELECTUAL, ARTÍSTICA, CIENTÍFICA E COMUNICACIONAL. A Constituição reservou à imprensa todo um bloco normativo, com o apropriado nome "Da Comunicação Social" (capítulo V do título VIII). A imprensa como plexo ou conjunto de "atividades" ganha a dimensão de instituição-ideia, de modo a poder influenciar cada pessoa de per se e até mesmo formar o que se convencionou chamar de opinião pública. Pelo que ela, Constituição, destinou à imprensa o direito de controlar e revelar as coisas respeitantes à vida do Estado e da própria sociedade. A imprensa como alternativa à explicação ou versão estatal de tudo que possa repercutir no seio da sociedade e como garantido espaço de irrupção do pensamento crítico em qualquer situação ou contingência. Entendendo-se por pensamento crítico o que, plenamente comprometido com a verdade ou essência das coisas, se dota de potencial emancipatório de mentes e espíritos. O corpo normativo da Constituição brasileira sinonimiza liberdade de informação jornalística e liberdade de imprensa, rechaçante de qualquer censura prévia a um direito que é signo e penhor da mais encarecida dignidade da pessoa humana, assim como do mais evoluído estado de civilização. 3. O CAPÍTULO CONSTITUCIONAL DA COMUNICAÇÃO SOCIAL COMO SEGMENTO PROLONGADOR DE SUPERIORES BENS DE PERSONALIDADE QUE SÃO A MAIS DIRETA EMANAÇÃO DA DIGNIDADE DA PESSOA HUMANA: A LIVRE MANIFESTAÇÃO DO PENSAMENTO E O DIREITO À INFORMAÇÃO E À EXPRESSÃO ARTÍSTICA, CIENTÍFICA, INTELECTUAL E COMUNICACIONAL. TRANSPASSE DA NATUREZA JURÍDICA DOS DIREITOS PROLONGADOS AO CAPÍTULO CONSTITUCIONAL SOBRE A COMUNICAÇÃO SOCIAL. O art. 220 da Constituição radicaliza e alarga o regime de plena liberdade de atuação da imprensa, porquanto fala: a) que os mencionados direitos de personalidade (liberdade de pensamento, criação, expressão e informação) estão a salvo de qualquer restrição em seu exercício, seja qual for o suporte físico ou tecnológico de sua veiculação; b) que tal exercício não se sujeita a outras disposições que não sejam as figurantes dela própria, Constituição. A liberdade de informação jornalística é versada pela Constituição Federal como expressão sinônima de liberdade de imprensa. Os direitos que dão conteúdo à liberdade de imprensa são bens de personalidade que se qualificam como sobredireitos. Daí que, no limite, as relações de imprensa e as relações de intimidade, vida privada, imagem e honra são de mútua excludência, no sentido de que as primeiras se antecipam, no tempo, às segundas; ou seja, antes de tudo prevalecem as relações de imprensa como superiores bens jurídicos e natural forma de controle social sobre o poder do Estado, sobrevindo as demais relações como eventual responsabilização ou consequência do pleno gozo das primeiras. A expressão constitucional "observado o disposto nesta Constituição" (parte final do art. 220) traduz a incidência dos dispositivos tutelares de outros bens de personalidade, é certo, mas como consequência ou responsabilização pelo desfrute da "plena liberdade de informação jornalística" (§ 1º do mesmo art. 220 da Constituição Federal). Não há liberdade de imprensa pela metade ou sob as tenazes da censura prévia, inclusive a procedente do Poder Judiciário, pena de se resvalar para o espaço inconstitucional da prestidigitação jurídica. Silenciando a Constituição quanto ao regime da internet (rede mundial de computadores), não há como se lhe

julgamento da ADI n° 4.451, Rel. Min. Alexandre de Moraes, reafirma

recusar a qualificação de território virtual livremente veiculador de ideias e opiniões, debates, notícias e tudo o mais que signifique plenitude de comunicação. 4. MECANISMO CONSTITUCIONAL DE CALIBRAÇÃO DE PRINCÍPIOS. O art. 220 é de instantânea observância quanto ao desfrute das liberdades de pensamento, criação, expressão e informação que, de alguma forma, se veiculem pelos órgãos de comunicação social. Isto sem prejuízo da aplicabilidade dos seguintes incisos do art. 5º da mesma Constituição Federal: vedação do anonimato (parte final do inciso IV); do direito de resposta (inciso V); direito a indenização por dano material ou moral à intimidade, à vida privada, à honra e à imagem das pessoas (inciso X); livre exercício de qualquer trabalho, ofício ou profissão, atendidas as qualificações profissionais que a lei estabelecer (inciso XIII); direito ao resguardo do sigilo da fonte de informação, quando necessário ao exercício profissional (inciso XIV). Lógica diretamente constitucional de calibração temporal ou cronológica na empírica incidência desses dois blocos de dispositivos constitucionais (o art. 220 e os mencionados incisos do art. 5º). Noutros termos, primeiramente, assegura-se o gozo dos sobredireitos de personalidade em que se traduz a "livre" e "plena" manifestação do pensamento, da criação e da informação. Somente depois é que se passa a cobrar do titular de tais situações jurídicas ativas um eventual desrespeito a direitos constitucionais alheios, ainda que também densificadores da personalidade humana. Determinação constitucional de momentânea paralisia à inviolabilidade de certas categorias de direitos subjetivos fundamentais, porquanto a cabeça do art. 220 da Constituição veda qualquer cerceio ou restrição à concreta manifestação do pensamento (vedado o anonimato), bem assim todo cerceio ou restrição que tenha por objeto a criação, a expressão e a informação, seja qual for a forma, o processo, ou o veículo de comunicação social. Com o que a Lei Fundamental do Brasil veicula o mais democrático e civilizado regime da livre e plena circulação das ideias e opiniões, assim como das notícias e informações, mas sem deixar de prescrever o direito de resposta e todo um regime de responsabilidades civis, penais e administrativas. Direito de resposta e responsabilidades que, mesmo atuando a posteriori, infletem sobre as causas para inibir abusos no desfrute da plenitude de liberdade de imprensa. 5. PROPORCIONALIDADE ENTRE LIBERDADE DE IMPRENSA E RESPONSABILIDADE CIVIL POR DANOS MORAIS E MATERIAIS. Sem embargo, a excessividade indenizatória é, em si mesma, poderoso fator de inibição da liberdade de imprensa, em violação ao princípio constitucional da proporcionalidade. A relação de proporcionalidade entre o dano moral ou material sofrido por alguém e a indenização que lhe caiba receber (quanto maior o dano maior a indenização) opera é no âmbito interno da potencialidade da ofensa e da concreta situação do ofendido. Nada tendo a ver com essa equação a circunstância em si da veiculação do agravo por órgão de imprensa, porque, senão, a liberdade de informação jornalística deixaria de ser um elemento de expansão e de robustez da liberdade de pensamento e de expressão lato sensu para se tornar um fator de contração e de esqualidez dessa liberdade. Em se tratando de agente público, ainda que injustamente ofendido em sua honra e imagem, subjaz à indenização uma imperiosa cláusula de modicidade. Isto porque todo agente público está sob permanente vigília da cidadania. E quando o agente estatal não prima por todas as aparências de legalidade e legitimidade no seu atuar oficial, atrai contra si mais fortes suspeitas de um comportamento antijurídico francamente sindicável pelos

o compromisso da República Federativa do Brasil com a liberdade de

cidadãos. 6. RELAÇÃO DE MÚTUA CAUSALIDADE ENTRE LIBERDADE DE IMPRENSA E DEMOCRACIA. A plena liberdade de imprensa é um patrimônio imaterial que corresponde ao mais eloquente atestado de evolução político-cultural de todo um povo. Pelo seu reconhecido condão de vitalizar por muitos modos a Constituição, tirando-a mais vezes do papel, a Imprensa passa a manter com a democracia a mais entranhada relação de mútua dependência ou retroalimentação. Assim visualizada como verdadeira irmã siamesa da democracia, a imprensa passa a desfrutar de uma liberdade de atuação ainda maior que a liberdade de pensamento, de informação e de expressão dos indivíduos em si mesmos considerados. O § 5º do art. 220 apresenta-se como norma constitucional de concretização de um pluralismo finalmente compreendido como fundamento das sociedades autenticamente democráticas; isto é, o pluralismo como a virtude democrática da respeitosa convivência dos contrários. A imprensa livre é, ela mesma, plural, devido a que são constitucionalmente proibidas a oligopolização e a monopolização do setor (§ 5º do art. 220 da CF). A proibição do monopólio e do oligopólio como novo e autônomo fator de contenção de abusos do chamado "poder social da imprensa". 7. RELAÇÃO DE INERÊNCIA ENTRE PENSAMENTO CRÍTICO E IMPRENSA LIVRE. A IMPRENSA COMO INSTÂNCIA NATURAL DE FORMAÇÃO DA OPINIÃO PÚBLICA E COMO ALTERNATIVA À VERSÃO OFICIAL DOS FATOS. O pensamento crítico é parte integrante da informação plena e fidedigna. O possível conteúdo socialmente útil da obra compensa eventuais excessos de estilo e da própria verve do autor. O exercício concreto da liberdade de imprensa assegura ao jornalista o direito de expender críticas a qualquer pessoa, ainda que em tom áspero ou contundente, especialmente contra as autoridades e os agentes do Estado. A crítica jornalística, pela sua relação de inerência com o interesse público, não é aprioristicamente suscetível de censura, mesmo que legislativa ou judicialmente intentada. O próprio das atividades de imprensa é operar como formadora de opinião pública, espaço natural do pensamento crítico e "real alternativa à versão oficial dos fatos" (Deputado Federal Miro Teixeira). 8. NÚCLEO DURO DA LIBERDADE DE IMPRENSA E A INTERDIÇÃO PARCIAL DE LEGISLAR. A uma atividade que já era "livre" (incisos IV e IX do art. 5º), a Constituição Federal acrescentou o qualificativo de "plena" (§ 1º do art. 220). Liberdade plena que, repelente de qualquer censura prévia, diz respeito à essência mesma do jornalismo (o chamado "núcleo duro" da atividade). Assim entendidas as coordenadas de tempo e de conteúdo da manifestação do pensamento, da informação e da criação lato sensu, sem o que não se tem o desembaraçado trânsito das ideias e opiniões, tanto quanto da informação e da criação. Interdição à lei quanto às matérias nuclearmente de imprensa, retratadas no tempo de início e de duração do concreto exercício da liberdade, assim como de sua extensão ou tamanho do seu conteúdo. Tirante, unicamente, as restrições que a Lei Fundamental de 1988 prevê para o "estado de sítio" (art. 139), o Poder Público somente pode dispor sobre matérias lateral ou reflexamente de imprensa, respeitada sempre a ideia-força de que quem quer que seja tem o direito de dizer o que quer que seja. Logo, não cabe ao Estado, por qualquer dos seus órgãos, definir previamente o que pode ou o que não pode ser dito por indivíduos e jornalistas. As matérias reflexamente de imprensa, suscetíveis, portanto, de conformação legislativa, são as indicadas pela própria Constituição, tais como: direitos de resposta e de indenização, proporcionais ao agravo; proteção do sigilo da fonte ("quando necessário ao exer-

expressão, de pensamento e com o pluralismo de idéias, sendo incons-

---

cício profissional"); responsabilidade penal por calúnia, injúria e difamação; diversões e espetáculos públicos; estabelecimento dos "meios legais que garantam à pessoa e à família a possibilidade de se defenderem de programas ou programações de rádio e televisão que contrariem o disposto no art. 221, bem como da propaganda de produtos, práticas e serviços que possam ser nocivos à saúde e ao meio ambiente" (inciso II do § 3º do art. 220 da CF); independência e proteção remuneratória dos profissionais de imprensa como elementos de sua própria qualificação técnica (inciso XIII do art. 5º); participação do capital estrangeiro nas empresas de comunicação social (§ 4º do art. 222 da CF); composição e funcionamento do Conselho de Comunicação Social (art. 224 da Constituição). Regulações estatais que, sobretudo incidindo no plano das consequências ou responsabilizações, repercutem sobre as causas de ofensas pessoais para inibir o cometimento dos abusos de imprensa. Peculiar fórmula constitucional de proteção de interesses privados em face de eventuais descomedimentos da imprensa (justa preocupação do Ministro Gilmar Mendes), mas sem prejuízo da ordem de precedência a esta conferida, segundo a lógica elementar de que não é pelo temor do abuso que se vai coibir o uso. Ou, nas palavras do Ministro Celso de Mello, "a censura governamental, emanada de qualquer um dos três Poderes, é a expressão odiosa da face autoritária do poder público". 9. AUTORREGULAÇÃO E REGULAÇÃO SOCIAL DA ATIVIDADE DE IMPRENSA. É da lógica encampada pela nossa Constituição de 1988 a autorregulação da imprensa como mecanismo de permanente ajuste de limites da sua liberdade ao sentir-pensar da sociedade civil. Os padrões de seletividade do próprio corpo social operam como antídoto que o tempo não cessa de aprimorar contra os abusos e desvios jornalísticos. Do dever de irrestrito apego à completude e fidedignidade das informações comunicadas ao público decorre a permanente conciliação entre liberdade e responsabilidade da imprensa. Repita-se: não é jamais pelo temor do abuso que se vai proibir o uso de uma liberdade de informação a que o próprio Texto Magno do País apôs o rótulo de "plena" (§ 1 do art. 220). 10. NÃO RECEPÇÃO EM BLOCO DA LEI 5.250 PELA NOVA ORDEM CONSTITUCIONAL. 10.1. Óbice lógico à confecção de uma lei de imprensa que se orne de compleição estatutária ou orgânica. A própria Constituição, quando o quis, convocou o legislador de segundo escalão para o aporte regratório da parte restante de seus dispositivos (art. 29, art. 93 e § 5º do art. 128). São irregulamentáveis os bens de personalidade que se põem como o próprio conteúdo ou substrato da liberdade de informação jornalística, por se tratar de bens jurídicos que têm na própria interdição da prévia interferência do Estado o seu modo natural, cabal e ininterrupto de incidir. Vontade normativa que, em tema elementarmente de imprensa, surge e se exaure no próprio texto da Lei Suprema. 10.2. Incompatibilidade material insuperável entre a Lei nº 5.250/67 e a Constituição de 1988. Impossibilidade de conciliação que, sobre ser do tipo material ou de substância (vertical), contamina toda a Lei de Imprensa: a) quanto ao seu entrelace de comandos, a serviço da prestidigitadora lógica de que para cada regra geral afirmativa da liberdade é aberto um leque de exceções que praticamente tudo desfaz; b) quanto ao seu inescondível efeito prático de ir além de um simples projeto de governo para alcançar a realização de um projeto de poder, este a se eternizar no tempo e a sufocar todo pensamento crítico no País. 10.3 São de todo imprestáveis as tentativas de conciliação hermenêutica da Lei 5.250/67 com a Constituição, seja mediante expurgo puro e

titucional toda e qualquer norma jurídica que possua o claro propósito de estabelecer controles ou mesmo pretender aniquilar a força do pensamento crítico, indispensável ao Estado Democrático de Direito. O pluralismo, porquanto fundamento da República Federativa do Brasil, consignado no art. 1°, V, da Constituição Federal, corresponde a uma exigência da democracia aberta, refletindo o vínculo existente entre a liberdade e a diversidade dos meios de vida, não apenas como uma forma de realçar a liberdade de opinião ou de crença, mas como um sistema que enraíza essa liberdade na própria estrutura social. O pluralismo de idéias permite, pois, a coexistência de entendimentos antagônicos ou conflitantes dentro de uma mesma sociedade, constituindo núcleo essencial do Estado Democrático de Direito. Restou consignado na ementa da ADI n° 4.451/18, o seguinte conteúdo:

> "LIBERDADE DE EXPRESSÃO E PLURALISMO DE IDEIAS. VALORES ESTRUTURANTES DO SISTEMA DEMOCRÁTICO. INCONSTITUCIONALIDADE DE DISPOSITIVOS NORMATIVOS QUE ESTABELECEM PREVIA INGERÊNCIA ESTATAL NO DIREITO

simples de destacados dispositivos da lei, seja mediante o emprego dessa refinada técnica de controle de constitucionalidade que atende pelo nome de "interpretação conforme a Constituição". A técnica da interpretação conforme não pode artificializar ou forçar a descontaminação da parte restante do diploma legal interpretado, pena de descabido incursionamento do intérprete em legiferação por conta própria. Inapartabilidade de conteúdo, de fins e de viés semântico (linhas e entrelinhas) do texto interpretado. Caso-limite de interpretação necessariamente conglobante ou por arrastamento teleológico, a pré-excluir do intérprete/aplicador do Direito qualquer possibilidade da declaração de inconstitucionalidade apenas de determinados dispositivos da lei sindicada, mas permanecendo incólume uma parte sobejante que já não tem significado autônomo. Não se muda, a golpes de interpretação, nem a inextrincabilidade de comandos nem as finalidades da norma interpretada. Impossibilidade de se preservar, após artificiosa hermenêutica de depuração, a coerência ou o equilíbrio interno de uma lei (a Lei federal nº 5.250/67) que foi ideologicamente concebida e normativamente apetrechada para operar em bloco ou como um todo pro indiviso. 11. EFEITOS JURÍDICOS DA DECISÃO. Aplicam-se as normas da legislação comum, notadamente o Código Civil, o Código Penal, o Código de Processo Civil e o Código de Processo Penal às causas decorrentes das relações de imprensa. O direito de resposta, que se manifesta como ação de replicar ou de retificar matéria publicada é exercitável por parte daquele que se vê ofendido em sua honra objetiva, ou então subjetiva, conforme estampado no inciso V do art. 5º da Constituição Federal. Norma, essa, "de eficácia plena e de aplicabilidade imediata", conforme classificação de José Afonso da Silva. "Norma de pronta aplicação", na linguagem de Celso Ribeiro Bastos e Carlos Ayres Britto, em obra doutrinária conjunta. 12. PROCEDÊNCIA DA AÇÃO. Total procedência da ADPF, para o efeito de declarar como não recepcionado pela Constituição de 1988 todo o conjunto de dispositivos da Lei federal nº 5.250, de 9 de fevereiro de 1967." (ADPF n° 130/DF, Rel. Min. Carlos Ayres Britto, Pleno, d. j. em 30.04.2009)

> DE CRITICAR DURANTE O PROCESSO ELEITORAL. PROTEÇÃO CONSTITUCIONAL AS MANIFESTAÇÕES DE OPINIÕES DOS MEIOS DE COMUNICAÇÃO E A LIBERDADE DE CRIAÇÃO HUMORISTICA.
>
> 1. A Democracia não existirá e a livre participação política não florescerá onde a liberdade de expressão for ceifada, pois esta constitui condição essencial ao pluralismo de ideias, que por sua vez é um valor estruturante para o salutar funcionamento do sistema democrático.
>
> 2. A livre discussão, a ampla participação política e o princípio democrático estão interligados com a liberdade de expressão, tendo por objeto não somente a proteção de pensamentos e ideias, mas também opiniões, crenças, realização de juízo de valor e críticas a agentes públicos, no sentido de garantir a real participação dos cidadãos na vida coletiva.
>
> 3. São inconstitucionais os dispositivos legais que tenham a nítida finalidade de controlar ou mesmo aniquilar a força do pensamento crítico, indispensável ao regime democrático. Impossibilidade de restrição, subordinação ou forçosa adequação programática da liberdade de expressão a mandamentos normativos cerceadores durante o período eleitoral.
>
> 4. Tanto a liberdade de expressão quanto a participação política em uma Democracia representativa somente se fortalecem em um ambiente de total visibilidade e possibilidade de exposição crítica das mais variadas opiniões sobre os governantes.
>
> **5. O direito fundamental à liberdade de expressão não se direciona somente a proteger as opiniões supostamente verdadeiras, admiráveis ou convencionais, mas também aquelas que são duvidosas, exageradas, condenáveis, satíricas, humorísticas, bem como as não compartilhadas pelas maiorias. Ressalte-se que, mesmo as declarações errôneas, estão sob a guarda dessa garantia constitucional.**
>
> 6. Ação procedente para declarar a inconstitucionalidade dos incisos II e III (na parte impugnada) do artigo 45 da Lei 9.504/1997, bem como, por arrastamento, dos parágrafos 4º e 5º do referido artigo." (destaque nosso)

Edouard Laboyale, jurista francês, objetivando evidenciar a inutilidade de qualquer tentativa pertinente à restrição da liberdade de pensamento, concebeu a fábula do *Alfaiate ambicioso*. Dizia ele:

> "A antiguidade deixou-nos, entre outras, a lenda de um alfaiate ambicioso que queria fazer um vestido para a lua. Durante quinze dias o pobre homem se viu obrigado, toda noite, a alargar a roupa, que se encontrava curta. Eis que, porém, quinze dias depois, a encontrava sempre larga. Desesperado, teve que renunciar a seu propósito e deixar a lua tal como Deus a concebera, com seus defeitos e suas vir-

tudes. Isso nos faz pensar nos legisladores que, nestes dois séculos, têm querido meter a imprensa dentro de um vestido cortado a seu gosto. Censuras, castigos, multas, prisões. Nada tolheu da imprensa a liberdade que, ao nascer, ela recebera de seu pai, o Pensamento." (Edouard Laboyale, jurista francês falecido em 1883)

Com isto, reafirmamos a impossibilidade de restrição quanto à liberdade de pensamento, por ser algo intrínseco ao ser humano, que faz parte da sua natureza de *ser racional*. Não podemos perder de vista, neste contexto, que a liberdade de pensamento, na medida em que evidencia a nota de *racionalidade* no ser humano, encontra-se atrelada à noção de dignidade da pessoa humana. Nesta perspectiva, são *dignos* os indivíduos possuidores de *razão*, que têm capacidade de raciocinar e, consequentemente, de interagir com outros sujeitos igualmente racionais. A dignidade da pessoa humana, pois, se constitui em reflexo da racionalidade inerente ao *ser*.

Devemos ressaltar que o dispositivo constitucional ora citado não deve ser interpretado isoladamente, mas em conexão com as demais normas que compõem o ordenamento jurídico que possuem, com ela, relação material, de conteúdo. Trata-se, portanto, de utilização da ferramenta *sistemática da interpretação do direito*, que conduz o exegeta para que não se interprete a norma isoladamente, mas como sendo parte integrante de um todo, é dizer, do sistema jurídico. Portanto, guarda uma relação de conexão com o dispositivo em análise, o art. 5°, IV[78], art. 206, II[79], art. 215[80] e o art. 220[81], todas da Constituição Federal.

78 "Art. 5° (...)
IV - é livre a manifestação do pensamento, sendo vedado o anonimato;"

79 "Art. 206. O ensino será ministrado com base nos seguintes princípios:
(...)
II - liberdade de aprender, ensinar, pesquisar e divulgar o pensamento, a arte e o saber;"

80 "Art. 215. O Estado garantirá a todos o pleno exercício dos direitos culturais e acesso às fontes da cultura nacional, e apoiará e incentivará a valorização e a difusão das manifestações culturais.
§ 1º O Estado protegerá as manifestações das culturas populares, indígenas e afro-brasileiras, e das de outros grupos participantes do processo civilizatório nacional.
§ 2º A lei disporá sobre a fixação de datas comemorativas de alta significação para os diferentes segmentos étnicos nacionais.
§ 3º A lei estabelecerá o Plano Nacional de Cultura, de duração plurianual, visando ao desenvolvimento cultural do País e à integração das ações do poder público que conduzem à:

81 "Art. 220. A manifestação do pensamento, a criação, a expressão e a informação, sob qualquer forma, processo ou veículo não sofrerão qualquer restrição, observado o disposto nesta Constituição.

É oportuno salientar, em conformidade ao artigo 220, §2°, que "é vedada toda e qualquer censura de natureza política, ideológica e artística." Portanto, é proibido todo e qualquer tipo de intervenção estatal que busque restringir ou cercear tais liberdades. Consoante Paulo Roberto de Figueiredo Dantas, *censura* é "a verificação, *anterior* à publicação, da compatibilidade entre um pensamento que se quer exprimir e o ordenamento jurídico vigente. A censura é sempre prévia. Se for posterior, não será censura, mas sim repressão.[82]" É importante ressaltar que a indicação da faixa etária, de incumbência do Estado, em espetáculos públicos, não deve ser compreendida como censura, pois o que se busca é adequar aquilo que é transmitido com a capacidade de discernimento do público, de modo a evitar que determinados programas ou espetáculos sejam assistidos por pessoas cujas faixas etárias não

---

continuação da nota 80

I - defesa e valorização do patrimônio cultural brasileiro;

II - produção, promoção e difusão de bens culturais;

III - formação de pessoal qualificado para a gestão da cultura em suas múltiplas dimensões;

IV - democratização do acesso aos bens de cultura;

V - valorização da diversidade étnica e regional."

---

continuação da nota 81

§ 1º Nenhuma lei conterá dispositivo que possa constituir embaraço à plena liberdade de informação jornalística em qualquer veículo de comunicação social, observado o disposto no art. 5º, IV, V, X, XIII e XIV.

§ 2º É vedada toda e qualquer censura de natureza política, ideológica e artística.

§ 3º Compete à lei federal:

I - regular as diversões e espetáculos públicos, cabendo ao Poder Público informar sobre a natureza deles, as faixas etárias a que não se recomendem, locais e horários em que sua apresentação se mostre inadequada;

II - estabelecer os meios legais que garantam à pessoa e à família a possibilidade de se defenderem de programas ou programações de rádio e televisão que contrariem o disposto no art. 221, bem como da propaganda de produtos, práticas e serviços que possam ser nocivos à saúde e ao meio ambiente.

§ 4º A propaganda comercial de tabaco, bebidas alcoólicas, agrotóxicos, medicamentos e terapias estará sujeita a restrições legais, nos termos do inciso II do parágrafo anterior, e conterá, sempre que necessário, advertência sobre os malefícios decorrentes de seu uso.

§ 5º Os meios de comunicação social não podem, direta ou indiretamente, ser objeto de monopólio ou oligopólio.

§ 6º A publicação de veículo impresso de comunicação independe de licença de autoridade."

---

82 **Curso de Direito Constitucional**. São Paulo: Atlas, 2012, p. 323.

se adequam ao respectivo conteúdo, podendo, com isto, interferir na sua personalidade, ora em processo de formação. Esse é o entendimento que pode ser construído a partir da interpretação do art. 220, §3°, I, *verbis*:

> "(...)
>
> § 3º Compete à lei federal:
>
> I - regular as diversões e espetáculos públicos, cabendo ao Poder Público informar sobre a natureza deles, as faixas etárias a que não se recomendem, locais e horários em que sua apresentação se mostre inadequada;"

É de perceber que o enunciado normativo trazido à colação atribui à União Federal competência legislativa para regular as diversões e espetáculos públicos, cabendo ao ente público **informar** sobre a natureza deles, as faixas etárias a que não se recomendam, além dos locais e horários inadequados para sua apresentação. Ou seja, o que deve ser feito é tão-somente **informar, comunicar, dar ciência** da faixa etária recomendada, mas não proibir a realização dos espetáculos e diversões em razão da idade. A comunicação da faixa etária tem um cunho meramente indicativo, mas não proibitivo.

O Supremo Tribunal Federal - STF, por ocasião do julgamento da ADI 2.404/16, apreciou a constitucionalidade da sanção de caráter administrativo ao ato de transmitir, via rádio ou televisão, espetáculo fora do horário autorizado pelo órgão competente, consoante previsão do artigo 254, do Estatuto da Criança e do Adolescente, que dispunha o seguinte:

> "Art. 254. Transmitir, através de rádio ou televisão, espetáculo em horário diverso do autorizado ou sem aviso de sua classificação:
>
> Pena - multa de vinte a cem salários de referência; duplicada em caso de reincidência a autoridade judiciária poderá determinar a suspensão da programação da emissora por até dois dias."

O eminente Min. Dias Toffoli, relator da ação, principia a análise do objeto da ação destacando a liberdade de expressão em sua dimensão instrumental, é dizer, mediante a forma como se dará a exteriorização da manifestação do pensamento. Para que seja possível a concretização da referida liberdade, faz-se necessário a existência real (não apenas formal) da liberdade de comunicação, prevista no art. 220 da Constituição Federal, que assegura a livre circulação de ideias e informações e a comunicação livre e pluralista, protegida da ingerência estatal.

Apesar da Constituição consagrar a liberdade de expressão, protege, por outro lado, a criança, o adolescente e o jovem, haja vista a posição de fragilidade que ambos ocupam na quadratura social, sendo, portanto, tanto quanto possível, os destinatários das normas e ações voltadas ao livre desenvolvimento da personalidade e à preservação contra situações potencialmente danosas à sua formação física, moral e mental. Esta foi a razão pela qual a Constituição Federal consagrou, em seu art. 227, o *dever fundamental* do Estado, da sociedade e, sobretudo, da família, de "assegurar à criança, ao adolescente e ao jovem, com absoluta prioridade, o direito à vida, à saúde, à alimentação, à educação, ao lazer, à profissionalização, à cultura, à dignidade, ao respeito, à liberdade e à convivência familiar e comunitária, além de colocá-los a salvo de toda forma de negligência, discriminação, exploração, violência, crueldade e opressão." Em tal contexto, o Estatuto da Criança e do Adolescente foi criado, precisamente, para dar concretude ao valor de preservação constante da Constituição Federal, estabelecendo incentivos para que sejam alcançados os fins almejados e uma série de vedações às atividades a eles contrários.

Buscando problematizar a questão, indaga o eminente relator em seu voto: "como compatibilizar a defesa da criança e do adolescente contra a exposição a conteúdos inapropriados veiculados em diversões públicas e programas de rádio e de televisão com a garantia constitucional da liberdade de expressão?" No entendimento do Min. Dias Toffoli, a Constituição Federal de 1988 já informa a solução para a composição destes valores, ao dispor em seu artigo 220 que a "manifestação do pensamento, a criação, a expressão e a informação, sob qualquer forma, processo ou veículo não sofrerão qualquer restrição, observado o disposto nesta Constituição". Deste modo, apesar da garantia constitucional da liberdade de expressão, vedação da censura ou licença, a Constituição Federal de 1988 atribuiu competência **exclusiva** à União Federal, em seu art. 21, XVI, para desempenhar atividade de "exercer a classificação, para efeito indicativo, de diversões públicas e de programas de rádio e televisão". Aduz, ainda, que de forma mais explícita, no capítulo específico destinado à Comunicação Social, o texto constitucional reforçou tal atribuição em seu artigo 220[83]. Da interpretação do texto

83 "Art. 220. (...)
(...)
§ 3º - Compete à lei federal:
I - regular as diversões e espetáculos públicos, cabendo ao Poder Público informar sobre a natureza deles, as faixas etárias a que não se recomendem, locais e horários em que sua apresentação se mostre inadequada;
II - estabelecer os meios legais que garantam à pessoa e à família a possibilidade de se defenderem de programas ou programações de rádio e televisão que contrariem o disposto no art. 221, bem como da propaganda de produtos, práticas e serviços que possam ser nocivos à saúde e ao meio ambiente."

constitucional, depreende-se, no tocante à proteção das crianças e do adolescente, que foi estabelecido mecanismo apto a oferecer "aos telespectadores das diversões públicas e de programas de rádio e televisão as **indicações**, as **informações** e as **recomendações** necessárias acerca do conteúdo veiculado."

O sistema de *classificação indicativo* adotado pela Constituição Federal permite a compatibilização desses dois axiomas, ou seja, protege simultaneamente a integridade das crianças e dos adolescentes, sem prescindir da preocupação com o direito fundamental da liberdade de expressão. No entanto, "**qual o sentido da classificação indicativa? Qual o seu alcance e sua finalidade?**", indaga o eminente relator. Tais indagações são imprescindíveis para uma adequada análise da ADI, na medida em que permitirão delinear adequadamente referido instituto de natureza constitucional. De certo, trata-se de tema "pouco conhecido e debatido no mundo jurídico e no meio social." No entendimento do Ministro Toffoli, desenvolvido de forma teleológica, a Constituição teve por finalidade "conferir aos pais, como reflexo do exercício do poder familiar, o papel de supervisão efetiva sobre o conteúdo acessível aos filhos, enquanto não plenamente aptos a conviver com os influxos prejudiciais do meio social." Urge ressaltar que vivemos em uma sociedade plural, na qual co-existem diversas concepções morais e comportamentais das famílias, resultantes dos mais diversos fatores, tais como religiosos, sociais, culturais ou econômicos. Logo, a Constituição Federal, em seu artigo 226, §7º[84], atribuiu aos dirigentes da entidade familiar o seu ***livre planejamento***, desde que observados os postulados da ***dignidade da pessoa humana*** e da ***paternidade responsável***.

Deste modo, a classificação dos conteúdos audiovisuais tem por fim esclarecer, informar e indicar aos pais, a existência de conteúdo inadequado para as crianças e os adolescentes, seja por conterem cenas de violência, sexo, consumo de drogas etc. O modelo classificatório desenvolvido pela União Federal permite ao pais, assentados no poder familiar, decidir se a criança ou o adolescente pode ou não assistir a uma determinada programação. José Eduardo Elias Romão, ex-Diretor do Departamento de Justiça, Classificação, Títulos e Qualificação da

84 "Art. 226. A família, base da sociedade, tem especial proteção do Estado.
(...)
§ 7º - Fundado nos princípios da dignidade da pessoa humana e da paternidade responsável, o planejamento familiar é livre decisão do casal, competindo ao Estado propiciar recursos educacionais e científicos para o exercício desse direito, vedada qualquer forma coercitiva por parte de instituições oficiais ou privadas."

Secretaria Nacional de Justiça do Ministério da Justiça, em obra coletiva acerca da classificação indicativa no Brasil, explicita:

> "De uma vez por todas é preciso esclarecer que a classificação de produtos audiovisuais é uma informação que indica aos pais e aos responsáveis a existência de conteúdo inadequado a crianças e a adolescentes. A classificação indica aos pais e aos responsáveis para que eles possam decidir, calcados na autoridade que lhes concede o poder familiar, se a criança ou o adolescente sob sua guarda poderá assistir a um filme ou jogar um 'game' considerado inadequado para sua idade.
>
> (...) A classificação indicativa produzida pelo Ministério da Justiça é uma orientação geral que deve ser 'aplicada' pelos pais nos casos em concreto, isto é, consideradas as características de seus filhos e o contexto onde vivem" (A nova classificação indicativa: construção democrática de um modelo. In: Classificação Indicativa no Brasil: desafios e perspectivas." CHAGAS, Cláudia Maria de Freitas e et al. (Org.) Brasília: Secretaria Nacional de Justiça, 2006. p. 37/38).

Em sentido análogo, de que a classificação indicativa não se reveste da natureza de ***censura***, tem-se os entendimentos de José Cretella Jr[85] e Luis Roberto Barroso[86]. Com base nestas premissas, o Min. Dias Toffoli afirma ser inequívoca a percepção de que o modelo de "**classificação**

85 "(...) O constituinte de 1988, preocupado com o problema da censura, no regime anterior, cai em outro extremo e, com prudência, emprega 'a União tem competência para exercer a classificação PARA EFEITO INDICATIVO'. A União, agora, não veda, não proíbe, não censura. Indica, tão-só. Recomenda. Classifica os filmes, espetáculos, as exibições. Às vezes, nem classifica. Enumera apenas (...).
As diversões públicas podem ser classificadas 'para efeito indicativo', ou seja, 'sem censura', 'sem vedação', 'sem proibição', apontando o classificador, nos grupos aglutinados, alguns aspectos, como, por exemplo, 'aconselhável' ou 'não aconselhável' para menores ou maiores de certa idade; 'drama', 'comédia', 'tragédia'. Relembre-se que diversão pública é expressão que designa toda atividade recreativa proporcionada, publicamente, ao público" in **Comentários à Constituição Brasileira de 1988**, 2. ed., v. III, Rio de Janeiro: Forense Universitária, 1997, p. 1410.

86 "(...) a União poderá, por algum meio, atribuir aos programas de rádio e televisão classificação ou adjetivação indicativa sobre o seu conteúdo. Por analogia às diversões e espetáculos públicos, das quais se trata no art. 220, § 3º, I, a indicação se refere, normalmente, a faixas etárias e/ou horários recomendados. Note-se que a finalidade da norma é apenas oferecer informação ao telespectador, e não determinar a conduta das emissoras, caso contrário a classificação não seria indicativa, mas cogente, obrigatória" in **Liberdade de expressão, censura e controle da programação de televisão na Constituição de 1988**, Revista dos Tribunais. São Paulo, ano 90, v. 790, pp. 129-152, ago 2001. p. 147.

indicativa é o instrumento de defesa que a Constituição ofereceu aos pais e aos responsáveis contra programações de conteúdo inadequado, garantindo-lhes o acesso às informações necessárias à proteção das crianças e dos adolescentes, mas sem deixar de lado a preocupação com a garantia da liberdade de expressão, pois não surge com o caráter de imposição." O artigo 21, XVI, da Constituição Federal, atribui competência à União Federal para "**exercer a classificação, para efeito indicativo, de diversões públicas e de programas de rádio e televisão.**" Por sua vez, o artigo 220, §3°, afirma ser de competência de **lei federal**, (i) "regular as diversões e espetáculos públicos, cabendo ao Poder Público informar sobre a natureza deles, as faixas etárias a que não se recomendem, locais e horários em que sua apresentação se mostre inadequada" e; (ii) "estabelecer os meios legais que garantam à pessoa e à família a possibilidade de se defenderem de programas ou programações de rádio e televisão que contrariem o disposto no art. 221, bem como da propaganda de produtos, práticas e serviços que possam ser nocivos à saúde e ao meio ambiente."

O artigo 220, §3°, da Constituição Federal, é ***norma de integração completável*** ou ***norma de eficácia limitada de natureza programática***, que requer, portanto, para produção plena de seus efeitos normativos, regulamentação através de lei. Com base nisto, o Estatuto da Criança e do Adolescente ***integrou***[87] o aludido dispositivo constitu-

---

87 "Art. 74. **O poder público**, através do órgão competente, **regulará as diversões e espetáculos públicos, informando sobre a natureza deles, as faixas etárias a que não se recomendem, locais e horários em que sua apresentação se mostre inadequada.**

Parágrafo único. Os responsáveis pelas diversões e espetáculos públicos deverão afixar, em lugar visível e de fácil acesso, à entrada do local de exibição, informação destacada sobre a natureza do espetáculo e a faixa etária especificada no certificado de classificação.

Art. 75. Toda criança ou adolescente terá acesso às diversões e espetáculos públicos classificados como adequados à sua faixa etária.

Parágrafo único. As crianças menores de dez anos somente poderão ingressar e permanecer nos locais de apresentação ou exibição quando acompanhadas dos pais ou responsável.

Art. 76. As emissoras de rádio e televisão somente exibirão, no horário recomendado para o público infanto juvenil, programas com finalidades educativas, artísticas, culturais e informativas.

Parágrafo único. Nenhum espetáculo será apresentado ou anunciado sem aviso de sua classificação, antes de sua transmissão, apresentação ou exibição.

(...)

Capítulo II

Das Infrações Administrativas

"Art. 254. **Transmitir, através de rádio ou televisão, espetáculo em horário**

cional, impondo sanção administrativa às emissoras de rádio e tv que transmitam espetáculo em horário diverso do autorizado ou sem aviso de sua classificação.

Em análise dos atos normativos que dispunham sobre a matéria, à época do julgamento da ADI, o Min. Toffoli faz remissão a diversos deles, todos na direção de que a classificação dos programas de rádio e tv são de natureza meramente informativa e pedagógica, não tendo o propósito de estabelecer censura ou qualquer outro tipo de restrição. Citou, para tanto, a Portaria n° 1.220/07[88], do Ministério da Justiça, que dis-

---

diverso do autorizado ou sem aviso de sua classificação:
Pena - multa de vinte a cem salários de referência; duplicada em caso de reincidência a autoridade judiciária poderá determinar a suspensão da programação da emissora por até dois dias." (destaques nosso)

---

88 **PORTARIA nº 1.220, de 11 de julho de 2007**
Regulamenta as disposições da Lei n° 8.069, de 13 de julho de 1990 (Estatuto da Criança e do Adolescente - ECA), da Lei no 10.359, de 27 de dezembro de 2001, e do Decreto nº 6.061, de 15 de março de 2007, relativas ao processo de classificação indicativa de obras audiovisuais destinadas à televisão e congêneres.
O MINISTRO DE ESTADO DA JUSTIÇA, no uso das atribuições conferidas pelo art. 1º, inciso I e art. 8º, inciso II do Anexo I ao Decreto nº 6.061, de 15 de março de 2007, e considerando:
que a República Federativa do Brasil tem como fundamento a dignidade da pessoa humana e como objetivo promover o bem de todos, sem preconceitos de origem, raça, sexo, cor, idade e quaisquer outras formas de discriminação;
- que é livre a expressão da atividade intelectual, artística, científica e de comunicação, independentemente de censura e licença, de acordo com o art. 5º, inciso IX, e art. 220, caput e §2º, da Constituição Federal;
- que compete à União exercer a classificação, para efeito indicativo, de diversões públicas e de programas de rádio e televisão, de acordo com os arts. 21, inciso XVI e 220, § 3º, inciso I da Constituição Federal;
- a responsabilidade dos pais no exercício do poder familiar, de acordo com os arts. 1.630 e 1.634, inciso I da Lei nº 10.406, de 10 de janeiro de 2002 – Código Civil;
- a co-responsabilidade da família, da sociedade e do Estado na garantia à criança e ao adolescente do direito à educação, ao lazer, à cultura, ao respeito e à dignidade, de acordo com o art. 227 da Constituição Federal;
- que cabe ao poder público regular as diversões e espetáculos públicos, informando sobre sua natureza, a faixa etária a que não se recomendem, bem como os horários em que sua apresentação se mostre inadequada, nos termos do caput do art. 74 da Lei 8.069, de 13 de julho de 1990- Estatuto da Criança e do Adolescente - ECA;
- que compete ao Poder Executivo, nos termos do art. 3º da Lei no 10.359, de 27 de dezembro de 2001, proceder à classificação indicativa dos programas de televisão, ouvidas as entidades representativas das emissoras concessionárias e permissionárias de serviços de televisão, inclusive por assinatura e a cabo;

punha sobre a matéria, ressaltando, inclusive, que os destinatários das

- o disposto nos artigos 4º, 6º, 75 , 76, 254 e 255 da Lei nº 8.069, de 1990- Estatuto da Criança e do Adolescente;
- o sistema de garantias dos direitos da criança e do adolescente caracterizado pela articulação e integração das instâncias públicas governamentais e da sociedade civil, na aplicação de instrumentos normativos e no funcionamento dos mecanismos de promoção, defesa e controle para a efetivação dos direitos da criança e do adolescente, tal como preconizado na Resolução nº 113, de 19 de abril de 2006, do Conselho Nacional dos Direitos da Criança e do Adolescente - CONANDA;
- que o exercício da Classificação Indicativa de forma objetiva, democrática e em co-responsabilidade com a família e a sociedade implica o dever de promover a divulgação da classificação indicativa com informações consistentes e de caráter pedagógico, para que os pais realizem o controle da programação; e, ainda, o dever de exibir o produto de acordo com a classificação, como meio legal capaz de garantir à pessoa e à família a possibilidade de se defenderem de produtos inadequados;
- que sugestões apresentadas nos debates mantidos nos últimos sessenta dias produziram contribuições significativas para o aprimoramento da Classificação Indicativa;
RESOLVE:

CAPÍTULO I
Seção I
Do Dever de Exercer a Classificação Indicativa
Art. 1º. Regulamentar as disposições da Lei n° 8.069, de 1990 (Estatuto da Criança e do Adolescente - ECA), da Lei n° 10.359, de 27 de dezembro de 2001, e do Decreto nº 6.061, de 15 de março de 2007, relativas ao processo de classificação indicativa de obras audiovisuais destinadas à televisão e congêneres.
Parágrafo único. O processo de classificação indicativa, disciplinado nos termos desta Portaria, integra o sistema de garantias dos direitos da criança e do adolescente, composto por órgãos públicos e organizações da sociedade civil.
Art. 2º. Compete ao Ministério da Justiça proceder à classificação indicativa de programas de televisão em geral.

Seção II
Da Natureza, Finalidade e Alcance
Art. 3º. **A classificação indicativa possui natureza informativa e pedagógica, voltada para a promoção dos interesses de crianças e adolescentes, devendo ser exercida de forma democrática, possibilitando que todos os destinatários da recomendação possam participar do processo, e de modo objetivo, ensejando que a contradição de interesses e argumentos promovam a correção e o controle social dos atos praticados.**
Art. 4º. Cabe ao Departamento de Justiça, Classificação, Títulos e Qualificação, vinculado à Secretaria Nacional de Justiça do Ministério da Justiça - DEJUS/SNJ, exercer a classificação indicativa dos programas e obras audiovisuais regulados por esta Portaria. Parágrafo único. O exercício da classificação indicativa corresponde essencialmente:
I - análise das características da obra ou produto audiovisual;
II - monitoramento do conteúdo exibido nos programas sujeitos à classificação; e
III - atribuição de classificação para efeito indicativo.
(...)

normas jurídicas não são as emissoras de rádio e de TV, mas os pais ou responsáveis. Ou seja, a classificação tem por finalidade apenas orientar os pais ou responsáveis quanto ao conteúdo do programa a ser exibido, cabendo aos mesmos, nos casos concretos e em harmonia às particularidades da família e dos filhos, decidir ou não pela autorização destes, pertinentes à assistir o programa televisivo ou de rádio.

Por se tratar de atribuição administrativa da União Federal, que interfere no âmbito de proteção da liberdade de expressão, a competência do ente federativo, ora circunscrita ao exercício da classificação indicativa dos espetáculos, **somente se legitima por expressa disposição constitucional**.

Além disto, questão fulcral no debate consiste em saber se a competência da União Federal, no âmbito do sistema constitucional, "**confunde-se com um ato de autorização** ou pode servir de anteparo para a **aplicação de sanção de natureza administrativa** às emissoras de radiodifusão em caso de transmissão de programas em horário diverso."

Passando a analisar especificamente o dispositivo do Estatuto da Criança e do Adolescente, o eminente Ministro-relator alude à utilização do termo "**autorizar**" por parte do legislador, informando que o vocábulo já revela, de per si, sua ilegitimidade em face da Constituição Federal. Há, na concepção do Min. Dias Toffoli, "uma diferença (...) fundamental: a submissão do programa ao órgão do Ministério da Justiça não pode consistir em condição para que possa ser exibido, **não se trata de licença ou autorização estatal para sua exibição**, o que é terminantemente vedado pela Constituição Federal. O exercício da liberdade de programação pelas emissoras impede que a exibição de determinado espetáculo dependa de ação estatal prévia." Nesta linha de raciocínio, a submissão do programa ao Ministério da Justiça se dá, **exclusivamente,** para que a União Federal possa exercer sua competência administrativa pertinente à classificação, **para efeito indicativo**, das diversões públicas e dos programas de rádio e de televisão, **hipótese esta que não se confunde com autorização**. Portanto, para que a União Federal possa realizar a indicação das faixas etárias, necessário se faz que determinados

---

CAPÍTULO II
Seção I
Do Dever de Divulgar e Exibir a Classificação Indicativa
Art. 16. **A atividade de Classificação Indicativa exercida pelo Ministério da Justiça é meio legal capaz de garantir à pessoa e à família a possibilidade de receber as informações necessárias para se defender de diversões públicas inadequadas à criança e ao adolescente**, nos termos da Constituição Federal e da Lei nº 8.069, de 1990 (Estatuto da Criança e Adolescente – ECA).

programas sejam submetidos **à classificação, mas não à autorização** do Estado. Em sendo assim, para que a União Federal possa realizar a indicação das "faixas etárias, os locais e os horários de exibição não recomendados, faz-se necessário que determinado programa seja submetido **à classificação, não à autorização**, do Poder Público. Isso porque, obrigatoriamente, deverá a classificação ser informada aos telespectadores pelas emissoras de rádio e de televisão."

Referida competência constitucional atribuída à União Federal não pode ser confundida com um ato de licença, muito menos confere a ela competência para determinar que a exibição da programação somente se dê nos horários determinados pelo Ministério da Justiça, de modo a tipificar uma imposição, e não uma recomendação. Ademais, não há dúvida, diz o Min. Toffoli, de "que a expressão ora questionada, além de transformar a classificação indicativa em ato de autorização, de licença estatal – o que, conforme explicitado, se mostra inconstitucional -, converteu a classificação, qualificada constitucionalmente como indicativa, em classificação obrigatória, cogente." Do vocábulo "indicativo", constante do art. 21, XVI, e da natureza "informativa" da atividade desenvolvida pelo Poder Público, referida no §3º do art. 220, ambos da Constituição Federal, "não se extrai essa possibilidade", conclui o Ministro-relator.

Portanto, utilizando-se a Constituição Federal da expressão "para efeito indicativo" e tendo atribuído competência ao Congresso Nacional para, através de lei, disciplinar as diversões e espetáculos públicos, "verifica-se que não é compatível com o desígnio constitucional **conferir caráter vinculante e obrigatório a tal classificação, de modo a criar hipótese de proibição ou a impor penalidade de caráter administrativo."**

Com base nestes argumentos, o Supremo Tribunal Federal – STF julgou procedente a ADI 2.404/16 declarando a inconstitucionalidade da expressão "em horário diverso do autorizado" contida no art. 254 da Lei nº 8.069/90.

8. Liberdade Religiosa

A liberdade religiosa se configura como uma forma de expressão da liberdade de consciência, de pensamento e de crença. A particularidade, no entanto, reside no fato de que o objeto do pensar humano diz sobre a liberdade de fé e suas formas de exteriorização. A liberdade de consciência, expressão da liberdade de pensamento, situa-se no campo da moral, ao passo que a liberdade de crença se circunscreve ao plano religioso, não sendo possível confundir essas duas liberdades.

Na histórica constitucional brasileira, a Constituição do Império de 1824 adotou a religião católica como oficial do Estado, proclamando em seu artigo 5° o seguinte:

> "Art. 5° A Religião Católica Apostólica Romana continuará a ser religião do Império. Todas as outras religiões serão permitidas com seu culto doméstico ou particular, em casas para isso destinadas, sem forma alguma exterior de templo." (destaque nosso)

No Título 8°, que versa sobre as "Disposições Gerais e Garantias dos Direitos Civis e Políticos dos Cidadãos Brasileiros", a Constituição do Império impunha, em seu artigo 179, V, uma restrição à liberdade individual por motivos religiosos, dispondo que:

> "Art. 179. A inviolabilidade dos Direitos Civis e Políticos dos cidadãos brasileiros, que tem por base a liberdade, a segurança individual e a propriedade, é garantida pela Constituição do Império, pela maneira seguinte:
>
> (...)
>
> V – Ninguém pode ser perseguido por motivo de religião, uma vez que respeite a do Estado e não ofenda a moral pública."

A leitura que se pode fazer do art. 179, V, ora trazido à baila, é no sentido de que todos podem ser perseguidos por motivos religiosos. Basta, para tanto, desrespeitar a religião católica, oficial do Estado, e ofender a moralidade pública. Trata-se, portanto, de uma liberdade religiosa limitada, cujo exercício (culto) deveria ocorrer no âmbito doméstico ou particular, em casas para isso destinadas, ou seja, em ambiente eminentemente privado, sem qualquer possibilidade de exteriorização. Portanto, em conformidade aos artigos 5° e 179 da Constituição imperial, a liberdade culto e de crença restaram preservadas, na medida em que "todas as outras religiões serão permitidas."

Ademais, no artigo 95, III, a Constituição imperial trazia uma vedação quanto ao exercício dos direitos políticos, ao dispor que:

> "Art. 95. Todos os que podem ser eleitores, são hábeis para serem nomeados deputados. Excetuam-se:
>
> I – Os que não tiverem quatrocentos mil réis de renda líquida, na forma dos arts. 92 e 94.
>
> II – Os estrangeiros naturalizados.
>
> III – Os que não professarem a religião do Estado."

Em atenção ao dispositivo em apreço, para que alguém pudesse ser nomeado deputado, além da necessidade de preenchimento dos pressupostos elencados nos artigos 90 e ss, fazia-se necessário também professar a religião do Estado. Dito de outro modo: quem não professar a religião católica, não poderá ser nomeado Deputado.

Além disso, o Código Penal do Império, em seu art. 191, tipifica como ilícito penal a seguinte conduta:

> "Crimes contra a liberdade individual
>
> Art. 191. Perseguir por motivo de religião ao que respeitar a do Estado, e não offender a moral publica.
>
> Penas – de prisão por um a tres mezes, além das mais, em que possa incorrer."

A partir do artigo 276, o Código Penal do Imperio tipifica as condutas ofensivas à religião, à moral e aos bons costumes.

Com a queda da Monarquia e a consequente instauração da República Constitucional em 1891, o direito fundamental à liberdade religiosa foi consagrado de forma plena e sem restrições, conforme se depreende do artigo 72, §3°:

> "Art. 72 A Constituição assegura a brasileiros e a estrangeiros residente no país a inviolabilidade dos direitos concernentes à liberdade, à segurança individual e à propriedade nos seguintes termos:
>
> (...)
>
> §3° Todos os indivíduos e confissões religiosas podem exercer pública e livremente o seu culto, associando-se para esse fim e adquirindo bens, observadas as disposições do direito comum."

A partir de então, todos os demais textos constitucionais do Brasil conferiram aos cidadãos plena liberdade religiosa.

O texto constitucional de 1988, consagra a liberdade religiosa como direito fundamental, dispondo em seu art. 5°, VI, o seguinte:

> "Art. 5° (...)
>
> VI – é inviolável a liberdade de consciência e de crença, sendo assegurado o livre exercício dos cultos religiosos e garantida, na forma da lei, a proteção aos locais de culto e a suas liturgias;"

É oportuno lembrar, que apesar da Constituição Federal em vigor ter instituído o princípio da laicidade religiosa, invocou em seu preâmbulo a proteção divina:

> "Nós, representantes do povo brasileiro (...), promulgamos, sob a proteção de Deus, a seguinte Constituição da República Federativa do Brasil."

Ora, se a Constituição instituiu um Estado laico, é totalmente contraditório invocar a proteção de Deus em seu Preâmbulo, mesmo que este não seja revestido de força normativa. Apesar da ausência de imperatividade do Preâmbulo da Constituição, muitos apontam que o mesmo possui uma função interpretativa do texto constitucional, é dizer, pode servir como vetor hermenêutico para as demais normas que a compõem. Logo, se o preâmbulo possui esta função de servir como norte para interpretação constitucional, força concluir que nesta atividade hermenêutica, o intérprete poderia direcionar o seu entendimento para um raciocínio de cunho religioso, na medida em que a Constituição, reitere-se, foi promulgada sob a proteção de Deus. Na medida em que estamos tratando do Preâmbulo da Constituição, cabe fazer referência à ADI por Omissão n° 2.076-5/AC, proposta pelo Partido Social Liberal - PSL, sob o argumento de que a Constituição do Estado do Acre foi omissa ao invocar a proteção de Deus, na medida em que se trata de dispositivo de "absorção compulsória pelos Estados, mormente porque o Preâmbulo integra o texto constitucional e suas disposições têm verdadeiro valor jurídico." Além disso, aduziu que "os destinatários da omissão são fundamentalmente os cidadãos acreanos, únicos no País privados de ficar 'SOB A PROTEÇÃO DE DEUS' pela sua Assembléia Estadual Constituinte." Em seu voto, o eminente Min. Relator Carlos Velloso, fez consignar o seguinte entendimento:

> "Essa invocação, todavia, posta no Preâmbulo da Constituição Federal, reflete simplesmente, um sentimento deísta e religioso, que não se encontra inscrito na Constituição, mesmo porque o Estado brasileiro é laico, consagrando a Constituição a liberdade de consciência e de crença (CF, art. 5°), certo que ninguém será privado de direito por motivos de crença religiosa ou de convicção filosófica ou política (CF, art. 5°, VIII). A Constituição é de todos, não distinguindo entre deístas, agnósticos ou ateístas."

Faz-se necessário, neste momento, evidenciar o âmbito conceitual da liberdade religiosa, liberdade de crença e liberdade de culto. A liberdade religiosa tem como nota fundamental a capacidade do indivíduo para, de forma livre, escolher ou não a sua religião. Trata-se de uma liberdade espiritual, abstrata. Por sua vez, a liberdade de crença revela a autonomia do homem na escolha da revelação da verdade, ingressando neste domínio a liberdade de escolha da religião, a liberdade de adesão a qualquer seita religiosa, a liberdade de mudar de religião e, também, a liberdade de não professar religião alguma, ou seja, a liberdade de ser ateu e exprimir o agnosticismo. Isto porque, encontrando-se na raiz uma consciência livre, é possível que o indivíduo faça a opção por não ter crença alguma. Na medida em que a Constituição Federal confere a todos plena liberdade religiosa (fim), deve, também, proteger os meios pelos quais essa liberdade há de ser exercida. A forma de exteriorização da liberdade religiosa é precisamente a liberdade de culto. Através dos rituais e liturgias que compõem os cultos é que muitos exercem a liberdade de religião. Não se pretende, com isto, afirmar que a liberdade de religião se exerce necessariamente mediante os cultos religiosos, por ser tal entendimento equivocado, na medida em que se pode vislumbrar inúmeras pessoas que não frequentam os locais litúrgicos (Igrejas, Templos, etc) e não por esta razão deixar de exercer a liberdade religiosa. Há várias pessoas que professam uma determinada religião, mas que optam por fazer suas orações e rezas em casa, sem participação em ritual litúrgico algum.

Não se pode compreender adequadamente a liberdade religiosa prescindindo do conceito de religião. Logo, compreende-se por religião o conjunto de crenças e dogmas acerca de uma divindade, de sentimentos de veneração e de normas para ajustar a conduta individual. Tal como assinala Fraçois Varillon, "la religión, entendida como el reconocimiento de un absoluto cierto, como un sentimiento de dependencia en relación a un mundo indisoluble distinto del mundo visible y como culto a una potencia superior, existe en toda la superficie de la tierra desde la aparición del espíritu".

O fato religioso se deve, no âmbito social, na medida em que os homens o buscam e compartilham. Carlos Santiago Nino entende que a "que la libertad para profesar cualquier creencia y, en especial, la de adherir a cualquier culto religioso o no adherir a ninguno es una derivación central del principio de autonomía de la persona"[89]. Neste mesmo sentido, Javier Hervada aduz que "la libertad es algo que el hombre ya tiene por naturaleza y que posee en el orden del ser, bien como dimensión ontológica, bien como derecho natural"[90].

89 **Fundamentos de derecho constitucional**. Buenos Aires: Astrea, 2002, p. 280.

90 **Los eclesiasticistas ante un espectador**. Pamplona: Eunsa, 1999, p. 25.

Nessa perspectiva, uma pessoa pode optar por estabelecer uma relação com um ser que se estime transcendente, uma divindade ou Deus. Por conseguinte, a liberdade religiosa não é uma aspiração a ser alcançada, mas sim um atributo instalado na vontade da pessoa humana.

Gregorio Badeni, por sua vez, sustenta que a liberdade religiosa consiste em um "un conjunto fundamental de creencias o dogmas sobre la divinidad, que se traduce en una serie de convicciones de carácter metafísico que impulsan al hombre a adoptar determinados comportamientos y a cumplir con ciertos ritos acordes con aquellas creencias"[91]. Logo, nenhuma pessoa pode ser impedida de exercer sua opção de adorar alguma divindade.

O reconhecimento e proteção da liberdade religiosa gera o estabelecimento dos seguintes atributos jurídicos relativos ao seu respectivo titular: a) faculdade de professar crença religiosa que livremente escolha; b) faculdade de mudança de crença e culto religioso; c) faculdade de abstenção pertinente à profissão de toda crença e culto religioso; d) faculdade de abandonar a crença religiosa; e) faculdade de declaração pública de vinculação a uma confissão religiosa; ou de abstenção de manifestar pertencer a alguma delas. Ou seja, implica a possibilidade de informar ou não informar sobre a matéria a terceiros.

André Ramos Tavares, por sua vez, ao identificar a liberdade religiosa como direito fundamental, evidencia o seu conteúdo mediante inclusão das seguintes liberdades: a) de opção ou não em valores transcendentais; b) de crença nesse sistema de valores; c) de seguir dogmas baseados na fé e na racionalidade escrita; d) da liturgia (cerimonial), o que pressupõe a dimensão coletiva da liberdade; e) do culto propriamente dito, incluindo sua dimensão individual; f) dos locais de prática do culto; g) de não ser o indivíduo inquirido pelo Estado sobre suas convicções e; g) de não ser o indivíduo prejudicado , de qualquer forma, nas suas relações com o Estado, em virtude de sua crença declarada. Acrescenta, ainda, que todos esses âmbitos da liberdade religiosa devem ser protegidos contra eventual intervenção do Estado, é dizer, situa-se na esfera da liberdade negativa do direito fundamental à liberdade religiosa. Em relação ao aspecto positivo desta liberdade, é possível fazer menção ao dever do Estado de conferir proteção e segurança aos locais reservados para as liturgias. Sobre o âmbito positivo e negativo do direito fundamental ora analisado, Jorge Miranda aduz que "a liberdade religiosa não consiste apenas em o Estado a ninguém impor qualquer religião ou a ninguém impedir de professar determinada crença. Consiste

91 **Instituciones de Derecho Constitucional**. Buenos Aires: Ad hoc, 2000, p. 283.

ainda, por um lado, em o Estado permitir ou propiciar a quem seguir determinada religião o cumprimento dos deveres que dela decorrem (em matéria de culto, de família ou de ensino, por exemplo), em termos razoáveis."[92]

A Constituição Federal, em seu artigo 5°, VII, assegura, "**nos termos da lei**, a prestação de assistência religiosa nas entidades civis e militares de internação coletiva." Instituída em 04 de julho de 2000, a Lei n° 9.982, dispõe sobre a prestação de assistência religiosa nas entidades hospitalares públicas e privadas, bem como nos estabelecimentos prisionais civis e militares[93].

No marco da sua proteção jurídica, a liberdade religiosa se afigura também como um direito humano, sendo objeto de proteção em diversos documentos internacionais, a exemplo da Declaração Universal dos Direitos Humanos (artigo XVIII, 1948); do Pacto Internacional de Direito Civis e Políticos (artigo 18, 1966), promulgado no Brasil através do Decreto n° 592/92 ; da Declaração Americana dos Direitos e Deveres do Homem (artigo 3°) e; da Convenção Americana sobre Direitos Humanos , promulgada no Brasil através do Decreto n° 678/92 (artigo 12, 1969).

9. Liberdade de Culto

A liberdade de culto encontra-se prevista no art. 5°, VI, da Constituição Federal, que assim dispõe:

> "Art. 5° (...)
>
> VI – é inviolável a liberdade de consciência e de crença, sendo assegurado o livre exercício dos cultos religiosos e garantida, na forma da lei, a proteção aos locais de culto e a suas liturgias;"

---

92 **Manual de Direito constitucional**. Tomo IV, direitos fundamentais. 3 ed. Coimbra: Coimbra Editora: 2000, p. 409.

93 Composta por dois (02) artigos, a Lei estabelece o seguinte:
"Art. 1º. Aos religiosos de todas as confissões assegura-se o acesso aos hospitais da rede pública ou privada, bem como aos estabelecimentos prisionais civis ou militares, para dar atendimento religioso aos internados, desde que em comum acordo com estes, ou com seus familiares no caso de doentes que já não mais estejam no gozo de suas faculdades mentais.
Art. 2º. Os religiosos chamados a prestar assistência nas entidades definidas no art. 1º deverão, em suas atividades, acatar as determinações legais e normas internas de cada instituição hospitalar ou penal, a fim de não pôr em risco as condições do paciente ou a segurança do ambiente hospitalar ou prisional."

Conforme visto acima, a liberdade de culto se apresenta como a forma de exteriorização da liberdade religiosa, é dizer, trata-se da faculdade atribuída a toda pessoa para executar atos e participar de cerimônias representativas de uma crença religiosa. Formada a convicção religiosa, surge, a partir de então, a liberdade de praticar os atos de culto e de recepção de assistência espiritual através de seus operadores (padres, bispos etc). Com efeito, a liberdade religiosa não apenas se expressa positivamente no direito a crer, senão que se exterioriza no direito a praticar. Isto se estende também à possibilidade de receber e partilhar o ensino, assim como de obter informação religiosa de toda natureza.

O culto é a formalização prática e social de uma determinada convicção religiosa. Implica a possibilidade de celebrar ritos ou atos de adoração a uma divindade. A existência do culto religioso, enseja a possibilidade de poder erigir construções sacras; o emprego de fórmulas e objetos rituais; a exibição de símbolos; a observância das festas religiosas; a realização de matrimônios sacralizados e; até a prerrogativa de solicitar e receber contribuições de caráter voluntário.

É por demais interessante o raciocínio emanado do Tribunal Constitucional peruano no habeas corpus n° 256-2003-HC/TC[94], que considerou como parte do direito ao exercício da liberdade de culto a sepultura de cadáveres. No caso em apreço, o diretor do Hospital Nacional Dos de Mayo determinou a retenção de cadáver, sob o argumento de que seus familiares deveriam previamente pagar a quantia devida em razão dos serviços médicos prestados quando a pessoa ainda estava com vida. O Tribunal Constitucional sustentou que ao não entregar o corpo do falecido a seus familiares, se impediu aos mesmos o exercício da liberdade de culto, assegurando aos proponentes da demanda todas aquelas cerimonias que a expressam, "como las relativas al matrimonio y los ritos. Dentro de estos últimos, se encuentra la sepultura digna de los muertos por parte de sus familiares o seres queridos."

Com efeito, na medida em que sejam constituídas relações sociais que gravitam sobre a configuração da vida social, o culto pode configurar-se como objeto de regulação jurídica, porém apenas no sentido negativo, é dizer, a lei não pode estabelecer qual deva ser o conteúdo do culto, mas apenas limitar-se a evidenciar os comportamentos vedados, em razão da prática religiosa.

Com efeito, o exercício público de um culto religioso não é absoluto, posto que toda instituição religiosa necessita respeitar os seguintes critérios:

94 https://www.tc.gob.pe/jurisprudencia/2005/00256-2003-HC.html

a) Respeito a moral social

O respeito a moral social consiste em que a manifestação religiosa não deve ofender os princípios norteadores da vida em que se sustenta uma comunidade específica. Estes atendem aos fundamentos do obrar humano nos planos da existência e coexistência social aceitos em determinado País.

Esta convicção ético-social surge da convenção adotada pela maioria dos membros da sociedade, a qual é reforçada mediante a educação e instrução. Em verdade, faz-se referência à institucionalização de uma moral mínima que faz possível a continuidade da vida coexistencial, posto ser resguardada pelo ordenamento jurídico. Referido conceito aponta a preservar um conjunto de condições em relação ao comportamento de convivência em benefício do interesse geral.

A ofensa à moral social implica incorrer na expressão ou realização de atos públicos que decorrem em afrontas à própria sociedade desde a perspectiva do referido mínimo ético, a exemplo da instigação ao suicídio, dos sacrifícios humanos etc.

b) Respeito de ordem pública

O respeito à ordem pública consiste em que as manifestações religiosas não devem alterar ou pertubar a tranquilidade ou sossego da comunidade. É inadmissível a quebra da cotidianidade social por atos de violência. Portanto, referida obediência à ordem pública implica na consagração legislativa das idéias sociais, políticas e morais consideradas como fundamentos dentro de um específico tempo e espaço. Se lhe concebe como a soma de crenças, interesses e práticas comunitárias orientadas face um mesmo fim: a realização social dos membros de uma comunidade.

Toda ordem pública implica necessária e irremissivelmente um limite à liberdade humana. Estabelece uma relação de direito público entre a pessoa e o Estado, pondo em jogo a força coativa do poder estatal.

A ordem pública estabelece uma linha de demarcação que limita os atos privados dos homens. Mediante a existência de uma ordem pública se resgatam os interesses de índole comunitária, de modo a se declarar e preservar um conjunto de princípios vinculados estritamente com a existência e conservação social.

Por fim, deve-se registrar que a ordem pública não pode anular o exercício racional da liberdade religiosa em suas diversas manifestações por serem estas inerentes à vida humana. A liberdade religiosa e a ordem pública não se constituem em conceitos antagônicos ou contrapostos. A liberdade, para ser legitimada, deve ser exercida no sentido de manter a preservação da ordem pública e, dentro dela, possa o ser humano agir livremente para fazer valer seus legítimos interesses, no caso, de índole religiosa.

10. Liberdade de expressão da atividade intelectual, artística, científica e de comunicação

Pela erudição e brilhantismo das palavras relativas ao tema, iniciaremos a análise das liberdades de expressão da atividade intelectual, artística, científica e de comunicação, expondo a compreensão de Konrad Hesse aceca da liberdade da arte e ciência:

> "Aos afiançamentos jurídico-fundamentais da liberdade espiritual pertence, finalmente, a garantia da liberdade da arte e da ciência (artigo 5°, frase 1, da Lei Fundamental). Ambas são reconhecidas como âmbitos de vida de legalidade própria e autonomia especial. A Lei Fundamental proíbe qualquer tutela, guia ou prejuízo estatal da atividade artística e científica. A ordem liberal, que ela constitui, protege arte e ciência por sua própria causa; ela garante sua liberdade simultaneamente como pressuposto da função da arte e ciência em uma coletividade liberal.[95]"

Restou por nós consignada a idéia de que a liberdade de expressão se traduz no âmbito externo da liberdade de pensamento, é dizer, a partir do momento em que as idéias se propagam no meio social, através dos diversos veículos de comunicação, ter-se-á concretizada a liberdade de expressão *genérica*. Trata-se de uma liberdade que compreende o direito de buscar, receber e transmitir informações e ideias. É, portanto, um direito fundamental de cunho liberal.

O artigo 5°, IX, da Constituição Federal, estabelece ser "livre a expressão da atividade intelectual, artística, científica e de comunicação, independentemente de censura ou licença."

Com isto, tem-se que liberdade de expressão da atividade intelectual, artística, científica e de comunicação se constitui na liberdade de *exteriorização* destas atividades. Logo, se a liberdade de expressão revela o âmbito externo da liberdade de pensamento, tem-se que as *liberdades* elencadas no art. 5°, IX, derivadas da liberdade de expressão, se

95 **Elementos de Direito Constitucional da República Federal da Alemanha**. Porto Alegre: Sergio Antonio Fabris Editor, 1998, p. 310.

constituem na *liberdade de exteriorização da atividade intelectual, artística, científica e de comunicação*[96].

96 Analisando o tema sob a perspectiva do direito espanhol, Francisco Balaguer Callejón, Gregorio Cámara Villar, Juan Fernando López Aguilar, María Luisa Balaguer Callejón e José Montilla Martos, aduzem o seguinte:
"Podemos decir que el artículo 20 CE se ocupa de la libertad de expresión en sentido amplio, esto es, de la facultad que tiene el ciudadano de comunicarse en libertad, sin que los poderes públicos impidan u obstaculicen esa actividad. En relación a esta libertad se incluyen limites y garantías en los distintos apartados del precepto, pero sobre todo el artículo 20.1 CE contiene cuatro manifestaciones específicas de esa genérica libertad de expresión, que pueden diferenciarse y distinguirse por rasgos singulares: a) la libertad de expresión, que pueden diferenciarse y distinguirse por rasgos singulares: a) la libertad de expresión en sentido estricto o libertad de opinión (art. 20, I, *a*); b) la libertad de 'producción y creación literaria, artística, científica y técnica' (art. 20.1.*b*); la `libertad de cátedra` (art. 20, 1, *c*), y d) la libertad de 'comunicar y recibir libremente información veraz por cualquier medio de difusión' (art. 20, 1, *d*).
a) La 'libertad de expresión en sentido estricto' (STC 51/1989/3), 'libertad de opinión' (STC 104/1986/5) o simplemente 'libertad de expresión' (STC 199/1987/12) no protege cualquier tipo de manifestación externa de la libertad de expresión, sino sólo la emisión de juicios personales y subjetivos, creencias, pensamientos, ideas y opiniones. Por ello, no comprende a las otras libertades reconocidas en el artículo 20.1 de la Constitución, que se diferencian de aquélla por rasgos distintivos.
b) La libertad de producción y creación literaria, artística, científica y técnica (art. 20, 1, *b*, CE) es una concreción del derecho a expresar y difundir libremente pensamientos, ideas y opiniones, pero 'en ámbitos específicos'. la producción y creación literaria, artística, científica y técnica. No se puede confundir esta libertad con los derechos de propiedad intelectual e industrial, que son derechos sobre la obra ya creada cuyo objetivo es proteger los intereses patrimoniales del creador, y no so derechos fundamentales (ATC 197/1982).
c) La libertad de cátedra (art. 20, I, *c*, CE) es una proyección de la libertad ideológica y del derecho a difundir libremente los pensamientos ideas y opiniones, pero restringido a las personas que ejercen la función docente, en cualquiera de los niveles del sistema educativo. Se define, por tanto, como la facultad que tiene el docente de expresar las ideas o convicciones que asume como proprio en relación con la materia objeto de su enseñanza (STC 217/92, FJ 2). El TC ha sostenido su interpretación sistemática junto con los restantes derechos y libertades que se ejercen en el ámbito docente e investigador (la libertad de enseñanza, el derecho a la educación y la autonomía universitaria) (STC 5/1981/9 y 10).
d) La libertad de recibir y emitir información (art. 20, I, *d*, CE) es la manifestación de la libertad de expresión que protege la transmisión de hechos, datos o noticias (por todas, STC 52/2002, FJ4), no la transmisión de juicios de valor, aunque, como analizamos a continuación, no parece fácil en muchas ocasiones esa distinción." in **Manual de Derecho Constitucional**, Volumen II, Derechos y Libertades Fundamentales, Deberes Constitucionales y Principios Rectores y Instituciones y Órganos Constitucionales. Tecnos: Madrid, 2008, p. 184.

A ***liberdade intelectual***, em sentido amplo, é toda aquela que emana do intelecto humano, compreendendo a *liberdade artística, científica* e de *comunicação*, na medida em que todas elas emanam do *pensar humano*. Nesta perspectiva, identifica-se com a *liberdade de pensamento*. Objetivando definir contornos à *liberdade intelectual*, José Afonso da Silva afirma tratar-se de "uma atividade vinculada ao conhecimento conceptual, derivada da pesquisa."[97]"

A ***liberdade de expressão artística*** é um direito fundamental que não pode ser reduzido tão-somente à ação de se expressar, por meio de uma obra de arte. A *expressão*, no que concerne à liberdade artística, é a etapa última de todo um processo *criativo* que tem início com a *idealização*. Trata-se, portanto, de uma liberdade constitucional que compreende a idealização, a produção e a divulgação de obras de arte. A arte, pois, é a forma mediante a qual o artista se expressa.[98]

No tocante ao primeiro aspecto, trata-se de uma liberdade de *concepção*, de *idealização* do objeto a ser criado, além de referir-se à escolha do momento, dos meios e métodos adequados para se utilizar quando do desenvolvimento da criação. A *idealização* corresponde à delimitação do objeto da arte, a etapa na qual o artista começa a precisar seus contornos. A produção, por sua vez, consiste na transformação da matéria prima em produto. Logo, a produção não se confunde com a idealização, com a concepção do produto, é dizer, não envolve necessariamente a edificação de algo novo, podendo compreender a simples reprodução de uma obra de arte já existente no mercado ou em museus, além da transformação de uma obra de arte em produto suscetível de exploração econômica. A idealização e a produção de uma obra de arte estão circunscritas, em princípio, na esfera da privacidade do artista, na medida em que ainda não houve publicização do objeto ora em processo de feitura. Concluída a produção do objeto cultural, o processo como um todo finda com a divulgação da obra concebida, é dizer, com sua publicidade. Esta, portanto, consiste na etapa de exteriorização da manifestação da liberdade artística. Logo, a liberdade artística pode ser compreendida como a manifestação da liberdade de expressão no específico campo

97 Com o propósito de esclarecer a definição, o autor evidencia que *conhecimento conceptual* corresponde ao "conhecimento sistematizado sobre determinado objeto; um objeto se torna objetivamente conhecido quando sobre ele se elaboram conceitos que se traduzam em sínteses gerais. 'Atividade científica' é a atividade destinada a construir ciência (...)." in **Comentário Contextual à Constituição**. São Paulo: Malheiros, 2005, p. 98.

98 A arte é a captação do belo pela intuição.

das artes[99]. A partir do momento em que se exterioriza o objeto cultural resultante do processo de criação artístico, ter-se-á uma obra de arte. Afinal, todo artista almeja dar publicidade a obra por ele criada. Disto resulta que inexiste liberdade de criação sem liberdade de expressão. Faz parte da dialética cultural a divulgação do resultado do exercício da liberdade artística, permitindo ao público conhecer daquilo que se lhe é apresentado para, a partir de então, poder apreciá-lo ou não.

A ***liberdade científica*** reside no âmbito da liberdade de investigação, ensino e pesquisa. Trata-se da liberdade de produzir conhecimento acerca de um objeto delimitado, mediante utilização de uma metodologia adequada e apta de demonstrar a veracidade dos postulados científicos desenvolvidos a partir da análise do objeto de conhecimento[100].

99 Marcel Duchamp, renomado pintor e escultor francês, expressou o seguinte entendimento acerca da pintura:
"Considero la pintura como un medio de expresión, y no como un fin. Un medio de expresión como muchos otros y no un fin destinado a llenar toda una vida. Eso es lo que ocurre con el color que sólo es uno de los medios de expresión y no la finalidad de la pintura. En otros términos, la pintura no ha de ser exclusivamente visual o retiniana. También ha de afectar a la materia gris, a nuestro apetito de comprensión. Igual sucede con todo lo que me gusta: nunca quise limitarme a un circulo estrecho, y siempre procuré ser lo más universal posible. Eso explica, por ejemplo, que me pusiera a jugar al ajedrex. De hecho, cuando haces una partida de ajedrez, es como si esbozaras algo, o como si construyeras la mecánica que te llevará a ganar o a perder." **Escritos. Duchamp du Signe.** Barcelona: Editorial Gustavo Gili, 1978, p.160.
Marcel Duchamp foi um ícone das vanguardas artísticas europeias do início do século XX e precursor do "ready-make". O termo foi por concebido pelo próprio Duchamp, para designar um tipo de objeto, por ele inventado, que consiste em um ou mais artigos de uso cotidiano, produzidos em massa, selecionados sem critérios estéticos e expostos como obras de arte em espaços especializados (museus e galerias).
Com este breve relato de cunho artístico e biográfico, resulta à evidência que a *arte* é a forma mediante a qual o artista externaliza sua liberdade de expressar, não podendo, por tal modo, sofrer limitações.

100 Na ADI n° 3510/08, que teve por objeto a constitucionalidade da lei que dispunha sobre uso de células-tronco embrionárias em pesquisas científicas para fins terapêuticos (Lei de Biossegurança), o eminente Min. Carlos Ayres Britto, relator da ação, fez consigna as seguintes idéias acerca da liberdade científica:
"Sendo de todo importante pontuar que o termo "ciência", já agora por qualquer de suas modalidades e enquanto atividade individual, também faz parte do catálogo dos direitos fundamentais da pessoa humana. Confira-se:
"Art. 5º. (...) IX - é livre a expressão da atividade intelectual, artística, científica e de comunicação".
63. E aqui devo pontuar que **essa liberdade de expressão é clássico direito constitucional-civil ou genuíno direito de personalidade**, oponível sobretudo

Para José Afonso da Silva, um "objeto se torna cientificamente conhecido quando sobre ele se elaboram conceitos que se traduzem em sínteses gerais." Atividade científica, no dizer do mestre paulistano, é atividade destinada a construir a ciência[101]. A liberdade científica, assim como as demais liberdades positivadas constitucionalmente, são suscetíveis de limitações. O homem, na medida em que se constitui no fim legítimo de

---

ao próprio Estado, por corresponder à vocação de certas pessoas para qualquer das quatro atividades listadas. Vocação para misteres a um só tempo qualificadores do indivíduo e de toda a coletividade. Por isso que exigentes do máximo de proteção jurídica, até como signo de vida em comum civilizada. Alto padrão de cultura jurídica de um povo.

64. **Acresce que o substantivo "expressão", especificamente referido à atividade científica, é vocábulo que se orna dos seguintes significados: primeiramente, a liberdade de tessitura ou de elaboração do conhecimento científico em si; depois disso, igual liberdade de promover a respectiva enunciação para além das fronteiras do puro psiquismo desse ou daquele sujeito cognoscente. Vale dizer, direito que implica um objetivo subir à tona ou vir a lume de tudo quanto pesquisado, testado e comprovado em sede de investigação científica.**

65. Tão qualificadora do indivíduo e da sociedade é essa vocação para os misteres da Ciência que a Constituição mesma abre todo um destacado capítulo para dela, Ciência, cuidar por modo superlativamente prezável. É o capítulo de nº IV do título VIII, que principia com a peregrina regra de que "O Estado promoverá e incentivará o desenvolvimento científico, a pesquisa e a capacitação tecnológicas" (art. 218, caput). Regra de logo complementada com um preceito (§ 1° do mesmo art. 218) que tem tudo a ver com a autorização de que trata a cabeça do art. 5º da Lei de Biossegurança, pois assim redigido: "A pesquisa científica básica receberá tratamento prioritário do Estado, tendo em vista o bem público e o progresso das ciências".

66. Sem maior esforço mental, percebe-se, nessas duas novas passagens normativas, o mais forte compromisso da Constituição-cidadã para com a **Ciência** enquanto ordem de conhecimento que se eleva à dimensão de sistema; ou seja, **conjunto ordenado de um saber tão metodicamente obtido quanto objetivamente demonstrável**. O oposto, portanto, do conhecimento aleatório, vulgar, arbitrário ou por qualquer forma insuscetível de objetiva comprovação.

67. Tem-se, neste lanço, a clara compreensão de que **o patamar do conhecimento científico já corresponde ao mais elevado estádio do desenvolvimento mental do ser humano**. A deliberada busca da supremacia em si da argumentação e dos processos lógicos ("Não me impressiona o argumento de autoridade, mas, isto sim, a autoridade do argumento", ajuizou Descartes), porquanto superador de todo obscurantismo, toda superstição, todo preconceito, todo sectarismo. O que favorece o alcance de superiores padrões de autonomia científico-tecnológica do nosso País, numa quadra histórica em que o novo eldorado já é unanimemente etiquetado como "era do conhecimento". (destaque nosso), p. 203.

---

101 **Comentário Contextual à Constituição.** São Paulo: Malheiros, 2005, p. 98.

toda pesquisa científica, é, também, o fundamento de sua própria limitação. Logo, a produção do conhecimento científico, na medida em que deve se voltar para promoção da dignidade humana, encontra, na própria noção de dignidade, o seu limite. Devemos sempre levar em conta de que o *fim* de toda liberdade científica é o *ser humano*, daí que a liberdade de pesquisa encontra no homem, a sua própria limitação.

11. Liberdade de comunicação

O art. 5°, IX, assegura a todo indivíduo, ao lado da liberdade de expressão da atividade intelectual, artística e científica, a **liberdade de comunicação.** Para José Afonso da Silva, a liberdade de comunicação "consiste num conjunto de direitos, formas, processos e veículos que possibilitam a coordenação desembaraçada da criação, expressão e difusão do pensamento e da informação.[102]" A liberdade de comunicação no mundo contemporâneo encontra-se associada aos *meios de comunicação*. Não queremos com isto afirmar que a liberdade de comunicação *apenas* pode ser exercida pelos *meios de comunicação*, mas tão-somente que a sua difusão ocorre através de tais instrumentos comunicacionais. Portanto, a liberdade para se comunicar envolve a escolha do *suporte* mediante o qual referida comunicação irá se processar. Com isto, a liberdade de comunicação pode se dar através dos seguintes canais de exteriorização do pensamento: livros, jornais, revistas, internet, rádio, tv etc.

É importante salientar que, em sede de liberdade de comunicação, o inciso IX, do artigo 5°, da Constituição Federal, deverá ser interpretado em conjunto ao inciso XII, do mesmo dispositivo legal, que estabelece ser "inviolável o sigilo da correspondência e das comunicações telegráficas, de dados e das comunicações telefônicas, salvo, no último caso, por ordem judicial, nas hipóteses e na forma que a lei estabelecer para fins de investigação criminal ou instrução processual penal."

11.1 Liberdade de comunicação e sigilo de dados e correspondência

A Constituição Federal, em seu artigo 5°, XII, determina ser "inviolável o sigilo da correspondência e das comunicações telegráficas, de dados e das comunicações telefônicas, salvo, no último caso, por ordem judicial, nas hipóteses e na forma que a lei estabelecer para fins de investigação criminal ou instrução processual penal." Busca preservar, portanto, a intimidade, a privacidade, a honra e a imagem dos indivíduos.

102 **Comentário Contextual à Constituição.** São Paulo: Malheiros, 2005, p. 98.

Em 2018, foi promulgada a Lei n° 13.709, ora denominada "Lei Geral de Proteção de Dados Pessoais", que dispõe sobre "o tratamento de dados pessoais, inclusive nos meios digitais, por pessoa natural ou por pessoa jurídica de direito público ou privado, com o objetivo de proteger os direitos fundamentais de liberdade e de privacidade e o livre desenvolvimento da personalidade da pessoa natural." Em conformidade ao artigo 5°, I, do referido diploma legal, **dado pessoal** é "toda informação relacionada a pessoa natural identificada ou identificável." Por sua vez, o inciso II fornece o conceito de **dado pessoal sensível**, afigurando-se como o "dado pessoal sobre origem racial ou étnica, convicção religiosa, opinião política, filiação a sindicato ou a organização de caráter religioso, filosófico ou político, dado referente à saúde ou à vida sexual, dado genético ou biométrico, quando vinculado a uma pessoa natural." Ainda no artigo 5°, V, a Lei estabelece quais são os titulares dos direitos fundamentais ora analisados, dispondo que a titularidade recai sobre toda "pessoa natural a quem se referem os dados pessoais que são objeto de tratamento." Referido dispositivo legal deve ser interpretado de forma conjugada ao artigo 17, na medida em que este dispõe que "toda pessoa natural tem assegurada a titularidade de seus dados pessoais e garantidos os direitos fundamentais de liberdade, de intimidade e de privacidade, nos termos desta Lei."

De forma análoga aos demais direitos fundamentais, a liberdade de comunicação, de correspondência e o sigilo de dados, não se constituem em direitos absolutos, sendo passíveis de relativização na hipótese de eventual colisão com direitos de idêntica natureza. O próprio artigo 5°, XII, já permite a interceptação das comunicações telefônicas, desde que por ordem judicial, além de autorizar o legislador, mediante lei, a especificar as hipóteses e formas de *quebra* do sigilo das comunicações telefônicas para fins de investigação criminal ou instrução processual penal.

A Lei n° 9.296/96, dispõe sobre "a interceptação de comunicações telefônicas, de qualquer natureza, para prova em investigação criminal e em instrução processual penal." Em seu artigo 1°, o citado diploma legal estabelece que a interceptação das comunicações telefônicas "dependerá de ordem do juiz competente da ação principal, sob segredo de justiça." Por sua vez, a Lei n° 13.869/19, que dispõe sobre crimes de abuso de autoridade, promoveu algumas alterações na Lei n° 9.296/96, dispondo em seu artigo 10 o seguinte:

> "Art. 10. Constitui crime realizar interceptação de comunicações telefônicas, de informática ou telemática, promover escuta ambiental ou quebrar segredo da Justiça, sem autorização judicial ou com objetivos não autorizados em lei:

> Pena – reclusão, de 2 (dois) a 4 (quatro) anos, e multa.
>
> Parágrafo único. Incorre na mesma pena a autoridade judicial que determina a execução de conduta prevista no *caput* deste artigo com objetivo não autorizado em lei."

Deste modo, a interceptação das comunicações telefônicas, de informática ou telemática, poderá ocorrer **tão-somente** mediante autorização judicial, para fins de investigação criminal ou instrução processual penal. É oportuno ressaltar que, para tanto, deverá existir prova da ocorrência da infração penal, além de indícios razoáveis de autoria ou participação no ilícito penal. Ademais, é imprescindível que para apuração da infração penal, a interceptação das comunicações telefônicas ou de dados faz-se necessária. O mesmo entendimento é aplicável à interceptação de correspondência, disciplinada no artigo 5°, XII, embora referido meio de comunicação seja menos usual atualmente.

12. Liberdade de informação

O direito fundamental à liberdade de informação encontra-se positivado no art. 5°, XIV, da Constituição Federal. O dispositivo legal em apreço assegura "a todos o acesso à informação", resguardando o sigilo da fonte, "quando necessário ao exercício profissional."

A Lei nº 12.527/11, estabelece os procedimentos legais destinados a assegurar o direito fundamental de acesso à informação. Segundo o artigo 4°, I, do referido diploma legal, por *informação* compreende-se os "dados, processados ou não, que podem ser utilizados para produção e transmissão de conhecimento, contidos em qualquer meio, suporte ou formato." O inciso III, do artigo 4°, fornece a definição de *informação sigilosa*, sendo a mesma definida como "aquela submetida temporariamente à restrição de acesso público em razão de sua imprescindibilidade para a segurança da sociedade e do Estado." Por fim, no inciso IV, tem-se o conceito de *informação pessoal*, sendo "aquela relacionada à pessoa natural identificada ou identificável."

É importante registrar que a Assembleia Geral da ONU, em 14 de dezembro de 1946, instituiu a Resolução n° 59, proclamando que "a liberdade de informação configura um direito humano fundamental e a pedra de toque de todas as liberdades às quais as Nações Unidas se dedicam"

Por sua vez, a Declaração Universal dos Direitos Humanos (1948) consagra, em seu art. 19, a liberdade de informação, dispondo que "Todo ser humano tem direito à liberdade de opinião e expressão; este direito inclui a liberdade de, sem interferência, ter opiniões e de procurar, receber e transmitir informações e idéias por quaisquer meios e independentemente de fronteiras"

De forma mais específica, em 28 de novembro de 1978, durante a vigésima reunião da Conferência Geral da Organização das Nações Unidas para a Educação, a Ciência e à Cultura, celebrada em Paris, foi instituída pela UNESCO a "Declaração dos Princípios Fundamentais relativos à contribuição dos meios de comunicação social para o reforço da Paz e da compreensão internacional, para a promoção dos Direitos Humanos e para o combate ao racismo, ao *apartheid* e ao incitamento à guerra." Em seu artigo 2°, restou consagrada a liberdade de informação como direito humano e liberdade fundamental, conforme se depreende da leitura do seu enunciado:

> Artigo 2º
>
> §1. O exercício da liberdade de opinião, da liberdade de expressão e da liberdade de informação, reconhecido como parte integrante dos direitos humanos e das liberdades fundamentais, constitui um fator essencial do fortalecimento da paz e da compreensão internacional.
>
> §2. O acesso ao público à informação deve ser garantido mediante a diversidade das fontes e dos meios de informação de que disponha, permitindo assim a cada pessoa verificar a exatidão dos acontecimentos e elaborar objetivamente sua opinião sobre os acontecimentos. Para esse fim, os jornalistas devem corresponder às expectativas dos povos e dos indivíduos, favorecendo assim a participação do público na elaboração da informação.

Portanto, toda pessoa é livre para se expressar e emitir opiniões, sem interferência, acerca de qualquer assunto que lhe aprouver, **sendo-lhe permitido receber, ter acesso e transmitir informações por quaisquer meios e com independência de fronteiras**. Percebe-se, desde logo, que o direito à liberdade de informação possui uma natureza instrumental, na medida em que se afigura como um meio para o exercício da liberdade de opinião e de expressão, ou seja, para que se possa de forma livre e adequada opinar e se expressar, faz-se necessário, previamente, ter acesso às informações pertinentes ao conteúdo da opinião e da expressão, que se dá pela via do acesso à informação.

A liberdade de informação compreende, pois, dois âmbitos de proteção: a) *liberdade de receber a informação* e; b) a *liberdade de difundir a informação*. Em relação a primeira, tem-se a liberdade de obter, sem restrições, conteúdos relativos a fatos, dados ou notícias; quanto ao segundo aspecto, ter-se-á a liberdade para difundir informações ***verdadeiras***. Aqui, pois, reside uma das notas distintivas da liberdade de opinião, pois em se tratando da *liberdade de informação*, o conteúdo a ser objeto de transmissão deverá ser necessariamente ***verdadeira***. É oportuno ressaltar que a transmissão de informação verdadeira se constitui em uma garantia para o próprio indivíduo que a está transmitindo, não acarretando, com isto, em princípio, nenhuma consequência jurídica, a exemplo de eventual indenização por danos morais, haja vista que a informação, ora objeto de transmissão, corresponde à verdade, e ninguém pode ser condenado por externar fatos verdadeiros. A **veracidade** é, pois, um dos elementos que distinguem a *liberdade de opinar* da *liberdade de informar*[103]. Neste sentido, Francisco Balaguer Callejón, Gregorio Cámara Villar, Juan Fernando López Aguilar, María Luisa Balaguer Callejón e José Montilla Martos aduzem que "el rasgo característico de la libertad de información, que lo diferencia de la libertad de opinión, es su objeto: la información veraz. Por un lado, debe ser información, no opinión, esto es, la descripción **predominantemente no valorativa** de hechos noticiables. Además, esa descripción debe ser 'veraz'"[104].

Conforme destacado acima, a liberdade de informação deve ser exercida com neutralidade axiológica, é dizer, *predominantemente não valorativa*, pois na medida em que ocorre a incorporação de valores, juízos etc, possivelmente já estaremos no âmbito da *liberdade de expressão* e não mais no plano da *liberdade de informação*. A informação, pois, deve corresponder de maneira fidedigna ao seu objeto, é dizer, ao conteúdo ao qual se refere à informação, sem que ocorra, para tanto, interferências valorativas. Sob esta ótica, a veracidade da informação se constituição em um *dever fundamental* por parte daquele que pretende exercer a *liberdade de informar*.

13. Direito fundamental à intimidade, vida privada, honra e imagem

A Constituição Federal, em seu artigo 5°, X, conferiu proteção a quatro (04) direitos fundamentais: intimidade, vida privada, honra e imagem das pessoas. O dispositivo constitucional estabelece que "*são invioláveis a intimidade, a vida privada, a honra e a imagem das pessoas, assegurado o direito a indenização pelo dano material ou moral decorrente de sua violação.*" Portanto, ao mesmo tempo em que protege os direitos fundamentais ora enumerados, assegura o direito a indenização

103 **Manual de Derecho Constitucional**, Volumen II, Derechos y Libertades Fundamentales, Deberes Constitucionales y Principios Rectores y Instituciones y Órganos Constitucionales. Tecnos: Madrid, 2008, p. 189. Destaque nosso.

104 Ibidem.

por danos materiais ou morais, em virtude dos mesmos terem sido lesionados por atos de terceiros. É oportuno ressaltar que não devemos nos restringir à literalidade do enunciado normativo constitucional, na medida em que apresenta uma aparente contradição: ora, se a intimidade, a vida privada, a imagem e a honra dos indivíduos são **invioláveis**, por qual razão o constituinte originário previu uma correspondente indenização por danos morais ou materiais decorrentes de sua violação?

O direito à intimidade e à vida privada são dois conceitos próximos e que se relacionam, todavia, não podem ser compreendidos como sinônimos. No entendimento de René Ariel Dotti, a intimidade há de ser compreendida como "a esfera secreta da vida do indivíduo na qual este tem o poder legal de evitar os demais[105]." Trata-se, portanto, de um âmbito **exclusivo** do indivíduo, no sentido de *excluir* do conhecimento de terceiros tudo aquilo que se refira ao próprio sujeito. É algo que só a ele pertence e que somente passará ao conhecimento de terceiros na medida em que tenha ele dado causa ou autorização para tanto. Paulo José da Costa Jr., em belo trabalho sobre o tema, pontua o seguinte:

> "Destes novos valores, que estão a merecer tutela pronta do direito, sobressai a *intimidade*: a necessidade de encontrar na solidão aquela paz e aquele equilíbrio, continuamente comprometidos pelo ritmo da vida moderna; de manter-se a pessoa, querendo, isolada, subtraída ao alarde e à publicidade, fechada na sua intimidade, resguardada da curiosidade dos olhares e dos ouvidos ávidos.[106]"

105 **Proteção da vida privada e liberdade de informação.** São Paulo: RT, 1980, p. 69.

106 **O Direito de Estar Só: Tutela Penal da Intimidade**. São Paulo: RT, 1970, p. 08. Escrito entre 1967 e 1969, é interessante como naquela época o autor já clamava por respeito à intimidade, mediante afastamento dos olhares e ouvidos dos curiosos. Há um trecho que parece ter sido escrito em pleno 2019, no qual o autor expõe o seguinte:
"A sociedade tecnológica, a produção e a distribuição em massa absorvem tão profundamente o indivíduo que ele já não reivindica, com a veemência de outros tempos, a preservação de sua 'liberdade interior.'
É mister, pois, reiterar e pluralizar os brados de alerta, as denúncias, as análises, as sugestões para conjurar os riscos implicados no avanço da tecnologia. Porque o caudal tecnológico, desordenado, avassalador, alimentando-se em grande parte da indiferença com que os homens se deixam levar de roldão. E não podemos permanecer indiferentes quando os meios de comunicação de massa realizam um tipo de expropriação da vida privada por 'curiosidade pública', quando a tecnologia põe ao alcance de indiscretos e bisbilhoteiros instrumentos verdadeiramente diabólicos, para penetrarem em nosso 'jardim secreto' e transformarem a nossa solidão em ingênua aparência." Ob. cit. p. 18.

O autor apresenta duas esferas da intimidade: uma *exterior* e outra *interior*. A primeira - *exterior* - reveste-se de natureza física e material, ao passo que a segunda - *interior* - é aquela de natureza psíquica. A *intimidade exterior* afigura-se como aquela em que o "homem haveria de desfrutar, abstraindo-se da multidão que o engloba. Insultando-se, em meio a ela. E alheando-se mesmo estando em companhia." Por sua vez, a *intimidade interior*, "que muitas vezes não implica em solidão já que o homem pode trazer para sua companhia os fantasmas que mais lhe apeteçam é aquela de que o indivíduo goza, materialmente apartado de seus semelhantes.[107]"

A *intimidade exterior* é estabelecida no burburinho da multidão, na qual o indivíduo se isola de toda coletividade que estão no seu entorno. Encontra-se alheio e impenetrável aos reclamos dos que o ladeiam. Contextualiza-se nas situações em que o ser humano está "presente e ausente. Rodeado e só.[108]" Por sua vez, a *intimidade interior* afasta o indivíduo da multidão, coloca-o no isolamento. Nas palavras de Paulo José da Costa Jr., o indivíduo "recolhe-se em seu castelo. Desce dentro da sua alma e sai em busca do seu ser.[109]"

O direito à intimidade, portanto, possui uma abrangência mais restrita se comparado ao direito à vida privada. Na esfera íntima do indivíduo, as interferências externas hão de ser ínfimas. Trata-se, portanto, de uma liberdade individual de viver com o mínimo de interferência de terceiros[110]. No entendimento de Celso Lafer, "a intimidade não exige publicidade porque não envolve direito de terceiros.[111]"

Ao analisar todos os valores protegidos no artigo 5°, X, da Constituição Federal, George Marmelstein sintetiza, adequadamente, os seus respectivos conteúdos, afirmando o seguinte:

> "A idéia básica que orienta a positivação desses valores é a de que nem o Estado nem a sociedade de modo geral devem se intrometer, indevidamente, na vida pessoal dos indivíduos. Inserem-se, nesse

107 **O Direito de Estar Só: Tutela Penal da Intimidade**. São Paulo: RT, 1970, p. 08.

108 Paulo José da Costa Jr. **O Direito de Estar Só: Tutela Penal da Intimidade**. São Paulo: RT, 1970, p. 08.

109 Paulo José da Costa Jr. **O Direito de Estar Só: Tutela Penal da Intimidade**. São Paulo: RT, 1970, p. 08.

110 Cf. Edoardo Giannotti. **A tutela constitucional da intimidade**. Forense: Rio de Janeiro, 1987, p. 13.

111 **A reconstrução dos direitos humanos: um diálogo com o pensamento de Hannah Arendt**. São Paulo: Companhia das Letras, 2001, p. 268.

> contexto, inúmeras prerrogativas de caráter individual subjetivo, como o direito de buscar a paz de espírito e a tranquilidade, o direito de ser deixado só (direito ao isolamento), o direito de não ser bisbilhotado, de não ter a vida íntima e familiar devassada, de não ter detalhes pessoais divulgados, nem de ter a imagem e o nome expostos contra a vontade da pessoa.[112]"

Em relação à **vida privada**, a norma constitucional busca proteger um espaço mais amplo da esfera pessoal do indivíduo, em comparação ao direito à intimidade. No âmbito da *privacidade*, são estabelecidos vínculos resultantes de laços familiares, profissionais, afetivos, de lazer, entre outros, ao passo que em relação à *intimidade* o núcleo protetivo é menor. No entendimento de André Ramos Tavares, a vida privada "diz respeito ao modo de ser, de agir, enfim, o modo de viver de cada pessoa, em público. **Em poucas palavras, importa em reconhecer que cada um tem um direito a seu próprio estilo de vida.**[113]" (destaque nosso)

Devemos registrar, ainda, a norma consagrada no artigo 21 do Código Civil, que estabelece o seguinte:

> "Art. 21. A vida privada da pessoa natural é inviolável, e o juiz, a requerimento do interessado, adotará as providências necessárias para impedir ou fazer cessar ato contrário a esta norma."

O dispositivo legal trazido à colação apenas *reforça* o que já fora consignado pelo constituinte originário no artigo 5°, X, da Constituição Federal, evidenciando a possibilidade do titular do direito fundamental à vida privada de provocar o Poder Judiciário no sentido de evitar ou reparar o ato praticado em contrariedade ao direito fundamental ora em comento.

13.1. Direito à honra

O direito fundamental à honra, igualmente tutelado no artigo 5°, X, da Constituição Federal, há de ser compreendido como o conjunto de atributos individuais, de índole moral, relativos à reputação que possui determinada pessoa nas suas relações com os demais integrantes da sociedade. Portanto, a honra se constitui em um patrimônio moral da pessoa, vinculando-se: a) *ao sentimento de própria dignidade*; b) *à estima*

---

112 **Curso de Direitos Fundamentais**. 2ª ed. São Paulo: Atlas, 2009, p. 115.

113 **Curso de Direito Constitucional**. 9ª ed. São Paulo: Saraiva, 2011, p. 687.

ou boa opinião que os demais têm do indivíduo e; c) *à virtude inerente a toda boa reputação de proporcionar certas vantagens pessoais*[114]. Deste modo, a honra é a dignidade pessoal refletida no juízo de valor formulado por terceiros e no sentimento da própria pessoa. O núcleo essencial do direito fundamental à honra, no entendimento de Francisco Balaguer Callejón, Gregorio Cámara Villar, Juan Fernando López Aguilar, María Luisa Balaguer Callejón e José Montilla Martos, é "la consideración de la persona en cuanto a su integridade de ser humano." (...) Para que se produzca una lesión del derecho al honor, es necesario que se afecte a la dignidad de su persona, al reconocimiento que los demás tienen de él, de su integridad moral o de su consideración social (STC 49 2001). Es por tanto el honor, 'la buena reputación de la persona, amparándola frente a expresiones o mensajes que pueden hacerla desmerecer de la condición ajena al ir en su descrédito o menosprecio.[115]'

13.2. Direito à imagem

Ao discorrer sobre a proteção constitucional da imagem, Luiz Aberto David Araújo entende por existir "*imagens* no texto constitucional, e não apenas uma idéia de *imagem*". Partindo desta premissa, o autor apresenta duas noções de imagem: a) *imagem-retrato* e; b) *imagem-atributo*. A primeira decorre da expressão física do ser socialmente por determinado indivíduo.[116]" O conceito constitucional de *imagem*, portanto, compreende estas duas noções. Em sentido análogo, embora utilizando de outra terminologia, Paulo Roberto de Figueiredo Dantas apresenta a seguinte análise conceitual acerca do termo *imagem:*

> "Imagem, por fim, também pode comportar dois sentidos: num primeiro, refere-se à *imagem física da pessoa*, que pode ser fotografada e filmada (imagem material); num segundo sentido, diz respeito aos *atributos daquela mesma pessoa,* ao conjunto de atributos morais que o meio social lhe confere (imagem social).[117]"

114 Cf. Aparecida I. Amarante. **Responsabilidade civil por dano à honra.** Belo Horizonte: Del Rey, 2005, pp. 74 e 75.

115 Francisco Balaguer Callejón, Gregorio Cámara Villar, Juan Fernando López Aguilar, María Luisa Balaguer Callejón e José Montilla Martos. **Manual de Derecho Constitucional**. Volumen II. 3ª ed. Madrid: Tecnos, p. 127.

116 **A proteção constitucional da própria imagem – pessoa física, pessoa jurídica e produto**. Belo Horizonte: Del Rey, 1996, pp. 31 e 32.

117 **Curso de Direito Constitucional**. São Paulo: Atlas, 2012, p. 325.

No entendimento de José Afonso da Silva, a inviolabilidade da imagem das pessoas consagrada no artigo 5°, X, da Constituição Federal, reside tão-somente na proteção do *aspecto físico*, é dizer, "da imagem como figura, retrato, representação gráfica, plástica ou fotográfica da pessoa."[118]

13.3. Dano moral

Consoante Sergio Iglesias, o dano moral é "aquele relativo à personalidade humana, nas suas mais variadas formas." Neste sentido, o dano moral reconhece bens jurídicos desvencilhados do âmbito patrimonial, relacionados a bens inerentes à personalidade humana, como honra, imagem, intimidade, etc. Por se tratar de um dano pessoal pertinente à violação de direito inerente à personalidade humana, o dano moral não é suscetível de uma aferição econômica precisa. Logo, é impossível precisar rigorosamente o *quantum* pecuniário decorrente do dano moral, por se tratar de uma violação a um bem que reside na subjetividade humana[119].

Sobre a correspondente indenização do dano moral, Maria Helena Diniz pontua com acuidade os seguintes aspectos:

> "Não se pergunta: Quanto vale a dor dos pais que perdem o filho? Quanto vale os desgostos sofridos pela pessoa injustamente caluniada? Porque não se pode avaliar economicamente valores dessa natureza. Todavia, nada obsta a que se dê reparação pecuniária a quem foi lesado nessa zona de valores, a fim de que ele possa atenuar alguns prejuízos irreparáveis que sofreu. Assim, com o dinheiro, o lesado poderia abrandar sua dor, propiciando-se alguma distração ou bem-estar. Não há quantia capaz de corresponder, por exemplo, ao sofrimento causado aos pais pela morte de um filho, ao abalo emocional pelo impacto de uma injúria; à humilhação ou à contrariedade causada pela queda de crédito oriunda de uma calúnia ou difamação etc. A reparação pecuniária teria, no dano moral, uma função satisfatória ou compensatória e, concomitantemente, penal, visto ser encargo suportado por que causou o dano moral.
>
> O lesado sempre prefere não ter sofrido qualquer lesão, logo o dinheiro que se lhe dê, qualquer que seja o montante indenizatório arbitrado, jamais faria com que se sentisse compensado.[120]"

---

118 **Comentário Contextual à Constituição.** São Paulo: Malheiros, 2005, p. 102.

119 Cf. Sergio Iglesias, **Responsabilidade Civil por Danos à Personalidade.** São Paulo: Manole, 2002, p. 30.

120 **Curso de Direito Civil Brasileiro.** Volume 7. 32ª ed. São Paulo: Saraiva, 2018, p. 85.

Portanto, a fixação do valor correspondente ao dano moral deve se dar no sentido de buscar atenuar o sofrimento causado ao indivíduo, ora vítima do dano que lhe foi infligido por terceiro.

14. Da inviolabilidade do domicílio

A inviolabilidade do domicilio, inscrita no art. 5°, XI[121], da Constituição Federal, se constitui em uma garantia do direito de propriedade, da intimidade e da vida privada do indivíduo e da família. A leitura inicial que pode ser feita do dispositivo legal ora citado é a seguinte: o espaço no qual o indivíduo tenha escolhido para servir de moradia, não pode ser objeto de interferência por parte de terceiros, sem o devido consentimento do morador, com exceção das hipóteses de flagrante delito, desastre, para prestar socorro ou, durante o dia, por determinação judicial. A *casa*, portanto, "é um dos poucos recintos em que ainda é possível assegurar a intimidade.[122][123]" Trata-se, portanto, de uma interpretação literal do artigo 5°, XI, da Constituição Federal. Mediante a utilização da ferramenta teleológica, a interpretação que se constrói a partir do enunciado normativo em apreço, permite conferir proteção a outros espaços que não apenas a residência ou o domicílio do indivíduo, abrangendo outros lugares nos quais a pessoa goza de privacidade. O dispositivo constitucional, portanto, busca conferir proteção à privacidade e à intimidade do cidadão, protegendo, para tanto, um espaço através do qual referidos valores são concretizados. Ora, se a pretensão do constituinte originário foi de tutelar o espaço no qual o individuo tem plena liberdade para exercer seu direito à privacidade e à intimidade, resta indagar: atualmente, quais os locais suscetíveis de identificação no qual a pessoa detém de privacidade e intimidade?

Conforme já salientado no início, não há dúvida de que a *residência* da pessoa corresponde ao local que ele tem como reservado à sua moradia. No entanto, há outros espaços que, similar à residência, o indivíduo

121 "XI - a casa é asilo inviolável do indivíduo, ninguém nela podendo penetrar sem consentimento do morador, salvo em caso de flagrante delito ou desastre, ou para prestar socorro, ou, durante o dia, por determinação judicial;"

122 Celso Ribeiro Bastos, **Curso de Direito Constitucional**. 21ª ed . São Paulo: Saraiva, 2000.

123 Consoante George Marmelstein, "como decorrência direta da proteção da intimidade e da privacidade, o constituinte positivou o direito de não ter a residência invadida sem o consentimento do morador, salvo em determinadas hipóteses previstas na própria Constituição (flagrante delito, desastre, para prestar socorro e, por fim, durante o dia, por ordem judicial)." in **Curso de Direitos Fundamentais**. 2ª ed. São Paulo: Atlas, 2009, p. 133.

os tem como próprios para desenvolver de forma livre sua privacidade e intimidade, a exemplo de quartos de hotéis, escritórios, albergues etc. O direito fundamental à privacidade e intimidade alcança, também, referidos locais, para efeitos de assegurar sua inviolabilidade por parte de terceiros, nos termos do art. 5°, XI, da Constituição Federal?

Ao comentar o artigo 11[124] da Convenção Americana sobre Direito Humanos (Pacto de San José da Costa Rica), Valerio Mazzuoli esclarece o seguinte:

> "A Convenção complementa, no item 2 do art. 11, que 'ninguém pode ser objeto de ingerências arbitrárias ou abusivas em sua vida privada, em sua família, em seu domicílio ou em sua correspondência, nem de ofensas ilegais à sua honra e reputação.' Segundo interpretação da Corte Interamericana, esse direito implica no reconhecimento de que existe um âmbito pessoal que deve estar isento e imune às invasões ou agressões abusivas ou arbitrárias por parte de terceiros ou da autoridade pública. Nesse sentido, o domicílio e a vida privada e familiar encontram-se intrinsecamente ligados, já que o domicílio converte-se num espaço no qual se pode desenvolver livremente a vida privada e a vida familiar da pessoa.[125]"

Trata-se, portanto, de uma maneira de impedir ingerências arbitrárias por parte do Poder Público e particulares, na esfera íntima do indivíduo, é dizer, de um âmbito de proteção individual que deve estar isento ou imune às invasões ou agressões abusivas e arbitrárias perpetradas pelos agentes estatais ou particulares. Logo, toda e qualquer intervenção desarrazoada (ou tentativa de intervenção), estatal ou privada, no local onde indivíduo resguarda sua *intimidade* e *privacidade*, há de ser sobrestada pelo Poder Judiciário, posto estarem protegidos pelo Direito Constitucional e Internacional. Tal maneira de compreender o direito à

---

124 "Art. 11. Proteção da honra e da dignidade.
1. Toda pessoa tem direito ao respeito da sua honra e ao reconhecimento de sua dignidade.
2. Ninguém pode ser objeto de ingerências arbitrárias ou abusivas em sua vida privada, em sua família, em seu domicílio ou em sua correspondência, nem de ofensas ilegais à sua honra ou reputação.
3. Toda pessoa tem direito à proteção da lei contra tais ingerências ou tais ofensas." Destaque nosso.

125 Luiz Fávio Gomes e Valério de Oliveira Mazzuoli (Coordenação). **Comentários à Convenção Americana sobre Direito Humanos (Pacto de San José da Costa Rica)**. "**Coleção Ciências Criminais, V. 4**". 3ª ed. São Paulo: Revista dos Tribunais, 2010, p. 151.

intimidade e à privacidade foi também assimilada pelo legislador ordinário, fazendo constar sua interpretação no artigo 150, do Código Penal, que versa sobre o ilícito de "violação de domicílio." No citado dispositivo, o legislador evidencia o que há de ser compreendido por "*casa*" e, também, as hipóteses não abarcadas por referido conceito. Nesse sentido, constitui crime de *violação de domicílio*, "entrar ou permanecer, clandestina ou astuciosamente, ou contra a vontade expressa ou tácita de quem de direito, em casa alheia ou em suas dependências". (destaque nosso) Em seu parágrafo 4°, art. 150, o Código Penal expressa o que está compreendido pelo conceito "*casa*", dispondo o seguinte:

> "§ 4º - A expressão "casa" compreende:
>
> I - qualquer compartimento habitado;
>
> II - aposento ocupado de habitação coletiva;
>
> III - compartimento não aberto ao público, onde alguém exerce profissão ou atividade." (destaque nosso)

Por sua vez, no parágrafo 5° do mesmo dispositivo legal, o Diploma normativo em apreço delimita negativamente o que não se compreende por *casa*:

> "§ 5º - Não se compreendem na expressão 'casa':
>
> I - hospedaria, estalagem ou qualquer outra habitação coletiva, enquanto aberta, salvo a restrição do n.º II do parágrafo anterior;
>
> II - taverna, casa de jogo e outras do mesmo gênero." (destaque nosso)

De forma análoga, no tocante à extensão do conceito "*casa*", o Supremo Tribunal Federal - STF entendeu tratar-se de um termo por demais abrangente, não se limitando apenas à residência do indivíduo. No Recurso Ordinário em Habeas Corpus n° 90.376-2/RJ, rel. Min. Celso de Mello, entendeu o Supremo Tribunal Federal - STF que "para os fins de proteção jurídica a que se refere o art. 5°, XI, da Constituição da República, o conceito normativo de 'casa' revela-se abrangente e, por estender-se a qualquer aposento de habitação coletiva, desde que ocupado (CP, art. 150, §4°, II), compreende, observado essa específica limitação espacial, os quartos de hotel. Doutrina. Precedentes.[126]"

---

126 Eis o teor integral da ementa do julgado:
"**PROVA PENAL - BANIMENTO CONSTITUCIONAL** DAS PROVAS ILÍCITAS (**CF**. ART. 5°, LVI) - **ILICITUDE** (ORIGINÁRIA **E** POR DERIVAÇÃO) - **INADMISSIBILIDADE** - BUSCA E APREENSÃO DE MATERIAIS E EQUIPAMENTOS **REALIZADA,**

A Constituição Federal estabeleceu quatro exceções à inviolabilida-

---

SEM MANDADO JUDICIAL, EM QUARTO DE HOTEL **AINDA OCUPADO - IMPOSSIBILIDADE - QUALIFICAÇÃO JURÍDICA** DESSE ESPAÇO PRIVADO (QUARTO DE HOTEL, **DESDE** OCUPADO) **COMO '*CASA*', PARA EFEITO** DE TUTELA CONSTITUCIONAL DA INVIOLABILIDADE DOMICILIAR - **GARANTIA QUE TRADUZ LIMITAÇÃO CONSTITUCIONAL AO PODER DO ESTADO EM TEMA DE PERSECUÇÃO PENAL, MESMO** EM SUA FASE PRÉ-PROCESSUAL - **CONCEITO DE CASA PARA EFEITO DE PROTEÇÃO CONSTITUCIONAL** (**CF**, ART. 5°, XI **E CP**, ART. 150, §4°, II) - **AMPLITUDE DESSA NOÇÃO CONCEITUAL, QUE TAMBÉM COMPREENDE OS APOSENTOS DE HABITAÇÃO COLETIVA (COMO, POR EXEMPLO, OS QUARTOS DE HOTEL, PENSÃO, MOTEL E HOSPEDARIA, DESDE QUE OCUPADOS): NECESSIDADE, EM TAL HIPÓTESE, DE MANDADO JUDICIAL (CF, ART. 5°, XI). IMPOSSIBILIDADE DE UTILIZAÇÃO,** PELO MINISTÉRIO PÚBLICO, **DE PROVA OBTIDA COM TRANSGRESSÃO** À GARANTIA DA INVIOLABILIDADE DOMICILIAR - **PROVA ILÍCITA - INIDONEIDADE JURÍDICA - RECURSO ORDINÁRIO PROVIDO.**
BUSCA E APREENSÃO EM APOSENTOS OCUPADOS DE HABITAÇÃO COLETIVA (**COMO** QUARTOS DE HOTEL) - **SUBSUNÇÃO** DESSE ESPAÇO PRIVADO, **DESDE** QUE OCUPADO, **AO CONCEITO** DE 'CASA' - **CONSEQUENTE NECESSIDADE**, EM TAL HIPÓTESE, **DE MANDADO JUDICIAL, RESSALVADAS** AS **EXCEÇÕES PREVISTAS** NO PRÓPRIO TEXTO CONSTITUCIONAL.
- **Para os fins** de proteção jurídica **a que se refere** o art. 5°, XI, da Constituição da República, o **conceito normativo de 'casa'** revela-se abrangente **e, por estender-se** a qualquer aposento de habitação coletiva, **desde que ocupado** (**CP**, art. 150, §4°, II), **compreende**, observado **essa específica** limitação espacial, os quartos de hotel. **Doutrina. Precedentes.**
- **Sem** que ocorra **qualquer** das situações excepcionais **taxativamente** previstas no texto constitucional (art. 5°, XI), **nenhum agente público** poderá, **contra** a vontade de quem de direito ("*invito domino*"), **ingressar**, durante o dia, **sem** mandado judicial, em aposento **ocupado** de habitação coletiva, **sob pena** de a prova **resultante** dessa diligência de busca e apreensão **reputar-se inadmissível**, porque **impregnada** de ilicitude **originária. Doutrina. Precedentes (STF).**
ILICITUDE DA PROVA - INADMISSIBILIDADE DE SUA PRODUÇÃO EM JUÍZO (OU PERANTE QUALQUER INSTÂNCIA DE PODER) - INIDONEIDADE JURÍDICA DA PROVA RESULTANTE DA TRANSGRESSÃO ESTATAL AO REGIME CONSTITUCIONAL DOS DIREITOS E GARANTIAS INDIVIDUAIS.
- **A ação persecutória** do Estado, **qualquer** que seja a instância de poder perante a qual se instaure, **para revestir-se** de legitimidade, **não pode apoiar-se** em elementos probatórios **ilicitamente** obtidos, **sob pena** de ofensa à garantia constitucional do 'due processo of law', **que tem**, no dogma **da inadmissibilidade** das provas ilícitas, **uma de suas mais expressivas projeções concretizadoras** no plano do nosso sistema de direito positivo.
- **A Constituição da República**, em norma **revestida** de conteúdo vedatório (**CF**, art. 5°, LVI), **desautoriza**, por incompatível com os postulados **que regem** uma sociedade **fundada** em bases democráticas (**CF**, art. 1°), **qualquer prova** cuja obtenção, pelo Poder Público, **derive de transgressão** a cláusulas de ordem constitucional, **repelindo**, por isso mesmo, **quaisquer** elementos probatórios **que resultem** de violação do direito material (**ou**, até mesmo, do direito processual), **não prevalecendo**, em consequência, no ordenamento normativo brasileiro, **em**

de do domicílio, ou seja, quatro hipóteses nas quais se pode adentrar no referido estabelecimento sem anuência do morador: a) hipótese de flagrante delito; b) ocorrência de desastre; c) para prestar socorro e; d)

---

matéria de atividade probatória, **a fórmula autoritária** do *"male captum, bene retentum"*. **Doutrina. Precedentes.**
A QUESTÃO DA DOUTRINA DOS FRUTOS DA ÁRVORE ENVENENADA ('FRUITS OF THE POISON TREE'): A QUESTÃO DA ILICITUDE POR DERIVAÇÃO.
- **Ninguém** pode ser investigado, denunciado **ou** condenado **com base**, **unicamente**, em provas ilícitas, **quer se trate** de ilicitude originária, **quer se cuide** de ilicitude por derivação. **Qualquer** novo dado probatório, **ainda** que produzido, de modo válido, em momento subsequente, **não pode apoiar-se**, **não pode ter** fundamento causal **nem derivar** de prova **comprometida** pela mácula da ilicitude originária.
- **A exclusão** da prova **originariamente** ilícita - **ou daquela afetada pelo vício da ilicitude por derivação** - **representa** um dos mais expressivos **destinados a conferir efetividade** à garantia do 'due processo f law' **e a tornar mais intensa**, **pelo banimento** da prova **ilicitamente** obtida, a tutela constitucional **que preserva** os direitos e prerrogativas **que assistem** a qualquer acusado em sede processual penal. **Doutrina. Precedentes.**
- **A doutrina da ilicitude por derivação** (teoria dos 'frutos da árvore envenenada') **repudia**, por constitucionalmente inadmissíveis, os meios probatórios, que, **não obstante** produzidos, validamente, em momento ulterior, **acham-se afetados**, no entanto, **pelo vício** (gravíssimo) da ilicitude originária, **que a eles se transmite**, **contaminando-os**, **por efeito** de repercussão causal. **Hipótese em que os novos** dados probatórios **somente foram conhecidos**, pelo Poder Público, **em razão** da anterior transgressão **praticada**, originariamente, pelos agentes da persecução penal, **que desrespeitaram** a garantia constitucional da inviolabilidade domiciliar.
- **Revelam-se inadmissíveis**, desse modo, **em decorrência** da ilicitude por derivação, **os elementos probatórios** a que os órgãos de persecução penal **somente tiveram acesso em razão** de prova **originariamente** ilícita, **obtida** como resultado **da transgressão**, por agentes estatais, de direitos e garantias constitucionais e legais, **cuja eficácia condicionante**, no plano do ordenamento positivo brasileiro, **traduz significativa limitação de ordem jurídica** ao poder do Estado em face dos cidadãos.
- **Se**, no entanto, o órgão de persecução penal **demonstrar** que obteve, **legitimamente**, novos elementos de informação **a partir de uma fonte autônoma** de prova - **que não guarde** qualquer relação de dependência **nem decorra** da prova **originariamente** ilícita, com esta **não mantendo** vinculação causal -, **tais dados probatórios revelar-se-ão plenamente admissíveis**, porque **não contaminados** pela mácula da ilicitude originária.
- **A QUESTÃO DA FONTE AUTÔNOMA DA PROVA** ('AN INDEPENDENT SOURCE') **E A SUA DESVINCULAÇÃO CAUSAL** DA PROVA **ILICITAMENTE** OBTIDA - DOUTRINA - **PRECEDENTES** DO SUPREMO TRIBUNAL FEDERAL - **JURISPRUDÊNCIA COMPARADA (A EXPERIÊNCIA DA SUPREMA CORTE AMERICANA)**: **CASOS** 'SILVERTHORNE LUMBER CO. V. UNITED STATES (1920); SEGURA V. UNITED STATES (1984); NIX V. WILLIAMS (1984); MURRAY V. UNITED STATES (1988)." (Destaque original)

durante o dia, por determinação judicial.[127] É oportuno ressaltar que nas três primeiras hipóteses é permitido, também, ao particular, intervir na privacidade domiciliar de terceiros.

15. Liberdade de exercício profissional

A liberdade de exercício profissional possui a natureza de direito fundamental individual, positivado no art. 5°, XIII, da Constituição Federal. Dispõe a nossa Lei Fundamental ser *"livre o exercício de qualquer trabalho, ofício ou profissão, atendidas as qualificações profissionais que a lei estabelecer."* Percebe-se, desde logo, que o enunciado normativo se utiliza de três conceitos: **trabalho**, **ofício** e **profissão**. Objetivando lançar luzes ao significado dos termos, compreendemos **trabalho** como toda atividade que dispensa regulamentação legal. Por sua vez, o vocábulo **ofício** significa toda forma de trabalho legalmente regulamentada e que requer conhecimentos técnicos. Em razão da exigência de conhecimentos especializados, o **ofício** evidencia um nível intelectual maior do que o necessário para o exercício de qualquer **trabalho**. Por último, a **profissão** revela uma atividade que requer uma formação acadêmica, razão pela qual se exige um nível mais elevado de conhecimento, na medida em que a atuação profissional supõe conhecimentos aprofundados numa específica área de atuação.

Portanto, em conformidade ao disposto no artigo 5°, XIII, todo brasileiro tem o ***direito de exercer***, livremente, qualquer trabalho, ofício ou profissão, desde que sejam atendidas as qualificações que a lei eventualmente venha estabelecer. É oportuno salientar que o dispositivo constitucional ora analisado não assegura a todo brasileiro o **direito ao trabalho;** garante, no entanto, o **direito de *exercer* qualquer trabalho**. Não se trata, deste modo, de uma norma de *direito social*[128], mas, reitere-se, protetiva de *direito individual*.

127 XI - a casa é asilo inviolável do indivíduo, ninguém nela podendo penetrar sem consentimento do morador, salvo em caso de flagrante delito ou desastre, ou para prestar socorro, ou, durante o dia, por determinação judicial;

128 Ao analisar o art. 5°, XIII, da Constituição Federal, José Afonso da Silva expõe as seguintes idéias:
"O teor do dispositivo, de si, já demonstra que estamos diante de simples *direito individual*, não daquilo que a doutrina chama 'liberdade de conteúdo social', pois que ali não se garante o trabalho, não se assegura o conteúdo do trabalho, nem a possibilidade de trabalho, nem o emprego, nem tampouco as condições materiais para a investidura em um ofício ou para a aquisição de qualquer profissão. Isso, sim, seria direito social. O dispositivo confere *liberdade de escolha de trabalho, ofício e de profissão*, de acordo com as propensões de cada pessoa e na medida em que a sorte e o esforço

O enunciado normativo constante no artigo 5°, XIII, configura-se **norma constitucional de eficácia contida**, é dizer, suscetível de contenção ou restrição dos seus efeitos através de ***lei***. É importante registrar que apenas *lei*, ato típico emanado do Poder Legislativo, pode restringir o alcance da norma constitucional consignada no artigo 5°, XIII. Logo, qualquer outra restrição normativa ao direito fundamental em apreço, que não decorra de *lei*, será inconstitucional. Segundo José Afonso da Silva, "como o princípio é o da liberdade, a eficácia e a aplicabilidade da norma são amplas quando não exista lei que estatua condições ou qualificações especiais para o exercício do ofício ou profissão ou acessibilidade à função pública. Vale dizer, não são as leis mencionadas que dão eficácia e aplicabilidade à norma. Não se trata de direito *legal*, direito decorrente da lei mencionada, mas de direito constitucional, direito que deriva diretamente do dispositivo constitucional. A lei referida não cria o direito, nem atribui eficácia à norma. Ao contrário, ela importa em *conter* essa eficácia e aplicabilidade, trazendo-lhes normas de restrição.[129]" Esse é, também, o entendimento consagrado pelo Supremo Tribunal Federal - STF, em relação à eficácia da norma constitucional que assegura liberdade de exercício profissional, conforme se depreende do seguinte julgado:

> "O art. 5º, XIII, da Constituição da República é norma de aplicação imediata e eficácia contida que pode ser restringida pela legislação infraconstitucional. Inexistindo lei regulamentando o exercício da atividade profissional dos substituídos, é livre o seu exercício."[130]

Logo, é possível que a lei imponha restrições à liberdade de exercício profissional em razão do fim constitucionalmente pretendido de melhor qualificar determinada profissão. É oportuno salientar que a restrição ao direito fundamental à liberdade profissional decorrer de permissão conferida ao legislador pela própria Constituição. A título de exemplo de lei restritiva do direito fundamental à liberdade de exercício profissional, podemos citar a lei federal que instituiu o exame de qualificação da Ordem dos Advogados do Brasil. Pode determinação legal,

próprio possam romper as barreiras que se antepõem a maioria do povo. Confere, igualmente, a liberdade de exercer o que fora escolhido, no sentido apenas de que o Poder Público não pode constranger a escolher e a exercer outro." in **Comentário Contextual à Constituição**. São Paulo: Malheiros, 2005, p. 108.

129 **Comentário Contextual à Constituição**. São Paulo: Malheiros, 2005, p. 108.

130 MI n° 6.113 AgR, rel. min. Cármen Lúcia, d. j. em 22.05.14.

apenas estão habilitados para o exercício da advocacia os bacharéis em direito **aprovados no exame de suficiência.** Referido entendimento foi consubstanciado na **Tese de Repercussão Geral n° 241**, do Supremo Tribunal Federal - STF, cuja redação é a seguinte:

> "O Exame, inicialmente previsto no artigo 48, inciso III, da Lei nº 4.215/63 e hoje no artigo 8º, inciso IV, da Lei nº 8.906/94, mostra-se consentâneo com a Constituição Federal. Com ela é compatível a prerrogativa conferida à Ordem dos Advogados do Brasil para aplicação do exame de suficiência relativo ao acesso à advocacia.[131]"

Portanto, na hipótese de **inexistência de lei restritiva** que integre o artigo 5°, XIII, da Constituição Federal, todos os indivíduos podem exercer qualquer ofício, trabalho ou profissão, de forma livre e plena. O exame de qualificação instituído por lei e destinado aos bacharéis em direito, guarda perfeita sintonia ao disposto no artigo 5°, XIII, da nossa Lei Maior. Em relação às demais profissões, ofícios ou trabalhos, aplica-se o mesmo raciocínio até então exposto.

16. Liberdade de Reunião e de Associação

Aristóteles já proclamara ser o homem um animal político que deve viver em sociedade para realização dos seus fins comuns[132]. É, portanto, da essência do homem viver em sociedade, afigurando-se esta como um meio (do homem) a serviço de um fim (bem comum, realização individual). Portanto, o homem tende por natureza a associar-se aos seus semelhantes por razões culturais, religiosas, desportivas etc, originando a partir daí diversas classes de associações.

A Constituição Federal consagra no art. 5°, XVI e XVII, a liberdade de reunião e a liberdade de associação, regendo a matéria da seguinte maneira:

> XVI – todos podem reunir-se pacificamente, sem armas, em locais abertos ao público, independentemente de autorização, desde que não frustrem outra reunião anteriormente convocada para o mesmo local, sendo apenas exigido prévio aviso à autoridade competente;

131 A Lei n° 8.906/94, que dispõe sobre o Estatuto da Advocacia e a Ordem dos Advogados do Brasil, estabelece em seu artigo 8°, IV, o seguinte:
"Art. 8º Para inscrição como advogado é necessário:
(...)
IV - aprovação em Exame de Ordem;"

132 **Política.** São Paulo: Martin Claret, 2003, pp. 13 e 14.

> XVII – é plena a liberdade de associação para fins lícitos, vedada a de caráter paramilitar;

A liberdade de reunião consiste na faculdade de congregação entre duas ou mais pessoas, em local previamente estabelecido, para intercâmbio de idéias e opiniões acerca de um determinado objeto. A reunião estará sempre condicionada a uma causa, que se afigurará como o *móvel* pelo qual os indivíduos irão voluntariamente se reunir.

Em atenção ao disposto no art. 5°, XVI, a liberdade de reunião há de ser exercida de forma livre, sem qualquer ingerência do Estado, é dizer, independentemente de autorização, desde que sejam observados os seguintes requisitos: a) forma pacífica; b) inexistência de outra reunião convocada para o mesmo dia, hora e local e; c) **comunicação prévia** à autoridade competente.

O *animus* da reunião é essencial para preservação da ordem pública, daí não ser constitucionalmente permitido o exercício do direito de reunião para fins não pacíficos. Esta é a razão pela qual o texto constitucional veda que as pessoas estejam reunidas portando armas, independentemente do seu tipo, é dizer, arma branca ou arma de fogo.

A comunicação prévia à autoridade competente não deve ser compreendida como requisito para *obter* ou *não* autorização estatal para realização da reunião, mas tão-somente para que as autoridades públicas possam adequadamente se organizar no sentido de conferir proteção aos próprios indivíduos ora reunidos, além de buscar evitar qualquer eventual conflito que possa ocorrer em decorrência de sua realização. Ademais, servirá para que não ocorram duas reuniões no mesmo dia, hora e local, podendo, por tal razão, ocasionar algum transtorno de cunho social. Sobre o tema, J. Cretella Jr. afirma que se um "grupo de pessoas, com os requisitos exigidos pelo dispositivo constitucional, requereu previamente à autoridade competente o exercício de reunião, no local A, aberto ao público, outro grupo de pessoas não tem direito a reunião , no mesmo dia, hora e local. Prevalece o direito de precedência.[133]"

133 **Elementos de Direito Constitucional.** São Paulo: RT, 2000, p. 237. José Afonso da Silva, ao analisar o art. 5°, XVI, expõe o seguinte:
"(...) a *liberdade de reunião* está plena e eficazmente assegurada, não mais se exigem lei que determine os casos em que será necessária a comunicação prévia à autoridade bem como a designação, por esta, do local da reunião. Nem se faculta mais a autoridade intervir para manter a ordem, o que era utilizado para dificultar o exercício da liberdade de reunião e até para o exercício do arbítrio de autoridade. Agora apenas cabe um aviso, *mero aviso*, à autoridade, que terá o dever, de ofício, de garantir a realização da reunião. Não tem a autoridade que designar local, nem

É oportuno ressaltar o caráter de *transitoriedade* das reuniões, é dizer, ocorrem apenas em um determinado período. Dito de outro modo, "tem hora para começar e acabar." Disto difere da liberdade de associação, cujo *aspecto temporal* é distinto.

No que toca à **liberdade de associação**, a Constituição também conferiu plena liberdade aos indivíduos, desde que sua finalidade seja lícita. A Lei Fundamental veda as associações de caráter paramilitar, é dizer, aquelas que possuem uma estrutura e organização militarizada. De forma similar à liberdade de reunião, a liberdade de associação não requer autorização do Estado para sua constituição, podendo os indivíduos de forma livre, criarem quantas associações acharem por bem, desde que sejam observados os pressupostos constitucionais para tanto. O art. 5°, XVIII, dispõe que "a criação de associações e, na forma da lei, a de cooperativas independem de autorização, sendo vedada a interferência estatal em seu funcionamento." Logo, a criação de associações dependerá exclusivamente dos indivíduos que buscam cria-la, não havendo qualquer interferência de cunho proibitivo do Estado quanto a tal pretensão. É importante ressaltar que, embora a lei estabeleça a forma e requisitos para criação de associações, isto não implica em restrição à liberdade associativa, mas tão-somente para firmar parâmetros institucionais que possam legitimar posteriormente o funcionamento da própria associação, seja no tocante à defesa de direitos próprios, seja quanto à defesa de direitos dos seus associados, na medida em que elas possuem legitimidade para representar seus filiados judicial ou extrajudicialmente, consoante disposto no art. 5°, XXI, da Constituição Federal.

Por fim, cabe registrar que o art. 5°, XX, da Constituição Federal, determina que "ninguém poderá ser compelido a associar-se ou a permanecer associado." Logo, a decisão de associar-se ou de permanecer associado, cabe, em princípio, tão-somente ao indivíduo, de modo que o mesmo não poderá ser compelido a continuar compondo quadro associativo contra a sua própria vontade.

---

sequer aconselhar outro local, salvo se comprovadamente já estiver ciente, por aviso insofismável, de que outra reunião já fora convocada para o mesmo lugar. A manutenção da ordem, contudo, é requerida genericamente, pois assim dispõe o art. 144, §5°, quando atribui à Polícia Militar o exercício da polícia ostensiva e a preservação da ordem pública." Acrescenta, ainda, o professor da USP, que por "reunião" se deve entender "qualquer agrupamento formado em certo momento com o objetivo comum de trocar idéias ou de receber manifestação de pensamento político, filosófico, religioso, científico ou artístico." in **Comentário Contextual à Constituição**. São Paulo: Malheiros, 2005, p. 113.

17. Direito de Propriedade

O direito fundamental de propriedade se enquadra no âmbito dos direitos fundamentais clássicos, de natureza individual, típicos do Estado Liberal[134]. Neste, a propriedade privada se constitui na base da liberdade, revestindo uma natureza sagrada e inviolável. Tal forma de conceber o direito de propriedade remonta à Declaração de Direitos do Homem e do Cidadão, de 26 de agosto de 1789, que, em seu artigo 17 dispõe o seguinte:

134 Ao tratar dos pressupostos do Estado Liberal de Direito, Antonio Enrique Pérez Luño aduz o seguinte:
"La fórmula *Rechtsstaat*, expresión de origen inequívocamente germano, fue acuñada por Carl Th. Weicker en su obra *Die letzen Gründe von Recht, Staat und Strafe* que data de 1813. Luego la utilizaron Johann Christoph Freiherr von Aretin en su *Staatsrecht der konstitutionellen Monarchie* de 1824; así como Robert von Mohl, a quien suele considerar padre del término por haberlo utilizado en su *Staatsrecht des Königsrechs Würtemberg* de 1829 y, especialmente, por haberlo incluido en el proprio rótulo de su obra posterior *Die Polizeiwissenschaft nach den Grundsätzen des Rechtsstaates* de 1832-1833. Conviene advertir que estos autores, desde distintas premisas, coincidían en no considerar al Estado de Derecho como una nueva fórmula política, sino que lo entendían como una peculiar forma de Estado (*Staatsgattung*); es decir, como un tipo de Estado con unas exigencias de contenido o materiales que se cifraban en: *a)* La necesidad de una organización y regulación de la actividad estatal guiada por *principios racionales*, que deben traducirse en un orden político justo. El Estado de Derecho es concebido como un Estado racional (*Vernunftsrechtsstaat*) bajo la terminología de Estado de razón *Staat der Vernunft* en expresión de Weicker, o de Estado de racionalidad *Verstandesstaat* en la de Von Mohl; *b)* El rachazo de cualquier tipo de transpersonalismo en la definición de los objetivos del poder. El Estado no es una institución puesta al servicio de fines trascendentes de carácter divino, ni de los intereses de quienes gobiernan, sino que se halla en función del beneficio de todos los individuos que lo integran; *c)* Limitación de las tareas del Estado a la garantía de la libertad, la seguridad y la propiedad de sus ciudadanos a través de la ley, concebida como norma general emanada de los representantes de la voluntad popular." P. 220. Mais adiante Pérez Luño acrescenta que o positivismo formalista se converte na teoria jurídico-política da burguesia liberal, tendo como resultado o surgimento do Estado liberal burguês. Nas palavras de Rudolf Wiethölter, o Estdo liberal burgués supôs "la Constitución y el derecho de sufragio restringido a sólo tres clases, la garantía perfecta de la vida, de la libertad y de la propiedad; fue 'unidad, derecho y libertad', en vez de ser 'libertad, igualdad y fraternidad'; ... supuso la igualdad ante el derecho e en el derecho, pero no la igualdad de derechos y posibilidades y de participación. Por ello, la libertad y la igualdad fueron entendidas de modo formal, o más exactamente, en sentido negativo, constituyeron derechos de defensa contra el Estado (*staatsgerichtete Abwehrrechte*), no derechos de participación política (*politische Anteilsrechte*) en la comunidad." in **Derechos Humanos, Estado de Derecho y Constitucion**, 6ª ed., Tecnos: Madrid, 1999.

"Art. 17.º Como a propriedade é um direito inviolável e sagrado, ninguém dela pode ser privado, a não ser quando a necessidade pública legalmente comprovada o exigir e sob condição de justa e prévia indenização."

A Constituição Federal atribui ao direito de propriedade o *status* de direito fundamental, consagrando-a no art. 5°, *caput*:

"Art. 5º **Todos são iguais perante a lei, sem distinção de qualquer natureza, garantindo-se aos brasileiros e aos estrangeiros residentes no País a inviolabilidade do direito** à vida, à liberdade, à igualdade, à segurança e **à propriedade** (...)" (destaque nosso)

O direito fundamental de propriedade assegura ao seu titular a faculdade de uso, gozo e disposição de um bem móvel ou imóvel, além da prerrogativa de reivindicá-la quando sua posse esteja indevidamente nas mãos de terceiros. O Código Civil brasileiro, em seu art. 1.228, dispõe que "o proprietário tem a faculdade de usar, gozar e dispor da coisa, e o direito de reavê-la do poder de quem quer que injustamente a possua ou detenha."

De início, devemos deixar evidenciado que a Constituição Federal, ao utilizar o termo **inviolabilidade** para referir-se ao direito de propriedade, não pretendeu com isto torná-lo um direito absoluto, que não comporta restrições[135]. Até porque, a própria Constituição já o relativiza em duas hipóteses: a) prevê a possibilidade do Poder Público desapropriar imóveis[136], cuja função social[137] não esteja sendo atribuída ao bem por parte do proprietário e; poder o imóvel ser objeto de usucapião[138], desde

---

135 "O direito de propriedade não se revela absoluto. Está relativizado pela Carta da República – arts. 5º, XXII, XXIII e XXIV, e 184." STF, MS n° 25.284, rel. min. Marco Aurélio, d. j. 17.06.2010.

136 "Art. 5. (...)
XXIV - a lei estabelecerá o procedimento para desapropriação por necessidade ou utilidade pública, ou por interesse social, mediante justa e prévia indenização em dinheiro, ressalvados os casos previstos nesta Constituição;"

137 "Art. 5. (...)
XXIII - a propriedade atenderá a sua função social;"

138 "Art. 183. Aquele que possuir como sua área urbana de até duzentos e cinqüenta metros quadrados, por cinco anos, ininterruptamente e sem oposição, utilizando-a para sua moradia ou de sua família, adquirir-lhe-á o domínio, desde que não seja proprietário de outro imóvel urbano ou rural.
§ 1º O título de domínio e a concessão de uso serão conferidos ao homem ou à mulher, ou a ambos, independentemente do estado civil.
§ 2º Esse direito não será reconhecido ao mesmo possuidor mais de uma vez."

que observados os requisitos para tanto. Portanto, o termo **inviolável** há de ser interpretado no sentido de que o constituinte originário lhe conferiu uma especial proteção dentro do sistema constitucional, mas nunca há de ser compreendido, por tal razão, como direito fundamental absoluto, na medida em que, reitere-se, a própria Constituição já o relativiza. Logo, o que o texto constitucional assegura é que o direito fundamental à propriedade não seja arbitrariamente subtraído do domínio do seu titular, seja mediante ação do Estado ou dos particulares.

É oportuno salientar que a propriedade privada se constitui em princípio da ordem econômica, razão pela qual se deve afastar, também, a velha concepção de propriedade oriunda do liberalismo. A propriedade, pois, não é mais um direito individual nos moldes do constitucionalismo clássico. Sua compreensão está preordenada à realização do seu fim: atender à função social. Logo, a propriedade há de ser aferida como um instrumento voltado para promoção da dignidade humana e da justiça social, consoante o disposto no artigo 170, da Constituição Federal, que dispõe sobre os fundamentos da ordem econômica:

> "Art. 170. A ordem econômica, fundada na valorização do trabalho humano e na livre iniciativa, tem por fim assegurar a todos existência digna, conforme os ditames da justiça social, observados os seguintes princípios:
>
> I - soberania nacional;
>
> II - propriedade privada;
>
> III - função social da propriedade;
>
> (...)"

Esclarece José Afonso da Silva que o regime da propriedade revela a natureza do modelo econômico instituído constitucionalmente. Conforme seu entendimento, "se se reconhece o direito de propriedade privada, se ela é um princípio da ordem econômica, disso decorre, só por si, que se adotou um sistema econômico fundado na iniciativa privada.[139]"

17.1. Da função social da propriedade

O direito fundamental de propriedade encontra-se inserido no art. 5°, *caput*, da Constituição Federal, espraiando-se por diversos outros dispositivos que a compõem. O artigo 5°, XXII, torna a proteger referido

139 **Comentário Contextual à Constituição**. São Paulo: Malheiros, 2005, p. 712.

direito fundamental, explicitando, mais uma vez, que "é garantido o direito de propriedade." No inciso subsequente (XXIII), a Constituição Federal determina que a "propriedade atenderá a sua função social." Por sua vez, o artigo 170, ao enumerar os princípios constitucionais da ordem econômica, fez inserir a *propriedade privada* e sua *função social* como fundamentos da *Constituição Econômica*. Neste sentido, dispõe o artigo 170, II e III, da Constituição Federal:

> "Art. 170. A ordem econômica, fundada na valorização do trabalho humano e na livre iniciativa, tem por fim assegurar a todos existência digna, conforme os ditames da justiça social, observados os seguintes princípios:
>
> (...)
>
> II - propriedade privada;
>
> III - função social da propriedade."

Deste modo, a Constituição rompe com o paradigma liberal pertinente à propriedade privada, não devendo esta ser concebida puramente como um direito individual oponível ao Estado. A propriedade é um direito fundamental tipicamente *individual*, clássico, todavia, o seu exercício está condicionado a uma *função social*[140].

No artigo 182, que integra capítulo versando sobre "Política Urbana", a Constituição novamente alude à função social da propriedade, ao dispor o seguinte:

> "Art. 182 (...)
>
> (...)
>
> § 2° A propriedade urbana **cumpre sua função social** quando atende às exigências fundamentais de ordenação da cidade expressas no Plano Diretor."

140 Para José Afonso da Silva, 'é em relação à propriedade urbana que a função social, como preceito jurídico-constitucional plenamente eficaz, tem seu alcance mais intenso de atingir o *regime de atribuição do direito* e o *regime de seu exercício*. Pelo primeiro cumpre um objetivo de legitimação, enquanto determina uma causa justificadora da qualidade de proprietário. Pelo segundo realiza um objetivo de harmonização dos interesses sociais e dos privativos de seu titular, através da ordenação do conteúdo do direito." in **Comentário Contextual à Constituição.** São Paulo: Malheiros, 2005, p. 739.

Nesta mesma linha, o artigo 184, ora inserido no Capítulo III, do Título VII da Constituição Federal, "Da Política Agrícola e Fundiária e da Reforma Agrária", atribui a seguinte competência à União Federal:

> "Art. 184. **Compete à União desapropriar por interesse social, para fins de reforma agrária, o imóvel rural que não esteja cumprindo sua função social**[141], mediante prévia e justa indenização em títulos da dívida agrária, com cláusula de preservação do valor real, resgatáveis no prazo de até vinte anos, a partir do segundo ano de sua emissão, e cuja utilização será definida em lei." (destaque nosso)

Resta evidente, com isto, que o conceito constitucional de propriedade está atrelado ao seu uso, à sua destinação, é dizer, que o proprietário confira ao imóvel uma função social, sob pena de eventualmente vir a perder o seu respectivo domínio. Disto resulta não ser o direito de propriedade absoluto, na medida em que é possível ocorrer a perda do domínio do imóvel, por parte do seu titular, em decorrência do mesmo não atribuir à propriedade uma função social[142]. É oportuno ressaltar, que a *função social* não deve ser compreendida como limite ao exercício do direito de propriedade por parte do seu titular. Isto porque, na medida em que alguém é proprietário de um imóvel, possui ampla liberdade para fazer dela que lhe aprouver, desde que os fins sejam lícitos. Logo,

---

141 Os critérios de aferição do cumprimento da função social da propriedade rural estao disciplinados no art. 186 da Constituição Federal:
"Art. 186. A função social é cumprida quando a propriedade rural atende, simultaneamente, segundo critérios e graus de exigência estabelecidos em lei, aos seguintes requisitos:
I - aproveitamento racional e adequado;
II - utilização adequada dos recursos naturais disponíveis e preservação do meio ambiente;
III - observância das disposições que regulam as relações de trabalho;
IV - exploração que favoreça o bem-estar dos proprietários e dos trabalhadores."

142 Na ADI n° 2213 MC, Rel. Min. Celso de Mello, o Supremo Tribunal Federal - STF deixou assentado o seguinte entendimento:
"O direito de propriedade não se reveste de caráter absoluto, eis que, sobre ele, pesa grave hipoteca social, a significar que, descumprida a função social que lhe é inerente (CF, art. 5º, XXIII), legitimar-se-á a intervenção estatal na esfera dominial privada, observados, contudo, para esse efeito, os limites, as formas e os procedimentos fixados na própria Constituição da República. O acesso à terra, a solução dos conflitos sociais, o aproveitamento racional e adequado do imóvel rural, a utilização apropriada dos recursos naturais disponíveis e a preservação do meio ambiente constituem elementos de realização da função social da propriedade." D.j. em 04.04.2002.

a função social diz sobre a própria estrutura do direito de propriedade, de modo que sem ela referido direito não pode ser compreendido em sua plenitude. Deste modo, *propriedade*, hoje, é *propriedade socialmente funcional*. A função social, pois, integra a *estrutura normativa* do direito de propriedade. Logo, trata-se de compreender a propriedade à luz dos princípios que regem o Estado Democrático e Social de Direito. Por outra via, a *função social da propriedade* é fruto da equação resultante do Estado Liberal e do Estado Social de Direito.

Na ADI n° 2213-MC, o eminente Ministro-relator Celso de Mello, ao analisar se a **propriedade rural** atendia ao requisito da **função social,** deixou consignado em seu voto que o imóvel rural cumpre referida função na medida em que se tem por cumprido os seguintes pressupostos:

> "(a) o aproveitamento racional e adequado da propriedade rural; (b) a utilização satisfatória dos recursos naturais disponíveis e a preservação do meio ambiente; (c) a observância das disposições que regulam as relações de trabalho, destas afastando o seu indesejável componente de tensão social e; (d) a exploração que favoreça o bem-estar dos próprios trabalhadores rurais, agora garantidos em seu direito de uso da terra."

Em seu entendimento, somente quando concorrerem todos os pressupostos acima elencados (elementos de realização da função social) é que a propriedade rural possui uma função social, sendo, em tal hipótese, insuscetível de desapropriação[143]. Na medida em que o imóvel

---

143 Em seu voto, o Min. Celso de Mello expõe o seguinte entendimento acerca da desapropriação de imóveis rurais:
"É certo que o direito de propriedade não se reveste de caráter absoluto. A cláusula de sua proteção, embora inscrita na Carta Política, não lhe confere, ante a supremacia do interesse público, intangibilidade plena. Mas impõe, ao Estado, para que possa afetá-lo de modo tão radical, **o dever** de respeitar os limites, as formas e o procedimento fixados pela própria Constituição. Tais restrições ao poder expropriatório do Estado objetivam, em última análise, dispensar tutela jurídica efetiva às pessoas que titularizam o direito de propriedade.
(...)
Não se questiona a necessidade de execução, no País, de um programa de reforma agrária. O **acesso** à terra, a **solução** dos conflitos sociais, o **aproveitamento** racional e adequado do imóvel rural, a **utilização** apropriada dos recursos naturais disponíveis **e a preservação** do meio ambiente **constituem**, inegavelmente, elementos de realização da **função social** da propriedade. A **desapropriação**, nesse contexto, **enquanto sanção constitucional** imponível ao descumprimento da função social da propriedade **reflete** importante instrumento destinado **a dar consequência** aos compromissos assumidos pelo Estado na ordem econômica e social.

não atende aos pressupostos ora enumerados, poderá se constituir em objeto de desapropriação. No entanto, ainda assim, deverá o Estado observar as normas constitucionais e legais que regem a matéria (devido processo legal), sob pena de incorrer em pura arbitrariedade, passível de fiscalização e reparo pelo Poder Judiciário[144].

O **princípio** da função social da propriedade, de índole essencialmente constitucional, **configura**, sob tal perspectiva, inegável questão de fundo, **apta** a subordinar, **notadamente** em tema de expropriação estatal, a elaboração e a execução de **quaisquer** programas de reforma agrária.
(...)
Advirta-se, portanto, que a propriedade da terra, **estará assegurada**, na medida em que desempenhe, em plenitude, a função social que lhe é inerente.
Isso significa, que a realização desse encargo constitucional que incide sobre o imóvel rural, **só** se considerará atendido, **quando** o titular do direito de propriedade **cumprir** a obrigação **(1) de favorecer** o bem-estar dos que na terra labutam; **(2) de manter** níveis satisfatórios de produtividade; **(3) de assegurar** a conservação dos recursos naturais; e **(4) de observar** as disposições legais que regulam as justas relações de trabalho entre os que possuem o domínio e aqueles que cultivam a propriedade (Estatuto da Terra, artigo 2°, §1°).
Nada justifica, porém, o **emprego ilegítimo** do instrumento expropriatório, **quando** utilizado, pelo poder estatal, **com evidente transgressão** dos princípios e das normas que regem e disciplinam as relações entre as pessoas e o Estado. **Não se deve perder de perspectiva**, por mais relevantes que sejam os fundamentos da ação expropriatória do Estado, que este **não pode** desrespeitar a cláusula do **due processo of law** que condiciona qualquer atividade do Estado tendente a afetar a propriedade privada." pp. 24 a 26.

144 "RELEVÂNCIA DA QUESTÃO FUNDIÁRIA. O CARÁTER RELATIVO DO DIREITO DE PROPRIEDADE. A FUNÇÃO SOCIAL DA PROPRIEDADE. IMPORTÂNCIA DO PROCESSO DE REFORMA AGRÁRIA. NECESSIDADE DE NEUTRALIZAR O ESBULHO POSSESSÓRIO PRATICADO CONTRA BENS PÚBLICOS E CONTRA A PROPRIEDADE PRIVADA. A PRIMAZIA DAS LEIS E DA CONSTITUIÇÃO DA REPÚBLICA NO ESTADO DEMOCRÁTICO DE DIREITO.
- O direito de propriedade não se reveste de caráter absoluto, eis que, sobre ele, pesa grave hipoteca social, a significar que, descumprida a função social que lhe é inerente (CF, art. 5°, XXIII), legitimar-se-á a intervenção estatal na esfera dominial privada, observados, contudo, para esse efeito, os limites, as formas e os procedimentos fixados na própria Constituição da República.
- O acesso à terra, a solução dos conflitos sociais, o aproveitamento racional e adequado do imóvel rural, a utilização apropriada dos recursos naturais disponíveis e a preservação do meio ambiente constituem elementos de realização da função social da propriedade. A desapropriação, nesse contexto – enquanto sanção constitucional imponível ao descumprimento da função social da propriedade – reflete importante instrumento destinado a dar consequência aos compromissos assumidos pelo Estado na ordem econômica e social.
- Incumbe, ao proprietário da terra, o dever jurídico-social de cultivá-la e de explorá-la adequadamente, sob pena de incidir nas disposições constitucionais e legais

Por fim, devemos fazer menção à lei integradora do Título VII,

---

que sancionam os senhores de imóveis ociosos, não cultivos e/ou improdutivos, pois só se tem por atendida a função social que condiciona o exercício do direito de propriedade, quando o titular do domínio cumprir a obrigação (1) de favorecer o bem estar dos que na terra labutam; (2) de manter níveis satisfatórios de produtividade; (3) de assegurar a conservação dos recursos naturais; e (4) de observar as disposições legais que regulam as justas relações de trabalho entre os que possuem o domínio e aqueles que cultivam a propriedade.
O ESBULHO POSSESSÓRIO - MESMO TRATANDO-SE DE PROPRIEDADES ALEGADAMENTE IMPRODUTIVAS - CONSTITUI ATO REVESTIDO DE ILICITUDE JURÍDICA.
- Revela-se contrária ao Direito, porque constitui atividade à margem da lei, sem qualquer vinculação ao sistema jurídico, a conduta daqueles que - particulares, movimentos ou organizações sociais - visam, pelo emprego arbitrário da força e pela ocupação ilícita de prédios públicos e de imóveis rurais, a constranger, de modo autoritário, o Poder Público a promover ações expropriatórias, para efeito de execução do programa de reforma agrária.
- O processo de reforma agrária, em uma sociedade estruturada em bases democráticas da força e pela prática de atos ilícitos de violação possessória, ainda que se cuide de imóveis alegadamente improdutivos, notadamente porque a Constituição da República - ao amparar o proprietário com a cláusula de garantia do direito de propriedade (CF, art. 5°, XXII) - proclama que 'ninguém será privado (...) de seus bens, sem o devido processo legal.' (art. 5°, LIV)
- O respeito à lei e à autoridade da Constituição da República representa condição indispensável e necessária ao exercício da liberdade e à prática responsável da cidadania, nada podendo legitimar a ruptura da ordem jurídica, quer por atuação de movimentos sociais (qualquer que seja o perfil ideológico que ostentem), quer por iniciativa do Estado, ainda que se trate de efetivação da reforma agrária, pois, mesmo esta, depende, para viabilizar-se constitucionalmente, da necessária observância dos princípios e diretrizes que estruturam o ordenamento positivo nacional.
- O esbulho possessório, além de qualificar-se como ilícito civil, também pode configurar situação revestida de tipicidade penal, caracterizando-se, desse modo, como ato criminoso (CP, art. 161, §1°, II; Lei n° 4.947/66, art. 20).
- Os atos configuradores da violação possessória, além de instaurarem situações impregnadas de inegável ilicitude civil e penal, traduzem hipóteses caracterizadoras de força maior, aptos, quando concretamente ocorrentes, a informar a própria eficácia da declaração expropriatória. Precedente.
O RESPEITO A LEI E A POSSIBILIDADE DE ACESSO A JURISDIÇÃO DO ESTADO (ATÉ MESMO PARA CONTESTAR A VALIDADE JURÍDICA DA PRÓPRIA LEI) CONSTITUI EM EM VALORES ESSENCIAIS E NECESSÁRIOS À PRESERVAÇÃO DA ORDEM DEMOCRÁTICA.
- A necessidade de respeito ao império da lei e a possibilidade de invocação da tutela jurisdicional do Estado - que constituem valores essenciais em uma sociedade democrática, estruturada sob a égide do princípio da liberdade - devem representar o sopro inspirador da harmonia social, além de significar um veto permanente a qualquer tipo de comportamento cuja motivação deriva do intento deliberado de praticar gestos inaceitáveis de violência e de ilicitude, como os atos de invasão da propriedade alheia e desrespeito à autoridade das leis da República.

Capítulo III (Da Política Agrícola e Fundiária e da Reforma Agrária) da Constituição Federal: Lei n° 8.629/93[145].

Em seu artigo 2°, já fica estabelecido que a "propriedade rural que não cumprir a função social prevista no art. 9º é passível de desapropriação, nos termos desta lei, respeitados os dispositivos constitucionais." O ato expropriatório, para fins de reforma agrária, é de competência da União Federal, consoante disposto no art. 2°, §1°[146]. Trata-se, portanto, de ato de desapropriação de imóvel rural por interesse social, para implementação da reforma agrária. De forma análoga aos imóveis urbanos, os imóveis rurais apenas são passíveis de desapropriação desde que não lhe esteja sendo atribuída, pelo proprietário, sua função social. O parágrafo 2°, do artigo 4°, estabelece, ainda, quanto ao objeto do ato constritivo da propriedade, que são **insuscetíveis de desapropriação** a pequena e média propriedade rural, **desde que o seu proprietário não**

RECONHECIMENTO, EM JUÍZO DE DELIBAÇÃO, DA LEGITIMIDADE CONSTITUCIONAL DA MP N° 2027-38/2000, REEDITADA, PELA ÚLTIMA VEZ, COMO MP N° 2183-56/2001.

- Não é lícito ao Estado aceitar, passivamente, a imposição, por qualquer entidade ou movimento social organizado, de uma agenda político-social, quando caracterizada por práticas ilegítimas de invasão de propriedades rurais, em desafio inaceitável à integridade e à autoridade jurídica.

O Supremo Tribunal Federal não pode validar comportamentos ilícitos. Não deve chancelar, jurisdicionalmente, agressões inconstitucionais ao direito de propriedade e à posse de terceiros. Não pode considerar, nem deve reconhecer, por isso mesmo, invasões ilegais da propriedade alheia ou atos de esbulho possessório como instrumentos de legitimação da expropriação estatal de bens particulares, cuja submissão, a qualquer programa de reforma agrária, supõe, para regularmente efetivar-se, o estrito cumprimento das formas e dos requisitos previstos nas leis e na Constituição da República.

- As prescrições constantes da MP 2.027-38/2000, reeditada, pela última vez, como MP 2.183-56/2001, precisamente porque têm por finalidade neutralizar abusos e atos de violação possessória, praticados contra proprietários de imóveis rurais, não se mostram eivados de inconstitucionalidade (ao menos em juízo de estrita deliberação), pois visam, em última análise, a resguardar a integridade dos valores protegidos pela própria Constituição da República. O sistema constitucional não tolera a prática de atos, que, concretizadores de invasões fundiárias, culminam por gerar – considerado a própria ilicitude dessa conduta – grave situação de insegurança jurídica, de intranquilidades de ordem pública."

(ADI n° 2213-MC/DF)

---

145 Resta consignado na ementa que a referida lei "Dispõe sobre a regulamentação dos dispositivos constitucionais relativos à reforma agrária, previstos no Capítulo III, Título VII, da Constituição Federal."

146 "§ 1º Compete à União desapropriar por interesse social, para fins de reforma agrária, o imóvel rural que não esteja cumprindo sua função social."

possua outra propriedade rural, harmonizando-se ao preceituado no artigo 185[147] da Constituição Federal.

O artigo 4° da lei ora em análise, fornece a seguinte tipologia da propriedade rural: **a) imóvel rural** - o prédio rústico de área contínua, qualquer que seja a sua localização, que se destine ou possa se destinar à exploração agrícola, pecuária, extrativa vegetal, florestal ou agro-industrial (I); **a1) pequena propriedade**: imóvel rural de área até 4 (quatro) módulos fiscais, respeitada a fração mínima de parcelamento (II); **a2) média propriedade:** o imóvel rural de área superior a 4 (quatro) e até 15 (quinze) módulos fiscais (III). Logo, tais propriedades rurais não podem ser objeto de desapropriação, salvo se o seu proprietário possuir uma outra. **A regra**, portanto, **no tocante à desapropriação de imóvel rural para fins de reforma agrária**, é no sentido de que **não são passíveis de desapropriação as propriedades produtivas e que sirvam de moradia para os trabalhadores rurais**.

De forma análoga à desapropriação de imóvel urbano, são igualmente passíveis do ato expropriatório de natureza rural, os imóveis cuja função social não lhe esteja sendo atribuída pelo respectivo proprietário. Consoante o artigo 186 da Constituição Federal, a função social da propriedade rural é cumprida quando se atende **simultaneamente** os seguintes requisitos: a) aproveitamento racional e adequado; b) utilização adequada dos recursos naturais disponíveis e preservação do meio ambiente; c) observância das disposições que regulam as relações de trabalho e; d) exploração que favoreça o bem-estar dos proprietários e dos trabalhadores.

É importante ressaltar uma distinção em relação à desapropriação urbana: conforme disposto no inciso XXIV, do art. 5° da Constituição Federal, a desapropriação por necessidade ou utilidade pública, ou por interesse social, se dará "**mediante justa e prévia indenização em dinheiro.**" Em relação à desapropriação de imóvel rural, esta se dará "**mediante prévia e justa indenização em títulos da dívida agrária, com cláusula de preservação do valor real, resgatáveis no prazo de até vinte anos, a partir do segundo ano de sua emissão,**" ressalvadas as benfeitorias úteis e necessárias, que serão indenizadas em dinheiro (§ 1º).

17.2. Das restrições ao direito de propriedade

O direito fundamental de propriedade, conforme já assinalado, é passível de *intervenção* em decorrência de ato emanado do Estado. No

147 "Art. 185. São insuscetíveis de desapropriação para fins de reforma agrária:
I - a pequena e média propriedade rural, assim definida em lei, desde que seu proprietário não possua outra;
II - a propriedade produtiva."

âmbito do direito administrativo, por previsão constitucional, tem-se a denominada **intervenção administrativa**, ora compreendida como as intervenções estatais constitucionalmente fundamentadas que recaem sobre o âmbito de proteção de um determinado direito fundamental. Na hipótese ora em análise, trata-se de uma forma de interferência estatal no domínio da propriedade, decorrente de sua soberania interna e do seu dever para com o bem-estar social[148]. Por se constituir em *restrição*[149] no âmbito de um direito fundamental, as intervenções administrativas apenas podem ser instituídas através de *lei*, é dizer, ato típico emanado do Poder Legislativo.

Duas são as modalidades de intervenção do Estado na propriedade privada: a) **intervenção restritiva** e; b) **intervenção supressiva**. A **intervenção restritiva** é aquela na qual o Estado impõe restrições e condicionamentos ao uso da propriedade, sem, contudo, haver supressão do domínio. Em tal hipótese, o proprietário do imóvel não poderá usa-lo da forma como lhe aprouver, devendo subordinar-se às imposições emanadas pelo Poder Público. Apesar disto, a propriedade continuará sob seu domínio. Deste modo, constituem-se **modalidades de intervenção restritiva** da propriedade: a) **limitações administrativas**; b) **ocupação temporária** c) **requisição de bens** d) **servidão administrativa** e) **tombamento**. Por sua vez, na **intervenção supressiva,** o Estado, valendo-se de sua soberania em relação aos indivíduos, transfere de forma

148 Edimur Ferreira de Faria, **Curso de Direito Administrativo Positivo.** São Paulo: Saraiva, 2018, p. 508.

149 As limitações ao direito de propriedade, no entendimento de José Afonso da Silva, "consistem nos condicionamentos que atingem os caracteres tradicionais deste direito, pelo que era tido como direito *absoluto, exclusivo e perpétuo. Absoluto*, porque assegura ao proprietário a liberdade de dispor da coisa do modo que melhor lhe aprouver; *exclusivo*, porque imputado ao proprietário, e só a ele, em princípio, cabe (CC, art. 1231); *perpétuo*, porque não desaparece com a vida do proprietário, porquanto passa a seus sucessores, significando que tem duração ilimitada, e não se perde pelo não-uso simplesmente.
Importa ter em mente esses caracteres, porque as limitações são classificadas em função deles. 'Limitações' constituem gênero: tudo que afete qualquer dos caracteres do direito de propriedade, o que pode verificar-se com fundamento no direito privado ou no direito público. Daí a primeira classificação em *limitações de direito privado* (como as de direito de vizinhança) e *limitações de direito público* (como as urbanísticas e as administrativas). Importante, contudo, é observar as espécies de limitações que são: *restrições, servidões* e *desapropriação.*
As *restrições* limitam o caráter *absoluto* da propriedade; as *servidões* (e outras formas de utilização da propriedade alheia) limitam o caráter *exclusivo*; e a *desapropriação*, o caráter *perpétuo*." in **Comentário Contextual à Constituição.** São Paulo: Malheiros, 2005, p. 122.

coercitiva para si o domínio da propriedade de terceiros, sempre tendo em vista algum interesse público legalmente previsto. No tocante à intervenção supressiva, esta ocorre através da **desapropriação**.

As **limitações administrativas** são medidas de caráter geral, impostas com fundamento no poder de polícia, gerando para os proprietários obrigações de fazer, não fazer ou permissivas, com o propósito de condicionar o exercício do direito de propriedade à sua função social. Segundo Marçal Justen Filho, a limitação administrativa "consiste numa alteração do regime jurídico privatístico da propriedade, produzida por ato administrativo unilateral de cunho geral, impondo restrição das faculdades de usar e fruir de bem imóvel, aplicável a todos os bens de uma mesma espécie, que usualmente não gera direito de indenização ao particular.[150]" Embora o autor tenha se referido apenas à restrição via ato administrativo, é evidente que o mesmo decorre inicialmente de lei, na medida em que esta fundamenta a expedição do ato administrativo. A título de exemplo, podemos citar lei municipal que fixa distância mínima para instalações de novos postos de combustíveis na zona urbana, além de dispositivo da Constituição do Estado da Paraíba que estabelece restrições ao direito de construir na orla marítima[151-152-153].

---

150 **Curso de Direito Administrativo.** Belo Horizonte: Fórum, 2011, p. 593.

151 No Ag Reg na Reclamação n° 30.986, sob a relatoria do Min. Alexandre de Moraes, entendeu o Supremo Tribunal Federal que "lei municipal que fixa distância mínima para as instalações de novos postos de combustíveis, por motivo de segurança, não ofende os princípios constitucionais da livre iniciativa e da livre concorrência". DJ em 21.09.18.
De igual modo, no RE 204.187, Relatora Min. Ellen Gracie, Segunda Turma, restou consignado o seguinte entendimento:
"Postos de gasolina. Atividade de alto risco que justifica o prudente distanciamento, na mesma área geográfica, de estabelecimentos congêneres. Inexistência de inconstitucionalidade do art. 3º, letra b, da Lei 2.390, de 16.12.74, do Município de Belo Horizonte (MG). RE conhecido, mas improvido." DJ em 02.04.2004.

152 Outro exemplo que podemos trazer à colação, diz sobre a limitação ao direito de construir na orla marítima prevista na Constituição do Estado da Paraíba. Em seu artigo 229, o texto constitucional estadual dispõe o seguinte:
"Art. 229. A zona costeira, no território do Estado da Paraíba, é patrimônio ambiental, cultural, paisagístico, histórico e ecológico, na faixa de quinhentos metros de largura, a partir da preamar de sizígia para o interior do continente, cabendo ao órgão estadual de proteção ao meio ambiente sua defesa e preservação, na forma da lei.
§ 1º O plano diretor dos Municípios da faixa costeira disciplinará as construções, obedecidos, entre outros, os seguintes requisitos:

153 Sobre restrições ao direito fundamental de propriedade e a preservação do seu núcleo essencial, assim decidiu o Supremo Tribunal Federal:
"Se a restrição ao direito de construir advinda da limitação administrativa causa

A **ocupação temporária**, por sua vez, compreende a utilização provisória de imóveis particulares, como instrumento de apoio à execução de obras e serviços públicos. O Decreto-Lei n° 3.365/41, que dispõe sobre desapropriações por utilidade pública, estabelece em seu art. 36 que "É permitida a ocupação temporária, que será indenizada, afinal, por ação própria, de terrenos não edificados, vizinhos às obras e necessários à sua realização." Percebe-se, deste modo, que o imóvel particular pode ser temporariamente ocupado pelo Poder Público, com a finalidade de servir de apoio à obras públicas em execução. Outro exemplo que podemos citar, versa sobre a ocupação temporária de imóveis particulares para que o Poder Público possa proceder a escavações e pesquisas arqueológicas, conforme disposto nos arts. 13 e 14 da Lei n° 3.924/61[154]:

---

continuação da nota 152

a) **nas áreas já urbanizadas ou loteadas, obedecer-se-á a um escalonamento de gabaritos a partir de doze metros e noventa centímetros, compreendendo pilotis e três andares, podendo atingir trinta e cinco metros de altura, no limite da faixa mencionada neste artigo**;

b) nas áreas a serem urbanizadas, a primeira quadra da praia deve distar cento e cinqüenta metros da maré de sizígia para o continente, observado o disposto neste artigo;

c) constitui crime de responsabilidade a concessão de licença para a construção ou reforma de prédios na orla marítima, em desacordo com o disposto neste artigo.

d) excetua-se do disposto nas alíneas anteriores, a área do porto organizado do Município de Cabedelo, constituída na forma da legislação federal e respectivas normas regulamentares, para as construções e instalações industriais.

§ 2º **As construções referidas no parágrafo anterior deverão obedecer a critérios que garantam os aspectos de aeração, iluminação e existência de infra-estrutura urbana, compatibilizando-os, em cada caso, com os referenciais de adensamento demográfico, taxa de ocupação e índice de aproveitamento.**"

---

continuação da nota 153

aniquilamento da propriedade privada, resulta, em favor do proprietário, o direito à indenização. Todavia, o direito de edificar é relativo, dado que condicionado à função social da propriedade. Se as restrições decorrentes da limitação administrativa preexistiam à aquisição do terreno, assim já do conhecimento dos adquirentes, não podem estes, com base em tais restrições, pedir indenização ao Poder Público." RE n° 140.436, Rel. Min. Carlos Velloso, 2ª Turma, j. em 25.05.1999.

---

154 "Art 13. A União, bem como os Estados e Municípios mediante autorização federal, poderão proceder a escavações e pesquisas, no interesse da arqueologia e da pré-história em terrenos de propriedade particular, com exceção das áreas muradas que envolvem construções domiciliares.

Parágrafo único. À falta de acordo amigável com o proprietário da área onde situar-se a jazida, será esta declarada de utilidade pública e autorizada a sua ocupação pelo período necessário à execução dos estudos, nos termos do art. 36 do Decreto-lei nº 3.365, de 21 de junho de 1941.

A **requisição administrativa** é a utilização de bens móveis ou imóveis particulares, por razões de iminente perigo público, **mediante posterior indenização ao proprietário, desde que tenha ocorrido dano ao proprietário decorrente do uso do bem por parte do Poder Público.** A requisição administrativa encontra-se prevista no art. 5°, XXV, da Constituição Federal, dispondo que "no caso de iminente perigo público, a autoridade competente poderá usar de propriedade particular, assegurada ao proprietário indenização ulterior, se houver dano." **Integra** referido dispositivo constitucional o artigo 1.228, § 3°[155], do Código Civil. A *requisição administrativa* pressupõe a configuração de *perigo público iminente*[156].

No que concerne à **servidão administrativa**, ter-se-á um direito real de gozo que incide sobre imóvel pertencente a particular, por entidade pública ou por seus delegados, em benefício de um serviço público ou bem afetado como de utilidade pública.[157]

Art 14. No caso de ocupação temporária do terreno, para realização de escavações nas jazidas declaradas de utilidade pública, deverá ser lavrado um auto, antes do início dos estudos, no qual se descreva o aspecto exato do local.
§ 1º Terminados os estudos, o local deverá ser restabelecido, sempre que possível, na sua feição primitiva.
§ 2º Em caso de escavações produzirem a destruição de um relevo qualquer, essa obrigação só terá cabimento quando se comprovar que, desse aspecto particular do terreno, resultavam incontestáveis vantagens para o proprietário."

---

155 "Art. 1.228. O proprietário tem a faculdade de usar, gozar e dispor da coisa, e o direito de reavê-la do poder de quem quer que injustamente a possua ou detenha.
(...)
§ 3° O proprietário pode ser privado da coisa, nos casos de desapropriação, por necessidade ou utilidade pública ou interesse social, bem como no de requisição, em caso de perigo público iminente."

156 O artigo 5°, XXV, da Constituição Federal, foi objeto de integração normativa através da Lei n° 8080/90, que dispõe sobre as condições para a promoção, proteção e recuperação da saúde, a organização e o funcionamento dos serviços correspondentes. Em seu artigo 15, III, a lei disciplina a requisição administrativa de bens e serviços, conforme se verifica abaixo:
"Art. 15. A União, os Estados, o Distrito Federal e os Municípios exercerão, em seu âmbito administrativo, as seguintes atribuições:
(...)
XIII - para atendimento de necessidades coletivas, urgentes e transitórias, decorrentes de situações de perigo iminente, de calamidade pública ou de irrupção de epidemias, a autoridade competente da esfera administrativa correspondente poderá requisitar bens e serviços, tanto de pessoas naturais como de jurídicas, sendo-lhes assegurada justa indenização;"

157 A Lei 9074/95, que estabelece normas para outorga e prorrogações das concessões e permissões de serviços públicos e dá outras providências, dispõe em seu artigo 10 o seguinte:
"Art. 10. **Cabe à Agência Nacional de Energia Elétrica - ANEEL, declarar a utilidade pública, para fins de** desapropriação ou instituição de **servidão adminis-**

Com relação ao **tombamento**[158], tal se compreende como o procedimento administrativo pelo qual o Poder Público sujeita a restrições

trativa, das áreas necessárias à implantação de instalações de concessionários, permissionários e autorizados **de energia elétrica**." (destaque nosso)

158 O Decreto-Lei n° 25/37 dispõe sobre a organização da proteção do patrimônio histórico e artístico nacional. Em seu art. 6° e ss, disciplina o tombamento voluntário ou compulsório de coisa pertencente a pessoa natural ou jurídica.

"Art. 1º Constitui o patrimônio histórico e artístico nacional o conjunto dos bens móveis e imóveis existentes no país e cuja conservação seja de interesse público, quer por sua vinculação a fatos memoráveis da história do Brasil, quer por seu excepcional valor arqueológico ou etnográfico, bibliográfico ou artístico.

§ 1º Os bens a que se refere o presente artigo só serão considerados parte integrante do patrimônio histórico o artístico nacional, depois de inscritos separada ou agrupadamente num dos quatro Livros do Tombo, de que trata o art. 4º desta lei.

§ 2º Equiparam-se aos bens a que se refere o presente artigo e são também sujeitos a tombamento os monumentos naturais, bem como os sítios e paisagens que importe conservar e proteger pela feição notável com que tenham sido dotados pela natureza ou agenciados pela indústria humana.

Art. 2º **A presente lei se aplica às coisas pertencentes às pessoas naturais, bem como às pessoas jurídicas de direito privado** e de direito público interno.

(...)

Art. 6º **O tombamento de coisa pertencente à pessoa natural ou à pessoa jurídica de direito privado se fará voluntária ou compulsoriamente.**

Art. 7º Proceder-se-á ao tombamento voluntário sempre que o proprietário o pedir e a coisa se revestir dos requisitos necessários para constituir parte integrante do patrimônio histórico e artístico nacional, a juízo do Conselho Consultivo do Serviço do Patrimônio Histórico e Artístico Nacional, ou sempre que o mesmo proprietário anuir, por escrito, à notificação, que se lhe fizer, para a inscrição da coisa em qualquer dos Livros do Tombo.

Art. 8º Proceder-se-á ao tombamento compulsório quando o proprietário se recusar a anuir à inscrição da coisa.

Art. 9º O tombamento compulsório se fará de acordo com o seguinte processo:

1) o Serviço do Patrimônio Histórico e Artístico Nacional, por seu órgão competente, notificará o proprietário para anuir ao tombamento, dentro do prazo de quinze dias, a contar do recebimento da notificação, ou para, si o quiser impugnar, oferecer dentro do mesmo prazo as razões de sua impugnação.

2) no caso de não haver impugnação dentro do prazo assinado. que é fatal, o diretor do Serviço do Patrimônio Histórico e Artístico Nacional mandará por simples despacho que se proceda à inscrição da coisa no competente Livro do Tombo.

3) se a impugnação for oferecida dentro do prazo assinado, far-se-á vista da mesma, dentro de outros quinze dias fatais, ao órgão de que houver emanado a iniciativa do tombamento, afim de sustentá-la. Em seguida, independentemente de custas, será o processo remetido ao Conselho Consultivo do Serviço do Patrimônio Histórico e Artístico Nacional, que proferirá decisão a respeito, dentro do prazo de sessenta dias, a contar do seu recebimento. Dessa decisão não caberá recurso."

parciais os bens de qualquer natureza cuja preservação seja de interesse público, em razão do seu vínculo a fatos históricos ou por seu excepcional valor arqueológico, etnológico, bibliográfico ou artístico. É oportuno verificar as restrições e vedações impostas entre os artigos 14 a 17[159] do referido diploma legal.

No plano da **intervenção supressiva**, ela se dá mediante a **desapropriação**[160] de imóvel particular, é dizer, trata-se de uma intervenção decorrente do *poder de império* do Estado, no qual se transfere coercitivamente para si a propriedade de terceiro, em virtude de algum interesse público previsto na lei. O resultado da intervenção consistirá na supressão da propriedade das mãos do seu antigo titular. Trata-se, portanto, de medida excepcional de transformação compulsória de bens privados em bens públicos, mediante pagamento de justa e prévia indenização em dinheiro.

Em seu artigo 185, a Constituição veda a desapropriação para fins de reforma agrária dos seguintes imóveis: a) pequena e média propriedade rural, assim definida em lei, desde que seu proprietário não possua outra e; b) a propriedade produtiva.

---

159 "Art. 14. A. coisa tombada não poderá sair do país, senão por curto prazo, sem transferência de domínio e para fim de intercâmbio cultural, a juízo do Conselho Consultivo do Serviço do Patrimônio Histórico e Artístico Nacional.
Art. 15. Tentada, a não ser no caso previsto no artigo anterior, a exportação, para fora do país, da coisa tombada, será esta sequestrada pela União ou pelo Estado em que se encontrar.
§ 1º Apurada a responsabilidade do proprietário, ser-lhe-á imposta a multa de cinquenta por cento do valor da coisa, que permanecerá sequestrada em garantia do pagamento, e até que este se faça.
§ 2º No caso de reincidência, a multa será elevada ao dobro.
§ 3º A pessoa que tentar a exportação de coisa tombada, além de incidir na multa a que se referem os parágrafos anteriores, incorrerá, nas penas cominadas no Código Penal para o crime de contrabando.
Art. 16. No caso de extravio ou furto de qualquer objeto tombado, o respectivo proprietário deverá dar conhecimento do fato ao Serviço do Patrimônio Histórico e Artístico Nacional, dentro do prazo de cinco dias, sob pena de multa de dez por cento sobre o valor da coisa.
Art. 17. As coisas tombadas não poderão, em caso nenhum ser destruídas, demolidas ou mutiladas, nem, sem prévia autorização especial do Serviço do Patrimônio Histórico e Artístico Nacional, ser reparadas, pintadas ou restauradas, sob pena de multa de cinquenta por cento do dano causado."

160 A Constituição Federal, em seu art. 5°, XXIV, dispõe que "a lei estabelecerá o procedimento para desapropriação por necessidade ou utilidade pública, ou por interesse social, mediante justa e prévia indenização em dinheiro, ressalvados os casos previstos nesta Constituição;"

Portanto, a **desapropriação** resulta de ato administrativo unilateral e oneroso, emanado da União, dos Estados, do Distrito Federal ou dos Municípios, que implica simultaneamente na extinção da propriedade por parte do seu titular, em favor do ente público desapropriante, adquirindo este de forma originária o domínio do bem imóvel. Na desapropriação, é dever do ente público pagar justa e prévia indenização em dinheiro ao proprietário do imóvel desapropriado.

Além das intervenções do Estado (repressiva e supressiva) no âmbito da propriedade privada, há uma outra pertinente à ***intervenção do particular no domínio da propriedade privada*****: usucapião.** Em tal hipótese, a figura do Estado desaparece, restando evidenciada apenas uma relação entre particulares. A Constituição Federal, em seu artigo 183, dispõe o seguinte:

> "Art. 183. Aquele que possuir como sua área urbana de até duzentos e cinqüenta metros quadrados, por cinco anos, ininterruptamente e sem oposição, utilizando-a para sua moradia ou de sua família, adquirir-lhe-á o domínio, desde que não seja proprietário de outro imóvel urbano ou rural.
>
> § 1º O título de domínio e a concessão de uso serão conferidos ao homem ou à mulher, ou a ambos, independentemente do estado civil.
>
> § 2º Esse direito não será reconhecido ao mesmo possuidor mais de uma vez."

O usucapião é forma de aquisição originária da propriedade. Isto significa que "todo adquirente de um bem por meio da usucapião torna-se titular do domínio como se fosse o primeiro proprietário, recebendo a coisa livre e desembaraçada de quaisquer ônus que eventualmente pudessem recair sobre ela antes da translação do domínio. Preenchidos os requisitos estabelecidos pelo constituinte no artigo 183 da Carta de 1988, o possuidor de imóvel urbano torna-se proprietário."[161] Seu disciplinamento infraconstitucional encontra-se no Estatuto da Cidade (Lei nº 10.257/01), que dispõe sobre diretrizes gerais da política urbana e regulamenta os artigos. 182 e 183 da Constituição Federal. Em seus artigos 9º[162] a 14, o Estatuto da Cidade disciplina os preceitos constitucionais atinentes à matéria.

---

161 Min. Marco Aurélio, RE 422349/RS, STF, p. 03.

162 "**Da usucapião especial de imóvel urbano**
Art. 9º Aquele que possuir como sua área ou edificação urbana de até duzentos e cinqüenta metros quadrados, por cinco anos, ininterruptamente e sem oposição,

Para aquisição de imóvel urbano através do usucapião constitucional, faz-se necessário a observância dos seguintes requisitos: a) área urbana de até 250 metros quadrados; b) posse ininterrupta e sem oposição por cinco anos; c) utilização para fins de moradia e; d) não ser proprietário de outro imóvel urbano ou rural.

Ao conferir *repercussão geral* ao Recurso Extraordinário n° 422.349/RS[163], o Supremo Tribunal Federal, firmou a seguinte tese:

> "preenchidos os requisitos do art. 183 da Constituição Federal, o reconhecimento do direito à usucapião especial urbana não pode ser obstado por legislação infraconstitucional que estabeleça módulos urbanos na respectiva área em que situado o imóvel (dimensão do lote)"

No caso em apreço, a legislação municipal fixava a metragem dos lotes urbanos em área superior (360m2) ao permitido para que o imóvel pudesse ser objeto de usucapião (250m2). Todavia, no caso concreto, os

---

utilizando-a para sua moradia ou de sua família, adquirir-lhe-á o domínio, desde que não seja proprietário de outro imóvel urbano ou rural.
§ 1° O título de domínio será conferido ao homem ou à mulher, ou a ambos, independentemente do estado civil.
§ 2° O direito de que trata este artigo não será reconhecido ao mesmo possuidor mais de uma vez.
§ 3° Para os efeitos deste artigo, o herdeiro legítimo continua, de pleno direito, a posse de seu antecessor, desde que já resida no imóvel por ocasião da abertura da sucessão."

163 O acórdão restou assim ementado:
"Recurso extraordinário. Repercussão geral. Usucapião especial urbana. Interessados que preenchem todos os requisitos exigidos pelo art. 183 da Constituição Federal. Pedido indeferido com fundamento em exigência supostamente imposta pelo plano diretor do município em que localizado o imóvel. Impossibilidade. A usucapião especial urbana tem raiz constitucional e seu implemento não pode ser obstado com fundamento em norma hierarquicamente inferior ou em interpretação que afaste a eficácia do direito constitucionalmente assegurado. Recurso provido.
1. Módulo mínimo do lote urbano municipal fixado como área de 360 m2. Pretensão da parte autora de usucapir porção de 225 m2, destacada de um todo maior, dividida em composse.
2. Não é o caso de declaração de inconstitucionalidade de norma municipal.
3. Tese aprovada: preenchidos os requisitos do art. 183 da Constituição Federal, o reconhecimento do direito à usucapião especial urbana não pode ser obstado por legislação infraconstitucional que estabeleça módulos urbanos na respectiva área em que situado o imóvel (dimensão do lote).
4. Recurso extraordinário provido." Rel. Min. Dias Toffoli, Pleno, D.J. em 29.04.15.

recorrentes não tinham a pretensão de usucapir a área total, mas apenas área parcial (porção de 225 m2), estando em perfeita harmonia à dimensão prevista no texto constitucional.

Por fim, cabe analisar a última modalidade de intervenção estatal na esfera da propriedade privada: a expropriação. De logo, devemos salientar que a mesma não se confunde com a *desapropriação*. Consoante entendimento de Edilson Pereira Nobre, na expropriação *"a perda da propriedade, por ato compulsório do Estado, não vem acompanhada de compensação financeira."* Trata-se, consoante o citado autor, de exceção constitucional, sancionadora do uso da propriedade para fins ilícitos[164]. A *expropriação* vem disciplinada no artigo 243 da Constituição Federal, nos seguintes termos:

> Art. 243. As propriedades rurais e urbanas de qualquer região do País onde forem localizadas culturas ilegais de plantas psicotrópicas ou a exploração de trabalho escravo na forma da lei serão expropriadas e destinadas à reforma agrária e a programas de habitação popular, sem qualquer indenização ao proprietário e sem prejuízo de outras sanções previstas em lei, observado, no que couber, o disposto no art. 5º.
>
> Parágrafo único. Todo e qualquer bem de valor econômico apreendido em decorrência do tráfico ilícito de entorpecentes e drogas afins e da exploração de trabalho escravo será confiscado e reverterá a fundo especial com destinação específica, na forma da lei.

Possui, portanto, uma natureza sancionatória para quem se utiliza da propriedade para fins ilícitos. Neste contexto, o Supremo Tribunal Federal - STF faz alusão a um ***"confisco constitucional"***, na medida em que a propriedade é subtraída do seu titular sem qualquer natureza compensatória. Isso é o que consta na redação final do artigo 243, ora trazido à colação: "(...) **sem qualquer indenização ao proprietário** e sem prejuízo de outras sanções previstas em lei, observado, no que couber, o disposto no art. 5º." Aqui já se tem uma distinção em relação à desapropriação, posto que nesta ocorre a perda da propriedade, todavia, mediante justa e prévia quantia indenizatória em dinheiro. Na expropriação, ter-se-á a perda da propriedade sem recompensa alguma. Até porque, o uso que se está atribuindo ao imóvel é de natureza ilícita, logo, ninguém pode se beneficiar com a prática de crimes.

---

164 "Expropriação dos bens utilizados para fins de tráfico ilícito de entorpecentes", p. 34. **Revista de Informação Legislativa**, Brasília, n° 126, abr/jun, 1995.

O Supremo Tribunal Federal – STF, por ocasião do julgamento do RE n° 635.336/PE, atribuiu à expropriação natureza de autêntico *confisco constitucional*, conforme se depreende da ementa do julgado:

> "Recurso extraordinário. 2. Constitucional. Administrativo. Cultivo ilegal de plantas psicotrópicas. Expropriação. Art. 243 da CF/88. Regime de responsabilidade. 3. Emenda Constitucional 81/2014. Inexistência de mudança substancial na responsabilidade do proprietário. 4. Expropriação de caráter sancionatório. Confisco constitucional. Responsabilidade subjetiva, com inversão de ônus da prova. 5. Fixada a tese: "A expropriação prevista no art. 243 da CF pode ser afastada, desde que o proprietário comprove que não incorreu em culpa, ainda que in vigilando ou in eligendo". 6. Responsabilidade subjetiva dos proprietários assentada pelo Tribunal Regional. 7. Negado provimento ao recurso extraordinário." (STF, Rel. Min. Gilmar Ferreira Mendes, Pleno, d. j. em 14,12.16)

O artigo 243 da Constituição Federal, ora em análise, é suscetível de integração normativa, requerendo a *complementação* do seu conteúdo através de lei. Tal previsão de integração normativa encontra-se não apenas no *caput*, mas também em seu parágrafo único. Neste caso, a Lei n° 8257/91 tem por finalidade disciplinar os comandos normativos constantes no artigo 283 da Constituição Federal, conforme se pode verificar da sua ementa:

> "Dispõe sobre a expropriação das glebas nas quais se localizem culturas ilegais de plantas psicotrópicas e dá outras providências."

As hipóteses de expropriação e destinação dos bens já se encontram no artigo 1° do referido diploma legal, dispondo o seguinte:

> "Art. 1° As glebas de qualquer região do país onde forem localizadas culturas ilegais de plantas psicotrópicas serão imediatamente expropriadas e especificamente destinadas ao assentamento de colonos, para o cultivo de produtos alimentícios e medicamentosos, sem qualquer indenização ao proprietário e sem prejuízo de outras sanções previstas em lei, conforme o art. 243 da Constituição Federal.
>
> Parágrafo único. Todo e qualquer bem de valor econômico apreendido em decorrência do tráfico ilícito de entorpecentes e drogas afins será confiscado e reverterá em benefício de instituições e pessoal especializado no tratamento e recuperação de viciados e no aparelhamento e custeio de atividades de fiscalização, controle, prevenção e repressão do crime de tráfico dessas substâncias."

Por fim, devemos fazer menção que a expropriação incide não apenas sobre a propriedade urbana, mas, também, sobre a propriedade rural.

17.3. Garantias do titular do direito de propriedade

Restou demonstrado que o direito de propriedade se constitui em direito fundamental, passível, todavia, de relativização. Embora a titularidade do direito de propriedade possa *ceder* na medida em que concorram, para tanto, as circunstâncias previstas no ordenamento jurídico, isto não implica dizer que a Constituição não lhe confere proteção jurídica alguma. Afinal, estamos tratando de um direito fundamental.

Deste modo, se o titular do direito de propriedade lhe empresta uma função social, ter-se-á cumprido o requisito previsto pelo ordenamento jurídico para que o referido direito subjetivo permaneça em sua titularidade, na medida em que o detém de maneira legítima e plena, haja vista ter atendido todos os *pressupostos* constitucionais para o exercício do direito em apreço. O Estado não pode atuar de forma ilegítima, inobservando direitos e garantias fundamentais. Logo, o direito de propriedade está assegurado ao proprietário contra ingerência estatal na medida em que o mesmo tenha à ela emprestado uma função social. Em nosso entendimento, a função social constitui em limite à interferência do Estado no domínio da propriedade privada para efeitos de desapropriação.

Por fim, devemos aludir à garantia insculpida no art. 5°, XXVI, da Constituição Federal: a pequena propriedade rural[165], desde que trabalhada pela família, não poderá ser constituída em objeto de penhora para pagamento de débitos decorrentes de sua atividade produtiva.

18. Direito de herança

A Constituição Federal, em seu artigo 5°, XXX, garante o direito de herança aos seus respectivos titulares. O enunciado normativo, ao tempo em que institui constitucionalmente o direito de herança, lhe assegura proteção. Isto porque, o dispositivo constitucional não traz mais nada além de garantir referido direito sucessório decorrente do direito de propriedade[166]. Compreende-se por *herança* o patrimônio do falecido

165 Consoante o art. 4°, II, da Lei 8.629/93, a pequena propriedade rural consiste no imóvel (rural) de área até 4 (quatro) módulos fiscais, respeitada a fração mínima de parcelamento.

166 "XXX - é garantido o direito de herança;"

– *de cujus* -, é dizer, o conjunto de direitos e obrigações que se transmite aos herdeiros[167].

No entendimento de Carlos Alberto Dabus Maluf e Adriana Caldas do Rego Freitas Dabus Maluf, "a herança pode ser definida como o conjunto de direitos e obrigações que se transmite a uma ou mais pessoas em razão da morte de alguém.[168]" Portanto, a transmissão (sucessão) patrimonial se dá em consequência do *falecimento*[169] de uma pessoa. Os beneficiários do ato sucessório, denominados *herdeiros*, são os *titulares do direito de herança*.

É oportuno registrar, ainda, que o artigo 227, §6°[170], da nossa Lei Fundamental, assegura também o direito de herança aos filhos havidos fora do casamento, conferindo a *todos* os filhos um tratamento igualitário em matéria sucessória.

Em relação aos bens de estrangeiros situados no Brasil, o artigo 5°, XXXI, estabelece que o processo sucessório será regulado pela lei brasileira em benefício do cônjuge ou dos filhos brasileiros, sempre que não lhes seja mais favorável a lei pessoal do 'de cujus'. O dispositivo constitucional em apreço instituiu o critério da *lei mais benéfica*, ou seja, em termos de *sucessão de bens situados no Brasil*, aplicar-se-á a *lei* que for mais favorável ao cônjuge ou aos filhos brasileiros, quer se trate da lei brasileira ou do país de origem do falecido[171].

---

167 Segundo Dimas Messias de Carvalho e Dimas Daniel de Carvalho, "a herança é uma universalidade universalidade de bens, direitos e obrigações, sendo representada ativa e passivamente até a partilha pelo inventariante." in **Direito das Sucessões – Inventário e Partilha**. Belo Horizonte: Del Rey, 2007, p. 29.

168 **Curso de Direito das Sucessões**. São Paulo: Saraiva, 2013, p. 85.

169 A *sucessão* pode se dar entre vivos ou em razão da morte.

170 "Art. 227. (...)
§ 6º Os filhos, havidos ou não da relação do casamento, ou por adoção, terão os mesmos direitos e qualificações, proibidas quaisquer designações discriminatórias relativas à filiação."

171 O artigo 10, da Lei de Introdução às Normas do Direito Brasileiro (Decreto-Lei n° 4657/42, com a redação dada pela Lei n° 12.376/10), dispõe o seguinte:
"Art. 10. A sucessão por morte ou por ausência obedece à lei do país em que domiciliado o defunto ou o desaparecido, qualquer que seja a natureza e a situação dos bens.
§ 1º A **sucessão de bens de estrangeiros, situados no País, será regulada pela lei brasileira** em benefício do cônjuge ou dos filhos brasileiros, ou de quem os represente, **sempre que não lhes seja mais favorável a lei pessoal do de cujus."**
§ 2o A lei do domicílio do herdeiro ou legatário regula a capacidade para suceder."

Por fim, cabe registrar que o direito de herança se encontra disciplinado no Código Civil, Livro V, "Do Direito das Sucessões", localizado a partir do artigo 1.784.

19. Direito de Petição e Direito a receber certidões

O direito de petição tem sua origem na *Declaração de Direitos* (*Bill of Rights*) inglesa, de 1689, n° 5. Em seu texto, tem-se a proclamação de "*Que constitui um direito dos súditos apresentarem petições ao Rei, sendo ilegais todas as prisões ou acusações por motivo de tais petições.*" Segundo Fabio Konder Comparato, "*a* ***petition*** *é a reclamação que um súdito faz ao rei, pedindo que este faça cessar a injustiça de que o súdito é vítima.*[172]"

A finalidade do instituto reside na defesa de direitos e esclarecimento de situações de interesse pessoal, além de buscar evitar ou reparar ilegalidades ou abuso de poder, conforme disposto no art. 5°, XXXIII e XXXIV, "a" e "b", da Constituição Federal:

> "XXXIII - todos têm direito a receber dos órgãos públicos informações de seu interesse particular, ou de interesse coletivo ou geral, que serão prestadas no prazo da lei, sob pena de responsabilidade, ressalvadas aquelas cujo sigilo seja imprescindível à segurança da sociedade e do Estado;
>
> XXXIV - são a todos assegurados, independentemente do pagamento de taxas:
>
> a) o direito de petição aos Poderes Públicos em defesa de direitos ou contra ilegalidade ou abuso de poder;
>
> b) a obtenção de certidões em repartições públicas, para defesa de direitos e esclarecimento de situações de interesse pessoal;"

Conforme se depreende da leitura do dispositivo constitucional, a titularidade do direito de petição pertence a todas as pessoas, físicas ou jurídicas, nacionais ou estrangeiras, e tem como destinatário todos os órgãos do Poder Executivo (administração pública, direita e indireta), do Poder Judiciário e do Poder Legislativo. O exercício deste direito deverá ocorrer de forma gratuita, sem o correspondente pagamento de taxas.

A Lei n° 9.051/95, que dispõe sobre a expedição de certidões para a defesa de direitos e esclarecimentos de situações, estabelece a seguinte normativa em seus artigos 1° e 2°:

---

172 "**A Afirmação Histórica dos Direitos Humanos.** 2ª ed. São Paulo: Saraiva, 2001, p. 92.

> Art. 1º As certidões para a defesa de direitos e esclarecimentos de situações, requeridas aos órgãos da administração centralizada ou autárquica, às empresas públicas, às sociedades de economia mista e às fundações públicas da União, dos Estados, do Distrito Federal e dos Municípios, deverão ser expedidas no prazo improrrogável de quinze dias, contado do registro do pedido no órgão expedidor.
>
> Art. 2º Nos requerimentos que objetivam a obtenção das certidões a que se refere esta lei, deverão os interessados fazer constar esclarecimentos relativos aos fins e razões do pedido.

O artigo 5°, LXXVI[173], da Constituição Federal, assegura gratuidade para as pessoas reconhecidamente pobres no tocante ao registro de nascimento e assento de óbito. A Lei n° 7844/89, que disciplina referida norma constitucional, estabelece o seguinte:

> "Art. 30. Das pessoas reconhecidamente pobres não serão cobrados emolumentos pelo registro civil de nascimento e pelo assento de óbito e respectivas certidões.
>
> § 1° O estado de pobreza será comprovado por declaração do próprio interessado ou a rogo, em se tratando de analfabeto, neste caso acompanhada da assinatura de duas testemunhas.
>
> § 2° A falsidade da declaração ensejará a responsabilidade civil e penal do interessado.»

Por fim, cabe registrar que na hipótese de eventual recusa por parte do órgão competente para expedição dos documentos ora mencionados, é cabível por parte do titular do direito violado a impetração do *habeas data*, conforme previsto no artigo 5°, LXXII, da Constituição Federal. Isto porque, referida garantia constitucional tem por objeto "assegurar o conhecimento de informações relativas à pessoa do impetrante, constantes de registros ou bancos de dados de entidades governamentais ou de caráter público."

20. Dever Fundamental de Solidariedade

A Constituição Federal de 1988, em seu art. 3°, I, consagra a solidariedade como objetivo fundamental da República Federativa do Brasil.

---

173 "LXXVI - são gratuitos para os reconhecidamente pobres, na forma da lei:
a) o registro civil de nascimento;
b) a certidão de óbito;"

Disto resulta que a solidariedade é um fim a ser perseguido e implementado não apenas pelo Estado, mas também por toda sociedade. A solidariedade se apresenta, assim, em primeiro plano, como um *dever fundamental*[174] de ajuda ao próximo.

A solidariedade afigura-se como um sentimento que conduz os homens a se ajudarem mutuamente. Trata-se, portanto, de um conceito antagônico ao *egoísmo*. O dever fundamental de solidariedade está previsto no artigo 3°, I, da Constituição Federal, que estabelece o seguinte:

> Art. 3º Constituem objetivos fundamentais da República Federativa do Brasil:
>
> I - construir uma sociedade livre, justa e solidária;

Porquanto valor individual, a solidariedade refere-se a um sentimento próprio do ser humano, sendo mais intenso na medida em que os laços familiares e de amizade são mais estreitos. De cunho humanitário, a solidariedade foi inserida logo no artigo 1° na Declaração Universal dos Direitos Humanos (1948), cujo enunciado normativo dispõe:

"Todos os seres humanos nascem livres e iguais em dignidade e em direitos. Dotados de razão e de consciência, **devem agir uns para com os outros em espírito de fraternidade.**" (negrito nosso)

O dever de solidariedade não se traduz em mera diretriz política ou norma de cunho programático, mas revela-se como um *dever-ser* que se irradia por todo ordenamento jurídico. Logo, não se trata de uma norma jurídica desprovida de eficácia, mas apresenta-se como um princípio constitucional de força irradiante, de textura aberta e elevado grau de indeterminabilidade semântica. Tais características, todavia, inerentes a norma que veicula a solidariedade, não fazem dela um enunciado normativo desprovido de um grau mínimo de eficácia jurídica. Aliás, sendo possível que pela via da interpretação se possa conferir ao texto norma-

174 Ao dispor sobre o *direito à educação*, o Supremo Tribunal Federal - STF teceu as seguintes considerações acerca do *dever* de solidariedade:
"A Constituição Federal consagrou o dever de solidariedade entre a família e o Estado como núcleo principal à formação educacional das crianças, jovens e adolescentes com a dupla finalidade de defesa integral dos direitos das crianças e dos adolescentes e sua formação em cidadania, para que o Brasil possa vencer o grande desafio de uma educação melhor para as novas gerações, imprescindível para os países que se querem ver desenvolvidos." Cf. RE 888815/RS, Rel. Min. Roberto Barroso, d. j. 12.09.18, Pleno, STF.

tivo o maior grau de eficácia possível, assim deve proceder o intérprete e aplicador do direito. Esta é a hipótese do princípio da solidariedade: uma norma jurídica, de status constitucional, provida de eficácia vinculante não apenas à coletividade, mas também ao Estado.

O princípio da solidariedade se densifica na Constituição Federal através de vários outros dispositivos, bastando lembrar que ele constitui o cerne da própria *Seguridade Social*. Portanto, o dever de solidariedade se impõe a todos, sobretudo quando o tema diz sobre a saúde do ser humano.

Segundo León Bourgeois, *"cada um depende dos outros, o que significa que cada um é indefinidamente devedor e credor dos outros*[175]*"*. Logo, partindo desta compreensão apresentada por Bourgeois, é possível entender que todos os seres humanos *devem ser* solidários uns com os outros, diferenciando-se, todavia, o grau de solidariedade dispensada por cada membro do grupo social em relação aos demais.

Deste modo, a solidariedade se traduz no senso de responsabilidade e dependência mútua entre um grupo de pessoas que são moralmente obrigadas umas às outras. Assim, os problemas encontrados por um ou mais de seus membros dizem respeito a todo o grupo. Por tal razão, a solidariedade conduz o homem a se comportar como se fosse diretamente confrontado com o problema dos outros, caso contrário, é o futuro do grupo (portanto, o próprio) que poderia ser comprometido.

Conforme aludido acima, diversas são as normas constitucionais que densificam o *dever fundamental* de solidariedade, a exemplo das que se encontram consignadas nos artigos 229 e 230, da Constituição Federal, que estabelecem o seguinte:

> Art. 229. Os pais têm o **dever** de assistir, criar e educar os filhos menores, e os filhos maiores têm o **dever** de ajudar e amparar os pais na velhice, carência ou enfermidade.
>
> "Art. 230. A família, a sociedade e o Estado **têm o dever de amparar** as pessoas idosas, assegurando sua participação na comunidade, defendendo sua dignidade e bem-estar e garantindo-lhes o direito à vida." (destaque nosso)

O *dever fundamental de solidariedade* pode ser compreendido adequadamente no contexto do direito à morte com dignidade, posto que

175 León Bourgeois. **Solidarité.** 1896. Disponível em: http://classiques.uqac.ca/classiques/bourgeois_leon/solidarite/bourgeois_solidarite.pdf>, acesso em 25.09.19, às 11h20.

este requer, via de regra, a participação de duas ou mais pessoas para sua concretização.

No precedente C-239/97, emanado da Corte Constitucional da Colômbia, o princípio constitucional da solidariedade serviu de fundamento, dentre outros valores constitucionais, para reconhecer o direito fundamental a morte digna. Nesta decisão, o Tribunal proclamou o seguinte:

> "El mismo artículo 1 de la Constitución, en concordancia con el artículo 95, consagra **la solidaridad como uno de los postulados básicos del Estado Colombiano, principio que envuelve el deber positivo de todo ciudadano de socorrer a quien se encuentra en una situación de necesidad, con medidas humanitarias**. Y no es difícil descubrir el móvil altruista y solidario de quien obra movido por el impulso de suprimir el sufrimiento ajeno, venciendo, seguramente, su propia inhibición y repugnancia frente a un acto encaminado a aniquilar una existencia cuya protección es justificativa de todo el ordenamiento, cuando las circunstancias que la dignifican la constituyen en el valor fundante de todas las demás." (destaque nosso)

Em tal situação, a solidariedade se traduz no respeito à tomada de decisão do paciente terminal em pôr fim à sua vida, em razão de não mais suportar as dores decorrentes da doença que lhe acomete. Ser solidário ao paciente não se traduz apenas em estar ao seu lado no leito de morte, aguardando a hora da sua chegada. Também não significa, simplesmente, prestar apoio e auxílio aos seus familiares no decorrer do processo de falecimento. É certo que todos esses gestos e comportamentos são reveladores de atos solidários, todavía, a solidariedade deve ir mais além: *deve respeitar a decisão do paciente no tocante ao momento e forma de sua morte*. Isto significa que mesmo que não se comungue da decisão do enfermo, o fato de *respeitá-la* e *aceitá-la* é, de per si, indício de solidariedade.

CAPÍTULO VII

DOS DIREITOS POLÍTICOS

SUMÁRIO: 1. Direitos Políticos; **2.** Plebiscito, referendo e iniciativa popular; **3.** Os Direitos Políticos Ativos e Passivos; **4.** Os Direitos Políticos na Constituição Federal; **4.1.** Das condições de elegibilidade, perda e suspensão dos direitos políticos.

1. Direitos Políticos

Os direitos políticos se apresentam como direitos subjetivos públicos que permitem assegurar a participação do indivíduo no processo político e instâncias decisórias do Estado. Em princípio, revelam a capacidade da pessoa em votar e ser votada. Tal noção está compreendida no artigo 23 do Pacto de San José da Costa Rica, que dispõe o seguinte:

> "Artigo 23 – Direitos políticos
>
> 1. Todos os cidadãos devem gozar dos seguintes direitos e oportunidades:
>
> a) de participar da condução dos assuntos públicos, diretamente ou por meio de representantes livremente eleitos;
>
> b) de votar e ser eleito em eleições periódicas, autênticas, realizadas por sufrágio universal e igualitário e por voto secreto, que garantam a livre expressão da vontade dos eleitores; e
>
> c) de ter acesso, em condições gerais de igualdade, às funções públicas de seu país."

O direito de votar e ser votado, integrante do conceito de *Direitos Políticos*[1], encontra-se inserto no artigo 23, I, "b", do Pacto de San José da Costa Rica, tratado internacional que integra o ordenamento jurídico brasileiro.

No entendimento de Guilherme Sandoval Góes e Cleyson de Moraes Mello, os direitos políticos, em essência, "nada mais são do que direitos públicos subjetivos através dos quais a Constituição assegura ao homem-cidadão o exercício da soberania popular atribuindo-lhe poderes para intervir, direta ou indiretamente, na escolha dos seus governantes,

1 José Afonso da Silva aduz que o "núcleo fundamental dos direitos políticos consubstancia-se no direito eleitoral de votar e ser votado, embora não se reduza a isso, mesmo quando se toma a expressão no seu sentido mais estreito." in **Comentário Contextual à Constituição**. São Paulo: Malheiros, 2005, p. 212.

na formação da vontade nacional, na condução da coisa pública e na elaboração das decisões políticas do Estado.[2]"

A Constituição Federal inseriu os *Direitos Políticos* no *Capítulo IV*, após os *Direitos Individuais* (Capítulo I), *Direitos Sociais* (Capítulo II) e *Nacionalidade* (Capítulo III), todos integrantes do *Título II*, que dispõe sobre *Direitos e Garantias Fundamentais*. Portanto, ontológico e dogmaticamente, os *direitos políticos* se constituem em direitos fundamentais[3], pois referem-se aos direitos de participação na formação da vontade política nacional. Revelam, pois, a *liberdade política* conferida ao cidadão, seja mediante sua participação na condução dos assuntos públicos ou através do exercício do voto e do direito de ser votado. Afora tal aspecto pertinente à *liberdade,* os direitos políticos implicam na possibilidade de todos os cidadãos, em igualdade de condições, terem acesso às funções públicas do país, que, via de regra, dar-se-á mediante prévia aprovação em concurso público, consoante disposto no artigo 37, I e II, da Constituição Federal[4].

2. Plebiscito, referendo e iniciativa popular

Previstos no artigo 14, I, II e III, da Constituição Federal[5], o **plebiscito**, **referendo** e a **iniciativa popular**, afiguram-se como formas de parti-

---

2 **Direito Constitucional**. Rio de Janeiro: Editora Processo, 2018, p. 725.

3 No RE 633703/MG, o Supremo Tribunal Federal – STF fez externar o seguinte entendimento:
"O pleno exercício de direitos políticos por seus titulares (eleitores, candidatos e partidos) é assegurado pela Constituição por meio de um sistema de normas que conformam o que se poderia denominar de devido processo legal eleitoral. Na medida em que estabelecem as garantias fundamentais para a efetividade dos direitos políticos, essas regras também compõem o rol das normas denominadas cláusulas pétreas e, por isso, estão imunes a qualquer reforma que vise a aboli-las." Rel. Min. Gilmar Mendes, d. j. 23.03.11, Pleno.

4 Art. 37. A administração pública direta e indireta de qualquer dos Poderes da União, dos Estados, do Distrito Federal e dos Municípios obedecerá aos princípios de legalidade, impessoalidade, moralidade, publicidade e eficiência e, também, ao seguinte:
I - **os cargos, empregos e funções públicas são acessíveis aos brasileiros** que preencham os requisitos estabelecidos em lei, assim como aos estrangeiros, na forma da lei;
II - **a investidura em cargo ou emprego público depende de aprovação prévia em concurso público** de provas ou de provas e títulos, de acordo com a natureza e a complexidade do cargo ou emprego, na forma prevista em lei, ressalvadas as nomeações para cargo em comissão declarado em lei de livre nomeação e exoneração;" (destaque nosso)

5 "Art. 14. A soberania popular será exercida pelo sufrágio universal e pelo voto direto e secreto, com valor igual para todos, e, nos termos da lei, mediante:

cipação **direta** do povo na formação da vontade política nacional, ou seja, são instrumentos de efetivação da *democracia participativa* e da *soberania popular*. O plebiscito e o referendo são formas de consulta popular, instrumentos de participação política, ao passo que a iniciativa popular se constitui na faculdade atribuída ao povo para, diretamente, apresentar ao Poder Legislativo projeto de lei de sua autoria. É, também, ao lado do plebiscito e referendo, um instrumento de participação política.

A Lei n° 9.709/98, regulamenta o disposto no artigo 14, I, II e III da Constituição Federal. O artigo 2° da referida lei, fornece o conceito e os elementos que compõem o **plebiscito** e o **referendo**:

> Art. 2º **Plebiscito** e **referendo são consultas formuladas ao povo** para que delibere sobre matéria de acentuada relevância, de natureza constitucional, legislativa ou administrativa.
>
> § 1º O **plebiscito é convocado com anterioridade** a ato legislativo ou administrativo, cabendo ao povo, pelo voto, aprovar ou denegar o que lhe tenha sido submetido.
>
> § 2º O **referendo é convocado com posterioridade** a ato legislativo ou administrativo, cumprindo ao povo a respectiva ratificação ou rejeição. (destaque nosso)

De acordo com o artigo 49, XV, da Constituição Federal, compete **exclusivamente** ao Congresso Nacional autorizar referendo e convocar plebiscito. Portanto, o ato de convocação popular para realização de referendo ou de plebiscito, é de competência exclusiva das duas Casas do Congresso Nacional, é dizer, da Câmara dos Deputados e do Senado Federal, cuja forma se dá através de *decreto legislativo*. Em relação ao **conteúdo**, o plebiscito e referendo somente poderão ser instituídos para que a população consultada delibere sobre matéria de **acentuada relevância**, de **natureza constitucional**, **legislativa** ou **administrativa**.

Em relação ao **momento** de realização da consulta popular, o **plebiscito** é convocado com **anterioridade** à edição do ato legislativo ou administrativo, competindo ao povo aprovar ou rejeitar o que foi posto à sua deliberação. Por sua vez, o **referendo** é convocado em momento **posterior** ao ato legislativo ou administrativo, cabendo aos eleitores ratificar ou denegar o objeto da consulta.

I - plebiscito;
II - referendo;
III - iniciativa popular."

O ato de **aprovação** ou **rejeição** da matéria posta a deliberação popular, se dá mediante **quórum de maioria simples**, nos termos do artigo 10, da Lei n° 9.709/98. O resultado será homologado pelo Tribunal Superior Eleitoral.

O terceiro instrumento de democracia participativa é a **iniciativa popular.** Refere-se à possibilidade da população desencadear diretamente o processo legislativo, perante a Câmara dos Deputados, mediante apresentação de projeto de lei de sua iniciativa, conforme estabelece o artigo 61, da Constituição Federal. O §2°, do artigo ora mencionado, estabelece os seguintes requisitos para materialização da iniciativa popular: a) projeto de lei subscrito por, no mínimo, um por cento do eleitorado nacional; b) distribuído pelo menos por cinco Estados, com não menos de três décimos por cento dos eleitores de cada um deles[6].

O artigo 13, §1°, da Lei n° 9.709/98[7], determina que "o projeto de lei de iniciativa popular deverá circunscrever-se a um só assunto." Por sua vez, o §2°, do mesmo dispositivo legal, **veda a rejeição** de projeto de lei decorrente de iniciativa popular **em razão de vício formal.** Em tal hipótese, determina que a Câmara dos Deputados, através do seu órgão competente, providencie a correção de eventuais impropriedades de técnica legislativa ou de redação.

Por fim, o artigo 14 estabelece que, uma vez cumpridos os requisitos constitucionais para apresentação do projeto de lei, por iniciativa popular, à Câmara dos Deputados, a esta competirá dar seguimento ao processo legislativo nos termos das normas regimentais.

---

6 "Art. 61. **A iniciativa das leis complementares e ordinárias cabe** a qualquer membro ou Comissão da Câmara dos Deputados, do Senado Federal ou do Congresso Nacional, ao Presidente da República, ao Supremo Tribunal Federal, aos Tribunais Superiores, ao Procurador-Geral da República e **aos cidadãos**, na forma e nos casos previstos nesta Constituição.

(...)

§ 2º **A iniciativa popular pode ser exercida pela apresentação à Câmara dos Deputados de projeto de lei subscrito por, no mínimo, um por cento do eleitorado nacional, distribuído pelo menos por cinco Estados, com não menos de três décimos por cento dos eleitores de cada um deles.**" (Destaque nosso)

7 Art. 13. A iniciativa popular consiste na apresentação de projeto de lei à Câmara dos Deputados, subscrito por, no mínimo, um por cento do eleitorado nacional, distribuído pelo menos por cinco Estados, com não menos de três décimos por cento dos eleitores de cada um deles.

§ 1º O projeto de lei de iniciativa popular deverá circunscrever-se a um só assunto.

§ 2º O projeto de lei de iniciativa popular não poderá ser rejeitado por vício de forma, cabendo à Câmara dos Deputados, por seu órgão competente, providenciar a correção de eventuais impropriedades de técnica legislativa ou de redação.

3. Os Direitos Políticos Positivos e Negativos

Os direitos políticos podem ser qualificados como ***positivos*** ou ***negativos***. São ***positivos***, os direitos políticos assecuratórios da participação do indivíduo no processo político e nos órgãos públicos. Circunscreve-se, também, à **capacidade eleitoral ativa e passiva**, é dizer, ao **direito de votar e ser votado**.

Por sua vez, os ***direitos políticos negativos*** compreendem as normas constitucionais que impõem restrições ou privações ao cidadão em relação ao seu direito de participar do processo político ou de vir a integrar órgão público. No entendimento de José Afonso da Silva, "os direitos políticos negativos compõem-se, portanto, das regras que privam o cidadão, pela perda definitiva ou temporária (suspensão), da totalidade dos direitos políticos de votar e ser votado, bem como daquelas regras que determinam restrições à elegibilidade dos cidadãos, em certas circunstâncias: as inelegibilidades.[8]"

4. Os Direitos Políticos na Constituição Federal

A Constituição Federal dispõe sobre os direitos políticos nos artigos 14 a 18. Tais direitos, conforme salientado, constituem o alicerce do sistema democrático instituído constitucionalmente, através dos quais se assegura o direito de participação no processo político.

A **capacidade eleitoral ativa**, é dizer, o direito de votar, é atribuída, ***facultativamente***, aos maiores de dezesseis e menores de dezoito anos **e** aos maiores de setenta anos e aos analfabetos. Por sua vez, é ***obrigatório*** o voto para os maiores de dezoito anos. Para o exercício da capacidade eleitoral, o indivíduo deve ***alistar-se*** perante a Justiça Eleitoral. O ***alistamento*** é o processo administrativo que se desenvolve perante a Justiça Eleitoral, no qual o indivíduo busca inscrever-se como *eleitor* e tem como desfecho a *emissão* do respectivo *título*[9], desde que preenchidos todos os requisitos legais para tanto. Refere-se, pois, à *capacidade eleitoral ativa.*

O artigo 14, §2°, da Constituição Federal, determina que *"não podem alistar-se como eleitores os estrangeiros e, durante o período do serviço militar obrigatório, os conscritos."* Logo, são impedidos de alistar-

8 **Comentário Contextual à Constituição.** São Paulo: Malheiros, 2005, p. 212.

9 Afirma José Afonso da Silva que *"os direitos de cidadania política adquirem-se mediante **alistamento eleitoral**, na forma da lei."*

-se os *estrangeiros* e, durante o período do serviço militar obrigatório, os *conscritos*[10].

Conforme afirmamos acima, os *direitos políticos* se afiguram como instrumentos necessários ao exercício da soberania popular, na medida em que "todo o poder emana do povo, que o exerce por meio de representantes eleitos ou diretamente." A Constituição Federal, em seu artigo 14, dispõe o seguinte:

> Art. 14. A soberania popular será exercida pelo sufrágio universal e pelo voto direto e secreto, com valor igual para todos, e, nos termos da lei, mediante:
> I - plebiscito;
> II - referendo;
> III - iniciativa popular.

Princípio fundamental em todo Estado Democrático de Direito, a *soberania popular* revela um regime político calcado na observância das decisões emanadas do povo, seja diretamente ou através de representantes por ele escolhidos, é dizer, eleitos. O *direito de sufrágio* é o "instrumento por meio do qual a soberania popular se manifesta, seja pela participação direta dos cidadãos (democracia participativa), seja pela transferência a representantes políticos do poder soberano do povo (democracia representativa).[11]" Para Guilherme Sandoval Góes e Cleyson de Moraes Mello, o *direito de sufrágio* alberga três grande eixos: a) direito de votar (alistabilidade ou capacidade eleitoral ativa); b) direito de ser votado

---

10 Nos termos do artigo 3°, 5 e 3, respectivamente, do Decreto n° 57.654/66, ***conscritos*** são "brasileiros que compõem a classe chamada para a seleção, tendo em vista a prestação do Serviço Militar inicial." Por sua vez, ***classe*** refere-se ao "conjunto dos brasileiros nascidos entre 1º de janeiro e 31 de dezembro de um mesmo ano. É designada pelo ano de nascimento dos que a constituem."
Portanto, o termo "*conscrito*" designa o conjunto de brasileiros que, no ano que completam dezoito anos, participam do processo de seleção para o serviço militar obrigatório.

11 Guilherme Sandoval Góes; Cleyson de Moraes Mello. **Direito Constitucional**. Rio de Janeiro: Editora Processo, 2018, p. 741. Na sequência, os autores apresentam a seguinte classificação pertinente aos sistemas políticos democráticos:
"**a) elementos de democracia direta**, na qual o povo exerce seu poder soberano diretamente, sem intermediários e sem representantes políticos;
b) elementos de democracia representativa, na qual o povo elege representantes políticos, outorgando-lhes poderes soberanos para traçar os destinos do país;
c) elementos de democracia participativa ou **semidireta**, um sistema híbrido, que mescla elementos da democracia representativa e da democracia direta, no qual os atos estatais dos representantes políticos terão que ser submetidos à aprovação dos detentores da soberania, qual seja o povo."

(elegibilidade ou capacidade eleitoral passiva) e; c) direito de participar diretamente da vida política do País (instrumentos de democracia participativa, a exemplo do plebiscito, referendo e iniciativa popular).

A escolha dos representantes populares, seja na esfera do Poder Legislativo ou do Poder Executivo, dar-se-á através do ***voto***. Na medida em que se afigura *obrigatório*, o *voto* revela não apenas um *direito subjetivo*, mas, também, um *dever jurídico*, uma *obrigação*. Através do *voto*, o povo materializa a escolha dos seus representantes. Sobre o tema, dispõe o art. 14, §4°, da Constituição Federal:

> § 1º O alistamento eleitoral e o voto são:
> I – obrigatórios para os maiores de dezoito anos;
> II – facultativos para:
> a) os analfabetos;
> b) os maiores de setenta anos;
> c) os maiores de dezesseis e menores de dezoito anos.

Portanto, o voto é **obrigatório** para os maiores de dezoito anos e **facultativo** para os analfabetos, os maiores de setenta anos e os maiores de dezesseis e menores de dezoito anos. Além da obrigatoriedade, o **voto** há de ser **direto**, **secreto** e com valor **igual** para todos. É *direto* na medida em que não se permite o seu exercício através de terceiros, é dizer, inexiste intermediário entre os eleitores e seus representantes políticos. Portanto, o *cidadão* manifesta sua escolha em relação aos governantes e parlamentares *diretamente*, mediante exercício do *voto*, que há de ser *secreto*. O *sigilo* do voto implica na vedação aos eleitores de, no **ato de escolha**, dar publicidade à sua decisão. Ao modo pelo qual se operacionaliza o exercício do direito de votar dá-se o nome de **escrutínio**, que pode ser ***público* ou *secreto***. Por fim, o voto possui **valor igual para todos**. Ora, na medida em que todos são *iguais perante a lei*, o voto emanado de cada eleitor deverá refletir tal valor, ou seja, **ser igual para todos.** Eis a nota da *universalidade*.

Cabe chamar a atenção para a relevância atribuída pelo constituinte originário ao direito de participação política do cidadão através do voto, na medida em que petrificou referido conteúdo no artigo 60, §4°, da Constituição Federal:

> **"§ 4º Não será objeto de deliberação a proposta de emenda tendente a abolir:**
> I – a forma federativa de Estado;
> **II – o voto direto, secreto, universal e periódico;**
> III – a separação dos Poderes;
> IV – os direitos e garantias individuais."

O que fez o constituinte originário foi tornar evidente a impossibilidade de abolir o direito ao voto, na medida em que tal conteúdo já se encontra incluso no rol dos direitos e garantias individuais, previstos no artigo 60, §4°, IV.

4.1. Das condições de elegibilidade, perda e suspensão dos direitos políticos

O texto constitucional estabelece em seu artigo 14, §3°, as condições de elegibilidade, ou seja, os requisitos definidores da ***capacidade eleitoral passiva*** (*capacidade de ser eleito*). Nos termos da Lei Fundamental, são **condições de elegibilidade**: a) a nacionalidade brasileira; b) o pleno exercício dos direitos políticos; c) o alistamento eleitoral; d) o domicílio eleitoral na circunscrição; e) a filiação partidária; f) a idade mínima de: f.1) trinta e cinco anos para Presidente e Vice-Presidente da República e Senador; f.2) trinta anos para Governador e Vice-Governador de Estado e do Distrito Federal; f.3) vinte e um anos para Deputado Federal, Deputado Estadual ou Distrital, Prefeito, Vice-Prefeito e juiz de paz e; f.4) dezoito anos para Vereador. É oportuno salientar, todavia, que para que o indivíduo possa concorrer a uma função eletiva, faz-se necessário não apenas observar as *condições de elegibilidade*, mas, também, que não incorra em nenhuma das hipóteses de *inelegibilidade* previstas no artigo 14, da Constituição Federal.

A nacionalidade brasileira é, nos termos da Constituição Federal, condição de elegibilidade. O artigo 12, §3°, estabelece ser **privativo de brasileiro nato** os seguintes cargos: a) de Presidente e Vice-Presidente da República; b) de Presidente da Câmara dos Deputados; c) de Presidente do Senado Federal; d) de Ministro do Supremo Tribunal Federal; e) da carreira diplomática; f) de oficial das Forças Armadas e. g) de Ministro de Estado da Defesa. Portanto, em relação aos cargos de Deputados Federais, Estaduais e Distritais, Senadores, Vereadores, Governador e Vice-Governador, Prefeito e Vice-Prefeito, todos podem ser exercidos por brasileiros naturalizados.

Em relação ao pleno exercício dos direitos políticos, aquele que **perdeu** ou teve seus direitos **suspensos** não é considerado elegível. Em conformidade ao artigo 15, da Constituição Federal, a **perda** ou **suspensão** dos direitos políticos se dará nas hipóteses de: a) cancelamento da naturalização por sentença transitada em julgado; b) incapacidade civil absoluta; c) condenação criminal transitada em julgado, enquanto durarem seus efeitos; d) recusa de cumprir obrigação a todos imposta ou prestação alternativa, nos termos do art. 5º, VIII, e; e) improbidade administrativa, nos termos do art. 37, § 4º. A **perda dos direitos políticos** consiste em privação definitiva por parte dos respectivos titulares, de modo que o indivíduo perde sua condição de eleitor e todos os direitos decorrentes da cidadania. Trata-se, portanto, de uma hipótese de **privação definitiva dos direitos políticos.** Além da *privação definitiva* desta categoria de direitos, há hipóteses de **privação temporária**, às quais se denominam **suspensão dos direitos políticos.**

A **perda dos direitos políticos** ocorrerá nas seguintes hipóteses: a) cancelamento da naturalização por decisão judicial transitada em julgado; b) perda da nacionalidade[12] brasileira resultante da aquisição de uma outra; c) recusa de cumprir obrigação imposta ou prestação alternativa, nos termos do artigo 5°, VIII[13]. Em relação à **suspensão dos direitos políticos,** os titulares terão o seu exercício temporalmente sobrestados quando se configurar uma das causas adiante elencadas: a) incapacidade civil absoluta; b) condenação criminal transitada em julgado, enquanto perdurar os seus efeitos e; c) improbidade administrativa, nos termos do artigo 37, §4°[14].

12 A Lei n° 13.445/17, "Lei de Migração", ao dispor sobre *Reaquisição da Nacionalidade*, estabelece o seguinte:
"Art. 76. O brasileiro que, em razão do previsto no inciso II do § 4º do art. 12 da Constituição Federal, houver perdido a nacionalidade, uma vez cessada a causa, poderá readquiri-la ou ter o ato que declarou a perda revogado, na forma definida pelo órgão competente do Poder Executivo."

13 "VIII - ninguém será privado de direitos por motivo de crença religiosa ou de convicção filosófica ou política, salvo se as invocar para eximir-se de obrigação legal a todos imposta e recusar-se a cumprir prestação alternativa, fixada em lei;" O dispositivo elenca a hipótese de *objeção de consciência.*

14 "Art. 37. (...)
(...)
§ 4º **Os atos de improbidade administrativa importarão a suspensão dos direitos políticos**, a perda da função pública, a indisponibilidade dos bens e o ressarcimento ao erário, na forma e gradação previstas em lei, sem prejuízo da ação penal cabível."

CAPÍTULO VIII

DOS DIREITOS SOCIAIS EM ESPÉCIE

SUMÁRIO: 1. Direito ao trabalho: natureza e definição; **2.** Proteção e garantia do emprego; **3.** Das diversas espécies de salário e remuneração; **4.** Participação nos lucros; **5.** Duração do trabalho, repouso, férias e licenças; **6.** Aviso prévio; **7.** Saúde; **8.** Prazos prescricionais; **9.** A igualdade nas relações de trabalho; **10.** Trabalho como qualificação social; **11.** Dos trabalhadores domésticos;**12.** Direitos associativos; **13.** Direito de greve; **14.** A representação não-sindical dos empregados.

1. Direito ao trabalho: natureza e definição

A Constituição Federal de 1988 foi pródiga na consagração dos direitos sociais. Elencados no *Capítulo II*, do *Título II – Dos Direitos e Garantias Fundamentais*, são compreendidos por boa parte da doutrina como direitos fundamentais de segunda geração ou dimensão, surgindo *após* os direitos individuais.

Conforme já afirmado, os direitos sociais são direitos que refletem a condição de *ser social* relativo ao homem, configurando-se titulares todas as pessoas que necessitam de um amparo estatal em decorrência de sua condição de hipervulnerabilidade. São, portanto, direitos próprios de todo o povo e de **cada um de seus membros.**

O artigo 6°[1] da Constituição Federal enumera os direitos sociais por ela protegidos. Neste rol, são direitos sociais a educação, a saúde, a alimentação, o trabalho, a moradia, o transporte, o lazer, a segurança, a previdência social, a proteção à maternidade e à infância e a assistência aos desamparados. Entre os direitos sociais está, portanto, o direito ao trabalho.

O trabalho como direito fundamental surgiu no marco da Revolução Industrial, na medida em que o trabalhador, formalmente igual aos demais indivíduos, passou a manifestar de forma livre sua vontade. A existência do trabalho livre se afigura como pressuposto material para o surgimento da relação trabalhista[2].

---

1 "Art. 6º São direitos sociais a educação, a saúde, a alimentação, o trabalho, a moradia, o transporte, o lazer, a segurança, a previdência social, a proteção à maternidade e à infância, a assistência aos desamparados, na forma desta Constituição."

2 Cf. Ana Cristina Costa Meireles e Edilton Meireles. **A intangibilidade dos Direitos Trabalhistas**. São Paulo: LTr, 2009, p. 23. Segundo os autores, "tratar do direito do

Jorge Miranda alude a uma *Constituição do Trabalho*, definindo-a como o "conjunto dos princípios e regras constitucionais respeitantes às relações individuais e coletivas de trabalho e incindíveis, por razões óbvias, do sistema de direitos fundamentais.[3]" Em virtude da Constituição portuguesa não dedicar nenhum capítulo especial a uma *Constituição do Trabalho*, Canotilho opta pela utilização do conceito *Constituição Social*, designando-a como o "conjunto de direitos e princípios de natureza social formalmente plasmados na Constituição." Acrescenta que a *Constituição Social* é um "amplo superconceito" que alberga os princípios fundamentais daquilo que denominamos "vulgarmente" por *direitos sociais*[4].

Edilton Meireles, em estudo sobre *Direito Comparado*, ressalta a importância do tratamento dispensado pela Constituição brasileira ao trabalho como valor fundamental:

> "Da leitura do nosso texto constitucional verificamos que o constituinte quis valorar o trabalho como instrumento de concretização do Estado Social. Para tanto, o constituinte elegeu uma série de garantias que também bem revelam o destaque dado ao valor trabalho.
>
> Podemos afirmar, aliás, que o direito do trabalho no Brasil encontra seus princípios, valores, instituições fundamentais e objetivos estabelecidos na Constituição. Ela, em especial, elegeu o direito do trabalho como instrumento de realização do Estado Social, em seu caráter material, ao ponto de, além de assegurar o direito ao trabalho (*caput* do artigo 6°), estabelecer uma série de direitos fundamentais para que a dignidade humana seja alcançada (art. 7°).[5]"

---

trabalho, em sua formulação atual, então, obriga-nos a afastar qualquer referência ao labor da era pré-industrial. O trabalho, tal como conhecemos hoje, surgiu, em verdade, com a Revolução Industrial. Antes dele, tínhamos relações trabalhistas travadas entre as pessoas com naturezas diversas. Havia as relações de natureza real - entre o senhor e coisa escrava - e as relações de natureza institucional - entre o senhor e seu servo." Ob. cit., p. 23.

3 **A Constituição do Trabalho Portuguesa**. II Congresso Internacional de Direito (brasil - Europa). *Análise contemporânea do direito em face da globalização e da crise econômica*. Coimbra: Almedina, 2009, p. 10.

4 **Direito Constitucional e Teoria da Constituição**. 7ª ed. Coimbra: Almedina, 2003, pp. 347 e 348.

5 **A Constituição do Trabalho. O trabalho nas Constituições da Alemanha, Brasil, Espanha, França, Itália e Portugal**. 2ª ed. São Paulo: LTr, 2014, p. 119.

É importante consignar que não se deve confundir o *direito ao trabalho* com o *direito do trabalho*. O direito ao trabalho é um direito subjetivo fundamental de natureza social. Refere-se, portanto, ao *direito* de ter um trabalho, é dizer, à possibilidade de trabalhar. Por sua vez, o *direito do trabalho* significa o conjunto de normas jurídicas que disciplinam as relações de trabalho, cujo fundamento são as normas inseridas no artigo 7°, da Constituição Federal [6]. O objeto de proteção constitucional é o *trabalho*, ora compreendido como toda "atividade profissional, remunerada ou não, produtiva ou criativa, exercida para determinado fim.[7]" Portanto, a Constituição Federal protege não apenas o *trabalho*, mas todos os direitos decorrentes da relação jurídica firmada entre empregador e empregado, cujo cerne é, reitere-se, o *trabalho*.

O *caput* do referido enunciado normativo dispõe o seguinte:

> "Art. 7º São direitos dos trabalhadores urbanos e rurais, além de outros que visem à melhoria de sua condição social:"

Verifica-se da redação do dispositivo constitucional ora trazido à colação, que os seus respectivos destinatários são todos os trabalhadores urbanos e rurais. As relações individuais e coletivas de trabalho são disciplinadas pela Consolidação das Leis do Trabalho – CLT, instituída através do Decreto-Lei n° 5.452/43. Referido instrumento normativo fornece os conceitos de empregador e empregado, respectivamente, em seus artigos 2°[8] e 3°[9]. É oportuno ressaltar que a CLT, em seu artigo 7°, "b", **exclui do seu do seu âmbito de proteção os trabalhadores rurais autônomos[10].**

---

6 Cf. José Afonso da Silva. **Comentário Contextual à Constituição**. São Paulo: Malheiros, 2005, p. 189.

7 Diana Rebello Neves, Rejane Prevot Nascimento, Mauro Sergio Felix Jr., Fabiano Arruda da Silva e Rui Otávio Bernardes de Andrade. **"Sentido e significado do trabalho: uma análise dos artigos publicados em periódicos associados à Scientific Periodicals Electronic Library."** in Cad. EBAPE.BR, v. 16, nº 2, Rio de Janeiro, Abr./Jun. 2018, p. 03. DOI: http://dx.doi.org/10.1590/1679-395159388

8 "Art. 2º Considera-se empregador a empresa, individual ou coletiva, que, assumindo os riscos de atividade econômica, admite, assalaria e dirige a prestação pessoal de serviços."

9 "Art. 3º Considera-se empregado toda pessoa física que prestar serviços de natureza não eventual a empregador, sob a dependência deste e mediante salário."

10 Art. 7º Os preceitos constantes da presente Consolidação, salvo quando for em cada caso, expressamente determinado em contrário, não se aplicam:
(...)
b) aos trabalhadores rurais, assim considerados aqueles que, exercendo funções diretamente ligadas à agricultura e à pecuária, não sejam empregados em ativida-

A Lei nº 5.889/73, por sua vez, estatui normas que disciplinam as relações de trabalho rural[11]. Nos seus artigos 2° e 3° define, respectivamente, os conceitos de empregado e empregador rural[12].

2. Proteção e garantia do emprego

O artigo 7°, I, da Constituição Federal, confere proteção à relação de emprego contra despedida arbitrária ou sem justa causa, prevendo indenização compensatória na hipótese de ser praticada pelo empregador uma destas medidas em desfavor do empregado[13]. Tal norma se reveste da natureza de uma *garantia constitucional* relativa ao emprego, na medida em que assegura ao trabalhador proteção jurídica no sentido de conservar sua relação de emprego contra despedida arbitrária ou sem justa causa[14]. É oportuno ressaltar que toda despedida terá de ser *justificada* para que se possa aferir tratar-se de uma das seguintes hipóteses a) arbitrária (sem justa causa) ou; b) por justa causa. O ato de dispensa do empregado se constitui em prerrogativa do empregador.

Além da proteção da estabilidade no emprego, a Constituição Federal confere aos trabalhadores urbanos e rurais, no art. 7°, inciso II, o seguro-desemprego, na hipótese de perda involuntária do emprego e, no inciso III, o direito ao fundo de garantia por tempo de serviço – FGTS[15].

---

des que, pelos métodos de execução dos respectivos trabalhos ou pela finalidade de suas operações, se classifiquem como industriais ou comerciais;

11 Dispõe o artigo 1° do aludido Diploma Legal:
"Art. 1° As relações de trabalho rural serão reguladas por esta Lei e, no que com ela não colidirem, pelas normas da Consolidação das Leis do Trabalho, aprovada pelo Decreto-lei nº 5.452, de 01/05/1943."

12 "Art. 2º Empregado rural é toda pessoa física que, em propriedade rural ou prédio rústico, presta serviços de natureza não eventual a empregador rural, sob a dependência deste e mediante salário.
Art. 3º - Considera-se empregador rural, para os efeitos desta Lei, a pessoa física ou jurídica, proprietário ou não, que explore atividade agro-econômica, em caráter permanente ou temporário, diretamente ou através de prepostos e com auxílio de empregados."

13 "Art. 7º São direitos dos trabalhadores urbanos e rurais, além de outros que visem à melhoria de sua condição social:
I - relação de emprego protegida contra despedida arbitrária ou sem justa causa, nos termos de lei complementar, que preverá indenização compensatória, dentre outros direitos;"

14 O artigo 477 e ss da CLT dispõe sobre as hipóteses de rescisão do contrato de trabalho.

15 "Art. 7º São direitos dos trabalhadores urbanos e rurais, além de outros que visem à melhoria de sua condição social:

É oportuno ressaltar, que a Constituição Federal, em seu artigo 8°, VIII, veda "a dispensa do empregado sindicalizado a partir do registro da candidatura a cargo de direção ou representação sindical e, se eleito, ainda que suplente, até um ano após o final do mandato, salvo se cometer falta grave nos termos da lei." A norma constitucional buscou proteger o trabalhador que pretenda alçar ao cargo de dirigente ou de representação sindical[16], na medida em que, uma vez alcançado o cargo, tem por missão zelar pela preservação dos direitos trabalhistas já contemplados na legislação, além de buscar, eventualmente, o reconhecimento de novos direitos decorrentes da relação de trabalho. No exercício desta função, o trabalhador geralmente atua em oposição aos interesses dos empregadores, razão pela qual o constituinte originário lhe conferiu tal estabilidade provisória até um ano após o término do mandato. A dispensa do empregado em tal circunstância lhe assegura o direito à reintegração.

3. Das diversas espécies de salário e remuneração

A Constituição Federal assegura a todos os trabalhadores urbanos e rurais o recebimento de **salário** ou **remuneração** em virtude da contraprestação do serviço dispensado ao empregador. **Salário** e **remuneração** afiguram-se como dois conceitos distintos, embora relacionados entre si. A Lei Fundamental, em seu artigo 7°, utiliza-se do conceito de *salário* nos incisos IV[17]

(...)
II - seguro-desemprego, em caso de desemprego involuntário;
III - fundo de garantia do tempo de serviço;"

16 O artigo 543, § 4º, da CLT, dispõe o seguinte: "Considera-se cargo de direção ou de representação sindical aquele cujo exercício ou indicação decorre de eleição prevista em lei."

17 "IV - **salário mínimo**, fixado em lei, nacionalmente unificado, capaz de atender a suas necessidades vitais básicas e às de sua família com moradia, alimentação, educação, saúde, lazer, vestuário, higiene, transporte e previdência social, com reajustes periódicos que lhe preservem o poder aquisitivo, sendo vedada sua vinculação para qualquer fim;"

V[18], VI[19], VII[20], VIII[21], X[22], XII[23], XXX[24] e XXXI[25]. Por sua vez, utiliza-se do conceito de *remuneração* nos incisos VII[26], VIII[27], IX[28], XI[29], XVI[30] e XXIII[31].

Entende-se por **salário** a prestação paga diretamente pelo empregador ao empregado, de forma regular, em decorrência de contrato de trabalho. A **remuneração**[32], por sua vez, é a soma do salário contratual acrescida de vantagens ou adicionais, em decorrência do exercício das atividades desenvolvidas pelo empregado ao empregador[33].

---

18 "V - **piso salarial** proporcional à extensão e à complexidade do trabalho;"

19 "VI - irredutibilidade do **salário**, salvo o disposto em convenção ou acordo coletivo;"

20 "VII - garantia de **salário**, nunca inferior ao mínimo, para os que percebem remuneração variável;"

21 "VIII - **décimo terceiro salário** com base na **remuneração** integral ou no valor da aposentadoria;"

22 "X - proteção do **salário** na forma da lei, constituindo crime sua retenção dolosa;"

23 "XII - **salário-família** pago em razão do dependente do trabalhador de baixa renda nos termos da lei;"

24 "XXX - proibição de diferença de **salários**, de exercício de funções e de critério de admissão por motivo de sexo, idade, cor ou estado civil;"

25 "XXXI - proibição de qualquer discriminação no tocante a **salário** e critérios de admissão do trabalhador portador de deficiência;"

26 "VII - garantia de salário, nunca inferior ao mínimo, para os que percebem **remuneração** variável;"

27 "VIII - décimo terceiro salário com base na **remuneração** integral ou no valor da aposentadoria;"

28 "IX - **remuneração** do trabalho noturno superior à do diurno;"

29 "XI - participação nos lucros, ou resultados, desvinculada da **remuneração**, e, excepcionalmente, participação na gestão da empresa, conforme definido em lei;"

30 "XVI - **remuneração** do serviço extraordinário superior, no mínimo, em cinqüenta por cento à do normal;"

31 "XXIII - adicional de **remuneração** para as atividades penosas, insalubres ou perigosas, na forma da lei;

32 O art. 457 da CLT, dispõe o seguinte: "Compreendem-se na remuneração do empregado, para todos os efeitos legais, além do salário devido e pago diretamente pelo empregador, como contraprestação do serviço, as gorjetas que receber."

33 Sobre o tema, Luciano Martinez apresenta a seguinte distinção:
"Entende-se como de natureza remuneratória toda verba que visa à retribuição pelo consumo ou pela expectativa de dispêndio da energia laboral. Essa verba normalmente é oferecida pelo empregador, responsável pela contratação e principal destinatário dos resultados do serviço, mas pode ser também por terceiros com quem os empregadores mantêm relações econômicas. Assim, as parcelas de natureza remuneratória podem ser divididas em três grupos distintos:

O texto constitucional, em seu artigo 7°, IV, assegura aos trabalhadores o pagamento de salário-mínimo, fixado em lei, nacionalmente unificado, capaz de atender às suas necessidades vitais básicas e às de sua família. Observa-se pela literalidade do enunciado normativo ora mencionado, que a pretensão do constituinte foi a de permitir a cada indivíduo uma existência digna, na medida em que o valor a ser atribuído a essa modalidade de salário deverá custear despesas com moradia, alimentação, educação, saúde, lazer, vestuário, higiene, transporte e previdência social. Além disto, determina que o valor fixado em lei para corresponder ao salário mínimo deve ser reajustado periodicamente, como forma de preservação do seu poder aquisitivo, sendo vedada sua vinculação para qualquer fim[34].

É importante consignar que a Constituição Federal, objetivando proteger o salário, proíbe a sua retenção dolosa por parte do empregador. Tal conduta, nos termos do artigo 7°, X, é tipificada como crime. A retenção salarial resta configurada quando o empregador, dolosamente, deixa de pagar o salário ao empregado nos termos da legislação ou do contrato de trabalho. Sobre o tema, entendeu o Superior Tribunal de Justiça – STJ que ante a ausência de lei tipificando tal conduta como ilícito penal, não se pode aplicar o artigo 168 do Código Penal, que criminaliza a apropriação indébita, posto que o valor, até o momento de ser entregue ao trabalhador, pertence ao empregador[35].

- **Salário-base**: retribuição outorgada pelo empregador em virtude do núcleo básico de atividades correspondentes à ocupação do empregado.
- **Complementos salariais**: a retribuição outorgada pelo empregador pelo trabalho prestado pelos empregados em circunstâncias adicionais àquelas originalmente ajustadas.
- **Suplementos salariais**: a retribuição outorgada por terceiros com os quais os empregadores mantêm relações mercantis com o objetivo de incentivar os empregados a bem exercer suas funções. Apesar de o empregador não pagar os suplementos, ele é imensamente beneficiado, na medida em que o empregado sente-se estimulado a ser mais produtivo ou mais eficiente.

O universo daquilo que a lei intitula **remuneração** é composto pelo conjunto do salário-base, complementos salariais e suplementos salariais, sendo importante anotar que nem sempre estará presentes os três elementos." in **Curso de Direito do Trabalho.** 8ª edição. São Paulo: Saraiva, 2017, pp. 310 e 311.

34 Sobre a impossibilidade de vinculação do salário mínimo, o Supremo Tribunal Federal – STF editou a Súmula Vinculante 4, cujo enunciado normativo é o seguinte: "Salvo nos casos previstos na Constituição, **o salário mínimo não pode ser usado como indexador de base de cálculo de vantagem de servidor público ou de empregado**, nem ser substituído por decisão judicial." Destaque nosso.

35 "(...)

Em termos salariais, a Constituição garante a todo trabalhador, conforme já demonstrado, o pagamento igual ou superior ao mínimo, mas nunca inferior a este. Assegura, também, no artigo 7°, V, o pagamento do piso salarial proporcional à extensão e à complexidade do trabalho. O piso salarial é o valor mínimo estabelecido em acordo ou convenção coletiva de trabalho, que pode ser pago a um trabalhador que integra uma determinada categoria profissional. Por sua vez, o inciso VI do mesmo dispositivo constitucional, assegura aos trabalhadores irredutibilidade salarial, salvo o disposto em convenção[36] ou acordo coletivo. Deste modo, a redução salarial é permitida, desde que haja comum acordo entre as partes e mediante intervenção sindical.

O décimo terceiro salário, previsto no artigo 7°, VIII, é também denominado *gratificação de natal*, nos termos da ementa da Lei n° 4.090/62, que dispõe sobre o benefício. O artigo 1° do referido diploma legal estabelece que "no mês de dezembro de cada ano, a todo empregado será paga, pelo empregador, uma gratificação salarial, independentemente da remuneração a que fizer jus." O valor correspondente ao 13° salário tem por base a remuneração integral do trabalhador, compreendendo, além do próprio salário, as gratificações, gorjetas ou outras vantagens pagas. No tocante ao aposentado, o benefício tem por base o valor da aposentadoria em dezembro de cada ano.

O inciso XII, artigo 7°, da Constituição Federal, confere a todo trabalhador de baixa renda que possui dependente, o benefício do salário-

---

2. A retenção dolosa de salário, conquanto tenha sido prevista no art. 7º, X da Constituição Federal como crime, ainda ressente-se da necessária lei, criando o tipo penal respectivo.
3. Também não há como subsumir a conduta à apropriação indébita (art. 168 do Código Penal), porque o numerário ao qual o empregado tem direito, até que lhe seja entregue, em espécie ou por depósito, é de propriedade da empresa (empregador), não havendo se falar, então, em inversão da posse, necessária para a tipicidade do crime." HC 177508 / PB, Rel. Min. Maria Thereza de Assis Moura, 6ª Turma, D. J. 15.08.13.

---

36 A Convenção e acordo coletivos de trabalho estão disciplinados no artigo 611 da CLT, cujo enunciado normativo é o seguinte:
"Art. 611 - Convenção Coletiva de Trabalho é o acordo de caráter normativo, pelo qual dois ou mais Sindicatos representativos de categorias econômicas e profissionais estipulam condições de trabalho aplicáveis, no âmbito das respectivas representações, às relações individuais de trabalho.
§ 1º É facultado aos Sindicatos representativos de categorias profissionais celebrar Acordos Coletivos com uma ou mais empresas da correspondente categoria econômica, que estipulem condições de trabalho, aplicáveis no âmbito da empresa ou das acordantes respectivas relações de trabalho."

-família. Disciplinado pela Lei nº 4.266/63, o salário-familia "será devido, pelas empresas vinculadas à Previdência Social, a todo empregado, como tal definido na Consolidação das Leis do Trabalho, qualquer que seja o valor e a forma de sua remuneração, e na proporção do respectivo número de filhos.[37]" Consoante dispõe o artigo 2°, o salário-família será pago sob a forma de uma quota percentual, calculada sobre o valor do salário-mínimo, por filho menor de qualquer condição, até 14 anos de idade.

Por fim, a Lei Fundamental assegura no IX, do artigo 7°, a remuneração do trabalho noturno, que deverá ser superior à do diurno. Consoante disposto no artigo 73 da CLT, considera-se noturno o trabalho realizado entre as 22 horas de um dia até às 05 horas do dia seguinte (§2°). O *caput* do referido dispositivo legal assegura que o trabalho noturno terá remuneração superior a do diurno e, para esse efeito, sua remuneração terá um acréscimo de 20 %, pelo menos, sobre a hora diurna, salvo nos casos de revezamento semanal ou quinzenal. Por fim, o §1° do artigo 73, da CLT, estabelece que a hora do trabalho noturno corresponderá a 52 minutos e 30 segundos.

4. Participação nos lucros

O artigo 7°, XI, da Constituição Federal, assegura a todos os trabalhadores "participação nos lucros, ou resultados, desvinculada da remuneração, e, excepcionalmente, participação na gestão da empresa, conforme definido em lei." Trata-se de um dispositivo constitucional de pouca utilidade, em virtude dos direitos que ele assegura aos empregados. A participação nos lucros da empresa é um direito desvinculado da remuneração, logo, se constitui em mais um benefício conferido pela Constituição ao trabalhador. Uma vez implementada, a participação nos lucros não integra o salário para efeitos de recolhimentos previdenciários ou eventual verba de natureza indenizatória. O dispositivo assegura, ainda, embora excepcionalmente, a participação dos trabalhadores na gestão de empresa, é dizer, a possibilidade deles atuarem em seu quadro administrativo.

5. Duração do trabalho, repouso, férias e licenças

Entre os incisos XIII a XIX, a Constituição Federal dispõe sobre a duração do trabalho, repouso semanal remunerado, horas-extras, férias, licença à gestante e licença à paternidade.

37 Artigo 1° da Lei nº 4.266/63.

A jornada normal de trabalho, é dizer, a regra geral pertinente à prestação de serviços dispensado pelo empregado ao empregador é de até oito horas diárias e quarenta e quatro semanais, consoante disposto no art. 7°, XIII[38]. O dispositivo constitucional faculta, ainda, a compensação de horários e a redução da jornada, mediante acordo ou convenção coletiva de trabalho. Em turnos *ininterruptos de revezamento*, a jornada normal de trabalho corresponde a 06 horas, salvo negociação coletiva dispondo de outro modo, nos termos do artigo 7°, XIV[39]. Consoante disposto no inciso XV[40], do citado dispositivo constitucional, o repouso semanal remunerado há de ser **preferencialmente** aos domingos, mas não **necessariamente** no referido dia.

O tempo de trabalho dispendido e que exceda a jornada normal, é considerado *extraordinário*. A remuneração do serviço extraordinário há de ser, no mínimo, em cinquenta por cento superior à do serviço normal[41].

Feitas tais considerações, é oportuno ressaltar que a Constituição Federal distinguiu, tendo por critério a jornada laboral, três tipos básicos de trabalho: *normal* (inc. XIII), em *turnos ininterruptos de revezamento* (inc. XIV) e *extraordinário* (inc. XVI).

Além do repouso semanal, disposto no inciso XV, do artigo 7°, o descanso do trabalhador compreende as férias anuais[42] e as licenças. O direito à férias implica no acréscimo de valor correspondente a um terço do salário normal.

Por fim, cabe aludir às licenças à gestante e à paternidade, previstas nos incisos XVIII[43] e XIX[44], respectivamente, do artigo 7°, da Lei Fundamental. A licença-maternidade tem duração de 120 (cento e vinte) dias, sendo assegurada a trabalhadora a garantia do emprego e do

---

38 "XIII - duração do trabalho normal não superior a oito horas diárias e quarenta e quatro semanais, facultada a compensação de horários e a redução da jornada, mediante acordo ou convenção coletiva de trabalho;"

39 "XIV - jornada de seis horas para o trabalho realizado em turnos ininterruptos de revezamento, salvo negociação coletiva;"

40 "XV - repouso semanal remunerado, preferencialmente aos domingos;"

41 "XVI - remuneração do serviço extraordinário superior, no mínimo, em cinqüenta por cento à do normal;"

42 "XVII - gozo de férias anuais remuneradas com, pelo menos, um terço a mais do que o salário normal;"

43 "XVIII - licença à gestante, sem prejuízo do emprego e do salário, com a duração de cento e vinte dias;"

44 "XIX - licença-paternidade, nos termos fixados em lei;"

salário. Trata-se de uma forma de estabilidade no emprego, na medida em que não seria justo com as mulheres ter de sofrer prejuízo no trabalho em virtude da gestação. A licença-paternidade, por sua vez, tem prazo correspondente a cinco (05) dias, conforme disposto no artigo 10, §1°, do ADCT[45]. Sobre a matéria, é oportuno registrar a edição da Lei n° 11.770/08, que instituiu o Programa Empresa Cidadã, destinado à prorrogação da licença-maternidade mediante concessão de incentivo fiscal. Referido programa destina a prorrogar por 60 (sessenta) dias a duração da licença-maternidade e por 15 (quinze) dias a duração da licença-paternidade, nos termos desta Lei, "além dos 5 (cinco) dias estabelecidos no § 1º do art. 10 do Ato das Disposições Constitucionais Transitórias." Logo, o indivíduo que se encaixe nos ditames do referido diploma legal, gozará do benefício correspondente a 20 dias de licença-paternidade, sendo 05 dias assegurados pela Constituição e mais 15 previsto no aludido diploma legal. É oportuno registrar que tais direitos apenas poderão ser exercidos pelos trabalhadores da pessoa jurídica que tenha aderido ao Programa Empresa Cidadã, nos termos da Lei n° 11.770/08.

6. Aviso prévio

O aviso prévio se afigura como um *dever jurídico* de responsabilidade da parte que quiser rescindir o contrato de trabalho, consistente em comunicar a outra de sua resolução. Trata-se, portanto, de uma notificação dada por uma parte à outra de que o contrato de trabalho será tido por rescindido, ao término do prazo legal, sem justa causa. De acordo com o artigo 7°, XXI[46], da Constituição Federal, o prazo de notificação da resolução do contrato de trabalho por uma das partes, há de ser feito com no mínimo trinta dias de antecedência.

7. Saúde

A proteção à saúde do trabalhador encontra-se disciplinada em três incisos do artigo 7°: XXII, XXIII e XXXIII. Direito fundamental de todos os cidadãos e dever do Estado, nos termos do artigo 196, da Constituição Federal, a saúde do trabalhador é um pressuposto para que ele possa desempenhar adequadamente suas funções laborais. A proteção à saúde há de ser não apenas de natureza *física*, mas também *psíquica*.

45 "§ 1º Até que a lei venha a disciplinar o disposto no art. 7º, XIX, da Constituição, o prazo da licença-paternidade a que se refere o inciso é de cinco dias."

46 "XXI - aviso prévio proporcional ao tempo de serviço, sendo no mínimo de trinta dias, nos termos da lei;"

A teor do disposto no artigo 7°, XXII, o Poder Público tem o *dever* de editar normas voltadas para promoção da saúde, higiene e segurança, de modo a reduzir os riscos inerentes ao trabalho desenvolvido pelo empregado. As normas de proteção ao trabalho destinam-se não apenas ao empregador, mas também aos empregados. Na medida em que o empregador possui o dever em disponibilizar instrumentos de proteção aos empregados que desenvolvem atividades de risco no trabalho, estes, por sua vez, possuem a obrigação de utilizar referidos equipamentos protetivos. A título de exemplo, podemos citar a Lei n° 11.901/09, que dispõe sobre a profissão de Bombeiro Civil. Em seu artigo 6°, estabelece o seguinte:

> "Art. 6° É assegurado ao Bombeiro Civil:
> I - uniforme especial a expensas do empregador;"

Neste caso, há o *dever* do empregador em disponibilizar uniforme especial ao empregado, como forma de conferir proteção à sua integridade pessoal e, simultaneamente, há um *dever* do empregado em utilizar referido uniforme protetivo.

O inciso XXIII, do artigo 7°, da Lei Maior, assegura aos trabalhadores "adicional de remuneração para as **atividades penosas**, **insalubres** ou **perigosas**, na forma da lei." Conforme se pode verificar, a Constituição Federal instituiu três espécies de adicionais, a saber: a) adicional de penosidade; b) adicional de insalubridade e; c) adicional de periculosidade. Até o presente momento, apenas dois adicionais foram instituídos: o de periculosidade e o de insalubridade. O adicional de penosidade **não existe** no sistema jurídico brasileiro.

O artigo 189 da CLT dispõe acerca das atividades consideradas insalubres, ao passo que o artigo 193 define as atividades ou operações perigosas. São atividades ou operações insalubres "aquelas que, por sua natureza, condições ou métodos de trabalho, exponham os empregados a agentes nocivos à saúde, acima dos limites de tolerância fixados em razão da natureza e da intensidade do agente e do tempo de exposição aos seus efeitos." Por sua vez, as atividades ou operações perigosas são aquelas que, "por sua natureza ou métodos de trabalho, impliquem risco acentuado em virtude de exposição permanente do trabalhador a inflamáveis, explosivos ou energia elétrica; roubos ou outras espécies de violência física nas atividades profissionais de segurança pessoal ou patrimonial."

Por fim, o inciso XXXIII, do artigo 7°, da Constituição Federal, proíbe o trabalho noturno, perigoso ou insalubre a menores de dezoito e de qualquer trabalho a menores de dezesseis anos, salvo na condição de aprendiz, a partir de quatorze anos.

8. Prazos prescricionais

O inciso XXIX[47], do artigo 7°, da Lei Fundamental, dispõe sobre o prazo prescricional da ação pertinente aos créditos resultantes das relações de trabalho. Na vigência do contrato de trabalho, o prazo prescricional corresponde a cinco anos (prescrição quinquenal). Por sua vez, o prazo será de até dois anos a partir da extinção do contrato de trabalho (prescrição bienal).

9. A igualdade nas relações de trabalho

A igualdade é valor que se irradia por todo o texto constitucional. Nas relações de trabalho, a Constituição Federal buscou densificar o conteúdo jurídico da igualdade nos incisos XXX[48], XXXI[49] e XXXII[50], do artigo 7°.

A igualdade salarial é premissa básica na esfera trabalhista. Logo, o empregador não pode dispensar tratamento desigual tendo por critério o sexo do indivíduo para efeitos de majoração ou diminuição do salário. Não será o fato do indivíduo ser homem ou mulher que fará com que ele (a) receba um salário maior ou menor, mas sim as suas qualificações e aptidões exigidas para o trabalho. Da mesma forma que o sexo não pode servir como critério de discrímen para fixação salarial, também não o pode para efeitos de admissibilidade no emprego ou em relação ao exercício de funções. É oportuno ressaltar que a discriminação vedada constitucionalmente é aquela de cunho desarrazoado, desproporcional, que não leva em conta o fator de discriminação utilizado pelo legislador e a própria diferenciação efetuada por lei com base em tal critério, tendo em vista a persecução da própria idéia de igualdade. Ou seja, se uma empresa privada especializada em segurança masculina não admite mu-

47 "XXIX - ação, quanto aos créditos resultantes das relações de trabalho, com prazo prescricional de cinco anos para os trabalhadores urbanos e rurais, até o limite de dois anos após a extinção do contrato de trabalho;"

48 "XXX - proibição de diferença de salários, de exercício de funções e de critério de admissão por motivo de sexo, idade, cor ou estado civil;"

49 "XXXI - proibição de qualquer discriminação no tocante a salário e critérios de admissão do trabalhador portador de deficiência;"

50 "XXXII - proibição de distinção entre trabalho manual, técnico e intelectual ou entre os profissionais respectivos;"

lheres para o exercício de tais atividades, não implica em violação ao disposto no inciso XXX, do artigo 7°, da Constituição Federal. O que a Lei Fundamental proíbe, reitere-se, é a discriminação desproporcional ou desarrazoada, mas não o fato da lei eventualmente estabelecer distinções com fundamento no sexo ou idade, por exemplo.

Em relação às pessoas com deficiência, a Constituição impõe vedação análoga. Os argumentos expendidos acima podem se aplicar, também, às pessoas com deficiência, pois a depender da função ou cargo disponível no âmbito de uma empresa, as pessoas com deficiência podem não estar aptas ao seu desempenho em virtude da própria deficiência que lhe corresponde. A idéia, portanto, é no sentido de que se a deficiência não se afigura como óbice para o exercício de determinado cargo ou função existente, não pode haver restrição ou impedimento quanto à seleção deste indivíduo para o trabalho ora ofertado. Não contraria a Constituição, por exemplo, o fato de uma empresa não admitir deficientes visuais quando o trabalho disponibilizado exige a visão para o seu adequado exercício, ou quando deixa de contratar um deficiente auditivo quando o cargo requer adequada audição.

10. Trabalho como qualificação social

No artigo 7°, XXXII, a Constituição Federal proíbe seja efetuada distinção entre trabalho manual, técnico e intelectual ou entre os profissionais respectivos. Buscou o constituinte consagrar o postulado de que todo trabalho é digno, portanto, igual, não havendo distinção alguma em virtude de ser manual, técnico ou intelectual. Afirma, portanto, a igualdade de todos perante a lei, na medida em que busca equalizar as distinções entre os diversos tipos de serviço ou emprego remunerado.

11. Dos trabalhadores domésticos

A Lei Fundamental não prescindiu dos trabalhadores domésticos, conferindo aos mesmos a titularidade dos direitos enunciados nos incisos IV, VI, VII, VIII, X, XIII, XV, XVI, XVII, XVIII, XIX, XXI, XXII, XXIV, XXVI, XXX, XXXI e XXXIII, todos do artigo 7°.

São, portanto, assegurados aos trabalhadores domésticos: a) salário mínimo; b) irredutibilidade salarial; c) décimo terceiro salário com base na remuneração integral ou no valor da aposentadoria; d) proteção salarial contra retenção dolosa; e) jornada de trabalho não superior a oito horas diárias e quarenta e quatro semanais, f) repouso semanal remunerado, preferencialmente aos domingos; g) hora-extra; h) gozo de férias anuais remuneradas com, pelo menos, um terço a mais do que o salário normal; i) licença à gestante, sem prejuízo do emprego e do salário, com a duração de cento e vinte dias; j) licença-paternidade; l) aviso prévio proporcional ao tempo de serviço, sendo no mínimo de trinta dias; m) aposentadoria; n) reconhecimento das convenções e acordos coletivos de trabalho e; o) igualdade salarial.

12. Direitos associativos

A liberdade de associação profissional ou sindical se constitui em expressivo direito de cunho democrático. As associações profissionais e os sindicatos são entidades autônomas de natureza privada, desvinculadas de qualquer sujeição estatal, cujo propósito consiste em representar plenamente seus associados ou filiados, no tocante à defesa e promoção dos seus direitos. O artigo 8°, I, da Constituição Federal, já proclama tal independência das associações profissionais ou sindicatos em relação ao Estado, ao dispor que "a lei não poderá exigir autorização do Estado para a fundação de sindicato, ressalvado o registro no órgão competente, vedadas ao Poder Público a interferência e a intervenção na organização sindical." O registro da associação profissional ou do sindicato no órgão competente não implica em quebra da autonomia, mas tão-somente em mecanismo de regularidade jurídica de tais instituições e, também, de defesa dos interesses dos próprios filiados, na medida em que a legalidade destas entidades se traduz em garantias às pessoas que a elas são vinculadas. Além disto, o registro serve para garantir a responsabilidade dos seus dirigentes, em relação a seus associados ou terceiros. O órgão competente para o registro é a Delegacia Regional do Trabalho, proibida, porém, sua intervenção ou qualquer forma de interferência do Poder Público na organização sindical lícita, conforme já apontado acima.

A *unicidade sindical* é princípio vetor do sindicalismo brasileiro. Inserido no artigo 8°, II, da Constituição Federal, o princípio da *unicidade* veda a criação de mais "de uma organização sindical, em qualquer grau, representativa de categoria profissional ou econômica, na mesma base territorial, que será definida pelos trabalhadores ou empregadores interessados, não podendo ser inferior à área de um Município." A base territorial é definida pelos trabalhadores ou empregadores interessados, que incluem necessariamente os aposentados, conforme se trate da categoria profissional ou econômica, sendo o município sua área mínima.

O artigo 8°, IV[51], da Lei Maior, além de prever a possibilidade de lei estabelecer uma contribuição sindical a ser paga pelo trabalhador, poderá

51 "IV - a assembléia geral fixará a contribuição que, em se tratando de categoria profissional, será descontada em folha, para custeio do sistema confederativo da representação sindical respectiva, independentemente da contribuição prevista em lei;"

ser este ainda onerado com uma outra contribuição destinada ao custeio do sistema confederativo da representação sindical respectiva, a qual só atinge seus filiados. É importante registrar, nos termos do inciso V, do artigo 8°, que "ninguém é obrigado a filiar-se ou a se manter filiado a sindicatos." Portanto, a filiação ou não a uma entidade sindical reside única e exclusivamente na esfera de liberdade individual de cada trabalhador.

13. Direito de greve

O direito de greve está previsto no artigo 9°, §§1° e 2°, da Constituição Federal. Trata-se de um direito fundamental social, que se materializa através da suspensão coletiva, temporária e pacífica, total ou parcial, de prestação pessoal de serviços a empregador. A Lei n° 7.783/89, disciplina o modo de se exercer o direito de greve por parte dos trabalhadores, além de definir as atividades essenciais e normatizar o atendimento das necessidades inadiáveis da comunidade. O exercício do direito de greve requer observância quanto ao preenchimento dos requisitos legais pertinentes à essencialidade de certos serviços e à não-abusividade da sua concretização.

A Constituição Federal, em seu artigo 9°, dispõe o seguinte:

> Art. 9º É assegurado o direito de greve, competindo aos trabalhadores decidir sobre a oportunidade de exercê-lo e sobre os interesses que devam por meio dele defender.
>
> § 1º A lei definirá os serviços ou atividades essenciais e disporá sobre o atendimento das necessidades inadiáveis da comunidade.
>
> § 2º Os abusos cometidos sujeitam os responsáveis às penas da lei.

O exercício do direito de greve recai na esfera decisória exclusiva dos trabalhadores, aos quais compete deliberar sobre o momento e a oportunidade mais adequadas de sua implementação, cujo fim está voltado para defesa dos interesses da classe operária. O termo *oportunidade*, constante do *caput* do artigo 9°, revela o conjunto de fatos que se adequam à decisão dos trabalhadores e que impulsiona a defesa dos interesses coletivos através do exercício do direito de greve. O artigo 1°[52], da Lei n° 7.783/89, possui redação praticamente idêntica à do texto constitucional. Nos termos do artigo 3° do citado diploma legal, "frustrada a negociação ou verificada a impossibilidade de recursos via arbitral, é facultada a cessação coletiva do trabalho." A lei impõe à entidade

52 "Art. 1º É assegurado o direito de greve, competindo aos trabalhadores decidir sobre a oportunidade de exercê-lo e sobre os interesses que devam por meio dele defender."

sindical o dever de notificar, com antecedência mínima de 48 horas, a entidade patronal correspondente ou os empregadores diretamente interessados, acerca da paralisação[53].

O ato de paralisação coletiva da prestação de serviços e deflagração da greve é de competência da assembleia geral da entidade sindical representativa da classe de trabalhadores, cabendo a mesma definir as reivindicações da categoria.

O artigo 9°, §1°, estabelece que "a lei definirá os serviços ou atividades essenciais e disporá sobre o atendimento das necessidades inadiáveis da comunidade." A definição dos serviços ou atividades essenciais, referidas pelo artigo 9°, não tem por finalidade impor restrições ao exercício do direito de greve, mas tão-somente definir o atendimento das necessidades inadiáveis da comunidade, que não pode ter seus direitos suprimidos por completo em decorrência do exercício do direito coletivo de greve. Buscou o legislador *harmonizar* os direitos da sociedade e os direitos inerentes à classe trabalhadora. Daí a necessidade de observância da manutenção dos serviços indispensáveis ao atendimento das necessidades inadiáveis da comunidade durante o período de greve.

As *atividades essenciais* são aquelas pertinentes ao normal desenvolvimento da vida cotidiana de todos os indivíduos que integram a sociedade, relativas aos direitos e garantias fundamentais, cuja missão do Estado consiste em defendê-los em favor da própria coletividade. O artigo 11, da Lei n° 7.783/89, relaciona *serviços indispensáveis* com *necessidades inadiáveis*, de modo a estabelecer a obrigatoriedade de prestação de tais serviços durante a cessação das atividades temporárias de trabalho[54]. Definidos no artigo 10 do citado diploma legal, são consideradas atividades ou serviços essenciais o seguinte: a) tratamento e abastecimento de água; produção e distribuição de energia elétrica, gás e combustíveis; b) assistência médica e hospitalar; c) distribuição e co-

53 "Art. 3º Frustrada a negociação ou verificada a impossibilidade de recursos via arbitral, é facultada a cessação coletiva do trabalho.
Parágrafo único. A entidade patronal correspondente ou os empregadores diretamente interessados serão notificados, com antecedência mínima de 48 (quarenta e oito) horas, da paralisação."

54 "Art. 11. Nos serviços ou atividades essenciais, os sindicatos, os empregadores e os trabalhadores ficam obrigados, de comum acordo, a garantir, durante a greve, a prestação dos serviços indispensáveis ao atendimento das necessidades inadiáveis da comunidade.
Parágrafo único. São necessidades inadiáveis, da comunidade aquelas que, não atendidas, coloquem em perigo iminente a sobrevivência, a saúde ou a segurança da população."

mercialização de medicamentos e alimentos; d) funerários; e) transporte coletivo; f) captação e tratamento de esgoto e lixo; g) telecomunicações; h) guarda, uso e controle de substâncias radioativas, equipamentos e materiais nucleares; i) processamento de dados ligados a serviços essenciais; j) controle de tráfego aéreo e navegação aérea; l) compensação bancária; m) atividades médico-periciais relacionadas com o regime geral de previdência social e a assistência social; n) atividades médico-periciais relacionadas com a caracterização do impedimento físico, mental, intelectual ou sensorial da pessoa com deficiência, por meio da integração de equipes multiprofissionais e interdisciplinares, para fins de reconhecimento de direitos previstos em lei, em especial na Lei n° 13.146/15 (Estatuto da Pessoa com Deficiência) e; o) outras prestações médico-periciais da carreira de Perito Médico Federal indispensáveis ao atendimento das necessidades inadiáveis da comunidade. Portanto, em relação aos serviços e atividades ora enumerados, os sindicatos, os empregadores e os trabalhadores ficarão obrigados, mediante consenso mútuo, a garantir, durante a greve, sua prestação à comunidade. Na hipótese de inobservância do preceituado no artigo 11, caberá ao Poder Público assegurar a prestação dos serviços indispensáveis, conforme disposto no artigo 12.

A inobservância por parte do movimento grevista, das normas dispostas na Lei n° 7.783/89, **constitui abuso do exercício do direito de greve,** assim como a manutenção da paralisação após a celebração de acordo, convenção ou decisão da Justiça do Trabalho. Por sua vez, **não constitui abuso do exercício direito de greve** a paralisação que: a) tenha por objetivo exigir o cumprimento de cláusula ou condição; b) seja motivada pela superveniência de fatos novos ou acontecimento imprevisto que modifique substancialmente a relação de trabalho.

Por fim, compete ao Ministério Público apurar a responsabilidade pelos atos ilícitos praticados no curso da greve, à luz da legislação trabalhista, civil ou penal, devendo, de ofício, requisitar a abertura de inquérito e oferecer denúncia quando houver indício da prática de delito, conforme previsto no artigo 15, da Lei n° 7.783/89.

14. A representação não-sindical dos empregados

No artigo 10, a Constituição Federal assegura a participação dos trabalhadores e dos empregadores nos colegiados dos órgãos públicos em que seus interesses profissionais ou previdenciários sejam objeto de discussão e deliberação. Por fim, o artigo 11 garante a representação dos trabalhadores, em face da empresa com mais de duzentos empregados, através da eleição de um deles, com o propósito de promover de proporcionar o entendimento direto entre as partes.

CAPÍTULO IX

DA NACIONALIDADE

SUMÁRIO: 1. Da nacionalidade: conceito; **2.** Dos tipos de nacionalidade ;**3.** Da nacionalidade na Constituição Federal; **3.1** Dos brasileiros natos; **3.2** Dos brasileiros naturalizados; **4.** Da perda da nacionalidade; **5.** Da igualdade entre portugueses e brasileiros.

1. Da nacionalidade: conceito

A Constituição Federal dispõe sobre a **nacionalidade** nos seus artigos 12 e 13. O termo **nacionalidade** comporta duas acepções: uma **sociológica** e outra **jurídica**. Sob o plano **sociológico**, o conceito de *nacionalidade* vincula-se à nação, é dizer, ao conjunto de indivíduos que possuem os mesmos elementos característicos, tais como *língua, hábitos, modo de vida* etc. Por sua vez, a concepção **jurídica** de *nacionalidade* refere-se à qualidade do indivíduo como elemento integrante de um determinado Estado. Neste prisma, e tendo em consideração uma *pluralidade de indivíduos*, se pode chegar ao conceito de *povo*. É importante chamar a atenção para o fato de que as Constituições costumam aludir ao *povo* com o propósito de legitimar o sistema político constituído[1]. Portanto, quando o Estado *invoca* o povo, busca sempre sua legitimação.

Para Friedrich Müller, os textos constitucionais modernos buscam sua justificação por meio do **povo**.[2] Este, por sua vez, pode qualificar-se como **ativo** ou **passivo**. No entendimento do constitucionalista alemão, **povo ativo** se constitui na totalidade dos eleitores, sendo considerado

1 Cf. Friedrich Müller. **Quem é o povo? A questão fundamental da democracia**. 6ª ed. São Paulo: Revista dos Tribunais, 2011, p. 49. É importante registrar que Müller refere-se a diversos significados de povo. Em seu entendimento, "o 'povo' como instância de atribuição de legitimidade, o povo legitimante, não se refere ao mesmo aspecto do 'povo' enquanto povo ativo. *Mas* esse entendimento é defensável *somente onde* ele é *simultaneamente* real: não em sistemas autoritários, onde o 'povo' é fartamente invocado como instância de atribuição, ao passo que depois só tem (des) valor ideológico, não mais função jurídica. A figura da instância de atribuição justifca – embora de maneira *sui generis* – somente onde está dada ao mesmo tempo a figura do povo ativo." p. 57. Sob uma outra perspectiva, Müller alude ao *povo politicamente participante*, que se revela através do plebiscito, referendo e iniciativa popular. O autor cita como exemplo o artigo 14, da Constituição brasileira.

2 **Quem é o povo? A questão fundamental da democracia.** 6ª ed. São Paulo: Revista dos Tribunais, 2011, p. 53.

"a fonte da determinação do convívio social por meio de prescrições jurídicas.[3]" Sob um enfoque **passivo**, o *povo* há de ser compreendido como destinatários das prestações civilizatórias do Estado.[4]

Feitas tais considerações, o *povo* é composto pelo conjunto de *nacionais* que compõem um determinado Estado. É, portanto, um "agrupamento humano permanente de nacionais.[5]"

2. Dos tipos de nacionalidade

A nacionalidade pode ser **originária** ou **secundária**. A primeira decorre do nascimento, sendo também denominada *primária ou atribuída*. Por sua vez, a nacionalidade *secundária* é aquela que surge mediante pedido ou escolha do interessado, sendo aceita e concedida pelo Estado, substituindo-a pela de origem. Por tal razão, a nacionalidade secundária se verifica após o nascimento.

A Constituição brasileira utilizou-se de dois critérios para determinação da nacionalidade originária: a) ***jus sanguinis*** e; b) ***jus soli***. O primeiro critério, *jus sanguinis*, informa a nacionalidade em razão da filiação, ou seja, da consanguinidade, dos laços de sangue, independentemente do local de nascimento do indivíduo. Portanto, o fato de alguém ser filho de brasileiro, por tal critério, faz com que ele possua idêntica nacionalidade. Por sua vez, o segundo critério, *jus soli*, atribui a nacionalidade em razão do local de nascimento da pessoa, não importando, para tanto, a consanguinidade. Trata-se, portanto, de um *critério territorial*.

3 **Quem é o povo? A questão fundamental da democracia.** 6ª ed. São Paulo: Revista dos Tribunais, 2011, p. 51.

4 Müller argumenta que onde "existem estados constitucionais que em princípio funcionam, o 'povo' tem mais raramente a função de ícone de uma legitimidade ilusória; mas ainda continua funcionando de modos muito distintos, seja como *povo ativo*, seja como *instância global de atribuição* (*povo legitimante*), seja como *população real* com o status de ser destinatária de prestações civilizatórias do estado, tais como direitos fundamentais, existência do Estado de Direito, procedimentos justos e equitativos do poder público (povo destinatário e povo participante)." **Quem é o povo? A questão fundamental da democracia.** 6ª ed. São Paulo: Revista dos Tribunais, 2011, p. 102. Cf. tmb. Capítulo V, onde o autor apresenta o *povo* "como destinatário de prestações civilizatórias do Estado e povo participante." p. 66 e ss.

5 Francisco Xavier da Silva Guimarães. **Nacionalidade – Aquisição, Perda e Reaquisição.** 2ª ed. Rio de Janeiro: Forense, 2002, p. 05.

3. Da nacionalidade na Constituição Federal

3.1. Dos brasileiros natos

A Constituição Federal estabelece, em seu artigo 12, I, que são brasileiros natos:

> "a) os nascidos na República Federativa do Brasil, ainda que de pais estrangeiros, desde que estes não estejam a serviço de seu país;
>
> b) os nascidos no estrangeiro, de pai brasileiro ou mãe brasileira, desde que qualquer deles esteja a serviço da República Federativa do Brasil;
>
> c) os nascidos no estrangeiro de pai brasileiro ou de mãe brasileira, desde que sejam registrados em repartição brasileira competente ou venham a residir na República Federativa do Brasil e optem, em qualquer tempo, depois de atingida a maioridade, pela nacionalidade brasileira;"

A regra geral que baliza a nacionalidade é a do **nascimento no Brasil**, ou seja, a utilização do critério do *jus soli*. O artigo 12, I, "a", dispõe que são brasileiros natos os nascidos em território nacional, ainda que de pais estrangeiros, desde que estes não estejam a serviço de seu país. Portanto, não estando os pais estrangeiros a ***serviço***[6] de seu país, e tendo o seu filho nascido em território nacional, será a criança considerada brasileira, conforme previsão constitucional. Deste modo, a exceção do *jus soli* apenas se observará quando os pais estiverem no Brasil por consequência de serviço público, é dizer, desenvolvendo atividades em nome do seu País.

A outra hipótese relativa à nacionalidade prevista constitucionalmente refere-se aos **nascidos no estrangeiro**, de pai brasileiro ou mãe brasileira. Neste contexto, são contempladas normativamente **duas situações**: a) a Constituição confere o status de brasileiro nato aos nascidos no exterior, desde que o pai ou a mãe esteja a serviço da República Federativa do Brasil e; b) é atribuída a condição de brasileiro aos nascidos no estrangeiro de pai brasileiro ou de mãe brasileira, desde que

---

6 Segundo Francisco Xavier da Silva Guimarães, "no Brasil, a norma constitucional não se limitou à declaração negativa de nacionalidade brasileira aos filhos de agentes diplomáticos, mas de estrangeiros a serviço de seu país, tendo como causa o serviço público determinador da estada do estrangeiro em Território Nacional. Assim, o termo constitucional *serviço* abrange não só funções diplomáticas e consulares, como, também, miss, sejam de natureza federal, estadual e municipal." **Nacionalidade – Aquisição, Perda e Reaquisição.** 2ª ed. Rio de Janeiro: Forense, 2002, p. 26.

sejam registrados em repartição brasileira competente ou venham a residir na República Federativa do Brasil e optem, em qualquer tempo, depois de atingida a maioridade, pela nacionalidade brasileira. Deste modo, os brasileiros natos não são apenas os nascidos em território nacional, mas os de *origem* brasileira, quer em razão do *jus soli* ou em virtude do *jus sanguinis*, é dizer, pela filiação. O que há de comum entre ambos é que um dos pais haverá de ser brasileiro. Em relação a primeira hipótese (letra "a"), a única exigência constitucional é que um dos pais esteja a serviço do Brasil no momento do nascimento da criança, é dizer, deve estar prestando um serviço público, razão determinante da estada de um dos pais no exterior. No tocante à segunda hipótese (letra "b"), apesar de um dos pais – ou ambos – não estarem a serviço do País, a criança adquirirá a nacionalidade se registrada em repartição brasileira competente ou, vindo a residir no Brasil, opte, após atingir a maioridade, pela nacionalidade brasileira. Nesta hipótese, a fixação de residência no Brasil se constitui em pressuposto para aquisição da nacionalidade.

A Lei n° 13.445/17 – Lei de Migração – dispõe em seu artigo 63 que "o filho de pai ou de mãe brasileiro nascido no exterior e que não tenha sido registrado em repartição consular poderá, a qualquer tempo, promover ação de opção de nacionalidade." Logo, mesmo na hipótese de inobservância do disposto no artigo 12, I, "c", da Constituição Federal, o filho de pai ou mãe brasileiro nascido no exterior, mas não registrado em repartição consular, poderá, **a qualquer tempo**, optar pela nacionalidade brasileira, desde que venha residir no Brasil. A *ação* mencionada no artigo 63, da Lei 13.445/17, será processada e julgada no âmbito da Justiça Federal, conforme disposto no artigo 109, X, da Constituição Federal[7].

3.2. Dos brasileiros naturalizados

A nacionalidade **secundária** é decorrente de pedido formulado pela pessoa interessada à autoridade competente, em **processo administrativo ou judicial**. O processo de *naturalização* compreende o ato de tornar nacional a pessoa nascida no estrangeiro.

7 "Art. 109. Aos juízes federais compete processar e julgar:
(...)
X - os crimes de ingresso ou permanência irregular de estrangeiro, a execução de carta rogatória, após o "exequatur", e de sentença estrangeira, após a homologação, as **causas referentes à nacionalidade, inclusive a respectiva opção**, e à naturalização;" (destaque nosso)

A Constituição Federal estabelece em seu artigo 12, II, o rol de indivíduos que devem ser considerados brasilciros **naturalizados**. Neste sentido, estabelece o mencionado dispositivo constitucional:

> "Art. 12. São brasileiros:
>
> (...)
>
> II - naturalizados:
>
> a) os que, na forma da lei, adquiram a nacionalidade brasileira, exigidas aos originários de países de língua portuguesa apenas residência por um ano ininterrupto e idoneidade moral;
>
> b) os estrangeiros de qualquer nacionalidade, residentes na República Federativa do Brasil há mais de quinze anos ininterruptos e sem condenação penal, desde que requeiram a nacionalidade brasileira."

O processo de naturalização é disciplinado pela **Lei de Migração - Lei n° 13.445/17**, que aponta, em seu artigo 64, quatro (04) hipóteses: a) **ordinária**; b) **extraordinária**; c) **especial** e; d) **provisória**[8]. À exceção da naturalização especial, cujo pedido deverá ser apresentado perante a autoridade consular brasileira no exterior, as demais hipóteses de naturalização deverão ser formuladas perante a Delegacia da Polícia Federal.

A **naturalização ordinária** será concedida desde que o indivíduo reúna as condições previstas no artigo 65, da Lei de Migração, que são as seguintes: a) ter capacidade civil, segundo a lei brasileira; b) ter residência em território nacional, pelo prazo mínimo de 4 (quatro) anos; c) comunicar-se em língua portuguesa, consideradas as condições do naturalizando e; d) não possuir condenação penal ou estiver reabilitado, nos termos da lei. No tocante ao requisito previsto na letra "b" (residência em território nacional por no mínimo 04 anos), o artigo 66 do diploma legal em análise, prevê a redução do prazo para 01 (um) ano se o naturalizando preencher **quaisquer** das seguintes condições: a) ter filho brasileiro; b) ter cônjuge ou companheiro brasileiro e não estar dele separado legalmente ou de fato no momento de concessão da naturalização; c) haver prestado ou poder prestar serviço relevante ao Brasil ou; d) for recomendado por sua capacidade profissional, científica ou artística.

---

8 "Art. 64. A naturalização pode ser:
I - ordinária;
II - extraordinária;
III - especial; ou
IV - provisória."

No tocante à **naturalização extraordinária,** o artigo 67 da Lei de Migração prevê possibilidade de sua concessão "a pessoa de qualquer nacionalidade fixada no Brasil há mais de 15 (quinze) anos ininterruptos e sem condenação penal." Portanto, o lapso temporal e a ausência de condenação do indivíduo na esfera criminal são os dois únicos requisitos legais para aquisição da naturalidade extraordinária.

Quanto à **naturalização especial**, disciplinada nos artigos 68 e 69 da Lei de Migração, poderá ser concedida ao estrangeiro que: a) seja cônjuge ou companheiro, há mais de 5 (cinco) anos, de integrante do Serviço Exterior Brasileiro em atividade ou de pessoa a serviço do Estado brasileiro no exterior e; b) seja ou tenha sido empregado em missão diplomática ou em repartição consular do Brasil por mais de 10 (dez) anos ininterruptos. Os requisitos para concessão da naturalização especial estão previstos no artigo 69 e compreendem: a) ter capacidade civil, segundo a lei brasileira; b) comunicar-se em língua portuguesa, consideradas as condições do naturalizando e; c) não possuir condenação penal ou estiver reabilitado, nos termos da lei. Os pedidos de **naturalização especial** deverão ser apresentados perante a autoridade consular brasileira no exterior.

Por fim, a **naturalização provisória,** disciplinada no artigo 70, poderá ser concedida ao estrangeiro, criança ou adolescente, que tenha fixado residência no Brasil antes de completar 10 (dez) anos de idade, devendo ser requerida por intermédio de seu representante legal. Dispõe o parágrafo único do citado dispositivo legal, que a naturalização provisória tornar-se-á definitiva se o naturalizando a requerer no prazo de até 02 anos, após atingir a maioridade.

4. Da perda da nacionalidade

A Constituição Federal, em seu artigo 12, §4°, I e II, prevê **duas hipóteses de perda da nacionalidade**: **a)** quando o indivíduo tiver cancelada sua naturalização, por sentença judicial, em virtude de atividade nociva ao interesse nacional e; **b)** quando tiver adquirido outra nacionalidade, salvo nos casos de reconhecimento de nacionalidade originária pela lei estrangeira e de imposição de naturalização, pela norma estrangeira, ao brasileiro residente em estado estrangeiro, como condição para permanência em seu território ou para o exercício de direitos civis.

A competência para processar e julgar as causas relativas à perda da nacionalidade, na hipótese do artigo 12, §4°, I (sentença judicial, em virtude de atividade nociva ao interesse nacional) será da

Justiça Federal, conforme disposto no artigo 109, X, da Constituição Federal[9].

5. Da igualdade entre portugueses e brasileiros

O artigo 12, §1°, da Constituição Federal, estabelece uma política de reciprocidade entre portugueses e brasileiros. Estabelece o dispositivo constitucional ora referido, que "aos portugueses com residência permanente no País, se houver reciprocidade em favor de brasileiros, serão atribuídos os direitos inerentes ao brasileiro, salvo os casos previstos nesta Constituição." O §2°, do artigo 12, por sua vez, determina que "a lei não poderá estabelecer distinção entre brasileiros natos e naturalizados, salvo nos casos previstos nesta Constituição." Há, portanto, um *benefício constitucional* atribuído aos portugueses - com residência permanente no País - no sentido lhes serem conferidos os mesmos direitos inerentes aos brasileiros, desde que haja *reciprocidade* em favor dos brasileiros, atribuídos pelo ordenamento jurídico português. Há, portanto, uma reciprocidade de direitos relativos à qualidade de cidadãos[10].

O Decreto n° 70.391/72, promulgou a *Convenção sobre Igualdade de Direitos e Deveres entre Brasileiros e Portugueses*. Cabe trazer à colação os artigos 1° a 4°, que dispõem o seguinte:

> "Art. 1º Os portugueses no Brasil e os brasileiros em Portugal gozarão de igualdade de direitos e deveres com os respectivos nacionais.
>
> Art. 2º O exercício pelos portugueses no Brasil e pelos brasileiros em Portugal de direitos e deveres, na forma do artigo anterior não implicará em perda das respectivas nacionalidades.
>
> Art. 3º Os portugueses e brasileiros abrangidos pelo estatuto de igualdade continuarão no exercício de todos os direitos e deveres inerentes às respectivas nacionalidades, salvo aqueles que ofenderem a soberania nacional e a ordem pública do Estado de residência.

---

9 "Art. 109. Aos juízes federais compete processar e julgar:
(...)
X - os crimes de ingresso ou permanência irregular de estrangeiro, a execução de carta rogatória, após o "exequatur", e de sentença estrangeira, após a homologação, as causas referentes à nacionalidade, inclusive a respectiva opção, e à naturalização;"

10 Cf. Francisco Xavier da Silva Guimarães. **Nacionalidade - Aquisição, Perda e Reaquisição.** 2ª ed. Rio de Janeiro: Forense, 2002, p. 94.

> Art. 4º Excetuam-se do regime de equiparação os direitos reservados exclusivamente, pela Constituição de cada um dos Estados aos que tenham nacionalidade originária."

É importante salientar, nos termos do artigo 12, §3°, que apesar da política de reciprocidade entre portugueses e brasileiros, existem cargos que a Constituição Federal estabeleceu serem privativos de brasileiros natos. São eles. a) de Presidente e Vice-Presidente da República; b) de Presidente da Câmara dos Deputados; c) de Presidente do Senado Federal; d) de Ministro do Supremo Tribunal Federal; e) da carreira diplomática; f) de oficial das Forças Armadas e; g) de Ministro de Estado da Defesa.

CAPÍTULO X
DOS PRINCÍPIOS PROCESSUAIS CONSTITUCIONAIS

1. Introdução

O direito processual contemporâneo é um direito constitucionalizado. Suas bases, é dizer, seus princípios fundamentais estão assentados na Constituição Federal. São *princípios constitucionais setoriais*, na medida em que se constituem no fundamento do direito processual, seja ele civil, administrativo ou penal. O processo[1] é uma *garantia* para proteção e efetividade dos direitos em razão de seu caráter instrumental, de modo que, independentemente da natureza do direito, seja ele objetivo ou subjetivo[2], sempre haverá um correlato processo para sua efetividade.

Didaticamente, a doutrina estabelece uma distinção entre *princípios constitucionais processuais* e *princípios processuais constitucionais*[3]. Os primeiros referem-se ao conjunto de normas constitucionais do *processo*, é dizer, do conjunto de normas de direito processual, ao passo que

1 **Processo**, no entendimento de Eduardo Arruda Alvim, "é o meio através do qual é exercido o direito de ação, e o direito processual é que regulamenta o processo." In **Direito Processual Civil.** 5ª ed., São Paulo: Revista dos Tribunais, 2013, p. 15.

2 O direito objetivo é o direito posto, positivado. Em se tratando de Direito Constitucional, o direito objetivo compreende a Constituição e as emendas constitucionais, normas gerais e abstratas, ao passo que o direito subjetivo "significa a titularidade de uma situação jurídica. Ou, se se quiser, o direito subjetivo é a própria individualização ou subjetivação concreta de um direito, atribuído a alguém, que é o seu titular." Arruda Alvim, **Manual de Direito Processual Civil.** 11ª ed. Vol I. São Paulo: Revista dos Tribunais, 2007, p. 400.

3 Cf. Nelson Nery Jr. **Princípios do Processo na Constituição Federal - Processo civil, penal e administrativo.** 9ª ed. São Paulo: Revista dos Tribunais, 2009, pp. 41 e ss.

a segunda categoria de princípios se refere às normas que informam a jurisdição constitucional[4,5].

Com estas explanações de cunho didático, tem-se que a nossa Lei Fundamental instituiu os seguintes *princípios constitucionais processuais*: a) independência do Poder Judiciário; b) devido processo legal; c) isonomia; d) juiz natural; e) promotor natural; f) inafastabilidade do controle jurisdicional; g) proibição de provas ilícitas; h) contraditório e ampla defesa; i) publicidade; j) motivação das decisões judiciais; l) segurança jurídica; m) duplo grau de jurisdição; n) duração razoável do processo e; o) presunção de inocência.

Tais princípios, sejam os *princípios constitucionais processuais* ou *princípios processuais constitucionais*, se constituem no fundamento de

---

4 Ao analisar o *Direito Constitucional Processual* e o *Direito Processual Constitucional*, J. J. Gomes Canotilho pontua o seguinte:
Por **direito processual constitucional** entende-se o conjunto de regras e princípios positivados na Constituição e noutras fontes de direito (leis, tratados) que regulam os procedimentos jurídicos ordenados à solução de questões de natureza jurídico-constitucional pelo Tribunal Constitucional (cfr. CRP, artigo 221°). Trata-se de um conceito de direito processual constitucional em *sentido amplo*, pois abrange, os vários processos correspondentes às várias funções do Tribunal Constitucional: processo de controle de legalidade e constitucionalidade, processo de julgamento da regularidade e validade dos actos de procedimentos eleitorais, (...)
O direito processual constitucional em *sentido estrito* tem como objeto o ***processo constitucional***. O **processo constitucional** reconduz-se a um complexo de actos e formalidades tendentes à prolacção de uma decisão judicial relativa à conformidade ou desconformidade constitucional de actos normativos. Neste sentido, o processo constitucional é o *processo de fiscalização da inconstitucionalidade* de normas jurídicas." in **Direito Constitucional e Teoria da Constituição.** 7ª ed. Coimbra: Almedina, 2000, p. 965.
Consoante Nelson Nery Junior, "o direito processual, ramo do direito público, é regido por normas que se encontram na Constituição Federal e na legislação infraconstitucional. Existem, também institutos processuais cujo âmbito de incidência e procedimento para sua aplicação se encontram na própria Constituição.
Naturalmente, o direito processual se compõe de um sistema uniforme, que lhe dá homogeneidade, de sorte a facilitar sua compreensão e aplicação para a solução das ameaças a direito. Mesmo que se reconheça essa unidade processual, é comum dizer didaticamente que existe um direito constitucional processual, para significar o conjunto das normas de direito processual que se encontra na Constituição Federal, ao lado de um direito processual constitucional, que seria a reunião dos princípios para o fim de regular a denominada jurisdição constitucional." in **Princípios do Processo na Constituição Federal – Processo Civil, Penal e Administrativo**. 9ª ed. São Paulo: RT, 2009, p. 41.

5 Cf. também Antonio Carlos de Araújo Cintra, Ada Pellegrini Grinover e Cândido Rangel Dinamarco. **Teoria Geral do Processo**. 21 ed. São Paulo: Malheiros, 2005, p. 81.

validade das normas que dispõem sobre o direito processual em geral e o direito processual constitucional, em particular. Cabe trazer à baila o disposto no artigo 1° do Código de Processo Civil Brasileiro:

> **"Art. 1° O processo civil será ordenado, disciplinado e interpretado conforme os valores e as normas fundamentais estabelecidos na Constituição da República Federativa do Brasil,** observando-se as disposições deste Código.[6]" (destaque nosso)

O legislador do NCPC prestou enorme deferência ao Texto Constitucional ao explicitar sua supremacia normativa. O artigo primeiro, ora citado, *expressa* que o Direito Processual Civil deverá ser desenvolvido a partir da principiologia constitucional, seja sob uma perspectiva legal ou jurisprudencial. Registre-se, ainda, que o Código de Processo Civil de 1973 não possuía dispositivo correspondente. Além disso, no plano da hermenêutica constitucional, tem-se uma clara demonstração do princípio da supremacia constitucional, que norteia o exegeta a interpretar o direito *"de cima para baixo"*, é dizer, da Constituição para as normas que lhe vem direta ou indiretamente abaixo.

2. Princípios constitucionais processuais

2.1. Princípio da independência da Poder Judiciário

O princípio da independência do Poder Judiciário está consignado no artigo 2° da Constituição Federal, ao estabelecer que "São Poderes da União, independentes e harmônicos entre si, o Legislativo, o Executivo e o Judiciário."

Este princípio já exclui, de saída, qualquer *impossibilidade* de *subordinação* do Poder Judiciário aos demais poderes. A *interferência recíproca* de um poder no outro não significa de forma alguma *superioridade política*, mas tão somente a institucionalização de um sistema de controle recíproco, de *checks and balances.* Esta independência do Poder

6 Lembra Guilherme Pimenta da Veiga Neves que "na tramitação do Projeto - do Código de Processo Civil de 2015 -, a menção à Constituição chegou a ser excluída da redação do art. 1°, justamente por entender o então Relator, Deputado Paulo Teixeira, pela sua desnecessidade, dada a hierarquia normativa, mas, posteriormente, sob o fundamento de imperar uma progressiva 'constitucionalização do direito', a vinculação expressa aos valores constitucionais foi novamente incluída por ocasião do relatório final do Senador Vital do Rego." in "Das Normas Fundamentais do Processo Civil. Comentário ao artigo 1°", in Angélica Arruda Alvim, Araken de Assim, Eduardo Arruda Alvim e George Salomão Leite (Coordenadores), **Comentários ao Código de Processo Civil**. 2ª ed., São Paulo: Saraiva, 2017, p. 55.

Judiciário se espraia por todos os órgãos que integram a sua estrutura[7], desde o juiz de primeira instância até a mais elevada Corte de Justiça, o Supremo Tribunal Federal - STF.

Para que possam ser independentes, a Constituição Federal revestiu a magistratura de uma série de garantias institucionais para que o direito por ela emanado se revele de forma legítima, ou seja, reflita "*exclusivamente a vontade da lei, e a fim* de que a esse mister restem estranhas quaisquer outras influências[8]".

Logo, o magistrado deve obediência, no exercício de sua atribuição constitucional, única e exclusivamente à lei. A sua consciência há de ser uma *consciência jurídica*, pautada na lei e através da lei. É com fundamento na Constituição e no direito positivo que o juiz deve motivar suas decisões, pondo fim aos diversos litígios que lhe são submetidos à julgamento. As *explicações* do magistrado acerca do "*por que decidiu assim*", deverão estar consignadas em sua decisão. Trata-se de um dever (motivação[9] das decisões judiciais) e ao mesmo tempo de uma garantia inerente ao ofício.

A Emenda Constitucional n° 45/2004[10], instituiu na estrutura do Poder Judiciário o Conselho Nacional de Justiça - CNJ, consoante disposto no artigo 92, I-A, da Lei Fundamental:

> "Art. 92. São órgãos do Poder Judiciário:
>
> I - o Supremo Tribunal Federal;
>
> I-A o Conselho Nacional de Justiça;
>
> II - o Superior Tribunal de Justiça;

---

7 Cf. art. 92, da Constituição Federal.

8 Eduardo Arruda Alvim. **Direito Processual Civil**. 5 ed. São Paulo: RT, 2013, p. 154. Para corroborar o seu pensamento, o ilustre autor cita José Frederico Marques, para quem a "independência dos órgãos judiciários, que hoje pode ser aceita como um dogma, está na própria essência do Poder Judiciário, que não se compreenderia subordinado a injunções de outro poder, para o exercício da administração da justiça." in **A Reforma do Poder Judiciário**. Vol I. São Paulo: Saraiva, 1979, p. 84.

9 A Constituição Federal determina, em seu artigo 93, IX, o dever de motivação, por parte dos magistrados, das decisões judiciais:
"Art. 93. (...)
IX - todos os julgamentos dos órgãos do Poder Judiciário serão públicos, **e fundamentadas todas as decisões**, sob pena de nulidade, podendo a lei limitar a presença, em determinados atos, às próprias partes e a seus advogados, ou somente a estes, em casos nos quais a preservação do direito à intimidade do interessado no sigilo não prejudique o interesse público à informação;" (destaque nosso)

10 A Emenda Constitucional n° 45/2004 instituiu a Reforma do Poder Judiciário, na qual criou o Conselho Nacional de Justiça - CNJ.

> II-A - o Tribunal Superior do Trabalho;
>
> III - os Tribunais Regionais Federais e Juízes Federais;
>
> IV - os Tribunais e Juízes do Trabalho;
>
> V - os Tribunais e Juízes Eleitorais;
>
> VI - os Tribunais e Juízes Militares;
>
> VII - os Tribunais e Juízes dos Estados e do Distrito Federal e Territórios." (destaque nosso)

Ao Conselho Nacional de Justiça - CNJ compete *administrar* e *fiscalizar* os demais órgãos do Poder Judiciário. Referida competência não deve ser entendida no sentido de *controle da prestação jurisdicional*, mas de fiscalizar a "atuação administrativa e financeira do Poder Judiciário e do cumprimento dos deveres funcionais dos juízes", consoante disposto no art. 103-B, §4°, da Constituição Federal. No mesmo dispositivo legal (Art. 103-B, §4°, I), atribui-se ainda ao Conselho Nacional de Justiça - CNJ competência para "zelar pela autonomia do Poder Judiciário e pelo cumprimento do Estatuto da Magistratura, podendo expedir atos regulamentares, no âmbito de sua competência, ou recomendar providências."

A noção de *autonomia* implica a de *autogoverno*[11], é dizer, o Poder Judiciário é autônomo na medida em que é administrado por seus próprios órgãos, além de possuir uma independência financeira. A autonomia administrativa e financeira do Poder Judiciário está consignada no artigo 99[12], *caput*, da Constituição Federal.

Portanto, é o Poder Judiciário um *Poder* da República, constitucionalmente instituído, cuja função consiste em *dizer o direito* aos casos que lhe são submetidos à apreciação, não subordinado a nenhum outro Poder, salvo apenas à Constituição.

---

11 "Art. 96. Compete privativamente:
I - aos tribunais:
a) eleger seus órgãos diretivos e elaborar seus regimentos internos, com observância das normas de processo e das garantias processuais das partes, dispondo sobre a competência e o funcionamento dos respectivos órgãos jurisdicionais e administrativos;"
O Supremo Tribunal Federal - STF, no HC ° 143.333, Rel. Min. Edson Fachin, j. em 12.04.18, entendeu que "os regimentos internos dos Tribunais, editados com base no art. 96, I, *a*, da Constituição Federal, consubstanciam normas primárias de idêntica categoria às leis, solucionando-se eventual antinomia não por critérios hierárquicos mas, sim, pela substância regulada, sendo que, no que tange ao funcionamento e organização dos afazeres do Estado-Juiz, prepondera o dispositivo regimental."

12 Art. 99. Ao Poder Judiciário é assegurada autonomia administrativa e financeira.

2.2. Devido processo legal

A Constituição Federal, em seu art. 5°, LIV, dispõe que "ninguém será privado da liberdade ou de seus bens sem o devido processo legal".

O princípio do devido processo legal deita raízes na *Magna Carta Libertatum*, de 1215, ao dispor no artigo 39 que "*Nenhum homem livre será detido ou preso, nem privado de seus bens, banido ou exilado ou, de algum modo, prejudicado, nem agiremos ou mandaremos agir contra ele, senão mediante um juízo legal de seus pares ou segundo a lei da terra.*"[13] Foi, no entanto, através do Direito Constitucional Norte-Americano, que a cláusula do *due processo of law* alcançou o status de *garantia constitucional*, mediante sua incorporação no documento constitucional através da 5ª e 14ª Emenda à Constituição[14].

---

13 Neste sentido, aduz Paulo Roberto de Gouvêa Medina que "a formulação do princípio do devido processo legal deve-se ao direito anglo-americano, remontando à cláusula da *law of land* que a Magna Carta adotava com relação ao *habeas corpus,* ao garantir a todo indivíduo o direito de ser julgado segundo a *lei da terra.*
(...)
A Constituição dos Estados Unidos perfilhou expressamente o princípio por meio da Emenda n° 5, de 1791, ao dispor que "ninguém será privado da vida, da liberdade ou da propriedade sem o devido processo legal."
Trata-se de princípio tipicamente processual, na sua origem, que se estendeu mais tarde à esfera administrativa e ao plano do direito constitucional, sob a forma do *substantive due process*, que é, em essência, nova versão do princípio no campo do direito material, atuando como um crivo para o controle da razoabilidade das leis e dos atos administrativos." in **Direito Processual Constitucional**. Rio de Janeiro: Forense, 2003, p. 23. Cf. tb. Nelson Nery Junior, **Princípios do Processo na Constituição Federal**. 9ª ed. São Paulo: RT, 2009, pp. 78 e 81.

14 Antonio Roberto Sampaio Dória, ao analisar o surgimento da cláusula do "*due processo f law*" no direito constitucional norte-americano, esclarece o seguinte:
"O estabelecimento dos primeiros colonizadores ingleses em terras do Novo Mundo, ao despontar do século XVII, assinala a vigência implícita da garantia do adequado processo legal no sistema jurídico que então mal se esboçava, porquanto aos que seguiam para a América em busca de fortuna ou fugindo à intolerância religiosa, se asseguravam através das *chartes* reais, mesmos direitos que, sob a égide da *Magna Carta,* assistiam aos súditos britânicos em geral.
Mas é somente em 1641, com a promulgação da "Declaração das Liberdades" da colônia situada na baía de Massachussetts, que explicitamente se inscreveu, em linguagem um tanto tosca e coloquial, princípio análogo ao consagrado, remotamente, na Carta Fundamental do povo inglês. Segue-se-lhe a adoção pelas leis de Nova York e Nova Jersey, conquanto sob forma mais exata e fiel ao texto original.
No entanto, elucida Mott, 'tais documentos consubstanciavam antes protestos contra agravos sofridos do que declarações de direitos, os quais se supunham preexistentes. Para o conceito revolucionário de *due processo f law*, devemos voltar os olhos às inúmeras declarações de direitos elaboradas pelas colônias, durantes as lutas de independência.'

Conforme ressaltado por Paulo Roberto de Gouvêa Medina, o insti-

---

De fato, é nesse ensejo que o princípio se desliga de sua matriz inglesa e passa a integrar o sistema jurídico americano, numa trajetória que o transmudaria no mais fecundo de quantos instrumentos se criaram para a defesa de direitos individuais. Acolhido na celebrada 'Declaração de Direitos' da Colônia de Virgínia, limitava-se, porém, seu alcance a questões especificamente criminais. A Constituição de Vermont seguiu idêntica trilha. Mais generosas, as de Nova York, Pennsylvania, Massachusetts e Maryland estendem a proteção também aos direitos patrimoniais.
A Declaração de Independência dos Estados Unidos não agasalha explicitamente a norma. Contenta-se em proclamar, inspirada por JEFFERSON, os axiomas políticos da nação recém-constituída, de que todos os homens são criados iguais e dotados de direitos inalienáveis como a vida, liberdade e busca da felicidade.
(...)
Estruturada ainda sob os ecos das derradeiras batalhas pela emancipação política, a débil Confederação norte-americana, com o poder central tolhido em sua ação administrativa e à mercê da benevolência fiscal dos Estados, subsiste, efemeramente, por apenas um decênio. (...)
É tão-somente com a Convenção de Filadélfia, da qual emerge, em 1787, a Federação e a Constituição dos Estados Unidos da América que se faz sentir, no plano federal, a necessidade de se circunscrever a esfera privativa dos direitos individuais, imunes à interferência da União recém-organizada.
Manobrando com singular sagacidade, MADISON alijara do texto da Constituição qualquer referência à proteção de aludidos direitos, embora cônscio de que a 'luta com a Inglaterra para a conquista de certos privilégios havia deixado os Estados e a população hipersensíveis a tudo quanto se referisse à liberdade, e profundamente ciumentos e desconfiados do governo central.'
Mas, simultaneamente, visando assegurar o endosso dos cidadãos do país à Constituição, propusera MADISON que tais garantias se inscrevessem como emendas àquele documento e, redigidas de seu punho, em número de dez, fê-las aprovar pelos Estados em 1791, três anos após a homologação da lei fundamental.
Na V Emenda, cristalizara-se, em sua forma mais pura e exata, o preceito que, por séculos de vicissitudes, acompanhara a história política e jurídica dos povos anglo-saxões: 'No person shall... be deprived of life, liberty or property, without due process of law'.
Restrição imposta apenas ao poder federal, logo demonstrada por MARSHALL em um de seus luminosos votos, o problema das limitações contidas na cláusula *due processo f law* aflora uma vez mais imediatamente após a Guerra de Secessão quando, abalada a União em seus alicerces de perpétua unidade, se compenetrou o Congresso da necessidade de fortalecê-la, de centralizar maior número de poderes, e, primordialmente, de garantir aos escravos alforriados a igualdade jurídica que lhes fora sistematicamente negada, e que razões ponderáveis induziam a crer se perpetuasse, ao menos nos Estados do Sul, onde a derrota, ainda hoje amarga, havia de ser desforrada com recursos mais sutis que o das armas.
Com esses objetivos, nova emenda se impôs à Constituição que, proposta no Congresso em 1865 por THADEU STEVENSON, por aquele foi incontinenti aprovada e, em seguida, submetida à ratificação dos Estados. Sob o número XIV, incorporou-se, em 1868, ao Estatuto básico do País.
A limitação que anteriormente constrangia apenas o governo central pesava agora, com igual força e com idêntica redação consagrada na Emenda XIV, sobre os Esta-

tuto possui origem que o qualifica como garantia processual, tendo ele sido aplicado com esta significação na Inglaterra e nos Estados Unidos, mesmo após a promulgação da 14ª Emenda à Constituição.

A origem do instituto o qualifica como uma garantia eminentemente processual e, nessa condição, ele foi aplicado na Inglaterra e nos Estados Unidos, mesmo após a edição da 14ª Emenda. Nessa linha, com aplicação expressiva na seara criminal, o princípio garantiu a proibição de leis retroativas, o direito ao julgamento por júri, a proibição de alguém ser julgado duas vezes pelo mesmo fato e a vedação de autoincriminação forçada.

Além disso, possibilitou o exercício pleno do direito de defesa e o direito ao contraditório, bem como o dever de o Estado informar o cidadão dos termos de qualquer acusação, podendo permanecer calado. Também o direito a advogado contratado ou público decorre do referido princípio.

De natureza inicialmente processual[15], o princípio do devido processo legal foi desenvolvido no plano jurisprudencial alcançando contornos de direito material, erigindo-se como proteção máxima da vida, liberdade e propriedade, albergando os conceitos de *substantive due process*[16]

dos. Seguia-se-lhe, ainda, a complementação indispensável à elevação do negro ao *status* jurídico de seus antigos amos: doravante nenhum Estado poderia negar "*to any person within its jurisdiction the equal protection of the laws.*"
Completa-se, destarte, em rápidos traços, o ciclo legislativo da cláusula *due process of law*, na primeira república da América." in **Direito Constitucional Tributário e "DUE PROCESS OF LAW".** 2ª ed. Rio de Janeiro: Forense, 1986, pp. 15-17.

15 Antonio Roberto Sampaio Dória esclarece que "a reiteração do princípio, já na segunda metade do século XIX, fazendo-o respeitar, através da XIV Emenda, também pelos Estados, não encontra modificado seu conteúdo. *Due process* refere-se, só e só, a garantias processuais." in **Direito Constitucional Tributário e "DUE PROCESS OF LAW"**. 2ª ed. Rio de Janeiro: Forense, 1986, p. 18.

16 Nelson Nery Jr. pontua que a "origem do *substantive due process* teve lugar justamente com o exame da questão dos limites do poder governamental, submetida à apreciação da Suprema Corte norte- americana no final do século XVIII. Decorre daí a imperatividade de o Legislativo produzir leis que satisfaçam o interesse público, traduzindo-se essa tarefa no *princípio da razoabilidade das leis*. Toda lei que não for *razoável*, isto é, que não seja a *law of the land*, é contrária ao direito e deve ser controlada pelo Poder Judiciário.
Vamos encontrar outros exemplos de incidência do *substantive due process* no direito americano, o que nos dá a dimensão do alcance e do preceito: a) a liberdade de contratar, consubstanciada na 'cláusula de contrato', afirmada no caso Fletcher v. Peck (1810) em voto de Marshall; b) a garantia do comércio exterior e interestadual (*commerce clause*), fiscalizados e regrados exclusivamente pela União (CF, 22, VIII; art. 1, Secção 8ª, n. III, da Constituição norte-americana); e) os princípios

e *procedural due process*[17]. Nesta perspectiva, o conteúdo da cláusula do devido processo legal, inscrita na Constituição Federal brasileira, desdobra-se (fundamento material) nos seguintes dispositivos constitucionais: a) contraditório e ampla defesa (LV); inadmissibilidade de provas obtidas por meios ilícitos (LVI); juiz natural (LIII); presunção de inocência (LVII); dispensa de identificação criminal para o civilmente identificado (LVIII); condições especiais a que se subordina a prisão (LXI); comunicação ao juiz competente da efetivação da prisão (LXII); direito do preso de ser informado acerca de suas garantias processuais (LXIII); relaxamento de ofício da prisão ilegal (LXV); direito de não ser conduzido à prisão ou nela mantido quando a lei admitir liberdade provisória, com ou sem fiança (LXVI) e impossibilidade da prisão civil por dívida, salvo no caso de depositário infiel ou inadimplemento voluntário de pensão alimentícia (LXVII).

Deste modo, o *devido processo legal* se constitui em garantia fundamental das pessoas físicas e jurídicas.

2.3. Juiz Natural

Conforme aludimos acima, a norma constitucional que consubstancia o devido processo legal fundamenta o princípio do juiz natural, inserido no inciso XXXVII, do art. 5°, da Constituição Federal. O texto constitucional estabelece que "*não haverá juízo ou tribunal de exceção*." Por sua vez, o inciso LIII do mesmo dispositivo legal estabelece que "*ninguém será processado nem sentenciado senão pela autoridade competente*". Trata-se de uma garantia constitucional de que as pessoas apenas poderão ser julgadas pela autoridade competente, é dizer, investida de

tributários da anualidade, da legalidade, da incidência única (*non bis in idem*) etc; f) a proibição de preconceito racial; g) a garantia dos direitos fundamentais do cidadão." in **Princípios do Processo na Constituição Federal.** 9ª ed. São Paulo: RT, 2009, p. 83.

17 Sob a perspectiva processual, o *devido processo legal* serve de fundamento para as seguintes garantias: a) direito à citação e ao conhecimento do teor da acusação; b) direito a um julgamento célere e público; c) direito ao arrolamento de testemunhas e à notificação das mesmas para comparecimento perante os tribunais; d) direito ao procedimento contraditório; e) direito de não ser processado, julgado ou condenado por alegada infração às leis *ex post facto*; f) direito à plena igualdade entre acusação e defesa; g) direito contra medidas ilegais de busca e apreensão; h) direito de não ser acusado nem condenado com base em provas ilegalmente obtidas; i) direito à assistência judiciária, inclusive gratuita; j) privilégio contra a auto-incriminação. Cf. Nelson Nery Jr, **Princípios do Processo na Constituição Federal.** 9ª ed. São Paulo: RT, 2009, p. 8.

jurisdição. Deste modo, o princípio do juiz natural afasta a possibilidade de instituição de tribunais *ad hoc*, ou seja, órgãos instituídos com a específica atribuição de julgar uma determinada causa (Tribunal de Exceção). Resulta, também, deste princípio, a exigência de um magistrado neutro e imparcial quanto ao processamento e julgamento de uma determinada causa[18].

A garantia do juiz natural possui um caráter tridimensional, consoante informa Nelson Nery Junior, vindo a significar que: a) não haverá juízo ou tribunal *ad hoc*, isto é, tribunal de exceção; b) todos têm o direito de serem submetidos a julgamento por juiz competente, legalmente pré-constituído e; c) o juiz competente há de ser imparcial.[19]

É importante salientar que a vedação do *Tribunal de Exceção* não se confunde com a atividade jurisdicional especializada, na medida em que esta se afigura como atribuição e fracionamento da prestação jurisdicional estatal entre diversos órgãos que compõem a estrutura do Poder Judiciário, conforme estabelecido pela própria Constituição Federal. O *juiz natural*, portanto, é aquele "instituído pela lei para julgar certas e determinadas questões.[20]"

2.4. Promotor natural

O princípio do promotor natural encontra-se positivado no mesmo dispositivo constitucional que institui a garantia do *juiz natural*. Logo, o inciso LIII do artigo 5° da Constituição Federal estabelece que "***ninguém será processado*** *nem sentenciado* ***senão pela autoridade competente***." Trata-se, portanto, de uma garantia dos jurisdicionados de que apenas serão *processados* por autoridades legalmente investidas desta atribuição. É oportuno salientar que o princípio do promotor natural não se constitui de norma expressa, tendo sido o resultado de uma construção jurisprudencial do Supremo Tribunal Federal – STF, consubstanciada no

18 Eduardo Arruda Alvim esclarece que o princípio do juiz natural objetiva impedir "(1) que o tribunal seja criado após a ocorrência do fato e (2) que seja criado para julgar um caso específico, salvo as exceções constitucionalmente previstas. Não poderá, também, mercê desse princípio, ser designado o órgão judicante após a ocorrência do fato; vale dizer, o juízo ou tribunal deverá ser estabelecido segundo regras preexistentes." in **Direito Processual Civil.** 5ª ed., São Paulo: Revista dos Tribunais, 2013, p. 144.

19 Cf. **Princípios do Processo na Constituição Federal.** 9ª ed. São Paulo: RT, 2009, p. 126.

20 Roberto Rosas. **Direito Processual Constitucional – Princípios constitucionais do processo civil.** São Paulo: Revista dos Tribunais, 1999, p. 32.

leading case HC n° 67.759-2, Rel. Min. Celso de Mello, que em seu voto fez externar o seguinte entendimento:

> "O princípio do **Promotor Natural**, tendo presente a nova disciplina constitucional do Ministério Público, ganha especial significação no que se refere ao objetivo último decorrente de sua formulação doutrinária: trata-se de garantia da ordem jurídica destinada tanto a proteger o membro da Instituição, na medida em que lhe assegura o exercício pleno e independente de seu ofício, quanto a tutelar a própria coletividade, a quem se reconhece o direito de ver atuando, em quaisquer causas, apenas o Promotor cuja intervenção se justifique a partir de critérios abstratos e pré-determinados, estabelecidos em lei.
>
> Intuiu a existência desse postulado, em nosso sistema de direito positivo, o eminente Ministro Antonio Neder, cujas observações sobre o tema registrou em voto proferido nesta Corte:
>
> 'O Sr. Ministro Antonio Neder: Entendo que não pode, porque, entre nós, domina o princípio da legalidade da ação penal, ou, mais precisamente, o da legalidade comum, ou ordinária, da ação penal, tanto que o art. 153, §15, da Constituição, texto da Emenda n° 1, expressa que não haverá tribunais de exceção; ora, se é proibido o tribunal de exceção, vedado é o juiz de exceção; **se é defeso instituir juízo de exceção, impedido é conceber-se o acusador de exceção**, pois não se compreende que nossa Constituição proíba o juiz de exceção e admita o acusador de exceção, isto é, conceda e, ao mesmo tempo, subtraia uma garantia.'"

No entendimento de Nelson Nery Jr, para que o princípio do promotor natural seja respeitado impõe-se a observância de quatro requisitos: a) investidura no cargo de Promotor de Justiça; b) existência de órgão de execução; c) lotação por titularidade e inamovibilidade do Promotor de Justiça no órgão de execução, exceto as hipóteses legais de substituição e remoção e; d) definição em lei das atribuições do órgão[21].

Deste modo, a Constituição Federal permitiu, através da interpretação constitucional, a construção do princípio do promotor natural ao estabelecer as normas regentes das atribuições do Ministério Público, especialmente no que toca à exclusividade de promover ação penal pública[22]. Nelson Nery Jr., ao dispor sobre o tema, afirma o seguinte:

---

21 **Princípios do Processo na Constituição Federal.** 9ª ed. São Paulo: Revista dos Tribunais, 2009, p. 168.

22 "Art. 129. **São funções institucionais do Ministério Público**:
I - promover, **privativamente**, a ação penal pública, na forma da lei;"

> "A grande novidade da Constituição Federal no que toca ao princípio aqui analisado é a regra do *promotor natural*. A CF, 129, I, conferiu ao Ministério Público a titularidade exclusiva da ação penal pública. Logo, estão suprimidos os procedimentos criminais *ex officio* que existiam no sistema anterior, onde o juiz e o delegado de polícia podiam iniciar ação penal mediante portaria.
>
> Em face disso, extrai-se da locução 'processar', que vem na CF, 5°, LIII, o sentido de que é a atribuição que se confere ao Ministério Público para mover ação judicial, pois somente ele pode 'processar' alguém; não mais o juiz, a quem se aplica o vocábulo 'sentenciar' constante da mesma norma constitucional em exame.
>
> Isto que significar que o jurisdicionado tem a garantia constitucional de ver-se processado e julgado pelas autoridades competentes, previamente estabelecidas pelas leis processuais e de organização judiciária.[23]"

Logo, o princípio do promotor natural *veda* a possibilidade de qualquer pessoa estranha aos quadros do Ministério Público vir a exercer funções que lhe foram atribuídas constitucionalmente. Apenas aqueles que foram investidos no cargo de Promotor de Justiça é que são titulares das prerrogativas que lhes foram assinaladas pela Constituição Federal. Trata-se, portanto, de uma *garantia do jurisdicionado.*

2.5. Inafastabilidade da tutela jurisdicional

O princípio do acesso à justiça ou da inafastabilidade da prestação jurisdicional está consagrado no art. 5°, XXXV, da Constituição Federal, nos termos seguintes:

> "a lei não excluirá da apreciação do Poder Judiciário lesão ou ameaça a direito;"

Logo, nenhuma lesão ou ameaça a direito fica imune à tutela jurisdicional. Deste modo, a Constituição assegura ao indivíduo, titular de uma pretensão, a faculdade de exercê-la em juízo mediante ação própria, buscando a proteção jurisdicional para a efetiva tutela do seu direito[24].

---

23 **Princípios do Processo na Constituição Federal.** 9ª ed. São Paulo: Revista dos Tribunais, 2009, p. 166.

24 Cf. Paulo Roberto de Gouvêa Medina. **Direito Processual Constitucional.** Rio de Janeiro: Editora Forense, 2003, p. 37.

O princípio da inafastabilidade da tutela jurisdicional é também denominado como **princípio de acesso à justiça**, que se materializa através do exercício do **direito de ação**[25]. Portanto, qualquer pessoa física ou jurídica, que possua um direito violado ou ameaçado de violação, poderá provocar o Poder Judiciário através do exercício do direito de ação, para que o mesmo preste a tutela jurisdicional salvaguardando referido direito. Em obra clássica sobre o tema, Mauro Cappelletti e Bryant Garth, aduzem que "a expressão 'acesso à Justiça' é reconhecidamente de difícil definição, mas serve para determinar duas finalidades básicas do sistema jurídico – o sistema pelo qual as pessoas podem reivindicar seus direitos e/ou resolver seus litígios sob os auspícios do Estado. Primeiro, o sistema deve ser igualmente acessível a todos; segundo, ele deve produzir resultados que sejam individual e socialmente justos.[26]"

Nas lições de Celso Ribeiro Bastos, "lei alguma poderá auto-excluir-se da apreciação do Poder Judiciário quanto à sua constitucionalidade, nem poderá dizer que ela seja ininvocável pelos interessados perante o Poder Judiciário para resolução das controvérsias que surjam da sua aplicação[27]".

---

25 O direito de ação "significa a possibilidade de qualquer pessoa dirigir-se ao Judiciário, provocando o exercício da jurisdição." Cf. André Ramos Tavares, **Manual do Poder Judiciário.** São Paulo: Saraiva, 2012, p. 67. Francisco Gérson Marques de Lima, ao tratar dos fundamentos constitucionais do processo, aduz o seguinte acerca do direito de ação:
"Induvidosamente, o direito de ação é uma garantia processual destinada a defender direitos subjetivos perante o Judiciário. O cidadão dispõe deste remédio como apto, abstratamente, a tutelar direitos, muito embora não haja relação de dependência concreta entre aqueles e estes.
(...)
O *direito de ação* (*garantia das garantias constitucionais*) pode ser concebido sob dois prismas: o do direito constitucional e o do direito processual. Sob aquele aspecto ele é amplo, genérico e incondicionado, salvo as restrições da própria Constituição Federal, repousando na previsão do art. 5°, XXXV. No segundo plano ele é conexo a uma pretensão, respeitando as condições da ação. Isso não implica dois direitos de ação, pois ele é sempre processual, desenvolvendo-se através do processo. O que existe é uma garantia constitucional genérica do direito de ação, a fim de que a lei não obstrua o acesso ao Judiciário na correção das lesões de direitos; porém seu exercício é sempre processual e conexo a uma pretensão. No primeiro aspecto, a expressão mais utilizada é *direito de ação*; no outro, simplesmente *ação*." in **Fundamentos Constitucionais do Processo (sob a garantia da eficácia dos direitos e garantias fundamentais).** São Paulo: Malheiros, 2002, p. 48.

26 **Acesso à Justiça.** Porto Alegre: Sergio Antonio Fabris Editor, 2002, p. 8.

27 **Curso de Direito Constitucional.** 21ª ed. São Paulo: Saraiva, 2000, p. 214.

J. J. Gomes Canotilho, ao tratar do direito à tutela jurisdicional, afirma que "a interconexão entre 'direito de acesso aos tribunais' e 'direitos materiais' aponta para duas dimensões básicas de um esquema referencial: (1) os direitos e interesses do particular determinam o próprio *fim* do direito de acesso aos tribunais, mas este, por sua vez, garante a *realização* daqueles direitos e interesses; (2) os direitos e interesses são efectivados *através dos tribunais* mas são eles que fornecem as *medidas materiais de proteção* por esses mesmos tribunais.[28]" Desta vinculação entre os direitos fundamentais e o acesso à Justiça resulta o "núcleo essencial da garantia institucional da via judiciária.[29]" Deste modo, a garantia institucional relaciona-se ao dever de uma garantia jurisdicional de justiça, de *obrigação* do Estado.

Na concepção do professor de Coimbra, a proteção de acesso ao Judiciário é um direito de defesa do particular perante os poderes públicos, quer contra atos administrativos ou contra atos de particulares.

Por fim, é importante registrar que o princípio da inafastabilidade da tutela jurisdicional não revela apenas o direito de *acesso ao Poder Judiciário*, mas direito a uma decisão fundada no *direito*, de forma eficaz e temporalmente adequada. Portanto, o acesso à Justiça deve ser efetivo e não apenas formal, mas material, o que significa dizer que a resposta apresentada pelo Estado para solucionar o conflito de interesses que lhe foi posto à apreciação deverá emanar em ***prazo razoável***, em atenção ao princípio da *razoável duração do processo*[30].

2.6. Proibição de provas ilícitas

A garantia constitucional da vedação das provas obtidas por meios ilícitos encontra-se disposta no art. 5°, LVI, da Lei Maior. Estabelece o citado dispositivo constitucional:

> "LVI – são inadmissíveis, no processo, as provas obtidas por meios ilícitos;"

---

28 **Direito Constitucional e Teoria da Constituição.** 7ª ed. Coimbra: Almedina, 2000, p. 497.

29 J. J. Gomes Canotilho, **Direito Constitucional e Teoria da Constituição.** 7ª ed. Coimbra: Almedina, 2000, p. 497.

30 Dispõe o art. 5°, LXXVIII, que "a todos, no âmbito judicial e administrativo, são assegurados a razoável duração do processo e os meios que garantam a celeridade de sua tramitação."

O aludido dispositivo constitucional deve ser interpretado de maneira conjunta com o XII[31], do artigo 5°, da Constituição Federal, que consagra o direito fundamental à inviolabilidade do sigilo da correspondência e das comunicações telegráficas, dos dados e das comunicações telefônicas, salvo, no último caso, por ordem judicial, para fins de investigação criminal ou instrução processual penal. Impende ressaltar que o XII, art. 5°, da Lei Maior, foi integrado pela Lei n° 9.296/96.

No entendimento de Eduardo Cambi, a prova ilícita "é aquela que contraria o ordenamento jurídico, visto pelo prisma dilatado da Constituição, que abrange tanto a ordem constitucional e a infraconstitucional quanto os bons costumes, a moral e os princípios gerais do direito.[32]" Provas ilícitas, consoante Ada Pellegrini Grinover, "são as colhidas com infringência a normas de natureza material, que tutelam bens da vida como a intimidade, a integridade física, a inviolabilidade do domicílio, o sigilo da correspondência etc." Aduz a autora que em relação a esse tipo de prova, a violação ao sistema normativo ocorre no *momento* da colheita da prova, seja anterior seja concomitantemente ao processo, mas sempre externamente a ele.[33]

A ilicitude da prova pode se dar sob uma perspectiva formal, caso decorra da forma ilegítima como ela se produz, ou material, se a prova resulta de um ato contrário ao direito[34].

Nelson Nery Jr., ao se debruçar sobre o tema, informa que a construção conceitual de *prova ilícita* compete à doutrina. Aponta, com esteio na doutrina italiana, que há prova vedada em sentido absoluto e em sentido relativo. Quanto ao primeiro significado, é vedada a prova quando o sistema normativo proíbe sua utilização em qualquer hipótese, ao passo que no sentido relativo, o ordenamento jurídico permite a utilização da prova, desde que observados determinados requisitos. Sob outra perspectiva, o ilustre Professor aponta que a prova ilícita pode ser compreendida sob o âmbito formal ou material. A ilicitude formal decorre da forma ilegítima de como ela (prova) é produzida, ao passo que a

31 "XII - é inviolável o sigilo da correspondência e das comunicações telegráficas, de dados e das comunicações telefônicas, salvo, no último caso, por ordem judicial, nas hipóteses e na forma que a lei estabelecer para fins de investigação criminal ou instrução processual penal;"

32 **A prova civil - admissibilidade e relevância**. São Paulo: RT, 2006, p. 87.

33 **O Processo em Evolução**. 2ª ed. Rio de Janeiro: Forense, 1998, p. 60.

34 Cf. Eduardo Arruda Alvim, **Direito Processual Civil.** 5ª ed., São Paulo: Revista dos Tribunais, 2013, p. 150.

ilicitude material decorre de um ato contrário ao ordenamento jurídico e pelo qual se consegue um dado probatório. [35]

Sobre o tema, o Supremo Tribunal Federal - STF firmou tese com repercussão geral sob n° 237, cujo enunciado é o seguinte:

> "É lícita a prova consistente em gravação ambiental realizada por um dos interlocutores sem conhecimento do outro."

É importante consignar o que se entende por interceptação telefônica e gravação clandestina, de forma a permitir uma compreensão mais adequada do tema. A interceptação telefônica consiste na captação do diálogo, por terceira pessoa, firmado entre os interlocutores em conversa estabelecida mediante uso de aparelhos de telefonia, sem o conhecimento dos mesmos. Geralmente, a forma utilizada se dá através dos *grampos telefônicos*. Por sua vez, a *gravação clandestina* se afigura como o *"registro da conversa telefônica (gravação clandestina propriamente dita) ou da conversa entre presentes (gravações ambientais) por um de seus participantes, com o desconhecimento do outro.*[36]"

A Lei n° 9.296/96, que regulamenta o inciso XII, art. 5°, da Constituição Federal, estabelece em seu artigo 1° que a interceptação de comunicações telefônicas, de qualquer natureza, para prova em investigação criminal e em instrução processual penal, dependerá de ordem do juiz competente da ação principal, sob segredo de justiça. O parágrafo único do artigo 1° estabelece que a referida Lei se aplica, também, à interceptação do fluxo de comunicações em sistema de informática e telemática[37].

Em relação ao funcionamento da internet como instrumento de transmissão de dados, são esclarecedoras as palavras de Demi Getschko, considerado o *pai da internet no Brasil*[38]:

---

35 **Princípios do Processo na Constituição Federal.** 9ª ed. São Paulo: Revista dos Tribunais, 2009, p. 265.

36 Francisco Gérson Marques de Lima. **Fundamentos Constitucionais do Processo (sob a garantia da eficácia dos direitos e garantias fundamentais)**. São Paulo: Malheiros, 2002, p. 194.

37 O conceito de *Telemática* resulta da conjugação de dois outros: telecomunicações e informática. Trata-se, portanto, da comunicação que se realiza sob a forma digital, excluídas as modalidades *telefônica* e *telegráfica*.

38 O Professor Demi Getschko foi um dos responsáveis pela primeira conexão TCPIP brasileira, que ocorreu em 1991, entre a FAPESP e a Energy Sciences Network (ESNet), nos Estados Unidos, por meio da Fermi National Accelerator Laboratory (FERMILAB).

"A internet foi concebida como sendo primariamente uma rede *fim a fim*. Nela os pacotes de dados, iniciados num ponto da borda da rede e destinados a outro ponto, **não devem sofrer nenhuma interferência indevida.** Não soa como um princípio estranho e não deveria ser algo que causasse espécie a alguém... Afinal, **é similar ao sobejamente conhecido princípio do *correio tradicional* e *da telefonia*. Ninguém compactuaria com a noção de que a carte de alguém seja inspecionada, violada ou alterada por um intermediário, no meio de seu caminho, antes que ela chegue ao seu destinatário. Há uma expectativa de sigilo e neutralidade que sempre foi assumida *a priori*. Certamente poderá haver situações-limite, que não serão tratadas aqui, mas a regra geral, que sempre foi clara e valeu nos correios e na telefonia, vale também para a internet: além de não se esperar interferência de intermediários, toda a sua estrutura interna da rede deve servir simplesmente a, envidando o melhor esforço, encaminhar pacotes de dados na direção do destinatário, até a entrega final.**[39]" (Destaque nosso)

O artigo 2° da Lei n° 9.296/96, estabelece as hipóteses nas quais **não será admitida** a interceptação das comunicações telefônicas. São elas: a) quando não houver indícios razoáveis da autoria ou participação em infração penal; b) quando a prova puder ser feita por outros meios disponíveis e; c) quando o fato investigado constituir infração penal punida, no máximo, com pena de detenção[40]. Por sua vez, o artigo 3° dispõe que a interceptação das comunicações telefônicas poderão ser requeridas ao juiz pela autoridade policial, no curso de investigação criminal; pelo representante do Ministério Público, na investigação criminal e na instrução processual penal. Além destas hipóteses, é permitido ao juiz determinar a interceptação das comunicações telefônicas de ofício.

39 Demi Getschko. "***As origens do Marco Civil da Internet***", in **Marco Civil da Internet**, George Salomão Leite e Ronaldo Lemos (Coordenadores). São Paulo: Atlas, 2014, p. 13.

40 Nelson Nery Junior afirma que "os requisitos legais para que se possa obter a autorização judicial para interceptar comunicação telefônica são os seguintes: a) que haja indícios razoáveis da autoria ou participação em infração penal (art. 2°, I); b) que, se feito por escrito, o pedido seja deduzido mediante petição fundamentada, da qual deve constar, com clareza, a descrição da situação objeto da investigação criminal, a qualificação dos investigados, salvo impossibilidade manifesta, devidamente justificada (art. 2°, pár. ún.), bem como os meios a serem empregados na escuta (art. 4°, *caput*). O juiz pode admitir, em situações excepcionais, que o pedido seja deduzido verbalmente (art. 4°, §1°)." **Princípios do Processo na Constituição Federal.** 9ª ed. São Paulo: Revista dos Tribunais, 2009, p. 277.

Neste contexto, cabe aludir ao entendimento sufragado pelo Supremo Tribunal Federal – STF, de que não há ilicitude na gravação das conversas feitas por um dos interlocutores do diálogo. O tema foi aventado em sede de Repercussão Geral por Questão de Ordem no Recurso Extraordinário n° 583.937/RJ, relatado pelo Ministro César Peluso[41].

---

41 Em seu voto, o eminente Ministro-Relator aduziu o seguinte:
"Como longamente já sustentei alhures, não há ilicitude alguma no uso de gravação de conversação telefônica feita por um dos interlocutores, sem conhecimento do outro, com a intenção de produzir prova do intercurso, sobretudo para defesa própria em procedimento criminal, se não pese, contra tal divulgação, alguma específica razão jurídica de sigilo nem de reserva, como a que, por exemplo, decorra das relações profissionais ou ministeriais, de particular tutela da intimidade ou doutro valor jurídico superior. **A gravação aí é clandestina, mas não ilícita, nem ilícito é seu uso, em particular como meio de prova.**
A matéria em nada se entende com o disposto no art. 5°, XII, da Constituição da República, o qual apenas protege o sigilo de comunicações telefônicas, na medida em que as põe a salvo da ciência não autorizada de terceiro, em relação ao qual se configura, por definição mesma, a interceptação ilícita.
Esta, na acepção jurídica, vizinha à etimológica, na qual há idéia de subtração, está no ato de quem, furtivamente, toma conhecimento do teor da comunicação privada da qual não é partícipe ou interlocutor.
A reprovabilidade jurídica da interceptação vem do seu sentido radical de intromissão que, operada sem anuência dos interlocutores, excludente de injuricidade, nem autorização judicial na forma da lei, rompe o sigilo da situação comunicativa, considerada como **própria** dos respectivos sujeitos, que, salvas as exceções legais, sobre ela detêm disponibilidade exclusiva, como expressão dos direitos fundamentais da intimidade e liberdade.
Talvez conviesse observar que tal reprovabilidade se prende, na origem, à vulnerabilidade material relativa de que se revestem os canais de comunicação mediada, como o telefone, o telégrafo e as correspondências, perante o caráter restrito ou reservado que, em tese, esses instrumentos tecnológicos propõem às expectativas dos usuários interlocutores. Há, em tais condutas comunicativas, certa promessa de privatividade das interlocuções, que o sistema jurídico tem de assegurar em respeito à intimidade (privacy) dos interlocutores.
Noutras palavras, porque estes devam confiar em garantias jurídicas da reserva natural, mas não absoluta, esperada do uso desses meios de comunicação, é que de regra o ordenamento reprime a interceptação, enquanto ingerência indevida de terceiro que devassa a situação comunicativa reservada, porque alheia.
Ora, quem revela conversa da qual foi partícipe, como emissor ou receptor, não intercepta, apenas dispõe do que também é seu e, portanto, não subtrai, como se fora terceiro, o sigilo à comunicação, a menos que esta seja recoberta por absoluta indisponibilidade legal proveniente de obrigação jurídica heterônoma, ditada pela particular natureza da relação pessoal vigente entre os interlocutores, ou por exigência de valores jurídicos transcendentes.
Diz-se com efeito:
"O que fere a inviolabilidade do sigilo é, pois, entrar na comunicação alheia, fazendo com que o que deve ficar entre sujeitos que se comunicam privada-

Por fim, releva tecer algumas considerações acerca da ***prova derivada da ilícita.*** Trata-se da *doutrina do fruto da árvore envenenada*, na qual consiste em invalidar prova ***derivada de uma outra,*** obtida ilicitamente. No entendimento de Nelson Nery Junior, "caso a prova seja derivada, direta ou indiretamente, de prova obtida ilicitamente, terá sido contaminada e, portanto, igualmente ilícita, não pode produzir efeitos no processo. A *fruit of the poisonous tree doctrine* consiste em que se deve considerar ineficazes no processo, e, portanto, não utilizáveis, não apenas as provas obtidas ilicitamente, mas também aquelas outras provas que, em si mesmas poderiam ser consideradas lícitas, se baseiam, derivam ou tiveram sua origem em informações ou dados conseguidos pela prova ilícita.[42]" Trata-se, portanto, de uma doutrina da ilicitude por derivação.

Na Reclamação n° 24.473/SP, ajuizada pela Mesa do Senado Federal, em assistência a Senadora Gleisi Hoffman, foi analisada a constitucionalidade da busca e apreensão determinada por juízo de primeiro grau, em imóvel funcional ocupado pela Senadora da República, com o propósito de obter provas em desfavor de seu cônjuge, Paulo Bernardo da Silva, ora investigado. O Supremo Tribunal Federal – STF, ao utilizar a doutrina do *fruto da árvore envenenada*, entendeu pela "imprestabilidade do resultado da busca realizada no apartamento funcional da Senadora da República para fins probatórios, como também de eventuais elementos probatórios diretamente derivados (fruits of the poisonous tree)." Através da aplicação da doutrina ora em comento, o Supremo Tribunal Federal julgou procedente a Reclamação "para o fim de invalidar a ordem de busca no domicílio funcional do titular de prerrogativa de foro e, por consequência óbvia, reconhecer a ilicitude das provas ali obtidas, bem como de eventuais elementos probatórios outros delas derivados." Foi, também, "determinado o desentranhamento dos respectivos autos de apreensão e dos relatórios de análise de material apreendido, com sua consequente inutilização, bem como a inutilização de cópias e espelhamentos de documentos, computadores e demais dispositivos eletrônicos, e a restituição de todos os bens apreendidos no citado local, caso

mente passe ilegitimamente ao domínio de um terceiro. Ou seja, a inviolabilidade do sigilo garante, numa sociedade democrática, o cidadão contra intromissão clandestina ou não autorizada pelas partes na comunicação entre elas. (...) O objeto protegido pelo inciso XI do art. 5° da CF, ao assegurar a inviolabilidade do sigilo, não são os dados em si, mas sua comunicação. A troca de informações (comunicação) é que não pode ser violada por sujeito estranho à comunicação."" (destaque nosso)

42 **Princípios do Processo na Constituição Federal.** 9ª ed. São Paulo: Revista dos Tribunais, 2009, p. 269.

já não tenha ocorrido." Por fim, foi "determinada, ainda, a inutilização de todas as provas derivadas daquelas obtidas na busca, que deverão ser desentranhadas dos autos e, se for o caso, restituídas a quem de direito."

2.7. Contraditório e ampla defesa

O princípio do contraditório encontra-se diretamente vinculado à garantia constitucional da ampla defesa, inerente às partes no processo. Previsto no art. 5°, LV, da Constituição Federal, o enunciado normativo estabelece que "*aos litigantes, em processo judicial ou administrativo, e aos acusados em geral são assegurados o contraditório e ampla defesa, com os meios e recursos a ela inerentes.*"

No âmbito do processo, o contraditório é desenvolvido dialeticamente[43]. Portanto, a cada ato praticado por uma parte, corresponde o direito de *participação* da parte adversa, determinada pelo juiz.

---

43 José Souto Maior Borges, em belo trabalho intitulado "**O contraditório no processo judicial - uma visão dialética**", pontua o seguinte:
"Em Direito, a dialética se manifesta no processo. Com a ressalva de que não se dá, essa manifestação, no plano da doutrina processual. Ela se instaura no campo normativo (CF de 1988, art. 5°, inciso LV). Sem contraditório, nenhum processo - é já uma determinação constitucional. Uma vez posta em estado de questionamento (*quaestio juris et facti*) e recortada a questão pela regra da pertinência, o processo governa o seu movimento dialético pela audiência das partes (*audiatur et altera pars*), princípio modernamente denominado do 'contraditório' ou, como o faz Arruda Alvim, 'princípio da bilateralidade da audiência'.
Um objeto determinado para cada demanda, porém (*ponere causam*): a partir daí se desenvolve um drama de múltiplos personagens, inclusive uma parte imparcial, 'terceiro desinteressado' - o juiz, a quem incumbe a condução do processo até o seu final (*concludere*). Pela regra de pertinência, cujo guardião é o juiz, devem as partes ater-se ao objeto do litígio. E porque o processo é um diálogo regrado, rege-se pela dialética. É um diálogo *canônico*, submetido a cânones - as regras processuais. E porque submissas a cânones processuais, as relações entre as partes no litígio podem ser havidas como 'deveres de comunicação'. O juiz como guardião do diálogo e as normas processuais como aplicação de uma particular *canônica do diálogo.*
O litígio processual desdobra-se em questões diversas. A primeira delas é a *quaestio disputata*, a disputa entre os litigantes relativamente à aplicação de uma norma a um caso concreto de herança, tributo, dívida civil etc. A segunda, a *quaestio legitima*, a oposição sobre a aplicação de diferentes leis (ou, mais amplamente, normas) a um mesmo caso concreto, por exemplo, deve-se aplicar a norma ('A') autorizativa ou a norma ('B') proibitiva? Na *quaestio disputata*, desconhece-se, no seu estádio inicial, qual a norma aplicável ao caso. Na *quaestio legitima* opõem-se leis diferentes a serem aplicadas ao caso. Das duas hipóteses resulta, porém, um debate jurídico. Há, ainda, uma terceira situação, aquela, em que, não havendo regra preestabelecida para resolver o caso, faz-se mister *inventar*, no sentido de 'descobrir' a regra jurisprudencial, uma nova regra, que não contradiga as regras já existentes.

Referida garantia constitucional está ligada a uma outra, a *ampla defesa*, todavia com ela não se confunde. Por *ampla defesa*, entende-se a "*oportunidade do réu contraditar a acusação, através da previsão legal de termos processuais que possibilitem a eficiência da defesa*", ao passo que "*o contraditório pode ser definido como o meio ou instrumento técnico para a efetivação da ampla defesa*."[44] Delosmar Mendonça Jr., em trabalho monográfico sobre o tema, entende que o contraditório e a ampla defesa são figuras mutuamente imbricadas, conexas, sendo o contraditório qualificado pela ampla defesa. Não há, afirma o citado autor, contraditório sem defesa, sendo igualmente lícito afirmar que inexiste defesa sem contraditório[45]. O contraditório, portanto, se configura como instrumento de efetivação do direito de defesa, é dizer, este se realiza através do contraditório. Logo, em conformidade ao disposto no art. 5°, LV, da Constituição Federal, o indivíduo é titular de um direito amplo de defesa exercido através de um contraditório adequado[46].

O princípio do contraditório enseja uma igualdade de oportunidades processuais, que atinge não apenas o direito de ação, mas também o direito de defesa, seja em relação à prazos, produção de provas etc. Para Antonio Carlos de Araújo Cintra, Ada Pellegrini Grinover e Cândido Rangel Dinamarco, o princípio do contraditório, que não admite exceções, é formado por dois momentos: a) informação e; b) reação.[47]

A informação é o primeiro momento da plenitude da defesa. Inexiste possibilidade de participação sem conhecimento do objeto da ação, incluindo o pedido e a causa de pedir, a fim de viabilizar a defesa. Na sequência, a ampla defesa confere às partes o direito de ser informado de todos os atos e comunicações processuais. Portanto, uma vez proposta

Ofertar uma solução apenas tecnológica, insensível às relações da vida e ao drama do Direito, como alternativa incontornável para o viver em sociedade ('viver é conviver' Vanni e o Prof. J. J. de Almeida repetia, nas velhas aulas de 'Introdução à Ciência do Direito'). O juiz deve determinar uma partição: uma repartição de bens, função da justiça distributiva: *suum cuique tribuere*". in **O contraditório no processo judicial – uma visão dialética.** São Paulo: Malheiros, 1996, p. 71.

44 Vicente Greco Filho, **Direito Processual Civil Brasileiro.** Vol. 1. 18ª ed. São Paulo: Saraiva, 2007, pp. 56 a 58.

45 **Princípios da ampla defesa e da efetividade no processo civil brasileiro.** São Paulo: Malheiros, 2001, p. 54.

46 Cf. Delosmar Mendonça Junior, **Princípios da ampla defesa e da efetividade no processo civil brasileiro.** São Paulo: Malheiros, 2001. p. 56.

47 **Teoria Geral do Processo.** 28ª ed. São Paulo: RT, 2012, p. 59.

uma ação, deverá a parte adversa ser comunicada para viabilizar sua defesa mediante exercício do contraditório.

Ciente da existência de uma ação proposta contra sua pessoa, o indivíduo tem a oportunidade de *reagir* ao que lhe foi imputado pelo *oponente* no processo, utilizando-se, para tanto, de todos os meios de defesa disponíveis pelo ordenamento jurídico. Deste modo, percebe-se que a efetividade do contraditório está intrinsicamente vinculado à igualdade das partes no processo.

Deste modo, o princípio do contraditório pode ser traduzido no binômio *informação/reação*, sendo que a informação se faz necessária, ao passo que a *reação* é apenas possível. Logo, resta evidente que o contraditório e a ampla defesa se constituem em direito do autor e, também, do réu, em uma determinada relação processual[48]. Revela, portanto, uma exigência de igualdade processual, pois na medida em que se assegura a uma parte *dizer* ou *acusar*, deve ser assegurado à outra a oportunidade de se *contrapor* ou *defender*. Por tal razão, deve o contraditório ser *proporcional*, pois na medida em que o juiz assegura igualdade de oportunidades entre as partes no processo, alcança um *equilíbrio processual*, otimizando desta maneira, ao menos em princípio, uma noção de *justiça formal*.

2.8. Publicidade

A regra se dá no sentido de que o processo é público. Isto é o que preconiza o art. 5°, LX, da Constituição Federal, ao dispor que:

> "a lei só poderá restringir a publicidade dos atos processuais quando a defesa da intimidade ou o interesse social o exigirem;"

A publicidade dos atos processuais é princípio norteador do Estado Democrático de Direito, que repudia todo e qualquer tipo de arbitrariedade. A publicidade dos atos processuais, portanto, tem o propósito de inibir comportamentos arbitrários perpetrados por agentes públicos. A restrição ao princípio da publicidade apenas se justifica para efeitos de promoção do direito fundamental à intimidade ou para preservação do interesse social. Excetuadas tais situações, a publicidade dos atos processuais deverá ser operacionalizada de forma irrestrita. Não foi à toa que o constituinte originário fez constar na Lei Maior que todos os julgamentos serão públicos, podendo tal princípio

48 Cf. Francisco Gérson Marques de Lima. **Fundamentos Constitucionais do Processo (sob a perspectiva da eficácia dos direitos e garantias fundamentais)**. São Paulo: Malheiros, 2002, p. 189.

ser relativizado para preservação da intimidade das partes envolvidas no litígio ou, em razão de interesse social. Neste sentido, dispõe o art. 93, IX, da Constituição Federal:

> "todos os julgamentos dos órgãos do Poder Judiciário serão públicos, e fundamentadas todas as decisões, sob pena de nulidade, podendo a lei limitar a presença, em determinados atos, às próprias partes e a seus advogados, ou somente a estes, em casos nos quais a preservação do direito à intimidade do interessado no sigilo não prejudique o interesse público à informação;"

A norma constitucional trazida à colação é densificada através do artigo 189, do Código de Processo Civil em vigor, que protege o sigilo em determinadas hipóteses nas quais predomina o interesse público[49].

2.9. Motivação das decisões judiciais

A motivação das decisões judiciais se constitui em um *dever* decorrente da função jurisdicional exercida pelo magistrado, buscando, com isto, evitar arbitrariedades por parte dos magistrados, além de permitir o controle da constitucionalidade e legalidade das decisões judiciais. Afigura-se, portanto, a motivação, como pressuposto do referido controle das decisões judiciais. Portanto, a exigência de motivação revela o dever de que os atos decisórios emanados dos juízes sejam justificados, explicitando as razões pelas quais o magistrado adotou determinada decisão a um caso concreto que lhe foi submetido à apreciação. A fundamentação da decisão judicial há de ser clara e objetiva, passível de compreensão por partes dos seus destinatários. Trata-se, também, de uma garantia dos jurisdicionados, no sentido de poder identificar quais os fundamentos que formaram o convencimento do magistrado. Afora tais aspectos, há um outro pertinente à não aceitação por parte do jurisdicionado da decisão judicial prolatada, razão pela qual ele poderá oportunamente recorrer à uma instância superior do Poder Judiciário. Ora, a parte apenas pode socorrer-se satisfatoriamente de um recurso, na medida em que se conheça em plenitude as razões ou motivos que

49 "Art. 189. Os atos processuais são públicos, todavia tramitam em segredo de justiça os processos: I - em que o exija o interesse público ou social; II - que versem sobre casamento, separação de corpos, divórcio, separação, união estável, filiação, alimentos e guarda de crianças e adolescentes; III - em que constem dados protegidos pelo direito constitucional à intimidade; IV - que versem sobre arbitragem, inclusive sobre cumprimento de carta arbitral, desde que a confidencialidade estipulada na arbitragem seja comprovada perante o juízo."

conduziram o juiz a adotar uma determinada decisão. Não foi à toa que o Código de Processo Civil de 2015, em seu artigo 489, estabeleceu os **elementos essenciais** que deverão compor uma sentença: a) relatório; b) **fundamentação**; c) dispositivo. É oportuno ressaltar que o art. 489, §1°[50], do CPC, estabelece as hipóteses pelas quais não se considera fundamentada a decisão judicial, seja ela interlocutória, sentença ou acórdão. Portanto, decisão judicial não fundamentada há de ser nula.

2.10. Duplo grau de jurisdição

O duplo grau de jurisdição **não** se reveste de natureza constitucional. Não há, em nossa Constituição Federal, norma jurídica que assegure a todos os jurisdicionados o duplo grau de jurisdição, é dizer, a **devolução** de toda a matéria objeto do processo à apreciação de um segundo juízo, implicando, portanto, no direito a dois *julgamentos*.

Em princípio, por inexistir previsão constitucional expressa acerca do duplo grau de jurisdição, devemos afastar qualquer possibilidade de atribuir ao mesmo, ao menos sob a perspectiva formal, a natureza de *garantia fundamental*[51]. No entanto, podemos afirmar que o princípio processual em análise se reveste de uma *proteção jurídica especial*

---

50 "Art. 489. São elementos essenciais da sentença:
I - o relatório, que conterá os nomes das partes, a identificação do caso, com a suma do pedido e da contestação, e o registro das principais ocorrências havidas no andamento do processo;
II - os fundamentos, em que o juiz analisará as questões de fato e de direito;
III - o dispositivo, em que o juiz resolverá as questões principais que as partes lhe submeterem.
§ 1º Não se considera fundamentada qualquer decisão judicial, seja ela interlocutória, sentença ou acórdão, que:
I - se limitar à indicação, à reprodução ou à paráfrase de ato normativo, sem explicar sua relação com a causa ou a questão decidida;
II - empregar conceitos jurídicos indeterminados, sem explicar o motivo concreto de sua incidência no caso;
III - invocar motivos que se prestariam a justificar qualquer outra decisão;
IV - não enfrentar todos os argumentos deduzidos no processo capazes de, em tese, infirmar a conclusão adotada pelo julgador;
V - se limitar a invocar precedente ou enunciado de súmula, sem identificar seus fundamentos determinantes nem demonstrar que o caso sob julgamento se ajusta àqueles fundamentos;
VI - deixar de seguir enunciado de súmula, jurisprudência ou precedente invocado pela parte, sem demonstrar a existência de distinção no caso em julgamento ou a superação do entendimento."

51 Neste sentido, assim decidiu o Supremo Tribunal Federal – STF, em sede de Agravo Regimento no Recurso Extraordinário n° 976.178/PR, Rel. Min. Dias Toffoli:

em relação ao direito ordinário. Isto porque, o *duplo grau de jurisdição* encontra-se previsto no **Pacto de São José da Costa Rica**, tratado internacional ratificado pelo Brasil, que possui *status* de **norma supra-legal, é dizer, está situado acima da lei, mas abaixo da Constituição.** Tal entendimento vem sendo confirmado pelo Supremo Tribunal Federal - STF há mais de dez anos, conforme decisão colacionada abaixo sobre o assunto:

> "PRISÃO CIVIL DO DEPOSITÁRIO INFIEL EM FACE DOS TRATADOS INTERNACIONAIS DE DIREITOS HUMANOS. INTERPRETAÇÃO DA PARTE FINAL DO INCISO LXVII DO ART. 5o DA CONSTITUIÇÃO BRASILEIRA DE 1988. POSIÇÃO HIERÁRQUICO-NORMATIVA DOS TRATADOS INTERNACIONAIS DE DIREITOS HUMANOS NO ORDENAMENTO JURÍDICO BRASILEIRO. Desde a adesão do Brasil, sem qualquer reserva, ao Pacto Internacional dos Direitos Civis e Políticos (art. 11) e à Convenção Americana sobre Direitos Humanos - Pacto de San José da Costa Rica (art. 7º, 7), ambos no ano de 1992, não há mais base legal para prisão civil do depositário infiel, pois **o caráter especial desses diplomas internacionais sobre direitos humanos lhes reserva lugar específico no ordenamento jurídico, estando abaixo da Constituição, porém acima da legislação interna.** O status normativo supralegal dos tratados internacionais de direitos humanos subscritos pelo Brasil torna inaplicável a legislação infraconstitucional com ele conflitante, seja ela anterior ou posterior ao ato de adesão. Assim ocorreu com o art. 1.287 do Código Civil de 1916 e com o Decreto-Lei n° 911/69, assim como em relação ao art. 652 do Novo Código Civil (Lei n° 10.406/2002)." (RE n° 349.703-1/RS, d. j. 03.02.08, Rel. Min. Gilmar Mendes, STF) destaque nosso

Mais recentemente, em 13.03.18, em sede de HC n° 141.949/DF, sob a relatoria do Min. Gilmar Mendes, o Supremo Tribunal Federal voltou a se debruçar sobre o tema, consagrando entendimento no qual **os tratados internacionais sobre direitos humanos incorporados ao ordenamento jurídico nacional equiparam-se normativamente às emendas constitucionais**, desde que, para tanto, seja **observado o procedimento previsto no art. 5°, §°3**, da Constituição Federal **ou, ocupam uma posição supra-legal,** situado abaixo da Constituição, mas acima da legislação ordinária. Em seu voto, o eminente Ministro aduziu o seguinte:

"Agravo regimental. Tributário. Pena de perdimento. **Duplo grau de jurisdição. Inexistência de assento constitucional**. Inafastabilidade da jurisdição. Devido processo legal. Ofensa reflexa." (Destaque nosso)

"Sabe-se que os tratados de direitos humanos têm para nós significado ímpar, extraindo da Constituição Federal a sua condição de validade. Sobre a incorporação dos tratados ao direito interno, após a entrada em vigor da Emenda Constitucional 45/2004, possibilitou-se elevar aqueles relativos a direitos humanos ao patamar das emendas constitucionais (art. 5º, § 3º, da Constituição). Para tanto, devem esses tratados ser aprovados pelo Poder Legislativo (posteriormente, ratificados pelo Executivo) por três quintos dos votos de cada uma das suas Casas, em dois turnos de votação. Registre-se que já anteriormente à referida EC, a partir de decisões do STF, elevou-se o status dos tratados de direitos humanos a patamar superior ao das leis ordinárias, evoluindo relativamente às decisões anteriores (desde a década de 70, no RE 80.004/SE) que equiparavam os tratados internacionais (quaisquer que fossem, de direitos humanos ou não) ao nível da legislação ordinária. Assim, se os tratados de direitos humanos podem ser (i) equivalentes às emendas constitucionais (nos termos do art. 5º, § 3º, da Constituição Federal), se aprovados pelo Legislativo após a EC 45/2004, ou ainda (ii) supralegais (segundo o entendimento atual do STF RE 349.703/RS), se aprovados antes da referida Emenda, o certo é que, estando acima das normas infraconstitucionais, hão de ser também paradigma de controle da produção normativa doméstica. Destarte, para além do controle de constitucionalidade, o modelo brasileiro atual comporta, também, um controle de convencionalidade das normas domésticas.[52]"

Feitas essas considerações, ter-se-á que o *princípio do duplo grau de jurisdição* possui natureza **supra-legal**, situado acima da legislação ordinária, todavia subordinada à Constituição Federal. Isto significa dizer, de plano, que eles são hierarquicamente superiores à legislação ordinária, não sendo permitido a esta contrariar os dispositivos legais cons-

52 Em sede de conclusão do voto, o Ministro Gilmar Mendes finda o seu raciocínio da seguinte maneira:
"(...), entendo que, desde a adesão do Brasil, sem qualquer reserva, ao Pacto Internacional dos Direitos Civis e Políticos (art. 11) e à Convenção Americana sobre Direitos Humanos - Pacto de San José da Costa Rica (art. 7o, 7), ambos no ano de 1992, não há mais base legal para prisão civil do depositário infiel, **pois o caráter especial desses diplomas internacionais sobre direitos humanos lhes reserva lugar especifico no ordenamento jurídico, estando abaixo da Constituição, porém acima da legislação interna. O status normativo supralegal dos tratados internacionais de direitos humanos subscritos pelo Brasil, dessa forma, torna inaplicável a legislação infraconstitucional com ele conflitante, seja ela anterior ou posterior ao ato de adesão**. Assim ocorreu com o art. 1.287 do Código Civil de 1916 e com o Decreto-Lei n° 911/69, assim como em relação ao art. 652 do Novo Código Civil (Lei n° 10.406/2002)." (destaque nosso)

tantes das normas insertas no tratado internacional, ora ratificado pelo Brasil, em observância ao processo legislativo previsto no **art. 5°, §°3**, da Constituição Federal. O **Pacto de São José da Costa Rica** ingressou em nosso ordenamento jurídico através do Decreto n° 678, de 06 de novembro de 1992. Tendo em vista as considerações jurisprudenciais até aqui apresentadas, sua localização na hierarquia normativa brasileira situa-se entre as **normas constitucionais** e o **direito ordinário**, alçando, diga-se mais uma vez, ao status de **direito supra-legal**, é dizer, acima da legislação ordinária e imediatamente abaixo das normas constitucionais.

Em relação ao *duplo grau de jurisdição*, o Supremo Tribunal Federal - STF, no RE 976.178 - AgR/PR, rel. Min. Dias Toffoli, externou o seguinte entendimento:

> "Com efeito, **na jurisprudência da Corte não há no ordenamento jurídico brasileiro a garantia constitucional do duplo grau de jurisdição.** Nesse sentido: (RE nº 169.077/MG, Primeira Turma, Rel. Min. Octávio Gallotti, DJ 27/3/98; AI nº 513.055/SP-AgR, Segunda Turma, Rel. Min. Carlos Velloso, DJe de 8/4/05; RHC nº 79.785/RS, Rel. Min. Sepúlveda Pertence, DJ de 22/22/01; RE nº 460.162/RS-AgR, Primeira Turma, Rel. Min. Marco Aurélio, DJe de 12/3/09."

No Agravo Regimental no Recurso Extraordinário n° 1.129.588/ES, sob a relatoria do Min. Alexandre de Moraes, o Supremo Tribunal Federal - STF[53] corroborou entendimento já consagrado em seu âmbito competencial, no sentido de que o duplo grau de jurisdição não se traduz em uma garantia constitucional. Destaca-se, na sequência, item 5 da ementa do referido julgado:

> "5. Já proclamou este TRIBUNAL que "**o duplo grau de jurisdição, no âmbito da recorribilidade ordinária, não consubstancia garantia constitucional**" (AI 209.954-AgR, Rel. Min. MARCO AURÉLIO, Segunda Turma, DJ de 4/12/1998) e que "não é possível, sob as sucessivas Constituições da República, erigir o duplo grau em princípio e garantia constitucional, tantas são as previsões, na própria Lei Fundamental, do julgamento de única instância ordinária, já na área cível, já, particularmente, na área penal" (RHC 79.785, Rel. Min. SEPÚLVEDA PERTENCE, Tribunal Pleno, DJ de 22/11/2002)." (destaque nosso)

De fato, pela narrativa exposta, o *duplo grau de jurisdição* não se reveste de natureza constitucional, mas *status* normativo supralegal.

53 1ª Turma, julgado em 15/10/2018.

No artigo 8, "2", do **Pacto de São José da Costa Rica**, que versa sobre *Garantias Judiciais*, encontramos a seguinte norma jurídica:

> "2. Toda pessoa acusada de delito tem direito a que se presuma sua inocência enquanto não se comprove legalmente sua culpa. Durante o processo, toda pessoa tem direito, em plena igualdade, às seguintes garantias mínimas:
>
> (...)
>
> h) direito de recorrer da sentença para juiz ou tribunal superior."

O duplo grau de jurisdição assegura a possibilidade de reexame integral da decisão ordinária, por **órgão jurisdicional de hierarquia superior** ao que a proferiu, com a consideração dos argumentos expendidos pela parte recorrente[54]. Portanto, através do duplo grau de jurisdição, as partes têm a faculdade de impugnar as decisões dos julgadores *a quo*, *devolvendo* a causa com o propósito de eventual substituição decisória, para instância superior. O *princípio* apenas se concretiza mediante ato voluntário da parte em litígio, constituindo exceção ao sistema o disposto no artigo 496, do Código de Processo Civil, que dispõe sobre a remessa obrigatória do processo à instância de revisão.

Resta, por fim, deixar consignado que no âmbito doutrinário o tema não é pacífico, havendo doutrinadores que apontam a natureza constitucional do duplo grau de jurisdição, ao passo que outra parcela da doutrina comunga do entendimento perfilhado pelo Supremo Tribunal Federal - STF, aqui já exposto.

2.11. Duração razoável do processo

A razoável duração do processo é tema que ocupa os principais espaços de discussão no tocante ao acesso à justiça. Isto porque, o *acesso à justiça* não se traduz apenas através da provocação[55] do Poder Judiciário e consequente obtenção, por parte deste, de uma *resposta* judicial. O acesso à justiça implica em um processo de *razoável* duração.

O princípio da razoável duração do processo foi objeto de inclusão no *corpus* constitucional através da Emenda n° 45/04, que implemen-

54 RE 976178 - AgR/PR, Rel. Min. Dias Toffoli, j. em 09.12.16.

55 Ao tratar da evolução histórica do *acesso à Justiça*, Mauro Cappelletti e Bryant Garth informa que o "direito ao acesso à proteção judicial significava essencialmente o direito *formal* do indivíduo agravado de propor ou contestar uma ação." in **Acesso à Justiça.** Porto Alegre: Sergio Antonio Fabris, Editor, 2002, p. 9.

tou a **Reforma do Poder Judiciário.** Encontra-se disposto no art. 5°, LXXVIII, da Constituição Federal, da seguinte forma: "*a todos, no **âmbito judicial** e **administrativo**, são assegurados a **razoável duração do processo** e os meios que garantam a **celeridade** de sua tramitação.*" (destaque nosso) Por sua vez, o Código de Processo Civil de 2015 reafirmou o princípio em seu art. 4º[56].

O que significa, pois, **razoável** duração do processo e meios **céleres** que assegurem sua tramitação? Entre os diversos significados que o termo *razoável* comporta, o Dicionário Aurélio revela os seguintes: "sem excesso; moderado ou comedido". Por sua vez, o Dicionário Houaiss informa que o vocábulo *razoável* significa "não excessivo; moderado, módico." Logo, não há dúvida de que por *razoável duração* se deve compreender um processo cujo tempo de tramitação seja moderado, sem excessos. É evidente que referida duração está vinculada à complexidade da causa que se apresenta perante o Poder Judiciário, de modo que, por tal razão, alguns processos tendem a ser mais longos do que outros. No entanto, a morosidade judicial no Brasil é tema universal por dizer respeito a todos os jurisdicionados[57], independentemente da complexidade do objeto da demanda. O problema não é eminentemente normativo, mas sobretudo estrutural[58]. Todavia, a questão estrutural não pode sobrepassar a problemática da prestação jurisdicional, da tutela de direitos subjetivos. Não custa lembrar que em **2018,** o Superior Tribunal de Justiça julgou o

56 Art. 4o As partes têm o direito de obter em prazo razoável a solução integral do mérito, incluída a atividade satisfativa.

57 Consoante último Relatório "Justiça em Número" elaborado pelo CNJ, a média de duração de um processo judicial em 1ª e 2ª instância corresponde a 05 anos. "Justiça em Números 2018", p. 147.

58 Sobre tal aspecto, Nelson Nery Junior esclarece que "para que se dê efetividade à garantia constitucional da celeridade e duração razoável do processo judicial é necessário equipar-se o Poder Judiciário do aparato logístico de que precisa para dar cumprimento ao comando constitucional, constituído de melhoria da capacitação técnica dos juízes e dos elementos materiais necessários ao bom desempenho das funções dos magistrados e dos auxiliares da justiça.
No âmbito administrativo a situação é semelhante. É o poder público quem conduz o processo administrativo, instaurando-o, instruindo-o e julgando-o.
(...)
Melhorar a prestação do serviço público para melhor servir a população no que tange aos processos judiciais e administrativos tem custo econômico e político e deveria estar nas prioridades dos governantes e políticos, no sentido de cumprirem e fazerem cumprir a Constituição, evitando a judicialização das questões que os particulares têm de submeter ao Poder Judiciário por falha do poder público no exercício principalmente da função administrativa." in **Princípios do Processo na Constituição.** 9ª ed. São Paulo: Revista dos Tribunais, 2009, pp. 319 e 320.

Recurso Especial nº 1.149.487/RJ[59], oriundo de ação proposta em **1895**,

59 "CIVIL E PROCESSUAL CIVIL. RECURSO ESPECIAL. AÇÃO DE FORÇA VELHA (DEMANDA POSSESSÓRIA, PROCESSADA PELO RITO ORDINÁRIO) PROPOSTA EM 1895. DOTAÇÃO PARA A AQUISIÇÃO DE PRÉDIO DESTINADO À HABITAÇÃO DA PRINCESA IMPERIAL DONA ISABEL E SEU MARIDO. ATUAL PALÁCIO GUANABARA. DIREITO DE HABITAÇÃO. OBRIGAÇÃO DO ESTADO VINCULADA À MONARQUIA. PRÓPRIO NACIONAL. PRESCRIÇÃO.
1. Caso em que a petição inicial de "ação de força velha" (demanda possessória, processada pelo rito ordinário), proposta em 1895 pelo Conde e pela Condessa d'Eu (Princesa Isabel), discute a posse do Palácio Isabel (atual Palácio Guanabara) e também a propriedade, repelindo a natureza de próprio nacional declarada no Decreto n. 447, de 18.7.1891, e afirmando a existência de esbulho e de confisco por parte do Estado. Em tal contexto, a posse está sendo postulada, igualmente, com fundamento no domínio.
2. Coisa julgada material descaracterizada quanto ao tema de mérito relativo ao domínio, tendo em vista que, no julgamento da Petição n. 100, ocorrido em 10.8.1895, o STF indeferiu a ação de incorporação proposta pela União tão somente diante de aspectos processuais afetos ao Decreto n. 447/1891, que não serviria como argumento para viabilizar a utilização e o processamento do referido tipo de ação. Remeteu as partes, então, às vias ordinárias.
3. O Palácio Guanabara, adquirido com recursos do Tesouro Nacional a título de dote, com fundamento nas Leis n. 166, de 29.9.1840, 1.217, de 7.7.1864, e 1.904, de 17.10.1870, destinava-se exclusivamente à habitação do Conde e da Condessa d'Eu por força de obrigação legal do Estado vinculada à monarquia e ao alto decoro do trono nacional e da família imperial.
4. Com a proclamação e a institucionalização da República, as circunstâncias fundamentais que justificavam a manutenção da posse do palácio deixaram de existir, tendo em vista que foram extintos os privilégios de nascimento, os foros de nobreza, as ordens honoríficas, as regalias e os títulos nobiliárquicos. Em decorrência, as obrigações do Estado previstas nas leis da época perante a família imperial foram revogadas ipso facto pela nova ordem imposta, dentre as quais a posse de que trata a ação.
5. A legislação editada durante a monarquia (Leis n. 166/1840 e 1.904/1870) expressamente conferiu aos imóveis adquiridos para a residência da família imperial natureza de próprio nacional, ou seja, bens de propriedade da Fazenda Nacional.
6. Durante o regime imperial, não se cogitava da abolição da monarquia, razão pela qual a instituição da república, extinguindo o anterior regime, qualificou nova hipótese de "fim da sucessão" dos privilégios dos membros da família imperial relacionados aos imóveis adquiridos a título de dote com dinheiro público.
7. Prejudicado o recurso adesivo do Estado do Rio de Janeiro, tendo em vista que o pedido de decretação da prescrição foi subordinado, pelo próprio recorrente, ao efetivo acolhimento da pretensão dos herdeiros do Conde e da Condessa d'Eu. No julgamento, todavia, os referidos recursos especiais não foram providos.
8. Recursos especiais interpostos por Pedro Henrique de Orleans e Bragança e outros e por Isabel de Orleans e Bragança e outros conhecidos parcialmente e desprovidos, e recurso adesivo interposto pelo Estado do Rio de Janeiro prejudicado."

promovida pelo Conde e pela Condessa D'Eu (Princesa Isabel). Entre a propositura da ação e o seu desfecho, transcorreram **123 anos**.

O Supremo Tribunal Federal – STF, ao tratar do direito público subjetivo da prestação jurisdicional, afirmou que o Poder Judiciário foi instituído para promover justiça, a ele correspondendo o *dever* de propiciar a "***resposta buscada pelo cidadão no prazo razoável.***[60]"

2.12. Presunção de inocência

A presunção de inocência está prevista no art. 5°, LVII, da Constituição Federal, traduzindo-se em uma garantia constitucional a todos os cidadãos de que *"ninguém será considerado culpado até o trânsito em julgado de* ***sentença penal*** *condenatória.*[61]" (Destaque nosso)

A garantia constitucional da presunção de inocência, no âmbito processual, confere proteção ao indivíduo desde a instauração do processo até o trânsito em julgado da sentença penal condenatória, é dizer, a pessoa há de ser considerada *juridicamente* culpada apenas quando a decisão judicial não mais comportar recursos, tornando-se imutável e indiscutível. Deste modo, superadas todas as etapas processuais e exauridos os recursos previstos na legislação, ou não tendo eles sido interpostos, a decisão judicial transitará em julgado, adquirindo a imutabilidade. Somente a partir deste momento é que o indivíduo poderá ser considerado culpado. Antes dele, a presunção de inocência deverá nortear todo o *iter* processual. Disto resulta que, "mesmo respondendo a inquérito policial ou administrativo, ou respondendo a processo judicial, o cidadão não pode ser considerado culpado. Tampouco bastará que no processo judicial se conclua pela condenação de alguém; urge que a sen-

60 "Ressalte-se que a prestação jurisdicional firmou-se como um verdadeiro direito público subjetivo do cidadão na Constituição da República. Assim, o Poder Judiciário não é fonte de justiça segundo suas próprias razões, como se fosse um fim e a sociedade um meio. O Judiciário foi criado pela sociedade para fazer justiça, para que os cidadãos tenham convivência harmoniosa. Portanto, é dever do Judiciário dar a resposta buscada pelo cidadão no prazo razoável. A justiça humana se presta aos vivos e em prol da vida que se julga." (AR 1.244 EI, Rel. Min. Cármen Lúcia, j. em 22.09.2016).

61 A Declaração Universal dos Direitos do Homem, de 1948, em seu artigo 11.1, dispõe o seguinte:
"Toda pessoa acusada de delito tem direito a que se presuma sua inocência, enquanto não se prova sua culpabilidade, de acordo com a lei e em processo público no qual se assegurem todas as garantias necessárias para sua defesa."

tença respectiva tenha transitado em julgado; vale dizer, não comporte mais recurso, não seja discutível nos mesmos nem em outros autos.[62]"

No ARE com Repercussão Geral n° 964.246/SP, o Supremo Tribunal Federal – STF firmou a **Tese n° 925,** que consubstancia o entendimento atual da Corte acerca do significado e alcance da presunção de inocência e da execução provisória da pena:

> "A execução provisória de acórdão penal condenatório proferido em grau recursal, ainda que sujeito a recurso especial ou extraordinário, não compromete o princípio constitucional da presunção de inocência afirmado pelo artigo 5º, inciso LVII, da Constituição Federal."

Em seu voto, o eminente Min. Luís Roberto Barroso, proponente da Tese n° 925, argumentou no sentido de demonstrar a compatibilidade da decretação da prisão em 2ª instância com o princípio constitucional da presunção de inocência[63], sob o fundamento de "que a execução pro-

---

62 Francisco Gérson Marques de Lima. **Fundamentos Constitucionais do Processo (sob a perspectiva da eficácia dos direitos e garantias fundamentais).** São Paulo: Malheiros, 2002, p. 197.

63 "4. Em meu voto, defendi a ocorrência de uma mutação constitucional, que se operou sob o impacto traumático da própria realidade que se criou após a primeira mudança de orientação em 2009. Com efeito, a impossibilidade de execução da pena após o julgamento final pelas instâncias ordinárias produziu três consequências muito negativas para o sistema de justiça criminal. Em primeiro lugar, funcionou como um poderoso incentivo à infindável interposição de recursos protelatórios. Tais impugnações movimentam a máquina do Poder Judiciário, com considerável gasto de tempo e de recursos escassos, sem real proveito para a efetivação da justiça ou para o respeito às garantias processuais penais dos réus. No mundo real, o percentual de recursos extraordinários providos em favor do réu é irrisório, inferior a 1,5%. Em segundo lugar, reforçou a seletividade do sistema penal. A ampla (e quase irrestrita) possibilidade de recorrer em liberdade beneficia sobretudo os réus abastados, com condições de contratar os melhores advogados para defendê-los em sucessivos recursos. Em regra, os réus mais pobres não têm dinheiro (nem a Defensoria Pública tem estrutura) para bancar a procrastinação. Em terceiro lugar, o novo entendimento contribuiu para agravar o descrédito do sistema de justiça penal junto à sociedade. A necessidade de aguardar o trânsito em julgado para iniciar a execução da pena conduz massivamente à prescrição da pretensão punitiva ou ao enorme distanciamento temporal entre a prática do delito e a punição definitiva. Em ambos os casos, produz-se deletéria sensação de impunidade, o que compromete os objetivos da pena, de prevenção especial e geral. Um sistema de justiça desmoralizado não serve ao Judiciário, à sociedade, aos réus e tampouco aos advogados.
5. A partir desses três fatores, tornou-se evidente que não se justifica no cenário atual a leitura mais conservadora e extremada do princípio da presunção de inocência, que impede a execução (ainda que provisória) da pena quando já existe

visória de acórdão penal condenatório proferido em 2º grau de jurisdi-

---

pronunciamento jurisdicional de segundo grau (ou de órgão colegiado, no caso de foro por prerrogativa de função) no sentido da culpabilidade do agente. É necessário conferir ao art. 5º, LVII a interpretação mais condizente com as exigências da ordem constitucional no sentido de garantir a efetividade da lei penal, em prol dos bens jurídicos que ela visa resguardar, tais como a vida e a integridade psicofísica – todos com status constitucional. Por esses motivos, entendi que a Constituição Federal e o sistema penal brasileiro admitem – e justificam – a execução da pena após a condenação em segundo grau de jurisdição, ainda sem o trânsito em julgado, destacando os fundamentos que legitimam esta compreensão, resumidos a seguir.
6. Tal como afirmei no julgamento do HC 126.292, a execução da pena após a decisão condenatória em segundo grau de jurisdição não ofende o princípio da presunção de inocência ou da não culpabilidade (CF/1988, art. 5º, LVII). Ao contrário, a prisão, neste caso, justifica-se pela conjugação de três fundamentos jurídicos.
7. Em primeiro lugar, a Constituição brasileira não condiciona a prisão – mas, sim, a certeza jurídica acerca da culpabilidade – ao trânsito em julgado da sentença penal condenatória. O pressuposto para a privação de liberdade é a ordem escrita e fundamentada da autoridade judiciária competente, e não sua irrecorribilidade. Para chegar a essa conclusão, basta uma leitura sistemática dos incisos LVII e LXI do art. 5º da Carta de 1988, à luz do princípio da unidade da Constituição. Enquanto o inciso LVII define que "ninguém será considerado culpado até o trânsito em julgado da sentença penal condenatória", logo abaixo, o inciso LXI prevê que "ninguém será preso senão em flagrante delito ou por ordem escrita e fundamentada de autoridade judiciária competente". Assim, é evidente que a Constituição diferencia o regime da culpabilidade e o da prisão.
8. Em segundo lugar, a presunção de inocência é princípio (e não regra) e, como tal, pode ser aplicada com maior ou menor intensidade, quando ponderada com outros princípios ou bens jurídicos constitucionais colidentes. Na discussão sobre a execução da pena depois de proferido o acórdão condenatório pelo Tribunal competente, o princípio da presunção de inocência está em tensão com o interesse constitucional na efetividade da lei penal, em prol dos objetivos (prevenção geral e específica) e bens jurídicos (vida, dignidade humana, integridade física e moral, etc.) tutelados pelo direito penal, com amplo lastro na Constituição (arts. 5º, caput e LXXVIII e 144). Nessa ponderação, com a decisão condenatória em segundo grau de jurisdição, há sensível redução do peso do princípio da presunção de inocência e equivalente aumento do peso atribuído à exigência de efetividade do sistema penal. É que, de um lado, já há demonstração segura da autoria e materialidade e necessariamente se tem por finalizada a apreciação de fatos e provas. E, de outro, permitir o enorme distanciamento no tempo entre fato, condenação e efetivo cumprimento da pena (que em muitos casos conduz à prescrição) impede que o direito penal seja sério, eficaz e capaz de prevenir os crimes e dar satisfação à sociedade. Nessa situação, o sacrifício que se impõe ao princípio da não culpabilidade – prisão do acusado condenado em segundo grau antes do trânsito em julgado – é superado pelo que se ganha em proteção da efetividade e da credibilidade da Justiça. E mais: interditar a prisão quando já há condenação em segundo grau confere proteção deficiente a bens jurídicos constitucionais tutelados pelo direito penal muito caros à ordem constitucional de 1988. Dessa ponderação decorre que, uma vez proferida a decisão condenatória de segundo grau, deve se iniciar o cumprimento

ção pode contribuir para a melhoria do sistema de justiça criminal."

da pena. A prisão na hipótese decorre, assim, de fundamento diretamente constitucional, limitando a esfera de liberdade do legislador.

9. Em terceiro lugar, com o acórdão penal condenatório proferido em grau de apelação esgotam-se as instâncias ordinárias e a execução da pena passa a constituir, em regra, exigência de ordem pública, entendida como a eficácia do direito penal necessária para a proteção da vida, da segurança e da integridade das pessoas e de todos os demais fins que justificam o próprio sistema criminal. É intuitivo que, quando um crime é cometido e seu autor é condenado em segundo grau de jurisdição, mas não é punido ou é punido décadas depois, tanto o condenado quanto a sociedade perdem a necessária confiança na jurisdição penal. Assim, ainda que não houvesse fundamento constitucional direto para legitimar a prisão após a condenação em segundo grau, ela se justificaria nos termos da legislação ordinária. Isso, é claro, não exclui a possibilidade de que o réu recorra ao STF ou ao STJ para corrigir eventual abuso ou erro das decisões de primeiro e segundo graus, o que continua a poder ser feito pela via do HC, além de poder requerer, em situações extremas, a concessão de efeito suspensivo no RE ou no REsp.

10. Três fundamentos pragmáticos reforçam a opção pela interpretação adotada, demonstrando que a execução provisória de acórdão penal condenatório proferido em 2º grau de jurisdição pode contribuir para a melhoria do sistema de justiça criminal. Primeiro, a interpretação permite tornar o sistema de justiça criminal mais funcional e equilibrado, na medida em que (i) coíbe a abusiva e infindável interposição de recursos protelatórios, bem como (ii) favorece a valorização e a autoridade das instâncias ordinárias. Segundo, a execução provisória da condenação penal após a decisão de 2º grau diminui a seletividade do sistema punitivo brasileiro, tornando-o mais republicano e igualitário, bem como reduz os incentivos à criminalidade de colarinho branco, decorrente do mínimo risco de cumprimento efetivo da pena. Terceiro, promove-se a quebra do paradigma da impunidade do sistema criminal, ao evitar que a necessidade de aguardar o trânsito em julgado do recurso extraordinário e do recurso especial impeça a aplicação da pena (pela prescrição) ou cause enorme distanciamento temporal entre a prática do delito e a punição.

11. Esse entendimento, além de ter prevalecido no julgamento, pelo Plenário do STF, do HC 126.292, Rel. Min. Teori Zavascki, foi posteriormente reafirmado no julgamento das medidas cautelares nas ADCs 43 e 44. Nelas, discutia-se a constitucionalidade do art. 283 do Código de Processo Penal. Ambas as ações apontavam uma suposta omissão do STF no julgamento do HC 126.292 quanto à validade de referido dispositivo legal, que, em seu sentido literal mais óbvio, impediria o cumprimento da pena antes do trânsito em julgado da sentença condenatória. Esta Corte, porém, igualmente por maioria, conferiu interpretação conforme a Constituição ao art. 283 do CPP, com a redação dada pela Lei nº 12.403/2011, para se excluir a possibilidade de que o texto do dispositivo seja interpretado no sentido de obstar a execução provisória da pena depois da decisão condenatória de segundo grau e antes do trânsito em julgado da sentença condenatória.

III. CONCLUSÃO

12. Por todo o exposto, acompanho o Ministro Teori Zavascki no sentido de reconhecer a repercussão geral da questão constitucional suscitada, com a reafirmação da jurisprudência deste Tribunal sobre a matéria, propondo a fixação da seguin-

Para tanto, desenvolveu seu raciocínio a partir de três (03) argumentos de cunho pragmáticos:

> "Primeiro, a interpretação permite tornar o sistema de justiça criminal mais funcional e equilibrado, na medida em que (i) coíbe a abusiva e infindável interposição de recursos protelatórios, bem como (ii) favorece a valorização e a autoridade das instâncias ordinárias.
>
> Segundo, a execução provisória da condenação penal após a decisão de 2º grau diminui a seletividade do sistema punitivo brasileiro, tornando-o mais republicano e igualitário, bem como reduz os incentivos à criminalidade de colarinho branco, decorrente do mínimo risco de cumprimento efetivo da pena.
>
> Terceiro, promove-se a quebra do paradigma da impunidade do sistema criminal, ao evitar que a necessidade de aguardar o trânsito em julgado do recurso extraordinário e do recurso especial impeça a aplicação da pena (pela prescrição) ou cause enorme distanciamento temporal entre a prática do delito e a punição.[64]"

Com esta decisão, o Supremo Tribunal Federal - STF reafirma seu entendimento de que a execução provisória de acórdão penal condenatório proferido em sede recursal, ainda que sujeito a recurso especial ou extraordinário, não compromete o princípio constitucional da presunção de inocência afirmado pelo artigo 5º, inciso LVII, da Constituição Federal.

Neste contexto, é oportuno ressaltar, ainda, que nos últimos dez (10) anos, o princípio da presunção de inocência foi objeto de acirradas discussões doutrinárias e jurisprudenciais. No *Habeas Corpus* n° 84.078, julgado em 05.02.09, o Supremo Tribunal Federal firmou entendimento no sentido de que o princípio da presunção de inocência deveria ser aplicado até o trânsito em julgado de sentença penal condenatória. Logo, firmada esta posição, a execução antecipada da pena estaria suspensa enquanto houvesse recurso pendente de julgamento. Portanto, excetuadas as prisões provisórias, de natureza cautelar[65], a liberdade individual

---

te tese: "A execução de decisão penal condenatória proferida em segundo grau de jurisdição, ainda que sujeita a recurso especial ou extraordinário, não viola o princípio constitucional da presunção de inocência ou não-culpabilidade". Minha proposta coincide em substância com a do relator, à qual adiro. Como resultado, conheço e nego provimento ao recurso extraordinário."

64 ARE 964246 RG / SP, p. 07.

65 "EMENTA: HABEAS CORPUS. INCONSTITUCIONALIDADE DA CHAMADA "EXECUÇÃO ANTECIPADA DA PENA". ART. 5º, LVII, DA CONSTITUIÇÃO DO BRASIL. DIGNIDADE DA PESSOA HUMANA. ART. 1º, III, DA CONSTITUIÇÃO DO BRASIL.

apenas poderá ser restringida quando do julgamento em definitivo, do qual não caiba mais recurso para instância judicial alguma.

Nos termos do voto do Ministro-Relator Eros Grau, a garantia da ampla defesa "não se à pode visualizar de modo restrito. Engloba todas as fases processuais, inclusive as recursais de natureza extraordinária. Por que não haveria de ser assim? Se é ampla, abrange todas e não apenas algumas dessas fases. Por isso a execução da sentença após o julgamento do recurso de apelação significa, também, restrição do direito de defesa, caracterizando desequilíbrio entre a pretensão estatal de aplicar a pena e o direito, do acusado, de elidir essa pretensão".

Em 17 de fevereiro de 2016, o plenário do Supremo Tribunal Federal voltou novamente a enfrentar a questão quando do julgamen-

---

1. O art. 637 do CPP estabelece que "[o] recurso extraordinário não tem efeito suspensivo, e uma vez arrazoados pelo recorrido os autos do traslado, os originais baixarão à primeira instância para a execução da sentença". A Lei de Execução Penal condicionou a execução da pena privativa de liberdade ao trânsito em julgado da sentença condenatória. A Constituição do Brasil de 1988 definiu, em seu art. 5º, inciso LVII, que "ninguém será considerado culpado até o trânsito em julgado de sentença penal condenatória".
2. Daí que os preceitos veiculados pela Lei n. 7.210/84, além de adequados à ordem constitucional vigente, sobrepõem-se, temporal e materialmente, ao disposto no art. 637 do CPP.
3. A prisão antes do trânsito em julgado da condenação somente pode ser decretada a título cautelar.
4. A ampla defesa, não se a pode visualizar de modo restrito. Engloba todas as fases processuais, inclusive as recursais de natureza extraordinária. Por isso a execução da sentença após o julgamento do recurso de apelação significa, também, restrição do direito de defesa, caracterizando desequilíbrio entre a pretensão estatal de aplicar a pena e o direito, do acusado, de elidir essa pretensão.
5. Prisão temporária, restrição dos efeitos da interposição de recursos em matéria penal e punição exemplar, sem qualquer contemplação, nos "crimes hediondos" exprimem muito bem o sentimento que EVANDRO LINS sintetizou na seguinte assertiva: "Na realidade, quem está desejando punir demais, no fundo, no fundo, está querendo fazer o mal, se equipara um pouco ao próprio delinquente".
6. A antecipação da execução penal, ademais de incompatível com o texto da Constituição, apenas poderia ser justificada em nome da conveniência dos magistrados --- não do processo penal. A prestigiar-se o princípio constitucional, dizem, os tribunais [leia-se STJ e STF] serão inundados por recursos especiais e extraordinários e subsequentes agravos e embargos, além do que "ninguém mais será preso". Eis o que poderia ser apontado como incitação à "jurisprudência defensiva", que, no extremo, reduz a amplitude ou mesmo amputa garantias constitucionais. A comodidade, a melhor operacionalidade de funcionamento do STF não pode ser lograda a esse preço.

(HC 84078, Rel. Min. Eros Grau, Pleno, julgado em 05/02/2009)

to do *Habeas Corpus* n° 126.292/SP[66], sob a relatoria do Min. Teoria Zavascki. Nesta ocasião, a decisão pretérita foi revista, passando o Supremo Tribunal Federal a entender ser possível a execução da pena depois de condenação confirmada em segunda instância. Em seu voto, o eminente Min. Teoria Zavascki aduziu que "a execução da pena na pendência de recursos de natureza extraordinária não compromete o núcleo essencial do pressuposto da não-culpabilidade, na medida em que o acusado foi tratado como inocente no curso de todo o processo ordinário criminal, observados os direitos e as garantias a ele inerentes, bem como respeitadas as regras probatórias e o modelo acusatório atual..."

De forma contrária ao entendimento do relator, o ministro Celso de Mello sustentou que "a presunção de inocência não se esvazia progressivamente, à medida em que se sucedem os graus de jurisdição. Isso significa, portanto, que, mesmo confirmada a condenação penal por um Tribunal de segunda instância, ainda assim subsistirá, em favor do sentenciado, esse direito fundamental, que só deixará de prevalecer - repita-se - com o trânsito em julgado da sentença penal condenatória, como claramente estabelece, em texto inequívoco, a Constituição da República".

Ao longo de 2019, a comunidade jurídica parou para acompanhar o julgamento das Ações Declaratórias de Constitucionalidade (ADCs) n°s 43, 44 e 54, que buscaram confirmar a validade do art. 283[67] do Código de Processo Penal, com a redação que lhe foi dada pela Lei nº 12.403/2011. Portanto, as ações de controle concentrado de constitucionalidade tiveram por objeto a possibilidade de prisão após condenação em segunda instância, seguindo entendimento adotado quando do julgamento do HC nº 126.292. Na ADC/MC nº 43[68], o Supremo Tribunal

66 "CONSTITUCIONAL. HABEAS CORPUS. PRINCÍPIO CONSTITUCIONAL DA PRESUNÇÃO DE INOCÊNCIA (CF, ART. 5º, LVII). SENTENÇA PENAL CONDENATÓRIA CONFIRMADA POR TRIBUNAL DE SEGUNDO GRAU DE JURISDIÇÃO. EXECUÇÃO PROVISÓRIA. POSSIBILIDADE. 1. A execução provisória de acórdão penal condenatório proferido em grau de apelação, ainda que sujeito a recurso especial ou extraordinário, não compromete o princípio constitucional da presunção de inocência afirmado pelo artigo 5º, inciso LVII da Constituição Federal. 2. Habeas corpus denegado. (HC 126292, Rel. Min. Teori Zavascki, Pleno, julgado em 17.02.2016)

67 "Art. 283. Ninguém poderá ser preso senão em flagrante delito ou por ordem escrita e fundamentada da autoridade judiciária competente, em decorrência de sentença condenatória transitada em julgado ou, no curso da investigação ou do processo, em virtude de prisão temporária ou prisão preventiva".

68 "MEDIDA CAUTELAR NA AÇÃO DECLARATÓRIA DE CONSTITUCIONALIDADE. ART. 283 DO CÓDIGO DE PROCESSO PENAL. EXECUÇÃO DA PENA PRIVATIVA DE LIBERDADE APÓS O ESGOTAMENTO DO PRONUNCIAMENTO JUDICIAL EM SEGUNDO GRAU. COMPATIBILIDADE COM O PRINCÍPIO CONSTITUCIONAL DA PRESUN-

Federal entendeu ser "coerente com a Constituição o principiar de exe-

---

ÇÃO DE INOCÊNCIA. ALTERAÇÃO DE ENTENDIMENTO DO SUPREMO TRIBUNAL FEDERAL NO JULGAMENTO DO HC 126.292. EFEITO MERAMENTE DEVOLUTIVO DOS RECURSOS EXTRAORDINÁRIOS E ESPECIAL. REGRA ESPECIAL ASSOCIADA À DISPOSIÇÃO GERAL DO ART. 283 DO CPP QUE CONDICIONA A EFICÁCIA DOS PROVIMENTOS JURISDICIONAIS CONDENATÓRIOS AO TRÂNSITO EM JULGADO. IRRETROATIVIDADE DA LEI PENAL MAIS GRAVOSA. INAPLICABILIDADE AOS PRECEDENTES JUDICIAIS. CONSTITUCIONALIDADE DO ART. 283 DO CÓDIGO DE PROCESSO PENAL. MEDIDA CAUTELAR INDEFERIDA.
1. No julgamento do Habeas Corpus 126.292/SP, a composição plenária do Supremo Tribunal Federal retomou orientação antes predominante na Corte e assentou a tese segundo a qual "A execução provisória de acórdão penal condenatório proferido em grau de apelação, ainda que sujeito a recurso especial ou extraordinário, não compromete o princípio constitucional da presunção de inocência afirmado pelo artigo 5º, inciso LVII da Constituição Federal".
2. No âmbito criminal, a possibilidade de atribuição de efeito suspensivo aos recursos extraordinário e especial detém caráter excepcional (art. 995 e art. 1.029, § 5º, ambos do CPC c/c art. 3º e 637 do CPP), normativa compatível com a regra do art. 5º, LVII, da Constituição da República. Efetivamente, o acesso individual às instâncias extraordinárias visa a propiciar a esta Suprema Corte e ao Superior Tribunal de Justiça exercer seus papéis de estabilizadores, uniformizadores e pacificadores da interpretação das normas constitucionais e do direito infraconstitucional.
3. Inexiste antinomia entre a especial regra que confere eficácia imediata aos acórdãos somente atacáveis pela via dos recursos excepcionais e a disposição geral que exige o trânsito em julgado como pressuposto para a produção de efeitos da prisão decorrente de sentença condenatória a que alude o art. 283 do CPP.
4. O retorno à compreensão emanada anteriormente pelo Supremo Tribunal Federal, no sentido de conferir efeito paralisante a absolutamente todas decisões colegiadas prolatadas em segundo grau de jurisdição, investindo os Tribunais Superiores em terceiro e quarto graus, revela-se inapropriado com as competências atribuídas constitucionalmente às Cortes de cúpula.
5. A irretroatividade figura como matéria atrelada à aplicação da lei penal no tempo, ato normativo idôneo a inovar a ordem jurídica, descabendo atribuir ultratividade a compreensões jurisprudenciais cujo objeto não tenha reflexo na compreensão da ilicitude das condutas. Na espécie, o debate cinge-se ao plano processual, sem reflexo, direto, na existência ou intensidade do direito de punir, mas, tão somente, no momento de punir.
6. Declaração de constitucionalidade do art. 283 do Código de Processo Penal, com interpretação conforme à Constituição, assentando que é coerente com a Constituição o principiar de execução criminal quando houver condenação assentada em segundo grau de jurisdição, salvo atribuição expressa de efeito suspensivo ao recurso cabível.
7. Medida cautelar indeferida.
O Tribunal, por maioria, nos termos e limites dos votos proferidos, julgou procedente a ação para assentar a constitucionalidade do art. 283 do Código de Processo Penal, na redação dada pela Lei nº 12.403, de 4 de maio de 2011, vencidos o Ministro Edson Fachin, que julgava improcedente a ação, e os Ministros Alexandre de Moraes, Roberto Barroso, Luiz Fux e Cármen Lúcia, que a julgavam parcialmente

cução criminal quando houver condenação assentada em segundo grau de jurisdição, salvo atribuição expressa de efeito suspensivo ao recurso cabível." No mérito, a ADC n° 43 foi julgada procedente pelo Supremo Tribunal Federal – STF, no sentido de proclamar a validade do artigo 283 do Código de Processo Penal.

Cabe destacar que o princípio da presunção de inocência situa-se no âmbito criminal, na medida em que o texto constitucional se refere a "***sentença penal.***" Isto se dá em decorrência da extrema relevância do objeto de proteção do texto constitucional: a liberdade. A regra geral, pois, é de que "***ninguém será preso*** *senão em* ***flagrante delito*** *ou* ***por ordem escrita e fundamentada de autoridade judiciária competente,*** *salvo nos casos de* ***transgressão militar ou crime propriamente militar****, definidos em lei.*[69]" Portanto, a *liberdade* é o valor que norteia a presunção de inocência. José Afonso da Silva informa que no aludido dispositivo constitucional se encontra a "*reafirmação do princípio da liberdade*", traduzido por um signo linguístico de natureza universal: "*ninguém será preso.*" Aí reside a diretriz normativa que deve balizar todo o processo hermenêutico: a liberdade individual, *sempre que possível*, deverá ser beneficiada[70].

Por fim, devemos registrar que a Constituição Federal contempla três espécies de prisão: **civil**, **penal** e **administrativa**. Em relação à **prisão civil**, o texto constitucional a permite em razão: **a) de dívida proveniente do inadimplemento de pensão alimentícia** ou; **b) do depositário infiel**[71], consoante disposto no art. 5°, LXVII, da Lei

procedente para dar interpretação conforme. Presidência do Ministro Dias Toffoli." (STF, Pleno, d. j. em 07.11.2019)

69 Art. 5°, LXI, da Constituição Federal.

70 Cf. **Comentário Contextual à Constituição.** São Paulo: Malheiros, 2005, p. 158.

71 O Supremo Tribunal Federal – STF consagrou a Tese n° 60, cujo enunciado normativo é o seguinte:
"É ilícita a prisão civil de depositário infiel, qualquer que seja a modalidade de depósito."
No *leading case* RE n° 466.343-1/SP, o Min. Gilmar Ferreira Mendes externou o seguinte entendimento:
"(...) diante da supremacia da Constituição sobre os atos normativos internacionais, a previsão constitucional da prisão civil do depositário infiel (art. 5o, inciso LXVII) não foi revogada pelo ato de adesão do Brasil ao Pacto Internacional dos Direitos Civis e Políticos (art. 11) e à Convenção Americana sobre Direitos Humanos - Pacto de San José da Costa Rica (art. 7o, 7), mas deixou de ter aplicabilidade diante do efeito paralisante desses tratados em relação à legislação infraconstitucional que disciplina a matéria, incluídos o art. 1.2 87 do Código Civil de 1916 e o Decreto-Lei n° 911, de 1o de outubro de 1969.

Maior[72]. Por sua vez, a **prisão criminal** é permitida nos casos de **a) flagrante delito; b) por ordem escrita e fundamentada de autoridade judicial competente e; c) crime tipicamente militar**[73]. Em relação à **prisão administrativa**, disposta no artigo 5°, LXI, sua aplicação ocorre apenas nos casos de transgressão militar[74].

2.13. Do Tribunal do Júri

A instituição do Júri se deu por previsão no artigo 39 da Magna Charta Libertatum (1215), ao estabelecer que "nenhum homem livre será detido ou aprisionado, ou privado de seus direitos ou bens, ou declarado fora da lei, ou exilado, ou despojado, de algum modo, de sua con-

---

Tendo em vista o caráter supralegal desses diplomas normativos internacionais, a legislação infraconstitucional posterior que com eles seja conflitante também tem sua eficácia paralisada. É o que ocorre, por exemplo, com o art. 652 do Novo Código Civil (Lei n° 10.406/2002), que reproduz disposição idêntica ao art. 1.287 do Código Civil de 1916.
Enfim, desde a adesão do Brasil, no ano de 1992, ao Pacto Internacional dos Direitos Civis e Políticos (art. 11) e à Convenção Americana sobre Direitos Humanos - Pacto de San José da Costa Rica (art. 7o, 7), não há base legal para aplicação da parte final do art. 5o, inciso LXVII, da Constituição, ou seja, para a prisão civil do depositário infiel."

---

72 LXVII - não haverá prisão civil por dívida, salvo a do responsável pelo inadimplemento voluntário e inescusável de obrigação alimentícia e a do depositário infiel;

73 Os crimes militares, a teor do Código Penal Militar (Decreto-lei nº 1.001/69), podem ser praticados **em tempos de paz** (art. 9°) e em **tempos de guerra** (art. 10).

74 Nelson Nery Jr, ao tratar das modalidades de prisão, aduz o seguinte:
"Quando a CF, 5°, LXI, fala em 'flagrante delito' e em 'ordem escrita e fundamentada de autoridade judiciária competente', como circunstâncias permissivas da prisão, refere-se à prisão de natureza *criminal*, que tem finalidade *punitiva*. A ordem escrita conforme a CF só pode ser emitida por autoridade judiciária, vedada a delegação.
A *prisão administrativa* tem natureza *coercitiva* (não criminal) e, por isso, não se encontra na fórmula autorizadora do texto constitucional. A única exceção para que seja permitida a prisão administrativa encontra-se na parte final da norma analisada: transgressão militar. (...)
Fora dos casos expressamente ressalvados pela CF 5° LXI e LXVII, não se admite a prisão (criminal, civil ou administrativa) de brasileiros e estrangeiros residente no Brasil.
A prisão administrativa da LF/1945 35 (v. LF 104 par. ún.) não foi recebida, sendo inconstitucional, o mesmo ocorrendo com a prisão administrativa do CPP 319.
Exceto o caso de prisão administrativa por transgressão militar, autorizada pela CF, em nenhuma outra hipótese se tolera essa espécie de prisão. O DL 3415, de 10.7.1941, que autorizava a prisão administrativa e dava competência a autoridade administrativas para decretá-la, está revogado por não haver sido recebido pela CF." in **Princípios do Processo na Constituição Federal - Processo civil, penal e administrativo.** 9ª ed. São Paulo: Revista dos Tribunais, 2009, pp.303 e 304.

dição; nem procederemos com força contra ele, ou mandaremos outros fazê-lo, a **não ser mediante o legítimo julgamento de seus iguais** e de acordo com a lei da terra." (destaque nosso)

O fundamento do Tribunal do Júri é de que os acusados devem ser julgados por seus pares, conferindo à instituição um caráter democrático. O Tribunal do Júri foi instituído no Brasil desde a Constituição do Império de 1824, dispondo em seu artigo 151 o seguinte:

> "Art. 151. O Poder Judicial é independente, e será composto de Juizes, e Jurados, os quaes terão logar assim no Civel, como no Crime nos casos, e pelo modo, que os Codigos determinarem.
> Art. 152. Os Jurados pronunciam sobre o facto, e os Juizes applicam a Lei."

Trata-se, portanto, de uma garantia constitucional que remonta ao Brasil imperial, figurando em praticamente todas as constituições brasileiras. Na vigente Constituição de 1988, a instituição do Júri foi inserida no artigo 5°, XXXVII, que estabeleceu a seguinte normativa:

> XXXVIII – é reconhecida a instituição do júri, com a organização que lhe der a lei, assegurados:
> a) a plenitude de defesa;
> b) o sigilo das votações;
> c) a soberania dos veredictos;
> d) a competência para o julgamento dos crimes dolosos contra a vida;

À luz do dispositivo constitucional trazido à colação, a competência do Tribunal do Júri circunscreve-se ao julgamento dos crimes dolosos contra a vida[75], é dizer, aqueles nos quais o agente teve a intenção de subtrair a vida de um terceiro. Ademais, o texto constitucional confere à instituição do Júri determinadas garantias, sem as quais ele não teria como cumprir adequadamente a função que lhe foi assinalada, que é o julgamento do acusado por seus pares. Referidas garantias são as seguintes: a) plenitude da defesa; b) sigilo das votações e; c) soberania dos vereditos.

A garantia constitucional da ampla defesa não corresponde apenas ao Tribunal do Júri, mas a todo processo, seja judicial ou administrativo. Em relação às votações, são elas de caráter sigiloso, cabendo aos jurados no momento da decisão apenas expressar um "sim" ou um "não" aos

75 Os crimes dolosos contra a vida estão disciplinados entre os artigos 121 e 128 do Código Penal, sendo eles: homicídio, induzimento, instigação ou auxílio ao suicídio, infanticídio e aborto.

quesitos que lhes são apresentados pelo juiz em sala secreta. É oportuno salientar que tais respostas são oferecidas através de cédulas, de modo que nenhum jurado ou os demais partícipes do processo têm como conhecer o pronunciamento de cada membro do júri.

A decisão tomada pelo Tribunal do Júri (veredicto) é soberana, não sendo permitido ao magistrado condutor do processo alterar referido juízo de valor.

2.14. Da garantia da legalidade, anterioridade e irretroatividade da lei penal

Os princípios da legalidade e anterioridade penal encontram-se insertos no artigo 5°, XXXIX e XL, respectivamente, da Constituição Federal, cujos enunciados normativos estabelecem o seguinte:

> "XXXIX – não há crime sem lei anterior que o defina, nem pena sem prévia cominação legal."
> "XL – a lei penal não retroagirá, salvo para beneficiar o réu;"

O princípio da reserva legal revela que para que uma conduta venha ser considerada criminosa, deverá ela estar descrita na lei como lesiva a um bem jurídico, é dizer, o comportamento individual deverá enquadrar-se na forma tipificada na legislação penal. Além desta normativa, o dispositivo constitucional estabelece ainda que a tipificação penal deverá anteceder a ocorrência de fatos considerados criminosos, é dizer, os fatos criminosos devem *suceder* a lei que os tipifica como tais. Logo, a lei deverá definir previamente tudo aquilo que há de ser considerado crime, de modo que apenas após a edição de uma lei tipificando condutas como criminosas, é que a ocorrência de tais comportamentos podem ser enquadrados como ilícitos penais. Portanto, não se admite considerar uma conduta como criminosa praticada antes do advento de uma lei que tipifique tal comportamento como ilícito penal e fixe pena respectiva.

Com isto, tem-se que apenas *lei* pode definir um fato como ilícito; que a conduta somente pode ser considerada criminosa quando praticada após a entrada em vigor da lei penal, com base na qual o juiz poderá aplicar a pena correspondente. Complementa o sistema de garantias penais ora analisados o princípio da irretroatividade da lei penal, que estabelece não poder a lei criminalizar condutas praticadas antes da sua entrada em vigor, ou seja, não alcança fatos que precederam o início de sua vigência. A única exceção prevista constitucionalmente se dá no sentido de retroagir para beneficiar o réu, jamais para agravar sua situação.

CAPÍTULO XI

GARANTIAS CONSTITUCIONAIS

1. Garantias constitucionais

As garantias constitucionais são instrumentos de defesa e proteção dos direitos fundamentais. De nada adianta o reconhecimento de direitos desprovidos dos instrumentos processuais que lhes conferem proteção. Neste sentido, o direito fundamental à liberdade apenas ganha completo significado com a respectiva garantia do *habeas corpus*. Sem este, a liberdade não se sustentaria. Isto porque os direitos subjetivos são susceptíveis de violação por parte de terceiros, fato este que requer uma correlata proteção por parte do direito positivo. No entanto, este não é o único significado atribuído às garantias constitucionais, na medida em que muitas normas da Constituição, além de declarar a existência de um direito fundamental, fixa-lhe a respectiva proteção. De antemão, devemos deixar claro que as *garantias constitucionais* não se confundem com as *garantias da Constituição*. As primeiras (garantias constitucionais), são instrumentos de proteção de direitos subjetivos de natureza *fundamental*, ao passo que as *garantias da Constituição* se revelam como os mecanismos processuais de proteção à norma constitucional, ou seja, ao direito positivo constitucional, à Lei Maior. Portanto, quando ordinariamente se utiliza o termo *garantias constitucionais*, se quer fazer referência "às normas constitucionais que conferem, aos titulares dos direitos fundamentais, meios, técnicas ou procedimentos para impor o respeito e a exigibilidade de seus direitos.[1]"

É oportuno distinguir, também, os *direitos* das *garantias*, na medida em que o **Título II** da **Constituição Federal** tem como epígrafe "**Dos Direitos e Garantias Fundamentais.**" No entendimento de Jorge Miranda, "os direitos representam só por si certos bens, as garantias destinam-se a assegurar a fruição desses bens; os direitos são principais, as garantias são acessórios e, muitas delas, adjetivas (ainda que possam ser objecto de um regime constitucional substantivo); os direitos permitem a realização das pessoas e inserem-se directa e imediatamente, por isso, nas respectivas esferas jurídicas, as garantias só nelas se projectam pelo nexo que possuem com os direitos; na acepção jus-racionalista inicial, os direitos ***declaram-se***, as garantias ***estabelecem-se***.[2]"

Em sua obra **A Era dos Direitos**, Norberto Bobbio é bastante preciso e claro ao tratar do tema:

> "Há três anos, no simpósio promovido pelo Institut International de Philosophie sobre o 'Fundamento dos Direitos do Homem', tive a oportunidade de dizer, num tom um pouco peremptório, no final de minha comunicação, que o problema grave do nosso tempo, com relação aos direitos do homem, não era mais de fundamentá-los, e sim de protege-los. Desde então, não tive razões para mudar de idéia. Mais que isso: essa frase que, dirigida a um público de filósofos, podia ter uma intenção polêmica – pôde servir, quando me ocorreu repeti-la no simpósio predominantemente jurídico promovido pelo Comitê Consultivo Italiano para os Direitos do Homem, como introdução, por assim dizer, quase obrigatória.

---

1 José Afonso da Silva. **Comentário Contextual à Constituição**, p. 61. Apesar de propor uma definição e classificação das garantias constitucionais, o mestre paulistano é consciente de que "não são nítidas, porém, as linhas divisórias entre direitos e garantias – como observa Sampaio Dória, para quem 'os direitos são garantias, e as garantias são direitos', ainda que se procure distingui-los. Nem é decisivo, em face da Constituição, afirmar que os direitos são ***declaratórios*** e as garantias são ***assecuratórias***, porque as garantias em certa medida são declaradas e, às vezes, se declaram os direitos usando forma assecuratória.
A Constituição, de fato, não consigna regra que aparte as duas categorias, nem sequer adota terminologia precisa a respeito das garantias. Assim é que a rubrica do Título II enuncia 'Dos Direitos e Garantias Fundamentais', mas deixa a doutrina pesquisar onde estão os direitos e onde se acham as garantias." Ob. cit. p. 59.

2 **Manual de Direito Constitucional. Tomo IV. Direitos fundamentais.** 5. ed. Coimbra: Coimbra, 2012, p. 89.

> Com efeito, o problema que temos diante de nós não é filosófico, mas jurídico e num sentido mais amplo, político. **Não se trata de saber quais e quantos são esses direitos, qual é a sua natureza e seu fundamento, se são direitos naturais ou históricos, absolutos ou relativos, mas sim qual é o modo mais seguro para garanti-los, para impedir que, apesar das solenes declarações, eles sejam continuamente violados.**[3]"

É comum no âmbito doutrinário e jurisprudencial, denominar as *garantias constitucionais*, até para efeitos de uma maior precisão quanto ao que se refere, como *remédios constitucionais*, na medida em que estão à disposição do indivíduo para provocação do Estado em defesa (modo de *remediar*[4]) do padecimento de direitos declarados.

Os *remédios constitucionais* estão elencados no artigo 5° da nossa Lei Maior, sendo eles os seguintes: a) Ação Popular[5]; 2) Mandado de Segurança[6]; 3) Mandado de Injunção[7]; 4) Habeas Data[8] e; 5) Habeas Corpus[9].

---

3 **A Era dos Direitos**. 9ª ed. Rio de Janeiro: Elsevier, 2004, p. 25.

4 André Ramos Tavares afirma que "a noção de remédios, usada em sentido figurado, por óbvio, é boa, já que tanto denota o fato de servirem para prevenir lesões como para reparar aquelas que eventualmente já tenham ocorrido." in **Curso de Direito Constitucional.** 9ª ed. São Paulo: Saraiva, 2011, p. 901;

5 "LXXIII - qualquer cidadão é parte legítima para propor ação popular que vise a anular ato lesivo ao patrimônio público ou de entidade de que o Estado participe, à moralidade administrativa, ao meio ambiente e ao patrimônio histórico e cultural, ficando o autor, salvo comprovada má-fé, isento de custas judiciais e do ônus da sucumbência;"

6 "LXIX - conceder-se-á mandado de segurança para proteger direito líquido e certo, não amparado por *habeas corpus* ou *habeas data*, quando o responsável pela ilegalidade ou abuso de poder for autoridade pública ou agente de pessoa jurídica no exercício de atribuições do Poder Público;"

7 "LXXI - conceder-se-á mandado de injunção sempre que a falta de norma regulamentadora torne inviável o exercício dos direitos e liberdades constitucionais e das prerrogativas inerentes à nacionalidade, à soberania e à cidadania;"

8 "LXXII - conceder-se-á habeas data:
a) para assegurar o conhecimento de informações relativas à pessoa do impetrante, constantes de registros ou bancos de dados de entidades governamentais ou de caráter público;
b) para a retificação de dados, quando não se prefira fazê-lo por processo sigiloso, judicial ou administrativo;"

9 "LXVIII - conceder-se-á habeas corpus sempre que alguém sofrer ou se achar ameaçado de sofrer violência ou coação em sua liberdade de locomoção, por ilegalidade ou abuso de poder;"

2. Ação Popular

2.1. Fundamento constitucional

A Constituição Federal estabeleceu a forma republicana de governo em seu artigo 1°. A *res publica* é um bem cuja titularidade reside em toda coletividade; cada indivíduo é *parcialmente* titular da coisa pública, na medida em que ela, a todos pertence. Por tal motivo, cabe ao cidadão evitar ou reparar lesão a dano praticado sobre o seu *patrimônio*. Neste sentido, se o patrimônio público pertence a toda uma coletividade, cabe a cada membro que a compõe atuar com o propósito de protegê-lo. Trata-se, portanto, de um instrumento processual de participação política do povo na preservação do patrimônio público.

Prevista no artigo 5°, LXXIII, da Constituição Federal, "qualquer cidadão é parte legítima para propor ação popular que vise a anular ato lesivo ao patrimônio público ou de entidade de que o Estado participe, à moralidade administrativa, ao meio ambiente e ao patrimônio histórico e cultural, ficando o autor, salvo comprovada má-fé, isento de custas judiciais e do ônus da sucumbência." Depreende-se do dispositivo legal trazido à colação, que a ação popular é um instrumento processual que legitima todo cidadão a impugnar e buscar anular atos lesivos ao patrimônio público, à moralidade administrativa, ao meio ambiente, ao patrimônio histórico e cultural.

A ação popular é regida pela Lei n° 4.717/65, cujo artigo primeiro dispõe sobre a legitimidade ativa e objeto de proteção do remédio constitucional em apreço.

2.2. Legitimidade ativa

Nos termos do artigo 5°, LXXIII, da Constituição Federal, "qualquer **cidadão** é parte legítima para propor ação popular (...)", ou seja, qualquer pessoa investida em seus direitos políticos – cidadão – tem legitimidade para provocar o Poder Judiciário através da ação popular, sendo irrelevante para tal fim se a nacionalidade é originária (brasileiro nato) ou adquirida (brasileiro naturalizado), conforme previsto no artigo 12, §2°, da Constituição Federal[10].

A cidadania é provada[11], para efeitos de se ingressar em juízo através da ação popular, mediante apresentação do título eleitoral ou docu-

---

10 "§ 2º A lei não poderá estabelecer distinção entre brasileiros natos e naturalizados, salvo nos casos previstos nesta Constituição.

11 Segundo Paulo Roberto de Gouveia Medina, "a legitimação ativa é atribuída exclusivamente ao cidadão, que deverá comprovar essa qualidade no ato da propositura

mento a ele correspondente, consoante disposto no artigo 1°, §§3° e 4°, da Lei n° 4.717/65. Logo, qualquer pessoa que não demonstre a condição de cidadão, a exemplo dos estrangeiros e pessoas jurídicas, está excluída do rol de legitimados ativos para propositura da ação popular. Neste sentido, o Supremo Tribunal Federal, através da Súmula 365, já se pronunciou que "pessoa jurídica não tem legitimidade para propor ação popular."[12]

Sobre o tema, é importante registrar o seguinte aspecto: a pessoa com idade entre 16 a 18 anos possui legitimidade ativa para propor ação popular, desde que inscrito no âmbito da Justiça Eleitoral[13]. Todavia, civilmente é considerada relativamente incapaz, conforme disposto no artigo 4°, I[14], do Código Civil. Portanto, o indivíduo com idade entre 16 a 18 anos possui legitimidade ativa para propor ação popular, todavia, carece ele de capacidade processual, razão pela qual necessita da assistência dos pais para ingressar em juízo, conforme disposto no artigo 71[15], do Código de Processo Civil.

---

da ação, instruindo a petição inicial com o respectivo título de eleito ou certidão expedida pelo competente cartório eleitoral." in **Direito Processual Constitucional**. Rio de Janeiro: Forense, 2003, p. 110. Acerca da demonstração da cidadania, os §§3° e 4°, do artigo 1°, da Lei n° 4.717/65, dispõem o seguinte:

"§ 3º A prova da cidadania, para ingresso em juízo, será feita com o título eleitoral, ou com documento que a ele corresponda.

§ 4º Para instruir a inicial, o cidadão poderá requerer às entidades, a que se refere este artigo, as certidões e informações que julgar necessárias, bastando para isso indicar a finalidade das mesmas."

---

12 Na ADI n° 4.650, j. em 17.09.15, o eminente Min. Rel. Luiz Fux, aduziu o seguinte: "De início, não me parece que seja inerente ao regime democrático, em geral, e à cidadania, em particular, a participação política por pessoas jurídicas. É que o exercício da cidadania, em seu sentido mais estrito, pressupõe três modalidades de atuação cívica: o *ius suffragii* (i.e., direito de votar), o *jus honorum* (i.e., direito de ser votado) e o direito de influir na formação da vontade política através de instrumentos de democracia direta, como o plebiscito, o referendo e a iniciativa popular de leis (...). Por suas próprias características, tais modalidades são inerentes às pessoas naturais, afigurando-se um disparate cogitar a sua extensão às pessoas jurídicas. Nesse particular, esta Suprema Corte sumulou entendimento segundo o qual as 'pessoas jurídicas não têm legitimidade para propor ação popular' (Enunciado da Súmula 365 do STF), por essas não ostentarem o status de cidadãs. (...) Deveras, o exercício de direitos políticos é incompatível com a essência das pessoas jurídicas."

13 O requisito da cidadania está devidamente preenchido.

14 "Art. 4º São incapazes, relativamente a certos atos ou à maneira de os exercer:
I - os maiores de dezesseis e menores de dezoito anos;"

15 "Art. 71. O incapaz será representado ou assistido por seus pais, por tutor ou curador, na forma da lei."

2.3. Legitimidade passiva

No polo passivo da relação processual instaurada mediante propositura da ação popular, estará a pessoa jurídica pública ou privada de que o Estado participe, seus dirigentes e funcionários que tenham concorrido com a prática do ato objeto de impugnação, além da possibilidade de inclusão dos seus beneficiários diretos, nos termos do artigo 6°[16], da Lei n° 4.717/65.

2.4. Objeto

A ação popular tem por objeto anular ato lesivo ao patrimônio público ou de entidade de que o Estado participe, à moralidade administrativa, ao meio ambiente e ao patrimônio histórico e cultural, **impedindo** a ocorrência da lesão ou **restabelecendo** o *status quo ante*. Logo, possui natureza **preventiva** ou **repressiva.** Nos termos do artigo 1°, §1° da Lei n° 4.717/65, "consideram-se patrimônio público para os fins referidos neste artigo, os bens e direitos de valor econômico, artístico, estético, histórico ou turístico." Portanto, atos administrativos lesivos ao patrimônio público é que se constituem objeto da ação popular.

2.5. Competência

Por fim, é competente para processar e julgar a ação o juízo de primeiro grau, estadual ou federal, a depender da origem do ato impugnado, nos termos do artigo 5°, da Lei n° 4.717/65. Logo, o juízo competente será aquele ao qual compete processar e julgar as ações promovidas contra quem figura no pólo passivo.

2.6. Da sentença

Por fim, os artigos 11 a 19 do diploma legal em comento dispõem sobre a sentença em sede de ação popular. Julgada procedente a ação, o juiz decretará a invalidade do ato impugnado, condenando ao pagamento de perdas e danos os responsáveis pela sua prática e os beneficiários dele, ressalvada a ação regressiva contra os funcionários causadores de dano, quando incorrerem em culpa.

16 "Art. 6º A ação será proposta contra as pessoas públicas ou privadas e as entidades referidas no art. 1º, contra as autoridades, funcionários ou administradores que houverem autorizado, aprovado, ratificado ou praticado o ato impugnado, ou que, por omissas, tiverem dado oportunidade à lesão, e contra os beneficiários diretos do mesmo."

3. Ação Civil Pública

3.1. Fundamento constitucional

A ação civil pública está prevista no artigo 129, III, da Constituição Federal. Neste sentido, no exercício de suas funções institucionais, compete ao Ministério Público promover a ação civil pública objetivando a proteção do patrimônio público e social, do meio ambiente e de outros interesses difusos e coletivos. Apesar do dispositivo constitucional aludir apenas ao Ministério Público como ente legitimado a propor ação civil pública, verificaremos que a legitimidade ativa não está circunscrita tão-somente a ele, mas a outras instituições, conforme previsto na Lei n° 7.347/85, que disciplina o instituto.

3.2. Legitimidade ativa

Nos termos do artigo 5°, da Lei n° 7.347/85, são legitimados para propor ação civil pública: a) o Ministério Público; b) a Defensoria Pública; c) a União, os Estados, o Distrito Federal e os Municípios; d) a autarquia, empresa pública, fundação ou sociedade de economia mista; e) a associação que, concomitantemente: e.1) esteja constituída há pelo menos 1 (um) ano nos termos da lei civil; e.2) inclua, entre suas finalidades institucionais, a proteção ao patrimônio público e social, ao meio ambiente, ao consumidor, à ordem econômica, à livre concorrência, aos direitos de grupos raciais, étnicos ou religiosos ou ao patrimônio artístico, estético, histórico, turístico e paisagístico. Por ser uma ação cuja abrangência do provimento jurisdicional se volta para coletividade, ua legitimidade ativa é reservada a órgãos públicos e entidades que atuam na defesa de determinados interesses sociais.

3.3. Legitimidade passiva

No pólo passivo da ação, poderá estar tanto pessoas físicas quanto pessoas jurídicas, sejam estas de direito público ou privado, na medida em que lhes tenham sido imputadas a responsabilidade pelo dano ocorrido.

3.4. Objeto

A ação civil pública tem por finalidade **evitar ou reparar** lesão ao meio-ambiente, ao consumidor, a bens e direitos de valor artístico, estético, histórico, turístico e paisagístico, a qualquer outro interesse difuso ou coletivo, à ordem econômica, à ordem urbanística, à honra e à dignidade de grupos raciais, étnicos ou religiosos e ao patrimônio público e social, nos termos do artigo 1°, da Lei n° 7.347/85. Dispõe o artigo 3° do referido diploma legal, que "a ação civil poderá ter por objeto a condenação em dinheiro ou o cumprimento de obrigação de fazer ou não fazer."

3.5. Competência

A ação civil pública deverá ser proposta no foro do local onde ocorrer o dano, cujo juízo terá competência funcional para processar e julgar a causa, conforme disposto no artigo 2°, da Lei n°. 7.347/85.

3.6. Da sentença

Em sede de ação civil pública a sentença fara coisa julgada *erga omnes*, no âmbito dos limites da competência territorial do juízo competente, salvo se for julgada improcedente em virtude de insuficiência probatória, caso em que uma nova ação poderá ser proposta por qualquer legitimado, com o mesmo fundamento, valendo-se de novo arsenal probatório, nos termos do art. 16, da Lei n° 7.347/85.

4. Do Mandado de Injunção

4.1. Fundamento constitucional

O mandado de injunção é uma garantia constitucional instituída no art. 5°, LXXI, da nossa Lei Fundamental, que dispõe:

> "LXXI – conceder-se-á mandado de injunção sempre que a falta de norma regulamentadora torne inviável o exercício dos direitos e liberdades constitucionais e das prerrogativas inerentes à nacionalidade, à soberania e à cidadania;"

Trata-se de ação mandamental[17] vinculada à uma omissão ou inércia estatal. A finalidade do instituto não consiste em fazer com que o

---

17 Sobre a natureza do Mandado de Injunção, o Supremo Tribunal Federal – STF, no MI 721-7/DF, deixou consignado tratar-se de ação mandamental, e não ação declaratória de omissão.

"Mandado de injunção. Natureza. Conforme disposto no inciso LXXI do art. 5º da CF, conceder-se-á mandado de injunção quando necessário ao exercício dos direitos e liberdades constitucionais e das prerrogativas inerentes à nacionalidade, à soberania e à cidadania. **Há ação mandamental e não simplesmente declaratória de omissão**. A carga de declaração não é objeto da impetração, mas premissa da ordem a ser formalizada. Mandado de injunção. Decisão. Balizas. Tratando-se de processo subjetivo, a decisão possui eficácia considerada a relação jurídica nele

ente público em mora edite a norma regulamentadora, viabilizando o exercício do direito fundamental por parte do seu respectivo titular, tal como se dá na ADO[18]. O propósito do mandado de injunção é precisamente permitir que o titular de um direito constitucional possa exercê-lo em conformidade com o que lhe foi assegurado pela Constituição Federal.

Conceitualmente, o MI pode ser definido como o "instrumento processual-constitucional oportuno ao exercício do direito de ação, em razão da falta de edição da norma regulamentadora de preceito constitucional, na hipótese de inviabilidade no exercício de qualquer das liberdades asseguradas constitucionalmente, inclusive aquelas relativas à nacionalidade, soberania popular e cidadania". Logo, a finalidade do instituto consiste na "obtenção de provimento jurisdicional que possibilite ao impetrante o pleno exercício da liberdade garantida constitucionalmente"[19].

---

revelada. Aposentadoria. Trabalho em condições especiais. Prejuízo à saúde do servidor. Inexistência de lei complementar. Art. 40, § 4º, da CF. Inexistente a disciplina específica da aposentadoria especial do servidor, impõe-se a adoção, via pronunciamento judicial, daquela própria aos trabalhadores em geral – art. 57, § 1º, da Lei 8.213/1991."

Em seu voto, o eminente Min. Marco Aurélio afirmou ter chegado o "tempo de se refletir sobre a timidez inicial do Supremo quanto ao alcance do mandado de injunção, ao excesso de zelo, tendo em vista a separação e harmonia entre os Poderes. É tempo de se perceber a frustração gerada pela postura inicial. transformando o mandado de injunção em ação simplesmente declaratória do ato omissivo, resultando em algo que não interessa, em si, no tocante à prestação jurisdicional, tal como consta no inciso LXXI do artigo 5º da Constituição Federal, ao cidadão. Impetra-se este mandado de injunção não para lograr-se simples certidão da omissão do Poder incumbido de regulamentar o direito a liberdades constitucionais, a prerrogativas inerentes a nacionalidade, à soberania e à cidadania. Busca-se o Judiciário na crença de lograr a supremacia da Lei Fundamental, a prestação jurisdicional que afaste as nefastas conseqüências da inércia do legislador." MI 721, rel. Min. Marco Aurélio, pp. 07 e 08, D. J. em 30.08.07, STF.

---

18 Ação Direta de Inconstitucionalidade por Omissão.

19 Luiz Rodrigues Wambier e Rita de Cássia Corrêa Vasconcelos. "**A Propósito da Proposta Legislativa de Nova Disciplina para o Mandado de Injunção**." in Gilmar Ferreira Mendes, André Rufino do Vale e Fábio Lima Quintas. **Mandado de Injunção – Estudos sobre sua Regulamentação**. São Paulo: Saraiva, 2013, p. 462.

4.2. Integração normativa

Em 24 de junho de 2016, passou a vigorar no ordenamento jurídico brasileiro a Lei nº 13.300, que disciplinou o processamento e o julgamento dos mandados de injunção individual e coletivo perante o Judiciário.

O art. 2º do referido diploma legal dispõe que *"conceder-se-á mandado de injunção sempre que a falta total ou parcial de norma regulamentadora torne inviável o exercício dos direitos e liberdades constitucionais e das prerrogativas inerentes à nacionalidade, à soberania e à cidadania."*

4.3. Objeto

De início, e realizando um juízo comparativo em face do art. 5º, LXXI, da Constituição Federal, percebe-se que o dispositivo em análise especificou os **tipos de omissões** que ensejam a impetração do mandado de injunção, ou seja, elas podem ser **total ou parcial**. A Constituição fala apenas em *"falta de norma regulamentadora"*, ao passo que a Lei nº 13.300/16 faz menção à *"falta total ou parcial de norma regulamentadora"*. O que a lei fez foi apenas especificar o que já restara consignado de forma genérica na Constituição Federal, indicando que a omissão estatal pode ser *total* ou *parcial*.

Todavia, devemos salientar que nem toda *omissão estatal* enseja a impetração do mandado de injunção, mas tão-somente aquelas que ***inviabilizam*** *o exercício dos direitos e liberdades constitucionais e das prerrogativas inerentes à nacionalidade, à soberania e à cidadania.* Para o fim de cabimento do Mandado de Injunção, o STF consagrou o entendimento de que não basta a existência de eventual obstáculo ao exercício do direito ou liberdade constitucional decorrente de omissão legislativa; faz-se necessário, por parte do titular e para tal fim, atestar a concreta inviabilidade do exercício do direito[20].

4.4. Legitimidade ativa e passiva

Por se tratar de uma garantia constitucional, são legitimadas a impetrar o mandado de injunção todas as pessoas físicas ou jurídicas que

---

20 "Para ser cabível o mandado de injunção, não basta que haja eventual obstáculo ao exercício de direito ou liberdade constitucional em razão de omissão legislativa, mas concreta inviabilidade de sua plena fruição pelo seu titular. Daí por que há de ser comprovada, de plano, a titularidade do direito (...) e a sua inviabilidade decorrente da ausência de norma regulamentadora do direito constitucional." MI 2.195 AgR, voto da rel. min. Cármen Lúcia, DJ. em 23.02.2011. Neste mesmo sentido, cf. MI 2.757, rel. min. Gilmar Mendes, decisão monocrática, D.J. em 05.03.12; MI 624, rel. min. Menezes Direito, D. J. em 21.11.07.

se apresentem como titulares dos direitos e liberdades constitucionais. No lado oposto da ação mandamental, na condição de impetrado, podem figurar o Poder, órgão ou autoridade com atribuição para editar a norma regulamentadora, conforme disposto no art. 3° do referido diploma legal. Em outras palavras, no polo passivo do mandado de injunção deve se fazer presente a instituição, órgão ou autoridade competente para edição da norma regulamentadora do preceito constitucional instituidor do direito fundamental que não está sendo exercido pelo respectivo titular.

Assim, o mandado de injunção se apresentaria como uma *ponte* para que o titular de um direito fundamental, cujo exercício está sendo obstaculizado em razão da inércia legislativa, possa exercê-lo legitimamente e nas condições previstas no sistema normativo.

4.5. Procedimento

Uma vez recebida a inicial do mandado de injunção, o relator da ação determinará a notificação do impetrado para prestar informações em dez dias, findos os quais o Ministério Público será notificado para emitir parecer em igual prazo. Exaurido o prazo do Ministério Público, o processo será concluso para prolação da decisão judicial.

Reconhecida a mora legislativa, o mandado de injunção será julgado procedente. Em tal hipótese, o órgão judicial determinará prazo razoável para que o impetrado edite a norma regulamentadora, suprindo, a partir da edição da norma integradora, a omissão inconstitucional. Além disto, estabelecerá as condições nas quais se dará o exercício dos direitos, liberdades ou prerrogativas reclamados ou, "*se for o caso, as condições em que poderá o interessado promover ação própria visando a exercê-los, caso não seja suprida a mora legislativa no prazo determinado*".

4.6. Decisão de mérito

A decisão judicial[21] que põe término ao processamento do mandado de injunção tem eficácia subjetiva limitada às partes do processo

21 Ao analisar a decisão judicial e seus efeitos em sede de mandado de injunção, o eminente Min. Luís Roberto Barroso expõe o seguinte:
"A controvérsia acerca do objeto do mandado de injunção reflete, naturalmente, no conteúdo da decisão a ser proferida. Duas linhas antagônicas de entendimento têm sido seguidas na matéria.
Coerente com a posição doutrinária aqui sustentada, afigura-se melhor a orientação que identifica no provimento judicial na espécie uma natureza *constitutiva,* devendo o juiz criar a norma regulamentadora para o caso concreto, com eficácia *inter partes,* e aplicá-la, atendendo, quando seja o caso, à pretensão veiculada. Esse

(*inter partes*) e produzirá efeitos até o momento em que seja editada a norma regulamentadora. Todavia, dispõe o §1° do art. 9° que *"poderá ser conferida eficácia* ***ultra partes*** *ou* ***erga omnes*** à decisão, quando isso for inerente ou indispensável ao exercício do direito, da liberdade ou da prerrogativa objeto da impetração". Dizem-se *ultra partes* os efeitos da decisão que transcendem os partícipes da relação processual, ampliando a eficácia para além das fronteiras da causa posta a julgamento. As decisões judiciais proferidas em sede de mandado de injunção "têm a função de preencher, ainda que provisoriamente, a omissão do legislador, razão pela qual se revestem naturalmente de características reguladoras e prospectivas semelhantes às dos preceitos normativos. Nessa condição, seria inimaginável admitir que, no âmbito da jurisdição injuntiva, fossem produzidas soluções casuísticas e anti-isonômicas para situações semelhantes. É, pois, da essência do **mandado de injunção a edição de provimentos jurisdicionais com força material e subjetiva de caráter expansivo**"[22]. (destaque nosso)

André Rufino do Vale, ao analisar os efeitos da decisão judicial em sede de mandado de injunção, expõe o seguinte:

> "Não obstante, em alguns casos, a decisão que, *prima facie*, deveria ter efeitos apenas *inter partes* será igualmente (e naturalmente) dotada de efeitos *ultra partes* ou *erga omnes*. Assim ocorrerá, por exemplo:
>
> (1) Na decisão tomada em mandado de injunção coletivo cujo objeto é a regulamentação de direito de caráter difuso. Nestes casos, aquele que ocupa o polo ativo da demanda, na qualidade de substituto

caráter constitutivo, porém, só se verifica no plano da criação da normatividade ausente, pois o mandado de injunção tem nítido caráter *instrumental*. Uma vez suprida a ausência de norma, caberá ao órgão julgador fazê-la incidir, sem solução de continuidade, com vistas à resolução da situação concreta que lhe foi submetida. Aqui, então, poderá *declarar* nulo um ato, *constituir* uma nova relação jurídica, *condenar* a alguma prestação (v. g., pecuniária) ou mesmo emitir uma ordem, um *mandamento* para que se faça ou não alguma coisa.
De outro lado, há os partidários da tese segundo a qual a decisão proferida no mandado de injunção tem caráter *mandamental*. Por tal orientação, caberia ao Poder Judiciário dar ciência ao órgão omisso da mora na regulamentação, para que este adote as providências necessárias e, se se tratar de direito oponível ao Estado, suspender os processos judiciais e administrativos de que possa advir para o impetrante dano que não ocorreria se não houvesse a omissão inconstitucional. Esse o entendimento que teve a adesão da maioria dos Ministros do Supremo Tribunal Federal (...)." in **O Controle de constitucionalidade no direito brasileiro.** 4ª ed. São Paulo: Saraiva, 2009, pp. 144-145.

22 RCL 4335 /AC, Ministro Teori Zavascki, voto-vista, p. 07.

processual (legitimação extraordinária), é facilmente identificável - o Ministério Público, por exemplo, quando atua na defesa de direitos e interesses difusos -, mas os efetivos titulares do direito, que serão atingidos diretamente pelo provimento judicial, são indetermináveis, não se podendo cogitar, portanto, de eficácia limitada às partes. A decisão nesses casos terá naturais efeitos *erga omnes*, pois isso decorre da própria natureza do direito reivindicado.

(2) Na decisão tomada em mandado de injunção coletivo cujo pedido é a regulamentação do direito coletivo. Nestes casos, apesar de serem determinados e identificáveis tanto o substituto processual (a entidade sindical ou associativa impetrante, por exemplo) como os substituídos (os membros do grupo, classe ou categoria), a decisão nessas ações coletivas terá uma intrínseca vocação para desencadear efeitos *ultra partes,* atingindo todos os casos análogos que igualmente possam ser subsumidos na norma formulada para o caso concreto versado nos autos do mandado de injunção. O exemplo mais eloquente ocorreu no conhecido caso do direito de greve dos servidores públicos, cuja decisão do STF, tomada em mandado de injunção coletivo, teve o condão de produzir, naturalmente, efeitos *erga omnes*. Como corretamente afirmado pelo Ministro Gilmar Mendes na Medida Cautelar na Reclamação n. 6.200 (decisão proferida em 23-9-2008), 'o que se evidencia é a possibilidade das decisões nos referidos mandados de injunção surtirem efeitos não somente em razão dos interesses jurídicos de seus impetrantes, mas também estenderem os seus efeitos normativos para os demais casos que guardem similitude e demandem a aplicação daquele esquema provisório de regulação do exercício do direito de greve pelos servidores públicos estatutários (...)'

(3) Na decisão tomada pelo Supremo Tribunal Federal em mandado de injunção, individual ou coletivo, cuja norma formulada para o caso concreto seja generalizável o suficiente para atingir, de modo indistinto e indeterminado, todos os casos análogos. O exemplo está no conhecido caso decidido pelo STF quanto ao direito de aposentadoria especial dos servidores públicos, um mandado de injunção individual que, ao produzir naturais efeitos *inter partes*, também acabou resultando numa norma de conteúdo geral e abstrato - a qual determina a aplicação analógica aos servidores públicos (assim, de forma indeterminada e indistinta) da disciplina legal da aposentadoria especial dos trabalhadores em geral (art. 57, §1°, Lei n. 8.213/91) - que, dessa forma, é aplicável a todos os casos que nela possam ser subsumidos.[23]"

23 "Mandado de Injunção: comentários ao projeto de regulamentação", p. 225, in **Mandado de Injunção - Estudos sobre sua Regulamentação**. Gilmar Ferreira Mendes, André Rufino do Vale, Fábio Lima Quintas. São Paulo: Saraiva, 2013.

No § 2° do art. 9° tem-se estabelecido que *"transitada em julgado a decisão, seus efeitos poderão ser estendidos aos casos análogos por decisão monocrática do relator."* Objetivando maior celeridade e eficiência jurisdicional, o dispositivo legal ora referido torna possível a aplicação da decisão proferida em um determinado caso concreto a todos os casos análogos ainda pendentes de julgamento no Tribunal. O dispositivo busca não apenas conferir igualdade decisória em processos similares, mas também maior racionalidade e eficiência do sistema jurisdicional, na medida em que o objeto da demanda é praticamente o mesmo das demais ações em tramitação e pendentes de julgamento de mérito.

Por fim, cabe aludir ao fato de que a omissão legislativa poderá resultar em dano aos cidadãos, seja de natureza patrimonial, seja de natureza moral. Em tal hipótese, é possível imputar ao Estado, em decorrência de sua inércia, a reparação por danos ocasionados aos particulares[24].

5. Mandado de Segurança

O mandado de segurança representa eficaz instrumento de controle judicial da atividade administrativa, prestando-se não apenas para

24 No MI 283-5/DF, rel. Min. Sepúlveda Pertence, o Supremo Tribunal Federal – STF externou entendimento segundo o qual, não suprida a omissão legislativa por parte do Estado, deverá este reparar as perdas e danos ocasionadas ao indivíduo, decorrentes de sua inércia legislativa, conforme podemos verificar através do seguinte trecho da decisão judicial:
"3. Se o sujeito passivo do direito constitucional obstado é a entidade estatal à qual igualmente se deva imputar a mora legislativa que obsta ao seu exercício, é dado ao Judiciário, ao deferir a injunção, somar, aos seus efeitos mandamentais típicos, o provimento necessário a acautelar o interessado contra a eventualidade de não se ultimar o processo legislativo, no prazo razoável que fixar, de modo a facultar-lhe, quanto possível, a satisfação provisória do seu direito.
4. Premissas, de que resultam, na espécie, o deferimento do Mandado de Injunção para:
a) declarar em mora o legislador em relação à ordem de legislar contida no art. 8°, §3°, ADCT, comunicando-o ao Congresso Nacional e à Presidência da República;
b) assinar o prazo de 45 dias, mais 15 dias para a sanção presidencial, a fim de que se ultime o processo legislativo da lei reclamada;
c) se ultrapassado o prazo acima, sem que esteja promulgada a lei, reconhecer ao impetrante a faculdade de obter, contra a União, pela via processual adequada, sentença líquida de condenação à reparação constitucional devida, pelas perdas e danos que se arbitrem;
d) declarar que, prolatada a condenação, a superveniência de lei não prejudicará a coisa julgada, que, entretanto, não impedirá o impetrante de obter os benefícios da lei posterior, nos pontos em que lhe for mais favorável." Pp. 1 e 2.

aferir a legitimidade dos atos administrativos vinculados, mas também dos atos discricionários[25]. Segundo Dimitri Dimoulis e Soraya Lunardi, trata-se de "ação de resistência do indivíduo contra decisão de autoridade estatal ou assemelhada nos casos de ilegalidade ou abuso de poder."[26]

5.1. Fundamento constitucional

A garantia constitucional do mandado de segurança está prevista no artigo 5°, LXIX[27] e LXX[28], da Constituição Federal. Trata-se, portanto, do *mandado de segurança individual* (LXIX) e do *mandado de segurança coletivo* (LXX). A integração normativa é dada pela Lei n° 12.016/09.

5.2. Objeto

O mandado de segurança busca conferir proteção a direito público subjetivo, revestidos do caráter de *certeza* e *liquidez*. O objeto da ação mandamental, portanto, consiste na proteção a *direito líquido* e *certo*, não amparado por *habeas corpus* ou *habeas data*. Por *direito líquido* e *certo* devemos entender como sendo aquele que pode ser demonstrado através de prova *exclusivamente* documental e sem necessidade de dilação probatória. Segundo Paulo Roberto de Gouvêa Medina, o mandado de segurança protege os direitos públicos subjetivos de três ordens, "os direitos políticos, os direitos individuais e os direitos sociais, e mais ainda outros direitos coletivos -, em relação a ambas as espécies de proteção que eles implicam – as prestações positivas e as prestações negativas."[29] Segundo Eduardo Arruda Alvim, Rennan Faria Kruger Thamay e Daniel Willian Granado, "havendo certeza quanto aos fatos, provados de forma cabal com os documentos acostados à inicial, líquido e certo será o

25 Eduardo Arruda Alvim, Renan Faria Kruger Thamay e Daniel Willian Granado. **Processo Constitucional**. São Paulo: Revista dos Tribunais, 2014, p. 226.

26 **Curso de Processo Constitucional. Controle de Constitucionalidade e remédios constitucionais**. São Paulo: Atlas, 2011.

27 "LXIX - conceder-se-á mandado de segurança para proteger direito líquido e certo, não amparado por habeas corpus ou habeas data, quando o responsável pela ilegalidade ou abuso de poder for autoridade pública ou agente de pessoa jurídica no exercício de atribuições do Poder Público;"

28 "LXX - o mandado de segurança coletivo pode ser impetrado por:
a) partido político com representação no Congresso Nacional;
b) organização sindical, entidade de classe ou associação legalmente constituída e em funcionamento há pelo menos um ano, em defesa dos interesses de seus membros ou associados;"

29 **Direito Processual Constitucional**. Rio de Janeiro: Editora Forense, 2003, p. 138.

direito, independentemente da extensão e profundidade da controvérsia jurídica."[30] Portanto, a existência do direito subjetivo decorrente de lei, há de ser demonstrada mediante prova exclusivamente documental. Logo, cabe ao impetrante demonstrar tanto a existência da norma que lhe assegura o direito líquido e certo, mas também a possibilidade de o exercer no momento da impetração.

5.3. Prazo para impetração

Dispõe o artigo 23, da Lei n° 12.016/09, que o **direito de requerer mandado de segurança extinguir-se-á decorridos 120 (cento e vinte) dias, contados da ciência, pelo interessado, do ato impugnado**. Decorrido este prazo, não cabe ao titular do direito ofendido sua reparação através do mandado de segurança, mas através de outra via processual que se adeque à situação concreta.

5.4. Legitimidade ativa

São ativamente legitimados para impetração do mandado de segurança **toda** e **qualquer pessoa física ou jurídica**, que se afirma titular de direito líquido e certo, não amparado por ***habeas corpus*** ou ***habeas data***, quando o responsável pela ilegalidade ou abuso de poder for autoridade pública ou agente de pessoa jurídica no exercício de atribuições do Poder Público.[31]

---

30 **Processo Constitucional**. São Paulo: Revista dos Tribunais, 2014, p. 263. André Vasconcelos Roque e Francisco Carlos Duarte, aduzem que a expressão *direito líquido e certo* se "refere ao direito do impetrante aferível de plano, mediante o exame de prova documental e independentemente de dilação probatória (...). A certeza e liquidez, portanto, dizem respeito apenas à forma de comprovação do direito, já não à complexidade da tese jurídica objeto de discussão na ação mandamental." in **Mandado de Segurança - Comentários à Lei n° 12.016/09**. Curitiba: Juruá, 2011, p. 20.

31 Dispõe o artigo 1° da Lei n° 12.016/09:
"Art. 1° Conceder-se-á mandado de segurança para proteger direito líquido e certo, não amparado por habeas corpus ou habeas data, sempre que, ilegalmente ou com abuso de poder, qualquer pessoa física ou jurídica sofrer violação ou houver justo receio de sofrê-la por parte de autoridade, seja de que categoria for e sejam quais forem as funções que exerça.
§ 1° Equiparam-se às autoridades, para os efeitos desta Lei, os representantes ou órgãos de partidos políticos e os administradores de entidades autárquicas, bem como os dirigentes de pessoas jurídicas ou as pessoas naturais no exercício de atribuições do poder público, somente no que disser respeito a essas atribuições."

5.5. Autoridade coatora

No polo passivo da ação mandamental deverá figurar o responsável pela ilegalidade ou abuso de poder, é dizer, a autoridade pública ou agente de pessoa jurídica que, no exercício de atribuições do Poder Público, praticou o ato objeto de impugnação. Nos termos do artigo 6°, §3°, da Lei n° 12.016/09, "considera-se autoridade coatora aquela que tenha praticado o ato impugnado ou da qual emane a ordem para a sua prática." Por sua vez, o §1°, do artigo 1°, do referido diploma legal, determina que são equiparadas às autoridades, para efeitos de impetração do mandado de segurança. os representantes ou órgãos de partidos políticos e os administradores de entidades autárquicas, bem como os dirigentes de pessoas jurídicas ou as pessoas naturais no exercício de atribuições do poder público, somente no que disser respeito a essas atribuições. A regra geral, portanto, é a natureza do ato objeto de impugnação em sede mandamental. Na hipótese do seu conteúdo traduzir alguma manifestação delegada do Poder Público, será cabível a impetração do mandado de segurança[32].

5.6. Procedimento

Protocolada a petição inicial perante o juízo competente, o magistrado, ao despachar a petição inicial, determinará que: a) seja notificada a autoridade coatora para que, no prazo de dez (10) dias preste as informações acerca do objeto da ação mandamental; b) seja dado ciência do mandado de segurança ao órgão de representação judicial da pessoa jurídica interessada, enviando-lhe cópia da inicial sem documentos, para que, querendo, ingresse no feito; c) seja suspenso o ato que deu motivo ao pedido, quando houver fundamento relevante e do ato impugnado puder resultar a ineficácia da medida, caso seja finalmente deferida, sendo facultado exigir do impetrante caução, fiança ou depósito, com o objetivo de assegurar o ressarcimento à pessoa jurídica.

Nos termos do parágrafo 2°, do artigo 7°, da Lei n° 12.016/09, não será concedida medida liminar que tenha por objeto "a compensação de créditos tributários, a entrega de mercadorias e bens provenientes do exterior, a reclassificação ou equiparação de servidores públicos e a concessão de aumento ou a extensão de vantagens ou pagamento de qualquer natureza."

32 Cf. André Vasconcelos Roque e Francisco Carlos Duarte. **Mandado de Segurança - Comentários à Lei n° 12.016/09**. Curitiba: Juruá, 2011, p. 22.

Uma vez concedida a medida liminar, os seus efeitos persistirão até a prolação da sentença, salvo se revogada pelo próprio juízo que a concedeu ou cassada no âmbito da instância superior, conforme disposto no artigo 7°, §3°, da Lei n° 12.016/09.

5.7. Do mérito

Exaurido o prazo para que a autoridade coatora preste informações e ouvido o representante do Ministério Público, os autos serão conclusos ao juiz para prolação da sentença. Em conformidade ao disposto no artigo 14, §3°, "a sentença que conceder o mandado de segurança pode ser executada provisoriamente, salvo nos casos em que for vedada a concessão da medida liminar." Da sentença, caberá apelação para o tribunal recursal, seja no âmbito estadual ou federal. A etapa recursal encontra-se disciplinada a partir do artigo 14, da Lei n° 12.016/09.

5.8. Do mandado de segurança coletivo

O mandado de segurança coletivo está previsto no artigo 5°, LXX, da Constituição Federal, podendo ser impetrado por: a) partido político com representação no Congresso Nacional e; b) organização sindical, entidade de classe ou associação legalmente constituída e em funcionamento há pelo menos um ano, em defesa dos interesses de seus membros ou associados. Tais instituições possuem, portanto, legitimidade ativa para impetração do mandado de segurança coletivo. No caso dos partidos políticos, o mandado de segurança poderá ser impetrado para defesa de seus interesses legítimos relativos a seus integrantes ou à finalidade partidária. Por sua vez, em se tratando de organização sindical, entidade de classe ou associação legalmente constituída e em funcionamento há, pelo menos, 1 (um) ano, o mandado de segurança se volta para defesa de direitos líquidos e certos da totalidade, ou de parte dos seus membros ou associados, na forma dos seus estatutos e desde que pertinentes às suas finalidades[33]. É importante consignar que a legitimidade ativa se confirma mediante comprovação da *pertinência temática*, é dizer, da "correspondência do interesse que se pretende tutelar com os fins institucionais da associação, entidade de classe ou sindicato."[34]

Em sede de mandado de segurança coletivo, os direitos passíveis de proteção jurídica são os **coletivos e individuais homogêneos**. São

33 Cf. artigo 21, da Lei n° 12.016/09.

34 Eduardo Arruda Alvim, Renan Faria Kruger Thamay e Daniel Willian Granado. **Processo Constitucional**. São Paulo: Revista dos Tribunais, 2014, p. 424.

direitos coletivos, para efeitos de proteção através do mandado de segurança, os transindividuais, de natureza indivisível, de que seja titular grupo ou categoria de pessoas ligadas entre si ou com a parte contrária por uma relação jurídica básica e os individuais homogêneos, ora compreendidos como sendo os decorrentes de origem comum e da atividade ou situação específica da totalidade ou de parte dos associados ou membros do impetrante, conforme disposto no artigo 22, da Lei n° 12.016/09.

Por fim, dispõe o art. 22 que, em sede de mandado de segurança coletivo, a sentença fará coisa julgada limitadamente aos membros do grupo ou categoria substituídos pelo impetrante.

6. Habeas corpus

De origem inglesa, o *habeas corpus* surge em 1679 através do *Habeas Corpus Act*[35]. A finalidade do instituto é a preservação da liberdade individual, é dizer, da liberdade de locomoção contra medidas arbitrárias ou injustificadas de autoridade estatal. Constitucionalmente, o *habeas corpus* está inserido no artigo 5°, LXVIII, cujo enunciado prescritivo corresponde ao seguinte: "conceder-se-á *habeas corpus* **sempre que alguém sofrer** ou se achar **ameaçado de sofrer** violência ou coação em sua liberdade de locomoção, por ilegalidade ou abuso de poder." O Código de Processo Penal, por sua vez, disciplina o *habeas corpus* entre os artigos 647 e 667.

6.1. Objeto

A liberdade de locomoção, conforme visto acima, se constitui no objeto de impetração do *habeas corpus*. Para tanto, o remédio constitucional comporta uma medida **preventiva** e outra **repressiva**. Em sede de **habeas corpus preventivo**, a ameaça à liberdade deve ser concreta e atual. Busca-se, portanto, evitar restrições ao direito fundamental em análise. Além de *preventivo*, o *habeas corpus* pode ser também **repressivo**, na me-

35 Segundo Fábio Konder Comparato, "o habeas-corpus já existia na Inglaterra, desde há vários séculos (mesmo antes da *Magna Carta*), como mandado judicial (*writ*) em caso de prisão arbitrária. Mas a sua eficácia como remédio jurídico era muito reduzida, em razão da inexistência de adequadas regras processuais. A Lei de 1679, cuja denominação oficial foi 'uma lei para melhor garantir a liberdade do súdito e para preservação das prisões no ultramar', veio corrigir esse defeito e confirmar no povo inglês a verdade do brocardo *remedies precede rights*, isto é, são as garantias processuais que criam os direitos e não o contrário." in **A Afirmação Histórica dos Direitos Humanos**. 2ª ed. São Paulo: Saraiva, 2001, p. 83.

dida em que se pretende por sua via a colocação do indivíduo em liberdade, afastando, portanto, a medida que indevidamente a cerceou.

6.2. Legitimidade ativa

Por se tratar de instituo processual voltado para promoção da *liberdade*, qualquer pessoa, física ou jurídica, pode impetrar o habeas corpus perante o Poder Judiciário. É possível, também, a impetração pelo Ministério Público e, até a **concessão** de *habeas corpus* **de ofício** pelo magistrado, conforme disposto no artigo 654, do Código de Processo Penal[36]. O impetrante é denominado ***paciente***.

6.3. Legitimidade passiva

A autoridade coatora, em sede de *habeas corpus*, é a autoridade que determinou a medida restritiva de liberdade de locomoção, é dizer, da medida que causou a privação da liberdade de ir e vir.

6.4. Procedimento e decisão de mérito

Em termos procedimentais, na hipótese de *habeas corpus repressivo*, estabelece o artigo 660, do Código de Processo Penal, que "efetuadas as diligências, e interrogado o paciente, o juiz decidirá, fundamentadamente, dentro de 24 (vinte e quatro) horas." Neste caso, o magistrado poderá determinar as diligências que entender necessárias, a exemplo da solicitação de informações à autoridade coatora para, na sequência, decidir sobre a *liberdade* do paciente. Constatada a ilegalidade ou abuso de poder, o magistrado determinará de imediato a soltura do indivíduo, salvo se por outro motivo entender deva ser mantido na prisão[37]. Será, também, deter-

36 "Art. 654. O habeas corpus poderá ser impetrado por qualquer pessoa, em seu favor ou de outrem, bem como pelo Ministério Público.
§ 1º A petição de habeas corpus conterá:
a) o nome da pessoa que sofre ou está ameaçada de sofrer violência ou coação e o de quem exercer a violência, coação ou ameaça;
b) a declaração da espécie de constrangimento ou, em caso de simples ameaça de coação, as razões em que funda o seu temor;
c) a assinatura do impetrante, ou de alguém a seu rogo, quando não souber ou não puder escrever, e a designação das respectivas residências.
§ 2º Os juízes e os tribunais têm competência para expedir de ofício ordem de habeas corpus, quando no curso de processo verificarem que alguém sofre ou está na iminência de sofrer coação ilegal."

37 "Art. 660. Efetuadas as diligências, e interrogado o paciente, o juiz decidirá, fundamentadamente, dentro de 24 (vinte e quatro) horas.

minada a imediata liberação do paciente, na hipótese dos documentos que instruírem a petição evidenciarem a ilegalidade da coação.

Nos termos do artigo 660, §4°, do Código de Processo Penal, havendo concessão da ordem de *habeas corpus preventivo*, será fornecido ao paciente salvo-conduto assinado pelo juiz, sendo cópia da decisão judicial concessiva enviada de imediato à autoridade que tiver ordenado a prisão ou que tiver o paciente à sua disposição, a fim de anexar aos autos. Recebidas as informações provenientes da autoridade coatora e a manifestação do Ministério Público, caberá ao juiz, dentro de 24 horas após conclusão dos autos, proferir decisão de mérito, seja no sentido de manter o indivíduo preso ou determinar a sua imediata soltura.

7. Habeas data

O *habeas data* é uma garantia constitucional destinada a assegurar o conhecimento de informações constantes de registros ou banco de dados estatais ou de natureza pública[38], além de objetivar sua retificação. Seu fundamento constitucional situa-se no artigo 5°, LXXII[39]. No

---

§1° Se a decisão for favorável ao paciente, será logo posto em liberdade, salvo se por outro motivo dever ser mantido na prisão.
§2° Se os documentos que instruírem a petição evidenciarem a ilegalidade da coação, o juiz ou o tribunal ordenará que cesse imediatamente o constrangimento.
§3° Se a ilegalidade decorrer do fato de não ter sido o paciente admitido a prestar fiança, o juiz arbitrará o valor desta, que poderá ser prestada perante ele, remetendo, neste caso, à autoridade os respectivos autos, para serem anexados aos do inquérito policial ou aos do processo judicial.
§4° Se a ordem de habeas corpus for concedida para evitar ameaça de violência ou coação ilegal, dar-se-á ao paciente salvo-conduto assinado pelo juiz.
§5° Será incontinenti enviada cópia da decisão à autoridade que tiver ordenado a prisão ou tiver o paciente à sua disposição, a fim de juntar-se aos autos do processo.
§6° Quando o paciente estiver preso em lugar que não seja o da sede do juízo ou do tribunal que conceder a ordem, o alvará de soltura será expedido pelo telégrafo, se houver, observadas as formalidades estabelecidas no art. 289, parágrafo único, in fine, ou por via postal."

38 O parágrafo único da Lei n° 9.507/97, define o caráter público do registro ou banco de dados da seguinte forma:
"Parágrafo único. Considera-se de caráter público todo registro ou banco de dados contendo informações que sejam ou que possam ser transmitidas a terceiros ou que não sejam de uso privativo do órgão ou entidade produtora ou depositária das informações."

39 "LXXII - conceder-se-á habeas data:
a) para assegurar o conhecimento de informações relativas à pessoa do impetrante, constantes de registros ou bancos de dados de entidades governamentais ou de caráter público;

entendimento de Eduardo Arruda Alvim, Renan Faria Kruger Thamay e Daniel Willian Granado, "a finalidade do *habeas data* é dar acesso ao cidadão aos órgãos governamentais ou particulares que detenham registros públicos, bem como a possibilidade de retificação dos dados ali constantes."[40]

A Lei n° 9.507/97, ao integrar o dispositivo constitucional acima apontado, regulamenta o direito de acesso a informações, dispondo sobre o rito processual do habeas data.

7.1. Objeto

A Lei Fundamental de 1988, em seu artigo 5°, LXXII, concebe duas hipóteses de tutela através da garantia constitucional do *habeas data*: a) assegurar o conhecimento de informações relativas à pessoa do impetrante, constantes de registros ou bancos de dados de entidades governamentais ou de caráter público e; b) retificação de dados, quando o titular do direito não prefira fazê-lo por processo sigiloso, judicial ou administrativo. A Lei n° 9.507/97, em seu artigo 7°, incluiu uma terceira hipótese de cabimento do habeas data: a) para a anotação nos assentamentos do interessado, de contestação ou explicação sobre dado verdadeiro, mas justificável e que esteja sob pendência judicial ou amigável.

7.2. Legitimidade ativa

São legitimados ativos para impetração do *habeas data*, qualquer pessoa física ou jurídica, que busque acessar ou retificar informações suas em bancos de dados estatais ou de natureza pública.

7.3. Legitimidade passiva

No polo passivo, situam-se todas as pessoas, públicas ou privadas, que administram arquivos que contemplam os dados objeto da ação mandamental. Segundo Dimitri Dimoulis e Sorya Lunardi, "a Constituição e a lei do *habeas data* indicam duas categorias de arquivos e bancos de dados que são passíveis de questionamento. Primeiro, os administrados por entidades governamentais, independentemente de seu caráter público ou reservado. Segundo, aqueles que possuem caráter público, sen-

b) para a retificação de dados, quando não se prefira fazê-lo por processo sigiloso, judicial ou administrativo;"

40 **Processo Constitucional**. São Paulo: Revista dos Tribunais, 2014, p. 350.

do acessíveis a consulta por qualquer interessado, mediante pagamento ou não."[41]

7.4. Procedimento e decisão de mérito

Nos termos do artigo 8°, da Lei n° 9.507/97, a petição inicial do *habeas data* deverá ser instruída com: a) a recusa ao acesso às informações ou do decurso de mais de dez dias sem decisão; b) a recusa em fazer-se a retificação ou do decurso de mais de quinze dias, sem decisão; ou c) a recusa em fazer-se a anotação a que se refere o § 2° do art. 4° ou do decurso de mais de quinze dias sem decisão.

Despachada a petição inicial o juiz ordenará a notificação da autoridade coatora para que sejam prestadas informações no prazo de 10 dias, conforme disposto no artigo 9°. Exaurido este prazo e ouvido o representante do Ministério Público dentre de cinco dias, os autos serão conclusos ao juiz para proferir sentença.

Julgada procedente a ação, o juiz determinará data e horário para que a autoridade coatora: a) apresente ao impetrante as informações a seu respeito, constantes de registros ou bancos de dadas; ou b) apresente em juízo a prova da retificação ou da anotação feita nos assentamentos do impetrante.[42] Por fim, nos termos do artigo 15, da decisão concessiva ou denegatória do *habeas data*, caberá recurso de apelação para superior instância. Na hipótese de sentença concessiva do *habeas data*, o recurso de apelação terá efeito apenas devolutivo[43].

---

41 **Curso de Processo Constitucional. Controle de Constitucionalidade e remédios constitucionais**. São Paulo: Atlas, 2011, p. 391.

42 Art. 13, I e II da Lei n° 9.507/97.

43 Art. 15, parágrafo único, da Lei n° 9.507/97.

CAPÍTULO XII

HERMENÊUTICA CONSTITUCIONAL

1. Interpretação Jurídica: noções iniciais

O direito positivo se manifesta através da linguagem[1], que, por sua vez, refere-se aos comportamentos humanos. Por revelar-se através de signos linguísticos, o direito há de ser compreendido como fenômeno cultural, é *cultura*. Neste sentido, tudo aquilo que compõe o mundo da cultura é susceptível de interpretação. E assim é o *direito*: manifestação cultural do espírito humano.

1 Paulo de Barros Carvalho, ao dispor sobre o direito como sistema comunicacional, afirma o seguinte:
"(...) penso que nos dias atuais seja temerário tratar do jurídico sem atinar a seu meio exclusivo de manifestação: a linguagem. Não toda e qualquer linguagem, mas a verbal-escrita, em que se estabilizam as condutas intersubjetivas, ganhando objetividade no universo do discurso." in **Direito Tributário, Linguagem e Método.** 7ª ed. São Paulo: Noeses, 2018, p. 168.

Com isto, torna-se perceptível que o direito é um *dado a conhecer*, logo, passível de compreensão pelos indivíduos. O *conhecimento*, conforme lição de Lourival Vilanova, apesar de ser um fenômeno complexo, pode, de maneira simplificada, significar "a relação do sujeito com o objeto.[2]" O ilustre Professor informa que o conhecimento é composto pelos seguintes elementos: a) sujeito cognoscente; b) os atos de percepção e de julgar; c) o objeto do conhecimento (coisa, propriedade, situação objetiva); d) a proposição. No *iter* do conhecimento, tais elementos são inseparáveis, todavia, discerníveis. Através da linguagem, o jurista estabelece as significações conceptuais e externaliza o conhecimento[3], que ocorre num "*universo-de-linguagem e dentro de uma comunidade-do-discurso.*"[4] A linguagem e os conceitos por ela apresentados têm origem no âmbito das relações sociais, acompanhando seu processo de mutação ao longo do tempo. O domínio da linguagem jurídica do direito positivo

---

2 Segundo Lourival Vilanova, "se tivermos em conta o conhecimento do mundo físico exterior, sua origem - do conhecimento - é a experiência sensorial. Percebo a árvore verde e enuncio: esta árvore é verde. O ser-verde-da-árvore, que se me dá num ato de apreensão sensorial, é base para outro ato, o de revestir esse dado numa estrutura de linguagem, na qual se exprime a relação conceptual denominada proposição (juízo, na terminologia clássica). **Estruturas Lógicas e o Sistema de Direito Positivo**. 3ª ed. São Paulo: Noeses, 2005, p. 39.

3 No entendimento de Emilio Betti, "en todas partes nos encontramos en presencia de formas sensibles, a través de las cuales outro espiritu, en ellas objetivado, habla al nuestro haciendo un llamado a nuestra inteligencia, y aquí entra en movimiento nuestra atividad interpretativa para entender qué sentido tengan aquellas formas, que mensaje nos envían, que cosas nos quieren decir. Desde el vivo y frágil discurso hablado al inmóvil documento y monumento, de la escritura al signo convencional, a la cifra y al símbolo artístico, del lenguaje articulado, poético, narrativo, deductivo, al lenguaje no articulado. Como aquel figurado y aquel musical, desde la declaración al gesto mudo y al comportamiento personal, de la fisionomía y de la expresión de la cara a la línea de conducta y al estilo de comportamiento, todo cuanto de otro espirito provenga, dirige una llamada, un reclamo y un mensaje a nuestra sensibilidadnd e inteligencia para ser entendido.

(...)

Mientras queda por suponer al análisis el fenómeno del lenguaje en conexión con el problema del símbolo, se puede decir desde ya que la función representativa o semántica en la vida social está confiada sobre todo al lenguaje, consista ello en palabras, es decir, en un discurso, o consista en otros signos y medios expresivos: fórmulas, imágenes, figuras y sonidos. En el ambiente social el instrumento más usado para manifestar un pensamiento y para comunicarlo a otro son las declaraciones." **Teoría de la Interpretación Jurídica.** Santiago: Ediciones Universidad Católica de Chile, 2015, pp. 13 e 14.

4 **Estruturas Lógicas e o Sistema de Direito Positivo**. 3ª ed. São Paulo: Noeses, 2005, p. 40.

é o plano material das relações sociais, ao passo que o domínio da linguagem da dogmática jurídica é precisamente o âmbito dos enunciados prescritivos que compõem o sistema positivo de normas. Neste contexto hermenêutico, temos o *intérprete* ou *sujeito cognoscente* (sujeito que conhece), cuja *intenção* se volta para *conhecer* os *enunciados prescritos do direito positivo*, formulando, a partir daí, as *proposições descritivas* sobre o objeto cognoscível (objeto do conhecimento = direito positivo).[567] Nesta relação entre *sujeito cognoscente* e *objeto cognoscível*, pontua Dimitri Dimoulis que "os textos só 'falam' por intermédio da voz do aplicador que seleciona as disposições pertinentes para o caso e atribui certo significado.[8]" Portanto, a externalização do conteúdo dos textos normativos decorre da atividade hermenêutica promovida pelo sujeito da interpretação jurídica.

É importante registrar, desde logo, que nem toda *interpretação jurídica* possui natureza científica, ou seja, não compõe necessariamente a Ciência do Direito. São formas de compreensão distintas que se utilizam, não raro, de mecanismos hermenêuticos completamente díspares. Para lançar luzes ao que estamos a tratar, imaginemos uma petição inicial de um advogado e uma obra jurídica. A primeira – petição inicial – é formada por um corpo de linguagem que se reporta a uma específica

5 Pontua Lenio Streck que "o universo jurídico deve ser compreendido como um universo linguístico e se infere daí que o pensamento jurídico haverá de assumir como seu método específico a análise da linguagem – a análise da linguagem legal, isto é, a interpretação jurídica daqueles dados empíricos que consistem nas proposições normativas de que se compõe o discurso do legislador, e tendo decerto e radicalmente como objeto direto de análise o texto legal, os enunciados linguísticos objetivados prescritivamente nesse texto." in **Hermenêutica Jurídica e (m) Crise. Uma exploração hermenêutica da construção do Direito**. 2ª ed. Porto Alegre: Livraria do Advogado, 2000, p. 55.

6 É importante registrar que a Ciência do Direito que estamos a nos referir é a *Dogmática Jurídica* que possui, portanto, objeto de conhecimento distinto de outras ciências do direito, a exemplo da Filosofia Jurídica, da Sociologia Jurídica etc.

7 Neste ponto, devemos registrar o pensamento de Georges Abboud, Henrique Garbelinni Carnio e Rafael Tomaz de Oliveira:
"No que tange à hermenêutica jurídica (clássica), interessa anotar que, em seu seio, a interpretação se dá segundo uma relação sujeito-objeto, na qual o conjunto normativo é tido como algo totalmente despido de sentido e que irá receber, da nossa compreensão subjetiva, determinada significação, como se essa significação fosse determinada pelo sujeito." in **Introdução à Teoria e à Filosofia do Direito**. 2ª ed. São Paulo: RT, 2014, p. 394.

8 **Positivismo Jurídico: Introdução a uma teoria do direito e defesa do pragmatismo jurídico-político.** São Paulo: Método, 2006, p. 222.

situação concreta, onde ao término da narrativa do discurso se *pede algo a alguém*. Por sua vez, a obra jurídica é também um corpo de linguagem, construído com rigor metodológico, através do qual se *descreve* um outro *corpo de linguagem* – enunciados prescritivos do direito positivo[9]. Neste caso, a interpretação realizada pelo operador do direito sob a for-

---

9 Paulo de Barros Carvalho, com a clareza que lhe é peculiar, expõe a distinção entre o Direito Positivo e a Ciência do Direito:
"Os autores, de um modo geral, não se têm preocupado devidamente com as sensíveis e profundas dissemelhanças entre as duas regiões do conhecimento jurídico, o que explica, até certo ponto, a enorme confusão de conceitos e a dificuldade em definir qualquer um daqueles setores sem utilizar notações ou propriedade do outro. São comuns, nesse sentido, definições de ramos do Direito que começam por referências ao conjunto de regras jurídicas e terminam com alusões a princípios e composições que a Ciência desenvolveu a partir da análise do direito positivo.
Por isso, não é demais enfatizar que o direito positivo é o complexo de normas jurídicas válidas num dado país. À Ciência do Direito cabe descrever esse enredo normativo, ordenando-o, declarando sua hierarquia, exibindo as formas lógicas que governam o entrelaçamento das várias unidades do sistema e oferecendo seus conteúdos de significação.
O Direito Positivo está vertido numa linguagem, que é seu modo de expressão. E essa camada de linguagem, como construção do homem, se volta para a disciplina do comportamento humano, no quadro de suas relações de intersubjetividade. As regras do direito existem para organizar a conduta das pessoas, umas com relação às outras. Daí dizer-se que ao Direito não interessam os problemas intrasubjetivos, isto é, da pessoa para com ela mesma, a não ser na medida em que esse elemento interior e subjetivo corresponda a um comportamento exterior e objetivo.
(....)
O objeto da Ciência do Direito há de ser precisamente o estudo desse feixe de proposições, vale dizer, o contexto normativo que tem por escopo ordenar o procedimento dos seres humanos, na vida comunitária. O cientista do Direito vai debruçar-se sobre o universo das normas jurídicas, observando-as, investigando-as, interpretando-as e descrevendo-as segundo determinada metodologia. Como ciência que é, o produto de seu trabalho terá caráter descritivo, utilizando uma linguagem apta para transmitir conhecimentos, comunicar informações, dando conta de como são as normas, de que modo se relacionam, que tipo de estrutura constroem e, sobretudo, como regulam a conduta intersubjetiva. Mas, ao transmitir conhecimentos sobre a realidade jurídica, o cientista emprega a linguagem e compõe uma camada linguística que é, em suma, o discurso da Ciência do Direito.
Tal discurso, eminentemente descritivo, fala de seu objeto – o direito positivo – que, por sua vez, também se apresenta como um estrato de linguagem, porém de cunho prescritivo. Reside exatamente aqui uma diferença substancial: o direito posto é uma linguagem *prescritiva* (prescreve comportamentos), enquanto a Ciência do Direito é um discurso *descritivo* (descreve normas jurídicas)". **Curso de Direito Tributário**. 29ª ed. São Paulo: Saraiva, 2018, pp. 37 e 38.

ma de linguagem escrita, não se reveste de cientificidade, ao passo que a segunda compõe a Ciência do Direito.

Feitos tais esclarecimentos, é importante registrar que a interpretação jurídica é realizada tanto ao nível da Ciência do Direito como do Direito Positivo[10].

Conforme dito acima, a interpretação aplica-se *apenas* aos objetos culturais. Cultura é toda realidade transformada pelo ser humano. Todo bem cultural possui uma significação, haja vista que comporta valores, requerendo, portanto, uma integração do homem com o bem interpretado. Entretanto, o mesmo não acontece com os fenômenos da natureza, regidos pela lei da causalidade, não portando em si nenhum conteúdo, nenhum valor.[11]

O objeto da interpretação[12] é sempre uma manifestação objetiva do pensamento, quer dizer, uma vontade que assume uma forma represen-

---

10 Explicaremos melhor tal assertiva no tópico sobre as *fontes da interpretação do direito*. Todavia, para não deixarmos aqui uma lacuna, basta mencionar que o legislador, ao atuar no sentido de produzir uma nova lei no ordenamento jurídico, formula uma interpretação constitucional para aferir a adequação deste projeto em face da Constituição Federal. Esta é a função essencial das Comissões de Constituição e Justiça - CCJ.

11 Segundo Emilio Betti,*"temos a obrigação de chamar a atenção até que ponto resulta impróprio falar de 'interpretação' quando se trata de fenômenos naturais que se sujeitam às leis da natureza e se explicam com a categoria da causalidade, por isto não deve falar-se de interpretação, certamente, senão de diagnose causal."* Interpretacion de la ley y de los actos jurídicos, p. 31, trad. livre do autor.
Pertinentes são as palavras de Inocêncio Mártires Coelho, *verbis: "Como realidades puramente naturais, esses objetos são neutros ao valor e o seu conhecimento se constitui e se conclui quando – operando-se um corte a qualquer altura do processo explicativo – eles são referidos a algo que lhes é externo, à causa que lhes deu origem, seja ela próxima ou remota."*
Em seguida conclui o autor: *"Em relação a esses objetos, **observados** os fenômenos e formulados uma **hipótese** – como 'explicação antecipada e racional' para a sua ocorrência – se essa solução provisória, após submetida a **experimentação**, vier a se **verificar**, então o cientista da natureza dará por **concluído** o seu trabalho, enunciando uma **lei**, que traduzirá, em linguagem sintética e generalizadora, as relações constantes e necessárias que existem entre os fenômenos observados."* **Interpretação Constitucional**. Porto Alegre: Sergio Antonio Fabris Editor, 1997, p. 32.

12 Sobre o tema, Inocêncio Mártires Coelho pontua o seguinte:
"2. Não existem fato, mas apenas *interpretações* de fatos, assim como não existem fenômenos morais, mas, apenas, uma *interpretação moral* dos fenômenos, e isso tudo já é uma interpretação. Não há experiência de verdade a não ser como *ato interpretativo*. Não temos nenhum acesso imediato a uma realidade não interpretada ou simplesmente 'nua'. É ilusão acharmos que algo seja *conhecido* onde tenhamos uma fórmula matemática para o acontecer: ele está apenas *designado, descrito*: nada mais!

tativa no mundo fenomênico. Em outras palavras, o que se interpreta são objetivações do espírito, razão pela qual devemos sempre diferenciar a linguagem, do sentido que dela resulta. O intérprete sempre se põe frente a determinadas realidades que requerem uma objetivação significativa, que com ele dialoga para serem revestidos de sentido, não devendo, pois, confundir os vários planos ou diversas dimensões des-

---

3.Não há nenhum fenômeno moral, mas, antes apenas interpretação moral de fenômenos; e essa interpretação é, ela própria, de origem extramoral.
4. Contra o positivismo, que fica preso ao fenômeno 'só há fatos', eu diria: não, justamente fato é o que não há, e sim apenas interpretações. Não podemos constatar nenhum fato 'em si': talvez seja um absurdo querer algo assim. 'Tudo é subjetivo', direi vós: mas já isso é exegese, o 'sujeito' não é nada disso, porém algo inventado por acréscimo, subposto. Será que é necessário, em última instância, colocar o intérprete ainda por trás da interpretação? Já isso é invencionice, hipótese.
5. Não conhecemos as coisas em si e por si, mas apenas por suas imagens no espelho da nossa alma. A nossa alma não é mais do que o olho, o ouvido, etc, espiritualizados. Cor e som não são próprios às coisas, mas ao olho e ao ouvido. Todos os abstracta, todas as propriedades que atribuímos a uma coisa, compõem-se no nosso espírito. Nada nos atrai tanto como o vivo. Tudo o que nos atrai tomou primeiro vida do nosso espírito.
6. Minha vista, seja forte ou fraca, enxerga apenas a certa distância, e neste espaço eu vivo e ajo, a linha deste horizonte é o meu destino imediato, pequeno ou grande, a que não posso escapar. Assim, em torno a cada ser há um círculo concêntrico, que lhe é peculiar.
De modo semelhante, o ouvido nos encerra um pequeno espaço, e assim também o tato. É de acordo com esses horizontes, nos quais, como em muros de prisão, nossos sentidos encerram cada um de nós, que *medimos* o mundo, que chamamos a isso perto e àquilo longe, a isso grande e àquilo pequeno, a isso duro e àquilo macio; a esse medir nós chamamos 'perceber' – e tudo, tudo em si é erro!
7. A interpretação é o que opera a medição, nunca perfeita, entre o homem e o mundo, e nesse sentido a única evidência e o único dado real é que compreendemos algo como 'algo'. Só à luz da interpretação algo se converte em 'fatos' e uma informação possui caráter informativo.
8. Não existe observação sem uma componente teórica, porque toda observação é uma interpretação dos fatos à luz de alguma teoria; todo conhecimento é necessariamente impregnado de teoria, inclusive as nossas observações. O que o conhecimento consegue ser? 'Exegese', não 'esclarecimento'. A verificação de um fato científico depende de uma interpretação, mas de uma interpretação ordenada, no interior de uma teoria explícita.
9. Observações são sempre interpretações e interpretações se fazem à luz de teorias; mesmo no âmbito das ciências naturais, a fundamentação do conhecimento não pode evitar a consequência hermenêutica de que a realidade 'dada' é inseparável da interpretação; os usuários da linguagem não dispõem de um acesso direto a condições de verdade que prescindam da interpretação; a própria realidade é o resultado de uma interpretação; as coisas adquirem realidade porque o homem fala delas, ou seja, as interpreta." **Da Hermenêutica Filosófica à Hermenêutica Jurídica.** 2ª ed. São Paulo: Saraiva, 2015, pp. 2 e 3.

tas objetivações do espírito que se lhe apresentam. Por tal razão, afirma Betti que o sujeito cognoscente deverá distinguir cuidadosamente a linguagem e o sentido; o substrato material ou instrumento perceptível da significação a ela atribuída[13].

Para Emilio Betti, o processo interpretativo em geral corresponde ao problema epistemológico do entender, pois, partindo da distinção entre *ação* e *evento*, pode-se provisoriamente caracterizar a interpretação como a ação na qual o resultado ou evento útil é entender. [14] O *iter* hermenêutico exige sempre a presença de dois elementos, quais sejam: o sujeito cognoscente e o objeto a conhecer. Urge trazer à colação as palavras de Betti, *verbis:*

> *"Estes dois termos do processo, sujeito e objeto, são os mesmos dois termos encontrados em todo processo cognoscitivo, embora venham caracterizados por particulares qualificações derivadas de que não se trata de um objeto qualquer, senão precisamente de uma objetivação do espírito e que a finalidade do sujeito está voltada a conhecer, a reconhecer naquela objetivação o pensamento animado, em repensar a concepção, ou em reconstruir a intuição que ali se revela."* [15]

A interpretação consiste, pois, na compreensão das manifestações objetivas do pensamento. O Direito, enquanto criação humana e, consequentemente, fenômeno cultural, requer interpretação, pois uma das particularidades dos objetos culturais é o constante solicitar a interpretação.[16]

---

13 Tal relação é explicitada por Betti da seguinte forma:
"Deberemos, más bien, tener cuidadosamente diferenciado el lenguaje y el sentido, que sólo nos interesa, de los sonidos que los encarnan, de las anotaciones y de los signos que los fijan; tener diferenciada la declaración del documento que sirve para representarlas y para identificarlas, ya sea en orden a la comunicación, como a la certificación. Deberemos en general, estar atentos a no confundir el suporte o instrumento material perceptible, que - por frágil o duradero que sea – pertenece a la dimensión del mundo físico, de la dotación espiritual (calificada como *corpus mysticum* en la teoría de los bienes materiales) a ella confiada, casi como un vehículo; dotación de símbolo de ello, por decirlo así, retenido, incorporado y fijado: dotación, cuyo contenido del espíritu y del pensamiento trasciende el sustento material y pertenece a una dimensión radicalmente diversa a aquello del mundo físico." **Teoría de la Interpretación Jurídica**. Santiago: Ediciones Universidad Católica de Chile, 2015, p. 15.

14 **Interpretacion de la ley y de los actos jurídicos.** Madrid: Editorial Revista de Derecho Privado, 1971. p. 29.

15 Ibidem, pp. 29/30, trad. livre do autor.

16 Celso Ribeiro Bastos, **Hermenêutica e Interpretação Constitucional.** São Paulo: Celso Bastos Editor, 1997, p. 24.

Transpondo o conceito de interpretação ora utilizado para o âmbito jurídico, podemos dizer que interpretar significa atribuir um sentido às formas de manifestação do direito positivo[17]. Os modos pelos quais o direito se expressa (Constituição, leis, atos jurídicos, contratos, costumes etc) são, neste contexto, o objeto da interpretação jurídica[18].

A norma jurídica só se completa, só se torna plenamente pronta e acabada quando do fim da atividade exegética. A norma jurídica aparece como o próprio resultado da atividade hermenêutica. O que se interpre-

---

17 Ciente de que as palavras da lei comportam mais de um significado, é dizer, são plurívocas, Lenio Streck salienta o seguinte:
"É preciso ter claro que as palavras da lei não são unívocas, são plurívocas. O 'elo' (imanência) que 'vinculava' significante e significado está irremediavelmente perdido nos confins da viragem linguística ocorrida no campo da filosofia. Isto porque - como veremos mais adiante - alterou-se radicalmente a noção de conhecimento como relação entre pessoas (sujeitos) e objetos, percebendo-se agora na relação entre pessoas (atores sociais) e proposições. Daí que, pelo processo interpretativo o jurista 'não reproduz ou descobre o verdadeiro sentido da lei, mas cria o sentido que mais convém a seus interesses teórico e político. Neste contexto, sentidos contraditórios podem, não obstante, ser verdadeiros. ***Em outras palavras, o significado da lei não é autônomo, mas heterônomo***. Ele vem de fora e é atribuído pelo intérprete.'" **Hermenêutica Jurídica e (m) Crise. Uma exploração hermenêutica da construção do Direito**. 2ª ed. Porto Alegre: Livraria do Advogado, 2000, p. 80.

18 Ao analizar o objeto da interpretação jurídica, aduz Isabel Lifante Vidal:
"Pasemos ahora a analizar las peculiaridades de la interpretación en el Derecho. La primera cuestión por abordar en este sentido sería precisamente qué es lo que se interpreta en la interpretación jurídica. El punto de partida común para la mayoría de las teorías que se ocupan de este tipo de interpretación radica en la consideración del Derecho como un fenómeno lingüístico (el Derecho —se dice— opera necesariamente a partir de la comunicación de una serie de pautas de comportamiento), lo cual no tiene por qué implicar que todo el Derecho pueda ser reducido a lenguaje, ni siquiera el que las normas puedan ser identificadas con su mera formulación lingüística; pero sí que el atender al aspecto lingüístico de este fenómeno es de gran importancia para una adecuada comprensión del mismo. Esto parecería llevarnos a considerar que cuando hablamos de "interpretación jurídica" nos hemos decantado por uno de los dos sentidos de "interpretación" en general que antes señalábamos: aquel que considera que su objeto está constituido exclusivamente por entidades lingüísticas. De hecho la mayoría de los autores que han desarrollado una teoría de la interpretación jurídica llevan a cabo explícita o implícitamente dicha opción." Aduz ainda a autora que, "la expresión 'interpretación del Derecho' haría referencia a la operación de encontrar la regulación jurídica para un determinado comportamiento o conflicto. Aquí nos encontramos con una actividad más compleja que la mera atribución de significado a un (o unos) documento (s) de las leyes; se incluyen además las actividades de individualización de un segmento del discurso legislativo, la atribución a este segmento de significado, la resolución de antinomias, la integración de la ley, etcétera." **"Interpretación Jurídica"**. Enciclopedia de Filosofía y Teoría del Derecho, vol. 2, pp. 1349- 1387, p. 1.355.

ta é o texto legal, os enunciados normativos; a norma jurídica é o produto desta interpretação. [19] Desta forma, a interpretação é o *meio* através do qual o operador do direito constrói a norma jurídica[20]. Logo, trata-se de uma atividade de *mediação*, através da qual um novo corpo de linguagem é construído a partir de um outro que lhe serve de base. A norma jurídica se obtém mediante a exegese dos enunciados prescritivos con-

19 Comunga deste mesmo entendimento Antonio Enrique Pérez Luño. Para este autor, "*si se parte de la idea de que una norma sin significado es un absurdo, hay que concluir que la norma no tiene un significado, sino que es un significado. Este planteamiento comporta admitir que no cabe ninguna norma sin significado y que ese significado no es previo, sino subsiguiente a la actividad interpretativa. De ello se infiere que la norma jurídica no es es presupuesto, sino el resultado del proceso interpretativo.*" Em seguida, adverte: "*Pero este planteamiento no equivale a concebir la norma jurídica como el producto del arbitrio o la voluntad decisionista del jurista intérprete; pretende básicamente ampliar el concepto de norma al entenderla como un proceso que conjuga la ' norma dato' o la 'norma preexistente' que constituye el prius de la interpretación, con la 'norma producto' o 'norma resultado' que supone el momento completo y culminante de la elaboración normativa.*" **Derechos Humanos, Estado de Derecho y Constitución.** 6ª ed., Madrid: Tecnos, 1999. pp. 254/255.

20 Neste mesmo sentido, trazemos à colação trecho da decisão do STF em sede de ADPF n° 153/10, relator Min. Eros Grau:
"1. Texto normativo e norma jurídica, dimensão textual e dimensão normativa do fenômeno jurídico. O intérprete produz a norma a partir dos textos e da realidade. A interpretação do direito tem caráter constitutivo e consiste na produção, pelo intérprete, a partir de textos normativos e da realidade, de normas jurídicas a serem aplicadas à solução de determinado caso, solução operada mediante a definição de uma norma de decisão. A interpretação/aplicação do direito opera a sua inserção na realidade; realiza a mediação entre o caráter geral do texto normativo e sua aplicação particular; em outros termos, ainda: opera a sua inserção no mundo da vida.
(...)
5. O significado válido dos textos é variável no tempo e no espaço, histórica e culturalmente. A interpretação do direito não é mera dedução dele, mas sim processo de contínua adaptação de seus textos normativos à realidade e seus conflitos. Mas essa afirmação aplica-se exclusivamente à interpretação das leis dotadas de generalidade e abstração, leis que constituem preceito primário, no sentido de que se impõem por força própria, autônoma.
(...)
7. No Estado democrático de direito o Poder Judiciário não está autorizado a alterar, a dar outra redação, diversa da nele contemplada, a texto normativo. Pode, a partir dele, produzir distintas normas." pp. 01 a 03.

tidos nas leis.[21] Assim, o que se interpreta é o texto legal, e não a norma jurídica, resultado daquela operação intelectiva[22].

---

21 Expõe Eros Roberto Grau que "**interpretar**, sin embargo, no es apenas **compreender**. La interpretación es una relación entre dos expresiones: la primera (que contiene una **significación**), expresión original, que es el **objeto de la interpretación**; la segunda, llamada **'la interpretación'**, cumple, en relación a la otra, la función de **interpretante** (ORTIGUES 1.987/219). La interpretación le aporta a la primera expresión (**objeto de la interpretación**) una *nueva forma de expresión*, que no es necesariamente verbal – como ocurre en el caso de las artes **alográficas** (músuca y teatro). Por esa razón, interpretar seria **comprender + reformular o rededucir con una forma nueva**.
Por otro lado, la interpretación de cualquier lenguaje verbal o notacional consiste em *mostrar algo*: ella va del *"abstrato ao concreto, da fórmula à respectiva aplicação, à sua 'ilustração' ou à sua inserção na vida'*
La interpretación, entonces, es una operación de **mediación** que consiste en transformar una expresión en otra, buscando que objeto al que el lenguaje se refiere sea mas comprensible.
Si pensamos la interpretación del derecho como una operación lingüística, debemos describirla como un proceso de conocimiento por el cual alcanzamos la determinación de su **contenido normativo**, partiendo de **fórmulas lingüísticas** que están insertas en dichos actos normativos: vamos de los **significantes** (los enunciados) a los **significados**.
(...)
La interpretación, por lo tanto, es un proceso intelectivo que se base en **fórmulas lingüísticas** insertas en los *textos, enunciados, preceptos o disposiciones*, y por las cuales alcanzamos la determinación de un **contenido normativo**. Actividad destinada al discernimiento de enunciados semánticos vehiculados por *preceptos* (*enunciados, disposiciones, textos*). El intérprete separa la *norma* de su envoltorio (*el texto*); en este sentido, el intérprete '*produce la norma*'.
Actividad que sirve para transformar *disposiciones* (*textos, enunciados*) en ***normas***, la **interpretación** es la forma por la cual los *contenidos normativos* se expresan, forma por la cual el intérprete descubre las ***normas*** que están insertas en las *disposiciones*.
Interpretar es atribuir un significado a uno o varios signos linguísticos escritos en un **enunciado normativo**. El **producto** de lacto de interpretar, por lo tanto, es el **significado** atribuido al **enunciado** o **texto (precepto, disposición)**.
En este momento de mi exposición, entonces, queda bastante aclarada a diferencia entre el **texto (enunciado, disposición)** y la **norma**. **Texto y norma** no sol o miso: el *texto* es el **signo linguistico**: la *norma* es lo que se **revela, designa**." in **La Doble Desestructuración y la Interpretación del Derecho**. Barcelona: Bosch, 1998, pp. 68 e 68.

22 Paulo de Barros Carvalho, ao analisar o tema, externa o seguinte entendimento: "Uma coisa são os *enunciados prescritivos*, isto é, usados na função pragmática de prescrever condutas; outras, as *normas jurídicas*, como significações construídas a partir dos textos positivados e estruturadas consoante a forma lógica dos juízos condicionais, compostos pela associação de duas ou mais proposições prescritivas. É exatamente o que ensina Ricardo Guastini, de modo peremptório: '*um do-*

A finalidade da interpretação é oferecer soluções para um problema concreto, quer dizer, pôr fim a um conflito de interesses. Noutras palavras, o fim da interpretação é a concretização da norma jurídica. Por esta razão, não há exegese desvinculada de um caso concreto, ou ao menos hipotético. O exegeta, ao interpretar um texto legal, deve sempre ter em mira a questão jurídica a ser solucionada.

A atividade interpretativa não significa apenas compreensão do texto legal, mas envolve também um ato de vontade, de decisão. O intérprete, diante de determinado texto normativo, realiza a construção dos vários significados possíveis que o texto permite edificar. Dentre os vários significados que o texto legal comporta, o operador do direito *decide* por aquele que melhor corresponda ao ideal de justiça, mas não apenas isto, que lhe permita oferecer a solução mais adequada para o problema posto a resolver[23].

Deste modo, a interpretação da norma consiste numa atividade volitiva, que envolve a vontade do intérprete, todavia racionalmente controlada. Dentre os vários sentidos possíveis que se possa atribuir à norma jurídica, o intérprete escolhe um, que é o que vai decidir o caso concreto. Consoante às palavras de Celso Ribeiro Bastos, "*O Direito é essencialmente voluntarista, vale dizer, necessita da vontade do intérprete.*" [24] Apenas para corroborar o que está sendo dito, e a título de exemplo,

cumento normativo (uma fonte del diritto) è um aggregato di enunciati del discorso prescritivo'" in **Direito Tributário, Linguagem e Método**. 7ª ed. São Paulo: Noeses, 2018, 136.

De forma semelhante, Canotilho estabelece uma diferenciação entre *texto normativo* e *norma jurídica*. Segundo o mestre lusitano, "considera-se **texto normativo** qualquer documento elaborado por uma autoridade normativa, sendo, por isso, identificável, *prima facie*, como 'fonte do direito' num determinado sistema jurídico. Neste sentido, diz-se que um 'texto normativo' (uma 'fonte do direito') é o conjunto de enunciados do discurso prescritivo. **Discurso prescritivo** (normativo, preceptivo, directivo) é o discurso criado para modificar o comportamento dos homens." in **Direito Constitucional e Teoria da Constituição**. 7ª ed. Coimbra: Almedina, 2003, p. 1202.

23 Para Isabel Lifante Vidal, "la expresión 'interpretación del Derecho' haría referencia a la operación de encontrar la regulación jurídica para un determinado comportamiento o conflicto. Aquí nos encontramos con una actividad más compleja que la mera atribución de significado a un (o unos) documento (s) de las leyes; se incluyen además las actividades de individualización de un segmento del discurso legislativo, la atribución a este segmento de significado, la resolución de antinomias, la integración de la ley, etcétera." **"Interpretación Jurídica"**. Enciclopedia de Filosofía y Teoría del Derecho, vol. 2, pp. 1349-1387.

24 **Hermenêutica e Interpretação Constitucional.** São Paulo: Celso Bastos Editor, 1997, p. 33.

podemos explicar, sinteticamente, em que consiste a denominada "interpretação conforme a Constituição". Consoante esta técnica de controle de constitucionalidade, "*uma lei não deve ser declarada nula quando seja passível de uma interpretação que a coloque em plena sintonia com o conjunto normativo – constitucional.*"[25] Logo, um mesmo texto legal pode comportar vários sentidos, entretanto, segundo a técnica ora analisada, o intérprete necessita decidir por aquela interpretação que esteja em conformidade ao preceituado na Lei Fundamental, quer dizer, há de atribuir ao objeto interpretando um sentido que seja conforme à Constituição.

Para Kelsen, a interpretação jurídica compreende um ato cognoscitivo e um ato volitivo. Eis as palavras do jurista austríaco:

> *"(...) na aplicação do Direito por um órgão jurídico, a interpretação cognoscitiva (obtida por uma operação do conhecimento) do Direito a aplicar combina-se com um ato de vontade em que o órgão aplicador do Direito efetua uma escolha entre as possibilidades revelada através daquela mesma interpretação cognoscitiva. Com este ato, ou é produzida uma norma de escalão inferior, ou é executado um ato de coerção estatuído na norma jurídica aplicanda."*[26]

Neste sentido, elucidativas são também as palavras de Lenio Luiz Streck, *verbis:*

> *"(...) pelo processo interpretativo, o jurista 'não reproduz ou descobre o verdadeiro sentido da lei, mas cria o sentido que mais convém a seus*

25 Ibidem, p. 167.

26 **Teoria Pura do Direito.** 6ª ed. São Paulo, Martins Fontes, 2000.p. 394. Para Kelsen o direito a aplicar se apresenta como uma moldura dentro da qual cabem várias soluções possíveis para um caso concreto. Eis as palavras do autor: "*O Direito a aplicar forma, em todas estas hipóteses, uma moldura dentro da qual existem várias possibilidades de aplicação, pelo que é conforme ao Direito todo ato que se mantenha dentro deste quadro ou moldura, que preencha esta moldura em qualquer sentido possível.*"
"*Se por 'interpretação se entende a fixação por via cognoscitiva do sentido do objeto a interpretar, o resultado de uma interpretação jurídica somente pode ser a fixação da moldura que representa o Direito a interpretar e, consequentemente, o conhecimento das várias possibilidades que dentro desta moldura existem. Sendo assim, a interpretação de uma lei não deve necessariamente conduzir a uma única solução como sendo a única correta, mas possivelmente a várias soluções que – na medida em que apenas sejam aferidas pela lei a aplicar – têm igual valor, se bem que apenas uma delas se torne Direito positivo no ato do órgão aplicador do Direito – no ato do tribunal, especialmente.*" Ob. cit. pp. 390/391.

interesses teóricos e político. Nesse contexto, sentidos contraditórios podem, não obstante, ser verdadeiros. Em outras palavras, o significado da lei não é autônomo, mas heterônomo. Ele vem de fora e é atribuído pelo intérprete." [27]

Entre as variáveis significativas que podem resultar da interpretação realizada sobre determinado enunciado prescritivo do direito positivo, o intérprete irá decidir para aquele que melhor se adeque à situação concreta, sempre balizado pelos princípios e regras contidos na Constituição.

Assim, interpretação significa a construção, por um ato de vontade do intérprete, do sentido da norma jurídica, mediante a compreensão dos signos linguísticos que compõem os enunciados prescritivos de um determinado sistema positivo. O seu fim, pois, está sempre voltado para solucionar controvérsias sociais[28].

2. Interpretação e Hermenêutica

Confundir acepções é um grande mal em tecnologia. [29] Para Carlos Maximiliano, os vocábulos "hermenêutica" e "interpretação" não são sinônimos.

27 **Hermenêutica Jurídica e(m) crise – Uma exploração hermenêutica da Construção do Direito.** 2ª ed. Porto Alegre: Livraria do Advogado, 2000, p. 80.

28 Ao discorrer sobre a *interpretação do direito*, Paulo de Barros Carvalho pontua que o vocábulo *interpretação* padece, como tantos outros, "da ambiguidade processo/produto, uma vez que alude à atividade de construção de sentido, por um lado, e da própria compreensão, de outro. Relatado com signos diversos, percorrer as dificuldades e vicissitudes do trajeto formador do sentido realizada o processo, ao passo que a conquista das significações da mensagem textual consubstancia o produto." O trabalho interpretativo pauta-se em dois axiomas: intertextualidade e inesgotabilidade. A intertextualidade reflete o constante diálogo que os textos mantêm entre si, pouco importando sua dimensão temporal (passado, presente e futuro) e a relação de dependência estabelecida entre eles. A inesgotabilidade, por seu turno, revela a nota de que toda interpretação é infinita, não se restringindo a um específico campo semântico. A intertextualidade e a inesgotabilidade se apresentam como as duas regras que "aprisionam o ato de interpretação do sujeito cognoscente."
Em relação à atividade desenvolvida pelo exegeta, acrescenta que "segundo os padrões vigentes da moderna Ciência da Interpretação, o sujeito do conhecimento não 'extrai' ou 'descobre' o sentido do que se achava oculto no texto. Ele o 'constrói' em função de sua ideologia e, principalmente, dentro dos limites de seu 'mundo', vale dizer, do seu universo de linguagem. Exsurge, com muita força, o axioma da inesgotabilidade do sentido – ao lado da intertextualidade – que opera não só no território do sistema do direito posto, mas o transcende, na direção de outros segmentos." **Direito Tributário, Linguagem e Método.** 7ª ed. São Paulo: Noeses, 2018, pp. 204 e 205.

29 Carlos Maximiliano, **Hermenêutica e Aplicação do Direito.** 18ª ed. Rio de Janeiro: Editora Forense, 2000, p. 2.

A hermenêutica jurídica *"tem por objeto o estudo e a sistematização dos processos aplicáveis para determinar o sentido e o alcance das expressões do Direito."* [30][31] É, segundo Maximiliano, a teoria científica da arte de interpretar. Hermenêutica é ciência, dotada de objeto e métodos próprios.

A interpretação, por sua vez, consiste em atribuir sentido e alcance às expressões formais do direito[32]. A interpretação é a *aplicação* da hermenêutica. Esta é quem estabelece as normas pertinentes à atividade interpretativa. A ciência da interpretação – Hermenêutica – desenvolve e fixa os princípios que regem a arte de interpretar.

Assim sendo, a hermenêutica é a ciência que estuda e elabora de forma sistematizada, as normas[33] que devem presidir a atividade interpretativa de busca do significado e alcance da norma jurídica. Com toda maestria de sempre, ensina Celso Ribeiro Bastos que *"enquanto a hermenêutica estuda abstratamente os enunciados que podem presidir uma*

30 Idem, p. 1.

31 Margarida Maria Lacombe Camargo, em precioso trabalho sobre o tema, tece as seguintes considerações acerca do conceito formulado por Carlos Maximiliano:
"Esse viés cientificista pretendeu durante muito tempo estabelecer critério de interpretação que conferissem objetividade à interpretação das leis e, por conseguinte, à tarefa jurisdicional. Na realidade, o que ocorre é que a utilização dessas técnicas não alcança o seu objetivo. Primeiro porque não existe entre elas nenhuma hierarquia e, assim, o seu comando torna-se fluido. Segundo, porque tal orientação ignora a dimensão criadora do intérprete, que volta sua atenção antes para a resolução de determinado problema do que para a lei em si, analisada como hipótese virtual, e com conteúdo próprio, previamente determinado." in **Hermenêutica e Argumentação – Uma Contribuição ao Estudo do Direito**. 3ª ed. Rio de Janeiro: Rnovar, 2003, p. 3.

32 Antonio Enrique Perez Luño expõe a seguinte noção acerca da atividade interpretativa:
"'Interpretar' significa atribuir un significado a manifestaciones de un determinado lenguaje. El conjunto de procesos lógicos y prácticos a través de los que se realiza esa atribución de significado se denomina 'interpretación'; término que designa, al mismo tiempo, a la actividad encaminada a describir el sentido de los enunciados o manifestaciones de un lenguaje (dimensión subjetiva y dinámica de la interpretación), y al resultado obtenido a través de dicha actividad (dimensión objetiva o estática).
La proyección de estas premisas al derecho implica concebir la interpretación jurídica como la atribución de significado a un determinado segmento de lenguaje jurídico, es decir, a una o varias normas. Este planteamiento comporta admitir que no cabe ninguna norma sin significado y que ese significado no es *previo*, sino, *subsiguiente* a la actividad interpretativa." **Derechos Humanos, Estado de Derecho y Constitución**. 6ª ed. Madrid: Tecnos, 1999, p. 254.

33 Neste contexto, o termo *norma* não corresponde a *norma jurídica*, mas a *diretriz* ou *regra interpretativa*.

determinada interpretação, esta é a aplicação desses enunciados a determinado objeto, aclarando-lhe o sentido, para a partir daí, ao menos no campo jurídico, aplicar a regra assim compreendida aos casos concretos."[34]

A interpretação consiste na compreensão e determinação do sentido das manifestações objetivas do pensamento, no caso, as expressões do direito, voltada para solucionar controvérsias sociais. O direito, portanto, compreendido como conjunto de normas destinadas ao disciplinamento dos comportamentos intersubjetivos, é o instrumento utilizado pelo exegeta - aplicador do direito - para pôr fim aos casos concretos. Para que haja efetiva aplicação do direito, necessário se faz interpretá-lo. Nesta perspectiva, o processo interpretativo é um pressuposto da aplicação do direito. Não há direito aplicado sem necessariamente ter sido antes interpretado. Margarida Maria Lacombe Camargo afirma que *"esse 'aplicar' é justamente o que interessa à hermenêutica jurídica, uma vez que aplicar importa na interpretação da norma e do fato, em direção a uma decisão. A hermenêutica, portanto, é prática e concreta.*[35]"

No entendimento de Jerzy Wròblewsky, a interpretação jurídica exerce fundamental importância no discurso jurídico, seja ele prático ou doutrinário. No discurso da *práxis jurídica*, está relacionada com a determinação do significado dos textos normativos, influenciando na qualificação dos fatos aos quais se aplicam as normas jurídicas. Por sua vez, no discurso *teórico-jurídico*, situado no âmbito da dogmática jurídica, volta-se para sistematizar o direito vigente e formular os conceitos ju-

34 **Hermenêutica e Interpretação Constitucional**, São Paulo: Celso Bastos Editor, 1997, p. 23. Bastante singela e clara a conceituação de hermenêutica feita por Antonio Henrique Pérez Luño, a saber: Hermenêutica Jurídica é a "teoria geral da interpretação do direito." **Derechos Humanos, Estado de Derecho y Constitución.** 6ª ed., Madrid: Tecnos, 1999, p. 263. Sobre a tarefa da Hermenêutica Jurídica, Tercio Sampaio Ferraz Jr aduz o seguinte:
"A determinação do sentido das normas, o correto entendimento do significado dos seus textos e intenções, tendo em vista a decidibilidade de conflitos constitui a tarefa da dogmática hermenêutica. Trata-se de uma finalidade prática, no que se distingue de objetivos semelhantes das demais ciências humanas. Na verdade, o propósito básico do jurista não é simplesmente compreender um texto, como faz, por exemplo, o historiador ao estabelecer-lhe o sentido e o movimento no seu contexto, mas também determinar-lhe a força e o alcance, pondo o texto normativo em presença dos dados atuais de um problema. \Ou seja, a intenção do jurista não é apenas conhecer, mas conhecer tendo em vista as condições de decidibilidade de conflitos com base na norma enquanto diretivo para o comportamento." in **Introdução ao Estudo do Direito. Técnica, Decisão e Dominação**. 9ª ed. São Paulo: Gen/Atlas, 2016, p. 211.

35 **Hermenêutica e Argumentação - Uma Contribuição ao Estudo do Direito**. 3ª ed. Rio de Janeiro: Rnovar, 2003, p. 249.

rídicos[36]. Jerzy Wròblewsky denomina interpretação jurídica operativa aquela que se "*realiza en la aplicación del derecho cuando existen dudas referentes al significado de las reglas a aplicar relevantes para tomar una decisión (situación de interpretación).*" [37] Portanto, na "*situação de interpretação*", o órgão de aplicação do direito necessita estabelecer o significado da referida norma de modo suficientemente preciso para os fins de tomada de decisão. Segundo este autor, procede-se à interpretação apenas quando o significado do texto normativo suscita dúvidas, de modo que, em se tratando de interpretação operativa, esta só ocorre quando se verifica uma "*situação de interpretação*", quer dizer, quando, no processo de aplicação do direito, dúvidas surgem acerca do significado do texto legal. A respeito de algumas normas constitucionais, diz o autor que elas prescindem de interpretação porque seus textos são claros. Como exemplo, aponta Wròblewsky para a norma que determina qual a capital do Estado ou a que estabelece a quantidade de membros do Parlamento.

Para Konrad Hesse, a interpretação constitucional em *sentido estrito*, "*resulta necesaria y se plantea como problema cada vez que ha de darse respuesta a una cuestión constitucional que la Constitución no permite resolver de forma concluyente. Allí donde no se suscitan dudas no se interpreta, y con frecuencia no hace falta interpretación alguna.*" [38]

Ressalte-se, por fim, que a interpretação não consiste apenas em precisar o sentido e alcance das expressões do direito, mas em construir o sentido apropriado para a vida real e conducente a uma correta decisão solucionadora de um caso concreto[39]. O labor hermenêutico se desenvolve, portanto, através de um processo dialético *(ir e vir)* entre o

---

36 **Constitución y teoría general de la interpretación jurídica.** Madrid: Cuadernos Cívitas, 1988, p. 17.

37 **Constitución y teoría general de la interpretación jurídica**. Madrid: Cuadernos Cívitas, 1988, pp.35 e ss.

38 **Escritos de Derecho Constitucional.** 2ª ed. Madrid: Centro de Estudios Constitucionales, 1992, p. 33.

39 No entendimento de Canotilho, "**Interpretar** uma norma constitucional consiste em atribuir um significado a um ou vários símbolos linguísticos escritos na constituição com o fim de se obter uma decisão de problemas práticos normativo-constitucionalmente fundada. Sugerem-se aqui três dimensões importantes da interpretação da constituição: (1) interpretar a constituição significa procurar o *direito* contido nas normas constitucionais; (2) investigar o direito contido na lei constitucional implica uma *atividade* – actividade complexa – que se traduz fundamentalmente na 'adscrição' de um significado a um enunciado ou disposição linguística ('texto da norma'); (3) o *produto* do acto de interpretar é o significado atribuído." in **Direito Constitucional e Teoria da Constituição**. 7ª ed. Coimbra: Almedina, 2003, p. 1200.

caso concreto e o texto normativo, permitindo ao intérprete, ao término deste trabalho, obter a norma jurídica. Neste ponto, o caso concreto, que requer uma resposta por parte do direito, é de fundamental importância no âmbito da hermenêutica jurídica, na medida em que ele *pode* nortear todo o processo interpretativo[40].

3. Os intérpretes da Constituição

O direito positivo é suscetível de interpretação por qualquer sujeito, do mais leigo ao mais culto dos homens[41]. Para tanto, basta que haja uma *intencionalidade* do indivíduo para compreender os enunciados prescritivos do direito positivo, que o torna *fonte da interpretação jurídica*. O advogado, juiz, promotor de justiça, enfim, todos os operadores do direito, em particular, e os cidadãos, em geral, que se debruçam sobre os enunciados prescritivos do direito, com o propósito de a eles atribuir um determinado sentido, se apresentam como *fontes da interpretação do direito*. Razão maior assiste quando o objeto da interpretação é a *Constituição*, instrumento normativo ordenador do aparelho estatal e protetor dos direitos fundamentais[42]. Usualmente, a doutrina classifica a interpretação, quanto às fontes, em **autêntica**, **administrativa**, **jurisdicional** e **doutrinária**.

3.1. Interpretação autêntica

A interpretação autêntica é aquela realizada pelo próprio legislador, objetivando esclarecer, mediante a elaboração de uma **nova norma jurídica**, o sentido e o alcance de uma outra norma jurídica, que lhe é

40 Cabe, aqui, ressaltar a importância da *Tópica Jurídica*, ora compreendida como "*técnica del pensamiento que se orienta hacia el problema.* (...) *Es, por lo tanto, una* ***técnica del pensamiento problemático***." Theodor Viehweg. **Tópica y jurisprudência**. Madrid: Taurus, 1986, pp. 54 e 54.

41 Afirma Celso Ribeiro Bastos que "praticamente todos os indivíduos acabam interpretando o Texto Supremo." in **Hermenêutica e Interpretação Constitucional.** São Paulo: Celso Bastos Editor, 1997, p. 65.

42 Raúl Canosa Usera, partindo do pressuposto de que a Constituição é norma primária e fundante de um sistema normativo, expõe que a mesma exige, pelas razões apontadas, um labor interpretativo resultante de uma pluralidade de intérpretes. Afirma o ilustre constitucionalista que "la causa eficiente de esta pluralidad, ya hemos dicho, no es otra que el superior rango jerárquico del que la carta magna disfruta; una 'superley'. Todos estamos sometidos a la Constitución y, en especial, todos los poderes públicos están obligados a aplicarla a través de sus especificas actividades." in **Interpretación Constitucional y Formula Politica.** Madrid: Centro de Estudios Constitucionales, 1988, p. 24.

anterior, havida por obscura, ambígua ou eventualmente contraditória. Este tipo de interpretação, ressalte-se, vincula o aplicador da lei. Segundo Carlos Maximiliano, "denomina-se *autêntica* a interpretação, quando emana do próprio poder que fez o ato cujo sentido e alcance ela declara.[43]"

Portanto, a interpretação autêntica objetiva esclarecer o sentido e alcance de uma norma jurídica tida por obscura, imprecisa, vaga etc, mediante elaboração de uma nova norma jurídica. Neste contexto, teremos duas leis: a primeira, digamos, *defeituosa,* e a segunda, que é instituída para remediar o problema interpretativo da que lhe antecede. Apenas o órgão que elaborou a lei é que detém de competência para interpretá-la. A título de exemplo, apenas o Congresso Nacional na sua função legiferante é que pode fornecer a exegese obrigatória de uma Lei Complementar. Só há interpretação autêntica quando a norma esclarecedora promana da mesma fonte da norma que se pretende ver esclarecida[44][45].

Carlos Maximiliano aduz que a interpretação autêntica se opera, via de regra, por meio de disposição geral, e que, embora possa estar em desacordo com o verdadeiro espírito do texto primitivo, prevalece enquanto não a revoga o Poder Legislativo, sendo de observância obrigatória por parte de todos os seus respectivos destinatários. [46]

Cabe chamar a atenção para o seguinte aspecto: na interpretação autêntica, tem-se duas normas jurídicas susceptíveis de interpretação por parte do aplicador da lei, de modo que a norma que visa esclarecer

---

43 **Hermenêutica e Aplicação do Direito**. 19ª ed. Rio de Janeiro: Forense, 2001, p. 71.

44 Consoante Francesco Ferrara, "é interpretativa toda lei que, ou por declaração expressa ou pela sua intenção de outro modo exteriorizada, se propõe determinar o sentido de uma lei precedente, para esta ser aplicada em conformidade." Por esta via interpretativa, declara-se "formal e obrigatoriamente o sentido de uma lei anterior, prescindindo de que este se ache efectivamente contido na lei interpretada." **Interpretação e Aplicação das Leis**. 4ª ed. Coimbra: Arménio Amado Editor, 1987, pp. 132 e 133.

45 Segundo Canotilho, "por **interpretação autêntica** entende-se, geralmente, a interpretação feita pelo órgão da qual emanou um determinado acto normativo (ex: o sentido de uma lei é fixado 'autenticamente' por outra lei; um regulamento com equivocidade de sentidos é interpretado por outro regulamento). Para além da clara dimensão voluntarista inerente à idéia de interpretação autêntica, no âmbito da interpretação da constituição só poderá falar-se de interpretação autêntica quanto uma nova lei constitucional, através do processo de revisão constitucionalmente fixado, vier esclarecer o sentido de alguns preceitos contidos no texto constitucional. Uma *interpretação autêntica* da constituição feita pelo legislador ordinário é metodicamente inaceitável." **Direito Constitucional e Teoria da Constituição**. 7ª ed. Coimbra: Almedina, 2003, pp. 1230 e 1231.

46 **Hermenêutica e Aplicação do Direito.** 19ª ed. Rio de Janeiro: Forense, 2001, p. 88.

o sentido de uma outra será também passível de interpretação, fato este que exclui qualquer possibilidade de transformar o legislador em juiz.[47]. O Supremo Tribunal Federal - STF não vislumbra óbice em relação a interpretação autêntica, conforme se depreende do seguinte julgado:

> *"- É plausível, em face do ordenamento constitucional brasileiro, o reconhecimento da admissibilidade das leis interpretativas, que configuram instrumento juridicamente idôneo de veiculação da denominada interpretação autêntica.*
>
> *"- As leis interpretativas - desde que reconhecida a sua existência em nosso sistema de direito positivo - não traduzem usurpação das atribuições institucionais do judiciário e, em conseqüência, não ofendem o postulado fundamental da divisão funcional do poder.*
>
> *"- Mesmo as leis interpretativas expõem-se ao exame e a interpretação dos juízes e tribunais. Não se revelam, assim, espécies normativas imunes ao controle jurisdicional."* [48]

A título de registro histórico, no ano de 1790, na França, surgiu uma lei (16-24 de agosto) sobre organização judiciária na qual o art. 12 atribuía ao legislador a competência para interpretar leis obscuras. Rezava, assim, o mencionado texto legal: *"Eles (os tribunais) não poderão estabelecer regulamentos, mas deverão dirigir-se ao Corpo legislativo sempre que acharem necessário quer interpretar uma lei, quer fazer uma nova."* [49] Este instituto, denominado *Refere législatif*, consistia na obrigação imposta aos juízes de solicitar ao próprio legislador a interpretação das normas obscuras ou incertas.

Em se tratando de Constituição, e levando em conta a definição da realidade ora narrada, é praticamente impossível uma *interpretação au-*

47 Sobre tal ponto, Carlos Maximiliano demonstrou preocupação no sentido de que "a exegese autêntica transforma o legislador em juiz; aquele que toma conhecimento de casos concretos e procura resolvê-los por meio de uma disposição geral." **Hermenêutica e Aplicação do Direito.** 19ª ed. Rio de Janeiro: Forense, 2001, p. 76. Entendemos, contudo, não assistir razão ao ilustre Professor. Isto porque, não apenas a primeira, mas também a segunda lei, serão todas elas objeto de interpretação por parte do magistrado, a quem cabe decidir a controvérsia que lhe foi submetida à apreciação. Além disto, acaso entenda o magistrado que a segunda lei não guarda conformidade em face da Constituição Federal, poderá inclusive declará-la inválida, é dizer, inconstitucional. Para Francesco Ferrara, a interpretação autêntica não é uma *"verdadeira interpretação."* **Interpretação e Aplicação das Leis**, p. 131.

48 ADIMC - 605/DF, Rel. Min. Celso de Mello, Pleno, publicado no DJ em 5.3.1993.

49 Sobre o assunto cf. Chaim Perelman, **Lógica Jurídica**. São Paulo: Martins Fontes, 1999, p. 23.

têntica na seara constitucional, na medida em que o poder criador da Constituição não é o mesmo ao qual compete alterá-la. [50] Inobstante, o legislador tem o dever de interpretar a Constituição quando do exercício da atividade legiferante, sob pena de que seu ato possa, posteriormente, vir a ser declarado inconstitucional. Entretanto, esta interpretação da Constituição realizada pelo legislador quando da elaboração de leis, não se caracteriza como interpretação autêntica, pois esta tem a finalidade de aclarar o sentido de uma outra lei, e só.

Por fim, lembra Jerzi Wróblewsky, que o legislador, ciente de que eventual lei por ele criada possa suscitar divergências interpretativas, fixa, de antemão, definições legais com o propósito de evitar tais problemas. Neste sentido, afirma o autor que *"o legislador, ao ser consciente das dúvidas que poderiam suscitar alguns dos termos que utiliza, fixa de antemão seu significado."*[51] As leis interpretativas surgem com mais frequência no campo do direito tributário.

3.2. Interpretação administrativa

Ao Poder Executivo compete também a interpretação da Constituição. Segundo Celso Ribeiro Bastos, a interpretação que procede do Poder Público é muito minguada, haja vista que ele se encontra submetido ao princípio da legalidade, só podendo atuar quando houver atribuição expressa e determinada em lei, e na exata extensão em que o for. [52]

Questão interessante é a do descumprimento, pelo Chefe do Poder Executivo, de lei por ele reputada inconstitucional. Em outras palavras, o Chefe do Poder Executivo pode deixar de aplicar uma lei que considere inconstitucional. Eis um caso típico de interpretação constitucional por parte do Executivo.

---

50 Luís Roberto Barroso nos chama a atenção para a impossibilidade de uma verdadeira interpretação autêntica na seara constitucional. Segundo este autor, "a interpretação constitucional, para ser verdadeiramente autêntica, na conformidade da definição, teria de emanar da mesma fonte instituidora: o poder constituinte originário. Isso, normalmente, não será possível, pois, uma vez concluída a sua obra, o poder constituinte originário se exaure, ou, melhor dizendo, volta ao seu estado latente e difuso. De modo que não se pode falar em interpretação constitucional verdadeiramente autêntica." **Interpretação e Aplicação da Constituição: fundamentos de uma dogmática constitucional transformadora**. São Paulo: Saraiva, 1996. p. 113.

51 **Constitución y teoría general de la interpretación jurídica**. Madrid: Cuadernos Cívitas, 1988, p. 28.

52 **Hermenêutica e Interpretação Constitucional.** São Paulo: Celso Bastos Editor, 1997, pp. 72 e 73.

Em parecer sobre o tema, Luis Roberto Barroso afirma que o *"Executivo tem o poder, e, mais ainda, o dever de impedir que ela (Constituição) seja violada, e deverá abster-se da prática de qualquer ato que importe em desrespeito à Lei Maior."* [53] Este é, segundo Luis Roberto Barroso, o entendimento dominante na doutrina e, também, prevalecente no Supremo Tribunal Federal - STF. Isto porque a Constituição é a Lei Fundamental e a ela todos devem obediência, de modo que, entre aplicar uma norma inconstitucional ou zelar pela inviolabilidade da Carta Magna, tem o Poder Público o poder-dever de optar pela manutenção da Constituição.

Por ocasião do julgamento da Representação nº 980 - SP, o Min. Moreira Alves externou o seguinte entendimento:

> *"Não tenho dúvida em filiar-me à corrente que sustenta que pode o Chefe do Poder Executivo deixar de cumprir - assumindo os riscos daí decorrentes - lei que se lhe afigure inconstitucional. A opção entre cumprir a Constituição ou desrespeitá-la para dar cumprimento à lei inconstitucional é concedida ao particular para a defesa do seu interesse privado. Não o será ao Chefe de um dos Poderes do Estado para a defesa, não do seu interesse particular, mas da supremacia da Constituição que estrutura o próprio Estado? Acolho, pois, a fundamentação - que em largos traços expus - dos que têm entendimento igual."*

Ressalte-se, contudo, que tal medida só poderá ser tomada pelo Chefe do Poder Executivo, mediante decisão plenamente motivada, sob pena de poder configurar crime de responsabilidade. [54]

3.3. Interpretação jurisdicional

É o Poder Judiciário o intérprete último de todas as normas que integram o ordenamento jurídico. Integra sua função típica dizer o direito aplicável a cada caso concreto que se lhe apresente em busca de solução.

A interpretação constitucional é inerente à prestação da atividade jurisdicional desenvolvida pelo Estado. O Poder Judiciário é o intérprete último da Constituição. A ele compete fornecer a última palavra em sede de interpretação constitucional e, no âmbito da sua estrutura inter-

53 "Poder Executivo - Lei Inconstitucional - Descumprimento", pp. 393/394, **RDA 181/182 - 90**.

54 Cf. Celso Ribeiro Bastos, **Hermenêutica e Interpretação Constitucional.** São Paulo: Celso Bastos Editor, 1997, p. 72 e ss.

na, ao Supremo Tribunal Federal – STF, a quem foi confiado a guarda da Constituição, segundo ela própria dispôs em seu art. 102.

É com base na Constituição que todo o Poder Judiciário deve criar as suas decisões, pois a ela estão submetidas por força da supremacia constitucional. A Constituição é o fundamento de validade de todas as normas que compõem o ordenamento jurídico, e isto o Judiciário não pode sequer desprezar, ou seja, não pode pôr de lado o aspecto de norma superior do sistema jurídico. Toda decisão judicial tem de ter amparo constitucional, seja direta ou indiretamente. Neste contexto, é o Poder Judiciário quem fornece a última palavra em sede de interpretação constitucional, incluindo nesta seara o denominado *controle de constitucionalidade dos atos estatais.*

3.4. Interpretação doutrinária

A interpretação doutrinária, como o próprio nome indica, emana da doutrina. Esta, segundo José Alfredo de Oliveira Baracho, pode ser definida em dois sentidos complementares, a saber:

> *"como o conjunto de opiniões emitidas sobre o Direito, por pessoas cuja função é estudá-lo, como os jurisconsultos ou juristas; ou o corpo de juristas, professores, consultores, doutores em Direito, autores de tese ou monografias, advogados, magistrados, que expõem o Direito Positivo, dando sua opinião sobre a interpretação de uma lei ou sobre o valor de uma decisão da Justiça."* [55]

A função da dogmática jurídica consiste em descrever e sistematizar os enunciados prescritivos que compõem o direito positivo. Procuram os doutrinadores formular definições dos conceitos jurídicos visando a uma melhor aplicação do direito posto por parte daqueles que com ele trabalha. Assim, é imprescindível a atividade realizada pela dogmática jurídica na tarefa de interpretação do direito.

4. Do Método Clássico de Interpretação Jurídica

Utilizamos a denominação "método clássico de interpretação jurídica" de forma arbitrária[56] e para aludir ao modo de proceder hermenêuti-

55 *"Hermenêutica Constitucional"*, **Revista da Faculdade de Direito da Universidade Federal de Minas Gerais,** n. 18, 1977, p. 70.

56 Não se constitui em objeto do presente trabalho descrever as diversas *Escolas* hermenêuticas surgidas no decorrer da história do pensamento jurídico, a exemplo

co mediante a utilização conjunta de quatro ferramentas interpretativas: a) literal; b) histórico; c) sistemático e; d) teleológico.

4.1. Elemento literal

O ponto de partida do proceder hermenêutico são os suportes físicos dos enunciados prescritivos, que correspondem à "fórmula digital, ao texto no seu âmbito estreito, à base material gravada nos textos legislados."[57] Trata-se, portanto, do texto legal. Através do instrumento literal ou gramatical, busca o intérprete determinar o sentido da norma jurídica mediante análise dos signos lingüísticos que integram o enunciado prescritivo[58].

---

da *livre investigação*, defendida por François Geny; da *Escola do Direito Livre*, de Kantorowicz, da *Lógica do Razoável*, de Recaséns Siches, dentre outros. Busca-se, tão-somente, expor o que atualmente se denomina por *método clássico* e as técnicas hermenêuticas que o compreende. Sobre o tema, cf. Savigny. **Metodología Jurídica**. Buenos Aires: Depalma, 1994, pp. 05 e ss; Luís Recaséns Siches, **Introducción al Estudio del Derecho**. México: Editorial Pórrua, 1997, pp. 210 e ss; Karl Larenz. **Metodologia da Ciência do Direito**. 3ª ed. Lisboa: Fundação Calouste Gulbenkian, 1997, pp. 439 e ss.

57 Paulo de Barros Carvalho, **Direito Tributário, Linguagem e Método**. 7ª ed. São Paulo: Noeses, 2018, p. 193. Entre as principais *condições* que delimitam a atividade interpretativa no plano constitucional está o aspecto linguístico. Segundo Antonio Enrique Pérez Luño, "en primero término, debe acentuarse el carácter *lingüístico* de cualquier interpretación. El lenguaje actúa siempre como marco necessário de referencia de la actividad interpretativa, cuyo objeto se concreta en manifestaciones de un determinado lenguaje simbólico, oral o escrito. Por ello, donde no existe comunicación intersubjetiva no puede darse interpretación; y esa comunicación exige que los interlocutores hablen un mismo lenguaje y conozcan los objetos a que se refiere dicho lenguaje." **Derechos Humanos, Estado de Derecho y Constitución**. 6ª ed. Madrid: Tecnos, 1999, p. 255.

58 Paulo de Barros Carvalho refere-se a este proceder hermenêutico da seguinte forma: "Há que se tomar nota que o comportamento de quem pretende interpretar o direito para conhecê-lo deve ser orientado pela busca incessante da compreensão desses textos prescritivos. Ora, como todo texto tem um plano de expressão, de natureza material, e um plano de conteúdo, por onde ingressa a subjetividade do agente para compor as significações da mensagem, é pelo primeiro, vale dizer, a partir do contato com a *literalidade textual*, com o *plano dos significantes* ou com o chamado *plano de expressão*, como algo *objetivado*, isto é, posto intersubjetivamente, ali onde estão as estruturas morfológicas e gramaticais, que o intérprete inicia o processo de interpretação, propriamente dito, passando a construir os conteúdos significativos dos vários enunciados ou frases prescritivas para, enfim, ordená-los na forma estrutural de normas jurídicas, articulando essas entidades para construir um domínio. Se retivermos a observação de que o direito se mani-

Segundo Canotilho, ao texto da lei atribui-se dupla relevância: "ponto de partida para a tarefa de mediação ou captação de sentido por parte dos concretizadores das normas constitucionais; limite da tarefa de interpretação, pois a função do intérprete será a de desvendar o sentido do texto sem ir para além, e muito menos contra, o teor literal do preceito." [59]

Paulo de Barros Carvalho, ao analisar os tipos de linguagem, as classifica em: a) linguagem natural ou ordinária; b) linguagem técnica; c) linguagem científica; d) linguagem filosófica; e) linguagem formalizada e; f) linguagem artística. A linguagem natural é a utilizada no cotidiano dos indivíduos, em suas relações inter-subjetivas, ou seja, "aparece como instrumento por excelência da comunicação entre as pessoas" A linguagem técnica[60], por sua vez, assenta-se na linguagem natural, todavia, inclui termos e expressões de significado mais preciso e determinado, próprios do domínio do saber instrumental. Busca "transmitir informações imediatas acerca da funcionalidade do objeto, utilizando,

festa sempre nesses quatro planos: o das formulações literais, o de suas significações enquanto enunciados prescritivos, o das normas jurídicas, como unidades de sentido obtidas mediante grupamento de significações que obedecem a determinado esquema formal (implicação) e dos vínculos de coordenação e subordinação que se estabelecem entre as normas jurídicas – e se pensarmos que todo nosso empenho se dirige para estruturar essas normas contidas num estrato de linguagem – não será difícil verificar a gama imensa de obstáculos que se levantam no percurso gerativo de sentido oi, em termos mais simples, na *trajetória da interpretação*." in **Direito Tributário, Linguagem e Método**. 7ª ed. São Paulo: Noeses, 2018, pp. 194 e 195.

59 **Direito Constitucional e Teoria da Constituição**. 7ª ed. Coimbra: Almedina, 2003, p. 1.137.

60 Luiz Alberto Warat expõe que "alguns juristas recomendam para a constituição de sua interpretação a substituição do sentido vulgar das expressões utilizadas nos textos legais pelo sentido técnico produzido através das chamadas ciências jurídicas. Uma técnica de substituição circular, já que a linguagem técnica somente pode ser entendida como uma sub-linguagem natural, como a linguagem comum de um grupo de profissional específico. Os termos técnicos aparecem melhor como definições estipulativas, como abreviaturas destinadas a introduzir signos no repertório léxico da linguagem corrente. No fundo, com a apelação à linguagem técnica se está sugerindo a necessidade de referendar como legitimável somente aqueles usos da linguagem provenientes de práticas institucionais específicas. Desse modo, se assegura o controle institucional dos discursos e se mantém o acatamento reverencial à lei escrita: o poder do intérprete." **Introdução Geral ao Direito - Interpretação da Lei: Temas para uma Reformulação.** Porto Alegre: Sergio Antonio Fabris Editor, 1994, p. 67.

para tanto, número maior ou menor de termos científicos.[61]" A linguagem científica revela um discurso composto, na medida do possível, por termos unívocos, dotados de elevada precisão significativa com o propósito de descrever, com fidelidade, o respectivo objeto do conhecimento. O saber filosófico é composto através da linguagem filosófica, dotada de uma terminologia própria e "saturada de valores", na medida em que o objeto da investigação está circunscrito ao universo interior do ser humano e o meio que o circunda, revelando a "busca do ser em sua totalidade universal." No tocante à linguagem formal, ter-se-á uma proposição linguística codificada, que se revela através de uma "simbologia artificialmente criada para acentuar os laços que a linguagem comum disfarça.[62]" Por fim, o autor alude à linguagem artística, situada no domínio das artes e que revelam valores de cunho estético[63].

A Constituição Federal, na condição de fundamento de validade de todo sistema normativo e destinada a traçar a organização político-jurídica de uma sociedade, é formada por um corpo de linguagem do tipo natural e técnica. Por tal motivo, é possível a constatação de determinados problemas relativos à linguagem constitucional, a saber: a) expressões ambíguas[64] b) termos vagos[65] e; c) textura aberta. As palavras são ambíguas na medida em que um mesmo termo pode comportar uma

61 A título de exemplo, podemos fazer menção aos manuais de tv e som.

62 A linguagem formal é própria do domínio da matemática, física, química, etc.

63 **Direito Tributário, Linguagem e Método**. 7ª ed. São Paulo: Noeses, 2018, pp. 56 a 65.

64 Afirma Tercio Sampaio Ferraz Jr. que "um símbolo é *ambíguo* quando é possível usá-lo para um campo de referência com diferente *intensão* (com *s* e não com *ç*), isto é, manifestando qualidades diversas, por exemplo, na prescrição 'seduzir mulher honesta, pena x', a palavra *honesta* tem um sentido indefinido, pois ***conota*** várias significações, quando lhe definimos o sentido, o delimitamos sua intensão, temos uma definição *conotativa* ou pela *intensão*; por exemplo, 'entende-se por *honesta* a mulher que manifesta no comportamento as seguintes qualidades..."; (destaque nosso) **Introdução ao Estudo do Direito**. 9ª ed. São Paulo: Atlas, 2016, p. 214.

65 Para Tercio Sampaio Ferraz Jr. "um símbolo é vago quando seu possível campo de referência é indefinido; por exemplo, na prescrição 'matar alguém, pena de x anos de prisão', qualquer jurista dirá que a palavra *alguém* é uma variável que deve ser preenchida por qualquer *pessoa;* no entanto, quando temos uma *pessoa*? O feto é já uma *pessoa*? um cadáver é ainda uma *pessoa*? O exemplo mostra que a palavra é vaga, pois ***denota*** um campo de objetos (extensão) ainda não definido;"" (destaque nosso) **Introdução ao Estudo do Direito**. 9ª ed. São Paulo: Atlas, 2016, p. 214.

diversidade de sentido, a exemplo do próprio vocábulo Direito[66], Casa[67] etc. A vaguedade refere-se ao fenômeno acerca do qual o vocábulo se reveste de um elevado grau de indeterminabilidade quanto àquilo que ele efetivamente busca precisar, seja relativo à inclusão ou não de determinados fatos no seu campo de ação[68]. Por fim, em relação à textura aberta, tal característica refere-se à capacidade dialógica da Constituição, é dizer, da disponibilidade e "capacidade de aprendizagem" das suas normas no sentido de captarem as mudanças sociais e estarem abertas as concepções "cambiantes da 'verdade' e da 'justiça'."[69]

No âmbito da interpretação constitucional, o elemento literal vem ganhando espaço a cada dia, como forma de controlar a atividade interpretativa realizada pelos tribunais e demais órgãos jurisdicionais. Além disto, empresta maior segurança jurídica e certeza[70] aos que estão su-

---

66 Direito pode ter o significado de *norma, ciência, valor, faculdade* e *fato social*. Neste sentido, cf. André Franco Montoro, pp.29, 121, 293, 437 e 513, respectivamente. **Introdução à Ciência do Direito**. 20ª ed. São Paulo: RT, 1991.

67 Neste sentido, cf. decisão do Supremo Tribunal Federal acerca da inviolabilidade de domicílio:
"Para os fins da proteção jurídica a que se refere o art. 5º, XI, da CF, **o conceito normativo de "casa"** revela-se abrangente e, por estender-se a qualquer aposento de habitação coletiva, desde que ocupado (CP, art. 150, § 4º, II), compreende, observada essa específica limitação espacial, os quartos de hotel. Doutrina. Precedentes. Sem que ocorra qualquer das situações excepcionais taxativamente previstas no texto constitucional (art. 5º, XI), nenhum agente público poderá, contra a vontade de quem de direito (invito domino), ingressar, durante o dia, sem mandado judicial, em aposento ocupado de habitação coletiva, sob pena de a prova resultante dessa diligência de busca e apreensão reputar-se inadmissível, porque impregnada de ilicitude originária. Doutrina. Precedentes (STF)." (Destaque nosso)
RHC n° 90.376, rel. min. Celso de Mello, j. 03.04.07, 2ª Turma.

68 Tal característica pode ser exemplificada com o mesmo dispositivo constitucional da nota anterior. No artigo 5°, XI, a Constituição Federal estabelece que "a casa é asilo inviolável do indivíduo, ninguém nela podendo penetrar sem consentimento do morador, salvo em caso de flagrante delito ou desastre, ou para prestar socorro, ou, **durante o dia**, por determinação judicial;" Está evidente que durante a noite a casa está protegida de intervenção, mesmo que para cumprimento de decisão judicial. Todavia, quando termina o dia e quando começa a noite para efeitos de incidência deste dispositivo constitucional? Tais situações de indeterminabilidade ou incerteza compreendem o que a doutrina demoniza de ***zona de penumbra***.

69 **Direito Constitucional e Teoria da Constituição**. 7ª ed. Coimbra: Almedina, 2003, p. 1.159.

70 Salienta Raúl Cañosa Usera que através do método literal, o intérprete "habrá de extraer la norma aplicable deduciéndola del contenido incorporado en las palabras **y siempre del mismo modo.**" in **Interpretación Constitucional y Formula Política**. Madrid: Centro de Estudios Constitucionales, 1988, p. 92.

jeitos à interpretação constitucional judicial, na medida em que o grau de discricionariedade do intérprete tende a ser mais reduzido, posto que pautado por regras de sintaxe e semântica gramaticais. Para Raúl Canosa Usera, o elemento gramatical resulta insuficiente em sede de interpretação constitucional, na medida em que "la esencia del método linguístico radica em su simplicidade. No pasa de ser un modo elemental de enteder. Por ello, el enfrentarse a un objeto tan complejo como es el derecho, y más el Derecho Constitucional, minimiza, por contraste su importancia. La riqueza de la actividad humana y, paralelamente, de sus resultados, no puede desentrañarse con el descubrimiento de un solo de los modos que tiene para expresarse y desarrollarse aquella voluntad: el lenguaje. Este nos parece como uno más entre esas formas de desarrollo del espíritu." [71]

Por fim, trazemos à colação algumas diretrizes formuladas pelos doutrinadores que devem ser observadas quando da utilização do elemento literal, a saber:

a) a termos idênticos não se deve atribuir, salvo suficiente razão, significados distintos;

b) a termos distintos não se deve atribuir, salvo suficiente razão, o mesmo significado;

c) o significado dos signos lingüísticos deve ser determinado mediante as regras sintáticas da linguagem comum;

d) não se deve determinar o significado de uma regra jurídica de tal maneira que alguma de suas partes sejam redundantes; quer dizer, na lei não há palavras inúteis;

e) deve-se preferir o significado técnico das palavras ao seu significado comum; entretanto, em se tratando de Constituição, deve-se atribuir às palavras o seu significado comum. [72]

71 **Interpretacion Constitucional y Formula Política.** Madrid: Centro de Estudios Constitucionales, 1988, p. 95.

72 Segundo Geraldo Ataliba, "a interpretação da lei constitucional deve ser feita de maneira diversa da do direito ordinário, por que sabemos que no direito constitucional a exceção é o emprego de termos técnicos. Na norma constitucional, havendo dúvida sobre se uma palavra tem sentido técnico ou significado comum, o intérprete deve ficar com o comum, porque a constituição é um documento político; já nos setores do direito ordinário a preferência recai sobre o sentido técnico, sendo que a acepção comum só será admitida quando o legislador não tenha dado elemento para que se infira uma acepção técnica." **Elementos de Direito Tributário.** São Paulo: Revista dos Tribunais, 1978, p. 238.

4.2. Elemento histórico

Consoante o elemento histórico, deve o exegeta buscar na vontade do legislador a determinação do sentido da norma, quer dizer, deve-se atribuir à lei a vontade do legislador que a elaborou. A interpretação histórica busca a certeza e a estabilidade das decisões jurídicas mediante a descoberta da vontade do legislador histórico. Segundo esta concepção, o significado da lei é aquele atribuído por quem a elaborou. Busca-se, na vontade do legislador histórico, o significado do texto legal.

Sobre o elemento histórico, aduz Savigny que "toda ley debe expresar un pensamiento en forma tal que valga como norma. Quien interprete, pues, una ley, debe analizar el pensamiento contenido en la ley. Interpretación es lo primero: reconstrucción del contenido de la ley. El intérprete debe colocarse en el punto de vista del legislador y producir así artificialmente su pensamiento.[73]"

A interpretação histórica busca a certeza e a estabilidade das decisões jurídicas mediante a descoberta da vontade do legislador histórico. Segundo esta concepção, o significado da lei é aquele atribuído por quem a elaborou. Busca-se, na vontade do legislador histórico, o significado do texto legal. O intérprete, para descobrir o significado da norma, investiga os trabalhos preparatórios, as discussões parlamentares consignadas em documentos etc. Para Manuel A. Domingues de Andrade, o "ofício da interpretação será, portanto, nesta ordem de idéias, averiguar um **fato histórico**, – desvendar, apreender e reconstruir um certo conteúdo psicológico real e efetivo." [74] Deste modo, a tarefa do intérprete consiste em analisar o passado com vistas à aplicação da norma a um caso concreto situado no presente, mediante reconstrução da vontade do agente produtor da norma objeto da interpretação[75].

Outro ponto geralmente criticado pertinente ao elemento histórico diz sobre quem é o legislador, para que se possa, a par disto, revelar sua vontade. Ora, se a determinação do conteúdo da norma consiste em buscar a intenção do agente produtor da norma jurídica, nada mais lógico do que saber quem é o legislador para que se possa conhecer o seu

73 **Metodología Jurídica**. Buenos Aires: Depalma, 1994, p. 12.

74 **Ensaio sobre a Interpretação das Leis**,4ª ed. Coimbra: Arménio Amado Editor, 1987, p. 15, grifado no original.

75 Para Manoel Messias Peixinho, "o objetivo da interpretação histórica é situar o direito dentro de uma compreensão que lhe forneça a *occasio legis*, elemento fundante da norma. A investigação histórica amplia o sentido racional." **A Interpretação da Constituição e os Princípios Fundamentais. Elementos para uma Hermenêutica Constitucional Renovada.** 2ª ed. Rio de Janeiro: Lumen Juris, 2000, p. 36.

pensamento. A realidade é que nós não sabemos quem é o legislador e qual a sua real vontade. [76] Segundo Celso Ribeiro Bastos, "não se pode querer reproduzir os meandros da mente do legislador, mesmo porque nos regimes democráticos, são muitos os legisladores, quase sempre reunidos em colegiados em que são apresentadas inúmeras modificações aos projetos originários. Tal constatação torna este enunciado uma meta praticamente inatingível." [77]

A utilização do elemento histórico é relevante, reitere-se, para manutenção da estabilidade e controle no âmbito do processo interpretativo dos enunciados prescritivos que compõem o direito positivo. Através dele, é possível obter coerência interpretativa, sobretudo no âmbito da interpretação judicial do direito.

4.3. Elemento Sistemático

O elemento sistemático da interpretação jurídico parte do pressuposto de que o Direito se apresenta como um sistema[78]. Em conformidade com este critério hermenêutico, não se interpreta uma norma isoladamente, mas em conexão com outras normas jurídicas com as quais ela se relaciona no interior do ordenamento jurídico.

---

76 Esta questão é bem elucidada por Carlos Maximiliano, *verbis: "Em uma das forjas da lei, no parlamento, composto, em regra, de duas câmaras, fundem-se opiniões múltiplas, o conjunto resulta de frações de idéias, amalgamadas; cada representante do povo aceita por um motivo pessoal a inclusão de palavra ou frase, visando a um objetivo particular a que a mesma se presta; há o acordo aparente, resultado de profundas contradições. Bastas vezes, a redação final resulta imprecisa, ambígua, revelando-se o produto da inelutável necessidade de transigir com exigências pequeninas a fim de conseguir a passagem da idéia principal."* E, em seguida, conclui: *"Se descerem a exumar o pensamento do legislador, perder-se-ão em um báratro de dúvidas maiores ainda e mais inextricáveis do que as resultantes do contexto. Os motivos, que induziram alguém a propor a lei, podem não ser os mesmos que levaram outros a aceita-la."* **Hermenêutica e Aplicação do Direito.** 18ª ed., Rio de Janeiro: Editora Forense, 2000, p. 23.

77 **Hermenêutica e Interpretação Constitucional.** São Paulo: Celso Bastos Editor, 1997, p. 119.

78 No entendimento de Juarez Freitas, o sistema jurídico se apresenta "como uma rede axiológica e hierarquizada de princípios gerais e tópicos, de normas e de valores jurídicos cuja função é a de, evitando ou superando antinomias, dar cumprimento aos princípios e objetivos fundamentais do Estado Democrático de Direito, assim como se encontram substancializados, expressa ou implicitamente na Constituição." **A Interpretação Sistemática do Direito.** 2ª ed. São Paulo: Malheiros, 1998, p. 46.

Para que se conceba tal critério interpretativo, o exegeta deve partir da compreensão de que o Direito Positivo se afigura como um todo sistemático. No dizer de Tércio Sampaio Ferraz Jr., sistema "é um complexo que se compõe de uma estrutura e de um repertório". [79] Desta forma, o direito positivo se apresenta como um conjunto de normas jurídicas (repertório), inter-relacionadas mediante regras de coordenação e subordinação (estrutura). Portanto, nesse sentido, o direito possui feição sistêmica.

Através da utilização do elemento sistemático da interpretação, o intérprete, na determinação do sentido da norma aplicável, vai além do texto legal, analisando o enunciado prescritivo nas suas diversas conexões intra-sistêmicas. Portanto, o texto normativo não há de ser interpretado isoladamente, mas enquanto unidade inserida num sistema normativo e em conexão com outros elementos integrantes desta mesma ordem jurídica. Trata-se de uma interpretação pelo contexto[80]. Para Raúl Canosa Usera, a interpretação sistemática apresenta caráter extratextual, de modo que não incide exclusivamente sobre o preceito em si mesmo, mas na compreensão deste através da sua relação com outros preceitos do Ordenamento Jurídico, vindo a salientar a importância desta ferramenta hermenêutica da seguinte forma:

> "Este elemento, esta interpretación por el contexto, entendida en su significación más amplia, se erige en uno de los métodos essenciales de la interpretación jurídica porque es, precisamente a través de él, cómo el operador jurídico extrae más fácilmente el sentido de la norma. Su importancia se justifica, por tanto, en la idoneidad de su empleo a fin de obtener buenos resultados." [81]

Em se tratando de interpretação constitucional, o elemento sistemático se faz imperativo em virtude de ser a Constituição um "sistema aberto de regras e princípios".[82]

A Constituição é um conjunto de normas hierarquicamente superiores dispostas de forma sistemática. Na condição de norma suprema, fundamenta as demais normas que integram o ordenamento jurídico. É

---

79 **Introdução ao Estudo do Direito.** 9ª ed. São Paulo: Gen/Atlas, 2016, p. 140.

80 Cf. Raúl Canosa Usera. **Interpretación Constitucional y Formula Política**. Madrid: Centro de Estudios Constitucionales, 1988, p. 97.

81 **Interpretación Constitucional y Formula Política**, Madrid: Centro de Estudios Constitucionales, 1988, p. 97.

82 Cf. J. J. Gomes Canotilho. **Direito Constitucional e Teoria da Constituição**. 7ª ed. Coimbra: Almedina, 2003, p. 1.159.

a partir da Constituição que todo o sistema normativo é criado, na medida em que ela se constitui no fundamento de validade de todas as normas que compõem um específico ordenamento jurídico. As normas que fazem parte da Constituição estão todas no mesmo nível hierárquico, ou seja, todas são normas constitucionais e, portanto, dotadas de igual dignidade normativa. Por força do princípio da unidade da Constituição, as normas constitucionais devem ser interpretadas de maneira sistemática, de modo a evitar contradições entre si. Não é aconselhável interpretar um dispositivo constitucional isoladamente, mas sim integrado a outras normas que compõem o sistema interno da Constituição. Explica Canotilho que "o princípio da unidade obriga o intérprete a considerar a constituição na sua globalidade e a procurar harmonizar os espaços de tensão existentes entre as normas constitucionais a concretizar." [83] O aspecto sistêmico do direito exige do intérprete que se lhe compreenda como um todo consistente e coerente. Assentado em tal perspectiva sistêmica do direito, Jerzy Wróblewsky apresenta as seguintes diretivas hermenêuticas:

1. "No se deberia atribuir a una regla legal un significado de tal manera que esta regla fuera contradictoria con otras reglas pertenecientes al sistema;

2. No se debería atribuir a una regla legal un significado de tal manera que fuera incoherente con otras reglas legales perteneciente al sistema;

3. A una regla legal se le debería atribuir un significado que le hiciera lo más coherente posible con otras reglas legales pertenecientes al sistema."

A exigência de *consistência* e *coerência*[84] se aplica a todas as normas do sistema jurídico. Segundo Jerzy Wróblewsky, "las relaciones de consistencia y coherencia que expresan las directivas sistémicas presuponen que un sistema legal posee estas características y se refieren a todos los tipos señalados de reglas válidas mutuamente conectadas. Sin embargo, las relaciones de los principios con otras reglas dependen de su identificación teórica. Esto es especialmente importante en caso de que no se atribuya a los principios el requisito de consistencia y coheren-

83 **Direito Constitucional e Teoria da Constituição.** 7ª ed. Coimbra: Almedina, 2003, pp. 1148 e 1149.

84 Sobre a *coerência* e *integridade* no sistema jurídico brasileiro, cf. **Hermenêutica e Jurisprudência no Novo Código de Processo Civil – Coerência e Integridade**. 2ª ed. Lenio Luiz Streck; Eduardo Arruda Alvim; George Salomão Leite. São Paulo: Saraiva, 2018.

cia.[85]" Em sentido análogo, Antonio Enrique Pérez Luño informa que da unidade sistêmica da Constituição decorre "la necesidad de *coherencia*, o sea, a la falta de contradicciones o antinomias entre las distintas partes (normas) que integran 'el todo' o sistema constitucional.[86]"

Apesar da relevância do elemento sistemático no âmbito da hermenêutica jurídica, é sempre oportuno lembrar da necessidade de manejo de todas as ferramentas interpretativas, postas à disposição do intérprete pela Ciência da Interpretação Constitucional, quando da realização da atividade exegética.

4.4. Elemento Teleológico

A *ratio legis* ou razão da lei, é o fim a ser perseguido mediante utilização do elemento teleológico. Através dele, o intérprete procura conhecer a finalidade, o valor que está a ser preservado pelo enunciado prescritivo. Segundo Manoel Messias Peixinho, mediante a utilização do elemento teleológico, "busca-se a finalidade racional normativa."[87] Para Raúl Canosa Usera, a interpretação teleológica "no representa outra cosa que el fundamento último de las normas." [88]

Em sentença proferida em 8 de junho de 1981, afirmou o Tribunal Constitucional Espanhol que "la Constitución incorpora un sistema de valores cuya observancia requiere una interpretación finalista de la norma fundamental." [89] Logo, o aspecto axiológico plasmado nas Constituições se afigura como vetor hermenêutico, que deverá nortear o intérprete na sua missão de densificação dos preceitos constitucionais. O intérprete nunca poderá perder de vista os valores que permeiam todas as normas jurídicas, a fortiori, os contidos na Constituição, na medida em que sua preservação constitui o próprio substrato da sociedade.

---

85 **Constitución y teoría general de la interpretación jurídica**. Madrid: Cuadernos Cívitas, 1988, p. 50.

86 **Derechos Humanos, Estado de Derecho y Constitución**. 6ª ed. Madrid: Tecnos, 1999, p. 276.

87 **A Interpretação da Constituição e os Princípios Fundamentais – Elementos para uma Hermenêutica Constitucional Renovada**. 2ª ed. Rio de Janeiro: Lumen Juris, 2000, p. 38.

88 **Interpretación Constitucional y Formula Política**, Madrid: Centro de Estudios Constitucionales, 1988, p. 103.

89 STC nº 18/1981.

5. Da Interpretação Constitucional

5.1. Definição

A interpretação constitucional é a definição de interpretação jurídica aplicada à Constituição. Segundo Canotilho, interpretar "uma norma constitucional consiste em atribuir um significado a um ou vários símbolos lingüísticos escritos na constituição com o fim de se obter uma decisão de problemas práticos normativo - constitucionalmente fundada." [90] Interpretar a Constituição é tarefa que se impõe metodicamente a todos os seus aplicadores.[91]

Para Luís Roberto Barroso, a interpretação constitucional significa a "determinação dos significados das normas que integram a Constituição formal e material do Estado." [92] Portanto, a interpretação constitucional, segundo a definição apresentada, tem por objeto não apenas o texto formal da Constituição, mas todas as normas que veiculam conteúdo constitucional. Neste sentido, se o intérprete tem por objeto hermenêutico uma decisão judicial de um Tribunal Constitucional, por exemplo, procederá a uma interpretação constitucional, na medida em que tal norma se reveste de conteúdo constitucional[93]. Neste sentido, afirma Raúl Canosa Usera ser "posible incluir las normas entre las formas de representación del objeto de la interpretación constitucional", a exemplo, no sistema

---

90 **Direito Constitucional e Teoria da Constituição.** 7ª ed. Coimbra: Almedina, 2003, p. 1.200.

91 **Direito Constitucional e Teoria da Constituição.** 7ª ed. Coimbra: Almedina, 2003, p. 1.207.

92 **Interpretação e Aplicação da Constituição: fundamentos de uma dogmática constitucional transformadora**. São Paulo, Saraiva, 1996, p. 100.

93 Para Raúl Canosa Usera, "el objeto de toda interpretación es un texto en tanto en cuanto las normas sólo vive, en sentido estricto, durante el momento de ser aplicada. La jurisprudencia de nuestro Tribunal se ha ocupado de reafirmar enfáticamente este punto. Sin embargo, por otra vía sí es posible incluir las normas entre las formas de representación del objeto de la interpretación constitucional, nos estamos refiriendo a las proprias sentencias constitucionales. Las mismas, una vez incorporadas al precepto en función, complementan su contenido y se convierten en necesario objeto de interpretación. No son, evidentemente, texto constitucional, pero su toma en consideración por el operador de la interpretación las sitúa al lado del texto; en ocasiones, con una carga de potencial pragmatismo mayor que el del proprio texto al que se adhieren. Son normas y además normas generales porque han devenido precedentes. Por lo tanto, ese texto "... *emanant n'dum homme on d'un groupe d'hommes et condense en une formule*" se traduce en normas que una vez aplicadas conservan su eficacia general de precedentes y, consecuentemente, también han de ser interpretadas junto con el texto." **Interpretacion Constitucional y Formula Política**, Madrid: Centro de Estudios Constitucionales, 1988, p. 59.

jurídico brasileiro, das Súmulas Vinculantes que tem por objeto matéria constitucional.[94]

Celso Ribeiro Bastos, ao dispor sobre o tema, alude que o objeto da interpretação constitucional não corresponde apenas ao texto da Constituição, mas todo caso no qual a Lei Fundamental estiver envolvida.[95]

A natureza político-jurídica da Constituição e a hierarquia normativa que a ela corresponde impõem características específicas à interpretação constitucional, singularizando-a dentro da teoria geral da interpretação do direito. A interpretação da Constituição difere da interpretação das demais normas do ordenamento jurídico em razão de alguns fatores que lhe são específicos, quais sejam: a) ser o estatuto jurídico do fenômeno político; b) o caráter aberto das normas constitucionais; c) inicialidade fundante; d) linguagem constitucional e; e) o fato da Constituição ser permeada por normas-principiológicas.

5.2. Fatores justificantes de uma interpretação constitucional

5.2.1. O fator político na Constituição

Entende Karl Lowenstein ser a Constituição um dispositivo de controle do poder. Destina-se a Lei Fundamental a limitar o exercício do poder político, convertendo-se, de tal maneira, em "dispositivo fundamental para el control del proccsso del poder."[96] Aduz ainda o autor, que o telos, a essência de toda Constituição é a criação de instituições para limitar e controlar o poder político. Neste sentido, Lowenstein esclarece que cada Constituição apresenta "una dupla significación ideológica: liberar los destinatarios del poder del control social absoluto de sus dominadores, y asignarles una legítima participación en el proceso del poder." [97]

De forma análoga, afirma Canotilho que a Constituição é um "corpo de regras vinculativas do 'corpo político' e estabelecedoras de limites jurídicos ao poder, mesmo ao poder soberano (antidespotismo, antiab-

94 **Interpretacion Constitucional y Formula Política.** Madrid: Centro de Estudios Constitucionales, 1988, p. 59.

95 **Hermenêutica e Interpretação Constitucional.** São Paulo: Celso Bastos Editor, 1997, p. 87.

96 **Teoría de la Constitución.** 2ª ed. Barcelona: Editorial Ariel, 1976, p. 151.

97 **Teoría de la Constitución.** 2ª ed. Barcelona: Editorial Ariel, 1976, p. 151.

solutismo)" [98], ou seja, é "o estatuto jurídico do político.[99]" Aponta Celso Ribeiro Bastos e Carlos Ayres Brito para o fato de que a "Magna Lei busca traçar os contornos do poder, não apenas em si mesmo centrado, pertinentemente à sua conquista, ao seu exercício e à substituição dos seus defensores, mas também como instrumento a serviço da preservação dos direitos e garantias individuais."[100] Eis, aliás, o objetivo colimado pelo constitucionalismo clássico: limitar o exercício do poder através da separação das funções estatais, por meio de uma Constituição escrita, asseguradora dos direitos e garantias fundamentais[101].

Pertinentes são as observações feitas por Raúl Canosa Usera quanto ao elemento político contido nas normas jurídicas, verbis:

> "La importancia de una norma jurídica, y, en definitiva, su intrínseca politicidad, depende de la distancia que la separe de las relaciones de poder. Si la distancia es grande la norma en concreto revestirá,

98 **Direito Constitucional e Teoria da Constituição.** 7ª ed. Coimbra: Almedina, 2003, p. 1.130.

99 **Direito Constitucional e Teoria da Constituição.** 7ª ed. Coimbra: Almedina, 2003, p. 1.207.

100 **Interpretação e Aplicação das Normas Constitucionais.** São Paulo: Saraiva, 1982, p. 16.

101 Sobre o tema, Karl Loewenstein expõe o seguinte:
"La historia del constitucionalismo no es sino la búsqueda por el hombre político de las limitaciones al poder absoluto ejercido por los detentadores del poder, así como el esfuerzo de establecer una justificación espiritual, moral o ética de la autoridad, en lugar de sometimiento ciego a la facilidad de la autoridad, en lugar de sometimiento ciego a la facilidad de la autoridad existente. Estas aspiraciones quedaron concretadas en la necesaria aprobación por parte de los destinatarios de poder de los controles sociales ejercidos por los dominadores y, consecuentemente, en la participación activa de los dominados en el proceso político. Las limitaciones impuestas al nudo poder estarían asegurados por el acuerdo de la sociedad estatal sobre ciertas reglas fijas, reguladoras del proceso político. Se creyó que este objetivo sería alcanzado de la mejor manera cuando el ejercicio del poder político estuviese distribuido entre diversos detentadores del poder, que estarían así obligados a una respectiva cooperación, en lugar de monopolizar el ejercicio del dominio un detentador único. Allí donde el poder está distribuido, el dominio está limitado y esta limitación trae consigo restricción y control.
(...)
En un sentido ontológico, se deberá considerar, como el *telos* de toda constitución la creación de instituciones para limitar y controlar el poder político. En este, cada constitución presenta una doble significación ideológica: liberar a los destinatarios del poder del control social absoluto de sus dominadores, y asignarles una legitima participación en el proceso del poder." **Teoría de la Constitución.** 2ª ed. Barcelona: Editorial Ariel, 1976, pp. 151 e 152.

> generalmente, un carácter aproblemático y francamente técnico; si, por el contrario, una norma cualquiera se coloca en la proximidad del poder o, en el supuesto más favorable, regula las relaciones de éste, la importancia del precepto se situará en lo más alto de la escala normativa. La Constitución se dedica, justamente, a encauzar jurídicamente las relaciones del poder, y es en éstas donde radica su trascendencia 'cratológica' y jurídico-política. Cuanto mayor se ala politicidad de la matéria regulada por una disposición, tanto mayor será, consecuentemente, la carga de politicidad de los conflictos que, en base a su interpretación y aplicación, puedan surgir." [102]

É oportuno ressaltar que o elemento político na Constituição não lhe retira o caráter normativo nem a juridicidade das decisões proferidas pela Corte Suprema, ao revés, integra a sua própria essência. Todo órgão de cúpula do Poder Público exerce uma função política, mas nem por isto suas decisões são desprovidas de juridicidade e, conseqüentemente, força vinculante. Para M. Seabra Fagundes, a Corte Suprema encontra-se "investida na capacidade de interpretando juridicamente o texto da Constituição, traçar, em conseqüência, o alcance das diretrizes políticas nele subjacentes." [103] Em virtude da Constituição ser o estatuto jurídico do político, qualquer conflito envolvendo as instituições políticas há de ser dirimido por um órgão de cúpula do Poder Judiciário. Por tal razão, afirma M. Seabra Fagundes que "da presença afirmativa e enérgica do mais alto tribunal da República dependerá, nos regimes presidencialistas, em parte substancial, o êxito prático das instituições políticas."[104] Isto porque, à Suprema Corte, e somente a ela, compete, "com autoridade magna, dizer não às demasias e abusos dos outros dois poderes, reduzindo-lhes as ações, pela força convincente das razões dos seus arestos e pelo peso moral da sua autoridade, às dimensões próprias, segundo o contexto da Constituição. Foi com a noção exata de que assim é e há de ser, no regime presidencial, que os fundadores da República, entre nós, instituíram o Supremo Tribunal Federal."[105] Portanto, o Supremo Tributal Federal exerce função política não apenas em virtude de se constituir órgão do cúpula do Poder Judiciário mas, também, em razão

102 **Interpretacion Constitucional y Formula Política.** Madrid: Centro de Estudios Constitucionales, 1988, pp. 120 e 121.

103 **"A Função Política do Supremo Tribunal Federal"**, Revista de Direito Administrativo, Rio de Janeiro, n° 134: pp. 1-10, out./dez. 1978, p. 2.

104 **"A Função Política do Supremo Tribunal Federal"**, Revista de Direito Administrativo, Rio de Janeiro, n° 134: pp. 1-10, out./dez. 1978, p. 1.

105 **"A Função Política do Supremo Tribunal Federal"**, Revista de Direito Administrativo, Rio de Janeiro, n° 134: pp. 1-10, out./dez. 1978, p. 1.

de ser o intérprete final de um documento jurídico revestido de conteúdo político.

Além do conteúdo essencialmente político, a Constituição incorpora elementos de diversas matizes ideológicas existentes em uma sociedade, eventualmente conflitantes, na medida em que uma Assembléia Nacional Constituinte, democraticamente legitimada, resulta composta por pessoas das mais variadas formações e ideologias, como sucedeu na Constituinte de 1988[106]. Deste modo, resulta o texto constitucional da soma das parcelas político-ideológicas predominantes quando da sua elaboração, externando o compromisso firmado entre várias facções políticas. Josaphat Marinho, analisando o conceito de Constituição Econômica, expõe o seguinte:

> "A constituição econômica, porém, como a estrutura constitucional no seu conjunto, nem sempre é homogênea. Resultante, comumente, de transação entre correntes partidárias e de opinião, reúne preceitos originários de fontes diversas. Mesmo quando homogênea, só é relativamente, pois relações complexas e mutáveis, como as que disciplina, não se ajustam a ordenamentos lineares. **A densidade de**

106 Em discurso proferido por ocasião da instalação da Assembléia Nacional Constituinte, em 01 de fevereiro de 1987, o eminente Ministro José Carlos Moreira Alves, à época Presidente do Supremo Tribunal Federal - STF, externou as seguintes palavras:
"Tenho que o fundamental numa Constituição é encontrar o ponto de equilíbrio que melhor atenda, nas complexas relações entre o Estado, a sociedade e o indivíduo, as diferentes realidades nacionais.
No mundo ocidental moderno, em que estamos inseridos, não há mais margem para o Estado liberal clássico do século XIX. Teve ele o indiscutível mérito da conquista do Estado Constitucional. Seu alvo foi a obtenção da liberdade política; seus instrumentos, a separação dos poderes à feição de Monstesquieu e o elenco dos direitos e garantias individuais. Atendem aos anseios da burguesia contra a nobreza, mas deixou de lado as angústias das carências dos mais pobres. A liberdade política, por não levar em consideração a desigual capacidade dos homens, pode reduzir-se - como já se disse com amargo realismo - à liberdade de morrer de fome. Mas foi ela que substituiu o sufrágio censitário pelo sufrágio universal, dando força à massa, por sua participação política. Ainda nos países em que são acentuadas as injustiças sociais por se haverem desenvolvido no momento propício, há a tendência da generalização de Constituições que se voltam para esse problema, encarando a emancipação econômica como um dos componentes da liberdade. Não raro, porém, se chocam os interesses da sociedade com os do indivíduo, sendo mister que se encontre o justo ponto de equilíbrio entre os direitos sociais e os direitos individuais para que se impeça que uns destruam os outros, sem se descurar, porém, da realidade sócio-econômica existente, para a aferição da dosagem das preponderâncias." in "**Revista de Informação Legislativa**". Ano 24, nº 93, jan/mar, 1987, pp. 13 e 14.

tais relações impõe que as constituições sejam mais obedientes a fatores reais decorrentes da necessidade de convívio regular do que a exigências puramente lógicas."[107] (destaque nosso)

A presença destes elementos na Constituição implica numa maior dinamicidade em sede interpretativa, que não deve necessariamente se contrapor aos valores de segurança e previsibilidade do direito.

5.2.2. A Linguagem Constitucional

A Constituição é direito e, como tal, se expressa através da linguagem. Esta, por sua vez, é compreendida como a "capacidade do ser humano para comunicar-se por intermédio de signos cujo conjunto sistematizado é a língua." [108] Os signos são as unidades de um sistema lingüístico, dotados de significado e significação, que permitem a comunicação inter-humana.[109] As palavras são espécies do gênero "signos lingüísticos"[110], possuidoras, igualmente, de significado e significação. Entretanto, as palavras, e obviamente as palavras que integram os textos legais, comportam mais de um significado, quer dizer, são polissêmicas. Além disso, o modo como elas estão relacionadas umas com as outras, muitas vezes obscurecem o sentido do texto normativo. Os vocábulos que integram os enunciados prescritivos do direito positivo devem estar

107 "Constituição Econômica". **Revista de Direito Administrativo**. Rio de Janeiro, n° 156, pp. 1-14, abr./jun. 1984, pp.05 e 06.

108 Paulo de Barros Carvalho. **Direito Tributário, Linguagem e Método**. 7ª ed. São Paulo: Noeses, 2018, p. 32.

109 Paulo de Barros Carvalho. **Direito Tributário, Linguagem e Método**. 7ª ed. São Paulo: Noeses, 2018, p. 33.

110 Pautado na *Semiótica* de Charles Sander Peirce e Charles Morris, Paulo de Barros Carvalho alude a três planos de investigação dos signos linguísticos: a) sintático; b) semântico e; c) pragmático. Através da *sintaxe*, são analisadas as relações dos signos entre si, é dizer, signo com signo. Se utilizarmos a *palavra escrita* como signo linguístico, no plano sintático se cuida de analisar as relações estabelecidas entre elas para formação de uma proposição linguística. A *semântica*, por sua vez, recai sobre o vínculo do signo (suporte físico) com a realidade que ele exprime, é dizer, "cuida da associação que se instala entre o signo (como suporte físico) e o objeto do mundo (exterior ou interior) para o qual aponta". O plano semântico pode ser exemplificado com os Dicionários. Por fim, o aspecto *pragmático* guarda relação do signo com os utentes ou destinatários da linguagem. Segundo Paulo de Barros Carvalho, o plano pragmático revela extrema fecundidade, na medida em que "são infinitas as formas de utilização dos signos pelos sujeitos da comunicação, em termos de produzir mensagens." **Direito Tributário, Linguagem e Método**. 7ª ed. São Paulo: Noeses, 2018, pp. 33 a 36.

dispostos de acordo com as regras sintáticas para que possam ser bem compreendidas. Assim, a linguagem jurídica não escapa aos vícios pertinentes à própria linguagem em geral. Problemas como **ambigüidade**, **vaguidade** e **textura aberta** *já seriam suficientes, de* per si, para constatarmos a necessidade de interpretação das normas jurídicas.

Diz-se que um termo é **ambíguo** quando designa várias realidades, quando uma só palavra comporta mais de um significado. Os próprios vocábulos "Constituição" e "Direito" são exemplos disto.

Uma palavra é **vaga** quando o seu significado se encontra naquilo que a doutrina denomina **zona de nebulosidade** ou **zona de penumbra**, a exemplo de justiça, liberdade etc. Segundo Jerzy Wròblewsky, "el lenguaje legal es un linguaje vago" *É na* "zona de penumbra", explica o autor polaco, que surgem as dúvidas interpretativas. Ordinariamente a lei esclarece o que é (referência positiva) e o que não é (referência negativa), mas entre estas duas referências, positiva e negativa, há um espaço nebuloso, uma zona de penumbra, que deixa margem à interpretação. [111]

Por fim, a **textura aberta** é uma nota essencial da linguagem constitucional. O direito positivo, objetivando abarcar o maior número de situações fáticas possíveis, além da sua necessidade de acompanhar a dinâmica social sobre a qual deva incidir, utiliza-se de uma linguagem com textura aberta. A título de exemplo, podemos fazer menção ao disposto no caput do artigo 5°, da Constituição, que dispõe: "Todos são iguais perante a lei (...)." O que significa esta igualdade de todos perante a lei? Quais sãos os iguais e quais os desiguais? O que pretende dizer a Constituição ao proclamar, em seu artigo 1°, III, que a dignidade da pessoa humana se constitui em fundamento da República Federativa do Brasil?

Antonio Enrique Pérez Luño, ao versar sobre o aspecto linguístico-comunicacional inerente ao processo interpretativo, expõe que "donde no existe comunicación intersubjetiva no puede darse interpretación; y esa comunicación exige que los interlocutores hablen un mismo lenguaje y conozcan los objetos a que se refiere dicho lenguaje."[112]

---

111 Afirma Jerzy Wròblewsky que "los nucleos de referencia positivo y negativo aparecen en los casos lingüísticamente claros, y las dudas existen en la penumbra. Este es caso de duda suscitada por el contexto linguistico de una norma legal, ya que el lenguaje es un lenguaje inconcreta". **Constitucion y teoria general de la interpretacion jurídica.** Madrid: Cuadernos Civitas, 1988., p. 42.

112 **Derechos Humanos, Estado de Derecho y Constitucion.** 6ª ed. Madrid: Tecnos, 1999, p. 255.

Celso Ribeiro Bastos também realça a necessidade de interpretação em virtude dos problemas lingüísticos. Diz o citado autor que "a linguagem normativa não tem significações unívocas. Os seus vocábulos comportam mais de um conceito, o que, por si só, já seria bastante para justificar a necessidade da interpretação." [113]

Sobre a dificuldade de investigação do conteúdo semântico das normas constitucionais, aduz Canotilho ser esta uma tarefa particularmente difícil, em virtude da polissemia e vagueza inerente aos elementos linguísticos das normas constitucionais, somados aos conceitos de valor – com abertura de valoração e que necessitam ser preenchidos – e conceitos de prognose – que implicam na antecipação de consequências futuras, "dificilmente dedutíveis da simples mediação do conteúdo semântico." [114] Além disto, ressalta Canotilho que o significado de um texto normativo é estabelecido através de convenções linguísticas, surgindo a partir daqui um problema: na interpretação do texto constitucional o intérprete pode tomar em conta duas convenções linguísticas distintas: a) escolher entre a convenção (significado) baseada no uso científico (linguagem científica) e a convenção no uso normal (linguagem natural); b) escolher entre a linguagem científica ou natural do tempo em que surgiu a Constituição e a linguagem do tempo de sua aplicação (historicismo e actualismo).[115]

Eis, portanto, algumas considerações de relevo pertinentes à linguagem constitucional, que não se esgotam aos pontos aqui brevemente suscitados. Buscamos, neste percurso, apenas evidenciar um pouco o panorama da interpretação constitucional à luz da linguagem através da qual a Constituição é revelada.

5.2.3. A Constituição como um sistema aberto de regras e princípios

A doutrina e a jurisprudência constitucional têm compreendido a Constituição como um sistema normativo aberto formado de regras e princípios.[116] Entre os diversos sentidos de Constituição existentes no

113 **Hermenêutica e Interpretação Constitucional.** São Paulo: Celso Bastos Editor, 1997, p. 17.

114 **Direito Constitucional e Teoria da Constituição.** 7ª ed. Coimbra: Almedina, 2003, p 1.217.

115 **Direito Constitucional e Teoria da Constituição.** 7ª ed. Coimbra: Almedina, 2003, p 1.218.

116 Cf. J. J. Gomes Canotilho, **Direito Constitucional e Teoria da Constituição.** 7ª ed. Coimbra: Almedina, 2003, p. 1.157.

plano doutrinário, Canotilho formula uma síntese, em relação ao presente tema, da seguinte maneira:

> "(1) é um **sistema jurídico** – a Constituição – porque é um sistema dinâmico de normas; (2) é um **sistema aberto** porque tem uma **estrutura dialógica** (Caliess), traduzida na disposição e 'capacidade de aprendizagem' das normas constitucionais para captarem a mudança da realidade e estarem abertas às concepções cambiantes da 'verdade' e da 'justiça'; (3) é um **sistema normativo**, porque a estruturação das expectativas referentes a valores, programas, funções e pessoas, são feitas através de **normas**; (4) é um **sistema de regras e princípios**, pois as normas do sistema tanto podem revelar-se sob a forma de **princípios** como sob a sua forma de **regras**." [117]

A Constituição, portanto, é um sistema normativo formado por duas espécies de normas jurídicas: princípios[118] e regras constitucionais. Com

117 **Direito Constitucional e Teoria da Constituição.** 7ª ed. Coimbra: Almedina, 2003, p. 1.159. (grifado no original.)

118 Joseph Esser, em sua obra **"Principio y norma en la elaboración jurisprudencial del derecho privado"**, expõe as seguintes idéias em torno do que se tem compreendido por princípios jurídicos:
"'Princípios del Derecho, 'ideas directivas', 'pensamientos jurídicos generales': he aquí unos términos empleados continuamente por la teoría y la jurisprudencia, sin que jamás se haya procedido a un análisis sistemático de su respectivo sentido y alcance, ni se haya intentado siquiera arrojar luz sobre la función y procedencia de los conceptos en ellos expresados. De ahí deriva que estos conceptos elementales sean usados para las tareas más diversas, se les pida más de lo que pueden dar, se abuse de ellas como panacea universal para resolver todo linaje de cuestiones, y se les enjuicie del modo más contradictorio. En otro lugar he expuesto ya tal estado de cosas a propósito de las 'ficciones'; hoy vamos a exponerlo de nuevo con relación al tema propuesto. Pues la idea de uns principios o pensamientos jurídicos que actúan 'independientemente', ya sea generales o particulares de una ley, me parece tan necesitada de aclaración, como la fe en la eficacia automática de unas ficciones legales autónomas. En un caso como en el otro, una discriminación defectuosa da lugar a prejuicios apresurados. La vaguedad de dichos conceptos generales es propicia a toda clase de abusos, en la política y en el foro; una expresión como 'el principio inspirador del articulo tal' se presta fácilmente a toda suerte de razonamiento superficiales. Cuando una novidad jurídica de este tipo se pone de moda, los juristas conscientes tienen motivos sobrados para mirarla con prevención y desconfianza, exigiendo un examen y un análisis más detenidos de estas concepciones unitarias, que tanto enturbian nuestra visión de los procesos reales de la formación del derecho. Así, pues, lo que aquí pretendemos es hacer luz sobre nuestras concepciones relativas a la integración de todo ordenamiento jurídico privado efectuado por la teoría y la práctica, con ayuda de 'primeros principios no escritos'.
(....)

isto, a norma constitucional é concebida como gênero que compreende

---

Es común en nosotros a idea de que, en el fondo de las reglas positivas, hay siempre latente un principio del derecho que, una vez descubierto, tiene en sí mismo impulso suficiente para cobrar automáticamente un rango igual al de la ley misma; tal idea se explica a la luz de la insuficiencia de las antiguas codificaciones. A pesar de la necesidad práctica de superar las estrecheces del derecho positivo, de eliminar las deficiencias que una ley ha herdado de su época y de las condiciones de su redacción, el jurista continental es idelogicamente incapaz de fundamentar y delimitar la autoridad jurídica de su proprio acto de creación.
Esta debilidad y el platonismo o idealismo que informan la teoría jurídica, tanto si está teñida de 'ilustración' como de 'romanticismo', ha dado lugar a la formación del mito de los 'principios ocultos'. Pero es que también el jurista anglo-americano, mucho más realista, profesa ideas místicas sobre la operación del *principle*, ya por el solo hecho de no plantear-se cuestiones abstractas sobre las fuentes y el método del derecho. Parece, pues, oportuno para ambos círculos jurídicos emprender una investigación sobre lo que de verdad hay que pensar de la existencia, el modo de obrar y la efectividad positiva de los principios generales, y en virtud de qué y por medio de quién se define y determina esa realidad. Se encontrarán, en efecto, principios didácticos y constructivos, ideas dominantes en un sistema jurídico nacional y principios abstractos en que se inspira una institución universal, principios que se derivan como *ratio* de los fundamentos vigentes del derecho, y otros que han sido introducidos por la tradición, uns que ha sido propuestos por la práctica jurisprudencial y otros que la estructura política ha proclamado obligatorios, principios materiales y principios heurísticos o técnicos de la aplicación del derecho, y finalmente principios generales superiores que por definición informan 'todo derecho'.
De todo ello se deduce una idea muy clara: no es posible dar una contestación unitaria a la pregunta acerca de la naturaleza de estos principios.
(...)
Por esta razón todos los principios tienden a la formación de un sistema y un esquema de hierarquización lógica, por el que la 'materia' queda reducida a un mínimo de axiomas universalmente utilizables y prácticamente fecundos, y de conceptos que se prestan a la deducción. Así en todas las culturas jurídicas se repite el mismo ciclo: descubrimiento de problemas, formación de principios y articulación de un sistema. Lo que la tradicional controversia metódica presenta como una supuesta pugna entre un pensar 'abstracto' y problemático por una parte, y un pensar 'cerrado', conceptual y deductivo por otra, es en grn parte un metabolismo necesario y que procede a empellones entre las nuevas experiencias de la práctica casuística y las energías formales de la escuela.
(...)
Con eso no pretendemos en modo alguno pasar por alto los penosos casos en que el término 'pensamiento jurídico' no es sino un manido recurso para salir del paso, cuando el juez es incapaz de precisar un punto dogmático o no sabe extraer con exactitud la substancia positiva de las resoluciones anteriores – o sea, la *rule* propiamente dicha. Pero aparte de tales abusos de la técnica, en el hecho de que los jueces apelen a los 'pensamientos' que se esconden detrás de las 'normas' positivas, se anuncia una nueva concepción de su labor de elaboración del derecho: se expresa la idea de que dicho labor en modo alguno se limita a colmar blancos

duas espécies: princípios e regras constitucionais. Tal forma de compreensão do texto constitucional é relevante na medida em que ressalta a natureza normativa inerente aos princípios constitucionais, revestindo--os de força normativa vinculante, portanto, dotados de imperatividade.

Outro estudioso do tema, Robert Alexy, afirma que as regras "son normas que, cuando se cumple el tipo de hecho, ordenan una consecuencia jurídica definitiva, es decir, cuando se cumplen determinadas condiciones, ordenan, prohíben o permiten algo definitivamente o autorizan definitivamente hacer algo. Por lo tanto, pueden ser llamadas 'mandatos definitivos'" **A forma de aplicação das regras jurídicas é a subsunção**, cujo critério de incidência é o "tudo ou nada". Os princípios, por sua vez, são mandados de otimização. Enquanto tais, "son normas que ordenan que algo se realice en la mayor medida posible según las posibilidades fácticas y jurídicas. Esto significa que pueden ser realizados en diferente grado y que la medida de su realización depende no sólo de las posibilidades fácticas sino también jurídicas."[119] De forma distinta das regras, que são aplicadas através do raciocínio subsuntivo, **aos princípios a atividade intelectiva desenvolvida há de ser a ponderação**. Isto porque, as possibilidades jurídicas de realização de uma norma principiológica estão determinadas, na maioria dos casos e em comparação com as regras, por princípios opostos[120]. Disto resulta que

y llenar lagunas, sino que obliga al juez en general *à s'orienter au-delà de la letre.* Siempre que se trabaje con un franco espíritu de creación del derecho, al margen de toda interpretación escolar, es inevitable que surja la pregunta de cuál es la fuente de la que dimana la autoridad y la fuerza persuasiva de la nueva formula de solución, pues, después de todo, el juez no la saca 'de lo nada'. Aquí, la remisión a los pensamientos y principios jurídicos que se han 'descubierto', ofrece legitimación de las normas formuladas por el juez que por lo menos deja a salvo el sistema." Por fim, sobre os limites da atividade interpretativa dos magistrados em relação à identificação dos princípios jurídicos e ulterior aplicação, afirma Esser o seguinte: **"Los princípios que no pueden verificarse sobre una ley, no so otra cosa que 'arbitrio judicial objetivado.'"** in **Principio y norma em la elaboración jurisprudencial del derecho privado.** Bosch: Barcelona, 1961, pp. 03 a 13.

119 **El concepto y la validez del derecho**. 2ª ed. Barcelona: Gedisa, 1997, p. 75.

120 Afirma Robert Alexy que "os princípios permitem exceções e **podem ser mutuamente inconsistentes e até mesmo contraditórios**; eles não reivindicam aplicação exclusiva; seu significado real só se desenvolve através de um processo de ajustamento e limitação de duas mãos alternativas; e eles precisam para sua realização, da concretização via princípios subordinados e julgamentos particulares de valor com conteúdo material independente. O sistema axiológico-teleológico em si não permite decisão única sobre o peso e o equilíbrio dos princípios jurídicos em dado caso ou sobre a quais valores particulares deve ser dada prioridade em qual-

a forma de aplicação dos princípios, conforme acima mencionado, é a ponderação[121]. Portanto, no entendimento de Robert Alexy, a ponderação "es la forma característica de aplicación de los princípios."[122]

Canotilho se utiliza de seis critérios para apontar as diferenças existentes entre regras e princípios constitucionais, a saber: a) **grau de abstração**: os princípios possuem um grau de abstração mais elevado do que as regras; b) **grau de determinabilidade na aplicação do caso concreto**: os princípios, por possuírem um elevado grau de abstração, carecem de mediações concretizadoras, ao passo que as regras são diretamente aplicáveis; c) caráter de fundamentalidade no sistema das fontes de direito: os princípios são normas de natureza ou com um papel fundamental no ordenamento jurídico devido à sua posição hierárquica no sistema das fontes ou à sua importância estruturante dentro do sistema jurídico; d) **proximidade da idéia de direito**: os princípios são standards juridicamente vinculantes radicados nas exigências de justiça; as regras podem ser normas vinculativas com um conteúdo meramente funcional e; f) **natureza normogenética**: os princípios são fundamento de regras. [123]

---

quer situação particular." (destaque nosso) **Teoria da Argumentação Jurídica. A Teoria do Discurso Racional como Teoria da Justificação Jurídica.** São Paulo: Landy, 2001.

---

121 A ***ponderação***, segundo Manuel Atienza, "es un procedimiento argumentativo que consta de dos fases: la primera concluye con la formulación de una regla (de una regla general y abstracta) y, a partir de ahí (en la segunda fase), se procede a la subsunción.
(...)
La clave para entender esta técnica argumentativa es verla como un procedimiento con dos pasos: en el primero – la ponderación en sentido estricto – se pasa del novel de los principios al de las reglas, esto es, se crea una nueva regla. Luego, en el segundo paso, se parte de la regla y se subsume en la misma el caso a resolver.
En la *primera premisa* del razonamiento ponderativo se establece que, en relación con un determinado caso (y por razones de las que luego se hablará), existen dos principios aplicables, cada uno de los cuales lleva a una conclusión incompatible con la del otro: el de la protección del derecho a la defensa, a invalidar la intervención; el principio de hacer posible la persecución de los delitos, a considerarla válida. La *segunda premisa* señala que, en relación con ese caso, y dadas determinadas circunstancias, tal principio prevalece sobre tal otro." *"A vueltas con la ponderación"*. in Manuel Atienza e Juan Antonio Garcia Amado. **Un debate sobre la ponderación.** Lima-Bogotá: Temis, 2012, pp. 26 e 27.

122 **El concepto y la validez del derecho**. 2ª ed. Barcelona: Gedisa, 1997, p. 75.

123 **Direito Constitucional e Teoria da Constituição.** 7ª ed. Coimbra: Almedina, 2003, pp. 1160 e 1161.

A partir das lições trazidas à baila, os princípios constitucionais *são normas jurídicas de elevado teor de abstração e intensa carga valorativa. A norma principiológica, de maneira distinta da regra jurídica, não efetua com precisão a hipótese fática que busca reger. Daí sua nota de indeterminabilidade. O que prescreve o princípio da dignidade da pessoa humana? Da solidariedade? Da liberdade? Da igualdade? São inúmeros os campos de incidência das normas principiológicas.*

Partindo do **critério da densidade semântica (grau de concretização)** Canotilho apresenta as seguintes espécies de normas constitucionais: a) princípios constitucionais estruturantes; b) princípios constitucionais gerais; c) princípios constitucionais especiais e; d) regras constitucionais. Deste modo, a Constituição é formada por princípios e regras de diferentes graus de concretização. [124]

Os princípios estruturantes são aqueles constitutivos e indicativos das idéias diretivas básicas de toda ordem constitucional, a exemplo do Princípio Republicano e do Estado Democrático de Direito, dispostos no artigo 1° da Constituição Federal. No dizer de Canotilho, "são as traves-mestras jurídico-constitucionais do estatuto jurídico do político."[125] Tais princípios, por sua vez, são densificados através de outros princípios de menor generalidade, é dizer, ganham concretização através dos princípios constitucionais gerais. Segundo este mesmo raciocínio, os princípios constitucionais gerais são densificados através dos princípios constitucionais especiais, cujo processo de concretização finda nas regras constitucionais. Desta forma, o princípio constitucional geral concretiza o princípio estruturante, ao passo que o princípio constitucional especial densifica o princípio geral, que, por sua vez, é densificado (princípio constitucional especial) pelas regras constitucionais. Forma-se, deste modo, uma **hierarquia material** dos princípios constitucionais. A classificação apresentada por Canotilho pode ser ilustrada da seguinte maneira:

124 **Direito Constitucional e Teoria da Constituição.** 7ª ed. Coimbra: Almedina, 2003, p. 1.173.

125 **Direito Constitucional e Teoria da Constituição.** 7ª ed. Coimbra: Almedina, 2003, p. 1.173.

Princípios Constitucionais Estruturantes
(Princípio Republicano, art. 1°, CF)

Princípios Constitucionais Gerais
(Princípio da igualdade, art. 5°, CF))

Princípios Constitucionais Especiais
(Princípio da Capacidade Contributiva, art. 145, § 1°, CF)

Regras Constitucionais
(Isenção de taxa judicial aos hipossuficientes financeiros, art. 5°, LXXIV)

Os princípios são normas portadoras de uma intensa carga axiológica e que se irradiam por todo o ordenamento jurídico. [126] *São vetores normativos que apontam para as direções que as outras normas devem seguir.*

Os princípios constitucionais penetram todo o ordenamento jurídico, constituindo sua base, seu alicerce. O elevado teor de abstração e grau de indeterminabilidade inerente aos princípios, os permite abarcar um número demasiado de situações fáticas. Afirma Robert Alexy que todos os sistemas jurídicos com pretensão de desenvolvimento são forma-

126 Transcrevemos as brilhantes palavras de Celso Antônio Bandeira de Mello sobre os princípios, *verbis: "Princípio – já averbamos alhures – é, por definição, mandamento nuclear de um sistema, verdadeiro alicerce dele, disposição fundamental que se irradia sobre diferentes normas compondo-lhes o espírito e servindo de critério para sua exata compreensão e inteligência exatamente por definir a lógica e a racionalidade do sistema normativo, no que lhe confere a tônica e lhe dá sentido harmônico. É o conhecimento dos princípios que preside a intelecção das diferentes partes componentes do todo unitário que há por nome sistema jurídico positivo."*
"Violar um princípio é muito mais grave que transgredir uma norma qualquer. A desatenção ao princípio implica ofensa não apenas a um específico mandamento obrigatório, mas a todo o sistema de comandos. É a mais grave forma de ilegalidade ou inconstitucionalidade, conforme o escalão do princípio atingido, porque representa a insurgência contra todo o sistema, subversão de seus valores fundamentais, contumélia irremissível a seu arcabouço lógico e corrosão de sua estrutura mesma."
"Isto porque, com ofende-lo, abatem-se as vigas que os sustêm e alui-se toda a estrutura nelas esforçada." Curso de Direito Administrativo, p. 748.

dos por princípios. Assim, "a partir de un estadio mínimo de desarollo, todos los sistemas jurídicos contienen necesariamente principios." [127]

A Constituição, em boa parte de seu corpo, é composta por normas desta natureza, quer dizer, normas principiológicas. Estas normas, para cumprirem sua função constitucional de atualização do ordenamento jurídico, de vetor axiológico, possuem uma textura aberta, ou seja, são as mais abstratas e gerais possíveis, pois só assim poderão acompanhar o desenvolvimento social. Eis o aspecto dinâmico dos princípios. [128]

Tomando por base a Constituição brasileira, os princípios constitucionais estão espraiados em todo o seu texto. Todavia, reservou o constituinte originário a parte inicial para indicar os princípios constitucionais fundamentais, é dizer, aqueles que constituem o cerne da organização político-jurídica da República Federativa do Brasil. Entende Inocêncio Mártires Coelho que o fator normativo - principiológico justifica uma interpretação especificamente constitucional. Segundo este autor, a interpretação e aplicação das normas - princípios suscita instrumentos próprios, sendo insuficiente o método clássico de interpretação das leis.

A interpretação constitucional se apresenta, segundo Inocêncio Mártires Coelho, como uma **"atividade hermenêutica que opera com princípios,** isto é, com preceitos cuja estrutura normativo-material é **aberta** e **indeterminada** e, por isso, geradora de significados múltiplos (polissemia), situação bem diferente daquela que se verifica no domínio das leis, muito embora juristas como Herbert Hart considerem que a textura aberta é uma característica da linguagem normativa em geral."[129]

127 **El concepto y la validez del derecho.** Barcelona: Gedisa, 1997, p. 78.

128 Lúcidas são as palavras de Raúl Canosa Usera pertinentes à dinamicidade dos princípios constitucionais, *verbis:* "Hemos querido resaltar cómo estos principios no permanecen estáticamente em el Ordenamiento, sino que forman parte de un todo dinámico y, en consecuencia, se rigen por el criterio básico del movimiento. Su dinamismo implica, por encima de todo, que su operatividad depende necesariamente de la adaptación de sus contenidos predominantemente elásticos. La extensión de su fuerza normativa y de su influencia em el labor del intérprete depende de su mayor o menor adaptación a las exigencias del desarrollo de la Constitución y de su adecuación a la realidad constitucional." **Interpretacion Constitucional y Formula Política.** Madrid, Centro de Estudios Constitucionales, 1988, pp. 189 e 190.

129 Inocêncio Mártires Coelho. **Interpretação Constitucional.** Porto Alegre: Sergio Antonio Fabris Editor, 1997, p. 85. Segundo Herbert L. Hart, em qualquer modelo social o principal instrumento de controle deberá consistir em regras, pautas ou critérios de conduta, além de principios gerais, mas não em diretivas particulares impostas de forma unilateral a cada individuo. Na impossibilidade de comunicar padrões comportamentais, mediante novas instruções que possam ser compreen-

Deste modo, a estrutura normativa da Constituição, ao lado de ou-

didas por uma pluralidade de indivíduos, exigindo destes certos comportamentos em ocasiões determinadas, não seria possível existir atualmente o que reconhecemos por direito. Para Hart, "cualquiera sea la técnica, precedente o legislación, que se escoja para comunicar pautas o criterios de conducta, y por mucho que éstos operen sin dificultades respecto de la gran massa de casos ordinarios, en algún punto en que su aplicación se cuestione las pautas resultarán ser indeterminadas; tendrán lo que se ha dado en llamar una "**textura abierta**". Hasta aquí hemos presentado esto, en el caso de la legislación, como una característica general del lenguaje humano; la falta de certeza en la zona marginal es el precio que hay que pagar por el uso de términos clasificatorios generales en cualquier forma de comunicación relativa a cuestiones de hecho. Los lenguajes naturales —tal como el idioma inglés— muestran, cuando se los usa así, una irreducible textura abierta. Es importante apreciar, sin embargo, por qué, aparte de esta dependencia respecto del lenguaje tal como efectivamente es, con sus características de textura abierta, no podríamos considerar deseable, ni aun como un ideal, la concepción de una regla tan detallada que la cuestión sobre si ella se aplica o no a un caso particular estuviera siempre resuelta de antemano y nunca exigiera, en el momento de aplicación efectiva, una nueva elección entre alternativas abiertas. Dicho brevemente, la razón está en que la necesidad de tal elección nos es impuesta porque somos hombres y no dioses. Es una característica de la condición humana (y por ello también de la condición de los legisladores) que en todos los casos en que tratamos de regular, en forma no ambigua y por adelantado, alguna esfera de conducta por medio de criterios o pautas generales, para ser utilizados sin nuevas directivas oficiales en ocasiones particulares, nuestro empeño halla dos obstáculos conectados entre sí. El primero es nuestra relativa ignorancia de los hechos; el segundo nuestra relativa indeterminación de propósitos. **Si el mundo en que vivimos estuviera caracterizado únicamente por un número finito de notas y éstas, junto con todos los modos en qie pudieran combinarse, fueran conocidas por nosotros, podríamos formular provisiones por adelantado para toda posibilidad. Podríamos elaborar reglas cuya aplicación a los casos particulares nunca exigiera una nueva elección. Todo podría ser conocido y, por ello mismo, las reglas podrían especificar por adelantado la solución para todos los problemas. Este sería un mundo adecuado para la teoría jurídica "mecánica".** Obviamente ese mundo no es el nuestro; los legisladores humanos no pueden tener tal conocimiento de todas las posibles combinaciones de circunstancias que el futuro puede deparar. Esta incapacidad para anticipar trae consigo una relativa indeterminación de propósitos. Cuando osamos formular una regla general de conducta (por ejemplo, la regla de que no pueden entrar vehículos en un parque), el lenguaje usado en este contexto fija las condiciones necesarias que todo objeto tiene que satisfacer para estar comprendido por la regla, y podemos tener en miente ciertos ejemplos claros de lo que sin duda cae dentro de su ámbito. Ellos son los casos paradigmáticos, los casos claros (el automóvil, el ómnibus, la motocicleta); y nuestro propósito al legislar está determinado, en esa medida, porque hemos hecho una cierta elección. Hemos resuelto inicialmente la cuestión deque la paz y la tranquilidad en el parque deben ser preservadas al costo, en todo caso, de la exclusión de aquellas cosas. Por outra parte mientras no coloquemos el propósito general de preservar la paz en el parque en conjunción con aquellos casos

tros elementos, se afigura como elemento justificador de uma interpretação especificamente constitucional.

5.2.4. Inicialidade fundante das normas constitucionais

A Constituição é o fundamento de validade de todo o ordenamento jurídico, de modo que um sistema normativo principia a partir da Constituição. Esta é o ponto de partida de toda a vida jurídica estatal.

As normas jurídicas constitucionais se irradiam por todo o ordenamento jurídico, "projeta influência sobre os demais modelos jurídicos, mas não é influenciada por estes. Vale dizer, as normas infraconstitucionais devem ser interpretadas a partir da Constituição, com base nela, mas não o contrário." [130]

Devido à superioridade das normas constitucionais em relação às demais normas do sistema jurídico, a interpretação constitucional encontra-se limitada ao próprio sistema interno da constituição, ou seja, não é permitido buscar fora da Constituição elementos auxiliares para interpretação de suas normas. Explica Celso Ribeiro Bastos e Carlos Ayres Brito que o "que importa reter é a noção de auto-referência constitucional, visto que a interpretação de tais normas não se pode valer de parâmetros, critérios e princípios que não os nelas mesmas substanciados." [131] A interpretação deve ser feita de cima para baixo, quer dizer, da Constituição para as leis, e não o contrário, das leis para a Constituição.

que inicialmente no consideramos, o quizás no pudimos considerar (tal vez, por ejemplo, un auto de juguete a propulsión eléctrica), nuestro propósito, en esa dirección, es indeterminado. No hemos resuelto, porque no hemos previsto, la cuestión que planteará el caso no contemplado cuando acaezca: si ha de sacrificarse o defenderse algún grado de tranquilidad en el parque, frente a aquellos niños cuyo interés o placer consiste en usar ese juguete. Cuando el caso no contemplado se presenta, confrontamos las cuestiones en juego y podemos entonces resolver el problema eligiendo entre los intereses en conflicto de la manera más satisfactoria. Al hacerlo habremos hecho más determinado nuestro propósito inicial, y, de paso, habremos resuelto una cuestión sobre el significado que, a los fines de esta regla, tiene una palavra general." (destaque nosso) **El Concepto de Derecho.** Buenos Aires: Abeledo-Perrot, 1963, pp. 155 a 160.

130 Celso Ribeiro Bastos e Carlos Ayres Brito, **Interpretação e Aplicabilidade das Normas Constitucionais.** São Paulo: Saraiva, 1982, p. 13.

131 Celso Ribeiro Bastos e Carlos Ayres Brito, **Interpretação e Aplicabilidade das Normas Constitucionais.** São Paulo: Saraiva, 1982, pp. 14 e 15.

6. A sociedade aberta dos intérpretes da Constituição

Objetivando densificar um pouco mais o que fora dito acima acerca das fontes ou sujeitos da interpretação, cabe aludir ao relevante trabalho de Peter Häberle **Hermenêutica Constitucional - A Sociedade Aberta dos Intérpretes da Constituição.**[132]

Partindo da consideração de uma teoria da interpretação constitucional preocupada em encarar seriamente a problemática "Constituição e realidade constitucional", deve-se voltar os olhos para os agentes conformadores da "realidade constitucional". Neste contexto, Peter Häberle coloca a questão atinente aos participantes do processo de interpretação constitucional sob a ótica de "uma sociedade fechada dos intérpretes da Constituição para uma interpretação constitucional **pela e para** uma sociedade aberta."[133] **Sua formulação teórica consiste em que no processo de interpretação constitucional estão vinculados não apenas os órgãos estatais aos quais compete aplicar a Lei Fundamental, mas, também, " todos os cidadãos e grupos, não sendo possível estabelecer-se um elenco cerrado ou fixado com numerus clausus de intérpretes da Constituição."** Isto porque, até certo momento e de forma consciente, a interpretação constitucional tem sido objeto de uma sociedade fechada, *é dizer, dos* intérpretes oficiais da Constituição. Desta forma, participam da dinâmica da interpretação constitucional apenas aqueles intérpretes jurídicos que integram formalmente o processo constitucional.

A interpretação constitucional, segundo Häeberle, "é, em realidade, mais um elemento da sociedade aberta. Todas as potências públicas, participantes materiais do processo social, estão nela envolvidas, sendo ela, a um só tempo, elemento resultante da sociedade aberta e um elemento formador ou constituinte dessa sociedade." Segundo Raúl Canosa Usera, "todos estamos sometidos a la Constitución y, en especial, todos los poderes públicos están obligados a aplicarla a través de sus específicas actividades. La ley fundamental debe, en consonacia con lo expuesto, ser constantemente reactualizada por todos los sujetos cuyos actos concurran a la integración del Ordenamiento (Smend),

132 **Hermenêutica Constitucional - A sociedade aberta dos intérpretes da constituição: contribuição para a interpretação pluralista e "procedimental" da constituição.** Porto Alegre: Sergio Antonio Fabris Editor, 1997.

133 Peter Häberle. **Hermenêutica Constitucional - A Sociedade Aberta dos Intérpretes da Constituição: Contribuição para Interpretação Pluralista e "Procedimental" da Constituição.** Direito Público, [S.l.], v. 11, n. 60, pp. 25-50, abr. 2015, p. 26. ISSN 2236-1766. Disponível em: <https://www.portaldeperiodicos.idp.edu.br/direitopublico/article/view/2353/1204>. Acesso em: 03 nov. 2019.

integración, por lo demás, que sólo logrará mediante esa múltiple interpretación.[134]" Portanto, a razão de ser desta pluralidade de sujeitos ou intérpretes no plano constitucional resulta da superioridade hierárquica da Lei Fundamental. Na medida em que a Constituição é norma jurídica destinada a traçar a organização político-fundamental de uma sociedade, todos os indivíduos que a compõem, são, por tal razão, intérpretes constitucionais. Daí a razão pela qual todos os homens que vivem a Constituição devem interpreta-la. Em sendo assim, o conceito de interpretação reclama, segundo Häeberle, um esclarecimento prévio: "quem vive a norma acaba por interpretá-la ou pelo menos cointerpretá-la (Wer die Norm "lebt", interpretiert sie auch mit). Toda atualização da Constituição, por meio da atuação de qualquer indivíduo, constitui, ainda que parcialmente, uma interpretação constitucional antecipada.[135]" Partindo deste pressuposto, Häeberle defende uma interpretação constitucional **democrática e plural.** A democratização da interpretação não aceita o fato dos intérpretes jurídicos ou oficiais monopolizarem a interpretação da Constituição, isto é, da interpretação constitucional ser realizada apenas por uma sociedade fechada de intérpretes[136]. Entretanto, afirma que o Tribunal Constitucional é quem dá a última palavra sobre a interpretação da Lei Maior.

Aduz Häeberle que a ampliação do círculo de intérpretes é apenas uma conseqüência da necessidade de integração da realidade no processo de interpretação constitucional. Para este autor, a interpretação (sentido amplo) compreende todo o processo de atualização da Constituição. Referida abrangência dos intérpretes constitucionais, diga-se novamente, pressupõe que todo aquele que vive no contexto disciplinado juridicamente por uma norma é, direta ou indiretamente, seu intérprete. Logo,

134 **Interpretacion Constitucional y Formula Política.** Madrid: Centro de Estudios Constitucionales, 1988, p. 24.

135 Peter Häberle. **Hermenêutica Constitucional - A Sociedade Aberta dos Intérpretes da Constituição: Contribuição para Interpretação Pluralista e "Procedimental" da Constituição.** Direito Público, [S.l.], v. 11, n. 60, pp. 25-50, abr. 2015, p. 27. ISSN 2236-1766. Disponível em: <https://www.portaldeperiodicos.idp.edu.br/direitopublico/article/view/2353/1204>. Acesso em: 03 nov. 2019.

136 Friedrich Müller informa que "se a Constituição deve desenvolver força normativa, a 'vontade à constituição', que é uma vontade para seguir ou concretizar e atualizar a constituição, não pode permanecer restrito à ciência jurídica enquanto titular da função no sentido mais amplo e aos titulares de funções no sentido mais estrito, que foram instituídos, encarregados, legitimados e dotados de competências de decisão e sanção pela constituição e pelo ordenamento jurídico, mediante prescrições de competências." in **Métodos de Trabalho do Direito Constitucional.** 2ª ed. São Paulo: Max Limonad, 2000, pp. 51 e 52.

o destinatário da norma é participante ativo do processo hermenêutico. Em virtude de não serem apenas os intérpretes oficiais da Constituição os que a vivem, não detêm eles o monopólio da sua interpretação. Em outras palavras, não são apenas intérpretes constitucionais os órgãos ou agentes estatais incumbidos de aplicar a Constituição, mas toda a sociedade, na medida em que a Constituição a tem – sociedade – como destinatária. Quanto maior for o círculo de intérpretes da Constituição, mais livre e aberta será a sociedade, ou seja, a sociedade será livre e aberta à medida que se aumenta o número de intérpretes constitucionais. De fato, a Lei Fundamental como norma conformadora e norma conformada pela realidade (sociedade), diz respeito a todos os que estiverem sob o seu âmbito de atuação. Isto posto, toda a sociedade aberta deve ser seu intérprete, de modo que possa mantê-la em constante atualização (realização/concretização). Hoje, como a sociedade encontra-se dividida em grupos sociais, nada obsta que estes grupos, defendendo os interesses dos cidadãos que a eles pertencem, ofereça a sua interpretação da Constituição. Assim, por exemplo: os sindicatos da classe dos trabalhadores, os sindicatos patronais, a imprensa, a classe artística, e até o cidadão individualmente considerado realiza a interpretação constitucional quando da interposição de Ação Popular, prevista no art. 5°, LXXIII, da nossa Carta Magna.

Ao analisar os participantes do processo de interpretação constitucional, Häeberle apresenta o seguinte catálogo[137]:

(1) As funções estatais:

a) Na decisão vinculante (da Corte Constitucional): decisão vinculante que é relativizada mediante o instituto do voto vencido;

b) Nos órgãos estatais como poder de decisão vinculante, submetidos, todavia, a um processo de revisão; jurisdição, órgão legislativo (submetido a controle em consonância com objeto de atividade); órgão do Executivo, especialmente na (pré)formulação do interesse público;

(2) Os participantes do processo de decisão nos casos 1ª e 1b, que não são necessariamente, órgãos do Estado, isto é:

a) O requerente ou recorrente e o requerido ou recorrido, no recurso constitucional (Verfassungsbeschwerde), autor e réu, em suma, aque-

137 Peter Häberle. **Hermenêutica Constitucional – A Sociedade Aberta dos Intérpretes da Constituição: Contribuição para Interpretação Pluralista e "Procedimental" da Constituição**. Direito Público, [S.l.], v. 11, n. 60, pp. 25-50, abr. 2015, pp. 30 e 31. ISSN 2236-1766. Disponível em: <https://www.portaldeperiodicos.idp.edu.br/direitopublico/article/view/2353/1204>. Acesso em: 03 nov. 2019.

les que justificam a sua pretensão e obrigam o Tribunal a tomar uma posição ou assumir um "diálogo jurídico" ("Rechtsgespräch");

b) Outros participantes do processo, ou seja, aqueles que têm direito de manifestação ou de integração à lide, nos termos da Lei Orgânica da Corte Constitucional (v.g., §§ 77, 85, nº 226, 94, nºs 1 a 4, §§ 65, 82, nº 2, 83, nº 2, 94, nº 5), ou que são, eventualmente, convocados pela própria Corte Constitucional (v.g., § 82, nº 4, da Lei do Bundesverfassungsgericht);

c) Pareceristas ou experts, tal como se verifica nas Comissões Especiais de Estudos ou de Investigação (§ 73, nº 3, do Regimento Interno do Parlamento Federal);

d) Peritos e representantes de interesses nas audiências públicas do Parlamento (§ 73, nº 3, do Regimento Interno do Parlamento Federal alemão), peritos nos Tribunais, associações, partidos políticos (frações parlamentares), que atuam, sobretudo, mediante a '*longa manus*' da eleição de juízes;

e) os grupos de pressão organizados (§10, do Regimento Interno do Governo Federal);

f) os requerentes ou partes nos procedimentos administrativos de caráter participativo.

(3) A opinião pública democrática e pluralista e o processo político como grandes estimuladores: *media* (imprensa, rádio, televisão, que, em sentido, estrito, não são participantes do processo, o jornalismo profissional, de um lado, a expectativa de leitores, as cartas de leitores, de outro, as iniciativas dos cidadãos, as associações, os partidos políticos fora do seu âmbito de atuação organizada (Cf. 2, d), igrejas, teatros, editoras, as escolas da comunidade, os pedagogos, as associações de pais;

(4) Cumpre esclarecer, ainda, o papel da **doutrina constitucional** nos nº s 1, 2 e 3; ela tem um papel especial por tematizar a participação de outras forças e, ao mesmo tempo, participar nos diversos níveis." (destaque nosso)

Deste modo, percebe-se que a interpretação constitucional não é uma atividade que dimana exclusivamente dos órgãos do Estado, seja sob uma perspectiva teórica ou prática. Todos os partícipes de uma sociedade têm acesso a esse processo de interpretação da Constituição, a exemplo do indivíduo que provoca a Suprema Corte através de um recurso constitucional, como é a hipótese do nosso Recurso Extraordinário. Da mesma forma um partido político ou uma entidade de classe de âmbito nacional, quando da provocação da jurisdição constitucional concentrada. Ou seja, todos são intérpretes da Constituição. É oportuno registrar o disposto no artigo 7°, da Lei 9868/99, que dispõe sobre o processo e julgamento da ADI e da ADC perante o Supremo Tribunal Federal:

> "Art. 7º Não se admitirá intervenção de terceiros no processo de ação direta de inconstitucionalidade.
>
> (...)
>
> § 2º **O relator**, considerando a relevância da matéria e a representatividade dos postulantes, **poderá**, por despacho irrecorrível, **admitir**, observado o prazo fixado no parágrafo anterior, **a manifestação de outros órgãos ou entidades**."

Por sua vez, a Lei n° 9882/99, que dispõe sobre o processo e julgamento da ADPF perante o Supremo Tribunal Federal - STF, dispõe em seu artigo 6° o seguinte:

> "Art. 6º Apreciado o pedido de liminar, o relator solicitará as informações às autoridades responsáveis pela prática do ato questionado, no prazo de dez dias.
>
> § 1º **Se entender necessário, poderá o relator** ouvir as partes nos processos que ensejaram a argüição, requisitar informações adicionais, **designar perito ou comissão de peritos para que emita parecer sobre a questão, ou ainda, fixar data para declarações, em audiência pública, de pessoas com experiência e autoridade na matéria.**

Percebe-se, à luz do direito positivo brasileiro, a incorporação das idéias de Häberle acerca da possibilidade de uma abertura hermenêutica no plano da interpretação constitucional, não se restringido esta, portanto, aos *intérpretes oficiais da Constituição*, mas permitindo a participação de outras pessoas ou instituições que, através do seu conhecimento acerca do objeto da ação, possam contribuir no processo de formação da interpretação constitucional a ser realizada pelo Supremo Tribunal Federal - STF. A título de exemplo, podemos citar a ADPF n° 54, que teve por objeto a antecipação terapêutica do parto, no qual vários *experts* e *instituições* puderam externar sua interpretação acerca do *direito fundamental à vida.*

7. Princípios Hermenêuticos

Os princípios ou postulados hermenêuticos são verdadeiras normas de observância obrigatória para todo o intérprete da Constituição. Entende Celso Ribeiro Bastos que o postulado "é um comando, uma ordem mesma, dirigida a todo aquele que pretende exercer a atividade interpretativa. Os postulados precedem a própria interpretação, e se quiser, a própria Constituição." [138]

Não há um número preciso destes postulados hermenêuticos, pois com o desenvolvimento da hermenêutica constitucional a cada momento poderá surgir um novo comando interpretativo. Em Celso Ribeiro Bastos encontramos quatro postulados hermenêuticos, a saber: a) **supremacia da Constituição**; b) **unidade da Constituição**; c) **maior efetividade possível**; d) e **harmonização das normas constitucionais**. [139] A estes postulados interpretativos podemos acrescentar, com base em Canotilho e Konrad Hesse, os seguintes: e) **correção funcional**; f) **força normativa da Constituição**; g) **princípio do efeito integrador**.

Antes de passarmos a uma breve análise de cada postulado supra referido, devemos informar que a função destas regras hermenêuticas é a de regular e coordenar a atividade exegética da Constituição. Em Hesse encontramos que a missão dos princípios hermenêuticos consiste em "orientar y encapuzar el processo de relación, coordinación y valorización de los puntos de vista o consideraciones que deben llevar a la solución del problema." [140]

7.1. Supremacia da Constituição

O intérprete não pode prescindir do caráter supremo da Constituição. A Constituição é a lei das leis, em torno da qual gravitam, como os astros em torno do sol, todas as forças parciais que compõem o mundo da democracia. [141]

As normas constitucionais são hierarquicamente superiores às demais normas que compõem o sistema jurídico. São normas que fundamentam a validade de outras normas, isto é, das normas infraconstitucionais. Ressalte-se que é da rigidez da Constituição que deriva a superioridade formal das normas constitucionais sobre as demais normas integrantes da ordem jurídica. Aponta Paulo Bonavides que as normas constitucionais "são de **superior categoria hierárquica** em face

138 **Hermenêutica e Interpretação Constitucional.** São Paulo: Celso Bastos Editor, 1997, p. 95.

139 **Hermenêutica e Interpretação Constitucional.** São Paulo: Celso Bastos Editor, 1997, p. 95.

140 **Escritos de Derecho Constitucional.** Madrid: Centro de Estúdios Constitucionales, 1983.p. 45.

141 Segundo V. Linares Quintana. **La interpretación constitucional.** Anales de la Academia Nacional de Derecho y Ciencias Sociales, ano III, n. 3, Buenos Aires, 1958, pp. 117-138, p. 119.

das normas da legislação ordinária, já pela natureza de que algumas se revestem (constitucionalidade formal)." [142]

Assim, na atividade exegética, o intérprete há de considerar o aspecto supremo da Constituição, de modo que a interpretação deve se dar de cima para baixo, conforme já ressaltamos, e não de baixo para cima, ou seja, das leis para a Constituição.

7.2. Unidade da Constituição

O princípio da unidade da Constituição exige harmonia entre as normas constitucionais, de modo que entre elas não pode haver hierarquia nem antinomias. Segundo este princípio, o intérprete deve harmonizar os momentos de tensões normativas. É evidente que fica descartada a hipótese das normas constitucionais inconstitucionais, pois as normas da Constituição encontram-se em igualdade hierárquica.

Por força do princípio da unidade, a Constituição deve ser compreendida de forma sistêmica, não devendo o exegeta interpretar uma norma constitucional isoladamente. A Constituição é um sistema, e como tal deve ser considerada. Na hipótese de eventual colisão entre duas normas constitucionais, deve o intérprete exercer a ponderação, de modo a harmonizar eventuais situações antinômicas.

7.3. Maior efetividade possível

O princípio da máxima efetividade possível determina que o intérprete deve atribuir à norma constitucional um sentido que lhe confira o maior grau de eficácia jurídica. Neste contexto, Inocêncio Mártires Coelho afirma que "na interpretação das normas constitucionais devemos atribuir-lhes o sentido que lhes empreste maior eficácia ou efetividade."[143]

7.4. Harmonização das normas constitucionais ou concordância prática

A exigência de harmonização das normas constitucionais é decorrente do postulado da unidade da Constituição, que estabelece não poder haver antinomias entre as normas constitucionais. [144]

---

142 **Curso de Direito Constitucional.** 9ª ed, São Paulo: Malheiros Editores, 2000, p. 419.

143 **Interpretação Constitucional.** Porto Alegre: Sergio Antonio Fabris Editor, 1997, p. 91. O aludido princípio hermenêutico é trabalhado como mais detença no Capítulo XIII, que dispõe sobre "Eficácia e Aplicabilidade das Normas Constitucionais."

144 *"Partindo-se do princípio da unidade da Constituição* – diz Paulo Bonavides – *mediante o qual se estabelece que nenhuma norma constitucional seja interpretada*

O postulado da harmonização determina que, em havendo conflito entre bens jurídicos constitucionalmente protegidos, deve-se impor a coordenação e combinação deles, de modo a evitar o sacrifício (total) de uns em relação aos outros.

A conexão entre os preceitos constitucionais, diz Usera, "se materializa em la concordancia práctica entre los bienes constitucionalmente protegidos, lo cual presupone que su relación será de preponderancia alterna en determinados casos y siempre de equilibrio, puesto que ningún bien constitucional en su aplicación puede acarrear la paralela eliminación de otro interés protegido igualmente por la Carta. Se verifica, así, una suerte de jurisprudencia de intereses que en Derecho Constitucional suele ser chamada: ponderación de los bienes constitucionalmente protegidos con el fin de optimizar el funcionamiento de todos ellos." [145]

Portanto, sempre deverá o intérprete buscar harmonizar os dois bens constitucionais eventualmente em conflito ante uma situação concreta. A *ponderação* é a técnica adequada para harmonizar potenciais conflitos entre duas normas constitucionais.

7.5. Correção funcional

Consoante este postulado, as normas constitucionais devem ser interpretadas de modo a não se alterar as competências dos órgãos públicos constitucionalmente fixadas.

Segundo Konrad Hesse, "si la Constitución regula de una determinada manera el cometido respectivo de los agentes de las funciones estatales, el órgano de interpretación debe mantenerse en el marco de las funciones a él encomendadas; dicho órgano no deberá modificar la distribución de las funciones a través del modo y del resultado de di-

em contradição com outra norma de Constituição, e atentando-se, ao mesmo passo, para o rigor da regra de que não há formalmente graus distintos de hierarquia entre normas de direitos fundamentais – todas se colocam no mesmo plano – chega-se de necessidade ao 'princípio da concordância pratica', cunhado por Konrad Hesse, como uma projeção do princípio da proporcionalidade, cuja virtude interpretativa já foi jurisprudencialmente comprovada em colisões de direitos fundamentais, consoante tem ocorrido no caso de limitações ao direito de opinião." **Curso de Direito Constitucional.** 9ª ed, São Paulo: Malheiros Editores, 2000, p. 387.

145 **Interpretación Constitucional y Formula Política.** Madrid: Centro de Estudios Constitucionales, 1988, p. 215.

cha interpretación." [146] Canotilho denomina este princípio sob o rótulo "princípio da 'justeza' ou da conformidade funcional', informando que o mesmo tem em vista impedir, em sede de concretização constitucional, a mudança no âmbito da repartição de competências constitucionalmente atribuídas aos órgãos constitucionais. Impõe, pois, aferir a regularidade das funções inerentes às diversas instituições criadas pela Constituição. Para Canotilho, tal princípio se inclina mais para ser uma realidade autônoma para aferição de competência dos órgãos constitucionais do que propriamente um princípio da interpretação constitucional[147].

7.6. Força normativa da Constituição

Através do princípio hermenêutico da força normativa da Constituição, na solução dos problemas jurídico-constitucionais é preciso que se dê preferência àqueles pontos de vista que permitam às normas constitucionais emanar a máxima eficácia, sob as circunstâncias de cada caso. Evidentemente, deve dar-se preferências àquelas soluções hermenêuticas que possibilitem à atualização da Constituição, garantindo a sua eficácia e permanência. [148]

7.7. Princípio do efeito integrador

Consoante este princípio, na resolução dos problemas constitucionais deve dar-se primazia àquelas soluções que favoreçam à integração político-social da unidade política[149]. Segundo Inocêncio Mártires Coelho, referido cânone interpretativo orienta o aplicador da Constituição no sentido de que, ao construir soluções para os problemas jurídico-constitucionais, procure dar preferência àqueles critérios ou pontos de vista que favoreçam a integração social e a unidade política, porque além de

146 **Escritos de Derecho Constitucional**. Madrid: Centro de Estudios Constitucionales, 1983, p. 47.

147 J. J. Gomes Canotilho, **Direito Constitucional e Teoria da Constituição.** 7ª ed. Coimbra: Almedina, 2003, pp. 1.224 e 1.225.

148 Cf. Konrad Hesse, **Escritos de Derecho Constitucional**. Madrid: Centro de Estudios Constitucionales, 1983, pp. 47 e 48; J. J. Gomes Canotilho, **Direito Constitucional e Teoria da Constituição.** 7ª ed. Coimbra: Almedina, 2003, p. 1.226.

149 Cf. J. J. Gomes Canotilho, **Direito Constitucional e Teoria da Constituição.** 7ª ed. Coimbra: Almedina, 2003, p. 1.224. Segundo Konrad Hesse, "si la Constitución se propone la creación y mantenimiento de la unidad política ello exige otorgar preferencia en la solución de los problemas jurídico-constitucionales a aquellos puntos de vista que promuevan y mantengan dicha unidad." **Escritos de Derecho Constitucional**. Madrid: Centro de Estudios Constitucionales, 1983, p. 47.

criar uma certa ordem jurídica, toda Constituição necessita produzir e manter a coesão social, sem a qual se torna inviável qualquer sistema jurídico[150].

8. Finalidade e Método da Interpretação Constitucional

A finalidade da interpretação constitucional, como de toda interpretação jurídica, é oferecer uma solução adequada para um caso concreto através da construção de uma norma jurídica. *É achar uma solução constitucionalmente* "'correcto' a través de un procedimiento racional y controlable, creando, de este modo, certeza y previsibilidad jurídicas, y no, acaso, el de la simple decisión por la decisión." [151] Raúl Canosa Usera informa que o fim de toda interpretação constitucional deve residir em: a) expandir a força normativa da Constituição; b) integração do ordenamento jurídico; c) controlar a regularidade dos atos emanados dos poderes públicos, é dizer, "controlar la observación de la Constitución[152]"; d) eleger a solução constitucionalmente mais adequada ("más correcta constitucionalmente") ao caso concreto e; e) a defesa da fórmula política[153].

A interpretação constitucional busca a concretização da Constituição. Pretende torna-la aplicável, faze-la incidir sobre a realidade social, de modo que sua aplicação se converta em atualização da Constituição. Celso Ribeiro Bastos aponta que a finalidade da interpretação constitucional consiste no seu cumprimento e na atualização histórica de seus conceitos.[154] A interpretação constitucional, diz Canotilho, "deve permitir o desenvolvimento (= atualização, evolução) do 'programa constitucional', mas sem ultrapassar os limites de uma tarefa

---

150 "Métodos e Princípios da Interpretação Constitucional: o Que São, para Que Servem, Como se Aplicam". **Revista Direito Público n° 5**, Jul-Ago-Set/2004, pp. 23 a 37, p. 33.

151 Konrad Hesse, **Escritos de Derecho Constitucional**. Madrid: Centro de Estudios Constitucionales, 1983, p. 35.

152 **Interpretación Constitucional y Formula Política.** Madrid: Centro de Estudios Constitucionales, 1988, p. 79.

153 Pablo Lucas Verdú define a *fórmula política* como "a expressão ideológica, juridicamente organizada, de uma estrutura social. É uma expressão acadêmica útil, didática, que serve para entender e explicar o texto constitucional." in **O Sentimento Constitucional.** Rio de Janeiro: Forense, 2004, p. 126.

154 **Hermenêutica e Interpretação Constitucional**. São Paulo: Celso Bastos Editor, 1997, pp. 90 e ss.

interpretativa (isto implica proibição de rupturas, de mutações constitucionais silenciosas e de revisões apócrifas)." [155]

Podemos dizer que o fim da interpretação constitucional, tal qual o fim da Constituição, é ordenar juridicamente a sociedade, pautada por seu progresso, preservando a estabilidade das instituições político-jurídicas e promovendo a efetividade dos direitos fundamentais. É, portanto, realizar a Constituição[156].

Não há, de modo algum, um método exclusivo e único de interpretação das normas constitucionais. Na interpretação da Constituição, o intérprete pode utilizar-se de diversos instrumentos interpretativos, de modo que se dê preferência àquele que melhor resolva a questão apresentada. A complexidade das questões constitucionais faz com que a interpretação da Constituição não deva se dar mediante um processo subsuntivo de aplicação das normas. Este é incapaz de oferecer uma resposta adequada aos problemas que envolvem a Constituição.

O método clássico de interpretação das leis não é suficiente para o trato das questões constitucionais. Por esta razão, a hermenêutica constitucional vem desenvolvendo métodos e técnicas de interpretação que se adequem ao objeto interpretando: a Constituição. Diga-se, mais uma vez, que o intérprete não trabalha com apenas um instrumento interpre-

---

155 **Direito Constitucional e Teoria da Constituição.** 7ª ed. Coimbra: Almedina, 2003, p. 1.136.

156 Após afirmar que a dogmática constitucional é uma disciplina multidimensional, Pablo Lucas Verdú expõe as seguintes idéias aceca da relação entre *dogmática e interpretação constitucional*:
"a) *a dogmática constitucional se concebe como Teoria da Constituição*; b) *a teoria da interpretação*, sem prejuízo de suas conotações filosófico-jurídicas e seus condicionamentos sociológicos, *forma parte especial do Direito Constitucional.* Em relação à primeira, é válido dizer que o fato de a dogmática constitucional se conceber como Teoria da Constituição significa que esta supera o formalismo jurídico empenhado em sustentar um conceito estritamente lógico-jurídico acerca da lei fundamental, um aparato conceitual que esquece o caráter e o alcance jurídico-político de todo texto constitucional. Isso se comprova, no caso da Constituição espanhola de 1978, por sua origem (recordemos o processo constituinte que a produziu) e por seu *telos* (arts. 9.2, 40, 192.2, *in fine* e Preâmbulo: 'Estabelecer uma sociedade democrática avançada'). Quanto à segunda afirmação, podemos defender a conclusão pela qual a interpretação é um setor fundamental da Teoria da Constituição, conclusão que decorre da anterior, porque a dogmática e a interpretação se inter-relacionam estreitamente: a *soberbia* dogmática, seu caráter *dogmático-autoritário*, cede ou varia mediante a interpretação. Nesse sentido, a *interpretação constitucional é a expressão concreta da funcionalidade viva da dogmática constitucional*." in **O Sentimento Constitucional.** Rio de Janeiro: Forense, 2004, p. 121.

tativo, mas com vários, para que se possa obter uma adequada solução para o caso concreto. Assim, diz Canotilho, verbis:

> "A questão do 'método justo' em direito constitucional é um dos problemas mais controvertidos e difíceis da moderna doutrina juspublicística. No momento atual, poder-se-á dizer que a interpretação das normas constitucionais é um conjunto de métodos, desenvolvidos pela doutrina e pela jurisprudência com base em critérios ou premissas (filosóficas, metodológicas, epistemológicas) diferentes, mas, em geral, reciprocamente complementares." [157]

Desta forma, a utilização do método ficará a cargo do intérprete, ciente de que o fim a ser perseguido será sempre o de implementar os desígnios constitucionais.

9. Dos métodos de interpretação constitucional

Entende-se por métodos de interpretação constitucional o conjunto de regras técnicas, postas à disposição do intérprete, com vistas a que este possa construir o sentido de uma norma constitucional[158]. Para Márcia Haydée Porto de Carvalho, método "é uma estratégia, um caminho para atingir os objetivos gerais, a ordem que se segue na investigação da verdade.[159]" É formado por um conjunto de técnicas e regras que auxiliam o processo hermenêutico.

São diversas as propostas metodológicas formuladas no âmbito da hermenêutica jurídica, em geral, e da hermenêutica constitucional, em particular. Para os fins deste trabalho, cabe aludir à tópica jurídica, preconizada por Theodor Viehweg, e ao método hermenêutico-concretizador, desenvolvido por Konrad Hesse.

---

157 **Direito Constitucional e Teoria da Constituição**, p. 1.136.

158 Cf. Friedrich Müller. **Métodos de Trabalho do Direito Constitucional**. 2ª ed. São Paulo: Max Limonad, 2000, p. 22. Tercio Sampaio Ferra Jr. informa que "os chamados métodos de interpretação são, na verdade, regras técnicas que visam à obtenção de um resultado." in **Introdução ao Estudo do Direito**. 5ª ed. São Paulo: Atlas, 286.

159 **Hermenêutica Constitucional – métodos e princípios específicos de interpretação**. 2ª ed. Florianópolis: Obra Jurídica, 2008, p. 67.

9.1. A tópica na interpretação constitucional

A tópica jurídica ou método tópico-problemático ganhou notoriedade a partir da obra "Tópica y jurisprudencia"[160], de Theodor Viehweg, publicada em 1964. Neste trabalho, Viehweg parte da consideração de que a tópica não é um método, mas um estilo de pensar orientado para o problema[161]. Pertence ao campo da dialética.

Consoante os ensinamentos de Theodor Viehweg, precursor do pensar problemático na contemporaneidade, a tópica, reitere-se, não é um método, mas um estilo de pensar voltado para solucionar o problema. Para este autor, só podemos denominar de método "un procedimiento que sea comparable por medio de una lógica rigurosa y cree un unívoco nexo de fundamentos, es decir, un sistema deductivo.[162]" Portanto, a tópica "no es un método, sino un estilo que tiene, como cualquier otro estilo, mucho de arbitrio amorfo y muy poco de comprobabilidad rigurosa."[163]

A Hermenêutica Jurídica, porquanto ciência, possui um método próprio[164] e, por sua vez, utiliza-se de várias técnicas interpretativas para chegar aos resultados cientificamente pretendidos. A interpretação é processo mediante o qual se atribui um significado às normas jurídicas. Assim, podemos falar numa "interpretação tópica", "interpretação sistemática", entre outras, mas não de um "método" tópico de interpretação de normas jurídicas. Por esta razão, Viehweg define a tópica como uma "técnica del pensamiento problemático[165]", *é dizer, um estilo de pensar voltado para os problemas.*

O ponto de partida da tópica *é o* problema, isto é, "toda cuestión que aparentemente permite más de una respuesta y que requiere necesariamente un entendimiento preliminar, conforme al cual toma el cariz de

160 No original *Topik und Jurisprudenz.*

161 Afirma Viehweg que "el punto más importante en el examen de la tópica lo constituye la afirmación de que se trata de una técnica del pensamiento que se orienta hacia el *problema*." **Tópica y jurisprudencia**. Madrid: Taurus, 1986, p. 53. Para Karl Larenz, "cada ciência lança mão de determinados **métodos**, modos de proceder, no sentido da obtenção de respostas às questões por ela suscitadas." in **Metodologia da Ciência do Direito**. 3ª ed. Lisboa: Fundação Calouste Gulbenkian, 1997, p. 01.

162 **Tópica y jurisprudencia**. Madrid: Taurus, 1986, p. 115.

163 **Tópica y jurisprudencia**. Madrid: Taurus, 1986, p. 115.

164 Método, no dizer de Karl Larenz, é o "modo de proceder de cada ciência, no sentido da obtenção de respostas às questões por ela suscitadas." in **Metodologia da Ciência do Direito**. 3ª ed. Lisboa: Fundação Calouste Gulbenkian, 1997, p. 01.

165 **Tópica y jurisprudencia**. Madrid: Taurus, 1986, pp. 24 e 54.

cuestión que hay que tomar en serio y a la que hay que buscar una única respuesta como solución.[166]" O **problema *é*** *o caso concreto* que é posto frente ao intérprete e que requer deste uma solução[167].

Diferentemente das técnicas clássicas de interpretação, que partem da norma para o problema (modelo subsuntivo - dedutivo), a tópica faz o caminho inverso, parte do problema para o sistema (a norma), ou seja, do particular para o geral. Percebe-se, desde logo, que o pensamento tópico é do tipo indutivo (particular - geral), ao passo que o pensamento sistemático é dedutivo (geral - particular). Isto faz com que a tópica coloque o problema a frente de tudo, é dizer, o caso concreto é o ponto de partida do pensamento problemático, e é a partir deste problema que a norma recebe seu sentido.

De fato, só conhecemos o verdadeiro sentido de uma norma jurídica quando posta frente a um caso concreto[168], pois o direito existe para regular a realidade, dela não podendo se desprender, sob pena de perder sua função normatizadora do real. Normatividade e realidade devem estar em constante diálogo, um interferindo no outro. De nada adianta interpretar uma norma desvinculada do caso concreto, haja vista que cada caso possui suas próprias especificidades. Cabe ressaltar que de um só texto legal é possível derivar tantas normas quantas forem os casos jurídicos a serem resolvidos, pois cada problema possui suas peculiaridades, e estas devem ser levadas em conta quando da interpretação da norma. Segundo Konrad Hesse, "el intérprete tiene que poner en relación con dicho problema la norma que pretende entender, si quiere determinar su contenido correcto aquí y ahora. Esta determinación, así

166 **Tópica y jurisprudencia**. Madrid: Taurus, 1986, p. 55.

167 Paulo Roberto Soares Mendonça aduz que "o raciocínio tópico situa-se, portanto, no contexto de situações para as quais não há uma solução ou orientação decisória previamente estabelecida, cabendo àquele a quem se submete o problema oferecer uma alternativa plausível, que possa inclusive vir a servir de base para a solução de problemas semelhantes no futuro." in **A Tópica e o Supremo Tribunal Federal**. Rio de Janeiro: Renovar, 2003, p. 100.

168 Citando Torquato Castro, o ilustre professor José Souto Maior Borges expõe que "o direito não é *a priori* da razão humana, um imperativo categórico independente dos fatos, isto é, do problema. Com razão, adverte que o justo universal abstrato só existe como ente da razão. O Direito só é apreensível pela tópica dos fatos existenciais através da jurisprudência: 'o direito, sendo solução existencial, vale-se da razão que não é formal, e, sim, tópica, enquanto se envolve com o problema. Vale-se e uma lógica de *conteúdos* existenciais - fatos humanos, ações externas e bens da vida - dita *lógica tópica* (Aristóteles) ou lógica da argumentação (Perelman)." in **O Contraditório no Processo Judicial (uma visão dialética)**. São Paulo: Malheiros, 1996, pp. 29 e 30.

como la 'aplicación' de la norma al caso concreto, constituyen un proceso único y no la aplicación sucesiva a un determinado supuesto de algo preexistente, general en sí mismo comprensible. No existe interpretación constitucional desvinculada de los problemas concretos." [169]

A interpretação tópica dá-se mediante um processo aberto de discussão de problemas, impulsionado através da dialética[170]. Este processo argumentativo desenvolve-se mediante a utilização de topoi, "instrumentos auxiliares que o intérprete em presença do problema poderá empregar ou deixar de fazê-lo, conforme a valia ocasional eventualmente oferecida para lograr a solução precisa."[171] Eis a aporia fundamental da utilização da tópica na interpretação constitucional: o que pode ser utilizado como topoi?

Todo e qualquer elemento que sirva na discussão em busca de uma justa solução para o problema pode ser utilizado como *topoi*. Assim, na interpretação tópica da Constituição, pode ser utilizado como topoi tanto as normas constitucionais como outro ponto de vista qualquer que ajude a encontrar uma solução adequada, a exemplo de um argumento doutrinário. Em conseqüência, é possível utilizar (se assim acharmos adequado à solução do caso) até de argumentos ou pontos de vista contrários às normas constitucionais, pois estas são apenas topoi como os outros, que podem ser adequados ou inadequados na busca da solução do caso concreto[172]. Isto, sem dúvida alguma, contraria o conceito formal

---

169 **Escritos de Derecho Constitucional.** 2ª ed. Madrid: Centro de Estudios Constitucionales, 1992, p. 42.
Cabe ressaltar que a posição de Hesse é distinta da idealizada por Viehweg, embora a sua teoria tenha origem na tópica.

170 A *Dialética*, consoante José Souto Maior Borges, "é fundamentalmente arte e não sistema. Arte de raciocinar a partir de pontos de vista (*topoi*) aceitos pela generalidade dos estudiosos – ou, quando menos, os mais eminentes deles." Mais adiante, acrescenta o seguinte: "A tópica insere-se no domínio da dialética: arte das premissas opinativas. Trata-se de *ars inveniendi*, a arte da invenção (descoberta) das premissas, e não da *ars judicandi* (arte do juízo), na distinção ciceroniana tratada pelos estóicos sob a denominação: dialética." in **O Contraditório no Processo Judicial (uma visão dialética)**. São Paulo: Malheiros, 1996, pp. 30 e 32.

171 Paulo Bonavides, **Curso de Direito Constitucional**. 9ª ed., São Paulo: Malheiros Editores, 2000, p. 453.

172 Partindo da consideração de que a *tópica* se desenvolve através da *dialética*, José Souto Maior Borges aduz o seguinte:
"A dialética é *arte* e, portanto, não é diálogo espontâneo, desregrado. A insubmissão a regras é característica do diálogo cotidiano. Por isso ele é *anárquico*, no sentido etimológico mais rigoroso (anarquia, do grego *na*, prefixo que indica privação, e *arché*, governo; anarquia é, literalmente, o estado de desgoverno). Dialética, porém, é regra, diretriz, cânone, a nortear o próprio diálogo. Diálogo muitas vezes de

de Constituição, que é passada para trás perdendo toda sua hierarquia ou hegemonia normativa. [173]

O problema da aplicação da tópica, tal como proposta por Viehweg, no campo constitucional, reside justamente no fato da não vinculação da interpretação à Constituição, ao texto normativo. Todavia, se a tópica *é pautada por uma* solução justa, em razão da intensa presença dos princípios no texto constitucional, certamente tal solução será encontrada e fundamentada constitucionalmente. Apesar de defendermos a tópica como técnica adequada de interpretação constitucional, entendemos que seu uso imoderado e levado às últimas consequências, não se harmoniza com os postulados da certeza e segurança jurídicas, fundamentais em um Estado Democrático de Direito. Daí a razão pela qual,

ponto de vista contrários e até contraditórios, como no direito processual. Qual é, no entanto, a finalidade do diálogo? Finalidade que o torna possível, nesse campo de divergências? A busca apaixonada e emocionada do justo. A justiça é a sua estrela polar. E sem paixão, nenhuma ciência e nenhuma arte. Com maiores razões, a dialética jurídica, arte de pesquisa do justo que é, deve corresponder a uma santidade de inteligência. Não sem razão, o jurista é havido como sacerdote da justiça, celebrante, no altar do justo, da sagrada e consagrada oferenda: dar a cada um o seu (*suum cuique tribuere*)." in **O Contraditório no Processo Judicial (uma visão dialética)**. São Paulo: Malheiros, 1996, p. 43. Ao tratar da estrutura do pensamento problemático, José Souto Maior Borges informa que o estilo de Santo Tomás oferece um "modelo incomparável de exposição tópica":
"(1) *utrum*... (fixação do problema);
(2) *videtur quod*... (pontos de vista próximos);
(3) *sed contra*... (pontos de vista contrários);
(4) *respondeo dicendum*... (solução);" Ob. cit., pp. 31 e 32.

173 Paulo Bonavides explicita o que pode acontecer à Constituição caso se adote a *tópica* irrestritamente, tal como preconizada por seus idealizadores: "Sendo a Constituição aberta, a interpretação também o é. Valem para tanto todas as considerações e pontos de vista que concorram ao esclarecimento do caso concreto, não havendo graus de hierarquia entre os distintos *loci* ministrados pela tópica.
A Constituição, com a metodologia tópica, perde até certo ponto aquele caráter reverencial que o formalismo clássico lhe conferira. A tópica abre tantas janelas para a realidade circunjacente que o aspecto material da Constituição, tornando-se, quer se queira quer não, o elemento predominante, tende a absorver por inteiro o aspecto formal.
A invasão da constituição formal pelos *topoi* e a conversão dos princípios constitucionais e das próprias bases da Constituição em pontos de vista à livre disposição do intérprete, de certo modo enfraquece o caráter normativo dos sobreditos princípios, ou seja, a sua juridicidade. A Constituição, que já é parcialmente política, se torna por natureza politizada ao máximo com a metodologia dos problemas concretos, decorrentes da aplicação da hermenêutica tópica." **Curso de Direito Constitucional**. 9ª ed., São Paulo: Malheiros Editores, 2000., 439.

em nosso entender, as idéias de Konrad Hesse acerca da interpretação constitucional são mais adequadas em relação ao método hermenêutico.

9.2. Konrad Hesse e a Interpretação Constitucional

No entendimento de Konrad Hesse, a interpretação constitucional é concretização[174]. Segundo Hesse, o que não aparece de forma clara como conteúdo da Constituição é o que deve ser determinado mediante a incorporação da realidade, de cuja ordenação se trate.

A finalidade da interpretação é encontrar uma solução constitucionalmente correta para o problema posto frente ao intérprete, mediante um procedimento racional e controlável, e fundamentar esta decisão, "de modo igualmente racional y controlable, creando, de este modo, certeza y previsibilidad jurídicas, y no, acaso, el de la simple decisión por decisión." [175] Assim, deve o intérprete levar em consideração quando da concretização da norma, os fatos e valores que são a ela imanentes, de modo a possibilitar uma decisão mais equilibrada e racional para o problema.

Em Hesse, a atividade interpretativa encontra-se vinculada à norma, embora durante o processo de concretização haja um espaço para a criatividade do intérprete. Entretanto, a interpretação não pode perder de vista o texto normativo, muito menos desprezá-lo, isto porque o teor da norma constitucional só se completa no ato interpretativo e vincula-se à própria literalidade do texto constitucional[176].

O processo de concretização precisa observar algumas condições para que se possa realizar. Segundo Hesse, a concretização da norma pressupõe a "compreensão" (interpretação em sentido amplo) do texto normativo, que por sua vez, não pode desvincular-se da pré-compreensão do intérprete a respeito da realidade circundante nem do problema concreto a resolver.

---

174 **Escritos de Derecho Constitucional**, 2ª ed. Madrid: Centro de Estudios Constitucionales, 1992, p. 40.

175 **Escritos de Derecho Constitucional**, 2ª ed. Madrid: Centro de Estudios Constitucionales, 1992, p. 35.

176 Ao abordar o processo de concretização das normas constitucionais, aduz Hesse que "a través de una actuación 'tópica' orientada y limitada por la norma (lo que es tanto como decir vinculada por la norma) habrán de encontrarse y probarse puntos de vista que, procurados por vía de la *inventio*, sean sometidos ao juego de las opiniones en favor y en contra y fundamentar la decisión de la manera más clarificadora y convincente posible (topoi)." **Escritos de Derecho Constitucional**, 2ª ed. Madrid: Centro de Estudios Constitucionales, 1992, p. 43.

A pré-compreensão do intérprete consiste na análise da realidade histórica na qual encontra-se inserido, na compreensão prévia do meio social a que pertence, realidade esta que conformou seus hábitos mentais, condicionando seus conhecimentos e seus pré-juízos. Esta pré-compreensão do intérprete deve ser fundamentada e conscientizada, de modo a ser evitada a arbitrariedade das ocorrências, prestando atenção às "coisas mesmas". A tarefa da fundamentação desta pré-compreensão por parte do exegeta cabe à teoria constitucional, de sorte que, não sendo arbitrária, "há de ser porém continuamente revista e corrigida em sua aplicação a cada caso político e concreto" [177]

A "compreensão" e a "concretização" só é possível, segundo Hesse, em face de um problema concreto, de modo que o intérprete tem de pôr a norma que pretende concretizar frente ao problema que se quer resolver, obtendo assim o conteúdo "correto" da norma concretizada. Por esta razão, afirma o autor que "no existe interpretación constitucional desvinculada de los problemas concretos." [178]

Segundo a concepção ora analisada, **a norma constitucional compõe-se de duas partes**: o "**programa normativo**" e o "***âmbito normativo***". O **programa normativo** é obtido mediante a interpretação (em sentido amplo) do texto da norma.[179] Explica Hesse, que este é o setor ideal para a aplicação dos cânones da hermenêutica clássica, a saber: sistemático, literal, teleológico e histórico. Este trabalho de obtenção do "programa normativo" pode ser resolvido mediante a verificação de decisões prévias de casos similares, bem como através da dogmática do Direito Constitucional. [180] Apenas a interpretação do programa normativo não proporciona, via de regra, uma concretização suficientemente precisa do mesmo, daí a necessidade de se acudir aos dados aportados no "âmbito normativo[181]". O ***âmbito normativo***, por sua vez, compreen-

---

177 Paulo Bonavides, **Curso de Direito Constitucional** 9ª ed., São Paulo: Malheiros Editores, 2000, p. 439.

178 **Escritos de Derecho Constitucional**, 2ª ed. Madrid: Centro de Estudios Constitucionales, 1992, p. 42.

179 "Puesto que el '*programa normativo*' se halla contenido básicamente en el texto de la norma a concretar, deberá ser aprehendido mediante la interpretación de dicho texto en lo que se refiere a su significación vinculante para la solución del problema."

180 **Escritos de Derecho Constitucional**, 2ª ed. Madrid: Centro de Estudios Constitucionales, 1992, pp. 43 e 44.

181 Segundo Hesse, "la 'concretización' del contenido de una norma constitucional, así como su realización, sólo resultan posibles incorporando las circunstancias de la 'realidad' que esa norma está llamada a regular. Las singularidades de estas circunstancias – con frecuencia conformadas ya jurídicamente – integran el 'ámbito

de os dados reais albergados pelo programa normativo, ou seja, o âmbito normativo é composto pelos fatos sociais sobre os quais incide o programa normativo.

Entende Hesse que a concretização (interpretação) de uma norma não pode ser feita mediante simples execução de uma vontade (objetiva ou subjetiva da norma). A concretização da norma constitucional realiza-se mediante uma atuação "tópica" orientada e limitada pela própria norma, ou seja, vinculada à Constituição. Por meio desta atuação, haveremos de encontrar e provar pontos de vista que, procurados por via da *inventio*, sejam submetidos ao jogo das opiniões pró e contra e fundamentar a decisão da maneira mais clara e correta possível. Adverte o autor que "no queda a la discreción del intérprete los topoi que deba traer a colación los topoi que deba traer a colación de entre la multiplicidad de los puntos de vista. De un lado, el interprete sólo puede utilizar el labor de concretización aquellos puntos de vista que se encuentran relacionados con el problema: la vinculación al problema excluye topoi extraños a la cuestión. De otro lado, se halla obligado a la inclusión en su 'programa normativo' y en su 'ámbito normativo' de los elementos de concretización que le proporciona la norma constitucional misma así como de las directrices que Constitución contiene en orden a la aplicación, coordinación y valoración de dichos elementos en el curso de la solución del problema."[182]

Na tarefa de concretização da norma constitucional, Hesse atribui a determinados princípios a tarefa de orientação e coordenação da interpretação constitucional. São cinco os princípios hermenêuticos: a) o princípio da correção funcional; b) o princípio da unidade da Constituição; c) o princípio da concordância prática ou da proporcionalidade; d) princípio do efeito integrador e; e) princípio da força normativa da Constituição. [183]

---

normativo', el cual, a partir del conjunto de los datos del mundo social afectados por un precepto, y a través del mandato contenido sobre todo en el texto de la norma, el 'programa normativo' es elevado a parte integrante del contenido normativo. Puesto que estas singularidades, y con ellas el 'ámbito normativo', se hallan sometidas a cambios históricos, los resultados de la 'concretización' de la norma pueden cambiar, a pesar de que el texto de la norma (y con ello, en lo esencial, el 'programa normativo') continúa siendo idéntico." **Escritos de Derecho Constitucional**, 2ª ed. Madrid: Centro de Estudios Constitucionales, 1992, p. 28.

182 Konrad Hesse. **Escritos de Derecho Constitucional**, 2ª ed. Madrid: Centro de Estudios Constitucionales, 1992, p. 43.

183 Konrad Hesse, **Escritos de Derecho Constitucional.** 2ª ed. Madrid: Centro de Estudios Constitucionales, 1992, p. 45.

Para encerrar a sua teoria, Hesse conclui aduzindo que "este procedimiento tópico vinculado, em coherencia con el carácter de la Constitución, al problema concreto, pero siempre guiado y orientado por la norma, tendrá las máximas posibilidades de llegar a resultados sólidos, racionalmente explicables y controlables." [184] Deste modo, Hesse não quer dizer que sua técnica de concretização irá conduzir o intérprete a uma solução do caso concreto absolutamente correta, mas apenas relativamente correta e racionalmente possível.

9.3. A Metódica Estruturante de Friedrich Müller

Friedrich Müller parte da consideração de que toda práxis jurídica é uma técnica decisória politicamente funcional. A *metódica jurídica* é a "*técnica de atribuição* da ciência prática no âmbito desses processos decisórios: a saber, a técnica da recondução, regular e aceita no caso normal, de normas decisórias a normas jurídicas."[185] Logo, não pode assegurar-se nas conclusões formuladas pela hermenêutica filosófica, genericamente referidas às Ciências Humanas. Para Müller, "métodos" da práxis jurídica e "teorias" dogmáticas nada mais são do que recursos auxiliares do trabalho desenvolvido pelo intérprete do direito[186]. Portanto, mesmo na condição de *teoria*, a epistemologia é práxis, posto ser fator de atuação, conteúdo comunicativo dos sujeitos que compõem uma determinada sociedade.

Ao designar a **metódica jurídica**[187] como uma reflexão global e sistêmica dos modos de trabalho do direito constitucional, Müller aponta que o vocábulo **metódica** é conceito abrangente dos termos "hermenêutica", "interpretação", "métodos de interpretação" e "metodologia".[188]

---

184 Konrad Hesse, **Escritos de Derecho Constitucional.** 2ª ed. Madrid: Centro de Estudios Constitucionales, 1992, p. 48.

185 **Direito, Linguagem, Violência - Elementos de uma teoria constitucional, I.** Porto Alegre: Sergio Antonio Fabris Editor, 1995, p. 07.

186 **Métodos de Trabalho do Direito Constitucional.** 2ª ed. São Paulo: Max Limonad, 2000, p. 21.

187 Para Müller, a metódica jurídica refere-se "aos modos efetivos de trabalho de um setor da práxis social com determinadas tarefas, determinadas consequências, possibilidades específicas de modificação e de controle." in **Direito, Linguagem, Violência - Elementos de uma teoria constitucional, I.** Porto Alegre: Sergio Antonio Fabris Editor, 1995, p. 27.

188 Aponta Müller que "hermenêutica" não se refere "à tradicional doutrina da técnica retórica na sua aplicação à ciência jurídica, mas às condições de princípio da concretização jurídica normativamente vinculada ao direito. 'Metodologia' significa no sentido tradicional a totalidade das regras técnicas da interpretação no

Neste sentido, a **metódica constitucional** dispõe sobre a concretização constitucional[189] pelos poderes executivo e legislativo em grau não infe-

trato com normas jurídicas, como *e. g.* a interpretação gramatical ou sistemática, o procedimento analógico e regras similares. Em contrapartida, 'hermenêutica' refere-se à teoria da estrutura da normatividade jurídica e dos *pressupostos* epistemológicos e de teoria do direito da metodologia jurídica. Por fim, 'interpretação' ['Interpretation' ou 'Auslegung'] diz respeito às possibilidades do tratamento jurídico-filológico do texto, i. é., da interpretação de textos de normas. Ocorre que uma norma jurídica é mais do que o seu texto de norma. A concretização prática da norma é mais do que a interpretação do texto. Assim, a 'metódica' no sentido aqui apresentado abrange em princípio todas as modalidades de trabalho da concretização da norma e da realização do direito, mesmo à medida que elas transcendem - como a análise dos âmbitos das normas, como o papel dos argumentos da teoria do Estado, teoria do direito e teoria constitucional, como conteúdos dogmáticos, elementos de técnica de solução e elementos de política jurídica, bem como constitucional - os métodos de interpretação [Auslegung] ou interpretação [Interpretation] no sentido tradicionalmente restringido." in **Métodos de Trabalho do Direito Constitucional.** 2ª ed. São Paulo: Max Limonad, 2000, p. 22.

189 Para facilitar a compreensão terminológica por parte do leitor, trazemos à colação uma espécie de *glossário* apresentado por Canotilho:
"**Realizar a constituição** significa tornar juridicamente eficazes as normas constitucionais. (...)
Interpretar uma norma constitucional consiste em atribuir um significado a um ou vários símbolos linguísticos escritos na constituição com o fim de se obter uma decisão dos problemas práticos normativo-constitucionalmente fundada. (....)
Concretizar a constituição traduz-se, fundamentalmente, no *processo de densificação* de regras e princípios constitucionais. A concretização das normas constitucionais implica um processo qe vai do *texto da norma* (do seu enunciado) para uma norma concreta - *norma jurídica* - que, por sua vez, será apenas um resultado intermédio, pois só com a descoberta da *norma de decisão* para a solução dos casos jurídico-constitucionais teremos o resultado final da concretização. (...)
Densificar uma norma significa preencher, complementar e precisar o espaço normativo de um preceito constitucional, especialmente carecido de concretização, a fim de tornar possível a solução, por esse preceito, dos problemas concretos. (...)
Norma e formulação de norma. Deve distinguir-se entre *enunciado* (formulação, disposição) *da norma* e *norma*. A **formulação da norma** é qualquer enunciado que faz parte de um texto normativo (de 'uma fonte do direito'). **Norma** é o sentido ou significado adscrito a qualquer disposição (ou a um fragmento de disposição, combinação de disposições, combinação de fragmentos de disposições). **Disposição** é parte de um texto ainda a interpretar; *norma* é parte de um texto interpretado.
(...)
Normatividade é o efeito global da norma num determinado processo de concretização. O efeito normativo pressupõe a realização da norma constitucional através da sua aplicação-concretização aos problemas carecidos de *decisão*. A normatividade não é uma 'qualidade' da norma: é o efeito do procedimento metódico de concretização.
(...)

rior à concretização operacionalizada através do Poder Judiciário e pela Ciência do Direito. Para Müller, a *metódica constitucional* versa sobre toda ação constitucionalmente orientada de titulares de funções estatais, inexistindo uma hierarquia no processo de concretização do texto constitucional.[190] Deste modo, a função de concretização constitucional é desenvolvida por todo aquele que *vivencia a Constituição*, que se afigura como destinatário de suas prescrições. Na medida em que a Constituição deva desenvolver sua força normativa, a *vontade de Constituição*, que consiste em uma vontade de *viver sob e através da Constituição*, não pode ser restrita à Ciência do Direito e aos órgãos incumbidos, em sentido estrito, de concretizá-la, mas a todos os seus destinatários, é dizer, toda a Nação. No entanto, não se pode perder de vista que as condições, possibilidades e limitações da metódica constitucional estão relacionadas e condicionadas pelas respectivas funções exercidas por quem tem competência para tanto. Por tal razão, aduz Müller que "a tarefa da práxis do direito constitucional é a concretização da constituição por meio da instituição configuradora de normas jurídicas e da atualização de normas jurídicas no Poder Legislativo, na administração e no governo; ela é a

Âmbito de regulamentação. Entende-se a globalidade dos casos jurídicos eventualmente regulados por uma norma jurídica.
Âmbito de proteção. Significa a delimitação intencional e extensional dos bens, valores e interesses protegidos por uma norma. Este âmbito é, tendencialmente, o resultado proveniente da delimitação dogmática feita pelos órgãos ou sujeitos concretizadores através do confronto de normas do direito vigente. (....)
Espaço de interpretação. Considera-se (...) o âmbito dentro do qual o *programa normativo* (= medida de ordenação expressa através de enunciados linguísticos) se considera ainda compatível com o texto da norma." In **Direito Constitucional e Teoria da Constituição**. 7ª ed. Coimbra: Almedina, 2003, pp. 1200 a 1203.

190 **Métodos de Trabalho do Direito Constitucional.** 2ª ed. São Paulo: Max Limonad, 2000, pp. 23 e 51. Segundo Müller, "a metódica de trabalho é uma *metódica de titulares de funções*. Em nível hierárquico igual ao da jurisprudência e da ciência jurídica, a legislação, a administração e o governo trabalham na concretização da constituição. Tal trabalho sobre [Bearbeiten] a constituição orienta-se integralmente segundo normas: também a *observância da norma*, em virtude da qual deixa de ocorrer um conflito constitucional ou um litígio, é *concretização da norma*." p. 51. A *metódica* revela o modo de trabalhar o direito, de torna-lo operativo. Informa, pois, o processo de concretização estruturada da norma por parte das instituições que atuam na práxis jurídica. Para Müller, "'modos de trabalho' significam, por exemplo, o seguinte: as operações metódicas de tribunais - das autoridades administrativas - de instâncias normatizantes; de instâncias de apuração de fatos ou terceiras instâncias; de tribunais da justiça comum, tribunais administrativos e tribunais constitucionais; de destinatários de normas - cientistas - advogados etc." in **Direito, Linguagem, Violência - Elementos de uma teoria constitucional, I.** Porto Alegre: Sergio Antonio Fabris Editor, 1995, p. 27.

concretização da constituição que primacialmente controla, mas simultaneamente aperfeiçoa o direito na jurisprudência, dentro dos espaços normativos."[191] A metódica jurídica, portanto, está indissoluvelmente associada à *práxis jurídica*, é dizer, à *práxis metódica*, na medida em que fornece as condições e possibilidades aos operadores do direito de *trabalhar o material jurídico* com vistas à sua concretização.

Faz-se necessário esclarecer a distinção efetuada por Müller entre a *função do trabalho jurídico* e a *função da metódica jurídica*. No tocante à primeira, ter-se-á uma função decisória e de dominação, de distribuição e compensação, de estabilização e legitimação, ao passo que a função da metódica jurídica reside na formulação de regras norteadoras do processo de tomada de decisões para solucionar os casos concretos, que devem ser inferidas das normas jurídicas gerais existentes no sistema normativo. Por tal razão, Müller afirma que a "solução de casos jurídicos é uma *técnica decisória*, a metódica jurídica enquanto metódica da fundamentação explanadora da decisão é uma *técnica de imputação*."[192]

Com isto, tem-se que uma das funções da metódica jurídica consiste em racionalizar o processo decisório no âmbito do direito. A partir desta pretensão de *racionalidade decisória*, a metódica busca fornecer estabilidade social, ora referida por Müller através dos conceitos de *calculabilidade, transparência e regularidade*. Além disto, busca conferir efeito legitimador às decisões relativas à aplicação do direito na medida em que, ao revelar transparência no processo e razões decisórias, deve tornar aquelas passíveis de crítica e controle por parte dos órgãos para tanto competentes[193]. Por ser tarefa da *práxis constitucional* a concretização da Constituição, a construção, publicação e fundamentação decisórias se constituem em deveres jurídicos impostos pelo sistema normativo. A decisão, portanto, integrada pela respectiva fundamentação e uma vez

---

191 **Métodos de Trabalho do Direito Constitucional.** 2ª ed. São Paulo: Max Limonad, 2000, p. 52.

192 **Direito, Linguagem, Violência - Elementos de uma teoria constitucional, I.** Porto Alegre: Sergio Antonio Fabris Editor, 1995, p. 28.

193 Segundo Müller, "a obtenção, a publicação e a fundamentação da decisão são declarados deveres por meio de ordem do direito positivo, em grau e de modo mutantes. A publicação do *devido* (da norma jurídica, da portaria governamental ou administrativa, da sentença judicial) é um elemento do ordenamento da estabilidade jurídica. A representação e publicação da *fundamentação* deve, por um lado, convencer os atingidos, por outro tornar a decisão controlável para um possível reexame por parte dos tribunais de instância superior, para outras chances da tutela jurídica e com vistas à questão da sua conformidade à constituição." in **Métodos de Trabalho do Direito Constitucional.** 2ª ed. São Paulo: Max Limonad, 2000, p. 52.

publicada, deverá buscar, além do convencimento dos seus respectivos destinatários, sua manutenção no ordenamento jurídico, posto ser ela objeto de controle através de reexame por instâncias jurisdicionais superiores. Por tal razão, "a metódica deve poder decompor os processos da elaboração da decisão e da fundamentação expositiva em passos de raciocínio suficientemente pequenos para abrir o caminha ao *feedback controlador por parte dos destinatários da norma, dos afetados por ela, dos titulares de funções estatais* (tribunais revisores, jurisdição constitucional etc) *e da ciência jurídica*."[194]

O processo de concretização constitucional, sob a perspectiva da *Metódica Jurídica*, perspassa pela identificação do *programa* e do *âmbito* normativo. Desta forma de compreensão do direito resulta a distinção entre *texto de norma* e *norma jurídica*. Dito de outro modo, o *texto da norma* não corresponde necessariamente à *norma jurídica*[195]. A *literalidade normativa* se constitui no ponto de partida do processo de concretização e se identifica com o *programa normativo*. No entendimento de Müller, o "teor literal expressa o 'programa da norma', a 'ordem jurídica' tradicionalmente assim compreendida"[196], cujo processo de concretização normativa se inicia, reitere-se, com a busca do sentido literal[197]. O *âmbito normativo*, por sua vez, corresponde ao recorte da realidade

194 **Métodos de Trabalho do Direito Constitucional.** 2ª ed. São Paulo: Max Limonad, 2000, p. 53.

195 Neste sentido, aduz Canotilho que o "recurso ao 'texto' para se averiguar o conteúdo semântico da norma constitucional não significa a identificação entre *texto* e *norma*. Isto é assim mesmo em termos linguísticos: o texto da norma é o 'sinal linguístico'; a norma é o que se 'revela' ou 'designa'." in **Direito Constitucional e Teoria da Constituição.** 7ª ed. Coimbra: Almedina, 2003, p. 1.218. Sobre o tema, afirma Müller que "uma norma jurídica é – assim como ela age efetivamente – mais do que o seu teor literal. O teor literal expressa, juntamente como todos os recursos interpretativos auxiliares, o 'programa da norma'. Ela é a estrutura básica do segmento da realidade social, que o programa da norma 'escolheu para si' como a 'sua' área de regulamentação ou que ele, em parte 'criou'." in **Direito, Linguagem, Violência – Elementos de uma teoria constitucional, I.** Porto Alegre: Sergio Antonio Fabris Editor, 1995, pp. 42 e 43.

196 **Métodos de Trabalho do Direito Constitucional.** 2ª ed. São Paulo: Max Limonad, 2000, p. 57. Cabe ressaltar que a interpretação da literalidade normativa é, segundo Müller, um dos elementos mais relevantes do processo de concretização normativa, todavia, deve-se afigurar tão-somente como um elemento, ao lado de outros. Ob. cit. p. 61. Cf. tmb. Cleyson de Moraes Mello. **Hermenêutica e Direito.** 2ª ed. Rio de Janeiro: Editora Processo, 2018, p. 160.

197 **Métodos de Trabalho do Direito Constitucional.** 2ª ed. São Paulo: Max Limonad, 2000, p. 72.

social[198] albergado pelo *programa normativo*. Por tal razão, uma norma jurídica não prescinde de interpretação em virtude de sua clareza ou obviedade em face do que prescreve, ou, dito de forma inversa, requer interpretação na medida em que os termos que a compõem não são unívocos ou, eventualmente, são obscuros ou vagos, mas em razão de ela ser aplicada a um caso concreto pendente de solução pelo Direito. O elemento fático pode tornar a compreensão do enunciado linguístico mais ou menos complexo[199]. Segundo Müller, "não é possível descolar a norma jurídica do caso jurídico por ela regulamentando nem o caso da norma. Ambos fornecem de modo distinto, mas complementar, os elementos necessários à decisão jurídica."[200]

Portanto, o processo de concretização se dá por concluído mediante a elaboração da norma de decisão, é dizer, da norma que imediatamente será aplicada na solução do caso concreto. Neste iter hermenêutico, o intérprete pode obter auxílio das ferramentas hermenêuticas tradicionais (gramatical, sistemático, teleológico e histórico)[201], de recursos doutrinários e jurisprudenciais, além de outros que lhe possam servir na tarefa de concretização normativa.

---

198 O âmbito da norma, segundo Müller, "não é idêntico aos pormenores materiais do conjunto dos fatos. Ele é parte integrante material da própria prescrição jurídica. Da totalidade dos dados afetados por uma prescrição, do 'âmbito material', o programa da norma destaca o âmbito da norma como componente da hipótese legal normativa. O âmbito da norma é um fator co-constitutivo da normatividade. Ele não é uma soma de fatos, mas um nexo formulado em termos de possibilidade real de elementos estruturais que são destacados da realidade social na perspectiva seletiva e valorativa do programa da norma e estão, via de regra, conformados de modo ao menos parcialmente jurídico." in **Métodos de Trabalho do Direito Constitucional.** 2ª ed. São Paulo: Max Limonad, 2000, p. 58.

199 Cito, a título de exemplo, uma situação por mim testemunhada e deveras simples, mas que serve para ilustrar o que estamos a abordar: no intervalo de um curso que estava ministrando, indaguei à funcionária onde era o banheiro masculino, tendo a mesma informado que se localizava ao final do corredor. Ao me dirigir ao local, passei na frente do banheiro feminino, em cuja porta estava veiculado o seguinte enunciado: "Banheiro feminino exclusivo para mulheres." Logo, percebe-se que há uma norma vedando o acesso de homens no referido local. Todavia, se a pessoa que buscou tal informação foi um *transexual homem para mulher* (um transexual é um indivíduo que possui disforia de gênero, no qual o seu sexo psicológico não corresponde ao biológico), como proceder? Qual a norma em tal hipótese? Portanto, a situação fática pode tornar a interpretação dos enunciados linguísticos mais ou menos complexa.

200 **Métodos de Trabalho do Direito Constitucional.** 2ª ed. São Paulo: Max Limonad, 2000, p. 63.

201 Tais ferramentas são denominadas por Müller como "*elementos metodológicos 'strictiore sensu'*". Afora o instrumental propiciado pela hermenêutica clássica, ora citados, Müller faz referência aos *princípios da hermenêutica constitucional*.

CAPÍTULO XIII

EFICÁCIA E APLICABILIDADE DAS NORMAS CONSTITUCIONAIS

1. Considerações iniciais

Atualmente, não mais se concebe a idéia de que um determinado texto constitucional é desprovido de eficácia jurídica ou, também, de que é apenas parcialmente eficaz. Um texto constitucional, na medida em que se reveste do atributo de juridicidade, estará apto a produzir plenamente efeitos jurídicos[1].

---

1 Dirley da Cunha Júnior, em sua obra "*Controle Judicial das Omissões do Poder Público*", apresenta um entendimento compartilhado entre os constitucionalistas que buscam uma efetividade plena da Constituição. Diz o ilustre autor, que "as normas jurídicas, notadamente as constitucionais, são criadas para serem aplicadas. O Direito existe para realizar-se. 'Dado o seu caráter instrumental, o direito (e dentro deste o da Constituição não faz exceção) é elaborado com vistas à produção de efeitos práticos'. A aplicabilidade da norma significa exatamente a possibilidade de sua aplicação. E aplicação da norma nada mais é do que a sua atuação concreta, para reger as relações da vida real.

O que se irá discutir no presente capítulo é precisamente a *eficácia* e *aplicabilidade das normas constitucionais*.

É importante salientar, desde logo, que o conceito de *eficácia jurídica* pode variar de autor para autor, na medida em que faz parte das preocupações da Teoria Geral do Direito. Por esta razão, precisaremos qual o sentido que estamos atribuindo à *eficácia jurídica*, de modo a nortear a compreensão de toda problemática que eventualmente possa envolver tal conceito. Logo, é importante deixar claro que a depender do significado atribuído a tal conceito, o entendimento pode seguir um caminho distinto do nosso. No entanto, devemos sempre lembrar ao leitor que, na medida em que esteja debruçado sobre tal matéria, tenha como ponto de partida e norte para compreensão da temática o sentido do termo *eficácia* que está sendo emprestado pelo respectivo autor.

Um outro ponto relevante que merece esclarecimentos conceituais, de forma a evitar equívocos hermenêuticos, mas que possui estreita conexão com o tema, versa sobre a delimitação conceitual dos vocábulos *validade, vigência* e *eficácia* da norma jurídica. Isto é importante na medida em que o significado atribuído a tais conceitos pode variar, também, de autor para autor. Devemos deixar assentado, desde o princípio, que toda norma jurídica comporta um plano de validade, vigência e eficácia.

2. Eficácia

Ciente de que a **validade** se situa no **âmbito da existência da norma jurídica** e de que a **vigência reside no lapso temporal de observância obrigatória por parte de todos os seus destinatários**, a **eficácia**, por sua vez, **está circunscrita ao plano da produção de efeitos normativos**. Neste ponto, faz-se necessária uma distinção entre ***eficácia jurídica*** e ***eficácia social*** da norma jurídica.

A ***eficácia jurídica*** consiste na aptidão da norma em produzir efeitos jurídicos, quando invocada sua aplicação perante a autoridade competente. Por sua vez, a ***eficácia social*** diz sobre a espontaneidade dos indivíduos de agir em conformidade ao disposto na norma jurídica. Neste contexto, é possível afirmar que toda norma jurídica é juridicamente eficaz, embora possa não ser socialmente eficaz[2].

Mas uma norma só é aplicável se, primeiro, estiver em **vigor**; segundo, se for **válida** ou **legítima**; terceiro, se for **eficaz.**" Em seu entendimento, a *vigência, validade* e *eficácia* apresentam-se como condições de aplicabilidade das normas constitucionais. in *Controle Judicial das Omissões do Poder Público.* São Paulo: Saraiva, 2004, p. 76.

2 A título de exemplo, vejamos o que dispunha o artigo 240, ora revogado, do Código Penal:

É, pois, com base na *eficácia da norma constitucional* que a doutrina propõe uma classificação das normas constitucionais. Portanto, a ***eficácia jurídica*** é utilizada como critério classificatório das normas da Constituição.

3. Integração normativa

Antes de passarmos a analisar a classificação das normas constitucionais, faz-se necessário, para uma adequada compreensão do tema, elucidar o conceito de **integração normativa**.

No presente estudo, o termo *integração normativa* **não** está sendo utilizado como *técnica de preenchimento de lacunas jurídicas*, mas no sentido de *complementação ou regulamentação de uma determinada norma jurídica, por via legislativa, objetivando sua aplicabilidade imediata*. Neste sentido, algumas normas da Constituição necessitam ser *integradas* por outras normas jurídicas para que possam incidir plenamente no campo fático, produzindo a plenitude de seus efeitos jurídicos.

"Adultério
Art. 240 - Cometer adultério:
Pena - detenção, de quinze dias a seis meses."
Antes da sua revogação, tínhamos uma norma jurídica em vigor no sistema normativo brasileiro. Supondo que tal dispositivo não tenha sido objeto de revogação e que continua existindo em nosso sistema jurídico, indaga-se: tal norma é jurídica e socialmente eficaz? É possível que muitos entendam não ser ela eficaz, seja sob a perspectiva sociológica ou jurídica, mas, todavia, tal forma de entender é equivocada. A norma em comento pode não ser socialmente eficaz, na medida em que muitos indivíduos não têm mais a fidelidade como um valor a ser socialmente perseguido, de modo a praticar condutas de infidelidade. A pergunta que se faz agora é: apesar da norma não ser socialmente eficaz, será ela também, por consequência, juridicamente ineficaz? A resposta há de ser negativa. Tal norma, acaso existisse, seria juridicamente eficaz, na medida em que estaria apta a produzir efeitos jurídicos quando fosse invocada sua aplicação perante a autoridade competente, ou seja, se tramitasse na esfera jurisdicional uma ação penal tipificando uma determinada conduta como adultério e restasse devidamente comprovada a prática ilícita, não poderia o magistrado ao qual competisse processar e julgar a causa deixar de aplicar a norma penal sob o argumento de que a sociedade não tem mais a fidelidade como um valor que deve ser tutelado juridicamente. Em tal situação, possui o magistrado o dever de aplicar a norma, tornando-a juridicamente eficaz. Com isto, a norma penal produzirá efeitos sancionadores ao indivíduo causador do dano moral. Portanto, a eficácia jurídica é esta aptidão da norma em produzir efeitos quando invocada sua aplicação perante a autoridade competente. Neste sentido, afirmamos que toda norma é juridicamente eficaz, apesar de não poder ser, simultaneamente, eficaz sob o plano social.

Alguns autores utilizam-se da *integração* para classificação das normas constitucionais, associando-as ao seu âmbito de produção de efeitos jurídicos, é dizer, *eficácia*.

4. Da classificação doutrinária das normas constitucionais

4.1. Propostas classificatórias

J. H. Meirelles Teixeira, ao tratar do tema em obra clássica do Direito Constitucional, asseverou que a eficácia jurídica é um dos "*mais importantes aspectos da vigência das normas constitucionais: o de saber-se quando a norma aplica-se desde logo, independentemente de regulamentação por lei ordinária, e quando necessita dessa regulamentação, para que se considere vigente, isto é, aplicável.*[3]" O termo *regulamentação*, utilizado pelo autor, deve ser compreendido no sentido de **integração normativa**.

Portanto, há dois tipos de normas constitucionais: umas que são susceptíveis de integração normativa e outras que não carecem desta complementação legislativa para produção plena de seus efeitos jurídicos.

Passemos, pois, a analisar algumas propostas de classificação das normas constitucionais pertinentes à sua eficácia e aplicabilidade.

4.1.1. Direito Comparado

4.1.1.1. Direito norte-americano

A doutrina norte-americana, que tem em Thomas Cooley[4] seu principal expoente, foi a primeira a conceber, de forma sistematizada, uma teoria acerca da aplicabilidade das normas constitucionais. Neste contexto, as normas constitucionais foram classificadas em **normas autoexecutáveis e não autoexecutáveis**.

Em seu trabalho, Cooley expressou o seguinte entendimento acerca da eficácia das normas constitucionais:

> "Disposições autoexecutáveis. Mas, embora nenhuma das disposições ou uma constituição devam ser consideradas irrelevantes ou meramente consultivas, há algumas que, pela natureza do caso, são

3 **Curso de Direito Constitucional**. Rio de Janeiro: Forense Universitária, 1991, p. 295.

4 **A Treatise on the Constitucional limitations which rest upon the legislative power of the States of the American Union**. Second Edition. Boston: Little, Brown and Company, 1871, pp.119 e 120. Disponível em: https://repository.law.umich.edu/cgi/viewcontent.cgi?article=1009&context=books

> tão incapazes de serem obrigatoriamente aplicadas, a exemplo das disposições diretivas em geral. A razão é que, embora o propósito possa ser estabelecer direitos ou impor obrigações, eles não constituem, em si mesmas, uma regra suficiente por meio da qual tal direito pode ser protegido ou tal dever cumprido. Em tais casos, antes que as provisões constitucionais possam se tornar efetivas, deve-se adotar legislação suplementar; e a provisão pode ser, em sua natureza, obrigatória para a legislatura para promulgar a legislação necessária, embora nela não exista autoridade para impor o comando. Às vezes, a constituição, em termos, exige que o legislativo promulgue leis sobre um assunto específico; e aqui é óbvio que a exigência tem apenas uma força moral: a legislatura pensou em obedecê-la; mas o direito que se pretende dar só é assegurado quando a legislação é voluntariamente promulgada. Outras disposições são completamente autoexecutáveis, e manifestamente não contemplam nenhuma legislação para dar-lhes força total e operação.[5]"

Consoante o entendimento acima transcrito, há normas constitucionais que possuem uma estrutura apta a incidir imediatamente no plano fático, na medida em que conseguem prover, em termos de regulação, suficientemente a matéria para a qual foram constituídas. Por sua vez, há uma outra espécie normativa que, também por sua estrutura, não consegue disciplinar na integralidade a hipótese fática que deu razão à sua existência. O primeiro tipo de norma constitucional, na linha de raciocínio ora desenvolvido, é denominado *normas autoexecutáveis*, é dizer,

5 "Self-executing provisions. But although none of the provisions or a constitution are to be locked upon as immaterial or merely advisory, there are some which, from the nature of the case, are as incapable of compulsory enforcement as are directory provisions in general. The reason is that, while the purpose may be to establish rigths or to impose duties, they do not in and of themselves constitute a sufficient rule by means of which such right may be protected or such duty enforced. In such cases, before the constitutional provisions can be made effectual, supplemental legislation must be had; and the provision may be in its nature mandatory to the legislature to enact the needful legislation, though back of it there lies no authority to enforce the command. Sometimes the constitution in terms requires the legislature to enact laws on a particular subject; and here it is obvious the requirement has only a moral force: the legislature thought to obey it; but the right intended to be given is only assured when the legislation is voluntary enacted. Other provisions are completely self-executing, and manifestly contemplate no legislation whatever to give them full force and operation." **A Treatise on the Constitucional limitations which rest upon the legislative power of the States of the American Union**. Second Edition. Boston: Little, Brown and Company, 1871, pp. 119 e 120. Disponível em: https://repository.law.umich.edu/cgi/viewcontent.cgi?article=1009&context=books

normas que não precisam de uma outra para produção plena de seus efeitos jurídicos. Elas, por si só, são auto exequíveis. Quanto ao segundo tipo de normas, cuja característica reside na ausência de elementos suficientes para disciplinar a matéria por si só, necessitando, para tanto, de uma segunda norma jurídica para *complementar* o que ela inicialmente dispõe, denomina-se normas *não autoexecutáveis.*

Flávio Pansieri, ao tratar do tema, evidencia o seguinte:

> "A doutrina norte-americana dividia as normas constitucionais em autoexecutáveis, autoaplicáveis ou ainda, bastante em si (*self-executing provisions*) e em normas não autoexecutáveis, não autoaplicáveis ou não bastantes em si (*not self-executing provisions).* Assim, para a doutrina norte-americana 'a norma constitucional é autoaplicável quando fornece uma regra, mediante a qual se pode resguardar ou executar o dever imposto e não é autoaplicável quando somente indica princípio, sem estabelecer porém normas que lhes dê o vigor da lei.[6]'"

A doutrina norte-americana[7] pertinente à eficácia e aplicabilidade das normas constitucionais, foi trazida para o Brasil através do pensa-

---

6 **Eficácia e Vinculação dos Direitos Sociais – reflexões a partir do direito à moradia.** São Paulo: Saraiva, 2012, p. 93.

7 Sobre a influência do direito norte-americano, José Afonso da Silva afirma o seguinte:
"Como acontece com todos os grandes temas do direito constitucional, foram a jurisprudência e a doutrina constitucional norte-americanas que conceberam e elaboraram a classificação das normas constitucionais, do ponto de vista de suas aplicabilidade, em *self-executing provisions* e *not self-executing provisions,* que os autores divulgaram, entre nós, pela tradução, respectivamente, de *disposições* (normas, cláusulas) *auto-aplicáveis* ou *auto-executáveis,* ou *aplicáveis por si mesmas,* ou, ainda, *bastantes em si,* e *disposições não auto-aplicáveis,* ou *não auto-executáveis,* ou *não-executáveis por si mesmas,* ou, ainda, *não bastantes em si.*
A distinção surgiu da verificação de que as constituições consubstanciam normas, princípios e regras de caráter geral, a serem convenientemente desenvolvidos e aplicados pelo legislador ordinário, já que não podem, nem devem, descer às minúcias de sua aplicação. São, na expressão de Ruy, 'largas sínteses, sumas de princípios gerais, onde, por via de regra, só se encontra o *substractum* de cada instituição nas suas normas dominantes, a estrutura de cada uma, reduzida, as mais das vezes, a uma característica, a uma indicação, a um traço. Ao legislador cumpre, ordinariamente, revestir-lhes a ossatura delineada, impor-lhes o organismo adequado, e lhes dar capacidade de ação.'
Segundo a mencionada doutrina, normas constitucionais *self-executing* (ou *self-enforcing,* ou *self-acting;* auto-executáveis, auto-aplicáveis, bastantes em si) são as desde logo aplicáveis, porque revestidas de plena eficácia jurídica, por regularem

mento de Rui Barbosa. J. H. Meirelles Teixeira, ao tratar do tema, afirmou que já no século XIX o mesmo fora "*largamente debatido na Doutrina e na jurisprudência dos tribunais norte-americanos, e no Brasil Rui Barbosa teve, mais de uma vez, oportunidade de expor e divulgar os clássicos do direito público daquele país.*[8]" À época, a doutrina e jurisprudência norte-americana buscaram estabelecer o conceito e elementos caracterizadores das normas auto-aplicáveis, com o propósito de diferencia-las de uma outra categoria normativa que, na prática, dependiam da atuação legislativa integradora para poderem incidir de forma plena, disciplinando-as de forma integral. É dizer, fazia-se necessária uma legislação ulterior para regulamentar o disposto nas normas constitucionais que se enquadravam nesta espécie normativa.

Sob o influxo do direito-norte americano, Rui Barbosa classificou as normas constitucionais em **auto-executáveis** e **não auto-executáveis**. Sobre o tema, escreveu o mestre baiano:

> "Executáveis por si mesmas, ou auto-executáveis, se nos permitem uma expressão que traduza num só vocábulo o inglês *self-executing*, são, portanto, as determinações para executar, as quais não se haja mister de constituir ou designar uma autoridade, nem criar ou indicar um processo, especial, ou ainda, baixar-se ato legislativo com-

---

diretamente as matérias, situações ou comportamentos de que cogitam, enquanto normas constitucionais *not self-executing* (ou *not self-enforcing*, ou *not sel- acting;* não auto-executáveis, não auto-aplicáveis, não-bastantes em si) são de aplicabilidade dependente de leis ordinárias.

Cooley conceitua-as do seguinte modo: "Pode-se dizer que uma norma constitucional é auto-executável, quando nos fornece uma regra, mediante a qual se possa fruir e resguardar o direito outorgado, ou executar o dever imposto; e que não é auto-aplicável, quando meramente indica princípios, sem estabelecer normas por cujo meio se logre dar a esses princípios vigor de lei."

Ruy Barbosa, fundado nos autores e na jurisprudência norte-americanos, difundiu a doutrina entre nós, e conceitua as normas auto-executáveis como sendo 'as determinações, para executar as quais não se haja mister de constituir ou designar uma autoridade, nem criar ou indicar um processo especial, e aquelas onde o direito instituído se ache armado por si mesmo, pela sua própria natureza, dos seus meios de execução e preservação.' Não auto-executáveis são as que 'não revestem dos meios de ação essenciais ao seu exercício os direitos, que outorgam, ou os encargos, que impõem: estabelecem competências, atribuições, poderes, cujo uso tem de aguardar que a Legislatura, segundo o seu critério, os habilite a se exercerem.'" **Aplicabilidade das Normas Constitucionais**, 3ª ed., São Paulo: Malheiros, 1998, pp. 73 e 74.

8 **Curso de Direito Constitucional.** Rio de Janeiro: Forense Universitária, 1991, pp. 298 e 299.

> plementar, e aquelas onde o Direito instituído se ache armado por si mesmo, pela sua própria natureza, dos seus meios de execução e preservação.
> Não há, numa constituição, cláusulas, a que se deva atribuir meramente o valor moral de conselhos, avisos ou lições. Todas têm a força imperativa de regras, ditadas pela soberania nacional ou popular aos seus órgãos. Muitas, porém, não revestem dos meios de ação essenciais ao exercício dos direitos, que outorgam, ou dos encargos, que impõe: estabelecem competências, atribuições, poderes, cujo uso tem de guardar que a Legislatura, segundo o seu critério, os habilite a se exercerem. A Constituição não se executa a si mesma: antes requer a ação legislativa, para lhe tornar efetivos os preceitos.
>
> Bastaria o exame atento dos casos, que acabamos de expor, uns de preceitos constitucionais exequíveis *proprio vigore*, outros de prescrições constitucionais só executáveis mediante leis suplementares, para se ver claramente por onde correm as divisas entre o território das primeiras e das segundas. A linha que ao extremo poderia descrever-se num só traço, dizendo-se, como a Suprema Corte dos Estados Unidos no caso *Davis v. Barke*, que uma disposição constitucional é executável por si mesma quando, completa no que determina, lhe é supérfluo o auxílio subjetivo da lei, para exprimir tudo o que intenta, e realizar tudo o que exprime.[9]"

Portanto, as bases do pensamento norte-americano acerca da aplicabilidade das normas constitucionais foram recepcionadas pela doutrina e jurisprudência brasileiras, ainda hoje utilizadas, todavia com as necessárias atualizações e adequações à realidade subjacente.

Além do direito estadunidense, o pensamento jurídico brasileiro foi também influenciado pela doutrina italiana, que passaremos a analisar na sequência.

4.1.1.2. Direito italiano

A Constituição italiana de 1948 apresentava um perfil eminentemente programático, fato este que gerou um intenso debate no âmbito doutrinário acerca da aplicabilidade das suas normas. O tema ganhou novos contornos a partir das obras **Problemi attualli di diritto costituzionale**[10], de Gaetano Azzariti, publicada em 1951, e **La Costituzione e**

9 Rui Barbosa. **Comentários à Constituição Federal Brasileira.** Tomo II. São Paulo: Saraiva, 1933, pp. 488 e 489.

10 **Problemi attualli di diritto costituzionale**. Milão: Giuffré Editore, 1951, pp. 118 e ss.

le sue Disposizioni di Principio[11], de autoria do jurista Vezio Crisafulli, publicada em 1952.

Gaetano Azzariti classificou as normas constitucionais em duas espécies: *normas preceptivas* e *normas diretivas*[12]. As primeiras, são impositivas e dotadas de obrigatoriedade, apresentando duas espécies: a) *normas preceptivas de aplicação direta e imediata*[13] e; b) *normas preceptivas de aplicação direta e mediata*[14]. Estas espécies de normas constitucionais destinavam-se, de maneira imediata, ao cidadão e ao juiz, possuindo, no mais das vezes, como objeto de regulação as relações privadas. Por sua vez, as denominadas *normas diretivas*[15] não eram de observância obrigatória por parte dos seus destinatários, podendo

11 **La Constituzione e le sue Disposizioni di Principio**. Milão: Giuffré Editore, 1952.

12 **Problemi attualli di diritto costituzionale**. Milão: Giuffré Editore, 1951, p. 98.

13 "Norme precepttive, le quali contengono veri e propri comandi giuridici di applicazione direta e imediata;"
"Normas preceptivas, que contêm verdadeiros comandos legais de aplicação direta e imediata." **Problemi attualli di diritto costituzionale**. Milão: Giuffré Editore, 1951, p. 103, trad. livre do autor.

14 "Norme precepttive, le quali contengono igualmente comandi giuridici di applicazione direta, ma non imediata, perchè richiendono altre norme giuridiche integrative."
"Normas preceptivas, que igualmente contêm comandos legais de aplicação direta, mas não imediatos, porque requerem outras normas jurídicas integrativas." **Problemi attualli di diritto costituzionale**. Milão: Giuffré Editore, 1951, p. 103, trad. livre do autor.

15 Consoante Azzriti, "Nessuno puó negare che nella Costituzione vi siano norme puramente direttive, le qualo, secondo il significato della loro stessa denominazione, si limitano a indicare un indirizzo al legislatore futuro. Queste norme, in fondo, sotto um certo aspetto, non sono nemeno vere e proprie norme giuridiche, perchè il programma che esse tracciano è destinato as essere attuato dal legislatore, quando lê circostanze ne offrano la possibilità; sichè in definitiva, quantunque il valore ético e politico di um impegno sai innegabile, tuttavia l'attuazione concreta è lasciata al legislatore futuro, che potrebbe anche nos curarla affato o solo in mínima parte, e che, in ogni caso, nos violerebbe la Costituzione, se non lo facesse."
"Ninguém pode negar que na Constituição existem normas puramente diretivas, que, de acordo com o significado de sua própria denominação, limitam-se a indicar um endereço para o futuro legislador. Essas normas, afinal, sob certo aspecto, não são normas jurídicas verdadeiras ou próprias, porque o programa que elas traçam está destinado a ser implementado pelo legislador, quando as circunstâncias oferecem a possibilidade; em última análise, embora o valor ético e político de um compromisso seja inegável, a implementação concreta é deixada ao futuro legislador, que também poderia trata-lo de forma completa ou apenas na menor parte, e que, em qualquer caso, não violariam a Constituição se isso não acontecesse." in **Problemi attualli di diritto costituzionale**. Milão: Giuffré Editore, 1951, pp. 98 e 99, trad. livre do autor.

ser violadas através da legislação infraconstitucional sem que com isto implicasse em uma declaração de inconstitucionalidade por parte do órgão competente pela guarda da Constituição. Tais normas, consoante sua própria terminologia indica, constituem *diretivas* para o legislador, é dizer, traçam um norte para, quando da oportunidade legislativa, o ato normativo seja editado em consonância com as *diretrizes* previamente delineadas na Constituição. Caracterizavam-se, também, por seu elevado teor de abstração e grau de indeterminabilidade quanto ao objeto de regulação. Segundo Maria Helena Diniz, referidas normas "*contêm, tão-somente, uma diretriz ao legislador futuro, não tendo, portanto, qualquer eficácia, nem são consideradas normas jurídicas.*[16]"

Vezio Crisafulli[17], por sua vez, entende que as normas constitucionais podem ser de *eficácia plena e aplicabilidade imediata* e, também, de *eficácia limitada*. Com relação a estas últimas (eficácia limitada), Crisafulli indica haver duas espécies: *normas de legislação* e *normas programáticas*. As *normas de legislação* requerem uma integração normativa para produção plena de seus efeitos jurídicos, sendo insuscetíveis de aplicação imediata por razões de ordem técnica. Portanto, requerem uma normatização futura, integrativa de seus preceitos. As *normas programáticas*[18], por sua vez, tem por destinatário *imediato* o legislador; estabelecem *programas* a serem cumpridos pelos Poderes Públicos e, em particular, pelo Poder Legislativo, órgão incumbido de *complementar* as normas constitucionais. Embora tenham uma eficácia limitada, tais normas estão aptas a *impedir* a edição de atos normativos que lhes sejam

16 **Norma Constitucional e seus Efeitos**. São Paulo: Saraiva, 2001, p. 105. Em sentido análogo, Flávia Piovesan afirma que as "*normas diretivas veiculavam, tão-somente, uma diretriz ao legislador futuro, não apresentando qualquer eficácia, ou mesmo qualquer juridicidade.*" in **Proteção Judicial Contra Omissões Legislativas**. São Paulo: Revista dos Tribunais, p. 54.

17 **La Constituzione e le sue Disposizioni di Principio**. Milão: Giuffré Editore, 1952.

18 Consoante Crisafulli, "em qualquer outro caso, as disposições constitucionais programáticas terão, no entanto, um efeito indireto, na medida em que figuram como princípios gerais de interpretação das normas legislativas; o significado deverá ser estabelecido, na dúvida, na medida em que isso seja permitido pela formulação textual clara, da maneira mais consistente com a norma programática." in *Efficacia delle norme constitucional 'programmatiche'*", p. 360, in **Rivista Trimestrale di Diritto Pubblico**, n° 1, Milao, Giuffrè, jan/mar, 1951.
"In ogni altri casi, le norme costituzionali programmatiche avranno pur tuttavia una efficacia indiretta, in quanti principi generali d'interpretazione delle norme legislative; il significato delle quali dovrá essere stabilito, nel dubbio effinchè ciò si a consentito dalla lero formulazione testuale, nel modo più conforme alla norma programatica."

contrários. Possuem, portanto, uma *eficácia negativa,* na medida em que podem sobrestar os efeitos de toda e qualquer norma jurídica que lhe seja contrária[19].

Em 05 de junho de 1956, o Tribunal Constitucional Italiano proferiu a Sentença n° 01, cujo relator do processo foi Gaetano Azzariti, inaugurando, a partir de então, uma nova fase do desenvolvimento da eficácia das normas constitucionais, em particular, das normas constitucionais programáticas. Na decisão, entendeu o Tribunal Constitucional que as normas constitucionais programáticas têm a força de, imediatamente, revogar a legislação anterior com ela incompatível, além de servir como parâmetro normativo para eventuais declarações de inconstitucionalidade, na medida em que o ato legislativo editado não guarde com ela uma relação de harmonia ou compatibilidade. Para uma melhor compreensão da matéria, trazemos à baila trecho da decisão do Tribunal Constitucional pertinente ao assunto em análise:

> "ACÓRDÃO 1, 5 DE JUNHO DE 1956[20]
> **Arquivamento na Secretaria: 14 de junho de 1956.**
> **Publicação no "Diário Oficial" nº 146 de 14 de junho de 1956.**
> "(...)
> No que se refere à questão de competência levantada pelo Ministério Público, cabe considerar, acima de tudo, fora de discussão a competência exclusiva do Tribunal Constitucional para julgar litígios relativos à legitimidade constitucional das leis e dos atos que tenham força de lei, conforme estabelecido art. 134 da Constituição. A declaração de ilegitimidade constitucional de uma lei só pode ser feita pelo Tribunal Constitucional, em conformidade com o art. 136 da mesma Constituição.

19 Idem, p. 106.

20 "SENTENZA 1, 5 GIUGNO 1956 - *Deposito in cancelleria: 14 giugno 1956. Pubblicazione in "Gazzetta Ufficiale" n. 146 del 14 giugno 1956.*
Sentenza 1/1956 (ECLI:IT:COST:1956:1)
Giudizio: GIUDIZIO DI LEGITTIMITÀ COSTITUZIONALE IN VIA INCIDENTALE
Presidente: DE NICOLA - Redattore: AZZARITI
Camera di Consiglio del 23/04/1956; Decisione del 05/06/1956
Deposito del 14/06/1956; Pubblicazione in G. U. 14/06/1956 n. 146
(...)
In ordine alla questione di competenza sollevata dall'Avvocatura dello Stato, è innanzi tutto da considerare fuori di discussione la competenza esclusiva della Corte costituzionale a giudicare sulle controversie relative alla legittimità costituzionale delle leggi è degli atti aventi forza di legge, come è stabilito nell'art. 134 della Costituzione.

A suposição de que o novo instituto da "ilegitimidade constitucional" se refere apenas às leis posteriores à Constituição e não às anteriores, não pode ser aceita, seja porque, do lado textual, tanto o art. 134

L'assunto che il nuovo istituto della "illegittimità costituzionale" si riferisca solo alle leggi posteriori alla Costituzione e non anche a quelle anteriori) non può essere accolto, sia perché, dal lato testuale, tanto l'art. 134 della Costituzione quanto l'art. 1 della legge costituzionale 9 febbraio 1948, n. 1, parlano di questioni di legittimità costituzionale delle leggi, senza fare alcuna distinzione, sia perché, dal lato logico, è innegabile che il rapporto tra leggi ordinarie e leggi costituzionali e il grado che ad esse rispettivamente spetta nella gerarchia delle fonti non mutano affatto, siano le leggi ordinarie anteriori, siano posteriori a quelle costituzionali. Tanto nell'uno quanto nell'altro caso la legge costituzionale, per la sua intrinseca natura nel sistema di Costituzione rigida, deve prevalere sulla legge ordinaria.
Non occorre poi fermarsi ad esaminare se e in quali casi, per le leggi anteriori, il contrasto con norme della Costituzione sopravvenuta possa configurare un problema di abrogazione da risolvere alla stregua dei principi generali fermati nell'art. 15 delle Disp. prel. al Cod. civ. I due istituti giuridici dell'abrogazione e della illegittimità costituzionale delle leggi non sono identici fra loro, si muovono su piani diversi, con effetti diversi e con competenze diverse. Il campo dell'abrogazione inoltre è più ristretto, in confronto di quello della illegittimità costituzionale, e i requisiti richiesti perché si abbia abrogazione per incompatibilità secondo i principi generali sono assai più limitati di quelli che possano consentire la dichiarazione di illegittimità costituzionale di una legge.
In una delle ordinanze si aggiunge ancora, riportando i motivi esposti nella istanza di difesa, che il contrasto dell'art. 113 della legge di p.s. con i principi espressi nella Costituzione renderebbe illegittima la disposizione legislativa, anche se fosse ammessa la natura meramente programmatica e non precettiva dell'art. 21 della Costituzione.
Ma la questione è stata posta, quasi esclusivamente, sotto il profilo della abrogazione dell'art. 113 per incompatibilità con l'articolo 21 della Costituzione e le discussioni si sono svolte principalmente sul punto se le norme dettate in questo ultimo articolo fossero da ritenere precettive di immediata attuazione o programmatiche. Anche nel presente giudizio queste discussioni sono state riprese dalle parti. Ma non occorre fermarsi su di esse né ricordare la giurisprudenza formatasi in proposito, perché la nota distinzione fra norme precettive e norme programmatiche può essere bensì determinante per decidere della abrogazione o meno di una legge, ma non è decisiva nei giudizi di legittimità costituzionale, potendo la illegittimità costituzionale di una legge derivare, in determinati casi, anche dalla sua non conciliabilità con norme che si dicono programmatiche, tanto più che in questa categoria sogliono essere comprese norme costituzionali di contenuto diverso: da quelle che si limitano a tracciare programmi generici di futura ed incerta attuazione, perché subordinata al verificarsi di situazioni che la consentano, a norme dove il programma, se così si voglia denominarlo, ha concretezza che non può non vincolare immediatamente il legislatore, ripercuotersi sulla interpretazione della legislazione precedente e sulla perdurante efficacia di alcune parti di questa; vi sono pure norme le quali fissano principi fondamentali, che anche essi si riverberano sull'intera legislazione."

da Constituição como o art. 1 da lei constitucional de 9 de fevereiro de 1948, nº 1, falam de questões de legitimidade constitucional das leis, sem fazer qualquer distinção, seja porque, logicamente, é inegável que a relação entre as leis ordinárias e as leis constitucionais e o grau que elas têm respectivamente na hierarquia das fontes não muda, são as leis ordinárias anteriores, são subseqüentes às constitucionais. Em ambos os casos, o direito constitucional, devido à sua natureza intrínseca no rígido sistema constitucional, deve prevalecer sobre a lei ordinária.

Não é necessário parar então para examinar se e em que casos, para as leis anteriores, o contraste com as regras da Constituição supervisionada pode constituir um problema de revogação a ser resolvido da mesma forma que os princípios gerais estabelecidos no art. 15 das Disp. Prel. ao Código Civil. Os dois institutos jurídicos da revogação e ilegitimidade constitucional das leis não são idênticos uns aos outros, eles se movem em diferentes níveis, com diferentes efeitos e com diferentes competências. O campo de revogação também é mais restrito, comparado ao da ilegitimidade constitucional, e os requisitos exigidos para a revogação por incompatibilidade de acordo com os princípios gerais são muito mais limitados do que aqueles que permitem a declaração de ilegitimidade constitucional de uma lei.

Em um dos decretos, acrescentando as razões expostas no pedido de defesa, o contraste do art. 113 da lei de p.s. com os princípios expressos na Constituição tornariam a disposição legislativa ilegítima, mesmo que se admita a natureza meramente programática e não preceptiva da arte. 21 da Constituição.

Mas a pergunta foi feita, quase exclusivamente, do ponto de vista da revogação do art. 113 devido à incompatibilidade com o artigo 21 da Constituição e as discussões ocorreram principalmente sobre se as regras ditadas neste último artigo deveriam ser consideradas como preceitos de implementação imediata ou programática.

Também no presente acórdão estas discussões foram retomadas pelas partes. Mas não é necessário parar por aí ou relembrar a jurisprudência formada a este respeito, porque a conhecida distinção entre normas preceptivas e normas programáticas pode ser determinante para decidir se revoga ou não uma lei, mas não é decisiva em julgamentos sobre legitimidade constitucional, podendo a ilegitimidade constitucional de uma lei derivar, em certos casos, também de sua incompatibilidade com normas que se denominam programáticas, especialmente porque nesta categoria geralmente se incluem normas constitucionais de diferentes conteúdos: daquelas que se limitam a traçar programas futuros genéricos e de incerta implementação, porque subordinada à ocorrência de situações que a permitem, a normas onde o programa, se assim o quiser chamar,

> tem concretude que não pode desvincular imediatamente o legislador, repercutem na interpretação da legislação anterior e na eficácia continuada de algumas de suas partes; existem também regras que estabelecem princípios fundamentais, que também repercutem sobre toda a legislação."

É inegável o avanço da decisão do Tribunal Constitucional italiano pertinente à eficácia das normas constitucionais, sobretudo aquelas denominadas *programáticas*. Embora referida espécie normativa não tenha, ainda, logrado êxito no tocante a *plenitude* de seus efeitos jurídicos, é certo que a decisão da Corte Constitucional passou ao menos a atribuir um certo grau de irradiação de efeitos às normas de eficácia limitada. Deste modo, tem-se por afastada a idéia de que tais normas constitucionais são juridicamente ineficazes ou desprovidas de valor jurídico vinculante[21].

4.1.1.3. Direito Positivo Brasileiro

O Direito Constitucional Positivo Brasileiro surgiu através da Constituição Imperial de 1824. Na sequência, tivemos a Constituição de 1891, 1934, 1937, 1946, 1967, 1967 com a Emenda Constitucional de 1969 e, a que se encontra atualmente em vigor, de 1988. São, portanto, 195 anos de História Constitucional no Brasil.

Ao longo de todo esse tempo, muitos doutrinadores se ocuparam em analisar a problemática da eficácia das normas constitucionais. Como ponto de partida, apenas para fixarmos cronologicamente o momento a partir do qual se passou a debater o tema no âmbito doutrinário nacional, analisaremos o assunto a partir de 1824, sem, contudo, tecer considerações específicas sobre cada documento constitucional em particular.

4.1.1.3.1. Constituição de 1824

A primeira Constituição do País, outorgada por Dom Pedro I em 25 de março de 1824, instituiu a Monarquia como forma de governo, criando, ao lado dos *três poderes clássicos* (legislativo, executivo e judiciário), um *quarto poder*, ora denominado *Poder Moderador*[22], exercido pelo mo-

---

21 Cf. Flávia Piovesan, **Proteção Judicial contra Omissões Legislativas**. São Paulo: Revista dos Tribunais, 1995, p. 56.

22 "Art. 10. Os Poderes Políticos reconhecidos pela Constituição do Império do Brasil são quatro: o Poder Legislativo, o Poder Moderador, o Poder Executivo e o Poder Judicial."

narca. Através deste documento jurídico, tivemos a institucionalização da monarquia constitucional no Brasil.

A limitação constitucional do poder[23], essência de todo documento jurídico desta natureza, faz-se textualmente presente na Constituição de 1824. Em seu Título 3° - *Dos Poderes e Representação Nacional* -, art. 9°, tem-se consignado o seguinte:

> "A divisão e harmonia dos Poderes Políticos é o princípio conservador dos direitos dos cidadãos, e o mais seguro meio de fazer **efetivas** as garantias que a Constituição oferece."

Tem-se consagrado, no *plano formal*, o princípio da separação dos poderes como mecanismo de efetividade do texto constitucional mediante a *limitação do exercício da atividade política*. Deste modo, a noção de Constituição como instrumento de controle do poder destinada a conferir proteção e efetividade aos direitos e garantias fundamentais, se faz presente na ideologia constitucional de 1824. O art. 12° da Constituição Imperial, ao dispor sobre os poderes estatais, estabelece que "*Todos estes poderes no Império do Brasil são delegações da Nação*". Ao comentar este dispositivo, no ano de 1863, José Carlos Rodrigues já apontava

(...)
Art. 98. O Poder Moderador é a chave de toda organização política, e é delegada privativamente ao Imperador, como Chefe Supremo da Nação e seu Primeiro Representante, para que incessantemente vele sobre a manutenção da Independência, equilíbrio e harmonia dos mais poderes políticos."
Consoante Paulo Bonavides, "*a novidade maior da Carta de D. Pedro residia na introdução do Poder Moderador, inspirado em sugestão teórica de Benjamin Constant, que via nesse Poder uma espécie de poder judiciário dos demais poderes. Segundo o publicista francês, criava-se com o novo órgão um árbitro legitimado por sua neutralidade a dirimir conflitos de poderes a a equilibrar nos pratos da balança os grandes interesses políticos em jogo pertinentes à organização e funcionamento do sistema constitucional.*" in **Do País Constitucional ao País Neocolonial - A derrubada da Constituição e a recolonização pelo golpe de Estado institucional**. São Paulo: Malheiros, 1999, p. 14.

23 Sobre a noção de *Poder*, leciona Karl Loewenstein: "***El poder político.*** *La política no es sino la lucha por el poder. Se considera el poder como la infraestructura dinámica de las instituciones sociopolíticas. Quizá se pueda decir que la soberanía no es más, y tampoco menos, que la racionalización jurídica del factor poder, constituyendo éste el elemento irracional de la política. Según esto, soberano es aquel que esta legalmente autorizado, en la sociedad estatal, para ejercer política, o aquel que en último término la ejerce.*" A Constituição, para Karl Loewenstein, apresenta-se como um "*dispositivo fundamental de controle do poder*". **Teoría de la Constitución.** Barcelona: Editorial Ariel, 2ª ed., 1979, p. 01.

para existência de limites dos poderes públicos, na medida em que tais poderes resultam da expressão política máxima: o poder popular. Tem-se, aqui, uma idéia de *"poder limitado"* ou *"poder subordinado"* através da Constituição. Sobre o tema, o citado autor afirmou o seguinte:

> "(...) o poder eleitoral é sem duvida nenhuma o primeiro poder politico, do qual derivão todos os outros.[24]"

Portanto, a institucionalização de poderes constitucionais traz consigo a noção de limitação política, onde os poderes públicos exercem suas funções de forma coordenada e subordinada ao texto constitucional. Tal idéia se materializa através do *bicameralismo* e da forma de composição e eleição da Câmara dos Deputados e do Senado Federal. Ao analisar a questão, José Carlos Rodrigues pontuou o seguinte:

> "Uma Constituição tão sabia, como é a brasileira, não podia deixar de crear duas camaras, uma temporaria e outra vitalicia. O governo constitucional representativo, ou, o que é o mesmo, o governo mixto, participa dos dous elementos, o popular ou democrático, e o monarchico. Se houvesse, por outro lado, uma só camara, e esta fosse temporaria, e por eleição popular, como é a camara dos deputados, não estaria muito seguro o elemento monarchico. Se houvesse, por outro lado, uma só camara vitalicia como é o senado, e os seus membros fossem só por nomeação imperial, o elemento popular não estaria assaz garantido. Era pois necessario, indispensavel, equilibrar ambos os elementos, e por isso creou a Constituição duas camaras, uma temporaria e de eleição popular, e outra vitalicia, tambem de eleição popular, mas com a escolha do Imperador, tirada da lista triplice.[25]"

É importante salientar, todavia, que a simples existência de uma Constituição em sentido formal não significa a implementação de instrumentos normativos ***eficazes*** de controle do poder[26].

---

24 **Constituição Politica do Imperio do Brasil seguida do Acto Addicional, da Lei da sua Interpretação e de outras. Analysada por um Jurisconsulto**. Rio de Janeiro: Eduardo & Henrique Laemmert. Rua da Quitanda, 77, 1863, p. 15. Disponível em: http://www.stf.jus.br/bibliotecadigital/OR/51261/PDF/51261.pdf#search='rodrigues%20jos%C3%A9%20carlos%20Jos%C3%A9%20Carlos%20Rodrigues'

25 **Constituição Politica do Imperio do Brasil seguida do Acto Addicional, da Lei da sua Interpretação e de outras. Analysada por um Jurisconsulto**. Rio de Janeiro: Eduardo & Henrique Laemmert. Rua da Quitanda, 77, 1863, p. 16.

26 Já advertira Karl Loewenstein que "Si al principio, un documento constitucional formal servía para limitar el ejercicio del poder político en interés de la libertad de

Em 1857, o eminente publicista José Antonio Pimenta Bueno, publicou sua obra intitulada **Direito Publico Brazileiro e Analyse da Constituição do Império**[27]. Neste momento, a efetividade do texto constitucional já era uma preocupação doutrinária no Brasil. Sobre a Constituição de 1824, o ilustre constitucionalista expôs o seguinte:

> "Por sua base constitucional neutralisou os perigos da monarchia pura, da absorção de todo o poder legislativo e judiciario, do poder sem limites, sem contraste, do despotismo, vizinho da tyrannia.
>
> Para que um governo mereça o nome de constitucional não basta que elle seja instituido pelo consentimento nacional; é de mister além disso que a natureza e extensão dos poderes politicos, e sua attribuições sejão expresamente fixadas, e limitadas por disposições que estabeleção o fundamento, a norma invariavel, a regra fixa e suprema, assim do governo, como dos direitos e obrigações dos cidadãos.. A constituição é a lei fundamental que divide, organisa e estabelece os limites e modo por que os poderes políticos devem funccionar, e as garantias dos cidadãos.
>
> Assim procedeu a constituição brazileira: ella dividio os poderes nacionaes, designou suas attribuições, sua independencia, e concurso para o bem social; enumerou as liberdades publicas, fixou a maneira constante de governar a sociedade; collocou as balisas além das quaes nem um poder deve passar.
>
> Nossa pátria não está pois sujeita à direcção do arbítrio, da vontade illimitada, da. escravidão; cumpre só que ella faça observar religiosamente sua constituição, pois que é a sua religião politica, e será infallivel o progresso e prosperidade.[28]"

los destinatarios del poder, la existencia hoy de una constitución escrita no implica, en absoluto, ipso facto una garantía de distribución y, por lo tanto, limitación del poder. Cada vez con más frecuencia, la técnica de la constitución escrita es usada conscientemente para camuflar regímenes autoritarios y totalitarios. En muchos casos, la constitución escrita no es más que un cómodo disfraz para la instalación de una concentración del poder en las manos de un detentador único. La constitución ha quedado privada de su intrínseco telos: institucionalizar la distribución del ejercicio del poder político." in **Teoría de la Constitución**. Barcelona: Editorial Ariel, 2ª ed., 1979, pp. 85 e 85.

27 **Direito Publico Brazileiro e Analyse da Constituição do Império.** Rio de Janeiro, Typografia Imp. e Const. de J. Villeneuve E C., 1857, Disponível em: http://www2.senado.leg.br/bdsf/item/id/185600

28 José Antonio Pimenta Bueno, **Direito Publico Brazileiro e Analyse da Constituição do Império.** Rio de Janeiro, Typografia Imp. e Const. de J. Villeneuve E C., 1857, p. 29. Disponível em: http://www2.senado.leg.br/bdsf/item/id/185600

Logo, a partir do momento em que uma Constituição logra êxito mediante o estabelecimento de limites ao exercício da atividade política, é possível que se diga que ela é provida de *efetividade*. Portanto, "una adecuada limitación del ejercicio del Poder, a través de la recíproca interacción de los diferentes detentadores y de la intervención de los destinatarios, es el núcleo esencia de los Estados constitucionales.[29]"

A estrutura política, no âmbito da Constituição de 1824, encontrava-se bem delineada para época. É possível encontrar um sistema de *freios e contrapesos* em sede constitucional, elemento este que tende a evitar abusos políticos por parte dos destinatários do poder[30]

29 J. A. Gonzalez Casanova, "*La idea de Constitución en Karl Loewenstein*", **Revista de estudios políticos**, nº 139, 1965, pag. 77. Na sequência, expõe ainda o ilustre doutrinador:
"Decíamos anteriormente que para Loewenstein el Poder incontrolado era intrínsecamente malo. Efectivamente, el Poder «encierra en sí mismo la semilla de su propia degeneración». El Poder debe ser limitado mediante su distribución y su control para que no degenere. Pero esa limitación no actúa automáticamente; el Poder no se autolímita (Jellinek), si no es por una introducción efectuada desde fuera de él.
La experiencia atestigua que allí donde el Poder político no se halla controlado, el Poder se corrompe y abusa de su control social. La esencia del Poder reside en su ejercicio limitado: el Poder no puede dejar de ser limitado, pues un Poder absoluto {tiranía, autocracia) traiciona el telos ideológico de la libertad. El control político, por tanto, es cuestión central, según Loewenstein, en todos los valores e ideologías políticos.' La elección, entre la dualidad libertad-autoridad marca el telos de cada sociedad. En cuanto la libertad de los destinatarios del Poder queda garantizada por el control de los detentadores, una sociedad de ideología autoritaria diferirá de otra liberal en la falta, de los convenientes controles limitativos del Poder."

30 Mais uma vez, esclarece José Antonio Pimenta Bueno: "Esta divisão, ou separação tão formal e imperiosamente exigida, não é puramente nominal, intellectual, ou immaterial; é sim a separação real, effectiva e efficaz; é a prohibição fundamental de que os agentes do poder executivo, os ministros, possão jámais ser, como taes, legisladores. A divisão puramente intellectual, essa existe tambem nos governos absolutos; o poder de legislar é, e será sempre distincto do poder de executar as leis; são entidades moraes de natureza diversa; sua accumulação, ou deposito nas mão dos mesmos, ou de diversos agentes, é que opera a concentração, ou separação, quem caracterisa realmente as diversas esppecies de governos. Essa accumulação contraria pois formalmente o art. 90, e põe, como elle adverte, em perigo os direitos dos cidadãos e as garantias das liberdade publicas.
O art. 13, fiel a separação fundamental, diz que a nação brazileira delegou o poder legislativo á assembléa geral com a sancção do Imperador, e não ao poder executivo, ou aos ministros, a quem deu attribuições diversas e incompativeis, e denegou a faculdade de fazer leis.
O an. 15, § 80, diz consequentemente que a assembléa geral é quem deve fazer a leis, interpreta-las, suspendê-las e revoga-la. Os representantes da nação devem pois exercer por si, e não por outrem, a commissão que lhes foi pessoalmente in-

Outro aspecto a ser apresentado, diz sobre a *integração constitucional*, é dizer, a complementação ou disciplinamento das normas constitucionais através de lei. A integração constitucional é instrumento de efetividade da Constituição, na medida em que a Lei Fundamental requer, para sua máxima efetividade, a regulamentação plena dos seus preceitos normativos. Diversas normas constitucionais demandam uma *integração legislativa* para que possam produzir todos os efeitos pretendidos pelo constituinte originário. A título de exemplo, citemos o artigo 162, pertinente à estrutura e funcionamento do Poder Judiciário, que assim dispõe:

> "Para este fim haverá Juízes de Paz, os quais serão eletivos pelo mesmo tempo e maneira por que se elegem os vereadores das Câmaras. **Suas atribuições e Distritos serão regulados por Lei.**" (destaque nosso)

O dispositivo constitucional acima transcrito, requer uma *lei integrativa* para dispor sobre as atribuições dos Juízes de Paz e, também, suas respectivas competências territoriais (organizações dos Distritos). Somente a partir da edição desta lei, é que o dispositivo constitucional em comento resta *integrado* e plenamente eficaz. Neste sentido, a *inte-*

---

cumbida, devem observar e cumprir a constituição nos termos e pelo modo por ella prescriptos, do contrario é viola-la.

Os poderes politicos são entidades moraes que não se agitão nem produzem effeitos por si mesmas, que precisão de mandatarias, que exerção sua força; a constituição creou a assembléa geral para ser o mandatario legislativo, especial, e independente , por isso mesmo que inttencionaJmente não quiz que o poder executivo tivesse essa missão; e o que faz a delegação? Justamente o contrario do que a lei fundamental ordenou!

O art. 15, § 9°, incumbe a assembléa geral de velar na guarda da constituição. Consequentemente deve ser ella a primeira a dar o exemplo de respeito á lei fundamental; ora, como muito bem diz o art. 25 da constituição belga - *os poderes politicos devem ser exercidos pela maneira estabelecida pela constituição*; - e quem dirá que a maneira de legislar estabelecida pela nossa fosse de subdelegar essa competencia ao ministério? Como será mesmo passivel fiscalizar a acção deste se elle é simultaneamente o legIslador e executor? A razão e nossa lei fundamental mandão prevenir a direcção arbitraria do poder executivo, e como primeira garantia nesse sentido declararão que o poder que executa seja diverso daquelle que faz a lei, que sejão acções de agentes diferentes, que o meio de evitar é de dividir e extrema-los por modo eficcaz e de encarrega-los de vigiar-se reciprocamente." **Direito Publico Brazileiro e Analyse da Constituição do Império**. Rio de Janeiro, Typografia Imp. e Const. de J. Villeneuve E C., 1857, p. 29. Disponível em: http://www2.senado.leg.br/bdsf/item/id/185600

gração constitucional implica em desenvolvimento da Constituição através de atos normativos ulteriores[31].

Referida particularidade da Constituição não passou despercebida por José Antonio Pimenta Bueno. Em sua obra, o autor abriu um tópico intitulado "*Do desenvolvimento da constituição e suas promessas*".

> "**Com effeito, a constituição por si só é pouco mais do que um symbolo de esperanças lisongeiras.** É o frontispicio grandioso do edificio representativo, que para não ficar só em simples decoração isolada demanda uas columnas de segurança, seus espaços interiores, que resguardem os direitos públicos e indiyiduaes, que sirvão de officinas da prosperidade. social.
>
> É sem duvida certo que as instituições politicas não são effectivamente boas senão quando preenchem e desempenhão o seu fim, aliás são só promessas ou decepções mais ou menos amplas.
>
> É por isso que a liberdade e o bem-ser de um povo depende essencialmente de boas leis regulamentares fielmente executadas, do desenvolvimento pratico de sua constituição; **aliás terá só o direito de ser feliz mas não a felicidade, e é melhor o facto que o simples direito.**
>
> De que serve ou vale uma promessa constitucional de ampla liberdade pessoal ou industrial, de associação ou de imprensa, se as respectiyas leis regulamentares, ou na falta dellas os actos da administração, frustrarem esses prognosticos?
>
> A demanda actual das sociedades civilisadas não é imaginaria ou illusoria, é real, é a *segurança do bem-ser que gozão e o progresso para uma maior prosperidade,* é a ordem e o melhoramento; não pode pois ser substituida por uma idealidade.
>
> Essa ordem só se mantem pelo respeito á lei, não só por parte dos cidadãos, como tambem pelo exemplo dos poderes publicos.
>
> O progresso, os melhoramentos não podem vigorar em leis regulamentares, sem instituições que secundem o desenvolvimento e exercicio livre da intelligencia, dos capitaes e do trabalho do homem.
>
> É consequentemente necessario que a administração central se organise bem em seus ministérios, seu conselho de estado, em

---

31 A título de exemplo, trazemos à baila o art. 97 da Constituição de 1824:
"Art. 97. Uma lei regulamentar marcará o modo pratico das eleições, e o numero dos deputados relativamente á população do Imperio."
O dispositivo acima transcrito necessita de uma *lei integradora* para dispor sobre o processo eleitoral e composição da Câmara dos Deputados proporcional ao número de cidadãos brasileiros. Tem-se, portanto, uma norma de eficácia limitada, que requer *integração normativa* para produção plena de seus efeitos jurídicos.

> todas as suas partes, que componha as suas agencias provinciaes e locaes, para que possão desempenhar a sua missão, funccionar bem, sem morosidades prejudiciaes,·vacillações e entorpecimentos; que seja animada de vistas largas, generosa e não puramente fiscaes e vexatorias, vistas que proscreverão os prejuizos dos sistemas regulamentares e preventivos., que tanto encadêão e retardão as forças inndustriaes dos povos, e que por isso mesmo os sujeitão depois a soffrer injustiças e usurpações de outros povos dirigidos por governos menos tímidos.
>
> Convem e é justo contar sempre com a razão publica, **desenvolver o systema constitucional, não parar na inacção, promover a confecção das leis, das instituições, dos melhoramentos necessarios, reprimir o crime onde quer que appareça para moralisar a sociedade, isto é, deduzir as consequencias logicas das promessas constitucionaes, para que não permaneção só em letras mortas.**
>
> Força é confessar que a primeira das garantias de um povo é a sua civilisação· elevada, a consciencia de seus direitos, a energia de sua intelligencia; emquanto porém ella não se eleva á altura precisa quasi tudo depende do governo; e força é tambem confessar que nenhum governo póde marchar, e desempenhar bem o seu fim, emquanto não se achar convenientemente organisado para sua missão. Se elle, que tem á sua disposição a iniciativa, não tiver interesse e energia para se aperfeiçoar a si mesmo, a sua própria organisação, o seu próprio poder, o que se poderá esperar quanto ao mais?[32]"

Portanto, atento à estrutura normativa da Constituição e à particularidade de alguns dos seus dispositivos, José Antonio Pimenta Bueno já alertava para necessidade de *complementação constitucional* através de *"leis regulamentares fielmente executadas"*, é dizer, mediante uma integração normativa. Isto porque, alguns preceitos da Constituição, de *per si*, não dispunham de estrutura suficiente para produção plena de seus efeitos jurídicos, daí a necessidade de um *"desenvolvimento prático"* da Lei Maior, que lhe permita concretização no plano fático sobre o qual busca incidir. Esta é a razão pela qual o autor faz um paralelo com a *felicidade*, ao dizer o seguinte: "(...) aliás terá só o direito de ser feliz mas não a felicidade, e é melhor o facto que o simples direito.[33]" O que isto significa? Que é preferível a *concretização da felicidade* do que apenas

32 **Direito Publico Brazileiro e Analyse da Constituição do Império**. Rio de Janeiro, Typografia Imp. e Const. de J. Villeneuve E C., 1857, p. 46. Disponível em: http://www2.senado.leg.br/bdsf/item/id/185600

33 Idem.

sua consagração formal como direito (direito de ser feliz), desprovido de qualquer materialização no plano fático.

Outro aspecto relativo à eficácia das normas constitucionais, presente no pensamento de José Antonio Pimenta Bueno, versa sobre a *eficácia vertical* da Constituição, é dizer, seu caráter de norma suprema em relação às demais normas do ordenamento jurídico. Neste sentido, leciona o constitucionalista do império:

> "A constituição é o titulo que legalisa a existencia e a legitima autoridade da assembléa geral, esta não tem direito de romper o proprio titulo de sua vida e poder. Não póde exercer as attribuições que lhe forão confiadas senão por si mesma, e pelo modo que lhe foi prescripto, aliás infringe seu proprio titulo.
>
> **A constituição seria mesmo contradictoria se depois de organisar suas sábias previsões consentisse que um poder ordinário houvesse de altera-las; seria autorisar o estabelecimento do governo absoluto sem necessidade de reforma constitucional!**
>
> **Para demover-nos de tal abuso e justificar a nossa lei fundamental, basta reflectir que ella não ignorou que as leis são feitas não só para regular os cidadãos para com o governo, mas tambem para dirigir e regular o mesmo governo e as suas relações para om aquelles e para com os outros poderes publicos, e que consequentemente não é logico nem licito autoriza-lo a regular, como queira, a si mesmo e a suas relações; esse arbitrio só é dado e caracterisa os governos absolutos, elle não deye ser permittido ao poder executivo de um Estado constitucional, desde que esta qualificação fôr verdadeira.**"[34] (destaque nosso)

Está explicitado no pensamento constitucional acima transcrito, a eficácia vertical das normas constitucionais, na medida em que o autor afirma que "a constituição seria mesmo contradictoria se depois de organisar suas sábias previsões consentisse que um poder ordinário houvesse de altera-las". Diz o autor ser contraditório a alteração de uma norma constitucional por um poder ordinário (legislativo), na medida em que entende ser a Constituição uma norma superior e que, por tal razão, os poderes públicos lhe devem obediência, não podendos os mesmos produzirem atos que lhe sejam antagônicos. A *contradição* residiria, pois, no fato da lei ordinária (norma inferior) poder alterar um dispositivo

34 **Direito Publico Brazileiro e Analyse da Constituição do Império**. Rio de Janeiro, Typografia Imp. e Const. de J. Villeneuve E C., 1857, p. 42. Disponível em: http://www2.senado.leg.br/bdsf/item/id/185600

da Constituição (norma superior). Vê-se, portanto, conforme salientado no início, que de há muito tempo a doutrina brasileira se preocupa com o tema da eficácia das normas constitucionais, haja vista que um texto constitucional desprovido de eficácia normativa de nada serve[35].

A doutrina constitucional, ao dispor sobre a *classificação das Constituições*, elenca diversos critérios, resultando, pois, em uma enorme diversidade de tipos ou modelos de constituição. Para o que nos interessa neste ponto, um dos critérios utilizados pelos doutrinadores é a *estabilidade ou processo de modificação* e o *conteúdo*.

Quanto à *estabilidade ou processo de modificação* das constituições, a doutrina as classifica em: a) *rígida;* b) *flexível* e; c) *semi-rígida*. Diz-se que uma Constituição é *rígida* quando o processo de elaboração de suas normas, tendentes à sua alteração, é mais *rigoroso* ou mais *complexo* do que o procedimento previsto para elaboração das demais espécies normativas. É dizer, há um *rigor* maior no processo legislativo constitucional em comparação ao processo legislativo ordinário. Por sua vez, por *flexibilidade constitucional* entende-se a uniformidade do processo legislativo, seja no tocante ao processo de produção de normas constitucionais, seja pertinente ao processo de elaboração isde normas ordinárias. Ou seja, o processo legislativo resta equiparado em se tratando de norma constitucional ou norma ordinária. Inexiste distinção procedimental[36]. Por fim, a *semi-rigidez* constitucional resulta da fusão do conceito de *rigidez* e *flexibilidade*, é dizer, uma parte da Constituição, para efeitos de reforma, apenas pode ser alterada mediante observância de um procedimento legislativo mais árduo e mais complexo, ao passo que outra parte do mesmo documento constitucional será objeto de mudança através de um processo legislativo mais simples, menos rigoroso, equiparável ao processo de elaboração da legislação ordinária.

35 Colocamos, pois, para reflexão, a pergunta formulada por José Antonio Pimenta Bueno: *"De que serve ou vale uma promessa constitucional de ampla liberdade pessoal ou industrial, de associação ou de imprensa, se as respectiyas leis regulamentares, ou na falta dellas os actos da administração, frustrarem esses prognosticos?"*

36 Ignacio de Otto, ao analisar a Constituição espanhola de 1978, diz o seguinte: "La Constitución Española de 1978, como la mayor parte de las del siglo XX, contiene normas que regulan la reforma constitucional sujetándola a procedimientos **agravados**, es decir, más complejos que los utilizados en la legislación ordinaria. Es lo que llama una Constitución **rígida**, concepto al que se contrapone el de Constitución **flexible**, reformable por los mismos procedimientos que se utilizan para la legislatura ordinaria." in **Derecho Constitucional – Sistema de Fuentes**. 2ª ed. Barcelona: Ariel, 1995, p 56.

A Constituição brasileira de 1824, em seu art. 178, dispunha o seguinte:

> "É só Constitucional o que diz respeito aos limites e atribuições respectivas dos Poderes Políticos e aos Direitos Políticos e individuais dos cidadãos. **Tudo o que não é constitucional pode ser alterado sem as formalidades referidas pelas Legislaturas ordinárias.**" (destaque nosso)

O constituinte de 1824, para efeitos de modificação das normas constitucionais, utilizou-se de um critério *material*, pertinente ao *conteúdo* das normas jurídicas. Ou seja, o que for *constitucional* (limites e atribuições dos Poderes Políticos e Direitos Fundamentais) apenas pode ser objeto de alteração mediante observância de um processo legislativo mais rigoroso (rigidez); aquilo que *"não é constitucional"*, pode ser alterado seguindo o processo legislativo ordinário (flexibilidade). Portanto, a classificação doutrinária relativa ao *conteúdo* da Constituição apresenta a seguinte tipologia: *Constituição formal* e *Constituição material*. A Constituição em sentido formal apresenta-se como um conjunto de normas jurídicas elaboradas solenemente pelo titular do poder constituinte originário, de modo que, tudo o que restar consignado neste documento é *matéria constitucional*, integra a Constituição do Estado. Por sua vez, para compreensão da *Constituição material*, não se releva a forma mediante a qual resulta produzida, mas a *matéria* ou *conteúdo* objeto de suas normas jurídicas. Neste sentido, são *matérias* ou *conteúdos* eminentemente constitucionais, tudo que diga respeito ao *modo e forma de organização política do Estado* e aos *direitos e garantias fundamentais*. Feitos estes esclarecimentos, a Constituição brasileira de 1824 adotou, para efeitos de um rigor maior (rigidez) quanto ao seu processo de mudança, o critério *material*, ou seja, de que só é *"Constitucional o que diz respeito aos limites e atribuições respectivas dos Poderes Políticos e aos Direitos Políticos e individuais dos cidadãos."* Tudo o que não for constitucional (sob a perspectiva material), *"pode ser alterado sem as formalidades referidas pelas Legislaturas ordinárias."*

Devemos registrar, ainda, que a existência de um *Poder Moderador*, que recai sobre o monarca, não significa, no modelo da Constituição de 1824, que tínhamos uma monarquia absoluta. Além disto, a questão acerca da *irresponsabilidade política* do monarca, constante no art. 99 da Constituição, deve ser compreendida mediante análise das funções que a Lei Maior lhe atribuiu e, também, dos seus respectivos Ministros. Dispõe o art. 99 da Lei Maior de 1824:

> "Art. 99. A pessoa do Imperador é inviolavel e sagrada: elle não está sujeito a responsabilidade alguma."

Através da *lógica constitucional*, o monarca era politicamente irresponsável na medida em que os atos do executivo só teriam validade mediante subscrição dos respectivos Ministros, logo, se responsabilidade política deveria haver, tal deveria recair sobre quem ordenou e subscreveu o ato, ou seja, o Ministro, mas não o Imperador[37].

Logo, a Lei Fundamental do Império de 1824 caracterizou-se por ser do tipo semi-rígida, adotando, para tanto, uma concepção formal e material de Constituição. Por fim, devemos registrar que a problemática atinente à eficácia de algumas normas constitucionais não lhes retira a forma de norma jurídica. Todas são, pois, normas de direito, independentemente do grau de eficácia por elas irradiados[38].

---

37 "A irresponsabilidade do Imperador não se refere unicamente aos actos politicos, mas tambem aos individuaes. Sobre o poder moderador já dissemos ao menos tanto quanto basta para ser a nossa opinião conhecida.
A irresponsabilidade que lhe outorga a Constituição como chefe do poder executivo, encontra explicação em serem os respectivos actos exercidos pelo orgão dos ministros.
Com effeito. ordem alguma do Imperante póde ter execução, relativamente ao poder executivo, se ella não foi revestida da assignatura do ministro: no caso de que o ministro assigne a ordem, como um dos orgãos do poder executivo, é claro que o ministro é responsavel, e que todo bem ou mal que della provenha, só a elle se deve attribuir. Portanto sobre o ministro deve pesar toda a responsabilidade do acto. A Constituição, pelo que concerne ao disposto no art. 99, é generica, dizendo que o Imperador é inviolavel e sagrado, e que não está elle sujeito a responsabilidade alguma. Logo, não está tambem sujeito a responsabilidade nenhuma no tocante aos seus actos individuaes, o que está corroborado pelo disposto no § 1 do art. 47, que dá ao senado a attribuição de conhecer dos delictos individuaes commettidos pelos membros da familia imperial, sem fallar no seu chefe.
Aqui a letra da Constituição acha-se em inteira harmonia com o seu espirito. Se a Constituição tornasse por algum motivo o Imperador responsavel, pelo menos teria consagrado a possibilidade de uma destituição, a qual, sobre ser contradictoria com o principio da perpetuidade do chefe do governo, daria lugar aos maiores inconvenientes, fazendo com que o throno se tornasse o alvo de todas as ambições, e a tranquillidade publica fosse compromettida. Finalmente, como poderla ser o Imperante por algum motivo respoosavel, se elle tem ao seu alcance todos os meios de promover o bem geral, e acha-se impossibilitado para obrar o mal?" in José Carlos Rodrigues, **Constituição Politica do Imperio do Brasil seguida do Acto Addicional, da Lei da sua Interpretação e de outras. Analysada por um Jurisconsulto**. Rio de Janeiro: Eduardo & Henrique Laemmert. Rua da Quitanda, 77, 1863, pp. 70 e 71.

38 Sobre o tema, escreveu José Afonso da Silva: "*Todas as disposições constitucionais têm a estrutura lógica e o sentido de normas jurídicas. São imperativos que enlaçam dois ou mais sujeitos de uma relação, atribuindo direitos e obrigações recíprocas; quando nada, atribuindo situações de vantagem e de vínculo ou desvantagem (...).*
É errôneo pretender que certas disposições constitucionais, só porque não têm uma eficácia positiva direita e imediata, não sejam normas jurídicas, e normas

4.1.1.3.2. Período constitucional de 1891 a 1988

Após a Constituição Imperial de 1824, o Brasil possuiu sete (07) documentos constitucionais: Constituição de 1891, 1934, 1937, 1946, 1967, 1967 com a Emenda Constitucional de 1969[39] e Constituição de 1988, atualmente em vigor.

No decorrer deste período, os avanços doutrinários e jurisprudenciais surgidos foram muitos poucos, na medida em que o País vivenciou 19 anos de ditadura militar, cujo início se deu em 01 de abril de 1964[40] e término em 15 de março de 1985.

---

jurídicas constitucionais, desde que a própria constituição não tenha estabelecido distinções expressas, como fazia a de 1824, em seu art. 178." in **Aplicabilidade das normas constitucionais**. 3ª ed. São Paulo: Malheiros, 1998, p. 51.

---

39 A Constituição de 1969 foi concebida, sob o ponto de vista formal, como Emenda à Constituição (n° 01) de 1967. Eis o teor do seu art. 1°:
"A Constituição de 24 de janeiro de 1967 passa a vigorar com a seguinte redação: 'O Congresso Nacional, invocando a proteção de Deus, decreta e promulga a seguinte: CONSTITUIÇÃO DA REPÚBLICA FEDERATIVA DO BRASIL."

40 "ATO INSTITUCIONAL Nº 1, DE 9 DE ABRIL DE 1964.
Dispõe sobre a manutenção da Constituição Federal de 1946 e as Constituições Estaduais e respectivas Emendas, com as modificações instroduzidas pelo Poder Constituinte originário da revolução Vitoriosa.
À NAÇÃO
É indispensável fixar o conceito do movimento civil e militar que acaba de abrir ao Brasil uma nova perspectiva sobre o seu futuro. O que houve e continuará a haver neste momento, não só no espírito e no comportamento das classes armadas, como na opinião pública nacional, é uma autêntica revolução.
A revolução se distingue de outros movimentos armados pelo fato de que nela se traduz, não o interesse e a vontade de um grupo, mas o interesse e a vontade da Nação.
A revolução vitoriosa se investe no exercício do Poder Constituinte. Este se manifesta pela eleição popular ou pela revolução. Esta é a forma mais expressiva e mais radical do Poder Constituinte. Assim, a revolução vitoriosa, como Poder Constituinte, se legitima por si mesma. Ela destitui o governo anterior e tem a capacidade de constituir o novo governo. Nela se contém a força normativa, inerente ao Poder Constituinte. Ela edita normas jurídicas sem que nisto seja limitada pela normatividade anterior à sua vitória. Os Chefes da revolução vitoriosa, graças à ação das Forças Armadas e ao apoio inequívoco da Nação, representam o Povo e em seu nome exercem o Poder Constituinte, de que o Povo é o único titular. O Ato Institucional que é hoje editado pelos Comandantes-em-Chefe do Exército, da Marinha e da Aeronáutica, em nome da revolução que se tornou vitoriosa com o apoio da Nação na sua quase totalidade, se destina a assegurar ao novo governo a ser instituído, os meios indispensáveis à obra de reconstrução econômica, financeira, política e moral do Brasil, de maneira a poder enfrentar, de modo direto e imediato, os graves e urgentes problemas de que depende a restauração da ordem interna e do

Em 27 de novembro de 1985, o Congresso Nacional fez promulgar a Emenda Constitucional n° 26, cujo objeto foi a convocação e instalação da Assembléia Nacional Constituinte, buscando a criação do que viria a ser a Constituição Federal de 1988, ora em vigor. Eis o disposto nos artigos 1° a 3°, da referida emenda constitucional:

> "EMENDA CONSTITUCIONAL Nº 26, DE 27 DE NOVEMBRO DE 1985.
>
> Convoca Assembléia Nacional Constituinte e dá outras providências.
>
> AS MESAS DA CÂMARA DOS DEPUTADOS E DO SENADO FEDERAL, nos termos do art. 49 da Constituição Federal, promulgam a seguinte Emenda ao texto constitucional:
>
> Art. 1º Os Membros da Câmara dos Deputados e do Senado Federal reunir-se-ão, unicameralmente, em Assembléia Nacional Constituinte, livre e soberana, no dia 1º de fevereiro de 1987, na sede do Congresso Nacional.

---

prestígio internacional da nossa Pátria. A revolução vitoriosa necessita de se institucionalizar e se apressa pela sua institucionalização a limitar os plenos poderes de que efetivamente dispõe.

O presente Ato institucional só poderia ser editado pela revolução vitoriosa, representada pelos Comandos em Chefe das três Armas que respondem, no momento, pela realização dos objetivos revolucionários, cuja frustração estão decididas a impedir. Os processos constitucionais não funcionaram para destituir o governo, que deliberadamente se dispunha a bolchevizar o País. Destituído pela revolução, só a esta cabe ditar as normas e os processos de constituição do novo governo e atribuir-lhe os poderes ou os instrumentos jurídicos que lhe assegurem o exercício do Poder no exclusivo interesse do Pais. Para demonstrar que não pretendemos radicalizar o processo revolucionário, decidimos manter a Constituição de 1946, limitando-nos a modificá-la, apenas, na parte relativa aos poderes do Presidente da República, a fim de que este possa cumprir a missão de restaurar no Brasil a ordem econômica e financeira e tomar as urgentes medidas destinadas a drenar o bolsão comunista, cuja purulência já se havia infiltrado não só na cúpula do governo como nas suas dependências administrativas. Para reduzir ainda mais os plenos poderes de que se acha investida a revolução vitoriosa, resolvemos, igualmente, manter o Congresso Nacional, com as reservas relativas aos seus poderes, constantes do presente Ato Institucional.

Fica, assim, bem claro que a revolução não procura legitimar-se através do Congresso. Este é que recebe deste Ato Institucional, resultante do exercício do Poder Constituinte, inerente a todas as revoluções, a sua legitimação.

Em nome da revolução vitoriosa, e no intuito de consolidar a sua vitória, de maneira a assegurar a realização dos seus objetivos e garantir ao País um governo capaz de atender aos anseios do povo brasileiro, o Comando Supremo da Revolução, representado pelos Comandantes-em-Chefe do Exército, da Marinha e da Aeronáutica resolve editar o seguinte.

ATO INSTITUCIONAL

(...)"

> Art. 2º. O Presidente do Supremo Tribunal Federal instalará a Assembléia Nacional Constituinte e dirigirá a sessão de eleição do seu Presidente.
>
> Art. 3º A Constituição será promulgada depois da aprovação de seu texto, em dois turnos de discussão e votação, pela maioria absoluta dos Membros da Assembléia Nacional Constituinte.

A emenda constitucional trazida à colação, estabeleceu o procedimento a ser observado pelo Congresso Nacional, ora transformado em *Assembléia Nacional Constituinte.* Portanto, no dia 1° de fevereiro de 1987, foi instalada a Assembléia Nacional Constituinte, composta por 559 deputados, que passou a funcionar no Congresso Nacional. A sessão solene de instalação da Assembléia Nacional Constituinte foi presidida pelo Ministro José Carlos Moreira Alves, então presidente do Supremo Tribunal Federal - STF.

Em 26 de junho de 1987, o relator do anteprojeto da Constituição, Dep. Bernardo Cabral, apresentou o primeiro anteprojeto da Comissão de Sistematização, composto por 501 artigos. Em 15 de julho, o plenário do Congresso começa a discutir o projeto. Foram apresentadas 20.791 emendas, entre as quais 122 populares.

A Assembléia Nacional Constituinte assegurou a participação popular no processo de feitura do novo texto constitucional, através da concessão de audiência pública e mediante apresentação de emendas ao projeto do que viria ser a nova Constituição, desde que houvesse, para tanto, o apoio de 30 mil eleitores e o respaldo de três entidades. Neste processo, foi permitido às organizações civis, câmaras de vereadores, assembleias legislativas e tribunais de todo País enviar sugestões relativas à nova Constituição.

Em 21 de julho de 1988, teve início no Plenário o segundo turno da votação do projeto de Constituição. Em 02 de setembro, foi concluída de madrugada, em 2° turno de votação, a análise da futura Lei Maior do País.

No dia 22 de setembro de 1988, a Assembléia Nacional Constituinte aprovou, por 474 votos favoráveis e 15 contrários à redação final, o texto da nova Constituição. Neste momento,

Em 05 de outubro de 1988, em sessão solene, foi promulgada a Constituição da República Federativa do Brasil. Face à relevância do momento histórico para a democracia constitucional brasileira, trazemos à colação o discurso proferido pelo Deputado Ulysses Guimarães, Presidente da Assembléia Nacional Constituinte, quando da promulgação da nossa Lei Fundamental:

"Senhoras e Senhores Constituintes,

Minhas Senhoras e meus Senhores,

Dois de fevereiro de 1987, ecoou nesta sala as reivindicações das ruas! A Nação quer mudar! A Nação deve mudar! A Nação vai mudar! São palavras constantes do discurso de posse como Presidente da Assembléia Nacional Constituinte.

Hoje, 05 de outubro de 1988, no que tange à Constituição, a Nação mudou! A Constituição mudou na sua elaboração; mudou na definição dos Poderes; mudou restaurando a Federação; mudou quando quer mudar o Homem-Cidadão; e é só cidadão quem ganha justo e suficiente salário, lê e escreve, tem hospital e remédio, lazer quando descansa.

Num País de 30 milhões, 401 mil analfabetos, afrontosos 25% da população, cabe advertir: **a cidadania começa com o alfabeto.**

Chegamos, esperamos a Constituição como o vigia espera a aurora. A nação nos mandou executar um serviço, nós o fizemos com amor, aplicação e sem medo.

A Constituição certamente não é perfeita! Ela própria o confessa ao admitir a reforma. Quanto à ela, discordar, sim! Divergir, sim! Descumprir, jamais! Afrontá-la, nunca! Traidor da Constituição é traidor da Pátria! Conhecemos o caminho maldito: rasgar a Constituição; trancar as portas do Parlamento; garrotear a liberdade; mandar os patriotas para a cadeia, para o exílio e o cemitério.

Quando, após tantos anos de lutas e sacrifícios, promulgamos o "Estatuto do Homem", da liberdade e da democracia, bradamos por imposição de sua honra! Temos ódio à ditadura! Ódio e nojo! Amaldiçoamos a tirania, onde quer que ela desgrace homens e nações, principalmente na América Latina.

Foi a audácia inovadora, a arquitetura da constituinte, recusando anteprojeto forâneo ou de elaboração interna, com enorme esforço admissionado pelas 61.020 emendas, além de 122 emendas populares, algumas com mais de um milhão de assinaturas que foram apresentadas, publicadas, distribuídas, relatadas e votadas no longo trajeto das subcomissões à redação final.

A participação foi também pela presença, pois diariamente cerca de dez mil postulantes franquearam, livremente, as onze entradas do enorme complexo arquitetônico do parlamento na procura dos gabinetes, comissões, galeria e salões.

Há, portanto, representativo e oxigenado sopro de gente, de rua, de praça, de favela, de fábrica, de trabalhadores, de cozinheiras, de menores carentes, de índios, de posseiros, de empresários, de estudantes, de aposentados, de servidores civis e militares, atestando a contemporaneidade e autenticidade social do texto que ora passa a vigorar.

Como um caramujo, guardará para sempre o bramido das ondas de sofrimento, esperança e reivindicações de onde proveio. Nós, os legisladores, ampliamos os nossos deveres, teremos de honrá-los. A nação repudia a preguiça, a negligência, a inércia. Só nasce a nossa atividade ordinária bastante dilatada, a edição de 56 leis complementares e 314 leis ordinárias. Não esqueçamos que na ausência de Lei Complementar, os cidadãos poderão ter o provimento suplementar pelo mandado de injunção.

Tem significado de diagnóstico a Constituição ter alargado o exercício da democracia em participativa, além de representativa. É o clarim da soberania popular indireta tocando no umbral da Constituição para ordenar o avanço no campo das necessidades sociais.

O povo passou a ter iniciativa de leis, mas mais do que isso, o povo é o super-legislador habilitado a rejeitar por referendo projetos aprovados pelo parlamento.

A vida pública brasileira será também fiscalizada pelos cidadãos, do Presidente da República ao Prefeito, do Senador ao Vereador. A moral é o cerne da Pátria! A corrupção é o cupim da República! A República, suja pela corrupção impune, tomba nas mãos dos demagogos, que a pretexto de salvá-la, a tiranizam! Não roubar, não deixar roubar, por na cadeia quem roube, eis o primeiro mandamento da moral pública!

Não é a Constituição perfeita! Se fosse perfeita, não seria reformável! Ela própria, com humildade e realismo, admite ser emendada até por maioria mais acessível dentro de cinco anos. Não é a Constituição perfeita, mas será útil, pioneira, desbravadora! Será luz, ainda que de lamparina na noite dos desgraçados! É caminhando que se abre os caminhos. Ela vai caminhar e abri-los! Será redentor o caminho que penetrar nos bolsões sujos, escuros e ignorados pela miséria!

A sociedade sempre acaba vencendo! Mesmo ante a inércia ou antagonismo do Estado.

O Estado era Tordesilhas! Rebelada, a sociedade empurrou as fronteiras do Brasil, criando uma das maiores geografias do mundo. O Estado encarnado na metrópole, resignara-se ante a invasão holandesa no Nordeste. A sociedade restaurou nossa integridade territorial com a insurreição nativa de Tabocas e Guararapes, sob a liderança de André Vidal de Negreiros, Felipe Camarão e João Fernandes Vieira, que cunhou a frase de preeminência da Sociedade sobre o Estado: desobedecer a *el Rei* para servir a *el Rei*.

O Estado capturou na entrega do Acre; a sociedade o retomou com as foices, os machados e os punhos de Plácido de Castro e dos seus seringueiros. O Estado prendeu e exilou a sociedade. Com Teotônio Vilela pela anistia, libertou e repatriou. A sociedade, foi Rubens Paiva, não os facínoras que o mataram. Foi a sociedade mobilizada

> nos colossais comícios das "Diretas Já!", que pela transição e pela mudança, derrotou o Estado usurpador.
>
> Termino, com as palavras que comecei esta fala: a Nação quer mudar! A Nação deve mudar! A Nação vai mudar! A Constituição pretende ser a voz, a letra, a vontade política da sociedade rumo à mudança!
>
> Que a promulgação seja nosso grito: mudar para vencer! Muda Brasil!"

É, pois, a partir da promulgação da Constituição Federal, em 05 de outubro de 1988, que a temática da aplicabilidade das normas constitucionais ganhará novos contornos.

4.2. Doutrina brasileira

Estudiosos do Direito Constitucional brasileiro não se furtaram em tratar da questão inerente à eficácia das normas constitucionais. Diversos foram os doutrinadores brasileiros que se debruçaram sobre a temática, a exemplo de José Afonso da Silva, Celso Ribeiro Bastos, Carlos Ayres Britto e Maria Helena Diniz. Passemos a analisar cada uma das propostas classificatórias retro aludidas[41].

4.2.1. José Afonso da Silva

José Afonso da Silva publicou, em 1967, a primeira edição de sua obra "*Aplicabilidade das Normas Constitucionais*", afigurando-se como pioneira no trato da matéria, de forma completa e sistematizada. A classificação proposta pelo autor tornou-se referência no assunto, pois, além da erudição e profundidade com as quais abordou a temática, sua proposta classificatória acabou sendo absorvida por toda jurisprudência brasileira e, em particular, pelo Supremo Tribunal Federal, defensor da Constituição.

Logo no início do trabalho, José Afonso da Silva pontua qual será o seu objeto de conhecimento, fixando o seguinte:

> "Esta monografia se propõe a estudar a *aplicabilidade das normas constitucionais.*
>
> *Aplicabilidade* significa qualidade do que é aplicável. No sentido jurídico, diz-se da norma que tem possibilidade de ser aplicada, isto

41 Sobre o tema, há também formulações doutrinárias por parte de Celso Antonio Bandeira de Mello, Luis Roberto Barroso e Flávio Pansieri, além de outros acadêmicos de igual relevo.

é, da norma que tem capacidade de produzir efeitos jurídicos. Não se cogita de saber se ela produz *efetivamente* esses efeitos. Isso já seria uma perspectiva sociológica, e diz respeito à sua *eficácia social*, enquanto nosso tema situa no campo da ciência jurídica, não da sociologia jurídica.[42]"

A premissa da qual parte o citado autor, emana do pensamento de Miguel Reale, segundo o qual "*a regra de direito deve viger para atualizar efetivamente este ou aquele valor*."[43] Afirma, ainda, o jusfilósofo brasileiro, que "*toda norma jurídica, uma vez vigente, pode tornar-se eficaz, mesmo quando já revogada.*" [44] Portanto, para compreensão adequada do tema em análise, devemos ter em mente que toda norma jurídica é *juridicamente eficaz*, é dizer, está apta a produzir efeitos jurídicos. Logo, se a Constituição se apresenta como um conjunto de normas jurídicas que disciplina o exercício do poder, conferindo proteção aos direitos fundamentais, podemos afirmar que esse plexo normativo é, ele todo, dotado de eficácia jurídica. Portanto, não deve ser considerado um equívoco afirmar, nos dias de hoje, que o texto constitucional em vigor é plenamente provido de eficácia jurídica. O problema, que iremos verificar mais adiante, diz sobre o *grau de eficácia* irradiado das normas constitucionais.

Portanto, é com fundamento na *eficácia e aplicabilidade das normas constitucionais*, que José Afonso da Silva elabora sua classificação. Neste sentido, aponta o autor para três espécies de normas constitucionais: a) **normas constitucionais de eficácia plena e aplicabilidade imediata**; b) **normas constitucionais de eficácia contida e aplicabilidade imediata** e; c) **normas constitucionais de eficácia limitada e aplicabilidade mediata**. Com relação a esta última espécie normativa (normas constitucionais de eficácia limitada e aplicabilidade mediata), o autor apresenta duas sub-espécies: a) **normas constitucionais de princípio institutivo** e; b) **normas constitucionais de princípio programático**.

4.2.1.1. Normas de eficácia plena e aplicabilidade imediata

As normas constitucionais de eficácia plena são aquelas cujo suporte fático contempla todos os elementos necessários para uma inci-

42 **Aplicabilidade das Normas Constitucionais**. 3ª ed. São Paulo: Malheiros, 1998, p. 14.

43 **Filosofia do Direito**. 19 ed. São Paulo: Saraiva, 2002, p. 609.

44 Idem, p. 607.

dência direta. Segundo José Afonso da Silva, as normas de eficácia plena *"incidem diretamente sobre os interesses a que o constituinte quis dar expressão normativa.*[45]*"* São, portanto, *normas completas.* Neste sentido, fazendo referência a Ruy Barbosa, diz-se que uma norma é auto-aplicável[46] *"quando, completa no que determina, lhe é supérfluo o auxílio supletivo da lei, para exprimir tudo o que intenta, e realizar tudo o que exprime.*[47]*"* Uma norma será *completa* na medida em que reúna todos os elementos e requisitos necessários para uma imediata incidência.

José Afonso da Silva define as normas constitucionais de eficácia plena como sendo *"aquelas que, desde a entrada em vigor da constituição, produzem, ou têm a possibilidade de produzir, todos os efeitos essenciais, relativamente aos interesses, comportamentos e situações, que o legislador constituinte, direta e normativamente, quis regular.*[48]*"* São, portanto, de aplicabilidade imediata na medida em que se revestem de todos os meios e elementos necessários à sua execução. Não há, pois, necessidade de uma integração normativa para produção plena de seus efeitos jurídicos. Elas, por si só, já se encontram estruturalmente aptas a disciplinar a matéria para a qual foram constituídas, podendo, mediante sua aplicação, produzir a plenitude dos seus efeitos jurídicos. São, portanto, *normas auto-aplicáveis, auto-executáveis, preceptivas.* O autor finaliza o seu pensamento, relativo à aplicabilidade imediata das normas de eficácia plena, informando que *"as condições gerais para essa aplicabilidade são a existência apenas do aparato jurisdicional, o que significa: aplicam-se só pelo fato de serem normas jurídicas, que pressupõem no caso, a existência do Estado e de seus órgãos.*[49]*"* Essa argumentação pode ser válida, com algumas ressalvas, para as demais espécies de normas constitucionais, pois, conforme verificaremos, determinadas normas da Constituição deixam de ser aplicadas pela *jurisdição constitucional* sob o argumento de serem normas que necessitam de integração normativa para produção plena de seus efeitos jurídicos, quando, analisando bem a questão, poderiam de imediato serem aplicadas emanando todos os efeitos jurídicos que lhes são próprios. Tem-se, em tal hipótese, não um problema

---

45 **Aplicabilidade das Normas Constitucionais**. 3ª ed. São Paulo: Malheiros, 1998, p. 101.

46 Seria, neste contexto, correspondente a uma norma de eficácia plena.

47 Ruy Barbosa, **Comentários à Constituição Federal Brasileira. Vol. II - Arts. 16 a 40: Do Poder Legislativo.** São Paulo: Saraiva, 1933, p. 492.

48 **Aplicabilidade das Normas Constitucionais**. 3ª ed. São Paulo: Malheiros, 1998, p. 101.

49 **Aplicabilidade das Normas Constitucionais**. 3ª ed. São Paulo: Malheiros, 1998, p. 102.

relacionado à *eficácia das normas constitucionais*, mas de *política ou conveniência judicial.*

4.2.1.2. Normas de eficácia contida e aplicabilidade imediata

Em princípio, as normas de eficácia contida não diferem das normas de eficácia plena, posto que ambas são dotadas de *aplicabilidade imediata*. A distinção reside, todavia, conforme a própria terminologia adotada pelo doutrinador indica, na possibilidade de *contenção* dos efeitos da norma constitucional em decorrência da superveniente existência de uma norma integradora. É dizer, a norma constitucional pode ter os seus efeitos *contidos* através de uma legislação que surja para disciplinar o que ela inicialmente já dispõe. Apesar da possibilidade de ter os seus efeitos contidos por ato legislativo futuro, tais normas podem ser imediatamente aplicadas, fato este que as fazem se equiparar às normas de eficácia plena. Portanto, assemelham-se às normas de eficácia plena por serem, também, de aplicabilidade imediata, todavia, se distanciam em razão de poderem ter os seus efeitos contidos por legislação ulterior. É importante salientar que a própria Constituição já menciona quando demanda uma integração normativa, ao utilizar-se dos seguintes termos: *"quando lei estabelecer", "nos termos da lei"* etc. A título de exemplo, citemos o art. 5°, XIII, da Constituição Federal que assegura a liberdade de exercício profissional:

> "é livre o exercício de qualquer trabalho, ofício ou profissão, atendidas as qualificações profissionais **que a lei estabelecer**." (destaque nosso)

A norma constitucional acima transcrita consagra o direito fundamental à liberdade de exercício profissional, ou seja, todos são livres para exercer qualquer trabalho, ofício ou profissão. Ponto! No entanto, a **lei pode estabelecer alguns requisitos ou condições** para que se possa exercer de forma livre qualquer trabalho, ofício ou profissão. A título de exemplo, citemos os exames de qualificação no âmbito da advocacia e da contabilidade. Para que os bacharéis em direito e contabilidade possam exercer, livremente, suas respectivas profissões, devem ser previamente aprovados em exame de qualificação realizados pelos Conselho Federal da Ordem dos Advogados do Brasil[50] e Conselho Federal de

50 Lei n° 8.906/94, que dispõe sobre o Estatuto da Advocacia e da Ordem dos Advogados do Brasil, em seu art. 8°, IV, dispõe o seguinte:
"Art. 8º Para inscrição como advogado é necessário:
(...)
IV - aprovação em Exame de Ordem;"

Contabilidade[51], respectivamente. Há, em tais casos, contenção ou restrição efetuada por lei ao art. 5°, XIII, da Constituição Federal, por permissibilidade do próprio texto constitucional. É dizer, a Constituição permite que lei restrinja ou contenha os efeitos de determinadas normas jurídicas que compõem sua estrutura. Eis a razão pela qual a doutrina denomina tais normas como sendo de *eficácia contida*. São, portanto, normas susceptíveis de *integração* cujo fim se volta para conter os seus efeitos jurídicos.

José Afonso da Silva enumera cinco particularidades das normas de eficácia contida[52]. São elas:

a) Via de regra, são normas que demandam uma integração normativa mediante intervenção do legislador ordinário, fazendo **remissão expressa** a uma legislação superveniente. Todavia, o *apelo ao legislador* se dá no sentido de restringir-lhe a eficácia, disciplinando os direitos subjetivos dela decorrentes para os cidadãos, indivíduos ou grupos;

b) Na medida em que o legislador ordinário não tenha produzido a legislação integradora, a norma constitucional continuará produzindo *efeitos plenos*. Neste ponto reside uma distinção em face das normas constitucionais de eficácia limitada, pois estas requerem a integração normativa para produção plena de seus efeitos jurídicos, permitindo-lhe uma aplicação concreta e positiva;

c) São normas constitucionais de aplicabilidade *direta* e *imediata*, pois o constituinte originário lhes atribuiu juridicidade suficiente no sentido de disciplinar os interesses vinculados à matéria de que cogitam;

d) Algumas dessas normas veiculam conteúdos de natureza ético-jurídico, a exemplo de bons costumes, ordem pública, etc, como valores sociais ou políticos a serem preservados, implicando, pois, a limitação da sua eficácia e;

e) Sua eficácia pode ser afastada pela incidência de outros dispositivos constitucionais, na hipótese de ocorrência de determinados pressupostos fáticos, a exemplo do estado de sítio ou de defesa.

51 O Exame de Suficiência, exigido para os bacharéis em Ciências Contábeis, foi instituído através da Lei n° 12.249, de 11 de Junho de 2010. Estabelece o art. 12: "Art. 12. Os profissionais a que se refere este Decreto-Lei somente poderão exercer a profissão após a regular conclusão do curso de Bacharelado em Ciências Contábeis, reconhecido pelo Ministério da Educação, aprovação em Exame de Suficiência e registro no Conselho Regional de Contabilidade a que estiverem sujeitos."

52 **Aplicabilidade das Normas Constitucionais**. 3ª ed. São Paulo: Malheiros, 1998, pp. 104 e 105.

No plano conceitual, José Afonso da Silva apresenta a seguinte definição para as normas de eficácia contida:

> "Normas de eficácia contida, portanto, são aquelas em que o legislador constituinte regulou suficientemente os interesses relativos a determinada matéria, mas deixou margem à atuação **restritiva** por parte da competência discricionária do Poder Público, nos termos que a lei estabelecer ou nos termos de conceitos gerais nelas enunciados.[53]" (destaque nosso)

Neste sentido, conforme já salientado acima, são normas de aplicabilidade direta e imediata, que prescindem de integração normativa para produção plena de efeitos jurídicos. Todavia, o legislador ordinário pode impor limites através de lei, na medida em que tais restrições são, desde já, constitucionalmente previstas e, portanto, permitidas.

4.2.1.3. Normas de eficácia limitada e aplicabilidade mediata

Como última categoria normativa, temos as normas constitucionais de eficácia limitada e aplicabilidade **mediata**. Tais normas, diferentemente das outras duas espécies já analisadas, *necessitam* de uma integração normativa por parte do legislador ordinário para que possam produzir os efeitos essenciais almejados pelo constituinte originário. No tocante à sua tipologia, José Afonso da Silva apresenta as seguintes espécies de normas de eficácia limitada: a) **normas constitucionais de princípio institutivo** e; b) **normas constitucionais de princípio programático**.

As **normas constitucionais de princípio institutivo** são aquelas que traçam as diretrizes ou princípios estruturais de instituições, órgãos ou entidades, permitindo que o legislador ordinário os estruture, em definitivo, através de lei[54], podendo também ser denominadas, segundo o autor, de *normas de princípio orgânico ou organizativo*[55]. O que caracteriza, essencialmente, as normas constitucionais de princípio institutivo, é o fato delas requererem uma legislação futura que lhes permita uma efetiva aplicação. Tais normas não se confundem com as de conteúdo

53 **Aplicabilidade das Normas Constitucionais**. 3ª ed. São Paulo: Malheiros, 1998, p. 116.

54 **Aplicabilidade das Normas Constitucionais**. 3ª ed. São Paulo: Malheiros, 1998, pp. 123 e 126.

55 **Aplicabilidade das Normas Constitucionais.** 3ª ed. São Paulo: Malheiros, 1998, p. 123.

programático, posto que a sua matéria é nitidamente **estrutural**, diz sobre a composição e funcionamento das instituições constitucionais. Portanto, a legislação integradora surgirá para instrumentalizar tal estrutura institucional inicialmente concebida pela norma constitucional.

As normas constitucionais de princípio institutivo comportam duas espécies: *impositivas* ou *facultativas*.[56] São *impositivas* na medida em que determinam ao legislador o *dever* de criar a lei integradora[57], ao passo que as normas denominadas *facultativas* permitem ao legislador realizar um juízo de conveniência acerca da necessidade ou não de edição da norma integrativa.

Por fim, encerrando a proposta classificatória, tem-se as **normas constitucionais de princípio programático**, mais conhecidas tão-somente por *normas programáticas*. São normas que veiculam *programas de cunho social que o Estado deve implementar*, é dizer, *"são normas através das quais o constituinte, em vez de regular, direta e imediatamente, determinados interesses, limitou-se a traçar-lhes os princípios para serem cumpridos pelos seus órgãos (legislativos, executivos, jurisdicionais e administrativos), como programas das respectivas atividades, visando à realização dos fins sociais do Estado.*[58]*"* São, portanto, normas que se dirigem imediatamente ao legislador, que buscam a realização da justiça social.

As normas programáticas, consoante já o dissemos, têm por objeto densificar o ideal da dignidade da pessoa humana e a promoção da justiça social. Em decorrência de sua estrutura jurídica *precária*, não possuem força normativa suficiente para desenvolver o seu conteúdo na integralidade, necessitando da intermediação de leis ordinárias ou providências administrativas a serem implementadas pelo Estado, permitindo-lhes, a partir de então, irradiar a plenitude de seus efeitos jurídicos. Isto não significa, todavia, que sejam desprovidas de eficácia jurídica. As normas programáticas, por se constituírem em normas jurídicas, são imperativas, dotadas de eficácia normativa. No entanto, o *grau* de eficácia irradiado pelas normas constitucionais programáticas não se assemelha, por exemplo, às normas de eficácia plena ou contida.

---

56 **Aplicabilidade das Normas Constitucionais.** 3ª ed. São Paulo: Malheiros, 1998, p. 126.

57 Consoante José Afonso da Silva, as normas impositivas são *"as que determinam ao legislador, em termos peremptórios, a emissão de uma legislação integrativa"*, ao passo que as normas facultativas ou permissivas *"não impõem uma obrigação; limitam-se a dar ao legislador ordinário a possibilidade de instituir ou regular a situação nelas delineada."* Ob. cit. pp. 126 e 127.

58 José Afonso da Silva, **Aplicabilidade das Normas Constitucionais**. 3ª ed. São Paulo: Malheiros, 1998, p. 138.

Mas, diga-se outra vez, isto não significa *ausência de eficácia jurídica.* José Afonso da Silva elenca, inclusive, hipóteses nas quais as normas constitucionais programáticas são dotadas de eficácia direta, imediata e vinculante, a saber:

a) impõem um dever ao legislador ordinário, no sentido de implementar ou desenvolver o seu conteúdo através de outras normas jurídicas;

b) servem de *normas parâmetro*, para efeitos de invalidação (inconstitucionalidade) de normas infraconstitucionais que lhes sejam antagônicas;

c) informam a concepção do Estado e da sociedade, servindo de inspiração para sua ordenação jurídica, através da designação de fins sociais, proteção e promoção dos valores da justiça social, além de revelar os elementos que compõem o bem comum;

d) figurar como *vetor* para interpretação da própria Constituição (interpretação sistemática ou teleológica) e, também, das demais normas infraconstitucionais, além de *servir como mecanismo* de integração (colmatação de lacunas) e aplicação de outras normas jurídicas;

e) possuem capacidade para revogar a legislação anterior com elas incompatíveis;

f) impõem condicionamentos à atividade discricionária da Administração Pública e do Poder Judiciário[59] e;

---

59 Sobre o tema, escreveu J. H. Meirelles Teixeira:

"Mas a força vinculante das normas de eficácia limitada, e especialmente das normas programáticas, não se restringe às atividades do Poder Legislativo – o que já facilmente se deduz da simples exposição da sua eficácia interpretativa e integradora -, mas estende-se também às atividades da Administração e do Poder Judiciário.

É bem verdade que alguns autores, pretendendo ainda caracterizar as normas programáticas pelos seus destinatários, entendem serem estes, unicamente, os legisladores ordinários. Pode-se afirmar, todavia, ser esta uma opinião hoje totalmente superada, e o próprio Crisafulli, tendo-a adotado em seus primeiros trabalhos sobre o assunto, abandonou-a, posteriormente, para reconhecer, de modo expresso, o seu equívoco, e afirmando que 'embora o tema deva ser desenvolvido, tornado mais preciso e analisado pela doutrina em seus vários aspectos, parece poder-se considerar pacífico, ao menos este conceito central, de que sendo as normas programáticas verdadeiras e próprias normas jurídicas, seria inadmissível que pudessem legitimamente desenvolver-se atividades estatais e de outros sujeitos públicos em contradição com elas.'

Relativamente à Administração (Poder Executivo), se é coisa fora de qualquer dúvida que sua atividade há de desenvolver-se sob o signo da legalidade (todo ato administrativo há de conformar-se estritamente às leis e à Constituição); se as normas programáticas representam solenes promessas do próprio Estado, diretivas sociais e políticas por ele fixadas na Constituição, revelando-lhe a própria vocação

g) instituem situações jurídicas subjetivas, de vantagem ou desvantagem aos seus respectivos destinatários.

Portanto, **sob o prisma da *eficácia jurídica*, inexiste norma constitucional desprovida da capacidade de produzir efeitos jurídicos**. A partir do momento em que algo sai da esfera do *ser* e passa a compor o âmbito do *dever-ser*, do normativo, é suscetível de produzir eficácia jurídica. Razão maior, diga-se de passagem, quando se está diante de normas do mais elevado escalão jurídico: as *normas constitucionais*.

4.2.2. Celso Ribeiro Bastos e Carlos Ayres Britto

Em 1982, os professores Celso Ribeiro Bastos e Carlos Ayres Britto, publicaram sua obra *"Interpretação e Aplicação das Normas Constitucionais"*, objetivando contribuir ao debate acerca da interpretação e eficácia das normas constitucionais.

Consoante o pensamento dos ilustres constitucionalistas, "*se, por um lado, todas as normas constitucionais se predispõem à produção de efeitos, por outro, nem todas o conseguem integralmente, porque não são suscetíveis de execução pela mesma forma. Algumas são executadas por via de mera aplicação, isto é, por incidência direta sobre os fatos regulados, na inteireza dos respectivos mandamentos. Outras, ao contrário, inadmitem o seu inteiro cumprimento sobre os fatos ou comportamentos disciplinados, porque reclamam a intermediação de lei subconstitucional, integradora do seu comando.* [60]"

político-social; se tais diretrizes se impõem ao legislador ordinário, o criador de toda a normatividade subordinada à Constituição, como não admitir a necessidade de sua observância pelos administradores, que são também órgãos do Estado?
Observe-se, entretanto, que se a atividade administrativa for *vinculada*, isto é, tiver de desenvolver-se obrigatoriamente em termos estritamente preestabelecidos em lei, representando, portanto, mera execução desta, então o problema deslocar-se-á para a questão da validade, ou não, dessas normas ordinárias em face das normas programáticas da Constituição.
A direta subordinação e obediência dos órgãos administrativos às normas programáticas, ou melhor, aos princípios gerais, diretrizes e orientações nelas fixadas, deve, portanto, efetivar-se em todos aqueles casos em que tais órgãos e autoridades devem agir e resolver na ausência de lei ordinária sobre a matéria, ou quando a lei ordinária lhes haja assinalado poder de livre apreciação quanto à escolha de meios e critérios de ação." **Curso de Direito Constitucional**. Rio de Janeiro: Forense Universitária, 1991, p. 342.

60 **Interpretação e Aplicação das Normas Constitucionais.** São Paulo: Saraiva, 1982, p. 35. Cf. tb. Celso Ribeiro Bastos, **Hermenêutica e Interpretação Constitucional.** São Paulo: Celso Bastos Editor, 1997, p. 40

4.2.2.1. Da integração normativa como critério de classificação das normas constitucionais

O fenômeno da *integração* é compreendido pelos autores como *"complementação da normatividade constitucional".* Duas são as espécies normativas idealizadas pelos doutrinadores, cujo critério de classificação é a *integração normativa*. Neste sentido, Celso Ribeiro Bastos e Carlos Ayres Britto classificam as normas constitucionais em: a) *normas de aplicação* e; b) *normas de integração*. As *normas de integração*, por sua vez, comportam duas outras espécies: a) *normas completáveis* e; b) *normas restringíveis*.

4.2.2.1.1. Normas de aplicação

As *normas de aplicação* caracterizam-se por *"não deixar interstício entre o seu desígnio e o desencadeamento dos efeitos a que dão azo. Não se tencionam, no seu interior, a predisposição para atuar e a efetiva concreção...*[61]*"* Portanto, as normas de aplicação prescindem de integração normativa, não necessitam ser complementadas para que possam produzir plenamente seus efeitos jurídicos. Pelo contrário, se tais normas forem objeto de *integração normativa*, é dizer, de complementação, *"deverão sê-lo com muita cautela, já que sua estrutura se basta a si mesma, e qualquer regulamentação posterior poderá extrapolar os limites da constitucionalidade."*[62] Por tal razão, propõe-se, também, uma subdivisão das normas de aplicação, que compreende: a) *normas de aplicação irregulamentáveis* e; b) *normas de aplicação regulamentáveis.*

4.2.2.1.1.1. Normas de aplicação irregulamentáveis

São *normas de aplicação irregulamentáveis* as que não comportam integração normativa, posto que o tratamento jurídico dos fatos que regula se dá no plano eminentemente constitucional. Tais normas incidem diretamente sobre os fatos objeto de disciplinamento jurídico. Segundo Celso Ribeiro Bastos, *"trata-se de normas que não comportam regulamentação pela natureza própria da matéria tratada, seja pelo fato de dizerem respeito à separação de poderes ou até mesmo quanto à partilha de competências entre os três níveis da federação. Qualquer empreitada de regulamentar esses preceitos significaria a modificação da relação pos-*

61 **Interpretação e Aplicação das Normas Constitucionais**, pp. 37 e 38.

62 Celso Ribeiro Bastos. **Hermenêutica e Interpretação Constitucional**. São Paulo: Celso Bastos Editor, 1997, p. 42.

ta pela própria Constituição Federal, entre poderes ou entre a União, os Estados e os Municípios.[63]"

4.2.2.1.1.2. Normas de aplicação regulamentáveis

As *normas de aplicação regulamentáveis*, por sua própria terminologia, são aquelas suscetíveis de densificação normativa por parte do legislador ordinário. A finalidade da norma complementar consiste em densificar o conteúdo da norma constitucional, explicitando de forma mais adequada a matéria objeto de normatização. A rigor, não seria *tecnicamente* uma hipótese de *integração normativa*, mas tão-somente de simples regulamentação da norma constitucional. Sobre o tema, asseveram os autores o seguinte:

> "*... não estamos diante de rigorosa integração constitucional, mas, sim, de mera regulamentação. Nesta, a aplicação constitucional se dá com a ajuda das leis regulamentadoras, mas o primado da vontade constitucional é absoluto, e as sobreditas leis de regulamentação, simples instrumento da sua vontade. Esta há de remanescer intacta, soberana, intangível, com toda aquela fluorescência inerente à supremacia constitucional.*[64]"

4.2.2.1.2. Normas de integração

As *normas de integração* caracterizam-se pela existência de um verdadeiro abismo entre o que ela determina, impõe, e o consequente efeito que tende a desencadear. Padecem, pois, de uma deficiência instrumental, de operacionalização dos seus comandos, não sendo exequíveis salvo por intermediação do legislador infraconstitucional, quando da edição de uma norma *regulamentar*. A norma regulamentadora praticamente compõe o núcleo da norma constitucional, pois, na medida em que o *vazio constitucional* é preenchido, efetivamente se "*funde à vontade constitucional.*[65]" Para os autores, tais normas podem ser facilmente identificadas no texto constitucional, na medida em que o constituinte originário se valeu de expressões como "*nos termos da lei*", "*lei regulará*", "*na forma da lei*", etc. Ou seja, a própria Constituição já *aponta* para uma necessidade integrativa de seus preceitos, de modo que apenas a partir da edição da norma regulamentar, é que o dispositivo constitucional es-

---

63 Idem, p. 43.

64 **Interpretação e Aplicação das Normas Constitucionais**. São Paulo: Saraiva, 1982, p. 46.

65 Idem, p. 48.

tará apto a produzir a plenitude de seus efeitos jurídicos ou, a depender do tipo de norma, a irradiar os seus efeitos em escala reduzida ou contida. Portanto, no tocante às *normas de integração*, os autores as classificam em: a) *normas completáveis* e; b) *normas restringíveis*.

4.2.2.1.2.1. Normas de integração completáveis e restringíveis

As *normas de integração completáveis* caracterizam-se por exigir um aditamento, um complemento material, de conteúdo. Na ausência desta *integração*, tem-se uma *omissão legislativa*, contrária à supremacia constitucional.

De forma distinta das normas de integração completáveis, as *normas restringíveis* são suscetíveis de complementação para efeitos de restrição ou redução do seu âmbito de incidência. Trata-se de espécie distinta da anterior, pois, na medida em que naquela a *integração* se dá para *completar* o conteúdo e alcance da norma constitucional, nesta a *integração* ocorre para restringir o seu alcance.

4.2.3. Maria Helena Diniz

A problemática da *eficácia* das normas constitucionais foi, também, objeto de preocupação acadêmica de Maria Helena Diniz, em sua obra *Norma Constitucional e seus Efeitos*. Após uma análise das diversas classificações doutrinárias sobre a matéria, a citada doutrinadora apresenta sua proposta tomando por base, para tanto, dois critérios: a) ***intangibilidade das normas constitucionais*** e; b) ***produção de efeitos concretos***.

Partindo de tais premissas, Maria Helena Diniz classifica as normas constitucionais em: a) *normas com eficácia absoluta*; b) *normas com eficácia plena*; c) *normas com eficácia relativa restringível* e; d) *normas com eficácia relativa completável ou dependente de complementação*[66].

4.2.3.1. Normas constitucionais com eficácia absoluta

As normas constitucionais *supereficazes* ou *com eficácia absoluta* são as intangíveis, que não podem sequer ser emendadas. Possuem, portanto, uma eficácia paralisante total ou absoluta em face de qualquer ato normativo que lhe seja contrário ou tendente a suprimi-la. Neste aspecto, se diferem das normas de eficácia plena, na medida em que

66 **Normas Constitucional e seus Efeitos**. 5ª ed. São Paulo: Saraiva, 2001, p. 109.

estas são passíveis de serem emendadas pelo poder reformador[67]. Tais normas possuem uma *eficácia positiva* e outra *negativa*. A eficácia positiva das normas constitucionais se traduz no sentido de terem uma incidência imediata e serem intangíveis, ao passo que a eficácia negativa se refere a impossibilidade de seus dispositivos não permitirem a edição de qualquer ato que lhes sejam contrários. Possuem, portanto, uma eficácia paralisante total e imediata.

Consoante Maria Helena Diniz, as normas constitucionais com eficácia absolutas não comportam reforma, *"sob pena de destruírem, ou suprimirem, a própria Constituição.*[68]*"* Sobre a *eficácia paralisante*, ou ab-rogante, aduz a autora:

> "Há uma supereficácia paralisante, ou ab-rogante, das normas constitucionais absolutas, pois, aplicáveis imediatamente, sendo intangíveis e invioláveis, não poderão ser alteradas pelo poder constituinte derivado, sobrevivendo enquanto a Constituição for vigente. São, portanto, inoperantes as leis que, porventura, as limitarem ou que com elas conflitarem.[69]"

Refere-se à autora, em tal hipótese, às denominadas *cláusulas pétreas*, que não podem ser *abolidas* do texto constitucional através de reforma à Constituição. Nesta hipótese, devemos fazer uma ressalva, discordando do ponto de vista explanado. As cláusulas pétreas, elencadas no artigo 60, §4° da Constituição Federal, não podem ser **abolidas** do texto constitucional, hipótese esta que não se equipara a impossibilidade de **alteração**. O que veda a Constituição, pertinente ao exercício da competência reformadora, é que propostas de emendas constitucionais **tendentes a abolir** a federação; o voto direto, secreto, universal e periódico; a separação dos poderes e; os direitos e garantias fundamentais, não podem sequer ser objeto de deliberação em uma das Casas do Congresso Nacional. Ou seja, a Constituição **não veda a reforma (alteração)** das cláusulas pétreas, mas **proíbe que sejam abolidas**. Logo, a vedação constitucional incide sobre proposta de emenda tendente a abolir dispositivos constitucionais petrificados, mas isto não é o mesmo que impedir que tais dispositivos possam ser objeto de modificação. Ou seja, em nosso entendimento, é possível que ocorra alteração nas cláusulas pétreas, desde que tal mudança não implique na supressão do bem constitucionalmente tutelado. Portanto, frisemos mais uma vez: a

---

67 **Normas Constitucional e seus Efeitos**. 5ª ed. São Paulo: Saraiva, 2001. p. 110.

68 **Normas Constitucional e seus Efeitos**. 5ª ed. São Paulo: Saraiva, 2001, p. 110.

69 **Normas Constitucional e seus Efeitos**. 5ª ed. São Paulo: Saraiva, 2001, p. 111.

vedação recai sobre a *abolição* do conteúdo petrificado, mas não sobre uma eventual mudança onde o conteúdo petrificado tenha a sua essência preservada.

4.2.3.2. Normas constitucionais com eficácia plena

Por sua vez, as normas constitucionais com eficácia plena, na classificação ora em análise, são aquelas "*idôneas, desde sua entrada em vigor, para disciplinarem as relações jurídicas ou o processo de sua efetivação, por conterem todos os elementos imprescindíveis para que haja a produção imediata dos efeitos previstos, já que, apesar de suscetíveis de emenda, não requerem normação constitucional subsequente. Podem ser imediatamente aplicadas.*[70]" Em essência, a distinção, comparando com a primeira categoria normativa (normas constitucionais de eficácia absoluta), é que as normas constitucionais de eficácia plena permitem ser objeto de reformas através de revisões ou emendas constitucionais. Excluída tal particularidade, são equiparáveis na medida em podem ser imediatamente aplicadas.

4.2.3.3. Normas constitucionais com eficácia relativa restringível

As *normas constitucionais com eficácia relativa restringível* correspondem às normas de eficácia contida, na classificação proposta por José Afonso da Silva. Aduz a autora optar por esta denominação, em decorrência de tais normas poderem ser aplicadas imediatamente, apesar de sua eficácia poder ser reduzida ou restringida nas hipóteses constitucionalmente permitidas. Deste modo, o *alcance* das normas constitucionais será reduzido pela atividade legislativa, ou seja, por intermédio de *lei*. [71] No entendimento de Maria Helena Diniz, as *normas constitucionais com eficácia relativa restringível* são "*preceitos constitucionais que receberam do constituinte normatividade capaz de reger os interesses, mas contêm, em seu bojo, a prescrição de meios normativos ou de conceitos que restringem a produção de seus efeitos. São normas passíveis de restrição.*[72]" Deste modo, tais normas possuem um incidência direta e imediata, produzindo todos os efeitos jurídicos que lhes são inerentes, todavia, estão sujeitas a eventuais restrições nelas próprias previstas e que podem ser implementadas através de legislação superveniente, ou seja, *"deixam*

---

70 **Normas Constitucional e seus Efeitos**. 5ª ed. São Paulo: Saraiva, 2001, p. 112.

71 **Normas Constitucional e seus Efeitos**. 5ª ed. São Paulo: Saraiva, 2001, p. 113.

72 **Normas Constitucional e seus Efeitos**. 5ª ed. São Paulo: Saraiva, 2001, p. 113.

margem à atuação restritiva da competência discricionária do Poder Público nos termos legais ou dos conceitos gerais nelas enunciados."[73]

4.2.3.4. Normas constitucionais com eficácia relativa completável

Por último, tem-se as *normas com eficácia relativa completável ou dependente de complementação legislativa.* Tais normas, de aplicabilidade mediata, dependem de lei complementar ou ordinária para que lhes desenvolva a eficácia, permitindo ao titular a fruição do direito ou benefício por ela instituído. Segundo a autora, "*enquanto não for promulgada aquela lei complementar ou ordinária, não produzirão efeitos positivos, mas terão eficácia paralisante de efeitos de normas precedentes incompatíveis e impeditiva de qualquer conduta contrária ao que estabelecerem.*[74]" O constituinte originário não lhes conferiu normatividade suficiente para sua incidência imediata, em razão de ter delegado ao legislativo a atribuição de disciplinar a matéria nela constante. Todavia, tal fato não obsta a produção de efeitos jurídicos por esta espécie de normas constitucionais.

As normas constitucionais de eficácia relativa completável comportam duas espécies: a) normas de princípio institutivo e; b) normas programáticas. As primeiras requerem uma integração normativa para que se dê corpo às instituições, pessoas ou órgãos nelas previstas, ao passo que as segundas indicam programas constitucionais que o legislador ordinário deverá desenvolver, mediante a edição de legislação integrativa da vontade constituinte. [75]

A título de conclusão, Maria Helena Diniz entende que existe um gradualismo eficacial nas normas constitucionais, na medida em que não se identificam quanto à produção dos seus efeitos e à sua intangibilidade ou emendabilidade. Finaliza, partilhando de entendimento similar a boa parte da doutrina constitucional, que inexiste norma da Constituição destituída de eficácia. Portanto, todas as normas da Constituição têm a aptidão de produzir, em menor ou maior medida, efeitos jurídicos, é dizer, todas as normas constitucionais são **juridicamente eficazes**!

73 **Normas Constitucional e seus Efeitos**. 5ª ed. São Paulo: Saraiva, 2001, p. 114.

74 **Normas Constitucional e seus Efeitos**. 5ª ed. São Paulo: Saraiva, 2001, p. 114.

75 **Normas Constitucional e seus Efeitos**. 5ª ed. São Paulo: Saraiva, 2001, p. 115.

CAPÍTULO XIV

ORGANIZAÇÃO DO ESTADO

1. Esclarecimentos conceituais

A Constituição Federal de 1988 dispõe em seu art. 1° o seguinte:

> "A **República Federativa** do Brasil, formada pela união indissolúvel dos Estados e Municípios e do Distrito Federal, constitui-se em Estado Democrático de Direito (...)"

Em conformidade ao referido dispositivo constitucional, a Lei Maior instituiu a **federação** como **forma de Estado**. Faz-se necessário chamar a atenção do leitor para o fato de que **não se deve confundir *forma de Estado*** com ***forma de Governo***, na medida em que são dois modos de organização política distintos, embora relacionados entre si.

Entende-se por ***forma de Estado*** o modo como o poder está organizado e distribuído territorialmente[1], ao passo que ***forma de Governo* "*é conceito que se refere à maneira como se dá a relação entre governantes e governados. Responde à questão de quem deve exercer o poder e como este se exerce.*[2]"**

Ao tratar do tema pertinente à forma de Governo e de Estado, Paolo Biscaretti di Ruffia esclarece que a primeira – forma de Governo – evidencia a posição recíproca na qual se encontram os órgãos constitucionais do Estado, ao passo que a segunda modalidade política – forma de Estado - dispõe sobre a posição recíproca em que se encontram os elementos constitutivos do Estado. Nas palavras do constitucionalista italiano:

---

1 Para José Afonso da Silva, "*o modo de exercício do poder político em função do território dá origem ao conceito de* ***forma de Estado***." Portanto, trata-se de uma forma de organização espacial do poder político. Cf. **Comentário Contextual à Constituição.** São Paulo: Malheiros, 2005, p. 33.

2 José Afonso da Silva, **Comentário Contextual à Constituição.** São Paulo: Malheiros, 2005, p. 35.
Sobre a relação entre *forma de Estado* e *forma de Governo*, Antonio-Carlos Pereira Menaut evidencia o seguinte:
"Siendo mucho más restringido el gobierno que el estado, no puede haber coincidencia entre formas del uno y del otro. Sí hay coincidencia, empero, en el criterio usado en ambos casos, que es considerar las formas institucionales en que se concretan las posibles relaciones entre los diversos elementos que componen el estado (en un caso) y el gobierno (en otro). BISCARETTI señalaba que 'forma de gobierno' suele indicar la reciproca posición en que están los diversos órganos constitucionales, mientras que 'forma de estado' designa la recíproca posición en que están los elementos que constituyen un Estado. Según como se combine el territorio con el poder tendremos un estado unitario o federal y según como se relacione el parlamento con el gobierno tendremos una forma de gobierno parlamentaria o presidencialista (para no mencionar ahora las otras).
Por esta razón y frente a lo que podría deducirse de una interpretación literal de la expresión 'forma de gobierno', no se trata de estudiar las diversas variantes o modo de organizarse el ejecutivo, sino las diversas formas de articularse la relación entre el legislativo y el ejecutivo – el judicial queda al margen por no jugar en esto ningún papel-, así como las configuraciones institucionales concretas que de ahí resultan." in **Teoría Constitucional.** 2ª ed. Santiago: LexisNexis, 2006, p. 180.

> "Costuma-se indicar, com a expressão *forma de governo*, a recíproca posição em que se encontram os diversos ***órgãos constitucionais*** do Estado: tomando o vocábulo *governo* **não no sentido lato que lhe é próprio como** *elemento constitutivo do Estado*, mas em outro mais estrito que significa apenas o conjunto das principais instituições estatais (*governo supremo*, superando, portanto, o ulterior sentido restritíssimo somente atinente aos 'órgãos colocados nos departamentos do Poder Executivo': por ex., o 'Governo da República' do art. 92 da Constituição italiana). Assim, é possível deduzir a diferença intrínseca com a noção de *forma de Estado* (ou de *tipo de Estado*, como outros preferem), relativa à posição recíproca na qual se encontram os três mencionados *elementos constitutivos do Estado* (governo, povo e território)."[3]

A *forma de governo*, portanto, evidencia a mútua relação constitucionalmente estabelecida entre o Poder Executivo e o Poder Legislativo. Em sentido similar, Canotilho conceitua *forma de governo "como a posição jurídico-constitucional recíproca dos vários órgãos de soberania e respectivas conexões e independências políticas, institucionais e funcionais.*[4]"

A decisão política do constituinte originário brasileiro se deu no sentido de instituir a ***federação*** como ***forma de Estado*** e a ***república*** como ***forma de Governo,*** conforme disposto no artigo 1° da Constituição Federal.

2. Formas de Estado

O Estado pode ser classificado doutrinariamente sob diversas formas. Em função da descentralização política[5], o Estado pode classificar-

---

3 **Direito Constitucional (Instituições de Direito Público).** São Paulo: Revista dos Tribunais, 1984, p. 167.

4 **Direito Constitucional e Teoria da Constituição.** 7ª ed. Coimbra: Almedina, 2000, p. 573.

5 Consoante Cármen Lúcia Antunes Rocha, "*a centralização – e sua forma contrária correspondente, a descentralização – pode ser administrativa ou política, ou ambas. Para o fim precípuo de se caracterizar a forma de Estado, vale dizer, a forma adotada constitucionalmente para a organização e exercício das competências do Poder Político no território do Estado, o que se leva em conta é, fundamentalmente, o elemento político. É este que determina a criação de um ou mais centros de emanação da ordem jurídica incidente sobre o povo no espaço geográfico de exercício das competências políticas estatais.*
No Estado Moderno, à descentralização corresponde, até há poucos anos, basicamente a forma federativa de Estado, enquanto à centralização relacionava-se a forma unitária. Nem se tem mais o federalismo como única alternativa para a descentralização política posta na base de organização constitucional do Poder do Estado, nem a centralização define um modelo idêntico de Estado unitário." in **República e**

-se em ***unitário* ou *federal***. Diz que o Estado é ***unitário***[6] na medida em que o poder se encontra ***centralizado*** em um único órgão estatal. Ressalte-se, no entanto, que a *centralização* política **não** implica a impossibilidade de *descentralizar*[7] o poder, na medida em que tal fato poderia conduzir a uma enorme dificuldade administrativa. Logo, nos Estados unitários, é possível encontrar divisões internas, que buscam promover uma adequada gestão por parte do governo central. Portanto, a *descentralização* política não deve ser entendida como elemento descaracterizador do Estado unitário[8]. Referida forma de descentralizar

Federação no Brasil – Traços constitucionais da organização política brasileira. Belo Horizonte: Del Rey, 1997, pp. 168 e 169.

6 Ao tratar da forma de Estado – unitário - instituída pela Constituição de Portugal, Canotilho evidencia os seus elementos tipificadores:
"O art. 6° da Constituição da República Portuguesa ergue a princípio estruturante do Estado o ***princípio da unidade do Estado*** *(art. 6°/I: 'O Estado é unitário...'). Trata-se de um princípio ordenador fundamentalmente virado para a vertebração organizatório-territorial do Poder do Estado. A Constituição não define Estado Unitário, mas tendo em conta os elementos históricos e de direito comparado bem como a unidade sistemática da lei fundamental, podemos caracterizar como* ***Estado Unitário*** *aquele que, num determinado território e para a população que nele vive, tem um suporte único para a* ***estatalidade*** *(ou estadualidade). Dizer-se que há um suporte único para a estadualidade significa que: (1) existe uma organização política e jurídica – o Estado – à qual se imputa em termos exclusivos a totalidade das competências tipicamente estatais (ex: representação externa, defesa e justiça); (2) consequentemente, existe uma só* ***soberania*** *interna e externa, não existindo outras organizações soberanas colocadas em posição de equiordenação (confederação) ou em posição de diferenciação (estado membro de um estado federal); (3) da unitariedade do Estado resulta a* ***imediatidade*** *das relações jurídicas entre o poder central e os cidadãos (não existem 'corpos intermediários' a servir de 'écran' entre o Estado e os cidadãos); (4) do caráter unitário deriva ainda a ideia de* ***indivisibilidade*** *territorial. Em suma: unidade do Estado significa República* ***uma****, com uma* ***única Constituição*** *e órgãos de soberania únicos para todo território nacional."* in **Direito Constitucional e Teoria da Constituição.** 7ª ed. Coimbra: Almedina, 2000, p. 359.
Cláudio de Cicco e Alvaro de Azevedo Gonzaga, discorrendo sobre o tema, esclarecem o seguinte:
"Quando sucede que a uma nação corresponda uma só soberania na ordem interna e na ordem internacional, chamamos a essa organização política de Estado Unitário, pois só existe um Estado e uma autoridade máxima na nação. É o caso da Itália, nação em que existem várias províncias e regiões, mas um só Estado: o Estado italiano. A França também é um Estado Unitário dividido em departamentos.". in **Teoria Geral do Estado e Ciência Política.** 7ª ed. São Paulo: RT, 2016, pp. 93 e 94.

7 A *descentralização* política se dá mediante *delegação* administrativa.

8 A Constituição da República Italiana, de 1947, dispõe em seu art. 5° o seguinte: "A República, una e indivisível, reconhece e promove as autonomias locais; atua a

o poder na esfera administrativa a outras unidades políticas, cujo propósito consiste em otimizar a gestão pública, se dá mediante a técnica da ***delegação***. Deste modo, o poder central tem a faculdade de conferir atribuições aos entes políticos, como também eliminar as que já lhes tenham sido objeto de delegação[9]. Tem-se aqui, portanto, a figura do ***Estado unitário descentralizado***. A relação que se estabelece entre as unidades administrativas e o governo central é de subordinação, pois, conforme dito anteriormente, o *ente central delega atribuições às entidades que lhe estão subordinadas*. Na França, consoante o disposto no art. 72 da Constituição, tais atribuições são delegadas através de *lei*. Portanto, "*a descentralização política não é atributo exclusivo do Estado federal, estando presente também no Estado unitário, politicamente descentralizado, e no Estado dito regional.*"[10]

mais, ampla descentralização administrativa nos serviços que dependem do Estado; adequa os princípios e os métodos de sua legislação às exigências da autonomia e da descentralização."

A Constituição da República Francesa, de 1958, em seus arts. 1º e 72º, estabelece: "ARTIGO 1º A França é uma República indivisível, laica, democrática e social. Assegura a igualdade de todos os cidadãos perante a lei sem distinção de origem, raça ou religião. Respeita todas as crenças. **Sua organização é descentralizada.**

(...)

ARTIGO 72º Coletividades territoriais da República são os municípios, departamentos, regiões, comunidades de estatuto especial e comunidades ultramarinas regidas pelo artigo 74. Qualquer outra coletividade territorial é criada pela lei, se necessário, em vez de uma ou várias comunidades mencionadas no presente parágrafo. As coletividades territoriais destinam-se a tomar decisões para o conjunto de competências que melhor podem ser exercidas ao seu nível. Nas condições previstas pela lei, essas comunidades são administradas livremente por conselhos eleitos e dispõem de um poder regulamentar para o exercício das suas competências." (destaque nosso)

9 Para André Ramos Tavares, "*o poder central tanto pode promover a desconcentração como regredir para a posição inicial de concentração absoluta, inclusive com a eliminação da entidade subordinada até então existente.*" in **Curso de Direito Constitucional.** 9ª ed. São Paulo: Saraiva, 2011, p. 1082.

10 Elival da Silva Ramos, **Estados-membros**. Enciclopédia jurídica da PUC-SP. Celso Fernandes Campilongo, Alvaro de Azevedo Gonzaga e André Luiz Freire (coords.). Tomo: Direito Administrativo e Constitucional. Vidal Serrano Nunes Jr., Maurício Zockun, Carolina Zancaner Zockun, André Luiz Freire (coord. de tomo). 1. ed. São Paulo: Pontifícia Universidade Católica de São Paulo, 2017. Disponível em: https://enciclopediajuridica.pucsp.br/verbete/72/edicao-1/estados-membros, acesso em 27.06.19, às 15h22.

José Luis Bolzan de Morais e Roberta Camineiro Baggio aduzem que a descentralização política não é um atributo único do Estado Federal e que vivemos em uma federação apenas formalmente. Afirmam os autores o seguinte:

Além da classificação acima descrita, a doutrina faz alusão a uma outra, na qual aponta para existência de Estados ***simples* ou *composto*.** Por *Estado Simples*, compreende-se aquele no qual incide uma única soberania sobre determinada base territorial, ao passo que o *Estado composto* se revela como sendo a *"organização política em que em um só Estado coexistem várias soberanias, formando personalidades jurídicas de direito público **sui generis**. É o caso, atualmente, da confederação e da comunidade de nações."*[11] (destaque no original)

Formulados os esclarecimentos necessários sobre as formas de Estado, tem-se que a *Federação* ou *Estado Federal* resulta de uma **união indissolúvel entre unidades políticas autônomas, instituída constitucionalmente e dotado de personalidade no âmbito do direito público internacional**. A indissolubilidade do vínculo político é uma das notas *essenciais* do pacto federativo.

"Primeiramente, a descentralização não é uma característica única dos sistemas federalistas. A partir dos anos 70 diversos países do mundo começaram a optar pela descentralização do poder e nem todos eram países federalistas, como no caso da França, de Portugal e até mesmo do Reino Unido. Esse fenômeno deve-se, principalmente, às transformações políticas e econômicas ocorridas no mundo, cujas tendências dominantes propugnam maior 'flexibilidade' administrativa e funcional ao Estado-nação.
Portanto, a implementação de uma estrutura estatal mais descentralizada pode ocorrer em países que adotam outro sistema que não o federativo, sem que isso signifique objetivamente uma identificação com um processo democrático.
No caso específico do Brasil, por exemplo, vivemos em um sistema federativo apenas formal, cuja principal característica, a descentralização, ou foi negligenciada ou não esteve a serviço de uma autonomia capaz de gerar o aprofundamento democrático por meio da promoção de mecanismos de inclusão política da população e da efetiva participação e controle do poder político e definição dos rumos da política local.
Grande parte da existência de nossa federação ou ocorreu sob a centralização do poder político ou para garantir a sustentabilidade de algumas elites no poder, como foi o caso da República Velha, o que nos faz crer que o sistema federativo brasileiro nunca foi um pacto de equilíbrio entre os entes federados." in "***Os limites da transição política e (alguns) os dilemas do federalismo brasileiro. Um olhar retrospectivo***" in Alfredo Copetti Neto, George Salomão Leite, Glauco Salomão Leite (Coord.). **Dilemas na Constituição**, Belo Horizonte: Fórum, 2017, p. 176.

---

11 Cláudio de Cicco e Alvaro de Azevedo Gonzaga, **Teoria Geral do Estado e Ciência Política.** 7ª ed. São Paulo: RT, 2016, p. 94.

3. Elementos característicos do Estado federal

Há um núcleo comum de elementos apontados pela doutrina[12] que definem ou caracterizam o *Estado Federal*. São eles: a) ***descentralização político-administrativa dos entes federativos***[13]; b) ***autonomia constitucional das unidades federativas***[14]; c) ***indissolubilidade do víncu-***

---

12 Embora partilhe do entendimento de que um Estado Federal possui elementos comuns que o identifiquem como tal, Konrad Hesse chama a atenção para o fato de que não devemos nos ater a um conceito de Estado Federal "pré-constitucional". Ao discorrer sobre o artigo 20, 1, da Lei Fundamental Alemã, evidencia Hesse o seguinte:
"O conceito jurídico-constitucional do estado federal compreende, sem dúvida, características gerais que também são próprios de outras ordens estatal-federais; ele indica, nisso, uma união de várias organizações estatais e ordens jurídicas, e, precisamente, aquelas dos 'estados-membros' e aquelas do 'estado-total', em que estado-total e estados-membros são coordenados mutuamente na forma que as competências estatais entre eles são repartidas, que aos estados-membros, por meio de um órgão especial, são concedidas determinadas possibilidades de influência sobre o estado-total, ao estado-total determinadas possibilidades de influência sobre os estados-membros e que uma certa homogeneidade das ordens do estado-total e dos estados-membros é produzida e garantida. Mas, apesar da comunidade da estrutura fundamental, cada estado federal é, todavia, uma individualidade concreto-histórica. Ordem estatal-federal experimenta, em consequência de limitações históricas, políticas, sociais e econômicas diferentes, e, em consequência das tarefas diferentes, que ela tem de cumprir, também cunhos totalmente diferentes. Já por isso a consideração jurídico-constitucional não pode ligar-se a um conceito de estado federal 'pré-constitucional'. Uma tal ligação lhe é proibida, tanto mais que o conceito, para ela decisiva, de estado federal é um conceito normativo. Tampouco como a compreensão da democracia e do estado de direito social, deixa-se, por isso, a compreensão da ordem estatal-federal da Lei Fundamental desatar da sua forma pela Constituição." in **Elementos de Direito Constitucional da República Federal da Alemanha.** Porto Alegre: Sergio Antonio Fabris Editor, 1998, p. 179.

13 Além de vários dispositivos constitucionais que podem ser citados para atestar a descentralização político-administrativa, trazemos a colação os seguintes:
"Art. 25. Os **Estados organizam-se e regem-se pelas Constituições e leis que adotarem**, observados os princípios desta Constituição;
Art. 29. O **Município reger-se-á por lei orgânica**, votada em dois turnos, com o interstício mínimo de dez dias, e aprovada por dois terços dos membros da Câmara Municipal, que a promulgará, atendidos os princípios estabelecidos nesta Constituição, na Constituição do respectivo Estado e os seguintes preceitos;
Art. 32. O **Distrito Federal**, vedada sua divisão em Municípios, **reger-se-á por lei orgânica**, votada em dois turnos com interstício mínimo de dez dias, e aprovada por dois terços da Câmara Legislativa, que a promulgará, atendidos os princípios estabelecidos nesta Constituição."

14 Em seu art. 18, a Constituição brasileira consagra o princípio da autonomia das unidades federativas:

lo federativo[15]; d) ***rigidez constitucional***[16]; e) ***representação política para formação da vontade nacional***[17]; f) ***existência de um Tribunal***

"Art. 18. A organização político-administrativa da República Federativa do Brasil compreende a União, os Estados, o Distrito Federal e os Municípios, **todos autônomos**, nos termos desta Constituição."

15 A Constituição Federal de 1988, em seu art. 1°, dispõe o seguinte:
"Art. 1º A República Federativa do Brasil, formada pela **união indissolúvel** dos Estados e Municípios e do Distrito Federal, constitui-se em Estado Democrático de Direito e tem como fundamentos: (...)." Referido dispositivo já evidencia a indissolubilidade do pacto federativo.

16 A rigidez constitucional implica em um processo legislativo mais rigoroso para elaboração de normas constitucionais, em comparação com as demais espécies normativas. Eis o disposto no artigo 60 da Constituição Federal, pertinente ao processo de criação de emendas constitucionais:
"Art. 60. A Constituição poderá ser emendada mediante proposta:
I - de um terço, no mínimo, dos membros da Câmara dos Deputados ou do Senado Federal;
II - do Presidente da República;
III - de mais da metade das Assembléias Legislativas das unidades da Federação, manifestando-se, cada uma delas, pela maioria relativa de seus membros.
§ 1º A Constituição não poderá ser emendada na vigência de intervenção federal, de estado de defesa ou de estado de sítio.
§ 2º A proposta será discutida e votada em cada Casa do Congresso Nacional, em dois turnos, considerando-se aprovada se obtiver, em ambos, três quintos dos votos dos respectivos membros.
§ 3º A emenda à Constituição será promulgada pelas Mesas da Câmara dos Deputados e do Senado Federal, com o respectivo número de ordem.
§ 4º Não será objeto de deliberação a proposta de emenda tendente a abolir:
I - a forma federativa de Estado;
II - o voto direto, secreto, universal e periódico;
III - a separação dos Poderes;
IV - os direitos e garantias individuais.
§ 5º A matéria constante de proposta de emenda rejeitada ou havida por prejudicada não pode ser objeto de nova proposta na mesma sessão legislativa."

17 A representação política dos estados federados para formação da vontade nacional se dá através dos senadores, consoante o disposto no art. 46 da Constituição Federal:
"Art. 46. **O Senado Federal compõe-se de representantes dos Estados e do Distrito Federal**, eleitos segundo o princípio majoritário.
§ 1º Cada Estado e o Distrito Federal elegerão três Senadores, com mandato de oito anos.
§ 2º A representação de cada Estado e do Distrito Federal será renovada de quatro em quatro anos, alternadamente, por um e dois terços."

competente para solucionar conflitos entre os entes federativos[18] e; g) ***repartição de receitas***[19].

---

18 Art. 102. Compete ao Supremo Tribunal Federal, precipuamente, a guarda da Constituição, cabendo-lhe:
I - processar e julgar, originariamente:
(...)
f) **as causas e os conflitos entre a União e os Estados, a União e o Distrito Federal, ou entre uns e outros,** inclusive as respectivas entidades da administração indireta;

19 A repartição das receitas tributárias entre os entes federativos, essencial para preservação das suas respectivas autonomias, está disciplinada no art. 157 e ss do texto constitucional em vigor, cujo teor trazemos à colação.
"DA REPARTIÇÃO DAS RECEITAS TRIBUTÁRIAS
Art. 157. Pertencem aos Estados e ao Distrito Federal:
I - o produto da arrecadação do imposto da União sobre renda e proventos de qualquer natureza, incidente na fonte, sobre rendimentos pagos, a qualquer título, por eles, suas autarquias e pelas fundações que instituírem e mantiverem;
II - vinte por cento do produto da arrecadação do imposto que a União instituir no exercício da competência que lhe é atribuída pelo art. 154, I.
Art. 158. Pertencem aos Municípios:
I - o produto da arrecadação do imposto da União sobre renda e proventos de qualquer natureza, incidente na fonte, sobre rendimentos pagos, a qualquer título, por eles, suas autarquias e pelas fundações que instituírem e mantiverem;
II - cinqüenta por cento do produto da arrecadação do imposto da União sobre a propriedade territorial rural, relativamente aos imóveis neles situados, cabendo a totalidade na hipótese da opção a que se refere o art. 153, § 4º, III;
III - cinqüenta por cento do produto da arrecadação do imposto do Estado sobre a propriedade de veículos automotores licenciados em seus territórios;
IV - vinte e cinco por cento do produto da arrecadação do imposto do Estado sobre operações relativas à circulação de mercadorias e sobre prestações de serviços de transporte interestadual e intermunicipal e de comunicação.
Parágrafo único. As parcelas de receita pertencentes aos Municípios, mencionadas no inciso IV, serão creditadas conforme os seguintes critérios:
I - três quartos, no mínimo, na proporção do valor adicionado nas operações relativas à circulação de mercadorias e nas prestações de serviços, realizadas em seus territórios;
II - até um quarto, de acordo com o que dispuser lei estadual ou, no caso dos Territórios, lei federal.
Art. 159. A União entregará:
I - do produto da arrecadação dos impostos sobre renda e proventos de qualquer natureza e sobre produtos industrializados, 49% (quarenta e nove por cento), na seguinte forma:
a) vinte e um inteiros e cinco décimos por cento ao Fundo de Participação dos Estados e do Distrito Federal;
b) vinte e dois inteiros e cinco décimos por cento ao Fundo de Participação dos Municípios;
c) três por cento, para aplicação em programas de financiamento ao setor produtivo das Regiões Norte, Nordeste e Centro-Oeste, através de suas instituições finan-

3.1. Descentralização político-administrativa dos entes federativos

A descentralização político-administrativa, efetuada pela Constituição, tipifica a forma federativa de Estado, é dizer, a Lei Fundamental *distribui o exercício do poder, tomando por base o território nacional, a cada unidade política que compõe o Estado Federal.* Implica, deste modo, no reconhecimento da autonomia das unidades federativas, de modo a possuírem, cada qual, um autogoverno, cabendo ao Estado nacional o qualificativo de soberano. Deste modo, o **Estado-nação é dotado de soberania**, ao passo que as **unidades federativas possuem autonomia**. Para o exercício desta autonomia, os entes federados possuem um espaço territorial que lhes pertencem, resultando daí a necessidade de uma margem de liberdade política para que se possa governar em benefício da coletividade da forma mais adequada possível. Mediante a descentralização político-administrativa, ter-se-á uma divisão interna da autoridade e do poder sobre bases territoriais plena ou

---

ceiras de caráter regional, de acordo com os planos regionais de desenvolvimento, ficando assegurada ao semi-árido do Nordeste a metade dos recursos destinados à Região, na forma que a lei estabelecer;
d) um por cento ao Fundo de Participação dos Municípios, que será entregue no primeiro decêndio do mês de dezembro de cada ano;
e) 1% (um por cento) ao Fundo de Participação dos Municípios, que será entregue no primeiro decêndio do mês de julho de cada ano;
II - do produto da arrecadação do imposto sobre produtos industrializados, dez por cento aos Estados e ao Distrito Federal, proporcionalmente ao valor das respectivas exportações de produtos industrializados.
III - do produto da arrecadação da contribuição de intervenção no domínio econômico prevista no art. 177, § 4º, 29% (vinte e nove por cento) para os Estados e o Distrito Federal, distribuídos na forma da lei, observada a destinação a que se refere o inciso II, *c*, do referido parágrafo.
§ 1º Para efeito de cálculo da entrega a ser efetuada de acordo com o previsto no inciso I, excluir-se-á a parcela da arrecadação do imposto de renda e proventos de qualquer natureza pertencente aos Estados, ao Distrito Federal e aos Municípios, nos termos do disposto nos arts. 157, I, e 158, I.
§ 2º A nenhuma unidade federada poderá ser destinada parcela superior a vinte por cento do montante a que se refere o inciso II, devendo o eventual excedente ser distribuído entre os demais participantes, mantido, em relação a esses, o critério de partilha nele estabelecido.
§ 3º Os Estados entregarão aos respectivos Municípios vinte e cinco por cento dos recursos que receberem nos termos do inciso II, observados os critérios estabelecidos no art. 158, parágrafo único, I e II.
§ 4º Do montante de recursos de que trata o inciso III que cabe a cada Estado, vinte e cinco por cento serão destinados aos seus Municípios, na forma da lei a que se refere o mencionado inciso."

parcialmente[20], implicando, por via de consequência, na autonomia das unidades federativas.

3.2. Autonomia constitucional das unidades federativas

A autonomia conferida aos entes federados há de ser compreendida[21] como princípio estruturante[22] da organização político-constitucional brasileira. Trata-se, portanto, da capacidade de se autogovernar à luz dos parâmetros fixados constitucionalmente e no âmbito de sua esfera territorial. Sobre o tema, entende J. H. Meirelles Teixeira que por ***autonomia*** se deve entender *"governo próprio, dentro, porém, da esfera de ação do círculo de competência traçado por um poder superior.*[23]*"*

As unidades federativas retiram da Constituição Federal o suporte normativo de sua *autonomia*, competindo aos Estados-membros a capacidade de se auto organizarem através de suas respectivas constituições[24] e leis que venham adotar. Referida autonomia encontra-se positivada no art. 25 da nossa Lei Maior:

---

20 Dircêo Torrecillas Ramos, **O Federalismo Assimétrico**. Rio de Janeiro: Forense, 2000, p. 41.

21 No entendimento de Cármen Lúcia Antunes Rocha, "a autonomia das entidades federadas configura-se pela garantia de auto-organização, de autogoverno e de auto-administração de todas elas. Para que tanto se dê é que se assegura a existência do denominado poder constituinte decorrente, pelo qual se elaboram as Constituições das entidades federadas.
Uma das espécies em que se classifica o poder constituinte instituído ou derivado, o poder constituinte decorrente é aquele que, numa Federação, vocaciona-se à concretização do princípio federativo, constituindo a organização jurídica fundamental do Estado-membro." in **República e Federação no Brasil – Traços constitucionais da organização política brasileira.** Belo Horizonte: Del Rey, 1997, pp. 186 e 187.

22 Neste caso específico, não estamos emprestando o mesmo significado fornecido por Canotilho ao expor sua tipologia acerca do sistema de regras e princípios constitucionais, na qual o autor apresenta a seguinte classificação das normas constitucionais: a) princípios constitucionais estruturantes; b) princípios constitucionais gerais; c) princípios constitucionais especiais e; d) regras constitucionais. Isto porque, se formos aplicar no presente tema o modelo sugerido por Canotilho, o princípio da autonomia deveria se enquadrar como *princípio constitucional geral,* por ser uma derivação do *princípio constitucional estruturante* "federação". O sentido, portanto, que devemos emprestar ao termo, é que ele compõe a estrutura básica do federalismo brasileiro. Sobre a classificação de Canotilho, cf. **Direito Constitucional e Teoria da Constituição.** 7ª ed. Coimbra: Almedina, 2000, pp. 1173 e ss.

23 **Curso de Direito Constitucional.** Rio de Janeiro: Forense Universitária, 1991, p. 628.

24 A Constituição Federal de 1988 conferiu às Assembleias Legislativas estaduais função constituinte, atribuindo-lhes o prazo de um ano para que cada qual elabo-

> "Art. 25. Os **Estados organizam-se e regem-se pelas Constituições e leis que adotarem**, observados os princípios desta Constituição;"

Os **Municípios e o Distrito Federal**, por sua vez, não se organizam *formalmente* através de um documento jurídico denominado *Constituição*, mas sim pela via da ***Lei Orgânica***[25]. Sob uma perspectiva **material**, a Lei Orgânica Municipal e Distrital possui função similar a de uma Constituição Estadual, qual seja, de estabelecer a organização jurídica fundamental em sua respectiva base territorial, observadas as normas estabelecidas na Constituição Federal e na Constituição Estadual. Eis o que dispõe os artigos 29 e 32 da Constituição Federal, relativos à organização jurídica dos Municípios e do Distrito Federal, respectivamente:

> "Art. 29. O **Município reger-se-á por lei orgânica**, votada em dois turnos, com o interstício mínimo de dez dias, e aprovada por dois terços dos membros da Câmara Municipal, que a promulgará, atendidos os princípios estabelecidos nesta Constituição, na Constituição do respectivo Estado e os seguintes preceitos;
>
> (...)
>
> Art. 32. O **Distrito Federal**, vedada sua divisão em Municípios, **reger-se-á por lei orgânica**, votada em dois turnos com interstício mínimo de dez dias, e aprovada por dois terços da Câmara Legislativa, que a promulgará, atendidos os princípios estabelecidos nesta Constituição." (destaque nosso)

Portanto, a **autonomia**[26] dos entes federativos decorre da própria Constituição Federal que, ao estabelecer a organização política da

---

rasse a Constituição do seu respectivo Estado. Eis o que dispôs o art. 11 do ADCT: "Art. 11. Cada Assembléia Legislativa, com poderes constituintes, elaborará a Constituição do Estado, no prazo de um ano, contado da promulgação da Constituição Federal, obedecidos os princípios desta."

---

25 No plano formal da hierarquia das leis, a *Lei Orgânica* se sobrepõe a todas as espécies normativas instituídas no âmbito municipal e distrital.

26 No entendimento de Cármen Lúcia Antunes Rocha, "a autonomía das entidades federadas é garantida pela existência de competências próprias e exclusivas, que podem ser postas ao lado de outras complementares ou comuns, mas que asseguram um espaço de criação de Direito por elas.
A noção de autonomia vincula-se, portanto, ao sistema de repartição de competências que determina a eficácia do próprio princípio federativo.
Competência é a medida de capacidade de ação política ou administrativa, legitimamente conferida a um órgão, agente ou poder, nos termos juridicamente definidos.

República Brasileira, estabelece a repartição de competências que devem ser exercidas pelas respectivas unidades da federação. Em razão da capacidade de se autogovernar, os Estados, Municípios e Distrito Federal têm competência para eleger os membros que comporão o Poder Executivo e o Poder Legislativo. Decorre, também, da noção de autogoverno, a autonomia administrativa para gerir toda estrutura e negócios públicos de competência destas unidades federativas. Devemos salientar, ainda, que **todos detêm de autonomia financeira**, na medida em que possuem competência para instituir e arrecadar tributos de suas respectivas competências[27]. Por fim, reflexo desta autonomia legislativa entre os entes que compõem a federação é a *igualdade hierárquica entre as espécies normativas emanadas dos seus respectivos centros produtores de normas jurídicas*, ou seja, inexiste hierarquia entre uma lei federal em face de uma lei estadual, ou prevalência da lei estadual sobre a lei municipal, na medida em que os entes federados (centros produtores de normas jurídicas) encontram-se em relação de igualdade constitucional uns com os outros.

3.3. Indissolubilidade do vínculo federativo

A indissolubilidade do vínculo federativo já estava presente nos escritos O Federalista, de Alexander Hamilton, James Madison e John Jay.

Nos sistemas constitucionais que adotam a forma federativa de Estado, a repartição de competências entre as entidades que o compõem adquire relevo fundamental, por ser o elemento identificador da autonomia de cada qual e o que torna eficiente o sistema de ordens jurídicas coordenadas e harmoniosas, conquanto diversas numa unidade, incidindo sobre o mesmo território e submetendo o mesmo povo. Ora, para que esse consórcio de normas sistematicamente postas e simultaneamente aplicadas assegure a eficácia do sistema de Direito, e não o seu entrave ou o conflito quando do seu cumprimento, é que se impõe a definição precisa do objeto, limites e obrigações decorrentes da outorga de competências a cada qual das entidades.
Daí a afirmativa de *Francisco Campos* no sentido de ser 'imprescindível, em suma, um princípio ou uma regra de repartição de competências, de acordo com o qual se extremem umas das outras, em esferas distintas de exercício, as jurisdições, autoridades ou governos.'" **República e Federação no Brasil – Traços constitucionais da organização política brasileira.** Belo Horizonte: Del Rey, 1997, pp. 181 e 182.

---

27 "Art. 145. A União, os Estados, o Distrito Federal e os Municípios poderão instituir os seguintes tributos:
I - impostos;
II - taxas, em razão do exercício do poder de polícia ou pela utilização, efetiva ou potencial, de serviços públicos específicos e divisíveis, prestados ao contribuinte ou postos a sua disposição;
III - contribuição de melhoria, decorrente de obras públicas."

No **Federalista n° 11**, ao discorrer sobre fortalecimento comercial e econômico, Hamilton propõe a indissolubilidade da União nos seguintes termos:

> "Sigamos os treze estados-membros em estrita e **indissolúvel** União, concorrendo para erigir um grande sistema americano, acima do controle de qualquer força ou influência transatlântica e capaz de ditar os termos das conexões entre o velho e o novo mundo!"[28]

A forma federativa de Estado, conforme aludido acima, é cláusula pétrea em nossa Constituição Federal, não podendo ser abolida através de emenda constitucional[29]. Logo, o vínculo associativo existente entre as unidades federativas será permanente tanto quanto seja a Constituição Federal de 1988. Por outras palavras, enquanto estiver em vigor a atual Constituição brasileira, o *pacto federativo* não pode ser *dissolvido*, fato este que resulta na vedação de *secessão*, é dizer, da separação de uma unidade política do Estado Federal. O fato de a Constituição Federal brasileira vedar a secessão, não significa dizer que um Estado-membro esteja *politicamente* impossibilitado de não mais integrar o Estado Federal. A *pretensão política* de quebra do vínculo poderá até existir, todavia a Constituição Federal veda qualquer possibilidade de que isto venha a ser posto em prática, na medida em que autoriza a intervenção federal para manutenção da integridade nacional[30].

---

28 **O Federalista.** Campinas: Russell, 2003, p. 90.

29 "Art. 60. A Constituição poderá ser emendada mediante proposta:
(...)
§ 4º Não será objeto de deliberação a proposta de emenda tendente a abolir:
I - a forma federativa de Estado;
(...)."

30 Neste sentido, dispõe o art. 34 da Constituição Federal:
Art. 34. A União não intervirá nos Estados nem no Distrito Federal, exceto para:
I - **manter a integridade nacional**;
II - **repelir invasão estrangeira ou de uma unidade da Federação em outra;**
III - pôr termo a grave comprometimento da ordem pública;
IV - garantir o livre exercício de qualquer dos Poderes nas unidades da Federação;
V - reorganizar as finanças da unidade da Federação que:
a) suspender o pagamento da dívida fundada por mais de dois anos consecutivos, salvo motivo de força maior;
b) deixar de entregar aos Municípios receitas tributárias fixadas nesta Constituição, dentro dos prazos estabelecidos em lei;
VI - prover a execução de lei federal, ordem ou decisão judicial;
VII - **assegurar a observância dos seguintes princípios constitucionais:**
a) forma republicana, sistema representativo e regime democrático;

3.4. Rigidez constitucional

A Constituição Federal é quem fornece o suporte de existência jurídica de uma Federação, atribuindo aos entes federativos suas respectivas competências. Em seu *"Título III - Da Organização do Estado"*, a Lei Fundamental estabelece os contornos da estruturação política da federação brasileira, de modo que todos os entes componentes do Estado Federal brasileiro retiram da Constituição o seu suporte de existência. Logo, o ponto de partida para compreensão do pacto federativo nacional é a Constituição, pois nela encontram-se plasmadas todas as normas que disciplinam o exercício da atividade política[31], por parte dos entes federativos, na esfera territorial brasileira. Todo aquele que pretenda conhecer a estrutura federativa brasileira, necessariamente terá que compreender a respectiva Constituição que a institucionaliza. Em sede

b) direitos da pessoa humana;
c) **autonomia municipal;"**
Para complementar o raciocínio, trazemos a colação decisão do Supremo Tribunal Federal - STF, sobre a intangibilidade do pacto federativo:
"O instituto da intervenção federal, consagrado por todas as Constituições republicanas, representa um elemento fundamental na própria formulação da doutrina do federalismo, que dele não pode prescindir - inobstante a excepcionalidade de sua aplicação -, para efeito de preservação da intangibilidade do vínculo federativo, da unidade do Estado Federal e da integridade territorial das unidades federadas. A invasão territorial de um Estado por outro constitui um dos pressupostos de admissibilidade da intervenção federal. O presidente da República, nesse particular contexto, ao lançar mão da extraordinária prerrogativa que lhe defere a ordem constitucional, age mediante estrita avaliação discricionária da situação que se lhe apresenta, que se submete ao seu exclusivo juízo político, e que se revela, por isso mesmo, insuscetível de subordinação à vontade do Poder Judiciário, ou de qualquer outra instituição estatal. Inexistindo, desse modo, direito do Estado impetrante à decretação, pelo chefe do Poder Executivo da União, de intervenção federal, não se pode inferir, da abstenção presidencial quanto à concretização dessa medida, qualquer situação de lesão jurídica passível de correção pela via do mandado de segurança.
(MS 21.041 rel. min. Celso de Mello, j. 12.6.1991)"

31 Kelsen, na obra **¿Quién debe ser el defensor de la Constitución?**, afirma que "la función política de la Constitución es la de poner límites jurídicos al ejercicio del *poder*. Garantía constitucional significa generar la seguridad de que esos límites jurídicos no serán transgredidos." 2ª ed. Madrid: Tecnos, 1999, p. 05. No livro **Jurisdição Constitucional**, esclarece o professor de Viena que "a noção de Constituição conservou um núcleo permanente: a idéia de um princípio supremo determinando a ordem estatal inteira e a essência da comunidade constituída por essa ordem." 2ª ed. São Paulo: Martins Fontes, 2007, p. 130. De forma bastante sintética, diz Canotilho ser a Constituição o "estatuto jurídico do político". **in Direito Constitucional e Teoria da Constituição.** 7ª ed. Coimbra: Almedina, 2000, p. 1207.

constitucional, portanto, as regras do pacto federativo destinam-se a todas as unidades componentes do Estado Federal.

Um dos pressupostos para existência de uma Federação, sob uma perspectiva jurídica, é a sua institucionalização em um documento constitucional dotado de rigidez, é dizer, de um rigor maior quanto ao processo legislativo atinente a criação de normas de natureza constitucional, em comparação ao processo de produção normativa das demais fontes do direito (leis, decretos, regulamentos etc). A rigidez constitucional tem a possibilidade de permitir uma maior estabilidade jurídica de suas normas, na medida em que se trata de um procedimento legislativo mais complexo em se tratando da possibilidade de modificação do texto constitucional.

3.5. Representação política para formação da vontade nacional

A participação dos estados-membros na formação da vontade política nacional é outro elemento tipificador da Federação. Na medida em que um Estado Federal é composto por uma pluralidade de Estados (associação de Estados-membros), estes devem participar efetivamente da formação da vontade político-jurídica nacional. Isto se dá mediante a atuação política dos representantes de cada Estado-membro: os senadores[32]. Em virtude da **igualdade constitucional entre as unidades federativas, todos os Estados-membros possuem idêntico número de representantes no Senado Federal, ou seja, três (03) senadores**. Logo, independentemente da extensão territorial, capacidade econômica, número de habitantes etc, todos os Estados federados possuem três (03) senadores que os representam politicamente na esfera parlamentar.

3.6. Instituição de um Tribunal para dirimir conflitos entre os entes da federação

Outra nota do modelo federativo diz sobre a existência de uma instituição[33] competente para solucionar conflitos entre os entes fede-

32 "Art. 46. O **Senado Federal compõe-se de representantes dos Estados e do Distrito Federal**, eleitos segundo o princípio majoritário.
§ 1º Cada Estado e o Distrito Federal elegerão três Senadores, com mandato de oito anos.
§ 2º A representação de cada Estado e do Distrito Federal será renovada de quatro em quatro anos, alternadamente, por um e dois terços.
§ 3º Cada Senador será eleito com dois suplentes." (destaque nosso)

33 Kelsen, idealizador do Tribunal Constitucional, expõe o seguinte:
"Mas é certamente no Estado federativo que a jurisdição constitucional adqui-

rados. Isto porque, na medida em que um Estado Federal se caracteri-

---

re a mais considerável importância. Não é excessivo afirmar que a idéia política do Estado federativo só é plenamente realizada com a instituição de um tribunal constitucional. A essência do Estado federativo consiste - se não enxergarmos nele um problema de metafísica do Estado mas sim, numa concepção inteiramente realista, um tipo de organização técnica do Estado - numa divisão das funções, tanto legislativas como executivas, entre órgãos centrais competentes para todo o Estado ou seu território (Federação, *Reich*, União) e uma pluralidade de órgãos locais, cuja competência se limita a uma subdivisão do Estado, a uma parte de seu território (estados federados, províncias, cantões etc.), com representantes desses elementos estatais, designados de maneira mediata (pelos parlamentos ou pelos governos estaduais) ou imediata (pela população da circunscrição), participando da atividade legislativa central, e eventualmente também da atividade executiva central. Em outras palavras, o Estado federativo é um caso especial de descentralização. A disciplina dessa descentralização é o conteúdo essencial da Constituição geral do estado, que determina principalmente que matérias serão regidas por leis centrais e que matérias o serão por leis locais, assim como as matérias que serão de competência exclusiva da União e as que serão de competência exclusiva dos estados federados. **A repartição das competências é o cerne político da idéia federalista. Isso significa, do ponto de vista técnico, que as Constituições federativas não apenas regulam o processo legislativo e estabelecem certos princípios a propósito do conteúdo das leis - como acontece com a dos Estados unitários - mas também fixam as matérias atribuídas à legislação federal e à legislação local. Qualquer violação dos limites assim traçados pela Constituição é uma violação da lei fundamental do Estado federativo; e a proteção desse limite constitucional das competências entre a União e estados federados é uma questão política vital, sentida como tal no Estado federativo, no qual a competência sempre dá ensejo a lutas apaixonadas. Mais que em qualquer outra parte, faz-se sentir aqui a necessidade de uma instância objetiva que decida essas lutas de modo pacífico, de um tribunal ao qual esses litígios possam ser levados como problemas de ordem jurídica e decididos como tal - isto é, de um tribunal constitucional. Porque qualquer violação da competência da União por um estado federado, ou da competência dos estados federados pela União, é uma violação da Constituição federal que faz da União e de seus estados uma unidade. Não se deve confundir essa Constituição total, de que a repartição de competências é parte essencial, com a Constituição parcial da União, que lhe é subordinada, porque, assim como as Constituições dos estados federados, ela não passa da Constituição de uma parte, de um elemento do Estado, ainda que um só e mesmo órgão seja chamado a modifica a Constituição total e a da União.**

Tratando-se de atos jurisdicionais ou administrativos, contrários às regras de competência, as vias de recursos judiciários ou administrativos dos estados federados ou da União oferecem a possibilidade de anulá-los por ilegalidade. Não cabe examinar aqui se essa garantia é suficiente para impedir de modo eficaz que os atos administrativos da União invadam a competência dos estados federados e vice-versa, em particular no caso de não existir um tribunal administrativo supremo comum à União e aos estados federados, o qual, na medida em que é chamado a controlar a conformidade desses atos às regras de competência, isto é, sua cons-

za por uma **pluralidade orgânica de fontes do direito**, é possível a

titucionalidade, já fará às vezes, mesmo se indiretamente, de tribunal constitucional. Podemos observar contudo que, dada a oposição de interesses, característica do Estado federativo, entre a União e estados federados, e a necessidade particularmente forte aqui de uma instância objetiva, e por assim dizer arbitral, que funcione como órgão da comunidade formada pelas coletividades jurídicas, em princípio coordenadas, da União e dos estados federados, a questão da competência a conceder nessa matéria a um tribunal constitucional não se apresenta exatamente da mesma forma que num Estado unitário centralizado, de modo que seria perfeitamente concebível confiar a um tribunal constitucional federal o controle dos atos administrativos, exclusivamente quanto à sua conformidade às regras constitucionais de competência. Seria naturalmente necessário, porém, exigir que o tribunal constitucional a que caberia julgar as leis e os regulamentos da União e dos estados federados proporcionasse, por sua composição paritária, garantias de objetividade suficientes, e se apresentasse não como um órgão exclusivo da União ou dos estados federados, mas como órgão da coletividade que os engloba igualmente, da Constituição total do Estado, cujo respeito seria encarregado de assegurar.

É um dos paradoxos da teoria do Estado federativo apresentar o princípio 'o direito federal prevalece sobre o direito estadual' como correspondente à essência do Estado federativo, e dissimular, com isso, a necessidade de uma jurisdição constitucional. É fácil mostrar que nada é tão contrário à idéia do Estado federativo quanto a esse princípio, que faz a existência política e jurídica dos estados federados depender da boa vontade da União, à qual permite invadir inconstitucionalmente, por meio de leis ordinárias e até por simples regulamentos, a competência destes últimos, e assim, atribuir-se, em contradição com a Constituição total do Estado, as competências dos estados federados. **O verdadeiro respeito à idéia federalista, que encontrou sua expressão na Constituição total do Estado, requer que nem o direito federal prevaleça sobre o direito estadual, nem o direito estadual sobre o direito federal, e que ambos sejam, em suas relações recíprocas, igualmente julgados de acordo com a Constituição total que delimita seu respectivo domínio. Um ato jurídico do Estado central que, ultrapassando o limite que a Constituição total lhe estabelece, invada o domínio constitucionalmente garantido aos estados federados, não deve ter maior valor jurídico do que o ato de um estado federado que viole a competência do Estado central. Esse princípio é o único que corresponde à essência do Estado federativo, e ele não pode ser efetivado de outro modo que não por um tribunal constitucional.** A competência natural deste, por resultar da idéia federalista, também deveria abranger enfim o julgamento de todas as violações das obrigações respectivas de que possam ser culpados não apenas os estados federados, mas também o Estado central, se no exercício de suas funções seus órgãos violarem a Constituição total do Estado. O que se costuma qualificar de intervenção e que constitui um problema tão difícil para a teoria e prática do Estado federativo, deveria se apresentar – seja sob a forma primitiva de uma responsabilidade coletiva e restituitória, seja sob a forma tecnicamente mais aperfeiçoada de uma responsabilidade individual e por culpa do órgão responsável – apenas como a execução de uma sentença pronunciada pelo tribunal constitucional, na qual fica estabelecida a inconstitucionalidade da conduta do Estado central ou do estado

ocorrência de um eventual conflito normativo oriundo do exercício da competência legislativa entre as unidades federativas ou entre elas e a União. Dito de outro modo, é possível que uma unidade política invada a competência de uma outra, ocasionando uma invasão ilegítima de competência legislativa. Logo, prevendo tal possibilidade, tem-se instituído um Tribunal cuja competência consiste em solucionar conflitos desta natureza, além de outras atribuições que lhes são conferidas constitucionalmente.

Em razão da co-existência, em um Estado Federal, de uma diversidade de instituições competentes para produção de normas jurídicas, é possível a ocorrência de situações antinômicas, é dizer, de um conflito inter normativo. Dito de outro modo, podemos verificar a ocorrência de uma colisão entre duas normas jurídicas, produzidas por unidades políticas distintas, na medida em que cada qual possui autonomia legislativa. Para solucionar tal problemática, (solução de antinomias surgidas em razão de atos normativos emanados dos entes federativos - conflitos de competência), as Constituições têm atribuído competência às Supremas Cortes (órgãos de cúpula do Poder Judiciário) ou ao ***Tribunal Constitucional***[34], órgão dotado de neutralidade política por não integrar a estrutura de nenhum Poder estatal[35].

---

federado." in **Jurisdição Constitucional**, 2ª ed. São Paulo: Martins Fontes, 2007, pp. 182-186.

---

34 Em estudo sobre os *Tribunais Constitucionais*, afirmou Louis Favoreau:
"Este modelo europeo, que hoy puede ilustrarse con una docena de ejemplos, no habría existido sin Kelsen. Con sus trabajos y con su proyecto de Constitución austríaca de 1920, el maestro de Viena puso a punto un nuevo tipo de justicia constitucional opuesto al modelo americano.
(...)
La construcción de Hans Kelsen, tal como aparece expuesta en su estudio de 1928 y en la tesis de su discípulo, Charles Eisenmann, se muestra hoy sorprendentemente moderna. Kelsen y Eisenmann demostraron que la institución de un Tribunal constitucional, encargado sobre todo de controlar la constitucionalidad de las leyes, era perfectamente conforme a la teoría de la separación de poderes." in **Los tribunales constitucionales**. Barcelona: Ariel, 1994, pp. 15 e 22.

35 Kelsen, em crítica ao pensamento de Carl Schmitt acerca do defensor da Constituição, expõe o seguinte:
"Que todo chefe de Estado, na medida em que é independente dos grupos de interesses antagônicos, buscará com seus atos uma linha mediana, isto é, a linha do acordo, é algo que se compreende por si mesmo. Essa atitude, de fato, assegura, via de regra, a sua própria posição. O seu poder 'neutro', porém, deve ser algo bem maior que a possibilidade de equilibrar interesses. E justamente essa possibilidade é notavelmente limitada pelo fato, já mencionado, de que ele não pode agir sem

A Constituição Federal de 1988 atribuiu ao Supremo Tribunal

a colaboração dos ministros, que dependem da maioria parlamentar. Se, com todo o realismo e sem qualquer verniz ideológico, enxergamos a 'neutralidade' do chefe de Estado nessa possibilidade de influenciar a vontade estatal na direção de um acordo - garantida por sua independência dos partidos políticos - temos de admitir que as condições para isso encontram-se em maior grau num monarca hereditário do que num presidente de Estado eleito e reelegível. A eleição do chefe de Estado, que se dá inevitavelmente sob a alta pressão de ações político-partidárias, pode ser um método democrático de nomeação, mas não lhe garante particularmente a independência. Concluir - a partir do fato de que o chefe de Estado é eleito pelo povo, isto é, na verdade nomeado por uma maioria, por vezes mesmo por uma minoria do povo em luta com outros grupos - que ele expressará a vontade geral do povo unitário é portanto discutível, não apenas porque tal vontade geral não existe, mas também porque justamente a eleição não representa nenhuma garantia para uma função do chefe de Estado de equilibrar interesses em conflito. Se esta, via de regra, de fato se manifesta, é apesar desse método de nomeação. Enxergar na eleição uma garantia de independência, como faz Schmitt, só é mesmo possível se fecharmos os olhos para a realidade. Tampouco se deve superestimar os outros meios que as Constituições de repúblicas democráticas oferecem para garantir a independência do chefe de Estado eleito, tais como um mandato longo e uma destituição mais difícil, tanto mais que eles, em parte, são paralisados pela possibilidade de reeleição prevista constitucionalmente. Mesmo a estipulação de incompatibilidades, à qual Schmitt atribui especial importância, não tem grande peso; sobretudo se estiver proibida a filiação a corporações legislativas, mas não a organizações políticas: uma proibição de pouco significado prático. Não há, particularmente, razões suficientes para considerar a independência do chefe de Estado eleito mais forte ou mais garantida do que a do juiz ou do funcionário. Não se pode, sobretudo, desvalorizar a neutralidade do juiz de carreira em favor da do chefe de Estado com o argumento de que 'Os verdadeiros detentores do poder político podem facilmente obter a influência necessária sobre o preenchimento dos postos de juízes e a nomeação dos peritos. Se o conseguem, a resolução em forma judiciária ou técnica das controvérsias torna-se um cômodo instrumento político, e isso é o oposto do que na verdade se objetivava com a neutralização'. Ora, os juízes são, via de regra, nomeados pelo chefe de Estado; não é este o 'verdadeiro' detentor do poder político? E se apenas os partidos políticos o são, então a ausência de neutralidade dos juízes não pressupõe a ausência de neutralidade da instância que o nomeia? Do ponto de vista prático, opina Schmitt, 'é sempre um inibidor notável dos métodos político-partidários de preenchimento de cargos quando não é o companheiro de partido transformado em ministro aquele que nomeia os funcionários, mas sim um chefe de Estado independente do Parlamento, ou seja, de um partido'. Onde, porém, está a garantia de que um 'companheiro de partido' não seja eleito chefe de Estado, e desde quando os partidos políticos não têm a possibilidade, também fora do Parlamento, de tornar dependentes os órgãos eleitos por eles ou com sua ajuda? Se a neutralidade garantida através da 'independência' é a precondição essencial para a função de guardião da Constituição, então o chefe de Estado não possui nenhuma vantagem — pelo menos — em relação a um tribunal independente, e isso deixando-se totalmente de lado um fator que, embora não deva ser superestimado, pode muito bem fun-

Federal – STF, órgão de cúpula do Poder Judiciário e que faz as vezes de Tribunal Constitucional em nosso País, competência para solucionar

damentar uma certa superioridade do tribunal: o fato de que o juiz é impelido à neutralidade já por sua ética profissional.
Como Schmitt não pode provar que o chefe de Estado é em maior medida independente e neutro do que o judiciário e funcionalismo público, declara finalmente: 'Tanto o judiciário como o funcionalismo de carreira são sobrecarregados de um modo insustentável quando se acumulam sobre eles todas as tarefas e decisões políticas para as quais se deseja independência e neutralidade partidária'. Essa mudança da qualidade para a quantidade, porém, é totalmente inadmissível e não prova absolutamente nada. Não se pode comparar todo o judiciário a um camelo que desabará no chão se lhe pusermos em cima o fardo adicional da jurisdição constitucional. Não é a jurisdição enquanto tal que está em questão, mas sim um único tribunal; as tarefas deste não sobrecarregam a 'jurisdição', a qual não existe como quantidade, é uma abstração, e enquanto tal não pode ser sobrecarregada, mas sim somente aquele tribunal concreto, o qual Schmitt, no entanto, provou anteriormente não ser uma autoridade judiciária. E trata-se somente de saber quem é mais independente e neutro: esse tribunal ou o chefe de Estado. Através da imagem distorcida de uma sobrecarga da jurisdição, Schmitt procura inutilmente esquivar-se de admitir que não conseguiu comprovar sua tese do 'chefe de Estado como guardião da Constituição' com o argumento de que ele estaria mais apto a protegê-la por possuir em maior medida que o tribunal a qualidade da independência e, portanto, da neutralidade. Antes, a própria fórmula com que Schmitt define a essência da 'neutralidade', que seria pressuposto para a tarefa de guardião da Constituição, adapta-se justamente a um tribunal constitucional, militando diretamente contra o chefe de Estado. Diz ele que num Estado de direito com poderes separados, não é lógico confiar adicionalmente essa função (a de guardião da Constituição) a um dos poderes existentes, pois em tal caso esse poder ganharia preponderância sobre os outros e poderia, ele mesmo, esquivar-se do controle, tomando-se assim o senhor da Constituição. É preciso, portanto, introduzir um poder neutro especial ao lado dos outros poderes, combinando-o e equilibrando-o com estes através de atribuições específicas". Ora, então o chefe de Estado não é um dos 'poderes existentes', sobretudo numa Constituição que combina o elemento parlamentar com o plebiscitário e que divide o poder político entre Parlamento e presidente do Reich (em conjunto com os ministros)? E justo do ponto de vista de uma interpretação da Constituição que se dedica, com todos os meios, a deslocar o centro de gravidade do poder na direção do chefe de Estado. De quem podemos dizer que se coloca como poder especial neutro ao lado dos outros poderes": um tribunal destinado a nada mais que exercer um controle constitucional ou o chefe de Estado? É desse tribunal ou do chefe de Estado que devemos dizer que - se chamado a exercer a função de guardião da Constituição - recebe essa função 'adicionalmente', adquirindo destarte uma 'preponderância sobre os outros poderes instituídos pela Constituição, na medida em que assim "poderia, ele mesmo, esquivar-se do controle'? Nem mesmo a ideologia de Benjamin Constant do *pouvoir neutre* do monarca poderia obscurecer tanto essa interrogação a ponto de tornar a resposta seriamente duvidosa." in **Jurisdição Constitucional.** 2ª ed. São Paulo: Martins Fontes, 2007, pp. 283 a 286.

conflitos de índole federativa. É o que dispõe o art. 102, I, "f", da nossa Lei Maior:

> "Art. 102. Compete ao Supremo Tribunal Federal, precipuamente, a guarda da Constituição, cabendo-lhe:
>
> I – processar e julgar, originariamente:
>
> (...)
>
> f) **as causas e os conflitos entre a União e os Estados, a União e o Distrito Federal, ou entre uns e outros**, inclusive as respectivas entidades da administração indireta;
>
> (...)
>
> III – julgar, mediante recurso extraordinário, as causas decididas em única ou última instância, quando a decisão recorrida:
>
> (...)
>
> c) julgar válida lei ou ato de governo local contestado em face desta Constituição." (destaque nosso)

Os dispositivos trazidos à colação têm como pano de fundo questões relativas à federação, é dizer, relativas às competências entre os entes federativos. No art. 102, I, "f", tem-se como competente o STF para processar e julgar as causas envolvendo os entes federados descritos no dispositivo, excluída a possibilidade de apreciar qualquer causa originária envolvendo o Município, ou seja, conflito entre a União e determinado Município ou entre um Estado-membro e Município[36].

Em conclusão, devemos ressaltar que o Supremo Tribunal Federal – STF **não é, essencialmente, um Tribunal Constitucional**. Isto porque a competência do Supremo Tribunal Federal – STF não é de **exclusivamente** zelar pela supremacia e observância da Constituição, na medida em que outras competências lhe são atribuídas pela própria Lei Maior, a

---

36 Neste sentido, já decidiu o Supremo Tribunal Federal:
"AGRAVO REGIMENTAL. AÇÃO CAUTELAR PREPARATÓRIA. CONFLITO ENTRE MUNICÍPIO E A UNIÃO. IMPOSSIBILIDADE DE INTERPRETAÇÃO EXTENSIVA DO ART. 102, I, "F", DA MAGNA CARTA. INCOMPETÊNCIA ABSOLUTA DO SUPREMO TRIBUNAL FEDERAL. Incabível a pretendida interpretação extensiva do art. 102, I, "f", da Magna Carta, com a finalidade de atribuir ao Supremo Tribunal Federal a competência para processar e julgar, originariamente, conflito entre a União e Município. Precedentes do Plenário desta Corte: AC 3616 AgR, Relatora a Ministra Cármen Lúcia; ACO 1295 AgR-segundo, Relator o Ministro Dias Toffoli; ACO 1342 AgR, Relator o Ministro Marco Aurélio; e ACO 1364, Relator o Ministro Celso de Mello.
Agravo regimental conhecido e não provido."
(Ag Reg. na Ação Cautelar n° 3.542/BA, DJ. 16.10.14, Pleno)

exemplo daquela constante no art. 102, I, "*g*"[37], que dispõe sobre extradição solicitada por Estado estrangeiro.

3.7. Repartição de receitas

O partilhamento de receitas entre os entes federativos é condição necessária para um adequado desempenho da sua autonomia administrativa e persecução dos fins que lhes são constitucionalmente atribuídos. As unidades federadas apenas podem custear suas atividades, relativas à prestação de serviços públicos, na medida em que dispõem de capacidade econômica[38]. Por tal razão, a repartição de receitas entre

---

37 "Art. 102. Compete ao Supremo Tribunal Federal, precipuamente, a guarda da Constituição, cabendo-lhe:
I - processar e julgar, originariamente:
(...)
g) a extradição solicitada por Estado estrangeiro;"
Sobre o tema relativo à competência do STF, escreveu o Ministro Carlos Velloso: "**Ao Supremo Tribunal Federal a Constituição confere outras competências, além da competência maior de guardá-la e defendê-la**. Segundo a Constituição de 1988, ao Supremo Tribunal são conferidas competências em três planos: em primeiro lugar, competências originárias; depois, competência recursal ordinária e, finalmente, competência recursal extraordinária. Nesta última, mediante o recurso extraordinário, o Supremo Tribunal realiza o controle de constitucionalidade na sua forma difusa, já que, na ordem constitucional brasileira, são dois os tipos de controle de constitucionalidade adotados: o difuso, conferido a qualquer juiz ou tribunal, e que chega ao Supremo Tribunal através do recurso extraordinário, e o concentrado, que o Supremo Tribunal realiza no julgamento da ação direta de inconstitucionalidade, assim de sua competência exclusiva." Destaque nosso. in "**O Supremo Tribunal Federal, Corte Constitucional (Uma proposta que visa a tornar efetiva a sua missão precípua de guarda da Constituição**" R. Dir. Adm., Rio de Janeiro, 192:1-28, abr/jun. 1993, p. 5.

38 Regis Fernandes de Oliveira assinala que "se a Constituição distribui as competências político-administrativas de cada qual, forçosamente deve atribuir os recursos necessários para que possam cumprir suas finalidades. Estas estão definidas no próprio texto constitucional, sem prejuízo de leis que possam determinar competências outras. Logo, imperioso que possuam recursos suficientes para atender a seus fins. Daí a Constituição estabelecer quais os impostos da União (arts. 153-154), os pertencentes aos Estados e Distrito Federal (art. 155) e dos Municípios (art. 156).
Sendo possível ocorrer desequilíbrio na arrecadação, em virtude de fatores socioeconômicos alterarem os ingressos e receitas, a Constituição estabelece forma de repartição das receitas tributárias (arts. 157-162). Assim sendo, em tese, cada unidade federada possui a disponibilidade de recursos próprios, cabendo-lhe exercer sua atividade tributária e, de outro lado, efetua uma racional transferência de recursos, das unidades maiores para as menores, a fim de propiciar a todos os meios necessários para cumprimento de suas atribuições constitucionais." in **Curso de Direito Financeiro.** 4ª ed. São Paulo: RT, 2011, p. 44.

os entes federativos[39], que implica em autonomia financeira, é pressuposto de existência de um legítimo pacto federativo[40].

Elcio Fonseca Reis, ao discorrer sobre *Federalismo Fiscal*, formula as seguintes indagações:

---

39 A Constituição Federal disciplina a repartição das receitas tributárias entre as unidades federativas, nos art. 157 a 162. Especificamente no tocante aos Estados e Municípios, dispõem os arts. 157 e 158 o seguinte:
"Art. 157. Pertencem aos Estados e ao Distrito Federal:
I - o produto da arrecadação do imposto da União sobre renda e proventos de qualquer natureza, incidente na fonte, sobre rendimentos pagos, a qualquer título, por eles, suas autarquias e pelas fundações que instituírem e mantiverem;
II - vinte por cento do produto da arrecadação do imposto que a União instituir no exercício da competência que lhe é atribuída pelo art. 154, I.
Art. 158. Pertencem aos Municípios:
I - o produto da arrecadação do imposto da União sobre renda e proventos de qualquer natureza, incidente na fonte, sobre rendimentos pagos, a qualquer título, por eles, suas autarquias e pelas fundações que instituírem e mantiverem;
II - cinqüenta por cento do produto da arrecadação do imposto da União sobre a propriedade territorial rural, relativamente aos imóveis neles situados, cabendo a totalidade na hipótese da opção a que se refere o art. 153, § 4º, III;
III - cinqüenta por cento do produto da arrecadação do imposto do Estado sobre a propriedade de veículos automotores licenciados em seus territórios;
IV - vinte e cinco por cento do produto da arrecadação do imposto do Estado sobre operações relativas à circulação de mercadorias e sobre prestações de serviços de transporte interestadual e intermunicipal e de comunicação.
Parágrafo único. As parcelas de receita pertencentes aos Municípios, mencionadas no inciso IV, serão creditadas conforme os seguintes critérios:
I - três quartos, no mínimo, na proporção do valor adicionado nas operações relativas à circulação de mercadorias e nas prestações de serviços, realizadas em seus territórios;
II - até um quarto, de acordo com o que dispuser lei estadual ou, no caso dos Territórios, lei federal."

40 Sobre o tema, escreveu Cármen Lúcia Antunes Rocha:
"(...) a garantia de recursos próprios a cada qual das unidades federadas tem sido apontada, sempre, como uma das notas fundamentais para a verificação da existência verdadeira de uma Federação. Pela subtração de recursos econômico-financeiros às entidades federadas, tem-se chegado à ruptura velada, mas não menos grave, e ao esvaziamento de algumas propostas de Federação. A falta de equilíbrio da equação político-financeira fragiliza a Federação, pois a autonomia política guarda estrita vinculação com a capacidade econômico-financeira. Inexiste autonomia sem independência mínima, o que exige capacidade de auto-suficiência. Sem recursos próprios, com encargos a cumprir, obrigado a ver-se a braços com pedidos de favores para o acatamento de seus interesses específicos, como poderia um Estado federado fazer-se independente do poder nacional, como poderia assegurar o cumprimento de sua autonomia?" in **República e Constituição.** Belo Horizonte: Del Rey, 1997, p. 186.

"Afinal, sem capacidade financeira para se autogerir, como um Estado-Membro poderá considerar-se com vida política, administrativa, legislativa e judiciária autônoma? Como poderá afirmar que é verdadeiramente independente?[41]"

Em razão das sucessivas modificações no texto constitucional pertinentes à estrutura federativa, Regis Fernandes de Oliveira afirma que os Estados-membros foram perdendo, gradativamente, sua autonomia em face da União Federal. Afirma o citado autor que, "*a todo instante, o Estado federal mutila os Estados-membros.*[42]" A manutenção de competências próprias dos Estados-membros e o respectivo processo eleitoral para escolha dos seus governantes não é, por si só, indício de preservação da essência originária do conceito de Estado Federal. Ainda na concepção do citado professor, apesar da subsistência da Federação, perde-se, aos poucos, sua visão purista. Sobre o tema, pontua Régis Fernandes de Oliveira o seguinte:

"Dando-se de lambuja que subsiste o Estado Federal, perde-se, aos poucos, no entanto, a visão purista. É que se alarga, em demasia, o plexo de atribuições da União, em detrimento dos Estados-membros. Percebe-se na distribuição das receitas tributárias e nas intenções que cercam todas as reformas constitucionais. Procura-se restringir os recursos estaduais, concentrando-os na União. As regras tributárias buscam esvaziar os conflitos regionais. Ora, isso é próprio da federação. O confronto e os conflitos dizem respeito à própria essência do princípio federativo. A forma de organização do Judiciário, sua competência. Os serviços e servidores públicos. Regime previdenciário. Polícia. Tudo é competência dos Estados. No entanto, aos poucos frustra-se o pacto federativo. Alarga-se a competência da União, em detrimentos dos Estados-membros.

Ao lado da competência fixada no art. 21 e em outros dispositivos da Constituição, a união busca somar atribuições em detrimento dos Estados. Logo, aos poucos, vai se apequenando o Estado. Perde suas competências. Já não pode gerenciar com autonomia, uma vez que lhe faltam recursos. Os serviços interestatais são supridos pela União, que alija os Estados de seu controle. A polícia é reserva do Exército. A legislação é quase toda da União.

Enfim, pouco resta aos Estados.[43]"

41 **Federalismo Fiscal: competência concorrente e normas gerais de Direito Tributário.** Belo Horizonte: Mandamentos, 2000, p. 44.

42 **Curso de Direito Financeiro.** 4ª ed. São Paulo: RT, 2011, p. 41.

43 **Curso de Direito Financeiro.** 4ª ed. São Paulo: RT, 2011, pp. 41 e 42.

Inexistindo autonomia financeira das unidades políticas que compõem o denominado *Pacto Federativo*, não há, em essência, forma federativa de Estado. O que se percebe, no atual cenário político brasileiro, é uma constante busca de recursos junto à União, por parte dos Estados e Municípios, para atender às suas necessidades, fato este que não raro ocasiona conflitos entre as unidades federativas. A idéia de *federalismo fiscal* está radicada na partilha das diversas espécies tributárias pelas unidades políticas da federação, de forma a preservar-lhes os meios para persecução dos fins que lhes são constitucionalmente atribuídos[44].

4. Tipos de federalismo

No âmbito da Ciência Política e do Direito Constitucional, é possível encontrar uma diversidade de tipos de federalismo, resultantes da utilização de uma variedade de critérios classificatórios e análise de Estados

44 Cabe trazer à colação, mais uma vez, as idéias de Régis Fernandes de Oliveira sobre o tema:
"Ao celebrar-se o pacto federativo através da elaboração do pacto político que é a Constituição, deve haver o sopesar das necessidades de cada ente autônomo e os recursos previstos no texto. Se não houver compatibilidade, o pacto é vesgo. Se não es estabelecer compatibilidade, o pacto é vesgo. Se não esse estabelecer razoabilidade entre fins e meios, perecem as soluções democráticas, criando-se odioso estrutura de dominação dos entes maiores sobre os menores. Deixando de se atender a critérios equitativos na distribuição de recursos, instaura-se desequilíbrio repugnante entre os centros federativos de poder. Logo, urge que as limitações ao poder de tributar não tornem exangues as fontes dos Municípios e dos Estados, nem se instituam mecanismo de imunidades de tal ordem que atinjam somente as esferas menores da federação.
De outro lado, na repartição das receitas tributárias (arts. 157 a 162 da CF) deve caber equilíbrio e bom senso, de forma a que os entes menores tenham recursos suficientes para atender a suas necessidades.
No Brasil, o pacto fiscal está torto. Há manifesto desequilíbrio em favor da União. A esta devem ser atribuídos recursos suficientes e necessários para atender a suas finalidades precípuas, quais sejam, segurança externa do país, representação diplomática, justiça federal, manutenção da estrutura burocrática dos Ministérios e da Administração Direta, recursos instrumentais para pagamentos de seus servidores e de manutenção de seus equipamentos, prédios etc. O mais é de ser repassado a Estados e Municípios, uma vez que destes a dívida é maior. Caso tivessem maiores recursos, desnecessário seria a assunção de suas dívidas pela União ou o repasse anual de fundos perdidos ou de ajudas para obras de saneamento básico, veículos etc. Menos convênios resolveriam o problema da União. Esta deveria ter estrutura mínima de subsistência e para garantir o pagamento do endividamento externo, oportunidade em que se instituiria mecanismo para retenção de recursos de Estados e Municípios, para honrar dívidas externas ou internas." in **Curso de Direito Financeiro,** 4ª ed., São Paulo: RT, 2011, p. 46.

Federais até então existentes[45]. Para os fins pretendidos com o presente trabalho, releva analisarmos quatro (04) critérios: a) **quanto à formação histórica**; b) **quanto à repartição de competência entre os entes federativos**; c) **quanto à concentração do poder** e; d) **quanto aos elementos predominantes no Estado.**

---

45 Raul Machado Horta chama a atenção para o fato de não se poder homogeneizar todos os Estados Federais, de modo a ter-se uma identidade político-estrutural entre eles. Logo, quando se fala em características ou elementos que compõem o Estado Federal, tem-se em conta aquilo que há de mais comum entre eles, mas que não se apresentam necessariamente da mesma forma ou maneira em todas as unidades políticas, frutos da observação empírica. Ou seja, cada Estado Federal possui o seu próprio *DNA*. Expõe o citado autor o seguinte:
"A construção normativa do Estado Federal pressupõe a adoção de determinados princípios, técnicas e de instrumentos operacionais que podemos condensar na seguinte relação, recolhendo os subsídios da contribuição doutrinária e da organização constitucional dominante do federalismo: 1. A decisão constituinte criadora do Estado Federal e de suas partes indissociáveis, a Federação ou União, e os Estados-membros. 2. A repartição de competências entre a Federação e os Estados-membros. 3. O poder de auto-organização constitucional dos Estados-membros, atribuindo-lhes autonomia constitucional. 4. A intervenção federal, instrumento para restabelecer o equilíbrio federativo, em casos constitucionalmente definidos. 5. A Câmara dos Estados, como órgão do poder legislativo federal, para permitir a participação do Estado-membro na formação da legislação federal. 6. A titularidade dos Estados-membros, através de suas Assembléias Legislativas, em número qualificado, para propor emenda à Constituição Federal. 7. A criação de novo Estado ou modificação territorial de Estado existente dependendo da aquiescência da população do Estado afetado. 8. A existência no Poder Judiciário Federal de um Supremo Tribunal ou Corte Suprema, para interpretar e proteger a Constituição Federal, e dirimir litígios ou conflitos entre a União, os Estados, outras pessoas jurídicas de direito interno, e as questões relativas à aplicação ou vigência da lei federal. **A reunião desses requisitos não se realiza homogeneamente nas formas reais de Estados Federais. Há os casos em que a lista é integralmente atendida. Há casos de atendimento parcial, com ênfase em determinados requisitos e diluição de outros. Por outro lado, a configuração desses requisitos não é uniforme, pois isso decorre da diversidade na organização federal, dando origem a modelos múltiplos de federalismo: federalismo norte-americano, federalismo alemão, federalismo brasileiro, federalismo canadense, federalismo mexicano, federalismo argentino, federalismo soviético."** (Destaque nosso) in "Organização Constitucional do Federalismo", p. 12. Disponível em: https://www.direito.ufmg.br/revista/index.php/revista/article/viewFile/980/914, acesso em 04.07.19, às 15h37.
Neste mesmo sentido, Konrad Hesse, ao afirmar que cada Estado se apresenta como "uma individualidade concreto-histórica". Cf. nota 12.

4.1. Quanto à formação histórica

Utilizando-se como critério classificatório a *formação histórica* ou *o surgimento* do Estado, o federalismo pode ser: a) ***por agregação*** e; b) ***por segregação***.

O ***federalismo por agregação*** é aquele que resulta da associação entre unidades políticas soberanas para formação de um novo Estado[46]. Em tal hipótese, Estados até então soberanos abdicam da sua soberania em virtude da criação de um novo Estado, mediante vínculo associativo (agregação) uns com os outros.

Denomina-se ***federalismo por segregação*** quando a unidade política é decomposta, fragmentada em várias outras unidades de poder. É dizer, efetua-se uma descentralização política do Estado, constituindo, a partir de então, várias unidades políticas autônomas. A Federação brasileira surgiu de forma *segregada*, através do Decreto n° 01[47], de 15 de novembro de 1889.

---

46 Consoante Dircêo Torrecillas Ramos, "a agregação ocorre quando Estados que preexistiam reúnem-se, associam-se. O Estado Federal surge posteriormente com a reunião, agregação de tais Estados." in **O Federalismo Assimétrico**, Rio de Janeiro: Forense, 2000. p. 48. Os Estados Unidos da América são um exemplo de federalismo por agregação, na medida em que, através da independência, as ex-colônias inglesas passaram, cada qual, à condição de Estado. Ana Maria Guerra Martins evidencia que "as ex-colônias inglesas tinham conseguido a autonomia formal em relação à Inglaterra na sequência da Revolução Americana, tinham exercido o seu poder de auto-organização através da elaboração das suas próprias constituições, mas continuavam sem uma organização formal de conjunto." in **As Origens da Constituição Norte-Americana – uma lição para a Europa.** Lisboa: LEX Edições Jurídicas, 1994. p. 37.

47 "Decreto nº 1, de 15 de Novembro de 1889.
Proclama provisoriamente e decreta como fórma de governo da Nação Brazileira a Republica Federativa, e estabelece as normas pelas quaes se devem reger os Estados Federaes.
O Governo Provisório da República dos Estados Unidos do Brazil decreta:
Art. 1º. Fica proclamada provisoriamente e decretada como a fórma de governo da nação brazileira - a República Federativa.
Art. 2º. As Províncias do Brazil, reunidas pelo laço da federação, ficam constituindo os Estados Unidos do Brazil.
Art. 3º. Cada um desses Estados, no exercício de sua legitima soberania, decretará opportunamente a sua constituição definitiva, elegendo os seus corpos deliberantes e os seus governos locaes.
Art. 4º. Emquanto, pelos meios regulares, não se proceder á eleição do Congresso Constituinte do Brazil e bem assim á eleição das legislaturas de cada um dos Estados, será regida a nação brazileira pelo Governo Provisorio da Republica; e os novos Estados pelos governos que hajam proclamado ou, na falta destes, por governadores, delegados do Governo Provisorio.

4.2. Quanto à repartição de competência entre os entes federativos

No tocante ***à repartição de competência entre os entes federativos***, o federalismo pode ser ***dual*** ou ***cooperativo***. O primeiro modelo (**dual**), também denominado *clássico*, caracteriza-se por uma divisão horizontal rígida de competência entre a União e os Estados federados, ao passo que o ***federalismo cooperativo*** possui como núcleo essencial "*a colaboração recíproca através da possibilidade de atuação comum ou concorrente entre os poderes central ou regional.*[48]" Neste modelo, persegue-se um equilíbrio político maior entre os entes federativos;

Art. 5º. Os governos dos Estados federados adoptarão com urgencia todas as providencias necessarias para a manutenção da ordem e da segurança publica, defesa e garantia da liberdade e dos direitos dos cidadãos quer nacionaes quer estrangeiros.
Art. 6º. Em qualquer dos Estados, onde a ordem publica for perturbada e onde faltem ao governo local meios efficazes para reprimir as desordens e assegurar a paz e tranquilidade publicas, effectuará o Governo Provisorio a intervenção necessaria para, com o apoio da força publica, assegurar o livre exercicio dos direitos dos cidadãos e a livre acção das autoridades constituidas.
Art. 7º. Sendo a Republica Federativa Brazileira a fórma de governo proclamada, o Governo Provisorio não reconhece nem reconhecerá nenhum governo local contrário á fórma republicana, aguardando, como lhe cumpre, o pronunciamento definitivo do voto da nação, livremente expressado pelo suffragio popular.
Art. 8º. A força publica regular, representada pelas tres armas do Exercito e pela Armada nacional, de que existam guarnições ou contingentes nas diversas provincias, continuará subordinada e exclusivamente dependente do Governo Provisorio da Republica, podendo os governos locaes, pelos meios ao seu alcance, decretar a organização de uma guarda civica destinada ao policiamento do territorio de cada um dos novos Estados.
Art. 9º. Ficam igualmente subordinadas ao Governo Provisorio da Republica todas as repartições civis e militares até aqui subordinadas ao governo central da nação brazileira.
Art. 10. O território do Municipio Neutro fica provisoriamente sob a administração immediata do Governo Provisorio da Republica e da cidade do Rio de Janeiro constituida, tambem provisoriamente, séde do poder federal.
Art. 11. Ficam encarregados da execução deste decreto, na parte que a cada um pertença, os secretarios de estado das diversas repartições ou ministerios do actual Governo Provisório.
Sala das Sessões do Governo Provisorio, 15 de novembro de 1889, 1º da República.
Marechal Manuel Deodoro da Fonseca, Chefe do Governo Provisorio. - S. Lobo. - Ruy Barboza. - Q. Bocayuva. - Benjamin Constant. - Wandenkolk."

---

48 Bernardo Gonçalves Fernandes, **Curso de Direito Constitucional.** Rio de Janeiro: Lumen Juris, 2007, p. 560.

4.3. Quanto à concentração do poder

Através da *concentração do poder* como critério classificatório, o federalismo pode ser: a) ***centrípeto*** ou; b) ***centrífugo***. O fortalecimento do poder no âmbito federal, é dizer, na esfera central exercida pela União é o elemento tipificador do ***federalismo centrípeto;*** se a ***ênfase*** *política* recai no âmbito competencial das unidades federativas, ter-se-á um ***federalismo centrífugo***, marcado pelo fortalecimento do poder na esfera estadual.

4.4. Quanto aos elementos predominantes no Estado

Por fim, fala-se em *a)* ***federalismo simétrico*** e b) ***federalismo assimétrico*** tomando em consideração os elementos preponderantes no modelo estatal. O primeiro tipo (**simétrico**) evidencia uma certa homogeneidade no que pertine a elementos linguísticos, econômicos, sociais etc, ao passo que no ***federalismo assimétrico*** inexiste tal relação de conformidade entre as unidades políticas componentes da Federação, mas sim uma relação não uniforme e desproporcional entre os entes federados[49].

5. A Organização do Estado na Constituição Federal de 1988

A positivação da forma federativa de Estado já se encontra enunciada no art. 1° da Constituição Federal de 1988, que dispõe:

> "Art. 1° A República **Federativa** do Brasil, **formada pela união indissolúvel dos Estados e Municípios e do Distrito Federal, constitui-se em Estado Democrático de Direito (...)"**

---

49 Consoante Dircêo Torrecillas Ramos, "nesta relação define-se 'simetria' como o 'nível de conformidade' e do que tem em comum nas relações de cada unidade política separada do sistema para com o sistema como um todo e para com as outras unidades componentes. Isto em outras palavras, significa a uniformidade entre os Estados-Membros dos padrões destes relacionamentos dentro do sistema federal. O ideal no sistema federal simétrico é que cada Estado mantenha, essencialmente, o mesmo relacionamento para com a autoridade central; a divisão dos poderes entre os governos central e dos Estados seja virtualmente a mesma em cada caso; a representação no governo central esteja na mesma base para cada componente político e o suporte das atividades do governo central seja igualmente distribuído. A assimetria no sistema federal refere-se a uma situação onde as diversidades dentro de uma sociedade maior encontra expressão política, através dos governos componentes. Estes possuem vários graus de autonomia e poder." in **O Federalismo Assimétrico.** Rio de Janeiro: Forense, 2000, pp. 62 e 63.

Historicamente, o Estado brasileiro se constituiu sob a forma federativa desde a expedição do **Decreto nº 1**[50], de **15 de Novembro de 1889,** por parte do Marechal Manuel Deodoro da Fonseca, Chefe do Governo Provisório. Portanto, o Brasil já conta com **130 anos** de existência sob a forma federativa de Estado.

A densificação[51] normativa do art. 1°, no sentido de *instrumentalização das normas do pacto federativo*, encontra-se no **Título III**, sob a rubrica "**Da Organização do Estado**", composto pelos arts. 18 a 43. É oportuno ressaltar que, embora o *núcleo normativo* da organização do Estado esteja compreendido entre os artigos 18 a 43 do texto constitucional, o disciplinamento do pacto federativo não se exaure em tais dispositivos, estando consubstanciado ainda em outros artigos da Constituição Federal, conforme veremos oportunamente.

O artigo 1° da Constituição Federal deve ser interpretado em conjunto com o artigo 18, que dispõe:

> "Art. 18. **A organização político-administrativa da República Federativa do Brasil compreende** a **União**, os **Estados**, o **Distrito Federal** e os **Municípios**, **todos autônomos**, **nos termos desta Constituição**."

---

50 Eis o teor da ementa do Decreto n° 01: "**EMENTA:** Proclama provisoriamente e decreta como fórma de governo da Nação Brazileira a Republica Federativa, e estabelece as normas pelas quaes se devem reger os Estados Federaes."

51 A densificação da norma é conceito correlato à sua concretização. Sobre tal processo, explica Canotilho o seguinte:
"**Concretizar a constituição** traduz-se, fundamentalmente, no *processo de densificação* de regras e princípios constitucionais. A concretização das normas constitucionais implica um processo que vai do *texto da norma* (do seu enunciado) para uma norma concreta - *norma jurídica* - que, por sua vez, será apenas um resultado intermédio, pois só com a descoberta da *norma de decisão* para a solução dos casos jurídico-constitucionais teremos o resultado final da concretização. Esta 'concretização normativa' é, pois, um trabalho técnico-jurídico; é, no fundo, o *lado 'técnico' do procedimento* estruturante da normatividade. A concretização, como se vê, não é igual à interpretação do texto da norma; é, sim, *a construção de uma norma jurídica.*
Densificar uma norma, significa "preencher, complementar e precisar o espaço normativo de um preceito constitucional, especialmente carecido de concretização, a fim de tornar possível a solução, por esse preceito, dos problemas concretos. As tarefas de concretização e de densificação de normas andam, pois, associadas: densifica-se um espaço normativo (= preenche-se uma norma) para tornar possível a sua concretização e a consequente aplicação a um caso concreto." in **Direito Constitucional e Teoria da Constituição.** 7ª ed. Coimbra: Almedina, 2000, p. 1201.

Logo, em conformidade ao direito constitucional positivo, o Estado Brasileiro é composto pela **União, Estados-membros, Municípios e Distrito Federal,** todos dotados de autonomia administrativa e legislativa, fato este que implica, portanto, em uma relação de igualdade jurídica entre os entes políticos em face da Constituição Federal. Desta relação de igualdade jurídica entre as unidades políticas componentes do pacto federativo, é possível extrair a idéia de que as **fontes formais do direito** por elas produzidas encontram-se todas em relação de igualdade umas com as outras, de modo a não ser possível falar de uma pretensa hierarquia da lei federal sobre a lei estadual, ou desta sobre a lei municipal. Portanto, **entre lei federal, estadual, municipal e distrital não existe hierarquia jurídica, ocupando todas o mesmo escalão da pirâmide normativa, ou seja, encontram-se elas em uma relação de igualdade hierárquica.**

O que há, como será visto, é uma partilha de competências entre os entes federados, realizada pela própria Constituição. Portanto, eventual colisão entre leis emanadas de unidades políticas distintas será resolvido através da análise do regime de competências constitucionalmente fixadas[52].

---

52 Para ilustrar melhor a questão, trazemos à baila situação ocorrida no município de Presidente Purdente/SP. No caso concreto, a Lei nº 05/1991, do município de Presidente Prudente/SP, entrou em conflito com a Lei Federal nº 8.662/1993 (redação dada pela Lei nº 12.317/2010), que dispõe sobre a profissão de assistente social. A lei municipal, ao dispor sobre a jornada semanal de trabalho, fixou em 40h o exercício da referida atividade profissional. Por sua vez, a lei federal, que regulamenta o exercício da atividade profissional do assistente social, estabeleceu uma jornada semanal de trabalho em 30h. Tem-se instaurado, portanto, uma antinomia entre a lei federal (30h) e a lei municipal (40h). A solução da controvérsia não se deu em razão de eventual primazia da lei federal sobre a lei municipal, mas sim mediante uma análise acerca da repartição de competências legislativas entre os entes da federação. Apenas para deixar claro, o argumento central do município foi no sentido de tratar-se de ***assunto de interesse local*** (plena liberdade de organização de seu quadro de pessoal, art. 30, I, CF), portanto matéria afeta à sua competência legislativa. Por sua vez, o Sindicato dos Trabalhadores no Serviço Público Municipal de Presidente Prudente, aduziu tratar-se de matéria de competência legislativa **privativa** da União Federal (art. 22, XVI, CF), na medida em que a ela compete legislar sobre "**organização do sistema nacional de emprego e condições para o exercício de profissões."** Logo, sendo competência privativa da União Federal, aos Municípios restaria vedado dispor sobre tal matéria. Na sequência, trecho do voto do eminente relator, Min. Edson Fachin:

"Observo harmonizar-se o acórdão recorrido à orientação firmada nesta Corte, no sentido de que compete privativamente à União legislar sobre trabalho e condições para o exercício profissional, ex vi:

5.1. A União

É importante ressaltar, de início, que a *União* não significa ou representa a associação das unidades políticas autônomas que integram o Estado Federal. Tal idéia pode ser reflexo de uma leitura rápida ou equivocada do artigo 1° da Constituição Federal, que dispõe o seguinte:

> "A República Federativa do Brasil, formada pela **união** indissolúvel dos Estados e Municípios e do Distrito Federal, constitui-se em Estado Democrático de Direito e tem como fundamentos: (...)"

'Agravo regimental nos embargos de declaração em recurso extraordinário com agravo. 2. Direito Tributário e Constitucional. 3. Competência privativa da União para legislar sobre trabalho e condições para o exercício profissional. 4. O acórdão recorrido diverge da orientação firmada nesta Corte no sentido de que compete privativamente à União legislar sobre trabalho e condições para o exercício profissional. 5. Agravo regimental a que se nega provimento.' (ARE 1.032.912-ED-AgR, Rel. Min. Gilmar Mendes, Segunda Turma, DJe 06.09.2017).
'AGRAVO REGIMENTAL EM RECURSO EXTRAORDINÁRIO. INTERPOSIÇÃO EM 6.2.2017. COMPETÊNCIA PRIVATIVA DA UNIÃO PARA LEGISLAR SOBRE TRABALHO E CONDIÇÕES PARA O EXERCÍCIO PROFISSIONAL. 1. O acórdão recorrido diverge da orientação firmada nesta Corte no sentido de que compete privativamente à União legislar sobre trabalho e condições para o exercício profissional. 2. Agravo regimental a que se nega provimento, com previsão de aplicação da multa prevista no art. 1.021, § 4°, CPC. Fica a parte vencida exonerada de honorários advocatícios, nos termos da Súmula 512 do STF.' (RE 977.437- AgR, de minha relatoria, Segunda Turma, DJe 17.04.2017).
'DIREITO ADMINISTRATIVO. AGRAVO REGIMENTAL EM RECURSO EXTRAORDINÁRIO COM AGRAVO. SERVIDOR PÚBLICO. JORNADA DE TRABALHO. COMPETÊNCIA LEGISLATIVA. CONDIÇÕES PARA O EXERCÍCIO PROFISSIONAL. COMPETÊNCIA DA UNIÃO. PRECEDENTES. 1. A jurisprudência do Supremo Tribunal Federal é firme no sentido de que compete à União legislar privativamente sobre normas que estabeleçam condições para o exercício profissional. Precedentes. 2. No caso, aplica-se a Lei federal nº 8.856/1994, a qual prevê jornada de trabalho de 30 horas semanais para fisioterapeutas e terapeutas ocupacionais 3. Agravo regimental a que se nega provimento.' (ARE 869.896- AgR, Rel. Min. Roberto Barroso, DJe 24.09.2015).
No caso concreto, a Lei nº 05/1991, do município de Presidente Prudente/SP entrou em conflito com a Lei Federal nº 8.662/1993 (redação dada pela Lei nº 12.317/2010), que dispõe sobre a profissão de assistente social.
Desse modo, em que pese a autonomia legislativa municipal no que se refere a interesses locais, não pode tal prerrogativa invadir competência constitucionalmente atribuída à União (art. 22, XVI, CFRB). Ante o exposto, nos termos do 21, §1º, RISTF, conheço do agravo para negar provimento ao recurso extraordinário." (D.J. 04.02.19)

O termo **união**, constante no dispositivo constitucional acima transcrito, não deve ser confundido com a **União Federal,** pessoa jurídica de direito público interno com atribuições constitucionais. Revela, pois, que a República Federativa do Brasil é composta pela *associação indissolúvel* (união) dos Estados, Municípios e do Distrito Federal. Sobre tal aspecto, escreveu José Afonso da Silva o seguinte:

> "A União surge, no direito constitucional, ao lado dos Estados Federados, como entidade essencialmente federativa. O designativo 'União' bem poderia levar a pensar nela como uma associação das demais entidades autônomas, mas a leitura do art. 1° da CF dissuade desse entendimento, ao declarar que a República Federativa do Brasil é que se forma da *união* dos Estados, dos Municípios e do Distrito Federal. Sucede que aí fica parecendo que a União se confunde com a República Federativa do Brasil, já que não é mencionada no dispositivo.[53]"

Portanto, a **União**, *pessoa jurídica de direito público interno*, não deve ser confundida com a **República Federativa do Brasil**, dotada de personalidade jurídica no âmbito do direito internacional público. Na condição de pessoa jurídica de direito público interno, a União possui ***autonomia*** em face da Constituição Federal, e, quando do exercício das competências que lhe são conferidas no plano internacional, **no sentido**

53 **Comentário Contextual à Constituição.** São Paulo: Malheiros, 2005, p. 253. Em sentido análogo, esclarece André Ramos Tavares:
"O vocábulo 'União', no Direito Constitucional pátrio, designa exatamente uma das entidades federativas componentes da estrutura organizacional brasileira, ao lado dos Estados, Distrito Federal e Municípios.
Desde logo, contudo, é preciso alertar para o sentido dúbio do termo. Poder-se-ia imaginar que a União nada mais é do que uma conjunção de Estados, Distrito Federal e Municípios. Ou seja, União no sentido da associação dos referidos entes federativos. Corroboraria esse entendimento a leitura isolada e literal do art. 1°: 'A República Federativa do Brasil, formada pela *união* indissolúvel dos Estados, Municípios e do Distrito Federal." Contudo, no art. 18 a Constituição esclarece, peremptoriamente, que a República Federativa do Brasil compreende a 'União, os Estados, o Distrito Federal e os Municípios, todos autônomos.' Portanto, a União não se confunde com o Brasil, sendo apenas um dos entes federativos que compõem o Estado federal brasileiro.
A União é uma pessoa jurídica de Direito Público interno. Assim, embora não conte com personalidade internacional – apenas atribuída ao Estado Federal brasileiro -, são as autoridades e órgãos da União que representam o Estado Federal nos atos e relações do âmbito internacionais." in **Curso de Direito Constitucional.** 9ª ed. São Paulo: Saraiva, 2011, p. 1.118.

de atuar em nome do Estado Federal, exerce atribuições que decorrem da soberania do Estado brasileiro[54].

5.1.1. Bens da União

A Constituição Federal elenca os bens pertencentes à União em seu art. 20. Para melhor compreensão da matéria, devemos levar em consideração que o Código Civil brasileiro, em sem Livro II (Dos Bens), Título Único, estabelece uma classificação normativa acerca dos bens[55].

---

54 As competências da União Federal, decorrentes de sua atuação em nome do Estado Federal, encontram-se disciplinadas no art. 21, I a IV, da Constituição Federal, que assim dispõe.

"Compete à União:

I - manter relações com Estados estrangeiros e participar de organizações internacionais;

II - declarar a guerra e celebrar a paz;

III - assegurar a defesa nacional;

IV - permitir, nos casos previstos em lei complementar, que forças estrangeiras transitem pelo território nacional ou nele permaneçam temporariamente;"

55 **São Bens Considerados em Si Mesmos: a) Bens Imóveis:** são bens imóveis o solo e tudo quanto se lhe incorporar natural ou artificialmente (art. 79); b) **Bens Móveis:** são móveis os bens suscetíveis de movimento próprio, ou de remoção por força alheia, sem alteração da substância ou da destinação econômico-social (art. 82); c) **Bens Fungíveis e Consumíveis:** são *fungíveis* os móveis que podem substituir-se por outros da mesma espécie, qualidade e quantidade; por sua vez, são *consumíveis* os bens móveis cujo uso importa destruição imediata da própria substância, sendo também considerados tais os destinados à alienação (arts. 85 e 86); d) **Bens Divisíveis:** são os que se podem fracionar sem alteração na sua substância, diminuição considerável de valor, ou prejuízo do uso a que se destinam (art. 87); e) **Dos Bens Singulares e Coletivos:** são *singulares* os bens que, embora reunidos, se consideram *de per si*, independentemente dos demais (art. 89); constitui universalidade de fato a pluralidade de bens singulares que, pertinentes à mesma pessoa, tenham destinação unitária (art. 90); constitui universalidade de direito o complexo de relações jurídicas, de uma pessoa, dotadas de valor econômico (art. 91); f) **Dos Bens Reciprocamente Considerados:** *principal* é o bem que existe sobre si, abstrata ou concretamente; acessório, aquele cuja existência supõe a do principal (art. 92); são *pertenças* os bens que, não constituindo partes integrantes, se destinam, de modo duradouro, ao uso, ao serviço ou ao aformoseamento de outro (art. 93) g) **Dos Bens Públicos:** são públicos os bens do domínio nacional pertencentes às pessoas jurídicas de direito público interno; todos os outros são particulares, seja qual for a pessoa a que pertencerem (art. 98); são bens públicos: I - os de uso comum do povo, tais como rios, mares, estradas, ruas e praças; II - os de uso especial, tais como edifícios ou terrenos destinados a serviço ou estabelecimento da administração federal, estadual, territorial ou municipal, inclusive os de suas autarquias; III - os dominicais, que constituem o patrimônio das pessoas jurídicas de direito público, como objeto de direito pessoal, ou real, de cada uma

Normativamente, bens públicos são aqueles "*do domínio nacional pertencentes às pessoas jurídicas de direito público interno.*[56]"

Em conformidade ao disposto no art. 20 da Constituição Federal, são bens pertencentes à União: a) os que atualmente lhe pertencem e os que lhe vierem a ser atribuídos (20, I); as terras devolutas indispensáveis à defesa das fronteiras, das fortificações e construções militares, das vias federais de comunicação e à preservação ambiental, definidas em lei (20, II); os lagos, rios e quaisquer correntes de água em terrenos de seu domínio, ou que banhem mais de um Estado, sirvam de limites com outros países, ou se estendam a território estrangeiro ou dele provenham, bem como os terrenos marginais e as praias fluviais (20, III); as ilhas fluviais e lacustres nas zonas limítrofes com outros países; as praias marítimas; as ilhas oceânicas e as costeiras, excluídas, destas, as que contenham a sede de Municípios, exceto aquelas áreas afetadas ao serviço público e a unidade ambiental federal, e as referidas no art. 26, II; (20, IV); os recursos naturais da plataforma continental e da zona econômica exclusiva (20, V); o mar territorial (20, VI); os terrenos de marinha e seus acrescidos (20, VII); os potenciais de energia hidráulica (20, VIII); os recursos minerais, inclusive os do subsolo (20, IX); as cavidades naturais subterrâneas e os sítios arqueológicos e pré-históricos (20, X); as terras tradicionalmente ocupadas pelos índios (20, XI).

5.2. Os Estados-membros

Os Estados-membros são pessoas jurídicas de direito público interno com atribuições constitucionais. Conforme já explicitado neste capítulo, as unidades federativas estaduais retiram da Constituição Federal o suporte normativo de sua *autonomia*, competindo aos Estados-membros aptidão para se auto-organizarem mediante suas respectivas constitui-

---

dessas entidades. Parágrafo único. Não dispondo a lei em contrário, consideram-se dominicais os bens pertencentes às pessoas jurídicas de direito público a que se tenha dado estrutura de direito privado (art. 99); Os bens públicos de uso comum do povo e os de uso especial são inalienáveis, enquanto conservarem a sua qualificação, na forma que a lei determinar (art. 100); Os bens públicos dominicais podem ser alienados, observadas as exigências da lei (art. 101); Os bens públicos não estão sujeitos a usucapião (art. 102); O uso comum dos bens públicos pode ser gratuito ou retribuído, conforme for estabelecido legalmente pela entidade a cuja administração pertencerem (art. 103).

56 Código Civil, art. 98.

ções[57] e leis que venham instituir. Referida autonomia encontra-se positivada no art. 25[58] da nossa Lei Maior.

A **autonomia constitucional** dos Estados-membros se traduz mediante sua capacidade de a) **auto-organização**, b) **auto-governo** e; c) **auto-administração**. Os Estados federados se auto-organizam politicamente através das Constituições resultantes de ato do poder constituinte decorrente, além das leis a serem instituídas por suas Assembléias Legislativas.

5.2.1. Auto-organização estadual: poder constituinte decorrente e Constituição estadual

Os Estados-membros se **auto-organizam** através das suas próprias Constituições estaduais (art. 25, CF), resultantes de suas respectivas Assembléias Legislativas dotadas de poderes constituintes[59], mediante observância das normas da Constituição Federal. No âmbito de sua capacidade de auto-organização encontra-se, também, a capacidade de produção normativa (autonomia legislativa).

Inexiste uma uniformidade terminológica para designar o poder ao qual compete a elaboração de uma Constituição estadual. Há quem o denomine *Poder Constituinte instituído*[60], *Poder Constituinte Decorrente*[61]

57 A Constituição Federal de 1988 conferiu às Assembleias Legislativas estaduais função constituinte, atribuindo-lhes o prazo de um ano para que cada qual elaborasse a Constituição do seu respectivo Estado. Eis o que dispôs o art. 11 do ADCT: "Art. 11. Cada Assembléia Legislativa, com poderes constituintes, elaborará a Constituição do Estado, no prazo de um ano, contado da promulgação da Constituição Federal, obedecidos os princípios desta."

58 "Art. 25. Os Estados organizam-se e regem-se pelas Constituições e leis que adotarem, observados os princípios desta Constituição."

59 Raul Machado Horta, em estudo sobre o tema, afirma ser "na Constituição Federal que se localiza a fonte jurídica do Poder Constituinte do Estado-membro. A Constituição Federal configura a competência desse poder constituinte e prevê a época do seu aparecimento, em período sucessivo, para organizar o Estado-membro dentro da estrutura federal definida pela Constituição da Federação. Concentrando a análise no federalismo constitucional brasileiro, verifica-se nele a permanência dos três elementos informadores da natureza do poder constituinte estadual: a origem jurídica, a delimitação da competência e a atividade sucessiva à do constituinte federal." "Natureza do Poder Constituinte do Estado-membro", in **Revista de Direito,** PGE-RJ, Volume 40, 1988, p. 87. Disponível em: https://www.pge.rj.gov.br/revista-de-direito/1988-volume-40

60 Manoel Gonçalves Ferreira Filho, **O Poder Constituinte.** 3ª ed. São Paulo: Saraiva, 1999, p. 143.

61 Gabriel Ivo, **Constituição Estadual - competência para elaboração da Constituição do Estado-membro.** São Paulo: Max Limonad, 1997, p. 101.

ou *Poder Constituinte de 2° grau*[62]. Com o propósito de evitar confusões

62 Nelson Saldanha, **O Poder Constituinte.** São Paulo: Revista dos Tribunais, 1986, p. 82. Após tecer diversas considerações acerca da terminologia adequada para designar o *poder* ao qual compete a elaboração da Constituição Federal, o poder competente para implementar sua respectiva reforma e o poder dotado de autonomia para elaboração de uma Constituição estadual, Nelson Saldanha propõe a seguinte classificação do poder constitucional:

O problema dos "graus" (de atuação) representa talvez, dentre os que integram a temática do poder constituinte, o mais sujeito a ambigüidades e a equívocos. A própria idéia de "graus", atribuídos a um poder que tanto se conceitua como vontade ou faculdade quanto como decisão e atuação, e que está a um tempo dentro e fora da ordem jurídica, já ajuda as expressões a adernarem entre nuances. A diversidade de momentos históricos, em que se manifesta o poder constituinte (e a que o texto alude de raspão), também condiciona a variabilidade de "gradações" a ele atribuíveis. Mesmo certos autores que ao conceituar o poder constituinte acentuam seu caráter básico em relação à própria ordem positiva, tomando-se a Constituição como porção fundamental desta — e portanto tomando-se uma correlação entre "Constituição" e "obra do poder constituinte" —, terminam por tropeçar em contradições, aludindo a um poder constituinte originário e a outro "não originário", este sendo chamado por muitos de derivado e correspondendo ao poder reformador. De certo modo há uma ressonância da linguagem processual nestes termos "originário-derivado". Continuamos crendo que o poder de reforma não é constituinte, no sentido real deste termo. E que o poder constituinte não pode ser senão "originário", a não ser que destaquemos deste conceito os casos de atuação "posterior" do poder constituinte: posterior no sentido de já existir uma experiência constitucional na nação, e de não ser a primeira vez (esta teria sido a do "originário") em que opera a faculdade constituinte. Portanto, o "poder constituinte originário" — expressão com algo de redundante — corresponderia em nosso entender ao "fundacional" de que fala Jorge Vanossi, se bem que este autor o identifique necessariamente com o "revolucionário", ao tratar das etapas do poder constituinte. Sendo originário a nosso ver apenas o poder que originou estruturas e experiências constitucionais num Estado ou numa nação (no Brasil, 1824), dele "derivam" as outras manifestações constituintes. Mas tal idéia só é inteligível se se pensa no caráter transconstitucional do Estado, e também do poder de ordená-lo — tal como se alude no texto. O termo instituído, ao qual de modo dúbio apelam Burdeau e tantos outros, não pode designar o poder de reforma, a não ser que não se ajunte ao termo o vocábulo "constituinte". Aliás o termo "instituído", que no caso de Burdeau se prende à sua teoria da institucionalização do poder, parece entrar na expressão como substituto de "constituído", que tornaria mais flagrante a contradição. Há autores, porém, que adotam a expressão "constituinte constituído".

(...)

O problema dos "graus" assume um sentido diferente no caso do Estado Federal, ao qual o texto alude com uma certa concisão. Ou seja, trata-se da convivência entre Constituição federal e Constituições estaduais, o que envolve uma distinção entre o poder constituinte federal e o estadual.

A questão fundamental, em termos teóricos, consiste realmente na existência de um poder constituinte submetido a outro: o poder estadual. A utilizar-se a redundante expressão "poder constituinte originário", ter-se-á no caso dos Estados-

terminológicas e, também por entender que os conceitos *poder constituinte instituído* e *poder constituinte decorrente* são, em si mesmos, contraditórios (se é *constituinte*, não pode ser *instituído* e, por idêntica razão, não pode ser *decorrente*) optamos em designar esta realidade jurídica por ***poder constituinte estadual***, na medida em que a ele compete criar, *constituir*, a Constituição de um Estado federado.

O Poder Constituinte Estadual, embora a ele seja atribuída a competência para inaugurar uma ordem jurídica de âmbito estadual, não é, tal qual o poder constituinte originário, juridicamente ilimitado. Ao revés, o Poder Constituinte Estadual deverá atuar dentro da ordem constitucional pré-estabelecida pelo poder constituinte originário, é dizer, necessita operar subordinado às normas da Constituição Federal[63]. Referida determinação é imposta pela própria Constituição Federal, em seus arts. 25 e 11 do ADCT, a saber:

-membros um poder originário que é ao mesmo tempo intrinsecamente limitado, posto _que submetido ao modelo federal. Isto porque, por interessantes que sejam as doutrinas que negam que haja diferença de nível (ou de valoração hierárquica) entre as ordens federal e estadual, é evidente que a primeira domina a segunda, e somente com referência a certas competências muito específicas se poderá negar a presença de uma relação hierárquica. Além disso, estando ditos nas Constituições federais (no Brasil, Constituição de 1946 art. 18, Constituição de 1967-1969 art. 13) os traços que as estaduais devem adotar, teríamos nos Estados um poder constituinte simultaneamente originário e instituído.
Isto tudo nos faz considerar preferível, para aludir à diferença entre o poder constituinte nacional e o dos Estados-membros, o uso das expressões "de primeiro grau" e "de segundo grau", porquanto refletem inclusive aquela dependência genética que vincula à ordem federal as cartas estaduais: estas têm de vir após aquela, para a ela adaptar-se." Ob. cit. pp. 80-82.

---

63 Sobre o tema, aduz Raul Machado Horta: "O constituinte do Estado cria ordenamento constitucional autônomo, mas o processo de criação que ele percorre difere profundamente da originariedade criadora do constituinte federal.
A precedência da Constituição Federal sobra a do Estado-membro é exigência lógica da organização federal, e essa precedência, que confere validez ao sistema federal, imprime a força de matriz originária ao constituinte federal e faz do constituinte estadual um segmento derivado daquele.
A precedência lógico-jurídica do constituinte federal na organização originária da Federação torna a Constituição Federal a sede de normas centrais que vai conferir homogeneidade aos ordenamentos parciais constitutivos do Estado Federal, seja no plano constitucional, no domínio das Constituições estaduais, seja na área subordinada a legislação ordinária." "Natureza do Poder Constituinte do Estado-membro", in **Revista de Direito**, PGE-RJ, Volume 40, 1988, p. 87. Disponível em: https://www.pge.rj.gov.br/revista-de-direito/1988-volume-40

"Art. 25. Os **Estados organizam-se e regem-se** pelas **Constituições e leis** que adotarem, **observados os princípios desta Constituição.** Art. 11. **Cada Assembléia Legislativa, com poderes constituintes, elaborará a Constituição do Estado**, no prazo de um ano, contado da promulgação da Constituição Federal, **obedecidos os princípios desta**.

Tem-se, portanto, um poder *subordinado juridicamente à Constituição Federal*, de modo que o ato por ele emanado (Constituição Estadual) deve guardar plena harmonia em face da Constituição Federal[64]. Em voto proferido na ADI 4562/PB, o eminente relator Min. Celso de Mello, manifestou o seguinte entendimento:

---

64 Neste sentido, trazemos à colação o posicionamento do Supremo Tribunal Federal – STF:
"**EMENTA**: AÇÃO DIRETA DE INCONSTITUCIONALIDADE – EMENDA À CONSTITUIÇÃO DO ESTADO DA PARAÍBA (EC Nº 21/2006) – LIMITAÇÕES AO PODER CONSTITUINTE DECORRENTE – PRERROGATIVA QUE NÃO SE REVESTE DE CARÁTER ABSOLUTO – NORMA CONSTITUCIONAL ESTADUAL QUE INSTITUIU, EM FAVOR DOS EX-GOVERNADORES DAQUELA UNIDADE DA FEDERAÇÃO, SUBSÍDIO MENSAL E VITALÍCIO, EM VALOR IGUAL AO PERCEBIDO PELO CHEFE DO PODER EXECUTIVO LOCAL NO CURSO DE SEU MANDATO – INADMISSIBILIDADE – INDEVIDA OUTORGA DE TRATAMENTO PRIVILEGIADO A CIDADÃOS QUE NÃO MAIS SE ACHAM NO DESEMPENHO DA FUNÇÃO PÚBLICA – INEXISTÊNCIA DE MOTIVO RAZOÁVEL QUE JUSTIFIQUE A RUPTURA DA ORDEM ISONÔMICA – OFENSA AO POSTULADO DA IGUALDADE E TRANSGRESSÃO AO PRIMADO DA IDEIA REPUBLICANA – DOUTRINA – PRECEDENTES – REAFIRMAÇÃO DA CONSOLIDADA JURISPRUDÊNCIA DO SUPREMO TRIBUNAL FEDERAL SOBRE O TEMA – PARECER DA PROCURADORIA-GERAL DA REPÚBLICA PELA INCONSTITUCIONALIDADE DO § 3º DO ART. 54 DA CONSTITUIÇÃO DO ESTADO DA PARAÍBA, NA REDAÇÃO DADA PELA EC ESTADUAL Nº 21/2006 – AÇÃO DIRETA JULGADA PROCEDENTE."
(ADI 4562/PB, Rel. Min. Celso de Mello, D.J. 17.10.18, Pleno)
"**EMENTA**: AÇÃO DIRETA DE INCONSTITUCIONALIDADE - PROCESSO DE REFORMA DA CONSTITUIÇÃO ESTADUAL - NECESSÁRIA OBSERVÂNCIA DOS REQUISITOS ESTABELECIDOS NA CONSTITUIÇÃO FEDERAL (ART. 60, §§ 1º A 5º) - IMPOSSIBILIDADE CONSTITUCIONAL DE O ESTADO-MEMBRO, EM DIVERGÊNCIA COM O MODELO INSCRITO NA LEI FUNDAMENTAL DA REPÚBLICA, CONDICIONAR A REFORMA DA CONSTITUIÇÃO ESTADUAL À APROVAÇÃO DA RESPECTIVA PROPOSTA POR 4/5 (QUATRO QUINTOS) DA TOTALIDADE DOS MEMBROS INTEGRANTES DA ASSEMBLÉIA LEGISLATIVA - EXIGÊNCIA QUE VIRTUALMENTE ESTERILIZA O EXERCÍCIO DA FUNÇÃO REFORMADORA PELO PODER LEGISLATIVO LOCAL - A QUESTÃO DA AUTONOMIA DOS ESTADOS-MEMBROS (CF, ART. 25) - SUBORDINAÇÃO JURÍDICA DO PODER CONSTITUINTE DECORRENTE ÀS LIMITAÇÕES QUE O ÓRGÃO INVESTIDO DE FUNÇÕES CONSTITUINTES PRIMÁRIAS OU ORIGINÁRIAS ESTABELECEU NO TEXTO DA CONSTITUIÇÃO DA REPÚBLICA: "É NA CONSTITUIÇÃO FEDERAL QUE SE LOCALIZA A FONTE JURÍDICA DO PODER CONSTITUINTE DO ESTADO-MEMBRO" (RAUL MACHADO HORTA) - O SIGNIFICADO DA CONSTI-

"Todos sabemos, Senhor Presidente, que a autonomia dos Estados-membros constitui um dos fundamentos essenciais da configuração conceitual da organização federativa do Estado brasileiro. Dessa prerrogativa político-jurídica das entidades regionais deriva o seu poder de auto-organização, que lhes permite definir, mediante deliberação própria, uma ordem constitucional autônoma. **A Constituição estadual, portanto, representa, no plano local, a expressão mais elevada do exercício concreto do poder de auto-organização deferido aos Estados-membros pela Lei Fundamental da República. Essa eminente prerrogativa institucional, contudo, não se reveste de caráter absoluto. Acha-se, ao contrário, submetida, quanto ao seu exercício, a limitações jurídicas impostas pela própria Constituição Federal, que, no art. 25, "caput", estabelece: "Os Estados organizam-se e regem-se pelas Constituições e leis que adotarem, observados os princípios desta Constituição"** (grifei). **Delineado esse contexto, impende advertir que o Estado- -membro, a pretexto de exercer o seu poder constituinte decorrente (por essência juridicamente subordinado, portanto, secundário), não pode coonestar privilégios estatais discriminatórios, que ofendem, profundamente, o postulado da igualdade e que desrespeitam, de modo frontal, o primado da ideia republicana, cujo valor – impregnado de altíssimo coeficiente ético-jurídico – qualifica-se como expressivo vetor interpretativo das normas que compõem a Lei Fundamental.**" (Destaque nosso)

No tocante às limitações impostas ao Poder Constituinte Estadual, encontram-se os denominados ***princípios constitucionais sensíveis***[65],

TUIÇÃO E OS ASPECTOS DE MULTIFUNCIONALIDADE QUE LHE SÃO INERENTES - PADRÕES NORMATIVOS QUE SE IMPÕEM À OBSERVÂNCIA DOS ESTADOS-MEMBROS EM TEMA DE REFORMA DE SUA PRÓPRIA CONSTITUIÇÃO - INCONSTITUCIONALIDADE CARACTERIZADA - AÇÃO DIRETA PROCEDENTE."
(ADI 486/DF, Rel. Min. Celso de Mello, D.J. 03.04.97, Pleno)

65 Segundo Gabriel Ivo, os *princípios constitucionais sensíveis* "significam a essência da organização constitucional do Estado brasileiro. Por isso os Estados-membros não podem deixar de aplica-los quando cuidarem da sua própria organização. (...), são sensíveis porque facilmente identificáveis pelos sentidos enumerados pela Constituição Federal. Dotados de sensibilidade, sua contrariedade provoca imediata reação, que é a intervenção.
São enumerados pelo art. 34, inciso VII da Constituição Federal, e constituem-se nas vigas mestras do sistema constitucional brasileiro. A sanção para desrespeito de tais princípios não para na invalidação, sendo fator de desencadeamento da intervenção federal.

insculpidos no art. 34, VII[66], da Constituição Federal e os ***princípios constitucionais estabelecidos***[67]. Referidas normas constitucionais têm por escopo a manutenção da estrutura federativa constitucionalmente estabelecida. José Afonso da Silva alude, ainda, às limitações expressas

---

Os princípios constitucionais estabelecidos consistem em regras espalhadas no texto constitucional que contribuem para dar os contornos da área de atuação dos Estados-membros. Atuam, pois, limitando sua autonomia organizatória." in **Constituição Estadual - competência para elaboração da Constituição do Estado-membro.** São Paulo: Max Limonad, 1997, p. 136.

José Afonso da Silva informa que "o termo 'sensíveis' está, aí, no sentido daquilo que é facilmente percebido pelos sentidos, daquilo que se faz perceber claramente, evidente, visível, manifesto. Portanto, 'princípios sensíveis' são aqueles clara e indubitavelmente mostrados pela Constituição, os apontados, enumerados. São 'sensíveis' em outro sentido, como coisa dotada de sensibilidade que, sendo contrariada, provoca reação - e –sta, no caso, é a intervenção nos Estados, exatamente para assegurar sua observância.

Esses princípios são aqueles enumerados no art. 34, VII, que constituem o fulcro da organização constitucional do país, de tal sorte que os Estados Federados, ao se organizarem, estão circunscritos à adoção (a) da forma republicana de governo; (b) do sistema representativo e do regime democrático; (c) dos direitos da pessoa humana; (d) da autonomia municipal; (e) da prestação de contas da Administração Pública, direta e indireta." **Comentário Contextual à Constituição.** São Paulo: Malheiros, 2005, p. 285.

---

66 "Art. 34. A União não intervirá nos Estados nem no Distrito Federal, exceto para:
(...)
VII - assegurar a observância dos seguintes princípios constitucionais:
a) forma republicana, sistema representativo e regime democrático;
b) direitos da pessoa humana;
c) autonomia municipal;
d) prestação de contas da administração pública, direta e indireta.
e) aplicação do mínimo exigido da receita resultante de impostos estaduais, compreendida a proveniente de transferências, na manutenção e desenvolvimento do ensino e nas ações e serviços públicos de saúde."

67 Os *princípios constitucionais estabelecidos* impõem limites à autonomia organizacional dos Estados-membros, seja no tocante à atuação do poder constituinte estadual ou pertinente ao exercício das competências que lhes são reservadas (art. 25, §1°, CF). José Afonso da Silva expõe que os *princípios constitucionais estabelecidos* "são aquelas regras que *revelam*, previamente, a matéria de sua organização e as normas constitucionais de caráter vedatório, bem como os princípios de organização política, social e econômica, que determinam o retraimento da autonomia estadual, cuja identificação reclama pesquisa no texto da Constituição. Alguns deles são fáceis de localizar, porque se encontram organizados em blocos normativos que a Constituição manda que sejam observados pelos Estados – como, por exemplo, os princípios e preceitos constantes dos arts. 37 a 41, referentes à Administração Pública. Outros, porém, exigem maior atenção." **Comentário Contextual à Constituição.** São Paulo: Malheiros, 2005, p. 285.

ao poder constituinte estadual, consubstanciando-as em duas espécies: a) ***limitações vedatórias*** e; b) ***limitações mandatórias***. As primeiras impõem vedações[68] expressas aos Estados quanto à adoção de determinados atos ou procedimentos, ao passo que as limitações mandatórias prescrevem, de forma explícita e direta, a observância de determinados princípios que deverão ser adotados por eles em sua organização constitucional[69].

5.2.2. Auto-governo

Auto-governo diz sobre a capacidade da população componente dos Estados de eleger seus representantes para o Poder Executivo[70] (art. 28, CF) e o Poder Legislativo[71]. Portanto, é *direito* da população de cada Estado-membro da federação eleger seus respectivos governadores e deputados estaduais.

O Poder Executivo estadual é exercido pelo Governador com auxílio dos Secretários de Estado, para um mandato de 04 anos, conforme es-

68 A título de exemplo, podemos citar o artigo 19 da Constituição Federal, que dispõe o seguinte:
"Art. 19. É vedado à União, aos Estados, ao Distrito Federal e aos Municípios:
I - estabelecer cultos religiosos ou igrejas, subvencioná-los, embaraçar-lhes o funcionamento ou manter com eles ou seus representantes relações de dependência ou aliança, ressalvada, na forma da lei, a colaboração de interesse público;
II - recusar fé aos documentos públicos;
III - criar distinções entre brasileiros ou preferências entre si."

69 "Art. 37. A administração pública direta e indireta de qualquer dos Poderes da União, dos Estados, do Distrito Federal e dos Municípios obedecerá aos princípios de legalidade, impessoalidade, moralidade, publicidade e eficiência..." Em sede de Administração Pública, norma similar deverá constar nas Constituições Estaduais, inexistindo praticamente margem de discricionariedade ao Poder Constituinte Estadual.

70 "Art. 28. A eleição do Governador e do Vice-Governador de Estado, para mandato de quatro anos, realizar-se-á no primeiro domingo de outubro, em primeiro turno, e no último domingo de outubro, em segundo turno, se houver, do ano anterior ao do término do mandato de seus antecessores, e a posse ocorrerá em primeiro de janeiro do ano subseqüente, observado, quanto ao mais, o disposto no art. 77."

71 "Art. 27. O número de Deputados à Assembléia Legislativa corresponderá ao triplo da representação do Estado na Câmara dos Deputados e, atingido o número de trinta e seis, será acrescido de tantos quantos forem os Deputados Federais acima de doze.
§ 1º Será de quatro anos o mandato dos Deputados Estaduais, aplicando- se-lhes as regras desta Constituição sobre sistema eleitoral, inviolabilidade, imunidades, remuneração, perda de mandato, licença, impedimentos e incorporação às Forças Armadas."

tabelecido no art. 28 da Constituição Federal. Cada Governador possui como substituto o Vice-Governador.

Com relação ao Poder Legislativo, este é atribuído às Assembléias Legislativas, compostas pelos respectivos Deputados Estaduais. De forma distinta do Poder Legislativo Federal (Congresso Nacional, *bicameral:* Câmara dos Deputados e Senado Federal), o Poder Legislativo Estadual possui uma estrutura *unicameral.*

5.2.3. Auto-administração

A auto-administração, por fim, é decorrência do auto-governo e da auto-organização inerente aos Estados-membros, implicando no exercício de competências administrativas, legislativas e tributárias que lhes foram atribuídas pela Constituição.

5.3. Os Municípios

O princípio da autonomia constitucional encontra-se positivado no art. 18 da Constituição Federal, que dispõe o seguinte:

> "Art. 18. **A organização político-administrativa da República Federativa do Brasil compreende** a União, os Estados, o Distrito Federal e **os Municípios, todos autônomos, nos termos desta Constituição.**"

Historicamente, os municípios integram o Estado Brasileiro desde a Constituição do Império de 1824. No documento imperial, a administração municipal encontra-se disciplinada entre os arts. 167 a 169[72]. Em tais dispositivos, foram estabelecidas a composição, constituição e competência das Câmaras municipais. No tocante às suas competências, o texto constitucional remeteu à lei complementar tal atribuição. Em 01 de outubro de 1828, foi editada a Lei n° 01, que *"Dá nova fórma às Camaras Municipaes, marca suas attribuições, e o processo para a sua*

72 "Art. 167. Em todas as Cidades, e Villas ora existentes, e nas mais, que para o futuro se crearem haverá Camaras, às quaes compete o Governo economico, e municipal das mesmas Cidades, e Villas.
Art. 168. As Camaras serão electivas, e compostas do numero de Vereadores, que a Lei designar, e o que obtiver maior numero de votos, será Presidente.
Art. 169. O exercicio de suas funcções municipaes, formação das suas Posturas policiaes, applicação das suas rendas, e todas as suas particulares, e uteis attribuições, serão decretadas por uma Lei regulamentar."

eleição, e dos Juizes de Paz.[73]" Apesar do regramento existente, é certo, todavia, que a autonomia municipal não se deu de forma plena, na medida em que os municípios não dispunham de receitas próprias, fato este que fulmina qualquer pretensão de autonomia política. Neste sentido, Cármen Lúcia Antunes Rocha afirma que "*a desejada autonomia municipal acabara-se, de vez, contudo, com a ausência de rendas próprias das Câmaras Municipais. Sem recursos, baldas seriam todas as competências que lhes fossem conferidas, e que, no caso, nem eram tantas assim.*[74]"

A Constituição brasileira de 1891, conferiu em seu art. 68 (que compõe o "Título III – Do Município") autonomia aos municípios, dispondo o seguinte:

> "Os Estados organizar-se-ão de forma que fique assegurada a autonomia dos municípios, em tudo quanto respeite ao seu **peculiar interesse**." (destaque nosso)

Analisando a Constituição de 1891, Aliomar Baleeiro firmou os seguintes comentários acerca dos municípios:

> "Exceto a disposição sobre rendas que lhe deviam ser atribuídas e tiradas dos impostos estaduais, havia apenas o art. 68 que mandava assegurar aos Municípios a autonomia em tudo quanto respeitasse ao seu 'peculiar interesse
>
> Esse dispositivo vago trouxe muitas discussões, como se, por exemplo, o Estado podia estabelecer a nomeação dos Intendentes ou Prefeitos.
>
> Debateu-se muito (Castro Nunes e outros) se o Município brasileiro continuava a tradição colonial e ibérica, anterior à criação das províncias, ou se era apenas uma projeção dos Estados, como nos Estados Unidos.
>
> Em geral, a Constituição de cada Estado determinou que os Municípios seriam regulados por uma 'lei orgânica', aplicável a todos. O Rio Grande do Sul tolerou que cada Município instituísse sua própria carta.[75]"

73 Cf. a íntegra da "Lei de 01 de outubro de 1828" em http://www.planalto.gov.br/ccivil_03/leis/lim/LIM-1-10-1828.htm

74 **República e Federação no Brasil – Traços constitucionais da organização política brasileira.** Belo Horizonte: Del Rey, 1997, p. 277.

75 "A Constituição de 1891", in **Constituições Brasileiras: 1891, vol. II,** Brasília: Senado Federal, p 13.

Feitas essas breves digressões históricas apenas para situar o surgimento da autonomia municipal, é certo, todavia, que através da Constituição Federal de 1988, o tema ganhou novos contornos. Paulo Márcio Cruz[76], discorrendo sobre a inclusão do município no pacto federativo através da Constituição em vigor, afirmou o seguinte:

> "No Brasil, sob a égide da Constituição da República de 1988, o pacto federativo abriga traços de centralização, dispositivos de cooperação e o caráter tripartido de sua organização federal, com o Município sendo reconhecido como membro da federação e tendo suas competências elencadas naquela Constituição."

A estrutura federativa instituída pela Constituição brasileira de 1988, "altera radicalmente a tradição dual do federalismo brasileiro, acrescido agora de uma nova dimensão básica[77]", segundo afirmou Paulo Bonavides.

Portanto, o município é ente político da federação e dotado de autonomia, que se parte na capacidade de **auto-organização, auto-governo, auto-administração** e **auto-legislação.**

A capacidade de **auto-organização** municipal se dá mediante o exercício de sua competência para elaboração da **lei orgânica**, que fornece toda a estrutura jurídico-política do município[78]. Sob uma perspec-

76 **Fundamentos do direito constitucional**. Curitiba: Juruá, 2001, p. 254.

77 **Curso de direito constitucional**. 9ª ed. São Paulo: Malheiros Editores, 2000. p. 345.

78 Acerca da autonomia municipal, Toshio Mukai evidencia o seguinte: "(...) a **Lei Orgânica Municipal será a Constituição Municipal, que, votada em dois turnos e aprovada por um quorum qualificado, será promulgada pela própria Câmara Municipal.** Deverá observar os princípios estabelecidos na Constituição Federal e na Constituição do respectivo Estado. Esta, a Constituição do Estado, somente poderá dispor normas sobre os Municípios, que regulem assuntos supra municipais, tais como aqueles relativos às regiões metropolitanas e às aglomerações urbanas. No mais, qualquer disposição sobre o município, específica, será inconstitucional, por invasão da autonomia municipal. O Estado-membro perdeu toda e qualquer competência para dispor sobre a organização municipal, salvo aqueles assuntos que extrapolam o interesse puramente local." (destaque nosso) in **Administração pública na constituição de 1988**. São Paulo: Saraiva, 1989, p. 36.
José Afonso da Silva expõe o seguinte: "(...) a Constituição, como se lê no *caput* do art. 29, conferiu aos Municípios o poder de *auto-organização, mediante lei orgânica própria.* Em que consiste a 'lei orgânica própria'? Qual seu conteúdo? **Ela é uma espécie de Constituição Municipal.** Cuidará de discriminar a matéria de competência exclusiva do Município, observadas as peculiaridades locais, bem como a competência comum que a Constituição lhe reserva juntamente com a União, os Estados e o Distrito Federal (art. 23). Indicará, dentre a matéria de sua competên-

tiva *material*, a *lei orgânica* se assemelha a uma Constituição. O artigo 29 da Constituição Federal atribui competência às Câmaras Municipais para elaboração das leis orgânicas dos respectivos municípios dos quais fazem parte. Eis o teor do art. 29 da Constituição Federal:

> "Art. 29. **O Município reger-se-á por lei orgânica, votada em dois turnos**, com o interstício mínimo de dez dias, e aprovada por dois terços dos membros da Câmara Municipal, que a promulgará, **atendidos os princípios estabelecidos nesta Constituição, na Constituição do respectivo Estado** e os seguintes preceitos:"[79] (destaque nosso)

Com relação ao **auto-governo**, é dizer, a possibilidade de eleger seus próprios dirigentes, a Constituição Federal confere aos munícipes a escolha do prefeito e dos vereadores, é dizer, do chefe do poder executivo e dos membros do parlamento municipal (Câmara de Vereadores). Tal previsão resta consignada no artigo 29, I, da Constituição Federal[80].

Por sua vez, a **auto-administração** municipal revela que o ente político presta os serviços que lhe compete por meios próprios[81]. Em razão disto, dispõe da prerrogativa de arrecadar e aplicar receitas, em conformidade ao seu orçamento, resultando daí sua autonomia financeira. Relacionado ao tema, está a capacidade para instituir e arrecadar os tributos de sua competência, conforme previsão do artigo 30, III, da CF[82].

---

cia, aquela sobre que lhe cabe legislar com exclusividade e aquela sobre a qual lhe seja reservado legislar supletivamente" in **Comentário Contextual à Constituição.** São Paulo: Malheiros, 2005, p. 303.

79 Da simples leitura do dispositivo trazido à colação, depreende-se que a lei orgânica municipal encontra-se hierarquicamente subordinada à Constituição do Estado-membro do qual o município faz parte e à Constituição Federal.

80 "Art. 29. O Município reger-se-á por lei orgânica, votada em dois turnos, com o interstício mínimo de dez dias, e aprovada por dois terços dos membros da Câmara Municipal, que a promulgará, atendidos os princípios estabelecidos nesta Constituição, na Constituição do respectivo Estado e os seguintes preceitos:
I - eleição do Prefeito, do Vice-Prefeito e dos Vereadores, para mandato de quatro anos, mediante pleito direto e simultâneo realizado em todo o País;"

81 "Art. 30. Compete aos Municípios:
(...)
IV - criar, organizar e suprimir distritos, observada a legislação estadual;
V - organizar e prestar, diretamente ou sob regime de concessão ou permissão, os serviços públicos de interesse local, incluído o de transporte coletivo, que tem caráter essencial;"

82 "Art. 30. Compete aos Municípios:

Finalmente, dispõe o município de poder normativo próprio, é dizer, detém da capacidade de **auto-legislação.** Referida autonomia implica na competência para elaboração das leis municipais em áreas que lhe são reservadas constitucionalmente. Em sede de autonomia legislativa, afora outras matérias, compete ao município predominantemente legislar sobre **assuntos de interesse local.**[83] Possui, ademais, competência supletiva no tocante à legislação federal e estadual.

Em conclusão, no âmbito da estrutura do Estado Federal, o município afigura-se como uma entidade política de terceiro grau, revestido de personalidade jurídica, governo próprio e capacidade normativa. Nas palavras de Nelson Nery Costa, "o Município pode ser entendido como a organização política, pessoa jurídica de Direito Público interno, com base territorial determinada, englobando um conjunto de vizinhos, com interesses locais e comuns, com autonomia política, administrativa e financeira garantida pelo Constituição, que lhe define a competência[84]".

5.4. O Distrito Federal

O Distrito Federal é parte integrante da federação brasileira, conforme preceitua os arts. 1°[85] e 18[86] da Constituição Federal. Trata-se, portanto, de pessoa jurídica de direito público interno, dotado de **autonomia administrativa, jurisdicional** e **legislativa.** O fundamento constitucional da autonomia distrital está localizado nos arts. 1°, 18 e 32, da Constituição Federal.

O artigo 32 da nossa Lei Maior, dispõe que o Distrito Federal será regido por Lei Orgânica, votada em 02 turnos pela Câmara Legislativa, com interstício mínimo de 10 (dez) dias, considerando-se aprovada me-

---

(...)
III - instituir e arrecadar os tributos de sua competência, bem como aplicar suas rendas, sem prejuízo da obrigatoriedade de prestar contas e publicar balancetes nos prazos fixados em lei;"

83 "Art. 30. Compete aos Municípios:
I - legislar sobre assuntos de interesse local;
II - suplementar a legislação federal e a estadual no que couber;"

84 **Curso de Direito Municipal Brasileiro.** Rio de Janeiro: Forense. 1999. pp.61-62.

85 "Art. 1° **A República Federativa do Brasil, formada pela união indissolúvel dos Estados e Municípios e do Distrito Federal,** constitui-se em Estado Democrático de Direito (...)"

86 "Art. 18. **A organização político-administrativa da República Federativa do Brasil compreende** a União, os Estados, **o Distrito Federal** e os Municípios, todos autônomos, nos termos desta Constituição." (destaque nosso)

diante aquiescência de dois terços dos membros da casa legislativa, a qual compete promulgá-la[87]. Portanto, a capacidade de **auto-organização** do Distrito Federal se dá mediante elaboração de sua respectiva Lei Orgânica. De forma similar ao que ocorre no âmbito municipal, a Lei Orgânica distrital disporá sobre os princípios básicos da organização do Distrito Federal, além de estabelecer a composição e repartição de competências das instituições distritais. Devemos ressaltar, no entanto, que o Distrito Federal não se confunde com a figura do município ou do Estado-membro, afigurando-se como um *tertium genus.*

O Distrito Federal tem a prerrogativa de eleger seus próprios representantes, consubstanciando, portanto, seu **auto-governo**, conforme dispõe o art. 32. §2°[88], da Constituição Federal. Logo, compete ao Distrito Federal eleger o seu Governador e Vice-Governador, além dos respectivos Deputados e Senadores distritais[89]. Possui, portanto, uma estrutura governativa similar a de um Estado-membro. No tocante ao Poder Judiciário, há, todavia, uma particularidade: a competência para organizar e manter o Poder Judiciário Distrital é da União Federal, nos ter-

---

87 "Art. 32. O Distrito Federal, vedada sua divisão em Municípios, **reger-se-á por lei orgânica**, votada em dois turnos com interstício mínimo de dez dias, e aprovada por dois terços da Câmara Legislativa, que a promulgará, atendidos os princípios estabelecidos nesta Constituição." (destaque nosso)

88 "Art. 32. (...)
§ 1º (...)
§ 2º A eleição do Governador e do Vice-Governador, observadas as regras do art. 77, e dos Deputados Distritais coincidirá com a dos Governadores e Deputados Estaduais, para mandato de igual duração."

89 "Art. 45. A Câmara dos Deputados compõe-se de representantes do povo, eleitos, pelo sistema proporcional, em cada Estado, em cada Território e no Distrito Federal.
§ 1º O número total de Deputados, bem como a representação por Estado e pelo Distrito Federal, será estabelecido por lei complementar, proporcionalmente à população, procedendo-se aos ajustes necessários, no ano anterior às eleições, para que nenhuma daquelas unidades da Federação tenha menos de oito ou mais de setenta Deputados.
§ 2º Cada Território elegerá quatro Deputados.
Art. 46. O Senado Federal compõe-se de representantes dos Estados e do Distrito Federal, eleitos segundo o princípio majoritário.
§ 1º Cada Estado e o Distrito Federal elegerão três Senadores, com mandato de oito anos.
§ 2º A representação de cada Estado e do Distrito Federal será renovada de quatro em quatro anos, alternadamente, por um e dois terços.
§ 3º Cada Senador será eleito com dois suplentes.

mos do art. 21, XIII e 98, I, II, do Lei Maior[90]. Soma-se a ele, o Ministério Público e a Defensoria Pública.

A capacidade para edição de normas (**auto-legislação**) reside na esfera de competência da Câmara Legislativa, composta pelos Deputados distritais. Trata-se de órgão unicameral, similar às Câmaras de Vereadores. No tocante à competência legislativa, a Constituição Federal lhe atribuiu as mesmas que são reservadas aos Estados e aos Municípios, consoante disposto em seu art. 32, §1°.[91]

Por fim, no tocante à auto-administração, possui competências administrativas assinaladas constitucionalmente, sem prescindir das fiscais e tributárias[92].

---

90 "Art. 21. Compete à União:
(...)
XIII - organizar e manter o Poder Judiciário, o Ministério Público do Distrito Federal e dos Territórios e a Defensoria Pública dos Territórios;"
O artigo 98 da Constituição Federal, por sua vez, atribui competência à União Federal para criar os juizados especiais e a justiça de paz na esfera do Distrito Federal, conforme se depreende abaixo:
"Art. 98. A União, no Distrito Federal e nos Territórios, e os Estados criarão:
I - juizados especiais, providos por juízes togados, ou togados e leigos, competentes para a conciliação, o julgamento e a execução de causas cíveis de menor complexidade e infrações penais de menor potencial ofensivo, mediante os procedimentos oral e sumaríssimo, permitidos, nas hipóteses previstas em lei, a transação e o julgamento de recursos por turmas de juízes de primeiro grau;
II - justiça de paz, remunerada, composta de cidadãos eleitos pelo voto direto, universal e secreto, com mandato de quatro anos e competência para, na forma da lei, celebrar casamentos, verificar, de ofício ou em face de impugnação apresentada, o processo de habilitação e exercer atribuições conciliatórias, sem caráter jurisdicional, além de outras previstas na legislação."

91 "Art. 32. O Distrito Federal, vedada sua divisão em Municípios, reger- se-á por lei orgânica, votada em dois turnos com interstício mínimo de dez dias, e aprovada por dois terços da Câmara Legislativa, que a promulgará, atendidos os princípios estabelecidos nesta Constituição.
§ 1º Ao Distrito Federal são atribuídas as competências legislativas reservadas aos Estados e Municípios."

92 "Art. 155. Compete aos Estados e ao Distrito Federal instituir impostos sobre:
I - transmissão causa mortis e doação, de quaisquer bens ou direitos;
II - operações relativas à circulação de mercadorias e sobre prestações de serviços de transporte interestadual e intermunicipal e de comunicação, ainda que as operações e as prestações se iniciem no exterior;
III - propriedade de veículos automotores."

5.5. Territórios

Em conformidade ao art. 18 da Constituição Federal, os territórios não integram a federação brasileira, mas tão-somente a União, os Estados, o Distrito Federal e os Municípios.[93]

O Decreto-Lei n° 411/69[94], que dispõe sobre a administração dos territórios federais, formula a seguinte definição de *Território* em seu art. 3°:

> "Art. 3º Os Territórios são unidades descentralizadas da Administração Federal, com autonomia administrativa e financeira, equiparados para os efeitos legais, aos órgãos de administração indireta."

Os Territórios federais são administrados pela União Federal[95]. Ao Presidente da República, portanto, compete a nomeação em comissão de Governador territorial, mediante aprovação prévia do Senado Federal[96].

No momento em que foi promulgada a Constituição Federal de 1988, existiam no Brasil três (03) Territórios federais: Fernando de Noronha, Amapá e Roraima. O art. 14[97], do ADCT, transformou os Territórios de Roraima e do Amapá em Estados federados, mantendo suas respectivas áreas territoriais. Por sua vez, o Território de Fernando de Noronha foi extinto e sua área reincorporada ao Estado de Pernambuco, consoante

---

93 "Art. 18. A organização político-administrativa da República Federativa do Brasil compreende a União, os Estados, o Distrito Federal e os Municípios, todos autônomos, nos termos desta Constituição."

94 Embora inexista mais Território no Estado brasileiro, o Decreto-Lei n° 411/69 não foi expressamente revogado.

95 "Art. 18. A organização político-administrativa da República Federativa do Brasil compreende a União, os Estados, o Distrito Federal e os Municípios, todos autônomos, nos termos desta Constituição.
(...)
§ 2º Os Territórios Federais integram a União, e sua criação, transformação em Estado ou reintegração ao Estado de origem serão reguladas em lei complementar."

96 "Art. 14. Cada Território será administrado por um Governador auxiliado por Secretários e Govêrno.
Art. 15. O Governador será nomeado em comissão, pelo Presidente da República, mediante indicação do Ministro do Interior e aprovação do Senado Federal.
Parágrafo único. O Governador tomará posse perante o Ministro do Interior." Cf. Decreto n° 411/69.

97 "Art. 14. Os Territórios Federais de Roraima e do Amapá são transformados em Estados Federados, mantidos seus atuais limites geográficos."

disposto no art. 15[98], do ADCT. Em decorrência da transformação dos antigos Territórios em Estados-membros, atualmente não mais existe no Brasil a unidade política *Território*. Todavia, nada obsta que possam ser criados, conforme se depreende da leitura do art. 18, § 2°, da Constituição Federal[99].

6. Formação e mudança dos Estados

Os Estados constituem a essência de uma Federação, na medida em que são as instituições *típicas* que compõem a sua estrutura.

A ***indissolubilidade do pacto federativo*** **não significa a impossibilidade de ocorrência de alteração na estrutura federativa brasileira, na medida em que** ***alterar*** **é um termo completamente distinto de** ***extinção, dissolução.*** Portanto, a modificação da estrutura federativa brasileira pode ocorrer na medida em que sejam observadas as diretrizes constantes no art. 18, §3°, da Constituição Federal, a saber:

> "Art. 18 (...)
> § 3º Os Estados podem **incorporar-se entre si, subdividir-se ou desmembrar-se** para se anexarem a outros, ou **formarem novos Estados ou Territórios Federais**, mediante aprovação da população diretamente interessada, através de plebiscito, e do Congresso Nacional, por lei complementar."

O art. 18 enumera três (03) hipóteses distintas no tocante a modificação da estrutura federativa: a) *incorporação;* b) *fusão* e; c) *desmembramento dos Estados-membros.* José Afonso da Silva realiza a seguinte análise acerca das três possíveis maneiras de *transformação* dos Estados federados:

> "Não há mais como formar novos Estados senão por divisão de outro ou outros. A Constituição prevê a possibilidade de transformação deles por incorporação entre si, por *subdivisão* ou *desmembramento* quer para se anexarem a outros, quer para formarem novos Estados, quer, ainda, para formarem Territórios Federais, mediante aprovação da população diretamente interessada, através de

98 "Art. 15. Fica extinto o Território Federal de Fernando de Noronha, sendo sua área reincorporada ao Estado de Pernambuco."

99 "Art. 18 (...)
§ 2º **Os Territórios Federais integram a União, e sua criação**, transformação em Estado ou reintegração ao Estado de origem **serão reguladas em lei complementar**."

> plebiscito, e do Congresso Nacional, por lei complementar, ouvidas as respectivas Assembléias Legislativas (art. 18, §3°, c/c o art. 48, VI). 'Incorporação entre si', aí, significação *fusão*, porque 'incorporação' só consiste na reunião de um Estado a outro, perdendo o Estado incorporado sua personalidade, que se integra no incorporador. Não há propriamente incorporação *entre si*, incorporação *entre dois*; há incorporação de *um a outro*. A fusão pode ser entre si, entre dois ou três, ou mais, com a consequência de todos perderem a primitiva personalidade, surgindo um novo Estado. Logo, tratando-se de 'incorporação entre si', a população *diretamente* interessada é a de cada um dos Estados que desejam fundir-se. 'Subdivisão' significa separar um todo em várias partes, formando cada qual uma unidade independente das demais. 'Os Estados podem subdividir-se' é o inverso de 'os Estados podem incorporar-se entre si'. Quer dizer que um Estado pode dividir-se em dois ou mais Estados diferentes. Subdividem-se para formarem outros. Logo, população *diretamente interessada*, tratando-se de subdivisão de Estado, é a do Estado todo. 'Desmembramento' é processo diverso de subdivisão. 'Desmembrar' é separar uma ou mais partes de um todo, sem perda de identidade do ente primitivo. 'Desmembramento de Estado', portanto, quer dizer separação de parte dele, sem que ele deixe de ser o mesmo Estado. Continua com sua personalidade primitiva, apenas desfalcado do pedaço de seu território e população separados. A parte desmembrada poderá constituir novo Estado, ou se anexar a outro, ou formar Território Federal. População *diretamente* interessada, no caso de anexação da parte desmembrada a outro Estado, é tanto a da área que se quer anexar quanto a de que receberá o acréscimo."

A **incorporação** entre Estados ocorre quando dois ou mais entes políticos se fundem, **originando um novo Estado-membro** na organização política do Estado. Por consequência, os **Estados-membros que se fundem deixam de existir**, é dizer, perdem sua personalidade jurídica.

A **subdivisão**, por sua vez, é fenômeno inverso ao da *incorporação*. **Trata-se de um processo de fracionamento do *todo* em *várias partes*.** As unidades resultantes do *processo de fracionamento* formam, cada qual, um ente político distinto dos demais. Tal significa dizer, a título de exemplo, que um Estado A, na medida em que é subdividido em 3 unidades políticas, dá origem ao Estado B, Estado C e Estado D, deixando de existir, por sua vez, o Estado A. Os Estados B, C e D, uma vez criados, adquirem personalidade jurídica e o *status* de unidade autônoma no âmbito do Estado Federal.

Por sua vez, o **desmembramento do Estado implica na separação de parte dele, sem que isto implique na perda da sua identida-**

de como unidade política. É dizer, parcela da unidade territorial de um Estado-membro é dele desmembrada para se constituir em novo Estado federado. A fração resultante do desmembramento poderá se constituir em novo Estado-membro, ser anexado a outro ou se transformar em Território Federal, consoante preceitua o §3°, do art. 18[100]. A título de exemplo, podemos citar a criação do Estado do Tocantins, resultante de desmembramento do Estado de Goiás, disposto no art. 13, do ADCT:

> "Art. 13. É criado o Estado do Tocantins, pelo desmembramento da área descrita neste artigo, dando-se sua instalação no quadragésimo sexto dia após a eleição prevista no § 3º, mas não antes de 1º de janeiro de 1989.
>
> § 1º O Estado do Tocantins integra a Região Norte e limita-se com o Estado de Goiás pelas divisas norte dos Municípios de São Miguel do Araguaia, Porangatu, Formoso, Minaçu, Cavalcante, Monte Alegre de Goiás e Campos Belos, conservando a leste, norte e oeste as divisas atuais de Goiás com os Estados da Bahia, Piauí, Maranhão, Pará e Mato Grosso." (destaque nosso)

6.1. Procedimento

O procedimento para incorporação, fusão ou desmembramento de Estados-membros tem o seu arcabouço normativo formado pelos dispositivos constitucionais atinentes à matéria (Art. 18, §3° c/c 48, VI) e na Lei n° 9.709/98, que regulamenta os incisos, I, II e III, do art. 14 da Constituição Federal.

O artigo 18, §3°, da Constituição Federal exige o seguinte: a) **aprovação da população diretamente interessada**; b) **aprovação do Congresso Nacional, mediante Lei Complementar**.[101]. Referido **plebiscito** será convocado através de decreto legislativo, median-

100 "Art. 18 (...)
(...)
§3° Os Estados podem incorporar-se entre si, subdividir-se ou desmembrar-se para se anexarem a outros, ou formarem novos Estados ou Territórios Federais, mediante aprovação da população diretamente interessada, através de plebiscito, e do Congresso Nacional, por lei complementar."

101 Dispõe o art. 3°, da Lei n° 9.709/98:
"Art. 3° Nas questões de relevância nacional, de competência do Poder Legislativo ou do Poder Executivo, e no caso do § 3o do art. 18 da Constituição Federal, o plebiscito e o referendo são convocados mediante decreto legislativo, por proposta de um terço, no mínimo, dos membros que compõem qualquer das Casas do Congresso Nacional, de conformidade com esta Lei."

te proposta de um terço, no mínimo, dos membros de qualquer das Casas do Congresso Nacional, consoante disposto no art. 3°, da Lei n° 9.709/98.

O artigo 7°, da Lei n° 9.709/98, dispõe que a consulta plebiscitária para incorporação de Estados entre si, subdivisão ou desmembramento para se anexarem a outros, ou formarem novos Estados, deverá ser realizada junto à "população diretamente interessada tanto a do território que se pretende desmembrar, quanto a do que sofrerá desmembramento; em caso de fusão ou anexação, tanto a população da área que se quer anexar quanto a da que receberá o acréscimo; e a vontade popular se aferirá pelo percentual que se manifestar em relação ao total da população consultada."

Uma vez aprovada a convocação plebiscitária, o Presidente do Congresso Nacional cientificará à Justiça Eleitoral, a qual competirá: a) fixar a data da consulta popular; b) tornar pública a cédula respectiva; c) expedir instruções para a realização do plebiscito e; d) assegurar a gratuidade nos meios de comunicação de massa concessionários de serviço público, aos partidos políticos e às frentes suprapartidárias organizadas pela sociedade civil em torno da matéria em questão, para a divulgação de seus postulados referentes ao tema sob consulta, conforme disposto no art. 8°, da Lei 9.709/98.

Realizado o plebiscito e tendo a população consultada opinado de maneira desfavorável à modificação territorial, não haverá submissão do projeto de lei complementar ao Congresso Nacional. Ao revés, se a população consultada se manifestou favoravelmente ao plebiscito, o projeto de Lei Complementar será proposto perante uma das Casas legislativas.

Em atenção ao disposto no art. 4°, §2°, deverá a Casa legislativa perante a qual tenha sido apresentado o projeto de lei complementar, proceder à audiência das respectivas Assembléias Legislativas interessadas. Ressalte-se, todavia, que a decisão proferida pela (s) Assembléia (s) Legislativa (s) não possui caráter vinculativo quanto à eventual sequência procedimental por parte do Congresso Nacional (art. 4°, §3°[102]).

102 "Art. 4° (...)
§ 3° Na oportunidade prevista no parágrafo anterior, as respectivas Assembléias Legislativas opinarão, sem caráter vinculativo, sobre a matéria, e fornecerão ao Congresso Nacional os detalhamentos técnicos concernentes aos aspectos administrativos, financeiros, sociais e econômicos da área geopolítica afetada."

A etapa final do procedimento de fusão, cisão ou desmembramentos dos Estados **se dá mediante aprovação da Lei Complementar federal.**

7. Formação e mudança dos Municípios.

Em relação à formação e mudança dos Municípios, a Constituição Federal consubstancia o regramento inicial no art. 18, §4°, que dispõe o seguinte:

> "A criação, a incorporação, a fusão e o desmembramento de Municípios far-se-ão por lei estadual, dentro do período determinado por lei complementar federal, e dependerão de consulta prévia, mediante plebiscito, às populações dos Municípios envolvidos, após divulgação dos Estudos de Viabilidade Municipal, apresentados e publicados na forma da lei."

Depreende-se do dispositivo legal em análise, que **a criação, a incorporação, a fusão e o desmembramento de Municípios poderá ocorrer mediante observância dos seguintes requisitos**: a) **lei complementar federal determinando genericamente o período autorizado para criação, fusão e incorporação de municípios**[103]; b)

---

103 O dispositivo constitucional em apreço (art. 18, §4°) ainda se encontra pendente de regulamentação por parte de lei complementar. Trata-se, portanto, de uma norma de eficácia limitada que necessita ser integrada mediante atuação do Congresso Nacional. É oportuno verificar, sobre o tema, decisão relativamente recente do Supremo Tribunal Federal:
"Não obstante essa movimentação legislativa consolidando o interesse da União no processo de formação de municípios, o texto constitucional não foi claro no que se refere à competência legislativa de normas gerais para os Estudos de Viabilidade Municipal. Quando se defronta com cenário de vazio ou incompletude do ordenamento jurídico, as técnicas de integração, se cabíveis, devem ser aplicadas. Observando-se o interesse da União, consubstanciado pela Emenda Constitucional que exige prévia edição de lei complementar federal a fixar os prazos para formação de municípios, é factível proceder à interpretação analógica, equiparando tal situação às hipóteses de competência legislativa concorrente da União e dos Estados-Membros. Trata-se de modelo equivalente, uma vez que à União compete, conforme elucida o art. 18, § 4º, da Carta Magna, fixar normas precedentes em relação à lei estadual que substantivamente cria o município, situação semelhante às hipóteses de competência concorrente, em que o Constituinte concedeu poderes normativos gerais à União e, de forma suplementar, aos Estados-Membros.
Observe-se a sistemática adotada pela Constituição quanto à relação entre as normas federais e estaduais nas matérias de competência legislativa concorrente:
"Art. 24. [...].

Estudos de Viabilidade Municipal, apresentados e publicados na forma da lei; c) **consulta prévia, mediante plebiscito, às populações dos municípios envolvidos e**; e) **lei estadual criando especificamente o município**.

Em precedente nota de rodapé, verificamos a lacuna existente em nosso ordenamento jurídico atinente à inexistência da lei complementar federal para dispor sobre normas gerais relativas à criação de municípios. Além deste requisito, faz-se necessário a realização de Estudos de Viabilidade Municipal, precisamente para nortear o legislador acerca da real estrutura relativa ao ente político municipal, objetivando, com isto, evitar a proliferação de novos Municípios sem a mínima capacidade econômica de auto sustentação e contando com uma população demasiadamente pequena.

Outro requisito de relevo se refere aos estudos de viabilidade municipal. Ao estabelecer essa exigência, busca-se conter a proliferação de novos Municípios sem capacidade econômica mínima de auto-sustentação e com ínfima população[104], evitando-se, com isto, diversos problemas em sede de Estado Federal.

---

§ 1º No âmbito da legislação concorrente, a competência da União limitar-se-á a estabelecer normas gerais.

§ 2º A competência da União para legislar sobre normas gerais não exclui a competência suplementar dos Estados.

§ 3º Inexistindo lei federal sobre normas gerais, os Estados exercerão a competência legislativa plena, para atender a suas peculiaridades.

§ 4º A superveniência de lei federal sobre normas gerais suspende a eficácia da lei estadual, no que lhe for contrário."

De fato, é correto afirmar, como fazem o Procurador-Geral da República e o Advogado-Geral da União, que os Estudos de Viabilidade Municipal devem ser apresentados na forma prescrita pela lei federal, à qual, além de estabelecer lapso temporal para instituição de novos municípios, compete regulamentar as normas gerais desse processo.

Ocorre que, enquanto a União não legisla tais normas gerais, não há impeditivo a que o Estado-Membro o faça, uma vez que o texto constitucional nem mesmo afirmou peremptoriamente de quem é a competência legislativa nesse aspecto, sem prejuízo da afirmação da competência exclusiva da União para edição de lei complementar determinando o período em que autorizada a transformação de municípios – pressuposto sem o qual nenhum pode ser criado. Da mesma forma que na sistemática das matérias de competência concorrente, com a superveniência de lei federal regulamentando as normas gerais do processo, a eficácia da lei estadual deverá ser suspensa no que for contrária àquela, conforme a previsão do § 4º do art. 24 do Diploma Fundamental." (ADI 4984/CE, Rel. Ministro Alexandre de Moraes, j. em 12.04.18, Pleno, STF)

---

104 Cf. trecho do voto do Min. Gilmar Mendes, na ADI nº 4992/RO:

Após a realização dos Estudos de Viabilidade Municipal, necessi-

---

"O Supremo Tribunal Federal assentou entendimento segundo o qual o art. 18, § 4º, da Constituição da República, com a redação determinada pela EC 15/96, é norma de eficácia limitada, dependente, portanto, da atuação legislativa no sentido da feitura da lei complementar nele referida para produzir plenos efeitos (cf.: SILVA, José Afonso da Silva. Aplicabilidade das Normas Constitucionais. 6 . ed. São Paulo: Malheiros, 2003).
Ainda que despida de eficácia plena, consignou-se que tal norma constitucional teria o condão de inviabilizar a instauração de processos tendentes à criação de novas municipalidades até o advento da referida lei complementar federal, uma vez que não se trata de questão meramente local ou regional, mas que afeta toda a federação, bastando a constatação da influência que exerce sobre a distribuição do Fundo de Participação dos Municípios para que se perceba a veracidade da afirmação.
A Emenda Constitucional 15, de 1996, como todos sabem, foi elaborada com o conhecido intuito de colocar um ponto final na crescente proliferação de municípios observada no período pós-88. A redação original do art. 18, § 4º, da Constituição criava condições muito propícias para que os Estados desencadeassem o processo de criação, fusão, incorporação e desmembramento de municípios, por leis próprias, respeitados parâmetros mínimos definidos em lei complementar, também estadual.
A Justificação apresentada na Proposta de Emenda à Constituição 22, de 1996, no Senado Federal, esclarece os motivos da mudança constitucional (eDOC 38, fls. 5):
"O aparecimento de um número elevado de municípios novos, no País, tem chamado atenção para o caráter essencialmente eleitoreiro que envolve suas criações, fato este lamentável. Ao determinar a responsabilidade da criação de municípios aos Estados, a Constituição Federal considerou corretamente as particularidades regionais a que devem obedecer os requisitos para a criação de municípios.
Contudo, o texto do § 4 o do art. 18 não apresentou as restrições necessárias ao consentimento dos abusos, hoje observado, e que não levam em conta os aspectos mais relevantes para a criação ou não de novos municípios.
A determinação, no mesmo parágrafo, de que ficarão preservadas a continuidade e a unidade histórico-cultural do ambiente urbano deixa muito a desejar, por constituir uma condição nem precisa, nem objetiva.
Aceitamos que, para dispor mais objetivamente sobre a questão, a Constituição Federal deveria ser mais incisiva na determinação de condições capazes de evitar, ao máximo, distorções que ameacem a transparência e o amadurecimento da decisão técnica e política.
Assim, nesta proposta de emenda à Constituição, estamos incluindo dois elementos, a nosso ver, muito importantes. Primeiro, o período em que poderão ser criados os municípios, que deverá ser limitado com relação à época das eleições municipais. Este período será determinado por lei complementar federal.
Segundo, a apresentação e publicação, na forma da lei, dos Estudos de Viabilidade Municipal, os quais deverão dar o necessário embasamento, sob diferentes perspectivas, à decisão da população, manifesta em plebiscito."
A Emenda Constitucional 15 foi publicada no dia 13 de setembro de 1996. Passados mais de 18 (dezoito) anos, não foi editada a lei complementar federal definidora do período dentro do qual poderão tramitar os procedimentos tendentes à criação, à incorporação, ao desmembramento e à fusão de municípios."
(ADI 4992/RO, Rel. Min. Gilmar Mendes, d. j. em 11.09.14, Pleno)

ta haver sua publicação para que a população diretamente interessada possa realizar um juízo de valor acerca da conveniência de um eventual processo de criação ou desmembramento de Municípios. A partir de então, a consulta plebiscitária estará apta a ser efetivada.

Na hipótese de decisão favorável por parte da população consultada, ter-se-á a tramitação do projeto de lei no âmbito da respectiva Assembléia Legislativa estadual, a qual competirá aprovar ou não a lei estadual que irá criar, incorporar ou desmembrar municípios. Ressalte-se, por oportuno, que a Lei estadual exigida pelo art. 18, §4°, da CF, é de natureza *ordinária*. Por se tratar de Lei, impende ressaltar a participação do Executivo estadual neste processo, na medida em compete ao mesmo sancionar ou vetar referido projeto.

8. A repartição de competências na Constituição de 1988

A federação é a forma de Estado que se caracteriza pela descentralização política no âmbito territorial efetuada pela Constituição. Disto resulta que as entidades federativas, dotadas de autonomia, têm competência[105] para atuarem no marco pré-estabelecido constitucionalmente. Portanto, a autonomia dos entes federativos pressupõe uma repartição de competências para que a unidade política possa exercer adequadamente suas atribuições constitucionais. A delimitação de competências entre as unidades federativas constitui, portanto, um dos núcleos essenciais do Estado Federal.

Apesar do texto constitucional estabelecer a delimitação competencial dos entes federativos, eventualmente se pode verificar conflito entre eles, surgindo daí a necessidade de provocação do Poder Judiciário para que este possa decidir a qual unidade política é atribuída uma determinada competência[106]. Sobre a relevância temática, Raul Machado Horta destaca o seguinte:

105 **Competência**, segundo José Afonso da Silva, "é a faculdade juridicamente atribuída a uma entidade ou a um órgão ou agente do Poder Público para emitir decisões. 'Competência' são as diversas modalidades de poder de que se servem os órgãos ou entidades estatais para realizar suas funções." in **Comentário Contextual à Constituição.** São Paulo: Malheiros, 2005, p. 244.

106 "Art. 102. Compete ao Supremo Tribunal Federal, precipuamente, a guarda da Constituição, cabendo-lhe:

(...)

I - processar e julgar, originariamente:

(...)

f) as causas e os conflitos entre a União e os Estados, a União e o Distrito Federal, ou entre uns e outros, inclusive as respectivas entidades da administração indireta;"

> "A Constituição Federal dirá onde começa e onde termina a competência da Federação. Onde se inicia e onde acaba a competência do Estado-Membro. A relação entre Constituição Federal e repartição de competências é uma relação causal, de modo que, havendo Constituição Federal, haverá, necessariamente, a repartição de competências dentro do próprio documento de fundação jurídica do Estado Federal. Por isso, a repartição de competências é tema central da organização federal.[107]"

Objetivando implementar um equilíbrio político entre os entes federativos, a Constituição Federal tenta delimitar de maneira minuciosa as atribuições de cada unidade política componente do pacto federativo[108]. Logo, a repartição de competências, "responsável pela definição

---

III - julgar, mediante recurso extraordinário, as causas decididas em única ou última instância, quando a decisão recorrida:
(...)
d) julgar válida lei local contestada em face de lei federal.
Art. 105. Compete ao Superior Tribunal de Justiça:
II - julgar, em recurso ordinário:
b) julgar válido ato de governo local contestado em face de lei federal;"

---

107 Raul Machado Horta. **Direito Constitucional.** 5ª ed. Belo Horizonte: Del Rey, 2010, p. 250.

108 Sobre a repartição de competências na Constituição Federal de 1988, Raul Machado Horta evidencia o seguinte:
"É no quadro renovador da repartição de competências do Estado Federal contemporâneo que deve ser localizada a repartição de competências consagrada na Constituição Federal de 1988, promulgada pela Assembléia Nacional Constituinte. O novo texto constitucional brasileiro superou a concepção clássica da repartição de competências fundada na distribuição de poderes enumerados à União e de poderes reservados aos Estados. Abandonou o retraimento dos textos federais anteriores, que fizeram da legislação concorrente, sob a forma da legislação estadual supletiva e da legislação federal fundamental, uma simples e acanhada sub-repartição de competência dentro do grandioso e esmagador quadro da competência dos poderes federais. A nova repartição de competências, sem prejuízo dos poderes soberanos e nacionais da União, que foram acrescidos com expressivas atribuições novas, criou o domínio autônomo da legislação concorrente, abastecido com matérias próprias, e não com matérias deslocadas da competência legislativa exclusiva da União, como no figurino das Constituições de 1934, 1946 e 1967, para que sejam elas objeto da legislação federal de normas gerais e da legislação estadual suplementar. A legislação federal de normas gerais, como evidencia a terminologia jurídica empregada, é legislação não exaustiva. E conceitualmente uma legislação incompleta, de forma que a legislação suplementar estadual, partindo da legislação federal de normas gerais, possa expedir normas autônomas, afeiçoando as normas gerais às exigências variáveis e às peculiaridades locais de cada ordenamento jurídico estadual." in **Direito Constitucional.** 5ª ed. Belo Horizonte: Del Rey, 2010, p. 256.

constitucional do campo próprio de cada ordenamento, poderá acentuar a centralização, concentrando na Federação ou União a maior soma de poderes, ou conduzir á descentralização, reduzindo os poderes federais e ampliando os poderes estaduais, ou ainda, afastando-se das soluções extremas, dosar as competências federais e estaduais, de modo a instaurar na Constituição Federal o equilíbrio entre o ordenamento central e os ordenamentos parciais."[109]

Deste modo, em virtude da pluralidade de unidades políticas investidas de competências próprias, faz-se necessário a adoção de um critério útil para estabelecer a repartição de atribuições conferidas constitucionalmente a cada instituição componente do pacto federativo.

8.1. O princípio da "predominância do interesse"

A repartição de competências envolve um problema de técnica jurídica na Constituição Federal. É uníssona no âmbito doutrinário a concentração de atribuições que recai na esfera da União Federal, em detrimentos dos Estados-membros e Municípios.

No marco da repartição de competências entre as unidades políticas que compõem o Estado Federal, o constituinte originário brasileiro adotou como princípio geral para implementar referida distribuição competencial, o **princípio da predominância do interesse**. Através da utilização deste princípio, a Constituição Federal atribuiu à **União** competência para dispor sobre matérias de **predominância do interesse nacional**, reservando aos **Estado-membros** a faculdade para legislar sobre **assuntos de interesse regional** e, aos **Municípios**, delegou a prerrogativa para dispor sobre **assuntos de interesse local**. Embora o texto constitucional tenha efetuado o partilhamento de atribuições entre os entes federativos, é possível, conforme já salientado acima, a ocorrência de conflitos de competência entre eles, competindo ao Poder Judiciário solucionar referida controvérsia.

8.2. Classificação das competências

Com o propósito de permitir uma adequada compreensão sobre o tema, José Afonso da Silva[110] apresenta uma proposta de classificação

109 Raul Machado Horta. **Direito Constitucional.** 5ª ed. Belo Horizonte: Del Rey, 2010, p. 250.

110 **Comentário Contextual à Constituição.** São Paulo: Malheiros, 2005, p. 244.

acerca das competências dos entes federativos, tomando por critérios a *forma, conteúdo, origem* e *extensão.*

8.2.1. Quanto à forma

No tocante à **forma** ou **processo de distribuição**, a competência pode ser a) **enumerada ou expressa**; b) **reservada ou remanescente e residual**; c) **implícita ou resultante ou decorrente**.

Diz-se que a competência é **enumerada ou expressa** quando estabelecida de maneira explícita, direta, pela Constituição a um determinado ente federativo, a exemplo dos arts. 21 e 22.

Reservada ou remanescente é a que resta a uma unidade política, após a enumeração da competência de outra (art. 25, §1°).

Competência residual, por sua vez, consiste no eventual resíduo que sobra após enumerar a competência de todas as unidades federativas (art. 154, I).

Por fim, a **competência implícita**, também denominada **resultante ou decorrente,** corresponde àquela relativa à prática de atos ou atividades razoavelmente considerados necessários ao exercício dos poderes expressos.

8.2.2. Quanto ao conteúdo

Em relação ao **conteúdo ou matéria**, a competência distingue-se em **econômica, social, político-administrativa, financeira e tributária**.

8.2.3. Quanto à extensão

Pelo **critério da extensão**, é dizer, pertinente à participação de uma ou mais unidades políticas na esfera da normatividade ou da realização material, a competência pode ser a) **exclusiva**; b) **privativa**; c) **comum, cumulativa ou paralela**; d) **concorrente** e; e) **suplementar**.

Exclusiva é a competência exercida por um único ente político, com *exclusão* dos demais. Logo, não se permite a delegação de competência *exclusiva* e, muitos menos, pode ser suplementada por legislação de outras unidades políticas (art. 21, CF).

A **competência privativa** é aquela enumerada como própria, específica de um determinado ente federativo, **comportando delegação e suplementaridade** (art. 22, CF).

Por sua vez, a **competência comum, cumulativa ou paralela**, consiste na prerrogativa de legislar ou realizar certos atos de forma conjunta ou em pé de igualdade, consistindo, desta forma, num campo de atuação comum às diversas unidades políticas, sem que o exercício de uma venha a excluir a atribuição de outra, podendo, desta maneira, ser exercida *cumulativamente* (art. 23, CF).

Quanto à **competência concorrente**, compete de forma cumulativa à União, aos Estados e ao Distrito Federal dispor sobre a mesma matéria (art. 24, *caput*). Neste tipo competencial, se prevê a possibilidade de um mesmo assunto ser objeto de regulamentação por mais de um ente federativo. Em tal hipótese, existe primazia da legislação da União pertinente à fixação de *normas gerais*.

Por fim, diz ser **suplementar** a competência que se desdobra da *concorrente*, ou seja, é o poder de formular normas desenvolvendo as *normas gerais* editadas pela União Federal (art. 24, §2°) ou, na hipótese de ausência destas, editar normas suprindo referida omissão legislativa no âmbito federal (art. 24, §3°).

8.2.4. Quanto à origem

No tocante à **origem**, a competência pode ser **originária ou delegada**. Por competência **originária**, entende-se aquela que é atribuída diretamente ao ente federativo pela Constituição Federal, ao passo que a competência **delegada** resulta de uma *delegação* formulada por um ente político a um outro que igualmente compõe a federação (art. 22, parágrafo único).

8.2.5. Competências administrativas

As competências administrativas são comuns a todos os membros da Federação, na medida em que todos eles são dotados de autonomia. Referidas competências são exercidas pelos órgãos que compõem a Administração Pública, podendo ser a) **exclusivas** ou; b) **comuns**.

8.2.5.1. Competência exclusiva

Conforme explicitado acima, *exclusiva* é a competência exercida por um único ente político, com *exclusão* dos demais. Apenas o ente político que detém tal competência é quem poderá exercê-la. Portanto, se a competência é reservada à União, estão *excluídos* do seu exercício os Estados-membros e os Municípios. Sobre tal aspecto, é relevante chamar a atenção para o seguinte ponto: o artigo 21, da Constituição Federal, que elenca as matérias de *competência exclusiva* da União Federal, não traz um dispositivo versando sobre a possibilidade de outro ente dispor sobre as mesmas matérias. No artigo 22[111], por sua vez, que dispõe sobre *competência privativa*, está previsto em seu parágrafo único a possibilidade de delegação legislativa aos Estados federados.

Logo, em conformidade ao art. 21 da Constituição Federal, são de **competência exclusiva** da **União Federal**:

1. manter relações com Estados estrangeiros e participar de organizações internacionais; 2. declarar a guerra e celebrar a paz; 3. assegurar a defesa nacional; 4. permitir, nos casos previstos em lei complementar, que forças estrangeiras transitem pelo território nacional ou nele permaneçam temporariamente; 5. decretar o estado de sítio, o estado de defesa e a intervenção federal; 6. autorizar e fiscalizar a produção e o comércio de material bélico; 7. emitir moeda; 8. administrar as reservas cambiais do País e fiscalizar as operações de natureza financeira, especialmente as de crédito, câmbio e capitalização, bem como as de seguros e de previdência privada; 9. elaborar e executar planos nacionais e regionais de ordenação do território e de desenvolvimento econômico e social; 10. manter o serviço postal e o correio aéreo nacional; 11. explorar, diretamente ou mediante autorização, concessão ou permissão, os serviços de telecomunicações, nos termos da lei, que disporá sobre a organização dos serviços, a criação de um órgão regulador e outros aspectos institucionais; 12. explorar, diretamente ou mediante autorização, concessão ou permissão: a) os serviços de radiodifusão sonora, e de sons e imagens; b) os serviços e instalações de energia elétrica e o aproveitamento energético dos cursos de água, em articulação com os Estados onde se situam os potenciais hidroenergéticos; c) a navegação aérea, aeroespacial e a infra-estrutura aeroportuária; d) os serviços de transporte ferroviário e aquaviário entre portos brasileiros e fronteiras nacionais, ou que transponham os limites de Estado ou Território; e) os serviços de transporte rodoviário interestadual e internacional de passageiros; f) os portos marítimos, fluviais e lacustres; 13. organizar e manter o Poder Judiciário, o Ministério Público do Distrito Federal e dos Territórios e a Defensoria Pública dos Territórios; 14. organizar e manter a polícia civil, a polícia militar e o corpo de bombeiros militar do Distrito Federal, bem como prestar assistência financeira ao Distrito Federal para a execução de serviços públicos, por meio de fundo próprio; 15. organizar e manter os serviços oficiais de estatística, geografia, geologia e cartografia de âmbito nacional; 16. exercer a classificação,

---

111 "Art. 22 (...)
(...)
Parágrafo único. Lei complementar poderá autorizar os Estados a legislar sobre questões específicas das matérias relacionadas neste artigo."

para efeito indicativo, de diversões públicas e de programas de rádio e televisão; 17. conceder anistia; 18. planejar e promover a defesa permanente contra as calamidades públicas, especialmente as secas e as inundações; 19. instituir sistema nacional de gerenciamento de recursos hídricos e definir critérios de outorga de direitos de seu uso; 20. instituir diretrizes para o desenvolvimento urbano, inclusive habitação, saneamento básico e transportes urbanos; 21. estabelecer princípios e diretrizes para o sistema nacional de viação; 22. executar os serviços de polícia marítima, aeroportuária e de fronteiras; 23. explorar os serviços e instalações nucleares de qualquer natureza e exercer monopólio estatal sobre a pesquisa, a lavra, o enriquecimento e reprocessamento, a industrialização e o comércio de minérios nucleares e seus derivados, atendidos os seguintes princípios e condições: a) toda atividade nuclear em território nacional somente será admitida para fins pacíficos e mediante aprovação do Congresso Nacional; b) sob regime de permissão, são autorizadas a comercialização e a utilização de radioisótopos para a pesquisa e usos médicos, agrícolas e industriais; c) sob regime de permissão, são autorizadas a produção, comercialização e utilização de radioisótopos de meia-vida igual ou inferior a duas horas; d) a responsabilidade civil por danos nucleares independe da existência de culpa; 24) organizar, manter e executar a inspeção do trabalho e; 25) estabelecer as áreas e as condições para o exercício da atividade de garimpagem, em forma associativa.

No tocante aos **Municípios**, a Constituição Federal, em seu art. 30, III a IX, elencou um rol de competências materiais valendo-se do critério do ***interesse local*** para delimitar o seu âmbito de competência. Portanto, compete aos Municípios a) instituir e arrecadar os tributos de sua competência, bem como aplicar suas rendas, sem prejuízo da obrigatoriedade de prestar contas e publicar balancetes nos prazos fixados em lei; b) criar, organizar e suprimir distritos, observada a legislação estadual; c) organizar e prestar, diretamente ou sob regime de concessão ou permissão, os serviços públicos de interesse local, incluído o de transporte coletivo, que tem caráter essencial; d) manter, com a cooperação técnica e financeira da União e do Estado, programas de educação infantil e de ensino fundamental; e) prestar, com a cooperação técnica e financeira da União e do Estado, serviços de atendimento à saúde da população; f) promover, no que couber, adequado ordenamento territorial, mediante planejamento e controle do uso, do parcelamento e da ocupação do solo urbano; g) promover a proteção do patrimônio histórico-cultural local, observada a legislação e a ação fiscalizadora federal e estadual. Afora tais competências enumeradas na Constituição Federal, não podemos perder de vista que a principal atribuição municipal (*assunto de* *interesse local*) tem um caráter vago e indeterminado, decorrendo, por tal razão, a necessidade de precisar o seu alcance à luz de cada situação concreta.

Conforme já salientado, a competência dos **Estados é *residual***, ou seja, *exclui-se* as competências da União e dos Municípios, resultando desta subtração as atribuições de caráter estadual. Portanto, o que não compete à União e aos Municípios, por exclusão, competirá aos Estados-membros. Referida competência encontra-se positiva no art. 25, §1°, da Constituição Federal: "São reservadas aos Estados as competências que não lhes sejam vedadas por esta Constituição". Apesar da competência dos Estados ser de índole *residual*, a Constituição Federal enumera expressamente uma em seu art. 25, §2°: "Cabe aos Estados explorar diretamente, ou mediante concessão, os serviços locais de gás canalizado, na forma da lei, vedada a edição de medida provisória para a sua regulamentação".

Por fim, no tocante às competências exclusivas, ao **Distrito Federal** compete o exercício da soma das competências atribuídas aos Estados e aos Municípios, excetuando-se as vedações constitucionais.

8.2.5.2. Competências comuns

As **competências comuns, de natureza administrativa**[112], estão elencadas no art. 23 da Constituição Federal. Trata-se de competências que podem ser exercidas por qualquer ente da federação. É importante salientar que as competências administrativas dos entes federativos não se exaurem no rol constante do art. 23 da Constituição Federal, podendo ser encontradas competências outras, também de natureza comum, em outros dispositivos da Constituição Federal. Via de regra, tais competências referem-se a atividades que deverão ser desempenhadas por todos (comum) os membros da federação, de forma conjunta. São competências comuns entre a União, os Estados, o Distrito Federal e os Municípios:

112 Ao dispor sobre a natureza da competência comum, José Afonso da Silva afirma tratar-se "de competência material relativa à prestação de serviços da mesma natureza da competência prevista no art. 21, com a diferença de que esta é exclusiva da União, enquanto aquela é comum dela, dos Estados, Distrito Federal e Municípios. 'Competência comum' significa que a prestação do serviço por uma entidade não exclui igual competência de outra – até porque aqui se está no campo da competência-dever, porque se trata de cumprir a função pública de prestação de serviços à população. Liga-se igualmente com o art. 24, onde se dá competência legislativa concorrente sobre as matérias arroladas. O art. 23 dispõe sobre o conteúdo das matérias indicadas; o art. 24 define a forma normativa que se lhes dá." in **Comentário Contextual à Constituição.** São Paulo: Malheiros, 2005, p. 273.

a) zelar pela guarda da Constituição, das leis e das instituições democráticas e conservar o patrimônio público; b) cuidar da saúde e assistência pública, da proteção e garantia das pessoas portadoras de deficiência; c) proteger os documentos, as obras e outros bens de valor histórico, artístico e cultural, os monumentos, as paisagens naturais notáveis e os sítios arqueológicos; d) impedir a evasão, a destruição e a descaracterização de obras de arte e de outros bens de valor histórico, artístico ou cultural; e) proporcionar os meios de acesso à cultura, à educação, à ciência, à tecnologia, à pesquisa e à inovação; f) proteger o meio ambiente e combater a poluição em qualquer de suas formas; g) preservar as florestas, a fauna e a flora; h) fomentar a produção agropecuária e organizar o abastecimento alimentar; i) promover programas de construção de moradias e a melhoria das condições habitacionais e de saneamento básico; j) combater as causas da pobreza e os fatores de marginalização, promovendo a integração social dos setores desfavorecidos; l) registrar, acompanhar e fiscalizar as concessões de direitos de pesquisa e exploração de recursos hídricos e minerais em seus territórios e; m) estabelecer e implantar política de educação para a segurança do trânsito.

O parágrafo único do art. 23 da Constituição Federal, dispõe que *"leis complementares fixarão normas para a cooperação entre a União e os Estados, o Distrito Federal e os Municípios, tendo em vista o equilíbrio do desenvolvimento e do bem-estar em âmbito nacional."* Trata-se de norma que revela o formato de um *federalismo cooperativo*, é dizer, um modelo de Estado que possui como núcleo essencial *"a colaboração recíproca através da possibilidade de atuação comum ou concorrente entre os poderes central ou regional.*[113]*"*

8.2.6. Competências legislativas

Entende-se por **competência legislativa** a faculdade atribuída constitucionalmente a cada unidade federativa para disciplinar as matérias de suas respectivas competências através de leis e atos normativos.

As competências legislativas se referem às matérias sobre as quais cada componente da federação pode disciplinar por intermédio de leis e

113 Bernardo Gonçalves Fernandes, **Curso de Direito Constitucional.** Rio de Janeiro: Lumen Juris, 2007, p. 560. Esclarece José Afonso da Silva que *"as normas estabelecidas na lei complementar é que vão decidir da natureza e extensão da cooperação a objetivos nacionais. É claro que nada impede que se faça a cooperação entre Estados, ou entre Estados e Municípios, visando ao equilíbrio e desenvolvimento e ao bem-estar em âmbito regional ou das comunidades locais."* in **Comentário Contextual à Constituição.** São Paulo: Malheiros, 2005, p. 275.

atos normativos. A Constituição Federal estabelece toda uma repartição de competência entre os entes federativos quanto ao exercício de suas respectivas competências legislativas, de modo a evitar a existência de antinomias jurídicas.

Em relação às **competências legislativas, a Constituição Federal elenca a seguinte tipologia**: a) **competência privativa**; b) **competência concorrente** c) **competência suplementar** e; d) **competência residual**.

A **competência privativa** (art. 22, CF) é aquela relativa especificamente a um determinado ente federativo. Trata-se de uma competência própria, peculiar a uma específica unidade federativa.

É possível, todavia, que uma mesma matéria possa ser objeto de regulamentação por mais de um ente federativo de forma simultânea, é dizer, compete cumulativamente aos entes federados dispor sobre idêntico assunto. Neste caso, estamos situados no âmbito da **competência concorrente**[114].

A **competência suplementar** (art. 24, §2°, CF), por sua vez, é aquela que resulta de um desdobramento, por parte dos Estados, da *competência concorrente*, é dizer, trata-se da capacidade de desenvolver o conteúdo das *normas gerais* emanadas da União Federal ou, na hipótese de inexistência destas, editar referidas normas *suprindo a omissão legislativa no plano federal* (art. 24, §3°, CF). Suprida a omissão federal, por um determinado Estado-membro através da edição de lei estadual para atender a suas particularidades, a superveniência da legislação federal torna inaplicável (suspende a eficácia) a legislação estadual naquilo que lhe for contrário. Este é o regramento inserido na Constituição Federal, conforme se verifica na sequência:

> "Art. 24. Compete à União, aos Estados e ao Distrito Federal legislar concorrentemente sobre:

114 "Art. 24. Compete à União, aos Estados e ao Distrito Federal legislar concorrentemente sobre:
(...)
§ 1º No âmbito da legislação concorrente, a competência da União limitar-se-á a estabelecer normas gerais.
§ 2º A competência da União para legislar sobre normas gerais não exclui a competência suplementar dos Estados.
§ 3º Inexistindo lei federal sobre normas gerais, os Estados exercerão a competência legislativa plena, para atender a suas peculiaridades.
§ 4º A superveniência de lei federal sobre normas gerais suspende a eficácia da lei estadual, no que lhe for contrário."

> (...)
>
> § 1º No âmbito da legislação concorrente, a competência da União limitar-se-á a estabelecer normas gerais.
>
> § 2º A competência da União para legislar sobre normas gerais não exclui a competência suplementar dos Estados.
>
> § 3º Inexistindo lei federal sobre normas gerais, os Estados exercerão a competência legislativa plena, para atender a suas peculiaridades.
>
> § 4º A superveniência de lei federal sobre normas gerais suspende a eficácia da lei estadual, no que lhe for contrário."[115]

A competência suplementar conferida aos Estados, para efeitos de suprir a omissão legislativa no plano federal, pode ser compreendida como uma forma de *preenchimento de lacunas*.

Por fim, a **competência residual** versa sobre a prerrogativa dos Estados-membros em sede de autonomia legislativa, cabendo a eles le-

---

115 O Supremo Tribunal Federal - STF, na ADI 3829 / RS, rel. Min. Alexandre de Moraes, Pleno, d. j. em 11.04.19, entendeu que a superveniência da legislação federal, contrariando a legislação estadual pretérita que supriu a omissão no plano federal, não torna essa inconstitucional. Eis a ementa do acórdão:
"CONSTITUCIONAL. FEDERALISMO E RESPEITO ÀS REGRAS DE DISTRIBUIÇÃO DE COMPETÊNCIA. DIREITO AMBIENTAL. PESCA. LEI ESTADUAL 12.557/2006 DO RIO GRANDE DO SUL. REGRAMENTO DA PESCA SEMIPROFISSIONAL NO ÂMBITO DO ESTADO-MEMBRO. NECESSIDADE DE OBSERVÂNCIA DA LEI FEDERAL DE NORMAS GERAIS ANTERIORES À LEI ESTADUAL. LEI FEDERAL SUPERVENIENTE. SUSPENSÃO DA LEI ESTADUAL NO QUE LHE FOR CONTRÁRIA. 1. As regras de distribuição de competências legislativas são alicerces do federalismo e consagram a fórmula de divisão de centros de poder em um Estado de Direito. A análise das competências concorrentes (CF, art. 24) deverá priorizar o fortalecimento das autonomias locais e o respeito às suas diversidades, de modo a assegurar o imprescindível equilíbrio federativo, em consonância com a competência legislativa remanescente prevista no § 1º do artigo 25 da Constituição Federal. 2. Compete à União, aos Estados e ao Distrito Federal legislar concorrentemente sobre pesca (CF/88, art. VI). À União cabe legislar sobre normas gerais, de observância cogente aos demais entes da federação (CF/88, art. 24, § 1º). 3. A superveniência de lei federal sobre normas gerais suspende a eficácia da lei estadual, no que lhe for contrária (CF/1988, art. 24, § 4º). Assim, lei estadual que entre em conflito com superveniente lei federal com normas gerais em matéria de legislação concorrente não é, por esse fato, inconstitucional, havendo apenas suspensão da sua eficácia. 4. É indelegável a uma entidade privada a "atividade típica de Estado, que abrange até poder de polícia, de tributar e de punir" (ADI 1.717, Rel. Min. SYDNEY SANCHES, DJ de 28/3/2003). 5. Medida Cautelar confirmada. Ação Direta julgada parcialmente procedente para declarar a inconstitucionalidade do art. 2º, caput e parágrafo único, e do art. 3º, caput e parágrafo único, ambos da Lei 12.557/2006 do Estado do Rio Grande do Sul."

gislar sobre as matérias que não forem de competência da União e dos Municípios[116]. É dizer, aos Estados compete legislar sobre o *resíduo* daquilo que foi atribuído à União e aos Municípios. Portanto, *por exclusão*, o que não for objeto de competência legislativa por parte da União e dos Municípios, competirá aos Estados federados.

8.2.6.1. Competência privativa da União.

A competência privativa da União Federal, **em sede de *legislação***, está disciplinada no art. 22 da Constituição Federal. Conforme dito acima, trata-se de competência própria de um determinado ente federativo, no caso, a União Federal. É possível, no entanto, que uma das matérias de competência privativa da União possa ser objeto de delegação aos Estados-membros para legislar sobre questões específicas dos conteúdos indicados. A doutrina estabelece uma distinção quanto à possibilidade de delegação aos Estados federados entre **competência privativa e competência exclusiva**: a primeira, *competência privativa*, permite delegação, ao passo que a segunda, *competência exclusiva*, não admite.

Em conformidade ao dispositivo constitucional acima referido, constituem-se matéria de competência privativa da União Federal: 1) direito civil, comercial, penal, processual, eleitoral, agrário, marítimo, aeronáutico, espacial e do trabalho; 2) desapropriação; 3) requisições civis e militares, em caso de iminente perigo e em tempo de guerra; 4) águas, energia, informática, telecomunicações e radiodifusão; 5) serviço postal; 6) sistema monetário e de medidas, títulos e garantias dos metais; 7) política de crédito, câmbio, seguros e transferência de valores; 8) comércio exterior e interestadual; 9) diretrizes da política nacional de transportes; 10) regime dos portos, navegação lacustre, fluvial, marítima, aérea e aeroespacial; 11) trânsito e transporte; 12) jazidas, minas, outros recursos minerais e metalurgia; 13) nacionalidade, cidadania e naturalização; 14) populações indígenas; 15) emigração e imigração, entrada, extradição e expulsão de estrangeiros; 16) organização do sistema nacional de emprego e condições para o exercício de profissões; 17) organização judiciária, do Ministério Público do Distrito Federal e dos Territórios e da Defensoria Pública dos Territórios, bem como organi-

---

116 A competência legislativa dos Estados-membros encontra-se regida pelo art. 25, §1°, da CF, que assim dispõe:
"Art. 25. Os Estados organizam-se e regem-se pelas Constituições e leis que adotarem, observados os princípios desta Constituição.
§ 1º São reservadas aos Estados as competências que não lhes sejam vedadas por esta Constituição."

zação administrativa destes; 18) sistema estatístico, sistema cartográfico e de geologia nacionais; 19) sistemas de poupança, captação e garantia da poupança popular; 20) sistemas de consórcios e sorteios; 21) normas gerais de organização, efetivos, material bélico, garantias, convocação e mobilização das polícias militares e corpos de bombeiros militares; 22) competência da polícia federal e das polícias rodoviária e ferroviária federais; 23) seguridade social; 24) diretrizes e bases da educação nacional; 25) registros públicos; 26) atividades nucleares de qualquer natureza; 27) normas gerais de licitação e contratação, em todas as modalidades, para as administrações públicas diretas, autárquicas e fundacionais da União, Estados, Distrito Federal e Municípios, obedecido o disposto no art. 37, XXI, e para as empresas públicas e sociedades de economia mista, nos termos do art. 173, § 1°, III; 28) defesa territorial, defesa aeroespacial, defesa marítima, defesa civil e mobilização nacional; 29) propaganda comercial.

O artigo 22, parágrafo único, da Constituição Federal, dispõe que "*Lei complementar poderá autorizar os Estados a legislar sobre questões específicas das matérias relacionadas neste artigo.*" Deste modo, a Constituição conferiu autorização legislativa para que a União possa atribuir aos Estados federados a possibilidade de legislar sobre determinadas matérias. Trata-se, portanto, de uma *prerrogativa* da União Federal, e não de um *direito* dos Estados federados. É oportuno trazer à colação, acerca da *autorização legislativa*, o entendimento de José Afonso da Silva:

> "Ficou dito antes que a competência privativa – ao contrário da competência exclusiva – comporta delegação, ou seja, comporta autorizar outra entidade a exercer a competência ou parte da competência prevista. É o que se confirma com a regra do parágrafo único do art. 22, em comentário. Aí se estatui que a lei complementar poderá autorizar os Estados a legislar sobre questões específicas das matérias relacionadas nesse artigo. Não se pode autorizar os Estados a legislar sobre todas as matérias constantes do artigo, mas apenas sobre questões específicas. Isso significa também que não se pode delegar aos Estados nem mesmo a competência para legislar sobre toda a matéria dos incisos, mas só sobre questões específicas a eles referentes."[117]

Além disto, devemos realçar outro aspecto de relevo, que versa sobre a ***forma*** mediante a qual a União Federal delega aos Estados a prerrogativa para legislar sobre matéria de sua competência privativa.

117 **Comentário Contextual à Constituição**, p. 272.

Conforme se depreende da leitura do artigo 22, parágrafo único, acima transcrito, **é através de *lei complementar* que se materializa referida *delegação*.** Guardadas as devidas particularidades, podemos comparar o tema em apreço a um *mandato*, onde temos a figura do *outorgante*, do *outorgado* e os respectivos *poderes* a este conferido. A *Lei Complementar* (forma) equivaleria ao *mandato*, onde o *outorgante* (União Federal) confere ao *outorgado* (Estado-membro), *poderes* para legislar sobre *específica matéria* (delegação-conteúdo).

8.2.6.2. Competência residual dos Estados-membros

A **competência residual** há de ser compreendida como a faculdade que possui os Estados-membros[118] para legislar sobre as matérias que não forem objeto de competência legislativa da União e dos Municípios. Ou seja, compete aos Estados legislar sobre o ***resíduo*** daquilo que foi atribuído à União e aos Municípios. Portanto, ***por exclusão***, o que não for objeto de competência legislativa da União e dos Municípios, competirá aos Estados federados.

8.2.6.3. Competência concorrente

A **competência concorrente** se materializa em razão de uma mesma matéria poder se constituir, simultaneamente, em objeto de regulamentação por mais de um ente federativo[119]. No âmbito da legislação concorrente, apenas a União, os Estados e o Distrito Federal participam do *jogo competencial*, restando excluída a participação dos Municípios.

---

118 A competência legislativa dos Estados-membros encontra-se regida pelo art. 25, §1°, da CF, que assim dispõe:

"Art. 25. Os Estados organizam-se e regem-se pelas Constituições e leis que adotarem, observados os princípios desta Constituição.

§ 1º São reservadas aos Estados as competências que não lhes sejam vedadas por esta Constituição."

119 "Art. 24. Compete à União, aos Estados e ao Distrito Federal legislar concorrentemente sobre:

(...)

§ 1º No âmbito da legislação concorrente, a competência da União limitar-se-á a estabelecer normas gerais.

§ 2º A competência da União para legislar sobre normas gerais não exclui a competência suplementar dos Estados.

§ 3º Inexistindo lei federal sobre normas gerais, os Estados exercerão a competência legislativa plena, para atender a suas peculiaridades.

§ 4º A superveniência de lei federal sobre normas gerais suspende a eficácia da lei estadual, no que lhe for contrário."

Portanto, em se tratando deste tipo de competência, é facultado à União Federal editar as *normas gerais* acerca das seguintes matérias: 1) direito tributário, financeiro, penitenciário, econômico e urbanístico; 2) orçamento; 3) juntas comerciais; 4) custas dos serviços forenses; 5) produção e consumo; 6) florestas, caça, pesca, fauna, conservação da natureza, defesa do solo e dos recursos naturais, proteção do meio ambiente e controle da poluição; 7) proteção ao patrimônio histórico, cultural, artístico, turístico e paisagístico; 8) responsabilidade por dano ao meio ambiente, ao consumidor, a bens e direitos de valor artístico, estético, histórico, turístico e paisagístico; 9) educação, cultura, ensino, desporto, ciência, tecnologia, pesquisa, desenvolvimento e inovação; 10) criação, funcionamento e processo do juizado de pequenas causas; 11) procedimentos em matéria processual; 12) previdência social, proteção e defesa da saúde; 13) assistência jurídica e Defensoria pública; 14) proteção e integração social das pessoas portadoras de deficiência; 15) proteção à infância e à juventude; 16) organização, garantias, direitos e deveres das polícias civis.

Conforme verificado no art. 24, §2°, da CF, a competência da União para legislar sobre normas gerais não exclui a *competência suplementar* dos Estados. Logo, *existindo* lei federal dispondo sobre uma das matérias constantes no art. 24, competirá aos Estados-membros editar leis ou atos normativos estaduais com o propósito de *integrar* a legislação federal. Por sua vez, *inexistindo* lei federal disciplinando um dos conteúdos elencados no art. 24, competirá aos Estados a edição de lei *suprindo a omissão legislativa no plano federal* (art. 24, §3°, CF), ou seja, *colmatando a lacuna existente no plano legislativo federal.* Por fim, suprida a omissão legislativa em razão da promulgação de lei estadual e, sobrevindo a lei federal, um dos efeitos por esta irradiados consistirá em *suspender a eficácia* daquela, no que lhe for contrário.

8.2.6.4. Competência legislativa dos Municípios.

Em relação aos Municípios, exercem eles competência legislativa **exclusiva e suplementar**.

A **competência exclusiva** dos Municípios encontra-se disciplinada no art. 30, I, assim redigido:

> "Art. 30. Compete aos Municípios:
>
> I – legislar sobre assuntos de interesse local;"

A dificuldade maior na identificação da competência municipal diz sobre o conceito de *"interesse local"*. Sobre o tema, José Afonso da Silva tece os seguintes esclarecimentos doutrinários:

> "A questão está na compreensão do que sejam 'assuntos de interesse local'. A dificuldade torna-se maior quando se sabe que assunto hoje de interesse local amanhã poderá não o ser, em função da evolução da matéria. Assim, por exemplo, fornecimento domiciliar de água e esgoto foi considerado assunto de 'peculiar interesse municipal', expressão agora substituída por 'assunto de interesse local'. Mas, tendo em vista que esse assunto é nuclear da problemática do saneamento básico, deixou ele de ser de interesse local para adquirir uma dimensão maior, até mesmo nacional, sob outros aspectos. Os assuntos da Administração Municipal, seja na vertente institucional, seja na vertente funcional, são certamente de interesse local, pois é inequívoco que cabe exclusivamente ao Município definir os órgãos de sua Administração assim como os direitos e deveres do pessoal de sua Administração – respeitados, neste caso, os princípios constitucionais sobre os servidores públicos. Também é assunto local legislar sobre plano diretor, sobre zoneamento urbano, sobre matéria urbanística etc.[120]"

A vagueza e indeterminabilidade do termo "*interesse local*" remete ao *intérprete* a tarefa de, em cada caso, precisar se a questão está ou não circunscrita ao "*interesse local*". Apenas o caso concreto é que poderá nortear adequadamente o intérprete frente à aplicação do art. 30, I, da Constituição Federal, pois, do contrário, inexistirá consenso acerca da definição jurídica da expressão. Atento à polissemia do termo "*interesse local*", Walber de Moura Agra afirma tratar-se de "*interesse que atinge de modo premente o Município, devendo por ele ser atendido. Definir a expressão no seu sentido literal não seria possível, pois, qualquer que seja a competência (federal, estadual ou municipal), haverá sempre um interesse local. No entanto, para a fixação da competência municipal, o interesse tem de ser predominantemente local.*" [121] Mais adiante, aludindo ao critério para determinar a competência legislativa municipal, sustenta o seguinte:

> "O critério para determinar a competência municipal é definido diante de cada caso concreto, levando-se em conta o interesse predominante e algumas outras circunstâncias diversas, como o lugar, a extensão da competência, a finalidade dos serviços etc. Outrossim, deve ser levado em consideração o fato de ter o Município condições

120 **Comentário Contextual à Constituição.** São Paulo: Malheiros, 2005, p. 309.

121 **Curso de Direito Constitucional.** 2ª ed. Rio de Janeiro: Forense, 2007. p. 279.

para a execução do comando normativo; caso contrário, a competência não pertence a sua esfera de atribuições.[122]"

Entendemos, em sintonia com o referido autor, que apenas frente à situação concreta é que possamos precisar se se trata ou não do exercício de competência para atender ao *interesse local*. Ou seja, o *caso concreto* é que irá balizar a interpretação do conceito *"interesse local."*

O Supremo Tribunal Federal – STF, após se deparar com diversos recursos questionando a constitucionalidade de atos administrativos municipais dispondo sobre a fixação de horários de funcionamento do comércio local, decidiu *sumular* a matéria, instituindo a *Súmula Vinculante* n° 38[123], cuja redação é a seguinte.

> "É competente o Município para fixar o horário de funcionamento de estabelecimento comercial."

No rol das competências exclusivas dos municípios incluem-se as de natureza tributária, insculpidas no art. 156 da Constituição Federal. Portanto, **exclusivamente** aos municípios compete instituir impostos sobre: a) propriedade predial e territorial urbana; b) transmissão *inter vivos*, a qualquer título, por ato oneroso, de bens imóveis, por natureza ou acessão física, e de direitos reais sobre bens móveis, exceto os de garantia, bem como cessão de direitos a sua aquisição e; c) serviços de qualquer natureza, não compreendidos no art. 155, II, definidos em lei complementar. Logo, o IPTU, ITBI e ISS, são de competência exclusiva dos municípios brasileiros, sendo vedado à União, aos Estados e ao Distrito Federal, instituir referidas espécies tributárias.

Por fim, compete ainda aos Municípios *"suplementar a legislação federal e a estadual no que couber"*. Trata-se, portanto, da **competência suplementar** dos municípios, é dizer, daquela relativa a possibilidade de *complementar* o que já está inicialmente consignado na legislação federal e estadual. Ressalte-se, por fim, que a competência suplementar dos municípios apenas pode ser exercida desde que se verifique tratar-se, também, de assunto de interesse local.

122 **Curso de Direito Constitucional.** 2ª ed. Rio de Janeiro: Forense, 2007. p. 280.

123 Aprovada em Sessão Plenária de 11/03/2015.

9. Das vedações constitucionais federativas

A Constituição Federal, em seu art. 19[124], impõe vedações a todos os entes da Federação: União, Estados, Distrito Federal e Municípios.

O art. 19 da Constituição Federal, fixa proibições dirigidas a todos os membros da federação brasileira. Portanto, é vedado à União, aos Estados, ao Distrito Federal e aos Municípios: 1) estabelecer cultos religiosos ou igrejas, subvencioná-los, embaraçar-lhes o funcionamento ou manter com eles ou seus representantes relações de dependência ou aliança, ressalvada, na forma da lei, a colaboração de interesse público; 2) recusar fé aos documentos públicos e; 3) criar distinções entre brasileiros ou preferências entre si.

O artigo 19, I, mantém a separação entre Estado/Igreja, instituída desde a Constituição de 1891.[125] Trata-se, portanto, do princípio da laicidade ou neutralidade estatal. O Estado, além de não possuir uma religião oficial, não está autorizado, também, a subvencionar qualquer culto ou religião, é dizer, não lhe é permitido dispender qualquer quantia em dinheiro ou dispor de bens públicos para que sejam exercidas atividades religiosas.

O Supremo Tribunal Federal - STF, na ADI n° 5257/RO, declarou inconstitucional lei do Estado de Rondônia[126] que oficializava a bíblia

---

124 "Art. 19. É vedado à União, aos Estados, ao Distrito Federal e aos Municípios:
I - estabelecer cultos religiosos ou igrejas, subvencioná-los, embaraçar-lhes o funcionamento ou manter com eles ou seus representantes relações de dependência ou aliança, ressalvada, na forma da lei, a colaboração de interesse público;
II - recusar fé aos documentos públicos;
III - criar distinções entre brasileiros ou preferências entre si."

125 Dispõe o art. 72, §3°, da Constituição Federal de 1891:
"Art. 72
(...)
§3° Todos os indivíduos e confissões religiosas poderão exercer pública e livremente o seu culto, associando-se para esse fim e adquirindo bens, observadas as disposições do direito comum.
(...)
§ 7° Nenhum culto ou igreja gozará de subvenção oficial, nem terá relações de dependência ou aliança com o Governo da União, ou o dos Estados."
Este modelo rompeu com o antecedente, então instituído pela Constituição do Império de 1824, que dispunha em seu art. 5°:
"A Religião Católica Apostólica Romana continuará a ser a religião do Império. Todas as outras religiões serão permitidas com seu culto doméstico ou particular, em casas para isso destinadas, sem forma alguma exterior de templo."

126 Lei n° 1864/2008
"Art. 1º. Fica a Bíblia Sagrada considerada em suas diversas traduções para a línguas portuguesa, oficializada no Estado de Rondônia como livro-base de fonte

como livro-base de fonte doutrinária[127]. A decisão do STF deixa nítida a proibição do Estado para intervir no campo da liberdade religiosa, conforme se pode depreender de trecho do voto do relator, Min. Dias Toffoli:

> "Entendo, por fim, que a inconstitucionalidade identificada no art. 2º da lei, vai além da expressão combatida na presente ação direta para atingir todo o dispositivo.
>
> Com efeito, tenho que a previsão do art. 2º implica indevida interferência do Estado no funcionamento de estabelecimentos religiosos.
>
> Inicialmente porque aponta a norma a existência de reconhecimento "pela Legislação Brasileira" de "comunidades, igrejas, grupos e

---

doutrinária para fundamentar princípios, usos e costumes de Comunidades, Igrejas e Grupos.

Art. 2º. As Comunidades, Igrejas, Grupos e demais segmentos sociais legalmente reconhecidos pela Legislação Brasileira, poderão utilizar a Bíblia como base de suas decisões e atividades afins (sociais, morais e espirituais), com pleno reconhecimento no Estado de Rondônia, aplicadas aos seus membros e a quem requerer usar os seus serviços ou vincularse de alguma forma às referidas Instituições"

---

127 Eis o teor da ementa do acórdão:

"Ação direta de inconstitucionalidade. Norma estadual que oficializa a bíblia como livro-base de fonte doutrinária. Violação dos princípios da laicidade do estado e da liberdade de crença. Procedência.

1. A norma do Estado de Rondônia que oficializa a Bíblia Sagrada como livro-base de fonte doutrinária para fundamentar princípios de comunidades, igrejas e grupos, com pleno reconhecimento pelo Estado, viola preceitos constitucionais.

2. Já sob os primeiros raios da república brasileira se havia consagrado, em âmbito normativo, o respeito à liberdade de crença, e foi sob essa influência longínqua que a Constituição Federal de 1988 fez clarividente em seu texto a proteção a essa mesma liberdade sob as variadas nuances desse direito.

3. A oficialização da Bíblia como livro-base de fonte doutrinária para fundamentar princípios, usos e costumes de comunidades, igrejas e grupos no Estado de Rondônia implica inconstitucional discrímen entre crenças, além de caracterizar violação da neutralidade exigida do Estado pela Constituição Federal. Inconstitucionalidade do art. 1º da Lei nº 1.864/08 do Estado de Rondônia.

4. A previsão legal de utilização da Bíblia como base de decisões e atividades afins dos grupos grupos religiosos, tornando-as cogentes a "seus membros e a quem requerer usar os seus serviços ou vincular-se de alguma forma às referidas Instituições", implica indevida interferência do Estado no funcionamento de estabelecimentos religiosos, uma vez que torna o que seria uma obrigação moral do fiel diante de seu grupo religioso uma obrigação legal a ele dirigida. Inconstitucionalidade do art. 2º da Lei nº 1.864/08 do Estado de Rondônia.

5. Procedência da ação para se declarar a inconstitucionalidade do art. 1º e do art. 2º da Lei nº 1.864/2008 do Estado de Rondônia." (Rel. Min. Dias Toffoli, Pleno, D. J. em 20.09.18)

> demais segmentos sociais", o que, por si, não se coaduna com a atitude de neutralidade que o Estado deve adotar diante das diversas crenças.
>
> **Não bastasse isso, o dispositivo avança para permitir a utilização da Bíblia como base das decisões e atividades afins desses diversos grupos religiosos, tornando-as cogentes a "seus membros e a quem requerer usar os seus serviços ou vincular-se de alguma forma às referidas Instituições".** Rememore-se o teor do dispositivo:
>
> **'Art. 2º. As Comunidades, Igrejas, Grupos e demais segmentos sociais legalmente reconhecidos pela Legislação Brasileira, poderão utilizar a Bíblia como base de suas decisões e atividades afins (sociais, morais e espirituais), com pleno reconhecimento no Estado de Rondônia, aplicadas aos seus membros e a quem requerer usar os seus serviços ou vincularse de alguma forma às referidas Instituições'**
>
> Assim, em que pese ter se revestido o art. 2º de aparente proteção ao exercício da crença religiosa nos estabelecimentos que utilizam a bíblia como base de sua crença, desbordou, em verdade, a norma para a interferência do Estado no funcionamento de estabelecimentos religiosos, tornando o que seria uma obrigação moral do fiel diante de sua igreja uma obrigação legal a ele dirigida.
>
> (...)
>
> Sob essa ampla compreensão da proteção constitucional à liberdade de crença, torna-se claro que as previsões normativas constantes da lei ora combatida, pretensamente voltadas à defesa da liberdade de crença religiosa e à liberdade de manifestação dessa crença, atingem, a um só tempo: (i) a laicidade do Estado; (ii) a própria liberdade de consciência e de crença e (iii) o correspondente direito à descrença religiosa e à manifestação dessa descrença . Desse modo, conquanto o art. 2º tenha sido questionado tão somente quanto à expressão "com pleno reconhecimento no Estado de Rondônia", tendo em vista que todo o dispositivo incide no mesmo vício de inconstitucionalidade, tenho por necessário o reconhecimento de inconstitucionalidade de todo o texto do dispositivo."

A laicidade estatal deve ser interpretada em conformidade ao disposto no art. 5°, VI[128], da Constituição Federal, que consagra o direito fundamental à liberdade religiosa, que implica, por sua vez, na vedação

128 Dispõe o art. 5º, VI, da CF: "é inviolável a liberdade de consciência e de crença, sendo assegurado o livre exercício dos cultos religiosos e garantida, na forma da lei, a proteção aos locais de culto e a suas liturgias."

dos entes públicos de criar obstáculos ao exercício de cultos religiosos por parte dos indivíduos. Resulta, também, da liberdade religiosa, a proibição por parte dos entes públicos (União, Estados, Distrito Federal e Municípios) no tocante à instituição de impostos sobre o patrimônio, rendas e serviços dos templos de qualquer culto, consoante disposto no art. 150, VI, "b" e § 4º, da Constituição Federal[129].

Com relação ao art. 19, II[130], a Constituição Federal proíbe aos entes federados recusar fé aos documentos públicos. Trata-se de vedação que se traduz em mútuo respeito entre os entes federados, pois, na medida em que *todos* são entes públicos, os seus atos e documentos se revestem de idêntica natureza jurídica.

Por fim, a vedação constante do art. 19, III[131], nada mais é do que uma derivação da norma consignada no art. 5°, *caput*, que assegura a igualdade de todos perante a lei: "Todos são iguais perante a lei, sem distinção de qualquer natureza, garantindo-se aos brasileiros e aos estrangeiros residentes no País a inviolabilidade do direito à vida, à liberdade, à igualdade, à segurança e à propriedade, nos termos seguintes:" Logo,

---

129 "Art. 150. Sem prejuízo de outras garantias asseguradas ao contribuinte, é vedado à União, aos Estados, ao Distrito Federal e aos Municípios:
(...)
VI - instituir impostos sobre:
(...)
b) templos de qualquer culto;"
(...)
§ 4º - As vedações expressas no inciso VI, alíneas «b» e «c», compreendem somente o patrimônio, a renda e os serviços, relacionados com as finalidades essenciais das entidades nelas mencionadas."
Sobre o tema, o entendimento do Supremo Tribunal Federal é o seguinte:
"EMENTA: Imunidade tributária de templos de qualquer culto. Vedação de instituição de impostos sobre o patrimônio, renda e serviços relacionados com as finalidades essenciais das entidades. Artigo 150, VI, *b* e § 4º, da Constituição. Instituição religiosa. IPTU sobre imóveis de sua propriedade que se encontram alugados. A imunidade prevista no art. 150, VI, *b*, CF, deve abranger não somente os prédios destinados ao culto, mas, também, o patrimônio, a renda e os serviços 'relacionados com as finalidades essenciais das entidades nelas mencionadas'. O § 4º do dispositivo constitucional serve de vetor interpretativo das alíneas *b* e *c* do inciso VI do art. 150 da Constituição Federal. Equiparação entre as hipóteses das alíneas referidas." (RE 325.822, rel. Min. Gilmar Mendes, j. em 18.1202.).

130 "Art. 19. É vedado à União, aos Estados, ao Distrito Federal e aos Municípios:
(...)
II - recusar fé aos documentos públicos;"

131 "Art. 19. É vedado à União, aos Estados, ao Distrito Federal e aos Municípios:
(...)
III - criar distinções entre brasileiros ou preferências entre si."

estabelecer distinções entre brasileiros ou preferências entre si, resulta em violação ao postulado da igualdade, sendo, portanto, vedado a todas as unidades políticas da federação[132].

10. Da intervenção

Em um Estado Federal, as unidades federativas são dotadas de *autonomia constitucional*, significando dizer que são governadas e administradas através de atos políticos, administrativos e legislativos próprios. Em consequência desta autonomia de **todos** os entes federativos, ter-se-á uma relação de igualdade entre eles por determinação da própria Constituição Federal. Logo, *autonomia*[133] e *igualdade*[134] das unidades

---

132 Em julgado recente, o Supremo Tribunal Federal declarou inconstitucional lei do Estado da Bahia que dava preferência, na hipótese de empate em concurso público, a candidato daquele Estado, em detrimento a candidatos oriundos de outro Estado da federação. Eis o teor da ementa:
"EMENTA: CONSTITUCIONAL. AÇÃO DIRETA. LEI ESTADUAL 6.677/1994 DO ESTADO DA BAHIA. CONCURSO PÚBLICO. EMPATE ENTRE CANDIDATOS. PREFERÊNCIA EM ORDEM DE CLASSIFICAÇÃO A CANDIDATO QUE CONTAR MAIS TEMPO DE SERVIÇO PRESTADO AO ENTE. VIOLAÇÃO DOS ARTS. 5º, 19, III, E 37, CAPUT, DA CONSTITUIÇÃO FEDERAL. PROCEDÊNCIA DA AÇÃO. 1. Proposta de conversão de referendo de medida cautelar em julgamento definitivo de mérito, considerando a não complexidade da questão de direito em discussão e a instrução dos autos, nos termos do art. 12 da Lei 9.868/1999. 2. Como corolário do princípio da isonomia posto em seu art. 5º, caput, a Constituição Federal enuncia expressamente, no inciso III do art. 19, que é vedado à União, aos Estados, ao Distrito Federal e aos Municípios criar distinções entre brasileiros ou preferências entre si . 3. O dispositivo legal impugnado tem o claro propósito de conferir tratamento mais favorável a servidores do Estado da Bahia, em detrimento dos demais Estados da Federação, estando em frontal desacordo com o art. 19, III, da CF, que veda o estabelecimento de distinções entre brasileiros com base na origem ou procedência. Precedentes. 4. Medida cautelar confirmada. Ação Direta de Inconstitucionalidade julgada procedente." (ADI n° 5776/BA, Rel. Min. Alexandre de Moraes, Pleno, d. j. 19.12.18)

133 Dispõe o artigo 18, da Constituição Federal:
"Art. 18. A organização político-administrativa da República Federativa do Brasil compreende a União, os Estados, o Distrito Federal e os Municípios, todos autônomos, nos termos desta Constituição."

134 O artigo 25 da Constituição Federal, ao conferir autonomia a **todos** os Estados-membros para se auto organizarem através de suas próprias Constituições estaduais, está afirmando que todos são dotados de *igualdade* política e jurídica. Deste modo, estabelece o artigo 25, da nossa Lei Maior:
"Art. 25. Os Estados organizam-se e regem-se pelas Constituições e leis que adotarem, observados os princípios desta Constituição."
Ademais, o artigo 46, ao versar sobre o Senado Federal, estabelece que os Senadores da República se constituem em **representantes dos Estados e do Distritos**

políticas que compõem uma federação, constituem-se em notas típicas deste modelo de Estado. Neste cenário de igualdade política não apenas entre os Estados federados, mas também entre eles e a União Federal, a intervenção se afigura como "mecanismo constitucional de intromissão do governo central em assuntos dos Estados-Membros para que se evite, principalmente, conturbações à ordem instaurada.[135]" Trata-se, portanto, de ato de natureza política revelador da intromissão da instituição interventora no âmbito negocial da entidade que a suporta[136].

Através da medida interventiva, suprime-se a autonomia estadual para se alcançar um bem maior que é a indissolubilidade do pacto federativo, cláusula pétrea em nossa Constituição, conforme disposto no artigo 60, §4, I[137]. Portanto, mediante decretação da intervenção federal, buscar-se-á restabelecer a ordem instaurada constitucionalmente.

10.1. Características

O instituto da intervenção federal comporta **quatro características**: 1) **natureza político-administrativa do ato interventivo**; 2) **preservação do pacto federativo e manutenção da soberania nacional**; 3) **excepcionalidade** e; 4) **temporariedade**.

A **expedição do decreto interventivo**, de **natureza político-administrativa**, compete **privativamente[138] ao Presidente da República**,

Federal, fazendo consignar no §1° que cada Estado e o Distrito Federal deverão eleger **três senadores:**
"Art. 46. O Senado Federal compõe-se de representantes dos Estados e do Distrito Federal, eleitos segundo o princípio majoritário.
§ 1º Cada Estado e o Distrito Federal elegerão três Senadores, com mandato de oito anos."
Portanto, a igualdade na representação política das unidades federadas revela a nota de igualdade existente entre elas.

135 Francisco Bilac M. Pinto Filho. **A intervenção federal e o federalismo brasileiro.** Rio de Janeiro: Forense, 2002, p. 216.

136 Cf. José Afonso da Silva. **Comentário Contextual à Constituição.** São Paulo: Malheiros, 2005, p. 324.

137 "Art. 60. A Constituição poderá ser emendada mediante proposta:
(...)
§ 4º Não será objeto de deliberação a proposta de emenda tendente a abolir:
I - a forma federativa de Estado;"

138 Dispõe o artigo 84, X, da Constituição Federal:
"Art. 84. Compete privativamente ao Presidente da República:
(...)
X - decretar e executar a intervenção federal;"

após verificar o preenchimento de todos os pressupostos autorizativos da medida[139]. Consoante José Afonso da Silva, "a intervenção federal efetiva-se por *decreto do Presidente da República*, o qual especificará sua *amplitude, prazo* e *condições* de execução e, *se couber*, nomeará o *interventor* (art. 36, §1°)[140]." É importante consignar que o Presidente da República não necessita de autorização do Congresso Nacional para decretar a medida interventiva, sujeitando-se o ato presidencial a um controle político ***a posteriori*** por parte do Poder Legislativo. Logo, a competência do Congresso Nacional consiste em **aprovar** ou **rechaçar o ato já expedido pelo Presidente da República**, cujo conteúdo consistiu em decretar a intervenção da União na esfera de autonomia de um Estado-membro[141]. Em linhas gerais, a medida tem por objetivo restaurar a unidade federativa, preservando, deste modo, o pacto federativo[142].

---

139 Segundo Paulo Roberto de Figueiredo Dantas, "a intervenção dar-se-á por iniciativa do próprio Presidente da República (de ofício), devendo o decreto de intervenção, o qual especificará a amplitude, o prazo e as condições de execução, inclusive indicação do interventor, se couber, ser submetido à apreciação do Congresso Nacional, em vinte e quatro horas, como determina o artigo 36, §1°, da Constituição. Caso o Congresso Nacional não aprove a intervenção, ou, em momento posterior, decida pela suspensão da medida, o Presidente estará obrigado a observar tal decisão, sob pena de responder por crime de responsabilidade, nos termos do artigo 85, II, da Carta Política." in **Curso de Direito Constitucional**. São Paulo: Atlas, 2002, p. 564.

140 **Comentário Contextual à Constituição.** São Paulo: Malheiros, 2005, p. 327.

141 Neste sentido, dispõe o artigo 49, IV, da Constituição Federal:
"Art. 49. É da competência exclusiva do Congresso Nacional:
(...)
IV – **aprovar** o estado de defesa e **a intervenção federal**, autorizar o estado de sítio, ou suspender qualquer uma dessas medidas;"

142 Sobre o tema, José Afonso da Silva evidencia o seguinte:
"Trata-se de um instituto típico da estrutura de um Estado Federal, que tem por finalidade: (1) a *defesa do Estado* (país), quando, nos casos do art. 34, I e II, é autorizada a intervenção para (a) manter a integridade nacional e (b) repelir invasão estrangeira; (2) a defesa do *princípio federativo*, quando, nos casos do mesmo art. 34, II a VI, é facultada a intervenção para (a) repelir invasão de uma unidade da Federação em outra; (b) pôr termo a grave comprometimento da ordem pública; e (c) garantir o livre exercício de qualquer dos Poderes nas unidades da Federação; (3) a *defesa das finanças estaduais*, quando, nos casos do art. 34, V, é permitida a intervenção para reorganização das finanças da unidade da Federação que (a) suspender o pagamento da dívida fundada por mais de dois anos consecutivos, salvo motivo de força maior; (b) deixar de entregar aos Municípios receitas tributárias fixadas na Constituição, dentro dos prazos estabelecidos em lei; (4) a *defesa da ordem constitucional*, quando o art. 34 autoriza a intervenção (a) no caso do inciso VI, para prover a execução de lei federal, ordem ou decisão judicial; (b) no caso do inciso VII, para exigir a observância dos seguintes princípios constitucionais: (b.

A **excepcionalidade** se constitui em outra característica da medida interventiva, posto que a regra consiste na atuação das instituições políticas dentro do quadrante delineado constitucionalmente[143]. E não poderia deixar de ser diferente. Com efeito, está assente que os princípios da igualdade e da autonomia devem estar presentes em um Estado federativo, sob pena de descaracterizá-lo. Então, sendo a intervenção um instrumento que implica na quebra da autonomia do ente que a suporta, essa medida só poderá ser adotada em situações últimas, nas quais não couberem outras soluções menos drásticas. Por essa razão, ela só é autorizada nos casos previstos taxativamente na Constituição, apresentando-se, portanto, como uma exceção. Consequentemente, não será lícito ao intérprete ampliar tais hipóteses, porque elas já constituem a exceção no Estado federativo. Referida nota da medida interventiva está por demais evidenciada na própria literalidade dos enunciados normativos constante dos artigos 34[144] e 35, da Constituição Federal. Depreende-se, com isto, que a regra consiste na ***não-intervenção***, é dizer, na **preservação da autonomia das unidades políticas integrantes do pacto federativo**.

Na medida em que o ato interventivo se constitui em *exceção*, a regra é de que a medida interventiva há de ser **temporária**, não podendo perpetuar-se no tempo. Logo, sob a perspectiva temporal, a eficácia da medida interventiva deverá perdurar até o momento em que se exaurir o motivo que ensejou a sua decretação, consoante disposto no artigo 36,

1) forma republicana, sistema representativo, regime democrático; (b. 2) direitos da pessoa humana; (b. 3) autonomia municipal; (b. 4) prestação de contas da Administração Pública, direta e indireta; (b. 5) aplicação do mínimo exigido da receita resultante dos impostos estaduais, compreendida a proveniente de transferências, na manutenção e desenvolvimento do ensino e nas ações e serviços públicos de saúde." **Comentário Contextual à Constituição**. São Paulo: Malheiros, 2005, p. 325.

143 No entendimento de Paulo Roberto de Figueiredo Dantas, "(...) em hipóteses *excepcionais*, fixadas nos artigos 34 e 35 da Carta Magna (...), a própria Constituição prevê a intervenção da União em Estados-membros, no Distrito Federal e até mesmo em Municípios localizados em Território, além da intervenção dos Estados nos Municípios nele localizados. Ressaltemos, de plano, que as hipóteses *consignadas* naqueles artigos são *taxativas*, não podendo sofrer qualquer ampliação por meio de uso de interpretação extensiva ou analogia, uma vez que constituem expressas ressalvas constitucionais à autonomia dos entes federados." in **Curso de Direito Constitucional.** São Paulo: Atlas, 2012, p. 563.

144 "Art. 34. **A União não intervirá** nos Estados nem no Distrito Federal, **exceto** para: (...)"
"Art. 35. **O Estado não intervirá** em seus Municípios, nem a União nos Municípios localizados em Território Federal, **exceto** quando:

§1 e §4°, da Constituição Federal[145]. Com isto, uma vez restabelecida a normalidade institucional, a medida interventiva perderá sua legitimidade constitucional, devendo, de imediato, ser revogada.

10.2. Modalidades

O texto constitucional em vigor alberga duas modalidades interventivas: a) **da União Federal nos Estados ou no Distrito Federal e**[146]; b) **dos Estados nos Municípios que integram sua base territorial e da União nos Municípios situados em Territórios Federais**[147]. Depreende-se, com isto, ser vedada a intervenção da União nos Municípios, de modo que a restrição à autonomia destes apenas ocorrerá através da intervenção estadual. A sistemática, portanto, é a seguinte: intervenção da União nos Estados e; intervenção dos Estados nos Municípios.

10.3. Da intervenção federal

10.3.1. Pressupostos materiais

Os **pressupostos materiais** se constituem em hipóteses que põem em risco a **defesa do Estado e do pacto federativo, a preservação das finanças estaduais, além da estabilidade normativa da Constituição**. Estão elencados no artigo 34[148], da Constituição Federal e, conforme se

145 "Art. 36. (...)
§ 1º O decreto de intervenção, que especificará a amplitude, o prazo e as condições de execução e que, se couber, nomeará o interventor, será submetido à apreciação do Congresso Nacional ou da Assembléia Legislativa do Estado, no prazo de vinte e quatro horas.
(...)
§ 4º Cessados os motivos da intervenção, as autoridades afastadas de seus cargos a estes voltarão, salvo impedimento legal."

146 "Art. 34. A União não intervirá nos Estados nem no Distrito Federal, exceto para: (...)"

147 "Art. 35. O Estado não intervirá em seus Municípios, nem a União nos Municípios localizados em Território Federal, exceto quando: (...)"

148 "Art. 34. A União não intervirá nos Estados nem no Distrito Federal, exceto para:
I - manter a integridade nacional;
II - repelir invasão estrangeira ou de uma unidade da Federação em outra;
III - pôr termo a grave comprometimento da ordem pública;
IV - garantir o livre exercício de qualquer dos Poderes nas unidades da Federação;
V - reorganizar as finanças da unidade da Federação que:
a) suspender o pagamento da dívida fundada por mais de dois anos consecutivos, salvo motivo de força maior;

pode verificar, busca-se a manutenção da defesa e integridade do território nacional, afora a salvaguarda da própria ordem constitucional.

É oportuno salientar que a decretação da intervenção federal se constitui em fator impeditivo de realização de mudanças no texto constitucional, afigurando-se como uma *limitação circunstancial* ao Poder Reformador, conforme disposto no artigo 60, §1º[149], da Constituição Federal.

10.3.2. Decretação da medida interventiva

Conforme dito acima, a expedição do decreto interventivo, de natureza político-administrativa, compete **privativamente**[150] ao Presidente da República, após aferição de todos os pressupostos autorizativos da medida. A forma mediante a qual se institui a intervenção federal é o **decreto presidencial.**

10.3.3. Iniciativa

A decretação da medida interventiva poderá resultar de iniciativa do próprio Presidente da República ou através de provocação por parte de instituição constitucionalmente autorizada para tanto.

---

b) deixar de entregar aos Municípios receitas tributárias fixadas nesta Constituição, dentro dos prazos estabelecidos em lei;
VI - prover a execução de lei federal, ordem ou decisão judicial;
VII - assegurar a observância dos seguintes princípios constitucionais:
a) forma republicana, sistema representativo e regime democrático;
b) direitos da pessoa humana;
c) autonomia municipal;
d) prestação de contas da administração pública, direta e indireta.
e) aplicação do mínimo exigido da receita resultante de impostos estaduais, compreendida a proveniente de transferências, na manutenção e desenvolvimento do ensino.
e) aplicação do mínimo exigido da receita resultante de impostos estaduais, compreendida a proveniente de transferências, na manutenção e desenvolvimento do ensino e nas ações e serviços públicos de saúde.

---

149 "Art. 60. (...)
§ 1º A Constituição não poderá ser emendada na vigência de intervenção federal, de estado de defesa ou de estado de sítio."

150 Dispõe o artigo 84, X, da Constituição Federal:
"Art. 84. Compete privativamente ao Presidente da República:
(...)
X - decretar e executar a intervenção federal;"

10.3.3.1. De ofício

Nas hipóteses descritas nos incisos I, II, III e V, do artigo 34, o Presidente da República tem competência para decretar, de ofício, a intervenção federal sobre determinado Estado-membro. Nestas circunstâncias, recai na esfera de discricionariedade política do Presidente da República a formulação do juízo acerca da instituição da medida interventiva.

No processo de decretação do ato interventivo, a Constituição Federal prevê, ainda, a necessidade de ouvir o Conselho da República e o Conselho da Defesa Nacional, órgãos consultivos da Presidência da República[151].

10.3.3.2. Por provocação.

Além da competência *de ofício* atribuída ao Presidente da República, conforme visto acima, a Constituição Federal legitima alguns órgãos a provocá-lo para que se possa desencadear o processo de decretação da medida interventiva. Deste modo, a depender da natureza do órgão que provoca o Presidente da República, a decretação da medida interventiva pode se dar por: a) ***solicitação*** ou; b) ***requisição***[152]. Na primeira hipótese, há simples postulação, mero pedido do órgão que provocou o Presidente da República, ao passo que no segundo modelo, inexiste margem de opção, cabendo ao Presidente da República instituir a medida interventiva requerida. Sobre o tema, Francisco Bilac Moreira Pinto Filho aduz que "há hipóteses materiais que são de exclusiva discricionariedade do Presidente da República. Pela gravidade das situações que podem ensejar tais hipóteses é recomendável que a decisão seja unipessoal. Nas três primeiras hipóteses: *manter a integridade nacional, repelir invasão estrangeira ou de uma unidade da federação em outra e pôr termo a grave comprometimento da ordem pública*, o presidente está autorizado a agir por direito próprio. Não depende ele de nenhuma solicitação ou re-

---

151 "Art. 90. Compete ao **Conselho da República** pronunciar-se sobre:
I - **intervenção federal**, estado de defesa e estado de sítio;
(...)
Art. 91. (...)
(...)
§ 1º Compete ao **Conselho de Defesa Nacional**:
(...)
II - **opinar sobre a decretação** do estado de defesa, do estado de sítio e **da intervenção federal**;" (destaque nosso)

152 Cf. José Afonso da Silva, **Comentário Contextual à Constituição**, p. 327.

quisição. Essas conjecturas efetivamente demandam uma atitude mais enérgica e descompromissada com formalismos constitucionais. São típicas ações que demonstram um comprometimento material da ordem no Estado-Membro, cabendo ao presidente agir, desde logo.[153]"

10.3.3.2.1. Por solicitação.

O artigo 34, IV, da Constituição Federal, estabelece que "a União não intervirá nos Estados nem no Distrito Federal, exceto para garantir o livre exercício de qualquer dos Poderes nas unidades da Federação." Nesta hipótese, a medida interventiva será **discricionária** na medida em que exista **solicitação do Poder Legislativo ou do Executivo** que esteja sendo alvo de algum tipo de restrição no que concerne ao livre exercício de suas atribuições. Portanto, em tal situação, um dos Poderes que tenha seu livre exercício obstaculizado deverá solicitar ao Presidente da Presidente da República a decretação da medida interventiva. Em razão do pedido não ser vinculado, o ato de decretação da medida interventiva por parte do Presidente da República é de natureza eminentemente discricionária. Na hipótese de inexistência de solicitação de um dos poderes acima indicados, o Presidente da República não terá competência para decretar a medida interventiva. Logo, a **provocação** se constitui em um dos requisitos para decretação do ato presidencial.

10.3.3.2.2. Por requisição.

O artigo 36, I e II, elenca as seguintes instituições que podem requisitar ao Presidente da República a decretação da medida interventiva: a) se a finalidade consistir em *garantir o livre exercício de qualquer dos Poderes nas unidades da Federação*, a *requisição* deverá emanar do Supremo Tribunal Federal, se a coação for exercida contra o Poder Judiciário e; b) no caso de desobediência a ordem ou decisão judiciária, de requisição do Supremo Tribunal Federal, do Superior Tribunal de Justiça ou do Tribunal Superior Eleitoral.

O artigo 34, VII, da Constituição Federal, que elenca os **princípios constitucionais sensíveis**, autoriza, na hipótese de violação aos seus preceitos e de recusa à execução de lei federal, propositura de Ação Direta de Inconstitucionalidade Interventiva por parte do Procurador-Geral da República perante o Supremo Tribunal Federal. Logo, provida a ação, a intervenção federal poderá ser decretada.

153 **A intervenção federal e o federalismo brasileiro**. Rio de Janeiro: Forense, 2002, p. 384.

CAPÍTULO XV

DA ORGANIZAÇÃO ADMINISTRATIVA DO ESTADO

1. Introdução

A Administração Pública Federal possui seus contornos delineados no "Título III Da Organização do Estado", "Capítulo VII da Administração Pública", da Constituição Federal. A partir desta estrutura normativa, ao Estado é atribuído competência para dispor sobre sua própria organização. Neste sentido, foi instituído o Decreto-Lei n° 200/67, que dispõe sobre a "organização da Administração Federal."

Deste modo, para compreender adequadamente a estrutura administrativa do Estado, faz-se necessário analisar os **princípios constitucionais da Administração Pública**, consubstanciados no *caput* do artigo 37, e seus desdobramentos através das regras constitucionais contidas no próprio dispositivo ora mencionado e no artigo 38, todos da Constituição Federal. Nesta seara, sua integração normativa é fornecida através do citado **Decreto-Lei n° 200/67**, que organiza a Administração Pública Federal.

2. Princípios constitucionais da Administração Pública

A Constituição Federal elenca os *princípios constitucionais da administração pública*. São normas jurídicas que estabelecem os fundamentos do direito administrativo brasileiro. Na classificação formulada por Canotilho, são *princípios constitucionais especiais* ou *setoriais*, uma vez que se constituem no fundamento de validade de um específico *setor* do direito, no caso, o direito administrativo[1].

Os princípios constitucionais que disciplinam a administração pública estão elencados no **artigo 37** da nossa Lei Fundamental, que assim dispõe:

> "Art. 37. A **administração pública direta e indireta** de **qualquer dos Poderes** da **União**, dos **Estados**, do **Distrito Federal** e dos **Municípios** obedecerá aos **princípios** de **legalidade, impessoalidade, moralidade, publicidade** e **eficiência** (...).

Portanto, são princípios constitucionais da administração pública **federal, estadual, distrital** e **municipal, direta e indireta**, a ***legalidade, impessoalidade, moralidade, publicidade*** e ***eficiência***.

2.1. Princípio da legalidade

O princípio da legalidade administrativa encontra-se disposto no *caput* do artigo 37, da Constituição Federal. No âmbito da administração pública, o princípio da legalidade se operacionaliza de forma diametralmente oposta em relação aos particulares, pois, em relação a esses, "ninguém será obrigado a fazer ou deixar de fazer alguma coisa senão em virtude de lei." Tal significa dizer que os indivíduos apenas podem ter sua liberdade restringida através de *lei*. Portanto, na ausência de *lei*, os cidadãos possuem ampla liberdade de conformação para agirem da forma como melhor lhes aprouver. De forma inversa, o poder público **apenas** está autorizado a fazer ou deixar de fazer alguma coisa se houver lei expressa neste sentido, é dizer, ante a inexistência de lei, **não** possui a administração pública liberdade para agir.

Segundo Mateus Eduardo Siqueira Nunes Bertoncini, "o princípio da legalidade impõe à Administração Pública, na execução de suas competências, a supremacia do Direito, tornando a atividade administrativa uma atividade sublegal – no sentido de fiel observância da juridicidade -, na busca do interesse concreto a se perseguir, bem como no que tange à organização da Administração Pública, às competências e poderes dos agentes públicos, aos mecanismos e procedimentos de atuação, enfim, ao funcionamento geral da Administração Pública."[2]

1 **Direito Constitucional e Teoria da Constituição**. 7ª ed. Coimbra: Almedina, 2003, p. 1.175.

2 **Princípios de Direito Administrativo Brasileiro**. São Paulo: Malheiros, 2002, p. 92.

Logo, em sede de **Administração Pública** a **legalidade é *estrita***, ou seja, os órgãos administrativos devem pautar-se integralmente em face do que dispõem as fontes primárias do Direito. Neste contexto, ao Poder Executivo compete apenas *integrar* o conteúdo legal, com miras à sua executoriedade. Portanto, a atuação do Poder Executivo é de natureza meramente instrumental, na medida em que deverá ater-se ao conteúdo consignado na lei, não podendo ele ir ***além*** daquilo que o ato legislativo estabelece, **sob pena de ser inválido**. Em tal hipótese, estará o Poder Executivo exorbitando de sua função regulamentar.

2.2. Princípio da impessoalidade

O princípio da impessoalidade impõe ao administrador público a proibição de auferir vantagens pessoais ou benefícios particulares, na medida em que tal comportamento poderá ser traduzido como prejuízo para toda coletividade. **É importante consignar que a *impessoalidade* não se confunde com a *igualdade*.** Esta exige tratamento paritário, ao passo que a *impessoalidade* veda ao agente público obter benefícios pessoais em razão do exercício do cargo ou função públicos. Para Cármen Lúcia Antunes Rocha, "o princípio da impessoalidade administrativa objetiva, basicamente, não permitir que o administrador se privilegie, pois deste privilégio do agente público nasce o prejuízo de toda a sociedade. A relação principal na impessoalidade é do agente administrativo com a Administração Pública e, em especial, com o Poder Público, no exercício do qual todos os privilégios podem ser angariados por maus agentes."[3]

Deste entendimento decorre que a **responsabilidade dos atos praticados por um servidor público não são ao mesmo imputados, mas sim ao órgão ou entidade administrativa em nome do qual ele age**. Por via de consequência, "o autor institucional do ato é a Administração pública, e não o agente público, que apenas atua em nome da entidade administrativa.[4]" Por tal razão, o princípio da impessoalidade norteia a relação existente entre a Administração Pública e o servidor público, que deve atuar em nome do ente ao qual está vinculado, destituído da nota de pessoalidade. Atua não como pessoa física, mas como a pessoa jurídica da Administração Pública.

3 **Princípios Constitucionais da Administração Pública**. Belo Horizonte: Del Rey, 1994, p. 152.

4 Mateus Eduardo Siqueira Nunes Bertoncini. **Princípios de Direito Administrativo Brasileiro**. São Paulo: Malheiros, 2002, p. 102.

A Lei n° 8.429/92 – Lei de Improbidade Administrativa – dispõe, em seu artigo 4°, que "os agentes públicos de qualquer nível ou hierarquia são obrigados a velar pela estrita observância dos princípios de legalidade, **impessoalidade**, moralidade e publicidade no trato dos assuntos que lhe são afetos." Deste modo, **no âmbito da Administração Pública, o princípio da impessoalidade se traduz como *dever institucional*.**

2.3. Princípio da moralidade

O princípio constitucional da moralidade está associado ao **elemento ético do agir administrativo**. Por tal razão, encontra-se elencado no artigo 4°, da Lei n° 8.429/92, que dispõe sobre as sanções aplicáveis aos agentes públicos nos casos de enriquecimento ilícito no exercício de mandato, cargo, emprego ou função na administração pública direta, indireta ou fundacional. O citado dispositivo legal estabelece o seguinte:

> "Art. 4° Os agentes públicos de qualquer nível ou hierarquia **são obrigados** a velar pela estrita observância dos princípios de legalidade, impessoalidade, **moralidade** e publicidade no trato dos assuntos que lhe são afetos." (Destaque nosso)

É oportuno chamar a atenção para a literalidade do enunciado normativo, na medida em que os agentes públicos "*são obrigados*" a velar pela estrita observância da moralidade administrativa. Além disto, os destinatários da norma jurídica não são apenas os *servidores públicos*, mas sim os *agentes públicos*, ora definidos no artigo 2° como sendo "todo aquele que exerce, ainda que transitoriamente ou sem remuneração, por eleição, nomeação, designação, contratação ou qualquer outra forma de investidura ou vínculo, mandato, cargo, emprego ou função nas entidades mencionadas no artigo anterior." A Lei n° 8.429/92, apresenta a seguinte **tipologia** dos **atos de improbidade administrativa**: a) atos de improbidade administrativa que importam enriquecimento ilícito; b) atos de improbidade administrativa que causam prejuízo ao erário; c) atos de improbidade administrativa decorrentes de concessão ou aplicação indevida de benefício financeiro ou tributário e; d) **atos de improbidade administrativa que atentam contra os princípios da administração pública**.

A letra "*d*" está expressamente relacionada ao *caput* do artigo 37, da Constituição Federal, que institui os princípios constitucionais da administração pública. Neste contexto, o artigo 11 da Lei nº 8.429/92 estabelece os atos que se configuram improbidade administrativa[5].

Cabe ressaltar, por fim, que os destinatários da norma são os agentes públicos de qualquer nível ou hierarquia da estrutura administrativa, além de outras pessoas que, embora não seja agente público, tenha induzido ou concorrido para a prática do ato de improbidade ou dele se beneficiado sob qualquer forma, direta ou indireta[6].

2.4. Princípio da publicidade

O princípio da publicidade dos atos administrativos, previsto no *caput* do artigo 37, da Constituição Federal, é essencial em todo Estado Democrático de Direito, **afigurando-se como requisito para produção de efeitos jurídicos válidos.** A publicidade é exigência não apenas em sede de atos administrativos, mas dos atos públicos em geral, incluindo os jurisdicionais e legislativos. A Lei nº 9.784/99, que regula o processo administrativo no âmbito da Administração Pública Federal, dispõe no artigo 2º, parágrafo único, V, o seguinte:

---

5 "Art. 11. Constitui ato de improbidade administrativa que atenta contra os princípios da administração pública qualquer ação ou omissão que viole os deveres de honestidade, imparcialidade, legalidade, e lealdade às instituições, e notadamente:
I - praticar ato visando fim proibido em lei ou regulamento ou diverso daquele previsto, na regra de competência;
II - retardar ou deixar de praticar, indevidamente, ato de ofício;
III - revelar fato ou circunstância de que tem ciência em razão das atribuições e que deva permanecer em segredo;
IV - negar publicidade aos atos oficiais;
V - frustrar a licitude de concurso público;
VI - deixar de prestar contas quando esteja obrigado a fazê-lo;
VII - revelar ou permitir que chegue ao conhecimento de terceiro, antes da respectiva divulgação oficial, teor de medida política ou econômica capaz de afetar o preço de mercadoria, bem ou serviço.
VIII - descumprir as normas relativas à celebração, fiscalização e aprovação de contas de parcerias firmadas pela administração pública com entidades privadas.
IX - deixar de cumprir a exigência de requisitos de acessibilidade previstos na legislação.
X - transferir recurso a entidade privada, em razão da prestação de serviços na área de saúde sem a prévia celebração de contrato, convênio ou instrumento congênere, nos termos do parágrafo único do art. 24 da Lei nº 8.080, de 19 de setembro de 1990."

6 "Art. 3º As disposições desta lei são aplicáveis, no que couber, àquele que, mesmo não sendo agente público, induza ou concorra para a prática do ato de improbidade ou dele se beneficie sob qualquer forma direta ou indireta."

> Art. 2º A Administração Pública obedecerá, dentre outros, aos princípios da legalidade, finalidade, motivação, razoabilidade, proporcionalidade, moralidade, ampla defesa, contraditório, segurança jurídica, interesse público e eficiência.
>
> Parágrafo único. Nos processos administrativos serão observados, entre outros, os critérios de:
>
> (...)
>
> V – **divulgação oficial dos atos administrativos**, ressalvadas as hipóteses de sigilo previstas na Constituição;" (destaque nosso)

A exigência de publicidade dos atos administrativos pressupõe transparência e lisura no âmbito da Administração Pública, além de viabilizar aos administrados o acesso à informação. Além das questões formais atinentes à validade dos atos administrativos, a publicidade faz-se necessária em virtude da fiscalização dos atos públicos por partes dos administrados. Trata-se, portanto, de um ***dever*** **de transparência** por parte da administração pública.

2.5. Princípio da eficiência

Por fim, cabe aludir ao *princípio da eficiência*, inserido no *caput* do artigo 37, através da Emenda Constitucional n° 19/98. É importante registrar que **não se deve confundir *eficiência* com *celeridade***, embora tais conceitos possam estar relacionados entre si. A **eficiência administrativa** informa que o aparato estatal deverá revelar-se apto a gerar mais benefícios através da utilização dos recursos disponíveis, na forma de prestação de serviços à coletividade, em respeito ao cidadão contribuinte.

No entendimento de José Eduardo Cardozo, o princípio da eficiência pode ser definido "como sendo aquele que determina aos órgãos e pessoas da Administração Direta e Indireta que, na busca das finalidades estabelecidas pela ordem jurídica, tenham uma ação instrumental adequada, constituída pelo aproveitamento maximizado e racional dos recursos humanos, materiais, técnicos e financeiros disponíveis, de modo que possa alcançar o melhor resultado quantitativo e qualitativo possível, em face das necessidades públicas existentes.[7]"

---

7 "Princípios Constitucionais da Administração Pública (de acordo com a Emenda Constitucional n.º 19/98)." *in* Alexandre de Moraes. **Os 10 anos da Constituição Federal**. São Paulo: Atlas, 1999, pp. 166 e 167.

O princípio da eficiência exige, portanto, não apenas a adequação do ato ao fim perseguido pela Administração Pública, mas também, celeridade quanto à sua edição e economicidade em relação aos gastos, que devem resultar proporcionais ao fim a ser alcançado. Deverá, portanto, haver um **equilíbrio** entre os **gastos públicos**, **razoabilidade temporal e maximização dos benefícios** auferidos em decorrência da edição do ato administrativo.

3. Administração Pública: estrutura organizacional

Sob uma perspectiva ***orgânica***, a *administração pública* revela o conjunto das instituições legalmente instituídas com o propósito de concretizar os serviços públicos ou atingir os fins governamentais. O artigo 37, *caput,* da Constituição Federal, dispõe sobre a **administração pública direta e indireta.**

A **administração pública direta** compreende os órgãos administrativos imediatamente subordinados ao Poder Executivo de cada uma das unidades federativas – União, Estados, Distrito Federal e Municípios –, ao passo que a **administração pública indireta** é formada por instituições dotadas de personalidade jurídica própria, que não se confundem com a pessoa estatal que a instituiu. A administração pública indireta, portanto, corresponde aos órgãos integrados nas diversas entidades personalizadas de prestação de serviços ou exploração de atividades econômicas, vinculadas a cada um dos Poderes Executivos.

De acordo com o Decreto-Lei n° 200/67, a administração pública federal compreende a **administração direta e a administração indireta.** Em seu artigo 4°, restou estabelecido o seguinte:

> "Art. 4° A **Administração Federal compreende**:
>
> I – A **Administração Direta**, que se constitui dos serviços integrados na estrutura administrativa da Presidência da República e dos Ministérios.
>
> II – A **Administração Indireta**, que compreende as seguintes categorias de entidades, dotadas de personalidade jurídica própria:
>
> a) Autarquias;
>
> b) Empresas Públicas;
>
> c) Sociedades de Economia Mista.
>
> d) Fundações Públicas."

O diploma legal em referência fornece a definição jurídica para autarquia, empresa pública, sociedade de economia mista e fundação pública. Neste sentido, dispõe o artigo 5°, I:

> "Art. 5º Para os fins desta lei, considera-se:
>
> I - **Autarquia** - o serviço autônomo, criado por lei, com personalidade jurídica, patrimônio e receita próprios, para executar atividades típicas da Administração Pública, que requeiram, para seu melhor funcionamento, gestão administrativa e financeira descentralizada.
>
> II - **Empresa Pública** - a entidade dotada de personalidade jurídica de direito privado, com patrimônio próprio e capital exclusivo da União, criado por lei para a exploração de atividade econômica que o Governo seja levado a exercer por força de contingência ou de conveniência administrativa podendo revestir-se de qualquer das formas admitidas em direito.
>
> III - **Sociedade de Economia Mista** - a entidade dotada de personalidade jurídica de direito privado, criada por lei para a exploração de atividade econômica, sob a forma de sociedade anônima, cujas ações com direito a voto pertençam em sua maioria à União ou a entidade da Administração Indireta.
>
> IV - **Fundação Pública** - a entidade dotada de personalidade jurídica de direito privado, sem fins lucrativos, criada em virtude de autorização legislativa, para o desenvolvimento de atividades que não exijam execução por órgãos ou entidades de direito público, com autonomia administrativa, patrimônio próprio gerido pelos respectivos órgãos de direção, e funcionamento custeado por recursos da União e de outras fontes.

A **autarquia** se constitui em pessoa jurídica de direito público, instituída por lei e dotada de autonomia, para desenvolver atividades típicas da Administração Pública. As autarquias são instituídas para prestação de serviços descentralizados e contam com quadro de servidores próprios. É oportuno registrar a instituição, no sistema jurídico brasileiro, das denominadas ***autarquias especiais***, mais conhecidas como ***Agências Reguladoras***[8]. Atualmente, existem 11 (onze) agências

8 Segundo Lizziane Souza Queiroz e Fabiano André de Souza Mendonça, as agências reguladoras "são autarquias de regime especial, fazendo parte da estrutura do Poder Executivo; geralmente, tem sua criação prevista em lei - como é o caso da ANP, Lei n° 9.478/97; possui capacidade de auto-administração, apesar de não possuir autonomia legislativa, o que nos remete à tão polêmica discussão acerca do poder normativo das mesmas; possuem personalidade jurídica pública; são especializadas naquele setor que regulam, promovendo sua regulação técnica, devendo cum-

reguladoras no País, cuja especificação com os respectivos atos normativos que as instituíram e finalidades estão relacionadas na sequência:

1. Agência Nacional de Águas - ANA - Lei n° 9.984/00, dispõe sobre a criação da Agência Nacional de Águas - ANA

"Art. 3º **Fica criada a Agência Nacional de Águas (ANA), autarquia sob regime especial**, com autonomia administrativa e financeira, vinculada ao Ministério do Desenvolvimento Regional, com a finalidade de implementar, em sua esfera de atribuições, a Política Nacional de Recursos Hídricos, integrante do Sistema Nacional de Gerenciamento de Recursos Hídricos."

2. Agência Nacional de Aviação Civil - ANAC - Lei nº 11.182, de 27 de setembro de 2005. Cria a Agência Nacional de Aviação Civil - ANAC, e dá outras providências.

"Art. 1º **Fica criada a Agência Nacional de Aviação Civil - ANAC, entidade integrante da Administração Pública Federal indireta, submetida a regime autárquico especial**, vinculada ao Ministério da Defesa, com prazo de duração indeterminado."

3. Agência Nacional de Telecomunicações - ANATEL - Lei nº 9.472, de 16 de julho de 1997. Dispõe sobre a organização dos serviços de telecomunicações, a criação e funcionamento de um órgão regulador e outros aspectos institucionais, nos termos da Emenda Constitucional nº 8, de 1995.

"Art. 8° **Fica criada a Agência Nacional de Telecomunicações, entidade integrante da Administração Pública Federal indireta, submetida a regime autárquico especial** e vinculada ao Ministério das Comunicações, com a função de órgão regulador das telecomunicações, com sede no Distrito Federal, podendo estabelecer unidades regionais."

4. Agência Nacional do Cinema - ANCINE - Medida Provisória nº 2.228-1, de 6 de Setembro de 2001. Estabelece princípios gerais da Política Nacional do Cinema, cria o Conselho Superior do Cinema e a Agência Nacional do Cinema - ANCINE, institui o Programa de Apoio ao Desenvolvimento do Cinema Nacional - PRODECINE, autoriza a criação de Fundos de Financiamento da Indústria Cinematográfica Nacional - FUNCINES, altera a legislação sobre a Contribuição para

prir as finalidades para as quais foram criadas." in "***O papel do Estado Regulador na concretização dos Direitos Fundamentais***", p. 128. Fabiano André de Souza Mendonça; Vladimir da Rocha França e; Yanko Marcius de Alencar Xavier (Org.). **Regulação Econômica e Proteção dos Direitos Humanos: um enfoque sob a óptica do Direito Econômico**. Fortaleza: Fundação Konrad Adenauer Stiftung, 2008, p. 128.

o Desenvolvimento da Indústria Cinematográfica Nacional e dá outras providências.

"Art. 5º **Fica criada a Agência Nacional do Cinema - ANCINE, autarquia especial**, vinculada ao Ministério do Desenvolvimento, Indústria e Comércio Exterior, observado o disposto no art. 62 desta Medida Provisória, órgão de fomento, regulação e fiscalização da indústria cinematográfica e videofonográfica, dotada de autonomia administrativa e financeira."

5. Agência Nacional de Energia Elétrica - ANEEL - Lei nº 9.427, de 26 de dezembro de 1996. Institui a Agência Nacional de Energia Elétrica - ANEEL, disciplina o regime das concessões de serviços públicos de energia elétrica e dá outras providências.

"Art. 1º É instituída a Agência Nacional de Energia Elétrica - ANEEL, **autarquia sob regime especial**, vinculada ao Ministério de Minas e Energia, com sede e foro no Distrito Federal e prazo de duração indeterminado.

Art. 2º A Agência Nacional de Energia Elétrica - ANEEL tem por finalidade regular e fiscalizar a produção, transmissão, distribuição e comercialização de energia elétrica, em conformidade com as políticas e diretrizes do governo federal."

6. Agência Nacional do Petróleo, Gás Natural e Biocombustíveis - ANP - Lei nº 9.478, de 6 de agosto de 1997. Dispõe sobre a política energética nacional, as atividades relativas ao monopólio do petróleo, institui o Conselho Nacional de Política Energética e a Agência Nacional do Petróleo e dá outras providências.

"Art. 7º **Fica instituída a Agência Nacional do Petróleo, Gás Natural e Biocombustíves - ANP, entidade integrante da Administração Federal Indireta, submetida ao regime autárquico especial**, como órgão regulador da indústria do petróleo, gás natural, seus derivados e biocombustíveis, vinculada ao Ministério de Minas e Energia."

7. Agência Nacional de Saúde Suplementar - ANS - Lei nº 9.961 de 28 de janeiro de 2000. Cria a Agência Nacional de Saúde Suplementar - ANS e dá outras providências

"Art. 1º É criada a Agência Nacional de Saúde Suplementar - ANS, autarquia sob o regime especial, vinculada ao Ministério da Saúde, com sede e foro na cidade do Rio de Janeiro - RJ, prazo de duração indeterminado e atuação em todo o território nacional, como órgão de regulação, normatização, controle e fiscalização das atividades que garantam a assistência suplementar à saúde.

Parágrafo único. A natureza de autarquia especial conferida à ANS é caracterizada por autonomia administrativa, financeira, patrimonial e de gestão de recursos humanos, autonomia nas suas decisões técnicas e mandato fixo de seus dirigentes."

8; 9. **Agência Nacional de Transportes Aquaviários - ANTAQ e Agência Nacional de Transportes Terrestres - ANTT** - Lei n° 10.233, de 5 de junho de 2001. Dispõe sobre a reestruturação dos transportes aquaviário e terrestre, cria o Conselho Nacional de Integração de Políticas de Transporte, a Agência Nacional de Transportes Terrestres, a Agência Nacional de Transportes Aquaviários e o Departamento Nacional de Infra-Estrutura de Transportes, e dá outras providências.

"Art. 21. **Ficam instituídas a Agência Nacional de Transportes Terrestres - ANTT e a Agência Nacional de Transportes Aquaviários - ANTAQ, entidades integrantes da administração federal indireta, submetidas ao regime autárquico especial** e vinculadas, respectivamente, ao Ministério dos Transportes e à Secretaria de Portos da Presidência da República, nos termos desta Lei."

10. Agência Nacional de Vigilância Sanitária - ANVISA - Lei nº 9.782, de 26 de janeiro de 1999.

Define o Sistema Nacional de Vigilância Sanitária, cria a Agência Nacional de Vigilância Sanitária, e dá outras providências.

"Art. 3º **Fica criada a Agência Nacional de Vigilância Sanitária - ANVISA, autarquia sob regime especial**, vinculada ao Ministério da Saúde, com sede e foro no Distrito Federal, prazo de duração indeterminado e atuação em todo território nacional.

Parágrafo único. A natureza de autarquia especial conferida à Agência é caracterizada pela independência administrativa, estabilidade de seus dirigentes e autonomia financeira."

11. Agência Nacional de Mineração - ANM - Lei nº 13.575, de 26 de Dezembro de 2017.

Cria a Agência Nacional de Mineração - ANM; extingue o Departamento Nacional de Produção Mineral (DNPM); altera as Leis n 11.046, de 27 de dezembro de 2004, e 10.826, de 22 de dezembro de 2003; e revoga a Lei nº 8.876, de 2 de maio de 1994, e dispositivos do Decreto-Lei nº 227, de 28 de fevereiro de 1967 (Código de Mineração).

"Art. 1º **Fica criada a Agência Nacional de Mineração (ANM)**, integrante da **Administração Pública federal indireta, submetida ao regime autárquico especial** e vinculada ao Ministério de Minas e Energia."

A Lei n° 13.303/16, estabeleceu o ***Estatuto Jurídico da Empresa Pública, da Sociedade de Economia Mista e de suas subsidiárias***, no âmbito da União, dos Estados, do Distrito Federal e dos Municípios. Os conceitos fornecidos pelo referido diploma legal se equiparam aos do Decreto-Lei n° 200/67. Apesar da similitude conceitual, prevalece, para todos os efeitos, os constantes no *Estatuto* ora em comento. O artigo 3°[9] dispõe sobre a **empresa pública**, ao passo que o artigo 4°[10] tem por objeto a **sociedade de economia mista.** O artigo 2°, por sua vez, estabelece que a exploração de atividade econômica pelo Estado será exercida através da empresa pública, da sociedade de economia mista e de suas subsidiárias.

Por fim, as **fundações públicas** possuem personalidade jurídica de direito privado, destituídas de fins lucrativos. São criadas por lei específica com o propósito de desenvolver atividades que não exijam execução por órgãos ou entidades de direito público. Além disto, detém autonomia administrativa, patrimônio próprio gerido pelos respectivos órgãos de direção, funcionamento custeado por recursos públicos e outras fontes.

Portanto, as pessoas jurídicas que compõem a **administração pública direta e indireta**, de qualquer dos Poderes da União, dos Estados, do Distrito Federal e dos Municípios, deverão observar os princípios da **legalidade**, **impessoalidade**, **moralidade**, **publicidade** e **eficiência**, consignados no *caput* do artigo 37, da Constituição Federal. Logo, afiguram-se como ***destinatárias*** dos mandamentos consignados no aludido dispositivo constitucional.

4. Agentes Públicos

4.1. Conceito

Em sentido amplo, são **agentes públicos** todos os indivíduos que têm competência para concretizar as atribuições de incumbência do

---

9 "Art. 3º Empresa pública é a entidade dotada de personalidade jurídica de direito privado, com criação autorizada por lei e com patrimônio próprio, cujo capital social é integralmente detido pela União, pelos Estados, pelo Distrito Federal ou pelos Municípios.
Parágrafo único. Desde que a maioria do capital votante permaneça em propriedade da União, do Estado, do Distrito Federal ou do Município, será admitida, no capital da empresa pública, a participação de outras pessoas jurídicas de direito público interno, bem como de entidades da administração indireta da União, dos Estados, do Distrito Federal e dos Municípios."

10 "Art. 4º Sociedade de economia mista é a entidade dotada de personalidade jurídica de direito privado, com criação autorizada por lei, sob a forma de sociedade anônima, cujas ações com direito a voto pertençam em sua maioria à União, aos Estados, ao Distrito Federal, aos Municípios ou a entidade da administração indireta.
§ 1º A pessoa jurídica que controla a sociedade de economia mista tem os deveres e as responsabilidades do acionista controlador, estabelecidos na Lei nº 6.404, de 15 de dezembro de 1976, e deverá exercer o poder de controle no interesse da companhia, respeitado o interesse público que justificou sua criação."

Estado. Todas as pessoas jurídicas, sejam elas públicas ou privadas, dependem da intervenção de pessoas físicas para que possam se manifestar ou dar concreção às atividades de suas competências. No âmbito da Administração Pública, referidas pessoas incumbidas de propiciar dinamicidade e dar vida ativa às entidades e aos órgãos públicos, são denominados ***agentes públicos***[11].

A partir da leitura dos artigos 1° e 2°[12] da Lei n° 8.429/92, é possível construir o entendimento acerca do qual **agente público é toda pessoa física que presta serviços à União, aos Estados, ao Distrito Federal e aos Municípios, incluindo as instituições que compõem a administração pública indireta no âmbito dos três poderes**[13].

---

11 Cf. Edmur Ferreira de Faria. **Curso de Direito Administrativo Positivo**. 6ª ed. Belo Horizonte: Del Rey, 2007, P. 97.

12 "Art. 1° Os atos de improbidade praticados por qualquer agente público, servidor ou não, contra a administração direta, indireta ou fundacional de qualquer dos Poderes da União, dos Estados, do Distrito Federal, dos Municípios, de Território, de empresa incorporada ao patrimônio público ou de entidade para cuja criação ou custeio o erário haja concorrido ou concorra com mais de cinqüenta por cento do patrimônio ou da receita anual, serão punidos na forma desta lei.
Parágrafo único. Estão também sujeitos às penalidades desta lei os atos de improbidade praticados contra o patrimônio de entidade que receba subvenção, benefício ou incentivo, fiscal ou creditício, de órgão público bem como daquelas para cuja criação ou custeio o erário haja concorrido ou concorra com menos de cinqüenta por cento do patrimônio ou da receita anual, limitando-se, nestes casos, a sanção patrimonial à repercussão do ilícito sobre a contribuição dos cofres públicos.
Art. 2° Reputa-se agente público, para os efeitos desta lei, todo aquele que exerce, ainda que transitoriamente ou sem remuneração, por eleição, nomeação, designação, contratação ou qualquer outra forma de investidura ou vínculo, mandato, cargo, emprego ou função nas entidades mencionadas no artigo anterior."

13 Ao tratar do tema, Celso Antônio Bandeira de Mello afirma que "todos aqueles que servem ao Poder Público, na qualidade de sujeitos expressivos de sua ação, podem ser denominados *agentes públicos*. Com efeito, esta locução é a mais ampla e compreensiva que se pode adotar para referir englobadamente as diversas categorias dos que, sob títulos jurídicos diferentes, atuam em nome do Estado.
Em consequência, a noção abrange tanto o Presidente da República, os governadores, prefeitos, ministros, secretários de Estado e de Município, senadores, deputados, vereadores, como os funcionários públicos, os contratados pelo Poder Público para servirem-no sob regime trabalhista, os servidores de autarquias, de empresas e fundações estatais, os concessionários e permissionários de serviço público ou delegados de função pública, assim como os requisitados e gestores de negócios públicos. Em suma: quem quer que desempenhe funções estatais é, enquanto as exercita, um agente público." in **Regime dos Servidores da Administração Direta e Indireta (Direitos e Deveres)**. 3ª ed. São Paulo: Malheiros, 1995, p. 12.

Segundo Hely Lopes Meirelles, "agentes públicos são todas as pessoas físicas incumbidas definitivas ou transitoriamente do exercício de alguma função estatal.[14]" Em sentido análogo, José dos Santos Carvalho Filho define *agentes públicos* como "o conjunto de pessoas que, a qualquer título, exercem uma função pública como prepostos do Estado.[15]"

4.2. Classificação

Segundo Rafael Carvalho Rezende Oliveira, os agentes públicos podem ser divididos, ao menos, em dois grupos: a) agentes públicos de direito; b) agentes públicos de fato[16].

Os agentes públicos de direito compreendem as "pessoas físicas que possuem vínculos jurídicos formais e legítimos com o Estado. São os agentes regularmente investidos nos cargos, empregos e funções públicas." Constituem espécies de agentes públicos de direito: a) agentes políticos; b) servidores públicos (estatutários, trabalhistas e temporários) e; c) particulares em colaboração.[17]

Por sua vez, os agentes públicos de fato são os "particulares que, sem vínculos formais e legítimos com o Estado, exercem, de boa-fé, a função pública com o objetivo de atender o interesse público. São os agentes que não foram investidos previamente nos cargos, empregos e funções públicas."[18] Nesta linha de raciocínio, apresenta-se o quadro sinóptico abaixo para melhor compreensão:

> "**1. Agentes públicos de direito**
>
> a) agentes políticos
>
> b) servidores públicos
>
> b.1) estatutários

14 Hely Lopes Meirelles. **Direito Administrativo Brasileiro**. 21ª ed. São Paulo: Malheiros,1996, p 71.

15 **Direito Administrativo Brasileiro.** 34ª ed. São Paulo: Malheiros, 2007, p. 76.

16 Daniel Amorim Assumpção Neves; Rafael Carvalho Rezende Oliveira. **Manual de Improbidade Administrativa - Direito Material e Processual**. 6ª ed. Gen/Método: 2018, p. 44.

17 Daniel Amorim Assumpção Neves; Rafael Carvalho Rezende Oliveira. **Manual de Improbidade Administrativa - Direito Material e Processual**. 6ª ed. Gen/Método: 2018, p. 44.

18 Daniel Amorim Assumpção Neves; Rafael Carvalho Rezende Oliveira. **Manual de Improbidade Administrativa - Direito Material e Processual**. 6ª ed. Gen/Método: 2018, p. 44.

b.2) trabalhistas ou celetistas

b.3) temporários

c) particulares em colaboração

2. Agentes públicos de fato

a) putativos

b) necessários"[19]

No entendimento de Edmur Ferreira de Faria, os agentes públicos podem ser classificados, ao menos para efeitos didáticos, em quatro categorias: a) agentes políticos; b) agentes de carreiras especiais; c) agentes administrativos, subdivididos em servidores estatutário, empregados públicos e contratados temporários e; d) particulares com atuação colaboradora com o Poder Público[20].

Para Hely Lopes Meirelles, os agentes públicos "são todas as pessoas físicas incumbidas, definitiva ou transitoriamente, do exercício de algum a função estatal. Os agentes normalmente desempenham funções do órgão, distribuídas entre os cargos de que são titulares, mas excepcionalmente podem exercer funções sem cargo"[21]. Repartemse em quatro espécies: agentes políticos[22], agentes administra-

---

19 Daniel Amorim Assumpção Neves; Rafael Carvalho Rezende Oliveira. **Manual de Improbidade Administrativa - Direito Material e Processual**. 6ª ed. Gen/Método: 2018, p. 44.

20 **Curso de Direito Administrativo Positivo.** 6ª ed. Belo Horizonte: Del Rey, 2007, p. 97.

21 **Direito Administrativo Brasileiro**. 23ª ed. São Paulo: Malheiros, 1998, p. 32.

22 "**Agentes políticos** são os componentes do Governo nos seus primeiros escalões, investidos em cargos, funções, mandatos ou comissões, por nomeação, eleição, designação ou delegação para o exercício de atribuições constitucionais." (destaque nosso) Hely Lopes Meirelles. **Direito Administrativo Brasileiro**. 23ª ed. São Paulo: Malheiros, 1998, p. 79.

tivos[23], agentes honoríficos[24] e agentes delegados[25].

Tais esclarecimentos conceituais permitem abarcar todos os agentes públicos elencados no artigo 2°, da Lei n° 8.429/92.

---

23 "**Agentes administrativos** são todos aqueles que se vinculam ao Estado ou às suas entidades autárquicas e fundacionais por relações profissionais, sujeitos à hierarquia funcional e ao regime jurídico único da entidade estatal a que servem. São investidos a título de emprego e com retribuição pecuniária, em regra por nomeação, e excepcionalmente por contrato de trabalho ou credenciamento. (...) A **categoria dos agentes administrativos** - **espécie do gênero agente público** - constitui a imensa massa dos prestadores de serviços à Administração direta e indireta do Estado nas seguintes modalidades admitidas pela Constituição da República de 1988: **a) servidores públicos concursados** (art. 37, II); **b) servidores públicos exercentes de cargos em comissão ou função de confiança, sem concurso, escolhidos, preferencialmente, entre "servidores ocupantes de cargo de carreira técnica ou profissional"** (art. 37, V); **c) servidores temporários, contratados "por tempo determinado para atender a necessidade temporária de excepcional interesse público" (art. 37, IX)**. Esses servidores públicos sujeitam -se ao disposto no art. 37 e incisos; todavia, som ente os servidores da Administração direta, das autarquias e das fundações públicas é que estão adstritos ao regime jurídico único imposto pela atual Carta, nos termos do art. 39. Hely Lopes Meirelles." (destaque nosso) **Direito Administrativo Brasileiro**. 23ª ed. São Paulo: Malheiros, 1998, p. 79.

24 "**Agentes honoríficos**: são cidadãos convocados, designados ou nomeados para prestar, transitoriamente, determinados serviços ao Estado, em razão de sua condição cívica, de sua honorabilidade ou de sua notória capacidade profissional, mas sem qualquer vínculo empregatício ou estatutário e, normalmente, sem renumeração. Tais serviços constituem o chamado **múnus público**, ou serviços públicos relevantes, de que são exemplos a função de jurado, de mesário eleitoral, de comissário de menores, de presidente ou membro de comissão de estudo ou de julgamento e outros dessa natureza." Hely Lopes Meirelles. **Direito Administrativo Brasileiro**. 23ª ed. São Paulo: Malheiros, 1998, p. 79.

25 "Os **agentes delegados** são particulares que recebem a incumbência da execução de determinada atividade, obra ou serviço público e o realizam em nome próprio, por sua conta e risco, mas segundo as normas do Estado e sob a permanente fiscalização do delegante. Esses agentes não são servidores públicos, nem honoríficos, nem representantes do Estado; todavia, constituem um a categoria à parte de colaboradores do Poder Público. Nessa categoria encontram -se os concessionários e permissionários de obras e serviços públicos, os serventuários de ofícios ou cartórios não estatizados, os leiloeiros, os tradutores e intérpretes públicos, as demais pessoas que recebem delegação para a prática de algum a atividade estatal ou ser viço de interesse coletivo." Hely Lopes Meirelles. **Direito Administrativo Brasileiro**. 23ª ed. São Paulo: Malheiros, 1998, p. 80.

5. Cargo, emprego e função pública

O artigo 37, I[26], da Constituição Federal, consagra o **princípio da acessibilidade** por parte dos brasileiros e estrangeiros **aos cargos, empregos e funções públicas**, mediante preenchimento dos requisitos estabelecidos em lei. Endente-se por ***cargo*** o lugar na estrutura administrativa do Poder Público ocupado por servidor, com atribuições e remuneração estabelecidas em lei. A ***função***, por sua vez, corresponde ao somatório de competências atribuídas por lei para serem cumpridas por um ou mais servidores. Em relação ao ***emprego***, significa o vínculo firmado entre o servidor e o ente público, subordinado à normativa trabalhista. Para Celso Antônio Bandeiro de Mello, *cargos públicos* "são as mais simples e indivisíveis unidades abstratas criadas por lei, com denominação própria e número certo, que sintetizam um centro de competências públicas da alçada das pessoas jurídicas de direito público, a serem exercidas por um agente.[27]" Em relação ao conceito *emprego público*, o eminente administrativista afirma que nada mais é do que "emprego no 'setor público'. (...) Logo, emprego público é emprego na Administração Pública, seja direta ou indireta, manifestada por pessoa de direito público ou privado."[28]

5.1. Acessibilidade aos cargos, empregos e funções públicas

A Constituição Federal estabelece em seu artigo 37, I, que "os cargos, empregos e funções públicas são **acessíveis aos brasileiros** que preencham os requisitos estabelecidos em lei, assim como **aos estrangeiros**, na forma da lei." **O enunciado normativo constante no artigo 37, I, veicula ao menos duas normas jurídicas, sendo uma de *eficácia contida* e outra de *eficácia limitada.***

A **primeira norma jurídica** dispõe que "os cargos, empregos e funções públicas são acessíveis aos brasileiros que preencham os requisitos estabelecidos em lei". Referido preceito normativo é de eficácia contida[29] na medida em que o constituinte originário permitiu ao Congresso

26 "I - os cargos, empregos e funções públicas são acessíveis aos brasileiros que preencham os requisitos estabelecidos em lei, assim como aos estrangeiros, na forma da lei;"

27 **Regime dos Servidores da Administração Direta e Indireta (Direitos e Deveres)**. 3ª ed. São Paulo: Malheiros, 1995, p. 28.

28 **Regime dos Servidores da Administração Direta e Indireta (Direitos e Deveres)**. 3ª ed. São Paulo: Malheiros, 1995, p. 48.

29 Norma de integração restringível, segundo a terminologia de Celso Ribeiro Bastos e Carlos Ayres Britto. **Interpretação e Aplicabilidade das Normas Constitucionais**. São Paulo: Saraiva, 1982.

Nacional editar lei estabelecendo requisitos de acessibilidade aos brasileiros no tocante aos cargos, empregos e funções públicas. Logo, é permitido estabelecer restrições de acessibilidade sempre que o critério de discrímen utilizado pelo legislador guarde correlação lógica com a própria discriminação efetuada, à luz dos fins que se busca alcançar com a medida restritiva.

No tocante à **segunda norma jurídica**, tem-se que "os cargos, empregos e funções públicas são acessíveis (...) aos estrangeiros, na forma da lei." Referida norma constitucional já difere da primeira quanto à sua eficácia e aplicabilidade, constituindo-se uma norma jurídica de eficácia completável[30] – equivalente a norma de eficácia limitada, na classificação de José Afonso da Silva -, na medida em que requer a edição de lei disciplinando a acessibilidade dos estrangeiros aos cargos, empregos e funções públicas. A título de exemplo e de forma mais específica, o artigo 207, §1°, da Constituição Federal estabelece que "é facultado às universidades admitir professores, técnicos e cientistas estrangeiros, na forma da lei". Nesta hipótese, a lei será criada para estabelecer o regramento alusivo à admissão de professores, técnicos e cientistas **estrangeiros** nas universidades públicas, de modo a viabilizar o ingresso destes profissionais na estrutura acadêmica brasileira. Portanto, neste caso, a integração normativa se dá para complementar o alcance da norma constitucional. Neste sentido, assim se manifestou o Supremo Tribunal Federal:

> "O STF fixou entendimento no sentido de que o art. 37, I, da Constituição do Brasil (redação após a EC 19/1998) consubstancia, relativamente ao acesso aos cargos públicos por estrangeiros, preceito constitucional dotado de eficácia limitada, dependendo de regulamentação para produzir efeitos, sendo assim, não autoaplicável."[31]

Deste modo, somente após a edição da norma integradora é que o dispositivo constitucional estará apto a produzir a plenitude de seus efeitos jurídicos.

---

30 Norma de integração completável, conforme proposta classificatória de Celso Ribeiro Bastos e Carlos Ayres Britto. **Interpretação e Aplicabilidade das Normas Constitucionais**. São Paulo: Saraiva, 1982.

31 RE 544.655 AgR, Rel. Min. Eros Grau, d. j. 09.09.08, 2ª T, d. j. 10.10.08; RE 602.912 AgR, Rel. Min. Cármen Lúcia, d. j. 09.11.10, 1ª T, d. j. 02.12.10; RE 346.180 AgR, Rel. Min. Joaquim Barbosa, d. j. 14.06.11, 2ª T, d. j. 01.08.11; AI 590.663 AgR, Rel. Min. Eros Grau, d. j. 15.12.09, 2ª T, d. j. 12.02.10.

5.2. Concurso público

A Constituição Federal adotou o ***mérito*** como forma de acesso aos cargos e empregos públicos. Em seu artigo 37, II, estabelece que "a investidura em **cargo** ou **emprego público** depende de **aprovação prévia em concurso público de provas ou de provas e títulos**, de acordo com a natureza e a complexidade do cargo ou emprego, na forma prevista em lei, ressalvadas as nomeações para cargo em comissão declarado em lei de livre nomeação e exoneração." Portanto, excetuados os cargos em comissão, de livre nomeação e exoneração declarados em lei, a forma de ingresso no serviço público se dá mediante prévia aprovação em concurso público de provas **ou** de provas e títulos, de acordo com a natureza e a complexidade do cargo ou emprego. É oportuno chamar a atenção para o fato de que a Lei Fundamental não exigiu aprovação prévia em concurso público para acesso às **funções públicas**, previstas no inciso I, do artigo 37[32].

Sob uma perspectiva conceitual, o **concurso público é procedimento utilizado pela Administração Pública, direta e indireta, com o propósito de organizar o seu quadro de pessoal mediante preenchimento das vagas existentes para cargo ou emprego público**. Portanto, só é legítima a abertura de concurso público na medida em que existam vagas a serem preenchidas na estrutura administrativa.

O artigo 37, III, da Constituição Federal, estabeleceu que o prazo de validade do concurso público será de até dois anos, prorrogável uma vez, por igual período.

Cabe registrar, também, que não se coaduna à Lei Fundamental, restrições, em sede de concurso público, que não guardem uma relação de pertinência lógica entre a medida restritiva adotada pela administração pública e o fim que ela busca alcançar. A título de exemplo, trazemos à colação enunciado da Súmula n° 683, do Supremo Tribunal Federal - STF:

> "O limite de idade para a inscrição em concurso público só se legitima em face do art. 7º, XXX, da Constituição, quando possa ser justificado pela natureza das atribuições do cargo a ser preenchido."

No RE n° 898.450, Rel. Min. Luiz Fux, j. em 17.08.16, Repercussão Geral Tema 838, restou firmado entendimento segundo o qual "os re-

---

32 "I - os **cargos**, **empregos** e **funções públicas** são acessíveis aos brasileiros que preencham os requisitos estabelecidos em lei, assim como aos estrangeiros, na forma da lei;"

quisitos do edital para o ingresso em cargo, emprego ou função pública devem ter por fundamento lei em sentido formal e material. Editais de concurso público não podem estabelecer restrição a pessoas com tatuagem, salvo situações excepcionais em razão de conteúdo que viole valores constitucionais." Na hipótese ora referida, um candidato aprovado em concurso público foi impedido de assumir o cargo em virtude de, no exame médico, ter se constatado possuir o mesmo uma tatuagem na perna. Portanto, tornamos a dizer, o **mérito** foi o critério eleito pelo constituinte para legitimar o ingresso de pessoas na esfera da Administração Pública através de concurso público, não se configurando constitucional eventual restrição que não guarde relação de pertinência lógica entre a medida restritiva adotada pelo poder público e o fim por ele perseguido.

É oportuno registrar que o artigo 5°, §1°, da Lei n° 8.112/90, estabelece que "**as atribuições do cargo podem justificar a exigência de outros requisitos estabelecidos em lei.**" No entanto, reitere-se, as exigências legais devem guardar uma relação de pertinência com os próprios fins objetivados através das imposições normativas.

5.2.1. Prazo de validade de concurso público

A Constituição Federal dispõe no artigo 37, III, que "o prazo de validade do concurso público será de até dois anos, prorrogável uma vez, por igual período." De acordo com esta regra constitucional, o prazo máximo de validade dos concursos públicos, **incluindo a prorrogação**, corresponde a 04 anos. É importante registrar que o prazo inicial de validade do concurso **não terá de corresponder necessariamente a 02 anos**, competindo ao ente público instituidor do certame delimitar esse prazo, que deverá ser de **até dois anos**. Logo, é possível que o prazo de validade constante no edital seja de 01 ano, prorrogável **sempre** por **igual período**.

5.3. Cargos em comissão

O texto final do enunciado normativo constante no artigo 37, II, da Constituição Federal, permite à administração pública prover cargos sem observar o procedimento atinente aos concursos públicos. Trata-se, portanto, da hipótese de provimento dos cargos em comissão, de livre nomeação e exoneração por parte da administração pública. O preenchimento de tais cargos independe da realização de concurso público, competindo ao gestor público, de forma discricionária, a nomeação dos respectivos servidores, desde que observadas as diretrizes previstas na Constituição e na legislação infraconstitucional. A excepcionalidade da regra se justifica na medida em que o gestor público dever cercar-se de pessoas da sua mais estrita confiança e profissionalismo para o adequado funcionamento da coisa pública.

Apesar desta discricionariedade atribuída ao gestor público, a Constituição Federal determinou no artigo 37, V[33], que as funções de confiança e os cargos em comissão destinam-se apenas às atribuições de direção, chefia e assessoramento. Além disto, estabeleceu que as funções de confiança devem ser exercidas exclusivamente por servidores ocupantes de cargo efetivo, ao passo que os cargos em comissão deverão ser preenchidos por servidores de carreira. Cabe registrar que o administrador público, no tema ora em análise, apenas poderá atuar nos casos, condições e percentuais mínimos previstos em lei.

5.4. Do provimento

O **provimento é o ato administrativo através do qual se designa um individuo para preenchimento de um cargo público, passando aquele a partir de então a ser deste titular**. Nos termos do artigo 6°, da Lei n° 8.112/90, "o provimento dos cargos públicos far-se-á mediante ato da autoridade competente de cada Poder."

Celso Antônio Bandeira de Mello classifica o ato de provimento em: a) *provimento inicial* ou *autônomo* e; b) *provimentos derivados*. É *inicial* a modalidade de provimento no qual o preenchimento do cargo é feito de forma autônoma, é dizer, desvinculado das relações anteriores existentes entre o provido no cargo e o serviço público. Por sua vez, são *derivados* os provimentos nos quais "o preenchimento do cargo se liga a uma relação anterior existente entre o provido e o serviço público."[34]

O artigo 8°, da Lei n° 8.112/90, estabelece as seguintes **formas de provimento de cargo público**: a) **nomeação**; b) **promoção**; c) **readaptação**; d) **reversão**; e) **aproveitamento**; f) **reintegração** e; g) **recondução**.

5.4.1. Nomeação

Nomeação é a forma de ***provimento inicial*** do cargo público, que se completa com a posse e o exercício no cargo. Para Celso Antônio Bandeira de Mello, "a nomeação define-se como o provimento inicial au-

33 "V - as funções de confiança, exercidas exclusivamente por servidores ocupantes de cargo efetivo, e os cargos em comissão, a serem preenchidos por servidores de carreira nos casos, condições e percentuais mínimos previstos em lei, destinam-se apenas às atribuições de direção, chefia e assessoramento;"

34 **Regime dos Servidores da Administração Direta e Indireta (Direitos e Deveres)**. 3ª ed. São Paulo: Malheiros, 1995, p. 34.

tônomo e originário do cargo público.[35]" De acordo com o artigo 9°, I e II[36], da Lei n° 8.112/90, **a nomeação pode ser feita *em caráter efetivo* ou *em comissão*.** Será em ***caráter efetivo*** quando se tratar de cargo isolado de provimento efetivo ou de carreira. Por sua vez, a nomeação ***em comissão*** se dará para cargos de confiança vagos, inclusive na condição de interino.

5.4.2. Promoção

A **promoção** corresponde à elevação de níveis dentro da mesma carreira na qual o servidor foi investido, mediante proporcional acréscimo dos vencimentos e atribuições.

5.4.3. Readaptação

Consoante o artigo 24, da Lei n° 8.112/90, **readaptação** significa a "investidura do servidor em cargo de atribuições e responsabilidades compatíveis com a limitação que tenha sofrido em sua capacidade física ou mental verificada em inspeção médica." A readaptação ocorre quando o servidor sofre um acidente ou está acometido por doença que o deixa incapaz ou sem habilidade para o exercício do cargo que ocupa. Por tais motivos, o servidor é readaptado para um cargo compatível com suas limitações.

5.4.4. Reversão

Por **reversão** entende-se o retorno à atividade do servidor aposentado. Pode ocorrer *de ofício*, quando o servidor é aposentado por invalidez, mas posteriormente fica curado de sua doença, ou mediante *solicitação*, no interesse da Administração Pública, quando o próprio servidor, preenchidos determinados requisitos previstos na Lei n°

---

35 **Regime dos Servidores da Administração Direta e Indireta (Direitos e Deveres)**. 3ª ed. São Paulo: Malheiros, 1995, p. 33.

36 "Art. 9° A nomeação far-se-á:
I - em caráter efetivo, quando se tratar de cargo isolado de provimento efetivo ou de carreira;
II - em comissão, inclusive na condição de interino, para cargos de confiança vagos.
Parágrafo único. O servidor ocupante de cargo em comissão ou de natureza especial poderá ser nomeado para ter exercício, interinamente, em outro cargo de confiança, sem prejuízo das atribuições do que atualmente ocupa, hipótese em que deverá optar pela remuneração de um deles durante o período da interinidade."

8.112/90, requer o seu retorno ao serviço público. A reversão encontra-se prevista no artigo 25[37], do citado diploma legal.

5.4.5. Aproveitamento

Entende-se por **aproveitamento** o retorno ao trabalho por parte do servidor estável que se encontra em disponibilidade e sua colocação deverá ser feita obrigatoriamente em cargo compatível com o que anteriormente ocupava. Localizado no artigo 30, da Lei n° 8.112/90, sua definição legal está redigida da seguinte forma: "o retorno à atividade de servidor em disponibilidade far-se-á mediante aproveitamento obrigatório em cargo de atribuições e vencimentos compatíveis com o anteriormente ocupado."

5.4.6. Reintegração

A **reintegração** é a reinvestidura do servidor estável no cargo, que foi injustamente demitido, com ressarcimento de todos os danos sofridos. Está legalmente definida no artigo 28, da Lei n° 8.112/90, nos seguintes termos: "A reintegração é a reinvestidura do servidor estável no cargo anteriormente ocupado, ou no cargo resultante de sua transformação, quando invalidada a sua demissão por decisão administrativa ou judicial, com ressarcimento de todas as vantagens."

5.4.7. Recondução

Por sua vez, a **recondução** significa o retorno do servidor estável ao cargo anteriormente ocupado, em virtude de: a) **inabilitação em estágio probatório relativo a outro cargo ou**; b) **reintegração do anterior ocupante**. Encontrando-se provido o cargo de origem, obrigatoriamente o servidor será aproveitado em outro cargo com atribuições e vencimentos compatíveis em relação ao anteriormente ocupado[38].

---

37 "Art. 25. Reversão é o retorno à atividade de servidor aposentado:
I - por invalidez, quando junta médica oficial declarar insubsistentes os motivos da aposentadoria; ou
II - no interesse da administração, desde que:
a) tenha solicitado a reversão;
b) a aposentadoria tenha sido voluntária;
c) estável quando na atividade;
d) a aposentadoria tenha ocorrido nos cinco anos anteriores à solicitação;
e) haja cargo vago."

38 "Art. 29. Recondução é o retorno do servidor estável ao cargo anteriormente ocupado e decorrerá de:

6. Vacância

A **vacância** significa a disponibilidade ou abertura de um cargo outrora preenchido, nas hipóteses legalmente definidas. O artigo 33 da Lei n° 8.112/90, estabelece que a vacância do cargo público decorrerá de: a) **exoneração**; b) **demissão**; c) **promoção**; d) **readaptação**; e) **aposentadoria**; f) **posse em outro cargo inacumulável** e; g) **falecimento**.

7. Estabilidade, exoneração e demissão

A **estabilidade** é a garantia de permanência do servidor no âmbito da Administração Pública, observados os requisitos constitucionais para sua aquisição. Tal garantia viabiliza o direito de permanência nas funções em que o servidor foi admitido, sem que isto implique, todavia, incorporação na carreira ou possibilidade de nela ascender.

O artigo 41 da Constituição Federal estabelece que "são estáveis após três anos de efetivo exercício os servidores nomeados para cargo de provimento efetivo em virtude de concurso público." Portanto, a garantia de estabilidade no serviço público está condicionada ao efetivo exercício do cargo após três anos do seu ingresso, mediante concurso público, na estrutura da administração pública. *Estabilidade*, no entendimento de André Ramos Tavares, "significa não poder ser demitido senão em virtude de sentença judicial transitada em julgado ou após processo administrativo no qual haja sido assegurada ampla defesa, ou mediante processo de avaliação periódica de desempenho, ou ainda na **hipótese restritíssima na necessidade de redução de custos**."[39] (destaque nosso)

I - inabilitação em estágio probatório relativo a outro cargo;

II - reintegração do anterior ocupante.

Parágrafo único. Encontrando-se provido o cargo de origem, o servidor será aproveitado em outro, observado o disposto no art. 30."

---

39 **Curso de Direito Constitucional.** 9ª ed. São Paulo: Saraiva, 2011, p. 1356. O autor alude à hipótese consagrada no artigo 169, §4°, da Constituição Federal, cujo teor é seguinte:

"Art. 169. A despesa com pessoal ativo e inativo da União, dos Estados, do Distrito Federal e dos Municípios não poderá exceder os limites estabelecidos em lei complementar.

§ 1º A concessão de qualquer vantagem ou aumento de remuneração, a criação de cargos, empregos e funções ou alteração de estrutura de carreiras, bem como a admissão ou contratação de pessoal, a qualquer título, pelos órgãos e entidades da administração direta ou indireta, inclusive fundações instituídas e mantidas pelo poder público, só poderão ser feitas:

I - se houver prévia dotação orçamentária suficiente para atender às projeções de despesa de pessoal e aos acréscimos dela decorrentes;

A **exoneração e demissão** se apresentam como formas de desligamento do servidor público da estrutura administrativa à qual se encontra vinculado. Segundo Celso Antônio Bandeira de Mello, a *exoneração* é "dispensa sem caráter sancionador[40]", podendo ocorrer a pedido do interessado ou por decisão da própria Administração Pública.

A Lei n° 8.112/90 dispõe sobre a exoneração em seus artigos 34 e 35. No primeiro dispositivo legal (art. 34), refere-se às hipóteses de exoneração *de cargo efetivo* a pedido do servidor ou por deliberação do órgão administrativo (*de ofício*). Por sua vez, o artigo 35 dispõe sobre a exoneração de cargos comissionados e dispensa de função de confiança.

A **exoneração *a pedido*** do servidor não suscita complexidade alguma, na medida em que é o próprio agente público que não quer manter o vínculo com a Administração Pública. A **exoneração *de ofício***, por sua vez, dar-se-á quando ocorrer uma das seguintes situações: a) quando não satisfeitas as condições do estágio probatório (art. 34, I) e; b) quando, havendo tomado posse, o servidor não ingressa no exercício do cargo dentro do prazo que lhe foi estabelecido (art. 34, II).

O artigo 35, I e II, estabelece que a **exoneração de cargo em comissão e a dispensa de função de confiança ocorrerá mediante** (a) **juízo da autoridade competente ou** (b) **a pedido do próprio servidor**.

A **demissão** consiste na exclusão do servidor da esfera pública como medida punitiva, observado o *devido processo legal* administrativo.

II - se houver autorização específica na lei de diretrizes orçamentárias, ressalvadas as empresas públicas e as sociedades de economia mista.

§ 2º Decorrido o prazo estabelecido na lei complementar referida neste artigo para a adaptação aos parâmetros ali previstos, serão imediatamente suspensos todos os repasses de verbas federais ou estaduais aos Estados, ao Distrito Federal e aos Municípios que não observarem os referidos limites.

§ 3º Para o cumprimento dos limites estabelecidos com base neste artigo, durante o prazo fixado na lei complementar referida no caput, a União, os Estados, o Distrito Federal e os Municípios adotarão as seguintes providências:

I - redução em pelo menos vinte por cento das despesas com cargos em comissão e funções de confiança;

II - exoneração dos servidores não estáveis.

§ 4º Se as medidas adotadas com base no parágrafo anterior não forem suficientes para assegurar o cumprimento da determinação da lei complementar referida neste artigo, **o servidor estável poderá perder o cargo**, desde que ato normativo motivado de cada um dos Poderes especifique a atividade funcional, o órgão ou unidade administrativa objeto da redução de pessoal." (destaque nosso)

40 **Regime dos Servidores da Administração Direta e Indireta (Direitos e Deveres)**. 3ª ed. São Paulo: Malheiros, 1995, p. 42.

Na **hipótese de servidor público estável, este só perderá o cargo** (a) **em virtude de sentença judicial transitada em julgado**; (b) **mediante processo administrativo em que lhe seja assegurada ampla defesa**; e (c) **através de procedimento de avaliação periódica de desempenho, na forma de lei complementar, assegurada ampla defesa**.

8. Dos servidores públicos

A definição legal de **servidor público** pode ser encontrada nos artigos 2° e 3° da Lei n° 8.112/90[41]. Partindo de uma análise dos citados dispositivos legais, depreende-se que ***servidor público*** é a pessoa legalmente investida no conjunto de atribuições e responsabilidades previstas na estrutura organizacional da Administração Pública, ora denominado *cargo público*, com vínculo profissional e mediante remuneração paga pelos cofres públicos. Conforme já analisado acima, os servidores públicos podem estar investidos em cargos efetivos ou em cargos comissionados, de modo que o acesso em relação aos primeiros se dá mediante prévia aprovação em concurso público de provas ou de provas e títulos.

8.1. Direitos e garantias dos servidores públicos

A Constituição Federal atribui aos servidores públicos uma enorme gama de direitos. Em seu artigo 39, §3°, estabelece o seguinte:

> "§ 3º Aplica-se aos servidores ocupantes de cargo público o disposto no art. 7º, IV, VII, VIII, IX, XII, XIII, XV, XVI, XVII, XVIII, XIX, XX, XXII e XXX, podendo a lei estabelecer requisitos diferenciados de admissão quando a natureza do cargo o exigir."

Deste modo, são assegurados aos servidores públicos os seguintes direitos e garantias: a) salário mínimo; b) garantia de salário, nunca inferior ao mínimo, para os que percebem remuneração variável; c) décimo terceiro salário com base na remuneração integral ou no valor da aposentadoria; d) remuneração do trabalho noturno superior à do diurno; e) salário-família pago em razão do dependente do trabalhador de baixa renda; f) duração do trabalho normal não superior a oito horas diárias e quarenta e quatro semanais, facultada a compensação de horários e a redução da jornada, mediante acordo ou convenção coletiva de tra-

41 Referida Lei dispõe sobre o regime jurídico dos servidores públicos civis da União, das autarquias e das fundações públicas federais.

balho; g) repouso semanal remunerado, preferencialmente aos domingos; h) remuneração do serviço extraordinário superior, no mínimo, em cinqüenta por cento à do normal; i) gozo de férias anuais remuneradas com, pelo menos, um terço a mais do que o salário normal; j) licença à gestante, sem prejuízo do emprego e do salário, com a duração de cento e vinte dias; m) licença-paternidade; n) proteção do mercado de trabalho da mulher; o) redução dos riscos inerentes ao trabalho, por meio de normas de saúde, higiene e segurança e; p) proibição de diferença de salários, de exercício de funções e de critério de admissão por motivo de sexo, idade, cor ou estado civil.

9. Remuneração dos agentes públicos

A Constituição Federal, em seu artigo 39, §4°, estabelece que "o membro de Poder, o detentor de mandato eletivo, os Ministros de Estado e os Secretários Estaduais e Municipais serão remunerados exclusivamente por **subsídio** fixado em parcela única, vedado o acréscimo de qualquer gratificação, adicional, abono, prêmio, verba de representação ou outra espécie remuneratória, obedecido, em qualquer caso, o disposto no art. 37, X e XI." Deste modo, ***subsídio* é a quantia paga em parcela única** ao membro de Poder, ao detentor de mandato eletivo, aos Ministros de Estado e aos Secretários Estaduais e Municipais, é dizer, **aos *agentes políticos***[42].

Por sua vez, o **regime remuneratório** dos servidores públicos se dá mediante pagamento de ***vencimento* ou *remuneração***[43]. Nos termos do artigo 40, da Lei n° 8.112/90, ***vencimento* corresponde à retribuição pecuniária paga pelo exercício de cargo público, com valor fixado em lei**. Por sua vez, a ***remuneração*** é o **vencimento do cargo efetivo, acrescido das vantagens pecuniárias permanentes** estabelecidas em lei. É importante consignar que o §3°, do artigo 41, do citado diploma legal, determina que "o vencimento do cargo efetivo, acrescido das vantagens de caráter permanente, **é irredutível**." (destaque nosso)

42 **Agentes políticos** são os componentes do Governo nos seus primeiros escalões, investidos em cargos, funções, mandatos ou comissões, por nomeação, eleição, designação ou delegação para o exercício de atribuições constitucionais." (destaque nosso) Hely Lopes Meirelles. **Direito Administrativo Brasileiro**. 23ª ed. São Paulo: Malheiros, 1998, p. 79

43 Os conceitos *vencimento* e *remuneração* estão sendo utilizados com o significado atribuído pela Lei n° 8.112/90.

O teto remuneratório do funcionalismo público brasileiro, nos termos do artigo 37, XI, da Constituição Federal, corresponde ao subsídio mensal recebido pelos Ministro do Supremo Tribunal Federal.[44].

44 "XI - **a remuneração e o subsídio dos ocupantes de cargos, funções e empregos públicos da administração direta, autárquica e fundacional, dos membros de qualquer dos Poderes da União, dos Estados, do Distrito Federal e dos Municípios, dos detentores de mandato eletivo e dos demais agentes políticos e os proventos, pensões ou outra espécie remuneratória**, percebidos cumulativamente ou não, incluídas as vantagens pessoais ou de qualquer outra natureza, **não poderão exceder o subsídio mensal, em espécie, dos Ministros do Supremo Tribunal Federal**, aplicando-se como limite, nos Municípios, o subsídio do Prefeito, e nos Estados e no Distrito Federal, o subsídio mensal do Governador no âmbito do Poder Executivo, o subsídio dos Deputados Estaduais e Distritais no âmbito do Poder Legislativo e o subsídio dos Desembargadores do Tribunal de Justiça, limitado a noventa inteiros e vinte e cinco centésimos por cento do subsídio mensal, em espécie, dos Ministros do Supremo Tribunal Federal, no âmbito do Poder Judiciário, aplicável este limite aos membros do Ministério Público, aos Procuradores e aos Defensores Públicos." (destaque nosso)

CAPÍTULO XVI

DA ORGANIZAÇÃO DOS PODERES

SUMÁRIO: 1. O termo "Poder"; **2.** Partilha do Poder; **3.** Critérios para divisão do Poder; **4.** Os três Poderes do Estado; **5.** Funções do Estado; **5.1.** Função legislativa; **5.2.** Função jurisdicional; **5.3.** Função administrativa; **6.** Do Poder Legislativo; **6.1.** Estrutura do Poder Legislativo ;**6.1.2.** Do Congresso Nacional: composição; **6.2.** Da sessão legislativa; **6.2.1.** Sessão legislativa ordinária; **6.2.2.** Sessão legislativa extraordinária; **6.2.3.** Sessão legislativa preparatória; **6.2.4.** Sessão especial ou solene; **6.2.5.** Sessões ordinárias; **6.2.6.** Sessões extraordinárias; **6.2.7.** Das Sessões conjuntas do Congresso Nacional; **6.3.** Das Atribuições do Congresso Nacional; **6.4.** Das deliberações do Congresso Nacional; **6.5.** Da Câmara dos Deputados; **6.5.1.** Da Mesa Diretora; **6.5.2.** Dos Deputados Federais; **6.6.** Do Senado Federal; **6.6.1.** Da Mesa Diretora; **6.6.2.** Dos Senadores; **6.7.** Das imunidades; **6.8.** Das Comissões Parlamentares; **6.8.1.** Das Comissões Parlamentares Permanentes e Temporárias; **6.8.1.1.** Das Comissões Parlamentares de Inquérito; **6.9.** Do Processo Legislativo; **6.9.1.** Das Espécies Normativas; **6.9.1.1.** Das emendas à Constituição; **6.9.1.2.** Da lei complementar e ordinária; **6.9.1.2.1.** Iniciativa; **6.9.1.2.1.1.** Iniciativa comum; **6.9.1.2.1.2** Iniciativa reservada; **6.9.1.2.2.** Fase constitutiva; **7.** Do Poder Executivo; **7.1.** Introdução; **7.2.** Do Presidente da República; **7.2.1.** Da eleição do Presidente e do Vice-Presidente da República; **7.2.2.** Da vacância do cargo; **7.2.3.** Das Atribuições do Presidente da República; **7.2.4.** Da responsabilidade do Presidente da República; **7.3.** Dos Ministros de Estado; **7.4.** Do Conselho da República; **7.5.** Do Conselho de Defesa Nacional; **8.** Do Poder Judiciário; **8.1.** Fundamento e estrutura constitucional do Poder Judiciário; **8.2.** Integração normativa; **8.3.** Dos órgãos do Poder Judiciário; **8.3.1.** Supremo Tribunal Federal; **8.3.2.** Superior Tribunal de Justiça; **8.3.3** Justiças Especializadas; **8.3.3.1.** Justiça do Trabalho; **8.3.3.2.** Justiça Eleitoral; **8.3.3.3.** Justiça Militar; **8.3.4.** Justiça Comum; **8.3.4.1.** Justiça Federal; **8.3.4.2.** Justiça dos Estados; **8.4.** Conselho Nacional de Justiça; **8.5.** Função e características da jurisprudência ;**8.6.** Garantias judiciais; **8.7.** Das vedações aos magistrados; **8.8.** Governo e administração dos órgãos jurisdicionais.

1. O termo "Poder"

O vocábulo **Poder**, com **P** maiúsculo, por convenção, é termo técnico do vocabulário do direito constitucional e da ciência política, não se confundindo com a palavra *poder*, com *p* minúsculo, que designa a força coercitiva que assegura unidade à ordem jurídica.

Inexiste Estado sem Poder. No início *uno*, radicado no centro, o Poder foi aos poucos partilhado, sendo seu exercício distribuído entre vários tipos de órgãos, cada um com sua competência graduada.

A concentração inicial do Poder, nas mãos de um só, deixava inseguro o grupo, pois uma só pessoa "poderia fazer dos demais o que pretendesse, segundo a própria vontade."

O *governo monárquico absoluto* é o exemplo histórico mais claro da *unidade de exercício do Poder*, concentrado no Chefe, a quem cabe a direção dos interesses comuns do grupo.

2. Partilha do Poder

Bem mais tarde, os componentes do grupo analisaram o Poder. Sabe-se quem manda, mas não se sabe quem tem o direito de mandar.

Para evitar os males decorrentes da instabilidade e descontinuidade do Poder, idealizou-se uma outra forma de Poder Político.

Ao invés de considerar que o Poder é prerrogativa ou privilégio daquele que o exerce, imaginou-se um sustentáculo ou suporte do Poder, independente das pessoas físicas que o exercem. Este suporte é o Estado, titular permanente e abstrato do Poder, do qual os que o exercem nada mais são que agentes acidentais do mando.

Consiste a *partilha* ou *divisão do poder* em transferir do *centro* para *vários órgãos independentes* o *exercício do poder* de tal modo que nenhum desses órgãos possa praticar os atos de sua competência sem ser controlado pelos demais.

3. Critérios para divisão do Poder

Dois critérios são eleitos para que se concretize a divisão ou partilha do poder, o **critério geográfico** e o **critério funcional**.

Sob o **critério geográfico**, a *divisão do poder* é a *descentralização*, o *federalismo*, ou seja, a transferência "do centro" para as unidades federadas de determinadas atribuições.

Sob o **critério funcional**, a *divisão do poder* consiste em partilhar a *administração*, a *legislação* e a *jurisdição*, outorgando-se a órgãos diversos – o Poder Executivo, o Poder Legislativo e o Poder Judiciário, aos quais se confiam tais funções, não com *exclusividade*, mas com *preponderância*.

4. Os três Poderes do Estado

Cada Poder estatal exerce, de forma preponderante, funções que se constituem na razão de sua própria existência, ao lado de outras que, por sua vez, se constituem na nota essencial dos outros dois poderes do Estado. Neste contexto, fala -se em **funções típicas e funções atípicas**. Portanto, **típicas** são as funções essenciais, preponderantes, que efetivamente caracteriza e são exercidas por um determinado Poder estatal, ao passo que as funções **atípicas** são aquelas que incumbem, com predomínio, aos demais poderes.

A par desta classificação das funções estatais em **típicas e atípicas,** ao Poder Executivo compete *administrar* (função típica), isto é, aplicar a lei *de ofício*, sem provocação, mas a ele cabe também *legislar* e *julgar* (funções atípicas). Por sua vez, compete ao Poder Judiciário *julgar* (função típica), *dizer o direito* aos casos que lhe são submetidos à apreciação, mas a ele se atribui, também, funções *administrativas* e *legislativas* (funções atípicas). Por fim, ao Poder Legislativo cabe, com preponderância, *legislar* (função típica), isto é, declarar solenemente a norma jurídica geral e abstrata, mas a ele também se atribui funções *administrativas* e *judicantes* (funções atípicas).

Julgar, administrar e legislar dizem respeito às múltiplas e essenciais funções do Estado moderno no desempenho de suas atividades específicas. Deste modo, a atuação do Estado se volta para **declarar o direito** (função legislativa), **aplicar a lei, contenciosamente, ao caso concreto** (função jurisdicional), **aplicar a lei de ofício** (função administrativa) **e defesa da ordem, interna e externa.**

Neste contexto, o Estado age para assegurar aos cidadãos o bem-estar, a cultura e o progresso, atuando nos mais diversos planos, a exemplo do econômico, demográfico, educacional, saúde pública etc. Referida atuação finalística do Estado ocorre mediante o exercício da atividade ***legislativa, administrativa*** e ***jurisdicional***. O desempenho dessas funções é partilhado pelos órgãos ou *Poderes* estatais denominados, respectivamente, **Poder Legislativo**, **Poder Executivo** e **Poder Judiciário**.

5. Funções do Estado

Legislar é desempenhar funções que culminam na elaboração do direito positivo; **administrar** é *aplicar a lei de ofício* e; **julgar** é *apli-*

car contenciosamente o direito positivo. Nesses três aspectos estão compreendidas as funções básicas da atividade do Estado.

A divisão das funções do Estado remonta a Aristóteles[1], que a entreviu, passa por Locke[2] e é estruturada de forma magistral por Monstesquieu[3], na obra **O espírito das leis**, chegando aos nossos dias.

---

1 Em sua obra **Política**, Aristóteles afirma que em todo governo existem três partes ou elementos que o compõe:
"Existe em todo governo as três partes nas quais o legislador consciente deve fazer valer o interesse e a conveniência particulares. Quando elas são bem formadas, o governo é necessariamente bom, e as diversidades existentes entre tais partes formam os diversos governos. Uma dessas três partes está com o encargo de resolver sobre os negócios públicos; a segunda é aquela que desempenha as magistraturas – e aqui é necessário estabelecer quais as que devem ser criadas, qual precisa ser a sua autoridade especial, e como devem ser eleitos os juízes. A terceira é aquela que fornece a justiça. A parte de resolução resolve de modo soberano sobre a guerra, sobre a paz, da aliança, da ruptura dos tratados, promulga as leis, dá a sentença de morte, o exílio, o confisco, e passa em exame as contas do Estado." **Política.** São Paulo: Martin Claret, 2003.p. 199.

2 John Locke, no **Segundo Tratado sobre o Governo**, Capítulo XII, propõe uma divisão *dual* dos poderes estatais, nos seguintes termos:
"Quem tem a tarefa de definir o modo com que se deverá utilizar a força da comunidade para preservação dela própria e dos seus membros é o legislativo. Ora, as leis vigoram permanentemente e devem ser sempre praticadas, e, como se podem elaborar em curto prazo, não há necessidade de exercitar tal poder constantemente, pois nem sempre teria no que se ocupar. Poderia ser tentação excessiva para a fraqueza humana a possibilidade de tomar conta do poder, de modo que os mesmos que têm a missão de elaborar as leis também tenham nas mãos o poder de executá-las, isentando-se de obediência às leis que fazem, e com a possibilidade de amoldar a lei, não só na sua elaboração como na sua execução, a favor de si mesmos, tornando-se uma classe com interesse distinto dos demais, divergente na finalidade da sociedade e do governo; nas comunidades bem organizadas, nas quais o bem de todos é levado na devida conta, o poder legislativo é posto nas mãos de várias pessoas que, reunidas, têm o poder de elaborar leis; feito isso e novamente separadas, ficam também sujeitas às leis que fizeram, o que representa uma obrigação nova e imediata para que as leis tenham em vista o bem geral.
Todavia, como mesmo as leis elaboradas rapidamente e em prazo curto têm validade permanente e duradoura, precisando de execução e assistência constante, torna-se necessária a existência de um poder também permanente que execute as leis em vigor. E assim os poderes legislativo e executivo são frequentemente separados." Cf. **Segundo Tratado sobre o Governo.** Petrópolis: Vozes, 1994, p. 106.

3 No Livro XI, Capítulo VI, da obra **O Espírito das Leis**, intitulado *Da Constituição da Inglaterra – A divisão dos poderes*, Montesquieu expõe a seguinte idéia acerca da organização política do Estado:
"Em cada Estado há três espécies de poderes: o Legislativo; o Executivo das coisas que dependem do Direito das Gentes; e o Executivo das que dependem do Direito Civil.

Atualmente não se pode conceber uma rígida idéia de *separação* ou *divisão* de Poderes. Apesar de *formalmente separados*, os poderes públicos devem atuar de maneira *cooperativa*, norteados por um *diálogo interinstitucional*. A *dinamicidade estatal* necessita desta *engrenagem política*.

Em síntese, além da função própria, específica, inerente ao Legislativo – função de criar o direito, função de legislar -, esse mesmo Poder tem competência para administrar e julgar, funções que são peculiares aos outros dois Poderes. Por sua vez, na medida em que ao Poder Judiciário compete precipuamente exercer a *jurisdição*, a ele também se atribui uma função legiferante e administrativa. No tocante ao Poder Executivo, sua função típica consiste em administrar a coisa pública, no entanto, o texto constitucional lhe reserva, também, funções jurisdicionais e legislativas.

5.1. Função legislativa

A função legislativa consiste essencialmente na elaboração do direito positivo. Trata-se de função pertinente à *formação do direito*, é dizer, *à inovação da ordem jurídico-positiva*. Portanto, consiste a *função legislativa* na formulação, pelo Estado, de normas jurídicas gerais e abstratas.

Pelo primeiro, o Príncipe ou o Magistrado faz leis para algum tempo ou para sempre, e corrige ou ab-roga as que estão feitas.
Pelo segundo, ele faz a paz ou a guerra, envia ou recebe embaixadas, estabelece a segurança, previne as invasões.
Pelo terceiro, pune os crimes, ou julga as demandas dos particulares.
A este último chamar-se-á Poder de Julgar; e ao anterior, simplesmente Poder Executivo do Estado.
A liberdade política em um cidadão é aquela tranquilidade de espírito que provém da convicção que cada um tem da sua segurança. Para ter-se essa liberdade, precisa que o Governo seja tal que cada cidadão não possa temer outro.
Quando na mesma pessoa ou no mesmo corpo de Magistratura, o Poder Legislativo é reunido ao Executivo, não há liberdade. Porque pode temer-se que o mesmo Monarca ou o mesmo Senado faça leis tirânicas para executá-las tiranicamente.
Também não haverá liberdade se o Poder de Julgar não estiver separado do Legislativo e do Executivo. Se estivesse junto com o Legislativo, o poder sobre a vida e a liberdade dos cidadãos seria arbitrário: pois o Juiz seria Legislador. Se estivesse junto com o Executivo, o Juiz poderia ter a força de um opressor.
Estaria tudo perdido se um mesmo homem, ou um mesmo corpo de principais ou de nobres, ou do Povo, exercesse estes três poderes: o de fazer as leis; o de executar as resoluções públicas; e o de julgar os crimes ou as demandas dos particulares." in **O Espírito das Leis.** 8ª ed. São Paulo: Saraiva, 2004, pp. 168 a 170. Nas páginas seguintes, Montesquieu trata especificamente de cada Poder e por quem os mesmos devem ser exercidos. Cf. pp. 171 a 200.

A *lei*, fonte formal por excelência do direito positivo, uma vez promulgada, passa a existir no ordemanento jurídico.

5.2. Função jurisdicional

A função jurisdicional consiste em *dizer o Direito às situações que lhes são submetidas à apreciação.* O Estado-juiz apenas exerce a atividade jurisdicional mediante provocação por parte da pessoa física ou jurídica que possua capacidade para tanto. A atividade jurisdicional possui em comum com a função administrativa o fato de que ambas se voltam para aplicar o direito, todavia, a primeira apenas se desenvolve quando provocada através do *direito de ação*, ao passo que a atuação administrativa se operacionaliza de forma espontânea, independentemente de provocação, é dizer, *de ofício*. Portanto, neste sentido, a prestação jurisdicional e administrativa se constitui em *funções de execução* (*aplicação*) *da lei*, no entanto, a primeira necessita ser provocada, ao passo que a segunda ocorre *espontaneamente*.

Função de soberania do Estado, a *jurisdição* consiste no poder de declarar o direito aplicável ao caso concreto, objeto de litígio posto à apreciação do Poder Judiciário. Mediante o exercício da *função jurisdicional*, o Estado assegura 'o produto' da *função legislativa* – a lei.

No tocante à atuação executiva (administrativa), esta consiste na *aplicação da lei de ofício*, ao passo que o exercício da atividade jurisdicional consiste na aplicação da lei, contenciosamente, mediante provocação. A função jurisdicional apenas se desenvolve através do *direito de ação*, que contém o pedido do autor dirigido a uma autoridade judiciária, instada a se manifestar.

Jurisdição é a função de julgar a pretensão, dispensando a cada um o que é seu. É, portanto, o poder-dever do Estado de tutelar a ordem jurídica, restaurando as normas de direito objetivo, violadas ou ameaçadas de violação e, também, os direitos subjetivos, sejam eles individuais ou coletivos.

No *exercício da atividade jurisdicional*, o Estado-juiz é estranho à lide, estando vinculado, tão-somente, ao direito positivo que deverá fazê-lo incidir – aplicar -como forma de solucionar um determinado caso concreto.

5.3. Função administrativa

Administrar é aplicar as leis *de ofício*, é dizer, sem provocação. É certo, todavia, que há casos de aplicação da lei pela Administração Pública que ocorre mediante provocação da parte interessada, a exemplo do *processo administrativo*.

A função administrativa, via de regra, é desempenhada pelo Poder Executivo, através da edição de atos administrativos e da prática de fatos administrativos. Consiste na atividade do Estado cujo propósito se volta para assegurar o funcionamento dos serviços públicos administrativos, dos atos jurídicos de alcance individual e coletivos e dos atos materiais.

6. Do Poder Legislativo[4]

Afirmamos acima[5] que o *Poder* estatal é *uno* e *indivisível*[6]. Logo, o Estado, porquanto organismo dotado de *soberania*, exerce o seu poder através de determinados órgãos constitucionais aos quais lhes são atribuídas específicas funções. No tocante ao *Poder Legislativo*, ter-se-á uma estrutura orgânica **dual**, composta por representantes eleitos pelo povo[7],

4 Sobre o tema, cf. oportuno trabalho de Edson Pires da Fonseca, **Direito Constitucional Legislativo - Poder Legislativo, Direito Parlamentar e Processo Legislativo**. 3ª ed. Rio de Janeiro: Lumen Juris, 2016.

5 Cf. tópico "1. O termo 'Poder'."

6 José Afonso da Silva expõe que "a sociedade, organizada num Estado, tem um poder especial, qualificado como 'poder político', que é manifestação interna da soberania estatal, e, como tal, detém algumas características, como as de *unidade*, de *indivisibilidade* e de *indelegabilidade*. Por isso, toda vez que se fala em 'divisão de Poderes' sempre surge a indagação: em que sentido se deve tomar a expressão, para que se harmonize com a idéia de indivisibilidade do poder? Demais, falar-se em '*divisão de Poderes*', sem mais explicação dá a idéia de que há vários Poderes. Em que sentido esse plural é correto? Em que sentido é correto dizer que o Poder Legislativo é um dos *Poderes* do Estado, sem que isso signifique a quebra da unidade do poder estatal, sem que queira dizer que a soberania estatal é múltipla? Se se disser que o Poder Legislativo é um dos Poderes de soberania, já se aproxima da idéia de que o *poder é uno*, mas este se manifesta por várias *funções*, como um centro de que emanam *fluidos de poder*, fluidos de dominação, projeção de tarefas que incumbem ao Estado. Não fora isso, o poder seria estático. É pelas funções que ele atua, realiza suas finalidades.
Temos, por aí, a compreensão de que o poder político, o poder estatal, desenvolve três *funções* fundamentais, a *legislativa*, a *executiva* e a *jurisdicional*, que podem ser exercidas por um órgão só – e temos, então, a concentração de poderes -, ou por mais de um órgão – e podemos, aí, chegar até a chamada 'divisão ou separação de Poderes'." in **Comentário Contextual à Constituição.** São Paulo: Malheiros, 2005, p. 382.

7 "Art. 45. A Câmara dos Deputados compõe-se de representantes do povo, **eleitos**, pelo sistema proporcional, em cada Estado, em cada Território e no Distrito Federal.
Art. 46. O Senado Federal compõe-se de representantes dos Estados e do Distrito Federal, **eleitos** segundo o princípio majoritário." Destaque nosso.

cujas **funções típicas** consistem em *legislar*[8] e *fiscalizar*[9]. Em relação às

8 A função típica de legislar diz respeito à edição de atos normativos primários, que são aqueles cujo fundamento de validade decorre diretamente da Constituição Federal, e que podem instituir direitos ou criar obrigações.

9 No tocante ao exercício da atividade fiscalizatória por parte do Congresso Nacional ou através de uma de suas Casas, podemos trazer à colação competência que foi atribuída pela Constituição em seu artigo 58:
"Art. 58. O Congresso Nacional e suas Casas terão comissões permanentes e temporárias, constituídas na forma e com as atribuições previstas no respectivo regimento ou no ato de que resultar sua criação.
(...)
§ 2º Às comissões, em razão da matéria de sua competência, cabe:
(...)
III - convocar Ministros de Estado para prestar informações sobre assuntos inerentes a suas atribuições;
IV - receber petições, reclamações, representações ou queixas de qualquer pessoa contra atos ou omissões das autoridades ou entidades públicas;
V - solicitar depoimento de qualquer autoridade ou cidadão;
VI - apreciar programas de obras, planos nacionais, regionais e setoriais de desenvolvimento e sobre eles emitir parecer.
§ 3º As **comissões parlamentares de inquérito**, que **terão poderes de investigação próprios das autoridades judiciais**, além de outros previstos nos regimentos das respectivas Casas, serão criadas pela Câmara dos Deputados e pelo Senado Federal, em conjunto ou separadamente, mediante requerimento de um terço de seus membros, **para a apuração de fato determinado e por prazo certo**, sendo suas conclusões, se for o caso, encaminhadas ao Ministério Público, para que promova a responsabilidade civil ou criminal dos infratores." Destaque nosso.
No artigo 70 e seguintes, da Constituição Federal, é possível encontrar o controle externo exercido pelo Poder Legislativo com o auxílio do Tribunal de Contas da União:
"Art. 70. A fiscalização contábil, financeira, orçamentária, operacional e patrimonial da União e das entidades da administração direta e indireta, quanto à legalidade, legitimidade, economicidade, aplicação das subvenções e renúncia de receitas, será exercida pelo Congresso Nacional, mediante controle externo, e pelo sistema de controle interno de cada Poder.
Parágrafo único. Prestará contas qualquer pessoa física ou jurídica, pública ou privada, que utilize, arrecade, guarde, gerencie ou administre dinheiros, bens e valores públicos ou pelos quais a União responda, ou que, em nome desta, assuma obrigações de natureza pecuniária.
Art. 71. O controle externo, a cargo do Congresso Nacional, será exercido com o auxílio do Tribunal de Contas da União, ao qual compete:
I - apreciar as contas prestadas anualmente pelo Presidente da República, mediante parecer prévio que deverá ser elaborado em sessenta dias a contar de seu recebimento;
II - julgar as contas dos administradores e demais responsáveis por dinheiros, bens e valores públicos da administração direta e indireta, incluídas as fundações e sociedades instituídas e mantidas pelo Poder Público federal, e as contas daqueles que derem causa a perda, extravio ou outra irregularidade de que resulte prejuízo ao erário público;

funções atípicas, que são aquelas realizadas preponderantemente pelos demais poderes, exerce o Poder Legislativo uma *função administrativa*[10] e outra de natureza *jurisdicional*[11].

III - apreciar, para fins de registro, a legalidade dos atos de admissão de pessoal, a qualquer título, na administração direta e indireta, incluídas as fundações instituídas e mantidas pelo Poder Público, excetuadas as nomeações para cargo de provimento em comissão, bem como a das concessões de aposentadorias, reformas e pensões, ressalvadas as melhorias posteriores que não alterem o fundamento legal do ato concessório;
IV - realizar, por iniciativa própria, da Câmara dos Deputados, do Senado Federal, de Comissão técnica ou de inquérito, inspeções e auditorias de natureza contábil, financeira, orçamentária, operacional e patrimonial, nas unidades administrativas dos Poderes Legislativo, Executivo e Judiciário, e demais entidades referidas no inciso II;
V - fiscalizar as contas nacionais das empresas supranacionais de cujo capital social a União participe, de forma direta ou indireta, nos termos do tratado constitutivo;
VI - fiscalizar a aplicação de quaisquer recursos repassados pela União mediante convênio, acordo, ajuste ou outros instrumentos congêneres, a Estado, ao Distrito Federal ou a Município;
VII - prestar as informações solicitadas pelo Congresso Nacional, por qualquer de suas Casas, ou por qualquer das respectivas Comissões, sobre a fiscalização contábil, financeira, orçamentária, operacional e patrimonial e sobre resultados de auditorias e inspeções realizadas;
VIII - aplicar aos responsáveis, em caso de ilegalidade de despesa ou irregularidade de contas, as sanções previstas em lei, que estabelecerá, entre outras cominações, multa proporcional ao dano causado ao erário;
IX - assinar prazo para que o órgão ou entidade adote as providências necessárias ao exato cumprimento da lei, se verificada ilegalidade;
X - sustar, se não atendido, a execução do ato impugnado, comunicando a decisão à Câmara dos Deputados e ao Senado Federal;
XI - representar ao Poder competente sobre irregularidades ou abusos apurados." (Destaque nosso)

10 A título de exemplo, cf. o disposto no artigo 51, IV, da Constituição Federal:
"Art. 51. Compete privativamente à Câmara dos Deputados:
(...)
IV - dispor sobre sua organização, funcionamento, polícia, criação, transformação ou extinção dos cargos, empregos e funções de seus serviços, e a iniciativa de lei para fixação da respectiva remuneração, observados os parâmetros estabelecidos na lei de diretrizes orçamentárias;"

11 O artigo 52 da Constituição Federal atribui competência privativa ao Senado Federal para *processar e julgar* determinados agentes políticos nas hipóteses de crimes de responsabilidade, além de outros conexos a ele:
"Art. 52. Compete privativamente ao Senado Federal:
I - processar e julgar o Presidente e o Vice-Presidente da República nos crimes de responsabilidade, bem como os Ministros de Estado e os Comandantes da Marinha, do Exército e da Aeronáutica nos crimes da mesma natureza conexos com aqueles;"

6.1. Estrutura do Poder Legislativo

O Poder Legislativo dos Estados pode ser estruturado sob a forma **unicameral** ou **bicameral**. No primeiro modelo, os representantes políticos compõem um único corpo legislativo, uma única assembleia, ao passo que no sistema bicameral, sua estrutura política é composta por duas Casas ou dois corpos legislativos. No **unicameralismo**, os parlamentares se reúnem e deliberam em Câmara única; por sua vez, no **bicameralismo** as decisões políticas dependem da anuência de dois entes legislativos distintos: a Câmara Baixa e a Câmara Alta.

Celso Ribeiro Bastos alude a dois tipos de *bicameralismo*: *aristocrático* e *federativo*[12]. O bicameralismo do tipo aristocrático surgiu na Inglaterra, onde o Parlamento foi dividido em duas Casas Legislativas: Câmara dos Lordes (Câmara Alta) e Câmara dos Comuns (Câmara Baixa). A primeira, instituída em 1215, é composta por representantes da aristocracia, ao passo que a segunda se compõe de representantes do povo.

12 De forma clara, Celso Ribeiro Bastos informa que o Poder Legislativo, inicialmente denominado Parlamento, teve sua origem na Inglaterra, instituído durante a Idade Média, quando representantes da nobreza e do povo tentavam impor limites ao poder absoluto dos reis. De forma gradativa, o poder do monarca foi sendo esvaziado, na medida em que um novo poder ia se fortalecendo. Era o Parlamento. Ao dispor sobre a estrutura do Poder Legislativo, aduz o seguinte:

"A estrutura do Poder Legislativo pode ser: unicameral ou bicameral.

Unicameral – o Parlamento se compõe de um único órgão. Sistema adotado, principalmente, por pequenos países (Luxemburgo, Liechtenstein).

Bicameral – o Parlamento ou Congresso é composto por dois órgãos diferentes: Câmara Baixa e Câmara Alta.

(...)

Bicameralismo do tipo aristocrático – teve origem na Inglaterra, onde o Parlamento foi dividido em duas Casas Legislativas: Câmara dos Lordes (Câmara Alta) e Câmara dos Comuns (Câmara Baixa). A primeira representa a aristocracia e começou com a Câmara dos 25 Barões, formada em 1215; a segunda representa o povo, e é resultado das revoluções populares.

Bicameralismo do tipo federativo – surgiu em 1787, nos Estados Unidos da América do Norte. Ao organizarem a sua República Federativa, ajustaram o sistema bicameral às necessidades daquela forma de Estado. Congresso integrado por uma Câmara dos Representantes da Nação (Câmara Baixa), composta de deputados eleitos em número proporcional à população, e de um Senado (Câmara Alta) com representação igualitária de cada um dos Estados-membros." in **Curso de Direito Constitucional.** 21ª ed. São Paulo: Saraiva, 2000, p. 347.

O bicameralismo federativo[13], por sua vez, teve início em 1787, através da Constituição dos Estados Unidos[14].

José Afonso da Silva afirma que o bicameralismo é uma consequência lógica da forma federativa de Estado, pois, de um lado, apresenta-se o Estado Federal como um bloco unido, uma só Nação; de outra sorte, ele aparece composto de Estados-membros, dotados de autonomia, devendo o governo federal refletir esse duplo caráter. Disto reflete a separação do Poder Legislativo em duas unidades: uma, resultante do povo em sua unidade; outra, formada de delegados próprios de cada Estado-membro[15].

Ao relacionar a noção de democracia à forma de Estado, aduz Kelsen que o unicameralismo apresenta-se de maneira mais aproximada ao ideal democrático, na medida em que a forma federativa de Estado acaba por fragilizar referido postulado político. Consoante o mestre de Viena, a "Democracia no estado de legislação significa - ignorando as democracias diretas - que, em princípio, todas as normas gerais são criadas por um parlamento eleito pelo povo. O sistema unicameral parece corresponder mais intimamente à idéia de democracia. O sistema bicameral, típico da monarquia constitucional e do Estado federal, é sempre uma atenuação do princípio democrático. As duas câmaras devem ser formadas de acordo com princípios diferentes, para que uma não seja uma duplicata inútil da outra. Se uma é perfeitamente democrática, a outra deve ser um tanto deficiente em caráter democrático.[16]"

Feitas essas breves digressões, tem-se que a estrutura do Poder Legislativo instituída pela Constituição Federal de 1988 é do tipo **bicameral, composta** pela **Câmara dos Deputados e** pelo **Senado Federal**.

13 Ao analisar o bicameralismo, Paolo Biscaretti di Ruffia afirma que "poucos princípios de técnica constitucional conseguiram - entre os *Estados de democracia clássica* - uma afirmação tão plena e difundida como a alcançada pelo chamado *bicameralismo*, isto é, pela *existência*, em cada um deles, de *duas Câmaras legislativas* (uma das quais, pelo menos, com caráter representativo." in **Direito Constitucional (Instituições de Direito Público)**, São Paulo: RT, 1984, p. 253.

14 "Artigo I - Poder Legislativo
Secção 1. Todos os poderes legislativos outorgados pela presente serão atribuídos a um Congresso dos Estados Unidos, o qual consistirá de um Senado e de uma Câmara dos Representantes."

15 **Comentário Contextual à Constituição**. São Paulo: Malheiros, 2005, p. 388.

16 **Teoria Geral do Direito e do Estado**. São Paulo: Martins Fontes, 1998, p. 426.

Em seu artigo 44[17], a Constituição Federal proclama que o Poder Legislativo é exercido pelo Congresso Nacional, composto da Câmara dos Deputados e do Senado Federal. Por sua vez, os artigos 45 e 46[18] estabelecem, respectivamente, que a Câmara dos Deputados se compõe de representantes do povo e o Senado Federal de representantes dos Estados e do Distrito Federal.

6.1.2. Do Congresso Nacional: composição

Conforme já aludido, ao Congresso Nacional compete o exercício da função legislativa federal, sendo ele composto pela Câmara dos Deputados e pelo Senado Federal, consoante previsto no artigo 44, da Constituição Federal.[19].Possui, portanto, uma estrutura *bicameral*.

A Câmara dos Deputados é formada por representantes do povo[20], ao passo que o Senado Federal se compõe de representantes dos Estados-membros e do Distrito Federal[21]. Deste modo, **a Câmara dos Deputados se reveste de *representação popular***, ao passo que o **Senado Federal** é revestido de ***representação federativa***.

O artigo 44, parágrafo único, dispõe que "*cada legislatura terá a duração de quatro anos.*" Referido prazo corresponde ao período no qual as atividades parlamentares são desenvolvidas, cujo início se dá no **dia**

---

17 "Art. 44. O Poder Legislativo é exercido pelo Congresso Nacional, que se compõe da Câmara dos Deputados e do Senado Federal.
Parágrafo único. Cada legislatura terá a duração de quatro anos."

18 "Art. 45. A Câmara dos Deputados compõe-se de representantes do povo, eleitos, pelo sistema proporcional, em cada Estado, em cada Território e no Distrito Federal.
Art. 46. O Senado Federal compõe-se de representantes dos Estados e do Distrito Federal, eleitos segundo o princípio majoritário.
§ 1º Cada Estado e o Distrito Federal elegerão três Senadores, com mandato de oito anos.
§ 2º A representação de cada Estado e do Distrito Federal será renovada de quatro em quatro anos, alternadamente, por um e dois terços.
§ 3º Cada Senador será eleito com dois suplentes."

19 "Art. 44. O Poder Legislativo é exercido pelo Congresso Nacional, que se compõe da Câmara dos Deputados e do Senado Federal."
Parágrafo único. Cada legislatura terá a duração de quatro anos.

20 "Art. 45. A Câmara dos Deputados compõe-se de representantes do povo, eleitos, pelo sistema proporcional, em cada Estado, em cada Território e no Distrito Federal."

21 "Art. 46. O Senado Federal compõe-se de representantes dos Estados e do Distrito Federal, eleitos segundo o princípio majoritário.
§ 1º Cada Estado e o Distrito Federal elegerão três Senadores, com mandato de oito anos."

01 de fevereiro do ano posterior às eleições e término no dia 31 de janeiro do quarto ano subsequente. Os Deputados Federais exercem um mandato de 04 (quatro) anos, ao passo que os Senadores detêm um mandato parlamentar correspondente a 08 (oito) anos[22]. Deste modo, o mandato de um Deputado Federal dura o tempo correspondente a uma (01) legislatura e o de um Senador da República corresponde ao período de 02 (duas) legislaturas.

É oportuno ressaltar que a **legislatura**[23] não se confunde com **sessão legislativa**. A **legislatura** corresponde ao período de **quatro anos** que abrange o mandato de cada deputado eleito. **Cada legislatura** é **dividida** em **quatro sessões legislativas**, que duram um ano cada. A **sessão legislativa tem início em 2 de fevereiro, sendo interrompida em 17 de julho e reiniciada em 1º de agosto.** O seu **término** ocorre em **22 de dezembro**, conforme disposto no art. 57[24] da Constituição Federal.

---

22 Consoante José Afonso da Silva, "a *legislatura* tem a duração de *quatro anos* e corresponde ao período que vai do início do mandato dos membros da Câmara dos Deputados até seu término. Isso porque o Senado é contínuo, por ser renovável apenas parcialmente em cada período de quatro anos (art. 46, §2°). A legislatura reveste-se de grande importância, porquanto marca o período de funcionamento de *cada Congresso*; conceito norte-americano adotado no Brasil, pois muitas deliberações devem ser tomadas dentro dela ou em relação a ela – assim, por exemplo, a fixação da remuneração dos congressistas (art. 49, VII), a composição das comissões permanentes e a extinção das comissões temporárias, na forma regimental." in **Comentário Contextual à Constituição.** São Paulo: Malheiros, 2005, p. 388.

23 Edson Pires da Fonseca, ao tratar do tema, evidencia o seguinte:
"Entende-se por **legislatura** o período de **quatro anos**, que coincide com o mandato dos deputados federais, no qual as atividades parlamentares são desenvolvidas. (...).
Como o mandato dos deputados federais é de quatro anos, significa dizer que dura uma legislatura. O mandato dos senadores, por sua vez, como é de oito anos, desenvolve-se ao longo de duas legislaturas.
É relevante saber o que é legislatura, quando começa e quando se encerra, dentre outros motivos, em função de o seu término impedir a continuidade de todas as comissões temporárias que estiverem em curso, dentre elas a comissão parlamentar de inquérito, CPI (...). Ademais, serve para marcar o tempo de composição das comissões permanentes e de fixação da remuneração dos congressistas (art. 12, I, RISF)." in **Direito Constitucional Legislativo – Poder Legislativo, Direito Parlamentar e Processo Legislativo.** 3ª ed. Rio de Janeiro: Lumen Juris, 2016, p. 79.

24 "Art. 57. O Congresso Nacional reunir-se-á, anualmente, na Capital Federal, de 2 de fevereiro a 17 de julho e de 1º de agosto a 22 de dezembro."

6.2. Da sessão legislativa

A sessão legislativa marca o período de reunião ordinária (anual) do Congresso Nacional, dentro do qual o mesmo deverá desempenhar as competências que lhe são assinaladas constitucionalmente. Conforme apontado acima, a sessão legislativa, a teor do artigo 57 da Constituição Federal, corresponde ao período que se inicia em 2 de fevereiro[25] a 17 de julho e de 1º de agosto a 22 de dezembro. Portanto, a sessão legislativa compreende dois (02) períodos legislativos.

A ***sessão legislativa*** compreende as seguintes **espécies**: a) **sessão legislativa ordinária**; b) **sessão legislativa extraordinária**; c) **sessão legislativa preparatória**; d) **sessão especial ou solene**; e) **sessões ordinárias** e; f) **sessões extraordinárias**.

6.2.1. Sessão legislativa ordinária

A sessão legislativa ordinária corresponde ao período disciplinado no art. 57 da Constituição Federal. Trata-se do período pertinente ao trabalho anual dos congressistas, cujo início se dá em **02 de fevereiro a 17 de julho e** de **1° de agosto a 22 de dezembro**[26]. Logo, ter-se-ão **dois (02) períodos legislativos.**

6.2.2. Sessão legislativa extraordinária

A **sessão legislativa extraordinária é aquela realizada durante o período de recesso parlamentar**, ou seja, de **23 de dezembro a 01 de fevereiro e** de **18 a 31 de julho.**

A convocação extraordinária do Congresso Nacional se dá em conformidade ao disposto no art. 57, §6°, da Constituição Federal. Deste modo, poderá convocar extraordinariamente o Congresso Nacional:

a) o Presidente do Senado Federal, em caso de decretação de estado de defesa ou de intervenção federal, de pedido de autorização para a decretação de estado de sítio e para o compromisso e a posse do Presidente e do Vice-Presidente da República;

---

25 O Regimento Comum do Congresso Nacional, instituído pela Resolução n° 01, de 1970, dispõe em seu artigo 1°, I:
"Art. 1o A Câmara dos Deputados e o Senado Federal, sob a direção da Mesa deste, reunir-se-ão em sessão conjunta para:
I – inaugurar a sessão legislativa;"

26 Cf. art. 3° do Regimento Interno do Senado Federal e art. 2°, §2°, do Regimento Interno da Câmara dos Deputados.

b) os Presidentes da República, da Câmara dos Deputados e do Senado Federal, ou através de requerimento da maioria de ambas as Casas, em caso de urgência ou interesse público relevante, mediante aprovação da maioria absoluta de cada uma das Casas do Congresso Nacional.

Uma vez convocada sessão legislativa extraordinária, ao Congresso Nacional competirá apenas deliberar sobre a matéria para a qual foi convocado. Havendo medidas provisórias em vigor na data da convocação extraordinária do Congresso Nacional, serão elas automaticamente incluídas na pauta da convocação, consoante disposto nos §§7° e 8°[27] do artigo 57 da Constituição Federal.

6.2.3. Sessão legislativa preparatória

As sessões legislativas preparatórias são as que antecedem o início das atividades legislativas, através das quais se organiza cada Casa[28-29] do Congresso Nacional para o início de uma nova legislatura.

---

27 "Art. 57. (...)
§ 7º Na sessão legislativa extraordinária, o Congresso Nacional somente deliberará sobre a matéria para a qual foi convocado, ressalvada a hipótese do § 8º deste artigo, vedado o pagamento de parcela indenizatória, em razão da convocação.
§ 8º Havendo medidas provisórias em vigor na data de convocação extraordinária do Congresso Nacional, serão elas automaticamente incluídas na pauta da convocação."

28 O Regimento Interno da Câmara dos Deputados, em seu art. 4°, dispõe o seguinte: "Art. 4º No dia 1º de fevereiro do primeiro ano de cada legislatura, os candidatos diplomados Deputados Federais reunir-se-ão em sessão preparatória, na sede da Câmara dos Deputados. ("Caput" do artigo com redação dada pela Resolução nº 19, de 2012) § 1º Assumirá a direção dos trabalhos o último Presidente, se reeleito Deputado, e, na sua falta, o Deputado mais idoso, dentre os de maior número de legislaturas. § 2º Aberta a sessão, o Presidente convidará quatro Deputados, de preferência de Partidos diferentes, para servirem de Secretários e proclamará os nomes dos Deputados diplomados, constantes da relação a que se refere o artigo anterior. § 3º Examinadas e decididas pelo Presidente as reclamações atinentes à relação nominal dos Deputados, será tomado o compromisso solene dos empossados. De pé todos os presentes, o Presidente proferirá a seguinte declaração: "Prometo manter, defender e cumprir a Constituição, observar as leis, promover o bem geral do povo brasileiro e sustentar a união, a integridade e a independência do Brasil". Ato contínuo, feita a chamada, cada Deputado, de pé, a ratificará dizendo:

29 O Regimento Interno do Senado Federal, em seu art. 3°, dispõe sobre as reuniões preparatórias da seguinte maneira:
"Art. 3º A primeira e a terceira sessões legislativas ordinárias de cada legislatura serão precedidas de reuniões preparatórias, que obedecerão às seguintes normas:
I - iniciar-se-ão com o quorum mínimo de um sexto da composição do Senado, em horário fixado pela Presidência, observando-se, nas deliberações, o disposto no art. 288;
II - a direção dos trabalhos caberá à Mesa anterior, dela excluídos, no início de legislatura, aqueles cujos mandatos com ela houverem terminado, ainda que reeleitos;

6.2.4. Sessão especial ou solene

As sessões solenes são aquelas realizadas para grandes comemorações ou para homenagens especiais[30-31].

---

continuação da nota 28

"Assim o prometo", permanecendo os demais Deputados sentados e em silêncio. § 4º O conteúdo do compromisso e o ritual de sua prestação não poderão ser modificados; o compromissando não poderá apresentar, no ato, declaração oral ou escrita nem ser empossado através de procurador. § 5º O Deputado empossado posteriormente prestará o compromisso em sessão e junto à Mesa, exceto durante período de recesso do Congresso Nacional, quando o fará perante o Presidente. § 6º Salvo motivo de força maior ou enfermidade devidamente comprovados, a posse dar-se-á no prazo de trinta dias, prorrogável por igual período a requerimento do interessado, contado: I - da primeira sessão preparatória para instalação da primeira sessão legislativa da legislatura; II - da diplomação, se eleito Deputado durante a legislatura; III - da ocorrência do fato que a ensejar, por convocação do Presidente. § 7º Tendo prestado o compromisso uma vez, fica o Suplente de Deputado dispensado de fazê-lo em convocações subsequentes, bem como o Deputado ao reassumir o lugar, sendo a sua volta ao exercício do mandato comunicada à Casa pelo Presidente. § 8º Não se considera investido no mandato de Deputado Federal quem deixar de prestar o compromisso nos estritos termos regimentais. § 9º O Presidente fará publicar, no Diário da Câmara dos Deputados do dia seguinte, a relação dos Deputados investidos no mandato, organizada de acordo com os critérios fixados no § 3º do art. 3º, a qual, com as modificações posteriores, servirá para o registro do comparecimento e verificação do quorum necessário à abertura da sessão, bem como para as votações nominais e por escrutínio secreto."

---

continuação da nota 29

III - na falta dos membros da Mesa anterior, assumirá a Presidência o mais idoso dentre os presentes, o qual convidará, para os quatro lugares de Secretários, Senadores pertencentes às representações partidárias mais numerosas;
IV - a primeira reunião preparatória realizar-se-á:
a) no início de legislatura, a partir do dia 1º de fevereiro;
b) na terceira sessão legislativa ordinária, no dia 1º de fevereiro;
V - no início de legislatura, os Senadores eleitos prestarão o compromisso regimental na primeira reunião preparatória; em reunião seguinte, será realizada a eleição do Presidente e, na terceira, a dos demais membros da Mesa;
VI - na terceira sessão legislativa ordinária, far-se-á a eleição do Presidente da Mesa na primeira reunião preparatória e a dos demais membros, na reunião seguinte;
VII- nas reuniões preparatórias, não será lícito o uso da palavra, salvo para declaração pertinente à matéria que nelas deva ser tratada."

---

30 Dispõe o RISF:
"Art. 154. As sessões do Senado podem ser:
(...)
§ 5º A sessão especial realizar-se-á exclusivamente para comemoração ou homenagem, em número não superior a 2 (duas) por mês, às segundas ou sextas-feiras."

31 Dispõe o RICD:
"Art. 65. As sessões da Câmara dos Deputados serão:
(...)
III - não deliberativas:
(...)
b) solenes, as realizadas para grandes comemorações ou para homenagens especiais;"

6.2.5. Sessões ordinárias

Em conformidade ao art. 65, II, do Regimento Interno da Câmara dos Deputados, as sessões ordinárias são de ***natureza deliberativa***. Neste sentido, dispõe o mencionado disposto legal:

> Art. 65. As sessões da Câmara dos Deputados serão:
>
> II - deliberativas:
>
> ordinárias, as de qualquer sessão legislativa, realizadas apenas uma vez por dia, de terça a quinta-feira, iniciando-se às quatorze horas;

O artigo 66 do mesmo diploma legal estabelece que "*as sessões ordinárias terão duração de cinco horas.*"

O Regimento Interno do Senado Federal, em seu art. 154, §1°, considera sessão deliberativa ordinária, "*para os efeitos do art. 55, III, da Constituição Federal, aquela realizada de segunda a quinta-feira às quatorze horas e às sextas-feiras às nove horas, quando houver Ordem do Dia previamente designada.*"

6.2.6. Sessões extraordinárias

A ***sessão extraordinária*** não deve ser confundida com a ***sessão legislativa extraordinária***, prevista no art. 57, §6°, I e II[32] da Constituição Federal.

Em conformidade ao art. 65, II, "b", do Regimento Interno da Câmara dos Deputados, **sessões extraordinárias deliberativas** são aquelas realizadas em dias ou horários diversos dos prefixados para as ordinárias.

O artigo 67[33], do **Regimento Interno da Câmara dos Deputados**, dispõe que a sessão extraordinária terá duração de quatro horas, desti-

---

32 "Art. 57. O Congresso Nacional reunir-se-á, anualmente, na Capital Federal, de 2 de fevereiro a 17 de julho e de 1º de agosto a 22 de dezembro.
(...)
§ 6º A convocação extraordinária do Congresso Nacional far-se-á:
I - pelo Presidente do Senado Federal, em caso de decretação de estado de defesa ou de intervenção federal, de pedido de autorização para a decretação de estado de sítio e para o compromisso e a posse do Presidente e do Vice-Presidente da República;
II - pelo Presidente da República, pelos Presidentes da Câmara dos Deputados e do Senado Federal ou a requerimento da maioria dos membros de ambas as Casas, em caso de urgência ou interesse público relevante, em todas as hipóteses deste inciso com a aprovação da maioria absoluta de cada uma das Casas do Congresso Nacional."

33 "Art. 67. A sessão extraordinária, com duração de quatro horas, será destinada exclusivamente à discussão e votação das matérias constantes da Ordem do Dia.

nada exclusivamente à discussão e votação das matérias constantes da Ordem do Dia, é dizer, as sessões extraordinárias têm objeto específico de discussão e deliberação. O §1°, do art. 67, estabelece a possibilidade de convocação extraordinária pelo Presidente, de ofício, pelo Colégio de Líderes ou por deliberação do Plenário, a requerimento de qualquer Deputado. Por sua vez, o §2° do mesmo dispositivo legal estabelece que o Presidente determine, com antecedência, o dia, a hora e a Ordem do Dia da sessão extraordinária e, na hipótese de mediar tempo inferior a vinte e quatro horas para convocação, esta se dará por via telegráfica ou telefônica, aos Deputados.

No âmbito do **Senado Federal**, as sessões deliberativas extraordinárias estão disciplinadas no art. 154, I "b", do seu regimento interno[34]. São realizadas em horário diverso do fixado para sessão ordinária, com a ressalva contida no §3°, do mesmo dispositivo legal.

6.2.7. Das Sessões conjuntas do Congresso Nacional

A dinâmica ordinária do Congresso Nacional se dá no sentido de cada Casa funcionar de forma individual, todavia politicamente coordenada. Isto resulta do próprio modelo *bicameral* instituído pela Constituição Federal. No entanto, a nossa Lei Fundamental prevê a possibilidade de atuação conjunta das duas Casas do Congresso Nacional, é dizer, da Câmara dos Deputados e do Senado Federal.

Edson Pires da Fonseca, ao analisar o tema, chama a atenção para que não se confunda *"**sessão conjunta** com **sessão unicameral**."* Objetivando esclarecer a questão, aduz o seguinte:

---

§ 1º A sessão extraordinária será convocada pelo Presidente, de ofício, pelo Colégio de Líderes ou por deliberação do Plenário, a requerimento de qualquer Deputado.
§ 2º O Presidente prefixará o dia, a hora e a Ordem do Dia da sessão extraordinária, que serão comunicados à Câmara em sessão ou pelo Diário da Câmara dos Deputados, e, quando mediar tempo inferior a vinte e quatro horas para convocação, também por via telegráfica ou telefônica, aos Deputados."

---

34 "Art. 154. (...)
§ 2º As sessões deliberativas extraordinárias, com Ordem do Dia própria, realizar-se-ão em horário diverso do fixado para sessão ordinária, ressalvado o disposto no § 3º.
§ 3º O Presidente poderá convocar, para qualquer tempo, sessão extraordinária quando, a seu juízo e ouvidas as lideranças partidárias, as circunstâncias o recomendarem ou haja necessidade de deliberação urgente."

> "Nas sessões conjuntas, (...) a contagem dos votos de deputados e senadores, quando necessária, será feita em separado, conforme dicção expressa do art. 43 do Regimento Comum do Congresso Nacional, RCCN: 'Nas deliberações, os votos da Câmara dos Deputados e do Senado Federal serão sempre computados separadamente.' Ou seja, em matérias cuja aprovação se exija maioria absoluta ela deverá ser obtida na Câmara dos Deputados (257 votos) e no Senado (41 votos). Dessa maneira, preserva-se igualmente a vontade manifestada pelos senadores e pelos deputados federais.
>
> Na **sessão unicameral**, por sua vez, deputados e senadores atuam como congressistas, não existindo mais distinção relacionada à Casa Legislativa de origem do parlamentar. Em vez de 513 deputados federais e 81 senadores, separadamente considerados, a sessão unicameral conta com 594 congressistas. O Congresso Nacional funciona como se fosse uma Casa só, sem a divisão em Câmara e Senado, típica do bicameralismo. Os votos dos congressistas são misturados, unificados. Nesta excepcional hipótese, de sessão unicameral, o Senado é diluído em Câmara. Mesmo que todos os senadores rejeitassem uma proposta ela poderia ser aprovada pelo voto de 298 deputados federais.
>
> Exemplo de funcionamento unicameral do Congresso Nacional ocorreu na **revisão constitucional**, prevista no art. 3° do ADCT[35]. Nela, as emendas constitucionais de revisão foram aprovadas por maioria absoluta de votos, em turno único de votação e em sessão **unicameral**.[36]"

Em conformidade ao disposto no art. 57, §3°, da Constituição Federal, a Câmara dos Deputados e o Senado Federal reunir-se-ão em **sessão conjunta** para: a) inaugurar a sessão legislativa; b) elaborar o regimento comum e regular a criação de serviços comuns às duas Casas; c) receber o compromisso do Presidente e do Vice-Presidente da República e; d) conhecer do veto e sobre ele deliberar.

O artigo 60, §3° da Constituição Federal, ao dispor sobre o processo legislativo de emenda constitucional, estabelece que sua promulgação será de competência das Mesas da Câmara dos Deputados e do Senado Federal, com o respectivo número de ordem.

35 "Art. 3º. A revisão constitucional será realizada após cinco anos, contados da promulgação da Constituição, pelo voto da maioria absoluta dos membros do Congresso Nacional, em sessão unicameral."

36 **Direito Constitucional Legislativo – Poder Legislativo, Direito Parlamentar e Processo Legislativo**. 3ª ed. Rio de Janeiro: Lumen Juris, 2016, p. 87.

O artigo 1°, do Regimento Comum do Congresso Nacional, ao densificar o texto constitucional, enumera de forma sistêmica, a atuação conjunta da Câmara dos Deputados e do Senado Federal, sob a direção da Mesa deste, nas seguintes hipóteses: a) inaugurar a sessão legislativa; b) dar posse ao Presidente e ao Vice-Presidente da República eleitos; c) promulgar emendas à Constituição Federal[37]; d) discutir e votar o orçamento[38]; e) conhecer de matéria vetada e sobre ela deliberar[39]; f) delegar ao Presidente da República[40] poderes para legislar; g) elaborar ou reformar o Regimento Comum[41] e; h) atender aos demais casos pre-

---

37 Art. 60. (...)
§ 3º A emenda à Constituição será promulgada pelas Mesas da Câmara dos Deputados e do Senado Federal, com o respectivo número de ordem."

38 Dispõe o artigo 166, da Constituição Federal:
"Art. 166. Os projetos de lei relativos ao plano plurianual, às diretrizes orçamentárias, ao orçamento anual e aos créditos adicionais serão apreciados pelas duas Casas do Congresso Nacional, na forma do regimento comum."

39 "Art. 57 (...)
§ 3º Além de outros casos previstos nesta Constituição, a Câmara dos Deputados e o Senado Federal reunir-se-ão em sessão conjunta para:
(...)
IV - conhecer do veto e sobre ele deliberar."

40 O artigo 68 da Constituição Federal, ao dispor sobre o processo de elaboração da lei delegada, estabelece o seguinte:
"Art. 68. As leis delegadas serão elaboradas pelo Presidente da República, que deverá solicitar a delegação ao Congresso Nacional.
§ 1º Não serão objeto de delegação os atos de competência exclusiva do Congresso Nacional, os de competência privativa da Câmara dos Deputados ou do Senado Federal, a matéria reservada à lei complementar, nem a legislação sobre:
I - organização do Poder Judiciário e do Ministério Público, a carreira e a garantia de seus membros;
II - nacionalidade, cidadania, direitos individuais, políticos e eleitorais;
III - planos plurianuais, diretrizes orçamentárias e orçamentos.
§ 2º A delegação ao Presidente da República terá a forma de resolução do Congresso Nacional, que especificará seu conteúdo e os termos de seu exercício.
§ 3º Se a resolução determinar a apreciação do projeto pelo Congresso Nacional, este a fará em votação única, vedada qualquer emenda."

41 Dispõe o artigo 57, §3°, da Constituição Federal:
Art. 57 (...)
§ 3º Além de outros casos previstos nesta Constituição, a Câmara dos Deputados e o Senado Federal reunir-se-ão em sessão conjunta para:
I - inaugurar a sessão legislativa;
II - elaborar o regimento comum e regular a criação de serviços comuns às duas Casas;
III - receber o compromisso do Presidente e do Vice-Presidente da República;
IV - conhecer do veto e sobre ele deliberar.

vistos na Constituição e no próprio Regimento. O art. 1°, §1°, também do Regimento Comum, prevê, ainda, a possibilidade de, mediante proposta das Mesas da Câmara dos Deputados e do Senado Federal, serem realizadas sessões destinadas a homenagear Chefes de Estados estrangeiros e comemorativas de datas nacionais[42]. Por sua vez, o § 2°, do art. 1°, do referido diploma legal, determina que as sessões referidas nos incisos I[43], II[44], III[45] e §1°[46], terão caráter solene[47]. Por fim, o art. 43, §2°, determina que *"a votação começará pela Câmara dos Deputados. Tratando-se, porém, de projeto de lei vetado, de iniciativa de Senadores, a votação começará pelo Senado."*

6.3. Das Atribuições do Congresso Nacional

As atribuições do Congresso Nacional encontram-se enumeradas nos artigos 48 a 50 da Constituição Federal. Compreendem, portanto, as ***competências legislativas*** e as ***competências deliberativas***.

---

42 "Art. 1° (...)
§1° Por proposta das Mesas da Câmara dos Deputados e do Senado Federal, poderão ser realizadas sessões destinadas a homenagear Chefes de Estados estrangeiros e comemorativas de datas nacionais."

43 "I - inaugurar a sessão legislativa;"

44 "II - dar posse ao Presidente e ao Vice-Presidente da República eleitos;"

45 "III - promulgar emendas à Constituição Federal;"

46 "§ 1º Por proposta das Mesas da Câmara dos Deputados e do Senado Federal, poderão ser realizadas sessões destinadas a homenagear Chefes de Estados estrangeiros e comemorativas de datas nacionais."

47 O Regimento Comum do Congresso Nacional, sobre o tema, dispõe o seguinte:
Art. 53. Nas sessões solenes, integrarão a Mesa o Presidente da Câmara e, mediante convite, o Presidente do Supremo Tribunal Federal. No recinto serão reservados lugares às altas autoridades civis, militares, eclesiásticas e diplomáticas, especialmente convidadas.
Parágrafo único. As sessões solenes realizar-se-ão com qualquer número.
Art. 54. Composta a Mesa, o Presidente declarará aberta a sessão e o fim para que foi convocada.
Parágrafo único. Nas sessões solenes não haverá expediente.
Art. 55. Nas sessões solenes, somente poderão usar da palavra um Senador e um Deputado, de preferência de partidos diferentes, e previamente designados pelas respectivas Câmaras.
Parágrafo único. Na inauguração de sessão legislativa e na posse do Presidente e do Vice-Presidente da República, não haverá oradores.
Art. 56. Nas sessões solenes, não serão admitidas questões de ordem."

Em sede de ***competência legislativa***, a Constituição Federal atribui ao Congresso Nacional prerrogativa para dispor sobre todas as matérias conferidas à União Federal, elencadas nos artigos 22[48] e 24[49], além das

48 "Art. 22. Compete **privativamente** à União legislar sobre:
I - direito civil, comercial, penal, processual, eleitoral, agrário, marítimo, aeronáutico, espacial e do trabalho; II - desapropriação; III - requisições civis e militares, em caso de iminente perigo e em tempo de guerra; IV - águas, energia, informática, telecomunicações e radiodifusão; V - serviço postal; VI - sistema monetário e de medidas, títulos e garantias dos metais; VII - política de crédito, câmbio, seguros e transferência de valores; VIII - comércio exterior e interestadual; IX - diretrizes da política nacional de transportes; X - regime dos portos, navegação lacustre, fluvial, marítima, aérea e aeroespacial; XI - trânsito e transporte; XII - jazidas, minas, outros recursos minerais e metalurgia; XIII - nacionalidade, cidadania e naturalização; XIV - populações indígenas; XV - emigração e imigração, entrada, extradição e expulsão de estrangeiros; XVI - organização do sistema nacional de emprego e condições para o exercício de profissões; XVII - organização judiciária, do Ministério Público do Distrito Federal e dos Territórios e da Defensoria Pública dos Territórios, bem como organização administrativa destes; XVIII - sistema estatístico, sistema cartográfico e de geologia nacionais; XIX - sistemas de poupança, captação e garantia da poupança popular; XX - sistemas de consórcios e sorteios; XXI - normas gerais de organização, efetivos, material bélico, garantias, convocação e mobilização das polícias militares e corpos de bombeiros militares; XXII - competência da polícia federal e das polícias rodoviária e ferroviária federais; XXIII - seguridade social; XXIV - diretrizes e bases da educação nacional; XXV - registros públicos; XXVI - atividades nucleares de qualquer natureza; XXVII - normas gerais de licitação e contratação, em todas as modalidades, para as administrações públicas diretas, autárquicas e fundacionais da União, Estados, Distrito Federal e Municípios, obedecido o disposto no art. 37, XXI, e para as empresas públicas e sociedades de economia mista, nos termos do art. 173, § 1°, III; XXVIII - defesa territorial, defesa aeroespacial, defesa marítima, defesa civil e mobilização nacional; XXIX - propaganda comercial.
Parágrafo único. **Lei complementar poderá autorizar os Estados a legislar sobre questões específicas das matérias relacionadas neste artigo.**" (Destaque nosso)

49 "Art. 24. Compete à União, aos Estados e ao Distrito Federal legislar concorrentemente sobre:
I - direito tributário, financeiro, penitenciário, econômico e urbanístico; II - orçamento; III - juntas comerciais; IV - custas dos serviços forenses; V - produção e consumo; VI - florestas, caça, pesca, fauna, conservação da natureza, defesa do solo e dos recursos naturais, proteção do meio ambiente e controle da poluição; VII - proteção ao patrimônio histórico, cultural, artístico, turístico e paisagístico; VIII - responsabilidade por dano ao meio ambiente, ao consumidor, a bens e direitos de valor artístico, estético, histórico, turístico e paisagístico; IX - educação, cultura, ensino, desporto, ciência, tecnologia, pesquisa, desenvolvimento e inovação; X - criação, funcionamento e processo do juizado de pequenas causas; XI - procedimentos em matéria processual; XII - previdência social, proteção e defesa da saúde; XIII - assistência jurídica e Defensoria pública; XIV - proteção e integração

que lhe foram atribuídas pelo artigo 48[50] da Lei Maior. Quanto à **competência privativa** da União Federal, a Constituição prevê a possibilidade de ***delegação legislativa*** aos Estados-membros, para que estes possam dispor especificamente sobre as matérias ora objeto de delegação.

Em relação às ***competências deliberativas***, podemos dizer tratar-se daquelas que não comportam delegação por parte do Congresso Nacional, recaindo todas em seu âmbito de ***exclusividade***[51]. Logo, ape-

---

social das pessoas portadoras de deficiência; XV - proteção à infância e à juventude; XVI - organização, garantias, direitos e deveres das polícias civis.
§ 1º No âmbito da legislação concorrente, a competência da União limitar-se-á a estabelecer normas gerais.
§ 2º A competência da União para legislar sobre normas gerais não exclui a competência suplementar dos Estados.
§ 3º Inexistindo lei federal sobre normas gerais, os Estados exercerão a competência legislativa plena, para atender a suas peculiaridades.
§ 4º A superveniência de lei federal sobre normas gerais suspende a eficácia da lei estadual, no que lhe for contrário."

50 "Art. 48. Cabe ao Congresso Nacional, com a sanção do Presidente da República, não exigida esta para o especificado nos arts. 49, 51 e 52, dispor sobre todas as matérias de competência da União, especialmente sobre:
I - sistema tributário, arrecadação e distribuição de rendas; II - plano plurianual, diretrizes orçamentárias, orçamento anual, operações de crédito, dívida pública e emissões de curso forçado; III - fixação e modificação do efetivo das Forças Armadas; IV - planos e programas nacionais, regionais e setoriais de desenvolvimento; V - limites do território nacional, espaço aéreo e marítimo e bens do domínio da União, VI - incorporação, subdivisão ou desmembramento de áreas de Territórios ou Estados, ouvidas as respectivas Assembléias Legislativas; VII - transferência temporária da sede do Governo Federal; VIII - concessão de anistia; IX - organização administrativa, judiciária, do Ministério Público e da Defensoria Pública da União e dos Territórios e organização judiciária e do Ministério Público do Distrito Federal; X - criação, transformação e extinção de cargos, empregos e funções públicas, observado o que estabelece o art. 84, VI, *b*; XI - criação e extinção de Ministérios e órgãos da administração pública; XII - telecomunicações e radiodifusão; XIII - matéria financeira, cambial e monetária, instituições financeiras e suas operações; XIV - moeda, seus limites de emissão, e montante da dívida mobiliária federal. XV - fixação do subsídio dos Ministros do Supremo Tribunal Federal, observado o que dispõem os arts. 39, § 4º; 150, II; 153, III; e 153, § 2º, I."

51 "Art. 49. É da competência **exclusiva** do Congresso Nacional:
I - resolver definitivamente sobre tratados, acordos ou atos internacionais que acarretem encargos ou compromissos gravosos ao patrimônio nacional; II - autorizar o Presidente da República a declarar guerra, a celebrar a paz, a permitir que forças estrangeiras transitem pelo território nacional ou nele permaneçam temporariamente, ressalvados os casos previstos em lei complementar; III - autorizar o Presidente e o Vice-Presidente da República a se ausentarem do País, quando a ausência exceder a quinze dias; IV - aprovar o estado de defesa e a intervenção fe-

nas ao Congresso Nacional, com ***exclusão*** de outros entes políticos, é permitido o exercício de tais competências.

6.4. Das deliberações do Congresso Nacional

O artigo 47 da Constituição Federal estabelece que **as deliberações de cada Casa e de suas Comissões serão tomadas por maioria dos votos, presente a maioria absoluta de seus membros**, salvo disposição constitucional em contrário. Consoante o dispositivo constitucional aludido, para que uma **sessão deliberativa** seja instaurada, necessário se faz a **presença da maior absoluta** dos membros da Casa do Congresso Nacional na qual esteja sendo instaurada a sessão. A título de exemplo, o Senado Federal compõe-se de 81 senadores, logo, faz-se necessário a presença de 41 senadores para que o **quórum**[52] **de maioria absoluta** seja atendido. Para aprovação do que está sendo objeto de deliberação, a **regra é o quórum de maioria relativa ou simples**[53].

Por **maioria absoluta** entende-se o **quórum** que se obtém mediante observância de um número fixo, "correspondente ao primeiro número inteiro posterior à metade do total de membros da Casa Legislativa. Adverte-se que não está se falando no total de presentes na sessão, mas

deral, autorizar o estado de sítio, ou suspender qualquer uma dessas medidas; V - sustar os atos normativos do Poder Executivo que exorbitem do poder regulamentar ou dos limites de delegação legislativa; VI - mudar temporariamente sua sede; VII - fixar idêntico subsídio para os Deputados Federais e os Senadores, observado o que dispõem os arts. 37, XI, 39, § 4º, 150, II, 153, III, e 153, § 2º, I; VIII - fixar os subsídios do Presidente e do Vice-Presidente da República e dos Ministros de Estado, observado o que dispõem os arts. 37, XI, 39, § 4º, 150, II, 153, III, e 153, § 2º, I; IX - julgar anualmente as contas prestadas pelo Presidente da República e apreciar os relatórios sobre a execução dos planos de governo; X - fiscalizar e controlar, diretamente, ou por qualquer de suas Casas, os atos do Poder Executivo, incluídos os da administração indireta; XI - zelar pela preservação de sua competência legislativa em face da atribuição normativa dos outros Poderes; XII - apreciar os atos de concessão e renovação de concessão de emissoras de rádio e televisão; XIII - escolher dois terços dos membros do Tribunal de Contas da União; XIV - aprovar iniciativas do Poder Executivo referentes a atividades nucleares; XV - autorizar referendo e convocar plebiscito; XVI - autorizar, em terras indígenas, a exploração e o aproveitamento de recursos hídricos e a pesquisa e lavra de riquezas minerais; XVII - aprovar, previamente, a alienação ou concessão de terras públicas com área superior a dois mil e quinhentos hectares." (Destaque nosso)

52 O **quórum** é o número mínimo de presentes que deve ser observado para que se possa instaurar uma sessão ou deliberar acerca de um determinado objeto.

53 O quórum por maioria simples é obtido mediante aquiescência da **maioria dos presentes** na sessão deliberativa.

na totalidade de integrantes da Casa[54][55]". Esclarecendo numericamente a questão, Edson Pires da Fonseca evidencia o seguinte:

> "Para que não paire nenhuma dúvida sobre o tema, seguem alguns **exemplos**. Como o Senado possui 81 senadores, a **maioria absoluta** será atingida com **41 senadores** (primeiro número inteiro posterior à metade de 81, que é 40,5); na **Câmara dos Deputados**, por sua vez, o número total de deputados é 513. Deste modo, a **maioria absoluta** será atingida com **257 deputados** (primeiro número inteiro posterior à metade de 513, que é 256,5). Independentemente do número de deputados ou senadores presentes nas sessões, a maioria absoluta será sempre 257 deputados federais ou 41 senadores.[56]"

Além do quórum de ***maioria simples***, de ***maioria absoluta***, encontramos ainda na Constituição Federal a presença do ***quórum qualificado***. Conceitualmente, trata-se de um quórum onde se qualifica o número mínimo[57] necessário para aprovação de uma matéria.

6.5. Da Câmara dos Deputados

A Câmara dos Deputados é também conhecida por "*Casa do Povo*", em razão dos seus membros representarem o *povo* no Congresso Nacional. A Constituição Federal **não estabelece o número** de Deputados Federais que compõem a Câmara dos Deputados, atribuindo tal função ao pró-

54 Edson Pires da Fonseca, **Direito Constitucional Legislativo - Poder Legislativo, Direito Parlamentar e Processo Legislativo**, p. 101.

55 No entendimento de José Afonso da Silva, **maioria absoluta** "é a maior parte ou o maior número de uma totalidade. A maioria absoluta de uma totalidade é um número maior do que a metade. A maioria absoluta, pois, é sempre maior do que o resto dessa totalidade." in **Comentário Contextual à Constituição**, p. 394.

56 Edson Pires da Fonseca, **Direito Constitucional Legislativo - Poder Legislativo, Direito Parlamentar e Processo Legislativo**, p. 101.

57 A título de exemplo, veja-se o quórum para aprovação de uma emenda constitucional e de admissão, por parte da Câmara dos Deputados, de processo acusatório contra o Presidente da República:
"Art. 60. A Constituição poderá ser emendada mediante proposta:
§ 2º A proposta será discutida e votada em cada Casa do Congresso Nacional, em dois turnos, considerando-se aprovada se obtiver, em ambos, **três quintos dos votos dos respectivos membros**."
"Art. 86. Admitida a acusação contra o Presidente da República, por **dois terços** da Câmara dos Deputados, será ele submetido a julgamento perante o Supremo Tribunal Federal, nas infrações penais comuns, ou perante o Senado Federal, nos crimes de responsabilidade." (Destaque nosso)

prio Congresso Nacional, cuja competência deverá ser exercida através de *Lei Complementar*, conforme disposto no art. 45, §1°[58].

A **Lei Complementar n° 78/93**[59] integrou o art. 45, §1°, da Constituição Federal, estabelecendo o número de Deputados Federais para composição da Câmara dos Deputados. Portanto, em conformidade ao artigo primeiro, a Câmara dos Deputados é composta por 513 Deputados Federais. O número de Deputados Federais por Estados será proporcional à sua respectiva população, sendo estabelecido o número de setenta (70) Deputados Federais para representar o Estado mais populoso. O artigo 2°, por sua vez, assegura uma representação mínima por Estado, ao fixar, independentemente do quantitativo populacional, o número de oito (08) Deputados por cada Estado-membro da federação.

Por fim, em relação à sua competência legislativa, a Câmara dos Deputados a exerce através de projeto de lei ordinária ou complementar, de decreto legislativo ou resolução, além de proposta de emenda constitucional, nos termos do artigo 108[60] do RICD.

---

58 "Art. 45. **A Câmara dos Deputados compõe-se de representantes do povo**, eleitos, pelo sistema proporcional, em cada Estado, em cada Território e no Distrito Federal.
§ 1º **O número total de Deputados**, bem como a representação por Estado e pelo Distrito Federal, **será estabelecido por lei complementar**, proporcionalmente à população, procedendo-se aos ajustes necessários, no ano anterior às eleições, para que nenhuma daquelas unidades da Federação tenha menos de oito ou mais de setenta Deputados."

59 A ementa da Lei possui a seguinte redação: "Disciplina a fixação do número de Deputados, nos termos do art. 45, § 1º, da Constituição Federal."
Formada por apenas 05 artigos, seu núcleo normativo essencial é o seguinte:
"Art. 1º Proporcional à população dos Estados e do Distrito Federal, o número de deputados federais não ultrapassará quinhentos e treze representantes, fornecida, pela Fundação Instituto Brasileiro de Geografia e Estatística, no ano anterior às eleições, a atualização estatística demográfica das unidades da Federação.
Parágrafo único. Feitos os cálculos da representação dos Estados e do Distrito Federal, o Tribunal Superior Eleitoral fornecerá aos Tribunais Regionais Eleitorais e aos partidos políticos o número de vagas a serem disputadas.
Art. 2º Nenhum dos Estados membros da Federação terá menos de oito deputados federais.
Parágrafo único. Cada Território Federal será representado por quatro deputados federais.
Art. 3º O Estado mais populoso será representado por setenta deputados federais."

60 "Art. 108. A Câmara dos Deputados exerce a sua função legislativa por via de projeto de lei ordinária ou complementar, de decreto legislativo ou de resolução, além da proposta de emenda à Constituição."

6.5.1. Da Mesa Diretora

A Mesa Diretora é órgão diretivo da Casa Legislativa, a ela competindo a direção dos trabalhos legislativos e dos serviços administrativos da Câmara dos Deputados, nos termos do artigo 14 do Regimento Interno da Câmara, que assim dispõe:

> "Art. 14. À Mesa, na qualidade de Comissão Diretora, incumbe a direção dos trabalhos legislativos e dos serviços administrativos da Câmara.
>
> § 1º A Mesa compõe-se de Presidência e de Secretaria, constituindo-se, a primeira, do Presidente e de dois Vice-Presidentes e, a segunda, de quatro Secretários.
>
> § 2º A Mesa contará, ainda, com quatro Suplentes de Secretário para o efeito do §1º do art. 19."

Consoante disposto no artigo 57, §4º[61], da Constituição Federal, **o mandato dos membros da Mesa Diretora, seja da Câmara dos Deputados ou do Senado Federal, corresponde a dois (02) anos**, sendo **vedada a recondução para o mesmo cargo na eleição imediatamente subseqüente**[62]. Na constituição da Mesa, é assegurada, tanto

61 Art. 57. O Congresso Nacional reunir-se-á, anualmente, na Capital Federal, de 2 de fevereiro a 17 de julho e de 1º de agosto a 22 de dezembro.
(...)
§ 4º Cada uma das Casas reunir-se-á em sessões preparatórias, a partir de 1º de fevereiro, no primeiro ano da legislatura, para a posse de seus membros e eleição das respectivas Mesas, para mandato de 2 (dois) anos, vedada a recondução para o mesmo cargo na eleição imediatamente subseqüente."

62 Sobre o tema, é oportuno trazer à colação julgado recente do Supremo Tribunal Federal – STF pertinente à candidatura do Deputado Rodrigo Maia à Presidência da Câmara dos Deputados. A controvérsia se deu em razão do referido Deputado ter assumido, inicialmente, a Presidência da Casa, em virtude de vacância do cargo para concluir mandato já iniciado, e, posteriormente, ter pretendido se candidatar a presidência para o exercício de mandato próprio, e não a título sucessório. Pela importância do julgado, trazemos à baila íntegra da ementa da decisão proferida pelo Supremo Tribunal Federal – STF:
"EMENTA: 1. O pedido: impugnação à candidatura do Deputado Rodrigo Maia à Presidência da Câmara dos Deputados. 2. O exame da possibilidade de nova candidatura, para o mesmo cargo da Mesa Diretora, daquele que foi eleito para exercer mandato em caráter residual ('mandato- -tampão'): a deferência do Poder Judiciário quanto às escolhas políticas das Casas Legislativas como expressão concreta da separação de poderes e a insindicabilidade jurisdicional dos atos 'interna corporis' emanados do Parlamento. 3. Possibilidade de julgamento monocrático da ação mandamental pelo próprio Relator da causa. Legitimidade constitucional desse poder processual do Relator. Inexistência de ofensa ao postulado da colegialidade. Precedentes. Mandado de segurança de que não se conhece.

quanto possível, a representação proporcional dos partidos ou blocos

---

DECISÃO:
1. O pedido: impugnação à reeleição do Deputado Rodrigo Maia à Presidência da Câmara dos Deputados.
Trata-se de mandado de segurança impetrado com o objetivo de questionar, no que se refere à eleição para a Presidência da Câmara dos Deputados, a '(...) possibilidade ou não de ser reeleito/reconduzido o atual Presidente, Deputado Rodrigo Maia (DEM-RJ), que assumiu a presidência para complementar o mandato do então Presidente e Deputado Eduardo Cunha (PMDB-RJ), que renunciou ao cargo e, posteriormente, teve o seu mandato cassado.' (grifei).
Esta impetração mandamental sustenta-se, em síntese, nos seguintes fundamentos:
'É cabível (...) o presente mandado de segurança, de natureza preventiva, que busca prevenir a prática de ato manifestamente inconstitucional pela Mesa da Câmara dos Deputados.
(...)
Importante deixar claro que a questão controvertida no presente mandado de segurança é de natureza estritamente constitucional. Não se trata, frise-se, de questão 'interna corporis', infensa ao julgamento dessa Col. Corte, por, ao menos, duas razões fundamentais: (a) as violações à Constituição Federal, ainda que ocorridas em atos e procedimentos legislativos, não são, de acordo com a jurisprudência do STF, questões 'interna corporis'; (b) a eleição do Presidente da Câmara dos Deputados possui relevante papel na condução do país, especialmente no momento atual, quando o Presidente da Câmara dos Deputados é o primeiro na linha sucessória da Presidência da República, matéria igualmente de estatura constitucional.
O Supremo Tribunal Federal tem considerado possível o controle da regularidade procedimental quando há inobservância da Constituição Federal. Trata-se de modalidade excepcional de controle preventivo do devido processo legal legislativo, entre os quais desponta a eleição dos membros da Mesa Diretora das duas Casas do Congresso Nacional.
(...)
No presente caso, como visto, requer-se a observância de norma expressa da Constituição – art. 57, § 4º, que trata da eleição de Presidente da Câmara dos Deputados. Mesmo sob o prisma da autocontenção da jurisdição constitucional, a controvérsia a propósito da definição central da eleição da Presidência da Câmara dos Deputados constitui matéria de estrita natureza constitucional e fundamental para o funcionamento regular da democracia.
(...)
Não há dúvida em se afirmar que o chamado mandato tampão se equipara ao mandato regular e, por isso, aquele que ocupa o cargo nessa situação está sujeito às mesmas condições e restrições do seu antecessor.
Se esse é o raciocínio aplicado ao Poder Executivo, que permite a reeleição, com mais razão deve se aplicar ao Poder Legislativo, onde a reeleição tem expressa vedação constitucional. O mandato tampão, seja no Poder Executivo, seja no Poder Legislativo, deve ter a mesma interpretação. Se se equipara a um mandato regular, deve ser computado para fins de reeleição.
Em resumo: no Poder Executivo, a reeleição daquele que ocupou mandato tampão poderá ocorrer uma única vez, porque assim permite o art. 14, § 5º, CF. Já no Poder Legislativo, aquele que ocupou o mandato tampão não poderá concorrer à reelei-

parlamentares que compõem a Casa Legislativa.

ção, na mesma legislatura, porque assim o veda o art. 57, § 4º, CF.' (grifei)
Busca-se, nesta sede processual, seja concedida a segurança, '(...) a fim de impedir em definitivo a possibilidade de reeleição do atual presidente da Câmara dos Deputados, Deputado Rodrigo Maia, na 55ª legislatura (2014/2018) (...)' ou, alternativamente, '(...) após a eleição e caso seja vitorioso o atual presidente (...)', a cassação do '(...) seu mandato como presidente, aplicando-se o RICD quanto à realização de nova eleição para esse cargo'.
O órgão apontado como coator, ao prestar as informações que lhe foram solicitadas, sustentou o '(...) não cabimento de intervenção judicial em face de ato 'interna corporis', sob pena de violação ao princípio da separação de poderes' (grifei), enfatizando a ausência, no caso, de qualquer violação a direito líquido e certo da parte impetrante, revestindo-se de plena legitimidade constitucional a candidatura do litisconsorte passivo, eis que inviável – ante a vedação da analogia "in malam partem" – a pretensão mandamental deduzida na presente causa.
O Ministério Público Federal, por sua vez, em manifestação da lavra da eminente Chefe da Instituição, opinou pelo não conhecimento do "writ" e, quanto ao mérito, pela denegação da segurança, em parecer que está assim ementado:
'CONSTITUCIONAL. MANDADO DE SEGURANÇA. ELEIÇÃO PARA PRESIDENTE DA CÂMARA DOS DEPUTADOS. IMPUGNAÇÃO À POSSÍVEL CANDIDATURA DO PRESIDENTE ELEITO PARA EXERCER 'MANDATO TAMPÃO'. ALEGAÇÃO DE OFENSA AO ART. 57, § 4º, DA CONSTITUIÇÃO. QUESTÃO DE NATUREZA 'INTERNA CORPORIS'. NÃO CONHECIMENTO DO 'WRIT'. IMPOSSIBILIDADE DE AMPLIAÇÃO DA REGRA PROIBITIVA. DENEGAÇÃO DA ORDEM.
1. Mandado de segurança impetrado para impedir a Mesa Diretora da Câmara dos Deputados de receber o registro da candidatura à reeleição do Presidente da Casa Legislativa atualmente em exercício em caráter residual – no chamado 'mandato tampão'.
2. Os atos legislativos sujeitam-se ao 'judicial review', desde que o controle jurisdicional não invada matéria 'interna corporis' do Parlamento.
3. A complementação de mandato residual em Mesa Diretora, porque atinente à organização e funcionamento das Casas Legislativas e porque não disciplinada pelo texto constitucional, regula-se exclusivamente pelo regimento interno das Casas, constituindo-se matéria tipicamente 'interna corporis', não sujeita ao controle judicial.
4. Não se admite a ampliação do alcance da norma do art. 57, § 4º, da Constituição, com recurso à analogia com o disposto no art. 14, §§ 5º e 7º, da Constituição (impossibilidade de reeleição de Presidente da República para terceiro mandato), para estender a restrição de direito por ela não expressamente disciplinada.
Parecer pelo não conhecimento do mandado de segurança e, caso conhecido, pela denegação da ordem.' (grifei)
2. O exame da possibilidade de nova candidatura, para o mesmo cargo da Mesa Diretora, daquele que foi eleito para exercer mandato em caráter residual ('mandato-tampão'): a deferência do Poder Judiciário quanto às escolhas políticas das Casas Legislativas como expressão concreta da separação de poderes e a insindicabilidade jurisdicional dos atos 'interna corporis' emanados do Parlamento.
Doutrinadores eminentes, como o Ministro LUÍS ROBERTO BARROSO, em parecer que então ofereceu como Advogado à Presidência do Senado Federal em

Nos termos do artigo 14, §1° do Regimento Interno da Câmara dos

---

17/12/2008, e o Professor HELENO TAVEIRA TORRES, em breve estudo sobre a matéria que ora se examina (disponível em:), bem analisaram a controvérsia em causa, concluindo, ambos, pela possibilidade daquele que já ocupa a Presidência de qualquer das Casas do Congresso Nacional em virtude de escolha para o exercício de mandato residual ("mandato tampão"), motivada pela vacância de referido cargo (por morte, renúncia ou cassação de mandato), vir, mesmo na legislatura em curso, a ser legitimamente reconduzido ao exercício dessa mesma função, a ser desempenhada no biênio subsequente.

O eminente Ministro (e Professor) LUÍS ROBERTO BARROSO assim se pronunciou no parecer a que anteriormente me referi e do qual extraio os seguintes fragmentos:

"O art. 57, § 4º, da Constituição Federal não é explícito acerca da possibilidade ou não da reeleição de quem tenha sido eleito para completar o mandato de Presidente que renunciou. Do relato da norma, é possível afirmar que ambas as interpretações são plausíveis e razoáveis. (...).

A matéria em discussão não envolve princípio fundamental do Estado brasileiro, não cuida de aspecto essencial para o funcionamento do regime democrático nem (...) interfere com direitos fundamentais da cidadania. Isso significa que ela está mais próxima do universo das escolhas políticas do que da interpretação constitucional.

Diante das premissas estabelecidas - existência de mais de uma interpretação plausível e não fundamentalidade da norma -, é razoável supor que o Supremo Tribunal Federal, na linha de sua jurisprudência tradicional, deverá ser deferente para com a decisão política tomada pela Casa Legislativa. Vale dizer: o sentido em que o Senado Federal se pronunciar - reelegibilidade ou não - é o que deverá prevalecer.

(...)

O tema envolve a interpretação do art. 57, § 4º, da Constituição de 1988, que tem a seguinte redação:

'Art. 57. O Congresso Nacional reunir-se-á, anualmente, na Capital Federal, de 2 de fevereiro a 17 de julho e de 1º de agosto a 22 de dezembro: (Redação dada pela Emenda Constitucional nº 50, de 2006)

(...)

4º Cada uma das Casas reunir-se-á em sessões preparatórias, a partir de 1º de fevereiro, no primeiro ano da legislatura, para a posse de seus membros e eleição das respectivas Mesas, para mandato de 2 (dois) anos, vedada a recondução para o mesmo cargo na eleição imediatamente subsequente. (Redação dada pela Emenda Constitucional nº 50, de 2006)'

A norma constitucional dispõe sobre as duas eleições que, em situações normais, são realizadas no período de cada legislatura. A primeira deve ocorrer por ocasião das sessões preparatórias que antecedem a abertura da legislatura. A segunda ocorre para a escolha dos membros da Mesa no segundo biênio, sendo vedada a manutenção dos parlamentares em seus respectivos cargos. O dispositivo não trata da sucessão em caso de vacância permanente, hipótese que constitui o objeto da consulta formulada. O Regimento Interno do Senado Federal também não aborda a questão de forma expressa (arts. 59 e 60). Diante da falta de norma específica, resta saber se alguma das duas soluções possíveis - vedação ou admissibilidade

Deputados, a Mesa Diretora possui a seguinte composição:

---

da nova eleição – seria excluída ou imposta pelos princípios da Constituição que se mostrem aplicáveis. Não parece ser o caso.

(...)

Pois bem: não se colhe no relato do § 4º do art. 57, acima transcrito, uma inequívoca proibição à reeleição de quem tenha substituído o Presidente que renunciou. Por outro lado, como a Constituição não tratou diretamente da hipótese aqui cogitada, também não seria correto afirmar que a possibilidade de reeleição decorra do texto constitucional. Entretanto, parece razoável assumir que restrições à escolha livre dos ocupantes da Mesa por parte dos Senadores é que deveriam depender de previsão expressa, e não o oposto. No caso da reeleição dos Chefes do Executivo, a situação particular daqueles que os substituíram ou sucederam no curso de seus mandatos foi objeto de disciplina constitucional específica (CF, art. 14, § 5º). O art. 57, § 4º, não se ocupa dessas hipóteses. O sistema, portanto, contém ou uma ambiguidade, ou uma lacuna.

Escolhas políticas e jurisprudência do Supremo Tribunal Federal.

Em face das premissas alinhavadas acima, é possível extrair algumas consequências. Não será incompatível com o art. 57, § 4º, da Constituição a interpretação que considere possível ao Presidente do Senado, eleito para completar mandato anterior, candidatar-se a um mandato autônomo. Não se trata, contudo, de uma imposição direta do texto constitucional. Cuida-se, afinal, de um espaço de decisão política aberto pela Constituição. Não custa lembrar que a Carta funciona como um código mínimo de regulação da vida política, mas não esgota necessariamente todas as questões possíveis. Ao contrário, o normal e desejável é que as Constituições estabeleçam princípios básicos, em cujos limites as maiorias de cada tempo terão liberdade de conformação, respeitados os direitos das minorias.

Em casos como o presente, em que a Constituição admite duas interpretações possíveis, o normal é que prevaleça a decisão produzida nas instâncias políticas. O Senado Federal, inclusive, já exerceu essa competência, ao definir, sobre a interpretação do mesmo art. 57, § 4º, que os eleitos para a composição da Mesa Diretora no segundo biênio da legislatura não ficam impedidos de concorrer aos mesmos cargos na eleição seguinte, uma vez que o funcionamento congressual seria segmentado em legislaturas.

Em se tratando de questão afeta ao funcionamento do Congresso Nacional, a solução constitucionalmente adequada será privilegiar a interpretação conferida à norma pela própria Casa Legislativa, em respeito à sua independência orgânica. O STF, tradicionalmente, reconhece a primazia das Casas na resolução de questões 'interna corporis', respeitadas as balizas constitucionais. A hipótese de que se trata parece se inserir nesse contexto." (grifei)

O eminente Professor HELENO TORRES, por sua vez, expende as seguintes considerações, para, com apoio nelas, reconhecer a legitimidade constitucional da candidatura de congressista para o mesmo cargo da Mesa que atualmente detém em virtude de, nele, haver sido investido para o exercício de mandato residual ("mandato-tampão"):

"Em conformidade com os valores democráticos, dentre outros o princípio da igualdade, é normal e legítima a candidatura ao cargo de presidente da Câmara por qualquer membro eleito e empossado como deputado federal, do que só se excetua a candidatura para o mesmo cargo da Mesa por membro eleito no primeiro ano

- **Presidência**: Presidente e dois (02) Vice-Presidentes.

---

da legislatura para mandato de dois anos (artigo 57, parágrafo 4º, da Constituição Federal).

Indaga-se se seria válida a candidatura de parlamentar para o mesmo cargo da Mesa pelo fato de ter sido eleito para cumprir prazo remanescente do mandato do presidente anterior (mandato-tampão), motivado pela 'vacância' do cargo. O limite da política é a Constituição e o direito vigente.

A aplicação do parágrafo 4º do artigo 57 da CF está condicionada a pressupostos fáticos bem objetivos. Ora, o presidente atual não compunha a Mesa Diretora na condição de presidente (mesmo cargo), não exercia mandato de dois anos e não foi eleito no primeiro ano da legislatura.

Logo, como normas de proibição não admitem analogia, qualquer tentativa de impedir sua candidatura resulta em puro arbítrio.

(...)

É matéria tipicamente 'interna corporis', estranha ao artigo 57, parágrafo 4º, da Constituição Federal e de competência do Regimento Interno da Câmara dos Deputados (RICD).

O artigo 8º, parágrafo 2º, do regimento exige 'eleição' própria para que outro parlamentar possa concluir o período residual dos dois anos do mandato da Mesa, por não haver previsão constitucional para 'substituição' pelo vice-presidente da Casa para continuidade do mandato no período de vacância (mandato-tampão).

Deveras, a 'morte', 'renúncia' ou 'perda do mandato' do presidente da Câmara são causas da declaração de vacância, na forma do artigo 8º, parágrafo 2º, e artigo 238 do RICD. Logo, eventos excepcionais, não abarcados pela regra restritiva de candidatura do artigo 57, parágrafo 4º, da Constituição, não podem afastar o direito de candidatura do presidente, em eleição subsequente, para nova composição da Mesa.

O mandato-tampão, diz Pontes de Miranda, tem a função exclusiva de complementação do mandato já iniciado. Não faz surgir novo mandato originário pelo período remanescente, salvo por disposição expressa de lei ou da Constituição.

E esta identificou os casos onde o mandato-tampão resta prejudicado, limitadamente para vice-presidente, vice-governador e vice-prefeito – artigo 14, parágrafo 5º, da Constituição Federal. O referido trecho autoriza a possibilidade de reeleição a 'quem os houver sucedido, ou substituído no curso dos mandatos'. No caso da composição da Mesa Legislativa, silenciou o parágrafo 4º do artigo 57 da Constituição.

E onde o Constituinte não proibiu, não cabe, por extensão ou por analogia 'in malam partem', construir interpretação que tolha direito subjetivo à candidatura." (grifei)

Não foi por outra razão que o eminente Presidente do E. TRF/1ª Região, ao deferir medida de contracautela (Suspensão de Segurança nº 0000084-40.2017.4.01.0000/DF) suspensiva da eficácia de tutela provisória concedida por magistrado federal de primeira instância em sede de ação popular ajuizada contra a União Federal e o atual Presidente da Câmara dos Deputados, destacou a inaplicabilidade, a este, da vedação contida no § 4º do art. 57 da Lei Fundamental da República:

"Quanto ao objeto deste pedido de suspensão, insta, para dele se resolver, examinar se a tutela provisória deferida no 1º grau invade competência reservada ao Corpo Legislativo a que destinada, à vista do artigo 57, § 4º, da Constituição Federal, que dispõe:

- **Secretaria**: Quatro (04) Secretários; quatro (04) suplentes de Secretários.

'§ 4º Cada uma das Casas reunir-se-á em sessões preparatórias, a partir de 1º de fevereiro, no primeiro ano da legislatura, para a posse de seus membros e eleição das respectivas Mesas, para mandato de 2 (dois) anos, vedada a recondução para o mesmo cargo na eleição imediatamente subsequente'.
A literalidade da disposição constitucional ora transcrita deixa evidente que a recondução para o mesmo cargo na eleição imediatamente subsequente só é vedada aos que foram eleitos para mandato de dois anos, o que não é o caso dos autos, em que o atingido pela decisão judicial apenas cumpre mandato-tampão.
Por consequência, a guerreada tutela provisória fere o princípio da separação dos poderes (artigo 2º da Constituição Federal), ao estabelecer vedação de candidatura em situação a cujo respeito a Constituição silenciou, culminando em invadir competência própria da Câmara dos Deputados para dispor quanto à eleição de sua mesa diretora." (grifei)
A análise do conteúdo material do art. 57, § 4º, da Constituição da República - que não se reveste de caráter fundamental (eis que não se qualifica como princípio sensível de nossa organização política) nem se impõe à observância compulsória dos Estados-membros e Municípios (ADI 792/RJ, Rel. Min. MOREIRA ALVES - ADI 793/RO, Rel. Min. CARLOS VELLOSO - ADI 1.528-MC/AP, Rel. Min. OCTAVIO GALLOTTI - ADI 2.262-MC/MA, Rel. Min. NELSON JOBIM - ADI 2.292-MC/MA, Rel. Min. NELSON JOBIM - ADI 2.371-MC/ES, Rel. Min. MOREIRA ALVES - Rp 1.245/RN, Rel. Min. OSCAR CORRÊA, v.g.) - revela que a aplicabilidade de referido preceito normativo somente teria pertinência se atendidos determinados requisitos de ordem objetiva nele inscritos, sob pena de, ausentes tais pressupostos, viabilizar-se, mediante inadmissível extensão analógica de regra vedatória, a incidência de cláusula manifestamente restritiva de direito público subjetivo à candidatura, tal como advertiu o eminente Professor HELENO TAVEIRA TORRES no estudo por mim anteriormente citado:
"A aplicação do parágrafo 4º do artigo 57 da CF está condicionada a pressupostos fáticos bem objetivos. Ora, o presidente atual não compunha a Mesa Diretora na condição de presidente (mesmo cargo), não exercia mandato de dois anos e não foi eleito no primeiro ano da legislatura.
Logo, como normas de proibição não admitem analogia, qualquer tentativa de impedir sua candidatura resulta em puro arbítrio.
(...)
É matéria tipicamente 'interna corporis', estranha ao artigo 57, parágrafo 4º, da Constituição Federal e de competência do Regimento Interno da Câmara dos Deputados (RICD)." (grifei)
De outro lado, cabe ter em consideração, na linha do exposto pelo eminente Ministro LUÍS ROBERTO BARROSO no já mencionado parecer por ele elaborado como Advogado, que, naquelas controvérsias cujas soluções jurídicas mostram-se diversas, impõe-se "(...) privilegiar a interpretação conferida à norma pela própria Casa Legislativa, em respeito à sua independência orgânica" (grifei), pois, como não se desconhece, "(...) O STF, tradicionalmente, reconhece a primazia das Casas na resolução de questões 'interna corporis', respeitadas as balizas constitucionais" (grifei).

Por fim, a competência da Mesa Diretora da Câmara dos Deputados

---

Vale transcrever, por relevante, fragmento do parecer da douta Procuradoria-Geral da República sobre o tema:
"Assim, a possibilidade de recondução/reeleição para o mesmo cargo da Mesa Diretora na eleição imediatamente subsequente daquele que tenha exercido 'mandato tampão', porque atinente à organização e funcionamento das Casas Legislativas e não disciplinada pelo art. 57, § 4º, da Constituição, consubstancia matéria tipicamente 'interna corporis', não sujeita ao controle jurisdicional." (grifei)
Todos esses fundamentos confluem no sentido de que, em situações como a ora em exame, os temas debatidos devem constituir matéria suscetível de apreciação e resolução pelas próprias Casas que integram o Congresso Nacional, pois conflitos interpretativos dessa natureza - cuja definição deve esgotar-se na esfera doméstica do próprio Poder Legislativo - apresentam-se, em razão do postulado fundamental da divisão funcional do Poder, imunes ao controle jurisdicional (MS 22.183/DF, Rel. Min. MAURÍCIO CORRÊA - MS 23.388/DF, Rel. Min. NÉRI DA SILVEIRA - MS 24.104/DF, Rel. Min. CELSO DE MELLO - MS 33.705-AgR/DF, Rel. Min. CELSO DE MELLO, v.g.), a significar que se impõe ao Poder Judiciário mostrar-se deferente (e respeitoso) para com as escolhas políticas adotadas pela instância parlamentar, eis que, no contexto em análise, a cláusula de proibição constante do § 4º do art. 57 da Constituição da República, considerados os elementos que lhe compõem a estrutura normativa, não se estende "in malam partem" a situações que a ela estritamente não se subsumam, tal como destacado, no parecer já referido, pelo então Advogado (e Professor eminente) LUÍS ROBERTO BARROSO:
"Em face das premissas alinhavadas acima, é possível extrair algumas consequências. Não será incompatível com o art. 57, § 4º, da Constituição a interpretação que considere possível ao Presidente do Senado, eleito para completar mandato anterior, candidatar-se a um mandato autônomo. Não se trata, contudo, de uma imposição direta do texto constitucional. Cuida-se, afinal, de um espaço de decisão política aberto pela Constituição. (...).
Em casos como o presente, em que a Constituição admite duas interpretações possíveis, o normal é que prevaleça a decisão produzida nas instâncias políticas. (...)." (grifei)
As razões ora expostas, por isso mesmo, a que se associam os substanciosos fundamentos subjacentes ao parecer da douta Procuradoria-Geral da República, levam-me a não conhecer da presente ação mandamental.
3. Possibilidade de julgamento monocrático da ação mandamental pelo próprio Relator da causa. Legitimidade constitucional desse poder processual do Relator. Inexistência de ofensa ao postulado da colegialidade. Precedentes. Mandado de segurança de que não se conhece.
A inviabilidade da presente ação de mandado de segurança, em decorrência das razões ora mencionadas, impõe, ainda, uma observação final: no desempenho dos poderes processuais de que dispõe, assiste ao Ministro Relator competência plena para exercer, monocraticamente, o controle das ações, pedidos ou recursos dirigidos ao Supremo Tribunal Federal, legitimando-se, em consequência, os atos decisórios que, nessa condição, venha a praticar.
Cumpre acentuar, neste ponto, que o Pleno do Supremo Tribunal Federal reconheceu a inteira validade constitucional da norma legal que inclui na esfera de atribuições do Relator a competência para negar trânsito, em decisão monocrática,

encontra-se disciplinada no artigo 15[63] do seu Regimento Interno.

---

a recursos, pedidos ou ações, quando incabíveis, estranhos à competência desta Corte, intempestivos, sem objeto ou que veiculem pretensão incompatível com a jurisprudência predominante do Tribunal (RTJ 139/53 – RTJ 168/174-175, v.g.). Nem se alegue que esse preceito legal implicaria transgressão ao princípio da colegialidade, eis que o postulado em questão sempre restará preservado ante a possibilidade de submissão da decisão singular ao controle recursal dos órgãos colegiados no âmbito do Supremo Tribunal Federal, consoante esta Corte tem reiteradamente proclamado (RTJ 181/1133-1134, Rel. Min. CARLOS VELLOSO – AI 159.892-AgR/SP, Rel. Min. CELSO DE MELLO, v.g.):
'PODERES PROCESSUAIS DO MINISTRO-RELATOR E PRINCÍPIO DA COLEGIALIDADE
– Assiste ao Ministro Relator competência plena para exercer, monocraticamente, com fundamento nos poderes processuais de que dispõe, o controle de admissibilidade das ações, pedidos ou recursos dirigidos ao Supremo Tribunal Federal. Pode, em consequência, negar trânsito, em decisão monocrática, a ações, pedidos ou recursos, quando incabíveis, intempestivos, sem objeto ou, ainda, quando veicularem pretensão incompatível com a jurisprudência predominante na Suprema Corte. Precedentes.
– O reconhecimento dessa competência monocrática deferida ao Relator da causa não transgride o postulado da colegialidade, pois sempre caberá, para os órgãos colegiados do Supremo Tribunal Federal (Plenário e Turmas), recurso contra as decisões singulares que venham a ser proferidas por seus Juízes.' (MS 28.097-AgR/DF, Rel. Min. CELSO DE MELLO)
Sendo assim, em face das razões expostas, e acolhendo, ainda, o parecer da douta Procuradoria-Geral da República, não conheço da presente ação de mandado de segurança." (MS n° 34574/DF, Rel. Min. Celso de Mello, D. J. em 06.08.18).

---

63 Art. 15. À Mesa compete, dentre outras atribuições estabelecidas em lei, neste Regimento ou por resolução da Câmara, ou delas implicitamente resultantes: I - dirigir todos os serviços da Casa durante as sessões legislativas e nos seus interregnos e tomar as providências necessárias à regularidade dos trabalhos legislativos, ressalvada a competência da Comissão Representativa do Congresso Nacional; II - constituir, excluído o seu Presidente, alternadamente com a Mesa do Senado, a Mesa do Congresso Nacional, nos termos do § 5º do art. 57 da Constituição Federal; III - promulgar, juntamente com a Mesa do Senado Federal, emendas à Constituição; IV - propor ação de inconstitucionalidade, por iniciativa própria ou a requerimento de Deputado ou Comissão; V - dar parecer sobre a elaboração do Regimento Interno da Câmara e suas modificações; VI - conferir aos seus membros atribuições ou encargos referentes aos serviços legislativos e administrativos da Casa; VII - fixar diretrizes para a divulgação das atividades da Câmara; VIII - adotar medidas adequadas para promover e valorizar o Poder Legislativo e resguardar o seu conceito perante a Nação; IX - adotar as providências cabíveis, por solicitação do interessado, para a defesa judicial e extrajudicial de Deputado contra a ameaça ou a prática de ato atentatório do livre exercício e das prerrogativas constitucionais do mandato parlamentar; X - fixar, no inicio da primeira e da terceira sessões legislativas da legislatura, ouvido o Colégio de Líderes, o número de Deputados por

6.5.2. Dos Deputados Federais

A Câmara dos Deputados é composta por Deputados Federais, **eleitos popularmente** pelo **critério proporcional**, em cada Estado, Território e no Distrito Federal, conforme disposto no artigo 45, da Constituição Federal. O mandato dos Deputados Federais corresponde a quatro (04) anos, **inexistindo limites de recondução**. Em conformidade à Lei Complementar n° 78/93, acima mencionada, nenhum dos Estados membros da Federação terá menos de oito (08) ou mais de setenta (70) deputados federais.

Partido ou Bloco Parlamentar em cada Comissão Permanente; XI - elaborar, ouvido o Colégio de Líderes e os Presidentes de Comissões Permanentes, projeto de Regulamento Interno das Comissões, que, aprovado pelo Plenário, será parte integrante deste Regimento; XII - promover ou adotar, em virtude de decisão judicial, as providências necessárias, de sua alçada ou que se insiram na competência legislativa da Câmara dos Deputados, relativas aos arts. 102, I, q, e 103, § 2º, da Constituição Federal; XIII - apreciar e encaminhar pedidos escritos de informação a Ministros de Estado, nos termos do art. 50, § 2º, da Constituição Federal; XIV - declarar a perda do mandato de Deputado, nos casos previstos nos incisos III, IV e V do art. 55 da Constituição Federal, observado o disposto no § 3º do mesmo artigo; XV - aplicar a penalidade de censura escrita a Deputado; (Inciso com redação adaptada aos termos da Resolução nº 25, de 2001, que instituiu o Código de Ética e Decoro Parlamentar da Câmara dos Deputados) XVI - decidir conclusivamente, em grau de recurso, as matérias referentes ao ordenamento jurídico de pessoal e aos serviços administrativos da Câmara; XVII - propor, privativamente, à Câmara projeto de resolução dispondo sobre sua organização, funcionamento, polícia, regime jurídico do pessoal, criação, transformação ou extinção de cargos, empregos e funções e fixação da respectiva remuneração, observados os parâmetros estabelecidos na lei de diretrizes orçamentárias; XVIII - prover os cargos, empregos e funções dos serviços administrativos da Câmara, bem como conceder licença, aposentadoria e vantagens devidas aos servidores, ou colocá-los em disponibilidade; XIX - requisitar servidores da administração pública direta, indireta ou fundacional para quaisquer de seus serviços; XX - aprovar a proposta orçamentária da Câmara e encaminhá-la ao Poder Executivo; XXI - encaminhar ao Poder Executivo as solicitações de créditos adicionais necessários ao funcionamento da Câmara e dos seus serviços; XXII - estabelecer os limites de competência para as autorizações de despesa; XXIII - autorizar a assinatura de convênios e de contratos de prestação de serviços; XXIV - aprovar o orçamento analítico da Câmara; XXV - autorizar licitações, homologar seus resultados e aprovar o calendário de compras; XXVI - exercer fiscalização financeira sobre as entidades subvencionadas, total ou parcialmente, pela Câmara, nos limites das verbas que lhes forem destinadas; XXVII - encaminhar ao Tribunal de Contas da União a prestação de contas da Câmara em cada exercício financeiro; XXVIII - requisitar reforço policial, nos termos do parágrafo único do art. 270; XXIX - apresentar à Câmara, na sessão de encerramento do ano legislativo, resenha dos trabalhos realizados, precedida de sucinto relatório sobre o seu desempenho. Parágrafo único. Em caso de matéria inadiável, poderá o Presidente, ou quem o estiver substituindo, decidir, ad referendum da Mesa, sobre assunto de competência desta.

O artigo 14, §3°, VI, "c", da Constituição Federal, ao dispor sobre as **condições de elegibilidade**, estabelece a idade mínima de vinte e um anos para que alguém possa tornar-se Deputado Federal, além do seguinte: a) nacionalidade brasileira; b) o pleno exercício dos direitos políticos; c) o alistamento eleitoral; d) domicílio eleitoral na circunscrição e; e) filiação partidária

6.6. Do Senado Federal

O Senado Federal é composto por senadores da República, eleitos popularmente pelo **princípio majoritário** e que representam politicamente os Estados-membros e o Distrito Federal[64]. Por sermos uma federação, cada unidade política autônoma é dotada de igualdade jurídica em relação às demais, disto resultando na identidade do número de senadores por Estado-membro e Distrito Federal. Conforme preceitua o artigo 46, §1°, da Constituição Federal, "**cada Estado e o Distrito Federal elegerão três Senadores, com mandato de oito anos.**" O §2° do artigo 46 estabelece, ainda, que "a representação de cada Estado e do Distrito Federal será renovada de quatro em quatro anos, alternadamen te, por um e dois terços." Consoante esta norma, a cada eleição na qual a população brasileira elege os seus senadores, sempre haverá alternância no pleito eleitoral entre *um* e *dois* senadores, é dizer, numa eleição a população elege um (01) senador e na subsequente tem a possibilidade de eleger dois (02) senadores, observando a norma disposta no art. 46, §2°, da Constituição Federal. O artigo 46, §3°, por sua vez, estabelece que cada Senador será eleito com dois suplentes. É oportuno dizer que o número total de senadores compondo a Casa poderá variar, bastando, para tanto, ser realizada alteração na estrutura federativa brasileira[65].

---

64 Dispõe o artigo 46, *caput*, da Constituição Federal:
"Art. 46. O Senado Federal compõe-se de representantes dos Estados e do Distrito Federal, eleitos segundo o princípio majoritário."

65 Art. 18. A organização político-administrativa da República Federativa do Brasil compreende a União, os Estados, o Distrito Federal e os Municípios, todos autônomos, nos termos desta Constituição.
§ 1º Brasília é a Capital Federal.
§ 2º Os Territórios Federais integram a União, e sua criação, transformação em Estado ou reintegração ao Estado de origem serão reguladas em lei complementar.
§ 3º **Os Estados podem incorporar-se entre si, subdividir-se ou desmembrar-se para se anexarem a outros, ou formarem novos Estados** ou Territórios Federais, **mediante aprovação da população diretamente interessada, através de plebiscito, e do Congresso Nacional, por lei complementar.**"

6.6.1. Da Mesa Diretora

A Mesa Diretora é o órgão diretivo do Senado Federal, a ela competindo a direção dos trabalhos legislativos e dos serviços administrativos da Casa[66]. Nos termos do artigo 46, do Regimento Interno do Senado

66 Compete ao Presidente da Mesa Diretora do Senado Federal, nos termos do artigo 48 do RISF:
"I - exercer as atribuições previstas nos arts. 57, § 6º, I e II, 66, § 7º, e 80 da Constituição; II - velar pelo respeito às prerrogativas do Senado e às imunidades dos Senadores; III - convocar e presidir as sessões do Senado e as sessões conjuntas do Congresso Nacional; IV - propor a transformação de sessão pública em secreta; V - propor a prorrogação da sessão; VI - designar a Ordem do Dia das sessões deliberativas e retirar matéria da pauta para cumprimento de despacho, correção de erro ou omissão no avulso eletrônico e para sanar falhas da instrução; VII - fazer ao Plenário, em qualquer momento, comunicação de interesse do Senado e do País; VIII - fazer observar na sessão a Constituição, as leis e este Regimento; IX - assinar as atas das sessões secretas, uma vez aprovadas; X - determinar o destino do expediente lido e distribuir as matérias às comissões; XI - impugnar as proposições que lhe pareçam contrárias à Constituição, às leis, ou a este Regimento, ressalvado ao autor recurso para o Plenário, que decidirá após audiência da Comissão de Constituição, Justiça e Cidadania; XII - declarar prejudicada proposição que assim deva ser considerada, na conformidade regimental; XIII - decidir as questões de ordem; XIV - orientar as discussões e fixar os pontos sobre que devam versar, podendo, quando conveniente, dividir as proposições para fins de votação; XV - dar posse aos Senadores; XVI - convocar Suplente de Senador; XVII - comunicar ao Tribunal Superior Eleitoral a ocorrência de vaga de Senador, quando não haja Suplente a convocar e faltarem mais de quinze meses para o término do mandato (Const., art. 56, II, § 2º); XVIII - propor ao Plenário a indicação de Senador para desempenhar missão temporária no País ou no exterior; XIX - propor ao Plenário a constituição de comissão para a representação externa do Senado; XX - designar oradores para as sessões especiais do Senado e sessões solenes do Congresso Nacional; XXI - designar substitutos de membros das comissões e nomear relator em plenário; XXII - convidar, se necessário, o relator ou o Presidente da comissão a explicar as conclusões de seu parecer; XXIII - desempatar as votações, quando ostensivas; XXIV - proclamar o resultado das votações; XXV - despachar, de acordo com o disposto no art. 41, requerimento de licença de Senador; XXVI - despachar os requerimentos constantes do parágrafo único do art. 214 e do inciso II do art. 215; XXVII - assinar os autógrafos dos projetos e emendas a serem remetidos à Câmara dos Deputados, e dos projetos destinados à sanção; XXVIII - promulgar as resoluções do Senado e os decretos legislativos; XXIX - assinar a correspondência dirigida pelo Senado às seguintes autoridades: a) Presidente da República; b) Vice-Presidente da República; c) Presidente da Câmara dos Deputados; d) Presidentes do Supremo Tribunal Federal, dos Tribunais Superiores do País e do Tribunal de Contas da União; e) Chefes de Governos estrangeiros e seus representantes no Brasil; f) Presidentes das Casas de Parlamento estrangeiro; g) Governadores dos Estados, do Distrito Federal e dos Territórios Federais; h) Presidentes das Assembleias Legislativas dos Estados; i) Autoridades judiciárias, em resposta a pedidos de informações sobre assuntos pertinentes ao Senado, no curso de feitos judiciais;

Federal, a Mesa compõe-se de 07 (sete) membros: um (01) Presidente, dois (02) Vice-Presidentes e quatro (04) Secretários[67].

Os membros da Mesa são eleitos para mandato de dois (02) anos, vedada a reeleição[68] para o período imediatamente subsequente. Conforme disposto no artigo 59, do Regimento Interno do Senado Federal, na constituição das Mesas e de cada Comissão, é assegurada, tanto quanto possível, a representação proporcional dos partidos ou dos blocos parlamentares que integram a Casa.

A eleição dos membros da Mesa será realizada em escrutínio secreto, exigida maioria simples de votos, presente a maioria absoluta do Senado Federal, devendo ser observada a seguinte ordem: a) Presidente; b) os Vice-Presidentes; c) os Secretários e; d) os Suplentes de Secretários[69].

6.6.2. Dos Senadores

Conforme já aludido, cada Estado e o Distrito Federal elegerão três Senadores, com mandato corresponde a oito (08) anos, a teor do disposto no artigo 46, §1°, da Constituição Federal. Nos termos do §3° do artigo 46, cada Senador será eleito com dois suplentes.

Ao dispor sobre as **condições de elegibilidade** dos postulantes ao Senado Federal, a Constituição, em seu artigo 14, §3°, estabelece os mesmos requisitos exigidos para os candidatos a Deputado Federal, **com**

XXX - autorizar a divulgação das sessões, nos termos do disposto no art. 186; XXXI - promover a publicação dos debates e de todos os trabalhos e atos do Senado, impedindo a de expressões vedadas por este Regimento, inclusive quando constantes de documento lido pelo orador; XXXII - avocar a representação do Senado quando se trate de atos públicos de especial relevância, e não seja possível designar comissão ou Senador para esse fim; XXXIII - resolver, ouvido o Plenário, qualquer caso não previsto neste Regimento; XXXIV - presidir as reuniões da Mesa e da Comissão Diretora, podendo discutir e votar; XXXV - exercer a competência fixada no Regulamento Administrativo do Senado Federal."

---

67 "Art. 46. A Mesa se compõe de Presidente, dois Vice-Presidentes e quatro Secretários.
§ 1º Os Secretários substituir-se-ão conforme a numeração ordinal e, nesta ordem, substituirão o Presidente, na falta dos Vice-Presidentes.
§ 2º Os Secretários serão substituídos, em seus impedimentos, por Suplentes em número de quatro."

68 Aplica-se, no que couber, o entendimento firmado pelo STF no MS n° 34574/DF (Rel. Min. Celso de Mello, D. J. em 06.08.18), cujo objeto versou sobre a eleição para Mesa da Câmara dos Deputados.

69 Art. 60, RISF.

a ressalva pertinente à idade mínima: para os Deputados (Federal, Estadual ou Distrital), a idade mínima é de vinte e um (21) anos (art. 14, §3, VI, "c"), ao passo que em relação aos Senadores, a idade mínima constitucionalmente estabelecida corresponde a trinta e cinco (35) anos (art. 14, §3°, VI, "a"). Além da idade mínima, as condições de elegibilidade são as mesmas aplicáveis aos Deputados: a) nacionalidade brasileira; b) pleno exercício dos direitos políticos; c) alistamento eleitoral; d) domicílio eleitoral na circunscrição; e) filiação partidária[70].

6.7. Das imunidades

As imunidades se traduzem em garantias voltadas para o livre exercício da função parlamentar e à defesa do Poder Legislativo, sendo também denominadas de *prerrogativas parlamentares*[71]. De início, cabe ressaltar que **a imunidade é inerente ao cargo, e não ao parlamentar** exercente da função que lhe corresponde. Segundo André Ramos Tavares, "as garantias atribuídas aos parlamentares são, na realidade, garantias da própria instituição, vale dizer, do parlamento, bem como das funções deste.[72]"

As imunidades, ora compreendidas como *prerrogativas parlamentares*, são de duas espécies: **materiais e formais**. As **imunidades ma-**

70 O artigo 14 da Constituição Federal, dispõe o seguinte:
"Art. 14. A soberania popular será exercida pelo sufrágio universal e pelo voto direto e secreto, com valor igual para todos, e, nos termos da lei, mediante:
(...)
§ 3º São condições de elegibilidade, na forma da lei:
I - a nacionalidade brasileira;
II - o pleno exercício dos direitos políticos;
III - o alistamento eleitoral;
IV - o domicílio eleitoral na circunscrição;
V - a filiação partidária;
VI - a idade mínima de:
a) trinta e cinco anos para Presidente e Vice-Presidente da República e Senador;
b) trinta anos para Governador e Vice-Governador de Estado e do Distrito Federal;
c) vinte e um anos para Deputado Federal, Deputado Estadual ou Distrital, Prefeito, Vice-Prefeito e juiz de paz;
d) dezoito anos para Vereador."

71 Cf. André Ramos Tavares. **Curso de Direito Constitucional.** São Paulo: Saraiva, 2011, p. 1254; Edson Pires da Fonseca, **Direito Constitucional Legislativo – Poder Legislativo, Direito Parlamentar e Processo Legislativo.** 3ª ed. Rio de Janeiro: Lumen Juris, 2016, p. 163.

72 André Ramos Tavares. **Curso de Direito Constitucional.** São Paulo: Saraiva, 2011, p. 1.253.

teriais, também denominadas "inviolabilidades", são compreendidas como a **exclusão do** próprio **ilícito**, desde que praticados por deputados ou senadores **no exercício do mandato**. Portanto, a imunidade material implica na **irresponsabilidade da conduta**. Por sua vez, a **imunidade formal** assegura tão-somente o impedimento do livre desenvolvimento do processo, com a consequente suspensão da prescrição, enquanto o agente estiver no exercício do mandato. **Ela não exclui a configuração do ilícito penal**, mas apenas **restringe as hipóteses de prisão** dos deputados e senadores, além de permitir à Casa Legislativa, nos crimes praticados posteriormente à diplomação, suspender o processo que tramita contra seu parlamentar.

As **imunidades materiais** (inviolabilidades) estão elencadas no *caput* do artigo 53, da Constituição Federal, cujo enunciado normativo é o seguinte:

> "Art. 53. **Os Deputados** e **Senadores** são **invioláveis**, **civil** e **penalmente**, por **quaisquer** de suas **opiniões, palavras e votos**." (destaque nosso)

Consoante a norma constitucional trazida à colação, os parlamentares são **invioláveis civil e penalmente,** é dizer, a **eles não podem ser imputados nenhuma responsabilidade de natureza civil ou penal, decorrentes de suas opiniões, palavras ou votos, desde que tais atos guardem nexo com o exercício do mandato**. O Supremo Tribunal Federal – STF já teve a oportunidade de se manifestar acerca do significado atribuído ao termo "**inviolabilidade**", além de especificar o alcance do referido preceito[73]. Logo, a inviolabilidade dos Deputados

73 "A palavra 'inviolabilidade' significa intocabilidade, intangibilidade do parlamentar quanto ao cometimento de crime ou contravenção. Tal inviolabilidade é de natureza material e decorre da função parlamentar, porque em jogo a representatividade do povo. O art. 53 da CF, com a redação da Emenda 35, não reeditou a ressalva quanto aos crimes contra a honra, prevista no art. 32 da EC 1, de 1969. Assim, é de se distinguir as situações em que as supostas ofensas são proferidas dentro e fora do Parlamento. Somente nessas últimas ofensas irrogadas fora do Parlamento é de se perquirir da chamada 'conexão com o exercício do mandato ou com a condição parlamentar' (Inq 390 e 1.710). Para os pronunciamentos feitos no interior das Casas Legislativas não cabe indagar sobre o conteúdo das ofensas ou a conexão com o mandato, dado que acobertadas com o manto da inviolabilidade. Em tal seara, caberá à própria Casa a que pertencer o parlamentar coibir eventuais excessos no desempenho dessa prerrogativa. No caso, o discurso se deu no Plenário da Assembleia Legislativa, estando, portanto, abarcado pela inviolabilidade. Por outro lado, as entrevistas concedidas à imprensa pelo acusado restringiram-se a resumir e comentar a citada manifestação da tribuna, consistindo, por isso, em

Federais e Senadores, por opiniões palavras e votos, prevista no art. 53 da Constituição Federal, não se aplica a crimes contra a honra cometidos em situação que não guarda vinculação com o exercício do mandato. A imunidade incide apenas quando o discurso guarda relação com o exercício do mandato, no âmbito interno ou **externo** da Casa a qual ele pertence, é dizer, a proteção somente alcança as palavras, opiniões e votos externados em razão do cargo ou função.[74]

---

mera extensão da imunidade material." Cf. RE n° 576.074 AgR/RJ, Rel. Min. Luiz Fux, D. J em 26/04/2011, 1ª Turma; Inq. n° 1958/AC, Rel. Min. Carlos Velloso, D. J. 29/10/2003, Pleno, STF.

---

74 Na Petição n° 5.243/DF, cujo objeto versou sobre as manifestações do então parlamentar, Jair Messias Bolsonaro, contra a deputada federal Maria do Rosário Nunes, no sentido de que "não estupraria a Deputada Federal Maria do Rosário porque ela não merece", (...) "não merece porque ela é muito ruim, porque ela é muito feia, não faz meu gênero, jamais a estupraria. Eu não sou estuprador, mas, se fosse, não iria estuprar, porque não merece", o STF discutiu a questão à luz da imunidade parlamentar. O eminente Ministro Luiz Fux, relator da Petição, externou o seguinte entendimento:

"**Para que as afirmações feitas pelo parlamentar possam ser relacionadas ao exercício do mandato, elas devem revelar teor minimamente político, referido a fatos que estejam sob debate público, sob investigação do Congresso Nacional (CPI) ou dos órgãos de persecução penal ou, ainda, sobre qualquer tema que seja de interesse de setores da sociedade, do eleitorado, organizações ou quaisquer grupos representados no parlamento ou com pretensão à representação democrática.**

Consequentemente, **não há como relacionar ao desempenho da função legislativa** (prática *in officio*), **ou de atos praticados em razão do exercício de mandato parlamentar** (prática *propter officium*), **as palavras e opiniões meramente pessoais, sem relação com o debate democrático de fatos ou ideias e, portanto, sem vínculo com o exercício das funções cometidas a um Parlamentar**.

In casu, cuida-se de declarações que, a toda evidência, não guardam qualquer relação com o exercício do mandato.

Vale anotar que as primeiras declarações foram reverberadas da tribuna da Câmara dos Deputados, aproveitando-se de momento em que o parlamentar manifestaria suas críticas à comemoração do Dia Internacional dos Direitos Humanos.

Deveras, não obstante a jurisprudência do Supremo Tribunal Federal tenha entendimento no sentido da impossibilidade de responsabilização do parlamentar quando as palavras tenham sido proferidas no recinto da Câmara dos Deputados, *in casu* as declarações foram proferidas em entrevista a veículo de imprensa, não incidindo, assim, a imunidade.

Com efeito, o denunciado decidiu, ainda, conceder uma entrevista a diário de circulação nacional (Jornal Zero Hora). Na entrevista, o acusado voltou a registrar que a Deputada Federal Maria do Rosário não merecia ser estuprada, por ser uma mulher cujos dotes físicos ou intelectuais não o atraiam. **O fato de o parlamen-**

Portanto, a "inviolabilidade" deve ser compreendida como a exclusão do próprio crime, decorrente do pronunciamento (opiniões, palavras e votos) dos congressistas (deputados e senadores), **no exercício do mandato parlamentar**, sobre fatos de conteúdo minimamente político e de interesse público. Ao tratar da imunidade material, Edson Pires da Fonseca pontua o seguinte:

> "Vale destacar que **todos os parlamentares** (deputados federais, senadores, deputados estaduais e vereadores), no exercício do mandato ou em razão dele, **possuem imunidade material. Essa imunidade** protege o parlamentar não somente por palavras proferidas no âmbito das respectivas Casas Legislativas, mas em todo o lugar em que manifeste as suas opiniões, desde que em razão do cargo.[75]"

As **imunidades formais**, por sua vez, não implicam na exclusão do crime, mas impedem tão-somente o início do processo em razão do exercício do mandato parlamentar. São também denominadas de "*prerrogativas processuais.*[76]" Conforme apontado, as imunidades formais não excluem a configuração do ilícito penal, restringindo apenas as hipóteses de prisão dos parlamentares, além de facultar à Casa Legislativa da qual o congressista faça parte, a suspensão do processo que tramita contra o mesmo, nos crimes ocorridos após sua diplomação. Trata-se, portanto, de uma *imunidade processual relativa*, na medida em que ele não está imune por completo ao processo. É oportuno lembrar, nos termos do §1º, do artigo 53, da Constituição Federal, que os Deputados e Senadores, desde a expedição do diploma, serão submetidos a julgamento perante o Supremo Tribunal Federal, é dizer, possuem ***prerrogativa de foro***. Portanto, nos crimes praticados após a diplomação, o Supremo Tribunal Federal dará ciência à Casa respectiva, que, por iniciativa de partido político nela representado e pelo voto da maioria de seus mem-

tar estar em seu gabinete no momento em que concedeu a entrevista é fato meramente acidental, já que não foi ali que se tornaram públicas as ofensas, mas sim através da imprensa e da internet. Portanto, cuidando-se de declarações firmadas em entrevista concedida a veículo de grande circulação, cujo conteúdo não se relaciona à garantia do exercício da função parlamentar, não incide a imunidade prevista no art. 53 da Constituição Federal." Pet. 5243-DF, Rel. Min. Luiz Fux, d. j. 21.06.16, pp. 07 e 08.

75 **Direito Constitucional Legislativo - Poder Legislativo, Direito Parlamentar e Processo Legislativo.** 3ª ed. Rio de Janeiro: Lumen Juris, 2016, p. 165.

76 Celso Ribeiro Bastos e André Ramos Tavares. **As tendências do Direito Público no limiar de um novo milênio.** São Paulo: Saraiva, 2000, p. 323.

bros, poderá, até a decisão final, sustar o andamento da ação, conforme disposto no artigo 53, §3°, da Constituição Federal. O pedido de sustação será objeto de análise pela respectiva Casa, no prazo improrrogável de quarenta e cinco dias a contar do seu recebimento pela Mesa Diretora, de modo que, sendo tal pedido acatado, o prazo prescricional será suspenso enquanto durar o mandato, nos termos do art. 53, §§ 4° e 5°, da Lei Maior.

Por fim, devemos registrar que os Deputados e Senadores não poderão ser presos, desde a expedição do diploma, salvo em flagrante de crime inafiançável. Nesta hipótese, os autos serão remetidos dentro de vinte e quatro horas à Casa respectiva, para que, pelo voto da maioria de seus membros, resolva sobre a prisão, conforme previsto no art. 53, §2°, da Constituição Federal[77].

6.8. Das Comissões Parlamentares

As Comissões Parlamentares se constituem em órgãos colegiados, instituídos em cada Casa do Congresso Nacional, com atribuições

77 O regime constitucional das imunidades parlamentares encontra-se disciplinado nos artigos 53, que dispõe o seguinte:
"Art. 53. Os Deputados e Senadores são invioláveis, civil e penalmente, por quaisquer de suas opiniões, palavras e votos.
§ 1º Os Deputados e Senadores, desde a expedição do diploma, serão submetidos a julgamento perante o Supremo Tribunal Federal.
§ 2º Desde a expedição do diploma, os membros do Congresso Nacional não poderão ser presos, salvo em flagrante de crime inafiançável. Nesse caso, os autos serão remetidos dentro de vinte e quatro horas à Casa respectiva, para que, pelo voto da maioria de seus membros, resolva sobre a prisão.
§ 3º Recebida a denúncia contra o Senador ou Deputado, por crime ocorrido após a diplomação, o Supremo Tribunal Federal dará ciência à Casa respectiva, que, por iniciativa de partido político nela representado e pelo voto da maioria de seus membros, poderá, até a decisão final, sustar o andamento da ação.
§ 4º O pedido de sustação será apreciado pela Casa respectiva no prazo improrrogável de quarenta e cinco dias do seu recebimento pela Mesa Diretora.
§ 5º A sustação do processo suspende a prescrição, enquanto durar o mandato.
§ 6º Os Deputados e Senadores não serão obrigados a testemunhar sobre informações recebidas ou prestadas em razão do exercício do mandato, nem sobre as pessoas que lhes confiaram ou deles receberam informações.
§ 7º A incorporação às Forças Armadas de Deputados e Senadores, embora militares e ainda que em tempo de guerra, dependerá de prévia licença da Casa respectiva.
§ 8º As imunidades de Deputados ou Senadores subsistirão durante o estado de sítio, só podendo ser suspensas mediante o voto de dois terços dos membros da Casa respectiva, nos casos de atos praticados fora do recinto do Congresso Nacional, que sejam incompatíveis com a execução da medida."

funcionais disciplinadas regimentalmente. Conforme dispõe o artigo 58 da Constituição Federal, as Comissões podem ser **permanentes ou temporárias**[78].

6.8.1. Das Comissões Parlamentares Permanentes e Temporárias

São denominadas **permanentes**[79-80-81], as Comissões criadas para funcionar por prazo indeterminado. Referidas comissões integram a es-

---

78 "Art. 58. **O Congresso Nacional e suas Casas terão comissões permanentes e temporárias**, constituídas na forma e com as atribuições previstas no respectivo regimento ou no ato de que resultar sua criação."

79 O artigo 22 do RICD estabelece os tipos e funções das suas Comissões:
"Art. 22. As Comissões da Câmara são:
I - Permanentes, as de caráter técnico-legislativo ou especializado integrantes da estrutura institucional da Casa, co-partícipes e agentes do processo legiferante, que têm por finalidade apreciar os assuntos ou proposições submetidos ao seu exame e sobre eles deliberar, assim como exercer o acompanhamento dos planos e programas governamentais e a fiscalização orçamentária da União, no âmbito dos respectivos campos temáticos e áreas de atuação;

80 O artigo 77 do RISF instituiu as seguintes Comissões Permanentes com os respectivos números de membros:
"Art. 77. A Comissão Diretora é constituída dos titulares da Mesa, tendo as demais comissões permanentes o seguinte número de membros: I - Comissão de Assuntos Econômicos, 27; II - Comissão de Assuntos Sociais, 21; III - Comissão de Constituição, Justiça e Cidadania, 27; IV - Comissão de Educação, Cultura e Esporte, 27; V - Comissão de Transparência, Governança, Fiscalização e Controle e Defesa do Consumidor, 17. VI - Comissão de Direitos Humanos e Legislação Participativa, 19; VII - Comissão de Relações Exteriores e Defesa Nacional, 19; VIII - Comissão de Serviços de Infraestrutura, 23; IX - Comissão de Desenvolvimento Regional e Turismo, 17; X - Comissão de Agricultura e Reforma Agrária, 17; XI - Comissão de Ciência, Tecnologia, Inovação, Comunicação e Informática, 17; XII - Comissão Senado do Futuro, 11; XIII - Comissão de Meio Ambiente, 1."

81 O artigo 32 do RICD instituiu as seguintes Comissões Permanentes:
"Art. 32. São as seguintes as Comissões Permanentes e respectivos campos temáticos ou áreas de atividade: I - Comissão de Agricultura, Pecuária, Abastecimento e Desenvolvimento Rural; II - Comissão de Integração Nacional, Desenvolvimento Regional e da Amazônia; III - Comissão de Ciência e Tecnologia, Comunicação e Informática; IV - Comissão de Constituição e Justiça e de Cidadania; V - Comissão de Defesa do Consumidor; VI - Comissão de Desenvolvimento Econômico, Indústria, Comércio e Serviços; VII - Comissão de Desenvolvimento Urbano; VIII - Comissão de Direitos Humanos e Minorias; IX - Comissão de Educação; X - Comissão de Finanças e Tributação; XI - Comissão de Fiscalização Financeira e Controle; XII - Comissão de Legislação Participativa; XIII - Comissão de Meio Ambiente e Desenvolvimento Sustentável; XIV - Comissão de Minas e Energia; XV - Comissão de Relações Exteriores e de Defesa Nacional; XVI - Comissão de Segurança Pública e Combate ao Crime Organizado; XVII - Comissão de Seguridade Social e Família;

trutura da Casa Legislativa, apenas se extinguindo mediante alteração regimental. As Comissões Permanentes possuem caráter técnico-legislativo e têm por finalidade apreciar os assuntos ou proposições submetidas ao seu exame e sobre eles deliberar, além de exercer outras funções regimentalmente estabelecidas.

Por sua vez, as **Comissões Temporárias** são constituídas para apreciar um assunto específico, extinguindo-se: a) ao término da legislatura; b) antes dele (término da sessão legislativa), uma vez alcançado o fim a que se destinam ou; c) expirado seu prazo de duração[82].

O artigo 58, §1°, da Constituição Federal, determina que na constituição das comissões parlamentares, permanentes e temporárias, deverá ser assegurada, tanto quanto possível, representação proporcional dos partidos ou dos blocos parlamentares que participam da respectiva Casa. O §2° do citado artigo dispõe sobre a atribuição das comissões ***ratione materiae***, a elas conferindo as seguintes competências: a) discutir e votar projeto de lei que dispensar, na forma do regimento, a competência do Plenário, salvo se houver recurso de um décimo dos membros da Casa; b) realizar audiências públicas com entidades da sociedade civil; c) convocar Ministros de Estado para prestar informações sobre assuntos inerentes a suas atribuições; d) receber petições, reclamações, representações ou queixas de qualquer pessoa contra atos ou omissões das autoridades ou entidades públicas; e) solicitar depoimento de qualquer autoridade ou cidadão e; f) apreciar programas de obras, planos nacionais, regionais e setoriais de desenvolvimento e sobre eles emitir parecer.

XVIII - Comissão de Trabalho, de Administração e Serviço Público; XIX - Comissão de Turismo; XX - Comissão de Viação e Transportes; XXI - Comissão de Cultura; XXII - Comissão do Esporte; XXIII - Comissão de Defesa dos Direitos das Pessoas com Deficiência; XXIV - Comissão de Defesa dos Direitos da Mulher; XXV - Comissão de Defesa dos Direitos da Pessoa Idosa."

82 Dispõe o artigo 76 do RISF:
"Art. 76. As comissões temporárias se extinguem: I - pela conclusão da sua tarefa; ou II - ao término do respectivo prazo; e III - ao término da sessão legislativa ordinária."
Por sua vez, estabelece o artigo 22 do RICD:
"Art. 22. As Comissões da Câmara são:
(...)
II - Temporárias, as criadas para apreciar determinado assunto, que se extinguem ao término da legislatura, ou antes dele, quando alcançado o fim a que se destinam ou expirado seu prazo de duração."

6.8.1.1. Das Comissões Parlamentares de Inquérito

As **Comissões Parlamentares de Inquérito - CPI** são **comissões temporárias** de **natureza fiscalizatória**. Conforme já aludido, entre as funções ***típicas*** do Poder Legislativo encontra-se aquela inerente à fiscalização dos demais Poderes, a exemplo do disposto no artigo 49, X, da Constituição Federal, que atribui competência privativa ao Congresso Nacional para "fiscalizar e controlar, diretamente, ou por qualquer de suas Casas, os atos do Poder Executivo, incluídos os da administração indireta."

Em conformidade ao artigo 58, §3°[83], da Constituição Federal, as Comissões Parlamentares de Inquérito são instituídas para dispor sobre um específico assunto, podendo ser criadas pela Câmara dos Deputados e pelo Senado Federal, além da possibilidade de serem instituídas conjuntamente, é dizer, pela Câmara dos Deputados **e** Senado Federal. Nesta hipótese, ter-se-ão as denominadas **Comissões Parlamentares Mista de Inquérito - CPMI**, integradas por Deputados e Senadores.

O artigo 58, §3°, estabelece os seguintes requisitos para instalação de uma Comissão Parlamentar de Inquérito: a) requerimento de um terço de seus membros[84]; b) apuração de fato determinado; c) prazo certo. Deste modo, **as Comissões Parlamentares deverão ser criadas para apurar um fato específico, determinado, individualizável**, não sendo constitucionalmente permitida a instalação de uma CPI para investigar, hipoteticamente, "corrupção no poder legislativo", "corrupção no poder

83 "Art. 58. O Congresso Nacional e suas Casas terão comissões permanentes e temporárias, constituídas na forma e com as atribuições previstas no respectivo regimento ou no ato de que resultar sua criação.
(...)
§ 3º As comissões parlamentares de inquérito, que terão poderes de investigação próprios das autoridades judiciais, além de outros previstos nos regimentos das respectivas Casas, serão criadas pela Câmara dos Deputados e pelo Senado Federal, em conjunto ou separadamente, mediante requerimento de um terço de seus membros, para a apuração de fato determinado e por prazo certo, sendo suas conclusões, se for o caso, encaminhadas ao Ministério Público, para que promova a responsabilidade civil ou criminal dos infratores.
§ 4º Durante o recesso, haverá uma Comissão representativa do Congresso Nacional, eleita por suas Casas na última sessão ordinária do período legislativo, com atribuições definidas no regimento comum, cuja composição reproduzirá, quanto possível, a proporcionalidade da representação partidária."

84 Um terço dos membros da Câmara dos Deputados ou do Senado Federal. Na hipótese de CPI Mista, exige-se o quórum de um terço dos membros de cada Casa do Congresso Nacional.

judiciário" etc. É dizer, o objeto para instalação de uma CPI não pode se constituir em algo abstrato e indeterminado.

A competência das Comissões Parlamentares está delineada, também, no artigo 50 da Constituição Federal, ao dispor que "a **Câmara dos Deputados e o Senado Federal, ou qualquer de suas Comissões, poderão convocar Ministro de Estado** ou **quaisquer titulares de órgãos diretamente subordinados à Presidência da República para prestarem, pessoalmente, informações sobre assunto previamente determinado**, importando crime de responsabilidade a ausência sem justificação adequada." É oportuno salientar, nos termos do §1° do citado artigo 50, que os Ministros de Estado poderão comparecer voluntariamente às Comissões Parlamentares para expor assunto de relevância de seu Ministério, na medida em que eventualmente o objeto investigativo de uma Comissão possa estar afeto a uma competência ministerial.

Em relação à sua competência fiscalizatória, o §3°, do artigo 58 da Constituição Federal, atribui às Comissões Parlamentares de Inquérito "poderes de investigação próprios das autoridades judiciais.[85]" Consoante entendimento do Supremo Tribunal Federal, inexiste possibilidade jurídica de CPI "praticar atos sobre os quais incida a cláusula constitucional da reserva de jurisdição, como a busca e apreensão domiciliar (...)." Há, no entanto, possibilidade "de a CPI ordenar busca e apreensão de bens, objetos e computadores, desde que essa diligência não se

85 O Supremo Tribunal Federal – STF tem entendido que "(...) as CPIs, no desempenho de seus poderes de investigação, estão sujeitas às mesmas normas e limitações que incidem sobre os magistrados, quando no exercício de igual prerrogativa. Vale dizer: as CPIs somente podem exercer as atribuições investigatórias que lhes são inerentes, desde que o façam nos mesmos termos e segundo as mesmas exigências que a Constituição e as leis da República impõem aos juízes, especialmente no que concerne ao necessário respeito às prerrogativas que o ordenamento positivo do Estado confere aos advogados. (...) a presença do advogado em qualquer procedimento estatal, independentemente do domínio institucional em que esse mesmo procedimento tenha sido instaurado, constitui fator inequívoco de certeza de que os órgãos do poder público (Legislativo, Judiciário e Executivo) não transgredirão os limites delineados pelo ordenamento positivo da República, respeitando-se, em consequência, como se impõe aos membros e aos agentes do aparelho estatal, o regime das liberdades públicas e os direitos subjetivos constitucionalmente assegurados às pessoas em geral, inclusive àquelas eventualmente sujeitas, qualquer que seja o motivo, a investigação parlamentar, ou a inquérito policial, ou, ainda, a processo judicial. (...) não se revela legítimo opor, ao advogado, restrições, que, ao impedirem, injusta e arbitrariamente, o regular exercício de sua atividade profissional, culminem por esvaziar e nulificar a própria razão de ser de sua intervenção perante os órgãos do Estado, inclusive perante as próprias CPIs." MS 30.906 MC, rel. min. Celso de Mello, d. j. em 05.10.11, STF.

efetive em local inviolável, como os espaços domiciliares, sob pena, em tal hipótese, de invalidade da diligência e de ineficácia probatória dos elementos informativos dela resultantes.[86]"

Uma vez concluídos os trabalhos da Comissão Parlamentar de Inquérito e apurada eventual ilegalidade, deverão suas conclusões ser encaminhadas ao Ministério Público, para que promova a responsabilidade civil ou criminal dos infratores, nos termos do artigo 58, §3° da Constituição Federal[87].

Por fim, cabe deixar registrado que no plano infraconstitucional, a Lei n° 1.579/52, dispõe sobre as Comissões Parlamentares de Inquérito, afora a Lei n° 10.001/2000[88] e a Lei Complementar n° 105/2001[89].

6.9. Do Processo Legislativo

O **processo legislativo** compreende as normas que disciplinam a forma de elaboração de atos normativos primários, é dizer, atos normativos que retiram seu fundamento de validade **imediatamente** da

86 Cf. MS 33.663 MC, Rel. Min. Celso de Mello, d. j. em 19.06.15, dec. monocrática, STF.

87 "§3º As comissões parlamentares de inquérito, que terão poderes de investigação próprios das autoridades judiciais, além de outros previstos nos regimentos das respectivas Casas, serão criadas pela Câmara dos Deputados e pelo Senado Federal, em conjunto ou separadamente, mediante requerimento de um terço de seus membros, para a apuração de fato determinado e por prazo certo, sendo suas conclusões, se for o caso, encaminhadas ao Ministério Público, para que promova a responsabilidade civil ou criminal dos infratores."

88 A Lei n° 10.001/2000, dispõe sobre a prioridade nos procedimentos a serem adotados pelo Ministério Público e por outros órgãos a respeito das conclusões das comissões parlamentares de inquérito.

89 A Lei Complementar n° 105/01, dispõe sobre o sigilo das operações de instituições financeiras e dá outras providências. Em seu artigo 4°, estabelece o seguinte:
"Art. 4° O Banco Central do Brasil e a Comissão de Valores Mobiliários, nas áreas de suas atribuições, e as instituições financeiras fornecerão ao Poder Legislativo Federal as informações e os documentos sigilosos que, fundamentadamente, se fizerem necessários ao exercício de suas respectivas competências constitucionais e legais.
§ 1° **As comissões parlamentares de inquérito, no exercício de sua competência constitucional e legal de ampla investigação, obterão as informações e documentos sigilosos de que necessitarem, diretamente das instituições financeiras, ou por intermédio do Banco Central do Brasil ou da Comissão de Valores Mobiliários.**
§ 2° As solicitações de que trata este artigo deverão ser previamente aprovadas pelo Plenário da Câmara dos Deputados, do Senado Federal, ou do plenário de suas respectivas comissões parlamentares de inquérito." (destaque nosso)

Constituição. Trata-se, portanto, da sucessão de atos políticos realizados por órgãos dotados de competência constitucional para criação da legislação. Por sua vez, o **procedimento legislativo** se constitui no modo através do qual os atos do processo legislativo se realizam.

Neste contexto, é oportuno salientar que a Constituição se apresenta como *fonte do direito*, ou seja, "consiste nas regras que regulam a criação de normas jurídicas gerais, em particular a criação de estatutos."[90] Saliente-se, por oportuno, que na condição de *fonte do direito*, a Constituição é a *fonte de todas as fontes do direito*, por ser o fundamento de validade final de um ordenamento jurídico positivo de estrutura escalonada.[91] Nesta concepção, a "criação de Direito é sempre aplicação de Direito", pois uma norma que regula a produção de outra norma é objeto de aplicação através da criação desta outra norma jurídica.[92] Ignacio de Otto, ao tratar do sistema de fontes no direito constitucional, explicita que a regulação das fontes se constitui em objeto da Constituição. Sobre o tema, o autor expõe o seguinte:

90 Hans Kelsen, **Teoria Geral do Direito e do Estado.** São Paulo: Martins Fontes, 1998, p. 182.

91 Para Kelsen, "'fonte' de Direito é uma expressão figurada e altamente ambígua. Ela é usada não apenas para designar os métodos de criação de Direito mencionados acima, o costume e a legislação (o último termo sendo compreendido no seu sentido mais amplo, abrangendo também a criação de Direito por meio de atos judiciais e administrativos, e transações jurídicas), mas também para caracterizar o fundamento de validade do Direito e, sobretudo, o fundamento final. A norma fundamental é, então, a 'fonte' do Direito. Mas num sentido amplo, toda norma jurídica é 'fonte' de outra norma cuja criação ela regula ao determinar o processo de criação e conteúdo da norma a ser criada. Nesse sentido, qualquer norma jurídica 'superior' é a fonte da norma jurídica 'inferior'. Desse modo, a constituição é a 'fonte' dos estatutos criados com base na constituição; um estatuto é a 'fonte' da decisão judicial nele baseado; a decisão judicial é a 'fonte' do dever que ela impõe à parte, e assim por diante. A 'fonte' de Direito não é, desse modo, como a expressão poderia sugerir, uma entidade diferente do Direito e, de algum modo, existindo independentemente dele; a 'fonte' de Direito é sempre, ela própria, Direito: uma norma jurídica superior em relação a uma norma inferior, ou o método de criação de uma norma (inferior) determinado por uma norma (superior), isto é, um conteúdo específico de Direito." in **Teoria Geral do Direito e do Estado**. São Paulo: Martins Fontes, 1998, pp. 191 e 192.

92 Cf. Hans Kelsen, **Teoria Geral do Direito e do Estado**. São Paulo: Martins Fontes, 1998, p. 193. Afirma o citado autor que a "criação de uma norma jurídica é - normalmente - uma aplicação da norma superior que regula a sua criação, e a aplicação de uma norma superior é - normalmente - a criação de uma norma inferior determinada pela norma superior." Ob. cit. pp. 193 e 194.

> "Además de norma inmediatamente aplicable y, por tanto, fuente del derecho, la Constitución, en su calidad de norma suprema, es también norma sobre las fuentes, fuente acerca de las fuentes.
>
> En primer lugar, y cualquiera que sea el contenido de la Constitución, ésta condiciona toda la creación de derecho, por cuanto no formarán parte del ordenamiento más que las normas material y formalmente acordes con las prescripciones constitucionales. La Constitución opera así un condicionamiento negativo en cuanto que excluye la posibilidad de que formen parte del ordenamiento jurídico normas que la contradigan.
>
> Pero la Constitución afecta al sistema de fuentes de un ordenamiento cualquiera también en términos positivos, estableciendo una disciplina constitucional de las fuentes al determinar cuáles son los actos normativos y cuál la relación entre ellos. La Constitución regula el proceso de creación jurídica atribuyendo los correspondientes poderes a unos u otros sujetos y determinando el valor respectivo de las normas que esos sujetos crean.
>
> Esa regulación de las fuentes es sin duda alguna contenido obligado de la Constitución, hasta tal punto que en la concepción kelseniana la Constitución en sentido material se define como norma reguladora de la creación de normas por los órganos superiores del Estado.[93]"

Com estes esclarecimentos, resta evidente a razão pela qual as normas sobre o *processo legislativo* estarem disciplinadas na Constituição. De forma sintética, e à luz do pensamento de Kelsen, o **processo legislativo** compreende as normas que dispõem sobre o processo de elaboração de outras normas jurídicas de hierarquia inferior.

O **processo legislativo constitucional brasileiro** encontra-se disciplinado na **Seção VIII, do Capítulo I (Do Poder Legislativo), do Título IV (Da Organização dos Poderes) da Constituição Federal. Integram** a Constituição brasileira, em relação à matéria ora tratada, a

93 Ignacio de Otto. **Derecho constitucional. Sistema de fuentes.** Barcelona: Ariel, 1995, pp. 82 e 83.

Lei Complementar n° **95/98**[94], a **Resolução n° 17/99**[95], a **Resolução n° 93/70**[96] e a **Resolução n° 01/70**[97].

6.9.1. Das Espécies Normativas

A Constituição Federal, em seu artigo 59, estabelece que o processo legislativo compreende a elaboração das seguintes **espécies normativas**: a) **emendas à Constituição**; b) **lei complementares**; c) **leis ordinárias**; d) **leis delegadas**; e) **medidas provisórias**; f) **decretos legislativos** e; g) **resoluções**. As espécies normativas ora citadas fundamentam-se *imediatamente* na Constituição, logo, se constituem em fontes normativas primárias do Direito.

As **emendas à Constituição** apresentam-se como *normas constitucionais secundárias*, cujo propósito consiste em implementar modificações ao texto constitucional. Resultam, portanto, do exercício da *competência reformadora* atribuída ao Congresso Nacional.

As **leis complementares e ordinárias** são fontes primárias do Direito, destinadas a disciplinar as matérias de competência do Poder Legislativo, com a sanção do Presidente da República. Por sua vez, a **lei delegada** é um ato jurídico de competência do Presidente da República, mediante **delegação expressa** do Congresso Nacional.

Por **medidas provisórias** se deve entender os atos normativos primários de competência privativa do Presidente da República, em casos de urgência e relevância, com prazo de existência constitucionalmente definido.

Em relação ao **decreto legislativo,** tem este por finalidade **regular as matérias de competência exclusiva do Poder Legislativo**, sem a sanção do Presidente da República, nos termos do artigo 49 da Constituição Federal.

Por fim, quanto às **resoluções, são instrumentos normativos que regulam**, com eficácia de lei ordinária, **matérias da competência privativa da Câmara dos Deputados e do Senado Federal**, de caráter

---

94 Nos termos da ementa, "Dispõe sobre a elaboração, a redação, a alteração e a consolidação das leis, conforme determina o parágrafo único do art. 59 da Constituição Federal, e estabelece normas para a consolidação dos atos normativos que menciona."

95 Regimento Interno do Senado Federal.

96 Regimento Interno da Câmara dos Deputados.

97 Regimento Comum do Congresso Nacional.

político, processual, legislativo, ou administrativo, além de outras atribuições definidas regimentalmente[98].

Importa salientar, desde logo, que à exceção das emendas constitucionais, que se revestem de natureza constitucional, **todas as demais espécies normativas se encontram no mesmo nível hierárquico do ordenamento jurídico, inexistindo relação de superioridade de umas em face de outras.** É dizer, ocupam o mesmo patamar do edifício normativo.

6.9.1.1. Das emendas à Constituição

As emendas constitucionais são normas de natureza superior em relação às demais fontes do direito, resultantes do exercício da competência reformadora por parte do **Congresso Nacional**. A função das emendas constitucionais reside em atualizar à Constituição frente às necessidades sociais e jurídicas. Se constituem, portanto, em um *processo formal de mutação constitucional*, que se contrapõe às *mutações informais* da Constituição[99].

Alguns doutrinadores[100] costumam estabelecer uma distinção entre **reforma, emenda** e **revisão constitucional**. A **reforma constitucional** apresenta-se como **gênero**, implicando toda e qualquer mudança estrutural na Constituição, independentemente da sua extensão. A **emenda constitucional,** por sua vez, implica em uma mudança pontual da Constituição, seja mediante alteração, acréscimo ou supressão de determinados dispositivos, ao passo que a **revisão constitucional** resulta numa alteração mais substancial, mais ampla, da Lei Maior[101].

98 A título de exemplo, a criação de Comissões Parlamentares de Inquérito se dá através de *Resolução*, conforme disposto no artigo 109, III, "b", do Regimento Interno da Câmara dos Deputados.

99 Através dos *processos informais de mudança da Constituição*, ter-se-á alterado o sentido atribuído ao texto normativo, mantendo-se, todavia, a sua estrutura textual. A *interpretação constitucional* se apresenta como um *processo informal de mutação constitucional*. Sobre o tema, cf. Anna Cândida da Cunha Ferraz. **Processos Informais de Mudança da Constituição**. São Paulo: Max Limonad, 1986, pp. 10 e ss.

100 Cf. J. H. Meirelles Teixeira. **Curso de Direito Constitucional.** Rio de Janeiro: Forense Universitária, 1991, p. 133.

101 Consoante os artigos 2° e 3° do ADCT, em 07 de setembro de 1993 o eleitorado brasileiro foi convocado para escolher a forma e o sistema de governo que deveriam vigorar no País. Devemos lembrar que o texto constitucional foi todo estruturado normativamente para reger uma república presidencialista. Na hipótese da população ter se decidido por mudar a forma e o sistema de governo, de modo a ser

Deste modo, entendemos que a **emenda e revisão constitucional** se afiguram como **espécies** de **reforma constitucional.**

O processo de criação de emenda constitucional está disciplinado no artigo 60 da Lei Maior, cujo início se dá mediante **proposição**[102] de projeto de emenda constitucional (PEC) a uma das Casas do Congresso Nacional. Conforme o artigo 60, I, II e III, possuem legitimidade para proposição de projeto de emenda constitucional: a) um terço, no mínimo, dos membros da Câmara dos Deputados ou do Senado Federal; b) o Presidente da República e; c) mais da metade das Assembléias Legislativas das unidades da Federação, manifestando-se, cada uma delas, pela maioria relativa de seus membros. Portanto, o **rol de legitimados é taxativo**, não sendo permitido a ninguém mais propor a uma das Casas do Congresso Nacional um projeto de emenda à Constituição.

Uma vez proposta um projeto de emenda constitucional, será ela discutida e votada em **dois turnos**, na **Câmara dos Deputados e no**

---

instituída uma monarquia parlamentarista, haveria a necessidade de uma ampla mudança no texto constitucional, decorrente desta decisão política. Por tal razão foi que o constituinte originário previu, logo na sequência, é dizer, no artigo 3°, uma revisão constitucional, pois se a monarquia parlamentarista fosse adotada pelo povo brasileiro, deveria ser realizada uma ampla revisão constitucional para adaptar o texto a esse modelo político escolhido pela população brasileira. Abaixo, trazemos à baila, para melhor compreensão, os artigos 2° e 3° do ADCT:

"Art. 2º. No dia 7 de setembro de 1993 o eleitorado definirá, através de plebiscito, a forma (república ou monarquia constitucional) e o sistema de governo (parlamentarismo ou presidencialismo) que devem vigorar no País.

§ 1º Será assegurada gratuidade na livre divulgação dessas formas e sistemas, através dos meios de comunicação de massa cessionários de serviço público.

§ 2º O Tribunal Superior Eleitoral, promulgada a Constituição, expedirá as normas regulamentadoras deste artigo.

Art. 3º. A revisão constitucional será realizada após cinco anos, contados da promulgação da Constituição, pelo voto da maioria absoluta dos membros do Congresso Nacional, em sessão unicameral."

---

102 Dispõe o Regimento Interno da Câmara dos Deputados, em seu artigo 100, o seguinte:

"Art. 100. **Proposição é toda matéria sujeita à deliberação da Câmara**.

§ 1º As **proposições poderão consistir** em **proposta de emenda à Constituição, projeto, emenda, indicação, requerimento, recurso, parecer e proposta de fiscalização e controle**.

§ 2º Toda proposição deverá ser redigida com clareza, em termos explícitos e concisos, e apresentada em três vias, cuja destinação, para os projetos, é a descrita no § 1º do art. 111.

§ 3º Nenhuma proposição poderá conter matéria estranha ao enunciado objetivamente declarado na ementa, ou dele decorrente."

Senado Federal, considerando-se aprovada se obtiver, em **cada uma delas, três quintos dos votos** dos respectivos membros. Logo, a Constituição Federal exige um **quórum de maioria qualificada** para efeitos de aprovação de um projeto de emenda constitucional. Aprovada em ambas as Casas do Congresso Nacional, a emenda constitucional será **promulgada** pelas **Mesas da Câmara dos Deputados e do Senado Federal**, com o respectivo número de ordem.

A Constituição Federal, no tocante ao seu processo de reforma, estabelece algumas **vedações** ao Congresso Nacional. Tais vedações integram as **limitações constitucionais ao Poder Reformador,** é dizer, são limitações impostas constitucionalmente ao órgão incumbido de reformá-la. Tais limitações podem ser: **a) formais b) circunstanciais**; **b) materiais** e; **c) temporais**.

As **limitações formais** são relativas ao *processo legislativo* que deverá o Congresso Nacional observar para produzir uma emenda constitucional. Tal regramento encontra-se disciplinado no artigo 60, da Constituição Federal[103].

São denominadas **circunstanciais** as limitações relativas à impossibilidade de se alterar a Constituição quando da ocorrência de determinadas *circunstâncias* no Estado brasileiro. Tais limitações encontram-se dispostas no artigo 60, §1°, da Constituição Federal, que dispõe:

> § 1º A Constituição **não** poderá ser emendada na **vigência** de **intervenção federal**[104], de **estado de defesa**[105] ou de **estado de sítio**[106].

---

103 "Art. 60. A Constituição poderá ser emendada mediante proposta:
I - de um terço, no mínimo, dos membros da Câmara dos Deputados ou do Senado Federal;
II - do Presidente da República;
III - de mais da metade das Assembléias Legislativas das unidades da Federação, manifestando-se, cada uma delas, pela maioria relativa de seus membros.
(...)
§ 2º A proposta será discutida e votada em cada Casa do Congresso Nacional, em dois turnos, considerando-se aprovada se obtiver, em ambos, três quintos dos votos dos respectivos membros.
§ 3º A emenda à Constituição será promulgada pelas Mesas da Câmara dos Deputados e do Senado Federal, com o respectivo número de ordem.
(...)
§ 5º A matéria constante de proposta de emenda rejeitada ou havida por prejudicada não pode ser objeto de nova proposta na mesma sessão legislativa."

104 A intervenção federal está prevista nos artigos 34 a 36 da Constituição Federal.

105 O estado de defesa está previsto nos artigos 136 da Constituição Federal.

106 O estado de sítio está previsto nos artigos 137 a 139 da Constituição Federal.

Decretadas uma destas medidas, o Congresso Nacional fica completamente impedido de realizar qualquer mudança no texto constitucional.

Há, também, na Constituição Federal, previsão acerca da **impossibilidade** de se **abolir** um **núcleo material** através do exercício do poder de reforma constitucional. Referida vedação encontra-se prevista no artigo 60, §4°, que institui as denominadas **cláusulas pétreas:**

> "§ 4º **Não será objeto de deliberação** a proposta de emenda tendente a **abolir**:
>
> I - a forma federativa de Estado;
>
> II - o voto direto, secreto, universal e periódico;
>
> III - a separação dos Poderes;
>
> IV - os direitos e garantias individuais."

Devemos chamar atenção, de início, para o fato de que **as matérias petrificadas não estão imunes à alteração através de emendas constitucionais**. Ou seja, é permitido ao Congresso Nacional dispor sobre emendas à Constituição que busque alterar qualquer conteúdo petrificado, **desde que a a alteração não se constitua em supressão da essência do bem constitucionalmente tutelado**. O que a Constituição proíbe é abolir, extinguir, inexistindo vedação quanto à possibilidade de alteração de normas que veiculam matérias petrificadas.

É oportuno salientar, também, que a vedação material incide sobre a tramitação do próprio projeto de emenda constitucional, é dizer, no curso do processo legislativo que busca alterar a Constituição. Isto porque, o enunciado do §4°, do artigo 60, estabelece que "não será objeto de **deliberação**...". Ora, a *deliberação* se constitui em uma das etapas do processo legislativo de emenda constitucional, consubstanciada na votação na Câmara ou no Senado, disto resultando que um projeto de emenda constitucional tendente a abolir uma das matérias petrificadas sequer poderá ser objeto de **deliberação**. Uma vez posta em deliberação uma proposta de emenda à Constituição que tenda a abolir matéria petrificada, estará ela sujeita ao controle preventivo de constitucionalidade, na medida em que ocorrendo deliberação, o texto constitucional já resta violado por uma das Casas do Congresso Nacional.

Outro ponto que devemos observar diz sobre a vedação constante no IV, do §4°, do artigo 60. Refere-se ela aos "**direitos e garantias individuais**." Ora, os **direitos individuais** se constituem em um *tipo* de uma categoria mais ampla de direitos, que são os **direitos fundamentais.** Ao lado dos *direitos individuais*, há outros direitos fundamentais, a exemplo dos *direitos sociais*. Daí vem a indagação: apenas os *direitos* *individuais* estão petrificados constitucionalmente ou **todos** os **direitos fundamentais**, a luz do artigo 60, §4°, IV? Perfilhamos o entendimento de, mediante utilização da ferramenta teleológica da interpretação, conferir um significado mais amplo ao enunciado normativo ora analisado, no sentido de estarem protegidos contra eventuais reformas tendentes a abolir não apenas os *direitos individuais*, mas todos os **direitos fundamentais**[107]. Em sede de proteção aos direitos fundamentais não se deve conferir uma interpretação restritiva, sobretudo quando o enunciado normativo comporta uma exegese mais ampla.

Por fim, podemos dizer que o disposto no §5°, do artigo 60, se constitui em uma limitação de **natureza temporal**. O enunciado normativo encontra-se redigido da seguinte maneira:

> § 5º A matéria constante de proposta de emenda rejeitada ou havida por prejudicada não pode ser objeto de nova proposta na mesma **sessão legislativa**.

Consoante o dispositivo constitucional trazido à colação, uma matéria de proposta de emenda rejeita ou havida por prejudicada, apenas pode se constituir em objeto de uma nova proposta na **sessão legislativa subsequente**. Devemos lembrar que a sessão legislativa tem início em 2 de fevereiro, sendo interrompida em 17 de julho e reiniciada em 1º de agosto. O seu encerramento ocorre em 22 de dezembro. Portanto, se uma PEC foi rejeitada ou tida por prejudicada na sessão legislativa de

---

107 Ao tratar do tema, George Marmelstein aduz o seguinte:
"Uma interpretação meramente gramatical do art. 60, §4°, inc. IV, da Constituição de 88, poderia levar à conclusão de que tais dispositivos não se aplicariam a todos os direitos fundamentais, mais apenas aos **direitos e garantias individuais**, pois o dispositivo menciona textualmente, como objeto de proteção, apenas esses direitos, não englobando expressamente outras espécies, como os direitos econômicos, sociais e culturais. Desse modo, com base na análise meramente gramatical e estrita do texto constitucional, somente seriam cláusulas pétreas os direitos e garantias previstos no art. 5° da Constituição, já que ali estariam os únicos direitos e garantias individuais escolhidos pelo constituinte para comporem o núcleo imutável do ordenamento jurídico.
Trata-se, porém, de uma análise equivocada, pois é possível afirmar que todos os direitos fundamentais - e não apenas os previstos no art. 5° - estão acobertados pela proibição de abolição pelo poder reformador, até porque esses direitos são potencialmente hábeis a gerar para os seus titulares pretensões subjetivas, sendo, portanto, capazes de se transformar em direitos individuais." in **Curso de Direitos Fundamentais.** 2ª ed. São Paulo: Atlas, 2009, pp. 264 e 265.

2019, apenas poderá ser objeto de uma nova proposta na sessão legislativa que se inicia a partir de 02 de fevereiro de 2020.

6.9.1.2. Da lei complementar, ordinária e delegada

O processo legislativo pertinente à elaboração das leis complementar, ordinária e delegada encontra-se disciplinado entre os artigos 61 a 69 da Constituição Federal. Cabe, mais uma vez, informar que não existe hierarquia entre tais espécies normativas, mas tão-somente uma delimitação material constitucionalmente efetuada em relação a cada uma delas. Poucas são as distinções procedimentais entre elas, conforme verificaremos oportunamente.

De início, é oportuno especificar as etapas ou fases que compreendem o processo legislativo. A doutrina costuma apontar as seguintes fases, em número de três (03): **a) iniciativa; b) constitutiva** e; **c) complementar**.

A **fase introdutória ou iniciativa** se consubstancia através da apresentação de projeto de lei a uma das Casas do Congresso Nacional. Trata-se de ato desencadeador do processo legislativo. Por sua vez, a **fase constitutiva** compreende desde a discussão e votação em cada Casa do Congresso Nacional, até a participação do Poder Executivo através da sua aquiescência (sanção) ou rejeição (veto). Por fim, a **fase complementar** se constitui na etapa final, concretizada através da promulgação e publicação do ato legislativo. Passemos, pois, a análise de cada uma delas.

6.9.1.2.1. Iniciativa

A iniciativa é o ato que desencadeia o processo legislativo, materializando-se através da apresentação de um projeto de lei a uma das Casas do Congresso Nacional. Sob outra perspectiva, refere-se à atribuição ou competência constitucionalmente atribuída a determinadas pessoas ou entes para apresentação de projeto de lei a uma das Casas do Congresso Nacional.

O artigo 61 da Constituição Federal enumera o rol de legitimados em relação à iniciativa dos projetos de leis complementares e ordinárias. Em conformidade ao referido preceito constitucional, possuem competência para apresentar um projeto de lei a uma das Casas do Congresso Nacional: a) qualquer membro ou Comissão da Câmara dos Deputados, do Senado Federal ou do Congresso Nacional; b) o Presidente da República; c) o Supremo Tribunal Federal; d) os Tribunais Superiores; e) o Procurador-Geral da República e; f) os cidadãos.

Didaticamente, é possível fazer a seguinte divisão pertinente à iniciativa legislativa: **a) parlamentar** e; **b) extraparlamentar.** Trata-se de **iniciativa parlamentar**, quando seu exercício decorre de qualquer membro ou Comissão da Câmara dos Deputados, do Senado Federal ou do Congresso Nacional. Por sua vez, configura-se **inciativa extraparlamentar**, quando exercida pelo Presidente da República, Supremo Tribunal Federal, Tribunais Superiores, Procurador-Geral da República ou cidadãos[108].

À exceção dos projetos de lei apresentados por senadores, cuja tramitação tem início no Senado Federal, todas as demais proposições legislativas[109] se iniciam na Câmara dos Deputados, conforme disposto no artigo 61, *caput*, §2°[110] e artigo 64, *caput*[111], da Constituição Federal.

À luz das normas que dispõem sobre o processo legislativo constitucional, podemos falar em **iniciativa comum** e de **iniciativa reservada.**

6.9.1.2.1.1. Iniciativa comum

A regra geral alude à *iniciativa comum*, é dizer, aquela que pode ser exercida simultaneamente por dois ou mais legitimados, conforme disposto no artigo 61, *caput*, da Constituição Federal. Trata-se, portanto, de uma competência geral. Deste modo, podem exercer concorrentemente referida iniciativa: a) qualquer membro ou Comissão da Câmara dos

---

108 Cf. Edson Pires da Fonseca. **Direito Constitucional Legislativo**. 3ª ed. Rio de Janeiro: Lumen Juris, 2016, p. 354.

109 "Art. 108. A Câmara dos Deputados exerce a sua função legislativa por via de projeto de lei ordinária ou complementar, de decreto legislativo ou de resolução, além da proposta de emenda à Constituição."

110 "Art. 61. A iniciativa das leis complementares e ordinárias cabe a qualquer membro ou Comissão da Câmara dos Deputados, do Senado Federal ou do Congresso Nacional, ao Presidente da República, ao Supremo Tribunal Federal, aos Tribunais Superiores, ao Procurador-Geral da República e aos cidadãos, na forma e nos casos previstos nesta Constituição.

(...)

§ 2º A iniciativa popular pode ser exercida pela apresentação à Câmara dos Deputados de projeto de lei subscrito por, no mínimo, um por cento do eleitorado nacional, distribuído pelo menos por cinco Estados, com não menos de três décimos por cento dos eleitores de cada um deles."

111 "Art. 64. A discussão e votação dos projetos de lei de iniciativa do Presidente da República, do Supremo Tribunal Federal e dos Tribunais Superiores terão início na Câmara dos Deputados."

Deputados, do Senado Federal ou do Congresso Nacional; b) o Presidente da República e; c) os cidadãos.

6.9.1.2.1.2. Iniciativa reservada

A iniciativa reservada, também denominada *privativa* ou *exclusiva*, consiste na propositura de determinados projetos de lei por apenas um (01) órgão ao qual a Constituição atribuiu específica competência. **Reserva-se**, pois, tal competência, **exclusivamente** ao órgão constitucionalmente designado para tanto[112].

Portanto, de forma sintética, o quadro geral da *iniciativa* com os respectivos *legitimados* pode ser ilustrado da seguinte maneira:

INICIATIVA	LEGITIMADOS
Iniciativa Geral: os legitimados que possuem iniciativa geral podem deflagrar o processo legislativo sobre qualquer tema de competência da União, que não seja de iniciativa privativa de algum outro.	a) Membro ou Comissão da Câmara dos Deputados; b) Membro ou Comissão do Senado Federal; c) Membro ou Comissão do Congresso Nacional; d) Presidente da República e; e) Cidadãos, na forma e nos casos previstos na Constituição Federal. (art. 61, *caput*, CF)
Iniciativa Comum ou Concorrente: faculdade atribuída a mais de um legitimado, simultaneamente, para propor projetos de lei sobre determinada matéria.	a) a iniciativa geral, acima descrita, demonstra a iniciativa concorrente; b) a iniciativa concorrente entre a União e os Estados pode ser encontrada, exemplificativamente, no art. 128, §5°, da Constituição Federal: "Art. 128. (...) § 5º Leis complementares da União e dos Estados, cuja iniciativa é facultada aos respectivos Procuradores-Gerais, estabelecerão a organização, as atribuições e o estatuto de cada Ministério Público, observadas, relativamente a seus membros (...)"

112 A título de exemplo, cf. o artigo 93, da Constituição Federal:
"Art. 93. Lei complementar, **de iniciativa do Supremo Tribunal Federal**, disporá sobre o Estatuto da Magistratura." Destaque nosso.

Iniciativa Privativa ou Reservada: diz-se que a competência é privativa ou reservada quando a Constituição atribuiu reservadamente competência a um ou específicos entes, a faculdade de propor projetos de lei a uma das Casas do Congresso Nacional.	a) Iniciativa privativa de órgãos do Poder Judiciário: art. 93; 96, I, "d" e II, CF. b) Iniciativa privativa do Ministério Público: art. 127, §2° e 128, §5°, CF. c) Iniciativa privativa da Câmara dos Deputados, do Senado Federal e do Tribunal de Contas da União: art. 51, IV; art. 52, XIII; art. 73, CF. d) Iniciativa privativa do Presidente da República: art. 61, §1°, I, II; art. 84, XXIII; e art. 165, CF;
Iniciativa Restrita: somente alguns legitimados podem deflagrar o processo legislativo sobre matérias expressamente apontadas pelo texto constitucional.	a) os tribunais superiores e o STF: art. 93; art. 96, I, "d", II da CF; b) o Procurador-Geral da República: art. 127, §2°; art. 128, §5°, CF.

6.9.1.2.2. Fase constitutiva

Conforme salientado acima, a **fase constitutiva** compreende as etapas do processo legislativo a partir da *discussão* e *votação* na Câmara dos Deputados e no Senado Federal, além de albergar, também, a participação do Poder Executivo através da sanção ou veto. O disciplinamento constitucional da *fase constitutiva* está previsto entre os artigos 64 a 66[113] da nossa Lei Maior. No entendimento de João Trindade Cavalcante

113 "Art. 64. A discussão e votação dos projetos de lei de iniciativa do Presidente da República, do Supremo Tribunal Federal e dos Tribunais Superiores terão início na Câmara dos Deputados.
§ 1º - O Presidente da República poderá solicitar urgência para apreciação de projetos de sua iniciativa.
§ 2º Se, no caso do § 1º, a Câmara dos Deputados e o Senado Federal não se manifestarem sobre a proposição, cada qual sucessivamente, em até quarenta e cinco dias, sobrestar-se-ão todas as demais deliberações legislativas da respectiva Casa, com exceção das que tenham prazo constitucional determinado, até que se ultime a votação.
§ 3º A apreciação das emendas do Senado Federal pela Câmara dos Deputados far-se-á no prazo de dez dias, observado quanto ao mais o disposto no parágrafo anterior.
§ 4º Os prazos do § 2º não correm nos períodos de recesso do Congresso Nacional, nem se aplicam aos projetos de código.
Art. 65. O projeto de lei aprovado por uma Casa será revisto pela outra, em um só turno de discussão e votação, e enviado à sanção ou promulgação, se a Casa revisora o aprovar, ou arquivado, se o rejeitar.
Parágrafo único. Sendo o projeto emendado, voltará à Casa iniciadora.
Art. 66. A Casa na qual tenha sido concluída a votação enviará o projeto de lei ao Presidente da República, que, aquiescendo, o sancionará."

Filho, trata-se da "fase de criação da lei propriamente dita. É a fase em que o projeto de lei transforma-se em lei, a fase que constitui (= cria) a lei, daí o nome 'fase constitutiva.[114]'"

A **fase constitutiva** compreende **duas (02) subfases:** a) a **deliberação legislativa** e; b) a **deliberação executiva**.

Tendo em vista a **estrutura bicameral** do Congresso Nacional, a Casa na qual se inicia o processo legislativo se denomina **Casa Iniciadora**, ao passo que à outra caberá a revisão do projeto de lei, razão pela qual se denomina **Casa Revisora**.

Deflagrado o *processo legislativo* mediante apresentação de projeto de lei a uma das Casas do Congresso Nacional, ter-se-á início a etapa de **discussão.** Consoante o artigo 165, do RICD, "discussão é a fase dos trabalhos destinada ao debate em Plenário." Nesta etapa, os projetos são passíveis de **emenda parlamentares.** Segundo Edson Pires da Fonseca, "as comissões permanentes são o palco mais frequente das discussões e debates no âmbito das Casas Legislativas, embora elas possam prosseguir no plenário.[115]" Deste modo, antes de ser posto à deliberação do Plenário, a proposição legislativa é submetida à análise de Comissões em cada Casa do Congresso Nacional. A distribuição da proposição na Câmara dos Deputados se dá em conformidade ao artigo 139[116] do seu

---

114 **Processo Legislativo Constitucional**. Salvador: Juspodivm, 2012, p. 67.

115 **Direito Constitucional Legislativo.** 3ª ed. Rio de Janeiro: Lumen Juris, 2016, p. 369.

116 "Art. 139. A distribuição de matéria às Comissões será feita por despacho do Presidente, dentro em duas sessões depois de recebida na Mesa, observadas as seguintes normas:
I - antes da distribuição, o Presidente mandará verificar se existe proposição em trâmite que trate de matéria análoga ou conexa; em caso afirmativo, fará a distribuição por dependência, determinando a sua apensação, após ser numerada, aplicando-se à hipótese o que prescreve o parágrafo único do art. 142;
II - excetuadas as hipóteses contidas no art. 34, a proposição será distribuída:
a) às Comissões a cuja competência estiver relacionado o mérito da proposição;
b) quando envolver aspectos financeiro ou orçamentário públicos, à Comissão de Finanças e Tributação, para o exame da compatibilidade ou adequação orçamentária;
c) obrigatoriamente à Comissão de Constituição e Justiça e de Cidadania, para o exame dos aspectos de constitucionalidade, legalidade, juridicidade, regimentalidade e de técnica legislativa, e, juntamente com as Comissões técnicas, para pronunciar-se sobre o seu mérito, quando for o caso; *e*
d) diretamente à primeira Comissão que deva proferir parecer de mérito sobre a matéria nos casos do § 2º do art. 129, sem prejuízo do que prescrevem as alíneas anteriores;
III - a remessa de proposição às Comissões será feita por intermédio da Secretaria-Geral da Mesa, devendo chegar ao seu destino até a sessão seguinte, ou imedia-

regimento interno. **Necessariamente, o projeto de lei sempre passará ao menos por duas Comissões**: a **Comissão de Mérito**[117], em razão da sua competência estar sempre relacionada ao mérito da proposição e; a **Comissão de Constituição e Justiça**, a qual compete analisar a constitucionalidade do projeto de lei submetido à sua apreciação. Se eventualmente o conteúdo do projeto de lei implicar na criação de gastos públicos ou dispõe sobre finanças públicas, deverá o mesmo ser submetido à Comissão de Finanças e Tributação, para que se possa avaliar sua adequação ao orçamento público federal.

No âmbito das Comissões, o projeto de lei se encontra susceptível de receber emendas por parte dos parlamentares. Conforme o artigo 118, §1°, do Regimento Interno da Câmara dos Deputados, as **emendas parlamentares**[118] distinguem-se umas das outras por sua natureza, sendo em número de cinco (05), a saber: **supressivas**, **aglutinativas**, **substitutivas**, **modificativas** e **aditivas**[119].

A **emenda supressiva**[120] é a que manda erradicar qualquer parte da proposição, é dizer, que objetiva reduzir o texto original do projeto legislativo.

Por sua vez, a **emenda aglutinativa** é aquela que resulta da fusão de outras emendas, ou destas com o texto. Através da emenda aglutinativa, funde-se várias emendas em uma única, de modo a facilitar sua apreciação por parte dos parlamentares[121].

---

tamente, em caso de urgência, iniciando-se pela Comissão que, em primeiro lugar, deva proferir parecer sobre o mérito;
IV - a remessa de processo distribuído a mais de uma Comissão será feita diretamente de uma a outra, na ordem em que tiverem de manifestar-se, com os necessários registros de acompanhamento, salvo matéria em regime de urgência, que será apreciada conjuntamente pelas Comissões e encaminhada à Mesa;
V - nenhuma proposição será distribuída a mais do que três Comissões de mérito, aplicando-se, quando for o caso, o art. 34, II;"

---

117 São Comissão Temáticas Permanentes.

118 Consoante o artigo 118 do RICD, "Emenda é a proposição apresentada como acessória de outra, sendo a principal qualquer uma dentre as referidas nas alíneas *a* a *e* do inciso I do art. 138."

119 "Art. 118. Emenda é a proposição apresentada como acessória de outra, sendo a principal qualquer uma dentre as referidas nas alíneas *a* a *e* do inciso I do art. 138. § 1º As emendas são supressivas, aglutinativas, substitutivas, modificativas ou aditivas."

120 Art. 118, §2°, do RICD.

121 "Art. 118 (...)
§ 3º Emenda aglutinativa é a que resulta da fusão de outras emendas, ou destas com o texto, por transação tendente à aproximação dos respectivos objetos."

Em pertinência às **emendas substitutivas**, pode-se defini-las como sendo aquelas apresentadas como sucedâneas a parte de outra proposição, na medida em que a altere formal ou substancialmente. Nesta hipótese, passa a ser denominada de "**substitutivo**"[122].

De forma distinta da precedente, a **emenda modificativa** altera a proposição sem a modificar na sua essência. Trata-se, portanto, de modificações pontuais, mantendo substancialmente o texto[123]. Enquadra-se, na condição de espécie, a **emenda de redação**, ora definida regimentalmente como a "modificativa que visa a sanar vício de linguagem, incorreção de técnica legislativa ou lapso manifesto[124]".

O Regimento Interno da Câmara dos Deputados ainda prevê a hipótese de **emenda aditiva,** através da qual se *adiciona* novas partes a uma proposição ora em tramitação[125].

Por fim, o § 7° do artigo 118, do RICD, enumera ainda a figura da **subemenda,** sendo esta compreendida como a que é "apresentada em Comissão a outra emenda e que pode ser, por sua vez, supressiva, substitutiva ou aditiva, desde que não incida, a supressiva, sobre emenda com a mesma finalidade."

Na medida em que a lei se revela como ato jurídico complexo, resultante da manifestação de vontades de duas instituições distintas (Legislativo e Executivo), uma vez iniciado o processo legislativo mediante apresentação de projeto de lei em uma das Casas do Congresso Nacional, e exauridas as possibilidades constitucionais e regimentais de apresentação de emendas[126], a etapa legislativa subsequente é a **deliberação na Casa Iniciadora**.

122 "Art. 188 (...)
§ 4º Emenda substitutiva é a apresentada como sucedânea a parte de outra proposição, denominando-se «substitutivo» quando a alterar, substancial ou formalmente, em seu conjunto; considera-se formal a alteração que vise exclusivamente ao aperfeiçoamento da técnica legislativa."

123 "Art. 188 (...)
§ 5º Emenda modificativa é a que altera a proposição sem a modificar substancialmente."

124 "Art. 188 (...)
§ 8º Denomina-se emenda de redação a modificativa que visa a sanar vício de linguagem, incorreção de técnica legislativa ou lapso manifesto."

125 "Art. 188 (...)
§ 6º Emenda aditiva é a que se acrescenta a outra proposição."

126 Consoante o artigo 178, do RICD, "o encerramento da discussão dar-se-á pela ausência de oradores, pelo decurso dos prazos regimentais ou por deliberação do Plenário."

A **deliberação** consiste na etapa de votação do projeto de lei em uma das Casas do Congresso Nacional, é dizer, refere-se ao momento da *decisão parlamentar* acerca da necessidade, ou não, de se aprovar uma proposição legislativa submetida ao seu crivo. É oportuno lembrar, em sede de *deliberação*, o disposto no artigo 47, da Constituição Federal, acerca do quórum para aprovação de proposição legislativa. Neste sentido, dispõe o citado dispositivo constitucional:

> "Art. 47. Salvo disposição constitucional em contrário, as deliberações de cada Casa e de suas Comissões serão tomadas por maioria dos votos, presente a maioria absoluta de seus membros."

Portanto, se a Constituição Federal não exigir quórum qualificado, as deliberações parlamentares (Pleno e Comissões) são tomadas por maioria de votos, desde que presente a maioria absoluta[127] dos membros da respectiva Casa Legislativa onde ocorrer a sessão deliberativa. De acordo com o artigo 184 do RICD, a votação poderá ser **ostensiva** ou **secreta**[128]. Diz-se que a votação é **ostensiva** na medida em que os parlamentares manifestam publicamente o seu voto, podendo ocorrer pelo **processo simbólico** ou através do **processo nominal**.

Através do **processo simbólico**, utilizado na votação das proposições em geral, o Presidente, ao anunciar a votação de qualquer matéria, convidará os Deputados a favor a permanecerem sentados e proclamará o resultado manifesto dos votos, conforme previsto no artigo 185 do RICD. A **votação nominal**, por sua vez, é feita através do sistema eletrônico de votos, nos termos do artigo 187 do RICD e será utilizada a) nos casos em que seja exigido *quorum* especial de votação; b) por deliberação do Plenário, a requerimento de qualquer Deputado; c) quando houver pedido de verificação de votação, respeitado o que prescreve o § 4º[129] do artigo 185, do RICD e; d) nos demais casos previstos regimentalmente.

Encerrado o processo legislativo, mediante aprovação[130][131], nas duas Casas do Congresso Nacional, o projeto de lei será encaminhado

127 Quórum para instauração da sessão legislativa.

128 "Art. 184. A votação poderá ser ostensiva, adotando-se o processo simbólico ou o nominal, e secreta, por meio do sistema eletrônico ou de cédulas."

129 § 4º Havendo-se procedido a uma verificação de votação, antes do decurso de uma hora da proclamação do resultado, só será permitida nova verificação por deliberação do Plenário, a requerimento de um décimo dos Deputados, ou de Líderes que representem esse número.

130 Se o projeto for rejeitado, será arquivado.

131 Dispõe o artigo 65 da Constituição Federal:

ao Presidente da República, que poderá vetar ou sancionar. Trata-se da *subfase* da **deliberação executiva,** que integra a **fase constitutiva**. Nos termos do artigo 66, da Constituição Federal, "a Casa na qual tenha sido concluída a votação enviará o projeto de lei ao Presidente da República, que, aquiescendo, o sancionará." Logo, a **sanção** implica na aquiescência do Presidente da República, a projeto de lei aprovado pelo Congresso Nacional e submetido à sua apreciação. Poderá ser **expressa** ou **tácita.** Diz-se que a sanção é expressa quando o Presidente da República manifesta sua aprovação por escrito, ao passo que **tácita** é a sanção do Presidente da República resultante do seu *silêncio*. A ausência, portanto, de manifestação expressa por parte do Presidente da República a projeto de lei que lhe foi submetido à aprovação, implica em anuência **tácita.** O seu silêncio é interpretado como aquiescência ao projeto de lei aprovado pelo Congresso Nacional.

Se, contudo, o Presidente da República considerar o projeto, no todo ou em parte, **inconstitucional** ou **contrário ao interesse público**, poderá **vetá-lo total** ou **parcialmente**. O **veto,** pois, é a **rejeição total** ou **parcial** do Presidente da República a projeto que lhe foi submetido à apreciação. Portanto, ao Presidente da República compete vetar o projeto no todo ou parcialmente, sob o argumento de o que mesmo é tido por **inconstitucional** ou **contrário ao interesse público**. São estes, pois, os dois fundamentos constitucionais pelos quais o Presidente da República poderá vetar um projeto de lei, **total** ou **parcialmente**[132]. O prazo de que dispõe o Presidente da República para vetar um projeto de lei corresponde a 15 (quinze) dias, a contar da data do seu recebimento. Vetado o projeto de lei, total ou parcialmente, deverá o Presidente da República, comunicar, dentro de quarenta e oito horas, ao Presidente do Senado Federal, os motivos do veto. A motivação do veto faz-se necessária na

"Art. 65. O projeto de lei aprovado por uma Casa será revisto pela outra, em um só turno de discussão e votação, e enviado à sanção ou promulgação, se a Casa revisora o aprovar, ou arquivado, se o rejeitar.
Parágrafo único. Sendo o projeto emendado, voltará à Casa iniciadora."

132 "Art. 66. A Casa na qual tenha sido concluída a votação enviará o projeto de lei ao Presidente da República, que, aquiescendo, o sancionará.
§ 1º Se o Presidente da República considerar o projeto, no todo ou em parte, inconstitucional ou contrário ao interesse público, vetá-lo-á total ou parcialmente, no prazo de quinze dias úteis, contados da data do recebimento, e comunicará, dentro de quarenta e oito horas, ao Presidente do Senado Federal os motivos do veto.
§ 2º O veto parcial somente abrangerá texto integral de artigo, de parágrafo, de inciso ou de alínea."

medida em que ao Congresso Nacional, em **sessão conjunta**, compete analisar o veto presidencial, podendo mantê-lo ou rejeitá-lo. Neste último caso, a rejeição ao veto dar-se-á pelo voto da maioria absoluta dos Deputados e Senadores, em sessão conjunta, nos termos do artigo 66, §4°, da Constituição Federal[133].

Por fim, se o veto for derrubado, é dizer, não for mantido, será o projeto enviado ao Presidente da República para **promulgação[134]**, consoante preceitua o artigo 66, §5°, da nossa Lei Maior. Se o Presidente da República, dentro de quarenta e oito horas, não promulgar lei aprovada pelo Congresso Nacional e já tendo ultrapassado os 15 dias para aposição do veto, o ato de promulgação competirá ao Presidente do Senado Federal, e se este não o fizer em prazo similar, competirá ao Vice-Presidente do Senado fazê-lo[135].

A etapa final do processo legislativo ocorre com a **publicação** da lei, cujo ato é de competência privativa do Presidente da República, nos termos do artigo 84, IV, da Constituição Federal[136]. Através da publicação, dar-se-á ciência aos destinatários da norma jurídica da sua existência no plano jurídico, não sendo permitido a ninguém se escusar do descum-

---

133 "Art. 66. (...)
(...)
§ 4º O veto será apreciado em sessão conjunta, dentro de trinta dias a contar de seu recebimento, só podendo ser rejeitado pelo voto da maioria absoluta dos Deputados e Senadores."

134 Através da promulgação, ter-se-á inovado o ordenamento jurídico. Trata-se do ato que atesta a existência de uma nova lei no ordenamento jurídico.

135 "Art. 66. A Casa na qual tenha sido concluída a votação enviará o projeto de lei ao Presidente da República, que, aquiescendo, o sancionará.
(...)
§ 3º Decorrido o prazo de quinze dias, o silêncio do Presidente da República importará sanção.
(...)
§ 5º Se o veto não for mantido, será o projeto enviado, para promulgação, ao Presidente da República.
§ 6º Esgotado sem deliberação o prazo estabelecido no § 4º, o veto será colocado na ordem do dia da sessão imediata, sobrestadas as demais proposições, até sua votação final.
§ 7º Se a lei não for promulgada dentro de quarenta e oito horas pelo Presidente da República, nos casos dos § 3º e § 5º, o Presidente do Senado a promulgará, e, se este não o fizer em igual prazo, caberá ao Vice-Presidente do Senado fazê-lo."

136 "Art. 84. Compete privativamente ao Presidente da República:
(...)
IV - sancionar, promulgar e fazer publicar as leis, bem como expedir decretos e regulamentos para sua fiel execução;"

primento de uma obrigação jurídica sob o argumento de desconhecê-la, salvo se efetivamente a lei não tiver sido objeto de publicação no Diário Oficial.

Por fim, trazemos à colação organograma do processo legislativo, de modo a permitir uma compreensão mais adequada acerca da temática que findamos de analisar.

[137]

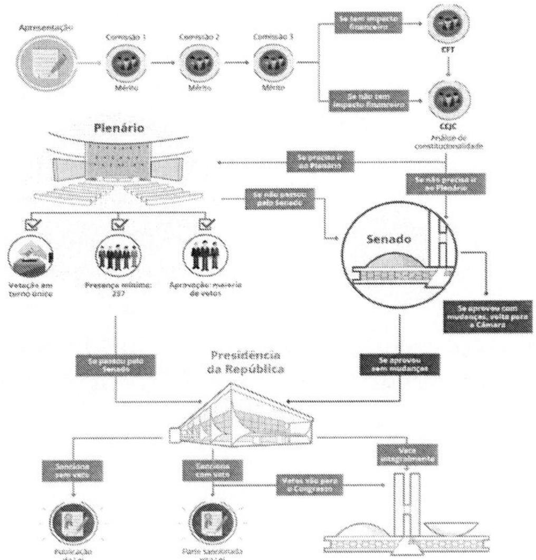

7. Do poder executivo

7.1. Introdução

Desde uma perspectiva clássica, ao Poder Executivo compete o exercício da atividade administrativa do Estado. Trata-se, portanto, de atribuição consistente em aplicar as leis *de ofício*, sem provocação. Sob tal perspectiva, assemelha-se à função jurisdicional, todavia, neste contexto, ao Poder Judiciário compete *aplicar* as leis *mediante* provocação dos jurisdicionados. É certo, no entanto, que de forma similar ao Poder Judiciário, o Poder Executivo também aplica as leis quando provocado em sede de *processo administrativo.*

137 Disponível em: https://www.camara.leg.br/tema/assets/images/infografico-lei-ordinaria.png

De maneira *típica*, a função administrativa é exercida pelo Poder Executivo, mediante edição de atos normativos e administrativos. Consiste, pois, tal atribuição, em gerir a *coisa pública*, assegurando o funcionamento dos serviços públicos administrativos voltados para persecução do bem-estar coletivo.

A Constituição Federal de 1988 instituiu o **sistema presidencialista de governo**, através do qual a *independência*[138] entre os poderes executivo e legislativo se constitui em nota típica deste sistema governamental. No sistema presidencialista, o Presidente da República exerce simultaneamente a função de **Chefe de Governo e** de **Chefe de Estado**[139], competindo ao mesmo não apenas a administração estatal, mas, também, a representação política junto à comunidade internacional.

7.2. Do Presidente da República

A Constituição Federal, em seu artigo 76, estabelece que o "Poder Executivo é exercido pelo Presidente da República, auxiliado pelos Ministros de Estado." Conforme ressaltado acima, no sistema presiden-

---

138 Dispõe o artigo 2° da Constituição Federal: "São Poderes da União, independentes e harmônicos entre si, o Legislativo, o Executivo e o Judiciário."

139 Celso Ribeiro Bastos e Ives Gandra da Silva Martins informam que no sistema presidencialista a dualidade entre Chefe de Estado e Chefe de Governo desaparece. Esses dois papéis, afirmam os autores, "que não se confundem no parlamentarismo, passam a ser exercidos pelo próprio Presidente da República. Os ministros são meros auxiliares do chefe do Executivo e demissíveis por ele a qualquer momento.
(...)
O presidencialismo não significa, apenas, que o Estado tem um presidente, como também parlamentarismo não designa, meramente, um Estado que tem Parlamento. O que realmente distingue um do outro é basicamente o papel representado pelo Órgão Legislativo. Num caso, o Parlamento não se limita a fazer leis, mas é também responsável pelo controle do governo, é dizer, aquela parte do Executivo incumbida de aplicar as leis e tomar posições políticas fundamentais. Quando o Parlamento pode, por qualquer meio, destituir o Gabinete (o conjunto dos ministros), por razões exclusivamente de ordem política, tem-se o parlamentarismo. Adversamente, quando o governo é exercido pelo próprio chefe de Estado, eleito, em regra, popularmente, e sem dependência do Parlamento para manter-se no poder, por prazo determinado, do qual só pode ser desinvestido em razão da prática de certos delitos e não por razões meramente políticas, tem-se o presidencialismo.
(...) o traço distintivo entre os dois sistemas reside no papel peculiar assumido pelo Poder Legislativo no regime parlamentarista. Às suas funções normais de legislar e fiscalizar acresce-se uma terceira eminentemente política, consistente em fornecer o suporte para manutenção do gabinete. As demais não são mais do que uma mera decorrência desta característica." in **Parlamentarismo ou Presidencialismo?** 2ª ed. Rio de Janeiro: Forense, 1993, pp. 14 e 15.

cialista o Presidente da República detém a função de Chefe de Governo e Chefe de Estado. O exercício da função administrativa desenvolvida pelo Presidente da República se dá mediante auxílio por parte dos Ministros de Estado[140], de sua livre escolha e nomeação, a teor do disposto no artigo 84, I, da Constituição Federal[141].

Conforme preceitua o artigo 12, §3°, I, da Constituição Federal, os cargos de Presidente e Vice-Presidente da República são privativos de brasileiro nato[142]. Ademais, no tocante às condições de elegibilidade consignadas no art. 14, §3°, da Constituição Federal, exige-se a idade mínima de trinta e cinco anos para Presidente e Vice-Presidente da República[143]. Por fim, cabe ressaltar, a teor do artigo 82, da Constituição Federal, que o mandato do Presidente da República é de quatro anos e terá início em primeiro de janeiro do ano seguinte ao da sua eleição.

---

140 "Art. 76. O Poder Executivo é exercido pelo Presidente da República, auxiliado pelos Ministros de Estado.
(...)
Art. 84. Compete privativamente ao Presidente da República:
(...)
II - exercer, com o auxílio dos Ministros de Estado, a direção superior da administração federal;"

141 "Art. 84. Compete privativamente ao Presidente da República:
I - nomear e exonerar os Ministros de Estado;"

142 A Constituição Federal, em seu artigo 12, I, dispõe sobre os brasileiros que são considerados *natos:*
"Art. 12. São brasileiros:
I - natos:
a) os nascidos na República Federativa do Brasil, ainda que de pais estrangeiros, desde que estes não estejam a serviço de seu país;
b) os nascidos no estrangeiro, de pai brasileiro ou mãe brasileira, desde que qualquer deles esteja a serviço da República Federativa do Brasil;
c) os nascidos no estrangeiro de pai brasileiro ou de mãe brasileira, desde que sejam registrados em repartição brasileira competente ou venham a residir na República Federativa do Brasil e optem, em qualquer tempo, depois de atingida a maioridade, pela nacionalidade brasileira;"

143 "Art. 14. A soberania popular será exercida pelo sufrágio universal e pelo voto direto e secreto, com valor igual para todos, e, nos termos da lei, mediante:
§ 3º São condições de elegibilidade, na forma da lei:
I - a nacionalidade brasileira;
II - o pleno exercício dos direitos políticos;
III - o alistamento eleitoral;
IV - o domicílio eleitoral na circunscrição;
V - a filiação partidária;
VI - a idade mínima de:
a) trinta e cinco anos para Presidente e Vice-Presidente da República e Senador;"

7.2.1. Da eleição do Presidente e do Vice-Presidente da República

Nos termos do artigo 77, da Constituição Federal, a eleição do Presidente e do Vice-Presidente da República deverá ser realizada no primeiro domingo de outubro, em primeiro turno. Havendo segundo turno, o mesmo ocorrerá no último domingo do referido mês. O processo eleitoral realizar-se-á no ano anterior ao término do mandato presidencial vigente. Conforme disposto no §1°, do artigo 77, a eleição do Presidente da República importará a do Vice-Presidente com ele registrado, considerando-se eleito Presidente o candidato que obtiver maioria absoluta de votos, excluídos os em branco e os nulos. É oportuno ressaltar a necessidade do registro de candidato a Presidente por partido político, por força do §2°, do dispositivo legal em análise. Se o candidato a Presidente obtiver a maioria absoluta de votos já no primeiro turno, as eleições dar-se-ão por encerradas. No entanto, conforme disposto no §3°, se nenhum candidato alcançar maioria absoluta na primeira votação, far-se-á nova eleição em até vinte dias após a proclamação do resultado, concorrendo os dois candidatos mais votados no primeiro turno, sendo considerado eleito aquele que obtiver a maioria dos votos válidos. O §4°, do artigo 77, estabelece que na hipótese de ocorrência de morte, desistência ou impedimento legal do candidato à disputa presidencial no 2° turno, convocar-se-á, dentre os remanescentes, o de maior votação. Por fim, conforme já ressaltado acima, será considerado eleito Presidente o candidato que obtiver a maioria absoluta de votos, não computados os em branco e os nulos, conforme previsto no art. 77, §2°, da Constituição Federal.

A posse do Presidente e Vice Presidente da República ocorrerá no dia 01 de janeiro do ano subsequente às eleições, cujo período do mandato corresponde a quatro anos[144]. A sessão de posse do Presidente e Vice-Presidente da República se dará no Congresso Nacional, devendo eles prestar o compromisso de zelar pela supremacia constitucional, a observância das leis, promoção do bem geral do povo brasileiro, manutenção do pacto federativo, além da integridade e independência do País[145]. O parágrafo único do artigo 78 estabelece que, decorridos dez dias da data fixada para a posse e não havendo o Presidente assumido o cargo, salvo motivo de força maior[146], será o mesmo declarado vago.

144 Art. 82. O mandato do Presidente da República é de quatro anos e terá início em primeiro de janeiro do ano seguinte ao da sua eleição."

145 Cf. art. 78, da Constituição Federal.

146 Tal foi a hipótese do Presidente eleito Tancredo Neves.

7.2.2. Da vacância do cargo

O artigo 79 da Constituição Federal, por sua vez, dispõe o seguinte:

> "Art. 79. Substituirá o Presidente, no caso de impedimento, e suceder-lhe-á, no de vaga, o Vice-Presidente."

O dispositivo constitucional em apreço contempla duas (02) hipóteses distintas: a) **impedimento** e; b) **vacância**. Utiliza-se, para tanto, de dois verbos: a) **substituir** e; b) **suceder**. Portanto, havendo *impedimento* do Presidente da República em exercício, será o mesmo *substituído*, ao passo que na hipótese de falecimento, ocorrerá vacância e ter-se-á a necessidade de observar o processo de *sucessão presidencial*. É importante consignar que o *impedimento* se refere ao titular do cargo, ao estado da pessoa, é dizer, sua impossibilidade jurídica de assumi-lo, ao passo que na hipótese de *vacância* ter-se-á referência ao *estado* ou *situação do cargo*[147].

Havendo *impedimento* do Presidente e do Vice-Presidente da República, ou *vacância* dos respectivos cargos, serão chamados sucessivamente ao exercício da Presidência da República, o Presidente da Câmara dos Deputados, o do Senado Federal e o do Supremo Tribunal Federal, nos termos do artigo 80 da Constituição Federal. Esclarecedoras são as palavras de José Afonso da Silva sobre a sucessão do Presidente da República:

> "O modo de suprir o estado de vacância será, em primeiro lugar, chamando o sucessor nato do presidente, que é o vice-presidente da República. No caso, porém, de vacância de ambos os cargos também serão chamado ao exercício do cargo, sucessivamente, o presidente da Câmara dos Deputados, o presidente do Senado Federal ou o presidente do STF, mas estes substitutos eventuais não sucedem no cargo, pois vagando ambos os cargos, de presidente e vice,

---

147 Sobre o tema, José Afonso da Silva evidencia o seguinte:
"'Vacância' é estado do cargo; isto é, o cargo considera-se vago quando fica sem titular. Então, é necessário preenche-lo, dando-lhe novo titular. A diferença entre 'impedimento' e 'vacância' é palpável. Aquele é um estado, uma situação da pessoa; refere-se ao titular do cargo. Esta é uma situação, um estado, do cargo. Aquele é um afastamento temporário do titular (licença, doença, férias, suspensão). Esta, um afastamento definitivo (perda do cargo por cassação, renúncia ou morte).
A *vacância* dá-se por uma das formas de *perda do cargo* que se verifica por uma das formas de *perda do mandato*, quais sejam: *cassação, extinção, declaração de vacância do cargo e ausência do país* na forma do art. 83." in **Comentário Contextual à Constituição**. São Paulo: Malheiros, 2005, p. 479.

> será convocada eleição direta para *90 dias* depois da última vaga, se esta ocorrer antes de se iniciarem os 2 últimos anos de mandato presidencial; porque, se a última vaga se der nos últimos 2 anos, a eleição será feita 30 dias depois pelo Congresso Nacional, na forma da lei. (...) Ou seja, vacância nos primeiros dois anos, eleição popular direta; vacância nos dois anos derradeiros, *eleição indireta* pelo Congresso Nacional. Em qualquer dos casos, os eleitos simplesmente completarão o período de seus antecessores."[148]

Por fim, o artigo 83 da Constituição Federal determina que o Presidente e o Vice-Presidente da República não poderão, sem autorização do Congresso Nacional, ausentar-se do País por período superior a quinze dias, sob pena de perda do cargo.

7.2.3. Das Atribuições do Presidente da República

São inúmeras as atribuições constitucionais do Presidente da República. Embora o artigo 84 disponha sobre as *competências privativas* do Chefe do Executivo Federal, devemos registrar que suas atribuições não se exaurem no elenco consignado no dispositivo constitucional retro indicado. Há competências do Presidente da República que lhe foram conferidas através de outros enunciados normativos da Constituição. Logo, reitere-se, o artigo 84 dispõe tão-somente das competências privativas.

José Afonso da Silva apresenta proposta classificatória das atribuições do Presidente da República, enquadrando todas elas em **três funções básicas do Poder Executivo**: a) **Chefia de Estado**; b) **Chefia de Governo** e; c) **Chefia da Administração Pública Federal**.

Em relação às suas atribuições na condição de **Chefe de Estado**, consignadas no artigo 84 da Constituição Federal, compete ao Presidente da República: a) manter relações com Estados estrangeiros e acreditar seus representantes diplomáticos (VII); b) celebrar tratados, convenções e atos internacionais, sujeitos a referendo do Congresso Nacional (VIII); c) nomear, após aprovação pelo Senado Federal, os Ministros do Supremo Tribunal Federal e dos Tribunais Superiores (XIV), d) convocar e presidir o o Conselho de Defesa Nacional (XVIII); e) declarar guerra, no caso de agressão estrangeira, autorizado pelo Congresso Nacional ou referendado por ele, quando ocorrida no intervalo das sessões legislativas, e, nas mesmas condições, decretar, total ou parcialmente, a mobilização nacional (XIX); f) celebrar a paz, autorizado ou com o referendo

148 **Comentário Contextual à Constituição**. São Paulo: Malheiros, 2005, p. 480.

do Congresso Nacional (XX); g) conferir condecorações e distinções honoríficas (XXI) e; h) permitir, nos casos previstos em lei complementar, que forças estrangeiras transitem pelo território nacional ou nele permaneçam temporariamente (XXII).

Por sua vez, compete ao Presidente da República, no exercício de suas funções como **Chefe de Governo**, igualmente disciplinadas no artigo 84, da Constituição Federal: a) nomear e exonerar os Ministros de Estado (I); b) iniciar o processo legislativo, na forma e nos casos previstos na Constituição Federal (III); c) sancionar, promulgar e fazer publicar as leis, bem como expedir decretos e regulamentos para sua fiel execução (IV); d) vetar projetos de lei, total ou parcialmente (V); e) decretar o estado de defesa e o estado de sítio (IX); f) decretar e executar a intervenção federal (X); g) conceder indulto e comutar penas, com audiência, se necessário, dos órgãos instituídos em lei (XII); h) exercer o comando supremo das Forças Armadas, nomear os Comandantes da Marinha, do Exército e da Aeronáutica, promover seus oficiais-generais e nomeá-los para os cargos que lhes são privativos (XIII); i) nomear, após aprovação pelo Senado Federal, os Governadores de Territórios, o Procurador-Geral da República, o presidente e os diretores do banco central e outros servidores, quando determinado em lei, (XIV); j) convocar e presidir o Conselho da República (XVIII); l) enviar ao Congresso Nacional o plano plurianual, o projeto de lei de diretrizes orçamentárias e as propostas de orçamento previstas na Constituição Federal (XXIII); m) prestar, anualmente, ao Congresso Nacional, dentro de sessenta dias após a abertura da sessão legislativa, as contas referentes ao exercício anterior (XXIV); n) exercer outras atribuições previstas nesta Constituição (XXVII).

No exercício da **Chefia da Administração Pública Federal**, à luz do artigo 84 da Constituição Federal, compete ao Presidente da República: a) exercer, com o auxílio dos Ministros de Estado, a direção superior da administração federal (II); b) dispor, mediante decreto, sobre: organização e funcionamento da administração federal, quando não implicar aumento de despesa nem criação ou extinção de órgãos públicos; extinção de funções ou cargos públicos, quando vagos (VI, "a" e "b"); c) prestar, anualmente, ao Congresso Nacional, dentro de sessenta dias após a abertura da sessão legislativa, as contas referentes ao exercício anterior (XXIV); d) prover e extinguir os cargos públicos federais, na forma da lei (XXV) e; e) editar medidas provisórias com força de lei, nos termos do art. 62 (XXVI).

7.2.4. Da responsabilidade do Presidente da República

As pessoas que exercem funções públicas no primeiro escalão governamental do País, têm a possibilidade de serem penalizadas não apenas mediante aplicação da legislação penal em vigor, mas também através de sanções de natureza política, a exemplo da vedação de vir a exercer novas funções públicas no futuro, além da perda da investidura dos cargos até então ocupados. Tais penalidades, de natureza política, resultam da configuração da prática de crime de idêntica natureza, ora designados **crimes políticos ou de responsabilidade**. Deste modo, o processamento resultante da prática desses atos objetiva o *impedimento* (impeachment) ou a destituição do cargo por parte da autoridade julgada. Surgido na Inglaterra, o *impeachmet* é um processo bastante conhecido dos brasileiros, na medida em que quatro (04) Presidentes da República foram destituídos do cargo através desta medida: Carlos Luz, Café Filho, Fernando Collor de Mello e Dilma Rousseff.

A Constituição Federal, em seu artigo 85, estabelece as hipóteses que se configuram *crime de responsabilidade* resultante de ato praticado pelo Presidente da República. Neste sentido, dispõe o mencionado dispositivo constitucional:

> "Art. 85. São crimes de responsabilidade os atos do Presidente da República que atentem contra a Constituição Federal e, especialmente, contra:
>
> I - a existência da União;
>
> II - o livre exercício do Poder Legislativo, do Poder Judiciário, do Ministério Público e dos Poderes constitucionais das unidades da Federação;
>
> III - o exercício dos direitos políticos, individuais e sociais;
>
> IV - a segurança interna do País;
>
> V - a probidade na administração;
>
> VI - a lei orçamentária;
>
> VII - o cumprimento das leis e das decisões judiciais.
>
> Parágrafo único. Esses crimes serão definidos em lei especial, que estabelecerá as normas de processo e julgamento.

Conforme disposto no parágrafo único, do artigo 85, da Constituição Federal, os crimes de responsabilidade serão definidos em *lei especial*. A Lei n° 1.079/50[149], ao integrar o citado artigo 85 da Lei Maior, passou a definir os crimes de responsabilidade, disciplinando o respectivo processo de julgamento[150]. Nos termos do artigo 52, parágrafo único, da

149 Recepcionada pela Constituição Federal.

150 "Art. 1º São crimes de responsabilidade os que esta lei específica."

Constituição Federal, a sanção aplicável na hipótese de condenação por prática de crime de responsabilidade consistirá na "**perda do cargo, com inabilitação, por oito anos, para o exercício de função pública**, sem prejuízo das demais sanções judiciais cabíveis[151]"

A competência para processar e julgar o Presidente da República pela prática de crime de responsabilidade é do Senado Federal, conforme disposto no artigo 52, I, c/c art. 86, *caput*, da Constituição Federal[152]. Portanto, se a Câmara dos Deputados, por dois terços dos seus membros, admitir a acusação contra o Presidente da República, será ele julgado perante o Supremo Tribunal Federal, nas infrações penais comuns, ou no Senado Federal, caso se trate de crime de responsabilidade.

Nos termos do artigo 86, §1°, da Lei Maior, o Presidente da República ficará suspenso de suas funções se o Supremo Tribunal Federal - STF receber a denúncia ou queixa-crime, nas infrações penais comuns (I) ou, após instauração do processo no Senado Federal, na hipótese de crime de reponsabilidade (II). Decorrido o prazo de cento e oitenta dias, a contar do recebimento da denúncia ou queixa-crime pelo Supremo Tribunal Federal - STF, sem conclusão do julgamento, cessará o afastamento do Presidente da República, sem prejuízo do regular prosseguimento do processo[153]. O Presidente da República apenas estará sujeito a prisão, nas infrações comuns, após ser prolatada sentença condenatória. Por fim, na vigência do seu mandato, o Presidente da República não poderá ser responsabilizado por atos estranhos ao exercício de suas funções.

7.3. Dos Ministros de Estado

Os Ministros de Estado possuem atribuição constitucional para auxiliar o Presidente da República, consoante disposto no artigo 76[154].

---

151 Art. 52, parágrafo único, da Constituição Federal.

152 "Art. 52. Compete privativamente ao Senado Federal:
I - processar e julgar o Presidente e o Vice-Presidente da República nos crimes de responsabilidade, bem como os Ministros de Estado e os Comandantes da Marinha, do Exército e da Aeronáutica nos crimes da mesma natureza conexos com aqueles;
(...)
Art. 86. Admitida a acusação contra o Presidente da República, por dois terços da Câmara dos Deputados, será ele submetido a julgamento perante o Supremo Tribunal Federal, nas infrações penais comuns, ou perante o Senado Federal, nos crimes de responsabilidade."

153 Art. 86, §2°, da Constituição Federal.

154 "Art. 76. O Poder Executivo é exercido pelo Presidente da República, auxiliado pelos Ministros de Estado.
(...)

Compete ao Chefe do Poder Executivo a escolha e nomeação daqueles que irão compor a estrutura governamental na condição de Ministros de Estado[155]. Esta é uma típica nota do sistema presidencialista, no qual o Presidente da República, à luz da Constituição Federal, exerce conjuntamente a atribuição de Chefe de Estado e de Governo. Cabe registrar o enaltecimento constitucional da figura do Presidente da República na condição de líder político da Nação, ao atribuir-lhe a "*direção superior da administração federal.*[156]"

Os Ministros têm por função auxiliar o Presidente da República, no âmbito de suas respectivas áreas de atuação ministerial. É importante consignar que na condição de agentes auxiliares do Presidente da República, a quem cabe nomeá-los ou demiti-los, os Ministros de Estado são corresponsáveis pela condução da Administração Pública Federal.

A Constituição Federal, em seu artigo 87, estabelece que "*os Ministros de Estado serão escolhidos dentre brasileiros maiores de vinte e um anos e no exercício dos direitos políticos.*" Logo, dois são os requisitos para investidura no cargo de Ministro: a) ser maior de 21 anos e; b) estar no exercício dos direitos políticos. Trata-se de cargo de provimento comissionado, logo, conforme foi verificado, de livre *nomeação* e *exoneração* por parte do Presidente da República.

À luz do artigo 87, parágrafo único, da Constituição Federal, compete aos Ministros de Estados, além de outras competências que lhes forem atribuídas pela Constituição e na lei: a) exercer a orientação, coordenação e supervisão dos órgãos e entidades da administração federal na área de sua competência e referendar os atos e decretos assinados pelo Presidente da República; b) expedir instruções para a execução das leis, decretos e regulamentos; c) apresentar ao Presidente da República relatório anual de sua gestão no Ministério e; d) praticar os atos pertinentes às atribuições que lhe forem outorgadas ou delegadas pelo Presidente da República.

Art. 84. Compete privativamente ao Presidente da República:

(...)

II - exercer, com o auxílio dos Ministros de Estado, a direção superior da administração federal;"

---

155 "Art. 84. Compete privativamente ao Presidente da República:
I - nomear e exonerar os Ministros de Estado;"

156 Art. 84, II, da CF.

A Lei n° 13.844/19, que estabelece a organização básica dos órgãos da Presidência da República e dos Ministérios, dispõe, em seu art. 20, o seguinte:

> Art. 20. São Ministros de Estado:
>
> I - os titulares dos Ministérios;
>
> II - o Chefe da Casa Civil da Presidência da República;
>
> III - o Chefe da Secretaria de Governo da Presidência da República;
>
> IV - o Chefe da Secretaria-Geral da Presidência da República;
>
> V - o Chefe do Gabinete de Segurança Institucional da Presidência da República;
>
> VI - o Advogado-Geral da União, até que seja aprovada emenda constitucional para incluí-lo no rol das alíneas c e d do inciso I do caput do art. 102 da Constituição Federal; e
>
> VII - o Presidente do Banco Central do Brasil, até que seja aprovada a autonomia da entidade."

O rol de Ministérios existentes na estrutura administrativa da Presidência da República está elencado no artigo 19, da Lei n° 13.844/19, sendo os seguintes: Art. 19. Os Ministérios são os seguintes: I - Ministério da Agricultura, Pecuária e Abastecimento; II - Ministério da Cidadania; III - Ministério da Ciência, Tecnologia, Inovações e Comunicações; IV - Ministério da Defesa; V - Ministério do Desenvolvimento Regional; VI - Ministério da Economia; VII - Ministério da Educação; VIII - Ministério da Infraestrutura; IX - Ministério da Justiça e Segurança Pública; X - Ministério do Meio Ambiente; XI - Ministério de Minas e Energia; XII - Ministério da Mulher, da Família e dos Direitos Humanos; XIII - Ministério das Relações Exteriores; XIV - Ministério da Saúde; XV - Ministério do Turismo; e XVI - Controladoria-Geral da União.

7.4. Do Conselho da República

O Conselho da República é órgão superior de consulta do Presidente da República, a ele competindo pronunciar-se sobre intervenção federal, estado de defesa, estado de sítio, além de questões relevantes para a estabilidade das instituições democráticas. Participam do Conselho da República: a) o Vice-Presidente da República; b) o Presidente da Câmara dos Deputados; c) o Presidente do Senado Federal; d) os líderes da maioria e da minoria na Câmara dos Deputados; e) os líderes da maioria e da minoria no Senado Federal; f) o Ministro da Justiça e; g) seis cidadãos brasileiros natos, com mais de trinta e cinco anos de idade, sendo dois nomeados pelo Presidente da República, dois eleitos pelo Senado

Federal e dois eleitos pela Câmara dos Deputados, todos com mandato de três anos, vedada a recondução[157].

7.5. Do Conselho de Defesa Nacional

O Conselho de Defesa Nacional, nos termos do artigo 91 da Constituição Federal, é órgão de consulta do Presidente da República nos assuntos relacionados com a soberania nacional e a defesa do Estado democrático, dele participando como membros natos: a) o Vice-Presidente da República; b) o Presidente da Câmara dos Deputados; c) o Presidente do Senado Federal; d) o Ministro da Justiça; e) o Ministro de Estado da Defesa; f) o Ministro das Relações Exteriores; g) o Ministro do Planejamento. h) os Comandantes da Marinha, do Exército e da Aeronáutica.

Ao Conselho de Defesa Nacional compete: a) opinar nas hipóteses de declaração de guerra e de celebração da paz, nos termos desta Constituição; b) opinar sobre a decretação do estado de defesa, do estado de sítio e da intervenção federal; c) propor os critérios e condições de utilização de áreas indispensáveis à segurança do território nacional e opinar sobre seu efetivo uso, especialmente na faixa de fronteira e nas relacionadas com a preservação e a exploração dos recursos naturais de qualquer tipo e; d) estudar, propor e acompanhar o desenvolvimento de iniciativas necessárias a garantir a independência nacional e a defesa do Estado democrático.

8. Do poder judiciário

8.1. Fundamento e estrutura constitucional do Poder Judiciário

A Constituição Federal, em seu artigo 2°, consagra o princípio da independência do Poder Judiciário, ao estabelecer que "são Poderes da União, independentes e harmônicos entre si, o Legislativo, o Executivo e o Judiciário." Por sua vez, o Título IV da Lei Fundamental dispõe sobre a "Organização dos Poderes", dividindo-se em quatro (04) Capítulos: 1) Do Poder Legislativo; 2) Do Poder Executivo; 3) Do Poder Judiciário e; 4) Das Funções Essenciais à Justiça.

O Poder Judiciário, conforme já analisado, é um Poder da República, dotado de independência[158] em face da Poder Legislativo e do Poder

157 Cf. arts. 89 e 90, da CF.

158 O Código de Ética da Magistratura, em seu Capítulo II, "Independência", estabelece o seguinte:

Executivo, que tem por dever constitucional agir com imparcialidade[159] no exercício da prestação jurisdicional. A composição do Poder Judiciário encontra-se disciplinada no artigo 92 da Lei Maior, cujos órgãos que o integram são os seguintes: a) o Supremo Tribunal Federal; b) o Conselho Nacional de Justiça; c) o Superior Tribunal de Justiça; d) o Tribunal Superior do Trabalho; e) os Tribunais Regionais Federais e Juízes Federais; f) os Tribunais e Juízes do Trabalho; g) os Tribunais e Juízes Eleitorais; h) os Tribunais e Juízes Militares; i) os Tribunais e Juízes dos Estados e do Distrito Federal e Territórios. Todos os órgãos retro elencados integram a *estrutura do Poder Judiciário Nacional*[160], aos quais competem o exercí-

---

"Art. 4º Exige-se do magistrado que seja eticamente independente e que não interfira, de qualquer modo, na atuação jurisdicional de outro colega, exceto em respeito às normas legais.
Art. 5º Impõe-se ao magistrado pautar-se no desempenho de suas atividades sem receber indevidas influências externas e estranhas à justa convicção que deve formar para a solução dos casos que lhe sejam submetidos.
Art. 6º É dever do magistrado denunciar qualquer interferência que vise a limitar sua independência.
Art. 7º A independência judicial implica que ao magistrado é vedado participar de atividade político-partidária."

---

159 Em seu Capítulo III, "Imparcialidade", dispõe o Código de Ética da Magistratura:
Art. 8º O magistrado imparcial é aquele que busca nas provas a verdade dos fatos, com objetividade e fundamento, mantendo ao longo de todo o processo uma distância equivalente das partes, e evita todo o tipo de comportamento que possa refletir favoritismo, predisposição ou preconceito.
Art. 9º Ao magistrado, no desempenho de sua atividade, cumpre dispensar às partes igualdade de tratamento, vedada qualquer espécie de injustificada discriminação.
Parágrafo único. Não se considera tratamento discriminatório injustificado:
I - a audiência concedida a apenas uma das partes ou seu advogado, contanto que se assegure igual direito à parte contrária, caso seja solicitado;
II - o tratamento diferenciado resultante de lei."

160 Antonio Carlos de Araújo Cintra, Ada Pellegrini Grinover e Cândido Rangel Dinamarco, definem a organização judiciária como *"o regime legal da constituição orgânica do Poder Judiciário."* in **Teoria Geral do Processo**, p. 176. As tratar da *organização judiciária*, os autores esclarecem o seguinte:
"(...) fala a Constituição das diversas *Justiças*, através das quais ser exercerá a função jurisdicional. A jurisdição é uma só, ela não é nem federal nem estadual: como expressão do poder estatal, que é uno, ela é eminentemente *nacional* e não comporta divisões. No entanto, para a divisão racional do trabalho é conveniente que se instituam organismos distintos, outorgando-se a cada um deles um setor da grande 'massa de causas' que precisam ser processadas no país. Atende-se, para essa distribuição de competência, a critérios de diversas ordens: às vezes, é a natureza da relação jurídica material controvertida que irá determinar a atribuição de dados processos a dada Justiça; outras, é a qualidade das pessoas figurantes como partes; mas é invariavelmente o interesse público que inspira tudo isso (o Estado faz a divisão das Justiças, com vistas à melhor atuação da função jurisdicional).

cio da *jurisdição*, com exceção do Conselho Nacional de Justiça - CNJ, que possui natureza administrativa[161]. Ressalte-se, também, que a estrutura discriminada se afigura como *numerus clausus*, sendo tais órgãos e tão-somente eles que compõem o Poder Judiciário brasileiro[162].

Com base no referido dispositivo constitucional, o Supremo Tribunal Federal é o órgão de vértice do Poder Judiciário, sendo-lhe atribuído a função precípua de zelar pela guarda da Constituição, conforme estabelecido no artigo 102 da Lei Maior[163].

Em análise ao artigo 92 da Constituição Federal, depreende-se que o constituinte originário instituiu **três (03) ramos especializados de justiça** em *razão da matéria*: **1) Justiça do Trabalho**; **2) Justiça Eleitoral** e; **3) Justiça Militar**. Ademais, concebeu uma **justiça comum**, fracionada em **1) Justiça Federal** e; **2) Justiça Estadual.** A regra, portanto, atinente às competências jurisdicionais é a seguinte: as competências que não foram atribuídas expressamente à justiça especializada, caberão à justiça comum. Trata-se, no tocante à justiça ordinária, de uma espécie de *competência residual*, é dizer, o que não foi estabelecido para ser processado e julgado na esfera de competência da justiça especializada, caberá (resíduo) à justiça comum[164]. É oportuno salientar

---

São estes os organismos que compõem a estrutura judiciária brasileira: Justiça Federal (Const. arts. 106-110), Justiça do Trabalho (arts. 111-116), Justiça Eleitoral (arts. 118-121), Justiça Militar (arts. 122-124), Justiças Estaduais ordinárias (arts. 125-126), Justiças Militares estaduais (art. 125, §3°)."

---

161 Por questões meramente didáticas, optamos por analisar inicialmente todos os órgãos integrantes da estrutura do Poder Judiciário que exercem atividade eminentemente *jurisdicional*, deixando por último o Conselho Nacional de Justiça, por se tratar de órgão com função tipicamente *administrativa*.

162 "(...) a Constituição não arrola as turmas recursais entre **os órgãos do Poder Judiciário**, os quais **são por ela discriminados, em *numerus clausus*, no art. 92**." (destaque nosso) Cf. RE 590.409, voto do rel. Min. Ricardo Lewandowski, j. em 26.08.09.

163 "Art. 102. **Compete ao Supremo Tribunal Federal**, precipuamente, **a guarda da Constituição** (...)" destaque nosso.

164 Sobre a organização judiciária, Eduardo Arruda Alvim esclarece que a "Constituição instituiu as chamadas justiças especializadas (militar, trabalhista e eleitoral). O que não couber na esfera de atribuição de cada uma delas, competirá à justiça comum. A justiça comum, a seu turno, subdivide-se em justiça penal e justiça civil. A esfera de atribuições da justiça civil é determinada por exclusão. Vale dizer, dentro daquilo que cabe à justiça comum, o que não competir à justiça penal caberá à civil. De outra parte, os órgãos da justiça comum podem ser federais (justiça federal) ou estaduais (justiça estadual)." in **Direito Processual Civil**. 5ª ed., São Paulo: Revista dos Tribunais, 2013, p. 69.

que a competência da Justiça Federal se encontra taxativamente definida entre os artigos 106 a 109 da Constituição Federal. Logo, o que não foi expressamente atribuído à Justiça Federal, competirá *residualmente* à Justiça Estadual.

8.2. Integração normativa

A Constituição Federal, em seu artigo 93, *caput*, dispõe que *"Lei complementar, de iniciativa do Supremo Tribunal Federal, disporá sobre o Estatuto da Magistratura (...)."* A Lei Complementar n° 35/79, ao instituir o Estatuto da Magistratura, estabeleceu normas relativas à organização, ingresso, promoção, garantias e vedações aos magistrados[165].

É oportuno salientar que a Constituição Federal de 1988, ao dispor sobre o Poder Judiciário, foi bastante minuciosa, evidenciando, deste modo, sua natureza analítica. Por tal razão, é possível encontrar em nossa Lei Fundamental as normas sobre a organização básica da estrutura jurisdicional brasileira[166]. Ressalte-se, também, que os Tribunais retiram

---

165 O Estatuto da Magistratura ora em vigor, encontra-se estruturado da seguinte forma: **I - Do Poder Judiciário** 1. Dos Órgãos do Poder Judiciário 2. Dos Tribunais 3. Dos Magistrados **II - Das Garantias da Magistratura e das Prerrogativas do Magistrado** 1. Das Garantias da Magistratura 1.1 Da Vitaliciedade 1.2 Da Inamovibilidade 1.3 Da Irredutibilidade de Vencimentos 2. Das Prerrogativas do Magistrado **III - Da Disciplina Judiciária** 1. Dos Deveres do Magistrado 2. Das Penalidades 3. Da Responsabilidade Civil do Magistrado 4. Do Conselho Nacional da Magistratura **IV - Dos Vencimentos, Vantagens e Direitos dos Magistrados** 1. Dos Vencimentos e Vantagens Pecuniárias 2. Das Férias 3. Das Licenças 4. Das Concessões 5. Da Aposentadoria **V - Da Magistratura de Carreira** 1. Do Ingresso 2. Da Promoção, da Remoção e do Acesso **VI ~~Do Tribunal Federal de Recursos~~ VII - Da Justiça do Trabalho VIII - Da Justiça dos Estados** 1. Da Organização Judiciária 2. Dos Tribunais de Justiça 3. Dos Tribunais de Alçada 4. Da Justiça de Paz **IX - Da Substituição nos Tribunais X - Disposições Finais e Transitórias**.

166 Ao analisar o dispositivo constitucional (art. 93) alusivo ao Estatuto da Magistratura, André Ramos Tavares põe em evidência o seguinte:

"A Constituição de 1988 fala expressamente em 'Estatuto da Magistratura', recepcionando nesses termos a anterior (e ainda vigente) 'Lei Orgânica da Magistratura Nacional' (a Lei Complementar n. 35, de 14-3-1979).

Trata-se, efetivamente de um Estatuto, que supera a mera organização de um dos 'poderes', posto que absorve deveres e direitos correlatos. Ademais, recorde-se que a Constituição de 1988 reserva a expressão 'Lei Orgânica' para a Lei básica dos municípios.

(...)

Quanto ao conteúdo deste preceito, a Constituição do Brasil, de maneira taxativa e didática, com o propósito cristalino de definir limites ao âmbito de atuação nacional desta normativa e, nesse sentido, ao próprio Congresso Nacional, delineou

sua autonomia administrativa diretamente da Constituição Federal que, em seu artigo 96, I, "a", estabelece competir privativamente aos mesmos "eleger seus órgãos diretivos e elaborar seus regimentos internos, com observância das normas de processo e das garantias processuais das partes, dispondo sobre a competência e o funcionamento dos respectivos órgãos jurisdicionais e administrativos."

Por fim, devemos registrar que os Tribunais de Justiça dos Estados possuem sua estrutura fundamental delineada pelas respectivas Constituições estaduais.

8.3. Dos órgãos do Poder Judiciário

Conforme já ilustrado acima, a Constituição Federal institui em seu artigo 92 os órgãos que compõem o Poder Judiciário Nacional. Analisemos, pois, cada um deles de forma suscinta.

8.3.1. Supremo Tribunal Federal

Com sede na Capital Federal[167], o Supremo Tribunal Federal é órgao de cúpula do Poder Judiciário brasileiro. Em conformidade ao artigo 101 da Constituição Federal, **o Supremo Tribunal Federal é composto por onze (11) Ministros**, escolhidos dentre cidadãos de notável saber jurídica, ilibada reputação e com mais de trinta e cinco e menos de sessenta e cinco anos de idade[168].

---

como diretrizes gerais, por exemplo: (i) as regras de ingresso na carreira; (ii) os critérios de promoção; (iii) a exigência de cursos de preparação, aperfeiçoamento e promoção; (iv) o regime previdenciário – o qual será ditado pelas regras constantes do art. 40 da CB; (v) o requisito judicial para a remoção e disponibilidade de magistrado, por interesse público; (vi) a obrigatória publicidade e fundamentação das decisões judiciais e administrativas dos tribunais; (vii) o *caráter ininterrupto do serviço judicial*; (viii) a *proibição de férias coletivas* em juízos e tribunais de segundo grau; (ix) a excelente relação entre magistrados e demanda judicial e entre aquelas e a população da unidade jurisdicional respectiva; e (x) a imperiosidade do quinto constitucional." in **Manual do Poder Judiciário Brasileiro.** São Paulo: Saraiva, 2012, pp. 116 e 117.

---

167 O Regimento Interno do Supremo Tribunal Federal – STF, em seu artigo 2°, estabelece o seguinte:
"Art. 2º O Tribunal compõe-se de onze Ministros, tem sede na Capital da República e jurisdição em todo território nacional."

168 "Art. 101. O Supremo Tribunal Federal compõe-se de onze Ministros, escolhidos dentre cidadãos com mais de trinta e cinco e menos de sessenta e cinco anos de idade, de notável saber jurídico e reputação ilibada."

No tocante à sua **estrutura**, o Supremo Tribunal Federal – STF é composto pelo **Plenário**, pelas **Turmas** (em número de duas) e **Presidência**[169], competindo a cada qual atribuições jurisdicionais específicas. O órgão de deliberação máxima do Tribunal é o Plenário, composto dos onze (11) Ministros que integram a Corte, ao passo que cada Turma é formada por cinco (05) Ministros. O quórum mínimo para realização de sessões corresponde a seis (06) Ministros, no Pleno[170], e três (03) Ministros, nas Turmas[171]. Para melhor ilustrar a organização do Supremo Tribunal Federal – STF, trazemos à baila organograma[172] do Tribunal:

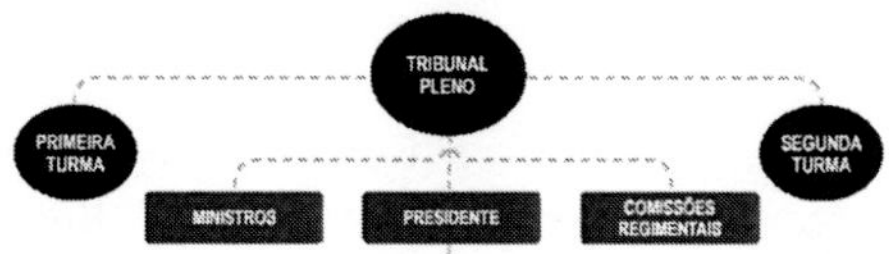

A ***missão*** precípua do Supremo Tribunal Federal, em atenção ao disposto no artigo 102 da nossa Lei Maior, **consiste em zelar pela supremacia constitucional**[173]. No exercício da função jurisdicional, sua competência é dividida em *originária* e *recursal*. Na condição de guardião da Constituição, o Supremo Tribunal Federal é competente para o exercício *concorrente* do controle concentrado e difuso de constitucionalidade, na medida em que esses dois mecanismos de proteção constitucional podem, por ele, ser simultaneamente exercidos, desde que provocado para tanto. **Em sede de controle concentrado de constitucionalidade**, compete ao Supremo Tribunal Federal processar e julgar **originariamente**: a) Ação Direta de Inconstitucionalidade[174]; b) Ação

169 Dispõe o RISTF:
"Art. 3º São órgãos do Tribunal o Plenário, as Turmas e o Presidente."

170 "Art. 143. O Plenário, que se reúne com a presença mínima de seis Ministros, é dirigido pelo Presidente do Tribunal." RISTF.

171 "Art. 147.As Turmas reúnem-se com a presença, pelo menos, de três Ministros." RISTF.

172 Cf. http://portal.stf.jus.br/textos/verTexto.asp?servico=sobreStfOrganograma

173 "Art. 102. Compete ao Supremo Tribunal Federal, precipuamente, a guarda da Constituição (...)"

174 "Art. 102. Compete ao Supremo Tribunal Federal, precipuamente, a guarda da Constituição, cabendo-lhe:
I - processar e julgar, originariamente:
a) a **ação direta de inconstitucionalidade de lei** ou ato normativo federal ou estadual **e a ação declaratória de constitucionalidade** de lei ou ato normativo federal;"

Declaratória de Constitucionalidade e; c) Arguição de Descumprimento de Preceito Fundamental[175]. No exercício do controle difuso, o Supremo Tribunal Federal é provocado, **via de regra**[176], através do Recurso Extraordinário[177].

Em relação à sua **competência originária**[178], ao Supremo Tribunal Federal incumbe processar e julgar: a) a ação direta de inconstitucionalidade de lei ou ato normativo federal ou estadual e a ação declaratória de constitucionalidade de lei ou ato normativo federal; b) nas infrações penais comuns, o Presidente da República, o Vice-Presidente, os membros do Congresso Nacional, seus próprios Ministros e o Procurador-Geral da República; c) nas infrações penais comuns e nos crimes de responsabilidade, os Ministros de Estado, ressalvado o disposto no art. 52, I, os membros dos Tribunais Superiores, os do Tribunal de Contas da União e os chefes de missão diplomática de caráter permanente; d) nas infrações penais comuns e nos crimes de responsabilidade, os Ministros de Estado e os Comandantes da Marinha, do Exército e da Aeronáutica, ressalvado o disposto no art. 52, I, os membros dos Tribunais Superiores, os do Tribunal de Contas da União e os chefes de missão diplomática de caráter permanente; e) o habeas corpus, sendo paciente qualquer das pessoas referidas nas alíneas "a", "b" e "c"; o mandado de segurança e o habeas data contra atos do Presidente da República, das Mesas da Câmara dos Deputados e do Senado Federal, do Tribunal de Contas da União, do Procurador-Geral da República e do próprio Supremo Tribunal Federal; f) o litígio entre Estado estrangeiro ou organismo internacional e a União, o Estado, o Distrito Federal ou o Território; g) as causas e os conflitos entre a União e os Estados, a União e o Distrito Federal, ou

175 "Art. 102 (...)
§ 1º A **argüição de descumprimento de preceito fundamental**, decorrente desta Constituição, **será apreciada pelo Supremo Tribunal Federal**, na forma da lei."

176 O Recurso Extraordinário não é o único instrumento processual hábil para que o Supremo Tribunal Federal possa exercer o controle difuso de constitucionalidade, mas tão-somente, digamos, o principal.

177 "Art. 103 (...)
(...)
III - julgar, mediante recurso extraordinário, as causas decididas em única ou última instância, quando a decisão recorrida:
a) contrariar dispositivo desta Constituição;
b) declarar a inconstitucionalidade de tratado ou lei federal;
c) julgar válida lei ou ato de governo local contestado em face desta Constituição.
d) julgar válida lei local contestada em face de lei federal."

178 A competência originária do STF encontra-se elencada no art. 102, I, da Constituição Federal.

entre uns e outros, inclusive as respectivas entidades da administração indireta; h) a extradição solicitada por Estado estrangeiro; i) o habeas corpus, quando o coator for Tribunal Superior ou quando o coator ou o paciente for autoridade ou funcionário cujos atos estejam sujeitos diretamente à jurisdição do Supremo Tribunal Federal, ou se trate de crime sujeito à mesma jurisdição em uma única instância; j) a revisão criminal e a ação rescisória de seus julgados; l) a reclamação para a preservação de sua competência e garantia da autoridade de suas decisões; m) a execução de sentença nas causas de sua competência originária, facultada a delegação de atribuições para a prática de atos processuais; n) a ação em que todos os membros da magistratura sejam direta ou indiretamente interessados, e aquela em que mais da metade dos membros do tribunal de origem estejam impedidos ou sejam direta ou indiretamente interessados; o) os conflitos de competência entre o Superior Tribunal de Justiça e quaisquer tribunais, entre Tribunais Superiores, ou entre estes e qualquer outro tribunal; p) o pedido de medida cautelar das ações diretas de inconstitucionalidade; q) o mandado de injunção, quando a elaboração da norma regulamentadora for atribuição do Presidente da República, do Congresso Nacional, da Câmara dos Deputados, do Senado Federal, das Mesas de uma dessas Casas Legislativas, do Tribunal de Contas da União, de um dos Tribunais Superiores, ou do próprio Supremo Tribunal Federal e; r) as ações contra o Conselho Nacional de Justiça e contra o Conselho Nacional do Ministério Público. O parágrafo 1°, do artigo 102, atribui ainda competência originária ao Supremo Tribunal Federal para processar e julgar a argüição de descumprimento de preceito fundamental.

Quanto à sua **competência recursal**, compete ao Supremo Tribunal Federal processar e julgar o **recurso ordinário** e o **recurso extraordinário**. Em relação ao **recurso ordinário**, compete ao Supremo Tribunal Federal processar e julgar: a) o *habeas corpus*, o mandado de segurança, o *habeas data* e o mandado de injunção decididos em única instância pelos Tribunais Superiores, se denegatória a decisão e; b) o crime político. No tocante ao **recurso extraordinário**, compete ao Supremo Tribunal Federal julgar as causas decididas em única ou última instância, quando a decisão recorrida a) contrariar dispositivo desta Constituição; b) declarar a inconstitucionalidade de tratado ou lei federal; c) julgar válida lei ou ato de governo local contestado em face desta Constituição e; d) julgar válida lei local contestada em face de lei federal.

Portanto, o Supremo Tribunal Federal – STF tem por missão precípua a defesa da Constituição Federal. Logo, sua competência, via de regra, consiste em dirimir problema de natureza constitucional. Dentro de certo contexto, configura-se como uma *espécie* de *Tribunal Constitucional* brasileiro.

8.3.2. Superior Tribunal de Justiça

Com sede em Brasília[179], o **Superior Tribunal de Justiça é composto por trinta e três Ministros** nomeados pelo Presidente da República, dentre brasileiros com mais de trinta e cinco e menos de sessenta e cinco anos, dotados de notável saber jurídico e reputação ilibada, depois de aprovada a escolha pela maioria absoluta do Senado Federal[180].

A composição do Superior Tribunal de Justiça, consoante o artigo 102, parágrafo único, "I" e "II", da Constituição Federal, é de: (a) um terço dentre juízes dos Tribunais Regionais Federais; (b) um terço dentre desembargadores dos Tribunais de Justiça; (c) um terço, em partes iguais, dentre advogados e membros do Ministério Público Federal, Estadual, do Distrito Federal e Territórios, alternadamente[181].

Nos termos do seu Regimento Interno, o Superior Tribunal de Justiça funciona em Plenário, Corte Especial, Seções e Turmas[182]. Para

179 Dispõe o RISTJ:
"Art. 1º O Superior Tribunal de Justiça, com sede na Capital Federal e jurisdição em todo o território nacional, compõe-se de trinta e três Ministros."

180 "Art. 104. O Superior Tribunal de Justiça compõe-se de, no mínimo, trinta e três Ministros.
Parágrafo único. Os Ministros do Superior Tribunal de Justiça serão nomeados pelo Presidente da República, dentre brasileiros com mais de trinta e cinco e menos de sessenta e cinco anos, de notável saber jurídico e reputação ilibada, depois de aprovada a escolha pela maioria absoluta do Senado Federal (...)"

181 "Art. 104. O Superior Tribunal de Justiça compõe-se de, no mínimo, trinta e três Ministros.
Parágrafo único. Os Ministros do Superior Tribunal de Justiça serão nomeados pelo Presidente da República, dentre brasileiros com mais de trinta e cinco e menos de sessenta e cinco anos, de notável saber jurídico e reputação ilibada, depois de aprovada a escolha pela maioria absoluta do Senado Federal, sendo:
I - um terço dentre juízes dos Tribunais Regionais Federais e um terço dentre desembargadores dos Tribunais de Justiça, indicados em lista tríplice elaborada pelo próprio Tribunal;
II - um terço, em partes iguais, dentre advogados e membros do Ministério Público Federal, Estadual, do Distrito Federal e Territórios, alternadamente, indicados na forma do art. 94."

182 "Art. 2º O Tribunal funciona:
I - em **Plenário** e pelo seu **órgão especial** (Constituição, art. 93, XI), denominado Corte Especial;
II - em **Seções especializadas**;

que se possa melhor compreender a estrutura e funcionamento do Superior Tribunal de Justiça – STJ, trazemos à colação organograma[183] do Tribunal:

184

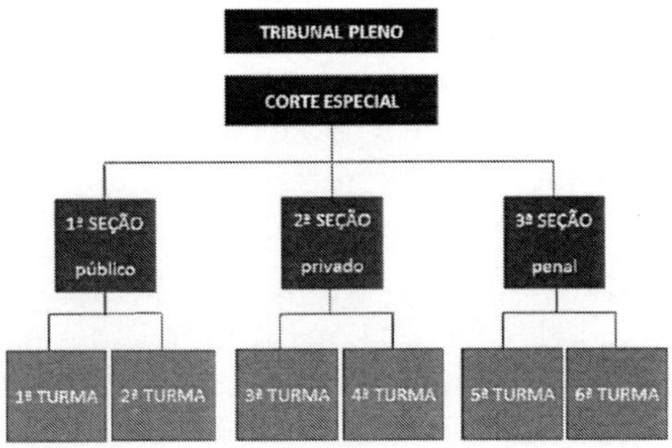

III - em **Turmas especializadas**.
§ 1º O Plenário, constituído da totalidade dos Ministros, é presidido pelo Presidente do Tribunal.
§ 2º A Corte Especial será integrada pelos quinze Ministros mais antigos e presidida pelo Presidente do Tribunal.
§ 3º Há no Tribunal três Seções, integradas pelos componentes das Turmas da respectiva área de especialização. As Seções são presididas pelo Ministro mais antigo, por um período de dois anos, vedada a recondução, até que todos os componentes da Seção hajam exercido a presidência.
§ 4º As Seções compreendem seis Turmas, constituídas de cinco Ministros cada uma. A Primeira e a Segunda Turmas compõem a Primeira Seção; a Terceira e a Quarta Turmas, a Segunda Seção; e a Quinta e a Sexta Turmas, a Terceira Seção. O Ministro mais antigo integrante da Turma é o seu presidente, observada a disposição do parágrafo anterior quanto à periodicidade." (destaque nosso)

---

183 **Conhecendo o STJ: guia de orientação ao cidadão**, p. 07. Disponível em http://www.stj.jus.br/static_files/STJ/Institucionais/Guia%202016-06-01.pdf

184 O Regimento Interno do Superior Tribunal de Justiça distribui as competências (em razão da matéria) dos órgãos do Tribunal da seguinte maneira:

"CAPÍTULO II

Da Competência do Plenário, da Corte Especial, das Seções e das Turmas

SEÇÃO I

Das Áreas de Especialização

Art. 8º **Há no Tribunal três áreas de especialização estabelecidas em razão da matéria**.

Parágrafo único. **A competência da Corte Especial não está sujeita à especialização**.

O Plenário é composto por todos os trinta e três Ministros. A Corte Especial é integrada de vinte e um Ministros, sendo provida a metade por antigüidade e a outra metade por eleição.

O Superior Tribunal de Justiça – STJ julga a maioria dos processos nas suas seis turmas, sendo cada uma composta de cinco ministros. Por sua vez, **duas turmas reunidas compõem uma *Seção especializada*.** Em todos os órgãos internos do Superior Tribunal de Justiça exige-se, como *quorum*, a presença da maioria absoluta dos seus membros.

Essencialmente, duas são as atribuições do Superior Tribunal de Justiça – STJ: 1) atua como *defensor da legislação federal* e; 2) *unifica a jurisprudência* no âmbito da Justiça Comum (Federal e Estadual). Na condição de *defensor da legislação federal*, "compete-lhe julgar recursos interpostos contra decisões dos Tribunais de Justiça ou Tribunais Regionais Federais, que contrariem ou neguem vigência a tratado ou lei federal (art. 105, inc. III, letra *a*). (...) Como *unificador da interpretação do direito*, cabe-lhe rever as decisões que derem à lei federal

---

Art. 9º **A competência das Seções e das respectivas Turmas é fixada em função da natureza da relação jurídica litigiosa.**

§ 1º À **Primeira Seção** cabe processar e julgar os feitos relativos a:

I - licitações e contratos administrativos; II - nulidade ou anulabilidade de atos administrativos; III - ensino superior; IV - inscrição e exercício profissionais; V - direito sindical; VI - nacionalidade; VII - desapropriação, inclusive a indireta; VIII - responsabilidade civil do Estado; IX - tributos de modo geral, impostos, taxas, contribuições e empréstimos compulsórios; X - preços públicos e multas de qualquer natureza; XI - servidores públicos civis e militares; XII - habeas corpus referentes às matérias de sua competência; XIII - benefícios previdenciários, inclusive os decorrentes de acidentes do trabalho; XIV - direito público em geral.

§ 2º À **Segunda Seção** cabe processar e julgar os feitos relativos a:

I - domínio, posse e direitos reais sobre coisa alheia, salvo quando se tratar de desapropriação; II - obrigações em geral de direito privado, mesmo quando o Estado participar do contrato; III - responsabilidade civil, salvo quando se tratar de responsabilidade civil do Estado; IV - direito de família e sucessões; V - direito do trabalho; VI - propriedade industrial, mesmo quando envolverem arguição de nulidade do registro; VII - constituição, dissolução e liquidação de sociedade; VIII - comércio em geral, inclusive o marítimo e o aéreo, bolsas de valores, instituições financeiras e mercado de capitais; IX - falências e concordatas; X - títulos de crédito; XI - registros públicos, mesmo quando o Estado participar da demanda; XII – locação predial urbana; XIII- habeas corpus referentes às matérias de sua competência; XIV- direito privado em geral.

§ 3º À **Terceira Seção** cabe processar e julgar os feitos relativos à matéria penal em geral, salvo os casos de competência originária da Corte Especial e os habeas corpus de competência das Turmas que compõem a Primeira e a Segunda Seção." (destaque nosso)

interpretação divergente da que lhe haja atribuído outro tribunal (art. 105, inc. III, *c*).[185]"

A competência jurisdicional do Superior Tribunal de Justiça encontra-se definida no artigo 105 da Constituição Federal. O inciso I, do artigo 105, dispõe sobre a **competência originária** do Tribunal, ao passo que os incisos II e III do artigo 105, elencam as hipóteses de **competência recursal**. No exercício da **competência originária**, a Constituição Federal estabeleceu uma delimitação no tocante à **matéria penal** e à **matéria cível.**

Deste modo, compete ao Superior Tribunal de Justiça processar e julgar, **originariamente**, em **matéria penal:** a) nos crimes comuns, os Governadores dos Estados e do Distrito Federal, e, nestes e nos de responsabilidade, os desembargadores dos Tribunais de Justiça dos Estados e do Distrito Federal, os membros dos Tribunais de Contas dos Estados e do Distrito Federal, os dos Tribunais Regionais Federais, dos Tribunais Regionais Eleitorais e do Trabalho, os membros dos Conselhos ou Tribunais de Contas dos Municípios e os do Ministério Público da União que oficiem perante tribunais; b) os habeas corpus, quando o coator ou paciente for qualquer das pessoas mencionadas na alínea "a", ou quando o coator for tribunal sujeito à sua jurisdição, Ministro de Estado ou Comandante da Marinha, do Exército ou da Aeronáutica, ressalvada a competência da Justiça Eleitoral e; c) as revisões criminais e as ações rescisórias de seus julgados[186].

Em relação à **matéria cível**, compete ao Superior Tribunal de Justiça processar e julgar, **originariamente**: a) os mandados de segurança e os habeas data contra ato de Ministro de Estado, dos Comandantes da Marinha, do Exército e da Aeronáutica ou do próprio Tribunal; b) os conflitos de competência entre quaisquer tribunais, ressalvado o disposto no art. 102, I, "o", bem como entre tribunal e juízes a ele não vinculados e entre juízes vinculados a tribunais diversos; c) a reclamação para a preservação de sua competência e garantia da autoridade de suas decisões; d) os conflitos de atribuições entre autoridades administrativas e judiciárias da União, ou entre autoridades judiciárias de um Estado e administrativas de outro ou do Distrito Federal, ou entre as deste e da União; e) o mandado de injunção, quando a elaboração da norma regulamentadora for atribuição de órgão, entidade ou autoridade federal, da administração direta ou indireta,

185 Antonio Carlos de Araújo Cintra, Ada Pellegrini Grinover e Cândido Rangel Dinamarco. **Teoria Geral do Processo.** 28ª ed. São Paulo: RT, 2012, p. 193.

186 Constituição Federal, art. 105, I, "a", "c" e "e".

excetuados os casos de competência do Supremo Tribunal Federal e dos órgãos da Justiça Militar, da Justiça Eleitoral, da Justiça do Trabalho e da Justiça Federal; f) a homologação de sentenças estrangeiras e a concessão de *exequatur* às cartas rogatórias[187].

Quanto à **competência recursal** do Superior Tribunal de Justiça, prevista no artigo 105, II e III, ela pode se dá mediante provocação através do **Recurso Ordinário**[188] e do **Recurso Especial**[189]. Em relação ao **Recurso Ordinário**, compete ao Superior Tribunal de Justiça processar e julgar: a) os habeas corpus decididos em única ou última instância pelos Tribunais Regionais Federais ou pelos tribunais dos Estados, do Distrito Federal e Territórios, quando a decisão for denegatória; b) os mandados de segurança decididos em única instância pelos Tribunais Regionais Federais ou pelos tribunais dos Estados, do Distrito Federal e Territórios, quando denegatória a decisão; c) as causas em que forem partes Estado estrangeiro ou organismo internacional, de um lado, e, do outro, Município ou pessoa residente ou domiciliada no País. No tocante ao cabimento do **Recurso Especial**, compete ao Superior Tribunal de Justiça processar e julgar as causas decididas, em única ou última instância, pelos Tribunais Regionais Federais ou pelos tribunais dos Estados, do Distrito Federal e Territórios, quando a decisão recorrida: a) contrariar tratado ou lei federal, ou negar-lhes vigência; b) julgar válido ato de governo local contestado em face de lei federal e; c) der a lei federal interpretação divergente da que lhe haja atribuído outro tribunal.

8.3.3. Justiças Especializadas

8.3.3.1. Justiça do Trabalho

Nos termos do artigo 111 da Constituição Federal, a Justiça do Trabalho compõe-se dos seguintes órgãos: a) Tribunal Superior do Trabalho; b) Tribunais Regionais do Trabalho e; c) Juízes do Trabalho.

O Tribunal Superior do Trabalho, sediado na Capital Federal, compõe-se de vinte e sete Ministros[190], escolhidos dentre brasileiros com mais de trinta e cinco e menos de sessenta e cinco anos, de notá-

187 Constituição Federal, art. 105, I, "b", "d", "f", "g", "h" e "i".

188 Constituição Federal, art. 105, II, "a", "b", e "c".

189 Constituição Federal, art. 105, III, "a", "b", e "c".

190 Em outubro de 2005, o TST ainda não havia provido os novos cargos, razão pela qual ainda mantinha no seu regimento interno a estrutura pertinente ao número de dezessete Ministros, quantitativo este existente desde a extinção dos juízes classistas, determinada pela Emenda Constitucional n. 24, de 1999.

vel saber jurídico e reputação ilibada, nomeados pelo Presidente da República, após aprovação pela maioria absoluta do Senado Federal, sendo (I) um quinto dentre advogados e membros do Ministério Público, com mais de dez anos de efetivo exercício; (II) os demais dentre juízes dos Tribunais Regionais do Trabalho, oriundos da magistratura de carreira, indicados pelo próprio Tribunal Superior, consoante disposto no art. 111-A, I e II, da Constituição Federal.

Os Tribunais Regionais do Trabalho se constituem na instância recursal da Justiça Trabalhista, sendo formados por, no mínimo, sete juízes, recrutados, quando possível, na respectiva região, e nomeados pelo Presidente da República dentre brasileiros com mais de trinta e menos de sessenta e cinco anos. Conforme disposto no artigo 115, I e II da Lei Maior, os Tribunais Regionais do Trabalho deverão ser compostos da seguinte maneira:

> "I – **um quinto** dentre advogados com mais de dez anos de efetiva atividade profissional e membros do Ministério Público do Trabalho com mais de dez anos de efetivo exercício, observado o disposto no art. 94;
>
> II – os demais, mediante promoção de juízes do trabalho por antigüidade e merecimento, alternadamente."

Consoante destacamos acima, no inciso I temos a figura do *"quinto constitucional"*, é dizer, um quinto dos integrantes do Tribunal deverão emanar da advocacia e do Ministério Público, e os demais provenientes da carreira da magistratura, nos termos do art. 115 da Constituição.

No âmbito da primeira instância da magistratura trabalhista temos as Varas da Justiça do Trabalho, compostas por Juízes do Trabalho.

Por fim, em conformidade ao artigo 114 da Constituição Federal, à Justiça do Trabalho compete processar e julgar: I – as ações oriundas da relação de trabalho, abrangidos os entes de direito público externo e da administração pública direta e indireta da União, dos Estados, do Distrito Federal e dos Municípios; II – as ações que envolvam exercício do direito de greve; III – as ações sobre representação sindical, entre sindicatos, entre sindicatos e trabalhadores, e entre sindicatos e empregadores; IV – os mandados de segurança, *habeas corpus* e *habeas data*, quando o ato questionado envolver matéria sujeita à sua jurisdição; V – os conflitos de competência entre órgãos com jurisdição trabalhista, ressalvado o disposto no art. 102, I, o, da própria Lei Maior; VI – as ações de indenização por dano moral ou patrimonial, decorrentes da relação de trabalho; VII as ações relativas às penalidades administrativas impostas aos empregadores pelos órgãos de fiscalização das relações de trabalho; VII -I a execução, de ofício, das contribuições sociais previstas no art. 195, I, "a", e II, da Constituição Federal, e seus acréscimos legais, decorrentes das sentenças que proferir e; IX – outras controvérsias decorrentes da relação de trabalho, na forma da lei.

8.3.3.2. Justiça Eleitoral

A Justiça Eleitoral brasileira possui sua estrutura delineada no artigo 118 da Constituição Federal. De acordo com o referido dispositivo legal, **são órgãos da Justiça Eleitoral**: a) o **Tribunal Superior Eleitoral**; b) os **Tribunais Regionais Eleitorais**; c) os **Juízes Eleitorais** e; d) as **Juntas Eleitorais**.

O **Tribunal Superior Eleitoral**, na dicção do artigo 119, I e II, da Constituição Federal, **compõe-se de, no mínimo, sete juízes**, escolhidos mediante eleição e por voto secreto, sendo: a) três juízes dentre os Ministros do Supremo Tribunal Federal; b) dois juízes dentre os Ministros do Superior Tribunal de Justiça; c) dois juízes dentre seis advogados de notável saber jurídico e idoneidade moral, indicados pelo Supremo Tribunal Federal e nomeados pelo Presidente da República.

A segunda instância da Justiça Eleitoral é composta pelos Tribunais Regionais Eleitorais – TRE, existindo um (01) na capital de cada Estado e no Distrito Federal, conforme disposto no art. 120 da Constituição Federal. No tocante à sua composição, esta vem disciplinada no §1°, do citado art. 120. Deste modo, cada Tribunal Regional Eleitoral será composto, mediante eleição e pelo voto secreto, por: a) dois juízes dentre os desembargadores do Tribunal de Justiça e; b) dois juízes, dentre juízes de direito, escolhidos pelo Tribunal de Justiça. Além destes, os incisos II e III, do §1°, do art. 120, ainda prevê a composição do Tribunal por parte de um (01) um juiz do Tribunal Regional Federal com sede na Capital do Estado ou no Distrito Federal, ou, não havendo, de juiz federal, escolhido, em qualquer caso, pelo Tribunal Regional Federal respectivo e; de dois (02) juízes dentre seis advogados de notável saber jurídico e idoneidade moral, indicados pelo Tribunal de Justiça e nomeados pelo Presidente da República.

Na base da estrutura organizacional da Justiça Eleitoral estão os juízes[191] e as juntas eleitorais[192], cujas competências e atribuições encon-

191 O Código Eleitoral, em seu artigo 32, estabelece o seguinte:
"Art. 32. Cabe a jurisdição de cada uma das zonas eleitorais a um juiz de direito em efetivo exercício e, na falta deste, ao seu substituto legal que goze das prerrogativas do art. 95 da Constituição."

192 Dispõe o Código Eleitoral, em seu artigo 36:
"Art. 36. Compor-se-ão as juntas eleitorais de um juiz de direito, que será o presidente, e de 2 (dois) ou 4 (quatro) cidadãos de notória idoneidade."

tram-se previstas no Código Eleitoral Brasileiro[193]. É oportuno salientar que a Justiça Eleitoral não possui uma carreira própria de juízes, sendo a função de *juiz eleitoral* exercida por um magistrado estadual. Detêm os magistrados de atribuições administrativas e competência eleitoral cível e penal, no âmbito competencial das suas respectivas zonas eleitorais.

Por fim, às Juntas Eleitorais compete o exercício de funções eminentemente administrativas, pertinentes com as eleições para as quais foram regularmente constituídas. São compostas por um (01) juiz eleitoral[194], que será o presidente, e de dois (02) ou quatro (04) cidadãos de notória idoneidade, a teor do disposto no artigo 36 do Código Eleitoral. Os membros da Junta Eleitoral, nos termos do §1°, do citado artigo 36, são nomeados pelo Presidente do Tribunal Regional Eleitoral, a quem compete designar-lhes a sede.

---

193 Cf. artigos 32 a 41 do Código Eleitoral.

194 O rol de atribuições dos juízes eleitorais encontra-se disciplinada no artigo 35 do Código Eleitoral, que dispõe o seguinte:
"Art. 35. Compete aos juízes:
I - cumprir e fazer cumprir as decisões e determinações do Tribunal Superior e do Regional; II - processar e julgar os crimes eleitorais e os comuns que lhe forem conexos, ressalvada a competência originária do Tribunal Superior e dos tribunais regionais; III - decidir habeas corpus e mandado de segurança, em matéria eleitoral, desde que essa competência não esteja atribuída privativamente à instância superior; IV - fazer as diligências que julgar necessárias à ordem e presteza do serviço eleitoral; V - tomar conhecimento das reclamações que lhe forem feitas verbalmente ou por escrito, reduzindo-as a termo, e determinando as providências que cada caso exigir; VI - indicar, para aprovação do Tribunal Regional, a serventia de Justiça que deve ter o anexo da escrivania eleitoral; VII - (Revogado pela Lei nº 8.868/1994); VIII - dirigir os processos eleitorais e determinar a inscrição e a exclusão de eleitores; IX - expedir títulos eleitorais e conceder transferência de eleitor; X - dividir a zona em seções eleitorais; XI - mandar organizar, em ordem alfabética, relação dos eleitores de cada seção, para remessa à mesa receptora, juntamente com a pasta das folhas individuais de votação; XII - ordenar o registro e cassação do registro dos candidatos aos cargos eletivos municipais e comunicá-los ao Tribunal Regional; XIII - designar, até 60 (sessenta) dias antes das eleições, os locais das seções; XIV - nomear, 60 (sessenta) dias antes da eleição, em audiência pública anunciada com pelo menos 5 (cinco) dias de antecedência, os membros das mesas receptoras; XV - instruir os membros das mesas receptoras sobre as suas funções; XVI - providenciar para a solução das ocorrências que se verificarem nas mesas receptoras; XVII - tomar todas as providências ao seu alcance para evitar os atos viciosos das eleições; XVIII - fornecer aos que não votaram por motivo justificado e aos não alistados, por dispensados do alistamento, um certificado que os isente das sanções legais; XIX - comunicar, até as 12 horas do dia seguinte à realização da eleição, ao Tribunal Regional e aos delegados de partidos credenciados, o número de eleitores que votarem em cada uma das seções da zona sob sua jurisdição, bem como o total de votantes da zona."

8.3.3.3. Justiça Militar

A Justiça Militar está disciplinada entre os artigos 122 a 124 da Constituição Federal. O **Superior Tribunal Militar, os Tribunais e Juízes Militares, são os órgãos que compõem a Justiça Militar Brasileira**, a teor do artigo 122, da nossa Lei Maior[195]. À Justiça Militar, nos termos do artigo 124 da Constituição Federal, compete processar e julgar os crimes militares, assim definidos em lei[196].

---

195 A Lei n° 8.457/92, dispõe sobre a organização da Justiça Militar da União. Em seu artigo 1°, estabelece os seguintes órgãos que compõem a Justiça Militar: I - o Superior Tribunal Militar; II - a Corregedoria da Justiça Militar; II – A o Juiz-Corregedor Auxiliar; III - os Conselhos de Justiça e; IV - os juízes federais da Justiça Militar e os juízes federais substitutos da Justiça Militar.

196 Os crimes militares estão previstos no Código Penal Militar, instituído através do Decreto-Lei n° 1.001/69. Referido diploma legal alude a duas (02) modalidades de crimes militares: a) os praticados em tempos de paz (art. 9°) e; b) os praticados em tempos de guerra (art. 10°).
Os **Crimes Militares em Tempo de Paz** são os seguintes:
1. Dos crimes contra a segurança externa do País 2. Dos crimes contra a autoridade ou disciplina militar 2.1. Do motim e da revolta 2.2. Da aliciação e do incitamento 2.3. Da violência contra superior ou militar de serviço 2.4 Do desrespeito a superior e a símbolo nacional ou a farda 2.5. Da insubordinação 2.6. Da usurpação e do excesso ou abuso de autoridade 2.7. Da resistência 2.8. Da fuga, evasão, arrebatamento e amotinamento de presos 3. Dos crimes contra o serviço militar e o dever militar 3.1. Da insubmissão 3.2. Da deserção 3.3. Do abandono de posto e de outros crimes em serviço 3.4. Do exercício de comércio 4. Dos crimes contra a pessoa 4.1. Do homicídio 4.2. Do genocídio 4.3. Da lesão corporal e da rixa 4.4. Da periclitação da vida ou da saúde 4.5 Dos crimes contra a honra 4.6. Dos crimes contra a liberdade 4.7. Dos crimes sexuais 4.8. Do ultraje público ao pudor 5. Dos crimes contra o patrimônio 5.1. Do furto 5.2. Do roubo e da extorsão 5.3. Da apropriação indébita 5.4. Do estelionato e outras fraudes 5.5. Da receptação 5.6. Da usurpação 5.7. Do dano 5.8. Da usura 6. Dos crimes contra a incolumidade pública 6.1. Dos crimes de perigo comum 6.2. Dos crimes contra os meios de transporte e de comunicação 6.3. Dos crimes contra a saúde 6.4. Dos crimes contra a administração militar 7. Dos crimes contra a administração da justiça militar.
Por sua vez, os **Crimes Militares em Tempo de Guerra** estão tipificados da seguinte maneira:
1. Do favorecimento ao inimigo 1.1. Da traição 1.2. Da traição imprópria 1.3. Da cobardia 1.4. Da espionagem 1.5. Do motim e da revolta 1.6 .Do incitamento 1.7. Da inobservância do dever militar 1.8. Do dano 1.9. Dos crimes contra a incolumidade pública 1.10. Da insubordinação e da violência 1.11. Do abandono de posto 1.12. Da deserção e da falta de apresentação 1.13. Da libertação, da evasão e do amotinamento de prisioneiros 1.14. Do favorecimento culposo ao inimigo 2. Da hostilidade e da ordem arbitrária 3. Dos crimes contra a pessoa 3.1. Do homicídio 3.2. Do genocídio 3.3. Da lesão corporal 4. Dos crimes contra o patrimônio 5. Do rapto e da violência carnal.

O Superior Tribunal Militar – STM, é composto por quinze (15) Ministros vitalícios, nomeados pelo Presidente da República, depois de aprovada a indicação pelo Senado Federal. A composição do Superior Tribunal Militar está prevista no artigo 123 da Constituição Federal, sendo estrutura da seguinte forma: a) três (03) dentre oficiais-generais da Marinha; b) quatro (04) dentre oficiais-generais do Exército; c) três (03) dentre oficiais-generais da Aeronáutica, todos da ativa e do posto mais elevado da carreira e; d) cinco (05) dentre civis. Em relação aos Ministros civis, o parágrafo único estabelece a idade mínima de trinta e cinco (35) anos, sendo o número de cargos (05) preenchidos da seguinte maneira: a) três (03) dentre advogados de notório saber jurídico e conduta ilibada, com mais de dez anos de efetiva atividade profissional e; b) dois (02), por escolha paritária, dentre juízes auditores e membros do Ministério Público da Justiça Militar.

O Superior Tribunal Militar possui competência originária e recursal, previstas respectivamente no artigo 6°, I[197] e II[198], da Lei n° 8.457/92.

---

197 Art. 6° Compete ao Superior Tribunal Militar:
I- processar e julgar originariamente:
a) os oficiais generais das Forças Armadas, nos crimes militares definidos em lei; **b) Revogado;** c) os pedidos de **habeas corpus** e **habeas data** contra ato de juiz federal da Justiça Militar, de juiz federal substituto da Justiça Militar, do Conselho de Justiça e de oficial-general; d) o mandado de segurança contra seus atos, os do Presidente do Tribunal e de outras autoridades da Justiça Militar; e) a revisão dos processos findos na Justiça Militar; f) a reclamação para preservar a integridade da competência ou assegurar a autoridade de seu julgado; g) os procedimentos administrativos para decretação da perda do cargo e da disponibilidade de seus membros e demais magistrados da Justiça Militar, bem como para remoção, por motivo de interesse público, destes últimos, observado o Estatuto da Magistratura; h) a representação para decretação de indignidade de oficial ou sua incompatibilidade para com o oficialato; i) a representação formulada pelo Ministério Público Militar, pelo Conselho de Justiça, por juiz federal da Justiça Militar, por juiz federal substituto da Justiça Militar, por advogado e por Comandantes de Força, no interesse da Justiça Militar.

198 Art. 6° Compete ao Superior Tribunal Militar:
(...)
II - julgar:
a) os embargos opostos às suas decisões; b) os pedidos de correição parcial; c) as apelações e os recursos de decisões dos juízes de primeiro grau; d) os incidentes processuais previstos em lei; e) os agravos regimentais e recursos contra despacho de relator, previstos em lei processual militar ou no regimento interno; f) os feitos originários dos Conselhos de Justificação; g) os conflitos de competência entre Conselhos de Justiça, entre juízes federais da Justiça Militar, ou entre estes e aqueles, bem como os conflitos de atribuição entre autoridades administrativas e judiciárias militares; h) os pedidos de desaforamento; i) as questões administrati-

A primeira instância da Justiça Militar é exercida pelas *Auditorias Militares*[199], que possuem jurisdição mista, cabendo-lhes conhecer dos feitos relativos à Marinha, Exército e Aeronáutica, conforme disposto no §2° do artigo 11, da Lei n° 8.457/92. Cada Auditoria, nos termos do artigo 15 do citado diploma legal, compõe-se de um (01) juiz federal da Justiça Militar, um (01) juiz federal substituto da Justiça Militar, um (01) diretor de Secretaria, dois (02) oficiais de justiça avaliadores e servidores auxiliares.

8.3.4. Justiça Comum

Consoante explicitado acima, a Constituição Federal instituiu **três (03) ramos especializados de justiça** em razão da matéria: **1) Justiça do Trabalho**; **2) Justiça Eleitoral** e; **3) Justiça Militar**. Além disto, criou uma **justiça comum**, composta pela **Justiça Federal** e **Justiça Estadual.**

A regra que norteia a divisão de competências jurisdicionais é a seguinte: as competências que não foram atribuídas expressamente à justiça especializada, caberão à justiça comum. Trata-se, no tocante à justiça ordinária, de uma espécie de *competência residual*, é dizer, o que não foi estabelecido para ser processado e julgado no âmbito de competência da *Justiça do Trabalho*, da *Justiça Eleitoral* e da *Justiça Militar*, recai no âmbito competencial da justiça comum.

Deste modo, **por *exclusão*, tudo o que não competir à Justiça do Trabalho, à Justiça Eleitoral e à Justiça Militar, recai na esfera de competência da Justiça Comum, seja ela federal ou estadual**. Por tal razão, às Justiças Federal e dos Estados têm competência para processar e julgar as mais variadas matérias, sejam elas relativas ao direito civil, penal, administrativo, tributário, ambiental etc, razão pela qual são classificadas, no sistema brasileiro, como integrantes da Justiça Comum. É oportuno ressaltar, no entanto, que a competência da Justiça Federal se encontra prevista de maneira taxativa na Constituição Federal, enquanto que a competência da Justiça dos Estados é *residual*, é dizer, alberga tudo o que não for objeto da competência do Supremo Tribunal Federal, do Superior Tribunal de Justiça, das Justiças Especializadas ou da Justiça Federal, sendo, assim, definida por exclusão.

vas e recursos interpostos contra atos administrativos praticados pelo Presidente do Tribunal; j) os recursos de penas disciplinares aplicadas pelo Presidente do Tribunal, pelo Ministro-Corregedor da Justiça Militar e por juiz federal da Justiça Militar;

199 "Art. 11. A cada Circunscrição Judiciária Militar corresponde uma Auditoria (...)"

O Superior Tribunal de Justiça – STJ se apresenta como o Tribunal de *vértice* da Justiça Comum, atuando como *intérprete e aplicador da legislação federal*, além de exercer a tarefa de *unificação da jurisprudência* no âmbito da Justiça Federal e Estadual.

8.3.4.1. Justiça Federal

A Justiça Federal nasceu em 1890, através do Decreto n° 848, expedido pelo Marechal Deodoro da Fonseca[200]. Na Constituição Federal de 1988, sua instituição se deu através do artigo 106, que dispõe o seguinte:

> "Art. 106. São órgãos da Justiça Federal:
>
> I – os Tribunais Regionais Federais;
>
> II – os Juízes Federais."

A Justiça Federal brasileira encontra-se estruturada por regiões, cujo número atual consiste em cinco (5)[201]. Cada *Região* está dividida em

---

200 O texto original do Decreto n° 848 encontra-se redigido da seguinte forma:
"O Generalissimo Manoel Deodoro da Fonseca, Chefe do Governo Provisorio da Republica dos Estados Unidos do Brazil, constituido pelo Exercito e Armada, em nome da Nação, tendo ouvido o Ministro e Secretario de Estado dos Negocios da Justiça, resolve decretar a lei seguinte:
PARTE PRIMEIRA
TITULO I
CAPITULO I
DA JUSTIÇA FEDERAL
Art. 1º A Justiça Federal será exercida por um Supremo Tribunal Federal e por juizes inferiores intitulados - Juizes de Secção.
Art. 2º Os juizes federaes serão vitalicios e inamoviveis e não poderão ser privados dos seus cargos sinão em virtude de sentença proferida em juizo competente e passada em julgado.
Paragrapho unico. Poderão, entretanto, os juizes inferiores, si o requererem, ser removidos de uma para outra secção.
Art. 3º Na guarda e applicação da Constituição e das leis nacionaes a magistratura federal só intervirá em especie e por provocação de parte.
Art. 4º Ao Presidente da Republica compete nomear os juizes federaes, dependendo da approvação do Senado a nomeação dos membros do Supremo Tribunal Federal."

201 O artigo 27, do ADCT, estabeleceu em cinco (05) o número de TRFs:
"Art. 27. O Superior Tribunal de Justiça será instalado sob a Presidência do Supremo Tribunal Federal.
(...)
§ 6º **Ficam criados cinco Tribunais Regionais Federais**, a serem instalados no prazo de seis meses a contar da promulgação da Constituição, com a jurisdição e sede que lhes fixar o Tribunal Federal de Recursos, tendo em conta o número de processos e sua localização geográfica."

seções judiciárias, sendo uma (01) correspondente a cada Estado[202]. Por sua vez, as *seções judiciárias* são organizadas em *subseções judiciárias*[203]. Deste modo, a estrutura da Justiça Federal brasileira está composta por cinco (05) *Tribunais Regionais Federais*, cada qual albergando um número determinado de *seções judiciárias*, que se dividem em *subseções*, compostas por *varas federais*, que possuem, via de regra, um Juiz Federal Titular e um Juiz Federal Substituto.

Os Tribunais Regionais Federais - TRFs, segundo o artigo 107 da Constituição Federal, compõem-se de, no mínimo, sete (07) juízes federais, recrutados, quando possível, na respectiva região e nomeados pelo Presidente da República dentre brasileiros com mais de 30 e menos de 65 anos, sendo um quinto proveniente da Advocacia e do Ministério Público, com mais de dez anos de atividade, e os demais mediante promoção de Juízes Federais, com mais de cinco anos de exercício, por antigüidade e merecimento, alternadamente.

Consoante já apontado acima, o art. 27, § 6º, do Ato das Disposições Constitucionais Transitórias, instituiu cinco Tribunais Regionais Federais, com jurisdição e sede fixadas pelo extinto Tribunal Federal de Recursos, tendo em conta o número de processos e sua localização geográfica. Por sua vez, a Resolução n° 01, do extinto Tribunal Federal de Recursos, estabeleceu a **sede** e a respectiva **competência territorial** de cada Tribunal Regional Federal[204].

---

202 Exemplo: Seção Judiciária Federal da Paraíba, Seção Judiciária Federal de Pernambuco etc.

203 A título de exemplo, a *Seção Judiciária Federal* da Paraíba é formada pelas *Subseções Judiciárias* de Campina Grande, Monteiro, Sousa, Patos e Guarabira.

204 "RESOLUÇÃO N. 1, de 6 de Outubro de 1988
O **TRIBUNAL FEDERAL DE RECURSOS**, no uso de suas atribuições que lhe foi cometida pelo art. 27 § 6º do Ato das Disposições Constitucionais Transitórias, reunido em sessão plenária, especialmente convocada e, atendendo aos comandos do referido dispositivo constitucional,
RESOLVE:
I - Os Tribunais Regionais Federais, criados pelo art. 27 § 6º do Ato das Disposições Constitucionais Transitórias, terão suas **sedes** e **jurisdição** estabelecidas segundo as seguintes regiões:
a - **Tribunal Regional Federal da Primeira Região**, com sede em **Brasília** e **jurisdição sobre** o **Distrito Federal** e os **Estados do Acre, Amapá, Amazonas, Bahia, Goiás, Maranhão, Mato Grosso, Minas Gerais, Pará, Piauí, Rondônia, Roraima** e **Tocantins**;
b - **Tribunal Regional Federal da Segunda Região**, com sede na cidade do **Rio de Janeiro** e **jurisdição sobre** os **Estados do Rio De Janeiro** e **Espírito Santo;**
c - **Tribunal Regional Federal da Terceira Região**, com sede na cidade de **São Paulo** e **jurisdição sobre** os **Estados de São Paulo** e **Mato Grosso do Sul**;

A *competência cível* no âmbito da Justiça Federal é estabelecida com base em três critérios: a) em razão da pessoa; b) em razão da matéria e; c) em razão da função.

A competência em razão da pessoa (*ratione personae*) é firmada em decorrência da presença da União, entidade autárquica ou empresa pública federal, na condição de autoras, rés, assistentes ou opoentes[205]; das causas envolvendo Estado estrangeiro ou organismo internacional e Município ou pessoa domiciliada ou residente no País[206]; e da indicação de autoridade federal apontada como coatora nos mandados de segurança e nos *habeas data*[207].

Por sua vez, em *ratione materiae* são as causas fundadas em tratado ou contrato da União com Estado estrangeiro ou organismo internacional[208], a disputa sobre direitos indígenas[209], e as causas referentes à nacionalidade, inclusive a respectiva opção, e à naturalização[210]. Por fim, compete ainda à Justiça Federal a execução de carta rogatória, após o

---

d – **Tribunal Regional Federal da Quarta Região**, com sede na cidade de **Porto Alegre** e **jurisdição sobre** os **Estados do Rio Grande do Sul, Paraná** e **Santa Catarina**;
e – **Tribunal Regional Federal da Quinta Região**, com sede na cidade de **Recife** e **jurisdição sobre** os **Estados de Pernambuco, Alagoas, Ceará, Paraíba, Rio Grande do Norte** e **Sergipe**." (destaque nosso)

---

205 "Art. 109. Aos juízes federais compete processar e julgar:
I - as causas em que a **União, entidade autárquica** ou **empresa pública federal** forem interessadas na condição de autoras, rés, assistentes ou oponentes, exceto as de falência, as de acidentes de trabalho e as sujeitas à Justiça Eleitoral e à Justiça do Trabalho;" (destaque nosso)

206 "Art. 109. (...)
II - as causas entre Estado estrangeiro ou organismo internacional e Município ou pessoa domiciliada ou residente no País;"

207 "Art. 109. (...)
VIII - os mandados de segurança e os habeas data contra ato de autoridade federal, excetuados os casos de competência dos tribunais federais;"

208 "Art. 109. (...)
III - as causas fundadas em tratado ou contrato da União com Estado estrangeiro ou organismo internacional;"

209 "Art. 109. (...)
XI - a disputa sobre direitos indígenas."

210 "Art. 109. (...)
X - os crimes de ingresso ou permanência irregular de estrangeiro, a execução de carta rogatória, após o "exequatur", e de sentença estrangeira, após a homologação, **as causas referentes à nacionalidade, inclusive a respectiva opção, e à naturalização**;" (destaque nosso)

"exequatur", e de sentença estrangeira, após a homologação decorrente do critério funcional, a execução de carta rogatória, após o *exequatur.*

Em sede de contencioso criminal, compete à Justiça Federal processar e julgar os crimes políticos e as infrações penais praticadas em detrimento de bens, serviços ou interesses da União ou de suas entidades autárquicas ou empresas públicas, excluídas as contravenções e ressalvada a competência da Justiça Militar e da Justiça Eleitoral[211]; os crimes previstos em tratado ou convenção internacional, quando, iniciada a execução no País, o resultado tenha ou devesse ter ocorrido no estrangeiro, ou reciprocamente[212]; as causas relativas a **grave** violação dos direitos humanos[213], mediante instauração do incidente de deslocamento de competência para a Justiça Federal, a ser apreciado pelo Superior Tribunal de Justiça[214]; os crimes contra a organização do trabalho e, nos casos determinados por lei, contra o sistema financeiro e a ordem econômico-financeira[215]; os *habeas corpus*, em matéria criminal de sua competência ou quando o constrangimento provier de autoridade cujos atos não estejam diretamente sujeitos a outra jurisdição[216]; os crimes cometidos a bordo de navios ou aeronaves, ressalvada a competência da Justiça Militar[217]; e os crimes de ingresso ou permanência irregular de estrangeiro[218].

8.3.4.2 Justiça dos Estados

A Constituição Federal, em seu artigo 125, conferiu autonomia aos Estados-membros para organizarem suas respectivas *Justiças*, desde que observados os princípios nela própria estabelecidos. Trata-se, na

211 Art. 109, IV, CF.

212 Art. 109, V, CF.

213 "Art. 109. (...)
V-A as causas relativas a direitos humanos a que se refere o § 5º deste artigo;"

214 "Art. 109. (...)
§ 5º Nas hipóteses de grave violação de direitos humanos, o Procurador-Geral da República, com a finalidade de assegurar o cumprimento de obrigações decorrentes de tratados internacionais de direitos humanos dos quais o Brasil seja parte, poderá suscitar, perante o Superior Tribunal de Justiça, em qualquer fase do inquérito ou processo, incidente de deslocamento de competência para a Justiça Federal."

215 Art. 109, VI, CF.

216 Art. 109, VII, CF.

217 Art. 109, IX, CF.

218 Art. 109, X, CF.

verdade, de reflexo da estrutura federativa adotada pelo Brasil, na medida em que cada Estado-membro é dotado de *autonomia* em face da própria Constituição Federal. A autonomia dos Estados-membros implica na capacidade de auto-organização política através de suas respectivas Constituições estaduais. Neste ponto, cabe trazer à colação o disposto no artigo 25 da Constituição Federal, ao dispor sobre os Estados federados:

> "Art. 25. Os Estados organizam-se e regem-se pelas Constituições e leis que adotarem, observados os princípios desta Constituição."

Deste modo, cada Estado possui autonomia para organizar sua própria estrutura judiciária, desde que sejam observadas as normas da Constituição Federal. Portanto, cada Estado-membro da federação possui um *Tribunal de Justiça*, cuja competência é definida na respectiva Constituição Estadual, havendo ainda a possibilidade de implementar uma organização e divisão judiciárias baseadas em comarcas, podendo abranger um ou mais municípios. Por tal razão, a comarca passa a ser o *foro*, é dizer, a delimitação territorial da competência no âmbito de cada Estado-Membro.

Os integrantes do Tribunal de Justiça recebem a denominação de desembargadores e os juízes de primeiro grau de juízes de direito. A Constituição faculta aos Estados a instituição de representação de inconstitucionalidade de leis ou atos normativos estaduais ou municipais em face da Constituição Estadual, que será apreciada pelo Tribunal de Justiça.

O artigo 125, §2°, permite aos Estados configurar o seu próprio modelo de *jurisdição constitucional*, tendo como norma-parâmetro a Constituição Estadual. Eis o disposto no citado dispositivo constitucional:

> "§ 2º Cabe aos Estados a instituição de representação de inconstitucionalidade de leis ou atos normativos estaduais ou municipais em face da Constituição Estadual, vedada a atribuição da legitimação para agir a um único órgão."

Por fim, leis estaduais deverão dispor sobre a organização e funcionamento dos órgãos judiciais, cuja ***iniciativa*** compete ao respectivo Tribunal de Justiça, a teor do art. 125, § 1°, *fine*, da Constituição Federal[219].

219 Art. 125 (...)
§ 1º A competência dos tribunais será definida na Constituição do Estado, sendo a lei de organização judiciária de iniciativa do Tribunal de Justiça.
(...)

8.4. Conselho Nacional de Justiça

O Conselho Nacional de Justiça - CNJ foi instituído através da Emenda Constitucional n° 45/04, que implementou a denominada *Reforma do Poder Judiciário*. Sua inserção constitucional se deu no artigo 92, I-A, que especifica os órgãos componentes do Poder Judiciário. Topograficamente, está logo abaixo do Supremo Tribunal Federal e acima dos demais Tribunais Superiores, é dizer, do Superior Tribunal de Justiça e do Tribunal Superior do Trabalho. A inclusão do Conselho Nacional de Justiça - CNJ imediatamente abaixo do Supremo Tribunal Federal se justifica na medida em que a ele compete o controle da atuação administrativa e financeira do Poder Judiciário e do cumprimento dos deveres funcionais dos juízes, cabendo-lhe, dentre outras atribuições que lhe foram conferidas, "zelar pela autonomia do Poder Judiciário e pelo cumprimento do Estatuto da Magistratura, podendo expedir atos regulamentares, no âmbito de sua competência, ou recomendar providências.[220]"

O Conselho Nacional de Justiça é integrado por quinze (15) Conselheiros, com mandato de dois (02) anos, sendo permitida uma recondução. A composição do Conselho Nacional de Justiça, à luz do artigo 103-B da Constituição Federal, dá-se da seguinte maneira: I - o Presidente do Supremo Tribunal Federal; II - um Ministro do Superior Tribunal de Justiça, indicado pelo respectivo tribunal; III - um Ministro do Tribunal Superior do Trabalho, indicado pelo respectivo tribunal; IV - um desembargador de Tribunal de Justiça, indicado pelo Supremo Tribunal Federal; V - um juiz estadual, indicado pelo Supremo Tribunal Federal; VI - um juiz de Tribunal Regional Federal, indicado pelo Superior Tribunal de Justiça; VII - um juiz federal, indicado pelo Superior Tribunal de Justiça; VIII - um juiz de Tribunal Regional do Trabalho, indicado pelo Tribunal Superior do Trabalho; IX - um juiz do trabalho, indicado pelo Tribunal Superior do Trabalho; X - um membro do Ministério Público da União, indicado pelo Procurador-Geral da República; XI um membro do Ministério Público estadual, escolhido pelo Procurador-Geral da República dentre os nomes indicados pelo órgão competente de cada instituição estadual; XII - dois advogados, indicados pelo Conselho

§ 3º A **lei estadual poderá criar, mediante proposta do Tribunal de Justiça, a Justiça Militar estadual**, constituída, em primeiro grau, pelos juízes de direito e pelos Conselhos de Justiça e, em segundo grau, pelo próprio Tribunal de Justiça, ou por Tribunal de Justiça Militar nos Estados em que o efetivo militar seja superior a vinte mil integrantes." (destaque nosso)

220 Cf. art. 103 - B, §4°, I e II da Constituição Federal.

Federal da Ordem dos Advogados do Brasil; XIII – dois cidadãos, de notável saber jurídico e reputação ilibada, indicados um pela Câmara dos Deputados e outro pelo Senado Federal.

A presidência do Conselho Nacional de Justiça será exercida pelo Presidente do Supremo Tribunal Federal e, nas suas ausências e impedimentos, pelo Vice-Presidente do Supremo Tribunal Federal[221]. À exceção do Presidente do Supremo Tribunal Federal – STF, os demais membros do Conselho serão nomeados pelo Presidente da República, depois de aprovada a escolha pela maioria absoluta do Senado Federal. É oportuno ressaltar que junto ao Conselho, atuarão o Procurador-Geral da República e o Presidente do Conselho Federal da Ordem dos Advogados do Brasil.

No rol de atribuições constitucionais do Conselho Nacional de Justiça, ter-se-á o controle da atuação administrativa e financeira do Poder Judiciário e do cumprimento dos deveres funcionais dos juízes, cabendo-lhe, além de outras atribuições que lhe forem conferidas pelo Estatuto da Magistratura: a) zelar pela autonomia do Poder Judiciário e pelo cumprimento do Estatuto da Magistratura, podendo expedir atos regulamentares, no âmbito de sua competência, ou recomendar providências; b) zelar pela observância do art. 37[222] e apreciar, de ofício ou mediante provocação, a legalidade dos atos administrativos praticados por membros ou órgãos do Poder Judiciário, podendo desconstituí-los, revê-los ou fixar prazo para que se adotem as providências necessárias ao exato cumprimento da lei, sem prejuízo da competência do Tribunal de Contas da União; c) receber e conhecer das reclamações contra membros ou órgãos do Poder Judiciário, inclusive contra seus serviços auxiliares, serventias e órgãos prestadores de serviços notariais e de registro que atuem por delegação do poder público ou oficializados, sem prejuízo da competência disciplinar e correicional dos tribunais, podendo avocar[223] processos disciplinares em curso e determinar a remoção, a disponibilidade ou a aposentadoria com subsídios ou proventos proporcionais ao tempo de serviço e aplicar outras sanções administrativas, assegurada ampla defesa; d) representar ao Ministério Público, no caso de crime contra a administração pública

221 Art. 103-B, §1°, da Constituição Federal.

222 Por se tratar de órgão com funções administrativas, o CNJ deverá pautar suas ações, no que couber, em conformidade com os princípios e regras que regem a Administração Pública, previstos no artigo 37 da Constituição Federal.

223 No exercício de sua atividade fiscalizatória, o CNJ tem a prerrogativa de avocar processos disciplinares em curso na esfera dos Tribunais que integram a estrutura do Poder Judiciário, sejam eles federais ou estaduais.

ou de abuso de autoridade; e) rever, de ofício ou mediante provocação, os processos disciplinares de juízes e membros de tribunais julgados há menos de um ano; f) elaborar semestralmente relatório estatístico sobre processos e sentenças prolatadas, por unidade da Federação, nos diferentes órgãos do Poder Judiciário e; g) elaborar relatório anual, propondo as providências que julgar necessárias, sobre a situação do Poder Judiciário no País e as atividades do Conselho, o qual deve integrar mensagem do Presidente do Supremo Tribunal Federal a ser remetida ao Congresso Nacional, por ocasião da abertura da sessão legislativa.

Ao Ministro do Superior Tribunal de Justiça – STJ que compõe o Conselho, competirá o exercício da função de Ministro-Corregedor, ficando, por tal razão, excluído da distribuição de processos no Tribunal, competindo-lhe, além das atribuições que lhe forem conferidas pelo Estatuto da Magistratura, as seguintes: a) receber as reclamações e denúncias, de qualquer interessado, relativas aos magistrados e aos serviços judiciários; b) exercer funções executivas do Conselho, de inspeção e de correição geral; c) requisitar e designar magistrados, delegando-lhes atribuições, e requisitar servidores de juízos ou tribunais, inclusive nos Estados, Distrito Federal e Territórios.

8.5. Função e características da jurisprudência

No âmbito doutrinário existe a relevante discussão acerca da função da *jurisprudência*, no sentido de identificar se ela se constitui em *fonte formal do direito* ou tão-somente *fonte de interpretação do direito*. Compreende-se por *jurisprudência* o entendimento que é construído a partir de reiteradas decisões judiciais proferidas em casos análogos. A *jurisprudência*, da forma como foi aqui conceituada, não se constitui em fonte formal do direito na medida em que não contempla norma jurídica alguma. Apenas *externaliza* um entendimento já consagrado no âmbito do Poder Judiciário sobre determinada matéria. Logo, a *jurisprudência* resulta de um raciocínio indutivo que, a partir da similaridade de casos já decididos pelo Poder Judiciário, permite a este a *construção* de uma *orientação normativa* de caráter geral e abstrato, suscetível de aplicação em situações ulteriores e de idêntica natureza fática e jurídica. A cristalização da jurisprudência se dá através dos enunciados das *Súmulas*, que podem ter um caráter vinculante ou não. Embora algumas súmulas sejam destituídas da força *vinculante*, é certo que elas ainda detêm de uma eficácia *persuasiva*, sendo, por tal razão, muitas vezes seguidas pelos órgãos jurisdicionais. Deste modo, ainda que não possuam uma *vinculação de índole formal*, na práxis judicial a jurisprudência e as súmulas (de caráter não vinculante) se constituem em um *costume jurisdicional*, afigurando-se, portanto, como fonte do direito.

Com a Emenda Constitucional n° 45/04, que dispôs sobre a *Reforma do Poder Judiciário*, foi inserido no texto constitucional o artigo 103-A, que instituiu no sistema constitucional pátrio a *súmula vinculante*. Trata-se, portanto, de ato normativo geral e abstrato, de competência exclusiva do Supremo Tribunal Federal - STF. A *generalidade* e *abstração* se constituem em notas típicas do enunciado sumular, na medida em que ela resulta de um entendimento construído pelo Supremo Tribunal Federal - STF, a partir de reiteradas decisões judiciais individuais e concretas[224] por ele proferidas e que puseram fim a conflitos de interesses submetido à sua apreciação.

O artigo 103-A da Constituição Federal estabelece os pressupostos para que o Supremo Tribunal Federal - STF possa editar uma súmula vinculante:

> "Art. 103-A. O **Supremo Tribunal Federal poderá**, **de ofício ou por provocação**, mediante decisão de dois terços dos seus membros, **após reiteradas decisões sobre matéria constitucional**, **aprovar súmula que**, a partir de sua publicação na imprensa oficial, **terá efeito vinculante em relação aos demais órgãos do Poder Judiciário e à administração pública direta e indireta**, **nas esferas federal, estadual e municipal**, bem como proceder à sua revisão ou cancelamento, na forma estabelecida em lei." (destaque nosso)

Do enunciado normativo trazido à colação, depreende-se que **apenas** o Supremo Tribunal Federal - STF possui competência para edição de súmula vinculante, excluída referida atribuição do âmbito de competência de qualquer outro órgão integrante da estrutura do Poder

224 O processo de criação sumular resulta de um raciocínio indutivo, é dizer, de um entendimento que parte de situações concretas e semelhantes para formulação de uma *norma geral*. Para Tércio Sampaio Ferraz Jr., "a indução amplificadora é procedimento mais complexo que a analogia. **Exige não apenas um juízo empírico de semelhança e um juízo de valor sobre o caráter mais significativo da coincidência para efeitos jurídicos, mas também que se extraia da comparação e da valoração um princípio geral.**" in **Introdução ao Estudo do Direito**, p. 303.

Judiciário. Em relação ao processo de criação sumular, o mesmo pode ser instaurado **de ofício**[225] ou mediante **provocação**[226].

Observa-se, também, que **dois** são os **requisitos** exigidos pela norma constitucional para que o Supremo Tribunal Federal possa instaurar o processo de criação sumular: **a) reiteradas decisões judiciais e; b) matéria constitucional.** Portanto, para que o órgão de cúpula do Poder Judiciário possa instaurar o procedimento para criação de uma súmula, faz-se necessário a existência de várias (reiteradas) decisões judiciais versando necessariamente sobre a mesma matéria (constitucional).

De acordo com o art. 2°, §1° da Lei n° 11.417/06, "o enunciado da súmula terá por **objeto** a **validade**, a **interpretação** e a **eficácia** de normas determinadas, acerca das quais haja, entre órgãos judiciários ou entre esses e a administração pública, controvérsia atual que acarrete grave insegurança jurídica e relevante multiplicação de processos sobre idêntica questão." Deste modo, o conteúdo sumular pode dispor sobre a *validade*, a *interpretação* e a *eficácia* das normas jurídicas. Em relação

225 De acordo com o artigo 354-E, do Regimento Interno do Supremo Tribunal Federal, "**A proposta de edição, revisão ou cancelamento de Súmula Vinculante poderá** versar sobre questão com repercussão geral reconhecida, caso em que poderá **ser apresentada por qualquer Ministro** logo após o julgamento de mérito do processo, para deliberação imediata do Tribunal Pleno na mesma sessão."

226 O artigo 3° da Lei n° 11.417/06, estabelece quais os entes legitimados para instauração do procedimento sumular junto ao Supremo Tribunal Federal:
"Art. 3º São legitimados a propor a edição, a revisão ou o cancelamento de enunciado de súmula vinculante:
I - o Presidente da República;
II - a Mesa do Senado Federal;
III – a Mesa da Câmara dos Deputados;
IV – o Procurador-Geral da República;
V - o Conselho Federal da Ordem dos Advogados do Brasil;
VI - o Defensor Público-Geral da União;
VII – partido político com representação no Congresso Nacional;
VIII – confederação sindical ou entidade de classe de âmbito nacional;
IX – a Mesa de Assembléia Legislativa ou da Câmara Legislativa do Distrito Federal;
X - o Governador de Estado ou do Distrito Federal;
XI - os Tribunais Superiores, os Tribunais de Justiça de Estados ou do Distrito Federal e Territórios, os Tribunais Regionais Federais, os Tribunais Regionais do Trabalho, os Tribunais Regionais Eleitorais e os Tribunais Militares."

a **validade**[227-228-229] da norma jurídica, o Supremo Tribunal Federal pode fazer constar em *súmula* que *lei* ou *ato normativo* é *constitucio*

---

227 Ao tratar da **validade** da norma jurídica, **Kelsen** expõe o seguinte:
"Uma norma é válida ou não-válida.
(...)
O fundamento para validade de uma norma é sempre uma norma, não um fato.
(...)
Chamamos de norma 'fundamental' a norma cuja validade não pode ser derivada de uma norma superior. Todas as normas cuja validade podem ter sua origem remontada a uma mesma norma fundamental formam um sistema de normas, uma ordem. (...) Pode-se testar se uma norma pertence a certo sistema de normas, a certa ordem normativa, apenas verificando se ela deriva sua validade da norma fundamental que constitui a ordem. Enquanto um enunciado de 'ser' é verdadeiro porque está de acordo com a realidade da experiência sensorial, um enunciado de 'dever ser' é uma norma válida apenas se pertencer a tal sistema válido de normas, se puder ser derivado de uma norma fundamental pressuposta como válida." in **Teoria Geral do Direito e do Estado.** São Paulo: Martins Fontes, 1998, pp. 161 a 166.
"O fundamento de validade de uma norma apenas pode ser a validade de uma outra norma. Uma norma que representa o fundamento de validade de uma outra norma é figurativamente designada como norma superior, por confronto com uma norma que é, em relação a ela, a norma inferior.
(...)
As normas de uma ordem jurídica têm de ser produzidas através de um ato especial de criação. São normas postas, quer dizer, positivas, elementos de uma ordem positiva.

228 Norberto Bobbio, ao aceitar a teoria da construção escalonada do ordenamento jurídico proposta por Kelsen, aduz o seguinte:
(...) *as normas de um ordenamento não estão todas no mesmo plano.* Há normas superiores e normas inferiores. As inferiores dependem das superiores. Subindo das normas inferiores àquelas que se encontram mais acima, chega-se a uma norma suprema, que não depende de nenhuma outra norma superior, e sobre a qual repousa a unidade do ordenamento. Essa norma suprema é a *norma fundamental.* Cada ordenamento tem uma norma fundamental. É essa norma fundamental que dá unidade a todas as outras normas, isto é, faz das normas espalhadas e de várias proveniências um conjunto unitário que pode ser chamado 'ordenamento'.
(...)
A pertinência de uma norma a um ordenamento jurídico é aquilo que se chama *validade.*
(...)
(...) a norma fundamental é o critério supremo que permite estabelecer se uma norma pertence a um ordenamento; em outras palavras, é o *fundamento de validade de todas as normas do sistema.* Portanto, não só a exigência de *unidade*

229 Para Robert Alexy, "se dice que una norma **vale** *jurídicamente* cuando es dictada por el órgano competente, de acuerdo con el procedimiento y no lesiona un derecho de rango superior; dicho brevemente: cuando es dictada conforme al ordenamiento." **El concepto y la validez del derecho.** 2ª ed. Barcelona: Gedisa, 1997, p. 89. (Destaque nosso).

nal[230] ou *inconstitucional*[231], na medida em que tais juízos situam-se no âmbito de validade normativa.

Além da *validade*, a *interpretação* também pode se constituir em objeto de súmula vinculante. Na medida em que o ato interpretativo é de natureza *subjetiva*, torna-se possível a existência de diversos entendimentos na esfera judicial acerca do significado de um mesmo enunciado normativo. Dito de outro forma, um único enunciado normativo pode comportar uma *pluralidade de significados*. Portanto, a súmula vinculante pode servir para fixar o sentido que um determinado enunciado normativo deverá revestir quando do momento de aplicação por parte do Poder Judiciário e dos órgãos da administração pública[232].

Nota de rodape 227

Se por Constituição de uma comunidade se entende a norma ou as normas que determinam como, isto é, por que os órgãos e através de que processos - através de uma criação consciente do Direito, especialmente o processo legislativo, ou através do costume - devem ser produzidas as normas gerais da ordem jurídica que constitui a comunidade, a norma fundamental é aquela norma que é pressuposta quando o costume, através do qual a Constituição surgiu, ou quando o ato constituinte (produtor da Constituição) posto conscientemente por determinados indivíduos são objetivamente interpretados como fatos produtores de normas;" in **Teoria Pura do Direito.** 6ª ed. São Paulo: Martins Fontes, 2000, p. 221.

Nota de rodape 228

do ordenamento, mas também a exigência de fundamentar a validade do ordenamento nos induzem a postular a norma fundamental, a qual é, simultaneamente, o fundamento de validade e o princípio unificador das normas de um ordenamento. E como um ordenamento pressupõe a existência de um critério para estabelecer se as partes pertencem ao todo, e um princípio que as unifique, não pode existir um ordenamento sem norma fundamental." in **Teoria do Ordenamento Jurídico.** 10ª ed. Brasília: UnB, 1997, pp. 49, 60 e 62.

---

230 A **Súmula vinculante n° 05** expressa o seguinte entendimento: "A falta de defesa técnica por advogado no processo administrativo disciplinar não ofende a Constituição."

231 O enunciado da **Súmula vinculante n° 02** é o seguinte: "É inconstitucional a lei ou ato normativo estadual ou distrital que disponha sobre sistemas de consórcios e sorteios, inclusive bingos e loterias."

232 A **Súmula vinculante n° 52,** fixa uma interpretação restritiva quanto ao enunciado normativo do art. 150, VI, "c", da Constituição Federal. Eis a dicção do enunciado sumular:
"Ainda quando alugado a terceiros, permanece imune ao IPTU o imóvel pertencente a qualquer das entidades referidas pelo art. 150, VI, "c", da Constituição Federal, desde que o valor dos aluguéis seja aplicado nas atividades para as quais tais entidades foram constituídas."

Por fim, a súmula vinculante pode versar sobre a *eficácia jurídica* da norma constitucional, é dizer, sobre sua aptidão em produzir efeitos jurídicos em maior ou menor medida. A título de exemplo, uma súmula pode dispor se a norma constitucional é de eficácia plena, contida ou limitada[233].

8.6. Garantias judiciais

A independência do Poder Judiciário, à luz da Constituição Federal de 1988, assegura não apenas sua autonomia em relação aos demais poderes, mas estabelece também um mecanismo de interação e controle recíproco entre eles (freios e contrapesos), objetivando edificar um efetivo sistema de atuação jurisdicional que possa dirimir os conflitos de interesses que lhes são submetidos à apreciação, sem interferência externa alguma. Deste modo, a independência do Poder Judiciário está refletida não apenas em sua autonomia institucional, consubstanciada em seu *autogoverno,* mas também através das *garantias* conferidas aos próprios magistrados para que possam atuar com independência na solução dos litígios[234]. Referido sistema de garantias dos magistrados está disciplinado no artigo 95, I, II e III, da Constituição Federal[235]. Portanto,

233 A **Súmula vinculante n° 07** dispôs sobre a eficácia da norma anteriormente existente no art. 192, §3°, da Constituição Federal, que dispunha sobre a taxa anual de juros. O enunciado sumular restou assim redigido:
"A norma do §3º do artigo 192 da Constituição, revogada pela Emenda Constitucional nº 40/2003, que limitava a taxa de juros reais a 12% ao ano, **tinha sua aplicação condicionada à edição de lei complementar**." (destaque nosso) Deste modo, o Supremo Tribunal Federal - STF fez constar no enunciado sumular que o dispositivo constitucional em apreço era de *eficácia limitada*, dependente de integração normativa (lei complementar) para produção plena de seus efeitos jurídicos

234 Para Nelson Nery Jr., "o juiz natural tem de ser *independente* e *imparcial.*
A independência tem uma dupla vertente, pois significa o Poder Judiciário estar livre de interferências institucionais dos Poderes Executivo e Legislativo (CF, art. 2°) e, de outra parte, o órgão judicial e o juiz pessoa física estarem submetidos exclusivamente à lei e não a critérios particulares ou discriminadores.
(...)
O juiz deve ser *imparcial*, qualidade que é exigida também do julgador administrativo no processo administrativo (CF art. 37, *caput*, LPA, 2°, 18 a 21)." in **Princípios do Processo na Constituição Federal - Processo civil, penal e administrativo**, pp. 132 e 133.

235 "Art. 95. **Os juízes gozam das seguintes garantias**:
I - **vitaliciedade**, que, no primeiro grau, só será adquirida após dois anos de exercício, dependendo a perda do cargo, nesse período, de deliberação do tribunal a que o juiz estiver vinculado, e, nos demais casos, de sentença judicial transitada em julgado;

se constituem em garantias dos magistrados: a) **vitaliciedade**; b) **inamovibilidade** e; c) **irredutibilidade de vencimentos**[236].

A **vitaliciedade** do magistrado se traduz em uma garantia no tocante à estabilidade no cargo, adquirida, no primeiro grau, após dois anos de exercício, consoante disposto no I, do artigo 95. Por tal razão, a Constituição Federal apenas prevê a possibilidade de perda do cargo por parte do magistrado em duas hipóteses: a) deliberação do Tribunal ao qual o juiz esteja vinculado, dentro dos dois anos de exercício do cargo e; b) por decisão judicial transitada em julgado.

A **inamovibilidade** é a segunda garantia conferida constitucionalmente aos magistrados. Revela, pois, a impossibilidade de os juízes serem removidos dos cargos sem o seu respectivo consentimento, salvo por interesse público, conforme disposto no art. 93, VIII[237], da Constituição Federal. Trata-se, pois, de uma **estabilidade geográfica** do magistrado. No MS n° 27.958/DF, o Supremo Tribunal Federal – STF deixou claro que *"a inamovibilidade é uma garantia da magistratura para que seja assegurada a independência e imparcialidade do próprio Poder Judiciário.*[238]"

Deste modo, a remoção, disponibilidade e aposentadoria do magistrado poderá ocorrer, **por interesse público**[239], por decisão funda-

II - **inamovibilidade**, salvo por motivo de interesse público, na forma do art. 93, VIII;
III - **irredutibilidade de subsídio**, ressalvado o disposto nos arts. 37, X e XI, 39, § 4º, 150, II, 153, III, e 153, § 2º, I." (destaque nosso)

236 Segundo André Ramos Tavares, "no Estado Constitucional Contemporâneo – em ilação plenamente voltada para o Brasil – o Judiciário ocupa papel primordial diante da declaração de Direitos Fundamentais. É, antes de tudo, o *Guardião dos Direitos Fundamentais*. Cabe a ele zelar pela integridade e eficácia desses Direitos, não se esmorecendo diante de qualquer pressão, interna ou externa. E é aqui que reside a finalidade das garantias mencionadas: obter um Judiciário que possa atender efetivamente aos direitos da sociedade. Portanto, trata-se de uma tríplice garantia, voltada para a eficácia e efetividade dos direitos.
Àquele que incumbe a função de zelar pelos Direitos Fundamentais corriqueiramente enfrenta vontades opostas dos detentores de mecanismos de pressão e intimidação, muitas vezes perigosos e truculentos, não só para a pessoa do magistrado, como também para a sociedade." in **Manual do Poder Judiciário.** São Paulo: Saraiva, 2012, p. 239.

237 "Art. 93. (...)
VIII - o ato de remoção, disponibilidade e aposentadoria do magistrado, por interesse público, fundar-se-á em decisão por voto da maioria absoluta do respectivo tribunal ou do Conselho Nacional de Justiça, assegurada ampla defesa;"

238 Voto do Rel. Min. Ricardo Lewandowski, p. 05. Pleno, d. j. em 03.02.11

239 A inamovibilidade é, nos termos do art. 95, II, da CF, garantia de toda a magistratura, alcançando não apenas o juiz titular como também o substituto. O magistrado

mentada da maioria absoluta dos membros do respectivo Tribunal ou do Conselho Nacional de Justiça, assegurada ampla defesa.

A última garantia conferida pela Constituição aos magistrados, elencada no art. 95, III, é a **irredutibilidade de subsídio**. Conforme disposto no artigo 93, V[240], da Constituição Federal, o subsídio mensal estabelecido para os Ministro do Supremo Tribunal Federal, estabelecido por lei, corresponde ao **teto** remuneratório para efeitos de fixação da política remuneratória dos demais magistrados que compõem o Poder Judiciário brasileiro. Deste modo, o subsídio dos Ministros do Superior Tribunal de Justiça - STJ, do Tribunal Superior do Trabalho - TST, do Tribunal Superior Eleitoral - TSE e do Superior Tribunal Militar - STM, corresponderá a noventa e cinco por cento do subsídio mensal fixado para os Ministros do Supremo Tribunal Federal - STF. No tocante aos subsídios dos demais magistrados, são os mesmos fixados também em lei e escalonados, em nível federal e estadual, em conformidade às respectivas categorias da estrutura judiciária nacional, não podendo a diferença entre uma e outra ser superior a 10% (dez por cento) ou inferior a 5% (cinco por cento), nem exceder a 95% (noventa e cinco por cento) do subsídio mensal dos Ministros dos Tribunais Superiores, conforme disposto no artigo 93, V, da Constituição Federal.

8.7. Das vedações aos magistrados

As vedações constitucionais aos magistrados podem ser compreendidas, dentre outras significações, como garantias da própria sociedade, no sentido de ter acesso à uma justiça imparcial e independente. Tais normas destinam-se a reforçar e manter a divisão entre os poderes republicanos, sobretudo no tocante à neutralidade do Poder Judiciário, objetivando afastar os membros que exercem a função jurisdicional da

só poderá ser removido por designação, para responder por determinada vara ou comarca ou para prestar auxílio, com o seu consentimento, ou, ainda, se o interesse público o exigir, nos termos do inciso VIII do art. 93 do Texto Constitucional. [MS 27.958, rel. min. Ricardo Lewandowski, j. 17-5-2012, P, DJE de 29-8-2012.]

240 "Art. 93. (...)
V - o subsídio dos Ministros dos Tribunais Superiores corresponderá a noventa e cinco por cento do subsídio mensal fixado para os Ministros do Supremo Tribunal Federal e os subsídios dos demais magistrados serão fixados em lei e escalonados, em nível federal e estadual, conforme as respectivas categorias da estrutura judiciária nacional, não podendo a diferença entre uma e outra ser superior a dez por cento ou inferior a cinco por cento, nem exceder a noventa e cinco por cento do subsídio mensal dos Ministros dos Tribunais Superiores, obedecido, em qualquer caso, o disposto nos arts. 37, XI, e 39, § 4º;"

ingerência de agentes políticos que lhes são estruturalmente estranhos. Sobre o tema, adverte André Ramos Tavares:

> "Não há imparcialidade judicial sem autonomia dos magistrados. Juiz dependente ou subordinado, seja economicamente, seja moralmente, seja ideologicamente, não será, objetivamente falando, juiz imparcial. Não há autonomia entre os 'Poderes' se o magistrado estiver, por exemplo, comprometido com ideologias partidárias dos 'Poderes' políticos (Executivo e Legislativo) ou de sua Oposição[241]."

A Constituição Federal fez consignar em seu artigo 95, parágrafo único, as seguintes vedações destinadas aos magistrados:

> "Art. 95. (...)
>
> Parágrafo único. Aos juízes é vedado:
>
> I - exercer, ainda que em disponibilidade, outro cargo ou função, salvo uma de magistério;
>
> II - receber, a qualquer título ou pretexto, custas ou participação em processo;
>
> III - dedicar-se à atividade político-partidária.
>
> IV - receber, a qualquer título ou pretexto, auxílios ou contribuições de pessoas físicas, entidades públicas ou privadas, ressalvadas as exceções previstas em lei;
>
> V - exercer a advocacia no juízo ou tribunal do qual se afastou, antes de decorridos três anos do afastamento do cargo por aposentadoria ou exoneração"

A vedação contida no inciso I, do art. 95, objetiva harmonizar a atividade jurisdicional exercida pelo magistrado com uma de magistério. É dizer, ao magistrado é vedado exercer, ainda que em disponibilidade, qualquer outro cargo ou função, excetuada uma de magistério. O dispositivo em análise foi objeto de discussão no Supremo Tribunal Federal - STF em relação ao seu alcance, ou seja, se aos magistrados eram permitidas exercerem mais de **uma (01)** atividade de magistério ou **tão-somente uma única atividade acadêmica[242].**

241 **Manual do Poder Judiciário**. São Paulo: Saraiva, 2012, pp. 307 e 308.

242 Na ADI n° 3126-MC/DF, o eminente Min. Relator Gilmar Mendes, fez constar o seguinte entendimento:
"A interpretação adotada por Jobim quanto ao art. 1° (da Resolução n° 336/03, do CJF) é particularmente acertada. O objetivo da restrição constitucional é o de im-

Quanto à vedação constante no II, do artigo 95 ("*receber, a qualquer título ou pretexto, custas ou participação em processo*"), é por demais evidente tratar-se de expressão da garantia de imparcialidade do magistrado, na medida em que ao mesmo é vedado receber a qualquer título ou pretexto, custas ou participação em processo. Ora, na medida em que fosse permitido ao juiz participar de eventual rateio de custas ou qualquer outro valor oriundo de um processo submetido à sua apreciação, estaria de certo fulminada a garantia da imparcialidade da magistratura[243], por ser agente diretamente interessado no resultado do processo.

pedir o exercício da atividade de magistério que se revele incompatível com os afazeres da magistratura. O que importa, de fato, é o tempo utilizado pelo magistrado para o exercício do magistério em face do tempo reservado à atividade judicante. Um magistrado poderia assumir, por exemplo, com uma única instituição, uma carga horária de quarenta horas-aula, enquanto outro poderia, perante duas ou três instituições diferentes, assumir atividade docente que, em sua totalidade, não exceda a vinte horas semanais.

Em tese, esse segundo magistrado teria mais tempo livre para a atividade de juiz, mas essa também sequer é uma conclusão necessária.

O que importa, em suma, é saber se a atividade de magistério está, no caso concreto, inviabilizando o ofício judicante.

Nestes termos, manifesto-me no sentido do referendo da liminar concedida, tão-somente para suspender a vigência da expressão 'único (a)', constante da redação do art. 1° da Resolução n° 336/2003 do Conselho da Justiça Federal." p. 09.

O acórdão restou assim ementado:

"1. Ação Direta de Inconstitucionalidade ajuizada contra a Resolução n° 336, de 2003, do Presidente do Conselho da Justiça Federal, que dispõe sobre o acúmulo do exercício de magistratura com o exercício do magistério, no âmbito da Justiça Federal de primeiro e segundo graus. 2. Alegação no sentido de que a matéria em análise já encontra tratamento na Constituição Federal (art. 95, parágrafo único, I), e caso comportasse regulamentação, esta deveria vir sob a forma de lei complementar, no próprio Estatuto da Magistratura. 3. Suposta incompetência do Conselho da Justiça Federal para editar o referido ato, porquanto fora de suas atribuições definidas no art. 105, parágrafo único, da Carta Magna. 4. Considerou-se, no caso, que o objetivo da restrição constitucional é o de impedir o exercício da atividade de magistério que se revele incompatível com os afazeres da magistratura. Necessidade de se avaliar, no caso concreto, se a atividade de magistério inviabiliza o ofício judicante. 5. Referendada a liminar, nos termos em que foi concedida pelo Ministro em exercício da Presidência do Supremo Tribunal Federal, tão-somente para suspender a vigência da expressão 'único (a)', constante da redação do art. 1° da Resolução n° 336/2003, do Conselho da Justiça Federal." D. J. em 17.02.05.

243 Deste modo, "garante-se, com essa medida restritiva, que o magistrado não se torne interessado direto nos valores envolvidos em causa e, assim, eventualmente interessado no direcionamento por uma ou outra solução jurídica por motivos econômicos próprios.

Por razões semelhantes, o constituinte originário fez constar a vedação do inciso IV, consistente em "receber, a qualquer título ou pretexto, auxílios ou contribuições de pessoas físicas, entidades públicas ou privadas, ressalvadas as exceções previstas em lei." Logo, a vedação busca impedir ingerências externas no exercício da atividade jurisdicional, estabelecendo que o juiz seja norteado exclusivamente pelo primado da Constituição e das leis, além do dever de atuar de maneira isenta em relação às partes envolvidas no processo, é dizer, desvinculado dos interesses subjetivos presentes na lide[244].

Desde que o Estado chamou a si o monopólio do uso da força e a definitividade das soluções relacionadas aos conflitos sociais não equacionados pelos interessados, o custeio da atividade jurisdicional foi igualmente absorvido plenamente pelo Estado." Cf. André Ramos Tavares, **Manual do Poder Judiciário.** São Paulo: Saraiva, 2012, p. 310.

244 No MS 32.040 – MC, o eminente Relator, Min. Celso de Mello, teceu brilhante linha argumentativa acerca dos princípios informativos do Poder Judiciário e das garantias dos magistrados. O acórdão restou assim ementado:

"EMENTA: MANDADO DE SEGURANÇA. ENTIDADES DE CLASSE DA MAGISTRATURA NACIONAL. IMPUGNAÇÃO *À RESOLUÇÃO 170/2013* DO CONSELHO NACIONAL DE JUSTIÇA. **ALEGAÇÃO** DE MÚLTIPLAS OFENSAS AO TEXTO DA CONSTITUIÇÃO. **ATO** DO CONSELHO NACIONAL DE JUSTIÇA **QUE OBJETIVOU REGULAMENTAR** *A PARTICIPAÇÃO DE MAGISTRADOS EM CONGRESSOS, SEMINÁRIOS, SIMPÓSIOS, ENCONTROS JURÍDICOS E CULTURAIS E EVENTOS SIMILARES.* **COMPETÊNCIA** DO CONSELHO NACIONAL DE JUSTIÇA *QUE TRADUZ DIRETA EMANAÇÃO* DO TEXTO DA CONSTITUIÇÃO DA REPÚBLICA **E QUE LHE OUTORGA** PODER PARA, *LEGITIMAMENTE*, **PRATICAR** ATOS **E EXPEDIR** REGULAÇÕES NORMATIVAS **DESTINADOS A VIABILIZAR O CUMPRIMENTO**, *POR PARTE DOS MAGISTRADOS*, **DE SEUS DEVERES FUNCIONAIS**, *NOTADAMENTE OS DE PROBIDADE E DE RESPEITO AOS PRINCÍPIOS DA LEGALIDADE, DA MORALIDADE E DA IMPESSOALIDADE* **NO DESEMPENHO** DO OFÍCIO JURISDICIONAL. **NECESSIDADE** DE O MAGISTRADO **MANTER** *CONDUTA IRREPREENSÍVEL* EM SUA VIDA PÚBLICA **E** PARTICULAR, **RESPEITANDO**, *SEMPRE*, **A VEDAÇÃO CONSTITUCIONAL** *QUE O IMPEDE* DE RECEBER, *A QUALQUER TÍTULO OU PRETEXTO*, AUXÍLIOS **OU** CONTRIBUIÇÕES DE PESSOAS FÍSICAS, DE ENTIDADES PÚBLICAS **OU** DE EMPRESAS PRIVADAS, **RESSALVADAS AS EXCEÇÕES PREVISTAS EM LEI** (**CF**, ART. 95, PARÁGRAFO ÚNICO, N. IV). **SUBSTRATO ÉTICO-JURÍDICO** DESSE DEVER **QUE REPOUSA** EM DUPLO FUNDAMENTO, **TANTO** *DE ÍNDOLE CONSTITUCIONAL* **QUANTO** *DE NATUREZA DEONTOLÓGICA.* **AS VEDAÇÕES CONSTITUCIONAIS REFERIDAS** NO ART. 95, PARÁGRAFO ÚNICO, DA LEI FUNDAMENTAL **COMO ELEMENTOS** *DE GARANTIA DA IMPARCIALIDADE* DO MAGISTRADO **E** *DE PRESERVAÇÃO DE SUA INTEGRIDADE PESSOAL E PROFISSIONAL.* **O ALTO SIGNIFICADO** *DO CÓDIGO DE ÉTICA DA MAGISTRATURA NACIONAL.* **LIBERDADE DE ASSOCIAÇÃO. ESTRUTURA CONSTITUCIONAL** DESSE DIREITO FUNDAMENTAL (**ADI 3.045/DF**, REL. MIN. CELSO DE MELLO). **ALEGADO DESRESPEITO** A ESSA LIBERDADE PÚBLICA **IMPUTADO** AO CONSELHO NACIONAL DE JUSTIÇA. **APARENTE INOCORRÊNCIA**,

Em belíssimo voto proferido no MS nº 32.040-MC, que perpassa pelo princípio da independência do Poder Judiciário, do princípio republicano e da moralidade administrativa, expõe o eminente Min. Celso de Mello:

> "**A Resolução CNJ nº 170/2013**, *considerados os fatos* **e** *motivos que lhe deram origem*, **constituiria**, nesse contexto, *elemento de concretização da ética republicana*, **por cuja integridade** todos, *sem exceção*, devemos velar, **notadamente** aqueles investidos em funções no aparelho de Estado, **quer** no plano do Poder Executivo, quer na esfera do Poder Legislativo, **quer**, *ainda*, **no âmbito do Poder Judiciário.**
>
> **Inquestionável**, *desse modo*, a alta importância *da vida ilibada* dos magistrados, *pois* a *probidade pessoal, a moralidade administrativa* **e** *a incensurabilidade* de sua conduta na vida pública e particular (**LOMAN**, art. 35, VIII) **representam** valores **que consagram** *a pró-*

NA ESPÉCIE, **DE SITUAÇÃO DE LESIVIDADE. RESTRIÇÕES** QUE, **FUNDADAS** NA CONSTITUIÇÃO **E EXPLICITADAS** PELO CONSELHO NACIONAL DE JUSTIÇA (**RESOLUÇÃO CNJ** 170/2013), **TÊM OS MAGISTRADOS** *COMO OS SEUS ÚNICOS* **E** *ESPECÍFICOS DESTINATÁRIOS*. **LEGITIMIDADE CONSTITUCIONAL DOS PODERES NORMATIVOS** RECONHECIDOS AO CONSELHO NACIONAL DE JUSTIÇA (**ADI** 3.367/DF **E ADC** 12/DF). **INFORMAÇÕES PRESTADAS** PELO CNJ **E** PELO CORREGEDOR NACIONAL DE JUSTIÇA **CUJO TEOR** *OBSTARIA* **O RECONHECIMENTO** DA PLAUSIBILIDADE JURÍDICA DA PRETENSÃO MANDAMENTAL DEDUZIDA, *EM LITISCONSÓRCIO ATIVO*, PELAS ENTIDADES DE CLASSE DA MAGISTRATURA NACIONAL. **DESCARACTERIZAÇÃO DA RELEVÂNCIA JURÍDICA** DA POSTULAÇÃO MANDAMENTAL **QUE SE MOSTRARIA** *IGUALMENTE AFETADA* **PELA APARENTE INADEQUAÇÃO** DO MEIO PROCESSUAL UTILIZADO, **EIS QUE INVIÁVEL** O MANEJO DE MANDADO DE SEGURANÇA *PARA IMPUGNAR ATO EM TESE* (**SÚMULA** 266/STF), *ASSIM CONSIDERADO* AQUELE QUE SE MOSTRA **REVESTIDO** *DOS ATRIBUTOS DE NORMATIVIDADE E DE GENERALIDADE ABSTRATA*. **PRECEDENTES. MEDIDA CAUTELAR INDEFERIDA.**"

Em seu voto, o eminente Min. Celso de Mello deixou consignado o seguinte entendimento:

"(...) Resolução 170/2013 do CNJ. (...) Ato do CNJ que objetivou regulamentar a participação de magistrados em congressos, seminários, simpósios, encontros jurídicos e culturais e eventos similares. Competência do CNJ, que traduz direta emanação do texto da CR e que lhe outorga poder para, legitimamente, praticar atos e expedir regulações normativas destinados a viabilizar o cumprimento, por parte dos magistrados, de seus deveres funcionais, notadamente os de probidade e de respeito aos princípios da legalidade, da moralidade e da impessoalidade no desempenho do ofício jurisdicional.

Necessidade de o magistrado manter conduta irrepreensível em sua vida pública e particular, respeitando, sempre, a vedação constitucional que o impede de receber, a qualquer título ou pretexto, auxílios ou contribuições de pessoas físicas, de entidades públicas ou de empresas privadas, ressalvadas as exceções previstas em lei (CF, art. 95, parágrafo único, IV)." MS 32.040 MC, rel. min. Celso de Mello, decisão monocrática, d. j. em 08.07.13.

> *pria dimensão ética* em que **necessariamente** se deve projetar a atividade pública (*e privada*) dos juízes.
>
> **Sabemos todos** que o cidadão *tem o direito de exigir* que o Estado seja dirigido por administradores íntegros, por legisladores probos *e por juízes incorruptíveis, isentos* **e** *imparciais*, que desempenhem as suas funções **com total respeito** aos postulados ético-jurídicos **que condicionam** *o exercício legítimo* da atividade pública. **O direito ao governo honesto** – *nunca é demasiado proclamá-lo* – **traduz prerrogativa insuprimível da cidadania**.
>
> É por tal razão ***que a defesa*** *dos valores constitucionais* da probidade administrativa e da moralidade para o exercício da magistratura **traduz** medida **da mais** elevada importância e da mais alta significação para a vida institucional do País.
>
> **Daí a necessidade** *de atenta vigilância* sobre a conduta *pessoal* e *funcional* dos magistrados em geral, **independentemente** do grau de jurisdição em que atuem, **em ordem a evitar** – *tal como objetiva* a Resolução em causa – que os juízes, **recebendo**, *de modo inapropriado*, auxílios, contribuições **ou** benefícios de pessoas físicas, de entidades públicas **ou** de empresas privadas, *inclusive* daquelas que figuram em processos judiciais, **desrespeitem** os valores que **condicionam** o exercício *honesto, correto, isento, imparcial* **e** *independente* da função jurisdicional."

Por fim, no inciso V, do artigo 95, da Constituição Federal, tem-se vedação imposta a todos os membros da magistratura, consistente na impossibilidade de se exercer a advocacia no juízo ou tribunal do qual se afastou, antes de decorridos três anos do afastamento do cargo por aposentadoria ou exoneração.

8.8. Governo e administração dos órgãos jurisdicionais

Conforme já analisamos, a Constituição Federal de 1988 instituiu diversas garantias aos magistrados como forma de preservar a independência do Poder Judiciário frente aos demais poderes republicanos. A independência do Poder Judiciário se revela em razão das seguintes prerrogativas que lhe são assinaladas: a) **autogoverno**; b) **autorregulamentação** e; c) **autonomia financeira**.

Em seu artigo 96, a Lei Fundamental atribui **competência privativa aos Tribunais** para: a) eleger seus órgãos diretivos e elaborar seus regimentos internos, com observância das normas de processo e das garantias processuais das partes, dispondo sobre a competência e o funcionamento dos respectivos órgãos jurisdicionais e administrativos; b) organizar suas secretarias e serviços auxiliares e dos juízos que lhes forem vinculados, velando pelo exercício da atividade correicional respectiva; c) prover, na forma prevista constitucionalmente, os cargos de juiz de carreira da respectiva jurisdição; d) propor a criação de novas varas judiciárias; e) prover, por concurso público de provas, ou de provas e títulos, obedecido o disposto no art. 169[245], os cargos necessários à administração da Justiça, exceto os de confiança assim definidos em lei e; f) conceder licença, férias e outros afastamentos a seus membros e aos

245 É oportuno registrar que na **redação do artigo 96, I, "e", da Constituição Federal, consta a expressão "obedecido o disposto no art. 169, parágrafo único"**. No entanto, o referido artigo 169 **não mais possui parágrafo único, sendo composto por sete (7) parágrafos.** A **redação original** do art. 169, **parágrafo único**, era a seguinte:
"Parágrafo único. A concessão de qualquer vantagem ou aumento de remuneração, a criação de cargos ou alteração de estrutura de carreiras, bem como a admissão de pessoal, a qualquer título, pelos órgãos e entidades da administração direta ou indireta, inclusive fundações instituídas e mantidas pelo Poder Público, só poderão ser feitas:
I - se houver prévia dotação orçamentária suficiente para atender às projeções de despesa de pessoal e aos acréscimos dela decorrentes;
II - se houver autorização específica na lei de diretrizes orçamentárias, ressalvadas as empresas públicas e as sociedades de economia mista."
Atualmente, o enunciado normativo que à época correspondia ao **parágrafo único do art. 169, se encontra no art. 169, §1º, I e II. Portanto, a leitura que deve ser feita no artigo 96, I, "e", da Constituição Federal é a seguinte:**
"Art. 96. Compete privativamente:
I - aos tribunais:
(...)
e) prover, por concurso público de provas, ou de provas e títulos, obedecido o disposto no art. 169, ~~parágrafo único~~, **§1º, I e II,** os cargos necessários à administração da Justiça, exceto os de confiança assim definidos em lei;"
A redação do vigente artigo 169, §1º, I e II, dada pela Emenda Constitucional nº 19/98, é a seguinte:
"Art. 169. A despesa com pessoal ativo e inativo da União, dos Estados, do Distrito Federal e dos Municípios não poderá exceder os limites estabelecidos em lei complementar.
§ 1º A concessão de qualquer vantagem ou aumento de remuneração, a criação de cargos, empregos e funções ou alteração de estrutura de carreiras, bem como a admissão ou contratação de pessoal, a qualquer título, pelos órgãos e entidades da administração direta ou indireta, inclusive fundações instituídas e mantidas pelo poder público, só poderão ser feitas:
I - se houver prévia dotação orçamentária suficiente para atender às projeções de despesa de pessoal e aos acréscimos dela decorrentes;
II - se houver autorização específica na lei de diretrizes orçamentárias, ressalvadas as empresas públicas e as sociedades de economia mista."
Portanto, o **art. 96, I, "e" da Constituição Federal deverá ser interpretado conjuntamente com o disposto em seu art. 169, §1º, I e II, e não ao parágrafo único, por não mais existir.**

juízes e servidores que lhes forem imediatamente vinculados. Referidas atribuições revelam a autonomia administrativa e legiferante inerente aos Tribunais.

Por fim, o art. 99 da Constituição assegura de forma expressa, a autonomia administrativa e financeira ao Poder Judiciário[246], competindo aos tribunais elaborar suas propostas orçamentárias dentro dos limites estipulados conjuntamente com os demais Poderes na lei de diretrizes orçamentárias.

---

246 "Art. 99. Ao Poder Judiciário é assegurada autonomia administrativa e financeira.
§ 1º Os tribunais elaborarão suas propostas orçamentárias dentro dos limites estipulados conjuntamente com os demais Poderes na lei de diretrizes orçamentárias.
§ 2º O encaminhamento da proposta, ouvidos os outros tribunais interessados, compete:
I - no âmbito da União, aos Presidentes do Supremo Tribunal Federal e dos Tribunais Superiores, com a aprovação dos respectivos tribunais;
II - no âmbito dos Estados e no do Distrito Federal e Territórios, aos Presidentes dos Tribunais de Justiça, com a aprovação dos respectivos tribunais."

CAPÍTULO XVII

DAS FUNÇÕES ESSENCIAIS À JUSTIÇA

SUMÁRIO: **1.** Do Ministério Público; **2.** Da Advocacia Pública; **3.** Da Advocacia; **4.** Da Defensoria Pública.

A Constituição Federal, em seu Título IV – "Da Organização dos Poderes" –, Capítulo IV, dispõe sobre as "Funções Essenciais à Justiça". Importa registrar, desde logo, que o vocábulo "Justiça" não há de ser interpretado restritivamente como sinônimo de "Poder Judiciário". Isso pode ser evidenciado através da simples leitura do Capítulo IV, que insere em suas seções o Ministério Público, a Advocacia Pública e Privada, além da Defensoria Pública.

Segundo Maria Sylvia Zanella Di Pietro, "o que a Constituição quis realçar, com a inclusão dessas carreiras no capítulo das '*funções essenciais à Justiça*', foi a importância de todas na busca da Justiça, entendida no duplo sentido: a) *Justiça como instituição*, como sinônimo de Poder Judiciário, já que este não tem legitimidade para dar início às ações judiciais, decidindo os conflitos que são postos e nos limites postos pelo advogado, pelo promotor de Justiça, pelo advogado público, pelo defensor público; sem esses profissionais, a Justiça não é acionada; ela não existe; b) *Justiça como valor*, incluída no preâmbulo da Constituição entre os valores supremos de uma sociedade fraterna pluralista e sem preconceitos, e que consiste na 'vontade constante de dar a cada um o que é seu" (*justitia est constans et perpetua voluntas jus suum cuique tribuendi*').[1]

Portanto, as funções essenciais à justiça se constituem nas atividades públicas ou privadas, impulsionadoras da prestação jurisdicional do Estado.[2]

---

1 Cf. "**A Advocacia Pública como função essencial à Justiça**", disponível em https://www.conjur.com.br/2016-ago-18/interesse-publico-advocacia-publica-funcao-essencial-justica

2 José Afonso da Silva, ao discorrer sobre o funcionamento da Justiça, evidencia que "nisso se acha a justificativa das *funções essenciais à Justiça*, compostas por todas aquelas atividades profissionais, públicas ou privadas, sem as quais o Poder Judiciário não pode funcionar ou funcionará muito mal. São procuratórias e propulsoras da atividade jurisdicional, institucionalizadas nos arts. 127 a 135 da CF de 1988, discriminadamente: o *advogado*, o *Ministério Público*, a *Advocacia-Geral da União*, os *procuradores dos Estados e do Distrito Federal* (representação das unidades federadas) e os *defensores públicos*." In **Comentário Contextual à Constituição**. São Paulo: Malheiros, 2005, p. 593.

1. Do Ministério Público

Nos termos do art. 127 da Constituição Federal, "o Ministério Público é instituição permanente, essencial à função jurisdicional do Estado, incumbindo-lhe a defesa da ordem jurídica, do regime democrático e dos interesses sociais e individuais indisponíveis." Portanto, reitere-se, ao Ministério Público **compete** a **defesa da ordem jurídica**, do **regime democrático** e dos **interesses sociais e individuais indisponíveis**[3].

É importante registrar que o Ministério Público é uma instituição unitária, de âmbito nacional, apesar da sua subdivisão em **Ministério Público Federal** e **Ministérios Públicos Estaduais**. Referida estrutura institucional, disposta no artigo 128 da Constituição Federal, está organizada da seguinte forma:

> "**Art. 128. O Ministério Público abrange**:
>
> **I - o Ministério Público da União**, **que compreende**:
>
> a) o Ministério Público Federal;
>
> b) o Ministério Público do Trabalho;
>
> c) o Ministério Público Militar;
>
> d) o Ministério Público do Distrito Federal e Territórios;
>
> **II - os Ministérios Públicos dos Estados.**" (destaque nosso)

Logo, consoante normativa constitucional, o **Ministério Público é composto pelo Ministério Público da União**, integrado pelo Ministério Público Federal, Ministério Público do Trabalho, Ministério Público Militar **e pelos Ministérios Públicos Estaduais**. Eis, portanto, a estrutura nacional do Ministério Público.

O artigo 127, §1°, da Constituição Federal, estabelece os **princípios institucionais do Ministério Público**, em número de três: a) **unidade**; b) **indivisibilidade** e; c) **independência funcional**. A *unidade* evidencia que toda estrutura institucional do Ministério Público tem à frente uma única chefia; por sua vez, a nota da *indivisibilidade* revela que os

---

3 Segundo Antonio Carlos de Araújo Cintra, Ada Pellegrini Grinover e Cândido Rangel Dinamarco, "o Estado contemporâneo assume por missão garantir ao homem, como categoria universal e eterna, a preservação de sua condição humana, mediante o acesso aos bens necessários a uma existência digna – e um dos organismos de que dispõe para realizar essa função é o Ministério Público, tradicionalmente apontado como instituição de proteção aos fracos e que hoje desponta como agente estatal predisposto à tutela de bens e interesses coletivos ou difusos." in **Teoria Geral do Processo**. 21ª ed., São Paulo: Malheiros, 2005, p. 217.

membros da instituição podem substituir uns aos outros, sem prejuízo de qualquer ato eventualmente realizado. Neste sentido, quem atua não é o Promotor X ou Y, mas o Ministério Público enquanto instituição. Segundo Walter Claudius Rothenburg, "quando se dá alguma atuação do Ministério Público, a instituição faz-se completamente presente, ou seja, cada órgão do Ministério Público, nos limites de sua atribuição, (re) presenta toda a instituição."[4] Por fim, a *independência funcional* revela que os membros do Ministério Público não estão subordinados a instâncias superiores no tocante ao desempenho de suas funções institucionais. Logo, cada Promotor ou Procurador de Justiça possui plena autonomia para atuar da forma que reputar mais adequada, desde que em harmonia ao sistema normativo.

Para preservação da autonomia institucional[5] e dos membros do Ministério Público, o art. 128, §5°, I, da Constituição Federal, instituiu as seguintes garantias: a) vitaliciedade, após dois anos de exercício, não podendo perder o cargo senão por sentença judicial transitada em julgado; b) inamovibilidade, salvo por motivo de interesse público, mediante decisão do órgão colegiado competente do Ministério Público, pelo voto da maioria absoluta de seus membros, assegurada ampla defesa e; c) irredutibilidade de subsídio, fixado na forma do art. 39, § 4º, e ressalvado o disposto nos arts. 37, X e XI, 150, II, 153, III, 153, § 2º, I. Por sua vez, no art. 128, §5°, II, a Constituição Federal estabelece as seguintes vedações: a) receber, a qualquer título e sob qualquer pretexto, honorários, percentagens ou custas processuais; b) exercer a advocacia; c) participar de sociedade comercial, na forma da lei; d) exercer, ainda que em disponibilidade, qualquer outra função pública, salvo uma de magistério;

4 "**Das Funções Essenciais à Justiça**", p. 685, in **Curso de Direito Constitucional**, Eduardo Arruda Alvim, George Salomão Leite e Lenio Streck (coord). Florianópolis: Tirant Lo Blanch, 2018, p. 685.

5 A Constituição Federal, em seu art. 127, §§ 2° e 3°, assegura autonomia funcional e administrativa, além de possibilitar à instituição a elaboração de sua proposta orçamentária. Neste sentido, dispõe a Lei Fundamental:
"Art. 127. O Ministério Público é instituição permanente, essencial à função jurisdicional do Estado, incumbindo-lhe a defesa da ordem jurídica, do regime democrático e dos interesses sociais e individuais indisponíveis.
(...)
§ 2º Ao Ministério Público é assegurada autonomia funcional e administrativa, podendo, observado o disposto no art. 169, propor ao Poder Legislativo a criação e extinção de seus cargos e serviços auxiliares, provendo-os por concurso público de provas ou de provas e títulos, a política remuneratória e os planos de carreira; a lei disporá sobre sua organização e funcionamento.
§ 3º O Ministério Público elaborará sua proposta orçamentária dentro dos limites estabelecidos na lei de diretrizes orçamentárias."

e) exercer atividade político-partidária; f) receber, a qualquer título ou pretexto, auxílios ou contribuições de pessoas físicas, entidades públicas ou privadas, ressalvadas as exceções previstas em lei. Por fim, aplica-se também uma *quarentena* aos membros do Ministério Público: exercer a advocacia no juízo ou tribunal do qual se afastou, antes de decorridos três anos do afastamento do cargo, por aposentadoria ou exoneração, nos termos do art. 128, §6°, da CF.

2. Da Advocacia Pública

A Constituição Federal, ao dispor sobre a *advocacia pública* em seu art. 131, alude à *Advocacia-Geral da União*. Trata-se de instituição que, diretamente ou através de órgão vinculado, representa a União Federal, judicial e extrajudicialmente, cabendo-lhe, nos termos da Lei Complementar n° 73, que institui sua Lei Orgânica, as atividades de consultoria e assessoramento jurídico do Poder Executivo[6].

O chefe da Advocacia-Geral da União, conforme disposto no art. 131, §1°, da Constituição Federal, é o Advogado-Geral da União, nomeado livremente pelo Presidente da República, dentre cidadãos maiores de trinta e cinco anos, de notável saber jurídico e reputação ilibada.[7] No

---

6 "Art. 1º - A Advocacia-Geral da União é a instituição que representa a União judicial e extrajudicialmente.
Parágrafo único. À Advocacia-Geral da União cabem as atividades de consultoria e assessoramento jurídicos ao Poder Executivo, nos termos desta Lei Complementar."

7 Art. 3º - A Advocacia-Geral da União tem por chefe o Advogado-Geral da União, de livre nomeação pelo Presidente da República, dentre cidadãos maiores de trinta e cinco anos, de notável saber jurídico e reputação ilibada.
§ 1º - O Advogado-Geral da União é o mais elevado órgão de assessoramento jurídico do Poder Executivo, submetido à direta, pessoal e imediata supervisão do Presidente da República.
§ 2º - O Advogado-Geral da União terá substituto eventual nomeado pelo Presidente da República, atendidas as condições deste artigo.
Art. 4º - São atribuições do Advogado-Geral da União:
I - dirigir a Advocacia-Geral da União, superintender e coordenar suas atividades e orientar-lhe a atuação;
II - despachar com o Presidente da República;
III - representar a União junto ao Supremo Tribunal Federal;
IV - defender, nas ações diretas de inconstitucionalidade, a norma legal ou ato normativo, objeto de impugnação;
V - apresentar as informações a serem prestadas pelo Presidente da República, relativas a medidas impugnadoras de ato ou omissão presidencial;
VI - desistir, transigir, acordar e firmar compromisso nas ações de interesse da União, nos termos da legislação vigente;

tocante ao ingresso nas classes iniciais da Advocacia-Geral da União, a forma constitucionalmente prevista é a de prévia aprovação em concurso público de provas e títulos, consoante dicção do art. 131, §2°, da Lei Maior.

O §3° do art. 131 do texto constitucional, atribuiu a representação da União Federal à Procuradoria-Geral da Fazenda Nacional, para efeitos de execução da dívida ativa de natureza tributária, não se constituindo, portanto, referida competência, da Advocacia-Geral da União.

Por fim, no âmbito estadual e distrital, consoante disposto no art. 132, da Constituição Federal, compete aos Procuradores dos Estados e do Distrito Federal a representação judicial e a consultoria jurídica das respectivas unidades federadas. É oportuno ressaltar que o parágrafo único, do artigo 132 da Constituição Federal, assegura estabilidade aos Procuradores dos Estados e do Distrito Federal, após três anos de efetivo exercício.

VII - assessorar o Presidente da República em assuntos de natureza jurídica, elaborando pareceres e estudos ou propondo normas, medidas e diretrizes;
VIII - assistir o Presidente da República no controle interno da legalidade dos atos da Administração;
IX - sugerir ao Presidente da República medidas de caráter jurídico reclamadas pelo interesse público;
X - fixar a interpretação da Constituição, das leis, dos tratados e demais atos normativos, a ser uniformemente seguida pelos órgãos e entidades da Administração Federal;
XI - unificar a jurisprudência administrativa, garantir a correta aplicação das leis, prevenir e dirimir as controvérsias entre os órgãos jurídicos da Administração Federal;
XII - editar enunciados de súmula administrativa, resultantes de jurisprudência iterativa dos Tribunais;
XIII - exercer orientação normativa e supervisão técnica quanto aos órgãos jurídicos das entidades a que alude o Capítulo IX do Título II desta Lei Complementar;
XIV - baixar o Regimento Interno da Advocacia-Geral da União;
XV - proferir decisão nas sindicâncias e nos processos administrativos disciplinares promovidos pela Corregedoria-Geral e aplicar penalidades, salvo a de demissão;
XVI - homologar os concursos públicos de ingresso nas Carreiras da Advocacia-Geral da União;
XVII - promover a lotação e a distribuição dos Membros e servidores, no âmbito da Advocacia-Geral da União;
XVIII - editar e praticar os atos normativos ou não, inerentes a suas atribuições;
XIX - propor, ao Presidente da República, as alterações a esta Lei Complementar;"

3. Da Advocacia

O art. 133 da Constituição Federal prescreve que "o advogado é indispensável à administração da justiça, sendo inviolável por seus atos e manifestações no exercício da profissão, nos limites da lei."

A Lei n° 8.906/94, ao dispor sobre o "Estatuto da Advocacia e a Ordem dos Advogados do Brasil", fez constar novamente o que já fora prescrito na Constituição Federal, é dizer, que o advogado é imprescindível à administração da justiça. No artigo 2°, §1°, do referido diploma legal, resta consignado que no exercício da atividade privada, o advogado presta serviço público e exerce função social. Além disto, no mesmo dispositivo legal ora referido, §3°, resta consignada a garantia da inviolabilidade dos atos e manifestações emanadas no exercício da profissão por parte do advogado. Portanto, o advogado é inviolável por seus atos e manifestações no exercício de sua atividade profissional.

4. Da Defensoria Pública

A Constituição Federal, em seu art. 5°, LXXIV, impõe ao Estado o *dever fundamental* de prestar assistência jurídica integral e gratuita aos que comprovarem insuficiência de recursos. Permite, com isto, o *acesso à Justiça* aos que demonstrem insuficiência econômica. A instituição que se volta para prestar assistência jurídica integral e gratuita é precisamente a *Defensoria Pública*.

Em seu art. 134, a Lei Fundamental estabelece que a "Defensoria Pública é instituição permanente, essencial à função jurisdicional do Estado, incumbindo-lhe, como expressão e instrumento do regime democrático, fundamentalmente, a orientação jurídica, a promoção dos direitos humanos e a defesa, em todos os graus, judicial e extrajudicial, dos direitos individuais e coletivos, de forma integral e gratuita, aos necessitados, na forma do inciso LXXIV do art. 5º desta Constituição Federal." À Defensoria Pública, portanto, incumbe a orientação jurídica, judicial ou extrajudicial, de forma gratuita, aos necessitados, perante todos os juízes e tribunais do país.

De forma similar ao Ministério Público, a Constituição Federal, em seu art. 134, §4°, estabeleceu como princípios institucionais da Defensoria Pública a **unidade**, a **indivisibilidade** e a **independência funcional**. A *unidade* revela que toda estrutura institucional da Defensoria Pública tem à frente uma única chefia; por sua vez, a nota da *indivisibilidade* revela que os membros da instituição podem substituir uns aos outros, sem prejuízo de qualquer ato eventualmente realizado. Neste sentido, quem atua não é o Defensor X ou Y, mas a Defensoria Pública enquanto instituição. Por fim, a *independência funcional* revela que os membros da Defensoria Pública não estão subordinados a instâncias superiores no tocante ao desempenho de suas funções institucionais. Logo, cada Defensor Público possui plena autonomia para atuar da forma que reputar mais adequada, desde que em harmonia ao sistema normativo.

A Lei Complementar n° 80/94, dispõe sobre a Defensoria Pública da União, do Distrito Federal e dos Territórios, além de prescrever normas gerais para sua organização nos Estados. Nos termos do art. 2° do referido diploma legal, a Defensoria Pública abrange: a) a Defensoria Pública da União; b) a Defensoria Pública do Distrito Federal e dos Territórios e; c) as Defensorias Públicas dos Estados.

A Defensoria Pública da União, conforme disposto no art. 14, atuará nos Estados, no Distrito Federal e nos Territórios, junto às Justiças Federal, do Trabalho, Eleitoral, Militar, Tribunais Superiores e instâncias administrativas da União. Em relação ao Distrito Federal, dispõe o art. 52 que sua Defensoria Pública é organizada e mantida pela União.

Por fim, nos termos do art. 106, a Defensoria Pública do Estado prestará assistência jurídica aos necessitados, em todos os graus de jurisdição e instâncias administrativas do Estado.

CAPÍTULO XVIII

DA DEFESA DO ESTADO E DAS INSTITUIÇÕES DEMOCRÁTICAS

DO ESTADO DE DEFESA E DO ESTADO DE SÍTIO

1. Do Direito de Necessidade Constitucional

Todo Estado, enquanto forma de organização social, é susceptível a momentos de instabilidade política e institucional. Em determinados momentos, medidas excepcionais podem ser instituídas com o propósito de manter ou resgatar a ordem constitucional do Estado. Logo, em tais situações, faz-se necessário extirpar o *caos político* mediante a restauração das instituições democráticas ou restabelecimento da ordem política e social. O **sistema constitucional de crises**[1] é a resposta fornecida pela Lei Fundamental para tentar oferecer soluções jurídicas a momentos de instabilidade político-institucional-social surgidos no âmbito de um determinado Estado. Deste modo, a ocorrência de "anormalidades constitucionais" não tipifica a concretização de situações "*sem Constituição*" ou "*fora da Constituição*", mas sim de hipóteses fáticas que requerem uma disciplina jurídico-constitucional distinta daquelas constitucionalmente previstas para situações de "normalidade constitucional."[2]

Em virtude da extrema gravidade que pode assolar o País, a Constituição Federal autoriza o uso de medidas extremas no âmbito do Estado Democrático de Direito, mediante a instituição do que a doutrina denomina de **Estado Constitucional Excepcional ou Estado**

1 Olavo Augusto Vianna Alves Ferreira utiliza a expressão "*sistema constitucional das crises*" para "definir o conjunto de normas que dispõem sobre as medidas ou instrumentos de exceção adotados pela Constituição, quais sejam: estado de defesa e estado de sítio." in **Sistema Constitucional das Crises: restrições a direitos fundamentais**. São Paulo: Gen/Método, 2009, p. 22.

2 Cf. J. J. Gomes Canotilho. **Direito Constitucional e Teoria da Constituição**. 7ª ed. Coimbra: Almedina, 2003, p. 1.099.

de Legalidade Extraordinária[3]. Trata-se, portanto, de um **direito de exceção** ou de extraordinária proteção do Estado, ora designado por Canotilho como *"direito de necessidade estadual.*[4]*"* Segundo o mestre lusitano, a constitucionalização de "situações de necessidade" implica a consagração de um *"direito de necessidade constitucional"* e não de um mero *"estado de necessidade desculpante"*, devendo tais medidas ser vistas não apenas como uma causa eventualmente excludente de culpa por atos ou medidas praticadas para defesa do sistema constitucional, mas uma causa que justifique a exclusão da idéia de ilicitude dos mesmos atos ou medidas.[5]

No **sistema constitucional brasileiro são previstas três medidas excepcionais**: a) **estado de defesa**; b) **estado de sítio** e; c) **intervenção federal**.

2. Do Estado de Defesa

2.1. Definição

O **estado de defesa** se constitui em medida excepcional que **objetiva** a **preservação ou restabelecimento da ordem pública ou** a **paz social**. Tal medida encontra-se prevista no artigo 136, *caput*[6], da

---

3 Cf. Guilherme Sandoval Góes e Cleyson de Moraes Mello. **Direito Constitucional**. Rio de Janeiro: Editora Processo, 2018, p. 281.

4 **Direito Constitucional e Teoria da Constituição**. 7ª ed. Coimbra: Almedina, 2003, p. 1.085. Segundo Canotilho, "qualquer que seja o enunciado linguístico e qualquer que seja a pré-compreensão dos autores relativas ao 'direito de exceção', o leque de questões subjacente à *constitucionalização* do regime de necessidade do Estado reconduz-se fundamentalmente ao seguinte: previsão e delimitação normativo-constitucional de instituições e medidas necessárias para a defesa da ordem constitucional em caso de situação de anormalidade que, não podendo ser eliminadas ou combatidas pelos meios normais previstos na Constituição, exigem o recurso a meios excepcionais. Trata-se, por conseguinte, de submeter as situações de crise e de emergência (guerra, tumultos, calamidades públicas) à própria Constituição, 'constitucionalizando' o recurso a meios excepcionais, necessários, adequados e proporcionais, para se obter o 'restabelecimento da normalidade constitucional'." Ibidem.

5 **Direito Constitucional e Teoria da Constituição**. 7ª ed. Coimbra: Almedina, 2003, p. 1.085.

6 "Art. 136. **O Presidente da República pode**, ouvidos o Conselho da República e o Conselho de Defesa Nacional, **decretar estado de defesa** para **preservar ou** prontamente **restabelecer**, em locais restritos e determinados, **a ordem pública** ou **a paz social ameaçadas** por **grave e iminente instabilidade institucional** ou **atingidas por calamidades de grandes proporções na natureza**." (destaque nosso)

Constituição Federal. O estado de defesa apenas deverá ser decretado quando os mecanismos existentes e disponíveis não se revelaram eficazes para solucionar a crise.

2.2. Espécies

Pela dicção do artigo 136, da Constituição Federal, observa-se que o estado de defesa poderá ser decretado de forma **preventiva** (preservar, em locais restritos e determinados, a ordem pública ou a paz social ameaçadas) ou **repressiva** (restabelecer, em locais restritos e determinados, a ordem pública ou a paz social ameaçadas) tendo em vista a finalidade a ser alcançada pela medida.

2.3. Pressupostos

O estado de defesa apenas poderá ser decretado na hipótese de se verificar uma das situações descritas no *caput* do artigo 136, da Constituição Federal: a) **grave e iminente instabilidade institucional que ameaça a ordem pública ou paz social, em locais restritos e determinados** ou; b) **ocorrência de calamidades de grandes proporções na natureza, a exemplo de enchentes, ciclones etc, em locais restritos e determinados**. É importante ressaltar, mais uma vez, que a decretação do estado de defesa apenas poderá se dar quando os meios ordinários não se façam eficazes para o restabelecimento da ordem pública.

2.4. Procedimento

Nos termos dos artigos 89 e 90, da Constituição Federal, os **Conselhos da República**[7] **e da Defesa Nacional**[8] **deverão ser previamente**[9] **ouvidos** acerca da eventual decretação do estado de defesa. Os pareceres dos órgãos consultivos da Presidência da República são meramente opinativos, não se revestindo, portanto, de eficácia vinculante.

---

7 "Art. 90. Compete ao Conselho da República **pronunciar-se sobre**:
I - intervenção federal, **estado de defesa** e estado de sítio;" (destaque nosso)

8 "Art. 91. (...)
§ 1º Compete ao Conselho de Defesa Nacional:
I - opinar nas hipóteses de declaração de guerra e de celebração da paz, nos termos desta Constituição;
II - **opinar sobre a decretação do estado de defesa**, do estado de sítio e da intervenção federal;" (destaque nosso)

9 "Art. 136. **O Presidente da República pode**, **ouvidos** o **Conselho da República e** o **Conselho de Defesa Nacional**, **decretar estado de defesa** (...)"

Todavia, a validade da decretação do estado de defesa está condicionada ao pronunciamento dos dois mencionados órgãos consultivos, sendo esta a **primeira fase** a ser observada para adoção da excepcional medida.

A **segunda fase** procedimental se concretiza mediante expedição do decreto por parte do Presidente da República, conforme disposto no artigo 136, *caput*, da Constituição Federal. Por se tratar de ato administrativo, embora de natureza excepcional, o decreto deverá ser *motivado*, expondo os "motivos pelos quais acolheu ou não as manifestações opinativas dos Conselhos, fundamentando suas afirmativas, sob pena de nulidade."[10]

O decreto que instituir o estado de defesa determinará, nos termos do artigo 136, §1°, da Constituição Federal, o tempo de sua duração, além de especificar quais áreas serão abrangidas. Tal ato nomeará, também, o executor da medida, ao qual alude o art. 136, §3°, I, da Lei Maior. **Deverá o decreto**, ainda, **especificar as medidas coercitivas** que passarão a vigorar, **dentre as seguintes**: I – restrições aos direitos de: a) reunião, ainda que exercida no seio das associações; b) sigilo de correspondência e; c) sigilo de comunicação telegráfica e telefônica; II – ocupação e uso temporário de bens e serviços públicos, na hipótese de calamidade pública, respondendo a União pelos danos e custos decorrentes. Em relação à liberdade individual, o artigo 136, §3°, I a IV, estabelece a seguinte normativa: a) a prisão por crime contra o Estado, determinada pelo executor da medida, será por este comunicada imediatamente ao juiz competente, que a relaxará, se não for legal, facultado ao preso requerer exame de corpo de delito à autoridade policial; b) a comunicação será acompanhada de declaração, pela autoridade, do estado físico e mental do detido no momento de sua autuação; c) a prisão ou detenção de qualquer pessoa não poderá ser superior a dez dias, salvo quando autorizada pelo Poder Judiciário e; d) é vedada a incomunicabilidade do preso.

Uma vez decretado o estado de defesa ou sua prorrogação, compete ao Presidente da República, dentro de vinte e quatro horas, submeter seu ato, acompanhado da respectiva justificativa, à apreciação do Congresso Nacional, que decidirá por maioria absoluta. Estando o Congresso Nacional em recesso, será ele convocado extraordinariamente, no prazo de cinco dias. Recebido o decreto presidencial pelo Congresso Nacional, deverá este apreciá-lo dentre de dez (10) dias a contar da data do seu recebimento. É importante ressaltar, que durante a vigência do estado de defesa, o Congresso Nacional deverá continuar funcionando, conforme previsto no §6°, do artigo 136, da Constituição Federal. Uma vez rejeita-

10 Cf. Olavo Augusto Vianna Alves Ferreira. **Sistema Constitucional das Crises: restrições a direitos fundamentais**. São Paulo: Gen/Método, 2009, p. 211.

do o decreto por parte do Congresso Nacional, cessará imediatamente o estado de defesa.

3. Do Estado de Sítio

3.1. Definição

O **estado de sítio** se constitui em medida excepcional, de **natureza temporária**, que **objetiva** a **preservação** ou **restabelecimento** da **ordem pública** ou da **paz social**. Tal medida encontra-se prevista no artigo 137, *caput*[11], da Constituição Federal.

3.2. Espécies

Nos termos do artigo 146, da Constituição Federal, o **estado de sítio** é uma medida de ***natureza repressiva***, distinta, portanto, do estado de defesa que comporta, ao lado daquela, uma ***modalidade preventiva***. Olavo Augusto Vianna Alves Ferreira, entende, por sua vez, que o estado de sítio pode ser também *preventivo*. Neste sentido, o citado autor afirma o seguinte:

> "Assim como o estado de defesa, o estado de sítio também pode ser repressivo ou preventivo.
>
> A Lei Maior previu o estado de sítio repressivo nas hipóteses de: 'comoção grave', 'declaração de guerra', 'resposta a agressão armada estrangeira' e ocorrência de fatos que comprovem a ineficácia de medida tomada durante o estado de defesa repressivo.
>
> Há estado de sítio preventivo na hipótese de ocorrência de fatos que comprovem a ineficácia de medida durante o estado de defesa preventivo. Trata-se da única modalidade de estado de sítio preventivo admitida pelo ordenamento constitucional.[12]"

Ora, se levarmos em conta a finalidade a ser alcançada pela medida de exceção, não visualizamos hipóteses de cunho preventivo, mas tão-

---

11 "Art. 137. O Presidente da República pode, ouvidos o Conselho da República e o Conselho de Defesa Nacional, solicitar ao Congresso Nacional autorização para decretar o estado de sítio nos casos de:
I - comoção grave de repercussão nacional ou ocorrência de fatos que comprovem a ineficácia de medida tomada durante o estado de defesa;
II - declaração de estado de guerra ou resposta a agressão armada estrangeira."

12 Olavo Augusto Vianna Alves Ferreira. **Sistema Constitucional das Crises: restrições a direitos fundamentais**. São Paulo: Gen/Método, 2009, p. 222.

-somente **repressivo**, pois se os atos praticados durante o estado de defesa não lograram ser eficazes para restabelecimento da ordem ou paz social, não há espaço para se falar em *estado de sítio preventivo.*

3.3. Pressupostos

Nos termos do artigo 137, da Constituição Federal, o "Presidente da República pode, ouvidos o Conselho da República e o Conselho de Defesa Nacional, solicitar ao Congresso Nacional autorização para decretar o estado de sítio nos casos de: I – comoção grave de repercussão nacional ou ocorrência de fatos que comprovem a ineficácia de medida tomada durante o estado de defesa; II – declaração de estado de guerra ou resposta a agressão armada estrangeira."

Portanto, **quatro** (04) são os **requisitos** para que o Presidente da República possa **decretar o estado de sítio**: **a)** comoção grave de repercussão nacional; **b)** ocorrência de fatos que comprovem a ineficácia de medida tomada durante o estado de defesa; **c)** declaração de estado de guerra ou; **d)** resposta a agressão armada estrangeira." **Configurada uma destas situações**, o Presidente da República tem legitimidade para decretação da medida de exceção.

3.4. Procedimento

De forma inversa ao estado de defesa, no qual o Presidente da República *decreta* a medida (somente após ouvir o Conselho da República e o Conselho de Defesa Nacional) e submete ao controle político do Congresso Nacional, **no estado de sítio** o Chefe do Poder Executivo necessita, antes da decretação da medida e somente após ouvir o Conselho da República e o Conselho de Defesa Nacional, de autorização por parte do Congresso Nacional. Esta é a normativa contida no *caput* do artigo 137, da Constituição Federal[13].

A solicitação por parte do Presidente da República, ao Congresso Nacional, para decretação da medida de exceção, deverá fazer-se acompanhar de relatório expondo as razões determinantes do pedido, competindo ao parlamento deliberar mediante quórum de maioria absoluta.

---

13 "**Art. 137. O Presidente da República pode, ouvidos o Conselho da República e o Conselho de Defesa Nacional, solicitar ao Congresso Nacional autorização para decretar o estado de sítio nos casos de:**
I - comoção grave de repercussão nacional ou ocorrência de fatos que comprovem a ineficácia de medida tomada durante o estado de defesa;
II - declaração de estado de guerra ou resposta a agressão armada estrangeira."

Na hipótese de comoção grave de repercussão nacional ou ocorrência de fatos que comprovem a ineficácia de medida tomada durante o estado de defesa, a **vigência da medida adotada não poderá exceder a trinta (30) dias**, nem prorrogado, de cada vez, por prazo superior. Caso a motivação da medida seja em razão da declaração de estado de guerra ou resposta a agressão armada estrangeira, a medida de exceção poderá ser decretada por todo o tempo que perdurar a guerra ou a agressão armada estrangeira, conforme dispõe o artigo 138, §1°, da Constituição Federal.

Estando o Congresso Nacional em recesso quando da solicitação por parte do Presidente da República, de autorização para decretar o estado de sítio, deverá o Presidente do Senado Federal, de imediato, convocar extraordinariamente o Parlamento para se reunir dentro de cinco dias, com o propósito de deliberação do ato proveniente do executivo.

Uma vez decretado o estado de sítio com fundamento em comoção grave de repercussão nacional ou ocorrência de fatos que comprovem a ineficácia de medida tomada durante o estado de defesa, poderão ser tomadas, nos termos do artigo 139, I a VII, as seguintes medidas restritivas de direitos: a) obrigação de permanência em localidade determinada; b) detenção em edifício não destinado a acusados ou condenados por crimes comuns; c) restrições relativas à inviolabilidade da correspondência, ao sigilo das comunicações, à prestação de informações e à liberdade de imprensa, radiodifusão e televisão, na forma da lei; d) suspensão da liberdade de reunião; e) busca e apreensão em domicílio; f) intervenção nas empresas de serviços públicos e; g) requisição de bens.

Nos termos do parágrafo único, do artigo 139, da Constituição Federal, resta assegurado aos parlamentares o direito de pronunciamento no âmbito interno das respectivas Casas do Congresso Nacional, desde que autorizado pela respectiva Mesa Diretora. Por fim, durante a vigência das medidas coercitivas, o Congresso Nacional permanecerá em funcionamento.

CAPÍTULO XIX

CONTROLE DE CONSTITUCIONALIDADE DOS ATOS ESTATAIS

SUMÁRIO: **1.** Da Jurisdição Constitucional; **2.** Controle de constitucionalidade: conceito e pressupostos de existência; **3.** Da supremacia constitucional; **4.** Classificação do controle de constitucionalidade; **4.1.** Quanto ao momento da fiscalização; **4.2.** Quanto ao número de órgãos incumbidos do controle de constitucionalidade; **4.3.** Quanto à natureza do órgão competente para controlar a constitucionalidade; **4.4.** Quanto à finalidade do controle; **4.5.** Quanto à (des) vinculação à um caso concreto quando de sua provocação; **4.6.** Quanto à forma de provocação do controle de constitucionalidade; **5.** Da inconstitucionalidade; **5.1.** Dos tipos de inconstitucionalidade; **5.1.1.** Inconstitucionalidade formal e material; **5.1.2.** Inconstitucionalidade originária ou superveniente; **5.1.3.** Inconstitucionalidade direta ou reflexa; **5.1.4.** Inconstitucionalidade por ação ou omissão; **5.1.5.** Inconstitucionalidade total ou parcial; **6.** Do controle difuso de constitucionalidade no Brasil; **6.1.** Finalidade; **6.2.** Legitimidade; **6.3.** Em qual ação, processo ou procedimento?; **6.4.** Do princípio da reserva de plenário; **6.4.1.** Do incidente de inconstitucionalidade; **6.4.1.1.** Da reserva de plenário; **6.5.** Dos efeitos da decisão judicial; **7.** Ação direta de inconstitucionalidade genérica; **7.1.** Finalidade; **7.2.** Fundamento constitucional e integração normativa; **7.3.** Parâmetro; **7.4.** Objeto; **7.5.** Legitimidade ativa; **7.6.** A função do Advogado-Geral da União; **7.7.** Do Procurador-Geral da República; **7.8.** Da medida cautelar; **7.9.** Do mérito; **7.10.** Efeitos da decisão; **8.** Ação declaratória de constitucionalidade; **8.1.** Finalidade; **8.2.** Fundamento constitucional e integração normativa; **8.3.** Parâmetro; **8.4.** Objeto; **8.5.** Requisito; **8.6.** Legitimidade ativa; **8.7.** Do Procurador-Geral da República; **8.8.** Da medida cautelar; **8.9.** Do mérito; **9.** Arguição de descumprimento de preceito fundamental – ADPF; **9.1.** Finalidade; **9.2.** Fundamento constitucional e integração normativa; **9.3.** Parâmetro; **9.4.** Legitimidade ativa; **9.5.** Objeto; **9.6.** Do Procurador-Geral da República; **9.7.** Da medida cautelar; **9.8.** Do mérito; **10.** Das técnicas decisórias em sede de controle de constitucionalidade; **10.1.** Interpretação conforme à constituição; **10.2.** Declaração parcial de inconstitucionalidade sem redução de texto; **10.3.** Apelo ao legislador.

1. Da Jurisdição Constitucional

O **controle de constitucionalidade** está inserido em um contexto mais amplo correspondente a uma função estatal denominada **Jurisdição Constitucional**, ora compreendida como a "garantia jurisdicional da Constituição."[1] A fiscalização da constitucionalidade dos atos estatais é apenas uma das atribuições da Jurisdição Constitucional[2], ao lado de vários outras, a exemplo da proteção e efetividade dos direitos fundamentais. De certo, todas as manifestações da **Justiça Constitucional** podem reduzir-se, ao menos sob a perspectiva de homogeneidade funcional, a uma unidade, que se revela através da proteção e concretização das normas jurídicas constantes da Lei Fundamental[3]. Nesta perspectiva, **jurisdição constitucional e controle de constitucionalidade** não possuem o mesmo significado[4], apesar da intrinseca relação existente entre eles.

2. Controle de constitucionalidade: conceito e pressupostos de existência

O **controle de constitucionalidade**[5] é um mecanismo de proteção constitucional através do qual se verifica a **adequação – compatibili-**

1 Hans Kelsen. **Jurisdição Constitucional.** São Paulo: Martins Fontes, 2003, p. 123.

2 Mauro Cappelletti. **O controle judicial de constitucionalidade das leis no direito comparado**. 2ª ed. Porto Alegre: Sergio Antonio Fabris: 1999, p. 23.

3 No modelo de *Justiça Constitucional* europeia, tipificado predominantemente pela existência de um *Tribunal Constitucional*, a este cabe com exclusividade solucionar questões de natureza constitucional. Outras atribuições são a ele conferidas, a exemplo da *jurisdição eleitoral*, exercida pelo Tribunal Constitucional Austríaco, além de diversos outros que neste modelo se inspiraram. Cf. Louis Favoreu. **Los tribunales constitucionales**. Barcelona: Ariel, 1994, p. 48.

4 Segundo Luís Roberto Barroso, "as locuções *jurisdição constitucional* e *controle de constitucionalidade* não são sinônimas, embora sejam frequentemente utilizadas de maneira intercambiável. Trata-se, na verdade, de uma relação entre gênero e espécie. *Jurisdição Constitucional* designa a aplicação da Constituição por juízes e tribunais. Essa aplicação poderá ser direta, quando a norma constitucional discipline, ela própria, determinada situação da vida. Ou indireta, quando a Constituição sirva de referência para atribuição de sentido a uma norma infraconstitucional ou de parâmetro para sua validade. Neste último caso estar-se-á diante do controle de constitucionalidade, que é, portanto, uma das formas de exercício da jurisdição constitucional." **O controle de constitucionalidade no direito brasileiro**. 4ª ed. São Paulo: Saraiva, 2009, p. 03.

5 James Allan Clifford Grant chegou a afirmar que o controle de constitucionalidade é uma contribuição das Américas à Ciência Política. Segundo ele, "en verdad, se puede decir que la confianza en los tribunales para hacer cumplir la Constitución como norma superior a las leyes estabelecidas por la legislación nacional **es una**

dade - dos atos estatais em face da Constituição. Portanto, ao órgão incumbido de exercer a fiscalização da constitucionalidade dos atos provenientes do Estado, cabe exercer um *juízo comparativo* entre duas realidades que se lhe antepõe: o ato estatal (objeto) e a Constituição (parâmetro). Neste sentido, a Constituição é a norma parâmetro através da qual se pode aferir a compatibilidade de um determinado objeto (os atos estatais).

Para que tal mecanismo de proteção constitucional possa existir, pressupõe-se que a Constituição seja uma norma jurídica dotada de ***rigidez*** e, consequentemente, de ***supremacia***. Isto porque a ***supremacia constitucional*** **tem por pressuposto a** ***rigidez*** **das constituições** em relação ao seu processo de mutação formal. Uma Constituição só é norma dotada de supremacia, é dizer, de superioridade em relação às demais que compõem o sistema normativo, na medida em que o processo previsto para elaboração de suas normas (reforma constitucional) é mais rigoroso e complexo do que o processo legislativo aplicável às demais espécies normativas (leis, decretos, regulamentos, medidas provisórias, etc), que é mais flexível se comparado àquele. Portanto, a ***supremacia constitucional*** **é uma** ***consequência da rigidez das Constituições***[6]. Na medida em que se tem um processo legislativo único, previsto tanto para elaboração de normas de natureza constitucional como para as demais espécies normativas, não há espaço para se falar em *supremacia constitucional*, situando-se todas elas no mesmo nível hierárquico[7].

contribución de las Américas a la Ciencia Política." (Destaque nosso). in **El control jurisdiccional de la constitucionalidad de las leyes (una contribución de las Américas a la ciencia política).** Facultad de Derecho: Universidad Nacional Autónoma de México, México, 1963, p. 10.

6 Percebam que o processo legislativo previsto no artigo 60 da Constituição Federal, pertinente às emendas constitucionais, é bem mais rigoroso (dois turnos de discussão e de votação, etc) do que aquele que se encontra a partir do artigo 61, relativo a legislação infraconstitucional (um turno de discussão e votação, etc).

7 Segundo Luís Roberto Barroso, "duas premissas são normalmente identificadas como necessárias à existência do controle de constitucionalidade: a supremacia e a rigidez constitucionais. A *supremacia da Constituição* revela sua posição hierárquica mais elevada dentro do sistema, que se estrutura de forma escalonada, em diferentes níveis. É ela o fundamento de validade de todas as demais normas. Por força dessa supremacia, nenhuma lei ou ato normativo - na verdade, nenhum ato jurídico - poderá subsistir validamente se estiver em desconformidade com a Constituição." in **O Controle de Constitucionalidade no Direito Brasileiro**. 4ª ed. São Paulo: Saraiva, 2009, p. 1.

Deste modo, resulta evidente que o controle de constitucionalidade apenas se estabelece quando se admite um sistema escalonado de normas jurídicas, ou seja, um sistema normativo hierarquizado, onde se têm duas categorias normativas: normas superiores e normas inferiores. Estas devem obediência àquelas.

3. Da supremacia constitucional

A idéia de ***supremacia constitucional*** **remonta à concepção de superioridade do** ***direito natural*** **sobre o** ***direito positivo***[8], e, por tal razão, da inderrogabilidade daquele por este[9]. Em que pese a indicação, por parte de diversos doutrinadores, de antecedentes históricos da noção de supremacia constitucional, perfilhamos do entendimento já exposto de que a *supremacia constitucional* é uma "invenção" do constitucionalismo norte-americano, também presente no **Federalista nº 78**, subscrito por Alexander Hamilton[10].

---

8 Nelson Saldanha, procedendo à uma análise histórica da idéia de *supremacia constitucional*, expõe o seguinte:
"O postulado da existência de uma norma cujo conteúdo fosse mais 'importante' que o das demais radicou por certo tempo no jusnaturalismo. Em Althusius, por exemplo, ele encontra guarida. Era o próprio arcabouço do 'sistema', requeridor de coerência e simetria, que pedia uma diversidade de *nível* e de força entre as normas. Era também a necessidade de proteger os conteúdos centrais da ordem (social, política, jurídica) contra o alcance do legislador ordinário. Este – sobretudo na urgência das oscilações partidárias poderia deformar ou mesmo destruir conquistas basilares obtidas dentro de um universo de valores que cabia consolidar.
Pareceu de certa forma evidente, durante o século XIX, que a constituição é 'superior' às leis comuns." in **Formação da Teoria Constitucional**. 2ª ed. Rio de Janeiro: Renovar, 2000, p. 137.

9 Cf. Eduardo García de Enterría. **La Constitución como norma y el Tribunal Constitucional**. Madrid: Editorial Civitas, 3ª ed. 1985, p. 51.

10 "A integral independência das cortes de justiça é particularmente essencial em uma Constituição limitada. Ao qualificar uma Constituição como limitada, quero dizer que ela contém certas restrições específicas à autoridade legislativa, tais como, por exemplo, não aprovar projetos de confiscos, leis *ex post facto* e outras similares. **Limitações dessa natureza somete poderão ser preservadas na prática através das cortes de justiça, que têm o dever de declarar nulos os atos contrários ao manifesto espírito da Constituição.** Sem isso, todas as restrições contra os privilégios ou concessões particulares serão inúteis.
Relativamente à competência das cortes para declarar nulos determinados atos do Legislativo, **porque contrários à Constituição**, tem havido certa surpresa, partindo do falso pressuposto de que tal prática implica em uma superioridade do Judiciário sobre o Legislativo. Argumenta-se que a autoridade que pode declarar nulos os atos de outra deve necessariamente ser superior a esta outra. Uma vez que tal doutrina é muito observada em todas as Constituições americanas, convém uma breve análise de seus fundamentos.

O princípio da supremacia constitucional exige que todos os atos praticados pelos *poderes constituídos* e, também, pelos particulares, guardem conformidade em relação ao que o texto constitucional estabelece. A Constituição exige obediência e não comporta exceções. Sob uma perspectiva formal, já observamos em Kelsen que a Constituição se constitui no fundamento de validade último de um sistema normativo, de modo que todas as normas jurídicas existentes no referido sistema, retiram dela, direta ou indiretamente, seu fundamento de validade. Segundo Kelsen, "a noção de Constituição conservou um núcleo permanente: a idéia de um princípio supremo determinando a ordem estatal inteira e a essência da comunidade constituída por essa ordem. Como quer que se defina a Constituição, ela é sempre o fundamento do Estado, a base da ordem jurídica que se quer apreender."[11]

Não há posição que se apoie em princípios mais claros que a de declarar nulo o ato de uma autoridade delegada, que não esteja afinada com as determinações de quem delegou essa autoridade. Consequentemente, não será válido qualquer ato legislativo contrário à Constituição. Negar tal evidência corresponde a afirmar que o representante é superior ao representado, que o escravo é mais graduado que o senhor, que os delegados do povo estão acima do próprio povo, que aqueles que agem em razão de delegações de poderes estão impossibilitados de fazer não apenas o que tais poderes não autorizam, mas sobretudo o que eles proíbem. Se se imaginar que os congressistas devem ser os juízes constitucionais de seus próprios poderes e que a interpretação que eles decidirem será obrigatória para os outros ramos do governo, a resposta é que esta não pode ser a hipótese natural, por não ter apoio em qualquer dispositivo da Constituição. Por outro lado, não é de admitir-se que a Constituição tivesse pretendido habilitar os representantes do povo a sobreporem a própria vontade à de seus constituintes. É muito mais racional supor que as cortes foram destinadas a desempenhar o papel de órgão intermediário entre o povo e o Legislativo, a fim de, além de outras funções, manter este último dentro dos limites fixados para sua atuação. **O campo de ação próprio e peculiar das cortes se resume na interpretação das leis. Uma Constituição é, de fato, a lei básica e como tal deve ser considerada pelos juízes. Em consequência, cabe-lhes interpretar seus dispositivos, assim como o significado de qualquer resolução do Legislativo. Se acontecer uma irreconciliável discrepância entre estas, a que tiver maior hierarquia e validade deverá, naturalmente, ser a preferida; em outras palavras, a Constituição deve prevalecer sobre a lei ordinária, a intenção do povo sobre a de seus agentes.**
(...) **se o conflito ocorrer entre atos de autoridade de hierarquia diferente, a lógica e a natureza das coisas indicam que deve ser observada regra diferente, devendo o ato anterior de autoridade mais hierarquizada ter preferência sobre o subsequente da subordinada; em consequência, sempre que uma lei ordinária contrariar a Constituição, é dever dos tribunais obedecer o prescrito por esta e ignorar aquela.**" Alexander Hamilton, "*O Federalista n° 78*". Alexander Hamilton, James Madison e John Jay. **O Federalista**. Campinas: Russell, 2003, pp. 469 e 470.

---

11 Hans Kelsen. **Jurisdição Constitucional.** São Paulo: Martins Fontes, 2003, p. 130.

4. Classificação do controle de constitucionalidade

Com o propósito de permitir uma melhor compreensão acerca do funcionamento do controle de constitucionalidade, a doutrina busca classifica-lo através dos seguintes critérios: **a) quanto ao momento da fiscalização; b) quanto ao número de órgãos incumbidos do controle de constitucionalidade; c) quanto à natureza do órgão competente para controlar a constitucionalidade; d) quanto à finalidade do controle; e) quanto à (des) vinculação à um caso concreto quando de sua provocação** e; **f) quanto à forma de provocação do controle de constitucionalidade**. Com isto, busca-se evitar algumas confusões conceituais por parte dos acadêmicos, que não raro tendem a utilizar palavras distintas imaginando estarem se referindo a uma só realidade, a exemplo de confundir *difuso/concreto* ou *abstrato/concentrado*.[12]

4.1. Quanto ao momento da fiscalização

Adotando o **momento da fiscalização** como critério classificatório, o controle de constitucionalidade pode ser: a) **preventivo** (*a priori*) ou; b) **repressivo** (a posteriori).

O controle de constitucionalidade **preventivo é realizado durante o processo de elaboração do ato normativo**, com o propósito de evitar o seu ingresso no sistema jurídico em virtude de ser o mesmo incompatível em face da Constituição. **Incide**, portanto, **no curso do *processo legislativo***. Referida atividade fiscalizatória é exercida de forma preponderante pelos Poderes Legislativo[13] e Execu-

---

12 Nesta temática, recomenda-se as obras de Clèmerson Merlin Clève, "**Fiscalização abstrata da constitucionalidade no direito brasileiro**. São Paulo: RT, 2000" e de Dimitri Dimoulis e Soraya Lunardi, "**Curso de Processo Constitucional: controle de constitucionalidade e remédios constitucionais**". São Paulo: Atlas/FGV, 2011.

13 Compete às Comissões de Constituição e Justiça, de cada Casa do Congresso Nacional, analisar a constitucionalidade do projeto de lei antes do mesmo ser submetido à deliberação, conforme se depreende dos dispositivos legais constantes nas respectivas normas regimentais:

Regimento Interno da Câmara dos Deputados

"Art. 32. São as seguintes as Comissões Permanentes e respectivos campos temáticos ou áreas de atividade:

(...)

IV - Comissão de Constituição e Justiça e de Cidadania: a) aspectos constitucional, legal, jurídico, regimental e de técnica legislativa de projetos, emendas ou substitutivos sujeitos à apreciação da Câmara ou de suas Comissões;

Art. 53. Antes da deliberação do Plenário, ou quando esta for dispensada, as proposições, exceto os requerimentos, serão apreciadas:

tivo[14]. **Excepcionalmente, tem o Poder Judiciário competência para exercer o controle preventivo de constitucionalidade**[15]. Trata-se,

---

I - pelas Comissões de mérito a que a matéria estiver afeta;
II - pela Comissão de Finanças e Tributação, para o exame dos aspectos financeiro e orçamentário públicos, quanto à sua compatibilidade ou adequação com o plano plurianual, a lei de diretrizes orçamentárias e o orçamento anual, e para o exame do mérito, quando for o caso;
III - **pela Comissão de Constituição e Justiça e de Cidadania, para o exame dos aspectos de constitucionalidad**e, legalidade, juridicidade, regimentalidade e de técnica legislativa, e, juntamente com as comissões técnicas, para pronunciar-se sobre o seu mérito,

Regimento Interno do Senado Federal
Art. 101. À Comissão de Constituição, Justiça e Cidadania compete:
I - **opinar sobre a constitucionalidade**, juridicidade e regimentalidade das matérias que lhe forem submetidas por deliberação do Plenário, por despacho da Presidência, por consulta de qualquer comissão, ou quando em virtude desses aspectos houver recurso de decisão terminativa de comissão para o Plenário;

---

14 O Poder Executivo exerce o controle preventivo de constitucionalidade através do veto, nos termos do artigo 66, §1°, da Constituição Federal, disposto da seguinte forma:
"Art. 66. A Casa na qual tenha sido concluída a votação enviará o projeto de lei ao Presidente da República, que, aquiescendo, o sancionará.
§ 1º **Se o Presidente da República considerar o projeto, no todo ou em parte, inconstitucional** ou contrário ao interesse público, **vetá-lo-á total ou parcialmente**, no prazo de quinze dias úteis, contados da data do recebimento, e comunicará, dentro de quarenta e oito horas, ao Presidente do Senado Federal os motivos do veto."

15 O controle de constitucionalidade preventivo realizado pelo Poder Judiciário se restringe a violações de cunho procedimental, é dizer, quando o processo legislativo determinado pela Constituição não está sendo observado por uma das Casas do Congresso Nacional. Portanto, nesta hipótese de violação ao *devido processo legislativo*, o Supremo Tribunal Federal tem entendido que a fiscalização da constitucionalidade pode incidir, não configurando afronta ao princípio da independência entre os Poderes. A idéia não se aplica, todavia, caso se trate de inconstitucionalidade material. Neste sentido, trazemos à colação ementa do MS n° 32033/DF, Rel. Min. Gilmar Mendes, j. em 20.06.12, Pleno:
Ementa: CONSTITUCIONAL. MANDADO DE SEGURANÇA. CONTROLE PREVENTIVO DE CONSTITUCIONALIDADE MATERIAL DE PROJETO DE LEI. INVIABILIDADE. 1. Não se admite, no sistema brasileiro, o controle jurisdicional de constitucionalidade material de projetos de lei (controle preventivo de normas em curso de formação). **O que a jurisprudência do STF tem admitido, como exceção, é "a legitimidade do parlamentar - e somente do parlamentar - para impetrar mandado de segurança com a finalidade de coibir atos praticados no processo de aprovação de lei ou emenda constitucional incompatíveis com dis-**

portanto, de um controle político que se instala no curso do processo de formação da norma jurídica.

Por sua vez, o controle de constitucionalidade **repressivo** é aquele realizado com o intuito de afastar um ato normativo do ordenamento jurídico por afronta ao Texto Constitucional. Neste modelo, a pretensão não é mais de caráter preventivo, haja vista que **o ato pertence ao sistema jurídico**, mas de **expulsão** do mesmo por violação à Constituição. No Brasil, atua com prevalência neste sistema o Poder Judiciário.

Apesar da predominante atuação do Poder Judiciário em sede de controle repressivo, tal não obsta que os demais poderes possam exercer tal atividade fiscalizatória. A Constituição Federal, em seu artigo 49, V, atribui competência exclusiva ao Congresso Nacional para "sustar os atos normativos do Poder Executivo que exorbitem do poder regulamentar ou dos limites de delegação legislativa." Ora, na medida em que o Poder Executivo ultrapassa sua competência regulamentar, restringindo

---

posições constitucionais que disciplinam o processo legislativo" (MS 24.667, Pleno, Min. Carlos Velloso, DJ de 23.04.04). Nessas excepcionais situações, em que o vício de inconstitucionalidade está diretamente relacionado a aspectos formais e procedimentais da atuação legislativa, a impetração de segurança é admissível, segundo a jurisprudência do STF, porque visa a corrigir vício já efetivamente concretizado no próprio curso do processo de formação da norma, antes mesmo e independentemente de sua final aprovação ou não. 2. Sendo inadmissível o controle preventivo da constitucionalidade material das normas em curso de formação, não cabe atribuir a parlamentar, a quem a Constituição nega habilitação para provocar o controle abstrato repressivo, a prerrogativa, sob todos os aspectos mais abrangente e mais eficiente, de provocar esse mesmo controle antecipadamente, por via de mandado de segurança.
3. A prematura intervenção do Judiciário em domínio jurídico e político de formação dos atos normativos em curso no Parlamento, além de universalizar um sistema de controle preventivo não admitido pela Constituição, subtrairia dos outros Poderes da República, sem justificação plausível, a prerrogativa constitucional que detém de debater e aperfeiçoar os projetos, inclusive para sanar seus eventuais vícios de inconstitucionalidade. Quanto mais evidente e grotesca possa ser a inconstitucionalidade material de projetos de leis, menos ainda se deverá duvidar do exercício responsável do papel do Legislativo, de negar-lhe aprovação, e do Executivo, de apor-lhe veto, se for o caso. Partir da suposição contrária significaria menosprezar a seriedade e o senso de responsabilidade desses dois Poderes do Estado. E se, eventualmente, um projeto assim se transformar em lei, sempre haverá a possibilidade de provocar o controle repressivo pelo Judiciário, para negar-lhe validade, retirando-a do ordenamento jurídico.
4. Mandado de segurança indeferido."

direitos ou impondo deveres, vai de encontro ao princípio constitucional da legalidade, incorrendo, portanto, em inconstitucionalidade. Em tal hipótese, a Constituição Federal autoriza ao Congresso Nacional sustar referidos atos emanados do Poder Executivo.[16] Cabe ressaltar, todavia, que embora seja dado ao Congresso Nacional o exercício da referida competência, tal fato não implica que o decreto legislativo não possa vir a ser objeto de controle de constitucionalidade perante o Poder Judiciário. Em tal sentido, já houve manifestação do Supremo Tribunal Federal - STF.[17] Devemos chamar a atenção, também, para o fato de que ao Congresso Nacional compete a apreciação das medidas provisórias editadas pelo Presidente da República, podendo rejeitá-las sob a alegação de serem inconstitucionais[18].

---

16 Sobre o tema, o Supremo Tribunal Federal - STF externou o seguinte entendimento: "O princípio da reserva de lei atua como expressiva limitação constitucional ao poder do Estado, cuja competência regulamentar, por tal razão, não se reveste de suficiente idoneidade jurídica que lhe permita restringir direitos ou criar obrigações. Nenhum ato regulamentar pode criar obrigações ou restringir direitos, sob pena de incidir em domínio constitucionalmente reservado ao âmbito de atuação material da lei em sentido formal. O abuso de poder regulamentar, especialmente nos casos em que o Estado atua *contra legem* ou *praeter legem*, não só expõe o ato transgressor ao controle jurisdicional, mas viabiliza, até mesmo, tal a gravidade desse comportamento governamental, o exercício, pelo Congresso Nacional, da competência extraordinária que lhe confere o art. 49, V, da CR e que lhe permite 'sustar os atos normativos do Poder Executivo que exorbitem do poder regulamentar (...)'. Doutrina. Precedentes (RE 318.873-AgR/SC, Rel. Min. Celso de Mello, v.g.). Plausibilidade jurídica da impugnação à validade constitucional da Instrução Normativa/STN 1/2005." (AC 1.033-AgR-QO, Rel. Min. Celso de Mello, julgamento em 25-5-2006, Plenário, DJ de 16-6-2006.)

17 Na ADI 784-0 MC, Rel. Min. Celso de Mello, DJ. 06.11.92, "o decreto legislativo, editado com fundamento no art. 49, V, da Constituição Federal, não se desveste dos atributos tipificadores da normatividade pelo fato de limitar-se, materialmente, à suspensão de eficácia de ato oriundo do Poder Executivo. Também realiza função normativa o ato estatal que exclui, extingue ou suspende a validade ou a eficácia de uma outra norma jurídica. A eficácia derrogatória ou inibitória das conseqüências jurídicas dos atos estatais constitui um dos momentos concretizadores do processo normativo."

18 O artigo 62 da Constituição Federal dispõe sobre as matérias que não podem se constituir em objeto de medidas provisórias. Caso o Presidente da República edite uma medida provisória sobre uma das matérias que a Constituição não lhe permite, compete ao Congresso Nacional, através de Decreto Legislativo, rejeitar referida espécie normativa. Neste sentido, dispõe o artigo 62, da Constituição Federal: "Art. 62. Em caso de relevância e urgência, o Presidente da República poderá adotar medidas provisórias, com força de lei, devendo submetê-las de imediato ao Congresso Nacional. (Redação dada pela Emenda Constitucional nº 32, de 2001) § 1º É vedada a edição de medidas provisórias sobre matéria: (Incluído pela

4.2. Quanto ao número de órgãos incumbidos do controle de constitucionalidade

Em relação ao número de órgãos incumbidos de controlar a constitucionalidade dos atos estatais, a atividade fiscalizatória classifica-se em: a) **controle concentrado**; b) **controle difuso** e; c) **controle misto ou híbrido**. É importante salientar, desde logo, que **a distinção *essencial* entre o modelo concentrado e o difuso é precisamente a quantidade de órgãos competentes para exercer o controle de constitucionalidade**.

Denomina-se **controle concentrado** aquele que é exercido por **um único órgão**, é dizer, a atividade fiscalizatória da constitucionalidade dos estatais **concentra-se** no âmbito de competência de uma única instituição designada pela Constituição. Este modelo é também denominado **austríaco** ou **europeu**.[19]

Distinto do modelo concentrado, o **sistema difuso se caracteriza pela *pluralidade orgânica***, ou seja, **tem-se dois ou mais órgãos competentes para o exercício da fiscalização da constitucionalidade dos atos estatais**. Tal sistema é também conhecido como **modelo**

Emenda Constitucional nº 32, de 2001)
I - relativa a: (Incluído pela Emenda Constitucional nº 32, de 2001)
a) nacionalidade, cidadania, direitos políticos, partidos políticos e direito eleitoral; (Incluído pela Emenda Constitucional nº 32, de 2001)
b) direito penal, processual penal e processual civil; (Incluído pela Emenda Constitucional nº 32, de 2001)
c) organização do Poder Judiciário e do Ministério Público, a carreira e a garantia de seus membros; (Incluído pela Emenda Constitucional nº 32, de 2001)
d) planos plurianuais, diretrizes orçamentárias, orçamento e créditos adicionais e suplementares, ressalvado o previsto no art. 167, § 3º; (Incluído pela Emenda Constitucional nº 32, de 2001)
II - que vise a detenção ou seqüestro de bens, de poupança popular ou qualquer outro ativo financeiro; (Incluído pela Emenda Constitucional nº 32, de 2001)
III - reservada a lei complementar; (Incluído pela Emenda Constitucional nº 32, de 2001)
IV - já disciplinada em projeto de lei aprovado pelo Congresso Nacional e pendente de sanção ou veto do Presidente da República."

---

19 Há quem prefira falar em modelo austríaco em razão deste sistema ter sido instituído através da Constituição da Áustria, do ano de 1920, quando da instituição do Tribunal Constitucional. Todavia, com a expansão da figura do Tribunal Constitucional para outros países da Europa continental, há quem prefira falar de *modelo europeu*.

norte-americano[20] de defesa da Constituição, em razão do seu lugar de origem.[21]

Por fim, o **sistema misto ou híbrido** acolhe em sua estrutura elementos do modelo difuso e do modelo concentrado. **No sistema instituído pela Constituição Federal de 1998, há possibilidade de exercício concorrente do sistema difuso e concentrado**. Devemos ressaltar que um não exclui o outro, ambos reforçam o mecanismo de defesa da Constituição.

4.3. Quanto à natureza do órgão competente para controlar a constitucionalidade

Outro critério assinalado doutrinariamente versa sobre a natureza do órgão incumbido de zelar pela fiscalização da constitucionalidade dos atos estatais. Partindo deste critério classificatório, temos o

20 Thomas Cooley, em análise do direito norte-americano, expôs o seguinte acerca da jurisdição constitucional:
"O dever de examinar uma questão de Direito Constitucional pode recair sobre um tribunal de qualquer grau, tanto da jurisdição federal como da estadual. Toda vez que em um tribunal possa suscitar-se a questão sobre a conformidade de uma lei com a Constituição, esse tribunal perante o qual se apresentou a questão é que deve, até certo ponto, resolvê-la, e o poder de o tribunal aplicar a lei ao caso controvertido, necessariamente implica o poder de decidir qual a lei que há de prevalecer. Na falta de precedentes, que constituem autoridade, não pode haver outra senão o julgamento do tribunal. A validez de uma lei federal pode, às vezes, ser objeto que tenha de ser examinado por um tribunal estadual; como também a questão de validez de uma lei estadual pode impor-se ao exame de um tribunal federal. Todavia se o tribunal perante o qual a questão se apresenta não é de última instância em relação à mesma, deve-se esperar que proceda com cautela e circunspeção, mais do que no comum, e que se abstenha, completamente, de declarar a nulidade de uma lei, a menos que não se trate de casos de extraordinária clareza, e especialmente se, sem sério detrimento da justiça, a decisão puder ser retardada, até que o tribunal de categoria superior tenha ocasião de se pronunciar sobre o caso. Outros podem haver em que, por inadvertência ou caso fortuito, uma lei que haja passado por todos os trâmites exigidos para sua validez, seja, não obstante isso, evidente e inquestionavelmente nula; mas, excetos estes casos, o fato de um magistrado de categoria inferior, que só exercendo uma jurisdição policial ou outra limitada, irrogar-se a competência de proferir decisões acerca da legislação de um Estado ou país, declarando-a inconstitucional, só pode ser ridículo" em sua obra **Princípios Gerais de Direito Constitucional nos Estados Unidos da América**. Campinas: Russell, 2002, p. 153.

21 O sistema difuso nasce no ano de 1803, nos EUA, quando a Suprema Corte julgou o célebre caso *Marbury vs Madison*, cujo magistrado condutor do processo foi o Juiz John Marshall.

denominado **controle político** ao lado de um outro designado **controle jurisdicional**.

Denomina-se **controle político** em razão do órgão que o exerce ser de natureza política, é dizer, não integra a estrutura do Poder Judiciário, a exemplo do *Conselho Constitucional* Francês. O **controle jurisdicional**, por sua vez, é exercido por órgãos que fazem parte da estrutura jurisdicional de um determinado Estado.

4.4. Quanto à finalidade do controle

Utilizando-se a **finalidade** como critério de classificação do controle de constitucionalidade, temos um controle **subjetivo** e outro denominado **objetivo**. Diz que a fiscalização é **subjetiva** na medida em que atrelada ao seu exercício está a **defesa de direitos subjetivos**, ou seja, a *jurisdição constitucional* é provocada com o fim imediato de conferir proteção ao direito subjetivo daquele que a provocou, ao passo que na modalidade **objetiva**, o que se busca mediante provocação do controle de constitucionalidade é a **proteção a direito objetivo**, ou seja, a defesa, em tese, da harmonia do sistema constitucional[22].

4.5. Quanto à (des) vinculação à um caso concreto quando de sua provocação

Se, quando da provocação da *jurisdição constitucional*, um caso concreto está a ela vinculada, buscando uma solução para o conflito de interesses surgido no âmbito social, diz-se que o controle de constitucionalidade é **concreto**. Nesta hipótese, o órgão jurisdicional terá que apreciar não apenas o conflito normativo, mas, também, o conflito de interesses que dele requer uma solução.

---

22 Bastante didática é a decisão do Supremo Tribunal Federal, ora trazida à colação, sobre o tema:
"O controle normativo de constitucionalidade qualifica-se como típico processo de caráter objetivo, vocacionado, exclusivamente, à defesa, em tese, da harmonia do sistema constitucional. A instauração desse processo objetivo tem por função instrumental viabilizar o julgamento da validade abstrata do ato estatal em face da Constituição da República. O exame de relações jurídicas concretas e individuais constitui matéria juridicamente estranha ao domínio do processo de controle concentrado de constitucionalidade. A tutela jurisdicional de situações individuais, uma vez suscitada a controvérsia de índole constitucional, há de ser obtida na via do controle difuso de constitucionalidade, que, supondo a existência de um caso concreto, revela-se acessível a qualquer pessoa que disponha de interesse e legitimidade (CPC, art. 3º)." (ADI 2.551-MCQO, Rel. Min. Celso de Mello, DJ 20/04/06.

Por sua vez, se a fiscalização da constitucionalidade se instala **desvinculada de um caso concreto**, na qual a atividade jurisdicional se restringirá a analisar tão-somente compatibilidade entre duas normas jurídicas, ter-se-á o denominado controle **abstrato.**

4.6. Quanto à forma de provocação do controle de constitucionalidade

Por último, quanto à forma de provocação do controle de constitucionalidade, ter-se-á uma fiscalização **direta** ou **incidental**. Diz-se que o controle é **direto** quando a inconstitucionalidade se apresenta como o próprio objeto da ação, ou seja, a inconstitucionalidade é um fim em si mesmo. Provoca-se o órgão competente para o exercício da fiscalização para que ele diretamente declare a inconstitucionalidade de uma lei ou outro ato normativo. Ao revés, o controle **incidental** é aquele onde a inconstitucionalidade não se apresenta como um fim em si mesmo, mas como meio a serviço de um fim. A controvérsia constitucional é suscitada como **incidente processual**[23]. Deste modo, a inconstitucionalidade **não se afigura como o *pedido*** da ação, **mas como *causa de pedir***, de

23 O Código de Processo Civil, em seus artigos 948 a 950, disciplina o "Incidente de Arguição de Inconstitucionalidade" nos seguintes termos:
"Art. 948. Arguida, em controle difuso, a inconstitucionalidade de lei ou de ato normativo do poder público, o relator, após ouvir o Ministério Público e as partes, submeterá a questão à turma ou à câmara à qual competir o conhecimento do processo.
Art. 949. Se a arguição for:
I - rejeitada, prosseguirá o julgamento;
II - acolhida, a questão será submetida ao plenário do tribunal ou ao seu órgão especial, onde houver.
Parágrafo único. Os órgãos fracionários dos tribunais não submeterão ao plenário ou ao órgão especial a arguição de inconstitucionalidade quando já houver pronunciamento destes ou do plenário do Supremo Tribunal Federal sobre a questão.
Art. 950. Remetida cópia do acórdão a todos os juízes, o presidente do tribunal designará a sessão de julgamento.
§ 1º As pessoas jurídicas de direito público responsáveis pela edição do ato questionado poderão manifestar-se no incidente de inconstitucionalidade se assim o requererem, observados os prazos e as condições previstos no regimento interno do tribunal.
§ 2º A parte legitimada à propositura das ações previstas no art. 103 da Constituição Federal poderá manifestar-se, por escrito, sobre a questão constitucional objeto de apreciação, no prazo previsto pelo regimento interno, sendo-lhe assegurado o direito de apresentar memoriais ou de requerer a juntada de documentos.
§ 3º Considerando a relevância da matéria e a representatividade dos postulantes, o relator poderá admitir, por despacho irrecorrível, a manifestação de outros órgãos ou entidades."

modo que se apresenta como questão prejudicial, pois tem de ser analisada previamente para que o magistrado possa dirimir o conflito de interesses posto à sua apreciação.

5. Da inconstitucionalidade

Afirma Jorge Miranda que os conceitos de constitucionalidade e inconstitucionalidade são relacionais. Designam a "a relação que se estabelece entre uma coisa – a Constituição – e outra coisa – uma norma ou um acto – que lhe está ou não conforme, que com ela é ou não compatível, que cabe ou não cabe no seu sentido."[24]

Deixamos assentado no presente trabalho que toda norma jurídica comporta um plano de ***vigência***, de ***validade*** e de ***eficácia***. **A constitucionalidade situa-se no plano de validade da norma jurídica**, ou seja, na relação de adequação que deve se estabelecer entre uma norma inferior em face de uma outra que lhe é *imediatamente* superior. Neste sentido, Jorge Miranda afirma o seguinte:

> "A validade, que agora se discute, é a da norma e do acto, não a da Constituição, e vai-se da norma e do acto para a Constituição. A constitucionalidade contempla-se como aspecto particular de validade; é a validade de certas normas e de certos actos. Compreende-se a inconstitucionalidade através da validade e, como esta arrasta valores jurídicos, se se quiser encontrar os da norma e do acto inconstitucionais, eles considerar-se-ão de harmonia com uma teoria geral dos valores jurídicos. Então, uma construção que pretenda ser geral, fica sujeita à teoria da validade e, por via disso, à teoria da norma e do acto jurídico-público."[25]

Há uma outra perspectiva ou forma de conceber o fenômeno da inconstitucionalidade. Diz sobre o regime jurídico de invalidação dos atos inconstitucionais ou, em outros termos, sobre a *sanção de invalidade*[26]. No entendimento de Elival da Silva Ramos, **a inconstitucionalidade pode ser compreendida como *vício* ou *sanção***. Em relação ao primeiro, a inconstitucionalidade (**vício**) corresponde à relação de inadequação formal (processo de elaboração da norma; desconformidade

24 **Contributo para uma Teoria da Inconstitucionalidade**. Coimbra: Coimbra Editora, 1996, p. 11.

25 **Contributo para uma Teoria da Inconstitucionalidade**. Coimbra: Coimbra Editora, 1996, pp. 12 e 13.

26 A invalidade (inconstitucionalidade) pode ser encarada como *vício* ou *sanção*.

dinâmica) entre o ato normativo e a Constituição. Quanto à ***sanção*** de inconstitucionalidade, trata-se de uma consequência da violação ao texto constitucional, é dizer, a providência prevista pelo sistema normativo para restabelecimento de sua *integridade*[27]. Neste contexto, situa-se a discussão acerca da **nulidade ou anulabilidade** dos atos inconstitucionais, que analisaremos mais adiante. Por ora, trataremos, pois, da inconstitucionalidade enquanto *vício*, é dizer, no contexto da incompatibilidade entre um ato estatal em face da Constituição.

Enquanto ***vício***, a inconstitucionalidade se apresenta como um "um problema de relação intra-sistemática de normas pertencentes a um determinado ordenamento jurídico estatal.[28]" Portanto, trata-se de um fenômeno que ocorre no *âmbito interno* do sistema jurídico, que se verifica quando atestada a incompatibilidade de um ato estatal frente à Constituição. É importante ressaltar que a inconstitucionalidade apenas se configura quando a relação de incompatibilidade entre duas normas jurídicas se opera de forma **imediata, direta**, ou seja, quando a norma infraconstitucional cuja validade está sendo objeto de aferição retira, imediatamente da Constituição, seu fundamento de validade. Portanto, a relação de *incompatibilidade* há de ser direta, imediata, na medida em que o ato objeto da fiscalização da constitucionalidade retirou, imediatamente da Constituição, o seu suporte de existência. Isto é importante para podermos aferir se se trata de uma hipótese de **inconstitucionalidade** ou de **ilegalidade**.

A Constituição é o fundamento de validade, direto ou indireto, de todas as normas de um determinado ordenamento jurídico. É o ponto de partida do sistema, através da qual todas as demais normas jurídicas derivam. Partindo desta idéia, ter-se-á um sistema jurídico cuja estrutura é escalonada, é dizer, há normas superiores e normas inferiores. A incons-

27 Afirma Elival da Silva Ramos que "o vício da inconstitucionalidade corresponde a essa desconformidade estática (relativa ao conteúdo) ou dinâmica (relativa ao processo de formação), de caráter vertical (hierárquico), entre a lei e a Constituição, resolvida sempre "em favor das normas de grau superior, que funcionam como fundamento de validade das inferiores". Não se confunde, vale ressaltar, com a sanção de inconstitucionalidade, que é conseqüência estabelecida pela Constituição para sua violação: a providência prescrita pelo ordenamento para a sua restauração, a evolução do vício rumo à saúde constitucional. Caso essa evolução não se verifique espontaneamente ou dependa de intervenção coativa, far-se-á uso dos remédios constitucionais, ou seja, dos instrumentos de garantia compreendidos no chamado controle de constitucionalidade." **A inconstitucionalidade das leis: vícios e sanção**. São Paulo: Saraiva, 1994. pp. 63 e 64.

28 Marcelo Neves. **Teoria da Inconstitucionalidade das Leis**. São Paulo: Saraiva, 1988, p. 72.

titucionalidade situa-se neste contexto de adequação ou compatibilidade entre normas inferiores em face de uma norma superior, a Constituição. No **âmbito das normas inferiores**, a estrutura hierarquizada também há de ser observada, de modo que umas normas são, igualmente, superiores a outras normas, que por sua vez são denominadas *inferiores* em relação àquelas. No entanto, **tal relação de *supra-infra ordenação* se estabelece entre as normas que estão abaixo da Constituição**. E, neste cenário, o sistema normativo requer adequação, também, entre elas. Portanto, a **validade** que se opera entre duas normas jurídicas infraconstitucionais de nível hierárquico distinto recebe a denominação de ***legalidade***. De maneira inversa, havendo uma incompatibilidade – **invalidade** – entre elas, ter-se-á uma situação de ***ilegalidade***. A título de exemplo, se um decreto regulamentar é editado em contrariedade à lei (fundamento de validade do decreto) que ele busca disciplinar, referido decreto há de ser declarado ***inválido***, mas tal invalidade se apresenta como ***ilegalidade***, na medida em que a norma parâmetro (fundamento imediato de validade) é um outro ato normativo também infraconstitucional. Com isto, **inconstitucionalidade e ilegalidade se apresentam como duas modalidades de invalidade normativa**.

5.1. Dos tipos de inconstitucionalidade

A inconstitucionalidade dos atos estatais pode ser objeto de classificação partindo de diversos critérios apontados pela doutrina[29]. Buscando sistematizá-los, apresentamos os seguintes critérios e respectiva tipologia dos atos inconstitucionais:

a) **quanto ao objeto ou natureza da norma violada**: inconstitucionalidade formal ou material;

b) **quanto ao momento**: inconstitucionalidade originária ou superveniente;

c) **quanto à relação mantida com a Constituição**: inconstitucionalidade direta ou indireta;

d) **quanto ao agir estatal**: inconstitucionalidade por ação ou omissão;

e) **quanto à extensão**: inconstitucionalidade total ou parcial.

29 Cf. Luís Roberto Barroso. **O controle de constitucionalidade no direito brasileiro**. 4ª ed. São Paulo: Saraiva, 2009, pp. 25 e ss; Clèmerson Merlin Clève. **A fiscalização abstrata da constitucionalidade no direito brasileiro**. 2ª ed. São Paulo: Revista dos Tribunais, 2000, pp. 37 e ss; Dimitri Dimoulis e Soraya Lunardi. **Curso de Processo Constitucional**. São Paulo: Revista dos Tribunais, 2011, pp. 93 e ss; Marcelo Neves. **Teoria da Inconstitucionalidade das Leis**. São Paulo: Saraiva, 1988, pp. 110 e ss.

5.1.1. Inconstitucionalidade formal e material

Quanto ao objeto ou natureza da norma violada, a inconstitucionalidade pode ser **formal** ou **material**. A **inconstitucionalidade formal** apresenta-se como um descompasso no curso do processo legislativo fixado pela Constituição pertinente às espécies normativas previstas em seu artigo 59[30]. Trata-se, portanto, de uma incompatibilidade **processual ou procedimental**, pois as etapas do processo de elaboração das espécies normativas constitucionalmente previstas não foram observadas por quem possui legitimidade para sua instituição. Em relação às leis complementares, ordinárias e delegadas, a Constituição dispõe sobre as seguintes etapas do processo legislativo: a) iniciativa; b) discussão; c) deliberação; d) sanção ou veto; e) promulgação e; f) publicação[31]. Portanto, na hipótese de inobservância de uma destas etapas por parte do Congresso Nacional ou do Presidente da República, ter-se-á uma **inconstitucionalidade formal**, é dizer, relativa à **forma** de elaboração das leis.

Por sua vez, a **inconstitucionalidade material** revela uma incompatibilidade entre o **conteúdo** do ato normativo objeto da fiscalização em face das normas constitucionais. Trata-se, portanto, de uma inadequação entre **matéria** ou **substância** da norma jurídica frente à Constituição.

5.1.2. Inconstitucionalidade originária ou superveniente

É originário o *vício* que surge com o próprio ato, é dizer, quando do seu ingresso no ordenamento jurídico. O ato normativo estatal já nasce incompatível em relação à Lei Fundamental. Por sua vez, a inconstitucionalidade **superveniente** ocorre em decorrência de uma alteração fática ou jurídica que torna a norma, inicialmente constitucional, inconstitucional[32].

30 "Art. 59. O processo legislativo compreende a elaboração de:
I - emendas à Constituição;
II - leis complementares;
III - leis ordinárias;
IV - leis delegadas;
V - medidas provisórias;
VI - decretos legislativos;
VII - resoluções."

31 O processo legislativo está disciplinado entre os artigos 61 a 69 da Constituição Federal.

32 A título de exemplo, o artigo 146 da Constituição Federal autoriza a União, mediante lei complementar, instituir empréstimos compulsórios para atender despesas decorrentes de guerra externa. Imaginemos que o Brasil decretou guerra com um outro País e, para atender despesas decorrentes desta medida, instituiu, via lei

Uma hipótese que chegou a ser discutida em sede de inconstitucionalidade superveniente diz respetivo à relação que se estabelece entre um determinado ato normativo e uma Constituição ou emenda constitucional que surge após a edição daquele, havendo entre eles uma relação de incompatibilidade. Trata-se de situação inversa da que analisamos acima, ou seja, no primeiro caso, a Constituição precede à lei; no segundo, a Constituição ou norma constitucional secundária surge **após** a existência fática da lei, todavia dispondo em sentido contrária a esta. Em tal situação, entendeu o Supremo Tribunal Federal – STF tratar-se de hipótese de **revogação**, na medida em que o ***vício de inconstitucionalidade é congênito à lei***, é dizer, **nasce com a própria lei frente à Constituição que fundamentou a sua existência**[33]. Consequentemente, em não sen-

complementar, um determinado empréstimo compulsório. Até aqui, a lei é constitucional na medida em que os pressupostos exigidos pela Constituição foram atendidos pelo Congresso Nacional para edição da referida lei. Ocorre, todavia, que a paz foi celebrada, mas a União Federal continuou cobrando determinada quantia a título de empréstimo compulsório. Mais de um ano se passou e a União ainda continuou cobrando o referido tributo. Nesta hipótese, a lei que surgiu constitucional passou a ser inconstitucional, na medida em que a causa legitimadora do ato deixou de existir. A inconstitucionalidade surge, portanto, em decorrência de uma mudança no estado de coisas. O mesmo raciocínio pode ser aplicado em relação a uma lei que institui empréstimo compulsório para atender despesas decorrentes de estado de calamidade pública.

33 "Constituição. Lei anterior que a contrarie. Revogação. Inconstitucionalidade superveniente. Impossibilidade. A lei ou é constitucional ou não é lei. Lei inconstitucional é uma contradição em si. A lei é constitucional quando fiel à Constituição; inconstitucional na medida em que a desrespeita, dispondo sobre o que lhe era vedado. O vício da inconstitucionalidade é congênito à lei e há de ser apurado em face da Constituição vigente ao tempo de sua elaboração. Lei anterior não pode ser inconstitucional em relação à Constituição superveniente; nem o legislador poderia infringir Constituição futura. A Constituição sobrevinda não torna inconstitucionais leis anteriores com ela conflitantes: revoga-as. Pelo fato de ser superior, a Constituição não deixa de produzir efeitos revogatórios. Seria ilógico que a lei fundamental, por ser suprema, não revogasse, ao ser promulgada, leis ordinárias. A lei maior valeria menos que a lei ordinária." (ADI nº 2, Rel. Min. Paulo Brossard, Pleno, d. j. 21.11.97, STF)
"Referente ao controle de constitucionalidade de atos normativos anteriores à Constituição foi exaustivamente debatida por esta Corte no julgamento da ADI. 2. Naquela oportunidade, o Ministro Paulo Brossad, relator, sustentou que: 'A teoria da inconstitucionalidade supõe, sempre e necessariamente, que a legislação, sobre cuja constitucionalidade se questiona, seja posterior à Constituição. Porque tudo estará em saber se o legislador ordinário agiu dentro de sua esfera de competência ou fora dela, se era competente ou incompetente para editar a lei que tenha editado. Quando se trata de antagonismo existente entre Constituição e lei a ela

do hipótese de inconstitucionalidade, não é cabível a propositura de ADI tendo por objeto atos normativos anteriores à Constituição com ela incompatível, é dizer, a fiscalização concentrada de constitucionalidade, em sede de ADI, supõe a necessária existência de uma relação de contemporaneidade entre o ato estatal impugnado e a Constituição sob cujo domínio normativo veio ele a ser editado. Portanto, **para efeitos de cabimento de ADI, os atos normativos impugnáveis devem ser posteriores à promulgação da Constituição Federal.**

5.1.3. Inconstitucionalidade direta ou reflexa

A validade de uma norma jurídica há de ser verificada em face da norma que lhe é **imediatamente** superior. Conforme já pontuado, o ordenamento jurídico possui uma estrutura hierarquizada, onde as normas estão localizadas em diversos andares do edifício jurídico. No topo, está a Constituição; abaixo dela, de forma **imediata** ou **mediata**, estão as normas infraconstitucionais. No plano da normatividade infraconstitucional, as normas jurídicas encontram-se dispostas, também, numa relação de *supra infra ordenação*, é dizer, há normas que são superiores em face de outras, que por sua vez, são inferiores em relação àquelas. A título de exemplo, imaginemos uma Lei, que é regulamentada por um Decreto, sendo este densificado através de uma Portaria. Em tal situação, a Lei fundamenta **imediatamente** o Decreto, que por sua vez legitima **imediatamente** a Portaria. O fundamento de validade **imediato** da Lei é a Constituição, que se afigura como fundamento de validade **mediato** do Decreto e da Portaria. O Decreto retira da Lei seu fundamento de validade **imediato** e serve, por fim, como fundamento de validade **imediato** da Portaria. **Neste contexto, apenas a Lei, que retira imediatamente – diretamente – da Constituição o seu fundamento de**

anterior, a questão é de distinta natureza; obviamente não é de hierarquia de leis; não é, nem pode ser exatamente porque a lei maior é posterior à lei menor e, por conseguinte, não poderia limitar a competência do Poder Legislativo, que a editou. Num caso o problema será de direito constitucional, noutro de direito intertemporal. Se a lei anterior é contrariada pela lei posterior, tratar-se-á de revogação, pouco importando que a lei posterior seja ordinária, complementar ou constitucional. (...)'. A respeito do tema, esta Corte tem decidido que, nos casos em que o texto da Constituição do Brasil foi substancialmente modificado em decorrência de emenda superveniente, a ação direta de inconstitucionalidade fica prejudicada, visto que o controle concentrado de constitucionalidade é feito com base no texto constitucional em vigor e não do que vigorava anteriormente (ADI 1.717-MC, DJ de 25/02/00; ADI 2.197, DJ de 02/04/2004; ADI 2.531-AgR, DJ de 12/09/2003; ADI 1.691, DJ de 04/04/2003; ADI 1.143, DJ de 06/09/2001 e ADI 799, DJ de 17/09/2002)." (ADI 888, Rel. Min. Eros Grau, DJ 10/06/05)

validade, é que pode ser objeto de arguição de **inconstitucionalidade**. A validade jurídica das demais espécies normativas, mesmo que contrariando – reflexamente -, também, a Constituição, se opera no plano da **legalidade**. Portanto, em se tratando de questões atinentes à legalidade, não cabe ao Supremo Tribunal Federal apreciá-las em sede de Ação Direta de Inconstitucionalidade, na medida em que não admite a hipótese de inconstitucionalidade reflexa[34].

5.1.4. Inconstitucionalidade por ação ou omissão

Inicialmente, importa chamar a atenção para o fato de que o termo "*ação*" não está sendo utilizado em sentido técnico-processual, como direito subjetivo público de obter a prestação jurisdicional, mas no significado natural, expressando uma conduta positiva, um *agir*, que não se harmoniza ao Texto Constitucional. Quer-se dizer, com isto, que o Estado agiu, e o resultado de sua ***ação*** foi a prática de um ato contrário à Constituição. Assim, se o Congresso Nacional aprova um projeto de lei cujo conteúdo é incompatível com a nossa Lei Fundamental, o resultado deste ***agir*** **legislativo** é tido por inconstitucional. Temos, portanto, uma ***inconstitucionalidade por ação***.

De modo inverso, a ***inconstitucionalidade por omissão*** resulta do fato de um órgão estatal **não dar cumprimento ou efetividade à Constituição, por *inércia***, ou seja, **por *inação***[35]. A ausência de atua-

34 Neste sentido, assim se manifestou o Supremo Tribunal Federal:
"Se a instrução normativa, em decorrência de má interpretação das leis e de outras espécies de caráter equivalente, vem a positivar uma exegese apta a romper a hierarquia normativa que deve observar em faces desses atos estatais primários, aos quais se acha vinculada por um claro nexo de acessoriedade, viciar-se-á de ilegalidade — e não de inconstitucionalidade —, impedindo, em conseqüência, a utilização do mecanismo processual da fiscalização normativa abstrata. Precedentes: RTJ 133/69 — RTJ 134/559. — o eventual extravasamento, pelo ato regulamentar, dos limites a que se acha materialmente vinculado poderá configurar insubordinação administrativa aos comandos da lei. Mesmo que desse vício jurídico resulte, num desdobramento ulterior, uma potencial violação da carta magna, ainda assim estar-se-á em face de uma situação de inconstitucionalidade meramente reflexa ou oblíqua, cuja apreciação não se revela possível em sede jurisdicional concentrada." (ADI 1.347-MC, Rel. Min. Celso de Mello, DJ 01/12/95)

35 Ao se debruçarem sobre os dois tipos de inconstitucionalidade em comento, Guilherme Sandoval Góes e Cleyson de Moraes Melo aduzem que "a inconstitucionalidade será por *ação* quando ocorrer uma transgressão ativa dos limites jurídicos impostos pela Constituição da República. Trata-se, portanto, de um ato positivo contrário à Constituição.
Já a *inconstitucionalidade por omissão* será configurada quando o Estado deixar de agir positivamente diante de um comando constitucional. Ocorre a omissão in-

ção do Poder Público de não tornar concreto o que está determinado pela Lei Fundamental implica em uma inconstitucionalidade por omissão, na medida em que a norma maior requer não apenas que os atos normativos sejam praticados de acordo com os parâmetros por ela fornecidos, mas que sejam igualmente *realizados/concretizados*[36] para atingir o desiderato constitucional. Não é tarefa da Constituição regulamentar minuciosamente todas as matérias, de maneira que muitas são deixadas ao crivo do legislador ordinário para que, através de lei, possam regulamentar o Texto Constitucional. **Eventual ausência normativa que impeça aplicação imediata da Constituição é tida por inconstitucional.** Nesta hipótese, temos uma inconstitucionalidade por omissão. Deste modo, requer o texto constitucional plena efetividade

constitucional quando um 'não fazer' do Estado impede que a norma constitucional se torne efetiva, vale dizer, tenha efetividade ou eficácia social." **Direito Constitucional.** Rio de Janeiro: Editora Processo, 2018, p. 935.

36 O *non facere* ou *non prestare*, à luz do entendimento do Supremo Tribunal Federal, está delineado da seguinte maneira:
"Desrespeito à Constituição — modalidades de comportamentos inconstitucionais do poder público. O desrespeito à Constituição tanto pode ocorrer mediante ação estatal quanto mediante inércia governamental. A situação de inconstitucionalidade pode derivar de um comportamento ativo do Poder Público, que age ou edita normas em desacordo com o que dispõe a Constituição, ofendendo-lhe, assim, os preceitos e os princípios que nela se acham consignados. Essa conduta estatal, que importa em um *facere* (atuação positiva), gera a inconstitucionalidade por ação. Se o Estado deixar de adotar as medidas necessárias à realização concreta dos preceitos da Constituição, em ordem a torná-los efetivos, operantes e exeqüíveis, abstendo-se, em conseqüência, de cumprir o dever de prestação que a Constituição lhe impôs, incidirá em violação negativa do texto constitucional. Desse *non facere* ou *non praestare*, resultará a inconstitucionalidade por omissão, que pode ser total, quando é nenhuma a providência adotada, ou parcial, quando é insuficiente a medida efetivada pelo Poder Público. (...) A omissão do Estado — que deixa de cumprir, em maior ou em menor extensão, a imposição ditada pelo texto constitucional — qualifica-se como comportamento revestido da maior gravidade político-jurídica, eis que, mediante inércia, o Poder Público também desrespeita a Constituição, também ofende direitos que nela se fundam e também impede, por ausência de medidas concretizadoras, a própria aplicabilidade dos postulados e princípios da Lei Fundamental. As situações configuradoras de omissão inconstitucional — ainda que se cuide de omissão parcial, derivada da insuficiente concretização, pelo Poder Público, do conteúdo material da norma impositiva fundada na Carta Política, de que é destinatário — refletem comportamento estatal que deve ser repelido, pois a inércia do Estado qualifica-se, perigosamente, como um dos processos informais de mudança da Constituição, expondo-se, por isso mesmo, à censura do Poder Judiciário." (ADI 1.439- MC, Rel. Min. Celso de Mello, DJ 30/05/03). No mesmo sentido: ADI 1.458-MC, Rel. Min. Celso de Mello, DJ 20/09/96.

dos seus preceitos por parte dos Poderes Públicos, pois, se assim não fosse, inexistiria razão de haver em nosso ordenamento jurídico a *Ação Direta de Inconstitucionalidade por Omissão* e o *Mandado de Injunção*. A **omissão**, portanto, revela o ***não agir*** estatal ou ***agir parcialmente***, obstaculizando, portanto, a produção plena dos efeitos emanados das normas constitucionais.

5.1.5. Inconstitucionalidade total ou parcial

No tocante à extensão, a inconstitucionalidade pode ser **total** ou **parcial**. Diz-se **total**, a inconstitucionalidade que fulmina todo o ato normativo objeto da fiscalização, é dizer, quando todo o objeto do controle de constitucionalidade padece do vício de desconformidade em face da Constituição, seja material ou formal. Ao revés, a inconstitucionalidade é **parcial** quando apenas parte do ato estatal não guarda consonância com o texto constitucional. Neste contexto, é correto afirmar que toda inconstitucionalidade formal implica em uma inconstitucionalidade total, haja vista que a primeira, em virtude do descompasso no processo de elaboração da espécie normativa, reflete, consequentemente, em todo o ato normativo.

6. Do controle difuso de constitucionalidade no Brasil

O controle difuso de constitucionalidade é aquele realizado por dois ou mais órgãos jurisdicionais. Caracteriza-se, portanto, pela **pluralidade orgânica** quanto ao seu exercício. Conforme já exposto neste trabalho, no Brasil, o controle difuso de constitucionalidade é exercido **por todos os órgãos integrantes da estrutura do Poder Judiciário**. Portanto, **desde o juiz de 1ª instância até o Supremo Tribunal Federal, todos podem declarar um ato estatal inconstitucional**. Devemos chamar a atenção para o fato de que o Supremo Tribunal Federal exerce tanto uma fiscalização difusa quanto concentrada. Portanto, ao analisarmos o exercício da *jurisdição constitucional* desenvolvida por nossa Corte Constitucional faz-se necessário, previamente, identificar se a mesma está atuando na modalidade difusa ou concentrada.

6.1. Finalidade

No sistema difuso brasileiro, a finalidade pela qual alguém o provoca é de natureza **subjetiva**, é dizer, se busca a proteção de direito subjetivo ora violado por um ato estatal eivado de inconstitucionalidade. Para tanto, a inconstitucionalidade é suscitada como **meio de defesa e de forma incidental no processo**, posto que o ato inconstitucional está lesionando o direito subjetivo da pessoa, seja ela física ou jurídica. Para que o judiciário possa conferir proteção ao bem jurídico da parte, faz-se necessário afastar a aplicação da lei ou ato inconstitucional. A título de exemplo, se o Congresso Nacional aumenta a alíquota do imposto sobre a renda através de decreto legislativo, todos os contribuintes desta espécie tributária podem provocar o poder judiciário buscando a preservação do seu patrimônio (direito subjetivo), na medida em que a majoração do referido imposto apenas pode ser dar mediante lei. O fim pelo qual o contribuinte provoca o Poder Judiciário é a proteção de **direito subjetivo**, no entanto, faz-se necessário afastar aquilo (lei inconstitucional) que está causando lesão a tal direito. Diga-se novamente: o fim perseguido pelo indivíduo ao provocar o Poder Judiciário não é a declaração de inconstitucionalidade de *per si*, mas a proteção de direito subjetivo que integra o seu respectivo patrimônio. Para que isto ocorra, faz-se necessário afastar o ato causador da lesão (lei inconstitucional).

6.2. Legitimidade

Em virtude da finalidade, no modelo difuso, ser **subjetiva**, qualquer das partes que figure em uma dada relação processual pode argüir a inconstitucionalidade de um ato estatal, haja vista que através desta via processual se pretende defender um determinado direito que corresponde a uma das partes no processo, seja **autor** ou **réu**. Desta forma, a argüição de inconstitucionalidade se apresenta como um **mecanismo de defesa**, de proteção ao direito do autor ou do réu. Devemos ressaltar, no entanto, que o juiz, **independentemente** de o autor ou réu ter questionado a inconstitucionalidade de um ato estatal, pode assim declará-lo, **de ofício**, em razão de o judiciário ter o **dever** de aplicar apenas o direito válido.

6.3. Em qual ação, processo ou procedimento?

Em **qualquer ação** prevista na legislação processual, **processo ou procedimento** se pode argüir a inconstitucionalidade de um ato estatal. Tal fato tem razão de ser, mais uma vez, em virtude da finalidade **subjetiva** quando da provocação do controle difuso de constitucionalidade. Há, contudo, uma particularidade no tocante à **ação civil pública**, haja vista que os efeitos da decisão judicial em sede deste instrumento processual são ***erga omnes***, ou seja, similar a uma decisão do STF no âmbito do controle concentrado. Na hipótese em apreço, **a ação civil pública não pode ser proposta apenas com o intuito de invalidação de um ato estatal, pois figuraria como sucedânea da ADI genérica perante o STF**. Ou seja, a decisão de um juiz de primeira instância teria a mesma força daquela proferida pelo guardião da Constituição. Neste sentido, dispõe o STF:

> "O Supremo Tribunal Federal tem reconhecido a legitimidade da utilização da ação civil pública como instrumento idôneo de fiscalização incidental de constitucionalidade, pela via difusa, de quaisquer leis ou atos do Poder Público, mesmo quando contestados em face da Constituição da República, desde que, nesse processo coletivo, a controvérsia constitucional, longe de identificar-se como objeto único da demanda, qualifique-se como simples questão prejudicial, indispensável à resolução do litígio principal." (RCL 1.733-AgR, Rel. Min. Celso de Mello, DJ 12/03/03). No mesmo sentido: Rcl 2.224, Rel. Min. Sepúlveda Pertence, DJ 10/02/06)

Feita esta ressalva, qualquer instrumento processual é idôneo para arguir a inconstitucionalidade como mecanismo de proteção a direitos subjetivos.

6.4. Do princípio da reserva de plenário

Consoante o art. 97 da Constituição Federal, somente pelo voto da maioria absoluta de seus membros ou dos membros do respectivo órgão especial[37], poderão os tribunais declarar a inconstitucionalidade de lei ou ato normativo do poder público. Trata-se do que a doutrina e jurisprudência denominam de **princípio da reserva de plenário**. Esta exigência constitucional **não se aplica às turmas recursais dos juizados especiais**, conforme decisão do STF[38].

Cabe ressaltar que a regra da reserva de plenário é aplicável apenas nas hipóteses de declarações de inconstitucionalidade, não sendo observada para declarações de constitucionalidade. Neste caso, se um órgão fracionário de tribunal (câmaras, turmas ou seções), ao analisar o recurso, entende ser a lei ou ato normativo (cuja validade foi questionada por uma das partes) constitucional, não se instaura o procedimento

37 Dispõe o art. 93, XI, da Constituição Federal: "nos tribunais com número superior a vinte e cinco julgadores, poderá ser constituído órgão especial, com o mínimo de onze e o máximo de vinte e cinco membros, para o exercício das atribuições administrativas e jurisdicionais delegadas da competência do tribunal pleno, provendo-se metade das vagas por antigüidade e a outra metade por eleição pelo tribunal pleno."

38 No RE 453.744-AgR, o eminente relator, Min. Cezar Peluso, fez consignar em seu voto que "a regra da chamada **reserva de plenário** para declaração de inconstitucionalidade (art. 97 da CF) não se aplica, deveras, às turmas recursais de Juizado Especial." STF, 1ª Turma, d. j. em 13.06.06, p. 03.

previsto no art. 97, da CF. Ao revés, se o órgão fracionário reputa o ato incompatível com a Lei Fundamental, deve o mesmo instaurar o ***incidente de inconstitucionalidade***, remetendo a controvérsia constitucional para o plenário do tribunal. Devemos chamar a atenção para o fato de que o órgão fracionário **não declara a lei ou ato normativo inconstitucional**, mas tão somente decide **instaurar o incidente de inconstitucionalidade perante o pleno**, para observância do preceituado no dispositivo constitucional em apreço. O plenário, por sua vez, **decide apenas sobre o incidente de inconstitucionalidade**, de maneira que o mérito do recurso é deliberado pelo órgão fracionário com base na decisão plenária no aludido incidente processual. Temos, em tal hipótese, uma ***cisão funcional*** de competência, onde o **pleno julga** o ***incidente de inconstitucionalidade*** e, após tal *decisum* e com base nele, o **órgão fracionário julga o mérito do recurso que lhe compete.**

O Código de Processo Civil de 2.015, disciplinou o incidente de inconstitucionalidade nos artigos 948 a 950[39]. Passemos, pois, à análise do *incidente de inconstitucionalidade* à luz da Constituição e da nova legislação processual civil.

39 "Art. 948. Arguida, em controle difuso, a inconstitucionalidade de lei ou de ato normativo do poder público, o relator, após ouvir o Ministério Público e as partes, submeterá a questão à turma ou à câmara à qual competir o conhecimento do processo.
Art. 949. Se a arguição for:
I - rejeitada, prosseguirá o julgamento;
II - acolhida, a questão será submetida ao plenário do tribunal ou ao seu órgão especial, onde houver.
Parágrafo único. Os órgãos fracionários dos tribunais não submeterão ao plenário ou ao órgão especial a arguição de inconstitucionalidade quando já houver pronunciamento destes ou do plenário do Supremo Tribunal Federal sobre a questão.
Art. 950. Remetida cópia do acórdão a todos os juízes, o presidente do tribunal designará a sessão de julgamento.
§ 1º As pessoas jurídicas de direito público responsáveis pela edição do ato questionado poderão manifestar-se no incidente de inconstitucionalidade se assim o requererem, observados os prazos e as condições previstos no regimento interno do tribunal.
§ 2º A parte legitimada à propositura das ações previstas no art. 103 da Constituição Federal poderá manifestar-se, por escrito, sobre a questão constitucional objeto de apreciação, no prazo previsto pelo regimento interno, sendo-lhe assegurado o direito de apresentar memoriais ou de requerer a juntada de documentos.
§ 3º Considerando a relevância da matéria e a representatividade dos postulantes, o relator poderá admitir, por despacho irrecorrível, a manifestação de outros órgãos ou entidades."

6.4.1. Do incidente de inconstitucionalidade

Conforme dito acima, a declaração de inconstitucionalidade pode ser realizada por **qualquer juiz ou tribunal**[40], quando da apreciação de conflitos de interesses, é dizer, à luz de casos concretos. Em sendo o controle de constitucionalidade realizado por juiz de primeira instância, o mesmo o fará, via de regra, através de sentença, onde lhe caberá expor as razões pelas quais declarou a inconstitucionalidade do dispositivo que teve sua validade contestada por uma das partes, ora apresentada como ***causa de pedir***[41]. Todavia, quando a incompatibilidade do texto legal em face da Constituição Federal for suscitada em ações, recursos ou reexames a serem apreciados no âmbito dos tribunais, há **procedimento específico**, denominado pelo Código de Processo Civil de 2015 de **Incidente de Arguição de Inconstitucionalidade**, que disciplina o disposto no artigo 97[42] da Constituição Federal

6.4.1.1. Da reserva de plenário

O **princípio da reserva de plenário** deita raízes no direito constitucional norte-americano. Fruto de construção jurisprudencial, a reserva de plenário passou a ser denominada pela doutrina e jurisprudência estadunidense por ***full bench, full court*** ou ***en banc***, para referir-se "à sessão onde todos os membros da corte participarão da decisão, e não o *quorum* ordinário.[43]" Trata-se, portanto, de uma regra

40 No AI-AgR n° 666523, o Supremo Tribunal Federal manifestou o seguinte entendimento:
"O julgamento do mandado de segurança contra ato de turma recursal cabe à própria turma, não havendo campo para atuação quer de tribunal de justiça, quer do STJ. (...) **Todo e qualquer órgão investido do ofício judicante tem competência para proceder ao controle difuso de constitucionalidade.** Por isso, cumpre ao STJ, ultrapassada a barreira de conhecimento do especial, apreciar a causa e, surgindo articulação de inconstitucionalidade de ato normativo envolvido na espécie, exercer, provocado ou não, o controle difuso de constitucionalidade." Rel. Min. Marco Aurélio, 1ª Turma, D. J. em 26.10.10.

41 A inconstitucionalidade não se constitui no próprio *pedido*, mas na *causa* através da qual se formula o *pedido*. A inconstitucionalidade é a razão *pela qual se pede algo ao juiz.*

42 "Art. 97. Somente pelo voto da maioria absoluta de seus membros ou dos membros do respectivo órgão especial poderão os tribunais declarar a inconstitucionalidade de lei ou ato normativo do Poder Público."

43 José Levi Mello do Amaral Júnior. **Incidente de Arguição de Inconstitucionalidade**. São Paulo: Revista dos Tribunais, 2002, p. 20.

de natureza prudencial[44]. No entendimento de Pontes de Miranda[45], "a exigência da maioria absoluta tem fundamento em ser preciso que haja discutido e meditado o assunto, a fim de não ser excessivamente fácil a desconstituição de leis ou outros atos do poder público, por eiva de inconstitucionalidade".

O **princípio da reserva de plenário determina que somente pelo voto da maioria absoluta de seus membros ou dos membros do respectivo órgão especial, poderão os tribunais declarar a inconstitucionalidade de lei ou ato normativo do Poder Público**. O cumprimento do princípio da reserva de plenário se constitui em **condição de validade**[46] para que todos os tribunais, na *forma difusa*, bem como para o Supremo Tribunal Federal (e para os Tribunais de Justiça, em razão de questionamentos formulados frente às respectivas Constituições Estaduais), no *controle concentrado*, possam declarar a inconstitucionalidade de lei ou atos normativos do Poder Público[47].

Por maioria absoluta, conforme disposto na Constituição, se deve entender **a maioria de todos aqueles que tomam assento na Corte**. Portanto, somente mediante observância deste quórum é que se faz pos-

---

44 Para Thomas Cooley, "a essência jurídica da propriedade e a importância da ocasião induzirão geralmente o tribunal a abster-se de julgar a constitucionalidade de uma questão sem a presença de todos os juízes que a compõem. Para muitos tribunais é uma regra à qual muito poucas exceções se admitem, e entre estas somente as que parecem imperativas.
Em regra, nenhum tribunal se pronunciará contra a validade de uma lei, senão em caso de absoluta necessidade para decisão do assunto que lhe foi presente." **Princípios Gerais de Direito Constitucional nos Estados Unidos da América**. Campinas: Russell, 2002, p. 153.

45 **Comentários ao Código de Processo Civil**. Tomo VI. Rio de Janeiro: Forense, 1975, p. 60.

46 Neste sentido, entendeu o Supremo Tribunal Federal o seguinte:
"Da decisão que declara a inconstitucionalidade de lei federal, sem observância da reserva de plenário, é cabível o recurso extraordinário fundado na violação do art. 97 da Constituição (art. 102, III, a, da Constituição). Descabe sobrepor as hipóteses de cabimento do recurso extraordinário para viabilizar o julgamento de mérito de demanda cujas razões recursais são deficientes (interposição exclusivamente nos termos do art. 102, III, b, da Constituição)." Cf. RE nº 432.884 AgR, Rel. Min. Joaquim Barbosa, d. j. em 06.06.12, 2ª Turma.; AI nº 749.030 AgR, Rel. Min. Dias Toffoli, d. j. em 10.09.13, 1ª Turma.

47 Sobre o tema, o Supremo Tribunal Federal criou a Súmula Vinculante nº 10, cujo enunciado normativo é o seguinte: "Viola a cláusula de reserva de plenário (CF, artigo 97) a decisão de órgão fracionário de Tribunal que embora não declare expressamente a inconstitucionalidade de lei ou ato normativo do poder público, afasta sua incidência, no todo ou em parte."

sível declarar a inconstitucionalidade de texto ou ato normativo. Se, por qualquer razão, não estiver presente a maioria absoluta dos membros que compõem o órgão jurisdicional, a deliberação não pode ser iniciada. Por sua vez, presente a maioria absoluta dos membros do órgão julgador, a sessão deliberativa poderá ser iniciada, todavia apenas será concluída quando colhida a quantidade de votos suficientes para obter o resultado definitivo, seja pela constitucionalidade ou inconstitucionalidade do texto ou ato normativo[48].

Em não sendo alcançada a maioria absoluta, em virtude da justificada ausência de membros, **o julgamento será suspenso** e, em continuação, serão colhidos os votos daqueles que não se manifestaram, até alcançar a maioria absoluta, num (constitucionalidade) ou noutro sentido (inconstitucionalidade).

O Supremo Tribunal Federal, por razões que se apóiam na objetivação de seus precedentes, e na própria vinculatividade do julgamento do incidente de inconstitucionalidade, **entendeu ser dispensável a aplicação do *princípio da reserva de plenário*, quando o texto legal ou ato normativo já houver sido por ele (ou pelo tribunal de origem) declarado inconstitucional, em decisão plenária, já que**

---

48 Sobre o tema, eis o disposto no artigo 143 do Regimento Interno do Supremo Tribunal Federal:
Art. 143. O Plenário, que se reúne com a presença mínima de seis Ministros, é dirigido pelo Presidente do Tribunal. Parágrafo único. O quórum para votação de matéria constitucional e para a eleição do Presidente e do Vice-Presidente, dos membros do Conselho Nacional da Magistratura e do Tribunal Superior Eleitoral é de oito Ministros."
Por sua vez, a Lei n° 9868/99, que dispõe sobre o processo e julgamento da Ação Direta de Inconstitucionalidade e Ação Declaratória de Constitucionalidade, determina a observância das seguintes normas acerca do quórum deliberativo:
"Art. 22. A decisão sobre a constitucionalidade ou a inconstitucionalidade da lei ou do ato normativo somente será tomada se presentes na sessão pelo menos oito Ministros.
Art. 23. Efetuado o julgamento, proclamar-se-á a constitucionalidade ou a inconstitucionalidade da disposição ou da norma impugnada se num ou noutro sentido se tiverem manifestado pelo menos seis Ministros, quer se trate de ação direta de inconstitucionalidade ou de ação declaratória de constitucionalidade.
Parágrafo único. Se não for alcançada a maioria necessária à declaração de constitucionalidade ou de inconstitucionalidade, estando ausentes Ministros em número que possa influir no julgamento, este será suspenso a fim de aguardar-se o comparecimento dos Ministros ausentes, até que se atinja o número necessário para prolação da decisão num ou noutro sentido."

preenchida essa exigência em ocasião anterior[49-50]. Referido entendimento foi positivado no artigo 949[51], do Código de Processo Civil.

Deste modo, para efeitos de celeridade processual e em virtude do precedente judicial, apenas na primeira oportunidade é que, para afastar a incidência, no todo ou em parte, da lei ou do ato normativo do poder público, por decretação incidental de inconstitucionalidade, faz-se necessário o respeito à cláusula de reserva de plenário. Consequentemente, para os julgamentos futuros que envolvam a aplicação do ato já declarado, por via incidental, inconstitucional, está dispensada a observância de tal requisito, pelo que os próprios órgãos fracionários, ou seja, câmaras ou turmas, poderão julgar de imediato as questões de mérito que lhe são submetidas sem a necessidade de instaurar o incidente de inconstitucionalidade, bastando, para tanto, invocar o precedente judicial.

6.5. Dos efeitos da decisão judicial

Em regra, os **efeitos** da declaração incidental de inconstitucionalidade somente se aplicam às partes do processo e com eficácia **retroativa**, sem que a lei seja retirada do sistema[52]. Tal hipótese é aplicável

---

49 Cf. STF. RE nº 199.017/RS.

50 É importante consignar recente decisão do Supremo Tribunal Federal acerca da utilização de técnicas decisórias, em sede de controle de constitucionalidade, e sua relação com o princípio da reserva de plenário:
"É nula a decisão de órgão fracionário que, ao negar a aplicação do inciso II, do art. 94 da Lei 9.472/1997, com base na Súmula 331/TST, e declarar ilícita a terceirização e atividade-fim, reconhece a existência de vínculo trabalhista entre a contratante e o empregado da contratada, pois exerceu controle difuso de constitucionalidade, declarando a parcial nulidade sem redução de texto do referido dispositivo sem observar a cláusula de reserva de Plenário."
ARE 791.932, rel. min. Alexandre de Moraes, d. j. em 11.10.18, Tema 739.

51 "Art. 949. (...)
Parágrafo único. Os órgãos fracionários dos tribunais **não** submeterão ao plenário ou ao órgão especial a arguição de inconstitucionalidade **quando já houver pronunciamento destes ou do plenário do Supremo Tribunal Federal sobre a questão.**"

52 Como realça Gilmar Ferreira Mendes, "no controle da constitucionalidade exercido no caso concreto, a declaração considera a lei inconstitucional desde o seu nascimento, gerando efeitos ex tunc. Isto não significa que a lei seja retirada do ordenamento. Ela continua surtindo efeitos até que seja suspensa sua execução pelo Senado Federal depois de o STF ter se pronunciado, também incidentalmente, em razão de recurso sobre a questão". in **Direito Fundamentais e Controle de Constitucionalidade: Estudos de Direito Constitucional.** São Paulo, Celso Bastos Editor, 1998, p. 38.

também às decisões do Supremo Tribunal Federal em sede de controle difuso. A ampliação dos efeitos da decisão do Supremo Tribunal Federal, em sede de controle difuso, poderá ocorrer mediante **resolução** do Senado Federal, nos termos do artigo 52, X[53], da Constituição Federal.

Apesar dessa ampliação subjetiva, ante a edição de resolução pelo Senado Federal, os efeitos do ato, para aqueles que não foram partes no processo, projetam-se *ex nunc*. Só os que foram partes, justamente por serem alcançados diretamente pelo ato jurisdicional decisório, independentemente de haver ou não resolução do Senador Federal, serão alcançados pela eficácia *ex tunc*.

Se o controle incidental, frente à Constituição da República, for realizado pelo tribunal local, não será comunicado o Senado Federal, nem muito menos este poderá editar resolução para suspender a eficácia da lei decretada inconstitucional. Todavia, se o controle incidental realizado pelo Tribunal de Justiça levar em consideração a respectiva Constituição Estadual, deve ser comunicada a Assembléia Legislativa para editar resolução com aquela finalidade.

A resolução a ser editada pela Casa Legislativa, entretanto, não poderá ampliar, restringir ou mesmo interpretar a decisão que decreta incidentalmente a inconstitucionalidade. Cabe a ela editar, sendo a hipótese, a resolução de forma simétrica ao ato jurisdicional decisório.

Em qualquer caso, a decretação de inconstitucionalidade cabe ao Poder Judiciário. Sem a decretação incidental, não é permitido ao Senado Federal suspender a eficácia da lei, por entendê-la inconstitucional.

Quanto à **extensão subjetiva** dos efeitos da decretação incidental de inconstitucionalidade, **deve-se levar em consideração a circunstância de a ação ser ou não coletiva**. Se não for, os efeitos estarão, realmente, circunscritos às partes do processo. Mas, se a ação for coletiva, a autoridade da coisa julgada (sobretudo, mas não só nessa hipótese, quando a ação for julgada procedente) recairá sobre as partes materiais, cujo direito estava a ser pleiteado por substituto processual. A decretação de inconstitucionalidade, entretanto, levará em consideração a aplicação da lei ao caso concreto, sem suspender, de uma forma generalizada, sua eficácia, nem, muito menos, retirá-la do sistema jurídico.

53 Art. 52. Compete privativamente ao Senado Federal:
(...)
X - suspender a execução, no todo ou em parte, de lei declarada inconstitucional por decisão definitiva do Supremo Tribunal Federal;"

7. Ação direta de inconstitucionalidade genérica

7.1. Finalidade

A ação direta de inconstitucionalidade genérica (ADI) tem por escopo tutelar o texto constitucional em face de possíveis violações perpetradas por atos normativos primários emanados do Estado. Trata-se de um instrumento processual cuja pretensão reside em zelar pela supremacia da Constituição[54]. Sob outra perspectiva, a ADI se afigura como mecanismo hábil a solver antinomias existentes entre atos infraconstitucionais e dispositivos integrantes da Lei Maior, insusceptíveis de violação. Deste modo, a propositura do instrumento processual em análise, se dá com o intuito de retirar o ato normativo do sistema jurídico em razão de sua violação à Lei Fundamental.

7.2. Fundamento constitucional e integração normativa

A ADI encontra seu fundamento de validade no art. 102, I, "a", da Constituição Federal, que determina competir ao Supremo Tribunal Federal, processar e julgar, originariamente, referida ação em face de lei ou ato normativo federal ou estadual. Não só o dispositivo constitucional em apreço versa sobre a ADI, mas também o art. 102, I, "p"; art. 102, § 2º; art. 103, *caput*, §§ 1º e 3º da CF. As normas constitucionais que dispõem sobre a ADI foram integradas (regulamentadas) através da Lei nº 9868/99, que disciplinou todo o processo e julgamento desta ação pe-

54 "Ação direta de inconstitucionalidade. Instrumento de afirmação da supremacia da ordem constitucional. (...) Como se sabe, o controle normativo abstrato qualifica-se como instrumento de preservação da integridade jurídica da ordem constitucional vigente. A ação direta, enquanto instrumento formal viabilizador do controle abstrato, traduz um dos mecanismos mais expressivos de defesa objetiva da Constituição e de preservação da ordem normativa nela consubstanciada. A ação direta, por isso mesmo, representa meio de ativação da jurisdição constitucional concentrada, que enseja, ao Supremo Tribunal Federal, o desempenho de típica função política ou de governo, no processo de verificação, em abstrato, da compatibilidade vertical de normas estatais contestadas em face da Constituição da República. O controle concentrado de constitucionalidade, por isso mesmo, transforma, o Supremo Tribunal Federal, em verdadeiro legislador negativo (RTJ 126/48, Rel. Min. Moreira Alves — RTJ 153/765, Rel. Min. Celso de Mello — ADI 1.063-DF, Rel. Min. Celso de Mello). É que a decisão emanada desta Corte — ao declarar, *in abstracto*, a ilegitimidade constitucional de lei ou ato normativo federal ou estadual — importa em eliminação dos atos estatais eivados de inconstitucionalidade (RTJ 146/461-462, Rel. Min. Celso de Mello), os quais vêm a ser excluídos, por efeito desse mesmo pronunciamento jurisdicional, do próprio sistema de direito positivo ao qual se achavam, até então, formalmente incorporados (...)." (ADI 595-MC, Rel. Min. Celso de Mello, DJ 26/02/02)

rante o Supremo Tribunal Federal. Desta maneira, para uma adequada compreensão deste mecanismo de defesa constitucional, faz-se necessário sua análise à luz da Constituição e da Lei n° 9868/99, sem prescindir, evidentemente, do entendimento jurisprudencial do Supremo Tribunal Federal alusivo à matéria.

7.3. Parâmetro

Mediante utilização da ADI, se busca preserva o sistema normativo constitucional, é dizer, a Constituição enquanto norma dotada de supremacia. Deste modo, para efeitos de provocação do controle de constitucionalidade através da ADI, **qualquer dispositivo constitucional pode servir de parâmetro para fiscalização dos atos normativos estatais**. No entanto, o proponente da ação tem o dever de indicar qual norma constitucional está sendo objeto de violação e, ainda, quais os dispositivos de lei ou de ato normativo que não se harmonizam ao texto constitucional.

7.4. Objeto

O objeto do controle de constitucionalidade é aquilo que se põe frente à norma-parâmetro para ter sua validade aferida por quem possua legitimidade para tanto. Consoante o art. 102, I, "a", da Constituição Federal, compete ao Supremo Tribunal Federal, processar e julgar, originariamente, a ação direta de inconstitucionalidade de **lei ou ato normativo federal ou estadual**. Portanto, apenas as leis e atos normativos federais ou estaduais é que são passíveis de impugnação em sede de ADI.

Deste modo, apenas os atos normativos primários, dotados de **generalidade** e **abstração**, é que se prestam à fiscalização de sua compatibilidade em face da Constituição. Neste sentido, podem ser objeto de ADI perante o Supremo Tribunal Federal: **a) emendas constitucionais; b) leis complementares; c) leis ordinárias; d) leis delegadas; e) decretos legislativos; f) resoluções; g) medidas provisórias; h) tratados internacionais; i) regimentos internos; j) decretos autônomos**[55], entre outros que eventualmente decorram de entendimento da Corte.

55 "Possuindo o decreto característica de ato autônomo abstrato, adequado é o ataque da medida na via da ação direta de inconstitucionalidade. Isso ocorre relativamente a ato do Poder Executivo que, a pretexto de compatibilizar a liberdade de reunião e de expressão com o direito ao trabalho em ambiente de tranqüilidade, acaba por emprestar à Carta regulamentação imprópria, sob os ângulos formal e material." (ADI 1.969-MC, Rel. Min. Marco Aurélio, DJ 05/03/04)

Por fim, cabe aludir ao fato de que o STF não aceita como objeto da ADI, atos normativos de efeitos concretos[56], individuais e de caráter secundário.

7.5. Legitimidade ativa

Nos termos do artigo 103, da Constituição Federal, estão legitimados para propor a ADI perante o STF: **a) Presidente da República; b) Mesa do Senado Federal; c) Mesa da Câmara dos Deputados; d) Mesa de Assembléia Legislativa ou da Câmara Legislativa do Distrito Federal; e) Governador do Estado ou do Distrito Federal; f) Procurador Geral da República; g) Conselho Federal da Ordem dos Advogados do Brasil; h) Partido político com representação no Congresso Nacional e; i) Confederação sindical ou entidade de classe de âmbito nacional.**

No âmbito da legitimidade ativa para provocação do controle concentrado via ADI, o STF tem aplicado o critério da ***pertinência temática***. Trata-se de um mecanismo consistente em aferir o interesse processual e, consequentemente, *atestar* a legitimidade ativa. **Tal requisito é constatado mediante a aferição da pertinencialidade entre os fins institucionais do proponente da ação e o próprio objeto da impugnação em sede de ADI.** Partindo deste pressuposto, a legitimidade ativa pode ser dividida em **universal** e **relativa**. A primeira diz respeito à possibilidade de se impugnar qualquer lei ou ato normativo federal ou estadual, que verse sobre qualquer matéria. Quanto ao segundo, tais entes têm de demonstrar o preenchimento do requisito da ***pertinência temática*** para que seu interesse de agir esteja configurado, dando seqüência à tramitação da ADI perante o órgão jurisdicional. **São regidos pela pertinência temática** (detentores de uma legitimidade relativa): a) Governador de Estado ou Distrito Federal; b) Mesa da Assembléia Legislativa ou Câmara Legislativa do Distrito Federal e; c) Confederações sindicais ou entidades de classe de âmbito nacional[57]. Quanto aos demais, todos têm legitimidade universal.

---

56 "Apresentando a resolução efeitos concretos, exauridos, descabe o controle concentrado de constitucionalidade." (ADI 2.333- MC, Rel. Min. Marco Aurélio, 06/05/05) "Mostra-se adequado o controle concentrado de constitucionalidade quando a lei orçamentária revela contornos abstratos e autônomos, em abandono ao campo da eficácia concreta." (ADI 2.925, Rel. Min. Marco Aurélio, DJ 04/03/05)

57 "A legitimidade ativa da confederação sindical, entidade de classe de âmbito nacional, Mesas das Assembléias Legislativas e Governadores, para a ação direta de inconstitucionalidade, vincula-se ao objeto da ação, pelo que deve haver pertinência

7.6. A função do Advogado-Geral da União

O princípio norteador do controle de constitucionalidade é o da **presunção de constitucionalidade dos atos estatais**. Todo ato praticado pelo Estado presume ser compatível à Constituição, haja vista que aquele sempre deverá atuar em sua proteção. Trata-se de elemento integrante do ideal do *Estado Constitucional*: um Estado subordinado e compromissado com a Constituição. Neste sentir, busca assegurar o princípio da segurança jurídica, essencial para manter a estabilidade das relações jurídicas e sociais. Até uma declaração em sentido contrário por parte do órgão competente, todo ato emanado do Estado presume-se constitucional. Eis a função do Advogado-Geral da União, ditada pelo art. 103, § 3º da CF. Urge ressaltar que a ele compete não apenas a defesa das leis e atos normativos federais, mas também estaduais.

Consoante o dispositivo constitucional acima mencionado, "*quando o Supremo Tribunal Federal apreciar a inconstitucionalidade, em tese, de norma legal ou ato normativo, citará, previamente, o Advogado-Geral da União, que defenderá o ato ou texto impugnado.*" Sua função como defensor da presunção da constitucionalidade perante o STF restringe-se, portanto, ao controle em abstrato (em tese), não sendo esta sua tarefa constitucional no âmbito do controle difuso. Embora o Advogado-Geral da União tenha o dever de defender a constitucionalidade dos atos estatais impugnados em sede de ADI, o STF tem proferido algumas decisões ponderativas a este respeito: "O *munus* a que se refere o imperativo constitucional (CF, artigo 103, § 3º) deve ser entendido com temperamentos. O Advogado-Geral da União não está obrigado a defender tese jurídica se sobre ela esta Corte já fixou entendimento pela sua inconstitucionalidade."[58]

da norma impugnada com os objetivos do autor da ação. Precedentes do STF: ADI 305 (RTJ 153/428); ADI 1.151 (DJ de 19/05/95); ADI 1.096 (*LEX-JSTF*, 211/54); ADI 1.519, julg. em 06/11/96; ADI 1.464, DJ 13/12/96. Inocorrência, no caso, de pertinência das normas impugnadas com os objetivos da entidade de classe autora da ação direta)." (ADI 1.507-MC-AgR, Rel. Min. Carlos Velloso, DJ 06/06/97)

"Partido político — Ação direta — Legitimidade ativa — Inexigibilidade do vínculo de pertinência temática. Os Partidos Políticos, desde que possuam representação no Congresso Nacional, podem, em sede de controle abstrato, argüir, perante o Supremo Tribunal Federal, a inconstitucionalidade de atos normativos federais, estaduais ou distritais, independentemente de seu conteúdo material, eis que não incide sobre as agremiações partidárias a restrição jurisprudencial derivada do vínculo de pertinência temática." (ADI 1.407-MC, Rel. Min. Celso de Mello, DJ 24/11/00)

58 ADI 1.616, Rel. Min. Maurício Corrêa, DJ 24/08/01.

O entendimento do STF, acima descrito, é consentâneo com a lógica do sistema, pois, se a Corte já declarou a inconstitucionalidade da lei ou ato normativo (modalidade difusa), não deve recair sobre o Advogado-Geral da União o ônus de atuar em sentido contrário. Entretanto, não sendo esta a hipótese, o STF entende, como sendo atribuição constitucional do Advogado-Geral da União, o seguinte:

> "A função processual do Advogado-Geral da União, nos processos de controle de constitucionalidade por via de ação, é eminentemente defensiva. Ocupa, dentro da estrutura formal desse processo objetivo, a posição de órgão agente, posto que lhe não compete opinar e nem exercer a função fiscalizadora já atribuída ao Procurador-Geral da República. Atuando como verdadeiro curador (*defensor legis*) das normas infraconstitucionais, inclusive daquelas de origem estadual, e velando pela preservação de sua presunção de constitucionalidade e de sua integridade e validez jurídicas no âmbito do sistema de direito, positivo, não cabe ao Advogado-Geral da União, em sede de controle normativo abstrato, ostentar posição processual contrária ao ato estatal impugnado, sob pena de frontal descumprimento do *munus* indisponível que lhe foi imposto pela própria Constituição da República."[59]

7.7. Do Procurador-Geral da República

O Procurador-Geral da República é chefe do Ministério Público da União (art. 128, § 1º da CF), possuindo dentre suas atribuições a de zelar pela defesa da ordem jurídica. Consoante o art. 103, § 1º da CF, o Procurador-Geral da República deverá ser previamente ouvido em todas as ações de inconstitucionalidade que tramitem perante o Supremo Tribunal Federal. Sua função, em matéria de controle concentrado de constitucionalidade, não se assemelha a do Advogado-Geral da União, sendo titular da prerrogativa de emitir um parecer favorável à constitucionalidade ou à inconstitucionalidade da lei ou ato normativo objeto da ADI.

7.8. Da medida cautelar

O art. 102, I, "p", da CF, prevê a competência do STF para apreciação de medida cautelar em sede de ação direta de inconstitucionalidade. Tal medida acautelatória encontra-se disciplinada entre os artigos. 10 a 12 da Lei 9868/99.

---

59 ADI 1.254-MC-AgR, Rel. Min. Celso de Mello, DJ 19/09/97

Para concessão de medida cautelar, o quórum exigido é o de maioria absoluta dos membros do STF (06 ministros).[60] **Entretanto, de acordo com o art. 22, tal medida só será tomada se presentes na sessão pelo menos oito (08) ministros.**

Em relação aos efeitos da medida cautelar, disciplinados no artigo 10, da Lei n° 9.868/99, tem-se que uma vez concedida a medida acautelatória, a decisão judicial torna a aplicação da lei ou do ato normativo questionado suspensa. A decisão produz eficácia *erga omnes* e *ex nunc*, salvo se o Supremo Tribunal Federal entender que deva atribuir efeitos *ex tunc.*[61].

Ademais, a **decisão judicial produz efeito repristinatório**, é dizer, **a concessão da medida cautelar torna aplicável a legislação anterior acaso existente, salvo expressa manifestação do órgão judicante em sentido contrário.** No caso da lei revogada contemplar dispositivo idêntico ao que está sendo objeto de suspensão em sede de cautelar, o mesmo não volta a fazer parte do ordenamento jurídico[62].

7.9. Do mérito

Quanto ao mérito, a ADI pode ser julgada **procedente (declaração de inconstitucionalidade)**, **parcialmente procedente (declaração parcial de inconstitucionalidade)** e **improcedente (declaração de constitucionalidade)**.

No tocante ao quórum, para que a ADI seja **julgada procedente ou improcedente, necessário se faz a manifestação, num ou noutro**

60 O Supremo Tribunal Federal é composto por 11 ministros.

61 "A eficácia *ex tunc* da medida cautelar não se presume, pois depende de expressa determinação constante da decisão que a defere, em sede de ação direta de inconstitucionalidade. A medida cautelar, em ação direta de inconstitucionalidade, reveste-se, ordinariamente, de eficácia *ex nunc*, operando, portanto, a partir do momento em que o Supremo Tribunal Federal a defere (RTJ 124/80). Excepcionalmente, no entanto, e para que não se frustrem os seus objetivos, a medida cautelar poderá projetar-se com eficácia *ex tunc*, em caráter retroativo, com repercussão sobre situações pretéritas (RTJ 138/86). Para que se outorgue eficácia *ex tunc* ao provimento cautelar, em sede de ação direta de inconstitucionalidade, impõe-se que o Supremo Tribunal Federal assim o determine, expressamente, na decisão que conceder essa medida extraordinária." (ADI 2.105-MC, Rel. Min. Celso de Mello, DJ 28/04/00).

62 "Ação direta de inconstitucionalidade: eficácia da suspensão cautelar da norma argüida de inconstitucional, que alcança, no caso, o dispositivo da lei primitiva, substancialmente idêntico." (ADI 1.949-MC, Rel. Min. Sepúlveda Pertence, DJ 25/11/05)

sentido, de ao menos seis (06) ministros. Referida decisão somente será tomada se presentes na sessão deliberativa pelo menos oito (08) ministros. Caso não seja alcançada a maioria necessária para influir no julgamento, este será suspenso a fim de aguardar-se o comparecimento dos ministros ausentes, até que se atinja o número necessário para prolação da decisão.

7.10. Efeitos da decisão

Via de regra, a declaração de inconstitucionalidade produz efeitos *ex tunc*. Todavia, por razões de **segurança jurídica ou** de **excepcional interesse público**, poderá o Supremo Tribunal Federal - STF, por **maioria de dois terços (08) de seus membros, restringir os efeitos desta declaração ou decidir que ela só tenha eficácia a partir de seu trânsito em julgado ou de outro momento que venha a ser fixado**. O art. 27, da Lei 9.868/99 contemplou a possibilidade do Supremo Tribunal Federal - STF **modular** os efeitos da sua decisão, podendo determinar a **retroatividade**[63] (regra), **irretroatividade ou fixar uma data futura** (*pro futuro*) **para que a lei ou ato deixe de produzir efeitos**. É oportuno lembrar que estas últimas hipóteses apenas podem ser adotadas desde que seja obervado o quórum de oito (08) ministros.

Sob a perspectiva **subjetiva**, a **eficácia da decisão** do Supremo Tribunal Federal **opera contra todos** (*erga omnes*), além de ***vincular*** **todos os órgãos do Poder Judiciário e da Administração Pública federal, estadual e municipal**[64].

---

63 "A declaração final de inconstitucionalidade, quando proferida em sede de fiscalização normativa abstrata, importa - considerado o efeito repristinatório que lhe é inerente - em restauração das normas estatais anteriormente revogadas pelo diploma normativo objeto do juízo de inconstitucionalidade, eis que o ato inconstitucional, por juridicamente inválido (RTJ 146/461-462), não se reveste de qualquer carga de eficácia derrogatória. Doutrina. Precedentes (STF)." (ADI 2.884, Rel. Min. Celso de Mello, DJ 20/05/05)

"Ação direta de inconstitucionalidade: efeito repristinatório: norma anterior com o mesmo vício de inconstitucionalidade. No caso de ser declarada a inconstitucionalidade da norma objeto da causa, ter-se-ia a repristinação de preceito anterior com o mesmo vício de inconstitucionalidade. Neste caso, e não impugnada a norma anterior, não é de se conhecer da ação direta de inconstitucionalidade." (ADI 2.574, Rel. Min. Carlos Velloso, DJ 29/08/03)

64 "As decisões consubstanciadoras de declaração de constitucionalidade ou de inconstitucionalidade, inclusive aquelas que importem em interpretação conforme à Constituição e em declaração parcial de inconstitucionalidade sem redução de texto,

Da decisão plenária que julga procedente ou improcedente a ação, **não cabe recurso, salvo** a interposição de **embargos declaratórios.** De igual modo, é incabível a desconstituição da decisão através de ação rescisória.

8. Ação declaratória de constitucionalidade

8.1. Finalidade

A ação declaratória de constitucionalidade – ADC, foi instituída através do exercício da competência reformadora, tendo ingressado em nosso ordenamento jurídico através da Emenda Constitucional nº 03/93. **A propositura da ADC se dá com o intuito de confirmar a compatibilidade do ato normativo estatal em face da Constituição, é dizer, objetiva *confirmar* a constitucionalidade de um determinado ato normativo em face da Constituição.** Corresponde ao "**outro lado da moeda**" da qual a ADI faz parte.

8.2. Fundamento constitucional e integração normativa

A ADC foi inserida no texto constitucional ao lado da ADI, é dizer, no art. 102, I, "a". A regulamentação dos dispositivos constitucionais que versam sobre a ADC, deu-se através da edição da Lei 9868/99, que disciplina o seu processo e julgamento perante o STF.

8.3. Parâmetro

Qualquer dispositivo constitucional pode ser utilizado como parâmetro para confirmar a validade de uma determinada lei ou ato normativo, objeto da ADC.

---

quando proferidas pelo Supremo Tribunal Federal, em sede de fiscalização normativa abstrata, revestem-se de eficácia contra todos (*erga omnes*) e possuem efeito vinculante em relação a todos os magistrados e Tribunais, bem assim em face da Administração Pública federal, estadual, distrital e municipal, impondo- se, em conseqüência, à necessária observância por tais órgãos estatais, que deverão adequar-se, por isso mesmo, em seus pronunciamentos, ao que a Suprema Corte, em manifestação subordinante, houver decidido, seja no âmbito da ação direta de inconstitucionalidade, seja no da ação declaratória de constitucionalidade, a propósito da validade ou da invalidade jurídico-constitucional de determinada lei ou ato normativo." (Rcl 2.143-AgR, Rel. Min. Celso de Mello, DJ 06/06/03)

8.4. Objeto

Consoante o art. 102, I, "a", da Constituição Federal, o objeto da ADC pode ser lei ou ato normativo federal[65]. Vê-se, deste modo, em comparação a ADI, que houve uma redução quanto ao seu objeto em sede de controle de constitucionalidade. Assim, de maneira excludente, leis ou atos normativos estaduais, distritais e municipais **não** podem ser objeto da ADC. No mais, tudo o que foi dito com relação ao objeto da ADI aplica-se à ADC.

8.5. Requisito

É oportuno lembrar que o controle de constitucionalidade é regido princípio da *presunção de constitucionalidade dos atos estatais*. Em razão disto, cabe indagar: por que uma ADC em um sistema no qual se presume que todo ato estatal é compatível com a Constituição? Ora, seria despiciendo provocar o STF para que este declare a constitucionalidade de uma lei ou ato normativo federal quando de *per si*, são presumidamente constitucionais. **Ocorre, no entanto, que a Lei 9868/99 estabeleceu um requisito para propositura da referida ação, qual seja: a existência de controvérsia judicial sobre a validade do ato objeto da ADC (art. 14, III).**

A **controvérsia judicial** (ou constitucional) se caracteriza em razao do antagonismo de decisões judiciais proferidas em sede de controle difuso de constitucionalidade. Neste caso, faz-se necessário a coexistência de decisões judiciais antagônicas acerca da validade da lei ou ato normativo objeto da ADC, é dizer, decisões judiciais que declaram a lei inconstitucional e decisões judiciais que a declaram constitucional. Em síntese, temos decisões emanadas do Poder Judiciário que ora proclamam a constitucionalidade de lei ou ato normativo federal e, também, sua inconstitucionalidade.[66]. Neste sentido, podemos afirmar

65 "Art. 102. Compete ao Supremo Tribunal Federal, precipuamente, a guarda da Constituição, cabendo-lhe:
I - processar e julgar, originariamente:
a) a ação direta de inconstitucionalidade de lei ou ato normativo federal ou estadual e a ação declaratória de constitucionalidade de lei ou ato normativo federal;"

66 "Ação declaratória de constitucionalidade - Processo objetivo de controle normativo abstrato - A necessária existência de controvérsia judicial como pressuposto de admissibilidade da ação declaratória de constitucionalidade - Ação conhecida. O ajuizamento da ação declaratória de constitucionalidade, que faz instaurar o processo objetivo de controle normativo abstrato, supõe a existência de efetiva controvérsia judicial em torno da legitimidade constitucional de determinada lei ou ato normativo federal. Sem a observância desse pressuposto de admissibilidade,

que a ADC possui um *cordão umbilical* vinculado ao controle difuso de constitucionalidade.

Por fim, **inexistindo controvérsia judicial acerca da validade da lei ou ato normativo federal, é descabida a propositura da ADC.**

8.6. Legitimidade ativa

No momento da criação da ADC, através da emenda constitucional nº 03/93, apenas o Presidente da República, Procurador-Geral da República, Mesa da Câmara dos Deputados e Mesa do Senado Federal tinham legitimidade para propô-la perante o STF. Quando da *Reforma do Judiciário*, instituída através da emenda constitucional nº 45/04, houve uma ampliação no rol dos legitimados ativos da ADC, equiparando-os aos da ADI (art. 103, CF). Atualmente, podem propor a ADC perante o STF: a) Presidente da República; b) Mesa do Senado Federal; c) Mesa da Câmara dos Deputados; d) Mesa de Assembléia Legislativa ou da Câmara Legislativa do Distrito Federal; e) Governador do Estado ou do Distrito Federal; f) Procurador Geral da República; g) Conselho Federal da Ordem dos Advogados do Brasil; h) Partido político com representação no Congresso Nacional e; i) Confederação sindical ou entidade de classe de âmbito nacional. **O requisito da pertinência temática continua norteando a legitimidade ativa, de forma similar ao que ocorre com a ADI.**

8.7. Do Procurador-Geral da República

O Procurador-Geral da República também se pronunciará na ADC, haja vista a competência prevista no art. 103, §3º da CF. Da mesma forma que na ADI, o Procurador-Geral da República poderá opinar seja pela constitucionalidade, seja pela inconstitucionalidade da lei ou ato normativo federal objeto da ADC.

8.8. Da medida cautelar

Consoante o art. 21 da Lei 9868/99, pode o Supremo Tribunal Federal – STF, conceder medida cautelar em sede de ADC. O quórum

torna-se inviável a instauração do processo de fiscalização normativa *in abstracto*, pois a inexistência de pronunciamentos judiciais antagônicos culminaria por converter, a ação declaratória de constitucionalidade, em um inadmissível instrumento de consulta sobre a validade constitucional de determinada lei ou ato normativo federal, descaracterizando, por completo, a própria natureza jurisdicional que qualifica a atividade desenvolvida pelo Supremo Tribunal Federal." (ADC 8-MC, Rel. Min. Celso de Mello, DJ 04/04/03)

para concessão da medida cautelar corresponde a maioria absoluta dos membros do STF (art. 21), desde que presentes na sessão ao menos oito (08) ministros.

Em **relação aos efeitos, a medida cautelar proferida em ADC consistirá na determinação de que os juízes e Tribunais suspendam o julgamento de todos os processos que envolvam a aplicação da lei ou do ato normativo objeto da ADC até seu julgamento definitivo (art. 21). A medida cautelar perderá sua eficácia caso a ADC não seja julgada no prazo de cento e oitenta dias, a contar da data de sua publicação** (art. 21, parágrafo único).

8.9. Do mérito

Em relação ao mérito, o quórum para que a ação seja **julgada procedente ou improcedente** corresponde a manifestação, num ou noutro sentido, de ao menos seis (06) ministros. Referida decisão somente será tomada se presentes na sessão pelo menos oito (08) ministros. **Caso não seja alcançada a maioria necessária (absoluta) para o julgamento da ação, aplica-se o procedimento já explicitado em sede de ADI.**

Quanto aos **efeitos da decisão judicial**, esta produzirá **eficácia contra todos (*erga omnes*) e vinculante** em relação a **todos os órgãos do Poder Judiciário e à Administração Pública federal, estadual e municipal**[67]. Por fim, é oportuno registrar que não cabe recurso da decisão que julga procedente ou improcedente a ADC, podendo ser **interposto apenas embargos declaratórios**. De igual maneira, é incabível sua desconstituição da decisão pela via da ação rescisória.

67 "As decisões consubstanciadoras de declaração de constitucionalidade ou de inconstitucionalidade, inclusive aquelas que importem em interpretação conforme à Constituição e em declaração parcial de inconstitucionalidade sem redução de texto, quando proferidas pelo Supremo Tribunal Federal, em sede de fiscalização normativa abstrata, revestem-se de eficácia contra todos (*erga omnes*) e possuem efeito vinculante em relação a todos os magistrados e Tribunais, bem assim em face da Administração Pública federal, estadual, distrital e municipal, impondo- se, em conseqüência, à necessária observância por tais órgãos estatais, que deverão adequar-se, por isso mesmo, em seus pronunciamentos, ao que a Suprema Corte, em manifestação subordinante, houver decidido, seja no âmbito da ação direta de inconstitucionalidade, seja no da ação declaratória de constitucionalidade, a propósito da validade ou da invalidade jurídico-constitucional de determinada lei ou ato normativo." (Rcl 2.143-AgR, Rel. Min. Celso de Mello, DJ 06/06/03)

9. Arguição de descumprimento de preceito fundamental – ADPF

9.1. Finalidade

A Argüição de Descumprimento de Preceito Fundamental – ADPF, tem por finalidade **evitar** ou **reparar lesão** a ***preceito fundamental***, resultante de ato do poder público. Portanto, a ADPF possui perfil ***preventivo*** (evitar lesão) e ***repressivo*** (reparar lesão). Conforme será oportunamente verificado, o instrumento processual em análise comporta duas modalidades da ação: a) **ADPF principal** e; b) **ADPF incidental**.

9.2. Fundamento constitucional e integração normativa

Prevista no art. 102, § 1º, da Constituição Federal, a ADPF tem o seu processo e julgamento perante o Supremo Tribunal Federal - STF disciplinado pela Lei n° 9.882/99. Em virtude do artigo 102, §1° da Constituição Federal **ter sido** considerado de eficácia limitada pelo Supremo Tribunal Federal - STF, a Arguição de Descumprimento de Preceito Fundamental só passou a ser efetivamente utilizada como mecanismo de defesa da Constituição após a edição da norma integradora (Lei n° 9882/99), que apenas ocorreu em 1999. Portanto, onze anos se passaram[68] entre a promulgação da Constituição e a edição da lei integradora, sem que a ADPF pudesse ter sido utilizada como mecanismo de defesa dos *preceitos fundamentais.*

9.3. Parâmetro

A ADPF não se presta para conferir proteção ao texto constitucional em sua integralidade, mas tão-somente aos seus ***preceitos fundamentais***. Dito de outra maneira, **nem todo dispositivo constitucional é plausível de proteção através deste instrumento processual**, haja vista que nem todos se revestem da natureza de *preceitos fundamentais*. A primeira questão que se apresenta diz sobre a imprecisão semântica

68 Afirma Lenio Streck que "passados 11 anos desde a promulgação da Constituição, somente no dia 3 de dezembro de 1999 foi editada lei regulamentando esse dispositivo. Desde o advento da Constituição até a edição da lei regulamentadora, *a falta de lei regulamentadora foi utilizada como argumento para o não-conhecimento, e portanto, rejeição, das arguições de descumprimento intentadas junto ao Supremo Tribunal.*
Todas as arguições de descumprimento ajuizadas junto ao Supremo Tribunal Federal esbarraram no argumento da falta de regulamentação por lei ordinária." in **Jurisdição Constitucional e Hermenêutica: Uma Nova Crítica do Direito**. Porto Alegre: Livraria do Advogado, 2002, pp. 629 e 630.

do termo *preceitos fundamentais*. Perfilhamos do entendimento exposto por Dimitri Dimoulis e Soraya Lunardi de que **são *preceitos fundamentais* tanto os *princípios* quanto as *regras* constitucionais**, partindo da consideração de que as normas jurídicas se apresentam sob a forma de *princípio* ou de *regra*. Neste caso, não seria a hipótese de conceber uma *terceira* espécie de norma constitucional, mas de configurar os *preceitos fundamentais* ou como princípios, ou como regras constitucionais, a depender das características de cada *preceito* em particular. Sobre o tema, aduzem os citados autores:

> "O termo *preceito* encontra-se quatro vezes na CF de 1988 (arts. 17, 29, 102, 227). O constituinte denomina 'preceitos' tanto normas abstratas, como o 'caráter nacional' dos partidos políticos (art. 17, inciso I), como normas de detalhe, como a data de posse dos Prefeitos (art. 29, III).
>
> Por essa razão, consideramos que 'preceito' é sinônimo de 'qualquer norma'. O termo *fundamental* causa maiores dificuldades, por ser abstrato e permitir variadas interpretações. Há duas possibilidades. Primeiro, enumerar os preceitos considerados fundamentais. Segundo, oferecer indicações genéricas, deixando a cargo do aplicador a confecção da lista dos preceitos fundamentais.
>
> O legislador utilizou o termo *fundamental* para excluir determinadas categorias de preceitos. Contudo, parece improvável (e não ocorreu até agora) que o STF deixe de conhecer uma ADPF porque o parâmetro invocado é uma norma constitucional não fundamental. Seria possível declarar que a Constituição contém normas não fundamentais.?[69]

Logo, caberá ao Supremo Tribunal Federal estabelecer, à luz de cada ADPF que se lhe apresenta, quais são os *preceitos fundamentais* que integram a Constituição Federal. É certo, todavia, que podemos precisar, sem receio de cometer equívocos, algumas normas que são consideradas *preceitos fundamentais*, em virtude do nível de proteção a eles conferido pela Constituição Federal. Neste sentido, são preceitos fundamentais todas as normas que veiculam matérias petrificadas, além do próprio artigo 60, §4°[70]; os princípios constitucionais sensíveis dispostos no ar-

69 **Curso de Processo Constitucional – Controle de constitucionalidade e remédios constitucionais**. São Paulo: Atlas/FGV, 2011, p. 175.

70 Dispõe no artigo 60, §4°, da Constituição Federal:
"§ 4º Não será objeto de deliberação a proposta de emenda tendente a abolir:
I - a forma federativa de Estado;
II - o voto direto, secreto, universal e periódico;
III - a separação dos Poderes;
IV - os direitos e garantias individuais."

tigo 34, VII[71], além de outros que possam ser detectados no âmbito do sistema constitucional.

9.4. Legitimidade ativa

Consoante o disposto no artigo 2º, I, da Lei nº 9.882/99, podem propor argüição de descumprimento de preceito fundamental os legitimados para a ação direta de inconstitucionalidade, é dizer: a) Presidente da República; b) Mesa do Senado Federal; c) Mesa da Câmara dos Deputados; d) Mesa de Assembléia Legislativa ou da Câmara Legislativa do Distrito Federal; e) Governador do Estado ou do Distrito Federal; f) Procurador Geral da República; g) Conselho Federal da Ordem dos Advogados do Brasil; h) Partido político com representação no Congresso Nacional e; i) Confederação sindical ou entidade de classe de âmbito nacional.

No âmbito da legitimidade ativa para provocação do controle concentrado via ADPF, o STF tem aplicado, de forma similar às demais ações que provocam este modelo de jurisdição constitucional, o critério da ***pertinência temática***.

9.5. Objeto

A Lei nº 9.882/99, que disciplina o processo e julgamento da ADPF perante o Supremo Tribunal Federal - STF, especifica em seu artigo 1º, o que se constitui em objeto desta ação de controle concentrado de constitucionalidade, *verbis*:

> "Art. 1º A argüição prevista no §1º do art. 102 da Constituição Federal será proposta perante o Supremo Tribunal Federal, e terá por objeto evitar ou reparar lesão a preceito fundamental, resultante de **ato do Poder Público**.

---

71 "Art. 34. A União não intervirá nos Estados nem no Distrito Federal, exceto para:
(...)
VII - **assegurar a observância dos seguintes princípios constitucionais**:
a) forma republicana, sistema representativo e regime democrático;
b) direitos da pessoa humana;
c) autonomia municipal;
d) prestação de contas da administração pública, direta e indireta.
e) aplicação do mínimo exigido da receita resultante de impostos estaduais, compreendida a proveniente de transferências, na manutenção e desenvolvimento do ensino e nas ações e serviços públicos de saúde."

> Parágrafo único. Caberá também argüição de descumprimento de preceito fundamental:
>
> I - quando for relevante o fundamento da controvérsia constitucional sobre **lei ou ato normativo federal**, **estadual** ou **municipal**, incluídos os **anteriores à Constituição**;"

Conforme se depreende da leitura do dispositivo trazido à colação, se constitui em **objeto**[72] **da ADPF**: a) **ato do Poder Público**; b) **lei ou**

72 Na ADPF nº 33-5, Rel. Min. Gilmar Mendes, o Supremo Tribunal Federal traçou os contornos acerca do que pode se constituir em objeto desta ação de controle concentrado de constitucionalidade:

"1. Arguição de descumprimento de preceito fundamental ajuizada com o objetivo de impugnar o art. 34 do Regulamento de Pessoal do Instituto de Desenvolvimento Econômico-Social do Pará (IDESP), sob o fundamento de ofensa ao princípio federativo, no que diz respeito à autonomia dos Estados e Municípios (art. 60, §4°, CF/88) e à vedação constitucional de vinculação do salário mínimo para qualquer fim (art. 7°, IV, CF/88). 2, Existência de ADI contra a Lei nº 9882/99 não constitui óbice à continuidade do julgamento de arguição de descumprimento de preceito fundamental ajuizado perante o Supremo Tribunal Federal. 3. Admissão de *amicus curiae* mesmo após terem sido prestadas as informações. 4. Norma impugnada que trata da remuneração do pessoal de autarquia estadual, vinculando o quadro de salários ao salário mínimo. 5. Cabimento da arguição de descumprimento de preceito fundamental (sob o prisma do art. 3°, V, da Lei nº 9.882/99) em virtude da existência de inúmeras decisões do Tribunal de Justiça do Pará em sentido manifestamente oposto à jurisprudência pacificada desta Corte quanto à vinculação de salários a múltiplos de salário mínimo. 6. Cabimento de arguição de descumprimento de preceito fundamental para solver a controvérsia sobre legitimidade de lei ou ato normativo federal, estadual ou municipal, incluso anterior à Constituição (norma pré-constitucional). 7. Requisito de admissibilidade implícito relativo à relevância do interesse público presente no caso. 8. Governador de Estado detém aptidão processual plena para propor ação direta (ADIMC 127/AL, Rel. Min. Celso de Mello, D. J. 04.12.92), bem como arguição de descumprimento de preceito fundamental, constituindo-se verdadeira hipótese excepcional do *jus postulandi*. 9. ADPF configura modalidade de integração entre os modelos de perfil difuso e concentrado no Supremo Tribunal Federal. 10. Revogação da lei ou ato normativo não impede o exame da matéria em sede de ADPF, porque o que se postula nessa ação é a declaração de ilegitimidade ou de não-recepção da norma pela ordem constitucional superveniente. 11. Eventual cogitação sobre a inconstitucionalidade da norma impugnada em face da Constituição anterior, sob cujo império ela foi editada, não constitui óbice ao conhecimento da arguição de descumprimento de preceito fundamental, uma vez que nessa ação o que se persegue é a verificação da compatibilidade, ou não, da norma pré-constitucional com a ordem constitucional superveniente. 12. Caracterizada controvérsia relevante sobre a legitimidade do Decreto Estadual nº 4.307/86, que aprovou o Regulamento de Pessoal do IDESP (Resolução do Conselho Administrativo nº 8/86), ambos anteriores à Constituição, em face de preceitos fundamentais da Constituição (art. 60, §4°, I, c/c art. 7°,

ato normativo federal; c) **lei ou ato normativo estadual**; d) **lei ou ato normativo municipal**, e) **lei ou ato normativo federal, estadual e municipal anteriores à Constituição.**

9.6. Do Procurador-Geral da República

O Procurador-Geral da República também se pronunciará em sede de ADPF, haja vista a competência prevista no artigo 103, § 1º, da Constituição Federal, *verbis*:

> "O Procurador-Geral da República deverá ser previamente ouvido nas ações de inconstitucionalidade e em todos os processos de competência do Supremo Tribunal Federal."

Logo, na medida em que ocupa a posição constitucional de *custos legis*, o Procurador-Geral da República poderá se manifestar em sede de ADPF, emitindo parecer após o decurso de prazo das informações que devem ser prestadas pelos órgãos ou autoridades responsáveis pelo ato questionado.

9.7. Da medida cautelar

Consoante o art. 5° da Lei 9.882/99, pode o Supremo Tribunal Federal – STF, conceder medida cautelar em sede de ADPF. O quórum para concessão da medida cautelar corresponde a **maioria absoluta dos membros do STF** (art. 5°, *caput*), desde que presentes na sessão ao menos oito (08) ministros.

Nos termos do art. 5°, §3°, a medida liminar "poderá consistir na determinação de que juízes e tribunais suspendam o andamento de processo ou os efeitos de decisões judiciais, ou de qualquer outra medida que apresente relação com a matéria objeto da argüição de descumprimento de preceito fundamental, salvo se decorrentes da coisa julgada" O

inciso IV, *in fine*, da Constituição Federal) revela-se cabível a ADPF. 13. Princípio da subsidiariedade (art. 4°, §1°, da Lei n° 9.882/99): inexistência de outro meio eficaz de sanar a lesão, compreendido no contexto da ordem constitucional global, como aquele apto a solver a controvérsia constitucional relevante de forma ampla, geral e imediata. 14. A existência de processos ordinários e recursos extraordinários não deve excluir, *a priori*, a utilização da arguição de descumprimento de preceito fundamental, julgada procedente para declarar a ilegitimidade (não-recepção) de Regulamento de Pessoal do extinto IDESP em face do princípio federativo e da proibição de vinculação de salários a múltiplos de salário-mínimo (art. 60, §4°, I c/c art. 7°, inciso IV, *in fine*, da Constituição Federal.)." ADPF n° 33-5, Rel. Min. Gilmar Mendes, d. j. 07.12.05, Pleno, STF.

§1°, do artigo 5°, prevê a possibilidade de concessão de medida liminar, pelo relator, *ad referendum* do Tribunal Pleno, em casos de extrema urgência ou perigo de lesão grave.

9.8. Do mérito

Decorrido o prazo para que sejam prestadas informações, o Ministro-relator lançará o relatório, com cópia a todos os ministros, e pedirá dia para julgamento. O quórum previsto para deliberação de mérito, nos termos do artigo 8° da Lei n° 9.882/99, corresponde à presença de pelo menos dois terços dos Ministros.

O artigo 11 do citado diploma legal permite ao Supremo Tribunal Federal, por razões de segurança jurídica ou de excepcional interesse social, modular os efeitos da sua decisão, quando da declaração de inconstitucionalidade de lei ou ato normativo. Para tanto, o quórum corresponde a dois terços dos membros do Tribunal.

É oportuno lembrar, que para efeitos de declaração de inconstitucionalidade, o quórum é **maioria absoluta**. O quórum mais expressivo, acima apontado, faz-se necessário para **modulação dos efeitos** da decisão que declara o ato inconstitucional[73].

10. Das técnicas decisórias em sede de controle de constitucionalidade

No capítulo sobre Hermenêutica Constitucional[74], tivemos a oportunidade de verificar os problemas decorrentes do uso da linguagem enquanto modo de expressão do direito positivo. De uma forma geral, a linguagem técnica do direito, por mais que ela busque precisar os ob-

73 Os artigos 11 a 13, da Lei 9.882/99, dispõe o seguinte sobre a decisão de mérito em sede de ADPF:

"Art. 11. Ao declarar a inconstitucionalidade de lei ou ato normativo, no processo de argüição de descumprimento de preceito fundamental, e **tendo em vista razões de segurança jurídica ou de excepcional interesse social, poderá o Supremo Tribunal Federal**, por **maioria de dois terços de seus membros**, **restringir os efeitos daquela declaração ou decidir que ela só tenha eficácia a partir de seu trânsito em julgado ou de outro momento que venha a ser fixado**.

Art. 12. A **decisão que julgar procedente ou improcedente** o pedido em argüição de descumprimento de preceito fundamental **é irrecorrível**, não podendo ser objeto de ação rescisória.

Art. 13. Caberá reclamação contra o descumprimento da decisão proferida pelo Supremo Tribunal Federal, na forma do seu Regimento Interno." (destaque nosso)

74 Cf. tópico "4.1. Elemento literal"

jetos de referência, não raro pode apresentar questões atinentes à indeterminabilidade semântica. Tais situações tendem a evidenciar uma pluralidade significativa inerente a um único enunciado prescritivo. Neste sentido, um (01) enunciado prescritivo pode servir de base para a construção de duas ou mais normas jurídicas. Sobre o tema, Canotilho fornece o seguinte exemplo que ilustra adequadamente o que pretendemos expor:

> "Uma só disposição (formulação, enunciado) pode exprimir uma ou outra norma, segundo as diversas possibilidades de interpretação. Tomemos, como exemplo, o art. 24°/1 da CRP: 'a vida humana é inviolável'.
>
> Esta disposição pode conter, pelo menos, três normas, consoante o significado que lhe é adscrito: Norma ': 'a vida humana é inviolável desde o nascimento até o momento da morte'; Norma 2: 'a vida humana é inviolável desde o momento da concepção até o momento da morte'; Norma 3: 'a vida humana é inviolável desde o momento em que, de acordo com os dados da ciência, começa a haver vida intra-uterina até o momento da morte'"[75].

As técnicas decisórias em sede de jurisdição constitucional pressupõem essa pluralidade significativa pertinente aos enunciados prescritivos do direito positivo. Buscam, portanto, balizar o intérprete a construir um significado que guarde consonância ao texto constitucional. Além disto, mediante a utilização destas técnicas interpretativas, tem-se por finalidade preservar o ato legislativo no ordenamento jurídico, viabilizando respeito a atuação de um outro Poder estatal. Neste contexto, podemos aludir às seguintes técnicas interpretativas: a) interpretação conforme à Constituição; b) declaração parcial de inconstitucionalidade sem redução de texto e; c) apelo ao legislador.

10.1. Interpretação conforme à constituição

A **interpretação conforme à Constituição** conduz o intérprete a precisar o conteúdo normativo que guarde conformidade ao texto constitucional, na medida em que o *enunciado normativo*, ora objeto da interpretação constitucional, permite a construção de sentidos que ora se harmonizam com a Constituição, ora lhe são antagônicos. Em razão desta diversidade semântica, o intérprete **deve** fixar aquele significado

75 **Direito Constitucional e Teoria da Constituição**. 7ª ed. Coimbra: Almedina, 2003, p. 1.204.

que seja compatível com a Constituição, na medida em que os demais sentidos não guardam com ela uma relação de correspondência, é dizer, conduziria a uma interpretação contrária à Constituição, portanto, inconstitucional. Afirma Canotilho que "no caso de polissemia de sentidos de um acto normativo, a norma não deve considerar-se inconstitucional enquanto puder ser interpretada de acordo com a Constituição. **A interpretação das leis em conformidade com a Constituição** é um meio do TC (e outros tribunais) neutralizarem violações constitucionais, escolhendo a alternativa interpretativa conducente a um juízo de compatibilidade do acto normativo com a Constituição."[76]

A rigor, a *interpretação conforme à Constituição* não é uma técnica de interpretação constitucional, mas sim de interpretação das leis em relação à Constituição. O objeto da interpretação não, em princípio, a Constituição, mas atos normativos que lhe estão subordinados em virtude da sua supremacia. Por tal razão, a *interpretação conforme à Constituição* acaba por ser, também, uma técnica de controle de constitucionalidade dos atos normativos, na medida em que busca salvaguardar uma lei ou ato estatal no sistema jurídico em razão da necessidade de lhe conferir um sentido que guarde consonância ao texto constitucional, pois, em não sendo isto possível, certamente o significado que a norma revela não guarda compatibilidade com a Constituição, ou seja, é inconstitucional. Segundo Eduardo Fernando Appio, "diante de uma 'polissemia semântica', quando forem possíveis vários sentidos em relação a uma mesma norma legal, extraída de um texto de lei, o intérprete, após esgotar os meios interpretativos tradicionais, deve-se socorrer da Constituição Federal, como 'tópos' hermenêutico, optando por uma interpretação restritiva ou ampliativa do dispositivo, no intuito de conformá-lo com a Constituição Federal."[77]

Mediante utilização da técnica da interpretação conforme à Constituição, o intérprete acentua o **sentido positivo** que o enunciado normativo deve revestir, de modo que o aludido texto normativo apenas poderá ser aplicado com o significado que se harmoniza ao texto constitucional, excluídas as demais possibilidades hermenêuticas por resultarem incompatíveis à Constituição, portanto, inconstitucionais. Georges Abboud esclarece que "a interpretação conforme à Constituição é uma técnica interpretativa que ajusta, harmoniza e corrige a lei com

---

76 **Direito Constitucional e Teoria da Constituição**. 7ª ed. Coimbra: Almedina, 2003, p. 959.

77 **Interpretação Conforme à Constituição. Instrumentos de Tutela Jurisdicional dos Direitos Fundamentais**. Juruá: Curitiba, 2002.

a Constituição, elegendo diante de uma multiplicidade de modalidades interpretativas, aquela que deveria ser considerada constitucional."[78]

Por fim, cabe ressaltar que nos termos do artigo 28[79], parágrafo único, da Lei n° 9.868/99, a interpretação conforme a constituição tem eficácia contra todos e efeito vinculante em relação aos órgãos do Poder Judiciário e à Administração Pública federal, estadual e municipal.

10.2. Declaração parcial de inconstitucionalidade sem redução de texto

A técnica da **declaração parcial de inconstitucionalidade sem redução de texto**, igualmente positivada no artigo 28, parágrafo único, da Lei n° 9.868/99, é o inverso da **interpretação conforme à Constituição**. Se nesta, o acento recai sobre o ***sentido positivo do texto***, é dizer, no significado compatível com a Constituição, na *declaração parcial de inconstitucionalidade sem redução de texto* o acento se põe no ***sentido negativo do texto***, ou seja, no significado que *não deve ser atribuído* ao enunciado normativo em razão de ser o mesmo inconstitucional[80]. Todavia, há outros sentidos possíveis que se harmonizam com a Constituição, excetuado àquele que resulta ser inconstitucional. Logo, através desta técnica hermenêutica, o intérprete terá uma liberdade interpretativa mais ampla, pois apenas um (01) sentido é que não guarda consonância à Lei Fundamental, no entanto, todos os outros significados são tidos por constitucionais.

78 **Processo Constitucional Brasileiro**. São Paulo: Revista dos Tribunais, 2016, p. 286.

79 "Art. 28. Dentro do prazo de dez dias após o trânsito em julgado da decisão, o Supremo Tribunal Federal fará publicar em seção especial do Diário da Justiça e do Diário Oficial da União a parte dispositiva do acórdão.
Parágrafo único. A declaração de constitucionalidade ou de inconstitucionalidade, inclusive a interpretação conforme a Constituição e a declaração parcial de inconstitucionalidade sem redução de texto, têm eficácia contra todos e efeito vinculante em relação aos órgãos do Poder Judiciário e à Administração Pública federal, estadual e municipal."

80 Consoante Georges Abboud, "na arguição de nulidade sem redução de texto, ocorre expressa exclusão por inconstitucionalidade de determinadas *hipóteses de aplicação* (*Anwendungsfälle*) do *programa normativo* sem que ocorra alteração expressa do texto lega. Desse modo, se o Tribunal tem o intuito de explicitar que determinada aplicação do texto normativo é inconstitucional, deve usar a declaração de inconstitucionalidade sem redução de texto, que, além de ser tecnicamente a mais adequada, agrega maior segurança jurídica expressa na parte dispositiva da decisão." in **Processo Constitucional Brasileiro**. São Paulo: RT, pp. 2016, 288 e 289.

10.3. Apelo ao legislador

O **apelo ao legislador** é uma técnica decisória através da qual a Corte Constitucional declara a lei "ainda constitucional", todavia, ressaltando a instabilidade situacional que pode conduzir futuramente à sua declaração de inconstitucionalidade, razão pela qual se formula um "apelo ao legislador" para que o mesmo possa, em lapso temporal razoável, elaborar uma nova norma jurídica.

Dimitri Dimoulis e Soraya Lunardi, partindo de um critério finalístico, informam haver duas categorias de decisões de *apelo ao legislador*: a) *apelo ao legislador* em virtude de alteração nas relações fáticas ou jurídicas, onde, neste caso, o enunciado normativo deixa de ser compatível com a Constituição e; b) *apelo ao legislador* em razão do descumprimento do dever constitucional de legislar: nesta hipótese, a omissão se revela ainda constitucional, todavia, é acentuado o dever do legislador para sanar a omissão.[81]

81 **Curso de Processo Constitucional**. São Paulo: Atlas, 2011, p. 280.

CAPÍTULO XX

DO SISTEMA CONSTITUCIONAL TRIBUTÁRIO

1. Do Sistema Constitucional Tributário

A institucionalização do poder político do Estado através da Constituição permite aos cidadãos uma maior garantia em relação ao seu patrimônio. Neste contexto, a Constituição tem por fim conter o abuso estatal pertinente à sua capacidade de tributação sobre a propriedade privada. Isto porque a tributação se revela como uma expressiva fonte de receita do Estado, na medida em que o mesmo dela se vale para realização dos fins sociais, além da manutenção de boa parte da sua estrutura organizacional. O Estado, portanto, para auferir tal receita, necessita *exercer o seu poder de tributar*. Afirma Hugo de Brito Machado que "no exercício de sua soberania o Estado exige que os indivíduos lhe forneçam os recursos de que necessita. Institui o tributo. O *poder de tributar* nada mais é que um aspecto da soberania estatal, ou uma parcela desta.[1]"

O sistema constitucional tributário compreende as normas jurídicas que dispõem sobre a atuação dos poderes estatais, no âmbito da tributação, com suas respectivas limitações decorrentes das garantias individuais e coletivas. No entendimento de José Souto Maior Borges, "integra o direito constitucional tributário o conjunto de preceitos estabelecidos na Constituição, que distribuem a competência tributária entre as pessoas jurídicas de direito público interno e disciplinam o exercício do poder de tributar.[2]" Em sentindo análogo, mas ressaltando as garantias fundamentais dos cidadãos, Paulo de Barros Carvalho informa que "o subsistema constitucional tributário realiza as funções do todo, dispondo sobre os poderes capitais do Estado, no campo da tributação, ao lado de medidas que asseguram as garantias imprescindíveis à liberdade das pessoas, diante daqueles poderes."[3]

A Constituição Federal de 1988 instituiu, no Título VI, Capítulo I, o **Sistema Tributário Nacional**. Nele, estão inseridas as normas constitucionais que traçam a organização do sistema tributário brasileiro, além de especificar as espécies tributárias que poderão ser instituídas no ordenamento jurídico nacional, com fins a resguardar os direitos fundamentais dos contribuintes.

1.1. Dos princípios constitucionais tributários

Os princípios constitucionais tributários se constituem no eixo normativo basilar do sistema tributário brasileiro, na medida em que o conteúdo destas normas fundamenta materialmente todas as demais normas jurídicas que compõem o sistema normativo nacional em sede de tributação. Integram o sistema constitucional tributário os seguintes princípios: a) **legalidade tributária**; b) **igualdade tributária**; c) **capa-**

1 **Curso de Direito Tributário.** 39ª ed. São Paulo: Malheiros, 2018, p. 27.

2 **Teoria Geral da Isenção Tributária.** 3ª ed. São Paulo: Malheiros, 2001, p. 23.

3 **Curso de Direito Tributário.** 29 ed. São Paulo: Saraiva, 2018, p. 168.

cidade contributiva; d) **anterioridade**; e) **irretroatividade** e; f) **vedação do confisco**[4].

1.1.1. Princípio da legalidade tributária

O princípio da legalidade tributária deita raízes na *Magna Carta* inglesa[5], de 1.215. Nela, restou consignado o postulado essencial de que o exercício do poder de tributar deve ser consentido pelos súditos. A idéia

4 Paulo de Barros Carvalho enumera a existência dos seguintes princípios constitucionais: a) princípio da estrita legalidade; b) princípio da anterioridade; c) princípio da anterioridade nonagesimal ou noventena; d) princípio da irretroatividade da lei tributária; e) princípio da irretroatividade da lei tributária; f) princípio da tipologia tributária; g) princípio da proibição de tributo com efeito de confisco; h) princípio da capacidade contributiva; i) princípio da vinculabilidade da tributação; j) princípio da uniformidade geográfica; l) princípio da não discriminação tributária , em razão da procedência ou do destino dos bens; m) princípio da territorialidade da tributação; n) princípio da indelegabilidade da competência tributária e; o) princípio da não cumulatividade.in **Curso de Direito Tributário.** 29 ed. São Paulo: Saraiva, 2018, pp. 182 a 192.

5 Victor Uckmar, ao analisar o tema, informa que a origem do princípio da legalidade tributária antecede a *Magna Carta*. Neste sentido, expõe o seguinte esclarecimento:
"Em geral, atribui-se à *Magna Charta* a primeira afirmação do princípio de que nenhuma prestação pecuniária pode ser imposta a não ser por deliberação dos órgãos legislativos; e, portanto, o Parlamentarismo nasce associado às instituições financeiras, à necessidade de adequar entradas e despesas públicas. Porém, na realidade, a origem remonta a época anterior: por exemplo, na Inglaterra, o Rei, que já arrecadava impostos e obtinha subsídios pelo Direito Consuetudinário, exigia dos vassalos, para fazer frente a despesas extraordinárias, pagamentos em dinheiro, aos quais estes podiam recusar-se - embora fosse, na prática, bastante difícil.
Mitchell lembra que em 1093, quando a promessa de Anselmo a William Rufus, de quinhentas esterlinas, como ajuda pela conquista da Normandia, foi repelida pelo Rei por insuficiente, e o Arcebispo recusou-se a aumenta-la, tal recusa acarretou-lhe graves consequências; os bispos aconselharam-no a consentir com o pagamento e prometer um aumento da soma, entendendo que, desta forma, *the king will restore you to his friendship and give peace to you and yours.*"
(...)
Foi somente durante o reinado de João-sem-Terra que os barões - sobretudo por causa da onerosidade e das injustiças nas exigências financeiras - rebelaram-se e, com a força das armas, exigiriam determinadas concessões, para tutela dos seus direitos. Ao Rei não restou senão aceitar o texto que lhe foi apresentado de forma já definitiva, e foi assim editada a *Magna Charta*." in **Princípios Comuns de Direito Constitucional Tributário**. 2ª ed. São Paulo: Malheiros, 1999, pp. 21, 22 e 24.

matriz da legalidade no campo da tributação está disposta nas cláusulas 12[6] e 14[7] do histórico documento jurídico[8].

---

6 "12. Nenhuma taxa de isenção do serviço militar (*scutagium*) nem contribuição alguma será criada em nosso reino, salvo mediante o consentimento do conselho comum do reino, a não ser para resgate da nossa pessoa, para armar cavalheiro o nosso filho mais velho e para celebrar, uma única vez, o casamento de nossa filha mais velha; e para isto, tão-somente uma contribuição razoável será lançada." Explica Fabio Konder Comparato que o *scutagium* foi uma taxa criada por Henrique II, em 1159, e lançada sobre todos os senhores feudais que desejassem ser isentos do serviço pessoal de auxílio ao rei nas campanhas bélicas. **A afirmação histórica dos direitos humanos**. 2ª ed. São Paulo: Saraiva, 2001, p. 79, nota de rodapé 21.

7 "14. E para obter o consentimento do conselho comum do reino a respeito do lançamento de uma contribuição, ou de uma taxa de isenção do serviço militar, convocaremos os arcebispos, bispos, abades, condes e os principais barões, individualmente por carta – e, ademais, convocaremos de modo geral, por meio de nossos xerifes e bailios, todos os que nos têm suserano – para uma data determinada, mais exatamente, após transcorridos pelo menos quarenta dias, e em local certo; e em todas as cartas convocatórias, especificaremos a razão da convocação." Fabio Konder Comparato. **A afirmação histórica dos direitos humanos**. 2ª ed. São Paulo: Saraiva, 2001, p. 80.

8 A título de informação histórica acerca do princípio da legalidade tributária, Sacha Calmon Navarro Coelho expõe o seguinte:
"O princípio da legalidade, aspiração genérica dos povos, no campo específico da tributação, despontou em vários lugares como já vimos. Convencionou-se, porém, tomar como marco histórico a *Magna Charta* imposta a João Sem Terra pelos barões normandos, consignando numa de suas prescrições a frase *no taxation without representation*. Ao lume dessa insurgência contra o poder unipessoal de tributar, o princípio incorporou a conotação de autotributação, por isso que a idéia da imposição passou a depender da audiência de um conselho indicado pelos governados. É claro que os barões daquele tempo não foram eleitos pelo povo, nem a representação por eles pleiteada aparentava o feitio dos atuais parlamentos. Não obstante, desde então, ao poder de tributar associou-se o ideal da representação popular, ainda que o consentimento pudesse ser dado diretamente ao príncipe, por conselhos nem sempre representativos.
Antes de 1215, feros conquistadores normandos oriundos do continente francônio haviam dominado os gentios da ilha inglesa. Os seus descendentes tornaram-se senhores de terras e de servos. Os novos cavaleiros andantes saíram de seus castelos, sobre a Inglaterra dominada, para impor ao Rei do mesmo sangue e de igual estirpe o contrapeso dos seus poderes feudais. Como já observado por Celso de Albuquerque Mello no ensaio 'Direito do Homem na América Latina', encartado na obra *Crítica do Direito e do Estado*, a *Magna Charta* não passou de um pacto de elites entre barões normandos e o Rei João Sem Terra. Averba textualmente:
'Se no futuro ela veio a ser um dos documentos invocados pelo liberalismo, na sua origem nada mais era do que instrumento a beneficiar ínfima parcela da população e o seu texto ficou em latim por mais de duzentos anos, a fim de que o grosso da população não pudesse invoca-lo em sua defesa.'

No plano doutrinário, Locke já externara a preocupação acerca da qual a propriedade privada apenas poderia ser objeto de intervenção mediante consentimento dos representantes populares[9]. Isto porque, para que o Estado possa promover a segurança da coletividade, faz-se necessário a implementação de gastos. Portanto, é justo que todo aquele que venha desfrutar desta proteção estatal contribua financeiramente para a sua manutenção[10].

Uma das formas de contribuir financeiramente ao custeio das despesas públicas dar-se-á mediante instituição e arrecadação de tributos que, por sua vez, incide sobre a propriedade privada. Ou seja, trata-se de uma forma de intervenção estatal no domínio privado. Todavia, para que tal intervenção seja legítima, deverá contar com o consentimento da população que irá suportar o ônus de ser tributada[11]. Para tanto, a fórmula adequada é a instituição de tributos mediante lei, na medida em que esta resulta do consentimento popular. Neste sentido, **o povo consente, mediante lei (expressão da vontade geral), a ter parcela da sua propriedade diminuída em proveito da coletividade, é dizer, para arcar com os custos das despesas estatais cuja atuação se volta para proteção da comunidade**. Segundo Locke, "O poder supremo não pode tirar de nenhum homem qualquer parte de sua propriedade sem seu próprio consentimento. Como a preservação da propriedade é

Inobjetável. Os ingleses, na época, eram analfabetos, e os barões não escreviam em latim. Mandaram, por isso mesmo, que os bispos redigissem na língua culta. Pérfida Albion." (destaque nosso). **Curso de Direito Tributário**. 12ª ed. Rio de Janeiro: Gen/Forense, 2012, p. 176.

---

9 Segundo Locke, "o grande objetivo dos homens quando entram em sociedade é desfrutar de sua propriedade pacificamente e sem riscos, e o principal instrumento e os meios de que se servem são as leis estabelecidas nesta sociedade." in **Segundo Tratado sobre o Governo Civil e outros escritos.** Petrópolis: Vozes, 1994, p. 162.

10 **Segundo Tratado sobre o Governo Civil e outros escritos**, p. 168.

11 "É verdade que os governos não poderiam subsistir sem grandes encargos, e é justo que todo aquele que desfruta de uma parcela de sua proteção contribua para a sua manutenção com uma parte correspondente de seus bens. Entretanto, mais uma vez é preciso que ela mesma dê seu consentimento, ou seja, que a maioria consinta, seja por manifestação direta ou pela intermediação de representantes de sua escolha; se qualquer um reivindicar o poder de estabelecer impostos e impô-los ao povo por sua própria autoridade e sem tal consentimento do povo, está assim invadindo a lei fundamental da propriedade e subvertendo a finalidade do governo. Como posso me dizer proprietário de algo que outra pessoa possa por direito tomar quando bem entender?" **Segundo Tratado sobre o Governo Civil e outros escritos**, p. 168.

o objetivo do governo, e a razão por que o homem entrou em sociedade, ela necessariamente supõe e requer que as pessoas devem ter propriedade, senão isto faria supor que a perderam ao entrar em sociedade, aquilo que era seu objetivo que as fez se unirem em sociedade, ou seja, um absurdo grosseiro demais que ninguém ousaria sustentar.[12]"

Feitos tais esclarecimentos acerca dos fundamentos históricos do princípio da legalidade tributária, resta analisar o seu conteúdo e alcance na Constituição Federal de 1988.

O princípio constitucional da legalidade tributária está localizado no artigo 150, I, Seção II, intitulada "Das Limitações do Poder de Tributar". O enunciado normativo constitucional encontra-se redigido da seguinte maneira:

> "Art. 150. Sem prejuízo de outras garantias asseguradas ao contribuinte, é vedado à União, aos Estados, ao Distrito Federal e aos Municípios:
>
> I – **exigir ou aumentar tributo sem lei** que o estabeleça;"

O **princípio da legalidade tributária permite ao Estado instituir ou aumentar tributos, desde que se faça mediante *lei*.** A ***lei*** é a forma legítima prevista constitucionalmente para intervenção do Estado na esfera da propriedade privada. Segundo Hugo de Brito Machado, "o princípio da legalidade pode ser entendido em dois sentidos: (a) o de que o tributo deve ser cobrado mediante o consentimento daqueles que o pagam, e (b) o de que o tributo deve ser cobrado segundo normas objetivamente postas, de sorte a garantir plena segurança nas relações entre o fisco e os contribuintes.[13]" Portanto, o ***consentimento popular***

12 **Segundo Tratado sobre o Governo Civil e outros escritos**. Petrópolis: Vozes, 1994, p. 166.

13 **Os Princípios Jurídicos da Tributação na Constituição de 1988.** 2ª ed. São Paulo: RT, 1991, p. 14. Para Hugo de Brito Machado, "pelo *princípio da legalidade* tem-se a garantia de que nenhum tributo será instituído, nem aumentado, a não ser através de *lei* (CF, art. 150, I). A Constituição é explícita. Tanto a criação como o aumento dependem de lei. Essa explicitude decorreu do fato de que, no art. 153, §29, da CF anterior a regra vinha formulada juntamente com ressalvas, e tais ressalvas eram pertinentes apenas aos aumentos.
Realmente, é induvidoso que, se somente a lei pode criar, somente a lei pode aumentar, a não ser nas hipóteses ressalvadas pela própria Constituição. Admitir, fora dessas hipóteses, que o tributo pode ser aumentado por norma inferior é admitir que essa norma inferior modifique o que em lei foi estabelecido, o que constitui evidente absurdo." **Curso de Direito Tributário**. 39ª ed. São Paulo: Malheiros, 2018, p. 32.

se materializa através da edição da lei instituidora do tributo, na medida em que por *lei* se deve entender o ato típico e primário emanado do Poder Legislativo.[14]

Durante muito tempo, a doutrina brasileira se debruçou acerca da constitucionalidade da edição de medidas provisórias em sede de tributação, em virtude do *princípio da legalidade*. É certo, todavia, que referida preocupação foi mitigada em razão de mudanças ocorridas no texto constitucional. O artigo 62, §§1° e 2°, dispõem o seguinte:

> "Art. 62. Em caso de relevância e urgência, o Presidente da República poderá adotar medidas provisórias, com força de lei, devendo submetê-las de imediato ao Congresso Nacional.
>
> § 1º É vedada a edição de medidas provisórias sobre matéria:
>
> (...)
>
> III – reservada a lei complementar;
>
> (...)
>
> § 2º **Medida provisória que implique instituição ou majoração de impostos, exceto os previstos nos arts. 153, I, II, IV, V, e 154, II, só produzirá efeitos no exercício financeiro seguinte se houver sido convertida em lei até o último dia daquele em que foi editada**." (destaque nosso)

Conforme se depreende da redação do dispositivo constitucional trazido à colação, é vedada a edição de medidas provisórias sobre matéria reservadas à lei complementar, nos termos do art. 62, §1°, III. Além disto, medida provisória que implique na criação ou aumento de impostos, excetuado o Imposto de Importação, Imposto de Exportação, Imposto sobre Produtos Industrializados, Imposto sobre operações de crédito, câmbio e seguro, ou relativas a títulos ou valores mobiliários e Imposto Extraordinários em virtude de iminência ou no caso de guerra externa, só produzirá efeitos no exercício financeiro seguinte se houver sido convertida em lei até o último dia daquele em que foi editada. Tal se faz necessário por força do princípio da anterioridade tributária, que veremos oportunamente.

14 Segundo Paulo de Barros Carvalho, "qualquer das pessoas políticas de direito constitucional interno somente poderá instituir tributos, isto é, descrever a regra-matriz de incidência, ou aumentar os existentes, majorando a base de cálculo ou a alíquota, mediante a expedição de lei." **Curso de Direito Tributário**. 29ª ed. São Paulo: Saraiva, 2018, p. 182.

1.1.2. Princípio da igualdade tributária

O princípio da igualdade tributária resulta de uma densificação da igualdade genérica inscrita no *caput* do artigo 5°, da Constituição Federal. Em sede de tributação, o princípio constitucional da igualdade encontra-se positivado no artigo 150, II, da nossa Lei Fundamental, que assim dispõe:

> "Art. 150. Sem prejuízo de outras garantias asseguradas ao contribuinte, é vedado à União, aos Estados, ao Distrito Federal e aos Municípios:
>
> (...)
>
> II – **instituir tratamento desigual entre contribuintes que se encontrem em situação equivalente, proibida qualquer distinção em razão de ocupação profissional ou função por eles exercida, independentemente da denominação jurídica dos rendimentos, títulos ou direitos**;" (destaque nosso)

Para efeitos de concretização da igualdade tributária, o Estado deverá agir de maneira ***positiva* e *negativa***. **Positivamente**, o ente público possui o **dever de distinguir desigualdades**, de modo a quantificar o tributo em consonância a capacidade contributiva de cada indivíduo. Sob o prisma ***negativo***, o **Estado encontra-se obrigado a não-discriminar**, o que implica no dever de tributar, de forma idêntica, pessoas que se encontram em análoga situação. Esclarece Sacha Calmon Navarro Coelho que "os aspectos negativo e positivo do princípio da igualdade miscigenam-se continuamente, constrangendo o legislador ordinário a criar os mesmos deveres tributários para aqueles que manifestarem idêntica capacidade contributiva. Configuram, pois, os requisitos de generalidade e proporcionalidade da norma tributária.[15]"

Victor Uckmar expõe que o princípio constitucional da igualdade perante as obrigações tributárias pode comportar dois significados:

a) em **sentido jurídico**, como paridade de posição, a igualdade exclui qualquer privilégio de classe, religião e raça, de modo que os contribuintes que se encontrem em idênticas situações sejam submetidos ao mesmo regime fiscal;

b) em **sentido econômico**, implica no dever de contribuir aos encargos públicos em idêntica medida, compreendida em termos de sa-

15 **Curso de Direito Tributário**. 12ª ed. Rio de Janeiro: Gen/Forense, 2012, p. 233.

crifício financeiro, é dizer, em relação à capacidade contributiva dos indivíduos[16].

A desigualdade concreta dos indivíduos sujeitos à tributação, implica na criação de categorias de contribuintes submetidos a distintos tratamentos fiscais, sempre que ocorram as seguintes circunstâncias: a) todos os contribuintes enquadrados na mesma categoria deverão ter idêntico tratamento; b) a classificação das diversas categorias deve encontrar racional fundamento em diferenças reais; c) a classificação deve excluir toda discriminação arbitrária, injusta ou hostil contra determinadas pessoas ou categorias de pessoas; d) a distinção deve refletir uma justa igualdade, sob o prisma da equidade; e) a diferença deve respeitar a uniformidade e a generalidade do tributo[17].

A igualdade sob a perspectiva econômica se desvela, pois, no princípio da capacidade contributiva.

1.1.3. Princípio da capacidade contributiva

A norma constitucional que veicula o princípio da capacidade contributiva encontra-se inserta no artigo 145, §1°, da Constituição Federal. Conforme já mencionado, **o princípio em análise densifica a igualdade tributária ao estabelecer que os tributos, sempre que possível, terão caráter pessoal e serão graduados conforme a capacidade econômica do contribuinte**[18]. O enunciado normativo inserto no artigo 145, §1°, possui a seguinte redação:

> Art. 145. A União, os Estados, o Distrito Federal e os Municípios poderão instituir os seguintes tributos:
>
> (...)
>
> § 1º **Sempre que possível, os impostos terão caráter pessoal e serão graduados segundo a capacidade econômica do contribuinte**, facultado à administração tributária, especialmente para conferir efetividade a esses objetivos, identificar, respeitados os di-

16 **Princípios Comuns de Direito Constitucional Tributário**. 2ª ed. São Paulo: Malheiros, 1999, p. 67.

17 **Princípios Comuns de Direito Constitucional Tributário**. 2ª ed. São Paulo: Malheiros, 1999, p. 69.

18 No entendimento de Aires Barreto, "ter capacidade contributiva significa, assim, que o ato-fato, fato ou estado de fato conectado ao contribuinte é revelador de conteúdo econômico, ontologicamente considerado, sem perquirições de natureza subjetiva." in **Base de Cálculo, Alíquota e Princípios Constitucionais**. 2ª ed. São Paulo: Max Limonad, 1998, p. 28.

> reitos individuais e nos termos da lei, o patrimônio, os rendimentos e as atividades econômicas do contribuinte." (destaque nosso)

No parágrafo inicial deste tópico, utilizamos o termo *tributo* em substituição ao vocábulo *imposto*, conforme consta da redação do §1° do artigo 145. Isto porque, não apenas os *impostos*, como espécie de *tributo*, devem ser graduados em razão da capacidade econômica do contribuinte, mas todas as espécies tributárias, a saber: a) *imposto*; b) *taxa;* c) *contribuição de melhoria*; d) *contribuição social* e; e) *empréstimo compulsório*[19].

É oportuno registrar, a título exemplificativo, que a própria Constituição Federal, à luz da capacidade contributiva do indivíduo, assegurou aos que comprovarem insuficiência de recursos, assistência jurídica integral e gratuita por parte do Estado, nos termos do artigo 5°, LXXIV[20]. Trata-se, portanto, de uma hipótese de *imunidade tributária.*

1.1.4. Princípio da anterioridade

O princípio da anterioridade tributária busca propiciar aos cidadãos **segurança jurídica**, na medida em que permite aos mesmos conhecer, antecipadamente, o teor e o *quantum* dos tributos a que estarão sujeitos em um futuro próximo, além de lhes possibilitar o planejamento de suas atividades levando em consideração o que fora consignado em *lei*[21].

A norma constitucional que veicula o princípio da anterioridade encontra-se disposta no artigo 150, III, "b" e "c", da Lei Fundamental. Referido dispositivo constitucional estabelece o seguinte:

> "Art. 150. Sem prejuízo de outras garantias asseguradas ao contribuinte, é vedado à União, aos Estados, ao Distrito Federal e aos Municípios:
>
> (...)
>
> III – cobrar tributos:
>
> (...)
>
> b) no mesmo exercício financeiro em que haja sido publicada a lei que os instituiu ou aumentou;

---

19 Neste mesmo sentido, cf. Hugo de Brito Machado. **Curso de Direito Tributário**. 39ª ed. São Paulo: Malheiros, 2018, p. 40.

20 "LXXIV - o Estado prestará assistência jurídica integral e gratuita aos que comprovarem insuficiência de recursos."

21 Cf. Sacha Calmon Navarro Coelho. **Curso de Direito Tributário**. 12ª ed. Rio de Janeiro: Gen/Forense, 2012, p. 214.

> c) antes de decorridos noventa dias da data em que haja sido publicada a lei que os instituiu ou aumentou, observado o disposto na alínea b;"

Em virtude do princípio da anterioridade, é vedado à União, aos Estados, ao Distrito Federal e aos Municípios, cobrar tributos no mesmo exercício financeiro em que tenha sido publicada a lei que os instituiu ou aumentou. No entendimento de Sacha Calmon Navarro Coelho, "a anterioridade é um princípio que tem como referência exatamente o exercício financeiro anual, razão pela qual a anualidade se converte em marco fundamental à vigência e eficácia das leis tributárias e, consequentemente, à periodização nos impostos incidentes sobre a renda e o patrimônio.[22]" A Lei n° 4.320/64, que estatui normas gerais de direito financeiro, dispõe em seu artigo 34 que "*o exercício financeiro coincidirá com o ano civil.*"

Por sua vez, a ***anterioridade nonagesimal***, prevista no artigo 150, III, "c", exige, para efeitos de cobrança de um determinado tributo, a observância de prazo de 90 dias, a contar da data de publicação da lei. Logo, se uma lei que instituiu um dado tributo foi objeto de publicação no dia 31 de dezembro de 2019, sua cobrança, à luz do princípio da anterioridade tributária, será permitida no exercício financeiro subsequente, é dizer, em 2020. No entanto, em virtude da *anterioridade nonagesimal*, referido tributo apenas será passível de cobrança a partir de 01 de abril de 2020, ou seja, após o decurso de 90 dias exigidos pelo artigo 150, III, "c", da Constituição Federal[23].

---

22 **Curso de Direito Tributário**. 12ª ed. Rio de Janeiro: Gen/Forense, 2012, p. 220.

23 Sobre o tema, Hugo de Brito Machado esclarece o seguinte:
"Nos termos do art. 150, III, 'b', da CF, é vedado a cobrança de tributos 'no mesmo exercício financeiro em que haja sido publicada a lei que os instituiu ou aumentou'. Esse dispositivo consubstancia o *princípio da anterioridade.*
A Emenda Constitucional 42, de 19.12.2003, acrescentou a alínea 'c' ao inciso III do art. 150, vedando a cobrança de tributos antes de decorridos 90 dias da data em que haja sido publicada a lei que os instituiu ou aumentou, observado o disposto na alínea 'b' – quer dizer, sem prejuízo da exigência de anterioridade da lei ao exercício financeiro da cobrança.
Agora, portanto, para que o tributo seja cobrado a partir de 1° de janeiro já não basta que a lei seja publicada até o último dia do exercício anterior, ou seja, já não basta a obediência ao *princípio da anterioridade.* Para que o tributo seja devido a partir de 1° de janeiro, a lei que o criou ou aumentou deve ser publicada pelo menos 90 dias antes. Entretanto, a exigência da *anterioridade* não se confunde com a exigência da vacância legal de 90 dias. Assim, se a lei que cria ou aumenta o tributo é publicada até o último dia de dezembro está atendida a exigência do *princípio da anterioridade*, e a exigência da vacância de 90 dias faz com que a vigência da lei só

De acordo com o artigo 150, §1°, da Constituição Federal, **não se aplica a anterioridade tributária aos empréstimos compulsórios**, instituídos por lei complementar, para atender a despesas extraordinárias, decorrentes de calamidade pública, de guerra externa ou sua iminência. (art. 148, I), ao **imposto de importação de produtos estrangeiros** (art. 153, I), ao **imposto de exportação de produtos nacionais ou nacionalizados** (art. 153, II), ao **imposto sobre produtos industrializados** (art. 153, IV), ao **imposto sobre operações de crédito, câmbio e seguro, ou relativas a títulos ou valores mobiliários** (art. 153, V) e aos **impostos extraordinários instituídos na iminência ou no caso de guerra externa** (art. 154, II).

Por sua vez, em conformidade ao disposto no artigo 150, §,1°, *fine*, da Constituição Federal, **não se aplica a anterioridade nonagesimal** na hipótese de **instituição de empréstimos compulsórios para atender a despesas extraordinárias, decorrentes de calamidade pública, de guerra externa ou sua iminência** (art. 148, I), além de não ser aplicado, também, na hipótese de **majoração dos impostos de importação de produtos estrangeiros** (art. 153, I), **de exportação, para o exterior, de produtos nacionais ou nacionalizados** (art. 153, II), **de renda e proventos de qualquer natureza** (art. 153, III), **sobre operações de crédito, câmbio e seguro, ou relativas a títulos ou valores mobiliários** (art. 153, V) e **impostos extraordinários** (art. 154, II). Por fim, **o** artigo 195, §6°, da Constituição Federal, **impõe observância ao regime da anterioridade nonagesimal às contribuições sociais destinadas ao custeio da Seguridade Social**[24].

1.1.5. Princípio da irretroatividade

O princípio da irretroatividade das leis tributárias está consignado no artigo 150, III, "a", da Constituição Federal, reforçando, deste modo, a segurança jurídica dos contribuintes no campo da tributação. A Lei Fundamental proíbe a cobrança de tributos "em relação a fatos geradores ocorridos antes do início da vigência da lei que os houver instituído

tenha início 90 dias depois de sua publicação. Isto quer dizer que se a lei é publicada no último dia de dezembro está atendido o princípio da anterioridade, mas essa lei só entrará em vigor em abril do ano seguinte." **Curso de Direito Tributário**. 39ª ed. São Paulo: Malheiros, 2018, p. 35.

24 "§ 6º As contribuições sociais de que trata este artigo só poderão ser exigidas após decorridos noventa dias da data da publicação da lei que as houver instituído ou modificado, não se lhes aplicando o disposto no art. 150, III, 'b'."

ou aumentado." Neste sentido, reforça a garantia constitucional consagrada no artigo 5°, XXXVI, através da qual se estabelece que "a lei não prejudicará o direito adquirido, o ato jurídico perfeito e a coisa julgada."

No entendimento de Hugo de Brito Machado Segundo, a vedação à irretroatividade, de forma distinta da anterioridade e estrita legalidade, não comporta qualquer exceção relativamente à instituição ou majoração de tributo. Afirma o autor que "não existem situações excepcionais nas quais seja possível exigir tributo em relação a um fato ocorrido antes de iniciar-se a vigência da lei correspondente."[25] Trata-se, portanto, de uma garantia constitucional atribuída aos sujeitos passivos da obrigação tributária.

1.1.6. Princípio da vedação do confisco

A proibição do confisco encontra-se disposta no artigo 150, IV, da Constituição Federal. A Lei Fundamental, portanto, veda "utilizar tributo com efeito de confisco." A Ciência do Direito Tributário é uníssona em relação a dificuldade conceitual acerca do termo ***confisco***, na medida em que não se dispõe de elementos seguros para demarcação da prática confiscatória.

Ao analisar o princípio em comento, Paulo de Barros Carvalho afirma que "o problema reside na definição do conceito, na delimitação da idéia, como limite a partir do qual incide a vedação do art. 150, IV, da Constituição Federal. Aquilo que para alguns tem efeitos confiscatórios, para outros pode perfeitamente apresentar-se como forma lídima de exigência tributária.[26]" Segundo o ilustre tributarista, a doutrina não estabeleceu ainda de maneira satisfatória as linhas demarcatórias do confisco, encontrando-se em fase de desenvolvimento[27]. Com entendimento análogo, ressalta Hugo de Brito Machado que "não obstante seja problemático o entendimento do que seja um tributo *com efeito de confisco*, certo é que o dispositivo constitucional pode ser invocado sempre que o contribuinte entender que o tributo, no caso, lhe está confiscando os bens.[28]" Aires Barreto, por sua vez, abre o capítulo da seguinte forma: "Tormento, entre os tormentosos, é o tema 'medida do confisco'. Destrinçar o limite jurídico além do qual o tributo será confiscatório é tarefa das mais árduas.[29]"

---

25 **Manual de Direito Tributário**. 10ª ed. São Paulo: Atlas, 2018, p. 77

26 **Curso de Direito Tributário**. 29ª ed. São Paulo: Saraiva, 2018, pp. 186 e 187.

27 **Curso de Direito Tributário**. 29ª ed. São Paulo: Saraiva, 2018, p. 187.

28 **Curso de Direito Tributário**. 39ª ed. São Paulo: Malheiros, 2018, p. 41.

29 **Base de Cálculo, Alíquota e princípios constitucionais**. 2ª ed. São Paulo: Max Limonad, 1998, p. 150.

Para Sacha Calmon Navarro Coelho, a teoria do confisco deve ser analisada em face do direito fundamental à propriedade, não se podendo perder de vista dois pontos fundamentais: a) a admissão da tributação exacerbada, em virtude da extrafiscalidade e em decorrência do exercício do poder de polícia – gravosidade que atinge o próprio direito de propriedade e; b) o direito de propriedade, outrora intocável, não o é mais, na medida em que a Constituição relativiza tal direito fundamental em razão do respectivo titular não estar emprestando à mesma uma função social. Por tal razão, permite a Lei Fundamental a desapropriação do imóvel no qual não lhe esteja sendo atribuída uma função social[30]. Através da expropriação, o Estado intervém diretamente no domínio do imóvel, afastando o indivíduo da titularidade do bem que até então lhe pertencia. No confisco através da tributação o Estado atua indiretamente, ou seja, na medida em que o montante do tributo é demasiadamente

30 No artigo 5°, podemos identificar, naquilo que é pertinente ao presente estudo, as seguintes normas relativas ao direito de propriedade:
"XXII - é garantido o direito de propriedade;
XXIII - a propriedade atenderá a sua função social;
XXIV - a lei estabelecerá o procedimento para desapropriação por necessidade ou utilidade pública, ou por interesse social, mediante justa e prévia indenização em dinheiro, ressalvados os casos previstos nesta Constituição;
(...)
XXVI - a pequena propriedade rural, assim definida em lei, desde que trabalhada pela família, não será objeto de penhora para pagamento de débitos decorrentes de sua atividade produtiva, dispondo a lei sobre os meios de financiar o seu desenvolvimento;"
O artigo 170, por sua vez, dispõe o seguinte:
"Art. 170. A ordem econômica, fundada na valorização do trabalho humano e na livre iniciativa, tem por fim assegurar a todos existência digna, conforme os ditames da justiça social, observados os seguintes princípios:
I - soberania nacional;
II - propriedade privada;
III - função social da propriedade;"
O artigo 182, §2°, dispõe sobre a função social da propriedade urbana:
"§ 2º A propriedade urbana cumpre sua função social quando atende às exigências fundamentais de ordenação da cidade expressas no plano diretor."
Em relação a propriedade rural, dispõe o artigo 186 da Lei Fundamental:
"Art. 186. A função social é cumprida quando a propriedade rural atende, simultaneamente, segundo critérios e graus de exigência estabelecidos em lei, aos seguintes requisitos:
I - aproveitamento racional e adequado;
II - utilização adequada dos recursos naturais disponíveis e preservação do meio ambiente;
III - observância das disposições que regulam as relações de trabalho;
IV - exploração que favoreça o bem-estar dos proprietários e dos trabalhadores."

elevado, chegando a consumir boa parte da renda ou da propriedade individual, os proprietários perdem ou tendem a se desfazer dos seus bens. Portanto, **é com o propósito de tornar insuportável a propriedade privada utilizada contra a função social, que são instituídas as tributações extrafiscais**. Em tal hipótese, a **pretensão imediata não consiste em gerar receita para o Estado**, mas sim **estimular ou desestimular um comportamento individual ou coletivo objetivado pelo ente público**. No entendimento de Paulo Caliendo, "a extrafiscalidade, reside no uso intencional da tributação com a finalidade precípua de premiar ou punir condutas com vistas a uma finalidade pública.[31]"

Logo, é importante analisar cada situação específica para que se possa aferir tratar-se de carga tributária onerosamente excessiva, caracterizando-a como típica atividade confiscatória ou, ao revés, afigurar-se como instrumento de extrafiscalidade tributária. A primeira hipótese afigura-se contrária à Constituição, ao passo que a segunda se harmoniza aos preceitos constitucionais.

2. Da classificação dos tributos

2.1. Da hipótese de incidência tributária como critério classificatório

A identificação das espécies tributárias não possui finalidade eminentemente didática, mas sobretudo de índole prática. Em virtude dos diversos regimes tributários, faz-se necessário precisar a natureza do tributo para que se lhe possa aplicar o regime jurídico correto e adequado à luz da Constituição[32]. É oportuno registrar que as definições e classificações jurídicas devem pautar-se no direito positivo, a principiar pela Constituição. No caso, em virtude do ***tributo*** revestir-se formalmente de natureza constitucional, o cientista do direito deverá ter por objeto de conhecimento, nesta tarefa, os princípios e as regras constitucionais conformadoras do sistema nacional tributário. Faz-se necessário registrar, desde logo, que ***tributo*** "é a expressão consagrada para designar a obrigação *ex lege*, posta a cargo de certas pessoas, de levar dinheiro aos cofres públicos. É o nome que indica a relação jurídica que se constitui

31 **Curso de Direito Tributário.** São Paulo: Saraiva, 2017, p. 213.

32 No entendimento de Geraldo Ataliba, "não basta, não é suficiente reconhecer o tributo. Deve o intérprete determinar qual a espécie tributária ('natureza específica do tributo', conforme o diz o art. 4° do CTN), dado que a Constituição prescreve regimes diferentes, conforme a espécie. Tais regimes caracterizam-se por princípios e regras especiais, constitucionalmente estabelecidos." in **Hipótese de Incidência Tributária**. 5ª ed. São Paulo: Malheiros, 1999, p .109.

no núcleo do direito tributário, já que decorre daquele mandamento legal capital, que impõe o comportamento mencionado.[33]"

No entendimento de Geraldo Ataliba, "as definições jurídicas devem tomar por ponto de partida o dado jurídico supremo: a lei constitucional. A partir do desenho constitucional dos tributos é que o jurista deve construir o seu conceito; deve ater-se exclusivamente aos aspectos normativos, constitucionalmente prestigiados. Por isso procuramos evitar postura não dogmática, informada por critérios pré-jurídicos, de grande valia para o legislador, mas secundários para o jurista, que tem como ponto de partida de sua tarefa exegética o texto normativo. Só depois de vigente a Constituição – como fundamento da ordenação jurídica global – é possível elaborar uma classificação dos tributos. Essa toma, portanto, como ponto de partida, como ponto inicial, o supremo dado jurídico: a Constituição.[34]" Por tal razão, a classificação dos tributos é de cunho eminentemente dogmática, pautada no direito positivo constitucional e a ele circunscrito. Partindo desta assertiva, tem-se que a definição jurídica de tributo e sua respectiva classificação resultam, pois, da interpretação constitucional em matéria tributária[35].

O critério jurídico de classificação dos tributos, no entendimento de Geraldo Ataliba, reside na **consistência do aspecto material da *hipótese de incidência tributária***. Referido conceito há de ser compreendido como a "hipótese da lei tributária", é dizer, a descrição genérica e abstrata de um fato. Trata-se, portanto, da conceituação jurídica de um fato, "mero desenho contido no ato legislativo."[36] Objetivando ser mais explícito, a **hipótese de incidência tributária diz sobre o conceito legal, a descrição legal, hipotética, de um fato ou conjunto de circunstâncias fáticas que dão ensejo ao nascimento da relação jurídico-tributária**. Hugo de Brito Machado, perfilhando entendimento similar, chama a atenção para necessidade de **não confundir** a ***hipótese***

33 Geraldo Ataliba. **Hipótese de Incidência Tributária**. 5ª ed. São Paulo: Malheiros, 1999, p. 49.

34 **Hipótese de Incidência Tributária**. 5ª ed. São Paulo: Malheiros, 1999, p. 111.

35 Neste sentido, Geraldo Ataliba informa que "o conceito de tributo bem como de suas espécies deve ser construído a partir do sistema positivo, sem nenhuma influência de noções ou formulações estranhas ou impertinentes, como são as econômico-financeiras." in **Hipótese de Incidência Tributária**. 5ª ed. São Paulo: Malheiros, 1999, p. 112.
Cf. Geraldo Ataliba. **Hipótese de Incidência Tributária**. 5ª ed. São Paulo: Malheiros, 1999, p. 112.

36 Geraldo Ataliba. **Hipótese de Incidência Tributária**. 5ª ed. São Paulo: Malheiros, 1999, p. 54.

de incidência* com o *fato gerador da obrigação tributária. Neste sentido, o mestre cearense expõe o seguinte:

> "É importante notar que a expressão 'hipótese de incidência', embora às vezes utilizada como sinônimo de *fato gerador*, na verdade tem significado diverso. Basta ver-se que uma coisa é a descrição legal de um fato e outra coisa é o acontecimento desse fato. Uma coisa é a descrição da hipótese em que um tributo é devido. Por exemplo: a aquisição de disponibilidade econômica ou jurídica de renda ou de proventos de qualquer natureza (CTN, art. 43). Outra coisa é o fato de alguém auferir renda. Por exemplo: João recebeu aluguel de um imóvel do qual é proprietário.
>
> A expressão 'hipótese de incidência' designa com maior propriedade a descrição, contida na lei, da situação necessária e suficiente ao nascimento da obrigação tributária, enquanto a expressão 'fato gerador' diz da ocorrência, no mundo dos fatos, daquilo que está descrito na lei. A *hipótese* é simples descrição, é simples previsão, enquanto o *fato* é a concretização da hipótese, é o acontecimento do que fora previsto.[37]"

Portanto, a hipótese de incidência consiste na descrição legislativa de um fato, cuja *materialização* - concretude - a lei atribui a força normativa de determinar o surgimento da obrigação tributária[38]. A descrição legislativa de um fato jurídico em sede de tributação enseja a identificação *hipotética* dos seguintes elementos componentes da obrigação tributária: a) **aspecto pessoal**; b) **aspecto material**; c) **aspecto temporal** e; d) **aspecto espacial**.

O **aspecto pessoal** ou **subjetivo** é a qualidade que específica os sujeitos componentes da relação jurídico-tributária, que o fato imponível fará nascer. Identifica, pois, os sujeitos da obrigação tributária[39]. A relação jurídico-tributária é firmada, em princípio, entre o sujeito ativo e passivo da obrigação jurídica. O ***sujeito ativo*** é o credor da obrigação tributária, é a pessoa a quem a lei atribui a exigibilidade do tributo, ao passo que o ***sujeito passivo*** é o devedor da referida obrigação jurídica,

---

37 **Curso de Direito Tributário**. 39ª ed. São Paulo: Malheiros, 2018, pp. 130 e 131.

38 Geraldo Ataliba. **Hipótese de Incidência Tributária**. 5ª ed. São Paulo: Malheiros, 1999, p. 69.

39 O aspecto pessoal, revela Geral Ataliba, é "o atributo da hipótese de incidência que determina o sujeito ativo da obrigação tributária respectiva e estabelece os critérios para fixação do sujeito passivo." in **Hipótese de Incidência Tributária**. 5ª ed. São Paulo: Malheiros, 1999, p. 74.

comumente denominado ***contribuinte***[40]. Via de regra, o sujeito passivo é sempre uma pessoa que se encontra em estreita conexão fática com o âmbito material da hipótese de incidência. **Na hipótese de tratar-se de tributos vinculados**, o sujeito passivo é de fácil identificação, na medida em que será a pessoa que a) **toma um serviço ou o tem à sua disposição**; b) **é atingida por um ato de polícia** ou; c) **a que recebe especial benefício de uma atividade pública, ou a provoque**[41].

Em relação ao **aspecto material**, nele se contém todos os elementos de ordem objetiva, é dizer, refere-se à *"imagem abstrata de um fato jurídico"*, a exemplo da propriedade imobiliária urbana ou rural, bens móveis, prestação de serviços, circulação de mercadorias e serviços etc. de Tal aspecto fornece o critério básico para que se possa aferir o *quantum* devido a título de tributação, além de servir à diferenciação de um imposto em relação a outro[42]. Associado ao critério em análise, encontra-se a ***base de cálculo***, é dizer, os atributos mensuráveis do aspecto material da hipótese de incidência. Trata-se, portanto, do critério legal para aferir o montante do tributo a ser pago. No entendimento de Aires Barreto, a base de cálculo "é a definição legal da unidade de medida, constitutiva do padrão de referência a ser observado na quantificação financeira dos fatos tributários. Consiste em critério abstrato para medir os fatos tributários que, conjugado à alíquota, permite obter a *dívida* tributária."[43] Trata-se, portanto, do padrão, critério ou referência para mensurar um fato tributário[44].

---

40 Segundo Geraldo Ataliba, o sujeito passivo da obrigação tributária "é a pessoa que fica na contingência legal de ter o comportamento objeto da obrigação, em detrimento do próprio patrimônio e em favor do sujeito ativo. É a pessoa que terá diminuição patrimonial, com a arrecadação do tributo." in **Hipótese de Incidência Tributária**. 5ª ed. São Paulo: Malheiros, 1999, p. 77.

41 Em se tratando de sujeito passivo, é possível que a lei atribua tal condição a uma outra pessoa que não fez parte diretamente da relação jurídico-tributária. Neste contexto, a doutrina fala em *sujeito passivo direto* e *sujeito passivo indireto*. O primeiro conceito diz sobre aquele que possui *relação de fato* com a hipótese tributável, afigurando-se essencialmente uma forma de manifestação de sua capacidade contributiva. Em relação ao *sujeito passivo indireto*, tem-se a hipótese na qual a lei atribui a um outro sujeito a responsabilidade pelo pagamento do tributo. Esse terceiro, portanto, não possui uma relação *imediata* ou *direta* com o fato tributável. Sua condição de sujeito passivo é decorrente de lei. Cf. Hugo de Brito Machado. **Curso de Direito Tributário**. 39ª ed. São Paulo: Malheiros, 2018, p. 146.

42 Aires Barreto. **Base de Cálculo, Alíquota e Princípios Constitucionais**. 2ª ed. São Paulo: Max Limonad, 1998, p. 44.

43 Aires Barreto. **Base de Cálculo, Alíquota e Princípios Constitucionais**. 2ª ed. São Paulo: Max Limonad, 1998, p. 53.

44 No entendimento de Paulo de Barros Carvalho, a base de cálculo se apresenta como o "elemento quantitativo do fato jurídico tributário." **Direito Tributário – Fundamentos Jurídicos da Incidência**. 10ª ed. São Paulo: Saraiva, 2018, p. 247.

Por fim, cabe aludir aos aspectos ***temporal*** e ***espacial***. O primeiro refere-se ao **momento de concretização das situações descritas na hipótese tributária**, ao passo que o segundo **identifica as circunstâncias de lugar a que se enlaçam os fatos tributários**[45].

Feitas tais considerações e voltando a premissa inicial, tem-se que o critério jurídico de classificação dos tributos repousa na consistência do aspecto material da *hipótese de incidência tributária*. É, portanto, na materialidade dos fatos descritos na hipótese de incidência, que se pode obter o critério para classificação das espécies tributárias.

Partindo de uma análise comparativa acerca das legislações tributárias existentes, Geraldo Ataliba observou que em todos os casos o aspecto material da hipótese de incidência consiste: a) em uma atividade do poder público (ou numa repercussão desta) ou, ao revés; b) em um ato ou acontecimento completamente indiferente a qualquer atividade estatal. Referida observação permitiu ao ilustre professor classificar todos os tributos em ***vinculados*** **e** ***não vinculados***[46], **em virtude do aspecto**

45 Cf. Aires Barreto. **Base de Cálculo, Alíquota e Princípios Constitucionais**. 2ª ed. São Paulo: Max Limonad, 1998, p. 49.

46 Sacha Calmon Navarro Coelho, ao tratar da classificação dos tributos e ciente das diversas propostas classificatórias existentes no âmbito doutrinário, pontua que "a teoria do tributo *vinculado* ou *desvinculado* a uma atuação estatal do Estado relativamente à pessoa do contribuinte está correta. Está sediada como categoria epistemológica." in **Curso de Direito Tributário**. 12ª ed. Rio de Janeiro: Gen/Forense, 2012, p. 380. Neste mesmo sentido, Paulo de Barros Carvalho informa que "muitos critérios podem orientar uma classificação dos tributos em espécies. As clássicas, mais difundidas, vêm carregadas de fortes conotações extrajurídicas, principalmente econômicas. Esse o motivo pelo qual nos inclinamos por aquela que tem como fonte inspiradora a circunstância de existir, na hipótese normativa, um vínculo entre o fato descrito e uma atuação do Estado (no sentido amplo). Trata-se da classificação dos tributos em vinculados e não vinculados a uma atuação do Poder Público, didaticamente exposta por Geraldo Ataliba. Seu substrato é eminentemente jurídico, pois repousa na observação fiel das hipóteses de incidência de vários tributos, em confronto com as respectivas bases de cálculo. Toda vez que o binômio expressar um acontecimento que envolva atuação do Estado, estaremos diante de um tributo vinculado. Por exemplo: o Estado prestar serviços de assistência médica; o Estado exercitar o poder de polícia, autorizando a realização de um baile; o Estado prestar serviços de abastecimento de águas etc. A vinculação pode ser direta, como nos casos mencionados, ou indireta, como na realização de uma obra pública que suscite valorização dos imóveis adjacentes. Sempre que nos depararmos cum uma vinculação direta, imediata, teremos as taxas, ao passo que a vinculação indireta, mediata, indica a existência de uma contribuição de melhoria, consoante o último exemplo que enunciamos." in **Curso de Direito Tributário.** 29 ed. São Paulo: Saraiva, 2018, pp. 65 e 67.

material da hipótese de incidência consistir ou não no exercício de uma atividade estatal[47].

2.1.1. Tributos vinculados

São **vinculados** todos os tributos cuja **hipótese de incidência consiste numa atuação estatal**. Portanto, as ***taxas, contribuições de melhoria*** e ***contribuições previdenciárias***, são **espécies** do **gênero *tributos vinculados***.

De acordo com o artigo 145, II, da Constituição Federal, as taxas são tributos instituídos "*em razão do exercício do poder de polícia ou pela utilização, efetiva ou potencial, de serviços públicos específicos e divisíveis, prestados ao contribuinte ou postos a sua disposição.*" Percebe-se, portanto, que o aspecto material da taxa diz respeito sempre a uma atuação estatal, seja ela a) *decorrente do exercício do poder de polícia* ou b) *em virtude da prestação de serviços públicos, específicos e divisíveis, ao contribuinte*. Portanto, a hipótese de incidência da taxa será sempre uma atuação estatal *diretamente* referida ao indivíduo que figura no polo passivo da obrigação tributária. O Código Tributário Nacional, em seu artigo 77[48], fornece, também, a conceituação legal de taxa, de forma análoga ao disposto no texto constitucional. Deste modo, **as taxas se constituem em tributo remuneratório dos serviços públicos**, a exemplo da taxa de limpeza urbana, ou ressarcitório das despesas implicadas pelos atos de polícia individualizáveis.

A **contribuição de melhoria**, por sua vez, **é um tributo exigido do particular em virtude do benefício por este auferido decorrente da *valorização imobiliária* gerada por obra pública**. O artigo 81, do Código Tributário Nacional, estabelece o conceito normativo de contribuição de melhoria[49]. De plano, cabe chamar a atenção para o fato de que a definição legal para *contribuição de melhoria* relaciona este conceito

---

47 Geraldo Ataliba. **Hipótese de Incidência Tributária**. 5ª ed. São Paulo: Malheiros, 1999, p. 115.

48 Art. 77. As taxas cobradas pela União, pelos Estados, pelo Distrito Federal ou pelos Municípios, no âmbito de suas respectivas atribuições, têm como fato gerador o exercício regular do poder de polícia, ou a utilização, efetiva ou potencial, de serviço público específico e divisível, prestado ao contribuinte ou posto à sua disposição.

49 Art. 81. A contribuição de melhoria cobrada pela União, pelos Estados, pelo Distrito Federal ou pelos Municípios, no âmbito de suas respectivas atribuições, é instituída para fazer face ao custo de obras públicas de que decorra valorização imobiliária, tendo como limite total a despesa realizada e como limite individual o acréscimo de valor que da obra resultar para cada imóvel beneficiado.

como *fonte de custeio de obras públicas*. Portanto, referida espécie tributária não é instituída para gerar receita aos cofres públicos, mas para custeio de gastos decorrentes da construção de obras públicas. Hugo de Brito Machado fornece uma definição sintética e bastante clara deste tributo: "(...) *a contribuição de melhoria é um tributo vinculado, cujo fato gerador é a valorização do imóvel do contribuinte, decorrente de obra pública*." Com isto, a contribuição de melhoria há de ser paga não em virtude da edificação realizada pelo ente público, mas em razão dos benefícios auferidos pelo particular, em relação ao seu imóvel, decorrente da construção ou reforma de obra pública. Deste modo, a **valorização do imóvel é que se constitui no fato gerador da contribuição de melhoria e não a construção do bem público em si**[50].

Em relação às **contribuições sociais**[51], há de se verificar, em cada espécie isoladamente considerada, se se trata de um tributo imediatamente vinculado ou não a uma prestação estatal. De certo, inexiste um consenso doutrinário sobre a questão, na medida em que as diversas correntes doutrinárias que dispõem sobre a matéria divergem entre si em razão dos múltiplos critérios adotados para a classificação dos tributos. Em relação ao tema em análise, Paulo de Barros Carvalho expressa entendimento no sentido de que "as contribuições são tributos que, como tais, podem assumir a feição de impostos ou de taxas.[52]" Dito de

---

50 Buscando fornecer um conceito mais amplo, Hugo de Brito Machado assevera que "a contribuição de melhoria é a espécie de tributo cujo fato gerador é a valorização do imóvel do contribuinte, decorrente de obra pública, e tem por finalidade a justa distribuição dos encargos públicos, fazendo retornar ao Tesouro Público o valor dispendido com a realização de obras públicas, **ne medida em que destas decorra valorização de imóveis**." in **Curso de Direito Tributário**. 39ª ed. São Paulo: Malheiros, 2018, pp. 449 e 450.

51 O artigo 149, da Constituição Federal, atribui competência exclusiva à União Federal para instituir as seguintes contribuições sociais:
"Art. 149. Compete exclusivamente à União instituir contribuições sociais, de intervenção no domínio econômico e de interesse das categorias profissionais ou econômicas, como instrumento de sua atuação nas respectivas áreas, observado o disposto nos arts. 146, III, e 150, I e III, e sem prejuízo do previsto no art. 195, § 6º, relativamente às contribuições a que alude o dispositivo.
§ 1º Os Estados, o Distrito Federal e os Municípios instituirão contribuição, cobrada de seus servidores, para o custeio, em benefício destes, do regime previdenciário de que trata o art. 40, cuja alíquota não será inferior à da contribuição dos servidores titulares de cargos efetivos da União."
Do enunciado normativo em apreço, é possível identificarmos o fundamento constitucional de validade das a) *contribuições de intervenção no domínio econômico* e; b) *contribuições de interesse de categorias profissionais ou econômicas.*

52 **Curso de Direito Tributário**. 29ª ed. São Paulo: Saraiva, 2018, p. 73.

outro modo, as contribuições podem assumir a natureza de tributos não vinculados ou vinculados. Portanto, conforme salientamos no início deste parágrafo, faz-se necessário analisar cada espécie tributária isoladamente considerada, para aferir tratar-se de um tributo imediatamente vinculado ou não a uma prestação estatal.

Hugo de Brito Machado, ao tratar da classificação dos tributos adotando como critério a *vinculação da atividade estatal*, aponta que os tributos vinculados compreendem as *taxas*, as *contribuições de melhoria* e as *contribuições sociais*[53]. **Na condição de *gênero*, as contribuições sociais compreendem**: a) as **contribuições de intervenção no domínio econômico**; b) as **contribuições de interesse das categorias econômicas ou profissionais** e; c) **contribuições da seguridade social**. Em relação às primeiras, afiguram-se como contribuições sociais de natureza instrumental, na medida em que são instituídas para intervir no domínio econômico. Segundo Hugo de Brito Machado, tais contribuições não se destinam a um fim meramente arrecadatório, no sentido de suprir os cofres públicos de recursos financeiros necessários ao custeio das atividades estatais de cunho ordinário, ou seja, não são instrumentos de arrecadação de meios financeiros, tão-somente. São, efetivamente, mecanismos de intervenção no domínio econômico. Por sua vez, as contribuições sociais de interesse das categorias econômicas ou profissionais, destinam-se a angariar fundos voltados para a organização da própria categoria, viabilizando os recursos financeiros necessários ao funcionamento e desenvolvimento da entidade associativa. Em relação às contribuições da *seguridade social*, são elas instituídas para financiar o próprio sistema de seguridade social, conforme disposto no artigo 195, da Constituição Federal[54].

---

53 **Curso de Direito Tributário**. 39ª ed. São Paulo: Malheiros, 2018, p. 68.

54 "Art. 195. **A seguridade social será financiada por toda a sociedade**, de forma direta e indireta, nos termos da lei, mediante recursos provenientes dos orçamentos da União, dos Estados, do Distrito Federal e dos Municípios, e das seguintes **contribuições sociais**:
I - do empregador, da empresa e da entidade a ela equiparada na forma da lei, incidentes sobre:
a) a folha de salários e demais rendimentos do trabalho pagos ou creditados, a qualquer título, à pessoa física que lhe preste serviço, mesmo sem vínculo empregatício; (Incluído pela Emenda Constitucional nº 20, de 1998)
b) a receita ou o faturamento; (Incluído pela Emenda Constitucional nº 20, de 1998)
c) o lucro; (Incluído pela Emenda Constitucional nº 20, de 1998)
II - do trabalhador e dos demais segurados da previdência social, não incidindo contribuição sobre aposentadoria e pensão concedidas pelo regime geral de previdência social de que trata o art. 201;

2.1.2. Tributos não vinculados

Os impostos são tributos desvinculados de uma atuação do Poder Público. O Código Tributário Nacional, em seu artigo 16, já atesta isto ao proclamar a seguinte definição:

> Art. 16. Imposto é o tributo cuja obrigação tem por fato gerador uma situação independente de qualquer atividade estatal específica, relativa ao contribuinte.

Portanto, o imposto é uma espécie de tributo cujo hipótese de incidência descreve um fato alheio a qualquer atuação do poder público[55]. Logo, **sua hipótese de incidência descreve um fato qualquer que não consista numa atuação por parte do Estado.** Geraldo Ataliba define o imposto "como tributo não vinculado, ou seja, tributo cuja hipótese de incidência consiste na conceituação legal dum fato qualquer que não se constitua numa atuação estatal (art. 16 do CTN): um fato da esfera jurídica do contribuinte."[56]

No campo dos impostos, a Constituição Federal disciplina a competência tributária dos entes federativos da seguinte maneira: **1. União Federal** (art. 153, I a VII): a) imposto de produtos estrangeiros; b) imposto de exportação, para o exterior, de produtos nacionais ou nacionalizados; c) imposto sobre a renda e proventos de qualquer natureza; d) imposto sobre produtos industrializados; e) imposto sobre operações de crédito, câmbio e seguro, ou relativas a títulos ou valores mobiliários; f) imposto sobre a propriedade territorial rural e; g) imposto sobre grandes fortunas. **2. Estados e Distrito Federal** (art. 155, I a III): a) imposto sobre transmissão causa mortis e doação, de quaisquer bens ou direitos; b) imposto sobre operações relativas à circulação de mercadorias e sobre prestações de serviços de transporte interestadual e intermunicipal e de comunicação, ainda que as operações e as prestações se iniciem no exterior e; c) imposto sobre propriedade de veículos automotores. **3. Municípios** (art. 156, I a III): a) imposto sobre propriedade predial e territorial urbana; b) imposto sobre transmissão "inter vivos", a qual-

III - sobre a receita de concursos de prognósticos.
IV - do importador de bens ou serviços do exterior, ou de quem a lei a ele equiparar." (destaque nosso)

55 Cf. Paulo de Barros Carvalho. **Curso de Direito Tributário**. 29ª ed. São Paulo: Saraiva, 2018, p. 66.

56 **Hipótese de Incidência** Tributária. 5ª ed. São Paulo: Malheiros, 1999, p. 121.

quer título, por ato oneroso, de bens imóveis, por natureza ou acessão física, e de direitos reais sobre imóveis, exceto os de garantia, bem como cessão de direitos a sua aquisição e; c) imposto sobre serviços de qualquer natureza.

3. Das imunidades tributárias

As imunidades são obstáculos à incidência da norma jurídica instituidora do tributo. No ordenamento jurídico, estão localizadas na Constituição Federal. Portanto, as normas constitucionais *imunizam* a incidência da norma tributária em relação a determinadas hipóteses fáticas por ela delineadas, é dizer, impedem que o legislador defina como hipótese de incidência aquilo que a Constituição imunizou. Portanto, tudo aquilo que é protegido pela imunidade tributária, não pode ser objeto de tributação. No entendimento de Hugo de Brito Machado, trata-se de hipótese de *"limitação da competência tributária."*[57] Neste sentido, através das imunidades tributárias, a Constituição estabelece tudo aquilo que não pode ser alvo de tributação, é dizer, todas as circunstâncias fáticas que são excluídas da hipótese de incidência da norma tributária. Portanto, a Lei Fundamental *limita* o exercício da competência dos entes federativos em relação à instituição de tributos incidentes sobre determinadas situações do mundo fenomênico, objetivando a realização de determinados valores perseguidos pelo constituinte originário[58]. Apesar da divergência doutrinária acerca da imunidade se constituir ou não, numa restrição ao exercício da competência tributária, é certo,

57 Segundo Hugo de Brito Machado, "há quem afirme, é certo, que a imunidade não é uma limitação da competência tributária porque não é *posterior* à outorga desta. Se toda atribuição de competência importa uma limitação, e se a regra que imuniza participa da demarcação da competência tributária, resulta evidente que a imunidade é uma limitação dessa competência." **Curso de Direito Tributário.** 39ª ed. São Paulo: Malheiros, 2018, p. 288.

58 Paulo de Barros Carvalho, ao analisar se as imunidades tributárias se configuram valores ou limites-objetivos impostos pelo sistema constitucional tributário, aduz o seguinte:
"As imunidades tributárias são verdadeiros limites-objetivos, pois caracterizam-se como regras específicas que perseguem a realização de determinados valores. O escopo último da imunidade é exatamente garantir aqueles fins considerados relevantes pelo constituinte, sejam eles de natureza social, política, religiosa, educacional ou outro que se entenda ter merecido sua atenção especial." in **Derivação e Positivação no Direito Tributário**. 2ª ed. Volume I. São Paulo: Noeses, 2014, p. 192.

afirma Hugo de Brito Machado, "que a regra de imunidade estabelece exceção.[59]"

Ao tempo em que a Constituição define o tributo, especificando determinados elementos que permitem ao legislador delimitar a hipótese de incidência da norma tributária, estabelece, concomitantemente, a norma de imunidade, que incide sobre um dos elementos da referida hipótese de incidência, afastando sua aplicação nos específicos casos por ela estabelecidos. Na esteira do que fora afirmado por Hugo de Brito Machado, a norma imunizante estabelece aquilo que se constitui exceção à incidência da norma jurídica tributária. **Não se confunde**, portanto, **com a *isenção***, ora compreendida como *exceção legal* à norma jurídica tributária. Essencialmente, a **distinção entre *isenção* e *imunidade tributária* radica na posição desta última no ordenamento jurídico, ora situada no âmbito constitucional, ao passo que as isenções são de natureza *legal***[60]. Em comum, aponta-se o fato de que tanto na *imunidade* quanto na *isenção*, inexiste "o dever prestacional tributário,

59 **Curso de Direito Tributário.** 39ª ed. São Paulo: Malheiros, 2018, p. 288.

60 As imunidades tributárias não se confundem com as isenções. Formalmente, as *imunidades* operam no plano constitucional, ao passo que as *isenções* estão situadas em nível infraconstitucional. Hugo de Brito Machado, ao dispor sobre o tema, insere também o conceito de *não incidência tributária*. O autor apresenta o seguinte resumo para expor a distinção entre *imunidades, isenções* e *não incidência tributárias*:

"(a) *Isenção* é exceção feita por lei à regra jurídica de tributação.

(b) *Não incidência* é a situação em que a regra jurídica de tributação não incide porque não se realiza a sua hipótese de incidência, ou, em outras palavras, não se configura o seu suporte fático. Pode ser: *pura* e *simples*, se resulta da clara inocorrência do suporte fático da regra de tributação; ou *juridicamente qualificada*, se existe uma regra jurídica expressa dizendo que não se configura, no caso, a hipótese de incidência tributária. A não incidência, mesmo quando juridicamente qualificada, não se confunde com a isenção, por ser mera explicitação que o legislador faz, para maior clareza, de que não se configura, naquele caso, a hipótese de incidência. A rigor, a norma que faz tal explicitação poderia deixar de existir sem que nada se alterasse. Já, a norma de *isenção*, porque retira parcela da hipótese de incidência, se não existisse o tributo seria devido.

(c) *Imunidade* é o obstáculo criado por uma norma da Constituição que impede a incidência de lei ordinária de tributação sobre determinado fato, ou em detrimento de determinada pessoa, ou categoria de pessoas.

É possível dizer-se que a *imunidade* é uma forma qualificada de *não incidência*. Realmente, se há imunidade, a lei tributária *não incide*, porque é impedida de fazê-lo pela norma superior, vale dizer, pela norma da Constituição." in **Curso de Direito Tributário.** 39ª ed. São Paulo: Malheiros, 2018, p. 233.

aspecto que justifica o paralelismo entre as instituições.[61]" São, portanto, categorias jurídicas distintas, inexistindo qualquer relação entre si.

Paulo de Barros Carvalho, ao proceder a um *recorte material* com base nos elementos jurídicos substanciais à natureza da *imunidade*, passa a defini-la como "*a classe finita e imediatamente determinável de normas jurídicas, contidas no texto da Constituição da República, e que estabelecem, de modo expresso, a incompetência das pessoas políticas de direito constitucional interno para expedir regras instituidoras de tributos que alcancem situações específicas e suficientemente caracterizadas.*[62]" Trata-se de uma "*classe finita e imediatamente determinável de normas jurídicas*" em virtude das imunidades estarem todas explicitadas na Constituição Federal, daí podermos afirmar tratar-se de *numerus clausus.* Portanto, **tudo aquilo que a Constituição não permitiu tributar, estará implicitamente proibido**[63]. **As normas jurídicas que traduzem as imunidades tributárias possuem natureza constitucional.** Deste modo, o *locus* normativo das imunidades é a Lei Fundamental, daí não se poder falar de imunidade tributárias em sede de direito infraconstitucional[64]. Tais normas constitucionais recaem sobre um dos ele-

---

61 Sobre o paralelo existente entre *imunidade* e *isenção*, Paulo de Barros Carvalho afirma "tratar-se de proposições normativas (...) diferentes", sendo possível indicar apenas três (03) notas comuns: 1) a circunstância de serem normas jurídicas válidas no sistema; 2) integrarem a classe das normas de estrutura e; 3) versarem sobre matéria tributária. Portanto, excluídas tais notas, existe uma distância abissal separando a *imunidade* da *isenção* tributária. in **Curso de Direito Tributário**. 29ª ed. São Paulo: Saraiva, 2018, p. 207.

62 **Curso de Direito Tributário**. 29ª ed. São Paulo: Saraiva, 2018, p. 205.

63 Paulo de Barros Carvalho, **Curso de Direito Tributário**. 29ª ed. São Paulo: Saraiva, 2018, p. 205.

64 No entendimento de Sacha Calmon Navarro Coelho, "a imunidade é uma heterolimitação ao poder de tributar. A vontade que proíbe é a do constituinte. A imunidade habita exclusivamente no edifício constitucional.
A isenção é heterônoma quando o legislador de uma ordem de governo, com permissão constitucional, proíbe ao legislador de outra ordem de governo o exercício do poder de tributar. A distinção em relação à imunidade, na espécie, é feita a partir da hierarquia normativa. Enquanto a norma imunitória é constitucionalmente qualificada, a norma isencional heterônoma é legalmente qualificada (lei complementar da Constituição)." in **Curso de Direito Tributário**. 12ª ed. Rio de Janeiro: Gen/Forense, 2012, p. 135. Sobre as *isenções tributárias*, José Souto Maior Borges aduz que "em virtude do princípio da supremacia da Constituição, a teoria jurídica da isenção tributária há de apoiar-se, como se viu, em normas constitucionais que autorizam e delimitam o exercício da competência tributária pelo legislador ordinário. Radica na própria Constituição Federal o poder de isentar." in **Teoria Geral da Isenção Tributária**. 3ª ed. São Paulo: Malheiros, 2001, p. 31.

mentos que compõem a hipótese de incidência tributária. Deste modo, a Constituição prescreve tudo aquilo que não pode ser objeto de tributação, enumerando todas as situações concretas que não poderão sofrer a incidência da norma tributária. Logo, sob tal perspectiva, as *imunidades* afiguram-se como limitações constitucionais ao poder de tributar, positivadas no artigo 150, VI, da Constituição Federal. Passaremos a analisar cada imunidade tributária prevista na Lei Fundamental.

3.1. Imunidade recíproca

A imunidade recíproca revela a proibição destinada aos entes federativos no sentido de instituir impostos sobre patrimônio, renda ou serviços, uns dos outros. Prevista no artigo 150, VI, "a", a norma constitucional busca a preservação do pacto federativo, assentada no princípio da igualdade entre os entes que compõem o Estado Federal brasileiro[65]. Veda, portanto, que uma determinada unidade federativa institua tributos sobre o patrimônio, renda ou serviço de um outro ente da federação. No entendimento de Paulo de Barros Carvalho, "a imunidade recíproca, prevista no art. 150, VI, *a*, da Constituição é uma decorrência pronta e imediata do postulado da isonomia dos entes constitucionais, sustentado pela estrutura federativa do Estado brasileiro e pela autonomia dos Municípios." Ora, na medida em que todos retiram da Constituição o seu respectivo suporte de existência, tem-se por consequência lógica uma relação de igualdade jurídica entre eles, equivalência esta que se reflete no campo das imunidades tributárias. Logo, "encerraria imensa contradição imaginar o princípio da paridade jurídica daquelas entidades e, simultaneamente, conceder pudessem elas exercitar suas competências impositivas sobre o patrimônio, a renda e os serviços, umas em relação às outras.[66]"

De acordo com o §2°, do artigo 150, da Constituição Federal, a garantia da imunidade recíproca é extensiva às autarquias e às fundações instituídas e mantidas pelo Poder Público, no que se refere ao patrimô-

---

65 Para Hugo de Brito Machado, "a imunidade recíproca é uma forma de expressão do princípio federativo. Não se pode conceber uma Federação sem a imunidade tributária recíproca. Assim a regra da imunidade está protegida contra possível emenda constitucional, por força do disposto no art. 60, §4°, I, da CF de 1988, segundo o qual 'não será objeto de deliberação a proposta de emenda tendente a abolir (...) a forma federativa de Estado.'" in **Curso de Direito Tributário**. 39ª ed. São Paulo: Malheiros, 291.

66 Paulo de Barros Carvalho. **Direito Tributário, Linguagem e Método**. 7ª ed. São Paulo: Noeses, 2018, p. 386.

nio, à renda e aos serviços, vinculados a suas finalidades essenciais ou às delas decorrentes. Logo, a imunidade, além de abranger as autarquias e fundações criadas e mantidas pelo Poder Público, apenas beneficiará tais entidades desde que o seu patrimônio, renda e serviços estejam vinculados a suas finalidades essenciais ou às delas decorrentes. Do contrário, não haverá incidência da norma constitucional que confere imunidade tributárias às mencionadas instituições.

Portanto, em virtude das imunidades tributárias estarem situadas no cerne do *princípio federativo*, se constitui em matéria petrificada, não podendo ser objeto de deliberação proposta de emenda que tenda a suprimi-las do texto constitucional, consoante disposto no artigo 60, §4°, da Constituição Federal[67]. É oportuno ressaltar, também, que o Supremo Tribunal Federal – STF possui entendimento no sentido de que "o princípio da imunidade tributária recíproca (que veda à União, aos Estados, ao Distrito Federal e aos Municípios a instituição de impostos sobre o patrimônio, rendas ou serviços uns dos outros) é garantia da Federação (art. 60, § 4º, I, e art. 150, VI, *a*, da CF)[68]". Deste modo, é vedado à União, aos Estados, ao Distrito Federal e aos Municípios, instituir impostos sobre o patrimônio, renda ou serviços, uns dos outros.

3.2. Imunidade sobre templos de qualquer culto

A Constituição Federal confere imunidade tributária aos templos de qualquer culto. Referida garantia encontra-se insculpida no artigo 150, VI, "b", da Constituição Federal, que veda a instituição de impostos sobre "templos de qualquer culto." Com isto, **buscou o constituinte preservar o direito fundamental à liberdade religiosa, afastando qualquer possibilidade de intervenção estatal neste domínio**. É importante consignar que a imunidade tributária não incide apenas sobre os *templos* religiosos, é dizer, sobre as edificações religiosas, mas sobre toda a renda e serviços relacionados às suas finalidades essenciais, a exemplo da utilização de um imóvel destinado a servir de templo para celebração de missas ou de um veículo cujo fim esteja voltado para pro-

---

67 "Art. 60. (...)
§ 4º Não será objeto de deliberação a proposta de emenda tendente a abolir:
I - a forma federativa de Estado;
II - o voto direto, secreto, universal e periódico;
III - a separação dos Poderes;
IV - os direitos e garantias individuais." (destaque nosso)

68 ADI 939, rel. min. Sydney Sanches, d. j. em 15.12.93.

moção de assistência social por parte da igreja, consoante disposto no art. 150, §4°, da Constituição Federal[69].

De acordo com o entendimento firmado pelo Supremo Tribunal Federal - STF, é ***dever*** do **Estado**, para efeitos de tributação dos *templos religiosos*, **demonstrar que as atividades, edificações, rendas ou serviços por estes prestados, não guardam relação com suas finalidades essenciais**. Dito de outro modo, é possível a tributação dos templos religiosos, rendas ou serviços pelos mesmos realizados, desde que a instituição eclesiástica esteja a eles atribuindo uma finalidade distinta daquela relativa à sua finalidade essencial. Deste modo, compete ao Estado, para efeitos de tributação, demonstrar que a instituição eclesiástica está conferindo aos seus templos, rendas ou serviços, destinação diversa daquela relativa aos seus fins institucionais. Este foi o entendimento consignado no ARE n° 800.395[70], Rel. Min. Roberto Barroso e no ARE n° 759.977[71], sob a relatoria da Mina. Carmen Lucia Antunes Rocha.

3.3. Imunidades dos partidos políticos, das instituições educacionais e assistenciais

A Constituição Federal, em seu artigo 150, VI, "c", assegura aos partidos políticos, inclusive suas fundações, às entidades sindicais dos trabalhadores, às instituições de educação e de assistência social, sem fins

69 "Art. 150. (...)
(...)
§ 4º - As vedações expressas no inciso VI, alíneas «b» e «c», compreendem somente o patrimônio, a renda e os serviços, relacionados com as finalidades essenciais das entidades nelas mencionadas."

70 "AGRAVO REGIMENTAL EM RECURSO EXTRAORDINÁRIO COM AGRAVO. IMUNIDADE TRIBUTÁRIA DE TEMPLOS RELIGIOSOS. IPTU. IMÓVEL VAGO. DESONERAÇÃO RECONHECIDA. O Supremo Tribunal Federal consolidou o entendimento de que não cabe à entidade religiosa demonstrar que utiliza o bem de acordo com suas finalidades institucionais. Ao contrário, compete à Administração tributária demonstrar a eventual tredestinação do bem gravado pela imunidade. Nos termos da jurisprudência da Corte, a imunidade tributária em questão alcança não somente imóveis alugados, mas também imóveis vagos. Agravo regimental a que se nega provimento." (ARE 800.395 AgR, rel. Min. Roberto Barroso, d. j. em 28.10.14, 1ª Turma, STF)

71 "AGRAVO REGIMENTAL NO RECURSO EXTRAORDINÁRIO COM AGRAVO. DIREITO TRIBUTÁRIO. IMUNIDADE TRIBUTÁRIA. IMPOSTO PREDIAL E TERRITORIAL URBANO - IPTU. ART. 150, INC. VI, ALÍNEA C, DA CONSTITUIÇÃO DA REPÚBLICA. EXTENSÃO AOS IMÓVEIS VAGOS E ALUGADOS. PRECEDENTES. AGRAVO REGIMENTAL AO QUAL SE NEGA PROVIMENTO." (ARE 759.977 AgR, rel. Minª Cármen Lúcia, d. j. em 24.09.13, 2ª Turma, STF)

lucrativos, imunidade sobre o respectivo patrimônio, renda ou serviços, observados os requisitos previstos em lei.

A **não tributação dos partidos políticos tem na sua base a preservação do ideal democrático**, de modo a evitar qualquer ingerência do Estado no âmbito de autonomia dos partidos políticos, consoante disposto no artigo 17[72] da Constituição Federal.

Por sua vez, as instituições educacionais e assistenciais, sem fins lucrativos, são abrangidas pela imunidade tributária prevista no artigo 150, VI, "c", da nossa Lei Fundamental.

O Código Tributário Nacional, em seu artigo 14, I, II e III, impõe a observância dos seguintes requisitos para que as instituições elencadas no artigo 150, VI, "c", da Constituição Federal, possam gozar do benefício da imunidade tributária: a) não distribuírem qualquer parcela de seu patrimônio ou de suas rendas, a qualquer título; b) aplicarem integralmente, no País, os seus recursos na manutenção dos seus objetivos institucionais e; c) manterem escrituração de suas receitas e despesas em livros revestidos de formalidades capazes de assegurar sua exatidão. Deste modo, **para que tais instituições possam fazer *jus* ao benefício da imunidade tributária, deverão comprovar o preenchimento dos requisitos exigidos pelo artigo 14 do Código Tributário Nacional**. Neste sentido, referido dispositivo legal *contém*, *restringe*, os efeitos da norma constitucional tributária, afigurando-se esta como de *eficácia limitada*[73].

3.4. Imunidades sobre livros, jornais, periódicos e o papel destinado à sua impressão

O artigo 150, VI, "d", confere imunidade tributária aos livros, jornais, periódicos e o papel destinado a sua impressão. A pretensão do constituinte originário foi a de facilitar o acesso ao conhecimento e à informação reduzindo o custo final dos *veículos* de difusão do saber, buscando, com isto, promover um nível mais elevado de educação. Segundo Paulo de Barros Carvalho, "qualquer livro ou periódico, e bem assim o papel utilizado para sua impressão, sem restrições ou reservas, estarão à margem dos anseios tributários do Estado, no que concerne aos impos-

72 "Art. 17. É livre a criação, fusão, incorporação e extinção de partidos políticos, resguardados a soberania nacional, o regime democrático, o pluripartidarismo, os direitos fundamentais da pessoa humana e observados os seguintes preceitos: (...)"

73 Cf. Paulo de Barros Carvalho. **Curso de Direito Tributário**. 29ª ed. São Paulo: Saraiva, 2018, p. 211.

tos.[74]" Portanto, será imune toda atividade ou produto do qual se utilize as editoras ou empresas de comunicação, com o propósito de difundir a informação ou conhecimento. Nesta hipótese, o intérprete deverá levar em conta o aspecto teleológico da norma constitucional, é dizer, o fim ou valor que ela busca promover. Deste modo, a imunidade alcança todos os meios necessários à produção dos objetos descritos na norma constitucional em análise[75].

---

74 Paulo de Barros Carvalho. **Curso de Direito Tributário**. 29ª ed. São Paulo: Saraiva, 2018, p. 211.

75 Para Hugo de Brito Machado, "a imunidade do livro, jornal ou periódico e do papel destinado à sua impressão, há de ser entendida em seu sentido finalístico. E o objetivo da imunidade poderia ser frustrado se o legislador pudesse tributar qualquer dos meios indispensáveis à produção dos objetos imunes. Ou qualquer ato que tenha por fim colocar esses objetos em seu destino final. A venda ou distribuição, a qualquer título, de livro, jornal ou periódico, não podem ser tributados. Assim, a imunidade, para ser efetiva, abrange todo o material necessário à confecção do livro, do jornal ou do periódico. Não apenas o exemplar deste ou daquele, materialmente considerado, mas o conjunto. Por isso, nenhum imposto pode incidir sobre qualquer insumo, ou mesmo sobre qualquer dos instrumentos, ou equipamentos, que sejam destinados exclusivamente à produção desses objetos." **Curso de Direito Tributário**. 39ª ed. São Paulo: Malheiros, 2018, p. 295. Durante a minha graduação em direito na Universidade Católica de Pernambuco - UNICAP, cumpri dois anos de estágio junto a 1ª Turma do Tribunal Regional Federal da 5ª Região, à época composta pelos magistrados Hugo de Brito Machado, Ridalvo Costa e Petrúcio Ferreira da Silva. Toda semana, ia assistir às sessões de julgamento. Numa das ocasiões, lembro-me que o objeto da apelação cível dizia sobre imunidade tributária dos jornais. Ao pronunciar o seu voto, o Des. Hugo de Brito Machado foi enfático ao afirmar que, caso entendesse que o whisky comprado pela empresa de comunicação fosse necessário para difundir a informação, de modo a tornar esta a todos acessível, também estaria albergado pela imunidade tributária. Percebe-se que referido entendimento, de cunho finalístico, prevalece até a presente data na concepção do ilustre Professor, conforme se depreende de trecho de sua obra:
"A melhor interpretação das normas da Constituição é aquela capaz de lhes garantir a máxima efetividade. Toda imunidade tem por fim a realização de um princípio que o constituinte considerou importante para a Nação. A imunidade dos livros, jornais e periódicos tem por fim assegurar a liberdade de expressão do pensamento e a disseminação da cultura. Como é inegável que os meios magnéticos, produtos da moderna tecnologia, são hoje de fundamental importância para a realização desse mesmo objetivo, a resposta afirmativa se impõe. O entendimento contrário, por mais respeitáveis que sejam, e são, os seus defensores, leva a norma imunizante a uma forma de esclerose precoce, inteiramente incompatível com a doutrina do moderno constitucionalismo, especialmente no que concerne à interpretação especificamente constitucional." **Curso de Direito Tributário**. 39ª ed. São Paulo: Malheiros, 2018, p. 295.

3.5. Imunidades sobre fonogramas e videofonogramas musicais produzidos no Brasil

Por fim, tem-se a imunidade inserida pela Emenda Constitucional nº 75/13, versando sobre "fonogramas e videofonogramas musicais produzidos no Brasil contendo obras musicais ou literomusicais de autores brasileiros e/ou obras em geral interpretadas por artistas brasileiros bem como os suportes materiais ou arquivos digitais que os contenham, salvo na etapa de replicação industrial de mídias ópticas de leitura a laser.[76]" O propósito da norma constitucional consiste na valorização dos artistas nacionais e suas respectivas obras musicais ou literomusicais. Buscou, portanto, o constituinte reformador, proteger o patrimônio artístico e cultural brasileiro.

3.6. Imunidades de taxas e de contribuições

Se as imunidades se configuram como obstáculos à incidência da norma jurídica instituidora do tributo, é possível encontrar na Constituição Federal outras hipóteses de imunidades tributárias que não apenas aquelas elencadas em seu artigo 150. A título de exemplo, citemos aquelas relativas às taxas, previstas no artigo 5°, XXXIV[77] e no artigo 226, §1°[78], todos da Constituição Federal.

Em relação às contribuições sociais, a Constituição instituiu em seu artigo 195, §7°[79], imunidades destinadas às entidades beneficentes de assistência social que atendam às exigências estabelecidas em lei.

---

76 Artigo 150, VI, "e", da Constituição Federal.

77 "XXXIV - são a todos assegurados, **independentemente do pagamento de taxas**:
a) o direito de petição aos Poderes Públicos em defesa de direitos ou contra ilegalidade ou abuso de poder;
b) a obtenção de certidões em repartições públicas, para defesa de direitos e esclarecimento de situações de interesse pessoal;" (destaque nosso)

78 "Art. 226. A família, base da sociedade, tem especial proteção do Estado.
§ 1º O casamento é civil e gratuita a celebração."

79 "§ 7º São isentas de contribuição para a seguridade social as entidades beneficentes de assistência social que atendam às exigências estabelecidas em lei." Embora a Lei Fundamental tenha se utilizado do termo *"isenção"*, trata-se de hipótese relativa à imunidade tributária.

4. Da Competência Tributária

A forma federativa de Estado é instituída, no plano normativo, pela Constituição Federal. Em seu artigo 1°, a Lei Fundamental estabelece que "a República Federativa do Brasil, formada pela união indissolúvel dos Estados e Municípios e do Distrito Federal, constitui-se em Estado Democrático de Direito e tem como fundamentos:" Por sua vez, o artigo 18 dispõe que "a organização político-administrativa da República Federativa do Brasil compreende a União, os Estados, o Distrito Federal e os Municípios, todos autônomos, nos termos desta Constituição." Com base nos dois dispositivos constitucionais trazidos a colação, tem-se que o Brasil instituiu a *federação* como forma de Estado, compreendendo este (Estado Federal Brasileiro), na condição de ente dotado de soberania, a União Federal, os Estados-membros, os Municípios e do Distrito Federal. São, portanto, unidades políticas dotadas de *autonomia*, de modo a retirar da Constituição suas respectivas atribuições e competências.

Deste modo, a Constituição Federal, na medida em que implementa normativamente o *pacto federativo*, consubstancia as normas que delimitam as respectivas competências tributárias das unidades políticas que compõem o Estado Federal. Portanto, a atribuição de competência compõe a própria organização jurídica do Estado. No entendimento de Hugo de Brito Machado, a **competência tributária** corresponde à delimitação jurídica do poder tributário, sendo que o instrumento de atribuição das respectivas competências, em um Estado Federal, é a Constituição[80]. Trata-se, portanto, do *"poder impositivo juridicamente delimitado, e, sendo o caso, dividido."*[81]

No entendimento de André Portella, a competência tributária se traduz na prerrogativa de instituir o dever jurídico de pagar tributos[82]. O Código Tributário Nacional, em seu artigo 6°, estabelece o seguinte:

---

80 Devemos destacar novamente que a *competência tributária* não se confunde com a *capacidade tributária*. Para Hugo de Brito Machado, "a competência tributária é atribuída pela Constituição a um ente estatal dotado de poder legislativo. É exercida mediante a edição de lei. Já a capacidade tributária é atribuída pela Constituição, ou por uma lei, a ente estatal não necessariamente dotado de poder legislativo. É exercida mediante atos administrativos." in **Curso de Direito Tributário**. 39ª ed. São Paulo: Malheiros, 2018, p. 29.

81 Hugo de Brito Machado. **Curso de Direito Tributário**. 39ª ed. São Paulo: Malheiros, 2018, p. 39.

82 Competência tributária ou *poder tributário*, para André Portella, significa "a prerrogativa outorgada pela Constituição ao Estado, possibilitando-lhe a criação de prestações pecuniárias coercitivas a serem cobradas aos cidadãos

"Art. 6° A atribuição constitucional de competência tributária compreende a competência legislativa plena, ressalvadas as limitações contidas na Constituição Federal, nas Constituições dos Estados e nas Leis Orgânicas do Distrito Federal e dos Municípios, e observado o disposto nesta Lei.

Parágrafo único: Os tributos cuja receita seja distribuída, no todo ou em parte, a outras pessoas jurídicas de direito público pertence à competência legislativa daquela a que tenham sido atribuídas."

Portanto, a **competência tributária** compreende a instituição, majoração ou redução do regime tributário, sendo, nos termos do artigo 7° do Código Tributário Nacional, ***indelegável***.

4.1. Características da Competência Tributária

A **competência tributária**, segundo Roque Carrazza, compreende seis características: a) **privatividade**; b) **indelegalibilidade**; c) **irrenunciabilidade**; d) **incaducabilidade**; e) **inalterabilidade** e; f) **facultatividade do exercício**[83].

Entende-se por **competência privativa** aquela que é própria de um ente político, a que lhe é reservada com **exclusividade.** Neste sentido, a competência tributária atribuída a uma unidade federativa ***exclui*** a possibilidade de um outro ente exercê-la por delegação. Portanto, somente aquela unidade política que recebeu da Constituição uma dada competência tributária é que poderá exercê-la.

Em relação à **indelegabilidade**, tem-se que a pessoa jurídica de direito público interno, que recebeu da Lei Fundamental competência para instituir determinado tributo, encontra-se vedada em transferir referida atribuição a uma outra pessoa jurídica. Deste modo, a competência atribuída pela Constituição Federal, em sede de tributação, apenas pode ser exercida pelo ente político que originariamente à detém, é dizer, que recebeu ***primariamente*** da Lei Fundamental referida

---

em geral. Seria o próprio poder de legislar em matéria tributária." in "*Competência Tributária*". Carlos Valder do Nascimento e André Portella. **Comentários ao Código Tributário Nacional.** 7ª ed. Rio de Janeiro: Gen/Forense, 2008, p. 30.

83 **Curso de Direito Constitucional Tributário.** 12ª ed. São Paulo: Malheiros, 1999, pp. 339 e ss.

competência[84-85]. Ora, se a Constituição Federal estabeleceu um rígido mecanismo de distribuição de competências entre os entes políticos que compõem a federação, informando as espécies tributárias que a cada qual corresponde instituir, buscando evitar, com isto, conflitos de atribuições, força reconhecer a indelegabilidade e, por idêntica razão, a **irrenunciabilidade**.

A **incaducabilidade** é uma outra característica cujo fato essencial reside no tempo. Tal nota revela que o não exercício da competência tributária ao longo do tempo, não a extingue. Prova maior disso é a competência privativa da União Federal para, através de lei complementar, instituir imposto sobre grandes fortunas, conforme previsto no artigo 153, VII, da Constituição Federal. O fato da União Federal não ter, até a presente data, instituído referida espécie tributária, não implica na extinção de sua competência em razão da falta de exercício. A qualquer momento que considerar oportuno, poderá o Congresso Nacional, com fundamento no artigo 153, VII, instituir o imposto sobre grandes fortunas. É oportuno lembrar que a atribuição conferida pela Constituição ao Congresso Nacional, no sentido de exercer a sua função típica - legislar - não deve ser entendida como *dever jurídico* do Poder Legislativo, mas como *faculdade de legislar*.[86]

---

84 Hugo de Brito Machado afirma ser "indelegável a competência tributária. A pessoa jurídica à qual tenha a Constituição atribuído competência para instituir certo tributo não pode transferir essa competência. Admitir a delegação de competência para instituir tributo é admitir seja a Constituição alterada por normas infraconstitucionais. Tal delegação somente seria possível se norma da própria Constituição o autorizasse. É razoável, todavia, admitir-se a delegação, a outra pessoa jurídica de direito público, das funções de arrecadar ou fiscalizar tributos, ou de executar leis, serviços, atos ou decisões administrativas em matéria tributária (CTN, art. 7°)." **Curso de Direito Tributário**. 39ª ed. São Paulo: Malheiros, 2018, p. 277.

85 Ao analisar a atribuição constitucional da competência tributária, José Afonso da Silva pontua que "a competência tributária é discriminada pela Constituição entre a União, os Estados, o Distrito Federal e os Municípios. Compreende a competência legislativa plena e é indelegável, salvo as funções de arrecadar ou fiscalizar tributos ou de executar leis, serviços, atos ou decisões administrativas em matéria tributária e outras de cooperação entre essas entidades públicas, conforme dispuser lei complementar (art. 23, parágrafo único)." in **Comentário Contextual à Constituição.** São Paulo: Malheiros, 2005, p. 661.

86 Sobre a *incaducabilidade*, Paulo de Barros Carvalho aduz o seguinte:
"A Constituição existe para durar no tempo. Se o não uso da faixa de atribuições fosse perecível, o próprio Texto Supremo ficaria comprometido, posto na contingência de ir perdendo parcelas de seu vulto, à medida que o tempo fluísse e os poderes recebidos pelas pessoas políticas não viessem a ser acionadas, por qualquer razão histórica que se queira imaginar. Impõe-se, portanto, a perenidade das

A **inalterabilidade**, como soa evidente, decorre da própria lógica do sistema. Em sendo a Constituição Federal a Lei Maior do ordenamento jurídico, definidora de toda organização política estatal, resta vedada qualquer possibilidade de alteração no sistema constitucional tributário através de lei. Além disto, **qualquer alteração, através de emenda constitucional, que interfira na essência do sistema federativo fiscal, há de ser considerada inválida**. Logo, é possível que ocorra alteração na competência tributária, desde que mantida a essência do sistema tributário, o que perpassa pela autonomia financeira dos entes políticos da federação. Ou seja, qualquer alteração que implique na diminuição da autonomia político-financeira da unidade federativa, há de ser considerada inconstitucional.

Resta, por fim, a nota da *facultatividade*, já aludida quando abordamos a *incaducabilidade*. Aduzimos, pois, que a atribuição conferida pela Constituição ao Congresso Nacional, no sentido de exercer a sua função típica - legislar - não deve ser entendida como *dever jurídico* do Poder Legislativo, mas como **faculdade de legislar**. Portanto, **o não exercício desta função típica não gera nenhum prejuízo em sede de competência legislativa tributária, afigurando-se como uma decisão política do legislador decidir pelo momento mais oportuno para edição da lei tributária**.

4.2. Competência Tributária da União Federal

A competência tributária da União encontra-se disciplinada nos artigos 153 e 154, da Constituição Federal. Em relação aos impostos, o artigo 153 fornece o rol de fatos jurídicos que faz nascer a obrigação tributária do contribuinte junto à União Federal. Portanto, em conformidade ao disposto no artigo 153 da nossa Lei Fundamental, compete à União instituir impostos sobre: a) **importação de produtos estrangeiros**; b) **exportação, para o exterior, de produtos nacionais ou nacionalizados**; c) **produtos industrializados**; d) **renda e proventos de qualquer natureza**; e) **operações de crédito, câmbio e seguro, ou relativas a títulos ou valores mobiliários**; f) **propriedade territorial rural** e; g) **grandes fortunas, nos termos de lei complementar**.

---

competências, que não poderiam ficar submetidas ao jogo instável dos interesses e dos problemas por que passa determinada sociedade." **Curso de Direito Tributário**. 29ª ed. São Paulo: Saraiva, 2018, p. 237.

4.2.1. Imposto de importação de produtos estrangeiros

O imposto de importação de produtos estrangeiros encontra-se disciplinado nos artigos 19 a 22 do CTN. O aludido imposto tem como **fato gerador** da obrigação tributária a entrada de produtos estrangeiros em território nacional, nos termos do artigo 19 do CTN. O imposto possui duas espécies de alíquotas, sendo uma denominada *específica* e a outra *ad valorem*.

Nos termos do art. 20, I, do CTN, quando a alíquota for *específica*, a **base de cálculo** do imposto será a unidade de medida adotada pela lei tributária para o caso concreto. Por sua vez, quando a alíquota for *ad valorem*, a base de cálculo do imposto será o preço normal que o produto, ou seu similar, alcançaria, ao tempo da importação, em uma venda em condições de livre concorrência, para entrega no porto ou lugar de entrada do produto no País (CTN, 20, II). Por último, na hipótese de tratar-se de produto apreendido ou abandonado, levado a leilão, a base de cálculo corresponderá ao preço da arrematação (CTN, 20, III).

Em relação ao **contribuinte**, o artigo 22, I, do CTN, determina que será o importador, ou quem a lei a ele equiparar, ou o arrematante de produtos apreendidos ou abandonadas (art. 22, II, CTN). Portanto, todo aquele que importar produtos do estrangeiro, seja pessoa jurídica ou física, será o contribuinte da obrigação tributária.

4.2.2. Imposto de exportação

O imposto de exportação está disciplinado entre os artigos 23 a 28 do CTN. O seu **fato gerador** é a saída do território nacional para o estrangeiro de produtos nacionais ou nacionalizados (art. 23, CTN). De forma similar ao imposto de importação, o imposto de exportação possui duas espécies de alíquotas: a) *específica* e; b) *ad valorem*.

No tocante a **base de cálculo** do imposto, o artigo 24, I, do CTN, determina que será a unidade de medida adotada pela lei tributária, na hipótese da alíquota ser específica. Por sua vez, quando a alíquota for *ad valorem*, a base de cálculo será o preço normal que o produto, ou seu similar, alcançaria, ao tempo da exportação, em uma venda em condições de livre concorrência (art. 24, II, CTN).

O artigo 27, do CTN, estabelece que o **contribuinte** do imposto é o exportador ou quem a lei a ele equiparar.

4.2.3. Imposto sobre produtos industrializados

O imposto sobre produtos industrializados tem o seu regramento delineado nos artigos 46 a 51, do CTN. O artigo 46 refere-se a três hipóteses configuradoras do **fato gerador** do tributo: a) o seu desembaraço aduaneiro, quando de procedência estrangeira; b) a sua saída dos estabelecimentos a que se refere o parágrafo único do artigo 51 e; c) a sua arrematação, quando apreendido ou abandonado e levado a leilão. Nos termos do parágrafo único, "considera-se industrializado o produto que tenha sido submetido a qualquer operação que lhe modifique a natureza ou a finalidade, ou o aperfeiçoe para o consumo."

A depender da hipótese de incidência, a **base de cálculo** do IPI não é uniforme. De acordo com o artigo 47, I, do CTN, se a mercadoria for importada, a base de cálculo do IPI será a mesma do imposto de importação, acrescida do próprio imposto de importação, das taxas exigidas para entrada do produto no País e dos encargos cambiais efetivamente pagos pelo importador ou dele exigíveis (art. 47, I, "a", "b" e "c", CTN). Na hipótese de produtos industrializados nacionais, a base de cálculo do imposto será o valor da operação de que decorrer a saída da mercadoria. Na ausência de valor da referida operação, a base de cálculo será o preço corrente da mercadoria, ou sua similar, no mercado atacadista da praça do remetente (art. 47, II, "a" e "b", CTN). Por fim, em se tratando de bem leiloado, a base de cálculo corresponderá ao preço da arrematação (art. 47, III, CTN).

Em relação ao sujeito passivo da obrigação tributária, é dizer, o **contribuinte** do imposto, o artigo 51, do CTN, enumera as seguintes pessoas: a) o importador ou quem a lei a ele equiparar; b) o industrial ou quem a lei a ele equiparar; c) o comerciante de produtos sujeitos ao imposto, que os forneça aos contribuintes definidos no inciso anterior e; d) o arrematante de produtos apreendidos ou abandonados, levados a leilão.

4.2.4. Imposto sobre a renda e proventos de qualquer natureza

O imposto sobre a renda e proventos de qualquer natureza está disciplinado nos artigos 43 a 45, do Código Tributário Nacional. O seu **fato gerador**, nos termos do artigo 43 do CTN, reside na aquisição da disponibilidade econômica ou jurídica de (a) de renda, assim entendido o produto do capital, do trabalho ou da combinação de ambos ou (b) de proventos de qualquer natureza, assim entendidos os acréscimos patrimoniais não compreendidos na letra (a).

A **base de cálculo** do imposto, conforme disposto no artigo 44, do CTN, é o montante, real, arbitrado ou presumido, da renda ou dos proventos tributáveis. Por sua vez, o artigo 45 do referido diploma legal estabelece que o **contribuinte** do imposto é o titular da disponibilidade econômica ou jurídica, de renda ou proventos, sem prejuízo da lei atribuir tal condição ao possuidor, a qualquer título, dos bens produtores de renda ou dos proventos tributáveis.

4.2.5. Imposto sobre operações de crédito, câmbio e seguro, ou relativas a títulos ou valores mobiliários

Disciplinado nos artigos 63 a 67 do CTN, o imposto sobre operações de crédito, câmbio e seguro, e sobre operações relativas a títulos e valores mobiliários tem como **fato gerador**: a) quanto às operações de crédito, a sua efetivação pela entrega total ou parcial do montante ou do valor que constitua o objeto da obrigação, ou sua colocação à disposição do interessado; b) quanto às operações de câmbio, a sua efetivação pela entrega de moeda nacional ou estrangeira, ou de documento que a represente, ou sua colocação à disposição do interessado em montante equivalente à moeda estrangeira ou nacional entregue ou posta à disposição por este; c) quanto às operações de seguro, a sua efetivação pela emissão da apólice ou do documento equivalente, ou recebimento do prêmio, na forma da legislação aplicável à matéria e; d) quanto às operações relativas a títulos e valores mobiliários, a emissão, transmissão, pagamento ou resgate destes, na forma da lei aplicável.

Nos termos do artigo 64, do CTN, a **base de cálculo** do imposto é: a) quanto às operações de crédito, o montante da obrigação, compreendendo o principal e os juros; b) quanto às operações de câmbio, o respectivo montante em moeda nacional, recebido, entregue ou posto à disposição; c) quanto às operações de seguro, o montante do prêmio; d) quanto às operações relativas a títulos e valores mobiliários: d.1) na emissão, o valor nominal mais o ágio, se houver, d.2) na transmissão, o preço ou o valor nominal, ou o valor da cotação em Bolsa, como determinar a lei; d.3) no pagamento ou resgate, o preço.

Em relação ao **contribuinte** do imposto, o art. 66 do CTN diz ser "qualquer das partes na operação tributada, como dispuser a lei."

4.2.6. Imposto sobre a propriedade territorial rural

O imposto sobre a propriedade territorial rural – ITR está disciplinado entre os artigos 29 a 31 do CTN. De competência da União Federal, o ITR tem como **fato gerador** a propriedade, o domínio útil ou a posse de imóvel por natureza, como definido na lei civil, localizado fora da zona urbana do Município. Consoante o artigo 79, do Código Civil, imóveis por natureza compreendem o "*solo e tudo quanto se lhe incorporar natural ou artificialmente.*"

Nos termos dos artigos 30 do CTN, a **base de cálculo** do tributo é o valor fundiário do imóvel, é dizer, o valor da terra nua, sem qualquer benfeitoria. Por sua vez, o artigo 31 do referido diploma legal estatui que o **contribuinte** do imposto é o proprietário do imóvel, o titular de seu domínio útil, ou o seu possuidor a qualquer título.

4.2.7. Imposto sobre grandes fortunas

Previsto no artigo 153, VII, da Constituição Federal, o imposto sobre grandes fortunas deverá ser instituído por lei complementar. Desde a promulgação da Constituição Federal de 1988 até o presente momento, o Congresso Nacional não editou a lei complementar instituindo o imposto sobre grandes fortunas. Temos, nesta hipótese, uma *omissão inconstitucional*, decorrente da inércia legislativa em não integrar o dispositivo constitucional em apreço. Quanto ao *motivo* de tal inércia, Hugo de Brito Machado *responde*: "O verdadeiro motivo da não instituição do imposto sobre grandes fortunas é de ordem política. Os titulares de grandes fortunas, se não estão investidos de *poder*, possuem inegável *influência* sobre os que o exercem." Mais adiante, acrescenta: "Não acreditamos no imposto sobre grandes fortunas, por uma razão muito simples: quem manda no mundo, seja pelo poder, seja pela influência sobre os que o exercem, é sempre titular de grande fortuna, e certamente não vai admitir essa tributação. Se um dia ocorrer a instituição de um imposto com esse nome, não será devido pelos ricos, mas pela classe média, incrementando a enorme carga tributária por esta já suportada.[87]" Comungamos do sensato raciocínio do Professor cearense, razão pela qual não nos resta tecer mais considerações sobre referida espécie tributária.

4.3. Competência tributária dos Estados e do Distrito Federal

Em relação à competência tributária dos Estados e Distrito Federal, alusiva aos impostos, a Constituição Federal a disciplinou em seu artigo 155, atribuindo a tais entes políticos a possibilidade de instituir os seguintes impostos: a) **transmissão *causa mortis* e doação, de quaisquer bens ou direitos**; b) **operações relativas à circulação de mercadorias e sobre prestações de serviços de transporte interestadual e intermunicipal e de comunicação, ainda que as operações e as prestações se iniciem no exterior** e; c) **propriedade de veículos automotores**. É importante consignar, desde logo, que por se tratar de tributos de competência estadual e distrital, cada ente da federação possui autonomia para definir os elementos que compõem a hipótese de incidência do seu respectivo imposto, não comportando, neste trabalho, uma análise mais precisa destas espécies tributárias.

87 **Curso de Direito Tributário**. 39ª ed. São Paulo: Malheiros, 2018, p. 355.

4.3.1. Imposto de transmissão causa mortis e doação, de quaisquer bens ou direitos

Previsto no artigo 155, I, da Constituição Federal, o imposto de transmissão *causa mortis* e doação é de competência dos Estados e do Distrito Federal. O §1° do artigo 155[88] da Lei Fundamental, estabelece as regras acerca de qual deverá ser o Estado competente para cobrança do referido tributo. Neste sentido, relativamente a bens imóveis e respectivos direitos, compete ao Estado da situação do bem, ou ao Distrito Federal, na hipótese de o imóvel estar neste situado (art. 155, §1°, I). Em se tratando de transmissão de bens móveis, títulos e créditos, o imposto caberá ao Distrito Federal ou Estado onde se processar o inventário ou arrolamento, ou tiver domicílio o doador. Depreende-se da leitura do artigo 155, §1°, IV, tratar-se de potencial imposto *progressivo*, a depender da respectiva legislação estadual, na medida em que o tributo "*terá suas alíquotas máximas fixadas pelo Senado Federal.*"

Em relação ao **contribuinte**, Hugo de Brito Machado evidencia que "na ausência de dispositivo constitucional a respeito, o legislador da entidade tributante tem relativa liberdade para definir o contribuinte desse imposto. Tratando-se de herança, logicamente deve ser contribuinte o herdeiro, ou legatário. Tratando-se de doação, o contribuinte pode ser, em princípio, tanto o doador como o donatário.[89]"

4.3.2. Imposto sobre operações relativas à circulação de mercadorias e prestações de serviços

De competência dos Estados e do Distrito Federal, o imposto sobre operações relativas à circulação de mercadorias e prestações de servi-

---

88 "Art. 155. Compete aos Estados e ao Distrito Federal instituir impostos sobre:
I - transmissão causa mortis e doação, de quaisquer bens ou direitos;
(...)
§ 1º O imposto previsto no inciso I :
I - relativamente a bens imóveis e respectivos direitos, compete ao Estado da situação do bem, ou ao Distrito Federal
II - relativamente a bens móveis, títulos e créditos, compete ao Estado onde se processar o inventário ou arrolamento, ou tiver domicílio o doador, ou ao Distrito Federal;
III - terá competência para sua instituição regulada por lei complementar:
a) se o doador tiver domicilio ou residência no exterior;
b) se o de cujus possuía bens, era residente ou domiciliado ou teve o seu inventário processado no exterior;
IV - terá suas alíquotas máximas fixadas pelo Senado Federal;"

89 **Curso de Direito Tributário**. 39ª ed. São Paulo: Malheiros, 2018, p. 370.

ços está previsto no artigo 155, II[90], da Constituição Federal. Consoante entendimento de Sacha Calmon Navarro Coelho, o **fato gerador** *em sentido genérico* do ICMS consiste na "realização de operações relativas à circulação de mercadorias e serviços de comunicações e transportes de natureza não estritamente municipais por produtores, extratores, indústrias, comerciantes e prestadores.[91]" Como regra geral, a **base de cálculo** do ICMS corresponde ao valor da operação pertinente à circulação da mercadoria, ou o preço do serviço respectivo[92].

A Lei Complementar n° 87/96 (Lei Kandir) disciplinou o imposto dos Estados e do Distrito Federal sobre operações relativas à circulação de mercadorias e sobre prestações de serviços de transporte interestadual e intermunicipal e de comunicação. Em conformidade ao artigo 2° da Lei ° 87/96, constitui **fato gerador** do ICMS: a) operações relativas à circulação de mercadorias, inclusive o fornecimento de alimentação e bebidas em bares, restaurantes e estabelecimentos similares; b) prestações de serviços de transporte interestadual e intermunicipal, por qualquer via, de pessoas, bens, mercadorias ou valores; c) prestações onerosas de serviços de comunicação, por qualquer meio, inclusive a geração, a emissão, a recepção, a transmissão, a retransmissão, a repetição e a ampliação de comunicação de qualquer natureza; d) fornecimento de mercadorias com prestação de serviços não compreendidos na competência tributária dos Municípios; e) fornecimento de mercadorias com prestação de serviços sujeitos ao imposto sobre serviços, de competência dos Municípios, quando a lei complementar aplicável expressamente o sujeitar à incidência do imposto estadual; f). entrada de mercadoria ou bem importados do exterior, por pessoa física ou jurídica, ainda que não seja contribuinte habitual do imposto, qualquer que seja a sua finalidade; g) serviço prestado no exterior ou cuja prestação se tenha iniciado no exterior; h) a entrada, no território do Estado destinatário, de petróleo, inclusive lubrificantes e combustíveis líquidos e gasosos dele derivados, e de energia elétrica, quando não destinados à comercialização ou à industrialização, decorrentes de operações interestaduais, cabendo o imposto ao Estado onde estiver localizado o adquirente.

90 "Art. 155. Compete aos Estados e ao Distrito Federal instituir impostos sobre:
(...)
II - operações relativas à circulação de mercadorias e sobre prestações de serviços de transporte interestadual e intermunicipal e de comunicação, ainda que as operações e as prestações se iniciem no exterior;"

91 **Curso de Direito Tributário**. 12ª ed. Rio de Janeiro: Gen/Forense, 2012, p. 313.

92 Cf. Hugo de Brito Machado. **Curso de Direito Tributário**. 39ª ed. São Paulo: Malheiros, 2018, p. 385.

O **contribuinte** do ICMS, conforme disposto no artigo 4° da Lei Kandir, "é qualquer pessoa, física ou jurídica, que realize, com habitualidade ou em volume que caracterize intuito comercial, operações de circulação de mercadoria ou prestações de serviços de transporte interestadual e intermunicipal e de comunicação, ainda que as operações e as prestações se iniciem no exterior." O parágrafo único do citado dispositivo legal estabelece que também será considerado contribuinte, a pessoa física ou jurídica que, mesmo sem habitualidade ou fim comercial: a) importe mercadorias ou bens do exterior, qualquer que seja a sua finalidade; b) seja destinatária de serviço prestado no exterior ou cuja prestação se tenha iniciado no exterior; c) adquira em licitação mercadorias ou bens apreendidos ou abandonados; d) adquira lubrificantes e combustíveis líquidos e gasosos derivados de petróleo e energia elétrica oriundos de outro Estado, quando não destinados à comercialização ou à industrialização.

Em relação à base de cálculo do tributo afirmamos no princípio que, como regra geral, corresponde ao valor da operação pertinente à circulação da mercadoria, ou o preço do serviço respectivo. O artigo 13 da Lei Complementar nº 87/96, elenca todas as hipóteses que se constituem na base de cálculo do ICMS: a) na saída de mercadoria prevista nos incisos I, III e IV do art. 12, o valor da operação; b) na hipótese do inciso II do art. 12, o valor da operação, compreendendo mercadoria e serviço; c) na prestação de serviço de transporte interestadual e intermunicipal e de comunicação, o preço do serviço; d) no fornecimento de que trata o inciso VIII do art. 12: d.1) o valor da operação, na hipótese da alínea "a"; d.2) o preço corrente da mercadoria fornecida ou empregada, na hipótese da alínea "b"; e) na hipótese do inciso IX do art. 12, a soma das seguintes parcelas: e.1) o valor da mercadoria ou bem constante dos documentos de importação, observado o disposto no art. 14; e.2) imposto de importação; e.3) imposto sobre produtos industrializados; e.4) imposto sobre operações de câmbio; e.5) quaisquer outros impostos, taxas, contribuições e despesas aduaneiras; f) na hipótese do inciso X do art. 12, o valor da prestação do serviço, acrescido, se for o caso, de todos os encargos relacionados com a sua utilização; g) no caso do inciso XI do art. 12, o valor da operação acrescido do valor dos impostos de importação e sobre produtos industrializados e de todas as despesas cobradas ou debitadas ao adquirente; h) na hipótese do inciso XII do art. 12, o valor da operação de que decorrer a entrada; i) na hipótese do inciso XIII do art. 12, o valor da prestação no Estado de origem. Integra, também, a base de cálculo do ICMS, inclusive nas hipóteses elencadas no V, do art. 13, os seguintes elementos: a) o montante do próprio imposto, constituindo o respectivo destaque mera indicação para fins de controle; b) o valor correspondente a seguros, juros e demais importâncias pagas, recebidas ou debitadas, bem como descontos concedidos sob condição, além do frete, caso o transporte seja efetuado pelo próprio remetente ou por sua conta e ordem e seja cobrado em separado.

4.3.3. Imposto sobre a propriedade de veículos automotores

A competência dos Estados e do Distrito Federal para instituição do imposto sobre a propriedade de veículos automotores está consignada no artigo 155, III[93], da Constituição Federal. O tributo possui como **fato gerador** a propriedade de veículos automotores, de modo que no pólo passivo da obrigação tributária, na condição de contribuinte, está o proprietário do veículo. A **base de cálculo** do imposto corresponde ao valor do veículo, de modo que em boa parte dos Estados "a alíquota do IPVA é fixa. Não é indicada em porcentagem, pelo menos em alguns Estados, mas em valor determinado, em referência ao ano de fabricação, à marca e ao modelo do veículo.[94]"

4.4. Competência tributária dos Municípios

Quanto aos Municípios, sua competência para instituição de impostos está delineada no artigo 156, da nossa Constituição Federal. Em conformidade ao referido dispositivo constitucional, compete aos Municípios instituir impostos sobre: a) **propriedade predial e territorial urbana**; b) **transmissão *inter vivos*, a qualquer título, por ato oneroso, de bens imóveis, por natureza ou acessão física, e de direitos reais sobre imóveis, exceto os de garantia, bem como cessão de direitos a sua aquisição** e; c) **serviços de qualquer natureza**, não compreendidos no art. 155, II, definidos em lei complementar.

4.4.1. Imposto sobre a propriedade predial e territorial urbana

O imposto sobre a propriedade predial e territorial urbana - IPTU está previsto no artigo 156, I, da Constituição Federal[95]. Explicita Sacha

93 "Art. 155. Compete aos Estados e ao Distrito Federal instituir impostos sobre:
(...)
III - propriedade de veículos automotores."

94 Cf. Hugo de Brito Machado. **Curso de Direito Tributário**. 39ª ed. São Paulo: Malheiros, 2018, p. 396.

95 " Art. 156. Compete aos Municípios instituir impostos sobre:
I - propriedade predial e territorial urbana;"

Calmon Navarro Coelho que "para captar os informes legislativos que formam a hipótese de incidência, é necessário considerar: a) a Constituição na parte em que delineia o fato jurígeno; b) as leis complementares da Constituição que tratam de fato jurígeno, mormente o Código Tributário Nacional; c) as imunidades previstas na Constituição; d) as leis ordinárias municipais prevendo a tributação e as exclusões fiscais (isenção principalmente)."[96]

O IPTU é um imposto de competência municipal cujo **fato gerador** é o direito de propriedade, o domínio útil ou a posse de bens imóveis localizados na zona urbana. Neste sentido, dispõe o artigo 32, do Código Tributário Nacional:

> "Art. 32. O imposto, de competência dos Municípios, sobre a propriedade predial e territorial urbana tem como fato gerador a propriedade, o domínio útil ou a posse de bem imóvel por natureza ou por acessão física, como definido na lei civil, localizado na zona urbana do Município."

A **base de cálculo** do IPTU, nos termos do artigo 33 do CTN, é o valor venal do imóvel, ou seja, "aquele que o bem alcançaria se fosse posto à venda, em condições normais."[97]. Por sua vez, o artigo 44 do CTN dispõe que "**contribuinte** do imposto é o proprietário do imóvel, o titular do seu domínio útil, ou o seu possuidor a qualquer título." Resta evidente, portanto, que o sujeito passivo da obrigação tributária, em sede de IPTU, é o proprietário de imóvel predial e territorial urbano.

4.4.2. Imposto de transmissão inter vivos de bens imóveis e de direitos a ele relativos

O imposto de transmissão *inter vivos*, de competência municipal, está previsto no artigo 156, II, da Constituição Federal[98]. No Código Tributário Nacional, a normativa do imposto encontra-se disciplinada entre os artigos 35 a 42. Referido imposto tem como **fato gerador**

---

96 **Curso de Direito Tributário**. 12ª ed. Rio de Janeiro: Gen/Forense, 2012, p. 326.

97 Hugo de Brito Machado. **Curso de Direito Tributário**. 39ª ed. São Paulo: Malheiros, 2018, p. 404.

98 "Art. 156. Compete aos Municípios instituir impostos sobre:
(...)
II - transmissão "inter vivos", a qualquer título, por ato oneroso, de bens imóveis, por natureza ou acessão física, e de direitos reais sobre imóveis, exceto os de garantia, bem como cessão de direitos a sua aquisição;"

a transmissão, a qualquer título, por ato oneroso, de bens imóveis, por natureza ou acessão física, e de direitos reais sobre imóveis, exceto os de garantia, bem como cessão de direitos à sua aquisição. O fato gerador ocorre, portanto, mediante a transmissão jurídica da propriedade[99].

A **base de cálculo** do imposto, nos termos do artigo 38[100] do CTN, é o valor venal dos bens ou direitos transmitidos. Por sua vez, o artigo 42 do referido diploma legal estabelece que o **contribuinte** do imposto é qualquer das partes na operação tributária, conforme dispuser a lei[101].

4.4.3. Imposto sobre serviços de qualquer natureza

O imposto sobre serviços de qualquer natureza – ISS, de competência municipal, está previsto no artigo 156, III[102], da Constituição Federal. Por sua vez, a Lei Complementar n° 116/03, que estabelece as normas gerais sobre o ISS, de observância obrigatória para todos os municípios, dispõe em seu artigo 1° que o aludido imposto tem como **fato gerador** a prestação de serviços constantes da lista anexa à lei ora referida, ainda que esses não se constituam como atividade preponderante do prestador. Portanto, o fato gerador do ISS é definido pelas respectivas leis municipais instituidoras dos impostos no âmbito de sua específica competência. Cabe ressaltar, no entanto, que tais leis municipais deverão observar as normas gerais (LC n° 116/03) sobre ISS editadas pela União Federal.

A **base de cálculo** do imposto, nos termos do artigo 7°, corresponde ao preço do serviço. **Contribuinte** (art. 5°), por sua vez, é o prestador do serviço.

---

99 Cf. Sacha Calmon Navarro Coelho. **Curso de Direito Tributário**. 12ª ed. Rio de Janeiro: Gen/Forense, 2012, p. 337.

100 "Art. 38. A base de cálculo do imposto é o valor venal dos bens ou direitos transmitidos."

101 "Art. 42. Contribuinte do imposto é qualquer das partes na operação tributada, como dispuser a lei."

102 "Art. 156. Compete aos Municípios instituir impostos sobre:
(...)
III - serviços de qualquer natureza, não compreendidos no art. 155, II, definidos em lei complementar."

CAPÍTULO XXI

DA ORDEM ECONÔMICA

SUMÁRIO: 1. Da Constituição Econômica; **2.** Princípios do Direito Constitucional Econômico; **3.** Princípios de funcionamento; **3.1.** Soberania nacional; **3.2.** Propriedade privada; **3.3** Livre concorrência e defesa do consumidor; **3.4.** Defesa do meio ambiente; **4.** Princípios-fins; **4.1.** Redução das desigualdades regionais e sociais; **4.2.** Busca do pleno emprego: existência digna para todos; **4.3.** Tratamento favorecido para as empresas de pequeno porte; **5.** Da Declaração de Direitos de Liberdade Econômica (Lei n° 13.784/19); **5.1.** Dos critérios de interpretação e aplicação; **5.2.** Competência concorrente; **5.3.** Dos princípios vetores e direito de liberdade econômica; **5.4.** Deveres da Administração Pública.

1. Da Constituição Econômica

Conforme já explicitado neste trabalho, a Constituição se apresenta como a ordenação jurídica fundamental do Estado, que lhe define os contornos e estabelece diretrizes normativas a serem observadas por todos os seus respectivos destinatários. Neste contexto de ordenação estatal, os textos constitucionais vêm estabelecendo programas e diretivas para a ordem econômica, cujos propósitos consistem em promover o desenvolvimento nacional, erradicar a pobreza, diminuir as desigualdades sociais, dentre outros. Historicamente, é possível indicar dois textos constitucionais que incorporaram em sua estrutura normativa conteúdo de natureza econômica: a Constituição Mexicana[1], de 1917, e a Constituição de Weimar, de 1919[2].

1 Segundo André Ramos Tavares, "na Constituição mexicana de 1917 foram definidos certos elementos e termos que são, hoje, largamente utilizados nas constituições econômicas de países subdesenvolvidos. Mais do que isso, como terremos oportunidade de verificar, a Constituição brasileira de 1988 incorpora uma perspectiva desenvolvimentista, cujas premissas materiais remontam à Constituição de 1917." Cf. "**Influência de 1917 na doutrina e nas Constituições Econômicas Brasileiras**". in Héctor Fix-Zamudio e Eduardo Ferrer Mac-Gregor (Coord.), "**México y la Constitución de 1917 - Influencia extranjera y trascedencia internacional**" Senado da República: Universidad Nacional Autónoma de Mexico, 2017, p. 710.

2 Sobre a disciplina econômica no plano das Constituições do México e de Weimar, aduz Fábio Konder Comparato que "a Carta Política mexicana de 1917 foi a primeira a atribuir aos direitos trabalhistas a qualidade de direitos fundamentais, juntamente com as liberdades individuais e os direitos políticos (arts. 5° e 123).

Para Canotilho, a Constituição econômica corresponde ao "conjunto de disposições constitucionais – regras e princípios – que dizem respeito à conformação da ordem fundamental da economia."[3] **A Constituição econômica significa a ordenação da economia no plano constitucional, é dizer, corresponde à regulamentação jurídico-constitucional da política econômica.** Isto é de fundamental relevância na medida em que os direitos sociais se concretizam através dos mecanismos proporcionados pelos direitos econômicos. Disto resulta que a intervenção do Estado no domínio econômico se legitima em virtude dos próprios fins sociais que a ele cumpre realizar. Neste sentido, a Constituição Federal de 1988 instituiu um conjunto de normas reguladoras da atividade econômica estatal que a doutrina denomina de "Constituição econômica." É importante consignar que a nossa Constituição Federal congrega elementos tanto de um modelo econômico liberal, quanto de um modelo econômico social, daí a razão pela qual ela consagra a propriedade como um direito fundamental, todavia, estabelecendo que o respectivo titular deve lhe emprestar uma função social.

Neste contexto, é importante consignar que são objetivos da República Federativa no Brasil, conforme disposto no artigo 3°: a) construir uma sociedade livre, justa e solidária; b) garantir o desenvolvimento nacional; c) erradicar a pobreza e a marginalização e reduzir as desigualdades sociais e regionais e; d) promover o bem de todos, sem preconceitos de origem, raça, sexo, cor, idade e quaisquer outras formas de discriminação. Deste modo, a Constituição Econômica está

A importância desse precedente histórico deve ser salientada, pois na Europa a consciência de que os direitos humanos têm também uma dimensão social só veio a se afirmar após a grande guerra de 1914-1918, que encerrou de fato o 'longo século XIX'; e nos Estados Unidos, a extensão dos direitos humanos ao campo socioeconômico ainda é largamente contestada. A Constituição de Weimar, em 1919, trilhou a mesma via da Carta mexicana (...).

(...)

A democracia social representou efetivamente, até o final do século XX, a melhor defesa as dignidade da pessoa humana, ao complementar os direitos civis e políticos – que o sistema comunista negava – com os direitos econômicos e sociais, ignorados pelo liberal-capitalismo." in **Afirmação Histórica dos Direitos Humanos**. 2ª ed. São Paulo: Saraiva, 2001, pp. 184 e 199.

A Constituição mexicana, em seu Título VI, possui a seguinte redação: "Do Trabalho e da Previdência Social." Por sua vez, a Constituição de Weimar, na Parte II, Seção V, tem como epígrafe "Da vida econômica".

---

3 **Direito Constitucional e Teoria da Constituição**. 7ª ed. Coimbra: Almedina, 2000, p. 345.

não apenas balizada por estes fins, mas também por outros que a Lei Fundamental lhe assinala.

2. Princípios do Direito Constitucional Econômico

A Constituição Econômica, conforme já expressado, corresponde à ordenação da economia no plano constitucional. O **núcleo normativo** da Constituição econômica está localizado entre os artigos 170 a 181 da Constituição Federal, todavia, sua estrutura por completo não se exaure nestes dispositivos, compreendendo outros enunciados normativos que compõem a Lei Fundamental, a exemplo do direito de propriedade, situado no artigo 5°, XXII e XXIII.

O artigo 170, da Constituição Federal, está redigido da seguinte forma:

> "Art. 170. A ordem econômica, fundada na valorização do trabalho humano e na livre iniciativa, tem por fim assegurar a todos existência digna, conforme os ditames da justiça social, observados os seguintes princípios:
>
> I - soberania nacional;
>
> II - propriedade privada;
>
> III - função social da propriedade;
>
> IV - livre concorrência;
>
> V - defesa do consumidor;
>
> VI - defesa do meio ambiente, inclusive mediante tratamento diferenciado conforme o impacto ambiental dos produtos e serviços e de seus processos de elaboração e prestação;
>
> VII - redução das desigualdades regionais e sociais;
>
> VIII - busca do pleno emprego;
>
> IX - tratamento favorecido para as empresas de pequeno porte constituídas sob as leis brasileiras e que tenham sua sede e administração no País.
>
> Parágrafo único. É assegurado a todos o livre exercício de qualquer atividade econômica, independentemente de autorização de órgãos públicos, salvo nos casos previstos em lei."

Conforme se pode verificar, o artigo 170 da Constituição Federal enuncia os *princípios da ordem econômica*. Ao tratar do tema, Luís Roberto Barroso aduz que os princípios em questão não revelam uma "homogeneidade funcional" entre eles, na medida em que a função desempenhada na ordem econômica pelo princípio da livre concorrência, por exemplo, é distinta daquela reservada ao princípio constitucional que assegura a busca do pleno emprego ou que busca reduzir as desigualdades regionais e sociais. Por tal razão, o eminente professor propõe agrupar tais princípios em dois grandes grupos: a) *princípios de funcionamento da ordem econômica* e; b) *princípios-fins*. Os *princípios de funcionamento* fixam os parâmetros básicos de convivência que os atores da ordem econômica deverão observar, ao passo que os *princípios fins* dispõem sobre realidades materiais que o constituinte originário buscar concretizar.[4]

3. Princípios de funcionamento

Os princípios de funcionamento dispõem sobre a dinâmica das relações de produção, às quais todos os seus agentes estão vinculados. Nesta perspectiva, os princípios de funcionamento são aqueles elencados entre os incisos I a VI, do artigo 170, da Constituição Federal, a saber: a) soberania nacional, b) propriedade privada, c) função social da propriedade, d) livre concorrência, e) defesa do consumidor e f) defesa do meio ambiente. Tais princípios, portanto, reportam-se essencialmente à atividade do setor privado, na medida em que se referem à dinâmica das relações de produção, fixando as diretrizes básicas que os partícipes da ordem econômica deverão observar.

3.1. Soberania nacional

A soberania nacional se constitui em fundamento da República Federativa do Brasil, consignado no artigo 1°, I, da Constituição Federal. No cenário econômico, a soberania nacional se manifesta através do poder que reside no Estado de interferir e conduzir a política econômica em atenção aos seus interesses e da coletividade. Neste contexto, se insere o desenvolvimento de políticas públicas para situar o Brasil em condições de igualdade no âmbito econômico internacional, conforme disposto no art. 4°, V, da Constituição Federal. Logo, sob a perspectiva jurídica, o Estado brasileiro não se subordina a nenhum outro Estado que compõe a comunidade internacional, na medida em que todos são dotados de soberania.

Em 07 de novembro do corrente ano, em Assembléia Geral da ONU, o Brasil se manifestou favorável ao embargo econômico, financeiro e comercial, imposto pelo governo norte-americano a Cuba, votando contra

---

4 "**A ordem econômica constitucional e os limites à atuação estatal no controle de preços.**" in Revista de Direito Administrativo. Rio de Janeiro: 226: 187-212, out/dez 2001, p. 193.

a resolução da ONU que condenava tal medida e pedia o fim do embargo dos Estados Unidos a Cuba. Tal ato revela manifesta expressão da soberania nacional. Portanto, na medida em que o Estado brasileiro decreta embargo comercial a um país, proibindo exportações, todas as empresas brasileiras terão de sujeitar-se a esta medida econômica.

3.2. Propriedade privada

A propriedade privada é um direito fundamental consagrado no artigo 5°, XXII e XXIII. Trata-se, portanto, de um dos pilares do sistema capitalista, ao lado da livre iniciativa e da autonomia da vontade no âmbito contratual. É oportuno ressaltar que o direito de propriedade se vincula à função social que lhe é atribuída por seu respectivo titular. Disto resulta que o **direito de propriedade não é absoluto, podendo ceder precisamente em razão da ausência de destinação social atribuída por seu titular, através, por exemplo, dos institutos da desapropriação ou da usucapião urbana.** Deste modo, a função social da propriedade deve ser compreendida como um *dever* imposto ao titular do bem no sentido de utilizá-lo em razão dos fins que lhes foram determinados constitucionalmente.[5]

5 Ao dispor sobre "Política Urbana", o constituinte originário estabeleceu a seguinte normativa:
"Art. 182. A política de desenvolvimento urbano, executada pelo Poder Público municipal, conforme diretrizes gerais fixadas em lei, tem por objetivo ordenar o pleno desenvolvimento das funções sociais da cidade e garantir o bem- estar de seus habitantes.
(...)
§ 2º **A propriedade urbana cumpre sua função social quando atende às exigências fundamentais de ordenação da cidade expressas no plano diretor.**
§ 3º As desapropriações de imóveis urbanos serão feitas com prévia e justa indenização em dinheiro.
§ 4º É facultado ao Poder Público municipal, mediante lei específica para área incluída no plano diretor, **exigir**, nos termos da lei federal, **do proprietário do solo urbano não edificado, subutilizado ou não utilizado, que promova seu adequado aproveitamento**, sob pena, sucessivamente, de:
I - parcelamento ou edificação compulsórios;
II - imposto sobre a propriedade predial e territorial urbana progressivo no tempo;
III - **desapropriação** com pagamento mediante títulos da dívida pública de emissão previamente aprovada pelo Senado Federal, com prazo de resgate de até dez anos, em parcelas anuais, iguais e sucessivas, assegurados o valor real da indenização e os juros legais.
Art. 183. **Aquele que possuir como sua área urbana** de até duzentos e cinqüenta metros quadrados, por cinco anos, ininterruptamente e sem oposição, **utilizando-a para sua moradia ou de sua família, adquirir-lhe-á o domínio**, desde que não seja proprietário de outro imóvel urbano ou rural.

3.3. Livre concorrência e defesa do consumidor

Consequência do princípio da livre iniciativa, a liberdade concorrencial manifesta a opção pela **economia de mercado**, é dizer, **da ausência de intervenção estatal no domínio econômico. Trata-se de um sistema capitalista caracterizado pelo fato de o Estado não intervir nas relações comerciais e econômicas.**

Através da livre concorrência, manifesta-se a crença de que os melhores resultados sociais pertinentes à qualidade de bens, serviços e preço justo, provêm da competição entre os agentes econômicos, de um lado, e a ampla liberdade de escolha que reside na esfera dos consumidores. Em virtude deste princípio, decorre o entendimento de que o Poder Público não deve se imiscuir na regulação natural do mercado por medidas imperativas, salvo em situações excepcionais. Apesar da concorrência ser livre, referido princípio exige que não sejam adotadas medidas anticoncorrenciais, a exemplo da formação de cartéis[6]. A opção por uma economia de mercado assenta-se na idéia de que o mecanismo mais eficiente para viabilizar a satisfação dos interesses do consumidor, sob uma perspectiva geral, se dá mediante um mercado em livres condições de concorrência, sobretudo em relação aos preços, desde que não se incorra na **cartelização.**

Apesar do mercado ser livre, há, por sua vez, necessidade de se respeitar os direitos daqueles que estão na outra ponta da relação de consumo, ou seja, os consumidores. Neste contexto, **a livre iniciativa deve ser equalizada em virtude dos direitos dos consumidores.** Não foi a toa, portanto, que o constituinte fez consignar no artigo 5°, XXXII, que "o Estado promoverá, na forma da lei, a defesa do consumidor," competindo, concorrentemente, à União, aos Estados e ao Distrito Federal, legislar sobre responsabilidade por dano ao consumidor.[7] Deste modo,

---

§ 1º O título de domínio e a concessão de uso serão conferidos ao homem ou à mulher, ou a ambos, independentemente do estado civil.

---

6 A Lei n° 8.137/90, ao definir os crimes contra a ordem tributária, econômica e contras as relações de consumo, estabelece em seu artigo 4° o seguinte:
"Art. 4° Constitui crime contra a ordem econômica:
I - abusar do poder econômico, dominando o mercado ou eliminando, total ou parcialmente, a concorrência mediante qualquer forma de ajuste ou acordo de empresas;
II - formar acordo, convênio, ajuste ou aliança entre ofertantes, visando:
a) à fixação artificial de preços ou quantidades vendidas ou produzidas;
b) ao controle regionalizado do mercado por empresa ou grupo de empresas;
c) ao controle, em detrimento da concorrência, de rede de distribuição ou de fornecedores."

7 Cf. Constituição Federal, artigo 24, VIII. Tão necessário e relevante era a proteção das relações de consumo, que no artigo 48, do ADCT, o constituinte originário fez constar a seguinte norma de natureza temporal:

a defesa do consumidor se afigura como princípio da ordem econômica, ao qual se vincula a iniciativa privada, mas, também, como dever de proteção estatal. O mercado deve ser livre e, portanto, concorrente, mas respeitando as regras de equilíbrio do sistema econômico, dentre as quais aquelas que buscam propiciar condições equitativas entre partes desiguais.

3.4. Defesa do meio ambiente

A proteção ao meio ambiente se constitui em outro fator condicionante e determinante do exercício das atividades econômicas. A defesa do meio ambiente encontra-se no rol dos princípios norteadores da atividade econômica, inserido no artigo 170, VI, da Constituição Federal[8].

O direito ao meio ambiente ecologicamente equilibrado, consignado no artigo 225[9], da Constituição Federal, possui natureza de direito fundamental, resultando daí o dever do Estado de promover sua proteção de forma a propiciar a toda coletividade, saúde e qualidade de vida. Portanto, **o agente econômico não pode praticar atos que resultem em agressões ao meio ambiente, sob pena de ser responsabilizado civil e penalmente**. Deste modo, a **preservação do meio ambiente se constitui em limite à atuação empresarial, seja ela pública ou privada**. O dever estatal reside não apenas no *dever de legislação*, mas de *fiscalização* das práticas e usos comerciais em relação ao meio ambiente[10].

"Art. 48. O Congresso Nacional, dentro de cento e vinte dias da promulgação da Constituição, elaborará código de defesa do consumidor."

---

8 "Art. 170. A ordem econômica, fundada na valorização do trabalho humano e na livre iniciativa, tem por fim assegurar a todos existência digna, conforme os ditames da justiça social, observados os seguintes princípios:
(...)
VI - **defesa do meio ambiente**, inclusive mediante tratamento diferenciado conforme o impacto ambiental dos produtos e serviços e de seus processos de elaboração e prestação;"

9 "Art. 225. Todos têm direito ao meio-ambiente ecologicamente equilibrado, bem de uso comum do povo e essencial à sadia qualidade de vida, impondo-se ao Poder Público e à coletividade o dever de defendê-lo e preservá-lo, para as presentes e futuras gerações."

10 A Lei n° 9605/98, dispõe sobre as sanções penais e administrativas derivadas de condutas e atividades lesivas ao meio ambiente.

4. Princípios-fins

Conforme já ressaltado, os princípios-fins dispõem sobre realidades materiais que o constituinte originário busca concretizar, ou seja, delineiam os objetivos que, na condição de produto final, a ordem econômica como um todo deverá atingir[11]. Tais normas constitucionais encontram-se não apenas no *caput*[12] do artigo 170, mas também nos seus incisos VII[13], VIII[14] e IX[15].

Referidas normas constitucionais se constituem em metas a serem alcançadas pelo Poder Público. Isto soa evidente quando se verifica que a ordem econômica tem por fim assegurar a todos, através do emprego, uma existência digna, buscando, com isto, reduzir as desigualdades sociais e regionais. Além disto, o constituinte buscou fortalecer as empresas brasileiras de pequeno porte, admitindo, então, tratamento favorecido por parte do Estado, sobretudo no âmbito da tributação.

Deste modo, os princípios-fins representam os objetivos sociais do Estado dentro da ordem econômica, as metas que deverão ser cumpridas para efeitos de viabilizar uma política governamental consentânea ao que eles prescrevem.

4.1. Redução das desigualdades regionais e sociais

Tal princípio aponta na direção de que o desenvolvimento econômico deverá estar pautado em reduzir as desigualdades regionais e sociais do País. Deste modo, não apenas os agentes econômicos, mas, sobretudo o Estado, deverá buscar erradicar as desigualdades. Em virtude do imenso território brasileiro, marcado por desigualdades sociais e regionais, buscou o constituinte promover o desenvolvimento de forma equilibrada e atento às diversidades regionais do país, sobretudo no campo econômico. Referida meta independe de governos, de modo a se constituir um dever para todo aquele que, de forma temporária, seja detentor de um mandato político. Esse é o norte apontado pela Constituição Federal.

---

11 Cf. Luis Roberto Barroso. "**A ordem econômica constitucional e os limites à atuação estatal no controle de preços.**" in Revista de Direito Administrativo. Rio de Janeiro: 226: 187-212, out/dez 2001, p. 196.

12 "Art. 170. A ordem econômica, fundada na valorização do trabalho humano e na livre iniciativa, tem por fim assegurar a todos **existência digna**, conforme os ditames da justiça social, observados os seguintes princípios (...)" (destaque nosso)

13 "VII - redução das desigualdades regionais e sociais;"

14 "VIII - busca do pleno emprego;"

15 "IX - tratamento favorecido para as empresas de pequeno porte constituídas sob as leis brasileiras e que tenham sua sede e administração no País."

4.2. Busca do pleno emprego: existência digna para todos

A dignidade humana é o *fim último, fim dos fins*, da ordem econômica. Neste sentido, o *caput* do artigo 170, da Constituição Federal, dispõe que "A ordem econômica, fundada na valorização do trabalho humano e na livre iniciativa, **tem por fim assegurar a todos existência digna.**" Para que a ordem econômica possa conferir a todos uma existência digna, conforme os ditames da justiça social, assegura a cada indivíduo a busca do pleno emprego. É através do emprego que cada indivíduo pode realizar-se não apenas como pessoa, mas, sobretudo como *cidadão*. Mediante o emprego, o indivíduo terá condições de prover seu sustento e o de sua família, em virtude dos recursos por ele recebidos decorrentes dos serviços pelo mesmo prestado. Uma política de pleno emprego requer atuação estatal através da remoção de obstáculos ou entraves econômicos, permitindo ao segmento empresarial a contratação de pessoas como forma de melhor desempenhar suas atividades. Neste sentido, cabe ao Estado implementar políticas públicas voltadas para criação de postos de trabalho, viabilizando, consequentemente, o desenvolvimento do País, além de propiciar o ideal de justiça social e existência digna para toda coletividade.

4.3. Tratamento favorecido para as empresas de pequeno porte

As empresas de pequeno porte ocupam lugar de relevo no cenário econômico nacional, sendo responsável por grande parte da geração de emprego e renda no País. Constituem uma das maiores empregadoras de mão de obra, afigurando-se como relevante base de sustentação da economia nacional. Logo, faz-se necessário a criação de tratamento mais benéfico em relação a estas empresas, em comparação às de grande porte, sobretudo para que possam continuar contribuindo ao desenvolvimento econômico do País. São diversos os obstáculos com os quais se deparam as microempresas e empresas de pequeno porte no cenário econômico, razão pela qual a Constituição se preocupa em protegê-las e viabilizar condições para que possam se desenvolver e competir no mercado, mediante simplificação de suas obrigações administrativas, tributárias, previdenciárias e creditícias, ou pela eliminação ou redução destas por meio de lei, conforme disposto no artigo 179, da Constituição Federal[16].

---

16 "Art. 179. A União, os Estados, o Distrito Federal e os Municípios dispensarão às microempresas e às empresas de pequeno porte, assim definidas em lei, tratamento jurídico diferenciado, visando a incentivá-las pela simplificação de suas obrigações administrativas, tributárias, previdenciárias e creditícias, ou pela eliminação ou redução destas por meio de lei."

5. Da Declaração de Direitos de Liberdade Econômica (Lei nº 13.784/19)

A Lei nº 13.784/19, que resultou da Medida Provisória nº 881/19, foi promulgada em 20 de setembro de 2019. Referido diploma legal instituiu a "Declaração de Direitos de Liberdade Econômica", tendo por fundamento[17] a mínima intervenção estatal no domínio econômico, com base no artigo 1º, IV, da Constituição Federal[18]. O instrumento legal tem por finalidade estabelecer normas de proteção à livre iniciativa e ao livre exercício da atividade econômica, integrando os artigos 170, parágrafo único[19], e 174, *caput*[20], da Constituição Federal.

De acordo com o Parecer nº 01, da Comissão Mista do Congresso Nacional, de 11 de julho de 2019, que teve por objeto a análise da Medida Provisória nº 881/19, restou consignado que os objetivos pretendidos com a regulação jurídica da liberdade econômica foram os seguintes:

> "1. Auxiliar com efeitos imediatos a recuperação da estagnada economia brasileira, especialmente quando mais de 12 (doze) milhões de cidadãos se encontram desempregados;
>
> 2. Garantir que os investimentos em educação e tecnologia tenham resultado efetivo e permanente, afastando o desperdício ou mal aproveitamento de todo seu potencial em reconhecimento à neces-

17 Dispõe o artigo 1º da Lei nº 13.784/19:
"Art. 1º Fica instituída a Declaração de Direitos de Liberdade Econômica, que estabelece normas de proteção à livre iniciativa e ao livre exercício de atividade econômica e disposições sobre a atuação do Estado como agente normativo e regulador, nos termos do inciso IV do caput do art. 1º, do parágrafo único do art. 170 e do caput do art. 174 da Constituição Federal."

18 "Art. 1º A República Federativa do Brasil, formada pela união indissolúvel dos Estados e Municípios e do Distrito Federal, constitui-se em Estado Democrático de Direito e tem como fundamentos:
(...)
IV - os valores sociais do trabalho e da livre iniciativa;"

19 "Art. 170. **A ordem econômica, fundada na valorização do trabalho humano e na livre iniciativa**, tem por fim assegurar a todos existência digna, conforme os ditames da justiça social, observados os seguintes princípios:
(...)
Parágrafo único. É assegurado a todos o livre exercício de qualquer atividade econômica, **independentemente de autorização de órgãos públicos**, salvo nos casos previstos em lei." (destaque nosso)

20 Art. 174. **Como agente normativo e regulador da atividade econômica, o Estado exercerá, na forma da lei**, as funções de fiscalização, incentivo e planejamento, sendo este determinante para o setor público e indicativo para o setor privado." (destaque nosso)

> sidade de valorização e eficiência máxima de cada real dispendido pela Administração nestes tempos de austeridade;
>
> 3. Possibilitar que os processos de desestatização e de desenvolvimento do país obtenham o melhor resultado possível para a União, bem como para os Estados, Distrito Federal e Municípios que estão promovendo políticas similares; e
>
> 4. Resolver questões concretas de segurança jurídica, sempre sob o amparo da melhor doutrina, com vista à atenção imediata de investimentos, capital e talentos para a nossa República."

Em linhas gerais, pretendeu o legislador assegurar ao particular uma maior liberdade econômica, poupando o Estado de dispender recursos através dos atos de liberação das **atividades econômicas de baixo risco**[21], pondo ênfase na melhoria do ambiente de negócios, com

---

21 Por ocasião da vigência da Medida Provisória n° 881/19, o Comitê para Gestão da Rede Nacional para Simplificação do Registro e da Legalização de Empresas e Negócios - CGSIM, editou a Resolução n° 51, de 11 de junho de 2019, com fundamento no artigo 3°, §2°, II, do referido ato normativo (MP) com o propósito de definir o conceito de baixo risco. Eis o disposto no artigo 3°, da Resolução n° 51:
"**Art. 3º** Para os fins do art. 3º, § 2º, inciso II, da Medida Provisória nº 881, de 30 de abril de 2019, são consideradas de baixo risco ou "baixo risco A", **para o efeito específico e exclusivo de dispensar a necessidade de atos públicos de liberação da atividade econômica**, aquelas atividades que se qualifiquem, simultaneamente, como de:
I baixo risco ou "baixo risco A" em prevenção contra incêndio e pânico na forma do caput do art. 4º;
II - baixo risco ou "baixo risco A" referente à segurança sanitária, ambiental, incluindo sobre o ambiente do trabalho, e econômica, na forma do caput do art. 5º.
§ 1º Se a atividade a que se refere o caput for exercida em zona urbana, somente será qualificada como de baixo risco ou «baixo risco A» quando:
I - executada em área sobre a qual o seu exercício é plenamente regular, conforme determinações do zoneamento urbano aplicável, incluindo a legislação municipal ou, nos termos do art. 7º da LC nº 123, de 2006, quando instaladas em área ou edificação desprovidas de regulação fundiária, imobiliária e edilícia, inclusive habite-se; ou
II - exploradas em estabelecimento inócuo ou virtual, assim entendido aquele:
a) exercido na residência do empresário, titular ou sócio, na hipótese em que a atividade não gere grande circulação de pessoas; ou
b) em que a atividade exercida for tipicamente digital, de modo que não exija estabelecimento físico para a sua operação.
§ 2º Consideram-se também de baixo risco ou «baixo risco A», para os fins do caput, todas as demais atividades econômicas que, independentemente de sua natureza, forem assim classificadas pelos próprios órgãos responsáveis pela emissão do respectivo ato público de liberação.
Art. 4º Para fins de prevenção contra incêndio e pânico, qualificam-se como de baixo risco ou "baixo risco A" aquelas atividades realizadas:

vistas a atrair investimentos internacionais e estimular novos investimentos provenientes da realidade econômica brasileira.

5.1. Dos critérios de interpretação e aplicação

A Lei n° 13.784/19 instituiu critérios de interpretação e aplicação de suas normas a serem observadores pelos operadores do direito.

Em relação às diretrizes hermenêuticas, o artigo 1°, §1°, da Lei n° 13.784/19, determina que as normas jurídicas que a compõe deverão ser tomadas como vetores interpretativos no âmbito do processo de interpretação e aplicação do direito civil, empresarial, econômico, urbanístico e do trabalho, nas relações jurídicas que se encontrem no seu âmbito de aplicação e na ordenação pública, inclusive sobre exercício das profissões, comércio, juntas comerciais, registros públicos, trânsito, transporte e proteção ao meio ambiente.

Por sua vez, o §2° do citado dispositivo legal, estabelece que a interpretação jurídica de **todas as normas de ordenação pública sobre atividades econômicas privadas,** deverá pautar-se em favor da liberdade econômica, da boa-fé e do respeito aos contratos, aos investimentos e à propriedade. Trata-se, portanto, de diretriz de cunho teleológico. Nesta hipótese, em se tratando de uma interpretação jurídica desenvolvida pelo magistrado, deverá o mesmo privilegiar o sentido atribuído aos atos pelas partes em momento posterior à sua celebração; observar os usos e tradições comerciais; a boa–fé objetiva; além de firmar a interpretação mais benéfica para a parte que não participou do processo redacional do contrato, na hipótese de um significado controvertido ou dúbio que integre referido ato jurídico.

A Lei n° 13.784/19, exclui do seu âmbito de incidência normativa determinadas matérias que devem ser objeto de regulamentação por outros ramos do direito. Neste sentido, o artigo 1°, §3°, estabeleceu que "o disposto nos arts. 1º, 2º, 3º e 4º desta Lei **não se aplica** ao **direito tributário** e ao **direito financeiro**, ressalvado o inciso X do "caput" do art.

I - na residência do empreendedor, sem recepção de pessoas; ou

II - em edificações diversas da residência, se a ocupação da atividade tiver ao todo até 200 m^2 (duzentos metros quadrados) e for realizada:

a) em edificação que não tenha mais de 03 (três) pavimentos;

b) em locais de reunião de público com lotação até 100 (cem) pessoas;

c) em local sem subsolo com uso distinto de estacionamento;

d) sem possuir líquido inflamável ou combustível acima de 1000 L (mil litros); e

e) sem possuir gás liquefeito de petróleo (GLP) acima de 190 kg (cento e noventa quilogramas)."

3º." Portanto, os princípios gerais que norteiam a atividade econômica, os direitos fundamentais de liberdade econômica e as garantias de livre iniciativa, não são aplicáveis ao direito tributário e ao direito financeiro. A título de exceção, aplica-se a estes ramos do direito a regra constante no artigo 3°, X, que valida o arquivo pertinente a qualquer documento por meio de microfilme ou por meio digital, conforme técnica e requisitos estabelecidos através de regulamento, hipótese em que se equiparará a documento físico para todos os efeitos legais e para a comprovação de qualquer ato de direito público.

Por sua vez, o artigo 1°, §5°, da Lei n° 13.784/19, estabelece que a garantia insculpida no artigo 3°, IX – aprovação tácita das solicitações formuladas por pessoas físicas ou jurídicas, de atos públicos de liberação da atividade econômica, uma vez apresentada toda documentação necessária à instrução do processo -, **não se aplica aos Estados, ao Distrito Federal e aos Municípios**, salvo se: a) o ato público de liberação da atividade econômica for derivado ou delegado por legislação ordinária federal; ou b) o ente federativo ou o órgão responsável pelo ato decidir vincular-se ao disposto no inciso IX do *caput* do art. 3º do diploma legal em comento, por meio de instrumento válido e próprio.

5.2. Competência concorrente

Dispõe o §4°, do artigo 1°, da Lei n° 13.784/19, que as normas constantes nos artigos 1° a 4° se constituem normas gerais de direito econômico, devendo, portanto, serem aplicadas as regras constitucionais que regem a matéria. Neste caso, trata-se do artigo 24, §1° a 4°, da Constituição Federal, cuja normativa é a seguinte:

> "§ 1º No âmbito da legislação concorrente, a competência da União limitar-se-á a estabelecer normas gerais.
>
> § 2º A competência da União para legislar sobre normas gerais não exclui a competência suplementar dos Estados.
>
> § 3º Inexistindo lei federal sobre normas gerais, os Estados exercerão a competência legislativa plena, para atender a suas peculiaridades.
>
> § 4º A superveniência de lei federal sobre normas gerais suspende a eficácia da lei estadual, no que lhe for contrário.

Feitas tais considerações preliminares, as normas constantes na Lei n° 13.784/19, compreendidas entre os artigos 1° a 4°, estabelecem as *disposições gerais*, a *declaração de direitos de liberdade econômica* e as *garantias de livre iniciativa*. Logo, no âmbito da legislação concorrente, todas as normas jurídicas referidas possuem a natureza de *normas ge-*

rais, cabendo aos Estados-membros sua integração normativa para efeitos de melhor aplicação em sua respectiva base territorial.

5.3. Dos princípios vetores e direito de liberdade econômica

O artigo 2° da Lei n° 13.784/19 estabeleceu quatro princípios norteadores do processo interpretativo de suas normas. São eles: a) **liberdade como uma garantia no exercício de atividades econômicas**; b) **boa-fé do particular perante o poder público**; c) **intervenção subsidiária e excepcional do Estado sobre o exercício de atividades econômicas**; e d) **reconhecimento da vulnerabilidade do particular perante o Estado**. Referidos princípios jurídicos norteiam todo o conteúdo legal, devendo ser observados pelos agentes estatais em relação às pessoas físicas e jurídicas, lhes assegurando plena liberdade de exercício de atividades econômicas. A liberdade, ora compreendida como liberdade de empreender, se constitui numa garantia do exercício de atividades econômicas, de modo que a intervenção estatal no domínio econômico deve se dá de forma mínima e subsidiária. A tônica é a liberdade de atividades econômicas com interferências mínimas do Poder Público.

A liberdade de exercício de atividades econômicas por agentes privados implica autonomia na criação empresarial ou livre acesso ao mercado, na medida em que favorece ao desenvolvimento nacional e à justiça social. Referida liberdade, evidentemente, não se restringe à criação empresarial ou livre acesso ao mercado, mas também na implementação e continuidade das atividades decorrentes da instituição da pessoa jurídica e, consequentemente, no livre acesso ao mercado. Neste quesito, a lei previu a possibilidade de se desenvolver atividade econômica de baixo risco, para a qual se valha exclusivamente de propriedade privada própria ou de terceiros consensuais, sem a necessidade de quaisquer atos públicos de liberação[22] da atividade econômica. Além disto, situa-se ainda nesta esfera de autonomia, definir livremente, em mercados

22 Nos termos do artigo 1°, §6°, da Lei n° 13.784/19, "consideram-se atos públicos de liberação a licença, a autorização, a concessão, a inscrição, a permissão, o alvará, o cadastro, o credenciamento, o estudo, o plano, o registro e os demais atos exigidos, sob qualquer denominação, por órgão ou entidade da administração pública na aplicação de legislação, como condição para o exercício de atividade econômica, inclusive o início, a continuação e o fim para a instalação, a construção, a operação, a produção, o funcionamento, o uso, o exercício ou a realização, no âmbito público ou privado, de atividade, serviço, estabelecimento, profissão, instalação, operação, produto, equipamento, veículo, edificação e outros."

não regulados, o preço de produtos e de serviços como consequência de alterações da oferta e da demanda[23].

No artigo 3°, II, da Lei n° 13.784/19, encontra-se assegurada a liberdade para desenvolver atividade econômica em qualquer horário ou dia da semana, inclusive feriados, sem que a empresa esteja sujeita a eventuais cobranças ou encargos adicionais. Neste plano, a liberdade pertinente ao desenvolvimento de atividade econômica encontra-se limitada pelas normas de proteção ao meio ambiente, incluídas as de repressão à poluição sonora e à perturbação do sossego público, além das restrições advindas de contrato, de regulamento condominial ou de outro negócio jurídico, bem como as decorrentes das normas de direito real, incluídas as de direito de vizinhança. Por fim, neste quesito, não se pode prescindir da observância da legislação trabalhista.

No âmbito da igualdade, o artigo 3°, IV, conferiu às pessoas físicas ou jurídicas, o direito de receber tratamento isonômico de órgãos e de entidades da administração pública quanto ao exercício de atos de liberação da atividade econômica, hipótese em que o ato de liberação estará vinculado aos mesmos critérios de interpretação adotados em decisões administrativas análogas anteriores, observado o disposto em norma regulamentar. Há, ainda, outros direitos e garantias consignados nos artigos 3° e 4°, da Lei n° 13.784/19, de modo que optamos, para não sermos demasiadamente extenso, apenas aos que foram aqui registrados.

5.4. Deveres da Administração Pública

O artigo 4°, da Lei n° 13.784/19, elenca os **deveres da administração pública** e demais entidades destinatárias das suas prescrições, quando do exercício de seu poder regulamentar, com o propósito de se evitar o abuso do poder regulatório de maneira a, indevidamente, praticar os seguintes atos: a) criar reserva de mercado ao favorecer, na regulação, grupo econômico, ou profissional, em prejuízo dos demais concorrentes; b) redigir enunciados que impeçam a entrada de novos competidores nacionais ou estrangeiros no mercado; c) exigir especificação técnica que não seja necessária para atingir o fim desejado; d) redigir enunciados que impeçam ou retardem a inovação e a adoção de novas tecnologias, processos ou modelos de negócios, ressalvadas as situações consideradas em regulamento como de alto risco; e) aumentar os custos de transação sem demonstração de benefícios; f) criar demanda artificial ou compulsória de produto, serviço ou atividade profissio-

23 Art, 3°, III, da Lei n° 13.784/19.

nal, inclusive de uso de cartórios, registros ou cadastros; g) introduzir limites à livre formação de sociedades empresariais ou de atividades econômicas; h) restringir o uso e o exercício da publicidade e propaganda sobre um setor econômico, ressalvadas as hipóteses expressamente vedadas em lei federal; e i) exigir, sob o pretexto de inscrição tributária, requerimentos de outra natureza de maneira a mitigar os efeitos do inciso I do *caput* do seu art. 3º.

É importante registrar, por fim, que tais deveres impostos à Administração Pública se revelam como garantias jurídicas dos administrados frente à eventuais abusos ou desvios por aquela praticados.

CAPÍTULO XXII

DA SEGURIDADE SOCIAL

SUMÁRIO: 1. Da estrutura da Seguridade Social; **2.** Princípios Constitucionais; **2.1.** Universalidade da cobertura e do atendimento; **2.2.** Uniformidade e equivalência dos benefícios e serviços às populações urbanas e rurais; **2.3.** Seletividade e distributividade na prestação dos benefícios e serviços; **2.4.** Irredutibilidade do valor dos benefícios; **2.5.** Eqüidade na forma de participação no custeio; **2.6.** Diversidade da base de financiamento, identificando-se, em rubricas contábeis específicas para cada área, as receitas e as despesas vinculadas a ações de saúde, previdência e assistência social, preservado o caráter contributivo da previdência social; **2.7.** Caráter democrático e descentralizado da administração, mediante gestão quadripartite, com participação dos trabalhadores, dos empregadores, dos aposentados e do Governo nos órgãos colegiados; **3.** Da Saúde; **4.** Da Previdência Social; **4.1.** Das Prestações (benefícios) previdenciárias; **4.2.** Da aposentadoria; **5.** Assistência Social.

O artigo 193 da nossa Lei Maior consagra, de maneira expressa, que a ordem social tem como base o primado do trabalho, cujo fim está voltado para promoção do bem-estar e da justiça social. Deste modo, o **primado do trabalho**, o **bem estar** e a **justiça social** se revelam como **fundamentos da Ordem Social**. Enfatizar a ***primazia do trabalho*** significa que através dele, os cidadãos podem se realizar com dignidade. Acentuar o ***bem-estar*** e a ***justiça social*** como objetivos da ordem social, revela que as relações econômicas e sociais desenvolvidas no País, para que se possam atingir tais finalidades, deverão propiciar trabalho e adequadas condições de vida aos indivíduos, seja no âmbito espiritual, material e intelectual. Além disto, aponta para o fato de que a riqueza produzida no País, para gerar justiça social, deverá ser partilhada de forma equitativa. A seguridade social, portanto, se insere neste contexto finalístico de promoção do bem-estar e justiça sociais a todos os membros da sociedade brasileira.

Segundo José Antonio Savaris e Daniel Machado da Rocha, "contemporaneamente, os direitos de proteção social em nosso País encontram seu núcleo nos direitos de seguridade social."[1] Segundo os autores, "a

1 "Da Seguridade Social" in **Curso de Direito Constitucional.** Eduardo Arruda Alvim, George Salomão Leite e Lenio Streck (Coordenadores). Florianopolis: Tirant lo Blanch, 2018, p. 1021.

seguridade social pode ser definida como um modelo de proteção social adotado pelos Poderes Públicos e a sociedade e por toda a sociedade para proteger o indivíduo contra contingências adversas que possam prejudicar sua saúde, impedir seu desenvolvimento ou diminuir suas condições de prover sua subsistência." Além disto, acrescentam que a seguridade social pode também ser compreendida como instrumento de proteção social de que se utiliza os Poderes Públicos e a sociedade para persecução dos objetivos fundamentais da República Federativa do Brasil, inscritos no artigo 3° da Constituição Federal[2].

Em virtude do que acima foi dito, a Constituição Federal, em seu artigo 194, *caput*, estabelece o que deve ser entendido por *Seguridade Social*. Neste sentido, há de ser compreendida como "um conjunto integrado de ações de iniciativa dos Poderes Públicos e da sociedade, destinadas a assegurar os direitos relativos à **saúde**, à **previdência social** e à **assistência social**." Portanto, a seguridade social se apresenta como um sistema formado por um conjunto de ações, emanadas não apenas do Poder Público, mas também da sociedade, voltadas para conferir proteção aos direitos pertinentes à saúde, à previdência e à assistência social. Segundo Fábio Zambitte Ibrahim, a seguridade social "pode ser conceituada como a rede protetiva formada pelo Estado e por particulares, com contribuições de todos, incluindo parte dos beneficiários dos direitos, no sentido de estabelecer ações para o sustento de pessoas carentes, trabalhadores em geral e seus dependentes, providenciando a manutenção de um padrão mínimo de vida digna.[3]" Esta ***rede protetiva*** alberga, portanto, a **saúde**, a **previdência social e** a **assistência social**.

1. Da estrutura da Seguridade Social

Estruturalmente, a seguridade social é composta por ações decorrentes da **iniciativa pública e privada**, nos termos do *caput* do artigo 194, da Constituição Federal. Trata-se, portanto, de uma composição mista. Tem por finalidade assegurar os diretos relativos à

2 "Art. 3º Constituem objetivos fundamentais da República Federativa do Brasil:
I - construir uma sociedade livre, justa e solidária;
II - garantir o desenvolvimento nacional;
III - erradicar a pobreza e a marginalização e reduzir as desigualdades sociais e regionais;
IV - promover o bem de todos, sem preconceitos de origem, raça, sexo, cor, idade e quaisquer outras formas de discriminação."

3 **Curso de Direito Previdenciário**. 23ª ed. Rio de Janeiro: Impetus, 2018, p. 05.

saúde, à previdência e à assistência social. Deste modo, para que o sistema possa arcar com o custo das ações destinadas a promover os direitos retro mencionados, necessário se faz que cada indivíduo, enquanto membro da coletividade, venha contribuir parcialmente com uma específica quantia, dentro dos limites de sua capacidade econômica. Portanto, para que se possa atender a todos, faz-se necessário que a coletividade, em sua inteireza, contribua ao custeio da seguridade social, observada a capacidade de contribuir inerente a cada qual.

2. Princípios Constitucionais

A Constituição Federal, em seu artigo 194, estabeleceu os princípios informadores da Seguridade Social. São, na verdade, metas ou objetivos a serem alcançados pelo Poder Público na organização do sistema da seguridade social. Portanto, nos termos do artigo 194 da Lei Maior, compete ao Poder Público organizar a seguridade social, com base nos seguintes objetivos: a) **universalidade da cobertura e do atendimento**; b) **uniformidade e equivalência dos benefícios e serviços às populações urbanas e rurais**; c) **seletividade e distributividade na prestação dos benefícios e serviços**; d) **irredutibilidade do valor dos benefícios; e) eqüidade na forma de participação no custeio**; f) **diversidade da base de financiamento**; g) **diversidade da base de financiamento, identificando-se, em rubricas contábeis específicas para cada área, as receitas e as despesas vinculadas a ações de saúde, previdência e assistência social, preservado o caráter contributivo da previdência social**; h) **caráter democrático e descentralizado da gestão administrativa, com a participação da comunidade, em especial de trabalhadores, empresários e aposentados e**; i) **caráter democrático e descentralizado da administração, mediante gestão quadripartite, com participação dos trabalhadores, dos empregadores, dos aposentados e do Governo nos órgãos colegiados**. Na sequência, passaremos a analisar cada objetivo imposto constitucionalmente ao sistema da Seguridade Social.

2.1. Universalidade da cobertura e do atendimento

O artigo 194, parágrafo único, I, da Constituição Federal, instituiu a **universalidade** da **cobertura e** do **atendimento** como princípio da seguridade social. Deste modo, ***cobertura*** e ***atendimento*** **se constituem em dois objetos distintos da *universalidade* da seguridade social**. Neste ponto, a doutrina alude a duas dimensões da universalidade: a)

universalidade objetiva e; b) **universalidade subjetiva**[4]. Em relação à primeira, a cobertura dos *riscos* deve ser a mais ampla possível, é dizer, "deve cobrir a generalidade dos riscos sociais e, por outro lado, deve ser não só reparadora, mas preventiva do surgimento da necessidade, protetora em qualquer circunstância."[5] Quanto à *universalidade subjetiva*, a cobertura deve estender-se a todo e qualquer membro da coletividade, independentemente do mesmo ter ou não contribuído ao seu custeio[6]. Logo, o sistema de seguridade social objetiva proporcionar benefícios a todos, contribuintes ou não, nacionais ou estrangeiros[7].

2.2. Uniformidade e equivalência dos benefícios e serviços às populações urbanas e rurais

Elencado no artigo 194, parágrafo único, II, da Constituição Federal, o princípio da uniformidade e equivalência dos benefícios e serviços não permite distinção entre os indivíduos, quer se trate de morador da cidade ou de área rural. A uniformidade versa sobre os aspectos objetivos, aos eventos que irão ser cobertos, é dizer, à extensão dos benefícios às populações urbanas e rurais, ao passo que a equivalência toma por base o aspecto econômico ou do atendimento dos serviços, que não serão necessariamente idênticos, mas equivalentes, na medida do possível[8]. O princípio

---

4 Cf. André Ramos Tavares. **Direito Constitucional**. 11ª ed. São Paulo: Saraiva, 2011, p. 843; José Afonso da Silva. **Comentário Contextual à Constituição**. São Paulo: Malheiros, 2005, p. 760.

5 José Afonso da Silva. **Comentário Contextual à Constituição**. São Paulo: Malheiros, 2005, p. 760.

6 No entendimento de José Antonio Savaris e Daniel Machado da Rocha, o princípio da universalidade "é o critério a partir do qual se produz extensão geral do âmbito de proteção, partindo-se do ideal de que toda pessoa que se encontre em situação de necessidade tem direito a ser protegida pelo sistema de seguridade social." Mais adiante, aduzem o seguinte: "Quanto ao especto de atuação da seguridade social, Almansa Pastor percebe, de um lado, na *universalidade subjetiva*, a tendência de projeção do campo de aplicação sobre a totalidade da população. De outro lado, a *generalidade objetiva* sinaliza um campo de proteção que supera o do seguro social reparador das consequências de eventos geradores de necessidade previstos por lei." in "Da Seguridade Social" in **Curso de Direito Constitucional.** Eduardo Arruda Alvim, George Salomão Leite e Lenio Streck (Coordenadores). Florianopolis: Tirant lo Blanch, 2018, p. 1027.

7 A título de exemplo, um estrangeiro ou pessoa demasiadamente pobre, que necessite de atendimento médico pode socorrer-se a um posto de saúde, mesmo sem contribuir ao sistema.

8 Segundo Fábio Zambitte Ibrahim, "as prestações securitárias devem ser idênticas para os trabalhadores rurais e urbanos, não sendo lícita a criação de benefícios diferenciados.

da uniformidade e equivalência, segundo José Antonio Savaris e Daniel Machado da Rocha, aponta para a necessidade de proteção efetiva da população rural, posto que antes da Constituição de 1988 "era contemplada com rol de prestações de natureza não contributiva que, para parte da doutrina era considerada como assistencial, que consistia na única ponte a liga-la a provisão de meios independentes de subsistência."[9]

2.3. Seletividade e distributividade na prestação dos benefícios e serviços

A distributividade é uma nota essencial da seguridade social, na medida em que se preocupa com os mais necessitados. Refere-se, pois, aos beneficiários, é dizer, às pessoas ou grupos de pessoas que são destinatárias dos benefícios conferidos pelo sistema de seguridade social A seletividade reside precisamente no fato de conferir benefícios e serviços a quem mais deles precise[10], de modo que se pode afirmar ser a distributividade uma consequência da seletividade, pois, na medida em que se dá mais a quem mais necessita, se estará distribuindo de forma mais equânime a renda. É importante salientar, que em relação à assistência médica, esta será igual para todos, desde que as pessoas dela necessitem e haja previsão para tanto.

(...)
Também aplica-se a esta regra o princípio geral da isonomia. A igualdade material determina alguma parcela de diferenciação entre estes segurados, sendo que a própria Constituição assim procede, ao prever contribuições previdenciárias para o pequeno produtor rural." **Curso de Direito Previdenciário**. 23ª ed. Rio de Janeiro: Impetus, 2018, p. 66.

9 "Da Seguridade Social" in **Curso de Direito Constitucional.** Eduardo Arruda Alvim, George Salomão Leite e Lenio Streck (Coordenadores). Florianopolis: Tirant lo Blanch, 2018, p. 1028.

10 No entendimento de José Antonio Savaris e Daniel Machado da Rocha, "a seletividade e a distributividade devem ser vistas como o reflexo do princípio da equidade na participação do custeio. Enquanto manifestação de política social, a seletividade é a irradiação do princípio da igualdade material no domínio da cobertura social, tanto quanto a equidade na participação do custeio – tendo mais acuidade que a capacidade contributiva – é a irradiação do princípio da igualdade material no campo da seguridade social." "Da Seguridade Social" in **Curso de Direito Constitucional.** Eduardo Arruda Alvim, George Salomão Leite e Lenio Streck (Coordenadores). Florianopolis: Tirant lo Blanch, 2018, p. 1029.

2.4. Irredutibilidade do valor dos benefícios;

A rigor, a irredutibilidade do valor dos benefícios não se constitui em princípio informativo da seguridade social, mas de garantia conferida aos próprios beneficiários de não terem o valor do benefício diminuído. De toda sorte, tal princípio veda a redução dos *valores nominais*, ou seja, o valor *literal* recebido pelo beneficiário não pode ser objeto de redução.

2.5. Eqüidade na forma de participação no custeio.

A equidade busca propiciar um equilíbrio entre as fontes de custeio da seguridade social, de modo a exigir de um indivíduo que detém maior capacidade econômica uma maior contribuição, em comparação com outra pessoa que aufere rendimentos em menor proporção, devendo, em tal caso, contribuir com menor valor ou nada contribuir. Trata-se, portanto, de aplicação do princípio da capacidade contributiva no âmbito da seguridade social.

2.6. Diversidade da base de financiamento, identificando-se, em rubricas contábeis específicas para cada área, as receitas e as despesas vinculadas a ações de saúde, previdência e assistência social, preservado o caráter contributivo da previdência social

A base de financiamento significa o conjunto das fontes que deverão prover os recursos necessários para manutenção da Seguridade Social e à realização das despesas com os benefícios e serviços que a ela incumbe prestar. **Tal princípio revela, portanto, que a origem dos recursos financeiros para custeio da seguridade social não pode ser único, havendo a necessidade de identificação dos valores provenientes das diversas fontes de financiamento da seguridade social**. Portanto, remete à idéia da **superação do tradicional modelo tripartite** das fontes de custeio da seguridade social, mediante contribuição dos empregadores, trabalhadores e da União Federal. Além disto, aponta para a abertura constitucional pertinentes a criação de outras fontes de custeio, para além daquelas arquitetadas expressamente, desde que destinadas a assegurar a manutenção da expansão da seguridade social. Neste sentido, dispõe a Constituição Federal em seu artigo 195, §4°: "A lei poderá instituir outras fontes destinadas a garantir a manutenção ou expansão da seguridade social, obedecido o disposto no art. 154, I."

2.7. Caráter democrático e descentralizado da administração, mediante gestão quadripartite, com participação dos trabalhadores, dos empregadores, dos aposentados e do Governo nos órgãos colegiados

A Constituição estabelece uma gestão administrativa democrática e descentralizada, mediante participação dos trabalhadores, empregadores, aposentados e representantes do governo nos órgãos colegiados das instituições que compõem os quadros da Seguridade Social. O objetivo constitucional, segundo José Antonio Savaris e Daniel Machado da Rocha, "é o de que o controle orçamentário da seguridade social e a definição de suas políticas públicas contassem com a participação da sociedade (caráter democrático) e fosse operacionalizado de maneira compartilhada entre as pessoas políticas constitucionais (caráter descentralizado), a saber, a União, os Estados, o Distrito Federal e os Municípios.[11]" Revela, portanto, um perfil democrático e plural, mediante a participação de todos os interessados no sistema de seguridade social.

3. Da Saúde

Nos termos do artigo 196 da Constituição Federal, "a saúde é direito de todos e dever do Estado, garantido mediante políticas sociais e econômicas que visem à redução do risco de doença e de outros agravos e ao acesso universal e igualitário às ações e serviços para sua promoção, proteção e recuperação." A Constituição da Organização Mundial da Saúde - OMS, de 22 de julho de 1946, define o direito em análise como "um estado de completo bem-estar físico, mental e social, e não consiste apenas na ausência de doença ou de enfermidade." Trata-se, nos termos do artigo 6º[12] da nossa Constituição, de um direito fundamental social.

Com o propósito de promover o direito à saúde[13], tornando-a acessível a todo cidadão brasileiro, o Congresso Nacional, através da Lei

11 José Antonio Savaris e Daniel Machado da Rocha. "Da Seguridade Social" in **Curso de Direito Constitucional.** Eduardo Arruda Alvim, George Salomão Leite e Lenio Streck (Coordenadores). Florianopolis: Tirant lo Blanch, 2018, p. 1029.

12 Art. 6º São direitos sociais a educação, a **saúde**, a alimentação, o trabalho, a moradia, o transporte, o lazer, a segurança, a previdência social, a proteção à maternidade e à infância, a assistência aos desamparados, na forma desta Constituição."

13 O artigo 197, da Constituição Federal, dispõe o seguinte:
"Art. 197. São de relevância pública as ações e serviços de saúde, cabendo ao Poder Público dispor, nos termos da lei, sobre sua regulamentação, fiscalização e controle, devendo sua execução ser feita diretamente ou através de terceiros e, também, por pessoa física ou jurídica de direito privado."

n° 8.080/90, instituiu o Sistema Único de Saúde – SUS. Neste sentido, o referido diploma legal dispôs sobre "as condições para a promoção, proteção e recuperação da saúde, a organização e o funcionamento dos serviços correspondentes." O artigo 2°, ao tempo em que reforça a fundamentalidade do direito à saúde, impõe deveres não apenas ao Estado, mas a toda coletividade[14].

O Sistema Único de Saúde – SUS é composto por uma rede regionalizada e hierarquizada, de ações e serviços públicos no âmbito da saúde, através do qual o Estado cumpre o dever que lhe foi assinalado constitucionalmente, assegurando a todo e qualquer indivíduo acesso aos instrumentos propiciadores de saúde. Segundo o disposto no artigo 4°, da Lei n° 8.080/90, o "conjunto de ações e serviços de saúde, prestados por órgãos e instituições públicas federais, estaduais e municipais, da Administração direta e indireta e das fundações mantidas pelo Poder Público, constitui o Sistema Único de Saúde (SUS)."

O artigo 198 da Constituição Federal estabelece as seguintes diretrizes a serem observadas pelo Sistema Único de Saúde: a) descentralização, com direção única em cada esfera de governo; b) atendimento integral, com prioridade para as atividades preventivas, sem prejuízo dos serviços assistenciais e; c) participação da comunidade. A Lei n° 8.080/90, por sua vez, além dos princípios fixados constitucionalmente, estabeleceu outros em seu artigo 7°. São eles: a) universalidade de acesso aos serviços de saúde em todos os níveis de assistência; b) integralidade de assistência, entendida como conjunto articulado e contínuo das ações e serviços preventivos e curativos, individuais e coletivos, exigidos para cada caso em todos os níveis de complexidade do sistema; c) preservação da autonomia das pessoas na defesa de sua integridade

14 "Art. 2º A saúde é um direito fundamental do ser humano, devendo o Estado prover as condições indispensáveis ao seu pleno exercício.
§ 1º O dever do Estado de garantir a saúde consiste na formulação e execução de políticas econômicas e sociais que visem à redução de riscos de doenças e de outros agravos e no estabelecimento de condições que assegurem acesso universal e igualitário às ações e aos serviços para a sua promoção, proteção e recuperação.
§ 2º O dever do Estado não exclui o das pessoas, da família, das empresas e da sociedade.
Art. 3º Os níveis de saúde expressam a organização social e econômica do País, tendo a saúde como determinantes e condicionantes, entre outros, a alimentação, a moradia, o saneamento básico, o meio ambiente, o trabalho, a renda, a educação, a atividade física, o transporte, o lazer e o acesso aos bens e serviços essenciais.
Parágrafo único. Dizem respeito também à saúde as ações que, por força do disposto no artigo anterior, se destinam a garantir às pessoas e à coletividade condições de bem-estar físico, mental e social."

física e moral; d) igualdade da assistência à saúde, sem preconceitos ou privilégios de qualquer espécie; e) direito à informação, às pessoas assistidas, sobre sua saúde; f) divulgação de informações quanto ao potencial dos serviços de saúde e a sua utilização pelo usuário; g) utilização da epidemiologia para o estabelecimento de prioridades, a alocação de recursos e a orientação programática; h) participação da comunidade; i) descentralização político-administrativa, com direção única em cada esfera de governo: i.1) ênfase na descentralização dos serviços para os municípios; i.2) regionalização e hierarquização da rede de serviços de saúde; j) integração em nível executivo das ações de saúde, meio ambiente e saneamento básico; j) conjugação dos recursos financeiros, tecnológicos, materiais e humanos da União, dos Estados, do Distrito Federal e dos Municípios na prestação de serviços de assistência à saúde da população; l) capacidade de resolução dos serviços em todos os níveis de assistência; m) organização dos serviços públicos de modo a evitar duplicidade de meios para fins idênticos e; n) organização de atendimento público específico e especializado para mulheres e vítimas de violência doméstica em geral, que garanta, entre outros, atendimento, acompanhamento psicológico e cirurgias plásticas reparadoras, em conformidade com a Lei n° 12.845, de 1° de agosto de 2013.

O **Sistema Único de Saúde - SUS será financiado por toda sociedade, mediante pagamento de contribuições sociais destinadas ao custeio da seguridade social**. Deste modo, o orçamento da Seguridade Social destinará ao Sistema Único de Saúde - SUS, os recursos necessários à realização dos seus fins. O §1°, do artigo 198, da Constituição Federal, estabelece que o "sistema único de saúde será financiado, nos termos do art. 195[15], com recursos do orçamento da seguridade social, da União, dos Estados, do Distrito Federal e dos Municípios, além de outras fontes." Portanto, além dos recursos provenientes dos orçamentos dos entes federativos, o SUS será financiado por contribuições sociais **pagas** pelo **empregador**, **empresa** ou **entidade a ele equiparada**, incidentes sobre: a) a folha de salários e demais rendimentos do trabalho pagos ou creditados, a qualquer título, à pessoa física que lhe preste serviço, mesmo sem vínculo empregatício; b) a receita ou o faturamento e; c) o lucro e; pelo **trabalhador e demais segurados da previdência social**. Portanto, **empregadores, trabalhadores e demais segurados da previdência social se constituem em fonte de financiamento do**

15 "Art. 195. A seguridade social será financiada por toda a sociedade, de forma direta e indireta, nos termos da lei, mediante recursos provenientes dos orçamentos da União, dos Estados, do Distrito Federal e dos Municípios, e das seguintes contribuições sociais: (...)"

Sistema Único de Saúde - SUS, na forma prevista pela Constituição e leis que regem a matéria.

Nos termos do artigo 5°, da Lei n° 8.080/90, são objetivos e atribuições do Sistema Único de Saúde - SUS: a) a identificação e divulgação dos fatores condicionantes e determinantes da saúde; b) a formulação de política de saúde destinada a promover, nos campos econômico e social, a observância do acesso universal e igualitário às ações e aos serviços para a promoção, proteção e recuperação da saúde, objetivando a redução de riscos de doenças e de outros agravos; c) a assistência às pessoas por intermédio de ações de promoção, proteção e recuperação da saúde, com a realização integrada das ações assistenciais e das atividades preventivas. d) execução de ações: d.1) de vigilância sanitária; d.2) de vigilância epidemiológica; d.3) de saúde do trabalhador; e d.4) de assistência terapêutica integral, inclusive farmacêutica; e) a participação na formulação da política e na execução de ações de saneamento básico; f) a ordenação da formação de recursos humanos na área de saúde; g) a vigilância nutricional e a orientação alimentar; h) a colaboração na proteção do meio ambiente, nele compreendido o do trabalho; i) a formulação da política de medicamentos, equipamentos, imunobiológicos e outros insumos de interesse para a saúde e a participação na sua produção; j) o controle e a fiscalização de serviços, produtos e substâncias de interesse para a saúde; l) a fiscalização e a inspeção de alimentos, água e bebidas para consumo humano; m) a participação no controle e na fiscalização da produção, transporte, guarda e utilização de substâncias e produtos psicoativos, tóxicos e radioativos; n) o incremento, em sua área de atuação, do desenvolvimento científico e tecnológico e; o) a formulação e execução da política de sangue e seus derivados.

4. Da Previdência Social

A Previdência Social se constitui numa espécie de ***seguro sui generis***[16], de filiação compulsória para os *regimes básicos*, através do qual é conferida proteção aos seus segurados em virtude dos denominados *riscos sociais*. Trata-se de uma "*espécie de seguro*" na medida em que se garante ao trabalhador brasileiro reposição de renda para seu sustento e de sua família, por ocasião de sua inatividade, em casos de doença, acidente, gravidez, prisão, morte e velhice.

16 Cf. Fábio Zambitte Ibrahim. **Curso de Direito Previdenciário**. 23ª ed. Rio de Janeiro: Impetus, 2018, p. 26.

A Constituição Federal contempla os seguintes regimes previdenciários: a) regime básico da previdência social[17]; b) regime de previdência privada[18]. No âmbito do **Regime Básico da Previdência Social** encontram-se o **Regime Geral da Previdência Social e os Regimes Próprios de Previdência dos Servidores Públicos[19] e Militares.** Além do regime geral, o texto constitucional contempla a instituição de **regime previdenciário privado, de natureza complementar e organizado de forma independente em relação ao regime geral da previdência social.** Tem-se aqui os sistemas de previdência privada, de caráter facultativo, que objetiva complementar, em sede de aposentadoria, os proventos auferidos no regime geral da previdência social, este de filiação obrigatória, nos termos do artigo 201, da Constituição Federal.

O **regime geral da previdência social**, por albergar a grande massa dos trabalhadores brasileiros, é o mais amplo, **sendo organizado pelo Instituto Nacional de Previdência Social - INSS.** Os **regimes próprios[20]**, por sua vez, **são os mantidos pela União, Estados, Distrito Federal e Municípios[21], em benefícios dos seus respectivos servidores públicos civis e militares.**

4.1. Das Prestações (benefícios) previdenciárias

Em sede de regime geral da previdência social, organizado pelo INSS, o sistema compreende os seguintes benefícios (art. 201, CF): a)

17 "Art. 201. A previdência social será organizada sob a forma do **Regime Geral de Previdência Social**, de caráter contributivo e de filiação obrigatória, observados critérios que preservem o equilíbrio financeiro e atuarial, e atenderá, na forma da lei, a: (...)" (destaque nosso) Neste contexto, o sistema previdenciário brasileiro compreende o Regime Geral de Previdência Social e Regimes Próprios de Servidores Públicos e Militares.

18 "Art. 202. O **regime de previdência privada**, de caráter complementar e organizado de forma autônoma em relação ao regime geral de previdência social, será facultativo, baseado na constituição de reservas que garantam o benefício contratado, e regulado por lei complementar." (destaque nosso)

19 "Art. 40. O regime próprio de previdência social dos servidores titulares de cargos efetivos terá caráter contributivo e solidário, mediante contribuição do respectivo ente federativo, de servidores ativos, de aposentados e de pensionistas, observados critérios que preservem o equilíbrio financeiro e atuarial."

20 A Lei nº 9.717/98, dispõe sobre regras gerais para a organização e o funcionamento dos regimes próprios de previdência social dos servidores públicos da União, dos Estados, do Distrito Federal e dos Municípios, dos militares dos Estados e do Distrito Federal.

21 Nos municípios que não possuem sistema próprio de previdência, os servidores estarão vinculados ao Regime Geral.

cobertura dos eventos de incapacidade temporária ou permanente para o trabalho e idade avançada; b) proteção à maternidade, especialmente à gestante; c) proteção ao trabalhador em situação de desemprego involuntário; d) salário-família e auxílio-reclusão para os dependentes dos segurados de baixa renda e; e) pensão por morte do segurado, homem ou mulher, ao cônjuge ou companheiro e dependentes.

4.2. Da aposentadoria

De acordo com o artigo 201, §7°, I e II, da Constituição Federal, os homens têm o direito de se aposentarem aos 65 (sessenta e cinco) anos de idade, ao passo que as mulheres se aplicam a idade de 62 (sessenta e dois) anos, observado o tempo mínimo de contribuição[22]. Em relação aos trabalhadores rurais, às pessoas que exerçam suas atividades em regime de economia familiar, neste rol incluídos o produtor rural, o garimpeiro e o pescador artesanal, a idade para obtenção da aposentadoria passa a ser de 60 anos, se homem, e 55 anos, se mulher. Na hipótese de tratar-se de professor que comprove tempo de efetivo exercício das funções de magistério na educação infantil e no ensino fundamental e médio, o requisito de idade será de 60 anos relação aos homens e 57 anos no tocante às mulheres, conforme disposto no artigo 201, § 8°[23], da Constituição Federal.

Para fins de aposentadoria, o artigo 201, §9°[24], da Constituição Federal, estabelece que será assegurada a contagem recíproca do tempo de contribuição entre o Regime Geral de Previdência Social e os regimes próprios de previdência social, e destes entre si, observada a compensação financeira, de acordo com os critérios estabelecidos em lei. Deste

22 Segundo Fábio Zambitte Ibrahim, "considera-se tempo de contribuição o tempo, contado de data a data, desde o início até a data do requerimento ou do desligamento de atividade abrangida pela previdência social, descontados os períodos legalmente estabelecidos, como de suspensão de contrato de trabalho, de interrupção de exercício e de desligamento da atividade." **Curso de Direito Previdenciário**. 23ª ed. Rio de Janeiro: Impetus, 2018, p. 598.

23 "(...)
§ 8º O requisito de idade a que se refere o inciso I do § 7º será reduzido em 5 (cinco) anos, para o professor que comprove tempo de efetivo exercício das funções de magistério na educação infantil e no ensino fundamental e médio fixado em lei complementar."

24 "§ 9º Para fins de aposentadoria, será assegurada a contagem recíproca do tempo de contribuição entre o Regime Geral de Previdência Social e os regimes próprios de previdência social, e destes entre si, observada a compensação financeira, de acordo com os critérios estabelecidos em lei."

modo, em virtude da contagem de tempo de contribuição cumprido em dois regimes previdenciários distintos, **exige-se**, para efeitos de aposentadoria, **o reconhecimento desse tempo pelo regime previdenciário de atual vinculação do segurado.**

5. Assistência Social

A assistência social é um benefício típico do *Welfare State*, configurada por um somatório de ações e serviços a quem dela necessitar, **independentemente de se ter contribuído ou não ao custeio da seguridade social.** A ausência de recursos materiais por parte do assistido se constitui em requisito para obtenção do auxílio assistencial do Estado. Neste sentido, a assistência social se revela como direito fundamental do indivíduo frente ao dever de proteção (assistencialista) estatal. O artigo 203 da Constituição Federal, ao dispor sobre a assistência social, estabelece o seguinte:

> "Art. 203. A assistência social será prestada a quem dela necessitar, independentemente de contribuição à seguridade social, e tem por objetivos:
>
> I – a proteção à família, à maternidade, à infância, à adolescência e à velhice;
>
> II – o amparo às crianças e adolescentes carentes;
>
> III – a promoção da integração ao mercado de trabalho;
>
> IV – a habilitação e reabilitação das pessoas portadoras de deficiência e a promoção de sua integração à vida comunitária;
>
> V – a garantia de um salário mínimo de benefício mensal à pessoa portadora de deficiência e ao idoso que comprovem não possuir meios de prover à própria manutenção ou de tê-la provida por sua família, conforme dispuser a lei."

A Lei n° 8.742/93, integra o dispositivo constitucional trazido à colação, ao dispor sobre a "organização da Assistência Social"[25] Em seu artigo 2°, estabelece que a **assistência social tem por objetivos a proteção social, buscando garantir a vida, reduzir os danos e prevenir**

---

25 O artigo 1° estabelece a seguinte definição legal de assistência social:
"Art. 1º A assistência social, direito do cidadão e dever do Estado, é Política de Seguridade Social não contributiva, que provê os mínimos sociais, realizada através de um conjunto integrado de ações de iniciativa pública e da sociedade, para garantir o atendimento às necessidades básicas."

a incidência de riscos. Tais objetivos poderão ser alcançados através da implementação das seguintes medidas: a) proteção à família, à maternidade, à infância, à adolescência e à velhice; b) amparo às crianças e aos adolescentes carentes; c) promoção da integração ao mercado de trabalho; d) habilitação e reabilitação das pessoas com deficiência e a promoção de sua integração à vida comunitária; e e) garantia de 1 (um) salário-mínimo de benefício mensal à pessoa com deficiência e ao idoso que comprovem não possuir meios de prover a própria manutenção ou de tê-la provida por sua família. Ao lado da proteção social que busca garantir a vida, reduzir os danos e prevenir a incidência de riscos, são também objetivos da assistência social a "vigilância socioassistencial, que visa a analisar territorialmente a capacidade protetiva das famílias e nela a ocorrência de vulnerabilidades, de ameaças, de vitimizações e danos e; a defesa de direitos, que visa a garantir o pleno acesso aos direitos no conjunto das provisões socioassistenciais."[26]

Além dos princípios constantes no artigo 203, da Constituição Federal, a assistência social é regida pelas seguintes prescrições legais: a) supremacia do atendimento às necessidades sociais sobre as exigências de rentabilidade econômica; b) universalização dos direitos sociais, a fim de tornar o destinatário da ação assistencial alcançável pelas demais políticas públicas; c) respeito à dignidade do cidadão, à sua autonomia e ao seu direito a benefícios e serviços de qualidade, bem como à convivência familiar e comunitária, vedando-se qualquer comprovação vexatória de necessidade; d) igualdade de direitos no acesso ao atendimento, sem discriminação de qualquer natureza, garantindo-se equivalência às populações urbanas e rurais e; e) divulgação ampla dos benefícios, serviços, programas e projetos assistenciais, bem como dos recursos oferecidos pelo Poder Público e dos critérios para sua concessão[27].

De forma bastante utópica, o parágrafo único, do artigo 2°, da Lei n° 8.742/93, dispõe que "para o enfrentamento da pobreza, a assistência social realiza-se de forma integrada às políticas setoriais, **garantindo mínimos sociais** e provimento de condições para atender contingências sociais e promovendo a universalização dos direitos sociais."

Conforme se vê, normativamente a responsabilidade estatal no âmbito social é imensa, logo, para que se possa implementar tais ações assistencialistas, o Estado deverá se utilizar dos recursos que compõem o orçamento da seguridade social, consignados no artigo 195 (contribuições sociais) da Constituição Federal, além de outras fontes de custeio.

26 Cf. artigo 2°, da Lei n° 8.742/93.

27 Cf. artigo 4°, da Lei n° 8.742/93.

BIBLIOGRAFIA

ABBOUD, Georges. **Processo Constitucional Brasileiro**. São Paulo: RT, 2016.

______. CARNIO, Henrique Garbelinni; OLIVEIRA, Rafael Tomaz de. **Introdução à Teoria e à Filosofia do Direito**. 2ª ed. São Paulo: RT, 2014.

AGRA, Walber de Moura. **Fraudes à Constituição: um atentado ao Poder Reformador**. Porto Alegre: Sergio Fabris Editor, 2000.

ALEXY, Robert. **Teoria da Argumentação Jurídica. A Teoria do Discurso Racional como Teoria da Justificação Jurídica.** São Paulo: Landy, 2001.

______. **El concepto y la validez del derecho**. 2ª ed. Barcelona: Gedisa, 1997.

ALVIM, Arruda. **Manual de Direito Processual Civil.** 11ª ed. Vol I. São Paulo: Revista dos Tribunais, 2007.

ALVIM, Eduardo Arruda. **Direito Processual Civil**. 5ª ed., São Paulo: Revista dos Tribunais, 2013.

______.; THAMAY, Renan Faria Kruger; GRANADO, Daniel Willian. **Processo Constitucional**. São Paulo: Revista dos Tribunais, 2014.

AMARAL JÚNIOR, José Levi Mello do. **Incidente de Arguição de Inconstitucionalidade**. São Paulo: Revista dos Tribunais, 2002.

AMARANTE, Aparecida I. **Responsabilidade civil por dano à honra.** Belo Horizonte: Del Rey, 2005.

AMORIM, José Pacheco de. **A Constituição Económica Portuguesa – Enquadramento Dogmático e Princípios Fundamentais.** Disponível em: https://hdl.handle.net/10216/66027.

ANDRADE, José Carlos Vieira de. **Os Direitos Fundamentais na Constituição Portuguesa de 1976.** 5ª ed. Coimbra: Almedina, 2016.

ANDRADE, Manuel A. Domingues de. **Ensaio sobre a Interpretação das Leis,**4ª ed. Coimbra: Arménio Amado Editor, 1987.

APPIO, Eduardo Fernando. **Interpretação Conforme à Constituição. Instrumentos de Tutela Jurisdicional dos Direitos Fundamentais**. Juruá: Curitiba, 2002.

ARAÚJO, Luiz Aberto David. **A proteção constitucional da própria imagem – pessoa física, pessoa jurídica e produto**. Belo Horizonte: Del Rey, 1996.

ARISTOTELES. **Política.** São Paulo: Martin Claret, 2003.

ARENDT, Hannah. **Origens do Totalitarismo: Antissemitismo, Imperialismo e Totalitarismo**. 8ª Edição. São Paulo: Companhia das Letras, 2007.

ATALIBA, Geraldo. **Hipótese de Incidência Tributária**. 5ª ed. São Paulo: Malheiros, 1999.

______. **República e Constituição**. 2ª ed. São Paulo: Malheiros, 1998.

______. **Elementos de Direito Tributário.** São Paulo: Revista dos Tribunais, 1978.

ATHAYDE, Austregésilo de; IKEDA, Daisaku. "**Diálogo: Direitos Humanos no Século XXI**". 2ª ed. Rio de Janeiro: Record, 2001.

ATIENZA, Manuel; GARCIA AMADO, Juan Antonio. **Un debate sobre la ponderación.** Lima-Bogotá: Temis, 2012.

AUGUSTO, F. M. Ferraz de Arruda. **Dano moral puro ou psíquico**. São Paulo: Juarez de Oliveira, 1999.

AZZARITI, Gaetano. **Problemi attualli di diritto costituzionale**. Milão: Giuffré Editore, 1951.

BANDEIRA DE MELLO, Celso Antônio. **Conteúdo Jurídico do Princípio da Igualdade**. 3ª ed. São Paulo: Malheiros, 1999.

______. **Regime dos Servidores da Administração Direta e Indireta (Direitos e Deveres)**. 3ª ed. São Paulo: Malheiros, 1995.

BARACHO, José Alfredo de Oliveira "Hermenêutica Constitucional", **Revista da Faculdade de Direito da Universidade Federal de Minas Gerais,** nº 18, 1977.

BARBOSA, Rui. **Atos Inconstitucionais**. 2ª ed. Campinas: Russell, 2004.

______. **Comentários à Constituição Federal Brasileira**. Tomo II. São Paulo: Saraiva, 1933.

BARCELLOS, Ana Paula; CAMPANTE, Renata Ramos. "**A acessibilidade como instrumento de promoção de direitos fundamentais**". in **Manual dos Direitos da Pessoa com Deficiência**, Carolina Valença Ferraz, George Salomão Leite, Glauber Salomão e Glauco Salomão Leite (Coord.). São Paulo: Saraiva, 2012.

BARRETO, Aires. **Base de Cálculo, Alíquota e Princípios Constitucionais**. 2ª ed. São Paulo: Max Limonad, 1998.

BARROSO, Luís Roberto. **O Controle de constitucionalidade no direito brasileiro.** 4ª ed. São Paulo: Saraiva, 2009.

______. **A Nova Interpretação Constitucional. Ponderação, Direitos Fundamentais e Relações Privadas** (organizador). Rio de Janeiro: Renovar, 2003.

______. **Interpretação e Aplicação da Constituição: fundamentos de uma dogmática constitucional transformadora**. São Paulo: Saraiva, 1996.

______. "**A ordem econômica constitucional e os limites à atuação estatal no controle de preços.**" in Revista de Direito Administrativo. Rio de Janeiro: 226: 187-212, out/dez 2001.

______. "**Poder Executivo - Lei Inconstitucional - Descumprimento**", Revista de Direito Administrativo, Rio de Janeiro, p. 387-397, jul. 1990.

______. **Liberdade de expressão, censura e controle da programação de televisão na Constituição de 1988.** São Paulo: Revista dos Tribunais, ano 90, v. 790, p. 129-152, ago, 2001.

BASTOS, Celso Ribeiro. **Curso de Direito Constitucional**. 21ª ed. São Paulo: Saraiva, 2000.

______; TAVARES, André Ramos. **As Tendências do Direito Público no Limiar de um Novo Milênio**. São Paulo: Saraiva, 2000.

______.. **Hermenêutica e Interpretação Constitucional.** São Paulo: Celso Bastos Editor, 1997.

______; MARTINS, Ives Gandra da Silva. **Parlamentarismo ou Presidencialismo?** 2ª ed. Rio de Janeiro: Forense, 1993.

______; BRITTO, Carlos Ayres. **Interpretação e Aplicabilidade das Normas Constitucionais**. São Paulo: Saraiva, 1982.

BERTONCINI, Mateus Eduardo Siqueira Nunes. **Princípios de Direito Administrativo Brasileiro**. São Paulo. Malheiros, 2002.

BETTI, Emilio. **Interpretacion de la ley y de los actos jurídicos.** Madrid: Editorial Revista de Derecho Privado, 1971.

______. **Teoría de la Interpretación Jurídica.** Santiago: Ediciones Universidad Católica de Chile, 2015.

BISCARETTI DI RUFFIA, Paolo. **Direito Constitucional (Instituições de Direito Público).** São Paulo: RT, 1984.

BOBBIO, Norberto. **A Era dos Direitos**. 9ª ed. Rio de Janeiro: Elsevier, 2004.

______. **Teoria do Ordenamento Jurídico.** 10ª ed. Brasília: UnB, 1997.

BOLZAN DE MORAIS, José Luis; BAGGIO, Roberta Camineiro. "Os limites da transição política e (alguns) os dilemas do federalismo brasileiro. Um olhar retrospectivo" in "**Dilemas na Constituição**", Alfredo Copetti Neto, George Salomão Leite, Glauco Salomão Leite (Coord.). Belo Horizonte: Fórum, 2017.

BONAVIDES, Paulo. **Curso de Direito Constitucional.** 9ª ed, São Paulo: Malheiros Editores, 2000.

BORGES, José Souto Maior. **Teoria Geral da Isenção Tributária.** 3ª ed. São Paulo: Malheiros, 2001.

______. **O Contraditório no Processo Judicial (uma visão dialética)**. São Paulo: Malheiros, 1996.

BOURGEOIS, León. **Solidarité.** 1896. Disponível em: http://classiques.uqac.ca/classiques/bourgeois_leon/solidarite/bourgeois_solidarite.pdf>, acesso em 23.11.19, às 8h03.

BRITTO, Carlos Ayres. **O Humanismo como categoria constitucional**. Belo Horizonte: Fórum, 2010.

______. **Teoria da Constituição**. Rio de Janeiro: Forense, 2003.

BROSSARD, Paulo. "A Constituição e as leis à ela anteriores." in **Arquivos do Ministério da Justiça**, v. 45, nº 180, p. 125-148, jul./dez. 1992.

BRYCE, James. **Constituciones flexibles y Constituciones rígidas.** Madrid: Instituto de Estudios Politico, 1952.

BULOS, Uadi Lammêgo. **Curso de Direito Constitucional**. 2ª ed. São Paulo: Saraiva, 2008.

CALLEJÓN, Francisco Balaguer; VILLAR, Gregorio Cámara; AGUILAR, Juan Fernando López; CALLEJÓN, María Luisa Balaguer; MARTOS, José Montilla. **Manual de Derecho Constitucional**, Volumen II. Derechos y Libertades Fundamentales, Deberes Constitucionales y Principios Rectores y Instituciones y Órganos Constitucionales. Tecnos: Madrid, 2008.

CAMARGO, José A. "**Direito à integridade psicofísica nos direitos brasileiro e comparado**". Disponível em: https://www.jfrj.jus.br/sites/default/files/revista-sjrj/arquivo/43-159-2-pb.pdf, acesso em 03.08.19, às 14h50.

CAMARGO, Margarida Maria Lacombe. **Hermenêutica e Argumentação - Uma Contribuição ao Estudo do Direito**. 3ª ed. Rio de Janeiro: Renovar, 2003.

CAMBI, Eduardo. **A prova civil - admissibilidade e relevância.** São Paulo: RT, 2006.

CAMPOS, German J. Bidart. **El Derecho de la Constitución y su fuerza normativa.** Buenos Aires: Ediar, 1995.

CANOTILHO, J. J. Gomes. **Direito Constitucional e Teoria da Constituição**. 7ª ed. Coimbra: Almedina, 2000.

CAPPELLETTI, Mauro. **O controle judicial de constitucionalidade das leis no direito comparado**. 2ª ed. Porto Alegre: Sergio Antonio Fabris: 1999.

______. GARTH, Bryant. **Acesso à Justiça**. Porto Alegre: Sergio Antonio Fabris, Editor, 2002.

CARVALHO, Dimas Messias de; CARVALHO; Dimas Daniel de. **Direito das Sucessões - Inventário e Partilha**. Belo Horizonte: Del Rey, 2007.

CARVALHO, Márcia Haydée Porto de. **Hermenêutica Constitucional - métodos e princípios específicos de interpretação**. 2ª ed. Florianópolis: Obra Jurídica, 2008.

CARVALHO, Paulo de Barros. **Curso de Direito Tributário.** 29 ed. São Paulo: Saraiva, 2018.

______. **Direito Tributário - Fundamentos Jurídicos da Incidência**. 10ª ed. São Paulo: Saraiva, 2018.

______. **Derivação e Positivação no Direito Tributário**. 2ª ed. Volume I. São Paulo: Noeses, 2014.

______. **Direito Tributário, Linguagem e Método.** 7ª ed. São Paulo: Noeses, 2018.

CARVALHO, Weliton. **Direitos Fundamentais: Constituição e Tratados Internacionais - Análise do Ordenamento Jurídico Brasileiro.** Curitiba: Juruá, 2014.

CASANOVA, J. A. Gonzalez. "La idea de Constitución en Karl Loewenstein", **Revista de estudios políticos**, nº 139, 1965.

CAVALCANTE FILHO, João Trindade. **Processo Legislativo Constitucional.** Salvador: Juspodivm, 2012.

CICCO, Cláudio de; GONZAGA, Alvaro de Azevedo. **Teoria Geral do Estado e Ciência Política**. 7ª ed. São Paulo: RT, 2016.

CINTRA, Antonio Carlos de Araújo; GRINOVER, Ada Pellegrini; DINAMARCO, Cândido Rangel. **Teoria Geral do Processo.** 28ª ed. São Paulo: RT, 2012.

CLÈVE, Clèmerson Merlin. **Fiscalização abstrata da constitucionalidade no dircito brasilciro**. São Paulo: RT, 2000"

COELHO, Inocêncio Mártires. **Da Hermenêutica Filosófica à Hermenêutica Jurídica.** 2ª ed. São Paulo: Saraiva, 2015.

______. Inocêncio Mártires. **Interpretação Constitucional**. Porto Alegre: Sergio Antonio Fabris Editor, 1997.

______ "Métodos e Princípios da Interpretação Constitucional: o Que São, para Que Servem, Como se Aplicam". **Revista Direito Público nº 5**, Jul-Ago-Set/2004, p. 23 a 37.

COELHO, Sacha Calmon Navarro. **Curso de Direito Tributário**. 12ª ed. Rio de Janeiro: Gen/Forense, 2012.

COMPARATO, Fábio Konder. **A afirmação histórica dos direitos humanos**. 2ª ed. São Paulo: Saraiva, 2001.

COOLEY, Thomas. **Princípios Gerais de Direito Constitucional nos Estados Unidos da América**. Campinas: Russell, 2002.

______. **A Treatise on the Constitucional limitations which rest upon the legislative power of the States of the American Union**. Second Edition. Boston: Little, Brown and Company, 1871. Disponível em: https://repository.law.umich.edu/cgi/viewcontent.cgi?article=1009&context=books

COSTA JR., Paulo José da. **O Direito de Estar Só: Tutela Penal da Intimidade**. São Paulo: RT, 1970.

COSTA, Nelson Nery. **Curso de Direito Municipal Brasileiro**. Rio de Janeiro: Forense. 1999.

CRETELLA JR., José **Elementos de Direito Constitucional.** São Paulo: RT, 2000.

______. **Comentários à Constituição Brasileira de 1988**. 2ª ed., v. III, Rio de Janeiro: Forense Universitária, 1997.

CRISAFULLI, Vezio. **La Constituzione e le sue Disposizioni di Principio**. Milão: Giuffré Editore, 1952.

______. "Efficacia delle norme constitucional 'programmatiche'". in **Rivista Trimestrale di Diritto Pubblico**, n° 1, Milao, Giuffrè, jan/mar, 1951.

CRUZ, Paulo Márcio. **Fundamentos do direito constitucional**. Curitiba: Juruá, 2001.

CUNHA JÚNIOR, Dirley da. **Controle Judicial das Omissões do Poder Público**. São Paulo: Saraiva, 2004.

DABUS MALUF, Carlos Alberto; DABUS MALUF; Adriana Caldas do Rego Freitas. **Curso de Direito das Sucessões**. São Paulo: Saraiva, 2013.

DANTAS, Paulo Roberto de Figueiredo. **Curso de Direito Constitucional.** São Paulo: Atlas, 2012.

DAVID, René. **O Direito Inglês**. São Paulo: Martins Fontes, 2000.

DÍEZ-PICAZO, L. M. **Sistema de Derechos fundamentales.** 4ª ed. Madrid: Civitas Ediciones, 2013.

DIMOULIS, Dimitri. **Positivismo Jurídico: Introdução a uma teoria do direito e defesa do pragmatismo jurídico-político.** São Paulo: Método, 2006.

DIMOULIS, Dimitri; LUNARDI, Soraya. "**Curso de Processo Constitucional: controle de constitucionalidade e remédios constitucionais**". São Paulo: Atlas/FGV, 2011.

______; LUNARDI, Soraya. **Curso de Processo Constitucional. Controle de Constitucionalidade e remédios constitucionais**. São Paulo: Atlas, 2011.

______; MARTINS, Leonardo. **Teoria Geral dos Direitos Fundamentais**. São Paulo: Revista dos Tribunais, 2006.

DINIZ, Maria Helena. **Curso de Direito Civil Brasileiro.** Volume 7. 32ª ed. São Paulo: Saraiva, 2018.

______. **Compêndio de Introdução à Ciência do Direito**. 17ª ed. São Paulo: Saraiva, 2005.

______. **Norma Constitucional e seus Efeitos**. São Paulo: Saraiva, 2001.

DOTTI, René Ariel. **Proteção da vida privada e liberdade de informação.** São Paulo: RT, 1980.

DROMI, Roberto. "**La Reforma Constitucional: El Constitucionalismo del 'por venir'**". in Manuel Francisco Clavero Arévalo (Coord.). **El derecho publico de finales de siglo: una perspectiva iberoamericana**. Madrid: Fundación Banco Bilbao Vizcaya, 1997.

DUCHAMP, Marcel. **Escritos. Duchamp du Signe.** Barcelona: Editorial Gustavo Gili, 1978.

DWORKIN. Ronald. **O Império do Direito**. São Paulo: Martins Fontes, 1999.

ENTERRÍA, Eduardo García de. **La Constitución como norma y el Tribunal Constitucional.** 3ª ed. Madrid: Editorial Civitas, 1983.

ESSER, Joseph. **Principio y norma em la elaboración jurisprudencial del derecho privado.** Bosch: Barcelona, 1961.

FAGUNDES, M. Seabra. **"A Função Política do Supremo Tribunal Federal"**, Revista de Direito Administrativo, Rio de Janeiro, n° 134: p. 1-10, out./dez. 1978.

FARIA, Edimur Ferreira de. **Curso de Direito Administrativo Positivo.** São Paulo: Saraiva, 2018.

FAVOREU, Louis. **Los tribunales constitucionales**. Barcelona: Ariel, 1994.

FERNANDES, Bernardo Gonçalves. **Curso de Direito Constitucional.** Rio de Janeiro: Lumen Juris, 2007.

FERRARA, Francesco. **Interpretação e Aplicação das Leis**. 4ª ed. Coimbra: Arménio Amado Editor, 1987.

FERRAZ JR. Tercio Sampaio. **Introdução ao Estudo do Direito. Técnica, Decisão e Dominação**. 9ª ed. São Paulo: Gen/Atlas, 2016.

FERRAZ, Anna Candida da Cunha. **Processos Informais de Mudança da Constituição.** São Paulo: Max Limonad, 1986.

FERREIRA FILHO, Manoel Gonçalves. **O Poder Constituinte.** 3ª ed. São Paulo: Saraiva, 1999.

______. **Curso de Direito Constitucional.** 24ª ed. São Paulo: Saraiva, 1997.

FERREIRA, Olavo Augusto Vianna Alves. **Sistema Constitucional das Crises: restrições a direitos fundamentais**. São Paulo: Gen/Método, 2009.

FIORAVANTI, Maurizio. **Constitución: de la antigüedad a nuestros días**. Madrid: Trotta, 2011.

FONSECA, Edson Pires da. **Direito Constitucional Legislativo - Poder Legislativo, Direito Parlamentar e Processo Legislativo**. 3ª ed. Rio de Janeiro: Lumen Juris, 2016.

FRANCO, Afonso Arinos de Melo. **Direito Constitucional - Teoria da Constituição. As Constituições do Brasil**. 3ª ed. Rio de Janeiro: Forense, 1987.

FREITAS, Juarez. **A Interpretação Sistemática do Direito.** 2ª ed. São Paulo: Malheiros, 1998.

GRECO FILHO, Vicente. **Direito Processual Civil Brasileiro**. Vol. 1. 18ª ed. São Paulo: Saraiva, 2007

IVO, Gabriel, **Constituição Estadual – competência para elaboração da Constituição do Estado-membro**. São Paulo: Max Limonad, 1997.

GARCÍA DE ENTERRÍA, Eduardo. **La Constitución como norma y el Tribunal Constitucional**. Madrid: Editorial Civitas, 3ª ed. 1985.

GARCIA, Maria. "**A Desobediência Civil como defesa da Constituição**", Revista Brasileira de Direito Constitucional, n° 2, jul./dez. – 2003.

GIANNOTTI, Edoardo. **A tutela constitucional da intimidade**. Forense: Rio de Janeiro, 1987.

GÓES, Guilherme Sandoval; MELLO, Cleyson de Moraes. **Direito Constitucional**. Rio de Janeiro: Editora Processo, 2018.

GOMES, Luiz Flávio; MAZZUOLI, Valério de Oliveira (Coordenação). **Comentários à Convenção Americana sobre Direito Humanos (Pacto de San José da Costa Rica)**. "**Coleção Ciências Criminais, V. 4**". 3ª ed. São Paulo: Revista dos Tribunais, 2010.

GOTTI, Alessandra. **Direitos Sociais: Fundamentos, regime jurídico, implementação e aferição de resultados**. São Paulo: Saraiva, 2012.

GRANT, James Allan Clifford. **El control jurisdiccional de la constitucionalidad de las leyes (una contribución de las Américas a la ciencia política).** Facultad de Derecho: Universidad Nacional Autónoma de México, México, 1963.

GRAU, Eros Roberto. **La Doble Desestructuración y la Interpretación del Derecho**. Barcelona: Bosch, 1998.

GRINOVER, Ada Pellegrini. **O Processo em Evolução**. 2ª ed. Rio de Janeiro: Forense, 1998.

GUIMARÃES, Francisco Xavier da Silva. **Nacionalidade – Aquisição, Perda e Reaquisição.** 2ª ed. Rio de Janeiro: Forense, 2002.

HÄAEBERLE, Peter. "Discurso Proferido em 25.5.2009 na Embaixada da República Federal da Alemanha por ocasião dos 60 anos da Lei Fundamental de Bonn." Disponível em: http://www.stf.jus.br/arquivo/cms/noticiaArtigoDiscurso/anexo/discAlemanha.pdf, acesso em 16.07.19, às 16h10.

______. **Hermenêutica Constitucional – A Sociedade Aberta dos Intérpretes da Constituição: Contribuição para Interpretação Pluralista e "Procedimental" da Constituição**. Direito Público, [S.l.], v. 11, nº 60, p. 25-50, abr. 2015, p. 26. ISSN 2236-1766. Disponível em: <https://www.portaldeperiodicos.idp.edu.br/direitopublico/article/view/2353/1204>. Acesso em: 03 nov. 2019.

HACHEM, Daniel Wunder. **Revista de Direitos Fundamentais e Democracia**, Curitiba, v. 14, nº 14, p. 618-688, julho/dezembro de 2013.

HAMILTON, Alexander; MADISON, James; JAY, John. **O Federalista.** Campinas: Russell, 2003.

HESSE, Konrad. **Elementos de Direito Constitucional da República Federal da Alemanha.** Porto Alegre: Sergio Antonio Fabris Editor, 1998.

______. **Escritos de Derecho Constitucional.** Madrid: Centro de Estúdios Constitucionales, 1983.

HORTA, Raul Machado. **Direito Constitucional.** 5ª ed. Belo Horizonte: Del Rey, 2010.

______. "Natureza do Poder Constituinte do Estado-membro", in **Revista de Direito,** PGE-RJ, Volume 40, 1988. Disponível em: https://www.pge.rj.gov.br/revista-de-direito/1988-volume-40

______. "Organização Constitucional do Federalismo". Disponível em: https://www.direito.ufmg.br/revista/index.php/revista/article/viewFile/980/914, acesso em 04.07.19, às 15h37.

HUNT, Lynn. "**La invención de los Derechos Humanos.**" Buenos Aires: Tusquets Editores, 2010.

IBRAHIM, Fábio Zambitte. **Curso de Direito Previdenciário**. 23ª ed. Rio de Janeiro: Impetus, 2018.

IGLESIAS, Sergio. **Responsabilidade Civil por Danos à Personalidade.** São Paulo: Manole, 2002.

IVO, Gabriel. **Constituição Estadual: competência para elaboração da Constituição do Estado-membro**. São Paulo: Max Limonad, 1997.

JUSTEN FILHO, Marçal. **Curso de Direito Administrativo.** Belo Horizonte: Fórum, 2011.

KANT, Emmanuel. **Fundamentación de la Metafísica de las Costumbres**. México: Editorial Porrúa, 2007.

KELSEN, Hans. **Jurisdição Constitucional.** 2ª ed. São Paulo: Martins Fontes, 2007.

______. **Teoria Pura do Direito.** 6ª ed. São Paulo: Martins Fontes, 2000.

______. **¿Quién debe ser el defensor de la Constitución?** 2ª ed. Madrid: Tecnos, 1999.

______. **Teoria Geral do Direito e do Estado.** São Paulo: Martins Fontes, 1998.

LAFER, Celso. **A reconstrução dos direitos humanos: um diálogo com o pensamento de Hannah Arendt**. São Paulo: Companhia das Letras, 2001.

LANDA, César. **Los Derechos Fundamentales**, Lima: Pontificia Universidad Católica del Perú, Fondo Editorial, 2017.

LARENZ, Karl. **Metodologia da Ciência do Direito**. 3ª ed. Lisboa: Fundação Calouste Gulbenkian, 1997.

LASSALLE, Ferdinand. **A Essência da Constituição**. 3ª ed. Rio de Janeiro: Liber Juris, 1988.

LEITE, George Salomão. **A morte e o direito: há um direito de morrer dos pacientes terminais?** Florianópolis: Tirant lo Blanch, 2018.

LIMA, Francisco Gérson Marques de. **Fundamentos Constitucionais do Processo (sob a garantia da eficácia dos direitos e garantias fundamentais).** São Paulo: Malheiros, 2002.

LINARES QUINTANA, Segundo V. **La interpretación constitucional.** Anales de la Academia Nacional de Derecho y Ciencias Sociales, ano III, n. 3, Buenos Aires, 1958.

LOCKE, John. **Segundo Tratado sobre o Governo Civil e outros escritos.** Petrópolis: Vozes, 1994.

LOWENSTEIN, Karl. **Teoría de la Constitución.** 2ª ed. Barcelona: Editorial Ariel, 1976.

LUÑO, Antonio Enrique Pérez. **Derechos Humanos, Estado de Derecho y Constitución**. 6ª ed. Madrid: Tecnos, 1999.

MACHADO SEGUNDO, Hugo de Brito. **Manual de Direito Tributário**. 10ª ed. São Paulo: Atlas, 2018.

MACHADO, Hugo de Brito. **Curso de Direito Tributário.** 39ª ed. São Paulo: Malheiros, 2018.

______. **Os Direitos Fundamentais do Contribuinte e a Efetividade da Jurisdição**. Tese de Doutorado, UFPE, 2009.

______. **Os Princípios Jurídicos da Tributação na Constituição de 1988.** 2ª ed. São Paulo: RT, 1991,

MAGALHÃES, José Luiz Quadros de. **Direito Constitucional – Tomo I**. Belo Horizonte: Mandamentos, 2000.

MARINHO, Josaphat. "Constituição Econômica". **Revista de Direito Administrativo.** Rio de Janeiro, n° 156, p. 1-14, abr./jun. 1984.

MARMELSTEIN, George. **Curso de Direitos Fundamentais.** 2ª ed. São Paulo: Atlas, 2009.

MARTÍNEZ, Gregorio Peces-Barba. **La dignidad de la persona desde la Filosofía del Derecho**. 2ª ed. Dykinson: Madrid, 2003.

______. **Los Valores Superiores.** Madrid: Tecnos, 1986.

MARTINS, Ana Maria Guerra. **As Origens da Constituição Norte-Americana – uma lição para a Europa**, Lisboa: LEX Edições Jurídicas, 1994.

MAXIMILIANO, Carlos. **Hermenêutica e Aplicação do Direito.** 18ª ed. Rio de Janeiro: Editora Forense, 2000.

MEDINA, Paulo Roberto de Gouvêa. **Direito Processual Constitucional**. Rio de Janeiro: Editora Forense, 2003.

MEIRELES, Ana Cristina Costa. **A eficácia dos direitos sociais.** Salvador: Juspodivm, 2008.

______; MEIRELES, Edilton. **A intangibilidade dos Direitos Trabalhistas**. São Paulo: LTr, 2009.

MEIRELES, Edilton. **A Constituição do Trabalho. O trabalho nas Constituições da Alemanha, Brasil, Espanha, França, Itália e Portugal**. 2ª ed. São Paulo: LTr, 2014.

MEIRELLES, Hely Lopes. **Direito Administrativo Brasileiro.** 34ª ed. São Paulo: Malheiros, 2007.

MENAUT, Antonio-Carlos Pereira. **Teoría Constitucional**. 2ª ed. Santiago: LexisNexis, 2006.

MENDES, Gilmar Ferreira. **Direito Fundamentais e Controle de Constitucionalidade: Estudos de Direito Constitucional.** São Paulo, Celso Bastos Editor, 1998.

______; VALE, André Rufino do; QUINTAS, Fábio Lima. **Mandado de Injunção – Estudos sobre sua Regulamentação**. São Paulo: Saraiva, 2013.

MENDONÇA, Paulo Roberto Soares. **A Tópica e o Supremo Tribunal Federal**. Rio de Janeiro: Renovar, 2003.

MENDONÇA JR. Delosmar. **Princípios da ampla defesa e da efetividade no processo civil brasileiro.** São Paulo: Malheiros, 2001.

MIRANDA, Jorge. **Manual de Direito Constitucional. Tomo IV. Direitos fundamentais.** 5ª ed. Coimbra: Coimbra, 2012.

______; "**A Constituição do Trabalho Portuguesa**. II Congresso Internacional de Direito (brasil – Europa). *Análise contemporânea do direito em face da globalização e da crise econômica*. Coimbra: Almedina, 2009.

______; **Contributo para uma Teoria da Inconstitucionalidade**. Coimbra: Coimbra Editora, 1996.

______; **Textos Históricos do Direito Constitucional**. 2ª ed. Imprensa Nacional: Lisboa, 1990.

MIRANDA, Pontes. **Comentários ao Código de Processo Civil**. Tomo VI. Rio de Janeiro: Forense, 1975.

MONTESQUIEU. **O Espírito das Leis**. 8ª ed. São Paulo: Saraiva, 2004.

MONTORO, André Franco. **Introdução à Ciência do Direito**. 20ª ed. São Paulo: RT, 1991.

MORAES, Alexandre de. **Direito Constitucional.** 17ª ed. São Paulo: Atlas, 2005.

______; **Os 10 anos da Constituição Federal**. São Paulo: Atlas, 1999.

MORAES, Guilherme Peña de. **Curso de Direito Constitucional**. 3ª ed. São Paulo: Atlas, 2010.

MOREIRA ALVES, José Carlos. "Discurso proferido por ocasião da instalação da Assembléia Nacional Constituinte, em 01 de fevereiro de 1987." in "**Revista de Informação Legislativa**". Ano 24, n° 93, jan/mar, 1987.

MUKAI, Toshio. **Administração pública na constituição de 1988**. São Paulo: Saraiva, 1989.

MÜLLER, Friedrich. **Quem é o povo? A questão fundamental da democracia**. 6ª ed. São Paulo: Revista dos Tribunais, 2011.

______; **Métodos de Trabalho do Direito Constitucional**. 2ª ed. São Paulo: Max Limonad, 2000.

NASCIMENTO, Carlos Valder do; PORTELLA, André. **Comentários ao Código Tributário Nacional.** 7ª ed. Rio de Janeiro: Gen/Forense, 2008.

NERY JUNIOR. Nelson. **Princípios do Processo na Constituição Federal. Processo Civil, penal e administrativo**. 9ª ed. São Paulo: Revista dos Tribunais, 2009.

NEVES, Daniel Amorim Assumpção; OLIVEIRA, Rafael Carvalho Rezende. **Manual de Improbidade Administrativa – Direito Material e Processual**. 6ª ed. Gen/Método: 2018.

NEVES, Diana Rebello; NASCIMENTO, Rejane Prevot; FELIX JR., Mauro Sergio; SILVA, Fabiano Arruda da; ANDRADE, Rui Otávio Bernardes de. **"Sentido e significado do trabalho: uma análise dos artigos publicados em periódicos associados à Scientific Periodicals Electronic Library."** in Cad. EBAPE.BR, v. 16, nº 2, Rio de Janeiro, Abr./Jun. 2018. Disponível em: http://dx.doi.org/10.1590/1679-395159388

NEVES, Marcelo. **Teoria da Inconstitucionalidade das Leis**. São Paulo: Saraiva, 1988.

OLIVEIRA, Regis Fernandes de. **Curso de Direito Financeiro.** 4ª ed. São Paulo: RT, 2011.

OSTRENSKY, Eunice. **Teóricos Políticos e propostas constitucionais na Inglaterra (1645-1669).** RBCS Vol. 33 n° 98/2018: e339805. Disponível em: http://www.scielo.br/pdf/rbcsoc/v33n98/0102-6909-rbcsoc-33-98-e339805.pdf

OTTO, Ignacio de. **Derecho Constitucional – Sistema de Fuentes**. 2ª ed. Barcelona: Ariel, 1995.

PANIKKAR, Raimundo. "**Seria a noção de direitos humanos um conceito ocidental?"** in César Augusto Baldi (Org.). **Direitos Humanos na Sociedade Cosmopolita**. Rio de Janeiro: Renovar, 2004.

PANSIERI, Flávio. **Eficácia e Vinculação dos Direitos Sociais – reflexões a partir do direito à moradia**. São Paulo: Saraiva, 2012.

PEDRA, Adriano Sant'Ana. **Mutação Constitucional – Interpretação evolutiva da Constituição na democracia constitucional**. 3ª ed. Rio de Janeiro: Lumen Juris, 2017.

PEGORARO, Lúcio. "**Constituciones (y reformas constitucionales) 'impuestas' o 'condicionadas'. Para una reclasificación interdisciplinaria de la categoria.**" in Pensamiento Constitucional n° 18, 2013, p. 331-356, p. 332.

PEIXINHO, Manoel Messias. **A Interpretação da Constituição e os Princípios Fundamentais. Elementos para uma Hermenêutica Constitucional Renovada.** 2ª ed. Rio de Janeiro: Lumen Juris, 2000.

PERELMAN, Chaim, **Lógica Jurídica**. São Paulo: Martins Fontes, 1999,

PIMENTA BUENO, José Antonio. **Direito Publico Brazileiro e Analyse da Constituição do Império**. Rio de Janeiro, Typografia Imp. e Const. de J. Villeneuve E C., 1857.

PINTO FILHO, Francisco Bilac M. **A intervenção federal e o federalismo brasileiro.** Rio de Janeiro: Forense, 2002.

PIOVESAN, Flávia. **Temas de Direitos Humanos**. 8ª ed. São Paulo: Saraiva, 2015.

______; **Proteção Judicial Contra Omissões Legislativas.** São Paulo: Revista dos Tribunais, 1995.

PLATÃO. **Fédon.** São Paulo: Editora Abril, 1972.

QUEIROZ, Lizziane Souza; MENDONÇA, Fabiano André de Souza, FRANÇA, Vladimir da Rocha; XAVIER, Yanko Marcius de Alencar (Org.). **Regulação Econômica e Proteção dos Direitos Humanos: um enfoque sob a óptica do Direito Econômico**. Fortaleza: Fundação Konrad Adenauer Stiftung, 2008.

RAIOL. Raimundo Wilson Gama. "**Acessibilidade física, educação, saúde e trabalho - integrantes do mínimo existencial indispensável às pessoas com necessidades especiais, à luz dos direitos humanos e de fundamentos constitucionais, na era da globalização**". in **Direitos Humanos e Democracia Inclusiva**, MATTOS NETO, Antonio José de; LAMARÃO NETO, Homero; SANTANA, Raimundo Rodrigues (coord.), São Paulo: Saraiva, 2012.

RAMOS, Dircêo Torrecillas. **O Federalismo Assimétrico.** Rio de Janeiro: Forense, 2000.

RAMOS, Elival da Silva. **A inconstitucionalidade das leis: vícios e sanção**. São Paulo: Saraiva, 1994.

______; **Estados-membros**. Enciclopédia jurídica da PUC-SP. Celso Fernandes Campilongo, Alvaro de Azevedo Gonzaga e André Luiz Freire (coords.). Tomo: Direito Administrativo e Constitucional. Vidal Serrano Nunes Jr., Maurício Zockun, Carolina Zancaner Zockun, André Luiz Freire (coord. de tomo). 1ª ed. São Paulo: Pontifícia Universidade Católica de São Paulo, 2017. Disponível em: https://enciclopediajuridica.pucsp.br/verbete/72/edicao-1/estados-membros, acesso em 27.06.19, às 15h22.

RAMOS, Paulo Roberto Barbosa. **Discurso Jurídico e Prática Política - Contribuição à análise do Direito a partir de uma perspectiva interdisciplinar**. Florianópolis: Obra Jurídica, 1997.

REALE, Miguel. **Noções preliminares de Direito.** 27ª ed. São Paulo: Saraiva, 2009.

REIS, Elcio Fonseca. **Federalismo Fiscal: competência concorrente e normas gerais de Direito Tributário.** Belo Horizonte: Mandamentos, 2000.

RIPOLLÉS, L. Díez. "La disponibilidad de la salud e integridad personales". **Cuadernos de Derecho Judicial, Delitos contra la vida e integridadfisica**. n° 31. Madrid: Consejo General del Poder Judicial, 1991.

ROCHA, Cármen Lúcia Antunes. **Direito de para Todos.** 2ª ed. Belo Horizonte: Fórum, 2008.

______; **República e Federação - Traços constitucionais da organização política brasileira.** Belo Horizonte: Del Rey, 1997.

RODRIGUES, José Carlos. **Constituição Politica do Imperio do Brasil seguida do Acto Addicional, da Lei da sua Interpretação e de outras. Analysada por um Jurisconsulto**. Rio de Janeiro: Eduardo & Henrique Laemmert. Rua da Quitanda, 77, 1863.

ROMANO, Santi. **Princípios de Direito Constitucional Geral.** São Paulo: Revista dos Tribunais, 1977.

ROQUE, André Vasconcelos; DUARTE, Francisco Carlos. **Mandado de Segurança - Comentários à Lei n° 12.016/09**. Curitiba: Juruá, 2011.

ROSAS, Roberto. **Direito Processual Constitucional - Princípios constitucionais do processo civil**. São Paulo: Revista dos Tribunais, 1999.

RUFFIA, Paolo Biscaretti di. **Direito Constitucional (Instituições de Direito Público).** São Paulo: Revista dos Tribunais, 1984.

SALDANHA, Nelson. **Formação da Teoria Constitucional**. 2ª ed. Rio de Janeiro: Renovar, 2000.

SALDANHA, Nelson. **O Poder Constituinte**. São Paulo: Revista dos Tribunais, 1986.

SAMPAIO DORIA, A. **Comentários à Constituição de 1946.** 2ª ed. v. IV. São Paulo: Max Limonad, 1953.

SANTAGATI, Claudio Jesús. **Manual de Derechos Humanos.** 3ª ed. Buenos Aires: Ediciones Juridicas, 2011.

SANTOS, Eduardo Rodrigues dos. **Direitos Fundamentais Atípicos - Análise da Cláusula de Abertura - art. 5°, §2°, da CF/88**. Salvador: Editora Juspodivm, 2017.

SARLET, Ingo Wolfgang. **A Eficácia dos Direitos Fundamentais - uma teoria geral dos direitos fundamentais na perspectiva constitucional**. 17ª ed. Porto Alegre: Livraria do Advogado, 2009.

SARMENTO, Daniel. **A Ponderação de Interesses na Constituição Federal**. Rio de Janeiro: Lumen Juris, 2000.

SAVARIS, José Antonio. "Da Seguridade Social" in **Curso de Direito Constitucional.** Eduardo Arruda Alvim, George Salomão Leite e Lenio Streck (Coordenadores). Florianopolis: Tirant lo Blanch, 2018.

SAVIGNY. **Metodología Jurídica**. Buenos Aires: Depalma, 1994.

SCHMITT, Carl. **Teoría de la Constitución**. Madrid: Alianza Editorial, 1996.

SICHES, Luís Recaséns. **Introducción al Estudio del Derecho**. México: Editorial Pórrua, 1997.

SICHES, Recaséns. **Introducción al Estudio del Derecho**. México: Porrúa, 1997.

SIEYÈS, Emmanuel Joseph. **A Constituinte Burguesa**. 4ª ed. Rio de Janeiro: Lumen Juris, 2001.

SILVA, José Afonso da. **Comentário Contextual à Constituição**. São Paulo: Malheiros, 2005.

______; **Poder Constituinte e Poder Popular (Estudos sobre a Constituição).** São Paulo: Malheiros, 2000.

______; **Aplicabilidade das Normas Constitucionais.** 3ª ed. São Paulo: Malheiros, 1998.

SILVEIRA, Alípio. **Hermenêutica Jurídica. Volume I, II, III e IV.** São Paulo: Editora Leia Livros, s. d.

SOUSA, António Francisco de. **Reuniões e Manifestações no Estado de Direito**. *2ª ed. São Paulo: Saraiva/IDP, 2011.*

STRECK, Lenio Luiz; ALVIM, Eduardo Arruda; LEITE, George Salomão. **Hermenêutica e Jurisprudência no Novo Código de Processo Civil - Coerência e Integridade**. 2ª ed. São Paulo: Saraiva, 2018.

______; **Jurisdição Constitucional e Hermenêutica: Uma Nova Crítica do Direito**. Porto Alegre: Livraria do Advogado, 2002.

______; **Hermenêutica Jurídica e (m) Crise. Uma exploração hermenêutica da construção do Direito**. 2ª ed. Porto Alegre: Livraria do Advogado, 2000.

TAVARES, André Ramos. "**Influência de 1917 na doutrina e nas Constituições Econômicas Brasileiras**". in Héctor Fix-Zamudio e Eduardo Ferrer Mac-Gregor (Coord.), "**México y la Constitución de 1917 - Influencia extranjera y trascedencia internacional**" Senado da República: Universidad Nacional Autónoma de Mexico, 2017.

______; **Manual do Poder Judiciário Brasileiro.** São Paulo: Saraiva, 2012.

______; **Curso de Direito Constitucional**, 9ª ed. São Paulo: Saraiva, 2011.

TEIXEIRA, J. H. Meirelles. **Curso de Direito Constitucional**. Rio de Janeiro: Forense Universitária, 1991.

TELLES JUNIOR, Goffredo. **O povo e o poder - O Conselho do Planejamento Nacional.** São Paulo: Malheiros, 2003.

______; **A Constituição, a Assembléia Constituinte e o Congresso Nacional**. São Paulo: Saraiva, 1986.

TOCQUEVILLE, Alexis de. **De la Democracia em América.** Madrid: Imprenta de D. Jose Trujillo, HIJO, 1854.

UCKMAR, Victor. **Princípios Comuns de Direito Constitucional Tributário**. 2ª ed. São Paulo: Malheiros, 1999.

USERA, Raúl Canosa. **Interpretación Constitucional y Formula Politica.** Madrid: Centro de Estudios Constitucionales, 1988.

VALDÉS, Roberto L. Blanco. **El Valor de la Constitución**. Madrid: Alianza Editorial, 1998.

VANOSSI, Jorge Reinaldo. "*Uma visão atualizada do poder constituinte*". in **Revista de direito constitucional e ciência política/Instituto Brasileiro de Direito Constitucional.** v. 1, nº 1, p. 11–25, Rio de Janeiro: Forense, 1983.

VEGA, Pedro de. **Estudios Político-Constitucionales**. México: Universidad Nacional Autónoma de México, 1987.

VEGA, Pedro de. **La reforma constitucional y la problemática del Poder Constituyente.** Madrid: Tecnos, 1991.

VELLOSO, Carlos. "**O Supremo Tribunal Federal, Corte Constitucional (Uma proposta que visa a tornar efetiva a sua missão precípua de guarda da Constituição**" R. Dir. Adm., Rio de Janeiro, 192:1-28, abr/jun. 1993.

VERDÚ, Pablo Lucas. **O Sentimento Constitucional.** Rio de Janeiro: Forense, 2004.

______; **Curso de Derecho Político**. Vol. II. Madrid: Tecnos, 1981.

VIDAL, Isabel Lifante. **"Interpretación Jurídica"**. Enciclopedia de Filosofía y Teoría del Derecho, vol. 2, p. 1349- 1387.

VIEHWEG, Theodor. **Tópica y jurisprudência**. Madrid: Taurus, 1986.

VILANOVA, LourivaL. **Estruturas Lógicas e o Sistema de Direito Positivo**. 3ª ed. São Paulo: Noeses, 2005.

WAMBIER, Luiz Rodrigues; VASCONCELOS; Rita de Cássia Corrêa. "**A Propósito da Proposta Legislativa de Nova Disciplina para o Mandado de Injunção**." in MENDES, Gilmar Ferreira; VALE, André Rufino do; QUINTAS, Fábio Lima. **Mandado de Injunção - Estudos sobre sua Regulamentação**. São Paulo: Saraiva, 2013.

WARAT, Luiz Alberto. **Introdução Geral ao Direito - Interpretação da Lei: Temas para uma Reformulação.** Porto Alegre: Sergio Antonio Fabris Editor, 1994.

WRÒBLEWSKY, Jerzy. **Constitución y teoría general de la interpretación jurídica.** Madrid: Cuadernos Cívitas, 1988.